Politische Vierteljahresschrift Sonderheft 9/1978

Deutsche Vereinigung für Politische Wissenschaft

Politische Wissenschaft und politische Praxis

Herausgegeben von Udo Bermbach

Tagung der Deutschen Vereinigung für Politische Wissenschaft in Bonn, Herbst 1977

Westdeutscher Verlag

CIP-Kurztitelaufnahme der Deutschen Bibliothek

Politische Wissenschaft und politische Praxis:
Tagung d. Dt. Vereinigung für Polit. Wiss. in Bonn, Herbst 1977 / hrsg. von Udo Bermbach. – 1. Aufl. – Opladen: Westdeutscher Verlag, 1978.
(Politische Vierteljahresschrift: Sonderh.; 9)
ISBN 3-531-11458-1

NE: Bermbach, Udo [Hrsg.]; Deutsche Vereinigung für Politische Wissenschaft

Druck und buchbinderische Verarbeitung: Lengericher Handelsdruckerei, Lengerich

ISBN 3-531-11458-1

Inhalt

Vorwort

Der Bonner Kongress der Deutschen Vereinigung für Politische Wissenschaft vom 4. bis 7. Oktober 1977 hatte ein doppeltes Ziel: er sollte zum einen dazu beitragen, das Verhältnis der Disziplin zur politischen Praxis in einem umfassenden Sinne klären zu helfen, er sollte zum anderen in der Bundeshauptstadt den direkten Kontakt zu dieser politischen Praxis suchen und herstellen. Ob beides angesichts bestehender, durchaus auch bekannter Schwierigkeiten gelungen ist, mag hier dahingestellt sein. Für die Zusammenstellung dieses nunmehr fünften Sonderheftes der PVS aus Anlaß eines wissenschaftlichen Kongresses aber blieben diese Absichten zugleich Kriterium der Auswahl für die aufzunehmenden Beiträge.

Diese Auswahl der Beiträge gestaltete sich noch schwieriger als schon bei den vorausgegangenen Sonderheften. Die außerordentlich starke Beteiligung am Kongreß zog eine nahezu nicht mehr bewältigbare Flut von Referaten und Arbeitspapieren – durchaus unterschiedlicher Qualität – nach sich. Eine Gesamtdokumentation des Kongresses schied so schon aus Gründen des Umfangs von vornherein aus. Das von Verstand und Beirat der DVPW eingesetzte Redaktionskollegium (dem die Herren Böhret, Haungs, Junne und der Herausgeber angehörten) entschied sich deshalb, aus allen Arbeitsgruppen maximal zwei Beiträge auszuwählen, die den primären Absichten des Kongresses am ehesten entsprachen. Dabei wurden die Vorschläge der Arbeitsgruppen, wo immer dies irgend möglich war, berücksichtigt. Lediglich die Arbeitsgruppe ‚Entwicklungspolitik', deren Kongreßdiskussionen nicht auf fertige Referate zurückgegriffen hatten, verzichtete auf Repräsentation im vorliegenden Bande.

Das Sonderheft bietet so einen Einblick in die gegenwärtige Arbeit der DVPW, zeigt zugleich die thematischen Schwerpunkte der politikwissenschaftlichen Diskussion, ohne freilich repräsentativ sein zu wollen oder zu können, etwa in dem Sinne, daß alle wissenschaftstheoretischen Richtungen, alle thematischen Arbeitsbereiche wirklich vorgestellt würden. Letzteres läßt sich angesichts der inzwischen erreichten Differenzierung innerhalb der Politischen Wissenschaft sinnvoll kaum mehr realisieren.

Gleichwohl verbindet sich mit der Vorlage dieses Bandes die Hoffnung, noch einmal zu dokumentieren, daß die gelegentlich in der Öffentlichkeit beschworene Realitätsferne der Politischen Wissenschaft kaum konstatiert werden kann. Gewiß ist schwerlich zu messen, in welchem Maße dieses Fach zur politisch-gesellschaftlichen Entwicklung der Bundesrepublik beigetragen, wie weit es die politische Kultur beeinflußt und mit geprägt hat. Daß es indessen an den jeweils gestellten Problemen immer vorbeigegangen wäre, kann ohne Ignoranz nicht behauptet werden. Würde der vorliegende Band mit dazu beitragen, bloße Vorurteile abbauen zu helfen, hätte er – und damit auch der Kongreß, den er dokumentiert – seinen Zweck erfüllt.

Udo Bermbach

Rede zur Eröffnung des wissenschaftlichen Kongresses der Deutschen Vereinigung für Politische Wissenschaft

Von Udo Bermbach

Einen Kongreß unter das Thema ‚Politische Wissenschaft und Politische Praxis' zu stellen – wie wir das heute tun –, ist nicht ohne alles Risiko. Denn weder ist unsere Disziplin so homogen, daß wir eindeutig von *der* Politischen Wissenschaft reden könnten, noch ist unstrittig, was unter politischer Praxis verstanden werden soll.

Politische Wissenschaft – das ist heute nach Jahren des kontinuierlichen Ausbaus zunächst einmal eine fest etablierte universitäre Disziplin mit immerhin rund 280 Professoren und 400 wissenschaftlichen Assistenten und Dozenten. Gemessen an jenen Zahlen, die Eugen Kogon anläßlich des Berliner Kongresses von 1969 nannte: 68 Professoren und 160 wissenschaftliche Mitarbeiter erscheint dies – auch wenn man Wandlungen der personellen Struktur mitbedenkt – doch insgesamt als ein beträchtlicher Ausbauerfolg. Und er wird bestätigt durch das Anwachsen der Studentenzahlen in diesem Fach, der Vermehrung politikwissenschaftlicher Forschungseinrichtungen außerhalb der Universitäten. Die Mitgliederzahl unserer Vereinigung hat sich seit 1969 auf über 850 Mitglieder fast verdreifacht, der diesjährige Kongreß ist der entschieden größte, den wir bisher veranstaltet haben – und daß sich neben 350 Mitgliedern der DVPW hier auch etwa 250 Nichtmitglieder, darunter sehr viele ‚politische Prakiker', beteiligen, könnte darauf hindeuten, daß unser Verhältnis zur Öffentlichkeit, zur Politik im weitesten Sinne nicht eben schlecht ist.

So richtig dies alles sein mag – es wäre eine Selbsttäuschung, wollte man nicht hinzufügen, daß unser Fach gegenwärtig in personelle und finanzielle Schwierigkeiten geraten ist, ja daß es teilweise um seine Fortexistenz zu kämpfen hat. Wir teilen hier das Schicksal vieler geistes- und sozialwissenschaftlicher Disziplinen. Aber wir sind nicht nur vom allgemeinen Stellenstop an den Universitäten betroffen, wir sind in erhöhtem Maße von der Reduzierung personeller wie materieller Kapazitäten bedroht, gelegentlich in einem die wissenschaftliche Substanz gefährdenden Ausmaß. Eine Umfrage, die wir in diesen Wochen an den politikwissenschaftlichen Seminaren der Hochschulen gemacht haben, läßt – bei aller Vorsicht der Interpretation – doch erkennen, daß es immer stärker werdende Tendenzen gibt, freiwerdende Stellen nicht mehr zu besetzen, sie gegebenenfalls anderen Fächern zuzuweisen, das Fach personell wie finanziell zu reduzieren. Und solche Tendenzen vor allem der Kultusbürokratien finden ihre vielfältige Resonanz. Erinnert sei hier nur an jenen Entwurf der Westdeutschen Rektorenkonferenz zur Reform der Gymnasialen Oberstufe, der die Streichung der Sozialkunde zugunsten eines traditionell verstandenen Geschichtsunterrichts vorsah, uns also aus den lehrerausbildenden Fächern hinauskatapultiert hätte, wäre er akzeptiert worden.

Der nicht zuletzt durch unseren massiven Protest zustandegekommene Kompromiß (Geschichte und ein weiteres Fach aus dem Bereich der Sozialwissenschaften) kann uns freilich kaum zufriedenstellen. Erinnert sei aber auch an Bemühungen auf Länderebene – etwa hier in Nordrhein-Westfalen –, zumindest den Anteil der Politischen Wissenschaft an der Sozialkundelehrerausbildung zugunsten anderer Disziplinen drastisch zu senken. In unschöner Regelmäßigkeit werden wir aus nahezu allen Bundesländern von Plänen unterrichtet, die auf eine Zurückdrängung der Politischen Wissenschaft in Lehre, Forschung und Unterricht abzielen, zwar nicht immer voll realisiert werden, aber doch offensichtlich Zeichen einer allgemeineren Entwicklung, vielleicht einer Veränderung des öffentlichen Meinungsklimas sind.

Ich meine, wir können in diesen Tagen nicht über ‚Politische Wissenschaft und Politische Praxis' diskutieren, ohne nicht gleich zu Anfang und in aller Offenheit auf diese Veränderung des öffentlichen Meinungsklimas wenigstens kurz einzugehen.

– Meine Damen und Herren –, als 1949/50 auf Einladung der damaligen hessischen Landesregierung sich in Waldleinigen/Odenwald deutsche Politiker, Vertreter der Besatzungsmächte, in- und ausländische Professoren und Publizisten trafen, um darüber zu beraten, ob und in welcher Form ‚Politische Wissenschaft' an den deutschen Universitäten der neu entstehenden Bundesrepublik etabliert werden sollte, da war der Zusammenhang von demokratischer Lebensform und Existenzmöglichkeit dieses Faches von Anfang an unzweifelhaft. Es war klar, daß ohne sozialwissenschaftliche Aufklärung eine demokratische Entwicklung von Staat und Gesellschaft undenkbar schien, wie umgekehrt nur in einem demokratischen Staat eine auch kritischen Impulsen folgende Sozialwissenschaft überhaupt die Chance ihrer institutionellen, personellen und fachlichen Entfaltung finden konnte. Demokratie als Lebensform – wie C.J. Friedrich dies auch mit Bezug auf die Politische Wissenschaft genannt hat. Aber diese notwendige kritische Funktion wurde und wird nicht immer von allen außerhalb der Wissenschaft angenommen. Das hat sich spätestens dort gezeigt, wo in unzulässiger Verkürzung negative Erscheinungen und Folgen der Studentenbewegung, des Auftretens von Bürgerinitiativen und ähnliches mehr dem Ausbau sozialwissenschaftlicher Fächer an Universitäten angelastet wurden. Auch wenn Zusamenhänge sicherlich bestehen und keineswegs bestritten werden sollen – denn: Politische Wissenschaft hat sich immer auch als normative Demokratiewissenschaft verstanden –, so sind verkürzte Zuordnungen doch von Übel. Sie analysieren und erklären nicht, sie emotionalisieren, und sie stehen damit einer klärenden Diskussion im Wege. Zur Diffamierung freilich wird, was in diesen Tagen in manchen Zeitungen, von manchen Politikern und Journalisten hinsichtlich vermuteter Beziehungen zwischen kriminellem Terror und Sozialwissenschaften formuliert worden ist. Es ist nicht nur absolut abwegig, Kapitalismuskritik – Verfassungsfeindlichkeit – Bejahung von Gewalt in einen stringenten Zusammenhang und auf eine Ebene zu bringen – es ist jenseits dessen, was toleriert werden kann. Kritik, auch radikale Kritik an Staat und Gesellschaft sind nicht identisch mit der Aufforderung zum Mord, und wo solche Identität sich herstellt, hat sie den Boden auch einer kritischen Sozialwissenschaft längst verlassen. Es gibt zwischen beiden keine Gemeinsamkeit, und es sollte daher auch nicht versucht werden, aus vordergründigen Motiven eine solche Gemeinsamkeit zu konstruieren. Wer dies tut, wissentlich oder unwissentlich, untergräbt den demokratischen Gehalt dieses Staates und dieser Gesellschaft, er unternimmt den Versuch, wissenschaftliche Disziplinen für seine Zwecke zu instrumentalisieren. Als Politologen müssen wir darauf bestehen, daß die Möglichkeiten von Kritik als konstitutiv für unsere Wissenschaft uneingeschränkt erhalten bleiben. Wer meint, wir hätten ein Übermaß an Kritik in dieser Gesellschaft, wer z.B. glaubt, Begriffe wie ‚Konflikt', ‚Emanzipation' oder ‚Demokratisierung' in den Verdacht ideologischer Subversivität bringen zu können, wer Schriftsteller und Professoren pauschal als unzuverlässig apostrophiert, der schafft, ob er es will oder nicht, ein öffentliches Klima, das der Entfaltung von Sozialwissenschaften denkbar abträglich ist. Wir haben in unserem Fache während der vergangenen Jahre interne wissenschaftstheoretische wie – wenn Sie so wollen – wissenschaftspraktische Auseinandersetzungen gehabt, die an Härte der Diskussion nichts zu wünschen übrig liessen. Aber eben: an Härte der Diskussion – und das heißt, daß alle daran Beteiligten in der Notwendigkeit solcher Auseinandersetzungen sich einig waren, daß sie dies als einen Prozeß der Selbstreflexion begriffen, von dem keine wissenschaftliche Disziplin befreit werden kann, es sei denn um den Preis ihrer Selbstaufgabe. Es wäre sicherlich falsch, zu behaupten, daß dieser Prozeß interner Wissenschaftsauseinandersetzung bereits abgeschlossen ist. Das wird hoffentlich nie sein. Aber es gibt in dieser ‚Politischen Wissenschaft' doch einen Grundkonsens darüber, daß solche Auseinandersetzungen nicht nur zu dulden, sondern daß sie notwendig sind, daß es Erkenntnisfortschritt, wissenschaftliche Entwicklung nicht ohne diskursive Konflikte geben kann. Und deshalb ist der Pluralismus unterschiedlicher Positionen auch unaufgebbar, er muß personell und institutionell an den Universitäten gewährleistet sein, und zwar für alle wissenschaftlichen Positionen.

Das alles heißt nicht, für unser Fach einen Freiraum fordern, der es gesellschaftlicher Verantwortung enthöbe. Ganz im Gegenteil: in all den Jahren seines Ausbaus haben sich Politologen immer mit aller Entschiedenheit zur praktischen Verantwortung bekannt. Sie haben als Berater in der Politik mitgewirkt, und manche von ihnen sind selber Politiker geworden, sie haben in vielen Bereichen der Gesellschaft gearbeitet – und tun dies noch –, sie haben schließlich auch dazu beigetragen, daß die universitären Studiengehalte stärker auf praktische Bedürfnisse ausgerichtet wurden. Aber immer auch gab es jene Praxis theoretischer Selbstreflexion, die auf Kritik, auch auf fundamentale Kritik des Bestehenden ausging und ausgehen mußte, und die ganz offensichtlich in der Öffentlichkeit vielfach als unmittelbar handlungsrelevant empfunden wurde. Daraus mag sich ein Gutteil der gegenwärtig beobachtbaren Tendenzen erklären, Politische Wissenschaft in Schule und Hochschule zurückzudrängen, die strukturellen Probleme von Staat und Gesellschaft in der scheinbaren Sicherheit eines harmonischen Wertkonservatismus aufzulösen, der kritischer Sozialwissenschaft nicht mehr bedarf. Es ist auf die Gefahr hinzuweisen, die mit solcher Neigung für unser Fach verbunden ist, und zwar rechtzeitig und aus Anlaß eines solchen Kongresses.

Nun muß zugestanden werden, daß dieses Fach und seine Vertreter es den Praktikern nicht immer leicht gemacht haben. In den frühen siebziger Jahren, in denen die Politische Wissenschaft ‚gefragt' war, ist viel guter Wille dadurch zerstört worden, daß der oft beschworene ‚Praxisbezug' seitens der Wissenschaft nicht immer, vor allem nicht immer mit Erfolg hergestellt werden konnte. Schwierigkeiten bei der Problemformulierung, Schwierigkeiten sprachlicher Verständigung, Schwierigkeiten aber auch hinsichtlich der Verwirklichungschancen bestimmter Problemlösungsangebote und vieles mehr haben eher die Kluft denn die Verbindung beider Bereiche deutlich gemacht. Und allzu leicht haben auch Politologen gemeint, ihre Überlegungen und Vorschläge könnten kurzfristig wirksam werden, waren dann enttäuscht, wenn der politische Prozeß dies nicht zuließ. Allzu rasch waren viele bereit, ihren Nichterfolg spezifischen Macht- und Interessenpositionen von Politikern anzulasten, ohne zu fragen, inwieweit sie selbst an solcher Schuldverlagerung teil hatten. Und dort, wo Politologen in praxi erfolgreich waren, galten sie vielen Kollegen – die ohne Erfolg geblieben waren – schon häufig kaum mehr als Wissenschaftler. Intellektuelle Überheblichkeit – gewiss auch eine Form praktisch-politischen Versagens – hat viel dazu beigetragen, die schon immer bestehenden Schwierigkeiten von Theorie mit Praxis, von Praxis mit Theorie zu bekräftigen, zumindest nicht abzutragen; es gibt keinen Grund, solche selbstkritischen Einsichten heute nicht zu formulieren.

Daß wir also heute *diesen* Kongroß mit *diesem* Thema hier in Bonn abhalten, ist nicht zufällig. Es gibt eine von vielen geteilte Überzeugung in diesem Fach, wonach das Verhältnis unserer Disziplin zur politischen Praxis einer Neubestimmung bedarf, die von allen Interessierten, von allen daran Beteiligten vorgenommen werden muß. Zu bilanzieren sind Leistung wie Versagen beider Seiten, die Praxisflucht mancher Wissenschaftler ebenso wie Weigerung vieler Politiker, Unbequemes zur Kenntnis zu nehmen, nur das als ‚Wissenschaft' gelten zu lassen, was der eigenen Position, den eigenen Interessen entgegenkommt. Die Einsicht in die Notwendigkeit einer Neubestimmung dieses Verhältnisses von Politischer Wissenschaft und politischer Praxis sollte aber nicht so verstanden werden, als müsse unsere Disziplin nunmehr ihre praktische Nützlichkeit demonstrieren. Die Existenz einer Wissenschaft, ihre Leistungen, auch ihre gesellschaftliche Nützlichkeit knüpft sich nicht allein an ihre politische Brauchbarkeit, auch nicht nur an ihre Fähigkeit, praktisch-politische Probleme mitlösen zu helfen. Sie erweist sich gerade auch darin, daß sie ‚querliegt' zur praktischen Politik, daß sie diese einem dauernden Begründungszwang aussetzt, ohne den legitim nicht gehandelt werden kann. Sozialwissenschaften als Oppositionswissenschaften also – in dem Sinne, daß ohne eine gesicherte, ihrer Überlebenschancen gewissen Opposition ein demokratisches Staats- und Gesellschaftssystem seinen Namen nicht mehr verdient.

Lassen Sie mich am Ende noch danken, der Deutschen Forschungsgemeinschaft und dem Lande Nordrhein-Westfalen für ihre finanzielle Unterstützung, ohne die wir diesen Kongreß nicht hätten veranstalten können; dem Bonner Seminar für Politische Wissenschaft, vor allem Herrn Prof. Jacobsen und Herrn Dr. von Alemann, die die organisatorischen Vorbereitungen hier in Bonn wesentlich getragen haben; schließlich der Universität Bonn, die uns ihre Räume freundlicherweise zur Verfügung gestellt hat. Lassen Sie mich aber auch jenen ‚politischen Praktikern' danken, die hierher gekommen sind, um an diesem Kongreß teilzunehmen. Es wäre zu hoffen, daß aus solcher Teilnahme, aus solcher Diskussion ein informierteres Verständnis für die jeweils gemeinsamen wie unterschiedlichen Aufgaben von Politischer Wissenschaft und politischer Praxis erwächst.

Politische Wissenschaft und politische Praxis

Von Rudolf Wildenmann

Eine kleine Vorbemerkung: Ich befinde mich im Augenblick in einem etwas merkwürdigen Rollenkonflikt. Derzeit bin ich praktisch „tätiger Politiker" als Rektor der Universität Mannheim und zugleich Wissenschaftler. Infolgedessen habe ich unablässig beides in mir auseinanderzuhalten. Als Rektor einer Universität ist man zum gegenwärtigen Zeitpunkt doppelt aufgerufen – Herr Bermbach hat das ja angeschnitten – sich mit den Problemen unseres Themas auseinanderzusetzen, einmal für die Universität als Ganzes, zum zweiten natürlich auch insbesondere für unsere Disziplin. Im Interesse der Diskussion will ich Ihnen keinen großen Vortrag halten, liebe ich es persönlich ohnehin mehr in Thesen zu diskutieren. Ich werde also auch jetzt sozusagen nicht den Versuch unternehmen, das Gesamtgebiet auch nur umreißen zu wollen, sondern mich auf bestimmte Aspekte konzentrieren.

Lassen Sie mich mit der Bemerkung beginnen, daß das Alltagsverständnis in unserer Gesellschaft und vielfach auch noch in den angelsächsischen Ländern – obwohl dort mit großen Unterschieden – Politische Wissenschaft und politische Praxis nicht auseinanderhält. Sie unterhalten sich mit irgendwelchen Leuten und verstehen sich gut, wie das im Alltag eben so vorkommt; es wird nicht die Vermeidungsstrategie angewandt, nicht alles auszuklammern, was Dissonanzen hervorrufen könnte, sondern man diskutiert auch. Plötzlich stellt der andere die Frage: „Was sind Sie denn oder was bist Du denn von Beruf?" Dann sagt man, „ich bin politischer Wissenschaftler", und da geht ein merkwürdiger Ruck durch die Gestalt (dies ist mir erst diesen Sommer wieder mit einem sehr sympathischen kanadischen Engländer passiert). Ich habe ihm dann geantwortet, er möge doch begreifen, daß, wer Gänse studieren wolle, nicht notwendigerweise in seinem Verhalten ein Ganter sein müsse. Das ist eine polemische Formulierung, aber sie bringt etwas, was meinem Eigenverständnis entspricht, die Distanz zum Objekt.

Das Alltagsverständnis aber unterscheidet nicht. Diese Erfahrungen lassen verschiedene Erklärungsmöglichkeiten zu. Erstens einmal halte ich den Begriff des „Politischen" in der Bevölkerung für wenig differenziert. Das ist eine empirische Frage für mich und nicht eine Frage der Definition. Ob „das Volk nur gemeinen Sinnes sein könne", wie Herr Hennis einmal schrieb, und „daß es eigentlich nur auf die Meinung der Gebildeten ankomme". Politik wird zumeist als „Hohe Politik", und „von unten gesehen" sozusagen. Dann macht es nicht viel Unterschied, ob jemand Politikwissenschaftler oder Politiker ist. Die Rollendifferenz, die existentielle Differenz wird nicht wahrgenommen.

Dieser Hintergrund ist selbst erklärungsbedürftig. Es hat etwas zu tun mit der Entwicklung der Sozialwissenschaften in Deutschland. Die mehrfachen Kontinuitätsbrüche in der Entwicklung institutionell gefaßter Sozialwissenschaften hat eine Reihe von Folgen gehabt. Man muß deutlich die letzten vergangenen Jahren einmal studieren und sich vor Augen führen, wie groß der Blutsverlust war, der im Dritten Reich eingetreten ist. Die Soziologie und die Politikwissenschaft insbesondere, sicherlich auch noch einige andere, sind fast völlig vernichtet worden. Man hat 1949 wieder mühsam begonnen.

Ich will nicht behaupten, daß die Sozialwissenschaften in den 20er Jahren sehr stark gewesen seien. Aber das analytische, kritische Verhältnis zur Gesellschaft hat eine andere Kulturtradition als die, die wir gewohnt sind. Diese Kulturtradition ist in Deutschland nie sehr stark gewesen, aber sie ist, als sie gerade die ersten Blüten entwickelte, etwa in der Wiener Schule oder auch hier in Bonn oder in Berlin, zerstört worden.

Für die Entwicklung dieser Disziplinen hat es dagegen in Amerika einen ungeheueren Effekt ausgeübt, daß so viele Emigranten dort Verbindungen eingegangen sind mit der spezifisch amerikanischen Tradition der „Political Sciences". Hier aber fehlt das, und es ist auch zu fragen, ob diese Tradition von uns in Lehre und Forschung voll inhaltlich aufgenommen wurde.

Des weiteren muß man sehen, daß die Sozialwissenschaften – es gilt für die Politikwissenschaft wie für die Soziologie – insbesondere in den 70er Jahren, aber auch schon in den 60er Jahren, anscheinend stark entwickelt worden sind. Absolut gesehen ist das richtig. Andererseits ist festzustellen, daß diese Entwicklung marginal ist im Verhältnis zu der Entwicklung anderer Disziplinen, für die Biomedizin, für die Naturwissenschaft oder die Technik. Die Explosion der Wissenschaft ist dort viel größer gewesen, wir haben zwar absolut zugenommen, haben aber einen relativen Entwicklungsnachteil. Wiederum also eine Marginalität dieser Disziplin. Gut, die Deutsche Gesellschaft für Politische Wissenschaft hat über 800 Mitglieder, die Deutsche Gesellschaft für Soziologie hat etwas weniger (sie hat andere Mitgliedskriterien, dadurch ist die Zahl geringer). Insgesamt dürften es etwa 1200 bis 1500 akademische Lehrer in diesen verfaßten Organisationen sein. Dennoch ist dieses Personal im Grunde genommen marginal gegenüber dem Personal, das die anderen Disziplinen aufweisen. Ich will noch nicht einmal von den Mitteln reden, mit denen gearbeitet werden muß.

Der Kontinuitätsbruch hat auch dazu geführt – und das ist eine ganz spezifische Ansicht meinerseits – daß die Dominanz des hermeneutischen oder sozial-philosophischen Paradigmas in unserer Disziplin gestärkt worden ist, während das analytische nie richtig entwickelt wurde. Es gibt ja sehr unterschiedliche Paradigmas in dieser Disziplin, Gott sei Dank. Aber auch das mathematische ist in der Bundesrepublik kaum zum Zuge gekommen, was, wenigstens nach meiner Sicht der Dinge, für gesellschaftswissenschaftliche Analysen unbedingt notwendig ist.

Zum Teil ist dies darauf zurückzuführen, daß nach dem Zweiten Weltkrieg die Bindungen der „Wissenschaftlichen Politik", wie sie sich damals nannte (und z.T. noch heute nennt) an die Staatsbürgerliche Bildung besonders eng waren, und auch besonders eng sein mußten beim Wiederaufbau dieses Landes und bei der Entwicklung einer neuen demokratischen Verfassung. Das drückt sich heute noch in der Prüfungsordnung für das Lehramt in Baden-Württemberg aus. Hier ist die Dominanz des Hermeneutischen und des Sozial-Philosophischen ganz eindeutig. Das heißt aber auch, daß damit gleichzeitig die Verminderung von Berufschancen für die Studienabgänger in Kauf genommen worden ist. Denn mit solchen Prüfungen und in solchen Richtungen sind vorwiegend Lehrer zu erziehen und es entsteht wenig analytische Kapazität. Schließlich würde ich meinen, daß auch die Politische Wissenschaft selber in der öffentlichen Interpretation ihrer selbst genug Anlaß zur Gleichsetzung zwischen Politik und Politischer Wissenschaft geboten hat. Auch die sog. „kritische Schule" macht davon keine Ausnahme.

Schließlich haben wir uns mit der Tatsache zu befassen, daß die Entwicklung eines akzeptierbaren oder akzeptierten Problemkatalogs erheblich leidet. Paul Franken, der frühere Leiter der Bundeszentrale für Politische Bildung, sagte mir vor 20 Jahren einmal (er war Professor für Geschichte an einer Pädagogischen Hochschule und repräsentierte ganz das deutsche, traditionelle, konservative historische Verständnis): „Junger Freund, Sie haben aber eine sehr problematische Wissenschaft". Ich habe ihn damals angestrahlt: „Gott sei Dank, hat diese Wissenschaft noch Probleme". Das muß aber nicht unbedingt heißen, daß wir nicht darangehen müssen, einen Problemkatalog der Gegenstände und der Theorien zu definieren, mit denen wir es zu tun haben und diese Wissenschaft abzugrenzen. Sonst macht man uns zu Recht den Vorwurf, was eigentlich das Wissenschaftliche an dieser Disziplin sei. Wenn ich mich nicht täusche, stehen wir allerdings an einem Wendepunkt.

Eine weitere These: Ich behaupte nicht, daß politische Wissenschaftler keine Politik treiben sollten, noch daß Politiker nichts zur Politischen Wissenschaft beitragen könnten. Das wäre schlichtweg unsinnig. Ich behaupte aber, daß wir uns vor Rollenvermischungen hüten müssen, weil eine Rollenvermischung zwischen dem wissenschaftlichen Handeln, dem wissenschaftlichen Erkenntnisdrang und dem politischen Handeln sowohl das Entscheidungshandeln beeinträchtigt wie den Erkenntnisfortschritt hemmt. Ich gebe zu, ich vertrete hier eine bestimmte wissenschaftstheoretische Position, lege diese aber auch ganz offen; sie hat natürlich auch Wertinhalte. Das „Philosophen-Königtum" war zwar immer ein Teil unserer Wirklichkeit; das gilt für die Geschichte der Politik und für die Geschichte unserer alten Disziplin, aber das „Philosophen-Königtum" ist selber wiederum erklärungsbedürftig als eine historisch-politische Erscheinung. Es ist eine wissenschaftliche Aufgabe des „Philosophen-Königtums" zu erklären, und es ist nicht die Aufgabe unserer Wissenschaft, die Ansätze des „Philosophen-Königtums" selbst schon als bare Münze der Wissenschaft zu nehmen. Es gibt nur wenig Fälle, in denen die Rollenspannung zwischen dem praktisch-politischen Arbeiten und dem wissenschaftlichen Handeln ausgehalten werden kann (ich erfahre das an mir selber z.Zt.: sozusagen bis hin zur psychologischen Streßsituation). Kant hat meines Erachtens im Grunde in dieser Frage immer noch Recht: der „König" und der „Philosoph" sollen aufeinander hören, aber das „Philosophen-Königtum" sei abzulehnen. Erleben wir nicht genügend Politiker, die als „Prediger auf den Thronen" sitzen? Das ist genauso widersinnig wie Wissenschaftler, die als „Politiker von den Kanzeln" lehren. Bei anderen Wissenschaften ist das leichter. Ein Naturwissenschaftler oder Techniker, der sich irgendwie praktisch betätigen möchte, hat es sehr viel leichter als der Politikwissenschaftler, der sich unablässig mit Politik selbst wissenschaftlich beschäftigt und sich auch öffentlich exponieren muß. Man muß diese Spannung austragen; man sollte sie nicht leugnen.

Meine vierte These hat zu tun mit der Beratungstätigkeit. Wir erleben heute, gerade auch in der Bundesrepublik, eine außerordentliche Ausfächerung von Planungsstäben und von Beratergremien. Wir beobachten mehr und mehr die Vergabe von Projektforschung durch Bundesministerien. Nach den Haushalten betragen die Förderungsmittel der Deutschen Forschungsgemeinschaft und der Volkswagen-Stiftung zusammengenommen ein Sechstel der Förderungsmittel, die durch die Projektforschung administrativ vergeben werden. Das sind knapp etwa 900 Millionen bei DFG und VW-Stiftung zusammen, Thyssen-Stiftung und andere kleine Stiftungen mit eingerechnet, und bei den Ministerien sind es jetzt schon 6 Milliarden. Ich behaupte nicht, daß so keine Forschung betrieben werden könnte, wohl aber, daß die Vergabe administrativ projektorientiert ist, d.h. sie ist politisch vorgegeben. Die freie Definition und die freie Wahl von neuen Problemstellungen ist damit sehr eingeschränkt. Trotz dieser Ausfächerung von Planungsstäben, Beratergremien und Projektforschung haben aber die Träger der politischen Entscheidungen heute – und das ist parteiunspezifisch, das kann einem in der SPD genauso begegnen wie in der FDP oder CDU – ein sehr eigenwilliges Verhältnis zur sozialwissenschaftlichen Forschung generell, insbesondere aber auch zur politikwissenschaftlichen Forschung. Einerseits sind sie geradezu gezwungen, wegen der Vielschichtigkeit unserer Probleme, sich in den Entscheidungsfragen möglichst viele Informationen zu verschaffen. Dazu bedarf es eben auch der Sozialwissenschaftler, der analytischen Kompetenz. Eine Tendenz zum Herrschaftswissen ist dabei jedoch unverkennbar (etwa in der Frage der Autorennutzungsrechte bei Gutachterverträgen).

Auf der anderen Seite – etwas polemisch formuliert – würden die Sozialwissenschaftler als Hilfstruppe minderer Art empfunden werden. (Ich bin auf diesem Gebiet ja nicht ganz unerfahren und habe deshalb meinen Standpunkt der Unabhängigkeit immer vertreten). Die Statuszuweisungen der Sozialwissenschaftler sind dafür ein guter Indikator. Der Unterschied etwa zwischen der Statuszuweisung von Naturwissenschaftlern, Vertretern der Biomedizin, der Technik oder der Wirtschaftswissenschaftler einerseits und der für die Sozialwissenschaftler andererseits läßt die Erklärung zu, daß es sich etwa bei den Naturwissenschaftlern um Vertreter von Interessen handelt, die als zentral definiert werden, und bei Sozialwissenschaftlern um „problematische Kritiker“, bei denen man eigentlich gar nicht richtig wisse, was sie wollen. Man kann also das Problem politisch-soziologisch deuten, stößt aber auch darauf, daß die Politische Wissenschaft sich zu oft in die Nähe einer „säkularisierten Theologenschule“ begibt und damit die „säkularisierte Kirchenaufsicht“ geradezu provoziert. Zum zweiten konstituiert das Verhältnis von Politikwissenschaft und politischer Praxis selber ein reales Konfliktspotential, wegen der Art der Herrschaftsorganisation, mit der wir es heute zu tun haben, ebenso aber auch wegen des Zustandes der Wissenschaft.

Die fünfte These hat mit der Universität als Institution und der Verfaßtheit unserer Sozialwissenschaft zu tun – eine normative Forderung. Die Universität als eine Institution sollte in der Lage sein, die gesellschaftlich-politischen Spannungen in sich auszutragen. Das sagt sich so leicht, aber in der Alltagspraxis ist es sehr schwer, das verständlich zu machen. Wir Älteren haben das mühsam erkämpft und erfahren; wir haben es „verinnerlicht“. Den Jüngeren ist es oft wegen des Mangels an historischen Erfahrungen schwierig zu vermitteln. Man kann aber die Universität nicht zu „Plakatsäulen“

politisch aktiver Gruppen deformieren, noch glauben dürfen, daß der Erkenntnisfortschritt keine sozialen Konsequenzen habe.

Dieses profunde Unverständnis, daß der Erkenntnisfortschritt keine sozialen Konsequenzen habe, wird nach meiner Erfahrung der letzten Jahre nicht nur von sehr vielen Vertretern anderer Disziplinen verbal vertreten, sondern auch in Entscheidungen umgesetzt. Die Furcht, daß durch Stellenbeschneidungen und ähnliches mehr als nur die Wissenschaft eingedämmt werden sollte, ist nicht unbegründet. Zur Illustration dieses Syndroms: Ein Vertreter einer Universität, ein Mediziner, sagte mir unter dem Druck der Stellenstreichungen in Baden-Württemberg: „Das Beste wäre, man schaffte jetzt die Politische Wissenschaft ab, damit hätten wir einen Großteil der Stellen eingespart." Er sagte das ein bißchen lächelnd-ironisch, aber er meinte das auch. (Ich habe ihm geantwortet, daß mir seit den Tagen von Herrn Virchow kein Mediziner bekannt worden sei, der politische Dimension verstanden hätte).

Dahinter steht ein reales Problem: Das Unverständnis für die Politische Wissenschaft und auch das Unverständnis für systematische, institutionelle Erfordernisse ist geradezu erschreckend. Etwa in der Bildungspolitik: Die Schwäche der institutionellen Einsichten tritt in den verschiedensten Disziplinen offen zutage. Die meisten unserer fachfremden Kollegen innerhalb der Universitäten unterscheiden sich kaum vom Alltagsverständnis über Politik und Politikwissenschaft; es ist ebenso völlig unreflektiert.

Indessen lösen wir dieses Problem nicht im geringsten, wenn Vertreter unserer Disziplin glauben, pseudotheologische Schulen gründen zu sollen. Der Verfall des institutionellen Denkens in der verfaßten Wissenschaft geht ebenso zu Lasten eines mangelnden Reflexionsvermögens in der Wissenschaft generell, wie zu Lasten des schieren Ausnützens der Institution zu politischen Zwecken durch Vertreter der eigenen Disziplin.

Die sechste These: Wir haben im politischen Bereich gewichtige und schwerwiegende institutionelle Verfassungsänderungen notwendig. Die Vorbereitung für politische Entscheidungen – ohne Rücksicht sozusagen auf das Niveau und die Dimension der Tragweite, die eine solche Entscheidung haben könnte – fordert nach meiner Meinung eine nicht weisungsgebundene neue Institution zur Imformationsbeschaffung. Sie müßte unter zwei hauptsächlichen Kriterien arbeiten: Nicht weisungsgebunden und nach dem Konkurrenzprinzip.

Es gibt zwar schon solche Institutionen, wie etwa die Gutachterräte. Aber das sind, um es in der Kürze etwas polemisch zu sagen: „Mandarine". Wenn diese gesprochen haben, gibt's wenig dagegen zu sagen, weil niemand die gleichen Mittel der Informationsbeschaffung hat wie sie. Auch eine Vielfalt von Gruppen trägt in offener Diskussion zur Klärung der Sachverhalte bei. Dennoch halte ich diese Prinzipien der Unabhängigkeit und der Konkurrenz zu dieser Informationsbeschaffung für nötig.

In Amerika liegt eine interessante Gesetzesinitiative von Javitts und Humphrey vor. Sie ist jetzt zwei Jahre alt (und ob sie durchkommt, wird sich zeigen). Danach soll innerhalb der Administration eine solche Institution für den Bereich der Wirtschafts- und Sozialpolitik geschaffen werden. M.E. ist das Problem jedoch umfassender. Außerdem sollte eine solche Institution bei uns nicht unbedingt der Exekutive unterstellt werden.

Des weiteren erforderte die heutige Entscheidungsfindung eine Reorganisation der Verwaltung. Ein Teil der Probleme liegt einfach darin begründet, daß die Zugänge zur Verwaltung „professionalisiert" sind und sehr stark nach wie vor von einer ganz bestimmten Bildungstradition dominiert werden, nämlich der juristischen. Infolgedessen ist in der Verwaltung auch die „Planungskapazität" nicht sehr groß. Wenn in der Bildungspolitik z.B. vor zehn Jahren einige der Bildungspolitiker oder der Verwaltungsbeamten nur in der Lage gewesen wären, die einfachste Statistik zu lesen, würden sie manche Entscheidung nicht getroffen haben und gar nicht hätten treffen können, (der Zustrom von Studenten ist vor zehn Jahren schon ganz deutlich ersichtlich gewesen).

Es braucht nur ein paar Kenntnisse der Bevölkerungsstatistik, um abschätzen zu können, was es bedeutet, wenn gleichzeitig ein Geburtenwachstum zusammentrifft mit Anstrengungen, von 5 bis 6 Prozent pro Jahrgang auf 20 oder gar 25 Prozent Abiturienten zu kommen. Dann muß ich nämlich dafür sorgen, daß die Universitäten arbeitsfähig bleiben und nicht hinterher mit restriktiven Maßnahmen gegängelt werden. Das ist nur ein Beispiel, wo nicht einmal ein Minimum an analytischer Kompetenz vorhanden war.

Wir haben also eine Reorganisation der Verwaltung nötig, sowohl in den Zugangskriterien wie in der Art des Arbeitens.

Nun, man könnte sagen, nach dem Sinnverständnis von Max Weber sollte die Informationsbeschaffung eigentlich durch die Verwaltung geleistet werden. Sie sollte Entscheidungsvorbereitungen treffen können, und sie sollte gut exekutieren können. Indessen ist die Komplexität unserer Politik größer, als daß wir uns bloß auf Max Weber verlassen könnten. Ich würde meinen – und das ist mein nachdrückliches Wort in dieser Sache, daß neben den Bildungstraditionen der Naturwissenschaft, der Jurisprudenz und der sprachwissenschaftlichen Disziplinen die analytisch-sozialwissenschaftliche Kulturtradition auszubauen sei.

Herr Bermbach ist, um das noch schließlich zu erwähnen, auf die Diskussion der Westdeutschen Rektorenkonferenz über die Empfehlungen für die Oberstufenreform eingegangen. Ich muß ihn etwas korrigieren. Einige Proteste ihrer Art, – ich bin nicht Richter, ich stelle nur fest, – hätten fast eine Diskussion unmöglich gemacht. Daß es dennoch gelungen ist, in diesen Empfehlungen einen anderen Ton anzuschlagen, ist dem Umstand zu verdanken, daß man ausführlich diskutiert hat. Es war eine richtige Redeschlacht. Hier ist eine neue Tür aufgemacht worden, Herr Bermbach, denn es heißt z.B. jetzt nicht mehr „Sozialkunde", es heißt jetzt „Sozialwissenschaften". Es wird sehr an uns liegen, ob diese Chance wahrgenommen wird. Das bedeutet aber auch, daß wir unsere Studiengänge und die Schwerpunktbildung überdenken müssen.

Meine Hauptthese: Wir brauchen im wahrsten Sinne des Wortes eine „Professionalisierung" der Disziplin. Sie ist die am wenigsten professionalisierte Disziplin überhaupt und „Professionalisierung" meine ich im Sinne der wissenschaftlichen Professionalisierung. Das gilt nicht nur für die Bundesrepublik, das gilt auch für das Ausland.

Das Verhältnis von Wissenschaft und Politik aus der Sicht des Politikers

Von Peter von Oertzen

Gestatten Sie mir einige persönliche Vorbemerkungen; sie sollen bestimmte Einseitigkeiten und wohl auch Lücken meines Vortrages wo nicht entschuldigen, so doch erklären helfen.

- Ich habe selber, wie Sie wissen, einmal wissenschaftlich gearbeitet und stehe auch heute noch – wenn auch als überwiegend nur noch in der Lehre tätiger Hochschullehrer – zumindest am Rande der Wissenschaft. In den Kategorien der Politischen Wissenschaft bin ich sicherlich das, was man einen „Berufspolitiker" nennen müßte, aber ich kann zugleich die Herkunft von der Wissenschaft nicht ganz verleugnen. Grob gesprochen: Ich stehe der Wissenschaft unterdessen zu fern, um die systematische und empirische Fachdiskussion noch verfolgen zu können; ich stehe ihr aber auch nicht fern genug, um mit jener nahezu naiven Ungebrochenheit von der Wissenschaft zu reden, die reinblütige Praktiker der Politik häufig zur Schau tragen. Sie werden also in meiner Haltung zu dem Problemkreis „Wissenschaft und Politik" eine gewisse Zwiespältigkeit entdecken.
- Ich kann und will meinen politischen Standort nicht verleugnen. Insbesondere dann, wenn ich mich auf gemachte Erfahrungen berufe, muß klar sein, daß ich diese Erfahrungen in der politischen Arbeit für die SPD und aus der Sicht der SPD gewonnen habe.
- Ferner habe ich mir erlaubt, das Thema eigenmächtig etwas zu verändern. Ich werde das Verhältnis der politischen Praxis nicht nur zur Politischen Wissenschaft im engeren Sinne, sondern zur Wissenschaft überhaupt zu behandeln versuchen. Mir scheint, daß es Aspekte des Problems gibt, die sich ganz allgemein auf das Verhältnis der Wissenschaft zur politischen Praxis beziehen und die nicht auf die Politische Wissenschaft beschränkt werden können.

Nun zum eigentlichen Thema:

1. These:

Wissenschaft besitzt für die Politik entwickelter oder sich entwickelnder Industriegesellschaften eine zentrale und herausragende Bedeutung.

(Ich behandele mein Thema zwar vor dem Erfahrungshintergrund der Politik in der Bundesrepublik, meine aber, daß die einleitenden allgemeinen Thesen Gültigkeit auch über den engeren Rahmen Westdeutschlands oder der fortgeschrittenen „westlichen" Gesellschaften hinaus beanspruchen können. Und insofern die internationale Politik von den Staaten mit entwickelten industriellen Gesellschaften beherrscht wird, gelten jene Thesen sogar für industriell kaum entwickelte Länder.) Ich verstehe unter *Politik* – im Rückgriff auf einen vor längerer Zeit einmal unternommenen Bestimmungsversuch (Überlegungen zur Stellung der Politik unter den Sozialwissenschaften, Kölner Z. Soz., 17. Jg. 1965, S. 503 ff, 509) – „ ... jenes planmäßige organisierte sinnorientierte soziale Handeln, das beharrlich auf die Schaffung, Erhaltung oder Veränderung der gesellschaftlichen Ordnung hinwirkt" und unter *Wissenschaft* den – zumindest tendenziell – systematischen, methodisch reflektierten und gesellschaftlich institutionalisierten Prozeß der Gewinnung von Erkenntnissen; (ich verwende also einen umgangssprachlichen, weiten, wissenschaftstheoretisch „naiven" Wissenschaftsbegriff, der nicht etwa auf irgendeine Form der „exakten" Wissenschaft begrenzt ist.)

Der Kern meiner These ist die Behauptung, daß in der „Politik" (planmäßige Gestaltung der gesellschaftlichen Ordnung) in vorindustriellen oder sogar noch in frühindustriellen Gesellschaften „Wissenschaften" eine vielleicht nicht unwichtige, aber doch jedenfalls keine zentrale Rolle gespielt haben – im Unterschied zur Gegenwart. Astronomie und Wassenbaukunde zur Flußregulierung, Geografie, Kartografie, Meteorologie für die Schiffart, mancherlei Techniken für die Kriegsführung, wissenschaftlich durchdachte Rechtsformen, philosophisch oder theologisch begründete Legitimationssysteme gehörten sicherlich schon sehr früh zur Regierungskunst in großen politischen Verbänden, in Reichen oder Staaten. Aber sie blieben partiell und akzidentiell (ausgenommen vielleicht die wissenschaftlichen Grundlagen für die Flußregulierung in den großen Stromtalkulturen).

Unsere moderne industrielle Zivilisation hingegen ist im Kern ihrer materiellen Existenzgrundlagen, ihres politischen Systems und ihrer sozio-kulturellen Lebensformen von der Wissenschaft geprägt. Wissenschaft und wissenschaftlicher Fortschritt bestimmen die Technologie, die Organisationsformen und die ökonomischen Abläufe unserer Wirtschaft; Jurisprudenz, wissenschaftlich geprägte Regierungs- und Verwaltungssysteme, sowie kommunikationswissenschaftliche Erkenntnisse bestimmen den politischen Prozeß; an die wissenschaftlichen Grundlagen unseres Bildungssystems oder unseres Gesundheitssystems braucht man gar nicht eigens zu erinnern, sie liegen offen zutage; ganz zu schweigen davon, daß Wissenschaften – Kernforschung und Ökologie, Biochemie und Gentechnologie - über die physische Existenz oder Nichtexistenz der Menschheit in der Zukunft entscheiden werden. Kurz und schlagwortartig ausgedrückt: Die Wissenschaft ist die größte und die entscheidende Produktivkraft unserer Gesellschaft.

2. These:

Das Verhältnis von Wissenschaft und Politik in unserer Gesellschaft ist theoretisch problematisch und praktisch prekär.

Schon ein erster Blick auf die Oberflächenphänomene der Beziehungen von Wissenschaft und Politik bestätigt diese These.

– Die Politik nutzt wissenschaftliche Erkenntnisse nicht genügend und sie prognostiziert gesellschaftliche Entwicklungen, die von der Wissenschaft induziert worden sind, nicht richtig.
– Die Wissenschaft beantwortet Fragen der Politik nicht oder nicht zulänglich. (Dies betrifft natürlich insbesondere die politische Wissenschaft). Sie induziert darüber hinaus gesellschaftliche Entwicklungen, schafft aber nicht oder nicht rechtzeitig die Voraussetzungen für ein angemessenes gesellschaftliches und politisches Bewußtsein von den Folgen dieser Entwicklung; in vielen Zweigen des Wissenschaftsbetriebes wird nicht einmal die Existenz dieses Problems zur Kenntnis genommen, vom Versuch einer Lösung ganz zu schweigen.

Einige besondere naheliegende, aktuelle Beispiele:

Die Politik hat die Entwicklung der Kernenergieerzeugung eingeleitet, ohne die – im Prinzip vorhandenen – wissenschaftlichen Erkenntnisse über die Probleme der Endlagerung zu berücksichtigen und hat deren praktische Lösung erst dann ernsthaft ins Auge gefaßt und in Angriff genommen, als in eineinhalb Jahrzehnten Reaktorbau und Reaktorbetrieb bereits irreversible vollendete Tatsachen geschaffen worden waren; die Wissenschaft ihrerseits hat – obwohl im Besitz der erforderlichen Kenntnisse – die Politik nicht oder nicht rechtzeitig oder nicht mit genügendem Nachdruck auf diese Probleme hingewiesen.

Wirtschaft und Politik (im übrigen sowohl in kapitalistischen als auch in nichtkapitalistischen Gesellschaften) haben bestimmte Formen des ökonomisch-technischen Wachstums betrieben, ohne die ökologischen Folgen zu reflektieren, obwohl die wissenschaftlichen Voraussetzungen dafür vorhanden gewesen wären. (Raubbau an natürlichen Ressourcen, Störung des ökologischen Gleichgewichts, tiefgreifende Klimaveränderungen durch steigenden CO_2-Gehalt der Atmosphäre, Zersiedelung von Landschaften und Unbewohnbarwerden von Städten usf. usf.). Die Wissenschaft ihrerseits hat die technologischen oder planerischen Voraussetzungen für diese Politik geliefert, ohne Neben- und Rückwirkungen der von ihr induzierten Entwicklungen hinlänglich zu bedenken (z.B. bei der von der Wissenschaft eingeleiteten massenhaften Anwendung von Insektiziden oder von Antibiotika).

Die Politik scheint außerstande zu sein, sich in der Justizpolitik der gesicherten Erkenntnisse der Sozialpsychologie und Kriminologie zu bedienen; zwar erkennt sie – wie in der Strafvollzugsreform – diese Ergebnisse verbal an, setzt ihre Erkenntnisse aber nicht mit genügendem Nachdruck in die Praxis um.

Ganz zu schweigen von der notorischen Unfähigkeit von Wirtschaftspolitik und wissenschaftlicher Volkswirtschaftslehre (trotz eines Überangebots an beratenden Institutionen), auftauchende Probleme richtig zu diagnostizieren, zukünftige Entwicklungen zutreffend zu prognostizieren und brauchbare praktische Lösungen zu entwickeln (meiner Meinung nach gilt diese Aussage weitgehend ohne Unterschied der wissenschaftlichen Schulen oder politischen Richtungen).

3. These:

Die Einsicht in das prekäre Verhältnis von Wissenschaft und Politik führt zur Erkenntnis der prekären Beziehung von Wissenschaftlern und Politikern. Ihre Verständigungsschwierigkeiten schlagen sich häufig in unreflektierten klischeehaften Kategorien nieder. Beispiele: Der angeblich wesensmäßige Gegensatz von „Geist" und „Macht" oder von „Theorie" und „Praxis". (Die Wertakzente sind je nach Interessenlage beliebig hinzuzufügen).

Richtig ist, daß es typische Reaktionsweisen zwischen professionellen Wissenschaftlern und professionellen Politikern gibt, die solche Klischees nahelegen und ihnen scheinbare Berechtigung verleihen.

Der Wissenschaftler hat nicht selten – und durchaus nicht ohne Grund, wie ich betonen möchte – vom Politiker folgendes Bild: Die Politiker streben unter Vernachlässigung anderer Aspekte der Politik überwiegend nach persönlicher oder Gruppenmacht; sie entwickeln keine längerfristigen Perspektiven; sie scheuen die Unbequemlichkeit der Auseinandersetzung mit komplizierten Problemen; sie sind – wie alle Berufsgruppen, deren Angehörige für ihren Berufserfolg in besonderem Maße auf öffentliche Anerkennung angewiesen sind – höchst empfindlich gegen Kritik; sie ertragen deshalb natürlich auch nicht gerne eine wissenschaftlich fundierte Kritik. (Daß gerade die zuletzt genannten Charakteristika auch und gerade für Wissenschaftler, zumindest für Professoren gelten, macht die Sache nicht einfacher – im Gegenteil).

Das Bild, das Politiker sich im Durchschnitt von Wissenschaftlern machen, ist seinerseits genausowenig geeignet, das wechselseitige Verständnis zu fördern: Wissenschaftler sind in der Regel dogmatisch, realitätsblind und unpraktisch; die politisch wirklich wichtigen Fragen, die ihnen gestellt werden, lassen sie meistens unbeantwortet; und das Nützliche, das sie mitzuteilen haben, fassen sie in eine dem Politiker unverständliche Sprache.

Es ist naheliegend für die Beteiligten, die hier skizzierten Vor-Urteile, die ja immer wieder durch das konkrete Verhalten von realen Individuen bekräftigt werden, zu Vorstellungen vom Wesen *des* Wissenschaftlers oder *des* Politikers zu verallgemeinern. So wenig gegen eine solche Verallgemeinerung an sich etwas einzuwenden wäre, kann durch sie doch die Reflexion auf die wirklichen Bedingungen des prekären Verhältnisses von Wissenschaft und Politik abgeblockt und die Suche nach den Bedingungen einer besseren Zusammenarbeit zwischen ihnen in die falsche Richtung gelenkt werden. Die gedankliche Verfestigung der Differenz von Wissenschaft und Politik zu unreflektierten Wesensbegriffen, die eine differenzierte Vermittlung dieser beiden menschlichen Seins- und Verhaltensweisen blockieren, kann zu Lösungen führen, die auf eine Unterordnung der einen unter die andere hinauslaufen und für eine offene demokratische Gesellschaft gefährlich sind (technokratische oder paternalistische Tendenzen).

4. These:

Die hier skizzierten Phänomene der Fremdheit von Wissenschaftlern und Politikern beruhen nicht auf purer Einbildung oder bloßem Mißverständnis, sondern auf wirklichen Erfahrungen beider Seiten.

Die Richtigkeit dieser Behauptung unterstellt – die Begründung dafür kann erst im Zusammenhang der nächsten These gegeben werden – ist es daher nicht aussichtsreich, mit dem bloßen Appell an Vernunft oder guten Willen gegen die skizzierten Vorurteile ankommen zu wollen. Wenn es richtig ist, daß die in den wechselseitigen Verständigungsschwierigkeiten von Wissenschaft und Politik zum Ausdruck kommenden Haltungen durch reale Situation und/oder Interessen geprägt sind, dann wird diese Prägung stärker sein als jede intellektuelle oder moralische Forderung. Um zu einem fruchtbaren Verhältnis von Wissenschaft und Politik zu kommen, ist es daher nötig, die realen Bedingungen ihres derzeitigen Mißverhältnisses aufzudecken.

5. These:

Die Grundlage des Mißverständnisses von Wissenschaft und Politik liegt in der gesellschaftlichen Arbeitsteilung. Nur im Rückgriff auf diese Einsicht können die einzelnen Momente dieses Mißverhältnisses zutreffend analysiert und die Bedingungen ihrer Veränderung bestimmt werden.

Die Banalität, ja Plattheit meiner Behauptungen könnte geeignet sein, in einem Kreise von Wissenschaftlern Unmut hervorzurufen. Die professionelle Selbstachtung des Wissenschaftlers beruht ja schließlich darauf, daß er Probleme löst, die dem common sense zu schwierig sind, daß er Zusammenhänge aufdeckt, die dem Laien durch den äußeren Anschein verborgen werden. Oder mit Marx gesagt: „Alle Wissenschaft wäre überflüssig, wenn die Erscheinungsform und das Wesen der Dinge unmittelbar zusammenfielen“ (Das Kapital, III. Band, 48. Kap., III. Abschnitt).

In der Regel dürfte es auch tatsächlich der Fall sein, daß allzu simple Lösungsvorschläge für objektiv schwierige Probleme nicht ausreichen. Die verständliche Neigung des Wissenschaftlers, seine intellektuelle Sachkompetenz durch besonders anspruchsvolle Hypothesen und tüftlige Lösungsvorschläge zu beweisen, wird meistens durch die Sache gerechtfertigt. Aber es gibt Ausnahmen, und eine scheint mir für einige Probleme des Verhältnisses von Wissenschaft und Politik zu gelten, hier speziell für die wissenschaftliche Analyse politischen Handelns, also für die Politische Wissenschaft.

Der schwedische Reichskanzler Graf Oxenstjerna soll einmal in den wirren Zeitläuften des Dreißigjährigen Krieges auf kritische Fragen seines jungen Sohnes mit dem Stoßseufzer geantwortet haben: „Oh mein Sohn, wenn Du wüßtest, mit wie wenig Weisheit die Welt regiert wird.“ Ich kann aus langjähriger teilnehmender Beobachtung die tiefe Wahrheit dieses Satzes nur bestätigen. Dabei ist es nicht so sehr der in jener Sentenz enthaltene Hinweis auf die in der Tat gelegentlich anfechtbaren moralischen und intellektuellen Qualitäten von Politikern. (Dieses Defizit teilen sie mit anderen Berufsgruppen.) Was mich – auf Grund meiner eigenen Erfahrungen – an diesem Satz immer wieder bewegt, ist die Einsicht, wie banal die konkreten Umstände der Politik oftmals sind und wie schreiend die Diskrepanz zwischen dieser Banalität und den bewirkten weitreichenden Folgen.

Nur ein Beispiel angedeutet: Lieblingsthema einer bestimmten sich selbst als kritisch verstehenden Richtung der deutschen Politischen Wissenschaft ist die Erklärung gewisser – unleugbarer – Insuffizienzen und immanenten Schranken sozialdemokratischer Politik auf vorgeblich ideologiekritischem, materialistischem Wege. Mit einem oftmals riesigen wissenschaftlichen Aufwand werden die Abhängigkeiten „reformistischer" Politik vom „Verwertungsprozeß des Kapitals" oder von der „Macht der Monopole" dargetan oder es werden die korrumpierenden Wirkungen der „Integration" oder der „Bürokratisierung" der Arbeiterbewegung politökonomisch entlarvt. Nun leugne ich die Bedeutung dieser Momente durchaus nicht und auch nicht den Wert solcher Analysen. Nur wenn auf ihrer Grundlage der Versuch gemacht wird, bestimmte konkrete politische Situationen oder Entscheidungen zu erklären, dann fehlt häufig die Anschauung der alltäglichen Einzelvorgänge, in denen sich der in bezug auf das Große und Ganze so fulminant polit-ökonomisch analysierte – politische Prozeß tatsächlich vollzieht.

Wer die Prozesse der Meinungs- und Willensbildung etwas im Parteivorstand der SPD verstehen will, der kann sich nicht auf die Analyse allgemeiner ökonomischer, sozialer oder politischer Strukturen beschränken. Kurz und salopp gesagt: Für bestimmte Versäumnisse von durchaus grundsätzlicher und weitreichender Wirkung sind die „Macht der Monopole" oder „das Kapital" weniger bedeutsam gewesen, als überfüllte Terminkalender, die tötende Wirkung der Routine und eine jede Kommunikation zerstörende überspezialisierte Arbeitsteilung.

Und damit bin ich nach diesem Exkurs wieder bei meiner These. Natürlich weiß ich, daß die heutige Form der gesellschaftlichen Arbeitsteilung, der Industrialismus und der Kapitalismus dieselben historischen Wurzeln haben; und ich halte es für eine sehr erwägenswerte These, daß gerade die Fortdauer des kapitalistischen Verwertungsprozesses geeignet sei, jene in einer ins Extrem getriebenen Arbeitsteilung zum Ausdruck kommende „Entfremdung" zu zementieren; daß insofern also der Typ des überspezialisierten, vom Streß zermürbten, überlasteten Berufspolitikers nur eine „Charaktermaske" des Kapitals sei. Nur freilich: Die Wahrheit ist konkret; und diese Konkretheit in ihren banalen Details aufzuweisen, ist auch eine Aufgabe der wissenschaftlichen Diskussion. Hannah Arendt hat in ihrer Analyse des nationalsozialistischen Systems der Massenvernichtung von der „Banalität des Bösen" gesprochen, man kann diesen Satz umkehren und von der „Bösheit des Banalen" reden.

Nun zur Explikation meiner These: Die gesellschaftliche Arbeitsteilung im Verhältnis von Wissenschaft und Politik drückt sich in charakteristischen Unterschieden der typischen Verhaltensweisen, Erkenntnismöglichkeiten, Ausdrucksfähigkeiten aus.
Im einzelnen scheinen mir folgende Aspekte bedeutsam:

1. Differenzen der Sozialisation, d.h. landläufig gesprochen: Unterschiede des „Typs" oder des „Temperaments".
2. Differenzen der durch diese unterschiedliche Sozialisation bedingten Realitätswahrnehmung, die ihrerseits durch die unterschiedlichen gesellschaftlichen Positionen und Funktionen von Wissenschaft und Politik verfestigt werden.
3. Unterschiede der durch diese Realitätswahrnehmung verschieden geprägten Sprache.
4. Verschiedenheit der dem Wissenschaftler und dem Politiker jeweils zugänglichen Realitätsfelder (oder anders ausgedrückt: die Differenz zwischen dem, was umgangssprachlich „Theorie" und „Praxis" genannt wird).

5. Vertieft und verfestigt wird diese Verschiedenheit, wenn der Wissenschaftler und der Politiker durch Überspezialisierung und Überlastung jeweils noch in ihrem Gesichtskreis eingeengt werden.

Zu 1.:
Ich will hier nicht irgendeiner quasi ontologischen oder anthropologischen Unterscheidung zwischen *dem* Wissenschaftler und *dem* Politiker das Wort reden. Aber der jahrzehntelange berufliche Umgang mit Wissenschaftlern *und* Politikern (und der dauernde Streit der unterschiedlichen Verhaltenserwartungen in mir selbst) haben mich in der Auffassung bestärkt, daß für Wissenschaftler und Politiker sehr spezifisch und ausgeprägt verschiedene Fähigkeiten erfordert und im Laufe der Karriere entwickelt werden. Ich führe einige wenige ganz unsystematisch auf, ausgewählt unter dem Gesichtspunkt, was sie für Verständigungsmöglichkeiten bzw. Mißverständnisse oder Unverständnis zwischen Wissenschaftlern und Politikern bedeuten.

- Beim Wissenschaftler Epoché trotz Engagement, beim Politiker Engagement trotz Objektivität. (Dabei meine ich mit Epoché jene von dem Begründer der Phänomenologie Edmund Husserl formulierte Anforderung intellektueller Distanz zu dem wissenschaftlich zu untersuchenden Gegenstand, die den Wissenschaftler vor einem interessenbedingten vorschnellen Urteil – Vor-Urteil – bewahrt.)
- Der Wissenschaftler ordnet begrifflich-geistige Zusammenhänge, der Politiker konkret-menschliche (Hermann Heller: „Das Ziel des Praktikers der Politik ist ein geordneter politischer Wirkungszusammenhang, das des Theoretikers ein geordneter politischer Wissenszusammenhang"). Die erzielte Ordnung des Wissenschaftlers kann dem Politiker irreal oder gar unmenschlich erscheinen, die des Politikers dem Wissenschaftler prinzipienlos. „Ordnung" ist für den Wissenschaftler Widerspruchsfreiheit, für den Politiker Widersprüchlichkeit. (Klassische wenn auch dogmatisch überspitzte Formulierung des daraus entspringenden Konflikts in bezug auf die Politik selbst: Max Webers Unterscheidung von „Gesinnungsethik" und „Verantwortungsethik").
- Der Politiker braucht in bezug auf soziale Zusammenhänge ein spezifisches Entscheidungs- und Durchsetzungsvermögen, das der Wissenschaftler nicht benötigt. Dies liegt im unterschiedlichen Verhältnis zur Wirklichkeit des sozialen Lebens begründet. Es ist ein existenzieller Unterschied, über die Entscheidung in einer politischen Situation zu reflektieren oder sie in der Realität selber zu treffen.
- Der Politiker hat eine dauernde und unmittelbare Erfahrung des sozialen Konflikts, (bis ins Persönlichste hinein), der Wissenschaftler nicht. (In dieser Feststellung ist übrigens ein Teil der Begründung dafür enthalten, weswegen der „politische Prozeß" in den Organen der Gruppenuniversität so elend schlecht funktioniert. Vorstandssitzungen können schlimm sein; aber die Abläufe entsprechen den Erwartungen und Fähigkeiten der Beteiligten. Fakultätssitzungen sind viel schlimmer, weil die Beteiligten sich hier permanent wechselseitig gegen den Strich bürsten müssen – es sei denn, sie lassen sich von den paar „geborenen" Politikern einfach überfahren).

Zu 2.:
Es ist ein unbestreitbares Ergebnis der Wissenschaftstheorie, daß die „Objektivität" der wissenschaftlich zu erforschenden Phänomene nicht bedingungslos und voraussetzungslos begegnet, sondern im Erkenntnisprozeß unter bestimmten Voraussetzungen erst konstituiert wird. *Die* Realität gibt es nicht, sondern immer nur eine Realität unter dem Gesichtspunkt eines bestimmten Erkenntnisinteresses. Das leitende Interesse an der Ordnung der Wirklichkeit ist bei Wissenschaftlern und Politikern aber, wie wir gesehen haben (siehe oben zu 1.), von Grund auf verschieden. Wenn nun Wissenschaftler und Politiker sich gemeinsam mit demselben Problembereich beschäftigen (der typische Fall der Kooperation), dann erliegen sie natürlicherweise dem Schein, sie redeten über dieselbe Realität, während sie in Wirklichkeit vielleicht von denselben Gegenständen reden, aber differierende Realitäten meinen. Eine Quelle unendlicher Mißverständnisse. Nur ein Beispiel für die Folgen unterschiedlicher Realitätswahrnehmung: Die in der politischen Praxis relativ häufig auftauchenden Auseinandersetzungen auf der Ebene der Geschäftsordnung in einer politischen Versammlung werden von unterschiedlich sozialisierten politischen Typen gänzlich verschieden wahrgenommen und eingeordnet. Dem politischen Praktiker erscheinen sie als Instrument im politischen Gruppenkampf (was sie auch sind), dem stark moralisch engagierten Intellektuellen, etwa dem Juristen, erscheinen sie als Kampf um politisch-moralische Grundsätze (was ebenfalls zutreffend ist). Die Bitterkeit dieser Auseinandersetzungen, die wir alle, zumindest jedoch die Sozialdemokraten, aus der politischen Praxis kennen, rührt dann daher, daß eine und dieselbe Erscheinung von zwei verschiedenen Typen in zwei völlig verschiedene Sinnzusammenhänge eingeordnet wird und dadurch der hinter einer solchen wie einer jeden Auseinandersetzung stehende Interessengegensatz als ein Gegensatz völlig verschiedener Denk- und Beurteilungsweisen empfunden wird.

Dies war ein Beispiel der durch unterschiedliche Realitätswahrnehmung auf dem Felde der Politik selbst entstehenden Probleme. Einprägsame und in einer knappen Skizze darstellbare Beispiele für die Auswirkungen unterschiedlicher Realitätswahrnehmungen auf dem Gebiet der Wissenschaft sind weniger leicht zu finden und einsichtig zu machen. Ich will jedoch einige Problemfälle andeuten, in denen unterschiedliche Realitätswahrnehmung eine Rollen gespielt haben könnte (ob die Hypothese zutrifft, müßte eingehender analysiert werden).

- Wie man weiß, sind gewisse Schulreformbestrebungen einer emanzipatorischen Pädagogik weitgehend am Widerstand der Eltern und an einer sich darauf stützenden konservativen Gegenreformation gescheitert. Klassisches Beispiel: der hessische Rahmenrichtlinienstreit. Meiner Meinung nach war dabei der eigentlich mobilisierende, die Massenempörung vieler Eltern auslösende Faktor die Stoßrichtung dieser Reform gegen die elterliche Autorität und die Geschlossenheit der bürgerlichen Kleinfamilie. Diese Stoßrichtung wurde desto empfindlicher registriert, je mehr Autorität und Geschlossenheit in der Tat zu zerbröseln begannen. Meiner Meinung nach war jene Stoßrichtung und waren insbesondere die Folgen von den Autoren dieses pädagogischen Konzepts durchaus nicht gewollt. Was ihnen gefehlt hat, war war vielmehr eine plastische, der Realitätswahrnehmung der Eltern angemessene Sicht der gegenwärtigen Familie. Der „notwendige zur Konstitution der Charakterstruktur des Jugendlichen beitragende emanzipatorische Konflikt" sieht sich im Lehrbuch der Pädagogik anders an, als wenn er am abendlichen Familientisch in der Wirklichkeit ausgetragen wird.

– Es scheint der Sozialwissenschaft außerordentlich schwer zu fallen (und hängt wohl auch mit der teilweise höchst rigiden Isolierung der Einzelwissenschaften zusammen), die komplexen Motivationen sozialen Gruppenhandelns, vor allem ihre emotionale Seite in den Griff zu bekommen. Einer Wirtschaftswissenschaft z. B., der Sozialprestige, Selbstachtung, Klassensolidarität usf. der Arbeitnehmerschaft als „Ideologie", allenfalls als Datenkranz der reinen Ökonomie erscheinen, fällt es außerordenlich schwer, Probleme zu diagnostizieren und Entwicklungen zu prognostizieren in denen Gewerkschaftshandeln ein wesentlicher Faktor ist.
– Und um zum Abschluß ein Beispiel außerhalb der Sozialwissenschaften zu erwähnen: Daß die medizinische Wissenschaft in der großen Mehrheit ihrer Adepten notorisch unfähig zu sein scheint, nicht nur die Realität der Krankheit, sondern auch die Realität des kranken Menschen, des Patienten, wahrzunehmen, erklärt die Bitterkeit des gesundheitspolitischen Streits m. E. mindestens ebensosehr, wie die viel diskutierte Höhe der ärztlichen Einkommen (Stichwort: Die Misere der Medizinsoziologie).

Zu 3.:
Die Differenz der Fachsprachen ist offensichtlich. Beim Politiker und beim Wissenschaftler dient die Sprache – wie auch sonst oft – gelegentlich dazu, die Wirklichkeit nicht zu erfassen, sondern zu verschleiern. Ziele und Mittel sind freilich unterschiedlich. Soll beim Politiker das Vorhandensein von – derzeit nicht opportunen – eigenen Gedanken verschleiert werden, so beim Wissenschaftler das völlige Fehlen von eigenen Gedanken. Das dafür typische Stilmittel ist beim Politiker der Gemeinplatz, beim Wissenschaftler der Fachjargon. Beide sind dem jeweils anderen in hohem Grade anstößig: der seriöse Wissenschaftler muß die phrasenhafte Ungenauigkeit der durchschnittlichen politischen Rede genauso verabscheuen, wie der seriöse Politiker die Arroganz der mit unverständlichen Fachausdrücken vollgestopften Satzungetüme und des gespreizten Formelkrams gewisser wissenschaftlicher Abhandlungen.

Zu 4.:
Verhältnismäßig simpel ist das Problem der Unzugänglichkeit der von Wissenschaftlern und von Politikern beherrschten Realitätsfelder für den jeweils anderen. Daß Politiker in der Regel keine Fachkenntnisse auf naturwissenschaftlichen, ingenieurwissenschaftlichen, medizinischen etc. Gebieten besitzen und deshalb auf den „Fachmann" angewiesen sind, ist offensichtlich und allgemein anerkannt. Gerade deswegen kann von halbwegs klaren Voraussetzungen aus und auf rationale Art und Weise über Möglichkeiten und Grenzen der Vermittlung zwischen Wissenschaft und Politik diskutiert werden. Es gibt anerkannte, wenn auch sicherlich verbesserungsbedürftige Verfahren (Symposien, Hearings, Begutachtungssysteme), in denen der Wissenschaftler seine Probleme den Politikern nahebringt, und dieser – trotz fehlender Fachkompetenz – die politische Tragweite wissenschaftlicher Fragestellungen zu ermessen versucht.

Schwieriger ist es aber dort, wo der Schein der Allgemeinverständlichkeit die Einsicht in die fehlende eigene Sachkompetenz trübt. Daß jemand, der Mathematik nicht studiert hat, davon auch nichts versteht, gilt als selbstverständlich; in Sachen Literatur oder Verbrechensbekämpfung oder Arbeitslosigkeit oder Außenpolitik ist jeder ein Fachmann. Dies macht die Kooperation von Geistes- oder Sozialwissenschaften mit Politikern besonders schwierig. Wer z.B. die geradezu tragikkomischen Verrenkungen beobachten kann, mit denen – etwa im Vorfeld von Wahlkämpfen – empirische Sozialforscher versuchen, Parteivorständen die Ergebnisse ihrer Erhebungen und Analysen zu vermitteln, die landläufigen Vorurteile der Politiker zu durchbrechen und ihre Einsichten in das Kategoriensystem der Praktiker zu übersetzen, der wird mir recht geben.

Noch problematischer aber ist der Umstand, daß die Politiker und Sozialwissenschaftler kein zulängliches Bild von den konkreten Bedingungen sozialer oder politischer Prozesse haben. Dies ist natürlich eine kühne und die empirische Sozialforschung ehrkränkende Behauptung, die ich nicht auf wissenschaftliche Argumentation, sondern nur auf die schlichte, naive (und von daher a priori verdächtige) Erfahrung eigener Teilnahme stützen kann. Nur zwei Hinweise:

– Es gibt meiner Kenntnis nach keine zureichende empirisch hinlänglich abgestützte Theorie der Unternehmenspolitik, insbesondere der Investitionspolitik; (ich stütze mich hierbei auf die höchst abschätzige Beurteilung, die Top-Manager in privaten Gesprächen den diesbezüglichen Bemühungen der Wirtschaftswissenschaften angedeihen lassen.)
– Und das, was die empirische Politikwissenschaft über die Realität politischer Willensbildungsprozesse zutage fördert, scheint mir auch häufig ziemlich lückenhaft zu sein. (Es gibt natürlich Ausnahmen: Wir kennen den Fall jenes Berliner Diplom-Politologen, der in aller Naivität die führenden Leute der dortigen SPD befragte und auf Grund der Befragungsergebnisse ein ziemlich zutreffendes Bild der innerparteilichen Fraktionskämpfe entwerfen konnte. Alle Beteiligten hatten die Tatsachen gekannt, aber keiner hatte ein Bewußtsein von der Gesamtsituation. So hatte jene Arbeit auch für die Beteiligten einen nahezu sensationellen Charakter. Aber dies ist nicht die Regel.)

Der schlichte Grund ist in beiden Fällen, daß die empirischen Grundlagen einer zulänglichen Theorie solcher Phänomene in vielen Fällen nicht ohne teilnehmende Beobachtung gewonnen werden können. Die Politiker können oder wollen ihre Erfahrungen nicht wissenschaftlich verarbeiten; die Wissenschaftler hingegen werden zur Teilnahme selten oder nie zugelassen.

Das betrübende Ergebnis dieses Umstandes aber ist, daß auch die eigentlich dazu Berufenen, nämlich die Politikwissenschaftler weder sich selbst noch ihren Kollegen aus den anderen Disziplinen die merkwürdigen Labyrinthe konkreten politischen Handelns ganz zu erklären vermögen. Sie retten sich dann in allgemeine Analysen der Art, wie ich sie im Anfang der Erläuterung dieser Thesen skizziert habe, Analysen, die man mit Radio Erewan charakterisieren kann als: „Im Prinzip richtig, aber ...“.

Zu 5.:
Alle die bisher geschilderten Bedingungen gestörter oder unzulänglicher Verständigung von Wissenschaft und Politik sind freilich nicht prinzipiell unabänderlich. Im Gegenteil: Man kann sie erforschen, man kann sie den Beteiligten zu Bewußtsein bringen, man könnte auf diesem Wege Verhaltensweisen verändern.

Der Grund, weshalb das nicht oder nicht genügend geschieht, ist simpel und höchst banal. Die organisatorischen Formen unserer gesellschaftlichen Arbeitsteilung sind derart, daß sie Kraft und Zeit für solche Verständigungsbemühungen kaum mehr übrig lassen. Das gilt bereits für die meisten Wissenschaftler, noch mehr für Politiker und erreicht bei sogenannten „Spitzenpolitikern" den Grad einer medizinisch und sozial pathologischen Lebenssituation.

Der Versuch einer besseren Verständigung zwischen Wissenschaftlern und Politikern – der Versuch, Unterschiede des Temperaments zu überwinden, verschiedene Realitätswahrnehmungen zu definieren und zu verstehen, die differierenden Sprachen auf einen Nenner zu bringen, die getrennten Erfahrungen auszutauschen – erfordert Zeit, Mühe und ein Mindestmaß innerer Entspannung. Er muß mißlingen mit permanent unausgeschlafenen und gehetzten Menschen, die subjektiv und objektiv kaum noch in der Lage sind, sich in ein Problem hineinzuarbeiten und geduldig miteinander darüber zu reden.

Schon der Hochschullehrer bleibt häufig in dem zähen Brei der Alltagsroutine stecken, gemischt aus Lehrverpflichtung und Sitzungskarussell. Beim Politiker, insbesondere beim sogenannten Spitzenpolitiker erreicht dieser Zustand – wie gesagt – pathologischen Charakter. Selten oder nie ausgeschlafen, in seinen emotionalen Beziehungen (Familie, Freundschaft) häufig bis an die Grenze schwerster persönlicher Krisen strapaziert, in einem schier unzerreißbaren Netz verschiedenartiger „Termine" gefangen, in dauerndem Streß des Kampfes um seine jeweilige Position, vermag er kein Problem – auch nicht eines seiner ureigenen – gründlich anzupacken und zu lösen. Was unser politisches System seinen Politikern zumutet oder: Was diese sich selber zumuten, ist mörderisch oder noch krasser: selbstmörderisch. Daß die Betreffenden – oder sagen wir besser die Betroffenen – sich häufig diese Situation selber nicht einzugestehen wagen, sondern sie verschleiern oder verharmlosen, sollte man nicht als Gegenbeweis gelten lassen. Diese „Verdrängungstechnik" ist nur ein Ausdruck der Situation selbst.

Die restlichen Thesen kann ich relativ kurz fassen. Sie enthalten auch kaum mehr als einige Hinweise, denn eine umfassende Lösung der von mir skizzierten Probleme kann ich nicht anbieten.

6. These:

Um zu rationellen Lösungen zu kommen, wäre es erforderlich, die verschiedenen Ebenen der nötigen Zusammenarbeit von Wissenschaft und Politik und ihre jeweils unterschiedlichen Verständigungsprobleme zu analysieren.

Dazu zählen:
- Die wissenschaftliche Reflexion der gesamten gesellschaftlichen Situation des Menschen (Philosophie, Grundwertediskussion etc.).
- Die Prognose allgemeiner wissenschaftlicher Entwicklungen und wissenschaftlich induzierter gesellschaftlicher Veränderungen.
- Die Analyse gesellschaftlicher Verhältnisse und der der jeweiligen politischen Situation entspringenden politischen Handlungsmöglichkeiten (Sozialwissenschaft, speziell Methodik der Sozialwissenschaft).
- Die Probleme der Beherrschung und Nutzung der Sozialwissenschaft als der Wissenschaft vom sozialen Handeln, insbesondere des eigenen sozialen Handelns.
  Speziell: Die Wissenschaft von der Politik und ihre wissenschaftlichen Implikationen.

7. These:

Primär die Parteien, aber durch sie angestoßen, auch der Staat, müßten versuchen, wirkliche Diskussionsmöglichkeiten zwischen Wissenschaftlern und Politikern zu schaffen und materiell – institutionell abzusichern. Die von Herrn Wildenmann vorgeschlagenen unabhängigen Institutionen der Informationsbeschaffung und -verarbeitung könnten dabei eine Rolle spielen.

8. These:

Diese Forderung wird nun dann mehr als ein frommer Wunsch sein können, wenn eine Dringlichkeitsliste bestimmter Schwerpunktprobleme aufgestellt wird. Ich nenne einige, die mir als Sozialdemokraten besonders wichtig zu sein scheinen:
- Es gibt eine Reihe sozialökonomische Probleme der bundesrepublikanischen Innenpolitik, die ohne wissenschaftliche Vorarbeit nicht gelöst werden können: Arbeitslosigkeit und ihr Zusammenhang mit Strukturpolitik oder die soziale Stellung und ökonomische Bedeutung der Dienstleistungen in Gegenwart und Zukunft mit besonderer Berücksichtigung des öffentlichen Dienstes oder das zentrale Problem der Energiepolitik mit dem Schwerpunkt der Kernenergieproblematik.
- Wir besitzen immer noch keine zulängliche wissenschaftliche Analyse der Entwicklungstendenzen der dritten und der vierten Welt in ihrem Verhältnis zu kapitalistischen und nichtkapitalistischen ökonomischen Systemen und insoweit auch keine Vorstellung von der Rolle, die die entwickelten Industrieländer, sei es unter kapitalistischen, sei es unter nichtkapitalistischen Produktionsverhältnissen, dabei spielen können.
- Ein weiteres Problem das uns beschäftigen muß, ist das von Habermas und anderen so genannte gesellschaftliche „Sinndefizit" mit seinen Ausprägungen in den verschiedenen Bereichen der Gesellschaft.
- Es gilt, dringende Probleme des eigenen politischen Handelns wissenschaftlich zu stellen und zu lösen: Ich denke dabei an eine vertiefte Wählermotivforschung oder an die sozialwissenschaftlichen Probleme in der sogenannten „Basisarbeit".

9. These:

Auf die meiner Meinung nach zentrale Frage, wie man das Amt des demokratischen Spitzenpolitikers so verwandeln kann, daß ein Mensch es ohne dauerndes Ungenügen und ohne die Gefahr der physischen und psychischen Zermürbung auszufüllen vermag, weiß ich keine Antwort, außer einigen völlig utopischen, die ich hier halb scherzhaft skizziere (aber eben auch nur halb scherzhaft): Wie wäre es etwa mit halben Ministerstellen oder mit einem bezahlten Bildungsurlaub für Politiker oder mit der regelmäßigen Rotation bei der Besetzung politischer Ämter oder mit einschneidenden Beschlüssen der Parteien gegen Ämterhäufung?

I. Arbeitsgruppe: Politische Praxis als normatives Problem

Selbstbestimmung als Prinzip politischer Praxis

Von Hedda Herwig

I.

Das Thema meines Vortrags lautet: „Selbstbestimmung als Prinzip politischer Praxis". Um den Zusammenhang zum allgemeinen Thema dieser Tagung und zum spezifischen Thema dieses Arbeitskreises zu verdeutlichen, möchte ich einige grundsätzliche Bemerkungen voranstellen:

Mit dem spezifischen Thema dieses Arbeitskreises ist das Problem der sog. Normen aufgeworfen. Ich selber verstehe unter einer Norm – in Anlehnung an G. Canguilhem[1] – einen Maßstab, hinter dem ein bestimmter Soll-Wert steht, der dadurch gewährleistet wird, daß man das, was dem Maßstab unterliegt, diesem „angleicht" oder an ihm „mißt". Darin ist zugleich enthalten, daß der Soll-Wert für das, was ihm unterliegt, verbindlich ist.

Inwiefern sich politische Praxis als normatives Problem darstellt, ergibt sich aus folgenden Überlegungen: Erstens tritt uns die gegebene politische Realität immer schon in Form von Ordnungen entgegen, deren Entscheidungsprozesse in irgendeiner Weise normativ festgelegt sind. Zweitens ist politische Praxis per se normativ, insofern die Entscheidungen, die in ihr getroffen werden, das betreffen, was „alle" angeht bzw. res publica ist, und demgemäß auch für alle gelten sollen. Die Kriterien solcher Entscheidungen, seien sie bewußt oder unbewußt gewählt, fungieren daher immer im Sinne des Charakters einer Norm.

Die Frage ist indes, ob der normative „Anspruch" der je konkreten Entscheidungskriterien, die in je konkrete politische Praxis einfließen, überhaupt gerechtfertigt werden kann. Mit dieser Frage kann sich wiederum politische Wissenschaft auseinandersetzen – oder auch nicht. In der gegenwärtigen Situation jedenfalls teilen sich die Lager: die einen, wie etwa Empiristen oder kritische Rationalisten, wollen die wissenschaftliche Betrachtung politischer Realität auf die Deskription und Analyse ihres faktischen Funktionierens beschränken. Die anderen, die sich meist als „kritisch" verstehen, setzen sich darüber hinaus mit der Frage nach der Legitimation politischer Praxis in normativer Hinsicht auseinander.

II.

Im Rahmen solcher „kritischer" Auseinandersetzung mit der normativen Seite politischer Praxis ist es hierzulande in den letzten Jahren populär geworden, auf das sog. Prinzip der „Selbstbestimmung" zu rekurrieren. D.h. der bundesrepublikanische Büchermarkt ist von einer ganz beträchtlichen Flut sozialwissenschaftlicher Publikation überschwemmt worden, in denen die politische Praxis der Bundesrepublik in normativer Hinsicht kritisiert und als Maßstab der Kritik das Prinzip der Selbstbestimmung eingeführt worden ist.

Die unmittelbare geistige Vaterschaft dieser Bewegung (von einer „Bewegung" kann gesprochen werden, denn sie hat sich nicht im Literarischen erschöpft, sondern mittlerweile in schul- und hochschulpolitischen sowie wirtschaftspolitischen Reformaktivitäten praktische Gestalt angenommen) liegt vornehmlich bei den prominenteren Vertretern der Frankfurter Schule, wie Horkheimer, Adorno, Marcuse, Neumann und Habermas, aber auch etwa bei Abendroth. Historisch weiter zurück betrachtet knüpft sie an noch ältere Väter, nämlich an den historischen Materialismus von Marx und Engels an, und – wie dieser selber – an die Begriffs- und Verständniswelt des deutschen Idealismus, insbesondere in ihrer junghegelianischen Form.

Unter den derzeitigen Avantgardisten, die das Prinzip der Selbstbestimmung dezidiert und explizit zum Maßstab ihrer Kritik an gegebenen politischen Verhältnissen erheben, befinden sich neben den schon zitierten Autoren vornehmlich Erziehungswissenschaftler und Politikwissenschaftler, aber auch Theologen, wie etwa Siegfried Vierzig, Hermann Ringeling, Jürgen Moltmann oder Christian Gremmels, Psychologen, wie etwa Bruno W. Reimann, Klaus Horn, Klaus Eyferth, Peter Brückner oder Michael Schneider, und Juristen, wie etwa Ekkehart Stein, Ulrich K. Preuß, Klaus-Dieter Heymann oder Wolfgang Däubler, – merkwürdigerweise wenig Soziologen[2] (Albrecht Wellmer) und Philosophen (Hans Ryffel oder Willi Oelmüller). Von den Erziehungswissenschaftlern seien hier genannt: Hermann Schweppenhäuser, Heinrich Roth, Klaus Mollenhauer, Wolfgang Lempert, Wolfgang Klafki, Heinz-Joachim Heydorn, Hans Jochen Gamm, Herwig Blankertz, Theodor Wilhelm, Klaus Schaller, Karl-Hermann Schäfer, Dieter Haarmann und Eberhard Groß, sowie die Erziehungssoziologen Werner Markert, Karl G. Zenke, Franz Heinisch und Thomas Feuerstein. Zu den Politikwissenschaftlern zählen u.a.: Gisela Zimpel, Helga Grebing, Wolf-Dieter Narr, Martin Greiffenhagen, Udo Bermbach, Johannes Agnoli, Fritz Vilmar, Gert Schäfer, Winfried Steffani, Carl Böhret, Joachim Raschke und Hermann Scheer.[3] Die Anzahl sinngemäß verwandter Autoren ließe sich noch erweitern, zöge man das Spektrum populär-polemischer Schriften aus dem Umkreis der studentischen Protestbewegung, der Frauenbewegung und sonstiger Initiativen hinzu – worauf hier jedoch verzichtet sei.

Bei all den genannten Autoren liegt ein spezifisches, zwar mehr oder weniger diffus artikuliertes, aber im Kern einheitliches Verständnis von „Selbstbestimmung" zugrunde. Dieses möchte ich im Folgenden darlegen und einer Kritik unterwerfen. Ich selber gehe dabei vom Standpunkt der philosophischen Theorie der Politik aus. D.h. ich bin nicht der Ansicht, daß politische Wissenschaft sich auf die bloß deskriptive Analyse politischer Realität beschränken, sondern die Auseinandersetzung mit deren

Normen kritisch aufnehmen sollte. Ich gehe dabei aber gleichzeitig davon aus, daß die Frage nach den Normen selber im Kontext philosophisch-wissenschaftlicher Kriterien gestellt werden muß. Für den vorliegenden Fall heißt das: ich befrage das Prinzip Selbstbestimmung, so wie es von den zitierten Autoren verstanden wird, danach, ob es unter dem Gesichtspunkt der Widerspruchsfreiheit und Realitätsadäquanz die Kriterien einer Norm überhaupt erfüllt bzw. das zu leisten vermag, was sich die zitierten Autoren von ihm versprechen.

Ich unterstelle den ersten, deskriptiven Teil meiner Ausführungen zwei Fragen. Die erste betrifft den Modus der Verwendung des Begriffs „Selbstbestimmung" und lautet: Inwiefern und in welcher spezifischen Weise wird das Prinzip Selbstbestimmung bei den zitierten Autoren normativ verwendet? Die zweite Frage betrifft den Inhalt der Verwendung des Begriffs „Selbstbestimmung" und lautet: was heißt resp. was verstehen die betreffenden Autoren inhaltlich (der Sache nach) unter Selbstbestimmung?

III.

Zuerst also zu Frage eins: In allgemeinster Hinsicht gesehen wird der Terminus Selbstbestimmung zur Charakterisierung des *Ziels* eines *Prozesses* verwendet, und zwar eines Prozesses, der „dem Menschen" schlechthin bzw. „allen" Menschen zugeschrieben wird. Für den Terminus Selbstbestimmung im Sinne der Charakterisierung dieses Ziels verwenden die zitierten Autoren jeweils synonym die Termini Autonomie, Mündigkeit, Selbständigkeit, Freiheit, Selbstherrschaft, Selbsttätigkeit etc. Der Prozeß, der zu diesem Ziel führt, wird abwechselnd und ebenfalls synonym durch die Termini Emanzipation, Selbstbefreiung, Selbsterzeugung, Selbstverwirklichung etc. bezeichnet.

Über die Rolle, die das durch Selbstbestimmung bezeichnete Ziel im Rahmen politischen Handelns spielt, läßt sich feststellen, daß fast alle der genannten Autoren, die politikwissenschaftlichen insbesondere, dieses Ziel zum *obersten* Ziel politischen Handelns erklären. D.h.: die Gestaltung öffentlicher Belange soll im wesentlichen dazu dienen, die Selbstbestimmung, und zwar die „aller" Bürger und letztlich aller Menschen zu ermöglichen. Dieses Ziel ist zugleich Norm, wird jedenfalls im Sinne einer Norm verwendet, wie aus folgenden Überlegungen hervorgeht:

Zwar begründen einige Autoren ihren Rückgriff auf das Prinzip Selbstbestimmung geschichtsteleologisch. D.h. sie unterstellen, daß die Geschichte der Menschheit ein linearer Progreß sei, der seiner Anlage nach mit Notwendigkeit auf die Verwirklichung der Selbstbestimmung aller Menschen zusteuere. Unter diesem Aspekt gesehen wäre Selbstbestimmung keine Norm im Sinne einer Soll-Forderung, sondern ein zwangsläufiges Telos. Im Zuge der Verwendung dieses Telos zum Zwecke der Kritik an gegebenen politischen Verhältnissen wird jedoch unter der Hand aus diesem Telos dennoch eine Norm: Denn alle der genannten Autoren gehen davon aus, daß man a) in den historischen Prozeß aktiv eingreifen müsse, und daß b) der aktive Eingriff am Prinzip der Selbstbestimmung im Sinne einer abstrahierenden Antizipation ihrer konkreten Endzielerfüllung orientiert sein müsse. Dadurch wird das Prinzip Selbstbestimmung zu einer Sollforderung normativer Art, und zwar gemäß aller drei Elemente, die für eine Norm charakteristisch sind:

(1) Die „Güte" der konkreten Realität wird daran gemessen, wie weit sie der Verwirklichung von Selbstbestimmung nahe kommt. (2) Über die Art und Weise, *wie* konkrete Realität verändert werden soll, soll anhand des Prinzips Selbstbestimmung entschieden werden. (3) Die aktive Umgestaltung der Realität im Sinne der Selbstbestimmung soll für alle Menschen verbindlich sein.[4]

Gemäß dieser normativen Verwendung des Prinzips der Selbstbestimmung stellen die zitierten Autoren auch eine Zweck-Mittel-Relation auf. Diese ist wiederum spezifischer Art, nämlich dem Modell eines entelechieförmigen Prozesses nachgebildet. D.h.: die Mittel sollen hierbei das Ziel „in sich enthalten". Im Rahmen der politikwissenschaftlichen Debatte manifestiert sich diese normative Verwendung des Prinzips der Selbstbestimmung vorwiegend im Ruf nach sog. „Demokratisierung". Hier wird Demokratie als Idealform politischer Ordnung postuliert, und zwar eben deshalb, weil – nach Meinung der betreffenden Autoren – „wahre" Demokratie sich dadurch auszeichne, daß sie am Prinzip der Verwirklichung von Selbstbestimmung orientiert sei. Da die volle Verwirklichung dessen als noch nicht gegeben angesehen wird, mündet in diesem Zusammenhang die maßstäbliche Verwendung des Selbstbestimmungsprinzips in den Ruf nach „Demokratisierung", d.h. nach „mehr" Demokratie. Gemäß der zitierten Zweck-Mittel-Relation wird dabei das Mittel zur Verwirklichung der Selbstbestimmung auf organisationspolitischer Seite in der sog. Kooperation oder Mitbestimmung aller Betroffenen einer Entscheidung an Entscheidungsausübung und -gewalt gesehen.

Die im Hinblick auf politische Entscheidungsprozesse konstatierbare kritisch-maßstäbliche Verwendung des Selbstbestimmungsprinzips wird jedoch erst verständlich, wenn man sie vor folgendem Hintergrund sieht:

Genau betrachtet ist die maßstäbliche Verwendung des Selbstbestimmungsprinzips in politischer Hinsicht ein Sekundärphänomen. D.h.: ursprünglich ist für die betreffenden Autoren Selbstbestimmung nur deshalb höchstes Kriterium der Politik, weil Selbstbestimmung als Kriterium sui generis des Menschen oder „der Menschheit" schlechthin angesehen wird. Die politische Verwendung ist das Resultat einer Gleichung, die bei den zitierten Autoren explizit oder implizit vorausgesetzt wird und sich cum grano salis auf die Formel bringen läßt: Die Menschheit hat eine höchste (historische) Bestimmung, die mit dem Glück der Menschen zusammenfällt. Diese Bestimmung ist es, daß die Menschen „sich selbst" verwirklichen. Die Menschen verwirklichen sich, indem sie zur vollen Selbstbestimmung gelangen. Da sich menschliche Existenz in politischer Gemeinschaft aktualisiert, muß es folglich auch Aufgabe der Politik als untergeordneter Realität sein, diesem Ziel der Selbstbestimmung zu dienen.

IV.

Die Gleichung „Selbstverwirklichung des Menschen gleich Glück gleich Ziel und Maß der Politik" ist, formal gesehen, sehr altmodisch, nämlich klassisch aristotelisch. Die Ausfüllung des Telos menschlicher Selbstverwirklichung jedoch ist weit von Aristoteles entfernt – womit wir zur Frage nach dem inhaltlichen Verständnis von Selbstbestimmung und damit zur eigentlichen Problematik kommen.

Die Beantwortung dieser Frage wirft einige Schwierigkeiten auf, weil, wie eingangs schon angedeutet, die meisten Autoren sich nur diffus, manche, wie ausgerechnet die politikwissenschaftlichen Autoren, sich praktisch überhaupt nicht in direkter Form dazu äußern, was sie unter Selbstbestimmung dem Begriffsinhalt nach verstanden wissen wollen. (Eine Tatsache, die für sich genommen schon bedenklich stimmen sollte, denn über etwas, das als höchstes Ziel und Maß allen menschlichen Handelns postuliert wird, dürfte man mit Fug und Recht präzise Auskünfte von denen, die es einklagen, erwarten). Diesem Umstand ließe sich abhelfen, könnte man unterstellen, daß sich die zitierten Autoren am lexikalisch gebräuchlichsten Sinn des Wortes Selbstbestimmung orientieren. Danach hätten wir, etwa nach Johannes Hoffmeisters „Wörterbuch der philosophischen Begriffe" unter Selbstbestimmung „das Handeln nach den Gesetzen der eigenen Art (Natur, Lebensform usw.)" zu verstehen. Sinnverwandt, so fügt Hoffmeister hinzu, sei „Autonomie, im individuellen strengsten Sinn die freie Entscheidung (Willensfreiheit)."[5] In der Tat liegt die bei Hoffmeister zitierte Konnotation von Selbstbestimmung auch bei den zitierten Autoren zugrunde. Sie trifft aber nur den allgemeinsten, nicht den spezifischen Sinn, in dem der Begriff Selbstbestimmung bei ihnen zur Geltung kommt. Um diesem genauer auf die Spur zu kommen, ist man daher gezwungen, auf Verfahren der indirekten Beweisführung zurückzugreifen.

Zwei Verfahrensweisen bieten sich u.a. an: (1) Das Verfahren, zur Erörterung solche Autoren heranzuziehen, die sich einerseits zum Begriffsinhalt von Selbstbestimmung präziser äußern, andererseits aber zugleich den sonstigen Autoren als eine Art Berufungsinstanz dienen. (2) Oder das Verfahren, aus dem Kontext der Begriffsverwendung auf die inhaltliche Bedeutung des Begriffs Selbstbestimmung zurückzuschließen. Da ich aus zeitlichen Gründen hier zur Kürze gezwungen bin, ziehe ich das erstere Verfahren vor.

Zu denjenigen Autoren, auf die sich die meisten der sonst zitierten Autoren wiederum berufen, zählen, wie schon erwähnt, neben Marx und Engels die prominenteren Vertreter der Frankfurter Schule. Da diese hinsichtlich der inhaltlichen Verwendung des Begriffs der Selbstbestimmung untereinander als auch mit Marx und Engels im Kern übereinstimmen, andererseits aber Jürgen Habermas neben Marx am häufigsten von den sonstigen Autoren zitiert wird und zugleich eine Art begriffsfiliatorischen Brückenkopf bildet, greife ich ihn hier als exemplum heraus.

Habermas verwendet, wie die meisten Autoren, die Termini Selbstbestimmung, Autonomie, Selbständigkeit und Mündigkeit syonym.[6] Die genannten Termini bezeichnen dabei das Ziel einer Bewegung, die mit dem Prozeß menschlicher Wesensverwirklichung[7] und vice versa mit der Verwirklichung eines „gelungenen Lebens"[8] gleichgesetzt wird. In politischer Hinsicht soll die Erreichung dieses Ziels mit der „Organisation der Gesellschaft auf der ausschließlichen Grundlage herrschaftsfreier Diskussion" zusammenfallen.[9] Der Prozeß, innerhalb dessen die betreffenden Zielvorstellungen zur Verwirklichung kommen sollen, wird bei Habermas als „Emanzipation" (Selbstbefreiung), „Selbsterzeugung" oder „Selbstkonstitution" des Menschen resp. der menschlichen Gattung bezeichnet.

Die Termini „Selbsterzeugung" und „Selbstkonstitution" indizieren die hier vorliegende spezifische Bedeutungswandlung des Selbstbestimmungsbegriffs im Gegensatz zu der bei Hoffmeister angeführten Bedeutung. Denn wenn Selbstbestimmung bei Hoffmeister heißt, nach Gesetzen der eigenen Natur zu handeln, so setzt das ja voraus, daß man diese „Natur", nach der es zu handeln gilt, kennt. Bei Habermas wird dagegen vorausgesetzt, daß diese „Natur" erst zu „konstituieren", zu „erzeugen" sei. Demgemäß ist bei ihm „wahre" Selbstbestimmung erst als *Resultat* einer Neukonstitution menschlichen Wesens gegeben. Was das für die inhaltliche Bedeutung des Begriffs Selbstbestimmung nach sich zieht, wird jedoch erst klar, wenn man darüber hinaus in Betracht zieht, daß diese Konstitution menschlichen Wesens als „Selbstkonstitution" verstanden wird. D.h. sie wird als Erzeugung eines Wesens verstanden, welches sich, gemäß des Charakters einer ens causa sui, „durch sich und um seiner selbst willen" setzt bzw. erzeugt.

Dies wird anhand von Habermas' Ausführungen zur Idee der Emanzipation in „Erkenntnis und Interesse" deutlich. In formaler Anlehnung an Fichte entwickelt er nämlich hier den Kerngedanken von Emanzipation (als desjenigen Prozesses, der zur Selbstbestimmung führt) am Modell des Fichteschen Begriffs der „Selbstreflexion". D.h. er greift den Gedanken Fichtes auf, wonach das denkerische „Ich" des Menschen, gleichgesetzt mit dem wahren Wesen des Menschen, sich selber (1) um seiner selbst willen[10] und (2) in der Negation eines je anderen[11] selber setzt! Dieser Akt, welcher bei Fichte ein Akt der Selbstreflexion ist, wird zwar nicht seiner Form, aber seinem Sinn nach von Habermas mit Emanzipation (Selbstkonstitution, Selbsterzeugung) gleichgesetzt. Demzufolge heißt es auch bei ihm: „Ich ist nur, indem es sich selbst setzt."[12] Und: „Die Organisation der Vernunft (von Habermas mit Mündigkeit resp. Selbstbestimmung gleichgesetzt, H.H.) steht unter der praktischen Absicht eines sich selbst setzenden Subjekts."[13]

Im Gegensatz zu Fichte ergänzt allerdings Habermas die bloß reflexive Selbstsetzung des sog. menschlichen Ichs durch die „werktätige" Selbstsetzung im Sinne der materialistischen Prämissen von Marx. Seiner Meinung nach muß sich daher der Mensch, genauer: die menschliche Gattung, auch auf dem Wege materieller Produktion erst selbst setzen, – indem nämlich die Gattung erst materiell diejenigen Bedingungen schafft, unter denen der Mensch dann von „sich" als einem „durch sich selbst" seienden Wesen sprechen kann.

Der begriffliche Kern der Sache ist indes davon nicht tangiert, so daß wir zu folgenden Schlüssen kommen können (und müssen), was die sachliche Bedeutung von Selbstbestimmung in diesem Kontext betrifft: Wie zitiert, geht Habermas davon aus, daß der Mensch sich, seinem wahren Wesen nach, durch sich und um seiner selbst willen setzt. Der Mensch gelangt dabei zugleich zum „Bewußtsein" seiner selbst, also seines „Wesens", welches wiederum nichts anderes ist als eben dies: durch sich selbst gesetzt zu sein. Da er dies nach Habermas „im Interesse an der Selbständigkeit des Ich"[14] tut, Selbständigkeit aber bei Habermas mit Selbstbestimmung identisch ist, folgt hieraus, daß Selbstbestimmung zusammenfällt mit der real gewordenen Idee des Menschen als eines ens causa sui. Anders formuliert: Unter Selbstbestimmung ist hiernach zu verstehen, daß der Mensch entscheidet und handelt gemäß seiner Natur als selbstgesetztem und selbstzusetzendem Subjekt und das heißt auch: die Maßstäbe seines Handelns aus dem Bewußtsein gewinnt, um seiner selbst als einer ens causa sui willen zu entscheiden und zu handeln.

Der entscheidende Gesichtspunkt, unter dem die normative Verwendung dieses Konzepts problematisch erscheinen muß, ist folgender: Diesem spezifischen Begriff von Selbstbestimmung liegt gemäß meiner Darlegung eine tautologische Definition des Subjekts der sog. Selbstbestimmung zugrunde. Das Subjekt oder „Wesen des Menschen" wird zwar hinsichtlich eines Tuns bestimmt, dieses Tun selber aber wird durch nichts anderes als dadurch, ein Akt der Wesenskonstitution zu sein, bestimmt. Dabei bleibt aber das Wesen oder Selbst der Selbstkonstitution quantitativ und qualitativ unbestimmt und ist daher tautologon per se. Eine quantitative oder qualitative Bestimmung bleibt der jeweiligen Konkretisierung im Realakt menschlichen Handelns überlassen. Demnach läßt sich unter Selbstbestimmung ein solches Handeln verstehen, dessen Subjekt um seiner selbst willen als eines „unbestimmten", aber „durch sich selbst gesetzten" Wesens handelt. Es ist demnach ein Handeln gemäß des Maßstabs der *unbestimmten Authentizität* seines Subjekts.

Wenngleich ich hier auf einen materiellen Nachweis dessen, daß die meisten der von mir zitierten Autoren im Gebrauch des Selbstbestimmungsbegriffs mit Habermas übereinstimmen, verzichten muß, möchte ich doch zumindest kursorisch auf einige zentrale Aspekte hinweisen, aus denen sich eine Übereinstimmung erschließen läßt:

Sämtliche der genannten Autoren erheben das Prinzip der Selbstbestimmung zum Kriterium sui generis, insofern sie außer diesem keine übergeordneten oder nebengeordneten Kriterien praktischen Handelns gelten lassen (außer der „Gleichheit", welche aber nur die „Allgemeinverbindlichkeit" der Norm Selbstbestimmung widerspiegelt). Weder wird die Frage, ob und wann ein Mensch etwas selber bestimmen soll, davon abhängig gemacht, daß er entsprechende Voraussetzungen, wie Kenntnisse, Qualifikationen oder dergl. hat. Noch wird darüber reflektiert, inwieweit das, was die Menschen bestimmen, anhand spezifischer Kriterien der Güte oder des Nutzens zu bestimmen sei. Darüber hinaus gilt für alle, daß die im Sinne selbstbestimmter Tätigkeit vollzogenen Handlungen frei von „Fremdbestimmung" sein sollen – wobei unter Fremdbestimmung auch solche „Bestimmungen" fallen, die der gegebenen empirischen Natur des Menschen zukommen. Gleichzeitig wird bei sämtlichen Autoren das nichtfremdbestimmte bzw. wahre Wesen des Menschen in die reine *Potentialität* gestellt, d.h. als ein „Noch-nicht" und daher auch bis dato Unbestimmtes vorausgesetzt. Hieraus folgt aber indirekt, daß die kritische Verwendung des Prinzips Selbstbestimmung mit dem Alleingeltungsanspruch solcher Verhaltensweisen zusammenfällt, die einer unbestimmten Authentizität menschlichen Wesens adäquat sind.

V.

Ich komme damit zum kritischen Teil meiner Ausführungen. Unter dem Gesichtspunkt einer philosophisch-wissenschaftlichen Theorie praktischen Handelns stellt sich angesichts des geschilderten Sachverhalts primär die Frage: Inwiefern kann – unter der Bedingung dieses spezifischen Begriffsverständnisses von Selbstbestimmung – der damit verknüpfte Anspruch auf Normativität gerechtfertigt werden? Da sich der Anspruch auf Normativität in mehrfacher Hinsicht erörtern läßt, differenziere ich diese Frage gemäß dreier Momente, die mir am wesentlichsten erscheinen.

(1) Zum ersten: Soll Selbstbestimmung Entscheidungs- und Zielnorm sein, dann muß vorausgesetzt werden können, daß das Selbstbestimmungsprinzip zumindest die logischen Kriterien des Charakters einer Norm erfüllt. Das heißt aber: da eine Norm dazu dient, anderes an ihr zu messen und zwar daraufhin, ob es die Norm erfüllt, müßte Selbstbestimmung präzise definiert sein. Denn was selber nicht definiert, d.h. fest umrissen ist, kann nicht dazu dienen, festzustellen, ob ein je anderes in Übereinstimmung zu ihm steht.

Eine solche Definition liegt nur dann vor, wenn einem Gegenstand (sei er konkreter oder ideeller Natur) qualitative und/oder quantitative Merkmale zugeordnet werden, die ihn von anderen Gegenständen (wesentlich) unterscheiden. Genau dies ist aber bei dem dargelegten Selbstbestimmungskonzept nicht der Fall. Vielmehr liegt hier eine tautologische Definition vor, dergemäß Selbstbestimmung einen Akt des Bestimmens, Entscheidens oder Handelns bezeichnet, der sein eigenes Subjekt zum Ziel und Maß hat, welches selber zwar als ens causa sui charakterisiert, aber durch keine qualitativen oder quantitativen Merkmale definiert ist.

Die Problematik liegt also in der Unbestimmtheit des Subjekts, und zwar aus folgenden Gründen: de facto kann ich, ob ein Subjekt durch sich und um seiner selbst willen gesetzt wird oder handelt, über ein Subjekt gar nicht aussagen, wenn ich es nicht vorher in darüber hinausgehender Weise bestimmt habe. Halte ich angesichts dessen dennoch daran fest, die Idee ens causa sui im Sinne einer hinreichenden Wesensdefinition zu benutzen, gerate ich in ein spezifisches Dilemma: Wenn ich, wie das die meisten der zitierten Autoren explizit oder implizit tun, zwischen dem „wahren", nämlich „authentischen" Wesen und dem empirischen Wesen des Menschen trenne und unterstelle, daß das empirische Wesen, der Mensch, wie er geht und steht, verschiedensten Arten der Fremdbestimmung unterliegt, dann kann ich, da es ja immer der Mensch, wie er geht und steht, ist, über dessen Handeln ich Aussagen machen muß, nie sagen, ob dieser, wie immer er handelt, im Sinne seines authentischen Ichs oder nur im Sinne einer Verlängerung fremdbestimmter Gründe gehandelt hat. Denn um dies feststellen zu können, müßte das authentischere Ich durch qualitative oder quantitative Merkmale definiert sein, mit denen ich die Merkmale des jeweiligen empirischen Handlungsgeschehens vergleichen kann. Ich, insofern ich mich als hilfreich definiere, kann über eine hilfreiche Handlung sagen, sie sei authentisch. Ich, der ich nicht weiß, wie ich in qualitativer oder quantitativer Hinsicht bin (oder sein möchte), kann über keine Handlung aussagen, ob sie authentisch ist oder nicht.

Hieraus folgt aber, daß das Prinzip der Selbstbestimmung nicht dem primären Erfordernis einer Norm genügt, – denn ich kann anhand seiner sachlichen Bestimmung nicht feststellen, ob die Norm erfüllt ist. Proklamiere ich angesichts dessen dennoch, daß alle Menschen im Sinne solcher Selbstbestimmung über alles „bestimmen" sollen, so proklamiere ich damit de facto die reine Willkür. Denn dann setze ich implizit voraus, daß die empirischen Menschen alles bestimmen sollen, ohne daß dabei irgendwelche Kriterien gelten sollen als die, die sie von Fall zu Fall, ihren jeweiligen Einfällen folgend, selber setzen. Ich muß also entweder den absoluten Geltungsanspruch des Prinzips unbestimmter Selbstbestimmung aufgeben oder ich impliziere die Normativität reiner Willkür – was, wie immer man zur Willkür stehen mag, jedenfalls den Anspruch auf Normativität ad absurdum führt.

(2) Das zweite Moment ist das der Zweck-Mittel-Relation. D.h.: insofern Selbstbestimmung zugleich „Ziel" sein soll, stellt sich die Frage, wie die jeweiligen Mittel zur Erreichung dieses Ziels adäquat bestimmt werden können. Da für ein Ziel die gleichen Minimalbedingungen der Definition wie für eine Norm gelten, kann die Beantwortung dieser Frage kurz gehalten werden. Denn es liegt auf der Hand, daß, wo ein Ziel dem Begriff nach qualitativ und quantitativ unbestimmt bleibt, die Mittel zu seiner Erreichung nicht adäquat bestimmt werden können.

Hiergegen ließe sich einwenden, die Mittel seien in diesem Falle via negativa bestimmbar, nämlich durch Negation von Fremdbestimmung. Auch diese Rechnung indes geht nicht auf. Denn gemäß des begrifflichen Inhalts der Selbstbestimmung fällt bei den zitierten Autoren praktisch jede Art der Bestimmung, die der einzelne Mensch nicht selber (und zwar im Sinne des reinen Authentizitätsprinzips) trifft, unter Fremdbestimmung. Die Negation von Fremdbestimmung ist also hier – im Sinne Hegels – „unbestimmte Negation". In concreto heißt das: ich kann z.B. einen bestimmten Akt, wie etwa die Entscheidung eines Professors, über ein ganz bestimmtes Thema zu lesen, als Schüler „negieren". Gemäß des Prinzips der Selbstbestimmung müßte diese Negation wesensadäquat sein. Normalerweise ließe sich dann die Entscheidung zur Negation nur über ein tertium, wie etwa den Gesichtspunkt des Nutzens, treffen. So daß ich z.B. sagen könnte: diese Vorlesung bringt mir nichts ein, weil sie meinem Wesen und damit meiner Selbstentfaltung unangemessen ist. Die Bestimmung eines solchen Nutzens oder Nicht-Nutzens wäre dabei wiederum davon abhängig, daß ich mein Wesen qualitativ oder quantitativ bestimmt weiß. Gehe ich dagegen davon aus, daß mein wahres Wesen unbestimmte Authentizität ist, dann treffe ich vielleicht eine Entscheidung zur Negation, handle dabei auch „selber" gemäß meiner eigenen Bestimmungsgründe, de facto aber nur gemäß meiner je empirischen Natur. Dies heißt dann aber wiederum: ich negiere etwas, ohne zu wissen, ob nicht etwa das Motiv meiner Negation fremdbestimmt ist, was vice versa heißt: ich negiere zwar, aber völlig willkürlich nach beliebigen Gesichtspunkten. Deshalb sind auch die Mittel, die zur Selbstbestimmung des Menschen dienen sollen, genau genommen nicht adäquat oder aber nur rein willkürlich bestimmbar.

(3) Das dritte und letzte Moment, das ich hier erwähnen möchte, ist das der Verbindlichkeit. Da eine Norm für das, worauf sie angewendet wird, verbindlich sein soll, setzen wir unter dem Gesichtspunkt der Adäquanz oder Gerechtigkeit üblicherweise voraus, daß diese Verbindlichkeit begründbar sein muß. Die Frage nach der Legitimationsfähigkeit von Normen, die den Menschen betreffen, stellt sich dabei wiederum unter zwei Aspekten, einem inhaltlichen und einem formalen Aspekt.

In inhaltlicher Hinsicht begründen wir die Verbindlichkeit einer Norm gewöhnlich aus einem Wert oder Nutzen, kurz einem „Gut", das denjenigen, die sich an der Norm orientieren, durch dieselbe gewährleistet wird. Zur Feststellung, ob eine bestimmte Norm diesem Zweck auch dient, bedarf es wiederum – das ist die formale Hinsicht der Legitimation – einer Instanz, die das procedere der Normierung kontrolliert. In demokratischen Gesellschaften z.B. liegt diese Kontrollfunktion nicht nur, aber insbesondere bei der Bevölkerung selber, sowie bei verschiedenen Organen, durch die sie repräsentiert wird. Wir gehen somit davon aus, daß politische Entscheidungen, die, insofern sie für verbindlich erklärt werden, implizit den Anspruch auf Normativität erheben, kontrollierbar sein sollen.

Beide Aspekte werden auch von den Vertretern des Selbstbestimmungspostulats berücksichtigt. Der erstere wird berücksichtigt, insofern die zitierten Autoren den Normativitätsanspruch von Selbstbestimmung an die Aussicht knüpfen, daß mit der Verwirklichung von Selbstbestimmung eine irgendwie geartete objektive *Verbesserung* der Lebensverhältnisse oder, wie Habermas sich ausdrückt, ein „gelungenes Leben" einhergehe – also etwas, das von subjektiver Seite her gesehen als „Glück" empfunden werden kann. Der zweite Aspekt wird nicht bloß „berücksichtigt", sondern ist im Wesen des Selbstbestimmungskonzepts per se enthalten. Denn die damit identische Forderung, daß alle über alles, was sie betrifft, bestimmen sollen, impliziert notwendig die Kontrollfähigkeit der Norm selber *durch* wiederum „alle".

Geht man zunächst von letzterem Aspekt aus, dann müßte gelten, daß die empirischen Menschen die Erfüllung, die adäquate Bestimmung der Mittel zur Erfüllung des Ziels „Selbstbestimmung" und die Verknüpfung dieses Ziels mit einem „Glück" überprüfen können. Die Mindestvoraussetzung dafür wäre, daß überhaupt die *theoretische Bedingung der Möglichkeit* für eine solche Überprüfung bestünde. Was die Erfüllung des Ziels und die adäquate Bestimmung der Mittel betrifft, so ergibt sich aus dem vorher Gesagten, daß diese theoretische Bedingung der Möglichkeit einer Kontrolle gerade nicht gegeben ist. Die Frage der Überprüfbarkeit reduziert sich demgemäß letztlich auf die Überprüfbarkeit der Verknüpfung von Selbstbestimmung und „Glück".

Wie es damit steht, läßt sich anhand folgender Überlegungen zeigen: Um feststellen zu können, ob mich etwas glücklich machen kann, muß ich ein anvisiertes Objekt oder Ziel real, d.h. in quantitativer oder qualitativer Hinsicht definieren können, damit ich es in Relation zu meinen Empfindungen setzen kann. Im Selbstbestimmungskonzept der zitierten Autoren ist aber zweierlei enthalten: (1) Das Subjekt und das Objekt des Bestimmens fallen in dieser Relation zusammen – denn *ich* soll *um meiner selbst willen* resp. meiner Selbstverwirklichung willen handeln. (2) Was *ich* meinem wahren Wesen nach bin oder sein kann und soll, ist dabei als unbestimmte Authentizität klassifiziert. Damit ist zugleich gesagt, daß ich meinem wahren Wesen nach „unbestimmte Potentialität" bin, also „alles Mögliche" sein könnte.

Wäre demnach tatsächlich, wie die Theorie es will, an die Verwirklichung solch „unbestimmter Potentialität" mein Glück gebunden, dann wäre zugleich mein Glück in die unbestimmte Potentialität gesetzt. D.h. ich könnte, welche konkrete Entscheidung ich auch immer treffe, nie wissen, ob mich diese oder nicht vielleicht eine ganz andere viel glücklicher machen würde. Denn die Bindung des Glücks an die Idee unbestimmter Möglichkeiten impliziert notwendig, daß ich umso glücklicher wäre, je *mehr* Möglichkeiten ich aktualisieren könnte und vice versa, daß ich umso unglücklicher wäre, je weniger ich an Möglichkeiten aktualisieren könnte. Konkret hieße dies etwa: wenn ich mich heute entscheide, Schuster zu werden, so muß ich morgen schon in Zweifel darüber geraten, ob ich nicht viel lieber Politiker geworden wäre.

Ich gerate somit in den Zwang zur Jagd auf das Mehr an Glück, das mir durch die Verwirklichung je anderer unbestimmter Möglichkeiten in Aussicht gestellt ist, und muß so, meines eigentlichen Glückes immer ungewiß, gerade unglücklich werden. Denn de facto bin ich – als empirisches Wesen – in meinen Möglichkeiten begrenzt, da alles, was ich in der Zeit erreichen kann, auch seinen zeitlichen Preis kostet. Ich bin also zwischen Endlichkeit und Unendlichkeit hin- und hergerissen und kann, wofern ich meine Hoffnung auf Glück auf die letztere setze, notwendig nur unglücklich werden. Mein Glück ist, wie Hegel sagen würde, in die „schlechte Unendlichkeit" gesetzt. Entscheide ich mich dagegen – im Rahmen konkreter Freiheit – für irgendetwas, dessen Verwirklichung ich angesichts der Endlichkeit meines Daseins einfach setze, so handle ich entweder willkürlich und kann dann schlechterdings nicht voraussehen, ob mich meine Entscheidung auch glücklich machen kann. Oder ich bestimme meine Entscheidungen so, daß sie – gemessen an meinem *empirischen* Wesen, von dem ich genügend Kenntnis habe – dazu geeignet erscheinen, mir zu nutzen bzw. mich glücklich zu machen. Dies setzt aber voraus, daß ich mich vom Konzept der unbestimmten Authentizität distanziere. Denn das subjektive Kriterium meiner Entscheidung wäre in diesem Falle mein empirisches Wesen, egal ob fremd- oder selbstbestimmt, und mein objektiver Maßstab wäre der der Adäquanz oder „Gerechtigkeit" – den ich damit indirekt über den Maßstab unbestimmter Authentizität gestellt hätte.

Diese letztere Alternative ist jedoch im Selbstbestimmungskonzept der zitierten Autoren nicht vorgegeben. So bleibt, was den Zusammenhang von Selbstbestimmung und Glück betrifft, nur die conclusio: Wer daran glaubt, daß unbestimmte Authentizität glücklich macht, wird sich getäuscht sehen. Wird dagegen – als Ausweg – das Handeln unter dem Dogma unbestimmter Authentizität willkürlich bestimmt, dann fehlt wiederum die theoretische Bedingung der Möglichkeit dafür, den Zusammenhang zwischen Glück und Selbstbestimmung überprüfen zu können. (Es sei denn im Nachhinein, also wenn es schon zu spät ist).

Das Fazit ist daher, so polemisch es auch klingen mag: Politische Praxis, die sich am Maßstab unbestimmter Selbstbestimmung orientiert, muß notwendig dezisionistisch, unverantwortbar und unkontrollierbar sein und dabei womöglich noch das persönliche Unglück derer, die davon betroffen sind, zur Folge haben.

Anmerkungen

1 Vgl. Georges Canguilhem, Das Normale und das Pathologische, München 1974, S. 78; S. 81 f.
2 Sieht man von der sog. Frankfurter Schule selber ab.
3 Vgl. folgende Schriften: Siegfried Vierzig, Christentum und Emanzipation, in: Der Evangelische Erzieher. Zeitschr. f. Pädagogik und Theologie, 23. Jg., Frankfurt/Berlin/München 1971, S. 194–200; Hermann Ringeling, Die Frau zwischen gestern und morgen. Der sozialtheologische Aspekt ihrer Gleichberechtigung, Hamburg 1962; Jürgen Moltmann, Die ersten Freigelassenen der Schöpfung. Versuche über die Freude und das Wohlgefallen am Spiel, [3]München 1972; Christian Gremmels, Emanzipation und Erlösung, in: Der Evangelische Erzieher. Zeitschr. f. Pädagogik und Theologie, 23. Jg., Frankfurt/Berlin/München 1971, S. 181–194; Bruno W. Reimann, Psychoanalyse und Gesellschaftstheorie, Darmstadt und Neuwied 1973; Klaus Horn (Hrsg.), Gruppendynamik und der „subjektive Faktor". Repressive Entsublimierung und politisierende Praxis, Frankfurt 1972; ders., Emanzipation aus der Perspektive einer zu entwickelnden kritischen Theorie des Subjekts, in: M. Greiffenhagen (Hrsg.), Emanzipation, Hamburg 1973; Klaus Eyferth, Psychologie und Emanzipation, in: M. Greiffenhagen (Hrsg.), Emanzipation, Hamburg 1973; Michael Schneider, Neurose und Klassenkampf. Materialistische Kritik

und Versuch einer emanzipativen Neubegründung der Psychoanalyse, Reinbek bei Hamburg 1973; Ekkehart Stein, Das Recht des Kindes auf Selbstentfaltung in der Schule. Verfassungsrechtliche Überlegungen zur freiheitlichen Grundordnung des Schulwesens, Darmstadt 1967; Ulrich K. Preuß, Zum staatsrechtlichen Begriff des Öffentlichen. Untersucht am Beispiel des verfassungsrechtlichen Status kultureller Organisationen, Stuttgart 1969; Klaus-Dieter Heymann und Ekkehart Stein, Das Recht auf Bildung. Dargestellt am Beispiel der Schulbildung, in: Archiv des öffentlichen Rechts, 97. Bd., Tübingen 1972, S. 185–232; Wolfgang Däubler, Formale oder materiale Selbstbestimmung? Zur rechtswissenschaftlichen Diskussion um die Vertragsfreiheit, in: M Greiffenhagen (Hrsg.), Emanzipation, Hamburg 1973; Albrecht Wellmer, Kritische Gesellschaftstheorie und Positivismus, Frankfurt 1969; Hans Ryffel, Aspekte der Emanzipation des Menschen, in: Archiv für Rechts- und Sozialphilosophie, Bd. LII, Vol. 1966. Wiesbaden, S. 1–20; Willi Oelmüller, Die unbefriedigte Aufklärung. Beiträge zu einer Theorie der Moderne von Lessing, Kant und Hegel, Frankfurt 1969; ders., Was ist heute Aufklärung, Düsseldorf 1972; Hermann Schweppenhäuser, Zur Dialektik der Emanzipation, in: M. Greiffenhagen (Hrsg.), Emanzipation, Hamburg 1973; Heinrich Roth, Erziehungswissenschaft – Schulreform – Bildungspolitik, in: Erziehungswissenschaft. Bildungsreform. Schulreform, in: Zeitschrift für Pädagogik, 9. Beiheft, Weinheim/Berlin/Basel 1971, S. 17–31; Klaus Mollenhauer, Erziehung und Emanzipation. Polemische Skizzen, München 1970; Wolfgang Lempert, Leistungsprinzip und Emanzipation. Studien zur Realität, Reform und Erforschung des beruflichen Bildungswesens, Frankfurt 1971; Wolfgang Klafki, Die Zielsetzungen des Autorenteams, in: Funk-Kolleg: Erziehungswissenschaft 3, Frankfurt 1971; Heinz-Joachim Heydorn, Zu einer Neufassung des Bildungsbegriffs, Frankfurt 1972; Hans Jochen Gamm, Kritische Schule. Eine Streitschrift für die Emanzipation von Lehrern und Schülern, München 1970; Herwig (Hrsg.), Arbeitslehre als Fach. Ansatz zu einer Verwirklichung, Hannover 1972; ders., Pädagogische Theorie und empirische Forschung, in: Neue Folge der Ergänzungshefte zur Vierteljahreszeitschrift für wissenschaftliche Pädagogik, 5/1966; Theodor Wilhelm, Emanzipation – Pädagogischer Schlüsselbegriff oder Leerformel, Festvortrag, in: Schriftenreihe der Landesregierung Schleswig-Holstein, Schriften des Kultusministeriums, Heft 19, 1974; Karl-Hermann Schäfer und Klaus Schaller, Kritische Erziehungswissenschaft und kommunikative Didaktik, Heidelberg 1971; Dieter Haarmann, ‚Bildung' – zur Geschichte eines emanzipatorischen Begriffs, in: Westermanns Pädagogische Beiträge, 21. Jg., Heft 11, 1970, S. 557–569; Eberhard Groß, Emanzipative Vorschulerziehung – ein bildungspolitisches Paradox?, in: Westermanns Pädagogische Beiträge, 23. Jg., Heft 12, 1971, S. 646–650; Werner Markert, Thesen zu emanzipatorischer Erziehung, in: Erziehung in der Klassengesellschaft. Einführung in die Soziologie der Erziehung, von J. Beck u.a., München 1970; Franz Heinisch, Politische Bildung – Integration oder Emanzipation, ebd.; Karl G. Zenke, Pädagogik – Kritische Instanz der Bildungspolitik? Zur technischen und emanzipatorischen Relevanz der Erziehungswissenschaft, München 1972; Gisela Zimpel, Selbstbestimmung oder Akklamation? Politische Teilnahme in der bürgerlichen Demokratietheorie, Stuttgart 1972; Helga Grebing, Positionen des Konservativismus in der Bundesrepublik, in: H. Grebing u.a., Konservativismus – Eine deutsche Bilanz, München 1971; Wolf-Dieter Narr, Ist Emanzipation strukturell möglich? Bemerkungen zur kostenlosen Inflation eines Werts, in: M. Greiffenhagen (Hrsg.), Emanzipation, Hamburg 1973; Martin Greiffenhagen, Einleitung zu M. Greiffenhagen (Hrsg.), Emanzipation, Hamburg 1973; Udo Bermbach (Hrsg.), Theorie und Praxis der direkten Demokratie, Opladen 1973; Johannes Agnoli/Peter Brückner, Die Transformation der Demokratie, Frankfurt 1968; Fritz Vilmar, Strategien der Demokratisierung, Bd. I: Theorie der Praxis, Darmstadt und Neuwied 1973; Winfried Steffani, Einführung zu ders. (Hrsg.), Parlamentarismus ohne Transparenz, 2Opladen 1973; Gert Schäfer, Demokratie und Totalitarismus, in: Gisela Kress und Dieter Senghaas (Hrsg.), Politikwissenschaft. Eine Einführung in ihre Probleme, Frankfurt 1972; Carl Böhret, Effizienz der Exekutive als Argument gegen Demokratisierung?, in: Probleme der Demokratie heute. Tagung der Deutschen Vereinigung für Politische Wissenschaft in Berlin, Herbst 1969, in: Politische Vierteljahresschrift. Zeitschr. f. Politische Wissenschaft, Sonderheft 2/1970, Opladen 1971, S. 243–273; Joachim Raschke, Mehrheitswahlrecht – Mittel zur Demokratisierung oder Formierung der Gesellschaft, in: W. Steffani (Hrsg.), Parlamentarismus ohne Transparenz, 2Opladen 1973; Hermann Scheer, Politische Partizipation zwischen Mitgestaltung und Selbstverwaltung. Notizen zum Emanzipations- und Demokratisierungsbefund, in: M. Greiffenhagen (Hrsg.), Emanzipation, Hamburg 1973; Thomas Feuerstein, Emanzipation und Rationalität einer kritischen Erziehungswissenschaft. Methodologische Grundlagen im Anschluß an Habermas, mit einem Vorwort v. H. Blankertz, München 1973.

4 Explizit zur Selbstbestimmung als Telos und Norm zugleich vgl. Gisela Zimpel, a.a.O., S. IV, S. 1, S. 21 ff. u. S. 26.
5 Johannes Hoffmeister, Wörterbuch der philosophischen Begriffe, [2]Hamburg 1955, S. 551.
6 Vgl. etwa Jürgen Habermas, Legitimationsprobleme im Spätkapitalismus, Frankfurt 1973, S. 170 f. (Gleichsetzung von Selbstbestimmung und Autonomie bzw. Authentizität); ders., Erkenntnis und Interesse, Frankfurt 1968, S. 253, S. 254 (Mündigkeit, Selbständigkeit des Ich, Autonomie).
7 Vgl. Jürgen Habermas, Erkenntnis und Interesse, in: ders., Technik und Wissenschaft als Ideologie, Frankfurt 1968, S. 163, wo er die differentia specifica des Menschen mit Mündigkeit gleichsetzt.
8 Ebd., S. 164.
9 Jürgen Habermas, Erkenntnis und Interesse, Frankfurt 1968, S. 76.
10 Ebd., S. 254.
11 Ebd., S. 53 f.
12 Ebd., S. 53.
13 Ebd., S. 253.
14 Ebd., S. 257.

Strategien der Humanität: Öffentliche Entscheidungsfindung als methodischer Kommunikationsprozeß

(erörtert am Beispiel konzeptorientierter wissenschaftlicher Politikberatung – im Bildungsbereich)

Von Otfried Höffe

I. Einleitung

Als „Strategien der Humanität" bezeichne ich Prozesse öffentlicher Entscheidungsfindung, die sich der ethisch-pragmatischen Grundaufgabe zeitgenössischer Politik stellen, nämlich Prinzipien der Humanität, vor allem der politisch-sozialen Gerechtigkeit, mit den Funktionsanforderungen hochkomplexer Industriegesellschaften und ihrer jeweiligen soziokulturellen Situation zu vermitteln. Insofern es zur Aufgabe politischer Ethik gehört, die Prinzipien der Humanität und Gerechtigkeit allererst zu begründen, bedeuten Strategien der Humanität nicht die Substitution der politischen Ethik, sondern Verfahren ihrer methodischen Applikation.

Ich gehe davon aus, daß allem politischen Bemühen ein höchster normativer Anspruch immanent ist, demgemäß öffentliche Entscheidungsfindung der Idee eines humanen, vor allem eines gerechten Zusammenlebens verpflichtet ist.[1] Diese Verpflichtung besteht heute nicht mehr bloß ideell. Sie wird nicht nur in gesellschaftlichen Traktaten und Programmen erhoben, die – rechtlich-politisch unverbindlich – in ihrer Realisierung der Einsicht und dem Wohlwollen der jeweils Herrschenden überlassen bleiben. Durch die wohl größte politische Errungenschaft der Neuzeit, den demokratischen Verfassungsstaat, wird die – etwa von Machiavelli und Hobbes verfochtene – „ethische" Neutralisierung der Politik vehement zurückgewiesen. Die Herrschenden werden zu Regierenden[2], deren Verfügungsgewalt grundsätzlich eingeschränkt ist und die als Verwalter der Staatsmacht in all ihren Gewalten an fundamentale normative Leitprinzipien als unmittelbar geltendes Recht gebunden sind (vgl. für die Bundesrepublik Deutschland Art. 1 (2) GG): ganz allgemein an die Menschenwürde[3] (Art 1 (1) GG), näherhin an die Menschenrechte als institutionalisierte Grundrechte[4], (Art 1 (2) - Art. 19 GG) sowie an das Prinzip des demokratischen und sozialen Rechtsstaates (Art. 20 (1) GG).

Nach einem berühmten, oft mißverstandenen Diktum Platons sollen die Philosophen Könige werden oder die Könige sich aufrichtig und gründlich mit Philosophie befassen; denn nur wenn beides zusammenfalle, politische Macht und Philosophie, gäbe es ein Ende des Unheils für die Staaten (Der Staat, 473 c 11 ff.; vgl. 499 a 11 ff.). Damit beansprucht Platon keineswegs die Staatsmacht für jene Bürger, die ein akademisches Philosophiestudium erfolgreich abgeschlossen haben, oder für jene, die darüber hinaus Hochschullehrer für Philosophie geworden sind. Denn Platon nennt jene Menschen Philosophen, die – auf dem Weg einer Vernunftwissenschaft, der Dialektik – das sich immer Gleichbleibende zu erfassen vermögen (Der Staat, 484 b 3-5), d.h. die Ideen, letztlich die Idee des Guten.[5] Gemäß Kant können wir in diesem Zusammenhang auch vom – rein a priori, keinesfalls durch Erfahrung gewonnenen – Vernunftbegriff von Recht bzw. vom Prinzip der Gerechtigkeit sprechen. Wenn man das Zusammenfallen von politischer Macht und Philosophie (Weisheit) weniger als Personalunion denn als Sachzusammenhang liest, dann fordert Platon, daß die Herrschenden bzw. die Regierenden bei der Ausübung ihres Amtes Prinzipien der Gerechtigkeit als letztem Maßstab ihres Tuns, als höchstem Kriterium der Gesetzgebung verpflichtet sind. Demokratische Verfassungsstaaten – so könnte man sagen – versuchen diese Forderung dadurch zu erfüllen, daß sie die Menschenrechte – verstanden als Ausfaltungen und Grundlage von Gerechtigkeit (vgl. Art. 1 (2) GG) – in der Form von Grundrechten und dem Gebot des sozialen Rechtsstaates als verbindlichen Maßstab allen öffentlichen Handelns institutionalisieren.

Solche Fundamentalkriterien der Politik lassen sich – gemäß der rational, nicht historisch zu verstehenden Vertragsidee[6], also gemäß der Idee der universalen Zustimmungsfähigkeit – teils als streng allgemeingültige Grundbedingungen jeder Art von Zusammenleben, als allgemeine Gesetze der wechselseitigen Einschränkung und Sicherung von Freiheit legitimieren, so die Idee der Rechtsstaatlichkeit und die Grundrechte, teils als generell gültige Bedingungen der *Realisierung* eben dieser Grundbedingungen, so die Idee der Sozialstaatlichkeit. In diesem gestuften Verständnis handelt es sich bei den genannten Fundamentalkriterien um allgemeine Bedingungen von Kommunikation, nämlich um allgemeine Voraussetzungen der gegenseitigen Anerkennung von Personen und ihrer freien Entfaltung, durch die sie vor Übergriffen sowohl der Staatsorgane als auch der Mitbürger geschützt werden und die Chance zur Selbstverwirklichung erhalten. Wenn es sich aber bei den Prinzipien der Humanität (Gerechtigkeit) um allgemeine Bedingungen von Kommunikation[7] handelt, dann sind öffentliche Entscheidungsprozesse, die der Idee der Humanität (Gerechtigkeit) verpflichtet sind, eben Strategien der Humanität, von vornherein und in einem fundamentalen Sinn Kommunikationsprozesse. Die folgenden Überlegungen zur *Demokratie als methodischem Dialog* setzen diese Tiefendimension von Kommunikation als die sachlich erste und grundlegende Kommunikationsdimension voraus.

Die verfassungsrechtlich institutionalisierten Fundamentalkriterien einer humanen Politik sind aber erst allgemeine Grundsätze, die in erster Linie regulative, nicht operationale Bedeutung haben. Denn für sich allein genommen gebieten sie zum geringsten Teil unmittelbar ein Tun oder Lassen. Weit mehr stellen sie normative Leitprinzipien (Normen zweiter Ordnung) dar, auf die das öffentliche Handeln verpflichtet ist, d.h. nach deren Maßgabe die politischen Verhältnisse wahrgenommen, beurteilt, entworfen und eingerichtet werden sollen, ohne daß sie genau angeben, was aus ihnen für die verschiedenen Lebensbereiche (für das Bildungswesen, die Arbeitswelt, das Pressewesen, den Strafvollzug usf.) und unter ihren jeweiligen Lebensbedingungen als *das hier und jetzt Humane (Gerechte)* konkret folgt.

Man betrachtet die normativen Leitprinzipien gern als Teile eines idealen Plans, den man schrittweise verwirklichen soll, oder als Elemente eines idealen Vorbilds, das man getreu abzubilden hätte. Die einen, die „Pragmatiker" oder „Realisten", fügen dann – wenn auch nicht ohne Resignation – hinzu, die vollständige Realisierung bzw. die getreue Abbildung sei doch nie möglich. Man müsse vielmehr mit der Wirklichkeit mehr oder minder große Kompromisse eingehen. Die anderen, die „Idealisten" oder „Utopisten", betrachten dagegen den idealen Plan als eine konkrete Utopie[8], nach deren Vorbild alle politischen und sozialen Verhältnisse eingerichtet werden sollen. Solche Vorstellungen sind schon methodisch falsch, was sich mit Hilfe einer Analogie erläutern läßt. Die Grundsätze der Gerechtigkeit verhalten sich zur politisch-sozialen Wirklichkeit nicht wie der ideale Entwurf eines Hauses zum realen Bau des Hauses, wobei sich beim tatsächlichen Bauen unvorhergesehene, weil nicht vorhersehbare oder aber weil leichtfertig übersehene Schwierigkeiten (der Statik, der Finanzierung usw.) auftun können, was eine Modifikation des ursprünglichen Plans erzwingen mag. Die normativen Leitprinzipien sind deshalb kein idealer Plan, weil ihr methodischer Status eine Dimension grundlegender ist. Sie verhalten sich zur politisch-sozialen Wirklichkeit wie die normativen Kriterien für den Bauplan, wie Forderungen nach Wohnlichkeit, Bequemlichkeit, Wärmeschutz udgl. sich zum konkreten Entwurf des Hauses und seiner Realisierung verhalten. Die Gerechtigkeitsprinzipien sind weder ideale Pläne noch konkrete Utopien für die politisch-soziale Welt, aus denen man rechtliche Normen oder institutionelle Strukturen direkt ableiten könnte. Es handelt sich vielmehr um kritische Beurteilungsmaßstäbe, nach denen die politisch-soziale Welt allererst betrachtet, beurteilt, entworfen und gestaltet werden soll.

Die Realisierung von Grundsätzen der Humanität, die Bestimmung des *jeweils* Humanen für einen bestimmten Lebensbereich in einer gewissen Situation, geschieht also nicht nach dem Muster „Abbildung eines Vorbilds" oder „Durchführung eines Plans", sondern als ein (in der Regel mühsamer, höchst komplizierter und keineswegs seines Erfolges sicherer) Prozeß der Überlegung, Vermittlung und Beurteilung. Ein solcher Prozeß ist nur unter Voraussetzung einer Kenntnis der konkreten Lebensverhältnisse möglich, einer Kenntnis, die sich sowohl auf die allgemeinen Gesetzlichkeiten wirtschaftlicher, sozialer und politischer Prozesse überhaupt als auch auf die besonderen Randbedingungen der entsprechenden Gesellschaft zu erstrecken hat und die sich nicht ohne die methodische Erforschung dieser Wirklichkeit gewinnen läßt.

Zudem ist konkretes öffentliches Handeln nicht bloß den genannten normativen Leitprinzipien verpflichtet. Es steht ebenso unter den entsprechenden Funktionsanforderungen einer hochkomplexen Industriegesellschaft, Funktionsanforderungen, die ebenfalls auf methodischem Weg erst näher bestimmt werden müssen. Das aber bedeutet, daß die normativen Grundsätze, die sich von der Idee der Humanität her legitimieren, noch bereichsspezifisch und situationsgerecht aufgearbeitet sowie mit Funktionsanforderungen vermittelt werden müssen. Die Prozesse öffentlicher Entscheidungsfindung, die sich diesem Aufgabenkomplex stellen, bezeichne ich als „Strategien der Humanität". Mit ihnen sind also nicht die Verfahren zur Explikation und Legitimation der Fundamentalnormen gemeint. Es geht aber auch nicht um eine „ethisch" neutrale Sozialtechnologie oder Sozialpragmatik, die humanitätsindifferente Spielräume politischen Handelns erschließt. Vielmehr stehen die – von der Philosophie bislang stark vernachlässigten – Verfahren zur *Realisierung* der Fundamentalnormen zur Diskussion: die öffentlichen Entscheidungsprozesse, insofern sie den Leitprinzipien der Humanität verpflichtet und durch ihre Grundstruktur geeignet sind, diese Verpflichtung soweit wie möglich methodisch zu übernehmen.

II. Kritik am Paradigma Nutzenkalkulation

Im Unterschied zu den etablierten normativen Entscheidungstheorien, den Theorien rationaler Wahl, im Unterschied zu Entscheidungs- und Spieltheorie, Wohlfahrtsökonomie, utilitaristischer Sozialpragmatik und Sozialwahltheorie, läßt sich die als Strategien der Humanität bezeichnete Aufgabe der Vermittlung von normativen Leitprinzipien mit der jeweiligen soziokulturellen Situation nicht auf Information und Nutzenkalkulation reduzieren[9].

Die Theorien rationaler Wahl haben eine elaborierte und reichdifferenzierte Forschung hervorgebracht, der die Frage zugrunde liegt: „Wie läßt sich bei gegebenen Zielpräferenzen[10] (eines einzelnen, einer homogenen oder nichthomogenen Gruppe) aus alternativen Handlungsmöglichkeiten die nutzenmaximale Möglichkeit bestimmen?" Die Bedürfnisse und Interessen der Betroffenen werden in Ziel(Präferenz)funktionen dargestellt, die ebenso wie die alternativen Handlungsmöglichkeiten für den Entscheidungsprozeß den Charakter vorgegebener Daten haben. Denn weder als individuelle noch als kollektive Nutzenkalkulation kennt eine rationale Entscheidungsfindung eine wissenschaftlich abgestützte Erschließung des Handlungsspielraums und schon gar nicht ein reflexives Verhältnis gegenüber den Präferenzfunktionen.

Auch in den Formen der Nutzenkalkulation, die ausdrücklich vom Wohlergehen aller Betroffenen und damit von einer – allerdings kontroversen – sittlichen Intention bestimmt sind: der Wohlfahrtsökonomie und der utilitaristischen Ethik, sind die Handlungsalternativen und die individuellen Interessen als fertige Daten vorgegeben. Das öffentliche Interesse ist nichts anderes als die Amalgamation der Individualinteressen, so daß auch hier eine kritische Distanz sowie eine Reflexion und Veränderung der Individualinteressen aus dem Rationalitätsbegriff und dem Entscheidungsprozeß herausgenommen sind. Die Entscheidungsfindung ist ein von den Intentionen und Einstellungen der Individuen abgelöstes, mit hochentwickelten mathematischen Instrumentarien durchgeführtes Verfahren der Ausmittelung des Optimums.

Im Gegensatz zum (impliziten) kruden Empirismus rationaler Entscheidungsmodelle sind Entscheidungsmöglichkeiten und Zielvorstellungen aber nicht einfach vorgegebene Daten. Ohne eine wissenschaftlich abgestützte Erschließung des Aktionsspielraumes, vor allem aber ohne eine Reflexion auf Bedürfnisse aus eigenem wie aus sozialem Interesse, ohne Prozesse der Selbstbesinnung und Selbstklärung, ohne öffentliche Diskussionen und persönliche wie öffentliche Lernprozesse kommt es zu einer empfindlichen Verkürzung der als Strategien der Humanität angesprochenen Aufgabe der Politik. Denn politische Ziele entbehren zunächst der Klarheit und Genauigkeit, die für eine rationale Wahl erforderlich sind. Sie stellen, terminologisch gesprochen, in der Regel schlecht definierte, noch gar nicht operationale Entscheidungsprobleme dar. Zum unverzichtbaren Fundament rationaler Wahl gehören aber präzise und definitive Zielvorstellungen. Tatsächlich besteht im allgemeinen nicht erst über die Zielordnung, sondern noch elementarer, nämlich in bezug auf den Inhalt der Ziele, Unklarkeit. Das gilt sogar für wirtschaftspolitische Entscheidungen[11]. Und der teils introspektiv, teils in Auseinandersetzung mit anderen Personen unternommene Versuch, sich über seine eigenen Ziele Klarheit und Sicherheit zu verschaffen, ist oft genug auch ein Prozeß der Selbstveränderung. Zudem ist man ständig von der Möglichkeit bedroht, emotionalen Schwankungen, individuellen und kollektiven Selbsttäuschungen, Fehlinterpretationen und Manipulationen zu erliegen. Ferner neigt man dazu, gegenüber seinen manifesten Wünschen die latenten Bedürfnisse und Interessen zu vergessen[12]. Die Wünsche und Ziele, die man im Augenblick sieht, müssen aber nicht einmal mit denen übereinstimmen, die eine im Namen des wohlverstandenen Selbstinteresses durchgeführte Überlegung zutage fördert. Selbst im Rahmen eines wohlverstandenen Selbstinteresses macht sich der Reflexionsmangel einer bloß nutzenkalkulatorischen Entscheidung bemerkbar. Er weist auf einen strukturell deformierten Entscheidungsprozeß.

Diese Kritik stellt nicht den immanenten Wert der Modelle rationaler Wahl in Frage. Rationale Modelle haben über die mehr appellative Bedeutung, nämlich über die (indirekte) Aufforderung, Ziele präzise zu formulieren, hinaus eine normative Relevanz in der Handlungsbewertung. Um sich beim Einsatz knapper Ressourcen eines hohen Wirkungsgrades zu vergewissern, muß in Entscheidungen darauf Rücksicht genommen werden, inwieweit durch sie die Ziele tatsächlich verwirklicht werden. Rationale Modelle ermöglichen es, bei qualitativ vergleichbaren Konzepten das zu wählen, das unter Kriterien wie Wichtigkeit des Zieles, Zielrealisierungsgrad, Kosten und Schnelligkeit der Durchführung optimal erscheint: der ökonomische Aspekt der Erfüllung eines gegebenen Zweckes mit dem geringsten Aufwand an knappen Mitteln bzw. der Ausnutzung gegebener Mittel zur maximalen Zweckrealisierung. In fest umrissenen Teilbereichen und Teilaspekten öffentlich relevanter Probleme können die rationalen Verfahren als wirksame Entscheidungshilfen verwendet werden. Dort, wo die Entscheidungsaufgaben wegen der Zahl der problemrelevanten Variablen kompliziert genug sind, um den Programm- und Rechenaufwand mathematischer Modellanalysen zu rechtfertigen, dort, wo die Aufgaben ihrer Struktur nach wiederum so einfach sind, daß die Variablen streng operationalisierbar und damit im quantitativen Modellansatz beherrschbar bleiben, und vor allem dort, wo es sich überhaupt um quantitative Optimierungsprobleme, besonders um ein „Billiger" und/oder „Schneller" handelt, hat die Theorie normative Bedeutung.

Die, für sich gesehen, hilfreichen Funktionen rationaler Modelle bei der Handlungsbewertung und der Zielformulierung sind jedoch ständig von der Gefahr begleitet, aus dem komplexen Problembündel der öffentlich relevanten Entscheidungen die Aspekte herauszulösen, die am ehesten präzis formuliert werden können, und die nicht – oder nur schwer – operationalisierbaren Ziele zu unterschlagen. Damit droht eine *Suboptimierung*, eine Optimierung einzelner Aspekte, die zugleich den Komplex als ganzen verschlechtert[13]. Eine Suboptimierung ist außerdem deshalb zu erwarten, weil Entscheidungen auch in andere als die angestrebten Zielbereiche hineinwirken und weil man bei der Bewertung der Kosten die oft gar nicht abzuschätzenden Nebenkosten[14] sowie überhaupt die schwer operationalisierbaren sozialen Folgelasten leicht unterschlägt oder unterbewertet. Kurz, eine Verwendung der rationalen Modelle, die nicht ihre strukturbedingten Grenzen sieht und einhält, wird politische Probleme übermäßig vereinfachen oder gar falsch darstellen und so zu nicht optimalen[15], oft genug sehr schädlichen Entscheidungen führen. *Rationale Entscheidungsmodelle stellen nicht mehr als ein schwaches Negativkriterium humanitätsorientierter Entscheidungsfindung dar.*

III. Ein Alternativmodell

Im Unterschied zu den rein nutzenkalkulatorischen Entscheidungsmodellen ist öffentliche Entscheidungsfindung als ein informations-, lern- und korrekturoffener Prozeß zu gestalten. Diese Aufgabe, so meine Grundthese, wird am ehesten von einem methodischen Kommunikationsprozeß erfüllt.

1. Strukturmerkmale von Kommunikation

Für einen Kommunikationsprozeß sind ganz allgemein drei Strukturelemente charakteristisch:

1.1 Kommunikative Entscheidungsfindung ist ein ausdrücklicher Beratungsprozeß, der angesichts theoretischer und praktischer Konflikte nicht den Kampf, sondern eine friedliche Lösung, der das Miteinanderreden, -überlegen, die Einsicht, die gemeinsame Überzeugung, die Einigung, den Konsens sucht, und zwar sowohl über Ziele und Zwecke als auch über Mittel. In einer *praktischen* Beratung soll aus den ursprünglich in Streit liegenden Bedürfnissen, Zielen und Interessen ein gemeinsamer Wille über die Ziele und in einer *theoretischen* Beratung aus den ursprünglich konkurrierenden Meinungen (über die angemessenen Mittel und Wege für die Ziele und Interessen) eine gemeinsame Überzeugung über die Mittel und Wege erarbeitet werden.

1.2 Soll der praktische Konsens über die Ziele und der theoretische über die Mittel möglich werden, so darf man in die kommunikative Beratung zwar mit eigenen und miteinander kollidierenden Interessen und Meinungen eintreten; anderenfalls läge gar kein Konflikt vor, und die Beratung wäre überflüssig. Man darf seine Meinungen und Interessen jedoch nicht als der Kritik enthoben und endgültig betrachten. Sie müssen den für das Paradigma Nutzenkalkulation spezifischen Charakter eines vorgegebenen, unumstößlichen Datums verlieren. Das setzt bei den Beratungsteilnehmern die Fähigkeit und die Bereitschaft voraus, Interessen und Meinungen zur Disposition zu stellen und, falls es sich als begründet erweist, in bezug auf sie Lernprozesse durchzumachen. Die Beratung ist nicht bloß eine kognitive Aktivität, in der schlüssige Argumente gesucht werden. Sie ist auch ein Prozeß, in dessen Verlauf man die Argumente auf sich selbst bezieht und auf der einen Seite theoretische Lernprozesse durchmacht, indem man Irrtümer und Vorurteile reduziert, neue Aspekte, Kriterien und Argumentationsfiguren aufgreift, kurz, sich ein begründetes Urteil bildet; sowie auf der anderen Seite praktische Lernprozesse zuläßt, indem man sich bereit findet, seine Interessen, Einstellungen und Normen gegebenenfalls zu verändern. Das kommunikative Lernen geschieht nicht nur adaptiv und reaktiv: als Antwort auf veränderte Umweltverhältnisse usf., sondern auch und primär reflexiv: als Folge von gemeinsam gewonnenen Erfahrungen und Einsichten. Als Bedingung der Möglichkeit einer einsichtigen Konsensbildung ist bei den Beratungsteilnehmern die Fähigkeit und die Bereitschaft zu einem Lernen und Sich-Verändern vorausgesetzt, so daß weder die Ziele einmal für immer fix und starr vorgegeben sind noch eine Veränderung sich nur nach Maßgabe von Vor- und Nachteil, von Macht und Ohnmacht vollzieht.

1.3 Kommunikation entsteht jeweils dann, wenn sich mindestens zwei Personen gegenseitig als gleichberechtigte Partner akzeptieren. Ein Gespräch ist immer mehr als das Kundtun von Sätzen, mehr als ein Plaudern, Sich-Unterhalten oder als ein Austausch von Argumenten. Vor allem in der besonderen Form des wissenschaftlich-argumentativen Redens ist man leicht geneigt, das Gespräch für einen ausschließlich kognitiven Prozeß zu halten. Tatsächlich wird ein Gespräch aber durch ein nicht- und prä-kognitives Moment reziproker Anerkennung konstituiert. Wer sich auf Kommunikation einläßt, erkennt den anderen als Mitmenschen gleichen Rechtes und gleicher Würde an. Als Bedingung der Möglichkeit von Kommunikation und als Voraussetzung der kommunikativen Lernbereitschaft ist also ein Moment freier und reziproker Anerkennung zu denken, aus dem die Entscheidungsfindung, sofern sie nur kommunikativ sein will, logisch ihren Ursprung nimmt. Wenn man so will, wird in den Grundrechten dieses Moment freier wechselseitiger Anerkennung näher entfaltet, ausgefächert.

2. Das Beispiel einer politischen Praxis: Konzeptorientierte wissenschaftliche Politikberatung

Was das erste Strukturelement, das Sichüberlegen und Sich-miteinander-Beraten, in bezug auf öffentliche Entscheidungsprozesse des näheren bedeutet, will ich an einem Beispiel und Ausschnitt skizzieren, dem der institutionalisierten wissenschaftlichen Politikberatung als Konzeptplanung. Konzeptorientierte wissenschaftliche Politikberatung ist eine sich etablierende, dabei von Rückschlägen allerdings nicht verschonte politische Praxis. Diese Praxis soll über sich selbst: über ihre Struktur, ihre Möglichkeiten und Grenzen, aufgeklärt werden, um damit einen neuen, einen legitimen Status zu gewinnen. Konzeptorientierte wissenschaftliche Politikberatung steht hier für Entscheidungsverfahren, die einen umfassenderen Begriff von wissenschaftlicher Rationalität implizieren als den der Nutzenkalkulation, vor allem für Verfahren, die nicht nur durch wissenschaftliche, sondern auch durch kommunikative Elemente bestimmt sind, beide Elemente zu vermitteln suchen, auf diese Weise eine verhängnisvolle Abschrottung unterschiedlicher Rationalitätsbegriffe auflösen und die zudem für eine Orientierung an der Idee der Humanität offen sind. Insofern könnte institutionalisierte wissenschaftliche Politikberatung ein für reale Politik richtungsweisendes Modell abgeben.

Planung, verstanden als methodisches Entwerfen von Handlungsmöglichkeiten, ist vereinfacht ausgedrückt entweder der Entwurf eines Zieles (Zielsystems) oder der Entwurf der dazu geeigneten Mittel und Wege. Das Charakteristische von Konzeptplanung liegt nun darin, daß sie sich nicht auf eine der Möglichkeiten festlegen läßt. In einem Konzept werden weder zu vorgegebenen Zielen nur die Mittel und Wege noch unter

Ausklammerung der Frage nach Mitteln und Wegen nur die Ziele bestimmt. Das Konzept richtet sich vielmehr auf beide Aspekte in ihrer Verknüpfung und wechselseitigen Dependenz, z.B. auf die Grundstruktur eines Bildungswesens[16]. Politikberatung als Konzeptplanung beschränkt sich deshalb *nicht* auf Vorschläge für *inkrementale Verbesserungen* (vgl. Poppers Modell der Stückwerktechnologie[17]). Denn aufgrund der mannigfachen Interdependenzen darf eine vernünftige Planung ihre Aufgaben nicht als streng isolierte Einzelprobleme behandeln und sich auf punktuelle ad-hoc-Maßnahmen beschränken. Ohne die Gesellschaft als Ganze und auf einmal verplanen zu wollen – angesichts der Komplexität, Dynamik und Interdependenz der verschiedenen Sozialprozesse und Sozialsysteme reichen schon die Steuerungskapazitäten dafür bei weitem nicht aus –, bleibt die Möglichkeit, Konzepte zu entwerfen und sie als Grundlage politischer Entscheidungen zu empfehlen. Konzepte konzentrieren sich auf Grundstrukturen und Rahmenbedingungen, die durch weitere Planungs- und Entscheidungsprozesse noch ausgefüllt, korrigiert und vor allem mit anderen Bereichen und Gesichtspunkten abgestimmt werden können. Konzeptplanung stellt einerseits nur die erste Stufe in einem mehrstufigen Planungsprozeß dar[18]; andererseits entwirft sie schon das Grundmuster der Sache: ihre wesentlichen Elemente und Momente. Sie bringt die Teile und Aspekte in einen Zusammenhang, richtet ihn an normativen Grundsätzen der Verfassung sowie an konsensfähigen gesellschaftspolitischen Zielvorstellungen und Prinzipien aus und weist auf problem- und ausschnittsspezifische Wege der Realisierung hin. Indem Konzepte die einzelnen Sektoren und Aspekte unter übergreifenden Kriterien organisieren, vermeiden sie die Gefahr des Inkrementalismus, die Schwierigkeiten erst gar nicht zu lösen oder nur an andere Stellen oder auf später zu verschieben.

Ferner: Auch wenn Konzeptplanung durch krisenähnliche Entwicklungen ausgelöst sein mag (die weltweite Bildungsplanung u.a. durch das lawinenartige Ansteigen der Schüler- und Studentenzahlen), verfällt sie doch *nicht* in einen punktuellen und grundsatzlosen Interventionismus, der den je auftretenden Problemen und ihrer krisenhaften Zuspitzung immer bloß nachläuft *(Krisenmanagement)*. Die Probleme sollen vielmehr, und zwar rechtzeitig, in ihrem Zusammenhang gesehen und nach Maßgabe normativer Leitprinzipien gelöst werden. Einen Beitrag dazu leistet konzeptorientierte wissenschaftliche Politikberatung, sofern sie bestimmte Strukturbedingungen erfüllt:

2.1 Infrastruktur: Wissenschaftliche Rationalität

2.1.1 Problemanalyse

Eine Konzeptplanung hat als erstes die schon selbstverständliche Aufgabe, die Situation des entsprechenden Planungsbereiches mit ihren Problemen zu erkennen, sie gründlich zu analysieren und auf dem Allgemeinheitsgrad von Konzeptproblemen präzis zu formulieren. Diese *wissenschaftliche Problemdiagnose* besteht aus mehreren Elementen. So braucht es Kategorien (Begriffe), die als Kriterien die Wahrnehmung der Probleme (Mängel) orientieren und strukturieren)Lehrermangel, Sprachbarrieren usw.), wobei Begriffsbildung und Mängelwahrnehmung sich wechselseitig beeinflussen. Aufgrund der verschiedenen Erhebungs- und Auswertungstechniken ermittelt die empirische Sozialforschung die erforderlichen Daten, deren Interpretation zu einer methodisch abgestützten Bestandsaufnahme führt[19]. Da Konzeptplanung die sozialen Prozesse und Institutionen in ihrer künftig gültigen Struktur entwerfen soll, ist es über Begriffsbildung, Erhebung und Auswertung hinaus erforderlich, die gegenwärtige Situation zu extrapolieren und mit Hilfe von Gesetzen oder Quasi-Gesetzen (Trends, Entwicklungslinien oder Tendenzen) zu Prognosen über jene zukünftige Situation zu kommen, in der die Konzepte, sofern sie tatsächlich zur Grundlage politischer Entscheidungen werden, ihre politisch-sozialen Konsequenzen zeigen[20]. Je nach Forschungslage kann die Konzeptplanung bei den skizzierten Teilaufgaben auf schon vorliegende Forschungsergebnisse zurückgreifen, oder sie muß sie selbst organisieren bzw. in Auftrag geben[21].

Nach der methodischen Ermittlung von Daten und Prognosen gilt es, die Befunde zu Konzeptproblemen aufzuarbeiten. Die Mängel sind in ihrem Zusammenhang mit dem gegebenen Bildungssystem: seinen Organisationsformen, Lernzielen, Bildungsinhalten sowie seiner sozialen Umwelt, zu stellen und aus bestimmten Eigenschaften des Bildungs- und Gesellschaftssystems zu erklären. Erst durch die *Diagnose* solcher *systematischer Mängel* liegen wissenschaftlich aufbereitete Probleme vor.

2.1.2 Zielbestimmung

Die weitere Aufgabe der Konzeptplanung, die Antizipation einer für lebenswert und auch realisierbar gehaltenen Zukunft, nimmt Bezug auf allgemeine Grundsätze, die von der Idee der Humanität (Gerechtigkeit) und den Funktionsanforderungen einer Industriegesellschaft bestimmt sind. Die Konzeptplanung sucht solche allgemeinen Ziele für ihren jeweiligen Problemkreis zu spezifizieren. Für den Bildungsbereich etwa hat man vier Ziele benannt. Aufgrund einer Interpretation der entsprechenden Verfassungsabschnitte über die Grundrechte sowie den demokratischen und sozialen Rechtsstaat lassen sich (I.) Chancengerechtigkeit und (II.) individuelle Förderung[22], aus den Funktionsanforderungen einer Industriegesellschaft lassen sich (III.) Deckung des ökonomischen und sozialen Bedarfs an gebildeten Menschen sowie (IV.) ein effizienter Einsatz der materiellen Ressourcen als angemessene bildungspolitische Ziele gewinnen. Mit Hilfe solcher Ziele werden gegebene Situationen überhaupt als veränderungsbedürftig, die beobachteten und kategorial aufgegliederten Mängel als Mängel und damit als Herausforderung zur Behebung legitimiert. Zugleich geben solche (bildungspolitischen) Grundsätze die Richtlinien ab, nach denen das Bildungswesen neu zu organisieren ist. Die durch hermeneutische (Verfassungsexegese) und andere Verfahren gewonnenen Ziele bezeichnen aber erst einen sehr allgemeinen Grundrahmen, der für konkrete Planung noch zu unbestimmt ist. Besonders ist nichts darüber ausgesagt, wie man solche Ziele realisieren kann.

Auch unter dem Gesichtspunkt der zielangemessenen Realisierungsmöglichkeiten kann die Konzeptplanung auf wissenschaftliche Resultate zurückgreifen. In bezug auf Chancengerechtigkeit und individuelle Förderung rekurriert sie auf Ergebnisse der Pädagogik, vor allem der Begabungsforschung[23]. Mit deren Hilfe werden die Grundsätze zu pädagogischen Leitmotiven, zu Zielen mittlerer Allgemeinheit, spezifiziert. Der Grundsatz der Chancengerechtigkeit wird etwa zu den Forderungen nach Durchlässigkeit, frühem Lernen sowie wissenschaftsbestimmtem Lernen nicht nur für Gymnasiasten, sondern für alle Schüler des Sekundarschulwesens präzisiert; das Kriterium der individuellen Förderung wird zum Leitmotiv der Förderung statt zu dem der Auslese und zu einer inneren und äußeren Differenzierung der Schule konkretisiert[24]. Bei den anderen Zielen kommen bildungsökonomische Forschungen und ihre verschiedenen Ansätze in Betracht.[24a] Insgesamt ist eine Vielzahl wissenschaftlicher Disziplinen und Forschungszweige vonnöten.

2.1.3 Konstruktiver Entwurf

Auf der Basis der Problemdiagnose und nach Maßgabe der pädagogischen und bildungsökonomischen Leitmotive ist schließlich ein Zusammenhang von Bildungseinrichtungen zu entwerfen. Das Entwerfen ist eine Tätigkeit kreativer Vorstellungen, ein freies Spiel mit Möglichkeiten und deshalb zunächst nicht durch Wissenschaft, sondern durch Phantasie bestimmt. Aber die Phantasie erhält keinen unbegrenzt freien Lauf; sie steht im Dienst einer rationalen und humanen Politik. Sie soll Möglichkeiten entwerfen, die zielangemessen und unter den gegebenen sozioökonomischen Bedingungen auch realisierbar sind. Zu diesem Zweck muß Konzeptplanung auf die für sie relevanten wissenschaftlichen Erkenntnisse und Einsichten zurückgreifen.

Im allgemeinen reichen die vorhandenen Forschungsresultate aber nicht aus, um Folgen und Nebenfolgen, Kosten und Nebenkosten mit hinreichender Gewißheit zu übersehen. Konzeptplanung kann dann ihre Empfehlungen einer systematischen Bewährung in der Erfahrung aussetzen. Als eine erste Annäherung bieten sich internationale Erfahrungen an. Genauer und verläßlicher ist es, Modellversuche zu initiieren und durch eine begleitende wissenschaftliche Untersuchung systematisch auszuwerten.

2.1.4 Zur wissenschaftlichen Rationalität von Konzeptplanung

Schon dieser knappe Strukturaufriß stößt auf eine Mannigfaltigkeit von wissenschaftlichen Disziplinen und Verfahren. Deren Beiträge zur Konzeptlanung stehen nicht beliebig nebeneinander, sondern bilden einen komplexen, in sich strukturierten und folgerichtig aufgebauten Prozeß, dessen *Grundmuster* durch das Ineinandergreifen von drei Momenten: der Problemanalyse, der Zielbestimmung und des konstruktiven Entwurfs, gekennzeichnet ist. Die sinnvoll gestellte Frage nach der Methode von Konzeptplanung zielt deshalb nicht auf ein einziges Verfahren. Es treten verschiedene: etwa begriffsanalytische, empirische und hermeneutische Methoden zusammen, die in den einen Prozeß der Konzeptplanung zu integrieren sind. Deshalb sind all die wissenschaftstheoretischen Vorstellungen abzuwehren, die die Konzeptplanung auf ein einziges Verfahren festlegen wollen, gleich ob es als sozialtechnologische Konstruktion, als Nutzenkalkulation oder als kritisches Sinnverstehen identifiziert wird. Unter dem Aspekt des wissenschaftlichen Beitrags ist Planung vielmehr ein „hochkomplexes interdisziplinäres Unternehmen“,[25] wobei nicht nur die einzelnen Fachbeiträge, sondern auch ihre Vermittlung zu einem Ganzen, dem Konzept, wissenschaftlichen Kriterien folgen soll.

In der Wissenschaft, die ganz allgemein als Inbegriff von Theoriekompetenzen zu definieren ist, lassen sich strukturanalytisch zwei Aspekte unterscheiden. Als Sachverstand interpretiert, ist die Wissenschaft für Fachkenntnisse, als Methodenverstand für die systematische Durchführung von Denk- und Beobachtungsprozessen zuständig. Die Theoriekompetenz in diesen beiden Aspekten kann zur Konzeptplanung auf verschiedenen, mindestens drei Ebenen in eine Beziehung treten. Die drei Ebenen stellen Formen fortschreitenden Einflusses von Wissenschaft auf gesellschaftliche Planung dar:

(1.) Auf der untersten Stufe ihres Einflusses liefern die Wissenschaftler für die Planung *sachkompetente Informationen*. Die politischen Instanzen stellen die genauen Fragen, die Wissenschaftler geben die Antworten. Verstanden als Inbegriff der dem jeweiligen Forschungs- und Diskussionsstand entsprechenden Ergebnisse, erscheint die Wissenschaft hier als Summe von methodisch abgesicherten Daten: Erkenntnissen und Einsichten, die man in kleineren oder in größeren Portionen abfragt.

(2.) In der Regel sind die wissenschaftlichen Erkenntnisse aber nur für die Fachkollegen formuliert. Überdies bewegen sie sich auf einem Abstraktionsniveau, das ihre planungsspezifische Relevanz unmittelbar gar nicht einsichtig macht. Aus diesem Grund reicht es nicht aus, daß Wissenschaftler lediglich Resultate liefern. Sie müssen die gegebenen Resultate auch im Licht der Planungsprobleme interpretieren und nach den Erfordernissen der Praxis auswerten. Für diese *planungsorientierte Interpretation* muß zur Fachkompetenz eine mit ihr als solcher nicht notwendig gegebene fachübergreifende Beurteilungsfähigkeit treten, die die oft komplizierten Vermittlungsprozesse zwischen allgemeinen wissenschaftlichen Erkenntnissen und konkreten Planungsproblemen angemessen durchführt.

(3.) Die Konzeptplanung gewinnt die volle Qualität wissenschaftlicher Rationalität erst dann, wenn nicht nur die Einzelbeiträge und ihre Interpretation, sondern wenn auch die *Integration der interpretierten Fachbeiträge* methodisch geschieht. Dann steht aber nicht mehr der fachspezifische Sachverstand im Mittelpunkt. Wissenschaftliche Konzeptplanung ist auf eine übergreifende Methodenkompetenz angewiesen: auf die Fähigkeit, auch in solchen Bereichen folgerichtige und zielorientierte Denkprozesse durchzuführen, die nicht schon aus der bisherigen Forschungspraxis geläufig sind[26]. Deshalb ist es sinnvoll, zu den Planungsaufgaben auch fachunspezifische Wissenschaftler heranzuziehen, für Gremien der Bildungsplanung also nicht nur Vertreter der Pädagogik, Bildungsökonomie oder der empirischen Sozialforschung, sondern auch Naturwissenschaftler, Historiker, Soziologen und Philosophen[27]. Denn ein Konzept entsteht weder durch die Verschmelzung von Partialwissen noch als Resultante aus einer Vielzahl fachspezifischer Beiträge. Durch eine Addition der einzelnen Teile: der empirischen Sozialforschung mit Bildungsökonomie, Verfassungsexegese und Pädagogik, ergibt sich noch kein Grundriß des Bildungswesens. Dazu gehört es, daß man die konzeptspezifischen Beiträge als solche überhaupt identifiziert, sie gezielt abruft und mit konstruktiver Phantasie zu einem Ganzen integriert. Das Konzept ist – soweit wissenschaftlich bestimmt – nicht die Summe ihrer einzelwissenschaftlichen Beiträge, sondern deren produktive Synthese.

2.2 Wissenschaft als negative Instanz

2.2.1 Verläßlichkeitsgrenzen der Wissenschaft

Wissenschaftler können weder eindeutige noch zweifelsfrei gewisse Rezepte liefern, und zwar aus Gründen, die zum Teil schon aus dem wissenschaftlichen Forschungsprozeß selbst, zum Teil erst aus seiner Vermittlung mit (Konzept-) Planung stammen. In lockerer Folge lassen sich mindestens sieben Argumente aufführen.

(1.) Für die hochkomplexen Probleme der politischen Planung ist ein Teil der wissenschaftlichen Instrumentarien oft nur schwierig anwendbar. So sind die Algorithmen der mathematischen Optimierung zu präzise und damit zu voraussetzungsreich, um bei Rahmenplanungen mit ihren nicht exakt definierten Strukturen, mit ihren Spielräumen und Vorbedingungen eindeutig anwendbar zu sein.[28] – Zu den Grenzen der Eindeutigkeit treten solche der Verläßlichkeit von Wissenschaft:

(2.) Die Entwicklung der Naturwissenschaften und ihre wissenschaftstheoretische Diskussion hat die naive Vorstellung kritisiert, die empirischen Wissenschaften würden aufgrund methodisch durchgeführter Verifikationsverfahren zu absolut gewissen und unbezweifelbar richtigen Erkenntnissen führen[29]. Wissenschaftliche Resultate haben vielmehr den Rang von (mehr oder minder stark bewährten) Hypothesen, die, der kritischen Diskussion ausgesetzt, modifiziert und revidiert werden können.

(3.) Was für die Naturwissenschaften zutrifft, ihr fallibilistischer Charakter, gilt in einem ungleich höheren Maß für jene Wissenschaften, auf die sich gesellschaftspolitische Planung naturgemäß in erster Linie stützt, für die Humanwissenschaften. Ihre wissenschaftlichen Beiträge zur politischen Planung haben in der Regel nicht denselben, oft sehr hohen Bewährungs- und Anerkennungsgrad naturwissenschaftlicher Forschungsresultate.

(4.) Dazu tritt die Unsicherheit komplexer Zukunftsprognosen im Bereich der Gesellschaftswissenschaften, so daß der politischen Planung oft exakte Grunddaten fehlen.[30] Die Auseinandersetzung über Konzepte beginnt deshalb zu Recht bei der Darstellung und Beurteilung der Ausgangslage[31]. Zudem fehlt häufig selbst das für eine empirische Sozialforschung noch relativ leicht zu erstellende Material[32].

(5.) Gesellschaftspolitische Pläne beziehen sich in der Regel auf neuere Entwicklungen. Infolgedessen ist das entsprechende Wissen noch nicht so lang der kritischen Diskussion ausgesetzt und daher noch relativ ungesichert. Zwar steht die politische Planung nicht unter dem Entscheidungszwang tagespolitischer Entscheidungsprozesse. Planung braucht auf die kritische Diskussion nicht zu verzichten; sie kann sogar Experimentalprogramme initiieren und erste Befunde abwarten. Im Unterschied zur autonomen wissenschaftlichen Forschung steht sie jedoch unter einem mittleren Handlungszwang: die problematisch gewordene Wirklichkeit drängt auf eine Lösung; die Politiker, die sich beraten lassen, warten auf Empfehlungen. Das in die Konzeptplanung einfließende wissenschaftliche Wissen nimmt auch im Rahmen des für einen gesellschaftswissenschaftlichen Forschungsgang möglichen Gewißheitsgrades einen relativ niedrigen Rang ein.

(6.) Außerdem gehen in die Konzeptplanung Beiträge von vielen wissenschaftlichen Ansätzen, Verfahren und Disziplinen ein. Es sind nicht nur fachinterne (intradisziplinäre), sondern auch fachübergreifende (interdisziplinäre) Beratungsprozesse vonnöten. Da diese Beratungsprozesse oft ganz neu und zudem zwischen heterogenen Wissenschaften durchzuführen sind, werden sie von Sprach- und Verständigungsschwierigkeiten begleitet und durch eine fachspezialisierte Ausbildung gehemmt; in der Verläßlichkeit ihrer Resultate sind sie ein weiteres Mal eingeschränkt.

(7.) Schließlich läßt sich die allgemeine Methodenkompetenz, die für eine methodische Organisation der Einzelbeiträge zu einem Konzept erforderlich ist, nicht so leicht abschätzen wie eine fachspezifische Methodenkompetenz. Die für die politische Planung entscheidende Frage, wer hier eigentlich als wissenschaftlicher Experte gelten kann und deshalb in das Planungsgremium berufen werden soll, läßt sich nicht so einfach beantworten wie im Fall von fachspezifischen Fragen. Zwar bezieht sich die innerfachliche Urteilsbildung, die Diskussion unter den Fachgenossen, ganz allgemein nicht nur auf Meinungen, sondern auch auf die relative Zuständigkeit, den Rang und die Kompetenz von Personen und führt zur Qualifikation einzelner als Experten[33]. Für das Allgemeine gibt es aber kein eigenes Fach, daher auch keine innerfachliche Urteilsbildung über relative Kompetenzen.

2.2.2 „Rollende Reform"

Wissenschaftliche Konzeptplanung kann die begrenzte Verläßlichkeit nicht aufheben; sie kann ihr jedoch entgegensteuern. Dies geschieht zunächst dadurch, daß man nicht – aus Verzweiflung, keine absolut verläßlichen Verfahren zu finden – auf methodische Konzeptplanung überhaupt verzichtet, sondern Methoden mittlerer Verläßlichkeit sucht. Vor allem begegnet man der Situation, indem man einmal erarbeitete Konzepte nicht gegen Kritik und Revisionen abschirmt, sie vielmehr für Veränderungen offenhält. Gesellschaftspolitische Reformen sind auf die Weise eines revolvierenden Prozesses in Angriff zu nehmen, der innovatorische Maßnahmen mit parallelen wissenschaftlichen Untersuchungen verbindet, um auch während des Reformprozesses Änderungen der wissenschaftlichen Grundlagen: der Hypothesen sowie der empirischen Befunde, als solchen wahrzunehmen und zu berücksichtigen. Wie das in concreto durchgeführt werden kann, läßt sich ohne organisatorische, juristische und andere, auch pädagogische Überlegungen nicht entscheiden. – Ein weiterer Grund für eine „rollende Reform" findet sich in der steten Veränderung der Bedürfnisse und Interessen, der ökonomischen Randbedingungen usf.

2.2.3 Wissenschaft als negative Instanz

Was folgt aus diesen Hinweisen für die Relevanz der Wissenschaften in der Konzeptplanung? Planung im Dienst politischer Praxis kann die Ziele und Grundsätze, an denen sie sich orientiert, nicht selbstherrlich wählen. Damit Konzeptentwürfe zustimmungsfähig sind, müssen sie sich auf den politischen Raum beziehen: auf Verfassungsbestimmungen, parlamentarische Beschlüsse, auf einen informellen gesellschaftspolitischen Konsens, auf die Bedürfnisse und Interessen der Betroffenen sowie die öffentliche Diskussionslage. Dieser politische Raum signalisiert allerdings noch nicht den gesellschaftspolitischen Konsens eines homogenen, klaren und seiner selbst sicheren politischen Willens, der auf dem Wege einer empirischen Erhebung bloß festzustellen und zur Grundlage der Konzepte zu erklären wäre. Angesichts der Unsicherheiten, Unklarheiten, der Dishomogenitäten und Konflikte braucht die Konzeptplanung jedoch nicht zu kapitulieren. Unter Anerkennung von Verfassungsprinzipien sowie anderen Formen eines gesellschaftspolitischen Rahmenkonsenses als den Leitprinzipien und unter Berücksichtigung der vielfältigen Meinungs- und Willensäußerungen in der Gesellschaft besteht die kritisch-hermeneutische Aufgabe darin, Bedürfnisse und Interessen aufzugreifen, dabei auf die oft unbewußten oder noch unklaren Zielvorstellungen zu achten, die Bedürfnisse und Interessen im Licht der Leitprinzipien zu interpretieren und ggf. kritisch zu modifizieren. Der analytische Aspekt besteht darin, angesichts von begrifflichen Unklarheiten und Widersprüchen die Ziele und Kriterien zu präzisieren und zu kompatiblen Zielbegriffen zu gelangen. Bei diesen Teilaufgaben kann wissenschaftliche Konzeptplanung auf ihre (empirisch-analytischen und kritisch-hermeneutischen) Theoriekompetenzen rekurrieren. Die gesellschaftspolitischen Ziele sind ganz offensichtlich nicht Vorgaben im Sinne unumstößlicher positiver Daten. Zielüberlegung, Zielfeststellung und Zielpräzisierung sind selbst integrale Bestandteile einer wissenschaftlichen Konzeptplanung. Aber weder der Sachverstand noch der fachspezifische Methodenverstand und auch nicht eine fachübergreifende Methodenkompetenz legen die Ziele und die an sie geknüpften Konzepte letztlich fest; sie fällen nicht die Entscheidung für oder gegen sie. Die wissenschaftliche Konzeptplanung stellt grundsätzlich keine kategorischen Behauptungen auf: eine integrierte Gesamtschule, ein Ausbildungswechsel zwischen den Lernorten Schule und Betrieb usf. sollen sein. Sie argumentiert vielmehr hypothetisch: „Wenn diese oder jede Grundsätze und Kriterien übernommen werden – und dafür spricht eine Vielzahl von Argumenten –, dann ist – nach dem derzeitigen Stand der Wissenschaft – das Konzept K_i eine empfehlenswerte, rationalen Kriterien genügende Möglichkeit."

Eine Konzeptplanung, die sich auf politische Vorgaben bezieht, ohne sie als eindeutig festgelegte Daten vor sich zu haben, kritisiert die gängige Vorstellung, nach der zwischen Politik auf der einen und den Wissenschaften auf der anderen Seite eine komplette Arbeitsteilung vorliege. Zugleich kritisiert sie die entgegengesetzte Position. Die wissenschaftlichen Planungsgremien verstehen sich sinnvollerweise *weder* als zweckrationale Dienstleistungen *(instrumentelle Vernunft)*, die die Bestimmung der Ziele, Richtwerte und Führungsgrößen ganz jenen politischen Prozessen überläßt, die sich vor und außerhalb der Planung abspielen, *noch* halten sie sich, in planer Entgegensetzung, für die *zielkompetente kritische Intelligenz*. Gegenüber der Vernünftigkeit der Ziele weder ahnungslos noch gleichgültig, beschränken sie sich nicht darauf, eindeutig vorgegebene Ziele in sozialtechnologische Vorschriften zu übersetzen und die Resultate den Politikern zur Verfügung zu stellen. Problemadäquater ist folgende Vorstellung: Aufgrund der Mannigfaltigkeit ihrer Sachkenntnisse und methodischen Verfahren prüfen die Wissenschaftler insgesamt alternative Vorschläge und eliminieren jene, die ihren Anforderungen auf konsistente Begriffsbildung, methodische Bewährung an der Erfahrung usf. nicht genügen. Alle Vorschläge, die zu den Rationalitätskriterien – in einem weiten, auch hermeneutische, kritische und reflexive Verfahren einschließenden Sinn von Rationalität – im Widerspruch stehen, sind auszuschließen. Dieses Verfahren führt in der Regel zu einem Lösungsraum und nur in Sonderfällen zu einer einzigen Lösung. Aber selbst in diesen Sonderfällen hat die Wissenschaft nicht den Rang einer positiven Entscheidungsinstanz. Die Transformation dessen, was rational möglich ist, zu etwas, das tatsächlich realisiert werden soll, geschieht durch außerwissenschaftliche Momente: durch die teils vor, teils während und nach der Planung vollzogene Anerkennung der rationalen Möglichkeiten als etwas, das aufgrund der Ziele, der Mittel, der wahrscheinlichen Folgen und Nebenfolgen von der betroffenen Kommunität und ihren Repräsentanten gewollt ist. Die Wissenschaft, so meine These zur Infrastruktur wissenschaftlicher Politikberatung, hat für die Politik den Rang einer negativen Instanz[34].

2.3 Zur Binnenstruktur: experimenteller Konsens

Der politische Raum, auf den sich die Planung bezieht, hat unterschiedliche Bedeutung. Die Verfassungen enthalten normative Leitprinzipien, die – wie die Grundrechte und der Auftrag, den demokratischen und den sozialen Rechtsstaat zu entwickeln – von den Ideen der Humanität und Gerechtigkeit bestimmt sind und die rechtliche Grundordnung festlegen, somit den Spielraum eingrenzen, innerhalb dessen Konzepte humanitätsorientiert und verfassungskonform sind. Die Leitprinzipien bedeuten gleichsam die höchste Berufungsinstanz, vor der sich die Ziele und Kriterien als „legitim" ausweisen müssen. Indessen sind die Leitprinzipien so allgemein formuliert, daß sie für den jeweiligen gesellschaftspolitischen Bereich und die konkrete soziokulturelle Situation noch näher zu bestimmen sind[35]. Auch ist die inhaltliche Ausfüllung für die Konkurrenz politischer Anschauungen offengehalten. Die auf einem relativ hohen Abstraktionsgrad formulierten Verfassungsgrundsätze werfen nicht nur Interpretationsprobleme auf, sondern geben auch den Raum für politisch legitime Zielkontroversen frei. Die präzise Bestimmung der Ziele kann daher nicht lediglich als ein Ableiten aus übergeordneten, noch vagen Zielformulierungen verstanden werden[36]. Im Ausgang von der Situation legitimer Kontroversen sind vielmehr in einem offenen Prozeß der Willensbildung solche Ziele zu gewinnen, die über die Negativkriterien der Konsistenz, Präzision und der Verfassungskonformität hinaus die Bedingung erfüllen, sich als Basis eines neuen gesellschaftspolitischen Konsenses zu eignen. Deshalb ist auch die öffentliche Diskussion aufzugreifen, allerdings nicht kritiklos und unqualifiziert.

Durch die Aufgabe, auch einen Zielkonsens zu erarbeiten, obwohl sie für ihn nicht entscheidungskompetent ist, wird die Konzeptplanung zu einem Kommunikationsprozeß, in dem ein Konsens erprobt wird. Die Konzeptplanung muß nicht nur rationale Möglichkeiten entwerfen, sondern auch *politische Vorgaben* aufgreifen und sie *experimentell zu einem aufgeklärten Konsens forttreiben*. Die Ausdrücke „erproben" und „experimentell" sind hier emphatisch gemeint. Gesellschaftspolitische Konzeptplanung ist ein Experiment, dessen Ergebnis zeigen soll, was in der jeweiligen gesellschaftspolitischen Situation unter humanen, unter rationalen und unter kommunikativen Aspekten an aufgeklärten Handlungsentwürfen möglich ist.

Es wurde schon darauf hingewiesen, daß die moderne wissenschaftstheoretische Diskussion gezeigt hat, daß kein Verfahren existiert, das unbezweifelbar gewisse Forschungsergebnisse garantiert. Dies gilt um so mehr für den komplizierteren und nicht vollständig verwissenschaftlichten Bereich, die Konzeptplanung. Insofern das gesellschaftspolitische Konzept durch einen Konsens begründet wird, der nicht zwingend beweisbar ist, ist es auch nicht für jedermann schlechthin gültig. Gleichwohl ist der Inhalt des experimentellen Konsenses nicht unverbindlich, da er methodisch herbeigeführt wird, so daß Zufall, persönliche Vorurteile usf. nicht gerade ausgeschlossen, aber doch erheblich reduziert werden. Zu den methodischen Regeln gehört es, daß man nicht nach dem einen „Weisen" sucht, sondern ein Gremium bildet, das sich zu gemeinsamen Lernprozessen bereitfinden und im Gespräch, in der Diskussion einen gemeinsamen Willen bilden muß[37]. Ferner müssen die Mitglieder so ausgewählt sein, daß willkürliche Aussagen und Gegenaussagen mit hoher Wahrscheinlichkeit auf Widerspruch stoßen und eine sachliche Argumentation herausfordern. Dazu sind Personen erforderlich, die weder voneinander abhängig noch aufeinander angewiesen sind. Vor allem aber müssen die Konzeptplaner gegenüber den gesellschaftlichen und politischen Kräften relativ unabhängig sein; sie dürfen sich nicht bloß als Interessenvertreter verstehen. Ein Konzept soll ja nicht der (möglicherweise nutzenkalkulatorisch, nämlich spieltheoretisch berechenbare) *Kompromiß* zwischen antagonistischen Kräften sein. Weitere wirksame Vorkehrungen finden sich in der Institution des Minderheitengutachtens; im Zwang, Konzepte zu begründen und öffentlich Rechenschaft über die abzugeben; in der Erwartung und der Durchführung einer kritischen öffentlichen Diskussion.

Derartige Bestimmungen schaffen in der Regel weit idealere Kommunikationsbedingungen, als sie sich in homogenen Gruppen oder den Querelen, Vorurteilen und Handlungszwängen der Tagespolitik darbieten. Sie bedeuten eine „Rationalisierung" der Konsensfindung, ohne sie deshalb zu verwissenschaftlichen. Konzeptplanung, die sich derartigen Regeln unterwirft, erhöht die Chancen für aufgeklärte Handlungsentwürfe.

Um die Quintessenz noch einmal zu formulieren: Konzeptplanung als methodischer Kommunikationsprozeß basiert auf der Übereinstimmung in der Anerkennung bestimmter Ziele und Kriterien, einer Übereinstimmung, die – durch kritisch-hermeneutische und empirisch-analytische Methoden abgestützt – durch ein Verfahren der Konsenserprobung in relativer Distanz zu den politischen Instanzen und Kontroversen experimentell gefunden wird.

2.4 Zur Außenstruktur: Kooperation zwischen Wissenschaft und Politik

Wissenschaftliche Politikberatung soll eine Mittlerrolle zwischen Politik und Wissenschaft ausüben. Diese Mittlerrolle kann sie aber nur dann erfüllen, wenn beide Seiten – Politik und Wissenschaft – sich einander zuwenden, ohne ihre Eigenart aufzugeben. Indem die Politik wissenschaftliche Beratungsgremien institutionalisiert, reduziert sie nicht einfach die politische Kompetenz auf Sachkompetenz und läßt die Wissenschaftler als Wissenschaftler die öffentlichen Entscheidungen treffen (Technokratie). Wohl öffnet sich die Politik dem Sach- und Methodenverstand. Sie stellt sich ausdrücklich unter die Ansprüche von Wissenschaft, deren Eigenrecht (die Sach- und Methodenkompetenz) sie anerkennt. Dadurch erhält die Wissenschaft ein politisches Mitwirkungsrecht, allerdings kein pauschales, sondern bezogen auf bestimmte Aufgaben, die sie nach Maßgabe ihrer eigenen Kriterien und Kompetenzen ausfüllt. Und umgekehrt: Wissenschaft, die sich zur Politikberatung bereitfindet, gibt nicht ihr Eigenrecht auf, um sich Erkenntnisse von der Politik vorschreiben zu lassen. Doch schränkt sie ihre Autonomie ein und wendet sich den Aufgaben zu, für deren Lösung man sie in Anspruch nimmt. Darüber hinaus greift sie normative Leitprinzipien sowie gesellschaftspolitische Diskussionslagen auf, womit sie sich den Ansprüchen der Politik stellt.

Wissenschaftliche Politikberatung kann nur dort gelingen, wo Wissenschaft und Politik aufeinander zugehen, ohne sich einander zu bemächtigen. Sowohl die Herrschaftsanmaßung von Wissenschaftlern gegenüber der Politik als auch die konträre Anmaßung von Politikern gegenüber der Wissenschaft würde die Vermittlungsaufgabe unmöglich machen. In dem einen Fall würde die demokratische Willensbildung und Entscheidungsfindung, in dem anderen Fall die wissenschaftliche Rationalität manipuliert. Um beide Gefahren zu vermeiden, muß die relative Autonomie von Wissenschaft und Politik sichergestellt werden. Dazu gehört es, daß auf beiden Seiten die Freiheit der Kritik gewahrt bleibt: Einerseits muß das Beratungsgremium unabhängig sein, wozu auch materielle und personelle Mittel (vor allem ein eigener Arbeitsapparat und eine genügende Anzahl wissenschaftlicher Mitarbeiter) zählen; andererseits dürfen die Pläne keinen imperativen, sondern nur einen Empfehlungscharakter haben[38].

Im Prozeß öffentlicher Entscheidungsfindung nehmen Wissenschaft und Politik je verschiedene Funktionen wahr. Die Politik sucht den Rat des Sachverstandes; die Wissenschaft plant nach Maßgabe politischer Leitprinzipien und praktischer Bedürfnisse. Zugleich behalten beide Seiten ihre relative Autonomie; die Impulse, die sie abgeben, sind verschiedener Natur. Die Wissenschaft gibt Auskunft über rationale Möglichkeiten. Sie entwirft Konzepte, die in sich widerspruchsfrei, die zielklar, zieleffizient sowie durch empirische Forschung abgestützt sind und darüber hinaus das Resultat eines aufgeklärten Konsenses darstellen. Die Politik schreibt über die Verfassungen normative Leitprinzipien vor, und in ihren Entscheidungsgremien nimmt sie Rücksicht auf das unmittelbar Notwendige, auf das Machbare und das Durchsetzbare; sie bewertet die alternativ möglichen Ziele, setzt die Prioritäten und entscheidet über den Zeitplan. Mit einem Wort: die Wissenschaft trägt Sachlegitimation: Rationalität und Reflexion, bei, die Politik die politische Legitimation.

Die Zusammenarbeit unter Wahrung der je eigenen Prinzipien ist terminologisch als partnerschaftliche Kooperation zu fassen, ein Verhältnis, das weder konfliktlos noch grundsätzlich feindlich ist. Organisatorisch kann es recht verschiedene Formen annehmen. Während der Vorgänger des Deutschen Bildungsrates, der Deutsche Ausschuß für das Erziehungs- und Bildungswesen, ohne eine Mitwirkung von seiten der Regierung und der Verwaltung arbeitete, besteht der Wissenschaftsrat und bestand der Bildungsrat je aus zwei Kommissionen: aus der Wissenschaftlichen bzw. der Bildungskommission auf der einen und der Verwaltungs- bzw. der Regierungskommission auf der anderen Seite, so daß die Kooperation zwischen Sachverstand und Politik schon innerhalb der Beratungsinstitutionen stattfindet. Die wissenschaftlichen Berater werden frühzeitig auf die Fragen der politischen Realisierbarkeit, die Vertreter der Exekutive frühzeitig auf die Einsichten des Sachverstandes aufmerksam gemacht. Der gemeinsame Lern- und Kooperationsprozeß beginnt schon vor der Verabschiedung und Veröffentlichung der Empfehlungen.

Das Gelingen einer durch wissenschaftliche Politikberatung rationalisierten Politik hängt sehr stark von solchen und anderen organisatorischen Unterschieden ab. Durch eine kritische Auswertung der bisherigen Erfahrungen lassen sich sicherlich noch bessere Formen finden, auch wenn man ein für alle Situationen gleichermaßen optimales Modell nicht erwarten kann[39]. In diesem Zusammenhang ist auch nur das gemeinsame Merkmal: die kooperative Grundstruktur im institutionalisierten Zusammenwirken von Wissenschaft und Politik, entscheidend.

Obwohl sich die wissenschaftliche Politikberatung in erster Linie an jene entscheidungskompetenten Politiker wendet, durch die sie zur Beratung aufgerufen wurde, ist Gesellschaftspolitik in demokratischen Staaten doch keine Geheimpolitik. Sie findet vor den Augen und unter der Beteiligung der (aktiven) Öffentlichkeit statt. Auch die wissenschaftlich abgestützten Empfehlungen richten sich nicht allein an die gewählten Repräsentanten und/oder die Exekutive. Aus diesem Grund und um die politische Unabhängigkeit der Beratungsgremien zu verstärken, gehört es zu den Empfehlungen, daß man sie publiziert. So rufen sie auch in der öffentlichen Diskussion Kritik und Gegenkritik hervor und stimulieren Lern- und Veränderungsprozesse. Der aus pluralistisch zusammengesetzten Beratungsgremien hervorgehende experimentelle Konsens soll für die pluralistisch strukturierte Öffentlichkeit Beispiel- und Fermentcharakter haben und ein – human, rational und kommunikativ gesehen – höheres Wissen sowie ein entsprechend hohes Problembewußtsein und Argumentationsniveau provozieren[40]. Die mit der öffentlichen Diskussion initiierten Lern- und Veränderungsprozesse beeinflussen wiederum die politischen Instanzen. Außer dem direkten Lernprozeß zwischen den Beratungsgremien und den Politikern findet noch ein indirekter, ein über die öffentliche Diskussion vermittelter statt und erhöht den Einfluß der Empfehlungen. Gleichwohl bleiben diese ein Angebot. Um die vorgeschlagene aufgeklärte Politik selbst zu realisieren, fehlt ihnen die politische Legitimation. Das Angebot muß von den Angesprochenen, vor allem den Politikern, dann auch von der Öffentlichkeit wahrgenommen werden. Ob dies tatsächlich geschieht, muß in einem als Kooperationsprozeß verstandenen Verhältnis der Wissenschaft zur Politik den Angesprochenen freigestellt bleiben. Wissenschaftliche Beratungsprozesse können und sollen sich der Fragilität von Anerkennungsprozessen nicht entziehen.

Je besser die wissenschaftlichen und kommunikativen Bedingungen innerhalb der Beratungen sind und je besser das Kooperationsverhältnis zur Politik ist, desto höher sind die Chancen der Anerkennung. Und werden die Empfehlungen anerkannt, dann wird in die Politik nicht nur ein höheres Argumentations-, sondern auch ein höheres Entscheidungsniveau getragen. Die tatsächliche Anerkennung hängt von vielerlei Gründen ab. Es kommt nicht nur auf die Qualität der Ratgeber, sondern auch auf die der Ratsuchenden: auf die Urteilsfähigkeit und das Verantwortungsbewußtsein der Politiker, dann auch auf die Qualität der öffentlichen Meinung an. Diese nur sehr allgemein bezeichneten Qualifikationen hängen selbst von mancherlei Bedingungen ab, nicht zuletzt von dem, worum es bei der Reform des Bildungswesens inhaltlich geht: von der Ausrichtung der Lernprozesse auf die Entwicklung von sprachlichen, sozialen und humanen Kompetenzen sowie von der chancengerechten Verteilung des entsprechenden Bildungsangebots.

2.5 Wissenschaftliche Politikberatung als Chance zur Humanität

Die Inhalte der Empfehlungen, die von seiten wissenschaftlicher Politikberatung ausgesprochen werden, sind nicht schon deshalb human (gerecht), weil sie nach rationalen und kommunikativen Kriterien erarbeitet worden sind. Eine Gleichsetzung von Rationatität und Kommunikation mit Humanität (Gerechtigkeit) ist unzulässig. Zwar stellt die intersubjektive Verständigung über Ziele und ihre freie Anerkennung selbst ein Element des Humanen und des politisch Gerechten dar. Auch ist die Rationalität der Mittel und Wege ein konstitutives Moment von Strategien der Humanität. Denn wenn humane Leitprinzipien tatsächlich zur Anwendung kommen sollen, dann ist eine Überlegung der angemessenen Wege vonnöten. Die Planung des Erfolges gehört zur Ernsthaftigkeit einer Orientierung an Humanität hinzu. Aber insofern es der wissenschaftlichen Politikberatung um das Aufgreifen und problemspezifische Ausarbeiten, nicht um die philosophische Legitimation und die politisch-rechtliche Anerkennung der humanen Leitprinzipien geht, ist die fundamentale Orientierung an inhaltlichen Kriterien von Humanität mit dem Beratungsverfahren selbst nicht mitgegeben, sondern ihm methodisch vorgeordnet. Dort, wo – etwa durch das Aufgreifen der entsprechenden Verfassungsbestimmungen – die grundsätzliche Orientierung an Humanität gegeben ist, kann auch die Aufgabe der Vermittlung von humanen Ansprüchen mit geschichtlicher Wirklichkeit übernommen werden. Und nur dort sind die von rationalen und kommunikativen Kriterien bestimmten Entscheidungsprozesse im vollen Sinn als Strategien der Humanität zu qualifizieren.

Allerdings darf man auch dann nicht die Humanitätserwartungen überziehen. Eine Politik, die ihre humanen Ansprüche recht versteht, sorgt sich nur zu einem Teil unmittelbar um die Selbstverwirklichung der Bürger, nämlich unter dem Aspekt, daß politische Kommunikationsprozesse nicht bloß strategische Bedeutung in bezug auf Humanität haben, sondern selbst ein Stück humanen Lebens bedeuten. Von diesem allerdings wichtigen Aspekt abgesehen, konzentriert sich eine humanitätsorientierte Politik auf limitierende Grundbedingungen. Ihr geht es darum, Barrieren zu einem humanen Leben abzubauen, Dispositionen und Kompetenzen entwickeln zu helfen, die dem Menschen ein Zusichselbstkommen erlauben, sowie die erforderlichen ökonomischen und sozialen Voraussetzungen bereitzustellen. Die entsprechende Selbstverwirklichung muß den Betroffenen überlassen bleiben, soll Politik nicht totalitär werden. Die Suche nach Strategien der Humanität ist auch gar nicht an die Annahme gebunden, es sei möglich und erstrebenswert, das Zusichselbstkommen der Menschheit mittels öffentlicher Entscheidungsprozesse unmittelbar und vollständig zu realisieren. Humanität kann weitgehend lediglich als das indirekte, nicht auch das direkte Ziel von Politik gelten. –

Die Detail-Analyse zur konzeptorientierten wissenschaftlichen Politikberatung war exemplarisch gemeint. Am Beispiel einer sich etablierenden, von Rückschlägen allerdings nicht freien politischen Praxis sollten Struktur und Sinn eines Entscheidungsverfahrens deutlicher werden, das sich den Ansprüchen von Humanität, Rationalität und Kommunikation stellt sowie diese Ansprüche zu vermitteln sucht. Aufgrund der skizzierten Verfahren eröffnet sich dem politischen Handeln ein Maß an humaner, rationaler und kommunikativer Aufklärung, das einer Entscheidungsfindung nach dem Paradigma Nutzenkalkulation methodisch verschlossen ist. Durch die Grundelemente: die Tatsache, daß sich die Politik unter die Ansprüche der Wissenschaft stellt; durch einen Wissenschaftsbegriff, der sich nicht auf bestimmte Disziplinen und Methoden festlegt, sondern ganz allgemein Sach- und Methodenkompetenz meint; durch die Anerkennung der Wissenschaften insgesamt als einer negativen und nicht einer positiven Entscheidungsinstanz; durch die Idee des experimentellen Konsenses, den Begriff einer kooperativen Beziehung zwischen Wissenschaft und Politik, vor allem auch durch die Orientierung an Leitprinzipien der Humanität werden methodische Beschränkungen überwunden, die mit den gegenwärtig vorherrschenden Entscheidungstheorien verbunden sind.

Die damit anvisierten Verbesserungen bestehender Sozialpragmatiken gehen in zwei Richtungen. Mit dem Ansätzen skizzierten Modell rationaler und kommunikativer Entscheidungsfindung werden die Möglichkeiten einer methodischen Beziehung zur Idee der Humanität erweitert. Zugleich ist die Vorstellung abzuwehren, hier könne Humanität vollständig geplant und rational verfügbar werden. Weder die kritischen Hinweise auf einige der gegenwärtig vorherrschenden Entscheidungstheorien noch die exemplarisch gemeinte Analyse einer sich etablierenden politischen Praxis sind auf Methoden oder Verfahren gestoßen, die aus sich heraus Humanität als das Zusichselbstkommen der Menschheit verbürgen. Schon wegen der vielfältigen Verläßlichkeitsgrenzen der Wissenschaft, dann wegen ihrer Bedeutung als negativer Entscheidungsinstanz, wegen der Fragilität kommunikativer Beziehungen und weil Humanität lediglich ein indirektes Ziel von Politik sein kann, ist eine öffentliche Verfügung über Humanität nicht möglich. Dazu kommt, daß die humanen Leitprinzipien die methodische Bedeutung von allgemeinen Vorgaben haben.

Diese Grenzen von öffentlichen Entscheidungsverfahren gegenüber der Idee von Humanität bedeuten jedoch nicht, daß die Entscheidungsverfahren und ihre Verbesserung gegenüber der Realisierung von Humanität gleichgültig seien. Der humane Sinn eines rational und kommunikativ bestimmten Entscheidungsverfahrens und die Überlegenheit gegenüber anderen Verfahren liegt vielmehr darin, daß eine humane Grundorientierung bereichs- und situationsgerecht erschlossen werden kann, eine Aufgabe, ohne die sich eine Verpflichtung auf Humanität nicht erfüllen läßt. Wenn öffentliches Handeln tatsächlich Humanität befördern und das Befördern nicht dem Zufall überlassen, sondern soweit wie möglich methodisch durchführen will, dann braucht es Entscheidungsverfahren, die sowohl an humanen Grundsätzen orientiert als auch durch die formellen Bedingungen von Rationalität und Kommunikation bestimmt sind. Mit solchen Verfahren wird Humanität nicht garantiert, jedoch eine maßgebliche Chance zur Humanität eröffnet.

Anmerkungen

Der Vortrag greift teilweise auf die Studie des Verf., Strategien der Humanität. Zur Ethik öffentlicher Entscheidungsprozesse, Freiburg/München 1975, bes. Kap. 10–12 zurück.

1 Gegen mannigfache Mißverständnisse und Begriffsverwirrungen: Dieser Anspruch ist genau genommen kein moralischer, sondern ein rechtlicher (im Vernunftsinn von Recht). Er fordert nicht, daß jeder zu jeder Zeit moralisch (tugendhaft) handelt; vielmehr gebietet er, die Regeln des Zusammenlebens letztlich von der Vernunftidee des Rechts, von der Idee der Gerechtigkeit her zu bestimmen. – Zur neueren Diskussion um die Begründung von Gerechtigkeitsprinzipien vgl. u.a. J. Rawls, Eine Theorie der Gerechtigkeit, Frankfurt 1975 (orig. 1971), O. Höffe (Hg.), Über John Rawls' Theorie der Gerechtigkeit, Frankfurt 1977.

2 Vgl. D. Steinberger, Der alte Streit um den Ursprung der Herrschaft, in: Süddeutsche Zeitung, 16/17.7.1977, 95 f.

3 Vgl. u.a. W. Maihofer, Rechtsstaat und menschliche Würde, Frankfurt 1968.

4 Vgl. dazu M. Kriele, Einführung in die Staatslehre, Reinbek 1975, 150 f.

5 Zu Platon vlg. die Kommentare zum Staat (Cross-Woozly, Murphy, Gigon u.a.), ferner W. Wieland, Platon und der Nutzen der Idee. Zur Funktion der Idee des Guten, in: Allgemeine Zeitschrift für Philosophie 1 (1976) 19–33; D. Herwig, Das Paradigma der besten Polis in der Philosophie Platons, 1977 (Vortragsmanuskript) u.v.a.m. Siehe auch I. Kant, Zum Ewigen Frieden, Zweiter Zusatz.

6 Vgl. Verf., Zur vertragstheoretischen Begründung politischer Gerechtigkeit: Hobbes, Kant und Rawls im Vergleich, in: Neue Hefte für Philosophie, 1978 (im Druck).

7 Vgl. auch die kommunikationstheoretischen Versuche zur Normenbegründung von Apel, Habermas und den Vertretern der konstruktiven Ethik (P. Lorenzen, O. Schwemmer, F. Kambartel u.a.).

8 So etwa Habermas.

9 Vgl. die ausführlichere Erörterung in: Verf., Strategien der Humanität, Teil I.

10 Für die Wahl zwischen sicheren Ergebnissen reicht die Kenntnis der ordinalen Präferenzfolge aus, während bei nichtsicheren Handlungsergebnissen sich die Bedingung für Präzision verschärft: eine – etwa in Geldeinheiten gemessene – kardinale Bewertung der Ergebnisse ist erforderlich.

11 Vgl. F. Holzheu, Zur Zielproblematik in den Jahresgutachten des Sachverständigenrats zur Begutachtung der gesamtwirtschaftlichen Entwicklung, in: Zeitschrift für die gesamte Staatswissenschaft 127 (1971) 609–620.

12 Zur Bedeutung der latenten oder verdrängten Bedürfnisse: F.H. Tenbruck, Zur Kritik der planenden Vernunft, Freiburg/München 1972, 24 ff.

13 Vgl. C.W. Churchman, Philosophie des Mangement. Ethik von Gesamtsystemen und gesellschaftliche Planung, Freiburg 1973 (orig.: Challenge to Reason, 1968), 26 ff.

14 Vgl. C. Uhlig, Das Problem der Social Costs in der Entwicklungspolitik. Eine theoretische und empirische Analyse, Stuttgart 1966; R. Spaemann, Nebenwirkungen als moralisches Problem, in: ders., Zur Kritik der politischen Utopie, Stuttgart 1977, 167–182; und schon G. Myrdal, Das Zweck-Mittel-Denken in der Nationalökonomie, in: Zeitschrift für Nationalökonomie 4 (1933) 305–329.

15 So schon A. Rapoport, Critique of Strategic Thinking, in: N. Rosenbaum (Hg.), Readings of the International Political System, Englewood Cliffs/N.J. 1970, 201–227.

16 Ein treffendes Beispiel für eine systematische Strukturskizze stellt der von der Bildungskom-Mission des Deutschen Bildungsrates empfohlene „Strukturplan für das Bildungswesen" dar (verabschiedet am 13.2.1970). Der umfangreiche Plan analysiert den damaligen Stand des Bildungswesens und macht auf seine Schwächen aufmerksam. Vor allem entwickelt er ein umfassendes systematisches Reformkonzept für die Lehr- und Lernvorgänge vom Elementarbereich (Kindergarten) über den Primarbereich und die Sekundarstufe I bis zur Sekundarstufe II und zum Bereich der Weiterbildung (lediglich die dem Wissenschaftsrat vorbehaltenen Hochschulprobleme sind ausgespart). Orientiert an bildungs- und gesellschaftspolitischen Grundsätzen

sowie pädagogischen Leitmotiven, soll u.a. das vorhandene vertikal gegliederte Schulwesen in ein horizontal gegliedertes umgewandelt sowie für das gesamte Sekundarschulwesen ein wissenschaftsbestimmtes Lernen eingeführt werden. Der Strukturplan entwickelt auch die Zusammenhänge zwischen einer Strukturreform der Bildungsgänge, einer Reform der Lehrerbildung, einer Verwaltungsreform und den Finanzierungsaufgaben.

17 Siehe Poppers nähere Ausführungen dazu in: Die offene Gesellschaft und ihre Feinde, 2 Bde., Bern [2]1970 9orig. 1944), Kap. I 9. Neuere eigenständige Vertreter eines Inkrementalismus sind D. Baybrooke, Ch.E. Lindblom, A Strategy of Decision. Policy Evaluation as a Social Process, New York – London [2]1970; Ch.E. Lindblom, The Intelligence of Democracy, New York – London 1965; eine kritische Auseinandersetzung mit Popper bei Etzioni, The Active Society. A Theory of Societal and Political Processes, London – New York 1968, Kap. 11 (deutsch: Opladen 1975); Etzionis eigenständiger Gegenentwurf in Kap. 12; ferner R. Jochimsen, Strategie der wirtschaftspolitischen Entscheidung, in: Weltwirtschaftliches Archiv 29 (1967) 52 ff.

18 Aus der Erfahrung der Arbeit des Deutschen Bildungsrates und dem Beispiel der westdeutschen Bildungspolitik hat H. Krings ein differenziertes mehrstufiges Planungsmodell entwickelt, das zwischen (a) Konzeptplanung, (b) politischer Entscheidungsplanung, (c) Realplanung unterscheidet: Die Aporie der Bildungsplanung, in: Neues Lernen, München 1972, 65–81.

19 Z.B. Deutscher Bildungsrat, Empfehlungen der Bildungskommission, Zur Planung berufsqualifizierender Bildungsgänge im tertiären Bereich, Bonn 1973, Kap. II 2: Gegenwärtige Strukturen im Bildungs- und Beschäftigungssystem.

20 Ein Beispiel aus der bildungsplanerischen Praxis: Deutscher Bildungsrat, a.a.O. (Anm. 19), Kap. 3: Längerfristige Entwicklungstendenzen und die zukünftige bildungs- und beschäftigungspolitische Bedeutung tertiärer Ausbildung.

21 So gab der Deutsche Bildungsrat eine eigene Reihe „Gutachten und Studien der Bildungskommission" heraus.

22 So schon bei R. Dahrendorf, Bildung ist Bürgerrecht. Plädoyer für eine aktive Bildungspolitik, Hamburg [2]1966. Zum Verhältnis von Grundgesetz und einem Bildungsprogramm: H. Becker, Bildungsforschung und Bildungsplanung, Frankfurt 1971, 135–139.

23 Vgl. H. Roth (Hg.), Begabung und Lernen. Ergebnisse und Folgen neuerer Forschungen, Stuttgart [4]1970 (= Bd. 4 der Gutachten und Studien der Bildungskommission). Über den Bezug der bildungspolitischen Konzeptplanung auf diese Forschung siehe Deutscher Bildungsrat, a.a.O. (Anm. 16), 15.

24 Vgl. Deutscher Bildungsrat, a.a.O. (Anm. 16), Teil I und II; ferner Becker, a.a.O. (Anm. 22), 38–61, 88–146.

24a Vgl. H.V. Widmaier, Bildung und Wirtschaftswachstum. Eine Modellstudie ..., Villingen 1966; F. Harbison, Educational Planning and Human Resource Development, Paris 1967; K. Hüfner (Hg.), Bildungsinvestition und Wirtschaftswachstum. Ausgewählte Beiträge zur Bildungsökonomie, Stuttgart 1970.

25 H. Lenk, Erklärung – Planung – Prognose, Freiburg 1972, 68.

26 Für eine nicht fachbegrenzte Methodenkompetenz hat Aristoteles den Begriff des pan pepaideúmenos geprägt, vgl. De partibus animalium I 1, 639 a 1 ff., siehe auch Nikomachische Ethik I 1, 1094 b 23 ff., allerdings nicht, um Allgemeinbildung im Sinne eines Studium Generale, sondern um die angedeutete allgemeine Methodenkompetenz zu bezeichnen.

27 Im Fall der Bildungskommission des Deutschen Bildungsrates zählten K.D. Erdmann, H. Krings, H. Maier, R. Mayntz-Trier, H. Bredereck, H. Bauersfeld dazu.

28 Vgl. H. Lenk, a.a.O. (Anm. 25) 68 f.

29 Trotz aller Kontroversen stimmen die Vertreter der zeitgenössischen Wissenschaftstheorie in der Kritik dieser „naiven" Auffassung überein.

30 Vgl. R. Jochimsen, Zur Philosophie staatlicher Planung, in: H.M. Baumgartner, O. Höffe, C. Wild (Hg.), Philosophie – Gesellschaft – Planung, München [2]1976, 155–163 (160 f).

31 Vgl. Th. Dams, Berufliche Bildung – Reform in der Sackgasse, Freiburg 1973, 56 ff.

32 Vgl. Deutscher Bildungsrat, Empfehlungen ..., Aspekte für die Planung der Bildungsforschung, Bonn 1974, 9, 22 u.a.

33 Vgl. F.H. Tenbruck, Wissenschaft, Politik und Öffentlichkeit, in: H. Maier u.a. (Hg.), Politik und Wissenschaft, München 1971, 323–356 (352).

34 Vgl. auch hierzu H. Krings, Philosophie als Voraussetzung von Planung, in: Baumgartner – Höffe – Wild, a.a.O. (Anm. 30) 180–185.

35 Zu Rechts- und Sozialstaatlichkeit vgl. für viele andere: E. Forsthoff (Hg.), Rechtsstaatlichkeit und Sozialstaatlichkeit, Darmstadt 1968; K. Lompe, Gesellschaftspolitik und Planung, Freiburg 1971, 73 ff.

36 Dieses Mißverständnis z.B. bei Dams, a.a.O. (Anm. 31) 26.

37 Ein Plädoyer für den einheits- und wahrheitsstiftenden Wert der Diskussion schon bei J.S. Mill, On Liberty, London 1848 (dt. Stuttgart 1974), Kap. 2.

38 Der Begriff des imperativen Plans stammt aus der französischen Planungstheorie. Französische Wirtschaftspläne haben gegenüber öffentlichen Unternehmen den verwaltungsrechtlichen Status einer hoheitlichen Anordnung (sog. imperative Pläne), während sie für die Privatwirtschaft nur Indikatoren und Orientierungspunkte setzen (sog. indikative Pläne); vgl. P. Bauchet, La planification française. 15 ans d'expérience, Paris 1962; J. und A.M. Hachet, Economic Planning in France, London 1963; B. Cazes, Prinzipien und Methoden der französischen Planung, in: R. Jungk, H.J. Mundt (Hg.), Modelle für eine neue Welt, München 1964, 157 ff.

39 Vgl. dazu C.A. Moser, Der Robbins Report in Großbritannien, in: Bildungsplanung und Bildungsökonomie, Göttingen 1964, 29–43; A. Morkel, Politik und Wissenschaft, Hamburg 1967, Kap. 4; H. Harnischfeger, Planung in der sozialstaatlichen Demokratie, Neuwied-Berlin 1969; 133 ff.; H. Becker, a.a.O. (Anm. 22), 62 ff.

40 Ernüchterndere Erfahrungen z.B. nach: J.L.S. Sundquist, Politics and Policy: The Eisenhower, Kennedy and Johnson Years, Washington 1968.

II. Arbeitsgruppe: Organisations- und Verwaltungsreform

Evaluierung von Organisations- und Verwaltungsreformen

Von Thomas Ellwein

Vorbemerkung

Für[1] Praxis und Wissenschaft ergibt sich als gemeinsame Problematik, daß ‚Reform' begrifflich jeglicher Eindeutigkeit entbehrt und Evaluierung (von Maßnahmen) mehr ein Bedürfnis als eine greifbare Möglichkeit auf einem abgesicherten Weg darstellt. Der *Reformbegriff* ist fast schon ins Ubiquitäre abgeglitten, nachdem man sich in der Politik seiner etwas inflationär bedient hat und noch bedient. Inhaltlich bewirkt das eine Öffnung des Reformgedankens, die auch bloße Anpassung, Änderung, ja Korrektur einbezieht. Politisch führt es zum Verlust der Unterscheidbarkeit politischer Leistungen. ‚Reform' erscheint positiv besetzt, während das Erhalten, die Pflege und Sicherung eines Bestandes kaum mehr als Leistung gilt. Man fühlt sich deshalb in der Politik quälerisch versucht, auch dort, wo man – was ganz legitim ist – bestehende Ordnungen an geänderte Verhältnisse anpaßt, von einer Reform zu sprechen und damit zu suggerieren, man wolle und könne aufgrund neuer Ideen oder einer ganz neuen Sicht der Probleme etwas grundlegend Neues machen. Es gibt demgegenüber sicher keinen Zwang, an der ursprünglichen Bedeutung von Reform i.S. von Neuordnung und Verbesserung festzuhalten; tut man das aber nicht, muß man auch die Folgen sehen. Eine von ihnen besteht eben darin, daß man alles und jedes als Reform ausgeben kann. Da man das tut, stehen wir vor der Notwendigkeit begrifflich genauer zu klären, was wir als Organisations- oder *Verwaltungsreform* akzeptieren und wodurch es sich ggf. von der *ständigen Arbeit an der Organisation,* die in jeder Behörde wie in der Verwaltung insgesamt stattfinden muß, *unterscheidet.*

In anderer Weise ist Evaluierung interpretationsbedürftig. Hier mischen sich zwar keine umgangssprachlichen Gewohnheiten ein und erst recht nicht ist der Begriff politisch besetzt. Dafür wird er in den Wissenschaften unterschiedlich gebraucht. Ihm haftet zwar etwas von der Strenge empirischer Verfahren an und sein erfahrungswissenschaftlicher Gehalt erscheint für's erste, jedenfalls im angelsächsischen Bereich, gesichert. Bei näherem Zusehen zeigt sich dann aber deutlich, daß Ziele und Methoden der Evaluierung sehr unterschiedlich, also auch beliebig sein können und daß sich in diesem Zusammenhang die *Machtfrage* oft viel zu rasch stellt, um in Ruhe wissenschaftliche Erörterungen pflegen zu können. Über die Machtfrage, die man anhand der Rolle des Evaluators diskutieren kann, gerät man unvermeidlich wieder in die Diskussion des Verhältnisses von Wissenschaft und Politik. Derart muß auch dieser

Begriff nicht nur präzisiert, sondern vor allem eingeschränkt werden, wenn man sinnvoll das hier gestellte Thema behandeln will.

Verwaltungsreform unter historischem Aspekt

Sehen wir von der gegenwärtigen politisch bedingten *Ausweitung des Reformbegriffes* ab, hinter der sich freilich ein Bedürfnis nach grundlegenden Veränderungen verbergen mag, das Politik befriedigen möchte, aber nicht kann, erscheint der überlieferte Reformbegriff auf eine grundlegende Neuordnung bezogen. In solchem Verständnis ist z. B. die *Verwaltung* in den Ländern des Deutschen Bundes und des Deutschen Reiches im 19. Jahrhundert dem Grunde nach *reformiert* worden. Die Reform führte zu einer Anpassung der Verwaltung an die Bedürfnisse der sich entwickelnden Industriegesellschaft und sie bedeutete eine Neuordnung, welche dem Wandel vom Verwaltungs- zum Rechtstaat, von der absoluten zur konstitutionellen Monarchie entsprach. Trotz einer insgesamt erstaunlichen Kontinuität der deutschen Verwaltungsgeschichte, die keinen Bruch zwischen dem 18. und dem 19. Jahrhundert kennt – die Reformen zu Beginn des 19. Jahrhunderts haben weithin einen solchen Bruch erübrigt –, läßt sich nach territorialer Gliederung, Behördenorganisation, Ordnungsprinzipien des öffentlichen Dienstes, Art der Aufgabenzuweisung und Aufgabenerledigung die deutsche Verwaltung des späten 19. Jahrhunderts mit der des 18. Jahrhunderts kaum mehr vergleichen.[2]

Eine genauere Analyse dieser Reform ermittelt *zwei Äußerungsformen des Veränderungsprozesse*, die beide zusammen erst das Ergebnis ausmachen. Die eine entspricht dem, was man im engeren Sinne unter ‚Reform' versteht. Zu ihr gehören *grundlegende Eingriffe in die Substanz der bisherigen Verwaltung.* Sie wurden z. B. in Preußen während der Reform- und der Reorganisationsperiode von etwa 1807 bis 1820, in Bayern unter Graf Montgelas oder in Neuwürttemberg in der (noch) vorkonstitutionellen Zeit vorgenommen und später in ausgesprochenen Reformgesetzen, die in den süddeutschen Ländern erst zur Trennung von Justiz und Verwaltung führen mußten und die insgesamt eine Fundierung der Selbstverwaltung, vor allem auch auf Kreisebene, brachten, fortgesetzt. Reform der Verwaltung in solchem Verständnis beruht auf eindeutigen Beschlüssen der politischen Führung, sie läßt sich dem Datum nach festmachen, und sie steht zwar in eindeutigem Zusammenhang mit dem Geist der Zeit, dessen Träger vielfach das liberale und bürgerliche Beamtentum war, aber sie verwirklicht sich doch aufgrund von Impulsen, die wir auf eine kleine Reformgruppe zurückführen können.

Die andere Äußerungsform des Veränderungsprozesses besteht zuletzt in einer *allmählichen Angleichung der Verwaltungen in den deutschen Ländern*, die in erheblichem Maße dazu beiträgt, daß es zum Ende des 19. Jahrhunderts eine überraschende Übereinstimmung der Verwaltungsstruktur gibt – überraschend sowohl angesichts der Verwaltungsautonomie der Länder als auch angesichts ihrer höchst unterschiedlichen Verwaltungstradition. Jene Angleichung bedeutet in der Sache eine Annäherung an einen Idealtypus, den dann Max Weber wissenschaftlich ausformuliert hat und dem gewisse Prinzipien der vertikalen und horizontalen Gliederung der Verwaltung, der Präferenz für die allgemeine Verwaltung, des Verhältnisses zwischen Behörden und

Bürgern und schließlich der weitgehenden Normierung des Verwaltungsverfahrens bis zu dem Punkt entsprechen, wo konstruktive, wohlfahrtsfördernde, strukturbestimmende Leistungen der Verwaltung fast in Vergessenheit geraten. Da es sich um eine ‚Angleichung' handelt, läßt sich der hier gemeinte Prozeß historisch weitaus weniger festmachen. Zu ihm gehören eine allmähliche Veränderung des Charakters der Gesetze und Verordnungen, die Generalisierung der behördlichen Mitteilungen nach außen, die langsame Abkehr von zu kleinen Verwaltungsbehörden, die Spezialisierung des Personals und vieles andere mehr, was jeweils keinen eindeutigen Anfang hat, viel eher ‚in der Luft liegt' und dann bei unzähligen sich bietenden Gelegenheiten auch realisiert wird – meist ohne nennenswerten Widerstand zu finden.

Das Gegenüberstellen beider Äußerungsformen des Veränderungsprozesses setzt eine gewisse Überzeichnung voraus. Tendenziell entspricht es einer Gesamtentwicklung, innerhalb derer sich *Verwaltung verändert*. Bezeichnet man die gesamte Entwicklung als Reform, dann gerät der Reformbegriff schwammig. Nur auf dem einen Weg geht es um *Zielbestimmung und Zielverwirklichung*, geht es z.B. um Stärkung bürgerlicher Selbstverwaltung in den Gemeinden und um Klärung des Verhältnisses zwischen dieser Selbstverwaltung und der Verwaltung des Staates oder um die Herausnahme rechtsprechender Funktionen aus der Verwaltung oder um die immer engere Bindung der Verwaltung an das Gesetz bis hin zur richterlichen Nachprüfung von Verwaltungshandeln.

Auf dem *anderen Weg wird man solche Entscheidungen vermissen*. Hier muß man Entwicklungen analysieren, die sich z.B. sprachlich aufzeigen lassen oder auch in der Art und Weise, wie ‚Zuständigkeiten' nachgeordneter Behörden von Praktikern und Wissenschaftlern sortiert, systematisiert, lehrfähig gemacht und damit zugleich zu einer Art eigener Existenz gebracht werden, die einen gewissen Schutz gegen ihren Urheber, gegenüber dem Parlament und Regierung bedeutet. Beide gewöhnen sich nämlich daran, was ihnen als Folge ihres eigenen Tuns, nun aber im Gewand wissenschaftlicher Systematik gegenübertritt, zunächst einmal zu akzeptieren. Eine Folge davon ist, daß der Bestand im Zweifel nur erweitert, kaum aber überprüft wird – die einschlägigen Handbücher erhalten Nachträge, bedürfen nicht der Neubearbeitung. Was die großen positivistischen Systematiker des Staats- und Verwaltungsrechtes – die Laband, Seydel oder Mayer – vorexerzieren, findet mannigfache Nachahmung in immer weiter vereinfachendem Zugang zur Praxis und bestimmt diese – wegen seiner Bedeutung sei der Gedanke wiederholt – ebenso wie die Weisungs- und Organisationsgewalt vorgesetzter Behörden. Insgesamt hat man es mit einem aus unterschiedlichen Quellen gespeisten *Prozeß* zu tun, innerhalb dessen *Verwaltung* zumindest insoweit als *automon* erscheint, als sie zu einem nicht unerheblichen Teil die von außen – auch von ‚oben' – an sie herangetragenen Anforderungen und Erwartungen nach eigenen Kriterien verarbeiten kann. Bis heute fehlt eine Analyse des Versickerns von Weisungen auf dem Wege nach ‚unten' – daß königlich bayerische Bezirksamtmänner Weisungen, die nicht in ihren Kram paßten, einfach nicht vollzogen, ist aber ebenso bekannt wie das Dilemma früherer Verwaltung, die es auf der unteren Ebene mit ehrenamtlichen Bürgermeistern oder Gemeindeschreibern zu tun hatte und vielfach nicht einmal erzwingen konnte, daß Behördenmitteilungen und -briefe auch nur gelesen wurden.

Nennen wir – nicht um zu bewerten, sondern um zunächst einmal zu unterscheiden – das eine *Reform* und das andere *Veränderungsprozeß*, so zeichnet sich das eine, unbeschadet seiner weiterreichenden Wirkung und seines Zusammenhanges mit dem anderen, durch eine gewisse Punktualität aus und dadurch, daß sich eine innovatorische Leistung erkennen und in der Regel auf ihre hauptsächlichen Urheber zurückführen läßt. Das andere will dagegen als Prozeß analysiert sein, in dem es zahlreiche Ursachen und Wirkungen wie Rückwirkungen, höchst unterschiedliche Formen von Beteiligung und insofern eine Art Allgemeinheit des Vorganges gibt, als sich dieser nicht auf ein Teilgebiet beschränkt. Es hat sich im 19. Jahrhundert ‚die' Verwaltung geändert.

Zu unterscheiden, bedeutet nicht zu trennen. *Reform und Veränderungsprozeß gehören zusammen.* Beide bestimmen das Ergebnis. Daß die erstere mehr Aufmerksamkeit erweckt, versteht sich von selbst. Aber: zwischen den Stein-Hardenberg'schen Reformen in Preußen und denen des Grafen Montgelas bestehen erhebliche Unterschiede. Sie waren nicht aus dem gleichen ‚Geist' gespeist, wenn sie auch beide einen Rationalitätsschub und die Modernisierung des Staates mit sich gebracht haben. Dort wo wir die Urheber betrachten, spielen derartige Unterschiede eine erhebliche Rolle. In der allgemeinen Entwicklung haben sie sich weitgehend ausgeglichen. Deshalb gilt es neben der *punktuellen Analyse* und ihren Konsequenzen die historische Dimension zu sehen und einzuordnen. Manches, was punktuell scheitert, entwickelt sich langfristig wie von selbst. Mancher Effekt wird langfristig erzielt, indem man nur eine Randbedingung ändert. Als solche Änderungen erweisen sich in der zweiten Hälfte des 19. Jahrhunderts z. B. die klare Unterscheidung zwischen dem höheren und dem gehobenen Dienst und der Bedeutungsgewinn des letzteren, wie er sich aus der zunehmenden Formalisierung und Standardisierung des Verwaltungsgeschäftes, also aus einer Routinisierung ergab, angesichts derer eine Lehrzeit in der Verwaltung durchaus zu einer Qualifikation führte, die sich neben der durch das Studium behaupten konnte und mit der sich vielfach ein Weiterbildungs- und damit Aufstiegsstreben verband, das man mit dem der Volksschullehrer vergleichen kann.

Aktuelle Erscheinungsweisen von Verwaltungsreformen

Das Nebeneinander von Reform und Veränderungsprozeß soll gewiß nicht strapaziert werden. Wollte man hier auch theoretisch weiterkommen, müßte man stärker noch das 18. Jahrhundert einbeziehen und untersuchen, was sich in den *drei großen Veränderungsschüben* – während des 19. Jahrhunderts, im ersten Weltkrieg und in der Weimarer Zeit, nach 1945 – abgespielt hat und was man davon den externen Anforderungen und was internen Vorgängen zurechnen muß (die öffentliche Verwaltung insoweit als eigenes Subsystem betrachtet). Immerhin steht der Nachweis als Aufforderung dafür, so oder so das Geschäft der Verwaltungsreform nicht verkürzt zu betrachten und analytische Ansätze über Gelingen und Scheitern solcher Reformen nicht zu sehr zu begrenzen. Tatsächlich haben wir es in Zusammenhang mit der Verwaltung auch heute mit höchst *unterschiedlichen Veränderungsformen* zu tun. Ich mache mich nicht anheischig, dafür schon eine erschöpfende Typologie vorzulegen. Vom jeweiligen *Ziel* her lassen sich aber jedenfalls drei Grundmuster einander gegenüberstellen:

Zum einen geht es um den *Entwurf und den Vollzug eines konkreten Programmes.* Als Beispiel kann die Gemeindegebietsreform gelten. Für sie sind – in mehr oder weniger engem Zusammenhang mit einer allgemeinen *territorialen Verwaltungsreform* – in den einzelnen Länder konkrete Ziele benannt worden. Man wollte z.B. die Verwaltungskraft der Gemeinden stärken und man machte das Erreichen dieses Zieles von der Größe der Gemeinden abhängig – faktisch von einem jeweils größeren und damit beweglicheren Haushaltsvolumen und von einer durchgängigen Professionalisierung der Verwaltung auch auf Gemeindeebene, die es bis dahin in einigen Flächenstaaten nicht gab.[3] Als weiteres Beispiel könnte die bislang nicht einmal im Ansatz gelungene *Reform des öffentlichen Dienstrechtes* und damit des öffentlichen Dienstes überhaupt dienen, die man – Niklas Luhmann hat davor frühzeitig gewarnt[4] – in der Regel als ein Besoldungs-, Laufbahn-, allgemeines und besonderes Dienstrecht umfassendes Gesetzgebungswerk anging, als eine Reform mithin, die man unabhängig von der Länge der Vorbereitungszeit dem Grunde nach in einem Beschlußakt durchführen zu können glaubte.

Beide Beispiel sollen zeigen, daß ‚konkret' nicht begrenzt und überschaubar heißen muß. Praktisch handelt es sich darum, ob man einen zu reformierenden Bereich zureichend gegenüber anderen Bereichen und den in ihnen wirksamen Einflüssen isolieren kann oder nicht. Im Falle der Gemeinden gelang dies – vermutlich auch, weil die Distanz zwischen vorbereitender und beschließender politischer Führung auf Landesebene und der unmittelbar betroffenen Bevölkerung, ihrer Mandatsträger und des im Amtsumriß bedrohten Personals relativ groß und die Einfluß- und Abwehrmöglichkeit relativ gering war. Umgekehrt waren und sind bei der Dienstrechtsreform mächtige Verbände beteiligt und die infragekommende politische Führung ist in sich sehr viel mehr aufgegliedert und zerstritten, so daß es andere Abwehrmöglichkeiten gibt.[5] Eine Dienstrechtsreform ‚aus einem Guß' ist m.E. nicht (mehr) möglich. Es bleibt der Weg über ständige Veränderungen übrig. Da er eigentlich mehr Zielklarheit und Beharrlichkeit voraussetzt als der über eine punktuelle Reformphase, gebe ich auch ihm keine große Chance.

Während damit bestimmte Elemente, die zu einer ‚Reform' – dieser Begriff sei weiterhin mit solcher Einschränkung verwendet – auch in der Gegenwart gehören, schon angesprochen sind, läßt sich bei der *zweiten Art* von Veränderung zunächst nur pauschal von dem in der Verwaltung vorhandenen Bemühen und dem ihr auferlegten *Ziel einer allgemeinen Verbesserung* sprechen, das sowohl die Beschleunigung der Abläufe als auch den rationelleren Einsatz von Personal und Gerät als auch die Förderung der individuellen Initiative umfassen kann und tatsächlich umfaßt. Hier geht es nicht mehr um konkrete Programme. Die zugrundeliegenden Impulse und Programmanstöße lassen sich sehr viel schwerer ermitteln. Der Vorgang aber ist existent und er läßt sich beschreiben. Die öffentliche Verwaltung modernisiert und rationalisiert sich. Sie übt sich im Einsatz neuer Geräte wie im Einsatz neuer Instrumentarien. Sie greift ‚Ideen' der Wissenschaft auf, verfeinert ihre Methoden, verbessert ihr Gedächtnis usw. Es kommt an dieser Stelle auf Einzelheiten nicht an. Wesentlich ist, daß auf die bestehende Verwaltung hin Verbesserungsmöglichkeiten diskutiert und ergriffen werden. Verwaltung verändert sich auch heute. Als Ganzes betrachtet tut sie das ständig. In der einzelnen Behörde mag es sich dann mehr um Änderungsschübe handeln und Außenstehende mögen kaum erfahren oder auch erfahren können, was sich verändert – die allgemeine Entwicklung ist davon nicht berührt.

Was sich hier abspielt, benötigt meist erheblich Zeit. Es entzieht sich der wissenschaftlichen Untersuchung mit den herkömmlichen Methoden, wenngleich es sich vermutlich in einigen Zeitvergleichen im Ergebnis durchaus herausarbeiten ließe. So fehlt es an zureichenden Auswertungen und Bilanzen. Die Verwaltung greift allerdings vielfach zur Selbsthilfe, also zur Öffentlichkeitsarbeit. Im übrigen fühlt sie sich – gemeint sind ihre Wortführer, die unter den gängigen Vorurteilen gegenüber der Bürokratie aber nicht weniger leiden als die anderen – schlecht behandelt, ja mißverstanden.

Bei dem ersten Typus handelt es sich im Sinne der oben getroffenen Unterscheidung um Reform, beim zweiten um Veränderungsprozeß. Auch diesen Begriff wollen wir mit dem umschriebenen Gehalt beibehalten. Die *dritte Art* läßt sich gegen die anderen nur schwer abgrenzen. Es gibt für sie auch keine historische Analogie. Gemeint sind Bestrebungen, die man sowohl als *Bündel konkreter Ziele* als auch konkretisierten *Inbegriff allgemeiner Verbesserungen* begreifen kann. Als Beispiel dafür nenne ich die *innere Verwaltungsreform,* die so disparate Bereiche wie Teile des öffentlichen Dienstrechts, die Mitbestimmung, die Behördenorganisation oder die Vereinfachung des Verwaltungsverfahrens umfaßt. Von ähnlicher Unbestimmtheit ist inzwischen die *Funktionalreform,* bei der es um rationalere Zuständigkeitsverteilung, um Dezentralisation, um die bessere Abgrenzung der allgemeinen und der besonderen Verwaltung und ähnliches mehr geht – nicht so sehr um den inneren Dienstbetrieb und um dessen Voraussetzungen in Recht, Aufsicht, Kontrolle usw. Faktisch bezeichnen derartige Begriffe jeweils ein variables keineswegs immer definiertes oder auch definierbares Zielbündel, wobei konkrete und höchst allgemeine Ziele sich in bunter Mischung finden. Diese dritte Art muß trotz ihrer Unbestimmtheit hier erwähnt und gegen die anderen beiden abgegrenzt werden, weil sich in ihr Reformbedürfnis und auch -druck widerspiegeln, aber auch die Unfähigkeit, dies zu konkreten Programmen zu verdichten. Ich klammere die Frage aus, was zu solcher Unfähigkeit führt und wer sie verantwortet. Wichtig ist, daß es neben ‚Reformen' aufgrund konkreter Programme und einem eher allgemeinen Veränderungsprozeß ein aliud gibt, das zwar den Reformen nähersteht als der üblichen anpassenden Arbeit an der Organisation, sich aber im Gegensatz zu ihnen nicht oder noch nicht zu konkreten Programmen verdichtet.

Was als ein Drittes hier angesprochen wurde, läßt sich wegen seiner Unbestimmtheit und Vielschichtigkeit kaum auf den Begriff bringen. Nur um die Verständigung zu erleichtern, übernehme ich an dieser Stelle ein Wort aus dem politischen Vokabular, das ‚Reformpaket' nämlich, das höchst anschaulich darauf hinweist, worum es geht: um allgemeine Zielvorstellungen und Verbesserungswünsche, um einen von außen wie von innen erzeugten Reformdruck, um einzelne Verbesserungsvorschläge, die in einem gewissen Zusammenhang stehen, zugleich aber um das Defizit an formulierbarem und durchführbarem Programm oder Programmen.

‚Reform' in der Verwaltung benötigt den Beschluß oder Befehl. Gleichgültig wieweit dieser auf verwaltungsinternen Vorbereitungen beruht, läßt sich von ihm die Ausführung der Kompetenz und häufig auch der Zeit nach deutlich unterscheiden. Mit dem Beschluß ergeben sich weiter die Beurteilungskriterien für die Ausführung. Sofern man nachgeordnete Dienststellen oder Mitarbeiter ‚beteiligt', erfolgt dies in einem geordneten Verfahren, das die Fristen, die Einspruchsmöglichkeiten usw. vorschreibt. Auch dort, wo man neben dem Befehl Anreize der verschiedensten Art einsetzt – z. B. Förderungsmittel im Falle des vorgezogenen freiwilligen Zusammenschlusses von Gemeinden im Rahmen der Gemeindegebietsreform – oder auch einen gewissen Spielraum läßt, bleibt es bei einer heteronomen Bestimmung des Vorganges. Anders liegt es bei dem *‚Veränderungsprozeß'*. Er gründet nach seinen Impulsen auf zu vielen *Anstößen, Widerständen, Kompromissen, Anpassungsmechanismen,* als daß man Ursache und Wirkung wirklich trennen könnte. Unstrittig erscheint nur, daß man keineswegs von einer klaren heteronomen Bestimmung des Prozesses sprechen kann. Es gehen zwar Anstöße von der politischen Führung aus. Vieles ergibt sich aber auch verwaltungsintern. Das gilt nicht zuletzt wegen der Ausdifferenzierung der öffentlichen Verwaltung in der Bundesrepublik nach Ländern, Gemeinden und sonstigen Selbstverwaltungskörperschaften. Die in ihnen zu ermittelnden übereinstimmenden Trends können vielfach gar nicht auf Gesetz oder anderem Befehl beruhen. Sie ergeben sich eher und wirken sich aus weil sich neue Verfahren anbieten, weil sich Anpassungsprozesse über Landes- und Gemeindegrenzen vollziehen, weil sie in den Ausbildungsgängen vorgeformt werden, weil man sie in der Fachpresse diskutiert, wobei insgesamt nur kennzeichnend sein mag, daß niemand eine Strategie entwirft und nach ihr seine Taktik bestimmt. Prozesse der hier gemeinten Art entziehen sich vielmehr solchen Distinktionen. Daß schließlich für die ‚Reformpakete' wieder andere Kriterien gelten, versteht sich von selbst. Man diskutiert sie als ‚Reform', meist ohne schon ein Konzept zu haben, deklariert dann Teiländerungen als Teil jener Reform und macht so sichtbar, daß es neben dem allgemeinen Veränderungsprozeß so etwas wie *Reform als Daueraufgabe* gibt, komplementär zu dem raschen Wandel der Anforderungen, dem die übliche Arbeit an der Organisation nicht gerecht zu werden vermag.

Evaluierung und Evaluierungsforschung

Evaluierung wird in der Wissenschaft, wie ausgeführt, unterschiedlich gebraucht. Ich verweise auf die einschlägige Literatur[6], um hier nur einen Aspekt herauszugreifen: Renate Mayntz hat unlängst die *Implementationsforschung* auf Implementation als „Durchführung bzw. Anwendung der im Prozeß der Politikentwicklung entstandenen Gesetze und anderen Handlungsprogramme" bezogen und die Bedeutung „der Implementation innerhalb des umfassenden politischen Prozesses, der sich von der Problemartikulation über Programmentwicklung und Implementation bis zur schließlichen Wirkung (Impact) erstreckt", damit erklärt, „daß politische Programme die Ergebnisse administrativen Handelns nur sehr unvollständig bestimmen, d. h. daß ihre Wirkung wesentlich von der Art ihrer Durchführung abhängt".[7] Weil damit ein enger Zusammenhang zur Programmentwicklung hin gegeben ist, kann die Implementationsforschung diese nicht außer acht lassen. Ihren Schwerpunkt findet sie darin nicht. ,,Das Interesse für die Wirkung politischen Entscheidungshandelns hat neben, ja sogar vor der Implementationsforschung die Impact- und Evaluationsforschung angeregt. Die Impactforschung (Wirkungsanalyse) mißt dabei ein für einen bestimmten Zeitpunkt erzieltes Ergebnis und vergleicht dieses mit den ursprünglichen Programmzielen, kann aber eventuelle Abweichung zwischen Ziel und Ergebnis nicht ausreichend erklären, ohne auf Faktoren und Vorgänge im Implementationsbereich zurückzugehen. Während so die reine Evaluations- oder Wirkungsforschung nicht zu dem hier definierten Forschungsbereich gehört, muß die Implementationsforschung auch die schließlichen Programmwirkungen berücksichtigen, zumal gerade diese Wirkungen letztlich ihr Erkenntnisinteresse bestimmen. Der Ansatz der Implementationsforschung ist in gewisser Weise weiter als der der Wirkungsforschung.'' In dieser Gegenüberstellung wird *Evaluierungsforschung* (nicht Evaluierung) vor eine vergleichsweise präzise Aufgabe gestellt. Sie soll die tatsächliche Wirkung von politischen Programmen untersuchen.[8] Die Implementationsforschung hätte es dagegen mit einem weniger präzisen Aufgabenbündel zu tun: da sie Programmveränderungen im Programmverwirklichungsprozeß ermitteln und erklären soll, muß sie neben der Phase der Implementation die Phase des Zustandekommens des jeweiligen Programmes und seine späteren Wirkungen berücksichtigen.

Die von R. Mayntz aufgrund amerikanischer Vorgaben – hier sind vor allem die Arbeiten von Hymann/Wright (1968) und Wholey (1970) als Beispiel zu nennen[9] – entwickelte Unterscheidung läßt einen gewichtigen Gegensatz ahnen, sobald man Evaluierung etwas offener ansetzt: Während sich *Implementation als Prozeß und Implementationsforschung* in dem üblichen Verhältnis von praktischer Tätigkeit und ihrer Untersuchung befinden, handelt es sich bei *Evaluierung* immer um ein Verfahren, das wissenschaftliche oder noch wissenschaftsähnliche Methoden voraussetzt, bei dem es also nicht um einen Durchführungsprozeß selbst, sondern um seine Beobachtung und Analyse, um die kritische Reflektion seiner Folgen geht.[10] Infolgedessen verwischen sich die Grenzen zwischen *Evaluation und Evaluationsforschung*. Zur Programmdurchführung sollten – gleichgültig wer das unternimmt – die Bilanzierung des Erreichten, der Soll-Ist-Vergleich, die Analyse der Widerstände und Änderungen während des Vollzugs usw. gehören. Anders ausgedrückt: die handelnde Verwaltung kann während oder nach der Implementation politischer Programme Objekt der Implementationsforschung sein, weshalb es insoweit bei der üblichen Rollenverteilung von Praxis und Wissenschaft bleibt, während die handelnde Verwaltung – im Zweifel in Konkurrenz zur Wissenschaft – selbst während und nach der Programmverwirklichung zur Veränderungs- und Wirkungsanalyse gezwungen ist – nicht zuletzt auch aus legitimatorischen Gründen.

Die damit sich stellenden Probleme sind m.E. in der deutschen Verwaltungs- wie in der Politikwissenschaft weniger diskutiert als in der Erziehungswissenschaft. Hier wird Evaluierung in Zusammenhang mit der Curriculumentwicklung notwendig. Dabei zeigt sich zugleich eine Vielschichtigkeit von Evaluierung und der sie ergänzenden oder begleitenden Forschung, angesichts derer *Evaluierung* selbst deutlich zu einem Oberbegriff wird. Unter ihm sind so unterschiedliche Elemente zu subsumieren wie die *Entwicklung und Erprobung* eines Programmes – hier des Curriculums –, die ständige

Überprüfung mit der Absicht der rechtzeitigen *Korrektur* des Programmes oder endlich die reine *Programmbewertung.* Je nach dem, was als kurz- oder mittelfristiges Ziel erreicht werden soll, müssen die Verfahren der Evaluierung ausgewählt werden.

Geht es um die *Erprobung,* muß man vorwiegend mittels teilnehmender Beobachtung und vorher festgelegter Analysekriterien feststellen, ob sich das Programmdetail in der angegebenen Zeit mit den angegebenen Mitteln und mit dem erwarteten Erfolg verwirklichen läßt oder ob sich Korrekturen hinsichtlich des Zeitbudgets, der Mittel und Methoden, der Zielangabe wie auch schließlich dem Grunde nach ergeben. Dabei ist entscheidend, wie man die *Rolle des Evaluators* gestaltet und welche Macht man ihm zuspricht. Geht es dagegen um *Überprüfung,* muß man sich zwar gleicher oder ähnlicher Methoden bedienen, sieht sich aber vor der Aufgabe, ein vorhandenes Programm in seiner Realisierung zu beurteilen, um es ggf. zu korrigieren. Während man im ersten Falle Programmdetails oder -schritte erarbeitet, was selbstredend den Gesamtzusammenhang oder ein Vorverständnis davon voraussetzt, muß der Gesamtzusammenhang im zweiten Falle in anderer Weise berücksichtigt werden: Jede punktuelle Korrektur kann weitere Änderungen notwendig machen – im planenden Verfahren werden oft Widrigkeiten oder Unstimmigkeiten nur hingenommen, weil ihre Beseitigung neue und vermehrte Schwierigkeiten auslösen kann. Handelt es sich schließlich um *Programmbewertung,* kann man von Forschung in einem engeren Sinne sprechen – in den Erziehungswissenschaften handelt es sich dann z.B. um den Vergleich zwischen zwei Schulversuchen oder um den landesweiten Vergleich der Ergebnisse, die mit unterschiedlichen Lehrplänen oder Curricula erzielt werden und um die Vorlage des Forschungsergebnisses an die, welche zu entscheiden haben.

Zur Rolle des Evaluators

Im hier gegebenen thematischen Rahmen müßte wohl mehr die Evaluationsforschung und weniger die *Evaluierung von Organisations- und Verwaltungsreformen* im Vordergrund stehen. Ich muß aber unser Betrachtungsfeld doch ausweiten, weil zum einen die praktische Evaluierung sich wissenschaftlich angeregt und angeleitet findet und weil es mir zum anderen unerläßlich erscheint, das notwendigerweise unterschiedliche Rollenverständnis zu klären. Das stößt schon deshalb auf Probleme, weil unklar ist, ob sich *Evaluation überhaupt von Forschung unterscheidet,* während andererseits unstrittig ist, daß sie auf handlungsrelevante Entscheidungen zielt, solange sie nicht im engeren Sinne Wirkungsforschung bleibt. Auch dann geht es freilich meist darum, aus dem konkreten Programmerfolg oder aus einem Vergleich systematisch Erfahrungen zu gewinnen, die später handlungsrelevant werden sollen.

Lassen wir den Praxisbezug undiskutiert, um nur die andere Frage aufzugreifen, ob sich zwischen dem Vorgang der Evaluierung – in der Regel also bei Organisations- und Verwaltungsreformen ein interner Vorgang – und Forschung zureichend unterscheiden läßt: Methodologisch führt ganz sicher ein Begriff von Evaluation, der die Deskription der ablaufenden Reformprozesse und deren Beurteilung „als zwei getrennte, wenn auch aufeinander aufbauende Bereiche enthält, nicht über den Stand der Werturteilsdiskussion in den Sozialwissenschaften hinaus, wie er von Max Weber festgestellt wurde".[11] Die Evaluierung wird hier zu einem begleitenden Akt mit klarer Rollenunterscheidung; der Evaluator sammelt Informationen für den, der entscheidet oder entscheiden kann. „Wird hingegen Evaluationsforschung weiter gefaßt, dann ist Aufgabe der Evaluation nicht nur Faktensammlung für spätere, außerhalb der Evaluation selbst stattfindende Entscheidungen, sondern Entscheidungsfindung und der Entwurf von Durchsetzungsstrategien für die gefällten Entscheidungen bezüglich Erziehungsprogrammen. Auf dieser Stufe werden die Probleme handlungsorientierter Wissenschaft für die Evaluation relevant. Evaluation ist in diesem Kontext eine parteiliche Disziplin, die auf ihre Maßstäbe und Vorgehensweisen befragt werden muß".[12]

Weder im Blick auf Verfahren noch im Blick auf das angesprochene Rollenverständnis erscheint *Evaluation als* (nachträgliche) *Wirkungsforschung*, ausgehend zuletzt vom Vergleich des tatsächlichen Ergebnisses einer Maßnahme mit dem Programmziel, sonderlich problematisch. Findet dagegen die Evaluation während der Implementationsphase statt – institutionalisiert in der Bundesrepublik z.B. im Bundesministerium für Ernährung, Landwirtschaft und Forsten und in den USA in eigenen, oft recht großen Stäben –, muß mindestens zwischen einer *Rollenvermischung* (Handelnder – Beobachter) und einer klaren *Rollentrennung* unterschieden werden. Im letzteren Fall gerät der Beobachter dem Handelnden gegenüber leicht in die Rolle des Kontrolleurs, sofern seine Beobachtungen zur Grundlage weiterer Entscheidungen oder korrigierender Eingriffe des dazu Befugten gemacht werden. Im ersteren Falle läuft man Gefahr, daß der aktiv bestimmte Rollenteil dominiert und die Evaluationsverfahren zwar angewandt, Beobachtungsstationen usw. eingehalten, aber zugleich in ihrem Effekt minimiert werden. Der Handelnde steht in der Regel auch unter Erfolgszwang. Je mehr er an der Programmentwicklung beteiligt war und ist – etwa der Organisationsreferent bei dem Reorganisationsplan eines Ministeriums –, desto stärker wird dieser Erfolgszwang und desto mehr werden Evaluationsmaßnahmen mit Erprobungs- und/oder Korrekturfunktion in eben dieser Funktion gefährdet. Das gilt auch dort, wo man dem Handelnden weitreichende Korrekturbefugnisse aufgrund von Evaluierungsergebnissen zuspricht und damit die Grenze zwischen einer planmäßigen Programmkorrektur und bloßen Eingriffen verwischt. Scharf läßt sich diese Grenze ohnehin nicht ziehen, wenn man sie nicht durch Rollentrennung vorgibt und schützt.[13]

Evaluierungsforschung und Reformbegriffe

Evaluierung in diesem Verständnis findet statt: in den USA in deutlichem Nebeneinander von innerbehördlichen Verfahren und solchen, an denen man Forschungsinstitute beteiligt, und in unserem Lande bislang eher behördenintern. Hellstern/Wollmann haben das unlängst für den Bundesminister für Raumordnung usw. übersichtlich verglichen;[14] Derlien[15] berichtet über die einschlägigen Bemühungen in der BRD. Thematisch stehen dabei allerdings Programme und Maßnahmen im Vordergrund; die Evaluierung fand in Bonn in Zusammenhang mit der Finanzplanung Eingang. Man wird ein erkennbar höheres Interesse an Evaluierung dort feststellen, wo eine Instanz Programme entwirft und finanziert, nicht aber selbst durchführt. Es gibt eine spezifisch bundesstaatliche Problematik nicht nur der Politikverflechtung und der Programmverwirklichung, sondern auch der Programmevaluation.

In unserem engeren Themenbereich liegen die Dinge anders. Hier geht es um die Evaluierung von Veränderungen in der Verwaltung selbst. Unsere *Unterscheidung der drei Arten von Veränderungen in der Verwaltung* hat zwar weder zu einer Präzisierung des Reformbegriffes geführt, noch die Möglichkeiten seiner Verwendung umfassend beschrieben. Sie hat aber doch erbracht, daß es nebeneinander zeitlich befristbare und in ihren Zielen definierbare, auf klaren Entscheidungen – und der entsprechenden Kompetenz dazu – beruhende ‚Reformen' als *Eingriffe* in die vorhandene *Verwaltungssubstanz*, weiter einen ständigen *‚Veränderungsprozeß'* und schließlich die sog. *‚Reformpakete'* gibt, bei denen Reformbedürfnisse und Reformdruck ggf. zu Einzelmaßnahmen oder Teilschritten führen, ohne daß man schon klare Ziele oder Zielbündel und damit umfassende und vollzugsfähige Handlungsprogramme formulieren kann.

Es ist im Grunde dieser dritte Vorgang, für den die Evaluierung besonders wichtig erscheint. Wo nämlich eine *‚Reform'* in der Verwaltung – es geht hier nur um Änderung in der Organisation und des Verfahrens! – auf einem klaren *politischen Entscheid*, in der Regel auf einem Gesetz beruht, hat eine begleitende ebenso wenig wie eine nachträgliche Untersuchung den Sinn, daß man während der Programmverwirklichung noch (größere) Programmänderungen vornimmt. Hier wird in der Hauptsache (nachträgliche) Wirkungsforschung und das Aufarbeiten von Erfahrungen zur Geltung kommen. Eine Gemeindegebietsreform läßt sich nicht rückgängig machen. Und wenn sich nach einer Behördenzusammenlegung zeigt, daß sie sich nicht bewährt, wird man in der Regel nicht den ursprünglichen Zustand wiederherstellen, sondern Änderungsgründe und -modalitäten nachschieben, um Widerstände auszuräumen. Man wird allenfalls ‚lernen', was man vor einer solchen Maßnahme zu berücksichtigen hat.

Handelt es sich umgekehrt um jenen *‚Veränderungsprozeß'*, bei dem sich Ursache und Wirkungen nicht festmachen lassen und während dessen es auch nicht zu dezidierten Entscheidungsphasen kommt,[16] fehlen für eine Evaluierung in jedem denkbaren Sinn die Voraussetzungen. Hier ergibt sich allerdings eine klare Aufgabe für die Wissenschaft, durch Vergleich nämlich zu ermitteln, welche Veränderungen sich in einer bestimmten Zeit ergeben haben und die dafür maßgeblichen Ursachen zu analysieren. Da hier neben den sozialwissenschaftlichen, bei Einzelfallstudien hoher Komplexität anzuwendenden Methoden auch historische Methoden angewandt werden müßten und der Ertrag einer solchen Art von Forschung nicht mit Sicherheit vorauszusagen ist, fehlt es bisher wohl weitgehend an einschlägigen Untersuchungen, die man nicht mit Längsschnittstudien, wie etwa der von S. Schöne über das Bundeskanzleramt,[17] verwechseln darf.

Bei den ‚Reformpaketen' gewinnt dagegen Evaluierung in offenerem Sinne einen besonderen Stellenwert, ja Unentbehrlichkeit. Wenn sich Ziele nicht zureichend konkretisieren und Folgen und Nebenfolgen von Veränderungen nicht genügend voraussehen lassen, wenn man auch mit dem Instrument eingeschobener Bilanz- und Korrekturphasen in einem Programmerfüllungsprozeß nicht zurande kommt, dennoch (unabweisliche) Bedürfnisse befriedigen muß, dann läßt sich – jedenfalls idealtypisch –

mit Hilfe der Evaluierung noch während der Programmverwirklichung das Programm verbessern, erweitern, in Teilen festlegen und in anderen Teilen korrigieren.[18] Die *innere Verwaltungsreform* bleibt als Ganzes eine Schimäre, solange sich für sie nur ein paar unverbindliche Globalziele benennen lassen. Teilreformen auf unklare Globalziele zu beziehen, hat wenig Sinn. Wohl aber kann man – durch Evaluierung relativ konkreter Maßnahmen – Zusammenhänge herstellen und berücksichtigen, Gruppen von Unterzielen reflektieren, dann die Zielverträglichkeit von Maßnahmen untersuchen und manches mehr. Immer bleibt dabei die Kernfrage, wer das alles tut, ob der Evaluator beteiligt ist oder nicht und wie in dem einen und in dem anderen Falle sein Rollenverständnis ausfällt.

Evaluierung von Organisations- und Verwaltungsreformen: Akzeptiert man die hier getroffene Unterscheidung, gibt es neben den intendierten und in irgendeiner Weise greifbaren ‚Reformen' einen ständigen Veränderungsprozeß. Er öffnet sich nur nachträglicher, vergleichender Analyse. Anders: Ein Teil der Veränderungen in dem hier interessierenden Untersuchungsobjekt ist so langfristig angelegt und von derart vielfältigen Außeneinflüssen – auch solchen der Wissenschaft – abhängig, daß er sich bislang wissenschaftlicher Forschung praktisch entzieht. Hinsichtlich des anderen Teiles kann sich dem gängigen Sprachgebrauch zufolge Evaluation auf die nachträgliche Wirkungsforschung beziehen, auf den Vergleich von Zielvorgaben und Realisierung. Es kann sich aber auch um eine Evaluierung als aktionsbegleitendem Vorgang handeln, bei dem die Grenze zwischen Praxis und Wissenschaft verschwimmt und bei dem vorentscheidend die Rolle ist, welche man dem Evaluator zuspricht. Letzteres hängt nicht nur von der jeweiligen Machtlage ab, sondern auch von der Art des Programms. Der beobachtende und anhand reflektierter Kriterien bewertende Evaluator muß ein anderes Rollenverständnis haben, wenn er selbst entscheidet oder mitentscheidet, als der, welcher den Entscheidungsbefugten zu berichten und Vorschläge zu machen hat. Die Art und Weise der Evaluierung hängt von der Distanz des damit Beauftragten zum evaluierten Vorgang ab.

Evaluierungsforschung in der Bundesrepublik Deutschland

Es erschien richtig, diesen Problemhorizont in einiger Ausführlichkeit abzuschreiten, um dann zwei *lapidare Feststellungen* treffen zu können, anhand derer sich nun ein Überblick über die Aktivitäten unserer Wissenschaft(en) und ihr Verhältnis zur Praxis gewinnen läßt. *Die erste:* Politische Wissenschaft und Verwaltungswissenschaft haben sich hierzulande mehr mit der Analyse von Defiziten in der Verwaltung und mit dem Aufweis von Reformnotwendigkeiten als mit dem Entwurf und der Durchsetzung von Reformstrategien beschäftigt. Das spezifische Rollenproblem der Evaluierung ist deshalb bisher kaum aufgetaucht. *Die zweite:* Was als Evaluierung während intendierter Veränderungsvorgänge in der Verwaltung versucht wird, ist nur teilweise bekannt und kaum ausgewertet. Es findet keine methodische Diskussion statt – anders als in behördenexternen Evaluierungsbereichen, wofür ich als Beispiel nur die Arbeit von Jentzsch/Pfeiffer aus dem Bereich der regionalen Wirtschaftsförderung nenne.[19] Der Erfahrungaustausch zwischen den für die Organisation Zuständigen spielt zwar, wie sich begründet vermuten läßt, eine große Rolle; er ist für die Wissenschaft aber kaum zugänglich. Insgesamt überwiegen offenbar nach dem jeweiligen Gegenstand des Bemühens allgemeine Organisationsfragen, Zuständigkeitsverteilungen und Personaleinsatz, typischerweise mithin Maßnahmen, die durch die hausinterne Organisationsgewalt abgedeckt sind. Beide Feststellungen sollen nun näher expliziert werden. Ich schicke dazu voraus, daß ich selbstverständlich hier keinen *Überblick über die Veränderungen in der öffentlichen Verwaltung* geben kann und will. Daß es sie gegeben hat und noch gibt, zeigt der Blick auf die revolutionäre Vermehrung des öffentlichen Dienstes ebenso wie der auf den vermehrten out-put von verwaltungsrelevanten Vorschriften. Selbstverständlich hat es auch die drei Arten der Veränderungen gegeben. Wir sind um Beispiele nicht verlegen, wenn wir Lücken in der Forschung nennen wollen. Als *Reform* wurde die territoriale Verwaltungsreform schon genannt.[20] Ein weiteres Beispiel bietet die organisatorische Auslagerung von Verwaltungsfunktionen aus dem ministeriellen Bereich, wie sie während der Errichtung der Verteidigungsverwaltung ‚auf der grünen Wiese' und in Niedersachsen als eindeutig abgrenzbare Maßnahme stattgefunden hat.[21] Unter *Veränderungsprozeß* läßt sich die zunehmende Ausgliederung von besonderen Verwaltungszweigen und Sonderverwaltungen subsumieren, was ingesamt der Tendenz der Spezialisierung und der verwaltungsinternen Eigenwege der Spezialisten ‚von oben nach unten' und umgekehrt entspricht.[22] Auch die Veränderung im öffentlichen Dienst durch die ständige Vermehrung von Beförderungsstellen würde ich hier einordnen. Beide Beispiele verdeutlichen, wie sich etwas entwickelt, das selbstverständlich jeweils auf konkreten Entscheidungen beruht, ohne daß man aber solche Entscheidungen während des Entscheidungsprozesses in einen größeren Zusammenhang stellt. Niemand hat es je zum Reformprogramm erhoben, die öffentliche Verwaltung bis zum Exzeß aufzugliedern, und niemand hat je die Abkehr von wenigen Hauptgruppen im öffentlichen Dienst und die Zuwendung zu einer immer stärkeren Differenzierung für notwendig erklärt und daraus eine Strategie entwickelt. Man hat sich nur gewundert, daß der zunächst unmerkliche Vorgang höchst fatale Folgen hatte – gegenüber der Sinnfälligkeit des Besoldungsgefüges im 19. Jahrhundert – Sinnfälligkeit bedeutet nicht schon gerecht! – stehen wir heute nicht vor einem Besoldungswirrwarr, sondern vor einem deutlichen Chaos. In beiden Fällen kann man aber nicht mehr zurück.

Hinsichtlich der *Reformpakete* wurden die innere Verwaltungs- und die Funktionalreform schon genannt. Beide Vokabeln bezeichnen jeweils ein im einzelnen unklares Zielbündel, aus dem sich einzelne Reformbemühungen ableiten lassen und auch durchgeführt werden. Dabei besteht über Globalziele oft erstaunliche Einigkeit. Fast jedermann ist für Dezentralisierung. Was aber das Bayerische Staatsministerium des Innern den in ihrer Verwaltungskraft durch die Gemeindegebietsreform gestärkten Gemeindeverwaltungen als zusätzliche Kompetenzen zugewiesen hat, gibt sich selbst der Lächerlichkeit preis. Dies sind jedoch wohl unvermeidliche Folgen der Herausnahme einer gewichtigen Teiländerung – eben der gebietlichen Grundlagen der Verwaltungsorganisation – aus einem Gesamtprozeß. Es gelang eine ‚Reform', die vielfach ihren Sinn erst noch erhalten muß, also auf ihn wartet, solange es an einer zweiten ‚Reform' fehlt. Die zweite fällt aber offenbar viel schwerer, denn nun müßten die Ministerien sich mit sich selbst beschäftigen, nicht mit nachgeordneten Dienststellen. Auch dieser Hinweis steht hier nur, um zu zeigen, daß – in der Sprache der Politik – das ‚Reformpaket' Funktionalreform schleunigst aufgeschnürt werden muß, um die territoriale Reform – fraglos eine ‚Jahrhundertreform' – erst zu rechtfertigen. –

Fragen wir nun nach dem *Beitrag unserer Wissenschaft* zu den und während der Veränderungen in der Verwaltung, so lassen sich zunächst einmal deutliche *Lücken* und *Schwerpunkte* feststellen. Als Forschungslücke zeigen sich weitgehend die Ministerialorganisation der Länder, wobei man die Arbeit von Katz fast als Ausnahme bezeichnen muß,[23] und die nachgeordneten staatlichen Behörden. Nur geringfügig besetzt sind Zwischenbereiche wie die Arbeits- oder die Krankenhausverwaltungen. Forschungsschwerpunkte bilden dagegen zum einen der kommunale Bereich und zum anderen der Bereich der Bundesministerien. Verkürzt: Nur ein Teil der Verwaltungsebenen steht im Blickpunkt wissenschaftlicher Untersuchungen; nur für einen Teil gibt es mithin jeweils mehrere, sich überschneidende, ergänzende, gegenseitig korrigierende Untersuchungen und sind unterschiedliche Ansätze versucht und erprobt. Daß dabei der kommunale Bereich begünstigt erscheint, hat es offenbar mit dem starken Interesse für partizipatorische Vorgänge zu tun, während sich die Präferenzen für den bundesministeriellen Bereich wohl aus einer steuerungsorientierten Politiktheorie und daraus erklären lassen, daß über die Planungsproblematik im weitesten Sinne der Blick ohnehin auf die obersten Planungsinstanzen gelenkt wird. Daß ich hier ganz ausschnitthaft verfahre und keineswegs insgesamt die empirischen Arbeiten, die man der Politik- und der Verwaltungswissenschaft zurechnen kann, betrachte, sei noch einmal unterstrichen. Im übrigen wurde hier nach *‚Ebenen' der Verwaltung* unterschieden. Nach *Themenbereichen* treten wohl eindeutig die Arbeiten in den Vordergrund, die sich mit Organisationsformen und Verfahren, vor allem mit der Planung als Prozeß und ihren verwaltungsmäßigen Voraussetzungen beschäftigen. Außerdem spielt das Personalwesen eine gewisse Rolle, wobei Einstellungsuntersuchungen dominieren. Daß viele empirische Untersuchungen ganz oder überwiegend auf Befragungen und nur teilweise oder gar nicht auf Materialauswertung beruhen, sei als Besonderheit und Problem erwähnt.[24]

Über den *Zeitpunkt der Untersuchungen* ist generell zu sagen, daß es gewichtige gutachterliche Beteiligung von Wissenschaftlern z.B. in der Vorbereitungsphase der Gebietsreform oder vor Reorganisationsbemühungen der Bundespost oder vor grundlegenden Eingriffen in die Organisationsstruktur des Verteidigungsministeriums – Neuordnung des Rüstungsbereichs – gegeben hat. Von zahlreichen, vielfach nicht zugänglichen Gutachten und Expertisen abgesehen, traten die beteiligten Wissenschaftler dabei jedoch nicht allein auf und es dominierten wohl auch nur selten wissenschaftliche Methoden. Was veröffentlicht ist, erweist sich zumeist als Zustandsanalyse, aus der sich Anregungen ergeben. Von einem direkten Beitrag der Wissenschaft während der Evaluierung von ‚Reformen' oder intendierten Veränderungen wird man überhaupt nicht sprechen können. Der indirekte, über die beteiligten Praktiker vermittelte Beitrag erscheint dagegen recht groß. Es kommt wohl auch nicht von ungefähr, daß die hier in der Hauptsache beteiligten wissenschaftlichen Vereinigungen Wissenschaftler und Praktiker zusammenfassen, und daß auch wichtige Publikationsorgane nach beiden Seiten hin offen sind. Insgesamt wird sich sagen lassen, daß von der Verwaltungsforschung im weitesten Sinne zahlreiche Anregungen und Anstöße ausgegangen sind, daß sich ein unmittelbarer Beitrag unserer Wissenschaft bei der intendierten Veränderung von Verwaltung und bei der Evaluierung entsprechender Vorgänge nicht in nennenswertem Umfange feststellen läßt. Auch im engeren Bereich der Wirkungsforschung liegt wenig vor.[25] Weiter läßt sich wohl – immer mit der gebotenen Vorsicht – zusammenfassen, daß ein erheblicher Teil der empirischen Arbeiten durch Bedürfnisse der Praxis oder durch Kommissionen mit entsprechendem Auftrag – die für die Reform des öffentlichen Dienstrechtes und die für den sozialen Wandel seien hier als Beispiele besonders hervorgehoben – bestimmt oder sogar in Auftrag gegeben waren, ohne daß man deshalb im Nachhinein von einem unmittelbaren Beitrag der Wissenschaft sprechen kann.

Über die *Evaluierung intendierter Veränderungen in der Verwaltung* durch Mitarbeiter der Verwaltung selbst läßt sich, da sich derlei weithin unter Ausschluß der Öffentlichkeit abspielt, kein Urteil gewinnen. Es gibt hinsichtlich der territorialen Verwaltungsreform keine Wirkungsanalyse aus der Verwaltung, die wissenschaftlichen Ansprüchen gerecht würde und die öffentlich bekannt geworden ist. Daß eine solche Analyse auch auf erhebliche Schwierigkeiten stoßen würde, versteht sich angesichts des weitgehenden Rückgriffes auf Globalziele von selbst – auch Wrage macht das deutlich. Im ‚Veränderungsprozeß' und zum Teil auch im Blick auf ‚Reformpakete' spielen innerbehördliche Organisationsuntersuchungen – in den Bundesministerien bei Personalanforderungen geschäftsordnungsmäßig vorgeschrieben – eine erhebliche Rolle. Ihnen wird man die Prüfungsberichte des Bundesrechnungshofes und bedingt der Landesrechnungshöfe zur Seite stellen dürfen. Über die Art der Untersuchungen erhält man einige Auskünfte – so in einem Aufsatz des Organisationsreferenten im Bundesministerium für Bildung und Wissenschaft, RD Scholz, wie es überhaupt einen Erfahrungsaustausch zwischen den mit der Organisation Beschäftigten gibt, der eine oft erhebliche Nähe zur wissenschaftlichen Auseinandersetzung aufweist und mit dem man zum einen Teil die Hemmnisse überwindet, welche Föderalismus und Selbstverwaltung, die Vielzahl der beteiligten Weisungsberechtigten und die in der Regel übliche Unterbewertung von Organisationsfragen bereiten. Man wird in diesem Zusammenhang auch auf die unentbehrliche Arbeit der Kommunalen Gemeinschaftsstelle für Verwaltungsvereinfachung und ihre meist öffentlich zugänglichen Arbeiten und Vorschläge verweisen müssen, die zu einer erheblichen Annäherung der Organisationsstrukturen der Gemeindeverwaltungen geführt hat – viel weiterreichender als man das etwa in einem Vergleich der Landesinnenministerien feststellen kann, wie ihn H. Dillkofer durchgeführt hat.[26]

All das fällt allerdings mehr in den Bereich verwaltungsinterner *Organisations- und Verfahrensanalysen* als in den der Evaluierung. Daß es auch diese innerbehördlich gibt, wird einem gesagt – nach Qualität und Umfang ist es für mich nicht belegbar. Deutliche Defizite lassen sich bei Teilen von Reformpaketen feststellen – so in Zusammenhang mit der Dienstpostenbewertung, mit der Verringerung der Zahl der Forstämter in Rheinland-Pfalz oder mit der Ausweitung der Behörden der Arbeitsverwaltung und ihres Auftrages – keine ‚Reform', kein Teil eines ‚Reformpaketes', wie die ersten beiden Beispiele, wohl aber ein punktuell zu erfassender Teil des ‚Veränderungsprozesses' mit Folgen, die auch für andere Bereiche wichtig sein können. Insgesamt muß man den Eindruck gewinnen, daß verwaltungsinterne Veränderungen kaum systematisch erfaßt, beobachtet und bewertet werden, man sich vielmehr auf einen ganz allgemeinen Erfahrungsgewinn verläßt. Auf das sich in diesem Zusammenhang ergebende Rollenproblem wurde, so hoffe ich, zureichend hingewiesen. Es spielt auch hausintern eine große, hier aber auch durch Beteiligung überwindbare Rolle. Hausintern und gedeckt durch die jeweilige Organisationsgewalt spielen sich auch die meisten Veränderungen ab. Von ihnen abgesehen dominiert die Veränderungsbewegung ‚von oben nach unten', der Urheber – meist unter Erfolgsdruck – tritt auch als Bewerter auf, weshalb man auf den Evaluator fast verzichten muß.

Schlußfolgerungen

Es gibt nach allem kaum einen Bereich, in dem *Praxis und Wissenschaft* derart aufeinander angewiesen sind wie bei der *Evaluierung von Verwaltungsreformen*. An dieser Evaluierung fehlt es – weit mehr als an Reformen, wenn man diesen Begriff nicht verengt – auch deshalb, weil die Zusammenarbeit beider Bereiche nicht funktioniert. Gegenstände, Formen und Verfahren der Evaluierung müssen vielfach erst noch bestimmt und erprobt werden. Das kann nur im Austausch geschehen. Will man weiterkommen, wird man auch Versuche mit beiden Evaluatorenrollen unternehmen müssen. Weiter wird es darauf ankommen, Verfahren zu eröffnen, die bis zu einem gewissen Grade ins Ungewisse führen: dies zu akzeptieren, wird oft weniger problematisch sein, als gar nichts zu tun oder sich auf Teilmaßnahmen zu beschränken, die dann eben auch beschränkt sein müssen und ggf. andere Wege verbauen.

Mit welchen Strategien kann das bestehende Defizit abgebaut werden? Die erste liegt auf der Hand. Ein Teil der Spannungen zwischen unserer Wissenschaft und den Vertretern des Bereichs, mit dem wir uns beschäftigen, ergibt sich ursächlich aus dem Aufeinanderangewiesensein und der damit verbundenen Überforderung. Ob man sich im Blick auf Materialhergabe, sprachliche Annäherung oder Verständnis überfordert, ist dabei gleichgültig. Rigide Organisationsvorschläge, die nicht berücksichtigen, daß in einem Ministerium mittlerer Größe jährlich nur ein bis zwei Referenten ausgewechselt werden können, die Personalpolitik also nur in langen Fristen organisationsreformerischen Zielen zu dienen vermag, helfen nicht unmittelbar. Aus ihnen lassen sich allenfalls Modelle gewinnen, die zu Zielvorstellungen führen. Das muß aber von beiden Seiten verstanden werden.

Auch die zweite Strategie scheint mir auf der Hand zu liegen. Sie besteht darin, Evaluierung im obigen Sinne praktisch zu ermöglichen, einschlägige Verfahren mithin aufzuarbeiten, zu erproben und für andere hantierbar zu machen. Das erfordert eine mühsame Kleinarbeit, die erst auf einem längeren Weg zu einem Handbuch der Evaluierung von Verwaltungsreformen führt, die wir im Vorgriff auf diesen Kongreß so thematisieren, als ob es sie schon gäbe. Es gibt sie hinsichtlich nach außen wirkender Programme, bedingt sicher im Bildungsbereich, nicht aber in dem hier zur Rede stehenden Aufgabengebiet. Das soll auf der anderen Seite nicht heißen, daß wir Schwierigkeiten turmhoch stapeln wollen, um so Evaluation unmöglich zu machen. Auch bescheidene Anfänge, die nicht alle denkbaren Möglichkeiten berücksichtigen, sind Anfänge.

Es geht drittens hier um praxisnahe Wissenschaft. Ich will nicht über das Verhältnis von Wissenschaft und Praxis sprechen. Ich will lediglich darauf hinweisen, daß praxisnahe Wissenschaft ein legitimer Teil von Wissenschaft ist, daß es sie aber dauerhaft nur dort gibt, wo so etwas wie ein vernüftiges, sicher nie spannungsfreies Vertrauensverhältnis zwischen den Beteiligten besteht. Die Kategorie verweist ins Atmosphärische, sie verweist aber auch auf unterschiedliche Handlungsprinzipien – hier das Öffentlichkeitsprinzip der Wissenschaft im Vordergrund. In einem vernünftigen Vertrauensverhältnis wird man ausloten – und eben nicht vergessen, daß Evaluierungsansätze und -verfahren wohl kaum in einem Ministerium erdacht, aber auch nie ohne die Unterlagen und Erfahrungen der Verwaltung erprobt werden können. Abgesehen von der reinen Wirkungsforschung bleiben die Grenzen zwischen Evaluierung als im Grunde selbstverständlicher Begleitvorgang bei der Durchführung von intendierter Veränderung und Evaluierung als Forschung in einem engeren Sinne fließend. Deshalb interessiert nicht die nähere Bestimmung der Grenze, sondern die gemeinsame Arbeit daran, Evaluierung auch verwaltungsintern zu ermöglichen und zu verbessern – als Beitrag zur Verbesserung der Verwaltung, die mehr ist als Gewinn von Rationalität bezogen auf begrenzte Zwecke.

Anmerkungen

1 Die nachfolgenden Ausführungen sind identisch mit dem Vortrag während des Kongresses; lediglich die einleitenden Bemerkungen zum Rahmenthema des Kongresses sind hier gestrichen.

2 An dieser Stelle sei auf Hinweise zur Verwaltungsgeschichte verzichtet, da sie zu beliebig wären, um etwas zu ‚belegen'. Ich verzichte auch auf Literaturhinweise zur Veränderung der Staatsfunktionen, da für sie dasselbe gelten müßte. Erinnert sei aber daran, daß L. von Stein den zweiten Veränderungsschritt – also den nach der Rechtsstaatstheorie, mit der man den Wohlfahrtsstaat ablösen wollte – wohl als erster vorbereitet und jedenfalls Verwaltung als ‚Prozeß' begriffen hat, was über die zu seiner Zeit noch geltende Vorstellung einer lediglich vollziehenden, gänzlich durch das Gesetz geführten Verwaltung weit hinausweist. Vgl. dazu neuerdings *D. Blasius, E. Pankoke,* Lorenz von Stein. Darmstadt 1977.

3 Vgl. dazu *V. Wrage,* Erfolg der Territorialreform. Auswirkungen der territorialen Neugliederung der Gemeinden in ausgewählten Kreisen Nordrhein-Westfalens. Berlin 1975, und *D. Schimanke,* Verwaltungsreform Baden-Württemberg. Verwaltungsinnovation als politisch-administrativer Prozeß. Berlin 1977.

4 Vgl. *N. Luhmann,* Reform des öffentlichen Dienstes: Zum Problem ihrer Probleme, in: ders., Politische Planung. Opladen 1971.

5 Das ist näher ausgeführt in *Th. Ellwein, R. Zoll,* Berufsbeamtentum – Anspruch und Wirklichkeit. Zur Entwicklung und Problematik des öffentlichen Dienstes. Düsseldorf 1973, S. 230 ff.

6 In ihr wird zumeist Evaluierung als „wissenschaftliche Prüfung der Bedingungen, Prozesse und Folgen geplanter sozialer ... Maßnahmen verstanden – mit der Absicht Probleme der Planung, Durchführung und ggf. der Revision von Maßnahmen in kritikoffener Beratung zur Diskussion zu stellen". So *W. Gessenharter* u.a., Planung und Zielwandel in der Hochschulreform. Forschungsbericht/Manuskript Juni 1977. Über die Literatur informiert bis etwa 1974 *C. H. Weiss*, Evaluierungsforschung. Methoden zur Einschätzung von sozialen Reformprogrammen. Dt. Ausgabe Opladen 1974; vgl. außerdem v.a. *E. L. Struening, M. Guttentag* (Hrsg.), Handbook of Evaluation Research. 2. Aufl. Beverly Hills/London 1975.

7 *R. Mayntz*, Die Implementation politischer Programme: Theoretische Überlegungen zu einem neuen Forschungsgebiet, in: Die Verwaltung 1977, S. 51ff., hier S. 51.

8 Vgl. *G.-M. Hellstern, H. Wollmann*, Wirkungsanalysen: Eine neue Variante wissenschaftlicher Politikberatung, in: transfer 4: Planung in öffentlicher Hand. Opladen 1977, S. 157ff., die sich dabei auf ihren im März 1977 dem BMBau vorgelegten Forschungsbericht (Methodische Vorstudie für die Analyse der städtebaulichen und stadtstrukturellen Wirkungen ausgewählter Sanierungsmaßnahmen nach dem Städtebauförderungsgesetz) beziehen, dem ein ‚Überblick über Entwicklung und Stand der Evaluation' vorausgeschickt ist.

9 *H. H. Hyman, Ch. R. Wright*, Evaluating Social Action Programs, in: *F. G. Caro* (ed.), Readings in Evaluation Research. New York 1971; *J. S. Wholey* et al., Federal Evaluation Policy. Washington D.C. 1970. Im übrigen siehe *C. H. Weiss* a.a.O.

10 Vgl. dazu *E. Bohne, H. König*, Probleme der politischen Erfolgskontrolle, in: Die Verwaltung 1976, S. 19ff., und *D. Schimanke*, Evaluierung – Bemerkungen zu einem neuen Schwerpunkt der Verwaltungswissenschaft, in: Verwaltungsarchiv 1976, S. 361ff.

11 *M. Bülow*, Evaluierung von Projektstudiengängen als Aktionsforschung, in: Hochschuldidaktische Forschungsberichte 3. Hamburg 1976, hier S. 248.

12 Ebenda, S. 251; vgl. überhaupt die hier gebotene Auseinandersetzung mit einigen Autoren über die Rolle des Evaluators.

13 Vgl. dazu auch *Hellstern, Wollmann* a.a.O.

14 Wie Anmerkung 8.

15 *H. U. Derlien*, Die Erfolgskontrolle staatlicher Planung. Baden-Baden 1976.

16 Vgl. dazu *H. König*, Dynamische Verwaltung. Bürokratie zwischen Politik und Kosten. Bonn 1977, S. 16ff.

17 *S. Schöne*, Von der Reichskanzlei zum Bundeskanzleramt. Eine Untersuchung zum Problem der Führung und Koordination in der jüngeren deutschen Geschichte. Berlin 1968.

18 Das erweitert und vermindert die Planungsproblematik wie sie im Zusammenspiel zwischen Exekutive und einem Parlament entsteht, das traditionell und nach seinen Entscheidungsverfahren auf Gesetzgebung, also auf verbindliche, zunächst einmal gültige Entscheidungen, die man hinter sich bringt, festgelegt erscheint. Vgl. dazu *W. P. Becker*, Möglichkeiten einer Beteiligung der Parlamente an der staatlichen Planung, in: ZParl 1974, S. 164ff., und daran anknüpfend die Synopse der (damaligen) Planungskontrollgesetzentwürfe ebenda. S. 184f.

19 *A. Jentzsch, H. W. Pfeiffer*, Vorschläge zu einem System der Erfolgskontrolle regionaler Wirtschaftsförderung. Berlin 1976.

20 Siehe oben Anmerkung 3.

21 Vgl. dazu *F. Wagener* (Hrsg.), Verselbständigung von Verwaltungsträgern. Bonn 1976 (Schriften der Dt. Sektion des Int. Instituts für Verwaltungswiss. Bd. 1).

22 Vgl. dazu *Th. Ellwein*, Regieren und Verwalten. Eine kritische Einführung. Opladen 1976, S. 124f.

23 *H. Katz*, Politische Verwaltungsführung in den Bundesländern. Dargestellt am Beispiel der Landesregierung Baden Württemberg. Berlin 1975.

24 Als Beispiele dafür führe ich an *P. Grottian*, Strukturprobleme staatlicher Planung. Eine empirische Studie zum Planungsbewußtsein der Bonner Ministerialbürokratie ... Hamburg 1974, und *A. Murswieck*, Regierungsreform durch Planungsorganisation. Eine empirische Untersuchung im Bereich der Bundesregierung. Opladen 1975.

25 Als Bereiche bilden die Städtebauförderung und die Altstadtsanierung und bedingt auch die Raumordnung und die regionale Wirtschaftsförderung Ausnahmen. Hier waren z.T. auch von vornherein Folgeuntersuchungen vorgesehen.

26 *H. Dillkofer*, Die Organisation der Innenministerien – Eine sozialwissenschaftliche Analyse. München 1977.

Die Reform des öffentlichen Dienstes als Dilemma von Wissenschaft und Praxis

Von Klaus König

1. Der Widerstreit im Vorverständnis

Nicht* nur in der Bundesrepublik Deutschland wirken Faktoren der Genese des öffentlichen Dienstes im 18. und 19. Jahrhundert bis in die heutigen Tage hinein. Die Napoleonischen Reformen legten für eine Personalstruktur eine Grundlage, die noch heute den öffentlichen Dienst in Frankreich prägt. Den Beginn des modernen Civil Service in Großbritannien kann mit der Veröffentlichung des Northcote-Trevelyan-Report datiert werden. Selbst revolutionär gemeinte politische Veränderungen scheinen Jahrzehnte zu brauchen, um einen tiefergreifenden Wandel in der Personalstruktur der Verwaltungsdienste zu bewirken. In Jugoslawien waren viele Entwicklungsabschnitte erforderlich, um die Stellung der öffentlichen Bediensteten den allgemeinen Arbeitsverhältnissen anzunähern und dann Grundsätze der Selbstverwaltung in bestimmter Hinsicht auf diesen Personenkreis auszudehnen. In Polen wurde 1974 das allgemeine Arbeitsrecht – mit vielen Sonderregelungen – auf die Arbeitenden im Staatsdienst ausgedehnt[1]. Aber nach wie vor wird man auch in diesen Ländern manches, selbst nichtnationales Herkommen entdecken, so z.B. die kontinentaleuropäische Tradition eines Juristenprivilegs, das vielerorts in den osteuropäischen Staatsverwaltungen nachwirkt.

Indessen hängt die Situation der öffentlichen Dienste besonders eng mit der nationalen Geschichte zusammen und hier vor allem mit der jeweiligen historischen Entwicklung der politisch-administrativen Institutionen. Mit welchen spezifischen Verhältnissen wir insofern bei uns rechnen müssen, wird aus der Aussage deutlich, daß, blicke man auf die dreihundertjährige Geschichte des modernen Staates auf deutschem Boden zurück, es klar werde, daß dieser Staat eine Schöpfung der beamteten Verwaltung sei[2]. Es ist zwar systemtheoretisch einsichtig, daß eine Veränderung der öffentlichen Personalstruktur auch eine des politisch-administrativen Systems ist. Wenn man jedoch in jeder Beamtenrechtsreform, die sich nicht auf Nebensächlichkeiten beschränkt, eine Staatsreform sieht, dann ist damit eine über die allgemeinen Wechselbezüglichkeiten hinausweisende besondere Abhängigkeit gemeint. Entsprechend sind Meinungsverschiedenheiten über die Beschaffenheit des öffentlichen Dienstes eminent politische Konflikte. Auch das hat bereits Tradition, wie sich in aller Schärfe in den widerstreitenden Lehren zum Verhältnis der Staatsbürokratie gerade zur Politik in der Weimarer

*) Dr. Hero Kind, Speyer, habe ich für Nachweise zum Diskussionsstand zu danken.

Zeit gezeigt hat. Die deutsche Beamtenrechtsdogmatik stellt herkömmlicherweise das Gebot der politischen Neutralität als Grenzmarke auf. Im Konstitutionalismus galt der Beamte in seiner Zuordnung zum Monarchen als Vertreter des allgemeinen Wohls und sein Handeln als jenseits der Parteiungen befindlich. Diese Deutung mußte zweifelhaft werden, als in der Weimarer Republik das Bezugssystem hierfür entfiel. Auf der einen Seite wurde gerade aus der historischen Erfahrung mit der Monarchie Überparteilichkeit als „Interessenten-Legende" (Max Weber) bezeichnet. Auf der anderen Seite wurde der Anspruch eines „pouvoir neutre" (Carl Schmitt) erhoben. Das Beamtentum als Diener der Gesamtheit sollte die Führung der allgemeinen Staatspolitik im Gegensatz zur Parteipolitik zur Aufgabe haben[3].

Der Widerstreit im Vorverständnis läßt sich seinem Herkommen nach noch an anderen Regelungsbereichen des öffentlichen Dienstes belegen. Wir können es dabei bewenden lassen, auf die prägnante Aufzeichnung der Richtungen durch jene Staatstheoretiker und Politikwissenschaftler zu verweisen, die zu Beginn der 70er Jahre zur Beratung der Studienkommission für die Reform des öffentlichen Dienstrechts berufen worden sind. Zum einen sieht man die Prämissen des Beamtentums darin, daß der Pluralismus der gesellschaftlichen Interessen im Staate des Gegenübers bedarf, das außerhalb des Antagonismus dieser Interessen steht, das sich mit keinem partikularen Interesse identifiziert, also eine objektive Instanz ist, und daß diese Polarität die Bedingung der Möglichkeit der Freiheit ist. Die Besonderheit der staatlichen Bürokratie beruht sonach darauf, daß sie in Anwendung hoheitlichen Rechts Macht ausübt. Vom Beamten wird hiernach gefordert, daß er über juristisches Fachwissen verfügt, das ihn zur legalen Machtanwendung befähigt, und daß er sich weiter einer ethischen Grundhaltung verpflichtet weiß, die ihn davor bewahrt, die anvertraute Macht zu anderen Zwecken als zu denen des Gemeinwohl einzusetzen[4].

Von hier aus sind dann auch die hergebrachten Grundsätze des Berufsbeamtentums zu entfalten: das Beamtenverhältnis als öffentlich-rechtliches Dienstverhältnis in Form eines besonderen Gewaltverhältnisses mit Funktionsvorbehalt, die öffentlich-rechtliche Treuepflicht für den Beamten mit jederzeitigem Eintreten für den Staat und seine verfassungsmäßige Ordnung, die Verpflichtung zu parteipolitisch neutraler Amtsführung und Wahrung der Interessen der Allgemeinheit, die Fürsorgepflicht des Dienstherrn, der amtsmäßige Unterhalt, die amtsmäßige Versorgung für den Beamten und seine Familie, die einseitige Regelung des Dienstverhältnisses durch den Gesetzgeber, das Laufbahnprinzip, das Lebenszeitprinzip, das Leistungsprinzip, das Streikverbot, Einsatz, Verantwortlichkeit, Gehorsam usw.[5]. Beamtenrechtsreform gilt als Staatsreform. Das Berufsbeamtentum und seine Grundsätze sind im Sinne des überkommenen Staatsbegriffs und angesichts einer an Bedeutung zunehmenden Hoheitsverwaltung zu bewahren.

Zum anderen wendet man sich ab von einer Konzeption des Staates, die zwischen Staat und Gesellschaft im Sinne ihrer Entgegensetzung unterscheidet, und weiter von einem diese Staatsidee verkörpernden und ihr dienenden Beamtentum[6]. Dem Beamten als Inkarnation der Ordnungs- und Sicherungsfunktion des Staates gegenüber der Gesellschaft wird der Wandel der öffentlichen Aufgaben gegenübergestellt. Der Staat gilt nun als Mittel, d.h. Instrument der Gesellschaft zur Sicherung ihrer gemeinschaftlichen Interessen und Zwecke. Dieses Instrument ist von einer sozialen Gruppe der

Gesellschaft zu bedienen, die man entsprechend ihrer Funktion als öffentlichen Dienst bezeichnet. Die traditionelle Begründung des Berufsbeamtentums erscheint mit dem bürgerlichen Obrigkeitsstaat des Konstitutionalismus, aber nicht mehr mit den Prinzipien des demokratisch organisierten Rechts- und Sozialstaats vereinbar zu sein. Verwaltungsleistungen sind nicht als hoheitsvoller Akt des Staates entgegenzunehmen, sondern als nichts anderes als die selbstverständliche Leistung der Gesamtgesellschaft.

Für eine Reform des öffentlichen Dienstes ist in dieser Meinung auf die institutionelle Garantie des Berufsbeamtentums einschließlich seiner hergebrachten Grundsätze zu verzichten. Das Verständnis des demokratischen Gemeinwesens und seiner Ordnungsprinzipien vor allem bei denen, die im Staatsdienst für die Gesellschaft arbeiten, soll nicht durch Relikte einer obrigkeitlichen Staatsideologie verunsichert werden. Das öffentliche Dienstverhältnis ist als eines neben anderen Arbeitsverhältnissen zu begreifen: als Teil eines sozialen Arbeitsrechts. Gesonderte Rechtskonstruktion ist nicht vorausgesetzt. Einstellung hat durch Vertrag zu erfolgen. Auf den Diensteid ist zu verzichten. Auswahl und Qualifikation sind gegenüber dem Laufbahngruppenprinzip zu verändern. Besoldung und Versorgung sind sozialstaatlich auszugestalten. Grundlage einer Reform des öffentlichen Dienstes in seinem Verhältnis zur Politik ist die Politisierung des Beamtentums im Sinne seiner Erziehung zu einem seiner politischen Funktionen innerhalb der demokratischen Ordnung voll bewußten öffentlichen Aufgabenträger. Es gilt als unbestreitbar, daß allein ein politisch mündiges, das heißt aber engagiertes Beamtentum optimalen Vollzug der Gesetze gewährleisten könne[7].

2. *Der Gegensatz der Modelle*

Das unterschiedliche Verständnis von Strukturen und Funktionen des öffentlichen Dienstes in Staat und Gesellschaft zeigt sich hiernach in den Modellen, die Regierungen, Parteien, Verbände zur Personalreform im politisch-administrativen Bereich vorgelegt haben. Zwar werden die Gegensätze unter reformpraktischen Vorzeichen nicht so scharf ausformuliert. Es gibt Zwischenmodelle der Akzentuierung des Status quo wie der Veränderung um einen – freilich wesentlichen – Schritt. Wie Reformstrategien und Reformtaktiken aber auch im einzelnen konzipiert werden, im Grund liegen sie entweder auf der Linie einer Sonderung des öffentlichen Dienstes von der übrigen Arbeits- und Berufswelt als Staatsdient oder auf der Linie einer Rücknahme des öffentlichen Dienstes in die Gesellschaft als Sozialdienst. Gehen wir vom Recht als strukturbildender Größe aus, so können wir das eine als beamtenrechtliche, das andere als arbeitsrechtliche Lösung bezeichnen.

Der Reformansatz einer die Besonderung als Staatsdienst intendierenden beamtenrechtlichen Lösung wird vor allem in den Vorschlägen der Christlich-Demokratischen Union formuliert[8]. Diese stehen im Zusammenhang mit dem Zwecke, die Handlungsfähigkeit des Staates zu verbesssern. Interdependenzen von Gesellschaft und Staat werden im Ausgangspunkt anerkannt. So wird etwa festgestellt, daß der öffentliche Dienst durch die Wandlung des modernen Industriestaates zum Leistungsstaat eine Berufsbildannäherung an die Angehörigen der Wirtschaft von strukturprägender

Bedeutung erfahren hat. Entsprechend wird für die Berufsbildung im öffentlichen Dienst eine Ausgestaltung gefordert, die einen Austausch des Personals zwischen Verwaltung, Wirtschaft und Industrie ermöglicht. Gegenüber solchen Einpassungen in die Gesellschaft wird dann freilich die Ausdifferenzierung des Staates gegenüber den sozialen Gruppen betont und dem öffentlichen Dienst eine besondere Rolle zugemessen. Entsprechend der Interpretation des Bundesverfassungsgerichts wird diese einmal darin gesehen, daß ein durch Sachwissen, fachliche Leistung und loyale Pflichterfüllung aller Mitarbeiter geprägter öffentlicher Dienst ein ausgleichendes und stabilisierendes Element gegenüber der Dynamik des politischen Kräftespiels bildet. Zum anderen gilt die besondere Rolle des öffentlichen Dienstes als dadurch geprägt, daß vielfältige Gemeinschaftsbedürfnisse, insbesondere die öffentliche Sicherheit und Ordnung und die notwendige Daseinsvorsorge für den Bürger, nur durch die öffentliche Verwaltung gewährleistet werden können.

Hiernach werden zwei Hauptforderungen erhoben, nämlich erstens, ein einheitliches öffentliches Dienstrecht auf der Grundlage eines nach zeitgemäßen Gesichtspunkten fortentwickelten Beamtenrechts zu schaffen, und zweitens, die Regelung des Rechtsverhältnisses des öffentlichen Dienstes ausschließlich der Verantwortung des Parlaments als demokratischen Repräsentativorgans zuzuordnen. Auch ein nur partieller Zugriff gesellschaftlicher Gruppen auf die Regelungskompetenz wird abgelehnt und das mit den unterschiedlichen Legitimationsgrundlagen staatlicher und gruppenspezifischer Interessenrepräsentanz begründet. Ähnliche Konzepte der Besonderheit des öffentlichen Dienstes – insbesondere mit dem Ausschluß tarifvertraglicher Regelung und des Streikrechts wegen der erforderlichen Funktionsfähigkeit – werden auch von Regierungsinstanzen auf Landesebene vertreten, die in ihrer Spitze entsprechend parteipolitisch besetzt sind. Wenn auch dort von der Einheit des öffentlichen Dienstes von Rechts wegen ausgegangen wird, zeichnen sich doch Differenzierungen insoweit ab, als für bestimmte Tätigkeiten – nicht auf Dauer ausgerichtete Beschäftigungsverhältnisse, spezielle Funktionen, Hilfstätigkeiten – ein öffentlich-rechtliches Dienstverhältnis besonderer Art vorgesehen werden soll[9].

Eine allgemeine Unterscheidung in der Personalstruktur des politisch-administrativen Systems wird darüber hinaus vom Deutschen Beamtenbund gefordert[10]. Man orientiert sich am Status quo des öffentlich-rechtlich geregelten Beamtenverhältnisses einerseits und der privatrechtlich geregelten Verhältnisse der Angestellten und Arbeiter im öffentlichen Dienst andererseits. Jedoch wird unter Berufung auf den sogenannten Funktionsvorbehalt des Art. 33 Abs. 4 des Grundgesetzes faktisch eine Ausdehnung des beamtenrechtlich bestimmten Personalbereichs gefordert, im übrigen soll das Arbeitsrecht weitergelten. Der Funktionsvorbehalt – wonach die Ausübung hoheitsrechtlicher Befugnisse als ständige Aufgabe in der Regel Angehörigen des öffentlichen Dienstes zu übertragen ist, die in einem öffentlich-rechtlichen Dienst- und Treueverhältnis stehen – wird in zwei Richtungen begründet: erstens seiner Rationalität in der Beziehung von Staat und Gesellschaft, zweitens seiner Praktikabilität in der Unterscheidung von hoheitlichen und nicht hoheitlichen Funktionen. Dabei wird die Bedeutung des Beamtenverhältnisses für die Gewährleistung der Freiheit des Bürgers und den Schutz vor Machtmißbrauch betont. Insofern wird auch der grundsätzliche Funktionsvorbehalt über den traditionellen Bereich hinaus auf die Daseinsvorsorge im Sinne der

Wohlfahrtsverbürgung durch die Leistungsverwaltung ausgedehnt und die Verbeamtung einschlägig beschäftigter Arbeitnehmer des öffentlichen Dienstes gefordert.

Finden die Reformabsichten einer beamtenrechtlichen Lösung für den Staatsdienst im Funktionsvorbehalt des Grundgesetzes einen für sie nutzbaren Ansatz, so ist die entgegengesetzte Politik einer Rücknahme des öffentlichen Dienstes in die Gesellschaft durch eine arbeitsrechtliche Lösung in einer schwierigeren Lage, auch wenn man die verfassungsrechtlich gewährleistete Tarifautonomie und das damit verbundene Streikrecht im Arbeitnehmerbereich mitberücksichtigt. Entsprechend fällt es nicht leicht, zu identifizieren, was Reformstrategie und was Reformtaktik ist. Modelle vom öffentlichen Dienst als eines Sozialdienstes unter anderen werden heutzutage kaum formuliert, vielmehr Aussagen gemacht, die auf eine Vereinheitlichung auf arbeitsrechtlicher Grundlage als Fernziel hinweisen. So wird es etwa von Gewerkschaftsvertretern als Möglichkeit angesehen, das gesamte Dienstrecht zum Gegenstand eines Tarifvertrages zu machen. Diese arbeitsrechtliche Regelung wird zudem als für eine demokratische Gesellschaft angemessener angesehen als ein einseitig dekretiertes Dienstrecht. Davor werden aber angesichts der Realitäten andere Lösungen gesetzt[11]. Auch seitens der Sozialdemokratischen Partei gibt es Äußerungen, die die Beibehaltung des Berufsbeamtentums als taktisches Moment erscheinen lassen[12]. Auch durch die Beschränkung des Funktionsvorbehalts für Beamte auf wenige, enumerativ aufgezählte Bereiche kann das Arbeitsrecht zur maßgeblichen strukturbildenden Größe für das Personal im öffentlichen Sektor werden.

Mindestens für die mittelfristig anzusetzenden Reformen wird indessen von dem Deutschen Gewerkschaftsbund[13], von sozialdemokratischer Seite[14] und von durch diese Partei gestellten Regierungsspitzen auf Landesebene[15] ein Modell vorgestellt, das als Gesetz-/Tarif-Modell durch einen Kompromiß zwischen öffentlich-rechtlicher und arbeitsrechtlicher Lösung gekennzeichnet ist. Hierbei soll das Regelungsverfahren je nach Regelungsgegenstand unterschiedlich festgelegt werden: Unter dem Begriff des Statusrechts sollen die grundsätzlichen Rechte und Pflichten im Anschluß an beamtenrechtliche Gestaltungen zusammengefaßt und der Regelung durch den Gesetzgeber unterworfen werden. Die übrigen, insbesondere materiellen Regelungsbereiche werden als Folgerecht bezeichnet und sollen tarifvertraglich ausgehandelt werden. Hierbei sollen gewerkschaftliche Kampfmaßnahmen durchgeführt werden können. Dieser Dualismus bezieht sich nach den Vorschlägen des Deutschen Gewerkschaftsbundes nur auf die Beamten. Hingegen wird das Gesetz-/Tarif-Modell von anderen zur Grundlage für ein einheitliches Dienstrecht im Staatssektor genommen. Im Hinblick auf die Vereinheitlichung des öffentlichen Dienstes wird davon ausgegangen, daß weder eine überzeugend begründbare noch faktisch durchführbare Differenzierung zwischen Beamten einerseits und Angestellten und Arbeitern andererseits bestehe.

Wenn auch mit der Unterscheidung zwischen Statusrecht und Folgerecht symbolisiert wird, daß eine vollständige Anpassung des öffentlichen Dienstes an die allgemeinen Arbeits- und Berufsverhältnisse nicht beabsichtigt ist so wird die Intention einer Rücknahme in die Gesellschaft immer wieder deutlich. Man verweist auf die Angleichung des Berufsverständnisses im öffentlichen Dienst an nichtstaatliche, wirtschaftlich-industrielle Bereiche. Man sieht darin ein Indiz des Wandels im Verhältnis von Staat und Gesellschaft, das nicht mehr als gegensätzliches verstanden werden kann. Die Beamtenschaft ist nicht länger Repräsentant eines außerhalb der Gesellschaft befindlichen Staates. Vielmehr hat der öffentliche Dienst die Erfüllung von Aufgaben der Gemeinschaft als Beruf übernommen und steht so in der Gesellschaft; der Beamte als Staatsbürger muß auch die Grundrechte ausschöpfen und insbesondere an der verfassungsrechtlich verbürgten Koalitionsfreiheit teilhaben können. Mit diesen Argumenten sind auch die Schwerpunkte der Beteiligung der Wissenschaft in der Diskussion um den öffentlichen Dienst genannt. Sie liegen auf dem Felde des Verfassungsrechts und der Verfassungspolitik[16]. Im Grunde stützt die eine Lehrmeinung die Sonderstellung des Beamtentums als eines Staatsdienstes. Die andere Lehrmeinung fördert die Anpassung des öffentlichen Dienstes an die allgemeinen Arbeits- und Berufsverhältnisse im Sinne eines Sozialdienstes.

3. Die Widersprüche in der Reformkonzeption

Die seit langem betriebene und bis zur Modellbildung geförderte Auseinandersetzung um die Veränderung der Personalstruktur des politisch-administrativen Systems führte 1970 auf Ersuchen des Deutschen Bundestages und auf Beschluß der Bundesregierung zur Einsetzung der Studienkommission zur Reform des öffentlichen Dienstrechts. Die Kommission erhielt über ihren Auftrag hinaus keine weiteren Vorgaben. Parlament und Regierung gingen von der Vorstellung aus, daß in der unabhängigen Sachverständigenkommission die Möglichkeit bestehe, die erheblichen Meinungsunterschiede abzubauen und zu einhelligen Vorschlägen für die Gestaltung des öffentlichen Dienstrechts zu gelangen[17]. Die Kommission sollte so aus Experten bestehen. Anders aber als im vergleichbaren Falle der Fulton Commission in Großbritannien wurde der Expertenbegriff in spezifisch politischer Weise interpretiert, das heißt die Kommission wurde im Kern repräsentativ zusammengesetzt[18]. Insbesondere waren alle interessierten Parteien, Verbände und Regierungsinstanzen vertreten. Entsprechend kamen die grundlegenden Meinungsgegensätze und die verschiedenen Präferenzen für beamtenrechtliche und arbeitsrechtliche Lösungen von vornherein zum Ausdruck. Umso mehr Aufmerksamkeit verdient der Umstand, daß durch die Beteiligung einer Reihe von Wissenschaftlern in der Kommission selbst[19] die Möglichkeit eröffnet wurde, über gutachtliche Stellungnahmen hinaus wissenschaftliche Positionen zur Geltung zu bringen.

Der internationale Vergleich von Verwaltungsreformen ergibt, daß das Feld planmäßiger Strukturveränderungen im öffentlichen Dienst eines der klassischen Gebiete wissenschaftlicher Beratung ist. Insbesondere im Falle der Einsetzung von Reformkommissionen zeigt sich, daß an der Arbeit solcher Gremien in der einen oder anderen Weise Wissenschaftler beteiligt werden[20]. Allerdings bestehen hier gewisse Affinitäten. die mit der allgemeinen Verbundenheit bestimmter Wissenschaftsdisziplinen mit dem Erfahrungsgegenstand der öffentlichen Verwaltung zusammenhängen. Mögen anderenorts Politikwissenschaftler, Verwaltungswissenschaftler usw. beigezogen werden, so sind es in Kontinentaleuropa in erster Linie Rechtswissenschaftler, deren Rat man sucht. Entsprechend sind in Deutschland vor allem Juristen die Gesprächspartner der Berufsverbände, Gewerkschaften, Parteien, Fraktionen, Bundes- und Landesbehörden und Selbstverwaltungsinstanzen in Angelegenheiten des öffentlichen Dienstes. Die Zusammensetzung der Studienkommission bedeutet demgegenüber eine bemerkenswerte Öffnung in Richtung auf das breite Feld der Sozialwissenschaftler. Zu ihren Mitgliedern gehörten Staatsrechtslehrer. Weiter waren aber die Soziologie, die Politische Wissenschaft und Zeitgeschichte durch Hochschullehrer vertreten. Zu einer noch weiteren Ausfächerung kam es dann in Gebieten wie der Verwaltungswissenschaft, der Psychologie, der Wirtschaftswissenschaften, als die Kommission ihre Arbeiten durch die Bildung von Arbeitskreisen, durch empirische Untersuchungen, durch Gutachtenaufträge, durch die Einholung von Stellungnahmen usw. auf eine wissenschaftliche Grundlage zu stellen versuchte[21].

Entsprechend sind in den verschiedenen wissenschaftlichen Perspektiven der beteiligten Disziplinen und Interdisziplinen mit je eigenem metatheoretischem Standort und doch oft mit dem Bemühen um Verständigung zwischen den Einzelwissenschaften und mit der Praxis die vielfältigen Strukturbedingungen von öffentlichen Diensten deutlich geworden. Das gilt zunächst für die vergleichende Analyse von Recht und System des öffentlichen Dienstes zu hochentwickelten Staaten und Gesellschaften in West und Ost und zudem in internationalen und supranationalen Organisationen[22]. Das betrifft weiter die Ergebnisse der verfassungsrechtlichen und verfassungspolitischen Gutachten[23]. Das zeigen nicht zuletzt die Untersuchungen von Soziologen, Psychologen, Politik- und Verwaltungswissenschaftlern zu Eintritt und Karrieren im öffentlichen Dienst, Funktionen und öffentlichen Aufgaben, Arbeitsplatzstrukturen, Auswahl von Bewerbern, Bewertung von Eignung und Leistung, Dienstpostenbewertung, Wirkung und Verfahren der Tarifautonomie usw.[24]. Strukturelle Merkmale der öffentlichen Dienste treten hervor. Es gibt eine Reihe von durchaus gleichgestaltigen Handlungsgeneralisierungen, und zwar bis zu den überstaatlichen und zwischenstaatlichen Verwaltungen mit ihren nach dem internationalisierten Muster staatlicher Bürokratien eingerichteten Diensten. Gerade in den entsprechenden Regelungsbereichen heben sich die staatlichen und zwischenstaatlichen Personalstrukturen vom allgemeinen Arbeits- und Berufsleben überall in der Welt ab. Auf der anderen Seite gibt es eine Fülle unterscheidender Eigenarten, und zwar nicht nur nach den jeweils nationalen sozialen, politischen und ökonomischen Bedingungen. Die heute überall einen beträchtlichen Anteil an der gesamten Arbeitskraft darstellenden, in die verschiedensten sozialen Problemfelder hineinreichenden, mannigfache Berufe umfassenden und so bis zu Millionen zählenden Personalkörper des Staatssektors unterliegen einer feinen Binnendifferenzierung. Entsprechend werden Personalprobleme in kommunalen Versorgungsunternehmen und bei Gericht, in Finanzverwaltungen und in der Jugendhilfe, in Schulen und bei der Sozialversicherung usw. in vielem gleich, in vielem aber strukturell unterschiedlich gelöst.

Die Studienkommission für die Reform des öffentlichen Dienstrechts hat sich bei ihren Ausarbeitungen vor allem von einer Maxime leiten lassen, die angesichts der Unterscheidung zwischen Beamten, Angestellten und Arbeitern im öffentlichen Dienst der Bundesrepublik Deutschland in der Reformdiskussion schon vorher Anhänger gefunden hat, nämlich von der Einheitlichkeit des Rechts des öffentlichen Dienstes. Man geht davon aus, daß eine durchgängige und grundsätzliche Differenzierung in Gruppen, wie wir sie heute zwischen Beamten und Arbeitnehmern finden, aus funktionalen Gründen nicht abgeleitet werden kann. Die dieser Unterscheidung ursprünglich zugrundeliegenden Sachverhalte werden als durch die Entwicklung der öffentlichen Aufgaben überholt angesehen, wobei insbesondere die Ausübung hoheitsrechtlicher Befugnisse keine Personalstruktur erfordern soll, die vom übrigen öffentlichen Dienstrecht durchgängig abweicht. So hat sich die Studienkommission von dem Bestreben leiten lassen, das Dienstrecht nach einheitlichen Grundsätzen auszugestalten und dadurch einerseits sachlich nicht gebotene Unterschiede zu vermeiden, andererseits funktionsnotwendige Differenzierungen zu ermöglichen[25].

Manche Ungereimtheiten im öffentlichen Dienst lassen es in der Tat plausibel erscheinen, Personalreformen als Beitrag zu einem einheitlichen Dienstrecht zu begreifen. Entsprechend ist es gelungen, die einschlägigen Entwürfe zunächst einmal den Beschlüssen nach auf einen verhältnismäßig breiten Konsens der Kommissionsmitglieder zu stützen. Selbst wenn man aber einmal die Frage beiseite läßt ob nicht hinter der für sich betrachtet vielleicht problematischen Unterscheidung nach Beamten, Angestellten und Arbeitern ein maßgeblicher umwelt- wie systembezogener Bedarf nach binnenstruktureller Differenzierung steht, mußten die zur Stellung des öffentlichen Dienstes bestehenden, vorgezeichneten und von einer repräsentativ zusammengesetzten Kommission nicht überbrückbaren Meinungsgegensätze zum öffentlichen Dienst bei einer Einheitlichkeit intendierenden Reformpolitik zum Dissens führen. Daß dieser Konflikt beim Problem des Regelungsverfahrens offen ausbrach, ist kein Zufall. Es geht insoweit um Regelungskompetenzen und damit um jene Institutionen, denen Verbesserungen beim Gehalt, bei der Arbeitszeit, der Urlaubsdauer, der Versorgung in der politischen Erfolgsrechnung zugeordnet werden können. Das bedeutet nach der Selektivität unseres politischen Prozesses, daß das Gefüge der Machtverteilung berührt ist[26]. Nicht zuletzt sind in der pluralistischen Gesellschaft intermediäre Interessenorganisationen, Verbände, Gewerkschaften von der symbolischen Zurechnung der Erfolge betroffen. Solche Probleme der politischen Kontrolle sind entsprechend hoch einzuschätzen. Machtzuteilungen und Machtbalancen stehen zur Diskussion, die schon angesichts der quantitativen Dimension des öffentlichen Dienstes für Staat und Gesellschaft maßgeblich sind.

So war entsprechend den bereits aufgebauten politischen Fronten das Gesetz-Modell der Vorschlag einer knappen Mehrheit der Kommissionsmitglieder. Es sieht vor, daß das Dienstrecht aller öffentlichen Bediensteten durch Gesetz geregelt wird. Die Mitwirkungsrechte der Bediensteten und ihrer Spitzenorganisationen an der Vorbereitung allgemeiner dienstrechtlicher Regelungen sollen erweitert und stärker formalisiert werden[27]. Nach dem Gesetz-/Tarif-Modell der Gegenseite wird das Dienstrecht für alle öffentlichen Bediensteten je nach Gegenstand teils durch Gesetz, teils durch Tarifvertrag geregelt. Der tarifvertraglichen Regelung unterliegen die Bezahlung und andere Elemente der Gegenleistung einschließlich Urlaub, Arbeitszeit und Zusatzversorgung. Alle übrigen Gegenstände des Dienstrechts werden gesetzlich geregelt. Insoweit wird für einen Arbeitskampf kein Raum gegeben. Im übrigen gilt als ausgeschlossen, daß Arbeitskampfmaßnahmen im öffentlichen Dienst die Wahrnehmung öffentlicher Aufgaben wie den Schutz von Leib, Leben, Gesundheit oder den Schutz der verfassungsmäßigen Ordnung unmittelbar gefährden dürfen. Für die Regelung durch Gesetz ist eine Ausweitung und stärkere Formalisierung der Beteiligung vorgesehen[28].

Über diesen offenkundigen Dissens zum Regelungsverfahren hinaus wird man aber fragen müssen, ob nicht auch in anderen, inhaltlichen Problemen Meinungsverschiedenheiten bestanden haben und bestehen, die vielleicht im Hinblick auf den Verfahrensstreit zurückgestellt, durch Abstraktion übergangen, im Wege des Verschweigens zugedeckt worden sind usw. Auch bei Beschlüssen wie dem, daß für alle öffentlichen Bediensteten die bisherigen Beamtenpflichten gelten[29], muß man zweifeln, ob angesichts des bestehenden Sachgegensatzes für die selbstgestellte Grundfrage der Auflösung der Statusdifferenz in einem einheitlichen öffentlichen Dienstrecht ein zureichendes Niveau der Problemlösung erreicht worden ist, das jenes Maß der Konfliktbearbeitung einschließt, welches zur Implementation von Reformprogrammen erforderlich ist. Freilich zeigt der Bericht der Studienkommission für die Reform des öffentlichen Dienstrechts auch, daß der Versuch unternommen worden ist die vorgezeichnete Kontroverse zu unterlaufen[30]. In der Konzeption der Kommission stellt sich der Regelungsbereich von Berufszugang und Berufsweg als ein Hauptgebiet für Reformen dar. Das entspricht dem Umstand, daß die Fragen von Berufseinstieg, Beförderung, Aufstieg, horizontaler Mobilität usw. einschließlich von Ausbildung und Fortbildung ein Kernstück von persönlichem Werdegang und Personalsteuerung auch im öffentlichen Dienst sind. Die Schwächen einschlägiger Personalverhältnisse sind bekannt. Die Reformvorschläge weisen die Veränderungsabsichten in eine funktionale Richtung[31].

Man wird davon ausgehen können, daß gerade die Wissenschaftler in der Kommission diesen personalstrukturellen Ansatz gefördert haben. Denn zum einen haben die Begleitanalysen die Bedeutung des Regelungsbereichs von Berufszugang und Berufsweg, der Durchlässigkeit in den Karrieremustern für die Dienstrechtsreform deutlich gemacht. Zum anderen ist der Bildungssektor, der den Hochschullehrern besonders nahe ist, in Bewegung geraten, und berufliche Mobilität und Personalsteuerung des öffentlichen Dienstes müssen auf das Bildungssystem neu bezogen werden. Alle diese Einsichten wie der für Reformen günstig gewählte Ansatzpunkt haben es aber offensichtlich auch den Wissenschaftlern nicht ermöglicht einen Standort jenseits der herkömmlichen Konfliktlinien einzunehmen oder durchzuhalten. In den Abstimmungszwängen sind Praktiker und Wissenschaftler gemeinsam je nach Frontstellung den vorgeprägten Gegensätzen gefolgt. Die Reformkonzeption der Kommission ist von Widersprüchen geprägt, über die auch knappe Mehrheiten bzw. Minderheiten nicht hinweghelfen. Im Grunde erweist sich, daß nicht nur das Regelungsverfahren strittig, sondern daß für viele Inhalte nicht so viel Konsens beschafft worden ist wie es ein vollzugsfähiges Programm verlangt.

4. Die Unterschiede in den Veränderungsstrategien

Die Widersprüche der Reformkonzeption führten in ihrer Konsequenz zu einem politischen Patt, das insbesondere in den Stellungnahmen der interessierten Verbände zum Ausdruck kommt. Der Deutsche Gewerkschaftsbund[32] sieht in den Vorschlägen der Kommission eine konservative Grundhaltung, so daß dieser Gesamttendenz nach keine geeignete Diskussionsgrundlage geboten werde. Die eigenen inhaltlichen wie verfahrensmäßigen Präferenzen werden unterstrichen. Unter inhaltlichen Aspekten richtet sich die Kritik insbesondere gegen die herkömmliche öffentlich-rechtliche Ausgestaltung nach dem Prinzip der Über- und Unterordnung, und es wird eine arbeitsrechtliche Orientierung des Rechts des öffentlichen Dienstes gefordert. Das Gesetz-/Tarif-Modell der Kommissionsminderheit wird in der Verfahrensfrage als förderlicher Beitrag bezeichnet und die Bedeutung der Tarifautonomie für den Sozialstaat unterstrichen. Der Gedanke eines einheitlichen Rechts des öffentlichen Personals wird näher in Betracht gezogen. Indessen stößt die hierbei für alle Bediensteten vorgesehene Gesetzesregelung der Grundlagen auf Zurückhaltung. Einzelne gesetzliche Festlegungen in Ergänzung und Ausnahme zur prinzipiellen tarif- und arbeitsrechtlichen Lösung scheinen vorgezogen zu werden.

Der Deutsche Beamtenbund[33] sieht sich in seiner Grundposition insbesondere durch das Mehrheitsvotum mit der darin enthaltenen Absage an tarifvertragliche Regelungselemente und an Arbeitskampfmaßnahmen bestätigt. Er erklärt, die Bestrebungen der Kommission, ein vereinheitlichtes Dienstrecht zu schaffen, unterstützen zu wollen. Allerdings wird bei der als verfassungskonform bezeichneten Vereinheitlichung nicht einem Einheitsdienstrecht, sondern der funktionsgerechten Differenzierung der Beschäftigungsverhältnisse der Vorzug gegeben. Die Interpretation des Funktionsvorbehalts wird in der Weise wiederholt, daß auch eine totale Verbeamtung ausgeschlossen ist. Im Grunde wird die Strategie einer Funktionsdifferenzierung beibehalten und versucht, vor allem die beamtenrechtlichen Lösungsansätze im Bericht der Kommission in diesem Sinne auszuwerten. Gemessen an dem aktiven Eingreifen der Interessenverbände in die Diskussion zur Konzeption der Studienkommission sind die Stellungnahmen der politischen Parteien eher von geringerem Engagement in dieser Problematik gekennzeichnet. Die Freie Demokratische Partei[34] betrachtet die Kommissionsvorschläge als Grundlage einer Dienstrechtsreform. Man versucht, eine pragmatische Haltung einzunehmen. Die Veränderungen im materiellen Dienstrecht sollen durch die kontroverse Auffassung zum Regelungsverfahren nicht verzögert werden. Die strategische Frage bleibt wohl eher offen. Anders ist die Situation in der Sozialdemokratie[35]. Während man davon ausgehen kann, daß bei Tendenzen zur einheitlichen Personalstruktur die Richtlinie einer jedenfalls stärkeren Rücknahme des öffentlichen Dienstes in die Gesellschaft durch arbeitsrechtliche Lösungen weitergilt, erscheint die Diskussion über Schritte zur politischen Realisierung kaum abgeschlossen zu sein. Entsprechend ihrem eigenen Reformansatz begrüßen die Christlichen Demokraten[36] den Mehrheitsvorschlag der Kommission. Während sie strategisch auf ein einheitliches Dienstrecht nach Maßgabe eines fortentwickelten Beamtenrechts abstellen, wird taktisch als nächste Maßnahme gefordert, das Nebeneinander der Beschäftigung von Beamten, Angestellten und Arbeitern in gleichen Funktionen zu beseitigen, und zwar durch Übernahme derjenigen in das Beamtenverhältnis, die Beamtentätigkeiten ausüben.

Die Bundesregierung hat – nach einer Auseinandersetzung über ein Realisierungskonzept[37] – 1976 ein Aktionsprogramm zur Dienstrechtsreform vorgelegt[38]. Dieses Programm ist durch den Versuch gekennzeichnet, angesichts des Umstandes, daß sich die bestehenden Gegensätze als unauflösbar erwiesen haben, das entstandene politische Patt zu unterlaufen. Zunächst wird die Unterscheidung zwischen Beamten und Arbeitnehmern als verfassungsrechtlich vorgegeben akzeptiert. Es heißt: Da das Aktionsprogramm keine Änderung des Grundgesetzes zum Ziele habe, blieben die verfassungsrechtlich gewährleistete gesetzliche Regelung, der Funktionsvorbehalt des Art. 33 Abs. 4 GG, die inhaltliche Bindung des Beamtenrechts an die Grundsätze des Art. 33 Abs. 5 GG und das Streikverbot für Beamte (Art. 33 Abs. 4 und 5 GG) ebenso unberührt wie die verfassungsrechtlich gewährleistete Tarifautonomie und das damit verbundene Streikrecht im Arbeitnehmerbereich (Art. 9 Abs. 3 GG). Obwohl auch die Fortentwicklung des geltenden Regelungsverfahrens und der Abbau von der Funktion her nicht gerechtfertigter Unterschiede in der inhaltlichen Regelung für Beamte und Arbeitnehmer beabsichtigt ist, bleibt es im Grunde beim prozessualen Dualismus und bei der Statusdifferenzierung. Hiernach werden als Reformschwerpunkte genannt: die Fortentwicklung des Laufbahnsystems, die stärkere Ausrichtung des Berufsweges an Leistungsfähigkeit und tatsächlicher Leistung, die Erhöhung der Mobilität in Spitzenpositionen, die Verbesserung der Aus- und Fortbildung usw. einschließlich von Gesichtspunkten einer funktions- und leistungsgerechten Bezahlung.

Ein solches, am Status quo orientiertes Aktionsprogramm fordert zunächst einmal die zustimmenden bzw. ablehnenden Reaktionen heraus, die sich aus der jeweiligen Grundeinstellung ergeben[39]. Es ist aber, auch wenn es an Vorschläge der Studienkommission für die Reform des öffentlichen Dienstrechts anknüpft, weiter und gerade vor dem Hintergrund jener Konzeption mit dem Vorwurf konfrontiert, ob es nicht angesichts des erreichten Diskussionsstandes in ein bloßes Durchlavieren zurückfällt. Auch wenn man für das geschickte Durchwinden Verständnis hat – und zwar angesichts so widriger und wechselnder Strömungen, die an einem Tage die Wegrationalisierung von Arbeitsplätzen im öffentlichen Sektor vorantreiben, an einem anderen Tage in Richtung einer Beschäftigungspolitik in Staat und Verwaltung selbst drücken –, wird man doch die Frage aufwerfen müssen, ob dem Aktionsprogramm ein strategisches Moment abzugewinnen ist. Stellt man diesem Programm die arbeitsrechtliche bzw. beamtenrechtliche Lösung für die Reform des öffentlichen Dienstes gegenüber, so hat man es insoweit mit zwei großen strategischen Linien zu tun. Es scheint eigentlich nur daran zu liegen, daß unserem politischen System, sei es die proletarische, sei es die napoleonische Potenz fehlt, entsprechend große Veränderungen hervorzubringen. Schaut man demgegenüber auf manche taktische Schwierigkeiten und Verwirrungen, so ist man allerdings zu Zweifel geneigt, ob die Strategien der konsequenten Absonderung als Staatsdienst oder der gesellschaftlichen Rücknahme als Sozialdienst den politischen, ökonomischen, sozialen Bedingungen hochentwickelter politisch-administrativer Systeme adäquat sind.

Auf der einen Seite fällt auf, daß es unter modernen Leistungsanforderungen nirgends gelungen ist, den öffentlichen Dienst undifferenziert in den allgemeinen Arbeits- und Sozialverhältnissen aufgehen zu lassen. Politisch-administrative Funktionen sind nirgends obsolet geworden. Sie werden in den hochdifferenzierten, arbeits- und machtteiligen Gesellschaften durch soziale Subsysteme erbracht, die durch eigene generalisierte Handlungsstrukturen ihre Identität gegenüber ihrer Umwelt begründen und erhalten. Der Aktionsbereich der öffentlichen Dienste wird durch Programm-, Organisations-, Prozeß- und Personalstrukturen gekennzeichnet, die den zu erbringenden politisch-administrativen Leistungen spezifisch entsprechen. Sie sind dem geschichtlichen Wandel unterworfen und heute vielleicht mehr als je der sozialen Dynamik ausgesetzt. Ihre Rationalität ist jedoch so bewährt, daß sie zum Baumuster jener Institutionen werden konnten, die man zur Erledigung internationaler Aufgaben eingerichtet hat.

Angesichts von Kritiken, die heute gegenüber staatlichen wie überstaatlichen Bürokratien erhoben werden, ist es indessen für den Grundtatbestand spezifischer Personalstrukturen öffentlicher Dienste vor allem aufschlußreich, auf die Verhältnisse in den sozialistischen Ländern zu sehen. Denn hier richten sich die politischen Leitvorstellungen in besonderer Weise gegen die Heraushebung von Staatsfunktionären aus der allgemeinen Arbeits- und Sozialwelt[40]. Ein prinzipieller Standpunkt ist erreicht, wenn durch Kodifikation eines Arbeitsgesetzbuches das allgemeine Arbeitsrecht auch auf die Arbeitenden im öffentlichen Dienst ausgedehnt wird[41]. Die so symbolisierte Allgemeingültigkeit der Verhältnisse im Arbeits- und Berufsleben relativiert sich jedoch, wenn die rechtliche Lage von Beschäftigten in der Staatsverwaltung und in anderen Bereichen des öffentlichen Dienstes, im Gesundheitswesen, im auswärtigen Dienst usw. besonders geregelt werden darf und durch eine Verordnung über die Rechte und Pflichten der Arbeitnehmer in den staatlichen Behörden speziell festgelegt ist. Anders als nach den Bestimmungen des allgemeinen Arbeitsrechts gestalten sich dann eine Vielfalt von Regelungsbereichen wie die Zulassung zum öffentlichen Dienst, das Erfordernis der Staatsangehörigkeit, die Bestimmungen über Berufsausbildung und Berufspraxis, die Anforderungen an die ideologisch-moralische Haltung einschließlich des aktiven Engagements für die Realisierung der Politik der Arbeiterpartei bis hin zu Bereichen wie der Auflösung des Arbeitsverhältnisses, der Bezahlung, der Arbeitszeit usw.

Während in den osteuropäischen Ländern dem Grundtatbestand einer speziellen Personalstruktur des öffentlichen Dienstes durch Sonderregelungen im Hinblick auf die Einbeziehung in das allgemeine Arbeitsrecht Rechnung getragen wird, ist auf der anderen Seite in den westeuropäischen Demokratien prinzipiell am traditionellen Sonderstatus des Beamtentums von Rechts wegen festgehalten worden. Allerdings bestehen vielfältige Wechselbeziehungen zu den allgemeinen Arbeits- und Sozialverhältnissen, die vielerorts zu einer tendenziellen Annäherung von öffentlichem und privatem Bereich geführt haben[42]. Der Anteil der Beschäftigten im Staatssektor, die nicht einem besonderen öffentlichen Recht unterliegen, ist erheblich geworden. In das Beamtenrecht haben zunehmend Normen des allgemeinen Arbeitsrechts Eingang gefunden. Umgekehrt sind in das Arbeitsrecht, wie es auf die Arbeitnehmer im Privatsektor zur Anwendung kommt, Prinzipien eingeführt worden, die früher den Staatsbediensteten vorbehalten waren. Ein gerechter Vergleich von Arbeitsbedingungen und Bezahlung im öffentlichen Dienst und der Privatwirtschaft wird angestrebt. Verschiedenheiten in den Sozialleistungen werden ausgeglichen. Die Versorgungsstrukturen werden einander angeglichen. Wie wenig die öffentlichen Dienste in den westlichen Demokratien eine besondere bürokratische Kaste sein können, die sich nach scharfkantigen Gesetzen von der übrigen Arbeits- und Sozialwelt abhebt, wird nicht zuletzt an der Entwicklung der öffentlichen Aufgaben und der Ausdehnung des Personalbestandes im öffentlichen Sektor deutlich.

Der öffentliche Dienst, der durch eine den modernen politisch-administrativen Leistungen entsprechende Personalstruktur zu spezifizieren, zugleich aber aus quantitativen und qualitativen Gründen in die allgemeinen Sozial- und Arbeitsverhältnisse zu integrieren ist, muß angesichts geltender Regelungsbestände nicht nur bei uns zum Problem werden. So könnte man zu der Meinung geneigt sein, daß zwar weder die streng beamtenrechtliche noch die streng arbeitsrechtliche Lösung adäquat sei, daß aber die von der Studienkommission für die Reform des öffentlichen Dienstrechts gefundende Konzeption in die richtige Richtung weise. Indessen muß man auch fragen, ob die von der Kommission gewählte Reformstrategie angemessen ist. Man gewinnt den Eindruck, daß trotz vielfältiger Bemühungen um Berufszugang und Berufsweg die Maxime der Einheitlichkeit letztlich zu sehr zu einer Statuspolitik geführt hat. Die Behandlung von Fragen wie Lebenszeitprinzip, Dienstpflichten, Disziplinarrecht, Streik usw. weisen darauf hin. So wenig aber die Verbeamtung der Angestellten und Arbeiter zu einem staatlichen Einheitsdienst oder die Vergesellschaftung der Beamten zu einer einheitlichen Arbeiterschaft des öffentlichen Sektors möglich ist, so wenig scheint der Beginn bei einem Einheitsstatus irgendwo in der Mitte ansetzbar zu sein, und zwar jenseits der verfassungsrechtlichen Problematik der Vereinheitlichung des öffentlichen Dienstrechts[43]. Der Status als primärer Anknüpfungspunkt, auf den hin Rechte und Pflichten zugeordnet werden, findet in der staatlichen Realität entwickelter Gesellschaften keine Entsprechung[44]. Auch das moderne Recht hat sich vom Statusdenken gelöst. Die im öffentlichen Dienst entstandenen Probleme sind solche bestimmter Sozialbereiche: der Rekrutierung, der Karriere, der Ausbildung, der Nebentätigkeit, der Bezahlung, der Versorgung. Die hieraus zuzuweisenden Rechte und Pflichten bedürfen je der besonderen Begründung. Sie können weder bei Gleichbehandlung noch bei Ungleichbehandlung primär aus einem Status hergeleitet werden.

Damit ist nichts gegen die Rechtsvereinheitlichung als ein sinnvoller Reformzweck gesagt. Es gibt allgemeine Tendenzen der sozialen Nivellierung, egalisierende Standards, die aus jüngeren Entwicklungen von Gesellschaft, Politik, Wirtschaft, Technik erwachsen, Strukturgleichheiten über die nationalen Grenzen hinweg, die auch den öffentlichen Dienst betreffen. Solche Entwicklungen gelten auch für die Binnenverhältnisse. Die dienstlichen Beziehungen der Beamten, Angestellten und Arbeiter in der Bundesrepublik Deutschland haben sich angeglichen. Rechtliche Kommunikationsmedien folgen solchen Veränderungen und fördern sie, indem normative Grundlagen für gleichmäßige Arbeits- und Berufsbedingungen geschaffen werden. Indessen leitet sich dies primär nicht von einem vorgegebenen Status her, sondern ordnet sich nach den sozialen Verhältnissen in den dafür relevanten Feldern des Berufszuganges, des Berufsweges, der Bezahlung usw. und den entsprechenden rechtlichen Regelungsbereichen.

Wendet man sich von solchen Überlegungen her dem Aktionsprogramm zur Dienstrechtsreform zu, so wird man sein strategisches Moment in der Wendung von der Statuspolitik zur Regelungsbereichspolitik sehen können. Auf Feldern wie der Ausbildung, den Laufbahnen, der Bezahlung usw. und den entsprechenden rechtlichen Regelungen, nicht jedoch in Statusumbenennungen liegt das Veränderungspotential für eine Reform des öffentlichen Dienstes. Hier kann der öffentliche Dienst wie bisher schon im Sinne einer Rechtsvereinheitlichung fortentwickelt werden bis etwa zur Frage einer einheitlichen Versorgung. Hier lassen sich Sonderbeziehungen spezifizieren und begründen. Probleme wie die der Rekrutierung, der Teilzeitbeschäftigung, der Pflichtenkataloge, der Ausländerbeschäftigung usw. lassen sich jeweils mit den wahrzunehmenden öffentlichen Aufgaben näher in Beziehung setzen. In der Anknüpfung an den Status läßt sich eine solche aufgabenorientierte Reformpolitik schwerlich konkretisieren. In diesem Sinne ist der Funktionsvorbehalt des Art. 33 Abs. 4 des Grundgesetzes dann nicht einfach nur als Barriere für rationale Reformen zu interpretieren, sondern auch als Ausdruck dafür zu verstehen, daß die vielen Dienste, die wir im öffentlichen Sektor aufzählen können, in ihrer Personalstruktur von den Sachaufgaben mitgeprägt sind und dieser Zusammenhang noch weiter aufzuklären ist. Die institutionale Garantie des Berufsbeamtentums und die gesetzliche Regelung des Dienstrechts sind dann nicht nur Versteinerungen, sondern bedeuten zusammen mit der verfassungsrechtlich gewährleisteten Tarifautonomie und dem damit verbundenen Streikrecht im Arbeitnehmerbereich, daß der Ausgleich von politisch-administrativer Differenzierung und sozialer Integration in der Reformpolitik ständig weiter zu verfolgen ist.

5. *Die Alternativen der wissenschaftlichen Beratung*

Das Spektrum der in Betracht zu ziehenden Veränderungsstrategien einschließlich einer auf bestimmte Regelungsbereiche bezogenen Politik und dazu die möglichen taktischen Varianten von Reformen des öffentlichen Dienstes eröffnen Aktivitäten wissenschaftlicher Beratung und Mitsprache einen breiten Spielraum. Entsprechend haben die vielfältigen Akteure der Reform und des Reformwiderstandes ihre Gesprächspartner in der Wissenschaft gefunden. Das gilt über die Arbeit der Studienkommission hinaus für politische Parteien, Regierungsinstanzen, Interessenorganisationen, insbesondere Gewerkschaften und Berufsverbände. Auch die Massenmedien haben das Thema der Staatsbürokratie unter den von ihnen jeweils bevorzugten Aspekten aufgegriffen und Wissenschaftlern ein Forum für ihre Lehrmeinungen geboten. So ist der öffentliche Dienst zwar nicht von allen relevanten Disziplinen mit gleicher Aufmerksamkeit bedacht worden, insgesamt aber ein in Lehre und Forschung beachtetes Gebiet und darüber hinaus ein Gegenstand mannigfacher wissenschaftlicher Beratungen geworden.

Entsprechend ist auf diesem Felde viel von dem versucht worden, was heute zur Interaktion von Wissenschaft und Politik diskutiert wird[45]. Das gilt im Hinblick auf Vorstellungen, wie sie als dezisionistisches, technokratisches oder pragmatisches Modell wissenschaftlicher Beratung der Praxis bei uns erörtert worden sind[46]. Es haben sich Verhältnisse ergeben, in denen zwischen Wissenschaftlern und Praktikern eine kritische Wechselbeziehung von der Art bestanden hat, daß Wertorientierungen wie empirisches Wissen einer gemeinsamen Diskussion zugänglich gemacht worden sind, eine wechselseitige Kommunikation in der Weise erfolgt ist, daß einerseits wissenschaftliche Experten zur Entscheidung berufene Instanzen beraten und umgekehrt die Praktiker nach ihren Bedürfnissen die Wissenschaft beauftragt haben. Dabei haben insbesondere bei den Kommissionsarbeiten verhältnismäßig günstige Voraussetzungen für die Organisation der Zusammenarbeit bestanden[47]. Weiter konnte auf alte Gesprächszusammenhänge zurückgegriffen werden und zugleich ist die Möglichkeit eröffnet worden, neue Daten wissenschaftlich zu ermitteln und zur Erörterung zu stellen. Wir haben bereits darauf hingewiesen, daß die wissenschaftliche Beratung nicht auf Disziplinen mit bestimmter Affinität begrenzt worden, sondern eine Öffnung gegenüber der Breite der Sozialwissenschaften erfolgt ist. So sind auch verschiedene sozialwissenschaftliche Methoden eingesetzt worden. Durch die Mitarbeit der Wissenschaft ist der Wahrnehmungshorizont über die nationalen Grenzen hinaus erweitert worden. Man wird schließlich einräumen müssen, daß Wissenschaftler auch einen gewissen Einfluß auf die Problemwahl gehabt haben.

Das alles schließt nicht von vornherein die üblichen Schwierigkeiten in der Beziehung von Wissenschaft und Praxis aus: von der Ungeduld auf der einen Seite bis zur Routine auf der anderen, läßt es aber augenfällig erscheinen, wenn der Wissenschaft auf dem Gebiete der Reform des öffentlichen Dienstes von deren Promotoren attestiert wird, daß sie keinen wesentlichen Einfluß auf die politische Willensbildung habe[48]. Die Frage nach den Erfolgen wissenschaftlicher Beratung läßt sich hier wie in anderen sozialen Problemfeldern sehr schwer beantworten. Indessen sind doch wissenschaftliche Aktivitäten feststellbar, die jedenfalls für eine aktive Reformpolitik kaum hilfreich sind. Dazu gehören einmal jene Interpretationen, die in einem Statusdenken an der Festschreibung überlieferter Frontstellungen mitwirken. Manche neigen dazu, das deutsche Beamtentum zu ontologisieren. Man scheint es mit einer Verdinglichung des Handlungssinns von Personalstrukturen in Staat und Verwaltung zu tun zu haben, an der es nichts zu bewegen gibt, weil es sich um eine von der jeweiligen menschlich-gesellschaftlichen Urheberschaft abgelöste Eigenexistenz handelt. Dazu sind zum anderen jene Lehrmeinungen zu zählen, die an einer Codierung der Reformthematik in einem Zweierparadigma von progressiver und konservativer Politik mitwirken[49]. Die komplexe Situation eines so umfangreichen und zugleich vielschichtigen Personalkörpers wie des öffentlichen Dienstes und die Möglichkeiten ihrer Veränderung werden auf ein Schema gebracht, daß die Probleme verzerrt und gleichsam das Problem der Probleme hervorbringt, etwa: sei das uneingeschränkte Koalitions- und Streikrecht aller Beschäftigten im öffentlichen Dienst erst einmal gewährleistet, dann ließen sich alle weiteren Fragen einer Personalreform im öffentlichen Sektor definieren und beantworten. Nun wird man gerade aus der Einsicht in die Interdependenzen von Kommunikationsformen und resultierenden Inhalten die Bedeutung der Prozesse nicht unterschätzen. Aber die Verfahrensfrage ist nicht alles. Das politisch codierte Patt in der Dienstrechtsreform ist ein Beispiel dafür, wie durch Schematisierung und damit Verzerrung der Reformproblematik Veränderungen verhindert werden.

Aber auch diejenigen Wissenschaftler, die andere Alternativen wissenschaftlicher Beratung ergriffen haben und die die staatlich verantwortlichen Instanzen auf Engpässe in bestimmten Regelungsbereichen wie der Ausbildung, des Berufszugangs, des Aufstiegs, der horizontalen Mobilität usw. hingewiesen und Vorschläge zu deren Beseitigung gemacht haben, werden nach den ausgebliebenen Konsequenzen ihrer Arbeit fragen. Dabei ist der bloße Wechsel des Adressaten wissenschaftlicher Ratschläge angesichts der bestehenden Konfiguration kaum ein Ausweg. Es liegt der Schluß nahe, daß die praktisch erfolgreichste Art der „Politikberatung" im Verzicht auf Beratung bestehe und sich stattdessen einer empirisch-analytischen Politikforschung zuwende, die den Akteuren des politisch-administrativen Systems präzise die für ihr Handeln konstitutive Realitätsverleugnung vor Augen führe, und zwar in der Hoffnung, das Festhalten an dieser Realitätsverleugnung zu erschweren[50]. Ein solches Verzichtsmodell wird auf einige Zweifel stoßen. Seine erste Prämisse ist schon, daß die literarisch konstatierten Realitätsverleugnungen von Nicht-Literaten überhaupt zur Kenntnis genommen werden. Dazu gibt es in der Planungspraxis einige eher entmutigende Erfahrungen. Aber auf dem Gebiete der Reform des öffentlichen Dienstes ist die Lage des Wissenschaftlers, insbesondere des Politikwissenschaftlers, aber auch zunehmend des Rechtswissenschaftlers von vornherein schwieriger. Eines der gravierendsten Probleme ist hier die Reform der Personalstruktur im Hinblick auf die geänderten Bedingungen im Bildungssystem und im Beschäftigungssystem. Wir haben es insoweit nicht nur mit konjunkturellen Schwankungen zu tun. Gerade bei der Beschäftigung von Hochschulabsolventen im öffentlichen Sektor hat sich das Bedingungsgefüge gewandelt. Ein Wissenschaftler, der in solchem Sinne auf Politikberatung verzichtet, muß sich als Hochschullehrer auf einige Fragen seiner Studenten einrichten.

So bleibt die wissenschaftliche Beratung der Politik auf die mannigfachen Wege verwiesen, die sie in vielen Politikbereichen seit langem beschritten hat. Keiner kann sich bei noch so vielen Schwierigkeiten heute vorstellen, daß sich etwa die Wirtschaftswissenschaft von der Wirtschaftspolitik fernhält. Dabei hat die Wissenschaft den Charakter kritisch distanzierter Reflexion zu wahren, wenn sie nicht letzten Endes funktionslos werden will. Auch die anwendungsbezogenen Sozialwissenschaften müssen ihre systemimmanenten Kriterien zur Geltung bringen[51]. Auf dem Gebiete der Veränderungen im politisch-administrativen System geht es eher darum, die wissenschaftlichen Erkenntnisinteressen auszuweiten und über die Reforminhalte hinaus und begleitend sich der Frage der Reformprozesse, der strategischen und taktischen Möglichkeiten, der Durchsetzbarkeit, der Realisierungskonzeption, der Implementationsformen usw. zuzuwenden. Das schließt ein, daß man solche Veränderungen im Zusammenhang mit den vielfältigen Formen des sozialen Wandels sieht. Im Bereich des öffentlichen Dienstes gibt es umfassende Prozesse der sozialen Anpassung an geänderte

Verhältnisse der Demokratisierung, Industrialisierung, Technisierung, Verstädterung usw., die seine heutige Lage von vergangenen Epochen unterscheiden. Diese Anpassungen mögen tiefer greifen, als es politisch intendierte, gesteuerte, geplante Umstellungen von Staats wegen vermögen. Ihre Mitberücksichtigung erlaubt erst eine Einschätzung der Veränderungsgeschwindigkeit. Aber sie machen Reform als politisches Prinzip nicht obsolet[52].

Hiernach ist über den Begriff der Verwaltungsreform hinaus nach der Verwaltung von Reformen – Management of Change[53] – zu fragen und die gefundenen Antworten auf Verwaltungsreformen zurückzubeziehen. Man könnte so im Hinblick auf die Arbeiten der Studienkommission für die Reform des öffentlichen Dienstrechts bereits überlegen, ob die Realisierungskonzeption der Reformvorschläge[54] der entworfenen Personalstruktur voll angemessen ist. Man müßte für Personalreformen im öffentlichen Sektor das fruchtbar machen, was wir über die politische Durchsetzbarkeit innerer Reformen gelernt haben[55]. Wissenschaftliche Forschung, Lehre und schließlich Beratung ist nicht nur auf die einschlägigen Problem- und Regelungsbereiche wie die Fortentwicklung der Muster von Berufszugang und Berufsweg, die Ordnung der Bezahlung, der Ausbau der Mitwirkung von Mitarbeitern und ihren Organisationen usw. zu beziehen. Gerade angesichts der tiefen Gegensätze in den Grundpositionen bedarf es der sorgfältigen Auseinandersetzung mit den zeitlichen Bedingungen der Reform, der Veränderungsgeschwindigkeit, den Interdependenzen mit anderen Reformen, der Art der Verhaltensänderung, den Ressourcen für Reformen, den Begrenzungen, Widerständen, Akteuren des Wandels bis hin zu der gesellschaftlichen Leitfunktion von Veränderungen im öffentlichen Dienst für andere Arbeits- und Lebensverhältnisse[56]. Dabei ist zu erwarten, daß jenseits der großen Optionen Reformpolitik möglich ist. So ist ein Kompromiß gefunden worden, der die Überführung der Ausbildung des gehobenen Verwaltungsdienstes in den Fachhochschulbereich erlaubt hat: eine Veränderung, deren Konsequenzen für die Laufbahnverhältnisse im öffentlichen Dienst jetzt noch gar nicht absehbar sind[57]. Entsprechend muß es gelingen, Berufszugang und Berufsweg im öffentlichen Dienst jenseits der Präferenzen für arbeits- oder beamtenrechtliche Lösungen im Wege der Reform auf die geänderten Bedingungen im Bildungssystem und im Beschäftigungssystem einzustellen. Wissenschaftliche Beratung und politisch-administrative Praxis stehen gemeinsam vor einer Bewährungsprobe.

Anmerkungen

1 Vgl. Klaus König, Civil Service Reforms in Europe, Speyerer Arbeitshefte 17, Speyer 1977.

2 Vgl. Ernst Forsthoff, Verfassungsrechtliche Grenzen einer Reform des öffentlichen Dienstrechts, in: Anlageband 5 des Berichts der Studienkommission für die Reform des öffentlichen Dienstrechts, Baden-Baden 1973, S. 21.

3 Vgl. Jochen Frowein, Die politische Betätigung des Beamten, Tübingen 1967, ferner Thomas Ellwein/Ralf Zoll, Berufsbeamtentum – Anspruch und Wirklichkeit, Düsseldorf 1973, S. 22 ff.; Arnold Köttgen, Das deutsche Berufsbeamtentum und die parlamentarische Demokratie, Berlin und Leipzig 1928; Klaus König und Franz Kroppenstedt, Neutralisierung der Bürokratie: Zum Problem von Spitzenpositionen auf Zeit im öffentlichen Dienst, in: Zeitschrift für Politik 1977, Nr. 3.

4 Vgl. Ernst Forsthoff, Verfassungsrechtliche Grenzen einer Reform des öffentlichen Dienstrechts, a.a.O., Bd. 5, S. 21ff.
5 Vgl. dazu die Rechtsgutachten zu den Verfassungsrechtlichen Grenzen einer Reform des öffentlichen Dienstes von Ingo von Münch, Walter Schick, Werner Thieme, Carl Hermann Ule und Franz Mayer, in: Anlageband 5 des Berichts der Studienkommission für die Reform des öffentlichen Dienstrechts, Baden-Baden 1973.
6 Vgl. dazu Kurt Sontheimer/Wilhelm Bleek, Verfassungspolitische Perspektiven einer Reform des öffentlichen Dienstes in der Bundesrepublik Deutschland, in: Anlageband 6 des Berichts der Studienkommission für die Reform des öffentlichen Dienstrechts, Baden-Baden 1973, S. 231ff.
7 Vgl. den Beschlußvorschlag zum Thema: Empfiehlt es sich, das Beamtenrecht unter Berücksichtigung der Wandlungen von Staat und Gesellschaft neu zu ordnen?, in: Verhandlungen des 48. Deutschen Juristentages, Bd. II, München 1970, S. 0 212.
8 CDU-Bundesgeschäftsstelle (Hrsg.), Verwaltung und öffentlicher Dienst, Bonn, Dezember 1974, Mannheimer Erklärung der Christlich-Demokratischen Union Deutschlands, angenommen auf dem 23. Bundesparteitag vom 23.–25. Juni 1975 in Mannheim, Thesen zur Reform des öffentlichen Dienstes – einstimmiger Beschluß des Bundesfachausschusses Innenpolitik der CDU vom 20. Mai 1976, in: DBB-Dokumente 6, Auf dem Weg zur Dienstrechtsreform?, Düsseldorf 1976.
9 Vgl. Thesen zur Reform des öffentlichen Dienstes – Mainzer Thesen –, hrsg. vom Ministerium des Innern Rheinland-Pfalz, Mainz, März 1973.
10 Vgl. Vorschlag des DBB zur Reform des öffentlichen Dienstrechts, beschlossen vom Bundesvertretertag 1972 des DBB am 8. November 1972 in Bonn, Düsseldorf 1973.
11 Vgl. etwa Alfred Jahnz, Tarif- oder Dienstrecht?, in: Bedienstete in öffentlichen Verwaltungen und Betrieben – Einheitliches oder vereinheitlichtes Dienstrecht der Arbeiter, Angestellten und Beamten, Düsseldorf, Februar 1970.
12 Vgl. etwa den ersten Entwurf eines ökonomisch-politischen Orientierungsrahmens für die Jahre 1973–1985, in: Theorie und Praxis der deutschen Sozialdemokratie, Langzeitprogramm 1, Bonn-Bad Godesberg 1972, Textziff. 199 f.
13 Vgl. die Grundsätze des Deutschen Gewerkschaftsbundes zur Neuordnung des Beamtenrechts. Gliederung in Statusrecht und Folgerecht, 2. Aufl., Düsseldorf, März 1971; vgl. auch in: Der Deutsche Beamte, 1970, S. 185 ff.
14 Vgl. etwa ASJ-Leitsätze zur Verwaltungspolitik (1976), in: Recht und Politik 1976, S. 241 ff.
15 Vgl. Berlin, Verwaltung in der Reform, 1, Vorschläge für ein einheitliches Dienstrecht (Der Senator für Inneres), Berlin, Juni 1970.
16 Vgl. die Nachweise in den von der Studienkommission für die Reform des öffentlichen Dienstrechts eingeholten verfassungsrechtlichen und verfassungspolitischen Gutachten, Analgebände 5 und 6, Baden-Baden 1973.
17 Vgl. Franz Kroppenstedt, Reform des öffentlichen Dienstrechts in der Bundesrepublik Deutschland, Manuskript für die Tampere Konferenz 1976 der European Group of Public Administration.
18 Vgl. Niklas Luhmann, Reform des öffentlichen Dienstes: Ein Beispiel für Schwierigkeiten der Verwaltungsreform, in: Vorträge, gehalten anläßlich der Hessischen Hochschulwoche für staatswissenschaftliche Fortbildung, 12.–16.11.1973, Bad Homburg v.d.H./Berlin/Zürich 1974, S. 26 f.
19 Vgl. zu deren Zusammensetzung Studienkommission für die Reform des öffentlichen Dienstrechts, Bericht der Kommission Baden-Baden 1973, S. 1ff.
20 Vgl. Klaus König, Civil Service Reforms in Europe, Speyerer Arbeitshefte 17, Speyer 1977, S. 43.
21 Vgl. dazu die Anlagebände der Studienkommission für die Reform des öffentlichen Dienstrechts, Baden-Baden 1973; ferner Franz Kroppenstedt, Reform des öffentlichen Dienstrechts in der Bundesrepublik Deutschland, Manuskript für die Tampere Konferenz 1976 der European Group of Public Administration, S. 15.
22 Vgl. die Anlagebände 1–4 der Studienkommission für die Reform des öffentlichen Dienstrechts, Baden-Baden 1973.
23 Vgl. die Anlagebände 5 und 6 der Studienkommission für die Reform des öffentlichen Dienstrechts, Baden-Baden 1973.
24 Vgl. die Anlagebände 7–11 der Studienkommission für die Reform des öffentlichen Dienstrechts, Baden-Baden 1973.
25 Vgl. Bericht der Kommission, Baden-Baden 1973, S. 141f.

26 Vgl. Niklas Luhmann, Das „Statusproblem" und die Reform des öffentlichen Dienstes, in: Zeitschrift für Rechtspolitik 1971, S. 49 ff.
27 Vgl. Bericht der Kommission, Baden-Baden 1973, S. 342 ff.
28 Vgl. Bericht der Kommission, Baden-Baden 1973, S. 356 ff.
29 Vgl. Bericht der Kommission, Baden-Baden 1973, S. 162 ff.
30 Vgl. Niklas Luhmann, Reform des öffentlichen Dienstes: Ein Beispiel für Schwierigkeiten der Verwaltungsreform, in: Vorträge, gehalten anläßlich der Hessischen Hochschulwoche für staatswissenschaftliche Fortbildung, 12.–16.11.1973, Bad Homburg v.d.H./Berlin/Zürich 1974, S. 27.
31 Vgl. Klaus König, Strukturprobleme des öffentlichen Dienstes, in: Verwaltungsarchiv 1977, S. 1 ff.
32 Vgl. DBB-Nachrichtendienst Nr. 165/73 vom 7. Mai 1973, abgedruckt in: DBB-Dokumente 6, Auf dem Weg zur Dienstrechtsreform?, Düsseldorf 1976; Deutscher Gewerkschaftsbund, Entwurf eines Aktionsprogramms zur Reform des öffentlichen Dienstrechts, in: ÖTV-Magazin Nr. 3, 1977, S. 9 f.; Heinz Kluncker, Reform des öffentlichen Dienstes in der Sackgasse?, in: ÖTV-Magazin, a.a.O.
33 Vgl. DBB-Pressedienst Nr. 26/1973 vom 7. Mai 1973, in: DBB-Dokumente 6, Auf dem Weg zur Dienstrechtsreform?, Düsseldorf 1976; Schreiben der DBB-Bundesleitung vom 22. Januar 1974 an den Bundesminister des Innern zum Entwurf einer Realisierungskonzeption zur Dienstrechtsreform, abgedruckt, in: DBB-Dokumente 6; Vortrag des DBB-Bundesvorsitzenden Alfred Krause zum Thema „Reform des öffentlichen Dienstrechts" anläßlich der Sitzung des Ständigen Ausschusses „Organisations- und Grundsatzfragen" des BDZ am 16. April 1975 in Hannoversch-Münden, abgedruckt, in: DBB-Dokument 6.
34 Vgl. F.D.P.-Thesen zur Reform des öffentlichen Dienstrechts vom 12./14. November 1973, in: F.D.P.-Bundestagsfranktion (Hrsg.), Stichworte zur Innen-, Rechts- und Medienpolitik, Bonn 1974.
35 Stellungnahme des Stellvertretenden Vorsitzenden der Sozialdemokratischen Bundestagsfraktion und Vorsitzenden des Innenausschusses im Deutschen Bundestag, Prof. Dr Friedrich Schäfer, abgedruckt, in: DBB-Dokumente 6; Beschluß der Bundeskonferenz der SPD-Arbeitsgemeinschaft für Arbeitnehmer vom 19.–21.10.1973 in Duisburg, abgedruckt in: DBB-Dokumente 6; Schreiben des Vorsitzenden des Arbeitskreises II der Fraktion der SPD im Deutschen Bundestag, Karl Liedtge, an den Bundesvorsitzenden des DBB, Alfred Krause, vom 16.5.1974, abgedruckt in: DBB-Dokumente 6; Zweiter Entwurf eines ökonomisch-politischen Orientierungsrahmens für die Jahre 1975–1985, Bonn 1975; Ökonomisch-politischer Orientierungsrahmen für die Jahre 1975–1985, Bonn, November 1975.
36 Vgl. Stellungnahme der CDU/CSU-Fraktion im Deutschen Bundestag, abgedruckt in: DBB-Dokumente 6; Thesen zur Reform des öffentlichen Dienstes/einstimmiger Beschluß des Bundesfachausschusses Innenpolitik der CDU vom 20. Mai 1976, abgedruckt in: DBB-Dokumente 6; Empfehlung der Fraktionsvorsitzendenkonferenz der CDU/CSU-Landtags- und Bürgerschaftsfraktionen zur Reform des öffentlichen Dienstrechts der öffentl. Verwaltung vom 20.9.1975, in: DBB-Dokumente 6.
37 Vgl. DBB-Dokumente 6, Düsseldorf 1976, S. 43 ff.
38 Vgl. Bundesminister des Innern (Hrsg.), Aktionsprogramm zur Dienstrechtsreform, Bonn, Juli 1976.
39 Vgl. Ulrich Battis, Ein Aktionsprogramm zur Dienstrechtsreform?, in: Deutsches Verwaltungs blatt 1977, S. 663 f.
40 Vgl. Wiktor Jaśkiewicz, Sozialistische Staaten; Lado Vavpetić, Jugoslawien; Jerzy Starościak, Polen; Sandor Berényi, Ungarn; alle in: Anlageband 3 der Studienkommission für die Reform des öffentlichen Dienstrechts, Baden-Baden 1973.
41 Vgl. jetzt Siegfried Lammich, Das Recht des öffentlichen Dienstes in Polen nach Inkrafttreten des Arbeitsgesetzbuches von 1974, in: Verwaltungsarchiv 1976, S. 288 ff.
42 Vgl. Denis Levy, Frankreich; Norman M. Hale, Großbritannien; Filippo Satta Italien; H. J. M. Jeukens, Niederlande; Stig Jägerskiöld, Schweden; Otto K. Kaufmann/Ernst Lobsiger, Schweiz; Walter Antoniolli in Verbindung mit Gerhard Egger, Österreich; alle in: Anlagebände 1, 2 und 3 der Studienkommission für die Reform des öffentlichen Dienstrechts, Baden-Baden 1973.
43 Vgl. dazu Ernst Forsthoff, Ingo von Münch, Walter Schick, Werner Thieme, Carl Hermann Ule, Franz Mayer, Verfassungsrechtliche Grenzen einer Reform des öffentlichen Dienstrechts, alle in: Anlageband 5 der Studienkommission für die Reform des öffentlichen Dienstrechts Baden-Baden 1973.

44 Vgl. Niklas Luhmann, Das „Statusproblem" und die Reform des öffentlichen Dienstes, in: Zeitschrift für Rechtspolitik 1971, S. 49 ff.

45 Vgl. zu einem Überblick Wissenschaftszentrum Berlin (Hrsg.), Interaktion von Wissenschaft und Politik, Frankfurt/New York 1977, insbes. auch die Bibliographie, S. 330 ff.

46 Vgl. Jürgen Habermas, Verwissenschaftlichte Politik in demokratischer Gesellschaft, in: Forschungsplanung: Eine Studie über Ziele und Strukturen amerikanischer Forschungsinstitute, hrsg. von Helmut Krauch u. a., München und Wien 1966, S. 130 ff.; ferner Klaus Lompe, Wissenschaftliche Beratung der Politik: Ein Beitrag zur Theorie anwendender Sozialwissenschaften, Göttingen 1966.

47 Vgl. allgemein Helmut Klages, Der Beitrag der Sozialwissenschaften zur praktischen Politik, in: Interaktion von Wissenschaft und Politik, Frankfurt/New York 1977, S. 315 ff.

48 Vgl. Franz Kroppenstedt, Reform des öffentlichen Dienstrechts in der Bundesrepublik Deutschland, Manuskript, Tampere Konferenz 1976 der European Group of Public Administration, S. 22.

49 Vgl. Niklas Luhmann, Der politische Code: „Konservativ" und „Progressiv" in systemtheoretischer Sicht, in: Zeitschrift für Politik 1974, S. 264 ff.

50 Vgl. Claus Offe, in: Interaktion von Wissenschaft und Politik, Frankfurt/New York 1977, S. 321 ff.

51 Zum Gegenstand der öffentlichen Verwaltung vgl. Klaus König, Erkenntnisinteressen der Verwaltungswissenschaft, Berlin 1970.

52 Vgl. Christian Graf v. Krockow, Reform als politisches Prinzip, München 1976.

53 Vgl. Arne F. Leemans (Hrsg.), The Management of Change in Gouvernment, The Hague 1976, insbes. ders., Overview, S. 1 ff.

54 Vgl. Bericht der Kommission, Baden-Baden 1973, S. 392 ff.

55 Vgl. Fritz W. Scharpf u. a., Politische Durchsetzbarkeit innerer Reformen, Göttingen 1974.

56 Vgl. Klaus König, Civil Service Reforms in Europe, in: Speyerer Arbeitshefte 17, Speyer 1977, S. 32 ff.

57 Vgl. Klaus König, Fortentwicklung des Laufbahnrechts, in: Die Öffentliche Verwaltung 1977, S. 343 ff.; ferner ders., Curriculumentwicklung zur Fachhochschule für öffentliche Verwaltung, Speyerer Arbeitshefte 18, Speyer 1977.

III. Arbeitsgruppe: Wirtschaftspolitik

Staatliche Ordnungspolitik und industrielle Beziehungen

Zum Verhältnis von Integration und Institutionalisierung gewerkschaftlicher Interessenverbände am Beispiel des britischen Industrial Relations Act von 1971

Von Wolfgang Streeck

I.

Die meisten der geläufigen Theorien über das Verhältnis zwischen Staat und Verbänden sind eigentlich nichts anderes als Theorien über die politischen Funktionen der Gewerkschaften. Dies ist nicht schwer zu verstehen. Nach wie vor ist das für kapitalistische Gesellschaften zentrale Problem der Konflikt zwischen „Arbeit" und „Kapital", und nach wie vor dreht sich der Großteil der staatlichen Aktivität in kapitalistischen Gesellschaften um die Eindämmung und Regulierung eben dieses Konfliktes. Und obwohl der Staat es dabei nicht nur mit Gewerkschaften, sondern auch mit Organisationen von Arbeitgebern zu tun hat, kommt für ihn in der Praxis, jenseits aller protokollarischen Symmetrie, den Gewerkschaften die weitaus größere Bedeutung zu. Es scheint, als liege der Schlüssel zu einer staatlichen Regulierung der „Verbände" und der „industriellen Beziehungen" in der Regulierung jener Organisationen, die bei der Organisierung des industriellen Konflikts die Initiative übernommen haben und deren – im Vergleich zu den Arbeitgeberverbänden – relativ große Bedeutung für ihre Mitglieder ihnen ein hohes Maß an politischer Handlungs- und Verhandlungsfähigkeit verleiht.

Auch das folgende Referat, das die organisatorischen Grundlagen und Grenzen „wohlfahrts"-staatlicher Ordnungspolitik im Bereich der industriellen Beziehungen untersucht, befaßt sich mit dem Verhältnis zwischen Staat und Gewerkschaften. Im Vordergrund steht die Frage, in welcher Weise und unter welchen Bedingungen sich der moderne kapitalistische Staat bei der Steuerung des Verhaltens und des Verhältnisse der Arbeitsmarktparteien seines wichtigsten Organisationsmittels, *des durch legale Gewalt durchsetzbaren formalen Rechts,* zu bedienen vermag. Dabei geht es im besonderen um die Möglichkeit des Staates, mit Hilfe seiner besonderen „Organisationsgewalt" eine interne und externe „Verrechtlichung" industrieller Interessenorganisationen zu erzwingen und auf diesem Wege deren Politik in den Rahmen seiner allgemeinen „Stabilisierungs"-Politiken einzupassen bzw. sie für diese nutzbar zu machen. Anders formuliert, diskutiert das Referat das Problem, inwieweit sich die

Organisationsstruktur „autonomer" Interessenverbände als ordnungspolitischer „Parameter" eignet, durch dessen Betätigung dem Staat die Formulierung und Durchsetzung systemstabilisierender Politiken erleichtert oder gar erst ermöglicht werden kann.

Behandelt wird das Thema am Beispiel des britischen Industrial Relations Act von 1971. In keinem anderen entwickelten kapitalistischen Land sind nach dem Zweiten Weltkrieg die Macht- und Legitimationsansprüche von Staat und Gewerkschaften so unversöhnlich aufeinandergetroffen wie beim Kampf um und gegen dieses Gesetz. Nirgendwo anders ist der Geltungsanspruch des formalen Rechts in ähnlich öffentlicher Form in Frage gestellt und schließlich an den politischen Machtverhältnissen gebrochen worden, und niemals sonst war die Handlungsfähigkeit des Staates gegenüber dem System des „institutionalisierten Klassenkonflikts" so reduziert wie in der Zeit zwischen der Verabschiedung und der Aufhebung des Industrial Relations Act. Insofern befassen sich die folgenden Überlegungen, was ihren empirischen Bezugspunkt angeht, zweifellos mit einem Extremfall. Aber gerade weil im Verlauf dieses Konfliktes so viele Selbstverständlichkeiten in Frage gestellt und so viele Möglichkeiten wahrscheinlich geworden sind, läßt sich an ihm besser als an anderen, ähnlichen Konflikten zwischen „Staat und Verbänden" die Frage untersuchen, wo die Grenzen der industriellen Ordnungsmacht des kapitalistischen Staates liegen und welchen Grund es hat, daß sie nur in Ausnahmefällen erreicht werden.

Der Industrial Relations Act war das Werk einer Tory-Mehrheit, und dies hat sein ruhmloses Scheitern zweifellos beschleunigt. Andererseits jedoch hatte sich spätestens seit Mitte der sechziger Jahre auch in der Führung der Labour Party die Überzeugung gebildet, daß eine vom Staat einzuleitende Reform der industriellen Beziehungen auf die Dauer nicht zu vermeiden sein würde. Ein sicheres Zeichen für das Bevorstehen größerer Gesetzgebungsvorhaben auf diesem Gebiet war die Berufung einer "Royal Commission" im Jahre 1965 (Donovan Commission) durch die seit kurzem im Amt befindliche Labour-Regierung. 1969, ein Jahr nachdem die Kommission ihre Arbeit abgeschlossen hatte, machte sich die Regierung denn auch einen Teil ihrer Empfehlungen zu eigen und legte der Öffentlichkeit ein weitgefaßtes Gesetzgebungsprogramm vor ("In Place of Strife"), das freilich nach erbitterten Protesten der Gewerkschaften ebenso schnell wieder von der Tagesordnung verschwand. Inwieweit dieser Rückzug den Niedergang der Labour-Regierung aufgehalten oder beschleunigt hat, mag dahinstehen – jedenfalls gewannen 1970 die Konservativen, die die Reform der industriellen Beziehungen und die Kapitulation der Labour Party vor den Gewerkschaften zu ihrem zentralen Wahlkampfthema gemacht hatten, eine solide Mehrheit, mit der sie schon ein Jahr später das hier zur Diskussion stehende Gesetz mühelos verabschieden konnten.

Auf einen Begriff gebracht, stellte der Industrial Relations Act den Versuch dar, die langjährigen Schwächen der britischen Volkswirtschaft – niedrige Produktivität, hohe Inflationsraten, geringe Investitionsneigung, umfangreiche Ausfälle durch Arbeitskonflikte, andauernde Außenhandelsdefizite usw. – statt mit Hilfe der üblichen wirtschaftspolitischen Instrumente, deren Anwendung zu keinen sichtbaren Erfolgen geführt hatte, durch eine staatlich angeleitete Reorganisation der Beziehungen zwischen Arbeitgebern und Arbeitnehmern zu bekämpfen. Die Initiatoren des Gesetzes gingen dabei, ebenso wie vor ihnen schon die Donovan-Kommission und die Labour-Regierung, von der Annahme aus, daß die dezentralisierte, fragmentierte und vorwiegend informelle Struktur der Beziehungen zwischen Arbeitgebern und Arbeitnehmern in erheblichem Maße zu den wirtschaftlichen Problemen des Landes beigetragen hatte. Besondere Bedeutung wurde dabei der Organisationsstruktur der Gewerkschaftsbewegung zugemessen, in der das Haupthindernis für die Entwicklung einer „verantwortlichen", d.h. für die Übernahme einer „Systemperspektive" aufgeschlossenen Gewerkschaftspolitik gesehen wurde. Nachdem die Gewerkschaften selber trotz wiederholten Drängens mehrerer Regierungen entweder nicht willens oder nicht in der Lage gewesen waren, sich durch organisatorische Reformen wirtschaftspolitisch kooperationsfähig zu machen, sollte der Industrial Relations Act die erforderliche Reorganisation nunmehr von außen in Gang setzen.

Der Ausgang dieser Kraftprobe ist bekannt. Als die Regierung Heath, nachdem die Gewerkschaften ihr im Sommer 1972 eine Reihe von demütigenden außerparlamentarischen Niederlagen beigebracht hatte, Ende des folgenden Jahres einem Streik der Bergarbeiter mit der Anordnung der Dreitagewoche und dem Versuch begegnete, sich ihr Mandat in Neuwahlen plebiszitär bestätigen zu lassen, fand sie sich ohne Mehrheit wieder. Die neue Regierung ließ gemäß ihrem Wahlprogramm den Industrial Relations Act zum frühestmöglichen Zeitpunkt vom Parlament aufheben. Die demagogische Frage der Konservativen im Wahlkampf, wer das Land regieren solle, das Parlament oder die Gewerkschaften, schien auf eine unerwartete Weise beantwortet. Am Ende des Industrial Relations Act standen düstere Prophezeiungen einer bevorstehenden Ablösung der parlamentarischen Demokratie durch den „korporativen Staat" oder gar den „Gewerkschaftsstaat" (MacDonald, 1976; 207–211). Andere wiederum glaubten, in dem siegreichen Kampf der britischen Gewerkschaften gegen die Konservative Regierung ein Modell gesehen zu haben, nach dem sich auch die Gewerkschaften anderer Länder aus ihrer Bevormundung durch den kapitalistischen Staat lösen und wieder zu unabhängigen Kampforganisationen „der Arbeiterklasse" werden könnten und würden (vgl. etwa in Deutschland: Degen, 1976; Mückenberger, 1974).

Freilich: was genau aus dem Scheitern des "Industrial Relations Act" für Staat und Gewerkschaften anderer Länder zu entnehmen ist, ist schwerer zu entscheiden als es auf den ersten Blick erscheinen mag. Bevor Generalisierungen möglich sind, ist es erforderlich, auf die besonderen historischen Voraussetzungen einzugehen, unter denen der Industrial Relations Act entstanden ist und auf die er sich inhaltlich bezogen hat. Welche „Bedeutung" dem Gesetz und seinem Scheitern in diesem Kontext zukommt, läßt sich dabei im Rückblick auch anhand der Entwicklungen diskutieren, die in der Zeit *nach* der Aufhebung des Gesetzes stattgefunden haben und die dessen historischen Stellenwert gewissermaßen a posteriori erhellen und bestimmen. Die folgenden Überlegungen machen den Versuch, zu einer derartigen Analyse einige Gesichtspunkte beizutragen.

II.

Bis vor wenigen Jahren war das englische Arbeitsrecht fast ausschließlich ‚negativer" Natur: Es bestand aus Regelungen, die den Bereich der industriellen Beziehungen vom Geltungsanspruch der allgemeinen Rechtsordnung *ausnahmen*. Die gestaltende Tätigkeit des Staates, soweit man überhaupt von einer solchen sprechen konnte, beschränkte sich darauf, jede Verwicklung in die Beziehungen zwischen Arbeitgebern und Arbeitnehmern peinlichst zu vermeiden und, wo sie dennoch eingetreten war, durch entsprechende Änderung der Rechtsordnung wieder rückgängig zu machen. Die Folge war, daß sich die Entwicklung des Arbeitsrechts in Großbritannien in Form einer durch staatliche Gesetze vermittelten Errichtung, Erweiterung und Absicherung eines *rechtsfreien Raums* vollzog — einer Enklave im Geltungsbereich des Common Law —, dessen Angestaltung der Staat dem freien Spiel der in ihm wirksamen Kräfte überließ und der gegenüber er sich nach dem zunehmend zur Doktrin verfestigten Prinzip der „Nichteinmischung" (nominterference) verhielt (vgl. zum Folgenden u.a.: Clegg, 1976; MacDonald, 1976).

Diese einzigartige, mit keinem anderen Land vergleichbare Konstellation entstand aus dem historischen Konflikt zwischen dem Bedürfnis des britischen Staates im 19. Jahrhundert, der neuentstandenen Gewerkschaftsbewegung und ihrer wirtschaftlichen Macht pragmatisch Rechnung zu tragen, und der Formtypik des Common Law, in der für legale Gewerkschaften kein Platz zu finden war. Für das traditionelle englische Recht, dessen strikter „methodischer Individualismus" in Jahrhunderten revolutionärer Konflikte mit der Krone und dem Feudalstaat erkämpft und gefestigt worden war, konnten "trade unions" nur als korporativistische Bedrohung der Freiheit des Einzelnen erscheinen. Insofern waren sie von anderen Vereinigungen von Marktteilnehmern zur Einschränkung des "free trade" nicht zu unterscheiden, und es ist nur folgerichtig, daß rechtstechnisch der Begriff der "trade union" bis Ende der sechziger Jahre in der Tat Gewerkschaften und Arbeitgeberverände gleichermaßen einschloß (Donovan, 1968; 206).

Angesichts dieser rechtsdogmatischen Voraussetzungen war es von vornherein und von Anfang an klar, daß Gewerkschaften, wo sie entstanden waren, von Kontakten mit der formalen Rechtsordnung nicht viel Gutes zu erwarten hatten. Die 1824 erfolgte Aufhebung des Combinations Act von 1799, der in Einklang mit den Prinzipien des Common Law „Kombinationen" zur Durchsetzung wirtschaftlicher Ziele zu kriminellen Vereinigungen erklärt hatte, konnte daran nicht viel ändern. Insbesondere die Organisierung von Arbeitskämpfen blieb unter der Perspektive des geltenden Rechts eine „Verschwörung" (conspiracy) mit dem Ziel, andere ‚zum Vertragsbruch anzustiften" (inducement of breach of contract), und obwohl hierauf seit Beginn des 19. Jahrhunderts keine Kriminalstrafen mehr standen, hätten die den Arbeitgebern vom Recht gewährten Schadensersatzansprüche völlig ausgereicht, um die Aktivität von Gewerkschaften schwer zu beeinträchtigen.

Andererseits hatte die Rechtsordnung die Entstehung und das Anwachsen der Gewerkschaftsbewegung nicht verhindern können, und je stärker und handlungsfähiger die Gewerkschaften wurden, desto deutlicher wurde erkennbar, daß die Anwendung des dem Staat zur Verfügung stehenden ordnungspolitischen Instrumentariums auf dem Arbeitsmarkt die Konflikte lediglich verschärfen und den Schaden nur noch vergrößern konnte. Es ist bezeichnend für den Realismus der herrschenden Klassen des viktorianischen England — und natürlich ebensosehr für die gesellschaftlichen Kräfteverhältnisse —, daß der Staat hieraus schon früh die Konsequenz zog, auf die Durchsetzung des geltenden Rechts gegenüber den Parteien des Arbeitsmarktes zu *verzichten*. Dies, obwohl dem liberalen Reformismus, bei aller pragmatischen Anerkennung der empirischen Existenz und der Macht der entstehenden Gewerkschaftsbewegung, keinerlei alternative Rechtsformen zur Verfügung standen und stehen konnten, mit denen er den neuen Erscheinungen eine positive Bestimmung hätte geben und ihnen Rechte und Pflichten hätte zusprechen können. Insofern fand die „Anerkennung" der Gewerkschaften durch den Staat in Großbritannien *zu früh* statt – nämlich mit den Mitteln und in den Grenzen des liberalen "Laissez faire" und lange vor der Entstehung des modernen Sozialstaats. Bei aller von der Staatsraison gebotenen Toleranz konnten Gewerkschaften dadurch für den Staat niemals etwas anderes werden als „unerfreuliche Verschwörungen, die, wenn sie von jemand anders praktiziert worden wären, hätten unterdrückt werden müssen, die jedoch in diesem besonderen Fall geduldet werden mußten, da sie das einzig verfügbare Mittel darstellten, zwischen Arbeitgebern und Arbeitnehmervertretern geordnete Beziehungen herzustellen. Aber das bedeutete noch lange nicht, daß das Gesetz auch noch etwas hätte tun sollen, um derartige Verschwörungen aktiv zu unterstützen.' (Sondervotum von Adrew Shonfield zum Donovan-Report; Donovan, 1968; 290).

Die Folge dieser Situation, in der das alte Recht nicht mehr anwendbar war und ein neues noch nicht zur Verfügung stand, war jener von den Reformparlamenten der vikorianischen Ära eingeleitete „geordnete Rückzug" des staatlichen Ordnungsanspruchs aus dem Bereich der industriellen Beziehungen, der, nachdem das grundlegende Muster in der formativen Phase der siebziger Jahre des vorigen Jahrhunderts vorgegeben worden war, bis weit über die Mitte des 20. Jahrhunderts andauerte und dessen Etappen die Meilensteine der Entwicklung des britischen Arbeitsrechts darstellen: der Trade Unions Act von 1871, der Conspiracy and Protection of Property Act von 1875, der Trade Disputes Act von 1906, der Trade Union Act von 1913 bis hin zum Trade Disputes Act von 1965. Alle diese Gesetze hatten gemeinsam, daß sie Gewerkschaften und Arbeitgeberverbände von Bestimmungen des Common Law suspendierten, die möglicherweise ihre Aktivitäten hätten behindern können. Rechtsdogmatisch entwickelte sich dabei aus der Gesetzgebung der verschiedenen aufeinanderfolgenden Parlamente die Doktrin der "licensed conspiracy", deren Funktion darin bestand, daß sie den Parteien am Arbeitsmarkt und vor allem den Gewerkschaften *de facto* rechtliche Immunität verlieh und gleichzeitig den Staat der Zumutung enthob, in die Beziehungen zwischen Gewerkschaften und Arbeitgebern regulierend einzugreifen. Zumutungen dieser Art pflegten ihren Ausgang von den ordentlichen Gerichten zu nehmen, die immer wieder Löcher in der gesetzlichen Abdichtung der Arbeitsbeziehungen gegen das Common Law entdeckten und Klagebegehren – meist Schadensersatzklagen von Arbeitgebern – nach allgemeinen Rechtsprinzipien entschieden. Dem Parlament fiel dann jedesmal die Aufgabe zu, das gefundene Loch zu stopfen und die rechtliche Immunität der Beteiligten wiederherzustellen[1].

Natürlich war auch die Politik der „Nichteinmischung" letzten Endes eine Politik, und der Rückzug des Staates aus der Gestaltung der industriellen Beziehungen war nichts anderes als ein bewußter Gestaltungsakt, hinter dem identifizierbare Interessen standen und der um bestimmter Folgen willen unternommen wurde. Zumindest unter den Bedingungen des späten 19. Jahrhunderts wäre nämlich sowohl für die Gewerkschaften als auch für den Staat alles andere als eine sorgfältige Abgrenzung der gegenseitigen Einflußsphären mit hohen Risiken verbunden gewesen. So waren die Gewerkschaften damals noch relativ „schwach und verwundbar, und die beträchtlichen Vorbehalte gegen sie, die von den Richtern geteilt wurden, hätten mit Sicherheit bedeutet, daß rechtliche Entscheidungen über sie betreffende Angelegenheiten ihr Wachstum behindert hätten." (Donovan 1968; 290). Auf der anderen Seite waren selbst die Konservativen realistisch genug zu erkennen, daß angesichts der Kräfteverhältnisse und des ausschließlich repressiven rechtlichen Instrumentariums die Legitimität des Staates durch Intervention in den Bereich der industriellen Beziehungen nur Schaden nehmen konnte. Charakteristisch für diese Art von Staatsklugheit, die um der Erhaltung des Ganzen willen bei der Beherrschung der Teile Konzessionen zu machen vermag, ist Winston Churchills Bemerkung aus dem Jahre 1911: „Es ist nicht gut für die Gewerkschaften, wenn sie mit den Gerichten in Berührung kommen, und es ist auch nicht gut für die Gerichte. Die Gerichte genießen zu Recht ein hohes und, wie mir scheint, einzigartiges Maß an Respekt, wenn es um Kriminalfälle geht, und in Zivilstreitigkeiten zwischen einzelnen Bürgern verdienen und genießen sie zweifellos den Respekt und die Bewunderung aller Klassen unserer Gesellschaft Aber wo es um Klassenfragen (class issues) geht, ist es unmöglich, so zu tun, als würde den Gerichten hier dasselbe Maß an Vertrauen entgegengebracht. Das ist einfach nicht so, und ein großer Teil unserer Bevölkerung ist zu der Ansicht gekommen, daß die Gerichte in dieser Hinsicht, zweifellos unbewußt, voreingenommen sind ..." (zitiert bei MacDonald, 1976, 138).

Wie „problemgerecht" und dadurch geschichtsmächtig die Entscheidung des viktorianischen Staates gewesen war, auf eine rechtliche Reglementierung der industriellen Beziehungen zu verzichten, ergibt sich nicht zuletzt daraus, daß sie eine Wirklichkeit hervorbrachte, die ihre sozialen Voraussetzungen um viele Jahrzehnte überdauert hat[2]. Als Ende der sechziger Jahre der herangewachsene Sozialstaat sich nach langem Zögern dazu durchringen wollte, seine Praxis der „Nichteinmischung" aufzugeben, sah er sich mit einem System mächtiger Organisationen konfrontiert, das sich auf dem Boden der Hilfskonstruktionen von 1871/75 bzw. ihrer späteren Ergänzungen etabliert hatte und das sich zu Recht durch jede Revision der ihm zugrunde liegenden Definition des Verhältnisses zwischen Staat und industriellem Konflikt in seiner Existenz bedroht fühlte. Die britischen Gewerkschaften der sechziger und siebziger Jahre hatten sich längst daran gewöhnt, ohne ein staatlich garantiertes Koalitions- und Streikrecht auszukommen, und selbst der Umstand, daß der Trade Union Act von 1871 Tarifvereinbarungen rechtlich unverbindlich und gerichtlich nicht einklagbar gemacht hatte, hatte sich lediglich auf die Organisationsstruktur und die Kampfformen der Gewerkschaften ausgewirkt, nicht aber ihre Entwicklung beeinträchtigen können. Vorteile jedenfalls konnten die britischen Gewerkschaften – *in der Form, zu der sie historisch gewachsen waren* – in einer so relativ spät kommenden Verrechtlichung der industriellen Beziehungen schwerlich erkennen. Im Gegenteil mußte ihnen jeder Eingriff des Staates in ihr Verhältnis zu den Arbeitgebern als Beschneidung alter, erworbener Rechte und als Einschränkung jener Autonomie erscheinen, die bisher gewissermaßen ihr Entwicklungsgesetz dargestellt hatte. So sah sich der britische Staat bei dem Versuch, dem Industrial Relations Act von 1971 Geltung zu verschaffen, einer Gewerkschaftsbewegung gegenüber, für die die Abwesenheit eines positiven Rechts der industriellen Beziehungen längst selbst den Status eines positiven Rechts – wenn man so will: eines gegen den Staat gerichteten korporativen Grundrechts – gewonnen hatte und die entschlossen war, den Staat um jeden Preis in die Schranken seiner traditionellen Doktrin der „Nichteinmischung" zurückzuverweisen.

III.

Freilich wäre es ganz und gar irreführend, wollte man diese Doktrin zu wörtlich nehmen und glauben, der britische Staat hätte sich, anders als alle anderen kapitalistischen Staaten, gegenüber dem Funktionieren der Ökonomie im allgemeinen und der industriellen Beziehungen im besonderen vorkommen indifferent verhalten. Auch in England, und gerade hier, hat sich der liberale Staat des 19. Jahrhunderts zum modernen Sozial- und Wohlfahrtsstaat gewandelt, und bei aller ihrer sonstigen Ablehnung jeder Form von Etatismus waren es, hier wie anderswo, nicht zuletzt auch die Gewerkschaften, die in Verfolgung ihrer Interessen immer wieder den Staat gedrängt haben, in ihrem Sinne regulierend in den Markt einzugreifen. So hat beispielsweise die Fabrikgesetzgebung schon früh damit begonnen, Mindeststandards für betriebliche Arbeitsbedingungen – Sicherheitsbestimmungen, Gesundheitsvorschriften, besondere Schutzbestimmungen für Frauen und Kinder – zu entwickeln, deren Einhaltung durch staatliche Inspektoren überwacht wurde. Noch einschneidender war der Aufbau des staatlichen Systems sozialer Sicherung in der ersten Hälfte des 20. Jahrhunderts, das den Arbeitnehmern Unfallversicherung, Krankenversicherung, Altersversorgung und schließlich Arbeitslosenversicherung garantierte und damit die Machtverteilung am Arbeitsmarkt nachhaltig zugunsten der Gewerkschaften beeinflußte. Schon diese wenigen Beispiele lassen erkennen, daß es sich bei dem Prinzip der "non-interference" von Anfang an eher um die Kombination eines allerdings extensiv ausgelegten Rechts auf "free collective bargaining" mit einem vor allem von den Gewerkschaften beanspruchten Vetorecht gegen *solche* staatliche Interventionen gehandelt hat, die *nicht* auf die ausdrückliche Aufforderung der unmittelbar Beteiligten zurückgingen.

Auch diese modifizierte Doktrin jedoch konnte, ebensowenig wie die von den Gewerkschaften anderer Länder beanspruchte „Tarifautonomie", auf die Dauer davor geschützt sein, mit der expansiven Logik des sozialstaatlichen Interventionismus in Konflikt zu geraten. Je tiefer auch der britische Staat in die Planung und Lenkung wirtschaftlicher Prozesse hineingezogen wurde, desto mehr mußte die traditionelle „Staatsfreiheit" der industriellen Beziehungen zu einem zentralen Element innerhalb der für den liberal-demokratischen Wohlfahrtsstaat charakteristischen Diskrepanz zwischen erwarteten Steuerungs*leistungen* und zugestandenen Steuerungs*mitteln* werden. Diese Diskrepanz geht darauf zurück, daß der Staat der entwickelten kapitalistischen Gesellschaft durch zwei Momente bestimmt ist, die allenfalls provisorisch und von Fall zu Fall, nicht aber im Prinzip miteinander vereinbar sind: Der kapitalistisch-demokratische Staat ist einerseits in hohem Maße konsensabhängig („demokratisch“) und andererseits in den ihm zur Verfügung gestellten Eingriffs- und Gestaltungsmöglichkeiten beschränkt („liberal“). Dabei beeinträchtigt die – durch die turnusmäßige Ablösbarkeit seines leitenden Personals vermittelte – Konsensabhängigkeit des Staates seine Fähigkeit zur Abwehr von Erwartungen und Ansprüchen, zwingt ihn dazu, für immer neue Probleme und Lebensbereiche zumindest deklamatorisch die „Verantwortung“ zu übernehmen und gibt ihm dadurch den Anschein einer tatsächlichen oder tendenziellen „Allzuständigkeit“ (Offe, 1975). Zugleich jedoch setzen Eigentumsrechte, Koalitionsrechte, „Privatautonomie“ usw. dem staatlichen Handeln enge Grenzen und schränken die Zahl und den Charakter der vom Staat überhaupt lösbaren Probleme empfindlich ein. Das hieraus resultierende Dilemma zwischen miteinander in Konflikt liegenden Werten und Interessen wird häufig dadurch noch verschärft, daß Leistungs- und Autonomieansprüche von ein und derselben sozialen Gruppe ausgehen und den Staat vor die gefährliche Wahl stellen, entweder seine „demokratische“ oder seine „liberale“ Legitimationsbasis zu riskieren.

Am dramatischsten wird dies natürlich am Problem der Einkommenspolitik deutlich – jenem Thema, an dem sich wie an keinem anderen in den letzten Jahrzehnten die Frage nach der Legitimation und dem Verhältnis von gesellschaftlicher Autonomie und staatlicher Planung aktualisiert hat. Spätestens seit den dreißiger Jahren dieses Jahrhunderts gehören Herstellung und Sicherung der Vollbeschäftigung zu den zentralen Erwartungen, denen die Regierungen kapitalistischer Demokratien genügen müssen. Der hierin liegende Funktionszuwachs des Staates kollidiert jedoch – bei als gegeben vorauszusetzender „Investitionsfreiheit“ und „Preisautonomie“ der Unternehmer – insofern mit der „Tarifautonomie“ der Arbeitsmarktparteien, als die staatliche Absicherung der „beschäftigungspolitischen Flanke“ Lohnabschlüsse ermöglicht, die über dem Produktivitätsfortschritt liegen. In anderen Worten: Die sozialstaatliche Erweiterung der wirtschaftlichen Staatsaufgaben bedeutet für den Staat in seiner traditionellen Funktion *als Garant der Währungsstabilität,* daß er auf das simpelste und wirksamste Instrument jeder Stabilitätspolitik – die Herbeiführung oder Duldung von Arbeitslosigkeit – im großen und ganzen verzichten muß. Da erfolgreiche Inflationsbekämpfung jedoch, zumindest wenn die Inflationsrate ein bestimmtes Niveau zu überschreiten droht, ebenso konsensrelevant ist wie erfolgreiche Vollbeschäftigungspolitik, ergibt sich für den Staat die Notwendigkeit, das Recht der Arbeitsmarktparteien auf "free collective bargaining" – im Sinne einer maximalen Ausschöpfung der gewerkschaftlichen Verhandlungsmacht – in der einen oder anderen Weise einzuschränken. Die seit den vierziger Jahren in England von den Regierungen beider Parteien betriebenen einkommenspolitischen Experimente repräsentieren insoweit – nach den Fabrikgesetzen und der Sozialversicherung – eine dritte Stufe in der Entfaltung jener „expansiven Logik“ des kapitalistischen Staates, durch die dieser auf immer neuen Gebieten dazu veranlaßt wird, sich über liberale Prinzipien der „Nichteinmischung“ hinwegzusetzen.

IV.

Staaten, die das Wachstum der Masseneinkommen stabilitätsgerecht steuern wollen, können zwischen zwei alternativen Strategien wählen: Sie können die Zuwächse der Löhne (und manchmal auch der Preise) *direkt*, d.h. durch Erlaß entsprechender Gesetze kontrollieren, oder sie können *indirekt* vorgehen und die Tarifparteien – sprich: die Gewerkschaften – dazu überreden, sich „freiwillig" Zurückhaltung aufzuerlegen und ihre Marktmacht nicht voll auszuschöpfen. Beide Strategien sind in England seit mehr als dreißig Jahren von Regierungen beider Parteien erprobt worden, und zwar meist ohne großen Erfolg. Die „gesetzliche" Form der Einkommenspolitik scheiterte in der Regel daran, daß sie dem Staat bei der Anwendung und Durchsetzung der von ihm festgelegten Lohnleitlinien eine Verantwortung aufbürdete, der er weder technisch oder politisch gewachsen war. Allein die Überwachung der Einhaltung staatlich verordneter Lohngrenzen erforderte jedesmal einen so umfangreichen und sachkundigen bürokratischen Apparat, wie er vor allem kurzfristig und *ad hoc* kaum aufgebaut werden kann. Als ebenso schwierig erwies sich die Entwicklung von Verfahren zur Entscheidung über vermeintliche oder tatsächliche „Sonderfälle", wobei stets die Gefahr bestand, daß diejenigen am ehesten als Sonderfälle anerkannt wurden, die am meisten Druck ausüben konnten. Jede Durchbrechung der staatlichen Lohnvorschriften jedoch, ob vom Staat konzediert oder nicht, beeinträchtigt die Legitimität der gesamten Einkommenspolitik und provoziert neue, noch weitergehende Forderungen.

Noch wichtiger aber und entscheidend war, was schon das britische Bürgertum des 18. Jahrhunderts dazu veranlaßt hatte, den Staat möglichst aus den industriellen Beziehungen herauszuhalten: daß nämlich die diesem typisch zur Verfügung stehenden Mittel zum Schutz des „Rechtsfriedens" – seine *Polizeigewalt* – strukturell nur schlecht geeignet sind, auch den „Arbeitsfrieden" zu schützen[3]. Arbeitgeber interessieren sich nicht dafür, ob der eine oder andere Arbeiter, der „rechtswidrig" gestreikt hat, zu einer Gefängnisstrafe oder zu Schadensersatz verurteilt wird; ihnen geht es in erster Linie um die Aufrechterhaltung der Produktion, und zu diesem Zweck ist ihnen sozusagen jedes Mittel und jede (vor allem nicht-ökonomische) Konzession „recht". Der hoheitliche *Strafanspruch* des Staates steht da in der Regel eher im Wege, zumal die Verhaftung und Bestrafung von einzelnen Streikteilnehmern häufig statt zu einem Ende zu einer Ausweitung des Streiks führt. In anderen Worten: Vom Standpunkt „der Produktion" ist eine justizförmige Behandlung von Arbeitskonflikten, und damit erst recht jeder staatliche Versuch, gesetzlich festgelegte Lohnleitlinien mit Polizeigewalt gegen Überschreitung zu schützen, zutiefst unzweckmäßig – weshalb auch kein Staat jemals soweit gegangen ist, seine gesetzliche Einkommenspolitik als Gesetz ernstzunehmen und Opponenten als Delinquenten zu behandeln. Was sich als „gesetzliche" Einkommenspolitik ausgibt, ist denn auch im Zweifelsfall, wenn es „darauf ankommt", regelmäßig nicht mehr als eine freiwillige Einkommenspolitik ohne Freiwillige — wird aber jedenfalls keineswegs von jenem imposanten System sozialer Kontrolle gedeckt, mit dem der moderne Staat seinem Willen ansonsten Nachdruck zu verleihen vermag.

Daß gerade in England Einkommenspolitik häufiger als in den meisten anderen Ländern mit gesetzlichen Mitteln betrieben worden ist, mag auf den ersten Blick angesichts der traditionellen Doktrin der "non-interference" überraschend erscheinen. Aber gerade die englischen Gewerkschaften haben, vor die Wahl zwischen einer gesetzlichen und einer freiwilligen Einkommenspolitik gestellt, häufig die direktere Form der Staatsintervention als das geringere Übel vorgezogen. Der Grund hierfür dürfte nicht nur darin liegen, daß erfahrungsgemäß zu erwarten war, daß derartige Eingriffe ohnehin auf die Dauer erfolgslos bleiben würden. Wichtiger noch dürfte gewesen sein, daß bei gesetzlichen Lohnkontrollen – anders als bei einer „freiwilligen" Einkommenspolitik – die Gewerkschaften selber keinerlei Verantwortung zu übernehmen brauchten und dementsprechend ihr innerer Aufbau und ihr Verhältnis zum Staat keiner Revision unterzogen werden mußten. Dies würde die Vermutung bestätigen, daß das traditionelle Postulat der „Nichteinmischung" zwar auch bestimmte Politiken, in seinem Kern aber die im Bereich der industriellen Beziehungen bestehenden Organisationsstrukturen zum Gegenstand hatte.

Freilich ist genau dies auch der Grund dafür, warum in England auch die zweite, „freiwillige" Variante der Einkommenspolitik meist erfolglos geblieben ist. Obrflächlich betrachtet greift diese weit weniger in die Autonomie der Tarifparteien ein als gesetzliche Lohnkontrollen. Andererseits jedoch, wenn auch auf kurze Sicht nur schwer erkennbar, erfordert und bewirkt sie eine fundamentale Umdefinition des Verhältnisses von Staat und Verbänden. Denn daß die „freiwillige" Form der Einkommenspolitik auf eine offene Einschränkung der Tarifautonomie verzichtet, bedeutet ja keineswegs, daß sie an den materiellen Resultaten der Interaktion zwischen den Marktparteien desinteressiert wäre. Das Gegenteil ist der Fall: Aus der Perspektive einer „freiwilligen" Einkommenspolitik bemißt sich der Wert des „freien Spiels der Kräfte" ausschließlich daran, *ob es besser als andere Mechanismen geeignet ist, die wirtschaftspolitisch erwünschten Ergebnisse zu erbringen.* Insofern impliziert eine derartige Politik zwar nicht eine Abschaffung, wohl aber eine grundlegende Reinterpretation der liberalen Form von „Autonomie": Aus originärer, dem staatlichen Handeln als Grundrecht vorausgesetzter, auf einer unabhängigen Machtbasis beruhender Autonomie wird, zumindest tendenziell, eine „funktionale", „kontrollierte" Autonomie, eine *Autonomie zur Kooperation,* die sich von einem gesellschaftlichen Geburtsrecht in ein vom staatlichen Souverän übertragenes und im Prinzip revozierbares „Lehen" verwandelt hat.

Dementsprechend ändern sich der Status und das gegenseitige Verhältnis der beteiligten Organisationen. Für den Staat als Initiator und Lenker „freiwilliger" Einkommenspolitik werden die mit ihm kooperierenden Verbände zu intermediären Regelungsmechanismen, zu Transmissionsriemen, zu – wenn man so will – „gemeinnützigen Einrichtungen". Die Verbände wiederum, die sich bereitgefunden haben, die partikularen Interessen ihrer Mitglieder mit den vom Staat definierten „Systeminteressen" zu identifizieren, verwandeln sich in *Träger öffentlicher Aufgaben:* Indem sie die Interessen ihrer Mitglieder mit denen des „Systems" vermitteln, entlasten sie den Staat von anders kaum lösbaren Steuerungsproblemen.

Diese gegenseitige Verzahnung von Staat und Verbänden, dieses Ineinanderwachsen staatlicher und gesellschaftlicher Organisationen zu einem „integrierten gesellschaftlichen Steuerungssystem" ist es, was Gerhard Lembruch (1976) treffend als „liberalen Korporativismus" bezeichnet hat. Der Unterschied zum traditionellen, autoritären Korporativismus besteht dabei darin, daß „die großen Organisationen *freiwillig* (Hervorhebung von mir, W. S.) in (liberal-)korporativistische Beziehungen eintreten. Im Prinzip steht es ihnen sogar frei, diese wieder zu beenden." Anders jedoch als der liberale Pluralismus ist der liberale Korporativismus „mehr als ein besonderes System der Interessenartikulation. Vielmehr handelt es sich um ein institutionalisiertes Muster der Herstellung politischer Entscheidungen (policy formation), in dem große Interessenorganisationen untereinander und mit staatlichen Behörden nicht nur bei der Artikulation (oder sogar der ‚Vermittlung') von Interessen zusammenwirken, sondern auch ... bei der ‚autoritativen Zuweisung von Werten' und bei der Durchsetzung der getroffenen Entscheidungen. Genau diese enge gegenseitige Durchdringung von staatlichen Bürokratien und großen Interessenorganisationen ist es, die das traditionelle Konzept der ‚Interessenvertretung' für das Verständnis des Korporativismus ungeeignet macht." Im Unterschied zum Pluralismus, in dem die Repräsentanten der verschiedenen gesellschaftlichen Interessen als genuin unabhängige Akteure auftreten und das „System" nicht mehr ist als ein Emergenzprodukt ihrer Interaktion, ist die Autonomie der sozialen Gruppen in Korporativismus ausschließlich funktional bestimmt[4]: *Sie ist selbst zum gesellschaftlichen Steuerungsinstrument geworden.* In diesem Sinne charakterisiert Lehmbruch das Verhältnis zwischen Staat und Verbänden im „liberalen Korporativismus" als „strukturelle Differenzierung im Subsysteme" eines umfassenden Steuerungsmechanismus, „durch die die Aufnahme höherer Problemlasten ermöglicht wird." (Lehmbruch, 1976; 4).

Der steuerungstechnische Nutzen funktionaler Autonomie für den kapitalistischen Interventionsstaat ergibt sich gewissermaßen spiegelbildlich aus den Defiziten direkter Intervention. Zentrale Lohnleitlinien lassen sich durch eine gesamtwirtschaftlich eingebundene Tarifautonomie weit differenzierter in die Wirklichkeit umsetzen als bei einer Einkommenspolitik mittels notwendig global und schematisch formulierter staatlicher Gesetze. Anders als die betrieblichen und überbetrieblichen Verhandlungsorganisationen der Tarifparteien sind Parlamente und Regierungen strukturell unfähig, die verschiedenen Ansprüche und die unterschiedlichen Macht- und Legitimationspotentiale konkurrierender Gruppen innerhalb der Arbeitnehmerschaft zu berücksichtigen und gegeneinander auszugleichen. Wo dennoch potentiell kristenträchtige Enttäuschungen entstehen, entlastet die liberal-korporativistische Lösung den Staat von der Notwendigkeit des Einsatzes von Zwang. Die Übertragung der ‚Enttäuschungsverarbeitung" in die Selbstkontrolle der kooperierenden Verbände macht es möglich, zur Sicherung der zentral beschlossenen Politik zunächst auf die Sanktionsgewalt partikularer und informeller Gruppennormen bzw. auf die disziplinierende Wirkung „verbandspolitischer Imperative" zurückzugreifen und den („rechts"-)staatlichen Sanktionsapparat vor einer für ihn kaum zu bewältigenden Konfrontation mit Massenaktionen zu schützen. Vor allem aber läßt die Beibehaltung eines vorstaatlichen Autonomiespielraums, in dem die Parteien des industriellen Konflikts sich aneinander

„abarbeiten“ können, die unter Stabilitätsgesichtspunkten notwendige Verteilung der Einkommen und Lebenschancen als Kompromiß gesellschaftlicher Gruppen, als Resultat einer objektiven, von niemandem zu verantwortenden Machtkonstellation, und *nicht* als Resultat legitimationsfähiger und -bedürftiger politischer Entscheidungen, erscheinen. Auf diese Weise ermöglicht funktionale Autonomie dem kapitalistischen Staat, gewissermaßen unbemerkt seine Rolle als Stabilisator eines sozialen Systems weiterzuspielen, dessen Struktur ihm vorgegeben und schon deshalb jedenfalls nicht *politisch* legitimierbar ist (Streeck, 1972).

Die entscheidende Frage ist natürlich, wie ein solches System zustandekommt und was vor allem die beteiligten Interessenverbände dazu bringt, in ihm die ihnen zugedachten Rollen zu übernehmen. Lehmbruch spricht hier von dem Desiderat einer „genetischen Theorie des Neo-Korporativismus“, die eine Antwort darauf zu geben habe, „wie – in Abwesenheit staatlichen Zwangs – die Entscheidung großer Organisationen zu erklären ist, sich an ‚liberal-korporativer‘ Kooperation zu beteiligen.“ (Lehmbruch, 1976; 3). Gerade der britische Fall, in dem sich ein stabiles Muster korporativer Kooperation deshalb nicht entwickeln konnte, weil die Gewerkschaften andere politische Alternativen bevorzugten, ist unter diesem Gesichtspunkt instruktiv. Er zeigt, daß jede derartige Theorie von dem zentralen Moment der „Freiwilligkeit“ ausgehen und *nach den Bedingungen fragen muß, unter denen „freiwillige“ Organisationen bereit sind, „freiwillig“ einen Teil ihrer Autonomie aufzugeben.* Dies impliziert, daß der Weg zu einer „genetischen Theorie“ des Neo-Korporativismus weniger über eine Theorie der industriellen Beziehungen als vielmehr über eine Theorie formaler Organisationen führt.

V.

Die Politik einer Organisation entsteht durch das Zusammentreffen ihrer internen Struktur mit der Struktur ihrer relevanten „Problemumwelt“. Organisationsstrukturen lassen sich als soziale Mechanismen zur Selektion und Aggregation von *Situationsdeutungen* und *Interesseninterpretationen* auffassen, für die ihre Umwelt als eine Art „Auszahlungsmatrix“ erscheint, in der jede von der Organisation getroffene Entscheidung mit einer bestimmten Sanktion verknüpft ist. Eine Organisation formuliert ihre Politik, indem sie auf der Basis der innerorganisatorisch dominierenden Kognitionen und Motivationen nach Kriterien instrumenteller Rationalität zwischen den ihr zur Verfügung stehenden Strategien auswählt.

So gesehen, besteht das Problem der Einbindung tarifpolitischer Interessenverbände in eine „freiwillige“ Einkommenspolitik *aus der Perspektive des Staates* zunächst allgemein darin, daß der Staat die „Umwelt“ der in Frage stehenden Organisationen so verändern muß, daß die Beteiligung an der angebotenen korporativistischen Kooperation diesen als *die unter den bestehenden Bedingungen am meisten in ihrem Interesse liegende Strategie* erscheint. Wie derartige Bedingungen beschaffen sein müssen, läßt sich auf einer generellen Ebene mit Hilfe von Stinchcombes (1965) Untersuchung der strukturellen Voraussetzungen „politischer Stabilität“ darstellen.

Politische Stabilität ist laut Stinchcombe dann gegeben, wenn die in einer Gesellschaft vorhandenen relevanten Organisationen gemeinsame „Spielregeln" des interorganisatorischen Konflikts anerkennen und nach gemeinsamen Kriterien zwischen „legitimen" und „illegitimen" Formen der Interessendurchsetzung („Gewalt") unterscheiden. Ob eine solche Einigung zustandekommt, hängt, Stinchcombe zufolge, wesentlich davon ab, ob es dem Staat gelingt, die externen Voraussetzungen des strategischen Handelns der beteiligten Organisationen so zu beeinflussen, daß „illegale" Politiken für diese riskanter werden als legale. Dies erfordert zum einen, daß der Staat über einen effektiven Zwangsapparat verfügt, mit der er *devianten Organisationen* glaubhaft negative Sanktionen androhen kann. Zum anderen erfordert es, daß der Staat erfolgversprechende legale Möglichkeiten der Artikulation und Verfolgung organisierter Interessen (Grundrechte, Koalitionsfreiheit, unabhängige Gerichte usw.) bereitstellt, durch die ein Verzicht auf Gewaltanwendung positiv sanktioniert wird.

Ob freilich die einem liberalen Staat gegenüber gesellschaftlichen Interessenverbänden verfügbaren positiven und negativen Sanktionen tatsächlich „greifen", hängt wiederum von der organisatorischen Innenstruktur dieser Verbände ab. Was unter gegebenen externen Voraussetzungen für eine Organisation die „beste" Politik ist, läßt sich nicht apriorisch, durch ein abstraktes Konzept des „Mitgliederinteresses" bestimmen, sondern ergibt sich aus den empirisch bestehenden *innerorganisatorischen Gleichgewichtsbedingungen.* Da korporative Kooperation im hier gemeinten Sinn vom Staat per definitionen nicht erzwungen, sondern nur *angeboten* werden kann, kommt sie nur dann zustande, wenn sie sich im politischen Prozeß der beteiligten Organisation – in den organisationsinternen Kanälen der Interessenartikulation und Interessendurchsetzung – also sozusagen „pareto-optimale" Strategie zu behaupten vermag. Denn Gewerkschaften sind nur in der Rhetorik ihrer Führer identisch mit „ihren Mitgliedern"; in Wahrheit sind sie *Organisationen*. Ob eine Gewerkschaft sich an einer staatlichen funktionalisierten Tarifautonomie beteiligt und ihre Politik an realen statt an nominalen Lohnzuwächsen, an Produktivitätssteigerung statt an Arbeitsplatzsicherheit, an Wachstum statt an Umverteilung etc. orientiert, kann sie nicht aufgrund „der Interessen der Mitglieder", sondern nur aufgrund *der durch die Organisationsstruktur filtrierten, organisatorisch interpretierten Mitgliederinteressen*, und das heißt: *aufgrund des Organisationsinteresses* entscheiden. Nicht umsonst handelt es sich bei dem System des liberalen (wie jedes anderen) Korporativismus ja gerade nicht um ein interpersonales, sondern um ein *interorganisatorisches System* – was genau der Grund dafür ist, weshalb korporativistische Strukturen im traditionellen Liberalismus als Bedrohung der Rechte und Freiheiten des Individuums aufgefaßt werden.

Begreift man die Entstehung korporativistischer Kooperation zwischen Staat und Verbänden nach diesem Modell als *Interaktion zwischen organisationsexternen und organisationsinternen Prozessen,* so läßt sich ein erster Versuch machen, die Rolle des formalen Rechts als eines zentralen Instruments staatlicher Ordnungspolitik im Bereich der industriellen Beziehungen genauer zu bestimmen. Einerseits ist davon auszugehen, daß liberale Demokratien die Beschränkungen, die sie den in ihnen agierenden Organisationen in der Wahl ihre Ziele und Mittel aufzuerlegen wünschen, in der

Regel in die Form allgemeiner Gesetze fassen. „Verrechtlichung" auch und gerade der industriellen Beziehungen impliziert insoweit fast immer, daß von Staats wegen verbindliche Definitionen von „Gewalt" etabliert und die entsprechenden Tatbestände mit (letztlich gewaltsamen) Sanktionen bedroht werden. Dies ist jedoch nur eine Seite des Verrechtlichungsprozesses. Wie oben ausgeführt, gehen staatlich erzwungene Beschränkungen der Handlungsfreiheit von Interessenorganisationen nur dann nicht auf Kosten der „politischen Stabilität" (d.h., werden nur dann von den Betroffenen „freiwillig" als legitim akzeptiert), wenn der Staat gleichzeitig rechtlich garantierte Einfluß- und Bestandsgarantien gewährt. Oder, in anderen Worten: Die (rechtliche) *Integration* von gesellschaftlichen Interessenverbänden in ein vom Staat *gegen* die partikularen Interessen durchzusetzendes „Gemeinwohl" muß, unter liberalen Vorzeichen, begleitet sein von einer (rechtlichen) *Institutionalisierung* verbandsmäßiger Interessenvertretung. Eine Verrechtlichung, die lediglich repressiv vorginge und nicht durch Konzessionen an die beteiligten Organisationsinteressen abgesichert wäre, würde die politische Stabilität und darüber hinaus den liberalen Charakter des Systems aufs Spiel setzen.

Was aber geschieht, wenn die vom Staat angebotenen Anreize bei bestimmten Interessenverbänden unwirksam sind und die Organisationsstrukturen dieser Verbände fortfahren, vom Staat her gesehen „deviante" Ziele und Strategien hervorzubringen? Verbandsstrukturen, die gegen die positiven und neagtiven Sanktionen des Staates unempfindlich sind und dadurch aus dem Rahmen der politischen Stabilität herausfallen, können selbst zum Politikum werden (und werden es regelmäßig dann, wenn von ihnen krisenhafte Entwicklungen ausgehen). Unter bestimmten Umständen können sie es für den Staat notwendig machen, den Prozeß der Verrechtlichung gewissermaßen auf eine zweite Stufe zu heben und ihn *auf die Binnenstruktur der zu integrierenden Interessenverbände* zu beziehen. Anstatt also lediglich die institutionellen Umweltbedingungen organisierter Interessenvertretung so zu manipulieren, daß Kooperation für die beteiligten Verbände zur „besten Alternative" wird, muß der Staat bei dieser Form von Verrechtlichung den Versuch machen, gewissermaßen ‚im Inneren' seiner prospektiven Kooperationspartner *die strukturellen Voraussetzungen für ein partnerschaftlich interpretiertes Organisationsinteresse* unter Anwendung seiner spezifischen „Organisationsgewalt" herzustellen und sich dadurch den zu „freiwilliger" Kooperation nötigen Partner sozusagen selbst zu erschaffen.

Es liegt auf der Hand, daß diese zweite Integrationsstrategie für den Staat viel riskanter ist als die erste und eigentlich niemals mehr sein kann als eine "ultima ratio". Die logische Paradoxie, die darin liegt, rechtliche Regulierbarkeit mit dem Mittel rechtlicher Regulierung herstellen zu wollen, bedeutet ja in der Praxis nichts anderes, als daß hier unmittelbar der Geltungsanspruch staatlicher Herrschaft „aufs Spiel gesetzt" und ein Show-down der beiderseitigen Machtpotentiale zumindest im Prinzip jederzeit einkalkuliert werden muß. Ganz anders ist dies, wenn Integration durch Institutionalisierung kompensiert und Kooperation durch Konzessionen an das Organisationsinteresse erkauft werden kann: Während das Resultat, was die Übernahme kooperativer Politiken angeht, ganz dasselbe ist, besteht hinsichtlich der sozialen Konfliktträchtigkeit und der normativen Legitimierbarkeit ein erheblicher Unterschied zwischen einer Unterstellung gruppeninterner Organisierungsprozesse unter unmittelbare staatliche Rechtskontrolle einerseits und einem „freiwilligen" Kompromiß zwischen Staat und Verbänden andererseits, der der jeweils eigenen Organisation gesicherte Einflußmöglichkeiten verschafft.

Was speziell Großbritannien angeht, so erschien hier der Zusammenhang zwischen Integration und Institutionalisierung zunächst sozusagen in negativer Form, wobei die traditionelle Ausklammerung der industriellen Beziehungen aus dem formalen Recht in erster Linie eine Konsequenz der Unfähigkeit des frühen Liberalismus darstellte, gewerkschaftliche Interessenverbände für eine staatliche Beschneidung ihrer Autonomie institutionell zu entschädigen. Dies führte dazu, daß Ende der sechziger Jahre hinsichtlich der (rechtlichen) Regulierung der Arbeitsmarktparteien für den Staat ein erheblicher „Nachholbedarf" entstanden war, den dieser mit Hilfe des Industrial Relations Act mit einem Schlag befriedigen wollte. Dabei sah er sich jedoch mit dem Problem konfrontiert, daß die auf dem Boden und unter dem Schutz der Doktrin der Nichteinmischung gewachsenen gewerkschaftlichen Organisationen in rechtlichen Institutionalisierungsangeboten zumindest auf den ersten Blick keinerlei Vorteile erkennen konnten, in einer Integration in eine funktionalisierte Tarifautonomie dagegen nur Nachteile. Anders als in anderen Ländern, in denen die Verrechtlichung der industriellen Beziehungen mehr oder weniger mit der formativen Phase der Arbeitsmarktorganisationen zusammengefallen war, mußte derselbe Vorgang in England nachträglich gegen die Bestandsinteressen und operativen Routinen gewachsener Organisationen durchgesetzt werden, die aus ihrer Sicht erfolgreich gelernt hatten, ohne staatliche Wirkungs- und Einflußgarantien auszukommen *und* denen eine Integration eine vollständige Umwälzung ihrer internen Struktur (u.a., wie zu zeigen sein wird, eine radikale Änderung der innerorganisatorischen Machtverhältnisse) abverlangt hätte.

Unter solchen Umständen mußte die geplante Verrechtlichung der industriellen Beziehungen den Beteiligten als ein Vorgang erscheinen, in dem der Staat den gesellschaftlichen Organisationen etwas nahm, ohne ihnen im Austausch dafür etwas anbieten zu können. Dies wiederum schien, wenn überhaupt eine Verrechtlichung stattfinden sollte, einen direkten Durchgriff auf die Strukturen dieser Organisationen erforderlich zu machen. Zutreffend war diese Einschätzung insoweit, als Institutionalisierungsprozesse in der Regel Zeit brauchen, bevor sie auf die Politik und die Struktur der beteiligten Organisationen zurückwirken – *schnelle* Resultate also von einer Institutionalisierungsstrategie kaum erwartet werden können. Noch wichtiger jedoch war, daß die Konservative Regierung keine ausreichend attraktiven Institutionalisierungsangebote zu machen vermochte – und zwar nicht, weil solche nicht möglich gewesen wären (*daß* sie es waren, zeigt die Entwicklung nach der Aufhebung des Industrial Relations Act), sondern weil es sich eben um eine *konservative* Regierung handelte, die mit allen entsprechenden ideologischen und interessenpolitischen Borniertheiten geschlagen und die deshalb nicht imstande war, den Preis zu zahlen, der für die „freiwillige" Integration von mächtigen Interessenverbänden nun einmal gezahlt werden muß. Insofern mochte es vom Standpunkt der Regierung aus zwar riskant erscheinen, qua Gesetz in die „inneren Angelegenheiten" der Gewerkschaften hineinzuregulieren; nichtsdestoweniger aber erschien es gleichzeitig als unvermeidlich.

VI.

Das System industrieller Beziehungen, daß der Industrial Relations Act reformieren sollte, war in seiner Vielgestaltigkeit, seiner Zersplitterung und seiner Formlosigkeit in vieler Hinsicht der genaue Ausdruck seiner frühen Befreiung von jeder rechtlichen oder anderen externen Regulierung. Insbesondere die britischen Gewerkschaften – mit ihren verschiedenen, sich gegenseitig ausschließenden und miteinander konkurrierenden Organisationsprinzipien – reflektierten in ihrer Struktur die Einwirkung eines institutionellen Umfelds, das ihr Wachstum keinen anderen Regeln unterworfen und keinen anderen Sanktionen ausgesetzt hatte als den sozusagen „natürlichen" Gesetzmäßigkeiten der Entstehung formaler Organisationen aus informellen Gruppen. Obwohl jedoch dieses System, das zu fragmentiert, zu dezentralisiert und zu wenig institutionalisiert war, um sich vom Staat in Dienst nehmen zu lassen, unter gesamtwirtschaftlicher Perspektive längst dysfunktional geworden war – zu „Entscheidungslosigkeit und Anarchie" führte, „Uneffektivität begünstigte", sich „Wandel widersetzte" (Donovan, 1968; 33) –, war es in sich stabil: Die an ihm unmittelbar Beteiligten zogen es, gerade wegen seines informellen Charakters und seiner „Flexibilität", allen anderen Systemen vor und mißtrauten insbesondere jeder Form von „Verrechtlichung" ihrer gegenseitigen Beziehungen.

Die Organisationsstrukturen, die der Industrial Relations Act im Bereich der industriellen Beziehungen vorfand, waren in vieler Hinsicht nichts anderes als der Versuch einer organisatorischen Antwort auf die mangelnde rechtliche Bindungskraft von Tarifverträgen, die Abwesenheit einer „Friedenspflicht" und das Fehlen einer verbindlichen Umschreibung der Funktionen der betrieblichen und außerbetrieblichen Arbeitnehmervertretung. Die Doktrin der "licensed conspiracy" hatte sich damit begnügt, umstandslos jede industrielle „Verschwörung" rechtlich zu immunisieren, ohne dabei – wie etwa das deutsche Tarifvertragsgesetz – die eine oder andere Organisationsform oder -ebene zu privilegieren[5]. Damit konnte jede Gruppe von Arbeitnehmern unabhängig von ihrer Größe und Zusammensetzung den Versuch machen, von einem Arbeitgeber als "trade union" „anerkannt" zu werden, wobei das formale Recht bis vor kurzem beiden Seiten in der Wahl ihrer Methoden und Strategien keinerlei Beschränkungen auferlegt hat. Diese Rechtslage hat die Zersplitterung der Gewerkschaften in viele kleine Organisationen mit sich überlappenden Zuständigkeitsbereichen – je nach örtlichen oder betrieblichen Machtverhältnissen – begünstigt, zumindest aber auf eine Zusammenfassung in größere organisatorische Zusammenhänge kaum Prämien gesetzt[6].

Besonders schwerwiegende Auswirkungen hatte das Fehlen eines Tarifrechts auf das Verhältnis zwischen betrieblicher und außerbetrieblicher Gewerkschaftsorganisation. Da in Großbritannien bis heute die Resultate von Tarifverhandlungen rechtlich unverbindlich sind *und* für die betrieblichen Gewerkschaftsorganisationen kein rechtlicher Hinderungsgrund besteht, nicht trotz eines „geltenden" *über*betrieblichen Lohnabkommens für weitergehende Zugeständnisse zu kämpfen, kann keine Gewerkschaft ihren Verhandlungspartner gesicherte „Laufzeiten" anbieten, um dafür etwa einen materiell höheren Abschluß einzuhandeln (vgl. Shonfields Sondervotum in Donovan,

1968; 301). Dementsprechend besteht für die (außerbetrieblichen) Gewerkschaftsorganisationen auch kein Anlaß, Anstrengungen zur Steigerung ihrer „Verpflichungsfähigkeit" gegenüber ihren Mitgliedern im Betrieb zu machen. Die Erfolgsaussichten eines solchen Versuchs wären auch schon deshalb gering, weil die geltende Rechtsordnung gewerkschaftlichen Versuchen zur Kontrolle der betrieblichen Verhandlungsebene von „außen" bzw. von „oben" weder durch Auferlegung einer Friedenspflicht noch durch einen gesetzlich vorgeschriebenen Vorrang des Tarifvertrags noch durch gesetzliche Regelungsverbote für die betriebliche Verhandlungssphäre Unterstützung verleiht.

Organisationsstrukturell fand dies vor allem in der einzigartigen Stellung der "Shop Stewards", der ehrenamtlichen, direkt gewählten und jederzeit abwählbaren Repräsentanten betrieblicher Arbeitsgruppen seinen Ausdruck, die in den sechziger Jahren auf Arbeitnehmerseite längst zu den wichtigsten Verhandlungsführern geworden waren (hierzu v.a. Degen, 1976; Donovan, 1968). Anders als die deutschen Betriebsräte, deren Rechte (und Pflichten) gegenüber denen der Gewerkschaften genau abgegrenzt sind, bilden die Shop Stewards eines Betriebs oder einer Abteilung – freilich, wie zu erwarten, ohne jede gesetzliche Grundlage – vollwertige Verhandlungsorgane. Wofür ein Shop Steward „zuständig" ist, bestimmt sich dabei ausschließlich danach, wie glaubhaft er den Gebrauch der Streikwaffe anzuordnen vermag. Das bedeutet jedoch nicht, daß Shop Stewards im strengen Sinne Gewerkschaftsfunktionäre wären. Obwohl die meisten von ihnen gewerkschaftlich organisiert sind, ist ihr formaler Status innerhalb der Gewerkschaft in der Regel ebenso undefiniert und informell wie ihr Status im Betrieb. Ihre faktische Macht jedenfalls beruht nicht auf Delegation durch die Gewerkschaft, sondern allein auf dem unmittelbaren Vertrauen und der Kampfbereitschaft der von ihnen repräsentierten Arbeitsgruppe. Durch die Gewerkschaftsspitzen sind sie deshalb kaum zu kontrollieren, besonders dann nicht, wenn – wie es die Regel ist – in einem Betrieb mehrere Gewerkschaften vertreten sind, die zur Koordination ihrer Aktivitäten auf gemischte Shop-Stewards-Komitees (shop stewards combines) angewiesen sind.

Aus der Perspektive einer nationalen Einkommenspolitik muß ein solches Verhandlungssystem zumindest in zweierlei Hinsicht dysfunktional erscheinen: Seine hohe Fragmentierung fördert Tendenzen zu inflationären Lohnabschlüssen, und sein geringes Maß an Institutionalisierung bedeutet ein hohes Maß an Konfliktanfälligkeit (hierzu zusammenfassend Donovan, 1968; 52–53). Der geringe Umfang der von den Shop Stewards vertretenen Verhandlungseinheiten bringt nicht nur eine naturwüchsig zersplitterte Lohnstruktur hervor, in der jede Verschiebung selbst zum Anlaß für "competitive bargaining" um die Erhaltung traditioneller Lohndifferenzen werden kann, sondern wirkt sich vor allem auf die von den Arbeitnehmern vertretenen *Interesseninterpretationen* aus. Vereinfacht formuliert, sinkt mit dem Umfang einer Verhandlungseinheit auch ihre *effektive Verantwortung* für die gesamtwirtschaftlichen Nebenfolgen ihres Verhaltens. Wenn eine einzelne Arbeitsgruppe ihre Verhandlungsmacht voll ausschöpft und Lohnzuwächse durchsetzt, die weit über den nationalen „Lohnleitlinien" liegen, so hat dieses Ergebnis, für sich genommen, keinerlei Einfluß auf die allgemeine Inflationsrate oder auf das Beschäftigungsniveau. Bei zentralisierten Verhandlungen dagegen sind die gesamtwirtschaftlichen Konsequenzen „überhöhter"

Abschlüsse „objektiv" kalkulierbar und den Beteiligten als mögliche Folgen und Nebenfolgen ihres Handelns notwendig präsent. In anderen Worten: Der Inhalt dessen, was als das „Interesse der Arbeitnehmer" auftritt, variiert mit der Struktur des Verhandlungssystems; in zentralisierten Verhandlungssystemen erscheint das empirisch wirksam werdende Arbeitnehmerinteresse eher in *Reallohngrößen*, in dezentralisierten und fragmentierten Systemen dagegen eher in *Nominallohngrößen*.

Was die Unter-Institutionalisierung des britischen Lohnverhandlungssystems angeht, so war vor allem sie gemeint, wenn die Befürworter des Industrial Relations Act von einer angeblichen „Anarchie der industriellen Beziehungen" sprachen. Viel häufiger als in anderen Ländern, in denen rechtlich formalisierte Institutionen die zugrundeliegenden faktischen Machtverhältnisse verdecken, „vermitteln" und verallgemeinern, mußten und müssen in England Konflikte zwischen Arbeitgebern und Arbeitnehmern unmittelbar und sozusagen „an Ort und Stelle" „ausgestreikt" werden[7]. Darüber, wer wann und worüber in Namen welcher Beschäftigten mit dem Arbeitgeber verhandeln soll, gab es bis vor kurzem keinerlei „rechtliche" Anhaltspunkte; da alle formalen Regeln und Entscheidungsverfahren fehlten, mußte eine Klärung im Zweifel durch Erprobung der faktischen Kampfkraft herbeigeführt werden. Ob ein Arbeitgeber allen Beschäftigten, die einer Gewerkschaft beitreten, die Kündigung ausspricht, oder ob er im Gegenteil ausschließlich Gewerkschaftsmitglieder einstellt; wie groß eine „Verhandlungseinheit" ist; von welchen Gewerkschaften sie organisiert und vertreten wird, usw. – war bis Ende der sechziger Jahre allein den unmittelbar Beteiligten überlassen. Dasselbe trifft für die Geltung getroffener Vereinbarungen zu, deren Dauer ausschließlich davon abhängt, wie sich die Kampfkraft der Beteiligten verändert: Schwankt sie zugunsten des Arbeitgebers, so kann dieser seine sämtlichen Konzessionen von einem Tag auf den anderen einseitig rückgängig machen; verbessert sich die Verhandlungsposition einer wie auch immer definierten Gruppe von Arbeitnehmern, so kann diese ihrerseits jederzeit neue Forderungen stellen und gegebenenfalls für sie in Streik treten[8].

Das fragmentierte und dezentralisierte Verhandlungssystem, das der Industrial Relations Act reformieren sollte, war historisch der Nachfolger eines weit stärker zentralisierten, überbetrieblichen Systems, dessen Entstehung etwa aus der Zeit des Ersten Weltkriegs datiert (vgl. für viele andere: Clegg, 1976; 200ff.). Dieses ältere System war auch in den sechziger Jahren noch keineswegs verschwunden; in zahlreichen Industrien schlossen Gewerkschaften und Arbeitgeberverbände weiterhin regelmäßig überbetriebliche Tarifvereinbarungen ab[9]. Allerdings hatte das, wie der Donovan-Report es nennt, „offzielle" Verhandlungssystem vor allem während der sechziger Jahre ständig an Bedeutung und Einfluß verloren, und der Anteil des effektiven Lohns eines Arbeiters, der durch überbetriebliche Lohnabkommen festgelegt wurde, war von Jahr zu Jahr zugunsten der betrieblich vereinbarten Lohnbestandteile gesunken ("wage drift")[10]. Die Ursache hierfür sah die Donovan-Kommission zunächst in der seit 1938 fast ununterbrochen anhaltenden Vollbeschäftigung, die die Konkurrenz der Arbeitgeber um Arbeitskräfte erhöht und die Verhandlungsposition der Arbeitnehmer auf Betriebsebene verbessert habe. Dies allein jedoch reichte nach Ansicht der Kommission als Erklärung nicht aus. Auch in anderen Ländern habe, so argumentiert der Bericht, über längere Zeit Vollbeschäftigung bestanden, ohne daß es dort zu einer "wage drift" britischen Ausmaßes gekommen sei. Aus diesem Grund könne die Ursache für den Niedergang des „offiziellen" und den gleichzeitigen Bedeutungszuwachs des „inoffiziellen" und „informellen" Verhandlungssystems eben nicht ausschließlich in ökonomischen Faktoren, sondern müsse vielmehr auch in der Struktur der beteiligten „industriellen Organisationen" gesucht werden, die unter den veränderten ökonomischen Bedingungen einer Dezentralisierung und Fragmentierung des Verhandlungssystems offenbar besonders wenig Widerstand entgegenzusetzen hatte (Donovan, 1968; 20)[11].

Stellt man nun – anders als der Donovan-Report, der hier wohl aus politischen Gründen Zurückhaltung geübt hat – zwischen Organisationsstrukturen und institutionellen Rahmenbedingungen einen Zusammenhang her, so dürfte der unter dem Druck der Vollbeschäftigung eingetretene Verfall des zentralisierten Verhandlungssystems davon nicht unabhängig gewesen sein, daß auch dieses System bar jeder rechtlichen Formalisierung gewesen war und demzufolge außerhalb seiner selbst über keinerlei institutionelle Stütze verfügte. Denn wenn die Arbeitgeber betriebliche Vereinbarungen zunehmend überbetrieblichen vorzuziehen begannen und die Rolle der Arbeitgeber*verbände* im Verhandlungssystem immer kläglicher wurde (Donovan, 1968; 20–25), so doch wohl nicht zuletzt innerhalb, weil Arbeitgeber überbetrieblichen Tarifabkommen nur in dem Maße Bedeutung zumessen können, wie diese sie vor Arbeitskonflikten im eigenen Betrieb zu schützen vermögen. In Abwesenheit jeglicher „Friedenspflicht" der betrieblichen Arbeitnehmervertretung aber hing die faktische Wirksamkeit *über*betrieblicher Lohnabkommen *auf Betriebsebene* ausschließlich *von der ökonomischen Situation* bzw. von deren Auswirkungen auf die *betrieblichen Machtverhältnisse* ab. Das Eintreten der Vollbeschäftigung mußte unter diesen Umständen unmittelbar auf die Struktur des Verhandlungssystems durchschlagen: Es mußte dazu führen, daß die Entscheidung über Produktion und „Arbeitsfrieden" den überbetrieblichen Organisationen aus der Hand glitt und zunehmend auf die Betriebsebene verlagert wurde.

Bezeichnend ist nun, daß dieser Vorgang von den unmittelbar Beteiligten alles andere als bedauert wurde. Im Gegenteil stellte der Übergang zu einem dezentralen Verhandlungssystem einen der Struktur der vorhandenen Organisationen völlig entsprechenden Anpassungsschritt dar, als dessen Resultat sich denn auch ein *stabiles Systemgleichgewicht* entwickelt hatte. So waren es entgegen weit verbreiteter Überzeugung keineswegs nur die Gewerkschaften, die der geplanten rechtlichen Regulierung der industriellen Beziehungen ablehnend gegenüberstanden. Bezeichnenderweise ist die Stellungnahme des TUC gegen den Donovan-Report, in der die Erhaltung des traditionell „freiwilligen" Charakters der industriellen Beziehungen gefordert wurde, auch vom Spitzenverband der britischen Arbeitgeber unterstützt worden (Degen, 1976; 333). Und auch, daß während der Geltungsdauer des Gesetzes kaum ein Arbeitgeber von den darin enthaltenen, ihn begünstigenden Bestimmungen Gebrauch gemacht hat, beruht auf mehr als nur auf Angst vor einer möglichen Verschlechterung der betrieblichen Arbeitsbeziehungen[12]. Eins der erstaunlichsten Resultate der von der Donovan-Kommission angestellten empirischen Erhebungen war gewesen, daß die überwältigende Mehrheit der Arbeitgeber mit den bestehenden Verhältnissen außerordentlich zufrieden war und vor allem ihre Shop Stewards für „vernünftig", „effizient" und „hilfreich" hielt – eine Wertschätzung, die von fast allen Shop Stewards erwidert wurde (Donovan, 1968; 32). Vor allem, daß die auf Bebriebsebene ausgehandelten Vereinbarungen lediglich informeller Natur waren, wurde von den befragten Managern sehr begrüßt. Dem Donovan-Report zufolge wurden dafür von allem ,,vier Gründe angegeben. Wenn Vereinbarungen formalisiert würden, würden sie sich in etablierte Rechte verwandeln, die nicht mehr zurückgenommen werden können; auch wenn die gegenwärtigen Shop Stewards eine formale Bestätigung nicht mißbrauchen würden, könnte es die nächste Generation von Shop Stewards tun, und Manager möchten gerne glauben, daß sie Privilegien je nach Verhalten abstufen können; wenn der Prozeß der Formalisierung einmal angefangen hätte, würde er ohne Ende weitergehen; und, schließlich, ‚könnten einige *de facto*-Konzessionen nicht schriftlich niedergelegt werden, weil die Betriebsleitungen ... nicht bereit wären, öffentlich zuzugeben, daß sie derartige Einschränkungen ihres Rechtes der Betriebsführung ... haben zugestehen müssen' " (Donovan, 1968; 28)[13]. In diesem Zusammenhang gehört, daß drei Viertel der Manager lieber mit einem Shop Steward als mit einem, angeblich doch so viel besonneneren, dafür aber „betriebsfremden" hauptamtlichen Gewerkschaftler verhandeln wollen (Donovan, 1968; 28) – eine Erscheinung, für die sich in der Bundesrepublik im Dreiecksverhältnis zwischen Geschäftsleitung, Betriebsrat und Gewerkschaft durchaus Parallelen finden lassen.

Diese wenigen Hinweise, die durch weiteres Material ergänzt werden könnten[14], machen deutlich, daß der Widerstand gegen den Industrial Relations Act als ,,Verteidigung der Errungenschaften der Arbeiterklasse" nur unzulänglich charakterisiert ist. Zwar war er gewiß auch dies, vor allem in einem strikt organisatorischen Sinn. Darüber hinaus aber stellt der Konflikt um die ,,Verrechtlichung" der industriellen Beziehungen Großbritanniens eher den (erfolgreich abgewehrten) Versuch eines sozialen Systems dar, eins seiner Subsysteme mit den Mitteln des formalen Rechts zu „durchdringen" und seinem „funktionalen Primat" zu unterwerfen. Ein solcher Vorgang erfordert zu seiner Analyse keinen „klassentheoretischen", sondern vielmehr einen, wenn man so will: ,,systemtheoretischen" Bezugsrahmen.

VII.

Nicht nur in politischer Hinsicht, sondern auch in bezug auf sein inneres Konstruktionsprinzip ist der Industrial Relations Act letzten Endes daran gescheitert, daß seine Erfinder Konservative waren[15]. Obwohl das Gesetz durchaus Elemente enthielt, die dem Konzept des ,,liberalen Korporativismus" entsprachen und die seiner ,,freiwilligen" Akzeptierung hätten förderlich sein können, überwogen doch bei weitem jene Elemente, durch deren Aufnahme traditionalistischeren Deutungen des von den Konservativen vertretenen Klasseninteresses allzu kurzsichtig Genüge getan worden war. Dies begann ganz grundsätzlich damit, daß die Konservativen, im Gegensatz zur Donovan-Kommission, den Systemcharakter der industriellen Beziehungen verkannten und das Problem ausschließlich bei den Gewerkschaften – bzw. noch enger: bei den von diesen und ihren Mitgliedern ausgehenden Streiks – lokalisierten (Clegg, 1976; 457). Während die Donovan-Kommission noch eine umfassende Reform gefordert hatte, die überdies ihren Ausgang von einer Straffung und Rationalisierung des betrieblichen Managements nehmen sollte (vgl. Fußnote 11), so wurde für die Konvervative Parlamentsmehrheit die Reduzierung der Streikhäufigkeit zum einzigen Reformziel, wobei der fundamentale Zusammenhang zwischen der Integration und der Institutionalisierung gewerkschaftlicher Organisationen weitgehend vernachlässigt wurde. In dieser Hinsicht sind die Autoren des Gesetzes „von rechts" mit jener charakteristischen Doppeldeutigkeit des liberalen Korporativismus nicht fertiggeworden, durch die dieser für Konservative als „Gewerkschaftsstaat", für ihre Gegner auf der Linken dagegen als Resultat eines bürokratischen Verrats von Arbeiterinteressen erscheint. Die britischen Konservativen haben sich demtentsprechend nie wirklich dazu durchringen können, den Gewerkschaften den Abschied vom "free collective bargaining" durch rechtliche Stärkung und Anerkennung ihrer Organisationen zu erleichtern. Was das Gesetz in dieser Hinsicht durchaus halbherzig zu bieten hatte, war, vor allem angesichts des in einer langen Periode der „Nichteinmischung" gewachsenen Besitzstandes, nicht nur zu wenig, sondern wurde auch durch andere Teile des Gesetzes wieder eingeschränkt und unglaubwürdig gemacht[16].

Der zentrale Konstruktionsfehler des Gesetzes bestand darin, daß es zugleich auf zwei sich gegenseitig ausschließenden Deutungen des „Gewerkschaftsproblems" und insbesondere des Problems der „inoffiziellen Streiks" aufbaute. Auf der einen Seite ging das Gesetz davon aus, daß die hohe Anfälligkeit der britischen Wirtschaft gegen Streiks darauf beruhte, „daß die Gewerkschaftsführer nicht genug Kontrolle über ihre Mitglieder ausübten." (Weekes et al., 1975; 221) Dieser Sichtweise hätte eine (korporativistische) Strategie der organisatorischen Stärkung der Gewerkschaften entsprochen, die diesen hätten ermöglichen müssen, ihre Mitglieder wirksam von „wilden Streiks" abzuhalten. Auf der anderen Seite jedoch enthielt das Gesetz Bestimmungen, „die die Fähigkeit der Gewerkschaften zur Kontrolle ihrer Mitglieder einschränken" sollten. „Diese Gesetzesänderungen basierten zum Teil auf der langgehegten, von den Massenmedien unterstützten Ansicht, daß das Hauptproblem der industriellen Beziehungen in Großbritannien die politische Motivation der Gewerkschaftsführer war und daß es weniger Streiks geben würde, wenn die Gewerkschaftsmitglieder in ihren Organisationen mehr zu sagen hätten." Hieraus wiederum folgte eine (traditionell-liberale) Strategie mit dem Ziel, „die Fähigkeit der Gewerkschaften zur Kontrolle ihrer Mitglieder zu begrenzen." (Weekes et al., 1975; 221) Der Inustrial Relations Act machte den Versuch, beide Strategien gleichzeitig zu verfolgen: Während er auf der einen Seite den Gewerkschaften korporative Rechte zusprach, schränkte er diese auf der anderen Seite wieder ein – wie um zu verhindern, daß die rechtliche Anerkennung „industrieller Verschwörungen" zu falschen Zwecken mißbraucht werden konnte.

Diese innere Ambivalenz läßt sich am deutlichsten an der Absicht des Industrial Relations Act demonstrieren, zur Reduzierung der Streikhäufigkeit ein effektives *Streikmonopol der Gewerkschaften* und insbesondere der Gewerkschafts*spitzen* zu errichten. Hierzu wollte das Gesetz die Gewerkschaften veranlassen, ihre Satzungen und ihre Organisationsstrukturen so zu ändern, daß Streiks nur noch mit Zustimmung der Gewerkschaftsführungen, nicht mehr aber unmittelbar von den Mitgliedern oder deren Shop Stewards eingeleitet werden konnten. Da Tarifverträge nach dem neuen Recht im Regelfall rechtsverbindlich sein sollten, wollte das Gesetz die Gewerkschaften hierbei an genau definierte Friedenspflichten binden. Nur noch solche Streiks, die von einer Gewerkschaft mit dem Gesetz entsprechenden Satzungsbestimmungen und unter Beachtung der geltenden Verträge eingeleitet wurden, sollten fortan das Privileg genießen, von den entgegenstehenden Normen des Common Law ("breach of contract" etc.) ausgenommen zu sein; nicht gewerkschaftlich autorisierte Streiks, Streiks einer Gewerkschaft mit ungenügender Satzung und Streiks in Verletzung der Friedenspflicht sollten dagegen als illegal gelten und rechtliche Sanktionen nach sich ziehen[17].

Neo-korporativistische Elemente enthielt das Gesetz an dieser Stelle insofern, als es Gewerkschaften, die ihre Satzung dahingehend zu ändern bereit waren, daß sie „die Rechte und Pflichten aller Funktionäre und Organe klärten und insbesondere festlegten, welches Organ und welcher Funktionär im Namen der Gewerkschaft Anweisungen in bezug auf Kampfmaßnahmen geben darf, und unter welchen Umständen" (Weekes et al., 1975; 97), eine Reihe von rechtlichen Vergünstigungen (d.h. von Fortschritten auf dem Weg zur „Institutionalisierung") versprach. Voraussetzung war, daß eine Gewerkschaft sich bei einer eigens eingerichteten Registerbehörde registrieren ließ, wobei die Aufnahme in das Register unter anderem davon abhing, ob die Satzung der Gewerkschaft den Anforderungen des Gesetzes entsprach.

Ob eine Gewerkschaft sich registrieren lassen wollte oder nicht, unterlag allein ihrem „freien Willen", d.h. hing vor allem davon ab, wie hoch sie die mit dem Status einer „registrierten" Gewerkschaft einhergehenden Vorteile einschätzte. Dabei war das Recht zu legalen Streiks, bedenkt man die seit fast einem Jahrhundert gewohnheitsmäßig etablierte Streikfreiheit, wohl von eher geringer Bedeutung. Darüberhinaus jedoch begrenzte das Gesetz die Schadensersatzpflicht registrierter Gewerkschaften (deren Sozialfonds von Pfändungen ausgenommen wurden), befreite sie von der Steuerpflicht, gewährte ihren Betriebsfunktionären ein gewisses Maß an Kündigungsschutz sowie an Freistellung für gewerkschaftliche Aktivitäten, erleichterte ihnen die „Anerkennung" durch Arbeitgeber, verschaffte ihnen ein Informationsrecht in bezug auf gewisse betriebliche Angelegenheiten und, nicht zuletzt, eröffnete ihnen die Möglichkeit des Abschlusses von "agency-shop" Vereinbarungen (s.u.).

Auf den ersten Blick waren dies durchaus keine geringfügigen Anreize, und für eine kurze Zeit sah es denn auch tatsächlich so aus, als ob zumindest eine große Minderheit der TUC-Gewerkschaften auf sie eingehen und um Registrierung einkommen würde. Die Urheber des Gesetzes hatten schon deshalb nie etwas anderes erwartet, weil sie mit Recht davon ausgingen, daß das zentrale Ziel des Registrierungsverfahrens – die Unterstellung der betrieblichen Arbeitnehmervertretung unter die Kontrolle der (überbetrieblichen) Gewerkschaftsorganisation – den Gewerkschafts*führungen* im Prinzip nicht unsympatisch sein konnte[18]. Denn auch die Gewerkschaftsführer, und keineswegs nur die Unternehmer, hatten durch den Aufstieg der Shop-Stewards-Bewegung

„zum Teil erhebliche Kontroll- und Entscheidungsrechte eingebüßt" (Degen, 1976; 345). Dafür, daß sie dies als schmerzlich empfanden, gibt es genügend Belege. Immerhin war beispielsweise die damalige Führung der Metallarbeitergewerkschaft AUEW vor der Donovan-Kommission so weit gegangen, einer Illegalisierung nicht-gewerkschaftlicher Streiks in der Tendenz zuzustimmen, da „unter diesen Umständen ... die Gewerkschaften viel größere Macht zur Disziplinierung ihrer Mitglieder haben – denn ein Gewerkschaftsausschluß, der zum Verlust des Arbeitsplatzes führt, würde als letzte Maßnahme ein mehr als ausreichendes Abschreckungsmittel sein gegenüber der Absicht eines Einzelnen, den Ratschlag der Gewerkschaft zu ignorieren" (zitiert bei Degen, 1976; 324).

Daß das Gesetz dann doch schon gleich daran scheiterte, daß, wenn auch nach einigem Hin und Her, fast alle TUC-Gewerkschaften dem Beschluß des Dachverbands folgten und sich nicht registrieren ließen[19] – eine Entwicklung, für die im Gesetz selber keinerlei Vorsorge getroffen war –, lag daran, daß für die gewerkschaftlichen Organisationen *in ihrer bestehenden Form* die Vorteile des Gesetzes seine Nachteile nicht aufwiegen konnten. Dies läßt sich unter anderem an jenen Bestimmungen zeigen, die es Gewerkschaften erleichtern sollten, Arbeitgeber zur „Anerkennung" und zum Eintritt in Verhandlungen zu veranlassen. Von praktischer Bedeutung wären diese unzweifelhaften Rechtsverbesserungen in erster Linie bei der Organisierung von Angestellten gewesen, bei der die bisherigen, „freiwilligen" Verfahren nur schlecht funktioniert hatten. Dies erklärt, warum es vor allem Angestelltengewerkschaften waren, die dazu neigten, die Vorteile der Registrierung für wichtiger anzusehen als die Nachteile. Allerdings waren eben diese Gewerkschaften, gerade weil sie es bis dahin so relativ schwer gehabt hatten, innerhalb des TUC nicht mehr als eine unbedeutende Randgruppe. Bestimmend waren dagegen eine Reihe von Arbeitergewerkschaften – wie etwa die TGWU und die AUEW –, die längst gelernt hatten, sich in Abwesenheit institutioneller Stützen Mitglieder und „Anerkennung" durch direkte Kampfmaßnahmen zu verschaffen (Clegg, 1976; 458) und die darüberhinaus, anders als zum Beispiel Industriegewerkschaften des deutschen Typs, sowieso keine Angestellten organisierten. In anderen Worten: die führenden Mitglieder des TUC konnten den britischen Gewerkschaftsbund auf einen Boykott des Gesetzes verpflichten, weil sie selber ohne gesetzlich gewährte Organisationshilfen auskommen konnten; genau dies war ja der Grund, weshalb sie zu den führenden Mitgliedern hatten werden können.

Noch wichtiger freilich waren die Machtverhältnisse *innerhalb* der beteiligten Gewerkschaften. Es war kein Zufall, daß zur Zeit des Industrial Relations Act jener Vorsitzende der AUEW, der sich um der „Organisationsraison" willen zur Not auf eine Illegalisierung von nichtgewerkschaftlichen Streiks eingelassen hätte (s.o.), bereits von einer neuen, betont linken Führung abgelöst war, deren bis zur Androhung eines Generalstreiks reichender Widerstand später entscheidend zum Zerbrechen des Gesetzes beitrug. Selbst wenn ein Gewerkschaftsvorstand den besten Willen gehabt hätte, die zur Registrierung erforderlichen Satzungsänderungen durchzuführen, wäre es für ihn außerordentlich schwierig gewesen, dies in der Organisation durchzusetzen. In jedem Fall hätte ein solcher Versuch, angesichts der Schwächen der Gewerkschaftszentralen und der Stärke der Betriebsfunktionäre, das politische Überleben des Vorstands ernsthaft und mit ungewissem Ausgang in Frage gestellt[20]. Der entscheidende Konstruktionsfehler des Gesetzes bestand in dieser Hinsicht darin, daß es den Gewerkschaftsführungen nichts weniger als eine komplette „Revolution von oben" als Vorleistung für die Gewährung von Vergünstigungen abverlangte, die für die meisten eher geringfügig erscheinen mußten und die auf jeden Fall sämtlich noch unerprobt und unbekannt waren. Diese Umkehrung der ansonsten bei liberal-korporativistischen Integrationsprozessen zu beobachtenden Sequenz (vgl. Fußnote 16) ist typisch für die innere Inkonsistenz und den „konservativen Traditionalismus", an denen der Industrial Relations Act schließlich gescheitert ist.

Hierzu paßt, daß das Gesetz den Gewerkschaftsführungen für den ihnen zugemuteten Kraftakt kaum irgendwelche innerorganisatorischen Hilfen gewährte. Sieht man davon ab, daß der Staat die Gewerkschaftsorganisationen dadurch zu „entlasten" gedachte, daß er „wild" streikende Shop Stewards mit Schadenersatzansprüchen oder gar mit Gefängnis bedrohte, so wurde so gut wie alles unterlassen, was den Gewerkschaften ihre neue Rolle als „Ordnungsfaktor" hätte erleichtern können – insbesondere alles, was den Arbeitgebern im Betrieb in irgendeiner Form lästig gewesen wäre. So erwartete das Gesetz von den Gewerkschaften nicht nur, daß sie die Shop Stewards *in ihrer Funktion als Gewerkschaftsfunktionäre* disziplinierten[21], sonder auch und gleichzeitig *in ihrer Funktion als Arbeitsgruppensprecher*, d.h. in ihrer Funktion *als betriebliche Interessenvertretung*. Überhaupt sind die Konservativen mit diesem Doppelstatus der Shop Stewards ebenso wenig zurechtgekommen wie die Gewerkschaften selber – was in diesem Fall seine Ursache darin haben dürfte, daß der Industrial Relations Act den Arbeitgebern die Institutionalisierung einer *betrieblichen* Interessenvertretung tunlichst ersparen wollte[22]. So kommt es, daß das Gesetz den Gewerkschaften auch die Kontrolle solcher Streiks (bzw. die Duldung der Überweisung ihrer Führer an die ordentliche Gerichtsbarkeit) abverlangte, die nichts anderes sind als ein Ersatz für fehlende betriebliche Mitbestimmungsrechte und die durch die Einführung von Formen „industrieller Demokratie" überflüssig gemacht werden könnten[23].

Damit aber nicht genug. Nicht nur, daß die vom Gesetz angebotenen Einflußchancen und Organisationshilfen vergleichsweise geringfügig waren – der Industrial Relations Act setzte sich darüberhinaus in direkten *Widerspruch* zu einem neo-korporativistischen Integrationskonzept, indem er massiv gegen das traditionell wichtigste Organisationsprivileg der britischen Gewerkschaften, den "closed shop", vorging. In Anlehnung an eine Figur des amerikanischen Arbeitsrechts sah der Industrial Relations Act vor, daß registrierte Gewerkschaften – und nur diese – als Ersatz die Möglichkeit haben sollten, bei entsprechenden Abkommen mit dem Arbeitgeber auch von Nicht-Mitgliedern Beiträge zu kassieren ("agency shop"), ohne jedoch deren Beitritt verlangen zu können ("closed shop"). Der entscheidende Unterschied bestand darin, daß im "agency shop" ein Gewerkschaftsausschluß keine wirksame Sanktion gegen die Nichtbeteiligung an einem Streik darstellt: Nicht-Mitglieder können ohnehin nicht ausgeschlossen werden, und ausgeschlossene Mitglieder verlieren, anders als im "closed shop", nicht ihren Arbeitsplatz. Diese gesetzlich verordnete Einführung der in Deutschland so genannten „negativen Koalitionsfreiheit“ stand in grundsätzlichem Konflikt mit den organisatorischen Erfordernissen einer korporativistischen Reformstrategie, und nirgends wurde so deutlich wie hier, daß das Gesetz im Grunde darauf abzielte, die Streik*häufigkeit* durch Einschränkung der gewerkschaftlichen Streik*fähigkeit* und *nicht* durch Steigerung der *effektiven Verantwortung* der Gewerkschaften zu senken. Daß auf diese Weise das Ziel der Errichtung eines gewerkschaftlichen *Streikmonopols* mit dem einer *Schwächung* der Gewerkschaften kombiniert wurde, war der deutlichste Ausdruck der konservativen Beschränktheit des Gesetzes und bildete die wichtigste Ursache dafür, daß es letzten Endes gescheitert ist.

Ironischerweise war es vor allem die Reaktion der Arbeitgeber, die den Angriff der Konservativen auf den "closed shop" zu einem Beispiel dafür machte, daß ideologische Prinzipien, wenn sie übereifrig für bare Münze genommen werden, dem in ihnen reflektierten Interesse praktisch im Weg stehen können. Denn dic gewachsene Institution des "closed shop" hatte nicht nur für die Gewerkschaften, sondern auch für die Unternehmer erhebliche Vorzüge: Sie verhinderte das Auftreten und die gegenseitige Konkurrenz verschiedener Gewerkschaften im selben Bereich, sorgte für stabile betriebliche Verhandlungsbeziehungen und bildete überhaupt eine Art von Ersatz für jene Institutionalisierung der betrieblichen Verhandlungsebene, die weder das alte noch das neue Recht – wenn auch aus unterschiedlichen Gründen – hatten gewährleisten wollen. Es ist deshalb nicht überraschend, daß während der Geltungsdauer des Gesetzes Arbeitgeber und Arbeitgeberverbände mit allen möglichen Mitteln bestrebt waren, einen Verfall ihrer "closed shops" zu verhindern. Mit welch vielfältigen und teilweise grotesken Methoden dies geschah, kann man bei Weekes et al. (1975, 41–50) nachlesen. Manches erinnert hier an die Situation in westdeutschen Unternehmen mit paritätischer Mitbestimmung oder mit starken Betriebsräten, wo die Geschäftsleitung im Interesse guter Arbeitsbeziehungen ebenfalls das Ihre dazu tut, um bei einer möglichst vollständigen Organisierung der Belegschaft behilflich zu sein (Streeck, 1977).

Das unentschlossene Schwanken des Gesetzes zwischen individualistischen und korporativistischen Rechtsformen, das letzten Endes auch der realitätsfernen Behandlung des "closed shop"-Problems unterlag, löst schließlich jene Ereignisse aus, die sein endgültiges Scheitern herbeiführten. Ironischerweise fand die entscheidende Niederlage auf einem Nebenkriegsschauplatz staat, der erst dadurch Bedeutung erhalten hatte, daß die Mehrzahl der TUC-Gewerkschaften die Registrierung verweigert hatte. Da das Gesetz damit nicht hatte rechnen wollen, hatte es die Frage der korporativen Verantwortlichkeit nicht registrierter Gewerkschaften weitgehend ungeklärt bzw. der konservativen Vorliebe für „hartes Durchgreifen“ gegen einzelne „troublemakers“ an dieser Stelle relativ freien Raum gelassen. Dies sollte sich rächen. Im Sommer 1972 wurde das neu errichtete Nationale Arbeitsgericht mit einem Streik der Dockarbeiter befaßt, der gleich dreifach „illegal“ war: Es handelte sich erstens nicht primär um einen Konflikt zwischen Arbeitnehmern und Arbeitgebern, sondern zwischen verschiedenen, von ihren Shop Stewards geführten Gruppen von Arbeitnehmern (zwischen Dockarbeitern auf der einen Seite und Packern und Lastwagenfahrern auf der anderen)[24]; es konnte sich zweitens schon deshalb nicht um einen gewerkschaftlich angeordneten

Streik handeln, weil beide Seiten in derselben Gewerkschaft organisiert waren, der TGWU, deren vergebliche Schlichtungsversuche beredte Kunde für die bestehenden innergewerkschaftlichen Machtverhältnisse ablegten (vgl. Fußnote 20); und es handelte sich drittens bei der beteiligten Gewerkschaft nicht um eine registrierte Gewerkschaft. Unter diesen Umständen blieb dem Gericht gar nichts anderes übrig, als auf Antrag der betroffenen Arbeitgeber sowie einiger gegnerischer Shop Stewards auf die Suche nach Schuldigen zu gehen. Obwohl erstaunlich viele Behörden ihr Bestes taten, um trotz des geltenden Rechts Sanktionen gegen einzelne Streikführer vermeiden zu helfen, gelang es schließlich fünf Shop Stewards nach mehreren vergeblichen Anläufen, die Justiz in die Falle einer nicht-korporativistischen „Verrechtlichung" zu locken und sich wegen „Mißachtung des Gerichts" verhaften zu lassen.

Die Wirkungen dieses Vorgangs waren erstaunlich. Die Konflikte innerhalb der TGWU waren von einem Tag auf den anderen beendet, die letzten noch zweifelnden Gewerkschaften zogen ihre Registrierung zurück, eine Streikwelle begann sich über das ganze Land auszubreiten, der TUC rief zum Generalstreik auf. Am Abend vor seinem Beginn ließen Regierung und Gerichte unter fadenscheinigen Vorwänden, unter Bruch geltenden Rechts und unter Mißachtung aller Verfahrensregeln die fünf Verhafteten frei. Der Generalstreik wurde abgesagt, die Rechtssoziologie hatte einen neuen Lehrbuchfall: Das Gesetz stand zwar noch auf dem Papier, aber von seiner „Geltung" war von nun an nicht einmal mehr bei der Regierung die Rede[25].

Da half es wenig, daß ein paar Stunden vor der Freilassung das Oberhaus als höchstes Berufungsgericht in einem juristisch allgemein als zweifelhaft empfundenen Spruch die uneingeschränkte korporative Verantwortlichkeit auch nichtregistrierter Gewerkschaften postuliert hatte, und daß dementsprechend das Nationale Arbeitsgericht öffentlich mitteilte, es werde von nun an nur noch gegen Organisationen vorgehen und keine Haftstrafen mehr gegen Individuen verhängen (Mückenberger, 1974; 123). Die Regierung jedenfalls hatte das Interesse an ihrem Reformwerk gründlich verloren. Zudem erforderte die wirtschaftliche Lage immer dringender eine effektive Einkommenspolitik, und für die anlaufenden Verhandlungen mit dem TUC über ein „freiwilliges" Dämpfungsprogramm hätte jede weitere Anwendung des Industrial Relations Act eine schwere Belastung dargestellt. So kam es, daß die Regierung den wenigen Unternehmen, die solches erwogen, unter der Hand zu raten begann, von dem Gesetz vorerst keinen Gebrauch mehr zu machen (Weekes et al., 1975; 228). Eine freiwillige Einkommenspolitik kam dennoch nicht zustande – wohl auch deshalb, weil der TUC mittlerweile entschlossen war, auf einen Regierungswechsel auszugehen (MacDonald, 1976; 202 f.). Die statt dessen eingeleitete gesetzliche Einkommenspolitik führte dann letztlich zu dem Streik der Bergarbeiter Ende 1973 und Anfang 1974, der mit der Abwahl der Regierung Heath und der Amtsübernahme einer Labour-Regierung sein Ende fand.

Gescheitert ist der Industrial Relations Act vor allem daran, daß er nicht bereit war, den „freiwilligen" Charakter eines „liberalen Korporativismus" hinreichend ernst zu nehmen und den entsprechend hohen Preis für seine Verwirklichung zu zahlen. Liberal-korporativistische Systeme werden dadurch – und nur dadurch – zusammengehalten, daß sie dem empirischen Interesse der an ihnen beteiligten Organisationen entsprechen. Auch das formale Recht kann nicht von einer sorgfältigen Berücksichtigung des hier zugrundeliegenden Zusammenhangs von Integration und Institutionalisierung entbinden. Gegenüber mächtigen, in ihrer sozialen Basis fest verwurzelten Interessenverbänden ist der direkte Durchgriff des Staates auf die Organisationsstrukturen zumindest dann ein herrschaftstechnischer Fehler – der freilich für Konservative unvermeidlich sein mag –, wenn er weder durch kompensierende Institutionalisierungsangebote akzeptabel gemacht noch von dem klaren Willen unterstützt wird, es gegebenenfalls auf ein Ende der liberalen Demokratie ankommen zu lassen und den Arbeitsmarkt mit staatlicher Zwangsgewalt zu kontrollieren. Einen Bürgerkrieg jedoch hat die Konservative Regierung nicht gewollt. Dabei hatten die Auseinandersetzungen um das Gesetz unter anderem gezeigt, daß negative Sanktionen, *wenn sie nur gegen Organisationen und nicht gegen Individuen gerichtet sind,* durchaus geeignet sein können, dem staatlichen Willen im Bereich der industriellen Beziehungen Nachdruck zu verleihen. Selbst eine so kämpferische Gewerkschaft wie die TGWU hatte sich schließlich, und zwar mit Zustimmung des TUC, dazu durchringen müssen, eine gegen sie verhängte Geldstrafe zu bezahlen und vor Gericht zu erscheinen (Degen, 1976; 363). Damit war die Boykottpolitik des TUG an einer zentralen Stelle zusammengebrochen. Freilich: Der im Gesetz enthaltene, durch Formalkompormisse nur mühsam überdeckte Widerspruch zwischen korporativistischen und individualistischen Verrechtlichungsstrategien sorgte dafür, daß es lediglich fünf entschlossener Männer bedurfte, damit der Staat sein strategisches Glacis: *die konfliktverarbeitende Eigengesetzlichkeit des Organisationsinteresses,* preisgab und sich auf eine Individualisierung des Konflikts einließ. Damit aber mußte er mit jenen partikularen Gruppennormen in Konflikt geraten, deren Mobilisierung zur Unterstützung der staatlichen Regulierungsabsichten das Kernstück des korporativistischen Ansatzes darstellt. Denn unter bestimmten Umständen kann die Androhung staatlicher Sanktionen *gegen eine Organisation* dazu führen, daß die auf die Organisation angewiesene Gruppe jedes Verhalten von Mitgliedern, das derartige Sanktionen auslösen könnte, als gegen das gemeinsame Interesse gerichtet – d.h. als „unsolidarisch" – verurteilt. *Individuelle* Sanktionen dagegen werden häufig von der Gruppe als Ausdruck eines Konflikts zwischen den eigenen Normen und Interessen, repräsentiert durch die betroffenen Individuen, und denen anderer Gruppen erfahren und mobilisieren dadurch die Gruppensolidarität *gegen* die staatliche Rechtsordnung. Daß es dem Industrial Relations Act aufgrund seiner konzeptuellen Ungereimtheiten (und freilich auch der extrem ungünstigen Ausgangsbedingungen) nicht gelang, sich des *Organisationsinteresses als Gelenkstelle zwischen der staatlichen Interventionspolitik auf der einen Seite und dem industriellen Konflikt auf der anderen* zu bedienen, war letzten Endes ausschlaggebend für sein Scheitern.

VIII.

„In Wirklichkeit handelt es sich um eine Fortentwicklung jenes in entwickelten kapitalistischen Gesellschaften seit langem stattfindenden Prozesses, bei dem die in sich konfliktgeladene Beziehung zwischen Arbeitgebern und Beschäftigten durch institutionelle Arrangements eingedämmt wird, die, obwohl sie als solche vielleicht signifikante Veränderungen in der gesellschaftlichen Verteilung von Macht und Lebenschancen anzeigen, gleichzeitig dazu dienen, den industriellen Konflikt daran zu hindern, Formen anzunehmen, die vom Standpunkt der bestehenden sozialen Ordnung disruptiv oder zerstörerisch wären." (Goldthorpe, 1974; 425)

Wie hat sich der Sieg der Gewerkschaften über den britischen Staat, der in dem Regierungswechsel des Jahres 1974 seinen sichtbaren Ausdruck fand, auf das weitere Verhältnis von staatlicher Ordnungspolitik und industriellen Beziehungen in Großbritannien ausgewirkt? Nicht wenige haben seinerzeit geglaubt, daß es in Wahrheit die Gewerkschaften waren, die 1974 die Regierung übernahmen. Hatte nicht die neue Parlamentsmehrheit sich ihr Wahlprogramm im "Liaison Committeee" des TUC und der Labour Party von den Gewerkschaften diktieren lassen? Hatte sie nicht damit dem „funktionalen Primat" (Lehmbruch; 1976) des parlamentarischen Systems gegenüber den großen Interessenverbänden um des Linsengerichts einer Regierungsübernahme willen verspielt? Im Rückblick scheint es eher, als seien auch die dramatischen Kämpfe der Zeit zwischen 1972 und 1974 jener „Paradoxie der Folgen" (Weber) unterworfen gewesen, die immer wieder die Siege der sozialdemokratischen Arbeiterbewegung über die Institutionen der kapitalistischen Gesellschaft in Beiträge zu deren Erhaltung verwandelt hat. Nachträglich jedenfalls ist nichts mehr von jener Gruppe machthungriger und zielstrebiger Gewerkschaftsführer zu erkennen, die 1974 in den Alpträumen konservativer Pessimisten im Begriff gestanden haben soll, alle Macht im Staate zu erobern. Statt dessen spricht vieles dafür, daß zumindest die Führungsspitzen der Gewerkschaften schon sehr bald vor dem Ausmaß der ihnen zugefallenen Verantwortung erschraken und hinter dem Rauchvorhang ihrer die jüngsten Konflikt reflektierenden, radikalen Programme nichts dringlicher suchten als den Rückweg in „normale Verhältnisse".

Dieser freilich war ihnen ein für allemal versperrt. Zwar war es nicht der „Gewerkschaftsstaat", der 1974 an die Stelle des von der neuen Mehrheit abgeschafften Industrial Relations Act trat; noch weniger aber war es die alte viktorianische Idylle des "free collective bargaining" und der gegenseitigen „Nichteinmischung" von Staat und Gewerkschaft. Der Kampf gegen das Gewerkschaftsgesetz der Konservativen hatte den TUC, sieht man von dem Generalstreik des Jahres 1926 ab, tiefer denn je in das politische Spiel hineingezogen. Der Unterschied zu 1926 jedoch bestand darin, daß die Gewerkschaften diesmal keine Niederlage erlitten, sondern im Gegenteil einen entscheidenden Sieg errungen hatten und damit für lange Zeit, ob sie es wollten oder nicht, zu einem ausschlaggebenden politischen Machtfaktor geworden waren. Dies gab ihnen einerseits die Möglichkeit, aktiv in ihrem Interesse in politische Entscheidungsprozesse einzugreifen; die unvermeidliche Kehrseite dieser dauerhaften und erfolgreichen Einmischung der Gewerkschaften in die Politik war jedoch eine zunehmende Einmischung der Politik in die industriellen Beziehungen, genau wie sie dem Modell des „liberalen Korporativismus" entspricht.

Viele Wege führen zur Integration, und der wichtigste und wirkungsvollste von ihnen ist der über die Teilhabe an der politischen Macht und die Konfrontation mit ihren Zwängen und Eigengesetzlichkeiten. Nie zuvor, ausgenommen in Kriegszeiten, haben sich die britischen Gewerkschaften so „verantwortlich" für den Zustand der

Volkswirtschaft geführt wie in den Jahren des "Social Contract". Und, wichtiger noch und ironischer, nie zuvor haben die Gesetze und Organe des Staates in den Arbeitsbeziehungen eine so große Rolle gespielt wie seit dem Sieg der Gewerkschaften über die durch den Industrial Relations Act versuchte „Verrechtlichung". Zumindest was die leitenden Prinzipien angeht, nach denen sich das Verhältnis zwischen Staat und industriellem Konflikt bestimmt, blieb die Aufhebung des Industrial Relations Act in vieler Hinsicht eine bloße Formalität und erwiesen sich die von der Heath-Regierung eingeleiteten Entwicklungen in überraschend vielen Punkten als irreversibel.

Denn nachdem einmal der Pulverdampf verflogen und dem Gesetz der politische Stachel genommen war, zeigte sich, daß einige seiner Bestimmungen sozialpolitische Standards gesetzt hatten, die durch traditionelle Tarifvereinbarungen nicht erreichbar gewesen wären und deren ersatzlose Streichung die Lage vieler Beschäftigter effektiv verschlechtert hätte. So behielt schon der Trade Union and Labour Relations Act von 1974, der das Gesetz von 1971 abschaffen sollte, immerhin dessen Kündigungsschutzbestimmungen bei und erweiterte sie sogar (Clegg, 1976; 479). Dies war freilich nur der Anfang. In den folgenden Jahren konnte es scheinen, als habe der so unerbittlich bekämpfte Industrial Relations Act den britischen Gewerkschaften nicht nur vor Augen geführt, daß die Zeit der unbegrenzten Autonomie unwiederbringlich vergangen war, sondern auch, daß Gesetze entgegen früherer Annahmen auch für Gewerkschaften mitunter von Nutzen sein können. Schon 1975 verabschiedete das Parlament auf Drängen des TUC den Employment Protection Act, der nicht nur den Kündigungsschutz der einzelnen Arbeitnehmer erheblich erweiterte und Ansprüche auf Mutterschaftsurlaub und Lohnfortzahlung einführte, sondern auch ein gegebenenfalls durch staatliche Zwangsschlichtung zu sicherndes Recht von Gewerkschaften auf „Anerkennung" durch den Arbeitgeber sowie auf in „gutem Glauben" geführte Verhandlungen statuierte (Harries, 1975). Darüber hinaus verpflichtete das Gesetz jeden Arbeitgeber, „seinen Beschäftigten nicht nur zu gestatten, den für sie zuständigen Gewerkschaften anzugehören, sondern auch, ihnen (unbezahlten) Urlaub für gewerkschaftliche Betätigung zu gewähren. Funktionäre anerkannter Gewerkschaften haben sogar Anspruch auf bezahlten Urlaub zur Erfüllung ihrer Aufgaben und zur Teilnahme an Bildungsveranstaltungen ..." (Clegg, 1976; 485) Andere, ähnlich orientierte Gesetze waren der Health and Safety at Work Act von 1974, der von der Gewerkschaft ernannte Sicherheitsbeauftragte vorsieht, der Industry Act von 1975 mit Informationsrechten der Gewerkschaften über betriebliche Planungen, der Sex Discrimination Act von 1975, usw. (Clegg, 1976; 487) – nicht zu vergessen die vom TUC seit einiger Zeit geforderte und von der Bullock-Kommission unterstützte paritätische Mitbestimmung, die erstmals zu einer rechtlichen Institutionalisierung der betrieblichen Arbeitnehmervertretung führen wird.

Ebenso erstaunlich war der Wandel in der Einkommenspolitik. Als Gegenleistung für die Aufhebung des Industrial Relations Act und für die sozialpolitische Reformgesetzgebung hatte der TUC der neuen Regierung von Anfang an seine aktive Unterstützung bei der Inflationsbekämpfung zugesagt. Auch hier war wohl der Schock des Industrial Relations Act nicht ohne Wirkung geblieben, und es scheint, als seien sich gerade auch die radikalen unter den Gewerkschaftsführern durch den Konflikt mit der Heath-Regierung darüber klar geworden, daß die einzige Alternative zu rechtlicher Reglementierung auf die Dauer nur „freiwillige" Kooperation sein konnte. Während noch 1974 und 1975 die Arbeitnehmer nach dem geläufigen Muster den unter der gesetzlichen Einkommenspolitik der Konservativen Regierung entstandenen „Nachholbedarf" befriedigten und die Gewerkschaftsspitzen nicht in der Lage waren, ihre (informellen) lohnpolitischen Stillhalteverpflichtungen in den Betrieben durchzusetzen (Degen, 1976; 393–404), änderte sich dies unter dem Druck der steigenden Arbeitslosigkeit, durch den die betrieblichen Verhandlungsspielräume zunehmend eingeschränkt wurden. Angesichts katastrophaler Inflationsraten, die zeitweise fast 25 % erreichten, konnte es der Regierung deshalb 1976 und 1977 gelingen, die Gewerkschaften nicht nur zu einem Verzicht auf Reallohnsteigerungen, sondern sogar zu einer bewußten Politik der Reallohn*senkung* zu verpflichten. Dabei betätigten sich die nationalen Gewerkschaftsführungen in einer Weise als „Streikpolizisten", wie man dies, hätte man die gegen den Industrial Relations Act gerichtete Rhetorik wörtlich genommen, niemals hätte erwarten können. Als im Frühjahr 1977 Facharbeiter bei British Leyland versuchten, auf dem bisher üblichen Weg die von der Einkommenspolitik fixierten Lohnleitlinien zu durchbrechen und damit einen Streik auslösten, der zeitweise 46.000 Leyland-Arbeiter beschäftigungslos machte, war es der Vorsitzende der AUEW, Hugh Scanlon, der die Drohung der Geschäftsleitung, bei Fortsetzung des Streiks die Streikführer zu entlassen, öffentlich unterstützte (siehe die im SPIEGEL, 13/77, wiedergegebene Streikchronik) – derselbe Scanlon, an dessen Entschlossenheit zum politischen Generalstreik die Anti-Streik-Gesetzgebung der Konservativen zerbrochen war.

Heute, dreieinhalb Jahre nach dem Sturz der Heath-Regierung und drei Jahre nach der Aufhebung des Industrial Relations Act, ist Großbritannien einem System des „liberalen Korporativismus" und einer „Verrechtlichung" seiner industriellen Beziehungen näher als je zuvor. Nicht gegen die Gewerkschaften, sondern auf ihren ausdrücklichen Wunsch hat der britische Staat nach dem Scheitern des Industrial Relations Act eine umfassende sozialpolitische Reformgesetzgebung eingeleitet, durch die die „Institutionalisierung des Klassenkonflikts" weit vorangetrieben und das Prinzip der „Nichteinmischung" unwiederbringlich aufgegeben worden ist. Möglich war dies, weil die Gewerkschaften in der politischen Konstellation der Jahre 1974 und 1975 – anders als unter den Konservativen – stark genug waren, jede *restriktive* Verrechtlichung zu verhindern und die neu verabschiedeten Gesetze ihren Interessen gemäß zu beeinflussen.

Auch eine solche Konstellation freilich – und gerade sie – begründet Abhängigkeiten. Ebenso, wie die britische Gewerkschaftsbewegung sich organisatorisch auf die Situation der „Rechtsfreiheit" eingestellt hatte, könnte sie sich mittel- und langfristig an die ihr neu gewährten, formalisierten Bestands- und Einflußrechte anpassen. Und erst eine solche Untermauerung durch organisatorische "vested interests" böte die Gewähr dafür, daß die in den letzten Jahren vorangekommene Entwicklung zu einem „liberalen Korporativismus" auch in Großbritannien Chancen hätte, einen Wechsel der politischen Mehrheitsverhältnisse oder eine Wiederkehr der Vollbeschäftigung zu überleben. Dann nämlich wäre eine Situation entstanden, in der „das Parlament ... entscheiden könnte, an den Genuß (der von ihm gewährten) Rechte Bedingungen zu knüpfen ... Zu diesem Zeitpunkt, wenn er eintritt, könnten die britischen Gewerkschaften sich an die Unterstützung durch das Recht gewöhnt haben und dadurch viel verwundbarer sein als damals, als der Industrial Relations Act ihnen für ihre Registrierung schmerzhafte Auflagen machte, bevor sie beginnen konnten, von den Vorteilen des Gesetzes zu profitieren" (Clegg, 1976; 498).

Zusammenfassung

Das Referat befaßt sich mit der Frage, unter welchen Voraussetzungen und mit welchen Mitteln demokratische Wohlfahrtsstaaten freiwillige Interessenverbände in intermediäre Organisationen zu transformieren vermögen, die sich zur Durchsetzung „konzertierter", systemumfassender Stabilisierungspolitiken in Dienst stellen lassen („liberaler Korporativismus"). Als Beispiel wird dabei auf den britischen Industrial Relations Act von 1971 Bezug genommen, der durch rechtliche Regulierung der Organisationen und der Politik der Tarifparteien – insbesondere der Gewerkschaften – die strukturellen Voraussetzungen für eine wirksame staatliche Einkommenspolitik schaffen sollte. Das Scheitern dieses Gesetzes am Widerstand der Gewerkschaften und teilweise auch der Arbeitgeber wird zum Anlaß genommen, nach dem Verhältnis der Macht- und Legitimitätspotentiale von Staat und Verbänden sowie nach den Wirkungsgrenzen zu fragen, denen staatliche Gestaltungsmittel – vor allem das formale Recht – gegenüber gesellschaftlichen Interessenorganisationen unterworfen sind.

Das Papier versucht zu zeigen, daß eine genetische Theorie des „Neo-Korporativismus" nur im Rahmen einer allgemeinen Theorie der Evolution formaler Organisationen möglich ist. Es vertritt darüber hinaus die These, daß trotz (bzw. gerade wegen) des spektakulären Erfolgs der britischen Gewerkschaften im Kampf gegen den Industrial Relations Act deren „Integration" und „Institutionalisierung" in den letzten Jahren weit stärker zugenommen haben als je zuvor, und daß gerade ihr beträchtlicher politischer Machtzuwachs nach 1973 die britische Gewerkschaftsbewegung zunehmend in jenes Muster „korporativer Kooperation" verwickelt hat, dem sie sich so erfolgreich entzogen zu haben glaubte.

Anmerkungen

1 Ein Beispiel ist der Trade Disputes Act von 1965, der durch die Entdeckung eines Gerichts notwendig geworden war, daß das gleichnamige Gesetz von 1906 unter anderem zwar die „Anstiftung zum Vertragsbruch", nicht aber die „Androhung" einer solchen Anstiftung von Schadensersatzansprüchen ausnehme. Das Parlament wies auch diesen Angriff des Common Law auf die Doktrin der "licensed conspiracy" zurück und fügte den seit 1871 erlassenen gesetzlichen Sondervorschriften eine weitere hinzu, die auch die Androhung der Anstiftung zum Vertragsbruch "in contemplation or furtherance of a trade dispute" gegen zivilrechtliche Sanktionen immunisierte.

2 Daß man „Richtern nicht die Entscheidung über industrielle Beziehungen anvertrauen" dürfe, war noch während der Auseinandersetzungen um den Industrial Relations Act eine stehende und weithin akzeptierte Redensart, die kaum einer Begründung bedurfte (vgl. etwa Mücken-

berger, 1974; 34). Mit welchen symbolischen Konnotationen sich der Gedanke einer „Verrechtlichung" der industriellen Beziehungen nach einem Jahrhundert der „Rechtsfreiheit" verband, wird unter anderem daran deutlich, daß der Vorsitzende des Nationalen Arbeitsgerichts auf Protestplakaten in deutscher Sprache als „Herr Donaldson" bezeichnet und der Premierminister Heath von Streikenden mit Hitler verglichen wurde (Mückenberger, 1974; 166; 80).

3 Streiks sind *Massenaktionen,* Strafverfahren dagegen bezwecken die Ermittlung *individueller* Schuld und die (nachträgliche) Sanktionierung von Einzelnen. Daß die Justiz gegenüber jedem Streik, der ein gewisses Mindestausmaß überschreitet, hoffnungslos überlastet sein muß, hat die Donovan-Kommission am Beispiel der erfolglosen gerichtlichen Verfolgung von viertausend illegal streikenden Bergarbeitern in Kent im Jahre 1941 gezeigt (Donovan, 1968; 340–41). Einfacher wurde derselbe Sachverhalt auf einem Plakat während des Docker-Streiks von 1971 ausgedrückt: „Wie groß muß ein Gefängnis für 10 Millionen Gewerkschafter sein?"

4 Im deutschen Arbeitsrecht wird diese Funktionalisierung vor allem in der Forderung ausgedrückt, daß Arbeitskampfmaßnahmen „sozialadäquat" zu sein haben.

5 Dem Donovan-Report zufolge handelte es sich noch 1968 nach geltender Rechtslage schon dann um eine "trade union", wenn sich „zwei Shop Stewards zu Zwecken der Durchführung eines Arbeitskonfliktes in einer bestimmten Firma miteinander verbinden, vorausgesetzt sie haben eine ‚Satzung' (die offenbar jedoch nicht schriftlich niedergelegt werden braucht)" (Donovan, 1968; 206).

6 Zur Zeit des Donovan-Report bestanden in Großbritannien 574 Gewerkschaften, von denen 170 dem TUC angeschlossen waren. Die neun größten TUC-Gewerkschaften organisierten etwa die Hälfte aller Gewerkschaftsmitglieder. 450 Organisationen hatten weniger als 5.000 Mitglieder (Donovan, 1968; 7).

7 Mückenberger (1974; 11) hat dies auf die Formel gebracht, daß in Großbritannien „das Verhältnis zwischen Lohnarbeit und Kapital eher ein Kräfteverhältnis als ein Rechtsverhältnis war."

8 Hieraus resultiert die relativ hohe Anfälligkeit der britischen Arbeitsbeziehungen gegen Streiks, und vor allem gegen nichtgewerkschaftliche Streiks. Für einen internationalen Vergleich siehe Donovan (1968; 94–96). 95,6 % (2.171) der 2.272 Streiks der Jahre 1964–1966 waren nicht von Gewerkschaften ausgerufen worden; an ihnen waren 86,2 % aller Streikteilnehmer beteiligt, und durch sie wurden 69,2 % aller Arbeitszeitverluste verursacht (Donovan, 1968; 97).

9 Die Darstellung lehnt sich im folgenden eng an die These der Donovan-Kommission von den „zwei Systemen" industrieller Beziehungen an (Donovan, 1968; 12–37).

10 Zahlen bei Donovan (1968; 14–16). So waren beispielsweise zwischen 1962 und 1967 die Tariflöhne der britischen Industriearbeiter um 23.1 %, die Effektivlöhne dagegen um 36,3 % gestiegen.

11 Der Bericht verweist hier vor allem auf den Zerfall der Arbeitgeberverbände sowie auf die Unfähigkeit der einzelnen Arbeitgeber, ein effektives Personalmanagement einzuführen – etwas, das „außerhalb der Einflußmöglichkeit der Gewerkschaften gelegen" habe (Donovan, 1968; 29). Überhaupt geht die Stoßrichtung des Donovan-Report eher gegen das, was als Versäumnisse der Arbeitgeber angesehen wurde, als gegen die Gewerkschaften.

12 Der Generaldirektor des britischen Arbeitgeberverbandes hatte schon Ende 1970 öffentlich Zweifel daran geäußert, daß die Arbeitgeber in großer Zahl von der Möglichkeit einer Einleitung rechtlicher Verfahren Gebrauch machen würde (Degen, 1976; 349). Wie wenig die Arbeitgeber eine „Verrechtlichung" schätzten, hatte sich 1963 beim Erlaß des Contracts of Employment Act gezeigt, der „trotz der Bescheidenheit seiner Bestimmungen – minimale Kündigungsfristen und das Recht eines Beschäftigten auf schriftliche Festlegung gewisser Einzelheiten seines Vertrags – sowohl von den Gewerkschaften als auch von den Arbeitgebern bekämpft worden war, und zwar in einigen Fällen mit großer Heftigkeit" (Clegg, 1976; 488). Zur Angst der Arbeitgeber vor Konfliktausweitung als Folge von rechtlichen Sanktionen siehe Weekes et al. (1975; 183).

13 Andere Gründe, warum Arbeitgeber einer rechtlichen Formalisierung von Vereinbarungen ablehnend gegenüberstanden, waren die davon zu erwartenden Veränderungen der Machtverhältnisse innerhalb der Geschäftsleitungen. Rechtswirksamkeit von Lohnabkommen hätte die Firmen dazu gezwungen, ihre Verhandlungskompetenzen zu zentralisieren und das middle management in dieser Hinsicht zu entmachten (Weekes et al., 1975; 160). Ferner hätte eine „Verrechtlichung" neue Anforderungen an das Management gestellt, denen dieses nicht ohne weiteres gewachsen gewesen wäre. „Die meisten der Industriemanager ... fürchteten, daß

Juristen in den Unternehmen denselben Einfluß erhalten würden wie in den USA. ‚Mehr Macht für die Juristen heißt weniger Macht für uns', schien eine verbreitete Haltung zu sein." (Weekes et al., 1975; 182). Übrigens scheinen derartige Vorbehalte auch bei den Gewerkschaften bestanden zu haben, deren hauptamtliches Personal für die zu erwartenden Gerichtsverfahren weder zahlenmäßig ausreichte noch entsprechend ausgebildet war.

14 Vgl. hierzu vor allem auch unten über den Widerstand der Arbeitgeber gegen die Illegalisierung des "closed shop".

15 Der Zusammenhang zwischen erfolgreicher gewerkschaftlicher Integration und sozialdemokratischer Regierungsmehrheit ist immer wieder beobachtet worden. Vgl. für viele andere Shonfield (1968).

16 Hier ist ein Vergleich mit der Entwicklung der amerikanischen Arbeitsgesetzgebung aufschlußreich. Wie Clegg (1976; 463 f.) bemerkt, enthielt der Industrial Relations Act gleichzeitig die Elemente des Wagner Act von 1935 (der den Gewerkschaften erstmals Rechte und Funktionen gegeben hatte) und der restriktiven Gesetzgebung von Taft-Hartley aus dem Jahre 1945. Daß bei den amerikanischen Gewerkschaften zwischen rechtlicher Anerkennung und rechtlicher Kontrolle ein Zeitraum von 10 Jahren gelegen habe, habe diesen die Möglichkeit gegeben, zunächst von den Vorzügen staatlicher „Einmischung" zu profitieren, ohne dafür ihre Nachteile hinnehmen zu müssen. „Als dann ... der Taft-Hartley Act ihnen für den fortgesetzten Genuß dieser Vergünstigungen einen hohen Preis auferlegte, entschieden sie, daß sie ohne sie nicht auskommen konnten." In England dagegen waren die Nachteile schon spürbar, bevor sich ein etabliertes Interesse an den Vorteilen hatte bilden können. S.a. unten, VIII.

17 Weitere Einschränkungen waren ein Verbot von Sympathiestreiks, die Einführung einer bis zu 60-tägigen „Abkühlungsphase", die Einführung einer Arbeitsgerichtsbarkeit mit der Möglichkeit, gegen Streiks einstweilige Verfügungen zu erwirken usw. Da eine umfassende Darstellung des Gesetzes hier nicht angestrebt wird, wurde auf eine Diskussion dieser und anderer Bestimmungen verzichtet.

18 Und von ihnen durchaus auch als legitim anerkannt wurde. So hatte sich der TUC 1969 als Gegenleistung für die Zurückziehung der Gesetzgebungspläne der Labour-Regierung ("In Place of Strife") dazu verpflichtet, bei inoffiziellen Streiks die in Frage kommende Gewerkschaft „freiwillig" dazu zu veranlassen, „energische Schritte zur sofortigen Wiederaufnahme der Arbeit einzuleiten, einschließlich eines Vorgehens entsprechend den Satzungsbestimmungen". Degen schreibt dazu: „Mit dieser Zusage, die den Einzelgewerkschaften bei Nichtbefolgung ein Ausschlußverfahren androhte, wurde ein direktes Vorgehen durch die zuständigen Gliederungen gegen diejenigen Shop Stewards verlangt, die als betriebliche Gewerkschaftsvertreter unter Mißachtung der Satzungsbestimmungen und Konfliktregelungsverfahren spontane Arbeitsniederlegungen zu verantworten haben." (1976; 337)

19 Formal war der Vorgang komplizierter. Die englischen Gewerkschaften waren und sind seit 1871 bei einer staatlichen Registerbehörde registriert, allerdings ohne Auflagen. Diese Registrierung ließ das Gesetz von 1971 stehen und verband sie mit den erwähnten Mindestanforderungen an die Satzungsstruktur. Wenn Gewerkschaften also nicht registriert sein wollten, mußten sie ihre Registrierung formell zurückziehen. Genau dies taten die meisten Mitglieder des TUC im Laufe des Jahres 1971.

20 Ein gutes Beispiel für die Schwäche der Gewerkschaftsführungen gegenüber ihren Mitgliedern liefert das Scheitern der Schlichtungsversuche des TGWU-Vorsitzenden, Jack Jones, während des Docker-Streiks 1972 (s.u.). Einzelheiten lassen sich bei Mückenberger (1974; 25, 57–58, 67, 112) und Weekes et al. (1976; 279–285) nachlesen. Die Darstellungen zeigen, daß Jones einer Disziplinierung seiner Shop Stewards wohl kaum abgeneigt war (vgl. etwa die bei Mückenberger, 1974; 125, zitierten, Ende 1972 neu ausgegebenen Ausweise für TGWU-Shop Stewards, in denen unter anderem vermerkt war: „Shop Stewards sind nicht ermächtigt, Arbeitskämpfe für die Gewerkschaft einzuleiten oder fortzusetzen."), andererseits jedoch gegen deren Willen nichts zu entscheiden vermochte. Bezeichnend für die Situation der Gewerkschaftsspitzen sind zwei Erklärungen von Jones, deren unterschiedliche Nuancierung auf die Verschiedenartigkeit der Adressaten zurückgeht und zeigt, wie leicht strukturell bedingte Handlungsunfähigkeit „radikaldemokratisch" ideologisiert werden kann. Gegenüber dem Arbeitsgericht hatte die TGWU erklärt, es sei „müßig davon auszugehen, daß (die TGWU) ihre Shop Stewards dazu überreden könne, ihre Politik zu ändern. Die Gewerkschaft sei nicht bereit, gegen ihre Shop Stewards disziplinarische Maßnahmen einzuleiten; *auch wenn sie dies versuchte, würde dadurch der Streik nicht enden*." (Weekes et al., 1975; 279 Hervorhebung von mir. W. S.). In einem Presseinterview formulierte Jones denselben Sachverhalt so: „Wir fordern die Shop Stewards

nicht auf, der Gewerkschaft zu gehorchen ... sie sind die Gewerkschaft." (zitiert bei Degen, 1976; 379)

21 Daß das Gesetz die Gewerkschaften zu „Streikpolizisten" oder "managers of discontent" machen wolle, war eine häufig gehörte Kritik. Hierzu unter anderem Flanders (1975; 293 f.).

22 Die duale Funktion der Shop Stewards wurde insbesondere in dem Urteil des Berufungsgerichts im Docker-Streik betont, das die Gewerkschaft (TGWU) von jeder Verantwortung für die Handlungen ihrer Shop Stewards freisprach (Weekes et al., 1976; 107; Mückenberger, 1974; 59–64). Die Konsequenz hieraus konnte freilich, unter den sonstigen rechtlichen Umständen, nur eine individuelle Kriminalisierung von Streikführern sein. Konfrontiert mit den politischen Folgen, hob das Oberhaus als höchste Berufungsinstanz – für konservative Geister „unter dem Druck der Straße" – das genannte Urteil denn auch wieder auf und konstruierte eine Blankoverantwortlichkeit der Gewerkschaften (s. u.).

23 Einen solchen Versuch, Konflikte durch Eingriffe in "managerial prerogatives" von vornherein zu vermeiden, stellen die im Gesetz enthaltenen Kündigungsschutzbestimmungen dar. Ihr diesbezüglicher Wert, wenn er vorhanden war, kam jedoch während der Auseinandersetzungen um das Gesetz nicht zur Geltung.

24 Im wesentlichen ging es darum, daß die Dockarbeiter bestimmte Firmen durch Boykottmaßnahmen veranlassen wollten, bestimmte Arbeiten durch registrierte Docker und nicht durch andere Arbeiter ausführen zu lassen.

25 Die Freilassung der "Pentonville Five" war nicht die einzige Farce, die sich während der Geltungsdauer des Gesetzes vor und in den Gerichten abspielte. Der Vorsitzende des Nationalen Arbeitsgerichts, der bis kurz vor seinem Amtsantritt ein konservativer Parlamentsabgeordneter gewesen war (!), scheint hieran einigen Anteil gehabt zu haben. Bemerkenswert ist beispielsweise, daß ein Verfahren gegen die AUEW dadurch beendet werden konnte, daß eine verhängte Geldstrafe von 65.000 Pfund, anstatt von der zahlungsunwilligen Gewerkschaft, die für den Fall einer Vollstreckung mit einem nationalen Streik gedroht hatte, von einem „unbekannten Spender" bezahlt wurde (MacDonald, 1976; 206).

Literatur

Clegg, Hugh Armstrong, 1976: The System of Industrial Relations in Great Britain. Oxford: Basil Blackwell.

Degen, Günther R., 1976: Shop Stewards. Ihre zentrale Bedeutung für die Gewerkschaftsbewegung in Großbritannien. Frankfurt: Europäische Verlagsanstalt.

Donovan, 1960 (Royal Commission on Trade Union and Employers' Associations 1965–1968): Report. London: Her Majesty's Stationary Office.

Flanders, Allan, 1975: Management and Unions. The Theory and Reform of Industrial Relations. London: Faber and Faber.

Goldthorpe, J. H., 1974: Industrial Relations in Great Britain: A Critique of Reformism. Politics and Society; S. 419–452.

Harries, John, 1975: Employment Protection – the 1975 Act Explained. London: Oyez Publishing.

Lehmbruch, Gerhard, 1976: Liberal Corporatism and Party Government. Revised Version of a Paper Presented to the IPSA World Congress, Edinburgh, 1976. Hektographiertes Manuskript.

MacDonald, D. F.: 1976: The State and the Unions. 2nd edition. London: MacMillan.

Mückenberger, Ulrich: 1974: Arbeitsrecht und Klassenkampf. Der große englische Dockarbeiterstreik 1972. Frankfurt am Main: Europäische Verlagsanstalt.

Offe, Claus, 1975: Überlegungen und Hypothesen zum Problem politischer Legitimation. Beitrag zum Duisburger Kongreß der DVPW, 1975. Hektographiertes Manuskript.

Shanks, Michael, 1972: The Stagnant Society. Revised Edition. London: Penguin Books.

Shonfield, Andrew, 1968: Geplanter Kapitalismus. Köln – Berlin: Kiepenheuer und Witsch.

Stinchcombe, Arthur L.: 1965: Social Structure and Organizations. In: J. March (Hrsg.), Handbook of Organizations. Chicago: Rand McNally.

Streeck, Wolfgang, 1972: Das Dilemma der Organisation. In: W. Meißner und L. Unterseher (Hrsg.), Verteilungskampf und Stabilitätspolitik. Stuttgart: Kohlhammer.

Streeck, Wolfgang, 1977: Gewerkschaften und Mitglieder. Zur Soziologie gewerkschaftlicher Mitgliederrekrutierung. Berlin: IIM discussion paper 77/65.

Weekes, Brian et al.: 1975: Industrial Relations and the Limits of Law. The Industrial Effects of the Industrial Relations Act. Oxford: Basil Blackwell.

Die sozialen Kosten einer modernisierten Volkswirtschaft: Arbeitslosigkeit und gesellschaftliche Disintegration

Von Josef Esser / Wolfgang Fach / Werner Väth

1. Problemstellung und Erkenntnisinteresse

Die Höhe der Arbeitslosigkeit in der BRD bewegt sich nun schon im 3. Jahr um die Millionengrenze; neben kurzfristig konjunktureller scheint für die nächsten Jahre längerfristig wirkende *strukturelle* Arbeitslosigkeit zum Hauptproblem für das Vollbeschäftigungsziel zu werden. Daß hohe und dauerhafte Arbeitslosigkeit für die davon Betroffenen kaum gutzumachende psychische, soziale und ökonomische Schäden und für die (Noch-) Beschäftigten zunehmende Daseins-Unsicherheit hervorruft, scheint evident. Weniger Klarheit herrscht in Wissenschaft und politischer Praxis über mögliche *Veränderungen des politischen Konfliktpotentials* bei struktureller Arbeitslosigkeit. Allgemein vermutet man eine Bedrohung des Stabilitätsniveaus und leitet daraus die Notwendigkeit eines forcierten Strukturwandels *Modernisierung)* des ökonomischen Systems ab.

Zwei *Strategien* stehen einander gegenüber: die *eine*, *liberale*, baut auf die Selbstheilungskräfte des funktionierenden freien Marktes, der – nachdem die beiden Störfaktoren: staatliche Reformfreudigkeit und gewerkschaftliche Lohnpolitik diszipliniert sind – den Strukturwandel auf naturwüchsige Weise hervorbringt; sie nimmt dabei über eine längere „Durststrecke" Arbeitslosigkeit bewußt in Kauf. Subjekt dieses Modernisierungsprozesses sind – mit anderen Worten – die objektiv wirkenden Bewegungsgesetze kapitalistischer Ökonomie. Die *zweite, staatsinterventionistische*, will mit dem Instrumentarium aktiver Strukturpolitik, flankiert von autonomer Beschäftigungspolitik, den Strukturwandel beschleunigen und die Arbeitslosigkeit rasch beheben. Subjekt dieses Prozesses ist also der Staat mit seiner qualitativ neuen Wirtschaftspolitik.

Es liegt auf der Hand, daß die 2. Konzeption programmatisch von Sozialdemokratie und Gewerkschaften getragen wird. Von der *SPD*, weil strukturelle Arbeitslosigkeit Kernbereiche ihres Wählerpotentials trifft, die Vollbeschäftigungspolitik als zentraler Bestandteil sozialdemokratischer Programmatik unglaubwürdig wird, ihr wirtschaftspolitischer Anspruch effektiver ökonomischer Steuerung bei gleichzeitiger sozialer Stabilisierung ins Wanken kommt und der Druck von gewerkschaftlicher Seite zunimmt. Von den *Gewerkschaften*, weil die Sicherung der Arbeitsplätze bei ihren Mitgliedern höchste Priorität hat (noch vor Lohnerhöhungen), weil hohe und dauerhafte Arbeitslosigkeit das gewerkschaftliche Verhandlungspotential minimiert (Funktion der industriellen Reservearmee), schließlich Selbstverständnis und Existenz der Gewerkschaften bedroht.

Offenkundig hat sich dieses Programm gegen die strukturellen und politischen Widerstände des status quo nicht durchgesetzt; denn, mitgetragen von den „realistischen Kräften" in Gewerkschaften und Sozialdemokratie, läuft derzeit ein ökonomischer Modernisierungsprozeß ab, der dem liberalen Konzept entspricht und strukturelle Arbeitslosigkeit in Kauf nimmt.

Unser *Erkenntnisinteresse* zielt darauf ab, die allgemein vermutete Veränderung des Konfliktpotentials aufgrund struktureller Arbeitslosigkeit für eine spezifische soziale Gruppe, die *gewerkschaftlich organisierten Lohnabhänigen*, in Abhängigkeit von *sektoralen, regionalen* und *politischen* Faktoren *konkret* zu untersuchen

Sektoral konzentrieren wir uns auf die seit 3 Jahren in einer tiefgreifenden Strukturkrise steckende Eisen- und Stahlindustrie; regional auf das dadurch von überdurchschnittlich hoher Arbeitslosigkeit betroffene Saarland; politisch darauf, ob die saarländische IG Metall ihre bisher kooperative Politik zu ändern gezwungen und in der Lage ist.

Wir legen nur erste vorläufige Überlegungen zu diesem längerfristig geplanten *Forschungsprojekt* vor: zunächst soll die These belegt werden, daß der Modernisierungsprozeß entgegen sozialdemokratisch-opimistischen Vorstellungen in Form eines naturwüchsigen Anpassungsprozesses abläuft, der systematisch strukturelle Arbeitslosigkeit erzeugt (2). In Teil 3 werden Strukturwandel und Beschäftigungsabbau in der saarländischen Eisen- und Stahlindustrie dargelegt. Teil 4 diskutiert abstrakt auf Basis bisheriger Untersuchungen den Zusammenhang von Arbeitslosigkeit, Arbeitplatzunsicherheit und gesellschaftlicher Desintegration. Teil 5 schließlich versucht, unsere Arbeitshypothesen für die weitere Forschung zu skizzieren.

2. *Modernisierung: aktive Strukturpolitik vs. ökonomische Anpassung*

Die Konzeption der ‚Modernisierung der Volkswirtschaft' geht von der Grundannahme aus, daß Strukturveränderungen im Weltwirtschaftssystem – vor allem eine geänderte internationale Arbeitsteilung – die ökonomische Struktur der Bundesrepublik seit Beginn der 70er Jahre einem wesentlich erhöhten Anpassungsdruck ausgesetzt haben. Da die potentiellen sozialen und politischen Folgekosten selbstadaptiver marktwirtschaftlicher Anpassungsreaktionen – dauerhafte Arbeitslosigkeit und daraus erwachsende Polarisierung im Parteienspektrum – als zu hoch angesehen werden, soll eine aktive staatliche Strukturpolitik den notwendigen ökonomischen Wandel steuern und gleichzeitig seine sozialen Auswirkungen kontrollieren[1].

Die befürchtete und teilweise bereits eingetretene Verschlechterung der Konkurrenzsituation von einzelnen Zweigen der exportabhängigen deutschen Industrie auf dem Weltmarkt und die dadurch hervorgerufene direkte und indirekte Gefährdung von Arbeitsplätzen wird mit der gleichzeitigen Änderung einer ganzen Reihe von Faktoren im weltwirtschaftlichen Szenario seit der Ölpreiskrise 1973 begründet:

– mit der dauernden Verteuerung der deutschen Exporte im Gefolge der Änderung der internationalen Währungsrelationen;

- mit der zunehmenden Kartellbildung der Rohstoffländer gegenüber den entwickelten Industrienationen;
- mit Tendenzen zur Produktionsverlagerung und damit zum Kapital- und Arbeitsplatzexport in sog. Billiglohnländer;
- mit beginnender Marktsättigung in Bereichen langlebiger Konsumgüter;
- mit dem weitgehenden Fehlen neuer Basis-Innovationen, die den Industrieländern bisher einen technologischen Vorsprung sicherten;
- mit dem Schließen von Lücken im know-how der standardisierten Konsumgüter- und nicht-spezialisierten Investitionsgüterbereiche.

Ein ,,aggressiver Verdrängungswettbewerb" (Hauff/Scharpf, 1975, S. 22) droht besonders auf jenen Märkten den bisherigen (eher hierarchischen)" kollegialen Differenzierungswettbewerb" (ebd.) abzulösen, auf denen die jungen Industrienationen bei gleichem technologischen Produktionsniveau, aber aufgrund einer günstigeren Kostenstruktur, in der Preiskonkurrenz Vorteile haben.

Massive industrielle Strukturkrisen in den entwickelten Ländern sind unter solchen Bedingungen besonders in jenen Branchen nicht mehr auszuschließen, die einen steigenden Kostendruck (etwa bei Energie und Rohstoffen) nicht mit fortdauerndem technologischen Vorsprung kompensieren können. Der im Vergleich zu anderen entwickelten Nationen überproportionale Industrieanteil[2] bedeutet für die Bundesrepublik eine besondere Gefährdung. Zwar scheinen auf der Basis der bisherigen Erfahrungen Strukturkrisen in einzelnen Branchen (etwa Bergbau, Textil und Bekleidung) lösbar, solange sie zeitlich und räumlich isoliert voneinander auftreten; ein gleichzeitiges Aufbrechen in einer Anzahl wichtiger Sektoren läßt jedoch eine Problemkumulation nach folgendem typischen Ablaufschema erwarten: von steigenden Billigimporten über arbeitssparende Rationalisierungsinvestitionen und den Aufbau von Überkapazitäten zu Liquiditätskrisen und schließlich zur strukturellen Arbeitslosigkeit.

Die regionale Konzentration solcher Strukturkrisen macht in den betroffenen Gebieten die kurzfristige Schaffung alternativer Arbeitsplätze, der verengte fiskalische Interventionsspielraum die politische Bewältigung illusorisch.

Vermieden werden kann das Eintreten dieses Krisenszenarios durch die antizipative Strategie einer ,aktiven Strukturpolitik', die die Branchenstruktur der deutschen Industrie den neuen Bedingungen der internationalen Arbeitsteilung anpaßt, damit die Wettbewerbsfähigkeit erhält und Arbeitsplätze sichert[3].

Ökonomisch enthält die Konzeption im wesentlichen vier Elemente:

- beschleunigte technologische Innovation in stabilen Kernbereichen,
- Spezialisierung auf die produktivsten Schlüsselindustrien,
- Besetzung von Marktnischen,
- selektive Entwicklung neuer Technologien als Basis neuer Industrien.

In der ökonomischen Tradition der Bundesrepublik, bisher geprägt von der Kombination des marktwirtschaftlichen Prinzips der Selbststeuerung für die Mikrorelationen und der keynesianischen Globalsteuerung der Makrorelationen (Schiller), bedeutet eine solche weitreichende Struktursteuerung auf der Angebotsseite ein Novum. Ihre

Einführung und Handhabung scheint daher nur bei größerem gesellschaftlichen Konsens, bei einer Übereinkunft von Staat, Kapital und Gewerkschaften gesichert. Eine Art neokorporative Stabilisierung wird zur Alternative von ökonomischer Stagnation, hoher Arbeitslosigkeit und verschärfter Verteilungskonflikte (Narr/Offe 1976, S. 5 ff.).

Die eher pessimistische Einschätzung der Realisierungsfähigkeit einer solchen Konzeption gründet sich auf ihren immensen politischen Konsensbedarf, auf die hohen, bei der Selektion der technologischen Strategien anfallenden Informationsbeschaffungskosten und schließlich auf die Gefahr einer symbiotischen Einbeziehung des Staates in risikoreiche ökonomische Entwicklungen bei einseitiger Anlastung der Verantwortung (Scharpf 1976, S. 31 ff.).

Der faktische Verlauf der ökonomischen Entwicklung seit Beginn der Krise 1974 erscheint denn auch geradezu als das Negativbild des aktiven strukturpolitischen Modernisierungsmodells. Auf eine kurze Formel gebracht, zeichnete sich der Prozeßverlauf gerade nicht aus durch eine politisch gesteuerte Modernisierung des ökonomischen Produktionsapparates, sondern durch eine reaktive Anpassung auf der Basis einzelbetrieblicher Rationalitätskalküle als der genuin kapitalistischen Form ökonomischer Modernisierung. Das beschäftigungspolitische Ziel der ‚aktiven Strukturpolitik' erscheint mit dem seit nunmehr fast drei Jahren über der Millionengrenze liegenden Niveau der Arbeitslosigkeit auf den Kopf gestellt: „der Strukturwandel scheint nicht beschäftigungsneutral gewesen zu sein" (Sachverständigenrat 1976/77, S. 7).

Art und Ausmaß dieses ökonomischen Einbruchs, der nicht mehr lediglich ein konjunkturelles ‚Tal', sondern massive strukturelle Verwerfungen signalisiert, haben eine für die Bundesrepublik qualitativ neue Dimension des Beschäftigungsproblems eröffnet. Denn die Bedeutung der gegenwärtigen Arbeitslosigkeit liegt – neben den bekannten und vergleichsweise harmlosen konjunkturellen und friktionellen Komponenten – gerade in ihrer – wenn auch qualitativ und quantitativ umstrittenen – strukturellen Komponente[4].

Da ökonomischen Strukturproblemen bis zu ihrem manifesten Ausbruch regelmäßig eine längere Latenzzeit verausgeht, scheint es notwendig, den Zusammenhang zwischen Produktionswachstum und Beschäftigungsentwicklung in der Bundesrepublik über einen längeren Zeitraum zu verfolgen; dabei lassen sich im wesentlichen vier Phasen unterscheiden (Glastetter 1976, S. 22 ff.).

a) Die erste Phase bildet die ökonomische Rekonstruktionsperiode während der 50er Jahre, in der sich bekanntlich die Konstellation zwischen Wachstum, Kapitalintensität und Kapitalproduktivität gesamtwirtschaftlich ausgesprochen günstig darstellt. Mit vergleichsweise geringem Investitionsvolumen lassen sich ausgeprägte Produktions- und Beschäftigungseffekte erzielen, weil der überwiegende Teil der Investitionen der Erweiterung der Produktionskapazitäten und nur ein kleiner Teil der Verbesserung der Kapitalausstattung der Arbeitsplätze dient (Buttler/Hof 1977, S. 76 ff.). Entsprechend hoch ist während dieser Phase der beschäftigungspolitische Absorptionseffekt; d.h. trotz wegfallender Arbeitsplätze (1,3 Mill. im primären Sektor) ist die Arbeitsplatzbilanz per Saldo positiv. Das insgesamt steil ansteigende Erwerbspersonenpotential – die Wohnbevökerung nimmt um 5,5 Mill. zu, die Erwerbsquote steigt auf über 48 % – wird nicht nur vollständig im Sekundär- und Tertiärsektor absorbiert, sondern zusätzlich sinkt die Arbeitslosenquote von 11 % auf ca. 1 %. Wachstumseffekt und Beschäftigungseffekt sind während dieser Periode also in geradezu idealer Weise miteinander verkoppelt.

b) Während der zweiten Phase, von Anfang der 60er Jahre bis zur ersten Krise 1966/67, setzen sich bereits andere Entwicklungsdeterminanten durch. Aufgrund der Vollauslastung des Faktors Arbeitskraft erwächst ein unabweisbarer Zwang zu einer Forcierung der Kapitalintensivierung. Daß die Arbeitslosenquote durchschnittlich unter 1 % gehalten werden kann, gelingt vor allem dank einer deutlich sinkenden Erwerbsquote (durchschnittlich 44,5 %) bei weiter ansteigender Wohnbevölkerung und erheblich verminderten realen Wachstumsraten.

Für die sektorale Entwicklung der Wirtschaftsstruktur während dieser Phase ist der Tatbestand von Bedeutung, daß sich die Fähigkeit des sekundären Sektors zur Aufnahme weiterer Arbeitskräfte erschöpft. Einen Absorptionseffekt strukturell oder konjunkturell freigesetzter Arbeitskräfte weist nur noch der Dienstleistungsektor auf.

Während dieser Periode deutet sich also im warenproduzierenden Sektor der Effekt einer Entkopplung von Produktionswachstum und Absorption von Arbeitskraft bereits an.

c) Die dritte Phase, die sich bis zum Ausbruch der Krise 1974 erstreckt, weist ein erneut geändertes Entwicklungsmuster auf: Zwar werden im konjunkturellen Aufschwung ab 1968 reale Wachstumsraten bis zu 7 % erreicht, steigt die Wohnbevölkerung nur noch in ganz schwachem Ausmaß und sinkt die Erwerbsquote weiter ab. Trotzdem steigt die Nachfrage nach Arbeitskräften nicht mit dem Fortschritt der Produtionsraten: als zentrale Änderung der bisherigen Bedingungskonstellation des wirtschaftlichen Wachstums in der BRD kehrt sich das Verhältnis zwischen dem Wachstum des Kapitalstocks und der Kapitalintensität erstmals um, als Folge gehen Arbeitsplätze verloren.

Im sekundären Sektor bleibt die Beschäftigungsrate nahezu konstant, Arbeitskräfte nimmt nur noch der Tertiärsektor auf. Das herausragende Kennzeichen dieser Periode in der Entwicklung der Relation zwischen Wachstum und Beschäftigung besteht darin, daß trotz anhaltenden gesamtwirtschaftlichen Wachstums, der Entlastungseffekte durch eine sinkende Erwerbsquote und noch funktionierender Absorptionsfähigkeit des Dienstleistungssektors, die Arbeitslosenquote bereits ab 1970 kontinuierlich ansteigt, das dramatische Hochschnellen 1974 zwar konjunkturell ausgelöst wird, aber bereits längst strukturell durch die nunmehr auch gesamtwirtschaftlich dominante Entkopplung von Wachstum und Beschäftigung angelegt ist.

d) Der Verlauf der Krise ab 1974 zeigt recht bald ein Erscheinungsbild, das von einer ‚normalen' rezessiven Konjunkturphase signifikant abweicht und auf das Wirksamwerden der strukturellen Faktoren hinweist.

Die zunächst von der Preisentwicklung auf den Rohstoffmärkten ausgelöste Absatzkrise macht bereichsweise Überkapazitäten in der westdeutschen Industrie deutlich, mit dem sinkenden Auslastungsgrad sinkt auch die Kapitalrentabilität. Aufgrund des Kostendrucks und der Intensität des Einbruchs werden Arbeitskräfte nicht mehr (wie bei früheren konjunkturellen Rückgängen) gehortet, sondern in großem Maßstab entlassen; gleichzeitig läßt in der ersten Phase der Krise die Investitionstätigkeit stark nach (Sachverständigenrat 1976/77, S. 6).

Bereits 1976 wächst das reale Bruttoinlandsprodukt wieder um 5,4 %, die Zahl der Erwerbstätigen aber nimmt um ein weiteres Prozent ab. Die Investititonstätigkeit – auf einem für die Bundesrepublik ungewohnt niedrigen Niveau verbleibend – besteht zu weitaus überwiegenden Teilen aus Rationalisierungsinvestitionen (Sachverständigungsrat 1976/77, S. 8), die zumindest kurzfristig Lohnkosten zu senken vermögen und damit eine einzelbetrieblich höchst sinnvolle Option darstellen. Gesamtwirtschaftlich aber verschärfen sie das Problem sektoraler Überkapazitäten und bewirken neben einer weiteren Steigerung der Arbeitsintensität die fortlaufende Vernichtung von Arbeitsplätzen. Da Erweiterungsinvestitionen völlig fehlen und auch in Zukunft nicht mehr erwartbar sind (ebd.), ist eine Absorption freigesetzter Arbeitskräfte im industriellen Sektor weitgehend ausgeschlossen.

Hinzu kommt, daß aufgrund einer, wenngleich schwächer ausgeprägten Rationalisierungswelle im Dienstleistungssektor auch dieser zur Aufnahme von Erwerbslosen außerstande erscheint; längerfristig zeichnet sich außerdem die bisherige Annahme von autonomen Beschäftigungsimpulsen des Dienstleistungssektors als Fehleinschätzung ab. Wegen restriktiver Haushaltsführung verhalten sich außerdem die öffentlichen Arbeitgeber bei Bund, Ländern und Gemeinden beschäftigungspolitisch ausgesprochen prozyklisch.

Dieses in der Krise sichtbargewordene Grundmuster dürfte auch die weitere ökonomische Entwicklung bestimmen. Der langfristig fallende Trend der Kapitalrentabilität (Altvater et al. 1974, S 101 ff. bzw. S. 55 ff.) in der Gesamtwirtschaft erzwingt Investitionen, die vor allem eine weitere Erhöhung der Kapitalintensität bewirken. Liegen auf diese Weise allerdings die Zuwachsraten der Kapitalintensität (als dem Bindeglied zwischen Investitionen und Beschäftigung) über jenen des Kapitalstocks, gehen unweigerlich Arbeitsplätze verloren. Die Beschäftigungseffekte eines wirtschaftlichen Wachstums, das vorwiegend auf Intensivierungsinvestitionen beruht, sind gering[5].

Gegenüber dem gesamtwirtschaftlichen Durchschnitt gestalten sich die Bedingungen im industriellen Sektor noch ungünstiger: Bei bereits erreichtem hohen Stand der Produktionstechnik und Kapitalausstattung, sowie dem unter Weltmaktbedingungen erzeugten Zwang nach spezialisierten, qualitativ hochwertigen Industrieerzeugnissen erhöht sich die Notwendigkeit zu beschleunigter Kapitalintensivierung. Entsprechend steigt auch die Beschäftigungsschwelle – jener Punkt, ab dem bei identischen Veränderungsraten von Arbeitsproduktivität und Produktion Beschäftigung aufgebaut wird – im sekundären Sektor auf unrealistische Werte: es wären jährliche Zuwachsraten der Produktivität je Erwerbstätigem *und* der Produktion von je +5 % erforderlich (Buttler/Hof 1977, S. 118).

Als vorläufiges Fazit scheint sich also herauszukristallisieren, daß der Verlauf der naturwüchsigen ökonomischen Entwicklung, wie er sich seit Beginn der Krise 1974 abzuzeichnen begonnen hat und bestimmend für die Zukunft bleiben wird, das gravierende wirtschaftliche Strukturproblem: dauerhaft hohe Arbeitslosigkeit hervorgebracht hat.

Die spezifischen Ausprägungen dieses Phänomens sollen nun im folgenden anhand der besonders betroffenen Branche: der Eisen- und Stahlindustrie, in der überdurchschnittlich anfälligen Region: dem Saarland, etwas eingehender dargestellt werden.

3. *Ökonomische Anpassung und strukturelle Arbeitslosigkeit: Das Beispiel der saarländischen Stahlindustrie I*

3.1 Strukturwandel, Strukturkrise und Beschäftigungsabbau in der westdeutschen Stahlindustrie

Die westdeutsche Eisen- und Stahlindustrie ist bereits seit Beginn der 60er Jahre einem tiefgreifenden *Strukturwandel* mit kontinuierlich wirkendem negativen Beschäftigungseffekt ausgesetzt; eine krisenhafte Zuspitzung der Lage, die es erlaubt, von einer *Strukturkrise* zu sprechen, existiert jedoch erst seit 1975.

Während der 50er Jahre gehört sie zu den *expansivsten* Wirtschaftszweigen, die Zuwachsraten der *Nettoproduktion* liegen durchgängig über den Raten im Durchschnitt aller Industriezweige und weit über dem Wachstum des Bruttosozialprodukts. Das Produktionswachstum beruht zu rund 60 % auf Beschäftigungswachstum und nur zu rund 40 % etwa auf einer Zunahme der Arbeitsproduktivität (Jessen 1977). Ab etwa 1962/63 verändert sich der Trend. Das Wachstum liegt stets unter dem der Gesamtindustrie und dem des Bruttosozialprodukts. Zur gleichen Zeit nimmt die Kapitalintensität zu und liegt 1971 um rund das 3-fache über dem Durchschnitt aller deutschen Unternehmen (Klaus/Lang, S. 2 ff.).

Dieser Wandel ist *1.* auf das veränderte Wachstumsverhältnis der beiden makroökonomischen Größen Konsum und Investition zurückzuführen. Während die nominalen Investitionen von 1950–60 um jährlich 13,7 % und nominaler Verbrauch um 10,6 % wachsen, verlagern sich diese Relationen ab 1960 aufgrund steigenden Volkseinkommens: die Investitionen steigen nur noch um durchschnittlich 8,6 %, der Konsum um 8,9 % (ebd., S. 4 ff.). Von den stahlverarbeitenden Industrien, dem Hauptabnehmer der eisenschaffenden Industrie, deren Erzeugnisse zu 2/3 im Investitionssektor und nur zu 1/3 im Verbrauch abgesetzt werden, haben lediglich der Fahrzeugbau und die Elektrotechnik als ausgesprochene Wachstumsbranchen ihre Stellung innerhalb der Industrie verbessern können, andere wichtige Stahlkonsumenten dagegen, wie Eisen-, Blech- und Metallwarenindustrie, Stahlbau, Maschinenbau, Schiffbau und Bauwirtschaft, weisen ein unterdurchschnittliches Wachstum auf (ebd. S 31). Ein *2.* Grund- ist die Senkung des *spezifischen Stahlverbrauchs*. Neben einer Abnahme des gewichtmäßigen Stahleinsatzes bei besseren Stahlqualitäten (zwischen 25 und 30 %) und Methoden, die das Lebensalter des Rohstoffs Stahl verlängern *(Entrostung)*, tritt die *Substitution* von Eisen durch Aluminium, Kunststoff und Beton (S. 33). Ergänzt werden diese internen Faktoren *3.* durch veränderte Bedingungen beim *Stahlexport*. Bis Anfang der 60er Jahre war dieser durch die Höhe der Produktionskapazitäten in Verbindung mit einem intakten Verteilersystem bestimmt. Aufgrund eines zunehmenden Angebotsüberschusses auf dem Weltstahlmarkt und der damit einhergehenden Verschärfung des Wettbewerbs mit dem Zwang zur Senkung der Produktionskosten kommt es zu beträchtlichen Anpassungsschwierigkeiten. Um den Exportanteil von 30 % der inländischen Gesamtproduktion bis 1974 zu halten, verändert sich die Sortenstruktur entscheidend. „An die Stelle des ursprünglich weitgehend durch die Nachfrage nach *Massenstählen* bestimmten Exports trat ... zunehmend ein Spezialhandel mit *Sonder-*

stählen und Stahlerzeugnissen hoher Qualität oder besonderen Ausmaßen, wie zum Beispiel Feinblechen oder Großrohren" (S. 35).

Diese Faktoren zusammengenommen, bewirken bereits vor Ausbruch der weltweiten Stahlflaute ab 1975 einen permanenten *Beschäftigungsabbau*. Produktionswachstum wird durch Steigerung der Investitionsintensität und Arbeitsproduktivität erreicht, die Beschäftigtenzahlen gehen von 363.000 im Jahre 1962 (Höchststand) auf 316.000 im Jahre 1974 um rund 13 % zurück.

Somit kann festgehalten werden, daß das für die Gesamtindustrie kennzeichnende Charakteristikum seit Beginn der 60er Jahre: *Entkopplung von Produktions- und Beschäftigungswachstum* für die Stahlbranche in besonders ausgeprägter Weise gilt. Allerdings verläuft dieser strukturelle Anpassungsprozeß im Branchendurchschnitt ohne sonderlich dramtische Einbrüche im Beschäftigungsniveau. Seit Mitte der 60er Jahre verstärkt einsetzende Fusionen mit entsprechenden internen Umsetzungen sowie vor allem das gesamtwirtschaftlich ausreichende Absorptionspotential anderer Branchen und Sektoren sorgen für eine – jedenfalls an ökonomischen Indikatoren gemessene – relativ reibungslose Problembewältigung. Diese Konstellation ändert sich auch nicht während des größten Stahlbooms seit Kriegsende im Jahre 1974. Immense Zuwachsraten der Produktion (Erhöhung der Nettoproduktionswerte zwischen 1971 und 1973 um ca. 25 %) gehen einher mit einem Beschäftigungsabbau um ca. 3,5 %; die nochmalige Produktionssteigerung um 11 % 1974 erfolgt bei gleichbleibendem Beschäftigungsstand (Jessen).

Umso gravierender wirkt der Einbruch ab 1975: Nach einer fast stetigen Aufwärtsentwicklung der Stahlproduktion aller wichtigen stahlerzeugenden Länder der westlichen Welt bis 1974 ist deren Lage seit 1975 von sinkenden Produktionsergebnissen, fallenden Umsätzen, unausgelasteten Produktionskapazitäten, stillgelegten Betrieben, steigender Arbeitlosigkeit und Kurzarbeit sowie verschäftem Verdrängungswettbewerb bestimmt. Der prozentuale Anteil an der Weltrohstahlproduktion geht in den USA, BRD, Frankreich, Großbritannien zurück, in Japan und Italien stagniert er. Gleichzeitig schreitet die Verschiebung der Rangordnung der wichtigsten Rohstahlerzeuger der Welt zuungunsten der westlich-kapitalistischen Länder voran. 1976 steht die Sowjetunion vor den USA und Japan an der Spitze, nach der BRD (4. Platz) folgt bereits China vor Italien, Frankreich und Großbritannien; Platz 9–12 nehmen Polen, CSSR, Kanada und Spanien ein. Neben dem *Rückgang* vor allem der Stahlproduktion in der EG, der *starken Ausweitung* in den sozialistischen Ländern von 37,2 Mill. t. (1950) auf 227,2 Mill. t (1976), dem imposanten *Aufstieg Japans* von 3 Mill. t. (1950) auf 107,4 Mill. t. (1976) ist für die derzeitige Lage das relative Anwachsen der Stahlerzeugung in den sog. *Billiglohn-Ländern* (Mexiko, Brasilien, Venezuela, Spanien, Südafrika, Iran, Nigeria, Indonesien) charakteristisch.

Mit einer Umkehrung dieses Trends vor allem für die europäische Stahlindustrie wird trotz kurzfristiger Produktionssteigerungen im 1. Halbjahr 1976 nicht gerechnet. An dem für die nächsten Jahre veranschlagten, jährlich um 3 % steigenden Weltstahlbedarf dürften die kapitalistischen Länder (außer Japan) kaum partizipieren (Eisen- und Stahl-Institut Brüssel; Prognos 7).

Für die deutsche Stahlbranche wirkt sich die Krise in einer seit 1975 *stagnierenden Rohstahlproduktion* (1975: 40,4 Mill. t; 1976: 42,4; 1977: geschätzt 40), einem *Rückgang des Anteils* an der Weltrohstahlproduktion von 10 % 1960 auf 6,2 % 1976, einem *sinkenden Nettoexportsaldo* (1974: 11 Mill. t.; 1975: 4 Mill. t; 1976: 1 Mill. t; 1977: wahrscheinlich Umschlag zu Negativsaldo) und *unausgelasteten Kapazitäten* (Auslastung der Hüttenwerke 1977 60 %; der Walzwerke 52 %) aus.

Als Ursachen für die nun schon seit 3 Jahren anhaltende Krise werden neben konjunkturellen vor allem längerfristig wirkende strukturelle Faktoren genannt.

Konjunkturelle Ursachen sind neben der Weltrezession der Produktionsrückgang der meisten stahlverarbeitenden Zweige, wovon nur der vor allem Feinbleche nachfragende Fahzeugbau ausgenommen ist. *Strukturelle* Ursachen werden deutlich an der im Massenstahlgeschärft nicht mehr vorhandenen *Konkurrenzfähigkeit*, die in dem durch die konjunkturelle Abwärtsbewegung hervorgerufenen Preis- und Verdrängungswettbewerb umso stärker hervortritt.

Diese mangelnde Konkurrenzfähigkeit im Massenstahlgeschäft wiederum resultiert aus *Standort-Nachteilen*, geringerer *Produktivität*, ungünstigeren Wechselkurs-Relationen, höheren *Lohn- und Material*kosten sowie einem von den kapitalischen Konzernen selbst eingeleiteten Prozeß der *Verlagerung* der Rohstahlproduktion in andere Regionen der Welt:

Die europäischen Stahlproduzenten an Ruhr, Saar, in Belgien und Nordfrankreich waren bei der Wahl ihrer *Standorte rohstofforientiert*, wobei die Nähe der Kokskohle als dem wichtigsten Rohstoff ausschlaggebend war. Bereits in den 60er Jahren führte die technische Entwicklung im Verhüttungsprozeß mit metallurgischer Direktreduktion und Halbierung des Kokskohleverbrauchs durch gasförmige und flüssige Brennstoffe, Veränderung der Erzvorsorgungsströme hin zu überseeischen, eisenhaltigeren Erzen sowie die durch die technische Entwicklung im Schiffsbau verursachte erhebliche Senkung der Frachtraten im Überseetransport zu einer Lösung der Stahlerzeugung von ihren traditionellen Standorten in der Nähe von Kohle- und Erzgruben hin zu *Küstenstandorten*, wovon vor allem die japanische Stahlindustrie profitierte.

Japan und die Sowjetunion haben durch den Bau extrem wirtschaftlich arbeitender Risenanlagen die *Produktivität* im Verhüttungsprozeß enorm gesteigert; dagegen wirken die europäischen Anlagen veraltet. Der Trend zu immer größeren Betriebsgrößen schränkt natürlich die Flexibilität hinsichtlich der Anpassung an Nachfrageschwankungen erheblich ein. Und da im Massenstahlgeschäft kaum noch qualitative Unterschiede möglich sind, ist das Verkaufs-Risiko der Länder mit günstigeren Standorten und niedrigeren Lohn- und Materialkosten weitaus geringer als das der Europäer. Dieser Konkurrenznachteil ließe sich wohl kaum dadurch ausgleichen, daß man diese Riesenanlagen nachbaut. Hinzu kommt jedoch noch die höhere Arbeitsproduktivität der Japaner: die zur Herstellung einer Tonne Rohstahl notwendige Arbeitszeit wurde dort von 69 Stunden 1955 auf weniger als 9 Stunden 1974 gesenkt. In der BRD betrug die Zeit 1974 12, in Frankreich 15, in Großbritannien 22 Stunden (The Economist, 12.2.77).

Der aus Profitgründen in der Vergangenheit forcierte Export von Hochöfen und Walzwerken in sog. Billiglohn-Länder und sozialistische Länder wirkt sich inzwischen in steigenden Exporten dieser Länder vor allem auf dem Betonstahl-Sektor und einfachen Walzstahlerzeugnissen in die kapitalistischen Metropolen aus.

Zusätzlich ist für Entwicklungsländer, die zwar über keine Kokskohle, dafür aber hochwertige Eisenerze und Erdgas bzw. Erdöl verfügen, aufgrund des Direktreduktionsverfahrens, das ohne den traditionellen Schmelzprozeß im Hochofen auskommt, der Aufbau einer eigenen konkurrenzfähigen Eisen- und Stahlindustrie möglich geworden.

Die Strukturkrise erhöht Schnelligkeit und Intensität des Beschäftigungsabbaus. Neben einem Rückgang des *Beschäftigungsniveaus* in der BRD von 1974–1976 um 3 % ist ein kontinuierlicher Anstieg der *Kurzarbeit* festzustellen; Ende 1976 arbeitet jeder fünfte deutsche Stahlarbeiter kurz, im Mai 1977 bereits jeder vierte. Im gesamten EG-Bereich sind Mitte 1977 rund 20 % aller Stahlarbeiter teilzeitbeschäftigt.

Auch alle *Strategien*, die die westdeutschen Stahlkonzerne zur Rettung ihrer ökonomischen Existenz langfristig einschlagen, laufen auf *Massenentlassungen* hinaus:

Neben das *Stillegen* veralteter personalintensiver Anlagen (1965 gab es in der BRD noch 145, 1975 noch 85 Hochöfen) und deren Ablösung durch kapitalintensive Großstahlwerke in japanischer Größenordnung *(Modernisierung)* soll eine weitere *Spezialisierung* auf höherwertige Qualitäts- und Edelstähle und der Abbau des Massenstahlgeschäfts treten. Ergänzt wird dieser Prozeß durch die Abkehr vom Konzept der reinen Stahlerzeugung und stärkerer Orientierung auf die *Stahlweiterverarbeitung* (Vertikale Integration). Dies alles erfordert wegen der hohen Kapitalkosten eine weitere *Konzentration* auf wenige leistungstarke Einheiten.

Nur kurzfristig erfordert diese Langfriststrategie nach Auffassung der westdeutschen Manager eine Abstützung durch den seit Anfang 1977 von der EG-Kommision verabschiedeten „*Krisenplan*". Dieser soll Produktion und Absatz im gesamten EG-Bereich mittels beschränkter Ablieferungsquoten, Mindest- bzw. Indikativpreise sowie Importrestriktionen regulieren, enthält jedoch auch Mittel für die Umstellung auf modernere, produktivitätssteigernde Anlagen und wird begleitet von einem aufwendigen Stahl-Forschungsprogramm.

3.2 Folgen für die saarländische Eisen- und Stahlindustrie

Die nun schon seit 3 Jahren fortwirkende sektorale Strukturkrise im Stahlbereich erfordert dann umso härtere ökonomische Anpassungsprozesse mit weitaus drematischeren Beschäftigungsproblemen, wenn eine *regionale* und *lokale* Standortkonzentration der Branche mit *dominanter* Stellung in der Wirtschaftsstruktur wie im Fall des Saarlandes vorliegt.

Gemeinsam mit Lothringen und Luxemburg bildet das Saarland das durch seine Eisen- und Kohle-Monostruktur charakterisierte *Montan-Dreieck*. Fast jeder vierte Industriebeschäftigte und fast jeder zehnte Erwerbstätige arbeitet im Saarland in der eisenschaffenden Industrie. Damit ist die regionale Konzentration rund dreimal so hoch wie in Nordrhein-Westfalen, dem – nach absoluten Zahlen bemessenen – Zentrum der Eisen- und Stahlindustrie. Gegenüber dem Bundesdurchschnitt erreicht der regionale Konzentrationsgrad den mehr als 6-fachen Wert (Guckelmus). Mitbetroffen von rezessiven Erscheinungen sind dann auch die um den Stahlkern gruppierten und von ihm abhängigen Zuliefer- und Komplementärindustrien.

Weitere Standortnachteile verstärken die Beschäftigungsprobleme:

1. Die im Vergleich zu NRW zu *kleinen Betriebsgrößen* bewirken, daß die jährliche Rohstahlerzeugung unter dem entsprechenden Wert für die gesamte Branche liegt. Der Nettoproduktionsindex bleibt ab 1967 mit Ausnahme 1974 unter dem Branchendurchschnitt und ab 1975 scheint sich die Schere – wie bisher ersichtlich – zu öffnen.
2. Die bisher vorherrschende *einseitige Produktionsausrichtung* auf Massenstähle setzt die Saarhütten stärker als die anderen Werke, wo Spezialisierung und Weiterverarbeitung bereits früher forciert wurden, dem brutalen Verdrängungswettbewerb mit entsprechendem Preisverfall auf diesem Teilmarkt aus, so daß trotz Konstanthaltung der absoluten Produktionsziffern die Produktionswerte stärker zurückgehen.
3. Da eine *stahlverbrauchsintensive* Weiterverarbeitungsindustrie an der Saar fehlt, müssen die Konzerne ihre Produkte in andere Regionen der BRD oder ins Ausland ausführen (die Hälfte der saarländischen Stahlprodukte geht in den Export; die übrigen deutschen Hütten setzten nur 1/3 ihrer Produkte im Ausland ab). Insofern treffen Konjunktur- und Strukturkrise die Saarhütten weitaus stärker als die übrigen deutschen Hütten.
4. Das *Fehlen einer Wasserstraße* erschwert die Verbindung zu den vorteilhaften Küstenplätzen. Nachdem zunächst das Projekt eines Saar-Pfalz-Kanals lange Jahre debattiert, aber nicht verwirklicht wird, beginnen im Oktober 1975 die Bauarbeiten für einen Saar-Mosel-Kanal, mit dessen Fertigstellung jedoch frühestens 1983 zu rechnen ist.

Die konkreten Anpassungstrategien der drei saarländischen Stahlkonzerne und die aktuelle Beschäftigtenproblematik sollen jetzt im einzelnen dargestellt werden:

Die *Stahlwerke Röchling-Burbach AG*, mit 18.600 Beschäftigten und einer Rohstahlproduktion von ca. 2,5 Mill. t jährlich die größte Hütte und gleichzeitig das größte Unternehmen des Saarlandes, hat bereits 1976 den Hüttenbereich unternehmensrechtlich vom Bereich Weiterverarbeitung getrennt. Seit Jahren forciert man die Umstellung der Rohstahlerzeugung auf größere personalsparende und qualitätsmäßig höherwertige Oxygen- und Elektrostahlwerke. Thomas- bzw. Siemens-Martin-Stahlwerke werden allmählich stillgelegt. 1979/80 soll ein neues Blasstahlwerk mit einer Kapazität von 2,3 Mill. t Rohstahl jährlich in Betrieb genommen werden (Geschäftsberichte 1975 und 1976). Die Beschäftigtenzahlen gingen in den letzten Jahren durch natürlichen Abgang, Vorziehen der Altersgrenze und Einstellungsstopp um 1.500 zurück; seit 1975 arbeiten 15.000 Belegschaftsmitglieder kurz. Im Februar 1977 gibt die Geschäftsleitung ein weiteres Rationalisierungsprogramm bekannt, dem noch 1977 1.300 bis 1.600 Arbeiter und 400 Angestellte zum Opfer fallen sollen; weitere Entlassungen werden angedeutet. Für die betroffenen Arbeitsamtsbereiche *Völklingen* und *Saarbrücken* beträgt die Arbeitslosenquote bereits im Februar 1977, also vor den spektakulären Ankündigungen, 8,1 bzw. 8,3 %. Offene Stellen sind nicht vorhanden.

Auch die Stadt *Neunkirchen* lebt im wesentlichen von der Hütte der *Neunkircher Eisenwerke AG* (vorm. Gebr. Stumm). Die Rohstahlproduktion liegt knapp unter

1 Mill. t jährlich bei ca. 8.500 Beschäftigten. Neben der hauptsächlichen Produktion von Walzstahlerzeugnissen ist eine kleinere Abteilung Weiterverarbeitung im Werk *Homburg* angesiedelt. Durch natürliche Fluktuation reduziert sich die Belegschaft 1975 um 3,3 %, im 1. Halbjahr 1976 um weitere 2 %; der größte Teil der Mitarbeiter steht seit 1975 in Kurzarbeit. Seit 1974 werden Rationalisierungsmaßnahmen durchgeführt, die ebenfalls ein modernes Werk im Sauerstoff-Blasverfahren, die Stillegung eines SM-Stahlwerkes und von sechs Thomas-Konvertern und einen größeren Anteil an Qualitätsstählen vorsehen. Wird bis Ende 1975 die Belegschaftsverringerung durch vorzeitige Pensionierung und Kurzarbeit aufgefangen, so führt die Umstellung auf den neuen Stahl-Konverter ab 1977 zu einer dramatischen Zuspitzung der Lage. Beim Arbeitsamt werden am 1.2.1977 Anträge auf Massenentlassungen bis Ende des Jahres gestellt: 900 Arbeiter und 150 Angestellt sind davon betroffen.

Die Ost-Region des Saarlandes, deren Hauptstadt Neunkirchen ist, hat seit 1960 aufgrund der hier besonders stark ausgeprägten Monostruktur von Bergbau und Stahlindustrie insgesamt 20.000 Arbeitsplätze verloren. Ende September 1976 beträgt in der Ost-Region die Arbeitslosenquote 8,5 %, allein in Neunkirchen 10 %. Auf 14 Arbeitslose kommt eine offene Stelle.

Die AG der *Dillinger Hüttenwerke* ist auf die Produktion von Fahrzeugblechen spezialisiert. Die Rohstahlerzeugung beträgt 1976 1,9 Mill. t, die Beschäftigtenzahl 5.676. Aufgrund der relativ guten Konjunktur im Fahrzeugbau kann sie ihre strukturellen Probleme durch stetige Rationalisierungsmaßnahmen in engen Grenzen halten. Die Beschäftigtenzahl wird durch Einstellungsstop, natürlichen Abgang etc. von 6.240 1974 auf 5.676 1976 verringert. Seit 1975 stehen große Teile und seit Oktober 1976 fast die ganze Belegschaft in Kurzarbeit. Durch die starke Spezialisierung und zurückhaltende Personalpolitik in der Vergangenheit werden bisher spektakuläre Auswirkungen auf die Beschäftigtensituation im Saarland vermieden, allerdings besteht auch hier keine Möglichkeit, andernorts freigesetzte Stahlarbeiter einzustellen.

Die bisherigen Rationalisierungs- und Modernisierungsmaßnahmen werden von allen 3 Hütten jedoch nur als erster Schritt angesehen. Unter *Stabilisierung des Montanbereichs* an der Saar verstehen die Konzerne längerfristig eine *engere Kooperation* bis hin zu einer Saarhütten-AG, auch wenn dem momentan noch komplizierte Besitzverhältnisse entgegenstehen. Im Juli 1977 einigen sich die Konzerne auf ein *gemeinsames Hochofenwerk* in Dillingen, das künftig alle Hütten mit flüssigem Roheisen versorgen soll. Nach dieser Maßnahme werden 3.500 Stahlarbeiter bei Röchling und Neunkirchen überflüssig (Frankfurter Rundschau vom 2.8.77). Damit aber nicht genug. Für die nächsten Jahre soll nach Auskunft der Konzerne die Belegschaft von jetzt 37.500 auf höchstens 25.000 reduziert werden. Damit würden noch die Prognosen der IHK und der Prognos AG übertroffen, die mit einem Rückgang bis 1985 auf 27.000 (Prognos) bzw. 32.000 (IHK) rechneten (Prognos Nr. 7, S. 172; IHK 1976, S. 44).

Eine solche Entwicklung träfe eine Region, in der bereits im Februar 1977 27.900 Arbeitslose und 28.600 Kurzarbeiter registriert sind, die Arbeitslosenquote mit 7,4 % weit über dem Bundesdurchschnitt von 5,3 % liegt, wo auf 15 Arbeitlose eine offene Stelle kommt und die die niedrigste Erwerbsquote der BRD besitzt. Sie träfe Lohnabhängige, die im Saarland selber kaum Beschäftigungsalternativen vorfinden und aufgrund besonderer sozialstruktureller Bedingungen in ihrer Mehrheit nicht so mobil sind, um in anderen Teilen der BRD Arbeit zu suchen. Die mobilen Lohnabhängigen haben das Saarland längst verlassen; im Durchschnitt der letzen 10 Jahre sind pro Jahr 3000 mehr ab- als zugewandert; die Abgewanderten sind überwiegend zwischen 18 und 40 Jahre alt und verfügen über das für Mobilität so wichtige überdurchschnittliche Ausbildungsniveau.

Die Landesregierung hat die Gefahr zu spät erkannt und versucht erst ab 1969 intensiver, die Ansiedlung neuer verarbeitender Industrien und die Ausweitung des Dienstleistungsbereichs zu forcieren. (Politische Gegner werfen ihr sogar vor, in den 60er Jahren zum Schutz der einheimischen Industrie teilweise bewußt die Neuansiedlung neuer Betriebe verhindert zu haben.) Bisher ist diese Ansiedlungspolitik hinter den prognostizierten Soll-Werten zurückgeblieben; seit 1974/75 erleidet sie rezessionsbedingt sogar einen nicht erwarteten Rückschlag mit Betriebsstillegungen, Rationalisierungsmaßnahmen und dem Abwandern gerade angesiedelter, mit Subventionen geförderten Betriebe (IHK des Saarlandes, 1976, S. 10ff.). Auch folgende Tabelle, die die Entwicklung der Industriebeschäftigten des Saarlandes enthält, demonstriert, daß die Monostruktur der saarländischen Industrie bisher nicht nachhaltig durchbrochen werden konnte:

Industrielle Beschäftigte im Saarland

	1965	1970	1976
Steinkohlenbergbau	39.600	26.900	22.300
eisenschaffende Industie	43.000	39.400	36.500
Stahlbau	10.100	12.100	10.000
Maschinenbau	12.000	12.800	11.400
Fahrzeugbau	4.300	9.200	14.200
Elektrotechnik	8.000	9.600	8.100
Verbrauchsgüter	21.200	25.700	20.100
Insgesamt	171.000	168.900	152.600

Quelle: NZZ vom 7./8.8.77

Inwieweit hier ein Konfliktpotential für staatliche und gewerkschaftliche Legitimität entsteht, das zu gesellschaftliche Desintegrationsprozessen führen kann, soll im nächsten Abschnitt allgemein untersucht werden.

4. Arbeitslosigkeit und gesellschaftliche Desintegration

Die gegenwärtige und.erwartbare Entwicklung der Arbeitslosenzahlen produziert immer wieder Spekulationen über die gesellschaftlich tragbare Obergrenze: 1 Million erzeugt amtliche Besorgnis und demonstrative Aktivität; 2 Millionen gehen (so Jochen Steffen) „an das Selbstverständnis der SPD, der Gewerkschaften, der Arbeiterbewegung"; 6 Millionen haben Hitler zur Macht verholfen. Solche Kalkulationen haben zumindest eines gemeinsam: Wissentlich oder unwissentlich werden sie auf dem Rücken der Betroffenen ausgetragen – nicht *ihr* Schicksal interessiert eigentlich, sondern der schlechte Eindruck, den es bei den (Noch-) *Beschäftigten* hinterlassen könnte. Deren Konfliktpotential wird offensichtlich sehr viel höher eingestuft als das des Arbeitslosen-„Heeres".

Ob und inwiefern diese Arbeitslosen selbst für das gesellschaftliche Stabilitätsniveau eine Gefahr, vielleicht sogar die größere darstellen, dazu existieren bisher nur sporadische Überlegungen. Wenigstens für die BRD hat sich das Problem praktisch auch *noch* nicht direkt aufgedrängt.

Seine *systematische* Analyse hat an dem simplen Sachverhalt anzusetzen, daß in kapitalistischen Gesellschaften Arbeits*willige* arbeits*los* werden (Wacker). Die Tragweite dieser Diskrepanz zwischen subjektivem Wollen und objektiver Möglichkeit bemißt sich am Stellenwert, den *Arbeit* für „das" Individuum hat. Von allen notwendigen gesellschafts- bzw. klassenspezifischen Qualifikationen zunächst einmal abgesehen, sind die *empirisch* ermittelten Resultate auf einen – freilich widersprüchlichen – Nenner zu bringen: den *Arbeitenden* kommt ihre Tätigkeit als im ganzen recht mühselige Angelegenheit vor, die man eben, um die eigene Existenz zu sichern, auf sich nehmen muß – es gibt keine andere Wahl. Dieser *instrumentellen* Orientierung ist Arbeit allein (materieller) *Reproduktionsfaktor* (dazu vor allem Goldthorpe et al. 1970).

Ganz anders fällt dagegen das Urteil derer aus, die um ihre Beschäftigung gebracht worden sind – für sie scheint mit der Arbeit auch ein unersetzliches Stück ihrer Identität, das sinnstiftende *Organisationsprinzip* ihrer Lebenswelt verlorengegangen zu sein. Denn: „ ... für die meisten Männer in unserem Kulturkreis ist Arbeit offensichtlich das einzige Organisationsprinzip und der einzige Weg, um ihr Selbst auszudrücken und darzustellen" (Komarovsky 1940, S. 81).

4.1 Der Stellenwert von Arbeit

Was an der Oberfläche als individuelle Inkonsequenz erscheint – instrumentelle Reduzierung der Arbeit bei den Arbeitenden, existentielle Aufwertung bei den Arbeitslosen –, „entspricht der widersprüchlichen gesellschaftlichen Formbestimmtheit des Produktionsprozesses selbst" (Wacker 1976b, S. 88). Stimmt diese Ansicht, dann würden Arbeitende und Arbeitslose – entsprechend den Einflüssen ihrer unterschiedlichen ökonomisch-sozialen Position – jeweils eine Seite des Widerspruchs verabsolutieren, seine andere in die Latenz abdrängen. Wenn dort bei Mindesterfüllung gewisser persönlicher Basisbedürfnisse der *Entfremdungs*aspekt dominiert, macht hier deren Nichterfüllung überdeutlich, wie eng sie mit der eigenen *Identität* verbunden waren, und führt dazu, daß die erlebten Frustrationen plötzlich klein erscheinen.

Arbeit und Entfremdung

Arbeit ist keine ahistorische Größe, die Einstellung zu ihrer deswegen auch keine anthropologische Konstante. Die Arbeit unter kapitalistischen Bedingungen kennzeichnet, daß sie als *Lohn*arbeit stattfindet – Arbeitskraft tritt als Ware auf, „die man verschachert, kauft und verkauft, die sich austauscht gegen Produkte etc." (Marx). Sie ordnet sich damit fremden Zwecken unter – konkret: dem Verwertungstrieb des Kapitals – gezwungenermaßen, weil dem eigentumslosen Arbeiter keine Möglichkeit des Existenzerhalts bleibt. Diese Subsumtion impliziert ihrer *„formellen"* Seite nach seine Gleichgültigkeit gegenüber der konkret ausgeübten Tätigkeit: auf Produktauswahl und -verwendung hat er keinen Einfluß, deshalb kann ihm nur daran liegen, für seine Leistungen möglichst gut bezahlt zu werden (Hopf/Hopf 1976); als *„reelle"* bewirkt sie, daß er immer mehr in den Determinationszusammenhang einer umfassenden Maschinerie eingebunden wird, die ihn „zerstückelt" und intellektuell „verödet": „Die Maschine determiniert Subjekt und Objekt gleichermaßen. Das Subjekt kann seine eigenen Bewegungen von denen des Objekts nicht mehr unterscheiden. Auch das Denken als Möglichkeit der Herstellung einer eigenen Realität ist den Bewegungen des Objekts unterworfen. In diesem Zustand ist die Identität des Individuums aufgehoben. Es verfällt in einen Dauerzustand apathischer Stumpfheit und Leere" (Volmerg 1976, S. 119).

Unter der doppelten Entfremdung – vom Produkt und der Tätigkeit – leiden auch die Beziehungen des Arbeiters zu seinen Mitarbeitern: Man begegnet einander „gleich als dem Kapital gehörige lebendige Produktionsmittel im kapitalistischen Produktionsprozeß" (Oppolzer 1974, S. 200); und endlich entfremdet er sich auch seinem eigenen Selbst: „Eine unmittelbare Konsequenz davon, daß der Mensch dem Produkt seiner Arbeit, seiner Lebenstätigkeit, seinem Gattungswesen entfremdet ist, ist die Entfremdung des Menschen von dem Menschen" (Marx).

Die – idealtypisch formulierte – totale Identitätsvernichtung wirkt real als *Trend*, dem nicht alle Lohnabhägigen im gleichen Maße ausgeliefert sind. Der Subsumtionsprozeß bietet immerhin beschänkte Chancen zu autonomer Disposition, Interaktion und Qualifikation (vgl. Volmerg 1976), kurz: zu mehr Selbstverwirklichung, die sich auch im Bewußtsein der Privilegierten niederschlagen (dazu u.a. Sykes 1965, Orzak 1972). Allerdings: Gerade jene, denen diese Segnungen am allerwenigsten zuteil geworden sind, können auch ihre „Befreiung" von der Plackerei am allerwenigsten verkraften (sei es als Arbeitslose odr als Rentner; s. Havighurst et al. 1968).

Arbeit und Identität

Aus den Dimensionen der Entfremdung folgen ex negativo die Aspekte der arbeitskonstituierten Identität. Das impliziert: Auch Identität bestimmt sich gesellschaftsspezifisch – selbst ihre Koppelung an Arbeit muß kein für alle Zeiten oder Kulturen gültiges Faktum sein (Simon 1971, Firth 1972). Und weiter: Selbst wenn in der kapitalistisch-bürgerlichen Gesellschaft Identität über Arbeit gebildet wird, dann kann es nur in einer „Schrumpfform" geschehen, d.h. in Gestalt solcher Organisationsprinzipien, die sich „oberhalb" des basalen Entfremdungsprozesses noch herauszukristallisieren vermögen. Wie dies geschieht und mit welchem Resultat, kann hier nur hypothetisch beantwortet werden – *daß* es geschieht, legt schon das zeitliche Übergewicht der Arbeitswelt nahe: gegen seine Wirkung gelingt keine exklusive Reservierung psychischer Energien für andere Lebenswelten, wie Familie, Nachbarschaft, Verein etc. (vgl. Wilenski 1961):

a) Identitätsbildung findet nicht erst mit Eintritt in die Produktion statt, sondern schon vorgängig durch den Sozialisationsprozeß. Ihm fallen zwei Aufgaben zu: „1. Produktion der Grundlagen von Arbeitsvermögen durch Vermittlung der Grundqualifikationen von Produktion und Aneignung als Voraussetzung der Identitätsbildung; 2. Spezifizierung dieses allgemeinen Arbeitsvermögens für die besondere Weise der Produktion auf der jeweils gegebenen Stufe der gesellschaftlichen Organisation der Arbeit und dem jeweiligen Stand der Produktivkräfte. Dies schließt die Fähigkeit zur Identitätsbildung in spezifischen Produktionsverhältnissen ein" (Volmerg 1976, S. 108).
b) Da die so hergestellte Identität nicht Aufhebung der, sondern Anpassung an die Entfremdungsphänomene des Arbeitsprozesses bedeutet, verkümmert Selbstverwirklichung zum fremdbestimmten psychischen Gleichgewichtszustand:
   - das vage Gefühl, von der Gesellschaft gebraucht zu werden, vertritt die verhinderte Beteiligung an der gesellschaftlichen Verfügung über das gemeinsam geschaffene Produkt;
   - der Eindruck, irgendwie sinnvoll beschäftigt zu sein, ersetzt die Selbstbestimmung über den eigenen Arbeitseinsatz;
   - der lockere Kontakt am Arbeitsplatz steht für die verhinderte Solidarität mit den Arbeitsgenossen;
   - der eingetauschte Lohn, die materielle Reproduktionssicherung, ist das dürftige Substrat einer nicht geglückten Selbstidentifikation.

Dieser Restbestand, so kärglich er wirken mag, scheint dennoch unverzichtbar zu sein, wie die Entzugssymptome zeigen (s.u.).

4.2 Identität, Entfremdung, Sozialisation

Die konstatierte Diskrepanz im Verhältnis zur Arbeit – instrumentalistische Abkapselung bei den Beschäftigten, retrospektive Idealisierung bei den Beschäftigungslosen – ist in ihrem *Kern* vermutlich erklärt: das instrumentelle Verhalten umfaßt ein unerläßliches Minimum an Identifizierung, dessen Organisationskraft mit dem Verlust des Arbeitsplatzes ebenfalls verlorengeht. Dieser Defekt verdankt sich wohl weniger anthropologischer Inflexibilität, denn eines Funktions„rückstandes" des Sozialisationssystems.

„Es ist die Aufgabe des Sozialisationsprozesses, diese Individuen zu befähigen, durch Produktion und Aneigung innerhalb des jeweils vorgegebenen Rahmens der gesellschaftlichen Produktionsweise Identität zu gewinnen und zu reproduzieren. Durch Sozialisation müssen also im Interesse gesamtgesellschaftlicher Produktion und Reproduktion identische Individuen und spezifische Arbeitsvermögen zugleich produziert werden" (Volmerg 1976, S. 108). Was dieser globalen Funktionsbestimmung zu entnehmen ist: offenbar existiert zwischen Sozialisations- und Produktionssystem eine grundlegende Diskrepanz insofern, als jenes allein auf den *Arbeits*prozeß vorbereitet, während in diesem Arbeits*losigkeit* nicht nur permanent auftritt (Reinigungskrisen, technologischer Fortschritt), sondern auch funktionale Konsequenzen zeitigt (Verbesserung der Kapitalverwertung, Disziplinierungswirkung der industriellen Reservearmee). Was beim *Arbeits*prozeß zusammenpaßt – objektive Anforderung und subjektive Orientierung – klafft für die Arbeits*losigkeit* auseinander: „Im Falle der unfreiwilligen Ausgrenzung aus dem Arbeitsprozeß werden traditionelle Arbeitstugenden – Fleiß, Pünktlichkeit, Gehorsam etc. – ihrer sozialintegrativen Funktion in doppelter Weise beraubt. Zum einen haben sie sich als untauglich erwiesen, die Sicherheit des Arbeitsplatzes zu gewährleisten; zum anderen verlieren sie in der Arbeitslosenexistenz ihren Sinn" (Wacker 1976a, S. 172). Leidtragender ist zuförderst das Individuum: nicht nur, daß ihm für seine Situation kein positives Deutungsmuster zur Verfügung steht – es wird, weil *niemand* darüber verfügt, auch noch sozial geächtet: als Drückeberger, Arbeitsscheuer, Versager.

4.3 Die individuellen Konsequenzen der Arbeitslosigkeit

Nach der allgemeinen Diskussion des Identitätsverlustes bei Arbeitslosigkeit werden nun seine verschiedenen Dimensionen – ökonomische Deprivation, sozio-psychische Desintegration und politische Resignation – skizziert: Phänomene, die freilich nicht schlagartig auftreten, sondern krisenhafte Zuspitzungen schon vorgängig bestehender Entfremdungsformen sind. Denn: „Unemployment is merely an *intensification* of the hurdles which allready block the path of the worker" (Bakke).

Ökonomische Deprivation

Wie stark die finanziellen Einbußen des Arbeitsplatzverlustes und damit der erzwungene *Konsumverzicht* sind, hängt weitgehend vom jeweiligen Sozialversicherungssystem ab – insofern besagen die deprimierenden Befunde amerikanischer Untersuchungen für sich genommen noch nicht viel – sie machen höchstens aufmerksam, welche Konsequenzen bei reduzierten staatlichen Leistungen erwartbar sind (gravierende Einschränkungen bei den privaten Ausgaben, Auflösung von Ersparnissen, Verschlechterung der medizinischen Versorgung, Verkauf von Haushaltsgegenständen, Ausbildungsrestriktionen für die Kinder etc.). Was die BRD angeht, sieht es momentan so aus, als ob selbst in den ungünstigen Fällen die finanzielle Belastung durch Arbeitslosigkeit noch erträglich sei – verglichen jedenfalls mit den persönlich-sozialen Kosten (Saterdag 1975). Bei dieser Bilanz fällt eine relativ kurze Durchschnittsdauer der Arbeitslosigkeit entscheidend ins Gewicht – ihre merkliche Zunahme verändert und verdüstert das Bild.

Psycho-soziale Desintegration

Die persönlich-sozialen Effekte des Arbeitsplatzverlustes sind vielfältiger und diffiziler Natur, weder begrifflich noch operational eindeutig erfaßt. Darum müssen hier einige immer wiederkehrende Stichworte genügen, zumal die *Richtung* des Veränderungsprozesses hinreichend klar wird.

Den psychischen Verfall kennzeichnen vor allem Konzepte wie Anomie, Furcht, Hoffnungslosigkeit, Verzweiflung, Realitätsflucht, Zynismus, Mißtrauen, Apathie, Inferioritätsgefühl, Verlust des Zeitempfindens und Abbau des Selbstvertrauens – zusammengefaßt eine Art „Identitätsdiffusion" (Wacker), die so charakterisiert ist: „Ein schmerzhaft geschärftes Gefühl der Isolierung; Desintegration des Gefühls der inneren Kontinuität und Gleichheit; ein umfassendes Gefühl des Beschämtseins; die Unfähigkeit, von irgendeiner Tätigkeit ein Gefühl der Erfüllung abzuleiten; das Gefühl, daß das Leben dem Individuum eher „geschieht" als da es aufgrund seiner eigenen Initiative gelebt würde; eine radikal verkürzte Zeitperspektive und schließlich ein Ur-Mißtrauen, ..." (De Levita, zitiert nach Wacker 1976b, S. 124).

Den Diffusionsvorgang begleitet eine zunehmende Abschließung gegen die soziale Umwelt (Abbruch von Kontakten, Desinteresse demgegenüber, was um einen herum vorgeht), ein Verlust des erworbenen Status/Prestiges (als Kollege, Familienoberhaupt etc.) und möglicherweise das Absinken in eine Marginalexistenz (Kriminalität, Alkoholismus, Autoaggression).

Diese Krisenskizze unterstellt, daß die gesellschaftlichen Mechanismen der *Konfliktindividualisierung* funktionieren (vgl. dazu konkret: Dombois 1976), und unterschlägt individuelle Verarbeitungs*differenzen* ebenso wie das Auftreten verschiedener Verarbeitungs*phasen* (s. Eisenberg/Lazarsfeld 1928; Jahoda et al. 1975).

Politische Resignation

Eine populäre Verelendungstheorie würde aus dem ökonomischen „Einbruch" der Arbeitslosen, mehr aber noch aus ihrer psychisch-sozialen Lage den Schluß auf ein brisantes politisches Potential ziehen.

Diese Vorstellung ist in anderem Zusammenhang schon kritisiert worden (Wagner 1976) und bestätigt sich auch hier nicht – zumindest, wenn eine revolutionäre Entwicklung erwartet wird: „Contrary to current belief the unemployed may develop a fascist rather than a radical attitude". Die einleuchtende Begründung: „ ... they are sympathetic to fascism because, having practically nothing, they will support any system which promises them an easy was out of their distress ..." (Eisenberg/Lazarsfeld 1938, S. 370).

Freilich – auch eine autoritäre Wendung setzt Aktivierungsstrategien voraus, an denen die Arbeitslosen sich orientieren können – von selbst sind sie zur Entwicklung einer politischen Perspektive unfähig, ihre Grundhaltung ist *Resignation*. Von ihr werden auch jene erfaßt, deren allgemeines Aktivitätsniveau noch nicht den Nullpunkt erreicht hat. Denn Teilnahme an politischen Veranstaltungen und Mitgliedschaft in politischen Organisationen bringt „keine sofortigen Resultate, sondern bedeutet nur einen Extra-Aufwand an Geld, Zeit und Energie, den sich allgemein nur die Arbeiter erlauben können, denen es noch verhältnismäßig gut geht. Die Arbeitslosen haben jedoch nichts zu opfern, weder Zeit noch Geld; sie können an keiner Politik auf längere Sicht interessiert sein, da ihre augenblickliche Lage nach sofortiger Änderung drängt. Nicht die Erweiterung ihres Horizonts, sondern die Verringerung entspricht ihren direkten Notwendigkeiten am besten. Die Organisationsaktivität würde sie in ihrem auch weiterhin individuell zu leistenden Existenzkampf eher behindern als unterstützen" (Mattick 1969, S. 109). Dieses Kalkül wird durch ein anderes ergänzt und in seinem strukturell erzwungenen Konservatismus verstärkt – es geht um die bewußte oder unbewußte Realisierung „that all he has, little as it is, and all he can hope to have is bound closely to things as they are. ... The change in emphasis is not apt to be rapid as long as the cultural stability and daily habits of men are intricately bound up with the arrangements and products of a capitalistic system" (Bakke 1969, S. 58 f.). Dieser Tatbestand spielt für die Frage nach möglichen gesellschaftlichen Desintegrationsprozessen eine wichtige Rolle; sein Geltungsbereich muß allerdings in doppelter Hinsicht relativiert werden: Erstens lockert Arbeitslosigkeit die soziale Verankerung des einzelnen (s. 4.2); das, zweitens, umso stärker, je länger sie andauert und je geringer die Chance auf (adäquate) Wiederbeschäftigung wird. Ist eine „Erschöpfungsschwelle" erst einmal überschritten, bleibt Apathie die einzige Bindung an den status quo – mit welcher Belastbarkeit, läßt sich allein situationsspezifisch ausmachen: während historische Erfahrungen skeptisch stimmen, existiert andererseits doch der empirische Befund, daß politische Entfremdung nach einer gewissen Zeitspanne wieder abnimmt (Aiken et al. 1968, S. 102). Jedenfalls kann nicht ohne weiteres geschlossen werden, daß aus der faktischen Übernahme einer Vollbeschäftigungsgarantie dem versagenden Staatsapparat von den (potentiell oder aktuell) Geschädigten „ein gefährliches Legitimationsdefizit" drohe (Paul/Wacker 1975, S. 67). Sei es, weil seine Durchsetzungskapazität gegenüber den ökonomischen Machtgruppen schon immer skeptisch beurteilt wurde (Baethge/Schumann 1975), sei es, weil man ihm unter Umständen noch im Mißerfolg den guten Willen hoch anrechnet (Eckart et al. 1975); sei es schließlich, weil das *vage* Krisen- und Ohnmachts*bewußtsein* keine entsprechenden *Handlungen* hervorruft (man geht pflichtschuldig weiter zur Wahl – Aiken et al. 1968, S. 102; generell: Citrin 1974) oder weil die einst verbitterte Apathie sich mit dem status quo allmählich arrangiert (Aiken et al. 1968, S. 96).

4.4 Kausale Zusammenhänge

Implizit hat die Beschreibung der verschiedenartigen Konsequenzen des Arbeitsplatzverlustes schon unterstellt, daß zwischen ihnen kausale Verknüpfungen bestehen. Persönliche Frustrations- und Autismustendenzen sind offenkundig ebenso *mit* ein Resultat der finanziellen Misere wie sie selbst zum Abbau politischer Interessiertheit beitragen, der darüber hinaus auch direkt dem ökonomischen Existenzkampf entspringt.

Das Schlüsselglied, was die *individuellen Auswirkungen* der Arbeitslosigkeit angeht, dürfte der einsetzende Verlust ökonomischer Ressourcen sein: wenn schon nicht die einzige Ursache des festgestellten Persönlichkeitsverfalls, verstärkt bzw. beschleunigt er ihn doch in *allen* Dimensionen (s. Aiken et al. 1968; Jahoda et al. 1975).

4.5 Der gesellschaftliche Desintegrationsprozeß

Die Rede von möglichen gesellschaftlichen Desintegrationsfolgen der Arbeitslosigkeit setzt einen Begriff von *gesellschaftlicher Integration* voraus – oder im gängigen Etikett: von *Massenloyalität*.

Die jüngste Diskussion des Loyalitätsproblems, charakterisiert durch überstürzte Kriseneuphorie und oberflächliche Stabilitätsgewißheit, scheint auf einem falschen, intellektualisierten Bild des Legitimationsprozesses zu basieren: „ ... ideology, in the sense of an abstract system of values concerned with the legitimacy of the overall social structure, is normally found only among the intelligencia" (Mann 1975, S. 275) – oder anders ausgedrückt: „ ... neither social harmony nor a shared sense of regime legitimacy may be necessary coniditons for the persistence of capitalism outside of wartime" (Mann 1975, S. 276).

Diese Argumentation revidiert geläufige Legitimationsvorstellungen von Grund auf. Sie betont das Alltagsbewußtsein und -verhalten der Gesellschaftsmitglieder: nicht wie man zu politischen Grundwerten, sozialen Einrichtungen, individuellen Lebensräumen *abstrakt* steht, bestimmt den Integrationsstand des Individuums, sondern wie es sich in seine *konkreten* Funktionsrollen – als Vater, Arbeiter, Nachbar, Wähler etc. – pragmatisch einfügt; statt reflektierter Zustimmung entscheidet institutionelle Einpassung („institutional fit").

Dafür existiert eine einleuchtende Begründung: abstrakte Wertvorstellungen schlagen auf die konkrete Praxis des „Normalbürgers" nicht durch. Der Abstand zwischen beiden Ebenen übersteigt das *einzelne* Fassungsvermögen (vgl. Free/Cantril 1967; Mann 1970; auf ein aktuelles Beispiel bezogen: Baethge/Schumann 1975); und seine Reduktion kann unterbleiben, weil das Individuum mit einzelnen Segmenten, nicht der Gesellschaft als ganzer konfrontiert wird (Man 1970).

Freilich macht der Arbeitsplatzverlust gerade das Rollenmuster des *Alltags*lebens obsolet: Arbeitslose isolieren sich und werden von anderen (z. B. auch den Gewerkschaften) „abgeschrieben". Solange der „cultural lag" zwischen objektiver Lage (Unvermeidbarkeit, Funktionalität) und sozialer Perzeption (Diskriminierung), erzeugt durch den arbeitszentrierten Sozialisationsprozeß, weiter existiert, kann das arbeitslose Individuum überhaupt nicht loyal sein (dazu auch Piven/Cloward 1977, S. 79). Eine funktionale *Arbeitslosen*rolle ist bislang erst theoretisch abgeleitet: „Bereitschaft, sich ohne Klagen zeitweilig aus dem Produktionsprozeß ausgliedern zu lassen und Bereitschaft zur Annahme jedweder angebotenen Arbeit" (Wacker/Paul 1975).

Doch diese faktisch erzwungene Illoyalität bleibt per se für die Funktionsfähigkeit des kapitalistischen Systems soweit *folgenlos*, wie der freigesetzte Arbeiter sein Verwendungspotential erhält (Reservestatus); verliert er es – im Zuge einer (destruktiven) Marginalisierung oder (konstruktiven) „Umpolung" – ist sie immer noch *erträglich*: den Arbeitslosen braucht man ja nur bedingt und kann ihn nötigenfalls auch staatlich disziplinieren. Kurzum: „Selbst eine Riesenarmee von Arbeitslosen ist außerstande, die Gesellschaft zur Berücksichtigung ihrer Interessen zu zwingen, wenn die große Mehrheit noch imstande ist, auf der Basis der bestehenden gesellschaftlichen Bedingungen auskömmlich zu leben" (Mattick 1969, S. 113) – *sozial* schlägt sich die *große Masse* höchstens „atmosphärisch" nieder und könnte so Zerrüttungsphänomene in anderen Bereichen auslösen.

Dann hätten doch all jene recht, denen Arbeitslosigkeit an sich kein legitimatorisch relevantes Problem zu sein scheint? Dieses Fazit wäre vorschnell, weil es zumindest zwei Prämissen vernachlässigt. Erstens: der Skizze des Handlungs- und Widerstandspotentials bei Beschäftigungsverlust liegt ein bestimmter Typ von Arbeitslosen zugrunde: „Der des im ‚besten Schaffensalter' stehenden männlichen, leistungs- und aufstiegsorientierten, von seiner Unersetzbarkeit für den Betrieb überzeugten und an die Sicherheit seines Arbeitsplatzes glaubenden Facharbeiters ..." (Brandes 1977, S. 216). Brandes weist richtig darauf hin, daß die physisch-psychischen Reaktionsweisen dieses Arbeiter„kerns", der „unteren Schicht des primären Arbeitsmarktes" (Freiburghaus/Schmid 1975), nicht umstandslos auf solche Schichten zu übertragen sind, deren Arbeitsplatzrisiko *permanent* hoch ist: *Un-* und *Angelernte* sowie nichtausgebildete oder *arbeitslose Jugendliche*, um von den verschiedenen Gruppen nur den Kreis herauszugreifen, dessen Verhaltensformen sich noch am ehesten staatlichen/gesellschaftlichen Domestizierungsversuchen entziehen könnten. Tatsächlich hat Arbeitslosigkeit für ihn wohl keine demoralisierenden Effekte: er „übt sich ein in die Dauersituation des Arbeitslosen oder Gelegenheitsarbeiters" (Brandes), dessen Identität sich von Arbeit schrittweise abkoppelt, der beginnt, eine (Gegen-)"Kultur der Arbeitslosigkeit" (Schwartz/Henderson 1965) aufzubauen. Statt protestantischer Ethik leitet ihn eine vorkapitalistische Arbeitsmoral – von D. Defoe (1704) einst auf die bissige Formel gebracht: „There is a general taint of slothfulness upon our poor; there's nothing more frequent for an Englishman than to work untill he has got his pocket full of money, and then to go and be idle, *or perhaps drunk* till 't is all gone".

Diese Renaissance des kurzfristigen Überlebensplans „von der Hand in den Mund" mit Hilfe allerlei legaler oder illegaler Aktivitäten macht seine Anhänger für den Arbeitsprozeß unbrauchbar (Schwartz/Henderson 1965) – doch daß sie, selbst bei erwartbar zunehmender Verbreitung, die Keimzelle eines status-quo-*gefährdenden* „way of living" bilden (so mit unterschiedlicher Sicherheit: Schwartz/Henderson 1965; Leggett/Street 1965; Brandes 1977), ist eher unwahrscheinlich. Denn reproduzieren kann sich die Arbeitslosenkultur nur als *Sub*kultur, vor dem Hintergrund einer dominanten und intakten Arbeitsmoral, an deren Produkt sie mehr oder weniger parasitär partizipiert: individuell, bestenfalls hordenmäßig vorgehend, ohne Tendenz zur (aktiven) Ausweitung.

Zweitens: die systemstabilisierende Segmentierung des Arbeitslosen„heeres" in isolierte, ihr Schicksal passiv erleidende Individuen ist keine sachgesetzlich-unumstößliche oder -unumkehrbare Tendenz. Zwar müssen ökonomisch beschränkte Initiativen aus dem Betroffenenkreis selbst heraus wegen vielerlei Bedingungen scheitern (vgl. Bakke, 1969, S. 82 ff,. Mattick 1969, S. 93 ff.; Brandes 1977, S. 230), doch lassen sich zeitlich, sozial und sachlich verschobene *Kollektiv*strategien durchaus denken und sind auch praktiziert worden;

- *zeitliche* Verschiebung meint: Widerstand schon im *Vorfeld* der Arbeitlosigkeit oder im Punkt ihres Eintritts (Entlassung), wo die Spaltung der Arbeitslosen untereinander und von ihren weiterbeschäftigten Kollegen noch nicht etabliert ist (Coates 1973; Wacker 1976b, S. 146 ff.; Brandes 1977, S. 231 f.). Spektakulärste Reaktionsform ist die *Betriebsbesetzung* (Paradebeispiele: LIP in Frankreich, Seibel-Erwitte in der BRD, UCS in Schottland, Enka-Glanzstoff in Holland). Daß sich mit dieser Variante je nachdem große Hoffnungen oder aber arge Ängste verknüpfen, liegt weniger am kurzfristigen, schnell reparablen „Enteignungs"-Effekt als an dem initiierten „Klassen-Lernprozeß" (Wacker) und seiner Ausstrahlung: die herrschende Markt- und Eigentumsideologie wird „angekratzt", sie „hätte keinen größeren Schlag erleiden können als durch die jüngste Bewegung der Fabrikbesetzungen, die eine radikale Herausforderung an das heilige Recht auf Privateigentum und eine vernichtende Kritik an den Harmonievorstellungen des freien Marktes darstellen" (Coates 1973, S. 240). Allerdings: zumindest in der BRD scheinen sich Realisierungschancen und Erfolgsaussichten spontaner Besetzungsaktionen in (örtlich/zeitlich) engen Grenzen zu halten: das gering entwickelte allgemeine Konfliktbewußtsein (dank einer fragmentierten Arbeiterklasse, wohlfahrtsstaatlicher Daseinsvorsorge, „volks"parteilicher Nivellierung, „kooperativer" Gewerkschaftspolitik) verhindert weitgehend ein „Überschwappen" aggressiver Aktionen;

- *soziale* Verschiebung meint: die Mobilisierung der Arbeitslosen geschieht von *außen*, durch „radikale" oder sich „radikalisierende" politische (u. U. auch gewerkschaftliche) Organisationen. Sie dringen in das entstandene normative Vakuum ein und propagieren den, sei es schleichenden, sei es abrupten Regime- oder Systemwechsel als einzig wirksames Abhilfeprogramm. Der Notsituation entsprechend hat jene Strategie den meisten Zulauf zu erwarten, die den schnelleren, risikoloseren, unkomplizierteren Erfolg verspricht (Eisenberg/Lazarsfeld 1938, S. 370; Bakke 1969, S. 36 ff.): eine Regimeveränderung auf dem Boden der existierenden kapitalistischen Wirtschaftsordnung – d.h. die totalitäre Variante. Aber auch derartige Bewegungen haben keine Erfolgschance, wenn sie bei den *Arbeitenden* nicht Fuß fassen können – eben solange, wie, um Mattick zu wiederholen, „die große Mehrheit noch imstande ist, auf Basis der bestehenden gesellschaftlichen Bedingungen auskömmlich zu leben";
- *sachliche* Verschiebung meint: der Kristallisationspunkt: Arbeit wird aufgelöst zugunsten einer Artikulation umfassender *„Lebens- und Überlebensinteressen"* (Brandes) des Reproduktionsbereichs – Arbeitslosigkeit steht dann im politisch-organisatorischen Kontext von menschenwürdigem Wohnen, Umweltschutz, humaner Schule etc.. „Hier könnte ... ein Ansatz liegen, um zu gemeinsamem Handeln von Arbeitslosen und Arbeitenden zu kommen, das in sich Momente des Widerstands gegen die kapitalistisch bestimmte Form der Arbeit enthält und nicht nur unmittelbare, begrenzte materielle Interessen artikuliert" – so Brandes (1977, S. 232 f.). Das strategische Kalkül mit breitenwirksamen Einbruchstellen *gebrauchswert*regulierter Interessenperzeption in die dominante *Tauschwert*orientierung überzeugt indessen kaum mehr als in anderen Zusammenhängen (Offe 1972; Wagner 1976). Dies wegen der sozial und politisch äußerst heterogenen Verankerung des „Initiativen"-Booms; vor allem aber, weil sich „Lebensqualität" bloß leisten kann, wer materiell abgesichert ist – also gerade nicht die (aktuell oder potentiell) Arbeitslosen. Daran haben erst jüngst Stellungnahmen von Gewerkschaftsvertretern und Betriebsräten erinnert: Kernkraftwerke, obwohl eingestandenermaßen riskant, sollen der Beschäftigungsmöglichkeiten wegen gebaut werden – Waffenexporte, obwohl eingestandenermaßen amoralisch, sollen erleichtert werden, um die Arbeitsplätze in der Rüstungsindustrie zu sichern.

Das Fazit, um wieder an unsere Ausgangsfrage anzuknüpfen, bleibt mithin negativ. *Für die BRD* und *in der gegenwärtigen Arbeits- und Lebenssituation* ist das Phänomen: Arbeitlosigkeit kein stabilitätszerstörender Faktor – von daher droht unmittelbar weder eine Veränderung des politischen Herrschaftssystems noch der ökonomischen Verfügungsstrukturen.

Gesellschaftliche Desintegration findet nicht statt, obwohl massenhaft Individuen entsozialisiert werden, d.h. aus dem Tauschsystem herausfallen. Dies macht nochmals den grundlegenden Stabilisierungsmechanismus der bürgerlichen Gesellschaft deutlich: sie kann sich *sozial* eine Zerstörung *individueller* Identität so lange leisten, wie es ihr gelingt, die Herausbildung *kollektiver* Identität zu verhindern. Dazu Baethge/Schumann: „Als gesellschaftliche Integration fördernd sehen wir solche Momente im gesellschaftlichen Denken der Arbeiter an, in denen sich tendenziell das Bewußtsein der kollektiven Klassenlage, der Notwendigkeit kollektiver Interessenvertretung und eine Perspektive grundlegender gesellschaftlicher Veränderungen verflüchtigt und statt dessen Interpretationsmuster individueller Lebensgestaltung und Vorsorge in den Vordergrund drängen" (1975, S. 44).

Das Resultat dieses Mechanismus – die Isolierung der Arbeitslosen untereinander wie von den Arbeitenden – läßt sich an *individuellen Bewußtseins*formen und *Verhaltens*weisen festmachen. Seine Realisierungsvoraussetzungen reichen jedoch weiter: in den ökonomischen, rechtlichen und politischen „Raum". *Ökonomisch:* der von den Arbeitenden geschaffene Wert muß hinreichen, um die Reproduktion auch der Arbeitslosen irgendwie zu sichern; *rechtlich*: gesellschaftliche Widersprüche werden via Verrechtlichung in persönliche Ansprüche transformiert und dadurch neutralisiert (Tennstedt 1976); *politisch:* die Interessenvertretung der Arbeiterklasse ist im „Block an der Macht" integriert und bewirkt faktisch die Desorganisation ihrer Klientel (Poulantzas 1975).

Während – wieder auf die BRD bezogen – dieser Stabilitätskomplex ökonomisch und rechtlich, permanenter Schwankungen ungeachtet, keine integrationsgefährdenden Aufweichungstendenzen zeigt, dürfte gerade im Zuge einer gelingenden volkswirtschaftlichen Anpassungs-Modernisierung seine politische Konsolidierung prekär werden. Dann nämlich, wenn der konkurrenzbestimmte Rationalisierungskurs quantitativ wie qualitativ Konsequenzen zeitigt, die das „Systemvertrauen" der Massen und Massenorganisationen erschüttern.

Quantitativ: Die empirisch nachgewiesene Entkoppelung von Wachstum und Beschäftigung impliziert nicht nur, daß wachstumspolitische Strategien Arbeitsplätze eher vernichten, sondern auch, daß beschäftigungspolitische Maßnahmen das Wachstum eher beeinträchtigen. Solange Wachstum der zentrale volkswirtschaftliche Imperativ ist (und sein muß), haben arbeitsmarktpolitische Programme deshalb primär symbolischen Charakter: sie suggerieren dem *Arbeitenden*, für die Sicherheit seines Arbeitsplatzes werde gesorgt, und erwecken beim *Arbeitslosen* den Glauben, sein Zustand sei nur vorübergehend, veränderbar durch individuelle Chancenauswertung. Ihre Glaubwürdigkeit verhält sich freilich umgekehrt proportional zur Nachfrage: je weiter die (objektive) Enttäuschungsrate beim *aktuellen* Interessentenkreis steigt, desto mehr verliert beim *potentiellen* das Pazifizierungsmanöver an Effekt – die Sicherheitsillusion schwindet (Bierbaum et al. 1977) und mit ihr die Barriere zu den Arbeitslosen. Arbeitsplatzverlust kann nicht mehr umstandslos als *individuell* verschuldet und daher vermeidbar interpretiert werden – Konturen einer *kollektiven Existenzbedrohung* (vgl. Nickel 1972) beginnen sich abzuzeichnen (*Verunsicherung „unten"*).

Qualitativ: Das Risiko des Arbeitsplatzverlustes ist bislang ungleich verteilt gewesen und auf bestimmte „Problemgruppen“ mit besonders niedriger Konfliktfähigkeit abgeladen worden: Un-/Angelernte, Ausländer, Ältere, Frauen, Jugendliche. Doch der Rationalisierungs-, Dequalifizierungs- und Verlagerungstrend geht unaufhaltsam weiter (vgl. Fröbel et al. 1977), die technologische Entwicklung trifft zwangsläufig auch den Arbeiter„kern“, das Rekrutierungsfeld des *gewerkschaftlichen Mitgliederstammes.* Kooperative Gewerkschaftspolitik führt sich hier ad absurdum und beginnt abzubröckeln. Allein um ihres organisatorischen Bestands willen sind Gewerkschaften dann gezwungen, zur staatlichen Wirtschaftsregulierung Distanz zu gewinnen; im „Block an der Macht“ entstehen Risse. Daß dieses Umlernen *faktisch* in Gang kommt, demonstriert das Verhalten der IG Druck und Papier im jüngsten Druckerstreik (Erd 1976; Schaile 1976) *(Verunsicherung „oben“).*

Das Zusammentreffen von quantitativer Ausdehnung und qualitativer Zuspitzung, von institutioneller und massenhafter Verunsicherung könnte auch dann eine *politische* Gefährdung des status quo heraufbeschwören, wenn es nicht „flächendeckend“ auftritt, sondern – der wahrscheinlichere Fall – in bestimmten Regionen/Sektoren *konzentriert* ist. Am Beispiel: Energiepolitik wird exemplarisch deutlich, wie leicht ein selbst über lange Zeit „anfechtungsfreies“ politisches System unversehens aus dem Gleichgewicht gerät und welche unerwartet weitreichenden Konsequenzen daraus entstehen können.

5. *Desintegrationstendenz und gewerkschaftliche Strategie: Das Beispiel der saarländischen Stahlindustrie II*

5.1 Gewerkschaften und das Problem der Arbeitslosigkeit

Daß es – nicht nur programmatisch – das primäre Ziel jeder Gewerkschaftspolitik sein muß, für Arbeitsplatzsicherheit und Vollbeschäftigung zu sorgen, liegt auf der Hand. Dies gebietet ihr organisatorisches Bestands- wie strategisches Handlungsinteresse: Arbeitslose zahlen keine Beiträge, drücken das Lohn-/Humanisierungsniveau, reduzieren den Konfliktspielraum und mindern allein durch ihre Existenz die gewerkschaftliche Attraktivität an der Basis.

So fehlt denn in DGB-Grundsatz-/Aktionsprogrammen niemals das Ziel der „gesicherten Arbeitsplätze“. Zwar schaffen, wie man weiß, „Dynamik und Wachstum der Wirtschaft“ nicht nur neue Arbeitsplätze, sondern vernichten auch alte – doch sollen sich, grob kalkuliert, die Bewegungen neutralisieren. *Friktionen* am Rande sind sozialpolitisch zu kompensieren (Rationalisierungsschutzabkommen, Sozialpläne), gegen *strukturelle* Reibungen hilft eine antizipative Arbeitsmarktpolitik (Ausbau von Berufsaus-/-fortbildung, Verbesserung der Arbeitsmarkt-/Berufsforschung).

Allerdings: Seitdem die Entkoppelung von Wachstum und Beschäftigung ihre Prämisse obsolet gemacht hat, stimmt diese Rechnung nicht mehr: um den quasi-automatischen Ausgleich der Arbeitsplatzbilanz zu gewährleisten, bedürfte es jetzt einer unerreichbar hohen Produktionsausweitung.

Aus der (scheinbar) „prästabilierten Harmonie" ist ein existentielles Dilemma geworden: wirtschaftliches Wachstum *und* Vollbeschäftigung war das programmatische Credo kooperativer Gewerkschaftspolitik; jetzt heißt Wachstum *oder* Beschäftigung ihre prekäre Alternative – die *faktisch* freilich keine ist. Denn unter den Bedingungen kapitalistischer Weltkonkurrenz wäre eine konsequent betriebene *autonome Beschäftigungspolitik* volkswirtschaftlich selbstzerstörerisch.

Daß genau diese autonome Beschäftigungspolitik neuerdings zum gewerkschaftlichen Programm erhoben wird („Vorschläge des DGB zur Wiederherstllung der Vollbeschäftigung", Juli 1977), macht dreierlei deutlich: die Gewerkschaften reagieren auf das ihnen strukturell aufgenötigte Dilemma, unterschätzen aber, zweitens, bewußt oder unbewußt seine Dimension: Unternehmer werden als autonom agierende Subjekte angesehen, deren konzentrierte politisch-ökonomische Macht nur gleichmäßig auf Kapital, Arbeit und Staat verteilt werden muß, um Profit- und Beschäftigungsinteresse wieder zu „versöhnen". Darum fordern sie, drittens, das ebenso Naheliegende wie Unmögliche: die *radikale* Umkehrung des gesellschaftlichen Prioritätsmusters *im Rahmen* des gesellschaftlichen status quo: „ ... das Grundrecht auf Arbeit, d.h. das Recht jedes Arbeitnehmers, der arbeiten kann und will, auf einen angemessenen Arbeitsplatz unter menschengerechten Arbeitsbedingungen (muß) Vorrang vor dem privaten Gewinninteresse haben".

Der gewerkschaftliche Kooperationskurs hat damit eine neue (und letzte) Rückzugslinie erreicht: ihre unausgetragene Widersprüchlichkeit ist die Vorstufe des offenen Konflikts. *Praktische* wie *programmatische* „Übergangswahrscheinlichkeit" gehorchen freilich weniger logischen Zwängen denn sozialen Machtkonstellationen.

5.2 Gewerkschaftskrise im Saarland?

Die saarländische „Szene" begünstigt einen gesellschaftlichen Desintegrationsprozeß in mehrfacher Hinsicht:

- die Stahlindustrie steckt in einer tiefgreifenden Verwertungskrise, angezeigt durch hohe Verluste, allgemeine Kurzarbeit (seit 1975), weitreichende Rationalisierungs-(Konzentrations-)-Strategien, vorbereitete und prognostizierte Massenentlassungen;
- dank der ausgeprägten industriellen Monostruktur (Stahl, Kohle) stehen im Krisenfall kaum alternative Arbeitsplatzangebote zur Verfügung;
- der gewerkschaftliche Organisationsgrad im Stahlsektor liegt mit 73 % weit über dem Bundesdurchschnitt; einen ähnlich hohen Anteil kann die IG Metell bei Betriebsratswahlen erwarten;
- die Gewerkschaftsbasis zeichnet sich durch eine vergleichsweise hohe Konfliktbereitschaft aus: abzulesen an ihrer massiven Beteiligung an den spontanen Streiks 1969 (7000 Stahlarbeiter in Neunkirchen) und 1973 (7000 in Neunkirchen, 10000 in Völklingen). Die Gewerkschaftsdemonstrationen gegen angekündigte Massenentlassungen anfangs 1977 zählten zusammen 23000 Teilnehmer (Neunkirchen, Völklingen und Saarbrücken) und fanden breite Unterstützung in der Bevölkerung bis hin zu den Kirchen.

Trotz dieser „objektiv" brisanten Lage herrscht einstweilen relative Ruhe, auch die Gewerkschaftspolitik verläuft in alten Bahnen. Sozialpläne und gewerkschaftliche Hilfsappelle an Bundes- bzw. Landesregierung haben genügt, die Wogen wieder zu glätten. Daß das Pazifizierungsprogramm ein weiteres Mal Erfolg hatte, liegt an der quantitativ wie qualitativ *noch* beherrschbaren Problemdimension. „Freiwillige" Abwanderung (vor allem jüngerer Facharbeiter), Einstellungsstopps, natürlicher Abgang und Kurzarbeit haben den Beschäftigungsrückgang aufgefangen und die Kernarbeiterschaft vorläufig intakt gelassen. Allerdings: Sobald die angekündigten, gewerkschaftlicherseits unterstützten (!) Rationalisierungs-, d.h. auch Freisetzungspläne realisiert werden, verschärft sich die Situation quantitativ wie qualitativ; und diese Zuspitzung trifft auf eine programmatisch wie strategisch völlig unvorbereitete Gewerkschaftsbewegung (auch an der Saar). Im unauflösbaren Widerspruch zwischen „kapitallogischer" Rationalisierung und „arbeitslogischer" Humanisierung befangen, setzt sie weiter auf oberflächliche, abgegriffene Machtumverteilungs-Parolen. Doch die verlegene Forderung nach mehr *Mitbestimmung* sichert keine Arbeitsplätze – gerade das Schicksal des Montanbereichs macht dies überdeutlich.

6. Fazit

Was das politische Stabilitätsniveau der BRD anlangt, ist Arbeitslosigkeit – allen Befürchtungen/Hoffnungen zum Trotz – einstweilen kein gefährlicher Störfaktor. Um den status quo zu erschüttern, muß sie innerhalb spezifischer Bedingungskonstellationen auftreten – daß dies erstmals für die saarländische Stahlindustrie der Fall sein *könnte*, ist unsere Vermutung. Sie stützt sich freilich auf mehrere Prämissen, deren *konkrete* empirische Absicherung noch geleistet werden muß:

(1) Die Arbeitsplatzverluste fallen in einer *Situation* an – industrielle Monostruktur, sektorale Verwertungskrise/Rationalisierungsbewegung, regionale Arbeitsimmobilität, fiskalisch begrenzte Aufnahmekapazität des öffentlichen Sektors –, in der sie nicht mehr ausgeglichen werden können.

(2) Arbeitslosigkeit führt zu hohen *persönlichen Folgekosten*, die durch staatliche *Daseinsvorsorge* nur partiell und mit zunehmender Dauer immer weniger zu neutralisieren sind.

(3) *Hohe* und tendenziell *steigende* Arbeitslosigkeit provoziert eine *allgemeine* und *existentielle* Verunsicherung, die in *kollektive* Deutungsmuster mündet.

(4) Arbeitslosigkeit ergreift die *Kernarbeiterschaft* und erzwingt dadurch den *Abbruch der kooperativen Gewerkschaftspolitik:* das kollektive Handlungs*potential* der Basis erhält so einen organisatorischen Kristallisationspunkt, seine notwendige *Aktualisierungs*voraussetzung.

(5) Staatliche *Legitimationsstrategien* können den Zerfallsprozeß weder verhindern noch aufhalten, weil sie gegen die *negative Alltagserfahrung* der aktuell oder potentiell Betroffenen nicht „ankommen".

(6) Die politische Stabilität des status quo ist *oberflächlich*; an einem „Infektionsherd“ entzünden sich andere, ohne daß die „Ansteckungsgefahr“ verläßlich gebannt werden könnte.

Manchem mag dieses Krisen-„Szenario“ voreilig erscheinen – aber hohe Irrtumswahrscheinlichkeit ist der Preis, den eine Politikwissenschaft bezahlen muß, die der Realität nicht dauernd hinterherhinken will.

Literatur

Aiken, M. et al. 1969: Economic Failure, Alienation, and Extremism. Ann Arbor.

Altvater/Hoffmann/Schöller/Semmler 1974: Entwicklungsphasen und -tendenzen des Kapitalismus in Westdeutschland. In: Prokla, Teil 1, 13, S. 101 ff.; Teil 2, 16, S. 55 ff.

Baethge, M., M. Schumann 1975: Legitimation und Staatsillusion im Bewußtsein der Arbeiter – Überlegungen zum Staatsverständnis der Arbeiter anläßlich einer empirischen Studie. In. M. Osterland (Hg.), Arbeitsituation, Lebenslage und Konfliktpotential. Frankfurt. S. 39–69.

Bakke, E.W. 1969: Citizens Without Work. Hamden (Orig.: 1940).

Bierbaum, C. et al. 1977: Ende der Illusionen? Frankfurt–Köln.

Brandes, V. 1977: Arbeitslosigkeit in der Bundesrepublik – Erscheinungsformen, Auswirkungen, Verarbeitungsweisen und Abwehrperspektiven. In: Gesellschaft. Beiträge zur Marxschen Theorie 10. Frankfurt. S. 187–245.

Buttler, G., B. Hof, 1977: Bevölkerung und Arbeitsmarkt bis zum Jahr 2000. Köln.

Citrin, J. 1974: Comment: The Political Relevance of Trust in Government. In: American Political Science Review, 68, S. 973–988.

Coates, K. 1973: Fabrikbesetzungen in Großbritannien. In: O. Jacobi et al. (Hg.), Gewerkschaften und Klassenkampf. Kritisches Jahrbuch 1973. Frankfurt. S. 242–257.

Das Saarland als Grenzregion und Kernzone. In: Neue Züricher Zeitung, Fernausgabe v. 7.8.1977.

Dombois, R. 1976: Massenentlassungen bei VW: Individualisierung der Krise. In: Leviathan, 4, S. 432–464.

Eckart, C. et al. 1975: Arbeiterbewußtsein, Klassenzusammensetzung und ökonomische Entwicklung. Empirische Thesen zum „instrumentellen Bewußtsein“. In: Gesellschaft. Beiträge zur Marxschen Theorie 4. Frankfurt. S. 7–64.

Eisenberg, P., P.F. Lazarsfeld 1938: The Psychological Effects of Unemployment, 35, S. 358–390.

Erd, R. 1976: Der Arbeitskampf in der Druckindustrie – ein politischer Streik. In: Leviathan, 4, S. 517–542.

Fels, G., K.-W. Schatz 1976: Sektorale Entwicklung und Wachstumsaussichten der westdeutschen Wirtschaft bis 1980. In: IG Metall (Hg.), a.a.O., Bd. 1, S. 154 ff. (s. Glastetter 1976).

Firth, R. 1972: Anthropological Background to Work. In: C.D. Bryant (ed.), The Social Dimensions of Work, Englewood Cliffs. S. 8–16.

Free, L.A., H. Cantril 1967: The Political Beliefs of Americans. New Brunswick.

Freiburghaus, D., G. Schmid 1975: Theorie der Segmentierung von Arbeitsmärkten. In: Leviathan, 4, S. 417–448.

Fröbel, F. et al. 1977: Die neue internationale Arbeitsteilung, Reinbek.

Geschäftsberichte 1974–1976 Röchling-Burbach
1974–1975 Eisenwerke Neunkirchen AG
1976 Dillinger Hütte AG

Glastetter, W. 1976: Die wirtschaftliche Entwicklung in der Bundesrepublik im Zeitraum 1950–1975. In: IG Metall (Hg.), Krise und Reform in der Industriegesellschaft, Bd. 1. Frankfurt. S. 22 ff.

Goldthorpe, J.H. et al. 1970: Der „wohlhabende“ Arbeiter in England I. München.

Guckelmus, K. 1977: Bröckelt der Montankern auseinander? In: Arbeitnehmer, 3–4.

Hauff, V., F.W. Scharpf 1975: Modernisierung der Volkswirtschaft. Frankfurt/M.–Köln.

Havighurst, R.J. et al. 1969: Adjustment to Retirement. Assen.

Hildebrandt, E. 1975: Entwicklung der Beschäftigtenstruktur und der Arbeitslosigkeit in der Bundesrepublik. In: ProKla 19–20–21, S. 41ff.

Hopf, C., W. Hopf 1976: Gleichgültigkeit und Identifikation als Kategorien der Analyse von Klassenbewußtsein. In: Probleme des Klassenkampfes, 22, S. 67–100.

IGM-Dokumentation aus Presseberichten: Stahlkrise/Saar 77, St. Ingbert 1977.

IMSF 1969: Die Septemberstreiks 1969, Frankfurt/M.

Industrie- und Handelskammer des Saarlandes: Saarwirtschaft 1976, Jahresbericht. Dillingen 1977.

Jahoda, M. et al. 1975: Die Arbeitslosen von Marienthal. Frankfurt (Orig.: 1933).

Jessen, T. 1977: Entwicklung der industriellen Branchenstruktur in Frankreich und der Bundesrepublik. Dipl.arb. Konstanz.

Klaus, P./B. Lang 1974: Überblick über die deutsche Stahlindustrie unter besonderer einzelwirtschaftlicher Berücksichtigung der wichtigsten Hüttenbetriebe. Veröffentlichungen aus dem Arbeitsbereich der Kreditanstalt für Wiederaufbau Nr. 12/74.

Komarowsky, M. 1940: The Unemployed Man and his Family. The Effect of Unemployment Upon the State of the Man in Fifty-nine Families. New York.

Leggett, J.C., D. Street 1965: Economic Crisis and Expectations of Violence: A Study of Unemployed Negroes. In: A.B. Shostak, W. Gomberg (eds.), Blue-Collar World. Englewood Cliffs. S. 506–512.

Mann, M. 1970: The Social Cohesion of Liberal Democracy. In: American Sociological Review, 35, S. 423–439.

– 1975: The Ideology of Intellectuals and Other People in the Development of Capitalism. In: L. Lindberg et al. (eds.), Stress and Contradiction in Modern Capitalism. Lexington, S. 275–305.

Mattick, P. 1969: Arbeitslosigkeit und Arbeitslosenbewegung in den USA 1929 bis 1935. Frankfurt (Orig.: 1936).

Narr, W., C. Offe 1976: Was heißt hier Strukturpolitik? In: Technologie und Politik 6, Reinbek b. Hamburg. S. 5 ff.

Nickel, W. 1972: Zum Verhältnis von Arbeiterschaft und Gewerkschaft. Köln.

Offe, C. 1970: Leistungsprinzip und industrielle Arbeit. Frankfurt.

– 1972: Strukturprobleme des kapitalischen Staates. Frankfurt.

Oppolzer, A.A. 1974: Entfremdung und Industriearbeit. Köln

Orzak, L.H. 1972: Work as a „Central Life Interest" of Professionals. In: C.D. Bryant (ed.), The Social Dimensions of Work. Engelwood Cliffs. S. 8–16.

Paul, G., A. Wacker 1975: Staatsloyalität und Krisenbewußtsein – ein marxistischer Deutungsversuch. In: S. Laturner, B. Schön (Hg.), Jugendarbeitslosigkeit. Reinbek b. Hamburg. S. 62–70.

Piven, F.F., R.A. Cloward 1977: Regulierung der Armut. Die Politik der öffentlichen Wohlfahrt. Frankfurt (Orig.: 1971).

Poulantzas, N. 1975: Klassen im Kapitalismus – heute. Westberlin.

Prognos Report Nr. 7: Die Bundesrepublik Deutschland 1980 – 1985 – 1990. Basel 1976.

Redaktionskollektiv „express": Spontane Streiks: 1973, Offenbach 1974.

Röchling, P. 1961: Die eisenschaffende Industrie an der Saar im Montandreieck. Kiel.

Röper, B. 1974: Rationalisierungseffekte der Walzstahlkontore und der Rationalisierungsgruppen, Berlin.

Sachverständigenrat zur Begutachtung der gesamtwirtschaftlichen Entwicklung: Zeit zum Investieren, Jahresgutachten 1976/77.

Saterdag, H. 1975: Situationsmerkmale von Arbeitslosen Anfang 1975 und Voraussetzungen für die Aufnahme einer neuen Beschäftigung. In: Mitteilungen aus der Arbeitsmarkt- und Berufsforschung, 8, S. 136–148.

Schaile, U. 1976: Der Arbeitskampf der Druckarbeiter in der Tarifrunde 1976. In: Probleme des Klassenkampfes, 24, S. 3–25.

Scharpf, F.W. 1974: Krisenpolitik: In: P. v. Oertzen/H. Ehmke/ H. Ehrenberg (Hrsg.): Thema Wirtschaftspolitik. Bonn-Bad Godesberg.

Scharpf, F.W. 1976: Wirtschafts- und Gesellschaftsstruktur in der Bundesrepublik Deutschland, Entwicklung und Perspektiven. In: Krise und Reform in der Industriegesellschaft, Protokoll der IG Metall-Tagung, Frankfurt/M.

Schatz, K. 1976: Zum sektoralen und reionalen Strukturwandel in der BRD. In: WSI–Mitteilungen, 11, S. 653 ff.

Schmid, G. 1977: Zum Problem der ‚strukturellen Arbeitslosigkeit', WZB discussion papers.

Schröder, D. 1976: Regionale und sektorale Strukturpolitik als Beschäftigungspolitik: In: IG Metall, a.a.O., Bd. 2, S. 205 ff. (s. Scharpf 1976).
Schwartz, M., G. Henderson 1965: The Culture of Unemployment: Some Notes on Negro Children. In: A.B. Shostak, W. Gomberg (eds.), Blue-Collar World. Englewood Cliffs. S. 467–476.
Simon, Y.R. 1971: Work, Society and Culture, New York.
Stahlkrise und Arbeitslosigkeit an der Saar. In: Express Nr. 5, 17.5.1977.
Sykes, A.J.M. 1965: Some Differences in the Attitudes of Clerical and Manual Workers. In: Sociological Review, 13, S. 297–310.
Tennstedt, F. 1976: Zur Ökonomisierung und Verrechtlichung in der Sozialpolitik. In: A. Murswieck (Hg.), Staatliche Politik im Sozialsektor. München. S. 139–165.
Volmerg, U. 1976: Zum Verhältnis von Produktion und Sozialisation am Beispiel industrieller Lohnarbeit. In: T. Leithäuser, W.R. Heinz (Hg.), Produktion, Arbeit, Sozialisation. Frankfurt. S. 105–127.
Wacker, A. 1976a: Arbeitslosigkeit als Sozialisationserfahrung – Skizze eines Interpretationsansatzes. In: Th. Leithäuser, W.R. Heinz (Hg.), Produktion, Arbeit, Sozialisation. Frankfurt. S. 171–187.
– 1976b: Arbeitslosigkeit. Frankfurt.
–, G. Paul 1975: Der Zumutbarkeitsbegriff des Arbeitsförderungsgesetzes oder ein Lehrstück der Widersprüche von Reformen im Sozialstaat. In: Kritische Justiz, 8, S. 339–356.
Wagner, W. 1976: Verelendungstheorie – die hilflose Kapitalismuskritik. Frankfurt.
Wolter, E. 1974: Strukturelle Anpassungsprobleme der westdeutschen Stahlindustrie. Tübingen.
Zeh, A. 1977: Krise der Stahlindustrie in den kapitalistischen Ländern. In: IPW-Berichte 7.

Anmerkungen

1 In ihren ökonomischen Annahmen basiert diese Konzeption zu großen Teilen auf Strukturwandel-Theoremen, wie sie vor allem von der ‚Kieler Schule' vertreten werden. Vgl. etwa Schatz, 1976; Fels/Schatz, 1976.

2 Der Industrieanteil der Bundesrepublik liegt sowohl hinsichtlich der Zahl der Beschäftigten wie des Beitrags zum Bruttosozialprodukt über dem Niveau vergleichbarer Länder: BRD ca. 48 % gegenüber etwa 31 % in den USA; nach Raumordnungsbericht der Bundesregierung 1974, S. 64.

3 Damit wird in der Konzeption der aktiven Strukturpolitik, deren explizites Ziel die Vermeidung struktureller Arbeitslosigkeit durch Lenkung des strukturellen Wandels darstellt, ein zumindest gesamtwirtschaftlich per Saldo positiver Zusammenhang zwischen der angestrebten Struktur der ökonomischen Entwicklung und dem Beschäftigungsniveau unterstellt, aber nirgends expliziert.

4 Eine ausführliche, hier nicht zu referierende Diskussion über die unterschiedlichen Ansätze der bisherigen Problemanalysen zur strukturellen Arbeitslosigkeit (Politik-, Angebot/Nachfrage- und Kausalansatz) findet sich in Schmid 1977.

5 Buttler/Hof 1977, S. 127, kommen bei alternativ angenommenen gesamtwirtschaftlichen Wachstumsraten zu folgenden alternativen Prognosen für die Arbeitslosenquote (jahresdurchschnittlich für die Jahre 1980–1990):

Gesamtwirtschaftliches Wachstum (in Prozent)	4	3	2	0
Arbeitslose (in Tausend)	760	1490	2780	4350
Erwerbslosenquote (in Prozent)	2,8	5,5	10,2	16,0

IV. Arbeitsgruppe: Bildungspolitik, Bildungsverwaltung, Forschungspolitik

Zum Verhältnis von Aufgabe, Struktur und Interessen in der Forschungspolitik. Dargestellt am Beispiel der Beratung des BMFT.

Von Rolf Berger

Es entspricht einem weitverbreiteten rationalistischen Glaubenssatz der Verwaltung anzunehmen, daß ihre Aufgabenerfüllung im Allgemeininteresse erfolge, objektiven Sachzwangcharakter besitze und die Struktur sich – was immer man darunter versteht – nach den Erfordernissen der Aufgabenbewältigung bestimme. Diesem Glaubenssatz folgt auch, zahlreichen offiziellen politischen Dokumenten zufolge, die Forschungspolitik des Bundes, wenn man die Bundesforschungsberichte[1] zugrunde legt oder die zahlreichen Veröffentlichungen des derzeit amtierenden Bundesministers für Forschung und Technologie[2] liest. Diese Forschungspolitik ist jedoch geprägt durch drei zumindest teilweise widersprüchliche Grundaussagen:

1. Forschungspolitik ist aktive und antizipative Strukturpolitik, d.h. es wird ein politischer Steuerungsanspruch geltend gemacht[3].
2. Forschungslenkung und Wirtschaftslenkung werden unter Betonung der Autonomie der Forschung und Freiheit der Marktwirtschaft abgelehnt[4], d.h. der politische Steuerungsanspruch wird systemimmanent als Akzeptanz von Anreizen definiert.
3. Bei den Anreizen stehen Finanzsubventionen im Vordergrund, ohne das bislang in den zahlreichen offiziellen Verlautbarungen[5] versucht worden wäre, aus der Akzeptanz der finanziellen Subventionen die politische Zielakzeptanz zu begründen.

Die Verantwortlichen der Forschungspolitik, die ihr Handeln selbst als Leistungsverwaltung verstehen, leiden bei dieser Sachlage an dem Grundwiderspruch, einen normativen Steuerungsanspruch aufzustellen und bestenfalls eine reaktive Vollzugsverwaltung zu sein, deren Erfüllung nicht einmal mit der Wirtschaftspolitik klassischer Ausprägung vergleichbar ist, nämlich ohne jede theoretische Absicherung operiert. Ob bei diesem Widerspruch zwischen Steuerungsutopie und Subventionspolitik der Begriff Forschungspolitik überhaupt einer Realität entspricht und nicht allenfalls politökonomisch als Teil der spätkapitalistischen Wirtschaftspolitik mit Kulturarabesken verstanden werden muß, mag an dieser Stelle dahingestellt bleiben. Wichtiger ist hier, der Frage konkret nachzugehen, wie die sich in jeder Subvention niederschlagenden Einzel- und Gruppeninteressen strukturell abgesichert und dadurch zur staatlichen Aufgabe werden, d.h. wie eigentlich Forschungsfinanzierung die höhere Weihe von Forschungspolitik erhält selbst dann, wenn die Inhalte dieser Politik im Vorfeld der Politik bestimmt werden.

Um diese Frage beantworten zu können, muß man die generelle Interessenstruktur, d.h. das Verhältnis von staatlicher Förderung und Wissenschaftsinteressen kurz umreißen. Das Verhältnis von staatlichem Leistungsträger und privaten Leistungsempfängern kann in einem verhältnismässig einfachen Kategorienschema der Interessenstruktur verdeutlicht werden. Die Interessenstruktur der Leistungsempfänger kann parallel, d.h. gleichgerichtet oder antagonistisch, d.h. entgegengesetzt sein; weiterhin kann sie von einer oder zwei Gruppen beherrscht sein oder sie ist relativ diffus. Typische Beispiele verschiedener Interessenstrukturen der Leistungsempfänger gegenüber den öffentlichen Leistungsträgern sind:

antagonistisch, von einer Gruppe beherrscht:
Landwirtschaftsministerien unter Vernachlässigung der Verbraucherinteressen,
antagonistisch, von zwei Gruppen beherrscht:
Arbeits- und Sozialministerien,
antagonistisch, von mehreren Gruppen beherrscht;
Wohnungsbauministerien,
parallel, von einer Gruppe beherrscht:
Wirtschaftsministerien,
parallel, von zwei Gruppen beherrscht:
Wissenschafts- und Forschungsministerien,
parallel, von mehreren Gruppen beherrscht:
Auswärtiges Amt.

Bei antagonistischen Interessenstrukturen findet meist in sozialdarwinistischen Prozessen ein Interessenausgleich statt oder, wo dies nicht geschieht, wird durch konzertierte Aktionen auch unter Einbeziehung paralleler Interessenstrukturen z.B. im Wirtschaftsbereich ein Interessenausgleich versucht; die Leistungsträger des sogenannten Allgemeininteresses, nämlich die Verwaltungen, sind jedoch vor allem bei parallelen Interessenstrukturen, die von einer oder zwei Gruppen beherrscht werden, also bei einer singulären oder dualen Interessenstruktur hoffnungslos schwach und ohne ausgleichende bargaining power den Leistungsempfängern gegenüber. Diese Schwäche ist besonders groß, wenn die innere Interessenstruktur z.B. durch dominante Gruppierungen innerhalb der Gruppe, d.h. oligopolistisch gefestigt ist. Dies ist bei der Interessenstruktur, der sich die Forschungspolitik gegenübersieht, der Fall, die dual-parallel geprägt ist. Wirtschaft und Wissenschaft haben als Subventionsempfänger gleichgerichtete Interessen, nämlich möglichst umfangreiche finanzielle Förderung bei minimalen Vorgaben, d.h. bei möglichst jeder Vermeidung staatlicher Steuerungs- und Kontrollansprüche zu erhalten. Die innere Interessenstruktur ist durch eine oligopolitische Herrschaftsform besonders effizient organisiert: Auf industrieller Seite dominieren als Subventionsempfänger die industriellen Konzerne, von denen die 5 größten über die Hälfte und 15 Hauptempfänger über mehr als 80 % der für die Industrie aufgewandten Förderungsmittel erhalten; auf seiten der Wissenschaft sind die Hauptempfänger die in einer Arbeitsgemeinschaft zusammengeschlossenen Großforschungseinrichtungen, die Max-Planck-Gesellschaft und die Deutsche Forschungsgemeinschaft.

Bei dieser Interessenstruktur hat die Verwaltung kaum eine Chance, und mit Rücksicht auf sonst entstehende Konflikte auch kein Interesse, sich um einen Interessenausgleich zu bemühen. Da wegen fehlender Gegensätze konzertierte Aktionen nicht stattfinden, geht es lediglich zwischen den Gruppierungen um den Anteil am Gesamtvolumen.

Die organisierte Interessenvermittlung geschieht auf politischer Ebene durch regelmäßige Kontakte und institutionalisierte Beratungskreise zwischen der politischen Leitung und den Repräsentanten der oligopolistischen Interessenorganisationen. Dies läßt sich am Beispiel des BMFT gut nachweisen. Neben den regelmäßigen Kontakten, in denen die finanziellen Zuwendungen noch vor Beratung im Parlament oder Vorabstimmung mit den hauptsächlich betroffenen parlamentarischen Ausschüssen mit den Hauptsubventionsempfängern abgesprochen werden, findet eine regelmäßig institutionalisierte Beratung auf politischer Ebene in sogenannten Präsidentenkreisen statt. Dies spiegelt die dual-parallele Interessenstruktur bereits deutlich wieder. Während im Präsidialarbeitskreis des BDI die industriepolitische Abstimmung der Forschungspolitik bis hin zu den Vergabebedingungen für die industrielle Forschungsförderung erfolgt, wird im Präsidentenkreis, dem die Repräsentanten der MPG, DFG, FhG, AGF, WRK und des Wissenschaftsrats angehören, die wissenschaftspolitische Abstimmung der Forschungspolitik vorgenommen. Eine Vertretung der Gewerkschaften, der Wissenschaftler oder gar anderer gesellschaftlicher Interessen war und ist nicht vorgesehen. Erst im vergangenen Jahr wurde auf meine Anregung hin dem DGB ein institutionalisierter Meinungsaustausch angeboten, der aber bezeichnenderweise getrennt von den Industriekontakten läuft, so daß die parallele Interessenstruktur nicht durch antagonistische Elemente gestört werden kann.

Für eine solche praktische Interessenstrukturierung wird ein hoher politischer Preis bezahlt, der sich kurzfristig als politische Stabilität und Harmonie auszahlt. Politik und Verwaltungen, die sich einer parallelen Interessenstruktur ihrer Subventionsempfänger gegenübersehen, die gut organisiert und singulär oder dual beherrscht ist, können beim Ringen um ihren Haushaltsanteil ihre „Truppen" verhältnismäßig leicht mobilisieren, ohne die sie, wie z.B. der Bundesforschungsminister, im Verteilungskampf zwischen Verteidigungs-, Sozial- und Infrastrukturressorts, eine hoffnungslos schwache Stellung einnähmen. Für den Preis dieser Hilfe müssen sie allerdings weitestgehend die Interessenideologie ihrer Zuwendungsempfänger akzeptieren, weil anderenfalls die Unterstützung ausbleibt und die Mobilisierung zusammenbricht, so daß Harmonie in Konflikt und Stabilität in Diskontinuität umschlagen. Da dies wiederum unter einem politischen Leitziel der Krisenverwaltung politisch als Managementmangel gilt, wird der politische Preis die Erhaltung des status quo bzw. die Unfähigkeit zur Veränderung sein.

Die Interessenvermittlung mit dem Ziel der administrativen Strukturprägung und Strukturfestigung geschieht nicht nur auf politischer, sondern ganz wesentlich auf technokratischer Ebene über die sogenannte forschungspolitische Beratung. Auch hier kann der BMFT mit seinem Beratungswesen als Beispiel dienen, obgleich andere Beratungsgremien, wie z.B. der Wissenschaftsrat stellvertretend ebenso genannt werden könnten[6]. Die Interessen von Wirtschaft und Wissenschaft werden über das Beratungswesen von der Verwaltung internalisiert[7]. Diese Internalisierung beginnt bereits mit der Problemwahrnehmung als sogenannte Faktenvermittlung, die aber selbstverständlich durch den Prozeß selektiver Perzeption interessenspezifisch gefiltert worden ist. Sie läuft weiter über die Problembearbeitung, die von der Problem- und Projektdefinition, an der die Beratungsgremien durch Begutachtung beteiligt sind, bis zur Projektbegleitung, Projektträgerschaft und Projektsteuerung über sogenannte Projektkomitees reicht. 1971 wurde – im Zeichen der sozialdemokratischen Reformpolitik – das bis dahin praktizierte Beratungswesen erstmals in Frage gestellt. Unter anderem hatte das BMBW als Ziele der Neuordnung postuliert, daß die Beratung so gestaltet werden sollte, daß sie

– den Beratern ermöglicht, als kritische Partner zu wirken,
– für Parlament und Öffentlichkeit möglichst durchsichtig wird[8].

Mit Recht wird betont, daß die Leistungs- und Kritikfähigkeit des Beratungssystems von der richtigen Auswahl und einem häufigeren Austausch der Berater abhängt. Deshalb sollen

– auch jüngere, noch nicht in Spitzenpositionen vorgerückte sowie ausländische Fachleute herangezogen werden,
– die Berater nicht nur im Blick auf den engeren Fachbereich, sondern auch auf die weiteren, vor allem gesellschaftlichen Zusammenhänge ausgewählt werden,
– unterschiedliche Interessen, Werthaltungen und wissenschaftliche Standpunkte in möglichst ausgewogenem Verhältnis zu Wort kommen und Interessenbindungen offengelegt werden,
– Beraterkarteien aufgebaut werden, die einem möglichst vollständigen Überblick über die jeweils in Betracht kommenden Sachverständiger geben und eine breitere und objektivere Auswahl ermöglichen,
– die Mitgliedschaften bei Dauergremien grundsätzlich drei Jahre betragen, es soll jährlich ein Drittel der Mitglieder ausscheiden; Wiederberufung soll nur einmal möglich sein[9].

Die Bedeutung größerer Öffentlichkeit der Beratung wird mehrfach hervorgehoben und konkrete Maßnahmen vorgeschlagen:

„Für das Parlament und für die Öffentlichkeit muß erkennbar sein, in welchen bedeutsamen Fragen sich das BMBW von wem beraten läßt, welche Voten abgegeben und wie sie berücksichtigt werden. Dem dient folgendes:

a) Ein jährlich fortzuschreibender und zu veröffentlichender Beratungsplan unterrichtet über bestehende und geplante Beratungsgremien, bei den wichtigeren vorhandenen Gremien auch über deren Mitglieder.
b) Das Ministerium veröffentlicht die Sachvoten des Beratenden Ausschusses und der Fachausschüsse sowie die Beratungsergebnisse der wichtigeren Sachverständigenkreise und ad hoc-Ausschüsse, es sei denn, daß drei Viertel der Mitglieder der Veröffentlichung widersprechen oder daß gewichtige Sachgründe (etwa Geheimschutz, internationale oder Wettbewerbs-Rücksichten) Geheimhaltung oder Vertraulichkeit gebieten.
   Beratungsverlauf und Beratungsunterlagen bleiben grundsätzlich vertraulich.
c) Minderheitsvoten sind mitzuveröffentlichen, wenn mindestens ein Viertel der Mitglieder von der Mehrheitsmeinung abweicht und die Publikation wünscht".[10]

Von dieser Reform sind praktisch nur die Beratungspläne übriggeblieben, deren Transparenz unter erschwerter Vergleichbarkeit leidet. Das Zusammenspiel von Administration und Zuwendungsempfängern wird aus den folgenden Tabellen, die auf einer Auswertung der ersten drei bzw. vier Beratungspläne[11] aus den Jahren 1972, 1973, 1974 und teilweise 1975 beruhen, deutlich.

Tabelle 1 zeigt deutlich, wie seit 1972 die Anzahl der Gremien zunimmt. Nicht so sehr die auf allgemeine forschungspolitische Teilgebiete ausgerichteten Fachausschüsse als vielmehr die auf konkrete Projekt- und Programmausarbeitung bezogenen und kontinuierlicher als ad hoc-Ausschüsse arbeitenden Sachverständigenkreise wachsen innerhalb von vier Jahren um das Sechsfache. Bereits hier wird im Vergleich mit der Organisationsstruktur des Ministeriums (vgl. *Schaubild 1*) der Trend sichtbar, daß jedes Referat seinen Sachverständigenkreis und jede Abteilung oder Unterabteilung „ihren" Fachausschuß haben muß, um im Wechselspiel die administrativen Interessen gegen die inhaltlichen Interessen der Subventionsempfänger abzusichern.

Die Aufgabenzuordnung in *Tabelle 2* zeigt ein Anwachsen der Beratungstätigkeit vor allem in den Bereichen Industrieforschung und öffentliche Aufgaben. Der letztere Aufgabenbereich ist – bei einiger Willkür – vor allem unter dem Gesichtspunkt staatlicher Infrastrukturleistung, wie z.B. Umweltschutz, Gesundheitsvorsorge, Informations- und Dokumentationswesen, definiert worden; er kommt ebenfalls vorrangig der Industrie – sei es als Infrastrukturleistung oder sei es als künftigem Leistungsproduzenten – zugute.

Tabelle 1

Anzahl der konstituierten Gremien [nicht besetzte Gremien] (angekündigte Gremien)

	1972	1973	1974	1975
– Fachausschüsse	4	3	3 (+ 1)	6[2]
– Sachverständigenkreise	11 [+ 4]	17 [+ 1]	22 [+ 2]	66[27]
– ad hoc Ausschüsse	13 [+16]	61 [+ 7]	65 [+22]	51[9]
	28 +[20] =48	81 +[8] =89	90 +[24] + (1)=114+(1)	123[38]
– Projektkomitees				4

Tabelle 2

Aufgabenzuordnung der Sachverständigenkreise und ad hoc Ausschüsse (Doppelzuordnung)

	1972		1973		1974		1975		
	SK	ad hoc	SK	ad hoc	SK	ad hoc	SK	ad hoc	PK
Grundlagenforschung	4	3	4	6 (14)	6	6 (16)	4 (8)	3 (3)	
Industrieforschung	8	10	9 (1)	27 (1)	12 (1)	34 (7)	31 (2)	16 (9)	4
öffentliche Aufgaben	3 (1)	16	5 (1)	35 (1)	6	47 (4)	31 (2)	32 (2)	
	17 (1)	29	18 (1)	68 (16)	24 (1)	87 (37)	66 (12)	51 (14)	4

Schaubild 1

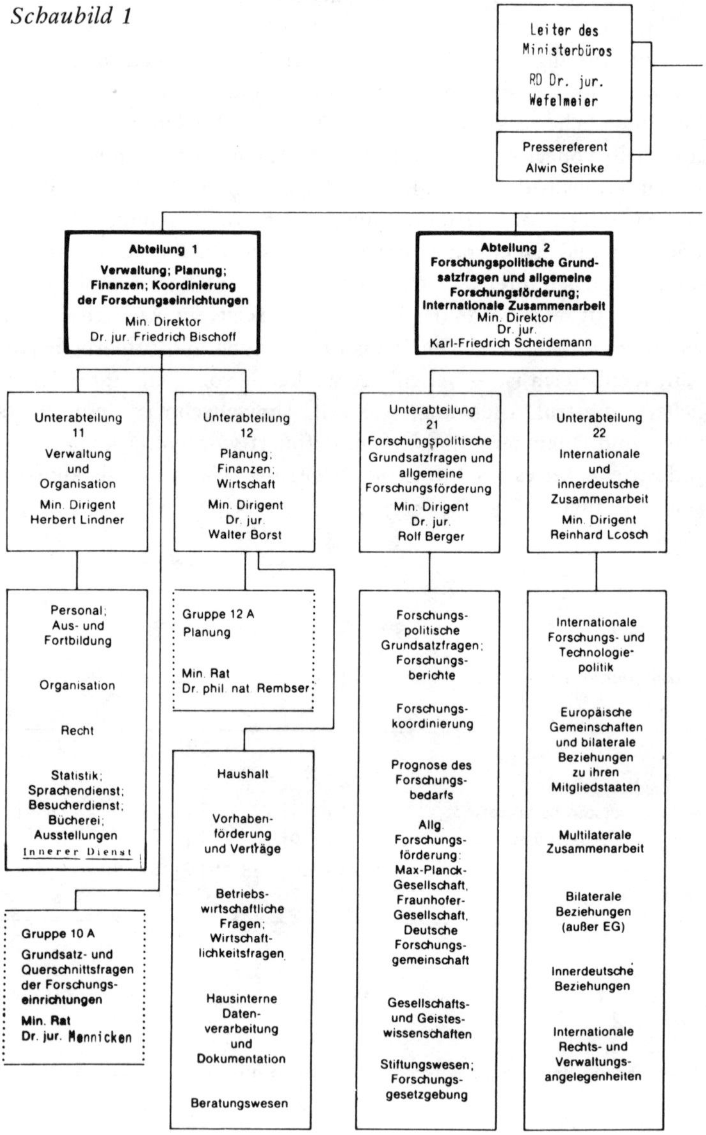
Leiter des Ministerbüros
RD Dr. jur. Wefelmeier
Pressereferent
Alwin Steinke
Abteilung 1
Verwaltung; Planung; Finanzen; Koordinierung der Forschungseinrichtungen
Min. Direktor
Dr. jur. Friedrich Bischoff
Abteilung 2
Forschungspolitische Grundsatzfragen und allgemeine Forschungsförderung; Internationale Zusammenarbeit
Min. Direktor
Dr. jur.
Karl-Friedrich Scheidemann
Unterabteilung 11
Verwaltung und Organisation
Min. Dirigent
Herbert Lindner
Unterabteilung 12
Planung; Finanzen; Wirtschaft
Min. Dirigent
Dr. jur.
Walter Borst
Unterabteilung 21
Forschungspolitische Grundsatzfragen und allgemeine Forschungsförderung
Min. Dirigent
Dr. jur.
Rolf Berger
Unterabteilung 22
Internationale und innerdeutsche Zusammenarbeit
Min. Dirigent
Reinhard Loosch
Personal; Aus- und Fortbildung
Organisation
Recht
Statistik; Sprachendienst; Besucherdienst; Bücherei; Ausstellungen
Innerer Dienst
Gruppe 12 A
Planung
Min. Rat
Dr. phil. nat. Rembser
Haushalt
Vorhabenförderung und Verträge
Betriebswirtschaftliche Fragen; Wirtschaftlichkeitsfragen
Hausinterne Datenverarbeitung und Dokumentation
Beratungswesen
Gruppe 10 A
Grundsatz- und Querschnittsfragen der Forschungseinrichtungen
Min. Rat
Dr. jur. Mennicken
Forschungspolitische Grundsatzfragen; Forschungsberichte
Forschungskoordinierung
Prognose des Forschungsbedarfs
Allg. Forschungsförderung: Max-Planck-Gesellschaft, Fraunhofer-Gesellschaft, Deutsche Forschungsgemeinschaft
Gesellschafts- und Geisteswissenschaften
Stiftungswesen; Forschungsgesetzgebung
Internationale Forschungs- und Technologiepolitik
Europäische Gemeinschaften und bilaterale Beziehungen zu ihren Mitgliedstaaten
Multilaterale Zusammenarbeit
Bilaterale Beziehungen (außer EG)
Innerdeutsche Beziehungen
Internationale Rechts- und Verwaltungsangelegenheiten

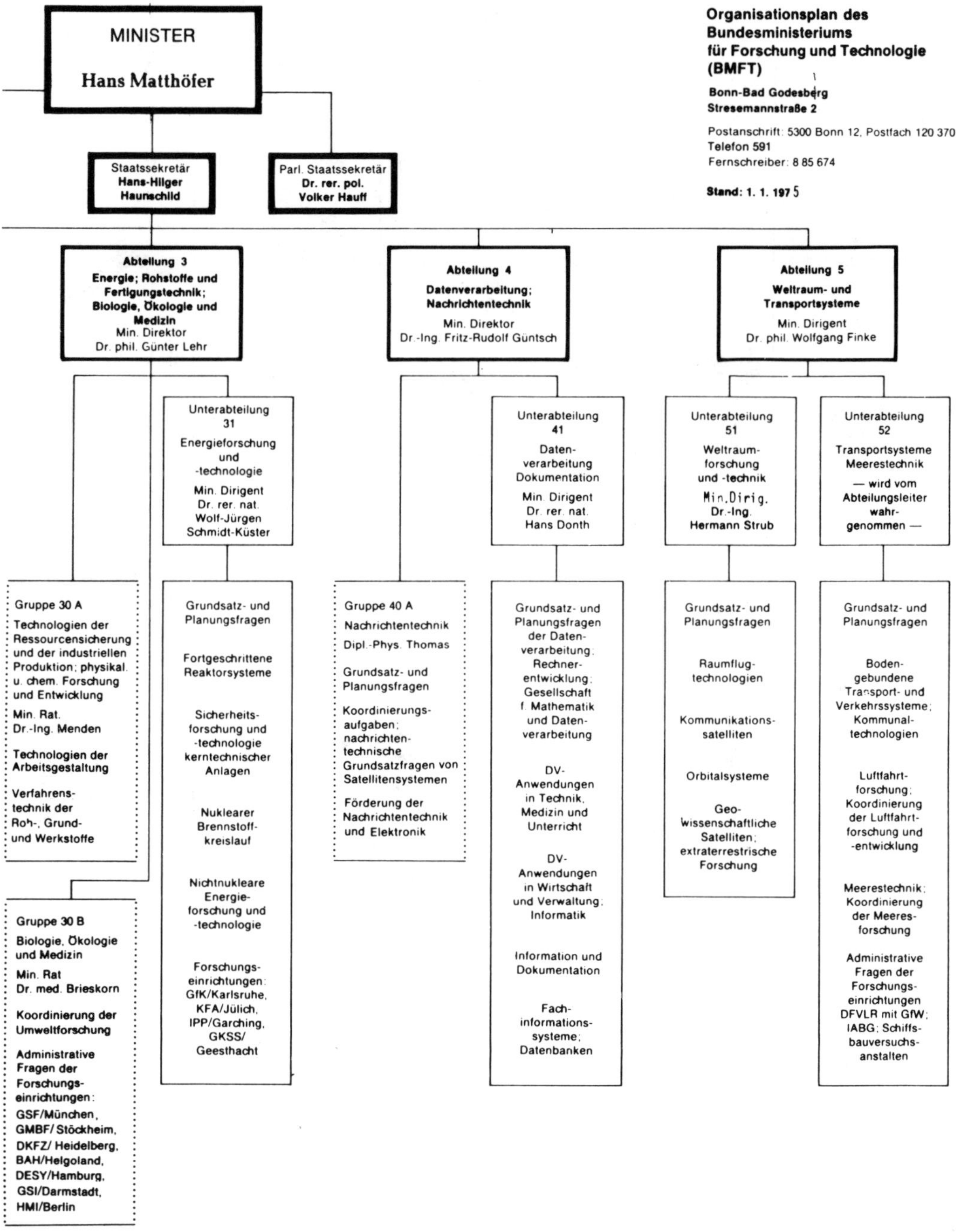

Organisationsplan des Bundesministeriums für Forschung und Technologie (BMFT)

Bonn-Bad Godesberg
Stresemannstraße 2

Postanschrift: 5300 Bonn 12, Postfach 120 370
Telefon 591
Fernschreiber: 8 85 674

Stand: 1. 1. 1975

Tabelle 3

Personelle Stärke der Gremien (Bandbreite)

	1972	1973	1974	1975
BAFT (BABW)	15	14	16	18
Fachausschüsse	14 (12–15)	14 (13–15)	12 (10–15)	14 (10–21)
Diskussionskreis				17
Projektkomitees				12 (8–16)

	1972		1973		1974		1975	
	SK	ad hoc	SK	ad hoc	SK	ad hoc	SK	ad hoc
Grundlagenforschung	8,5 (7–10)	11 (9–14)	9 (7–12)	10 (6–14)	9 (7–12)	10 (8–12)	8 (6–12)	10 (8–11)
Industrieforschung	12 (8–19)	9 (6–16)	12 (8–19)	6 (3–10)	12 (9–21)	8 (3–18)	11 (6–20)	8 (3–18)
öffentliche Aufgaben	9 (8–10)	14 (8–18)	9 (7–12)	7 (4–18)	8 (7–13)	10 (4–24)	10 (6–15)	9 (4–25)
	10,5 (7–19)	11 (6–18)	10,5 (7–19)	7 (3–18)	10 (7–21)	9 (3–24)	10 (3–20)	9 (3–25)

Tabelle 4

Aufteilung der Gesamtzahl der Berater (Summe Gesamtbereich)

	Wissenschaft				Wirtschaft		Öffentlichkeit		nicht einzuordn.	Total
	Hochschulen	MPG	GFE	andere FE	Industrie	Gewerkschaften	Internationale	Advokaten		
1972	85	16	63	27 (191)	94	4 (98)	5	34 (39)	1	329
1973	287	29	58	59 (433)	162	3 (165)	11	65 (76)	1	674
1974	359	33	69	92 (553)	199	5 (204)	14	95 (109)	3	869

Besonders aufschlußreich sind die *Tabellen 3 und 4*, die die personelle Stärke der Gremien und die Aufteilung der Gesamtzahl der Berater zeigen. Da der Beratende Ausschuß für Forschung und Technologie (BAFT) und der sogenannte Diskussionskreis für die Analyse und Prognose des Forschungsbedarfs nie eine besondere Rolle gespielt haben, zumal sie wegen der dort stattfindenden Globaldiskussionen von der breiten Administration eher lästig empfunden und boykottiert wurden, sollte bei der Betrachtung besonderes Augenmerk auf die Fachausschüsse, Sachverständigenkreise und ad hoc-Ausschüsse gelegt werden. In all diesen Gremien ist zweierlei bemerkenswert: Erstens gibt es keine feste Begrenzung der Anzahl der Berater pro Gremium und zweitens nimmt die dadurch bedingte Bandbreite der personellen Stärke der Gremien tendenziell zu. Die Fachausschüsse, die zunächst eine Besetzung zwischen 12 und 15 Personen im Jahre 1972 hatten, liegen im Jahre 1975 zwischen 10 und 21 Personen. Bei den Sachverständigenkreisen wandeln sich die Zahlen für den gleichen Zeitraum von anfänglich 7 bis 19 auf 3 bis 20 und für die ad hoc-Ausschüsse von 6 bis 18 auf 3 bis 25. Vergleicht man die Zunahme der Bandbreite, so ist zwar eine Zunahme in allen Aufgabenbereichen, jedoch eine besonders große im Bereich der öffentlichen Aufgaben festzustellen.

Aus dem Wandel der personellen Stärke der Gremien sind mehrere Schlüsse zu ziehen:

- Die Zusammensetzung der Gremien folgt unter Kommunikations- und Organisationsgesichtspunkten dem „Prinzip" der Konzeptionslosigkeit.
- Statt Kommunikations- und Organisationsgesichtspunkte stehen Teilhabe an der Informations- und Einflußmacht im Vordergrund; die Zusammensetzung folgt damit dem „Prinzip" der maximalen Interessen- und Machtbefriedigung.

Diese beiden „Prinzipien" sind besonders stark in den Aufgabenbereichen ausgeprägt, in denen Industrieinteressen eine Rolle spielen, nämlich den Bereichen Industrieforschung und öffentliche Aufgaben; hier nimmt gerade in den für die Programmformulierung wichtigen Sachverständigenkreisen die Bandbreite ständig zu. Mit diesem Instrument der Zusammensetzung und Bandbreite der Beratungsgremien beginnt das Interessenzusammenspiel zwischen Administration und Interessenträgern; es wird von Anfang an nicht so sehr als Aufgabe wie vielmehr als Struktur abgesichert.

Diese Schlußfolgerung wird durch *Tabelle 4*, die Aufteilung der Gesamtzahl der Berater, wesentlich gestützt. Wenn man das Jahr 1972 als Beginn des neuen Beratungswesens nur bedingt einbezieht, so lassen sich aus dieser Tabelle doch mehrere interessante Feststellungen ableiten:

1. Die Zahl der Berater nimmt ständig zu.
2. Der Anteil der aus dem Bereich Wissenschaft rekrutierten Berater liegt mit fast 2/3 weit über dem der Wirtschaft, der bei nur knapp 1/4 liegt, während andere gesellschaftliche Bereiche einschließlich ausländischer Repräsentanten nur mit 10–12 % an der Gesamtzahl der Berater vertreten sind.
3. Die Max-Planck-Gesellschaft und die Großforschungseinrichtungen, d.h. im wesentlichen die Repräsentanten der Natur- und Ingenieurwissenschaften sind mit etwa 20 % am Kontingent der Wissenschaft beteiligt; während der Anteil anderer Forschungseinrichtungen an diesem Kontingent leicht steigt, geht der der Hochschulen zurück.

4. Im Wirtschaftsbereich ist der Anteil der Gewerkschaftsvertreter auffällig gering und sinkt sogar zwischen 1972 und 1974 von ca. 4 % auf ca. 2,5 % ab.

Versucht man aus diesen Fakten einige Schlußfolgerungen abzuleiten, so muß zunächst einschränkend gesagt werden, daß der große Anteil Wissenschaftler an den Beratern nicht den Schluß auf Objektivität zuläßt. Da die Beratungspläne in industrielle Beratungstätigkeit, vertragliche oder organschaftliche Verflechtung von Wissenschaftlern mit der Industrie nicht ausweisen, andererseits bei dem hohen Anteil von Natur- und Ingenieurwissenschaftlern unter den beratenden Wissenschaftlern auch von einem traditionell hohen Anteil industrieller Zusammenarbeit ausgegangen werden darf, sind die industriellen Interessen weit über die ausgewiesenen 25 % ihrer Berater hinaus vertreten. Wichtig scheinen mir jedoch folgende Schlußfolgerungen:

- Wirtschaft und Wissenschaft stellen zusammen ungefähr 90 % der gesamten Berater. Dies mit Sachverstand bei einem Programmspektrum von der Stromgewinnung über Verkehrsentwicklung bis zur Dokumentation rechtfertigen zu wollen, heißt die Bedarfsorientierung von Forschung und Entwicklung einseitig auf die Produzenten statt auf die Konsumenten zu verlagern.
- Der geringe Anteil der Gewerkschafter unter den Beratern ist teilweise auch mit dem unverzeihlichen Desinteresse der Gewerkschaften an der Forschungspolitik zu erklären, beruht aber vor allem auf der negativen Gewerkschaftseinstellung der Administration, die sich ihr Zusammenspiel mit Industrie und Wissenschaft nicht durch antagonistische Interessen stören lassen will.
- Der Rückgang der Berater aus dem Hochschulbereich sowie der hohe Anteil von Beratern aus überwiegend vom Bund finanzierten Forschungseinrichtungen (MPG, GFE) bestätigt einerseits den vom BMFT faktisch unterstützten Trend der Trennung von Forschung und Lehre (an der allerdings die Hochschulen durch ihre strukturellen Schwächen im Forschungsbetrieb teilweise selbst Schuld haben) und andererseits eine starke institutionelle Abhängigkeitsverflechung zwischen Förderern und Zuwendungsempfängern.
- Das enorme Anwachsen der Gesamtzahl der Berater, das noch mit dem Anwachsen der Anzahl der Gremien (siehe Tabelle 1) korreliert werden muß, zeigt einen Diversifikationstrend, dessen politische Sinnhaftigkeit wegen der Unmöglichkeit, die Beratungsergebnisse administrativ zu verarbeiten, zu koordinieren und auf Konsistenz zu prüfen, zweifelhaft ist. Inzwischen hat die Gesamtzahl der Berater mindestens das Vier- bis Fünffache der akademisch ausgebildeten Mitarbeiter in den Fachreferaten des BMFT erreicht.

Faßt man diese Schlußfolgerungen zusammen, so bestätigen sie die dual-parallele Interessenstruktur, in der Gewerkschafter ebenso wie Vertreter der Verbraucher als antagonistische Störfaktoren empfunden würden. Der zunehmende Rückgriff auf Berater der Wissenschaft aus dem eigenen Zuwendungsbereich sichert einerseits der Administration ihren institutionellen Einflußbereich bei der künftigen Umsetzung der Beratungsergebnisse und andererseits den Zuwendungsempfängern die Reproduktion ihrer Forschungs- und Entwicklungsinteressen; durch eine Abstimmung der Beratungsstruktur auf die Interessen wird die künftige Aufgabenstellung bzw. -erhaltung vorprogrammiert[12]. Dieser Internalisierungsprozeß mit der Folge einer Entpolitisierung wird durch das enorme Anwachsen der Gesamtzahl der Berater und die Anzahl der Beratungsgremien wirksam flankiert, da das Prinzip der Arbeitsteilung in das Prinzip der selektiven Perszeption und damit in administrative Lenkungs- und politische Steuerungsunfähigkeit umschlägt.

Versucht man diesen Internalisierungsprozeß weiter zu analysieren, so empfiehlt es sich einerseits, die Arbeitsbereiche näher zu untersuchen und sie in Beziehung zu den Forschungsbereichen zu setzen, andererseits die personelle Aufteilung der Berater zu verfolgen und ebenfalls mit den Forschungsbereichen zu korrelieren.

Die in den Beratungsplänen ausgewiesenen Arbeitsbereiche ergeben sich für die Jahre 1972–1975 aus *Tabelle 5*. Sie sind in *Tabelle 6* mit den Forschungsbereichen in Beziehung gesetzt worden. Tabelle 5 folgt den Bezeichnungen in den Beratungsplänen. Eine deutliche Zäsur ist 1974 erkennbar, als die früheren Bereiche „Kernforschung und Kerntechnik" und „Technologische Forschung und Entwicklung" in „Energieforschung und -technologie" erweitert bzw. die sogenannten neuen Technologien in eine Vielzahl eigenständiger Bereiche diversifiziert wurden. Dieser Änderung waren zwei wesentliche Entwicklungen vorausgegangen: Erstens hatte sich das BMFT durch erhebliche Haushaltszuwächse neuen Forderungen zahlreicher neuer und alter Subventionsempfänger öffnen können; zum anderen war nach der Teilung des BMBW im Jahre 1973 in die jetzigen Ministerien BMBW und BMFT eine Umorganisation erforderlich, die zur strukturellen Anpassung an die Subventionsbereiche und ihre strukturelle Absicherung im Beratungswesen führte. Während trotz dieser Umorganisation in den „klassischen" Förderbereichen die Anzahl der Sachverständigenkreise weitestgehend konstant blieb, was auf eine gefestigte von außen abgesicherte Struktur schließen läßt, wird vor allem der früher unter dem diffusen Schlagwort zusammengefaßte Bereich der „neuen Technologien" durch Diversifikation erheblich ausgedehnt. Waren 1973 nur vier Sachverständigenkreise in diesem Bereich vorhanden, so sind es 1974 bereits zwölf und 1975 insgesamt fünfzig. Diese in den Beratungsplänen ausgewiesene Entwicklung der Arbeits- und Subventionsbereiche läßt zwei wichtige Schlußfolgerungen zu:

- Gefestigte Programmgebiete, wie z.B. die Kernforschung, Datenverarbeitung und Weltraumforschung überstehen bestenfalls mit „positiven" Ergänzungen strukturelle Veränderungen der inneren Ministerialorganisation.
- Neue Interessen werden versucht, strukturell dadurch abzusichern, daß Beratungs- und Organisationsstruktur der Interessenwahrnehmung gemäß formiert werden.

Die Beratungs- und Organisationsstruktur des Ministeriums könnte noch mit der Haushaltsstruktur korreliert werden, um aufzuweisen, wie durch eine Kombination der drei Strukturelemente, Beratungsstruktur, ministerielle Organisationsstruktur und Haushaltsstruktur, Außeninteressen internalisiert und abgesichert werden. Die ministerielle Aufgabe Forschungspolitik folgt dann als „inhaltliche" Kontinuitätskonsequenz und „personale" Karrierekonsequenz aus den so strukturell verinnerlichten Interessen. Dabei sind diese Interessen, um das Mißverständnis einer „Verschwörertheorie" zu vermeiden, selbst nicht subjektiv zu verstehen, sondern objektiver Ausdruck einer gesellschaftlichen Struktur[13].

Tabelle 5

In den Beratungsplänen ausgewiesene Arbeitsbereiche

Arbeitsbereich	1972		1973		1974		1975	
	SK	ad hoc	SK	ad hoc	SK	ad hoc	SK	ad hoc
Kernforschung und Technik	5	7	5	7				
Strahlenschutz und Sicherheit	2	10						
Datenverarbeitung und Dokumentation	8	7	9	12	8	14	9	14
Weltraumforschung und -technik (Weltraumtechnik)		5		3		3		4
Technologische Forschung und Entwicklung			4	46				
– Werkstofftechnologie, Verfahrenstechnik				9				
– Optik und Meßtechnik			1	9				
– Energietechnik			1	6				
– Nachrichtentechnik und elektronische Bauelemente			2					
– Nahverkerssysteme				2				
– Elektronische Hilfen im Straßenverkehr				1				
– Umweltfreundliche Technik				6				
– Chemische und biologische Verfahrenstechnik				4				
– medizin-Technik; biologisch-medizinische Konsequenzen technischer Neuerungen				9				
Gesellschafts- und Geisteswissenschaften						1	1	2
Technologien der Ressourcensicherung und der industriellen Produktion: physikalischer und -chemische Forschung und Entwicklung					8	20	30	2
– Chemische Forschung und Technologie							11	2
– Humanisierung der Arbeitswelt							7	
– Technologien der industriellen Fertigung							11	
– Physikalische Forschung und Technologie							1	
– Biologie, Ökologie und Medizin					2	27	12	16
– Energieforschung und -technologie					4	14	6	1
– Nachrichtentechnik und Elektronik					2	1	2	3
– Transportsysteme, Meertechnik						7	6	8
– Planung								1

Korreliert man, wie in *Tabelle 6*, Forschungsbereiche und Arbeitsbereiche und ko… zentriert sich vor allem auf die unter Kontinuitäts- und Programmgesichtspunkten wichtigen Sachverständigenkreise, so lassen sich zunächst einige Fakten herausziehen:

1. Die Grundlagenforschung ist nur in der Kernforschung eindeutig und kontinuierlich vertreten.
2. In der Industrieforschung ist selbst im etablierten Bereich der Kern-/Energieforschung eine erhebliche Vermehrung der Sachverständigenkreise, erst recht ein rapides Ansteigen der Zahl der Sachverständigenkreise im Bereich Technologien der Ressourcensicherung und der industriellen Produktion festzustellen.
3. Aus den F- und E-Bereichen für öffentliche Aufgaben nehmen die Bereiche Dokumentation und vor allem Biologie, Ökologie und Medizin, was die Anzahl der Sachverständigenkreise betrifft, zu; jedoch sei nochmals darauf hingewiesen, daß auch diese Bereiche ganz wesentlich der Industrie zugutekommen und deshalb eine Zuordnung unter die Rubrik öffentliche Aufgaben wie diese Rubrik selbst fragwürdig ist.

Auch hier lassen sich wiederum zwei Schlußfolgerungen im Hinblick auf das Verhältnis von Interesse, Struktur und Aufgaben in der Forschung und Forschungspolitik ableiten:

– Interessen können über den Internalisierungsprozeß nur dann wirksam in Strukturen umgesetzt werden, wenn, wie im Falle der physikalischen Grundlagenforschung, die Interessen selbst ausreichend organisiert sind.
– Im Internalisierungsprozeß setzen sich bei der Umsetzung in Strukturen die Industrieinteressen am wirksamsten durch; sie sind in fast allen forschungsintensiven Branchen auf dem Weg, die Forschungs- und Entwicklungssubvention als Infrastrukturförderung durchzusetzen.

Dieser Prozeß, der im industriellen F- und E-Bereich stattfindet, kann als Entwicklung von der Internalisierung zur Infrastrukturierung bezeichnet werden. Der strukturpolitische Steuerungsprozeß läuft dabei unter den Ideologien der wissenschaftlichen Autonomie und marktwirtschaftlichen Freiheit nicht von der Politik oder Administration aus, sondern von den Zuwendungsempfängern in die Politik und Administration hinein. Administrative Organisation und politische Verantwortung der Problemwahrnehmung, -verarbeitung und Ergebniskontrolle folgen ganz wesentlich externen Strukturvorgaben[14]. Dies wird im Falle der Forschungspolitik besonders deutlich und leicht zugleich, da wir es mit einer dual-parallelen Interessenstruktur zu tun haben, die im Rahmen von Verbänden, wissenschaftlichen Großorganisationen und industriellen Großunternehmen mit politischen Leitfunktionen gut und wirksam organisiert ist. Repräsentanten antagonistischer Interessen sind deshalb im Beratungswesen so gut wie gar nicht vertreten. Dies zeigen noch einmal die Tabellen 7a) – c), die die personelle Aufteilung der Berater für die Jahre 1972–1974 nach Gremienart, Forschungsbereich und Herkunft wiedergeben. Aus den *Tabellen 7a) – c)* sind in Vertiefung von Tabellen 2 und 3 vor allem folgende Fakten festzuhalten:

1. Der beratende Ausschuß für Bildung und Wissenschaft und spätere Beratende Ausschuß für Forschung und Technologie vergrößert kontinuierlich den Anteil der aus der Industrie kommenden Berater auf Kosten der Wissenschaftler.

Tabelle 6

Forschungsbereich	1972						1973					
Arbeitsbereich	Grundlagenforschung		Industrieforschung		öffentliche Aufgaben		Grundlagenforschung		Industrieforschung		öffentliche Aufgaben	
	SK	ad hoc	SK	ad hoc	SK	ad hoc	SK	ad hoc	SK	ad hoc	SK	ad hoc
Kernforschung und Kerntechnik/Energietechnik/Energieforschung und -technologie	3	1	2	5		1	3	3	3	6		3
Strahlenschutz und Sicherheit,			1	1	1	9						
Datenverarbeitung u. Dokumantation	1		5	1	2(1)	6	1	1	6	3(1)	2(1)	8
Weltraumforschung u. Weltraumtechnik		2		3				2		1		
Technologien d. Ressourcensicherung u. d. industriellen Produktion; physikaliche und -chemische Entwicklung (Teilbereiche Technologische Forschung und Entwicklung)								(15)		14	1	5
Biologie, Ökologie u. Medizin (Teilbereiche Technologische Forschung und Entwicklung										1		17(1)
Nachrichtentechnik und Elektronik								(1)	(1)	1	2	
Transportsysteme, Merrestechnik, Gesellschaftswissenschaften										1		2
Planung												

2. In den Fachausschüssen geht ebenfalls der Anteil der Wissenschaftler absolut zurück, steigt aber relativ, wie auch der der Industrievertreter, während besonders auffällig, die Gewerkschaften ebenso wie Personen aus anderen Bereichen des öffentlichen Lebens ständig weniger und 1974 überhaupt nicht mehr vertreten sind.
3. In der Grundlagenforschung dominiert die Teilnahme in den Sachverständigenkreisen gegenüber der in ad hoc-Gruppen; dies ist umgekehrt bei der Industrieforschung und im Bereich öffentlicher Aufgaben.
4. In den Sachverständigenkreisen und ad hoc-Gruppen ist die Wissenschaft in allen Bereichen zahlenmäßig überwiegend vertreten. Die Industrie ist vorwiegend im Bereich der Industrieforschung, kaum im Bereich der Grundlagenforschung, dagegen wieder stärker im Bereich der öffentlichen Aufgaben vertreten.

1974						1975					
Grundlagenforschung		Industrieforschung		öffentliche Aufgaben		Grundlagenforschung		Industrieforschung		öffentliche Aufgaben	
SK	ad hoc	SK	ad hoc	SK	ad hoc	SK	ad hoc	SK	ad hoc	SK	ad hoc
3	3	6	8		3			6	1		
1		5	3(5)	2	11		1	(1)5	1(9)	4	12
	2		1				1		3		
2	(12)	1	11		5	3(8)	(2)	16	2	11	
			3	2	24(3)			1	2	11(1)	14(2)
	(1)	(1)	1	2			(1)	(1)	3	2	
			4		3			3	3	3	4
	1				(1)	1				(1)	2
							1				

5. Auch in den Sachverständigenkreisen und ad hoc-Gruppen sind die Gewerkschaften, wenn überhaupt, nur im Bereich der öffentlichen Aufgaben schwach vertreten und Personen aus anderen Bereichen des öffentlichen Lebens nennenswert nur im Bereich öffentlicher Aufgaben zu finden.

Diese Feststellungen lassen wiederum eine Reihe Schlußfolgerungen zu:

– Die dual-parallele Interessenstruktur durchzieht das ganze Beratungswesen. Vertreter anderer als Wissenschafts- und Industrieinteressen haben kaum mehr als eine Alibifunktion.
– Die Interessensphären sind eindeutig zwischen Wissenschaft und Industrie abgegrenzt: In der Grundlagenforschung dominiert die Wissenschaft, in der Industrieforschung sind die Unternehmensvertreter schwerpunktmäßig vertreten, während

Tabelle 7 a

Personelle Aufteilung der Berater 1972

	Grundlagen-forschung		Industrie-forschung		öffentliche Aufgaben		BABW	Fachausschüsse
	SK	ad hoc	SK	ad hoc	SK	ad hoc		
– Wissenschaft	15	34	40	19	18	27	10	28
○ Hochschulen	7	13	23	4	10	15	5	8
○ MPG	1	7	1	1	–	1	3	2
○ GFE	5	9	9	14	4	7	2	13
○ andere FE	2	5	7	–	4	4	–	5
– Wirtschaft	–	–	30	29	2	9	5	28
○ Industrie	–	–	30	29	2	9	3	21
○ Gewerkschaften	–	–	–	–	–	–	2	2
– Öffentlichkeit	2	–	2	5	6	19	–	5
○ Internationale	1	–	–	–	–	1	–	2
○ Advokaten	1	–	2	4	6	18	–	3
– nicht einzuordnen					1			
Gesamtzahl	17	34	72	53	27	55	15	56

Tabelle 7 b

Personelle Aufteilung der Berater 1973

	Grundlagen-forschung		Industrie-forschung		öffentliche Aufgaben		BABW	Fachausschüsse
	SK	ad hoc	SK	ad hoc	SK	ad hoc		
– Wissenschaft	33	43	49	104	27	147	9	21
○ Hochschulen	16	25	29	78	21	103	5	10
○ MPG	6	6	1	8	2	2	2	2
○ GFE	9	7	11	7	1	17	2	4
○ andere FE	2	5	8	11	3	25	–	5
– Wirtschaft	2	1	40	48	2	49	5	18
○ Industrie	2	1	40	48	2	48	3	18
○ Gewerkschaften	–	–	–	–	–	1	2	–
– Öffentlichkeit	2	–	3	5	11	52	–	3
○ Internationale	1	–	–	2	–	6	–	2
○ Advokaten	1	–	3	3	11	46	–	1
– nicht einzuordnen				1				
Gesamtzahl	37	44	92	158	40	248	14	42

Tabelle 7 c

Personelle Aufteilung der Berater 1974

	Grundlagen-forschung		Industrie-forschung		öffentliche Aufgaben		BAFT	Fachausschüsse
	SK	ad hoc	SK	ad hoc	SK	ad hoc		
– Wissenschaft	47	16	75	121	31	234	8	21
○ Hochschulen	24	6	44	86	20	163	3	13
○ MPG	5	7	2	8	1	6	3	1
○ GFE	15	2	19	17	3	10	2	1
○ andere FE	3	1	10	10	7	55	–	6
– Wirtschaft	3	2	53	49	2	72	7	16
○ Industrie	3	2	53	49	2	69	5	16
○ Gewerkschaften	–	–	–	–	–	3	2	–
– Öffentlichkeit	5	2	4	4	12	81	1	–
○ Internationale	2	2	1	3	–	6	–	–
○ Advokaten	3	–	3	1	12	75	1	–
– nicht einzuordnen				1		2		
Gesamtzahl	55	20	132	175	45	389	16	37

im Bereich der öffentlichen Aufgaben Wissenschaft und Industrie ihre Interessen gleichermaßen zur Geltung bringen.

– Die besondere Bedeutung der Sachverständigenkreise in der Grundlagenforschung ist Ausdruck der bestenfalls programmatischen Rahmenabstimmung in diesem Bereich, in dem die Wissenschaft selbst interessiert ist, Projektdiskussionen weitestgehend zu vermeiden.
– Wegen der Projektdiskussionen und der damit verbundenen Nähe zu den Subventionstöpfen konzentriert sich das Industrieinteresse auf die ad hoc-Gruppen, die darüber hinaus gerade wegen ihres konkreten Projektbezuges besser geeignet sind programmatische Ziele nur abstrakt zu erörtern, eine projektübergreifende Zielkonsistenz zwischen den Projekten zu vernachlässigen und veränderte Projektinteressen flexibler einzubringen[15].

Versucht man vor allem den Industrieeinfluß noch genauer zu präzisieren, so lohnt es sich die Herkunft der Unternehmensvertreter nach der Häufigkeit des vertretenden Unternehmens festzustellen. *Tabelle 8* gibt einen Überblick der zwölf am meisten im Beratungswesen des BMFT vertretenen Unternehmen in den Jahren 1972 bis 1974. Auch hier können aus Tabelle 8 zunächst einige Fakten abgelesen werden:

1. Bestätigt wird wieder die dominierende Teilnahme in den Sachverständigenkreisen und ad hoc-Gruppen gegenüber der Teilnahme an Fachausschüssen, die kontinuierlich zurückgeht.
2. Der Siemenskonzern hat die stärkste Beratungsposition, die er offensichtlich gegenüber seinem Konkurrenten AEG auch systematisch ausbaut.

Tabelle 8

Gremium	1972				1973				1974			
Firma	BABW	FA	SK	ad hoc	BABW	FA	SK	ad hoc	BABW	FA	SK	ad hoc
Siemens	1	2	5	2	1	2	7	4	1	1	7	4
AEG		1	5	2		1	4	6		1	4	2
MBB		1	1	2		1	2	2		1	3	3
BBC		1	1	2		1	3	2				3
KWU		1		2				1				
Interatom		1		2		1						1
BASF			2	1			2	3			4	4
Schering	1				1							
Rheinstahl	1				1		1				1	
Nixdorf		1	1			1	1	1			1	1
Dornier		1		1		1				1	1	
IBM		1	1			1	1	1		1	1	2

3. Entsprechend den großen Programmen dominieren die Konzerne und Großunternehmen der elektrotechnischen Industrie, der Luftfahrtindustrie und der Datenverarbeitungsindustrie.
4. Die aufgeführten 12 großen Firmen stellen 1974 ca. 5 % der Gesamtberater, ca. 25 % aller aus der Industrie kommenden Berater und über 10 % der Industrievertreter, die im Bereich der Industrieforschung beratend tätig sind.

Es ist sicherlich kein Zufall, daß unter den in Tabelle 8 aufgeführten zwölf Unternehmen auch jene fünf industriellen Subventionsempfänger sind, die jährlich weit über 50 % der gesamten industriellen Zuwendungen des BMFT erhalten. Weiterhin dürfte nicht zufällig sein, daß der Hauptanteil der Förderungsprogramme des BMFT den drei Industriebranchen zugute kommt, die auch im Beratungswesen ihre Interessen strukturell abgesichert haben.

Es wäre einerseits nicht ausreichend allein aus dem Beratungswesen Schlußfolgerungen auf das Verhältnis von Aufgabe, Struktur und Interessen in der Forschung und Forschungspolitik abzuleiten; andererseits würde es in diesem Zusammenhang zu weit führen, z.B. die Art und Weise der Programmformulierung, der Erfolgskontrolle, die Formen der Institutionalisierung, des Managements und die Modalitäten des politischen Zusammenspiels zwischen Exekutive und Parlament und der Mitbestimmung im Forschungsbereich auf dieses Verhältnis hin zu untersuchen[16]. Da jedoch das Beratungswesen kein singuläres Phänomen ist, spricht die Wahrscheinlichkeit dafür, daß die Schlußfolgerungen als Indikatoren einer Generalisierung offen sind. An solchen Schlußfolgerungen lassen sich aus der quantitativen Analyse des Beratungswesens zunächst ableiten, daß das Beratungswesen als Teil der forschungspolitischen Struktur selbst eine dual-parallele Interessenstruktur aufweist. Da dies keineswegs wegen der Vernachlässigung anderer Interessen mit der gesellschaftlichen Aufgabenstellung in der Forschungspolitik begründet werden kann, liegt der Schluß nahe, daß nicht von der gesellschaftlichen Aufgabe her die Struktur bestimmt worden ist, sondern von den Interessen her. Diese werden u.a. über das Beratungswesen prozedural und strukturell abgesichert, prozedural, indem Förderungsprogramme, Projekte, Maßnahmen und Institutionalisierungen in den Beratungsgremien vorgeschlagen, abgestimmt, ausgearbeitet, begutachtet und „abgesegnet" werden, strukturell, indem durch die dual-parallele Interessenstruktur ein Reproduktionsprozeß der Interessen und des dahinterliegenden Systems bei größter Flexibilität für die externe Aufgabendefinition in Gang gehalten wird. Dieser strukturell und prozedural abgesicherte Prozeß einer externen Zielsetzung durch organisierte Interessenvermittlung folgt bei externer Zielsetzung dem Prinzip des Markt-Darwinismus. Dies gilt sowohl für die Wissenschaft wie für die Wirtschaft. Zwei Elemente sind prägend: Die Zufallsvorstellung der Subventionsempfänger im sogenannten Antragsprinzip und die Machtstellung der Subventionsempfänger durch die Bearbeitungskapazität. Beide Elemente sind im Beratungswesen eindeutig auszumachen, die Zufallsvorstellung vor allem in der ständigen Diversifikation und Ausweitung der Beratungsgremien, die Machtstellung in der großen Zahl von Beratern aus Großforschungseinrichtungen, der Max-Planck-Gesellschaft, den Großunternehmen und Konzernen. Der externen Zielsetzung entspricht eine hier nur andeutbare horizontale Interessenkumpanei von Wissenschaft und Industrie. Diese ist vor allem über organschaftliche Verflechtungen nachweisbar; so finden sich z.B. im Wissenschaftsrat[17], den Senaten der Max-Planck-Gesellschaft und Fraunhofer-Gesellschaft[18], ja selbst in der DFG mehr Industrievertreter als Vertreter aus anderen Interessenbereichen einschließlich der Gewerkschaften.

Das politisch-administrative System hat vor dieser horizontalen Interessenkumpanei längst resigniert. Nach einem reformistischen Versuch eines stärkeren Disparitätenausgleichs Anfang der 70er Jahre durch vermehrte Transparenz z.B. auch im Beratungswesen, Veränderung der Subventionsvergabebedingungen zugunsten der öffentlichen Hand, verstärkte inhaltliche Steuerung durch größere Bedarfsorientierung der Forschung, größere Mitbestimmung im Forschungs-Arbeitsprozeß, ist die Forschungspolitik inzwischen wieder bei einer fast ausschließlich input-orientierten Forschungsfinanzierung angekommen. Der administrative Apparat, der die Politikschwäche in Karrierevorteile durch die Antizipation der Glücksgefühle seiner Vorgesetzten konkret umsetzt, hat sich, wie die Besetzung der Beratungsgremien beweist, die im wesentlichen von den Administratoren vorgeschlagen wird, mit der Macht arrangiert. Dieses Arrangement kann bloßer Opportunismus sein, beruht aber viel häufiger auf einem Theoriedefizit oder besser einem Mangel an gesamtgesellschaftlichem Bewußtsein. Daß diese Mängel durch die Struktur der Verwaltung selbst mit ihrer übermäßigen Gliederung in Kleineinheiten und ihrem ausgeprägten Hang zu Detailmitsprache und für Scheineffizienz durch das Ausbildungssystem und die „kognitive Korruption"[19] der ministeriellen Belohnungssysteme noch gefördert wird, sei nur erwähnt. Diese Mängel werden auch nicht über die angebliche demokratische Kontrollinstanz, das Parlament, ausgeglichen. Vielmehr hat es das administrative System gemeinsam mit seiner Leitung erfolgreich verstanden, durch unzureichende Information seine Machtstellung gegenüber dem parlamentarischen System zu behaupten. Dies gilt insbesondere in der Forschungspolitik, die sich kaum durch Gesetze, sondern vorwiegend über Finanz-, Personal- und Organisationsleistungen konkretisiert. Dabei hat die Administration sich eindeutig auf die Seite der stärkeren Bataillone von Wissenschaft und Industrie statt auf die Seite der Volksvertretung geschlagen. Das Parlament hat seinerseits diesem Vorgang Vorschub geleistet, indem es ganz allgemein eine „parallele Gegenstruktur" zur Verwaltung geschaffen hat, d.h. sogenannte Spiegelausschüsse zu den Ministerien bildete und damit die administrative Fraktionierung, die weitgehend extern fremdbestimmt wird, als politische übernommen hat. Für die Forschungspolitik folgte daraus, daß sich über die Nicht-, Selektions- und Detailinformationspolitik der Administration der Bundestagsausschuß für Forschung und Technologie durch die Verwaltung zur politischen Irrelevanz degradieren ließ, sich der für wirtschaftspolitische Fragen zuständige Bundestagsausschuß mit der Forschungspolitik nie befaßte und der Haushaltsausschuß des Deutschen Bundestages bei der funktionsentleerten und globalen außerdem rein auf die Finanzleistung beschränkten Darstellung der Forschungsfinanzierung nur mit „gefühlsmäßigen" Kürzungen oder ungezielten Umverteilungen, bestenfalls mit Sperren für eine bessere Begründung einzelner Finanzansätze arbeiten konnte.

Deutet man das Beratungswesen selbst als einen Teil einer umfassenderen Struktur, innerhalb derer sich Forschung und Forschungspolitik vollziehen, so ist die im Beratungswesen organisierte sowie prozedural und strukturell abgesicherte Interessenvermittlung als wesentlicher Beitrag zu dem bürokratischen Strukturziel der „Entpolitisierung" zu begreifen[20]. Daß der Begriff Entpolitisierung in Anführungsstriche gesetzt werden muß, weist darauf hin, daß der Verzicht der politisch verantwortlichen Instanzen auf Politik nicht mit Nicht-Politik gleichzusetzen ist; vielmehr wird sie anderen überlassen, was – gewollt oder nicht – auch eine politische Entscheidung ist, die für den Verantwortlichen in der politischen Wirklichkeit meist nur den vordergründigen Effekt hat, daß er die Folgen anderen zumindest mitanlasten kann[21]. Um diese Deutung des Beratungswesens als Beitrag zum bürokratischen Strukturziel der „Entpolitisierung" der Forschungspolitik plausibel zu machen, soll dieses Strukturziel kurz in anderen Bereichen der Forschungspolitik nachgewiesen werden. Daß wir es dabei mit einer Ideologie der scheinbaren Sachzwänge und Scheinobjektivitäten, der die Verwaltung ganz allgemein seit Weber und Schelsky anhängt, zu tun haben, die weit über die Forschungspolitik hinausreicht und in ihr nur spezielle Ausprägungen erfahren hat, sei nur vermerkt. In der Forschungspolitik ist das bürokratische Strukturziel der Entpolitisierung zumindest auf drei Ebenen nachweisbar:

- durch die verstärkte Orientierung an der Konfliktminimierung,
- durch die zunehmende Privatheit aller Forschungs- und Forschungsförderungsentscheidungen,
- durch ein wachsendes Legitimationsdefizit, überdeckt durch Managementdrapierung.

Die verstärkte Orientierung an der Konfliktminimierung ist besonders in den letzten Jahren deutlich geworden. Bei stagnierenden oder real zurückgehenden Haushaltsvolumen wäre das Gebot der Stunde die Umverteilung gewesen. Stattdessen sind durch Festschreibung der alten Programme und nicht öffentliche Prozesse, wie z.B. der vor Entscheidung des Parlaments in Präsidentenkreisen herbeigeführte Konsens mit den großen Subventionsempfängern, Neuorientierungen im nominal nennenswerten Umfang fast völlig unterblieben. Der erreichbare Konsens als Machbarkeitsmaxime für alle

Steuerungs- Verteilungs- und Kontrollprobleme orientierte sich am Pareto-Optimum der „Großen". In diesem Zusammenhang hat das Beratungswesen eine stabilisierende Funktion, in dem das Wettbewerbsprinzip des Lobbyismus als Ersatz für Allokationsplanung dient. Die Autonomie der Wirtschaft und Wissenschaft wird als Anti-Planungskonzept durch die Anerkennung des darwinistischen Markt- und Antragsprinzips abgesichert. Konfliktminimierung geschieht über Selbstverteilungsmechanismen, in denen das Beratungswesen ebenso wie das DFG-Gutachterwesen Absicherungsfunktionen wahrnimmt, und ist an Vergabebedingungen inhaltlicher Art so gut wie nicht gebunden. Die Forschungspolitik gerinnt insoweit zur Funktion eines ideellen Gesamtkapitalisten und ideellen Gesamtmäzens[22], der gleichzeitig die vorhandenen Disparitäten absichert und vergrößert. In der Finanzverteilung wird versucht, durch inkrementalistisches Vorgehen die Harmonievorstellung der Konfliktminimierung aufrecht zu erhalten. Die Haushalts- und Wirtschaftspläne dienen wesentlich der Zielverschleierung. Fortbestand und Fortbeschäftigung werden als Strukturprinzipien des Etablierten die eigentlichen Leitvorstellungen der Administration. Der Grundsatz der Gleichbehandlung, der sich in Krisenzeiten bewähren muß, entartet zum Grundsatz der Gleichbehandlung bei der Besitzstandswahrung mit der Aufrechterhaltung selbst der Besitzstandsrelationen.

Ein weiterer Beweis zunehmender „Entpolitisierung" der Forschungspolitik ist das Schicksal reformerischer Versuche einer Demokratisierung der Forschung. Nachdem unter den Ministern von Dohnany und Ehmke die Einbeziehung der am Arbeitsprozeß der Forschung Beteiligten in die Entscheidungen über diesen Prozeß begonnen worden war[23], ist dieser politische Versuch gegenwärtig völlig ad acta gelegt, da damit unter den restaurativen Zeitbedingungen kein Blumentopf zu gewinnen ist. Die Anwendung einiger Prinzipien der Mitwirkung, nicht einmal der Mitbestimmung, auf die Bundesforschungsanstalten wurde nach kurzem Widerstand der FDP-Minister vom Forschungsminister selbst fallen gelassen, obwohl der Innenausschuß des Deutschen Bundestages vermutlich mitgezogen hätte. Aus der zunehmenden Kollektivierung des Forschungsprozesses auf den verschiedenen Ebenen von der Erkenntnis innerhalb und zwischen den Disziplinen, der Arbeitsorganisation in Großbetriebsform und als Trägerorganisationen, der öffentlichen Finanzierung über die Forschungsverwertung bis zur Forschungsverantwortung für die sozialen Folgen des technisch-wirtschaftlichen Wandels, ist bis heute keine strukurpolitische Konzeption zum Abbau der vorherrschenden privaten Entscheidungs-, Verfügungs- und Verwertungsstrukturen in der Forschung entwickelt worden. Auch hier wurden erste Reformbestrebungen abgebrochen; so wurde die von Ehmke begonnene Änderung der Vergabebedingungen für Forschungssubventionen ebenso wie beispielsweise der parlamentarische Druck auf die Max-Planck-Gesellschaft nach Privilegienabbau weitestgehend von der Administration und ihrer politischen Leitung zunichte gemacht. Heute ist der Forschungsbereich ein Musterbeispiel für „Elitediktaturen" und Verwertungssicherung; Partizipation als Produktionskraft wird als Widerspruch zur Kreativität und Effizienz dargestellt. Die als Angriff empfundene Finalisierungstheorie hat auch die innere Demokratiefeindlichkeit der etablierten Forschung deutlich gemacht.

Als letztes Beispiel zunehmender Entpolitisierung in der Forschungspolitik sei auf die Überlagerung und Drapierung von Legitimationsdefiziten durch Management- und

Effizienzvorstellungen hingewiesen. Die nachgewiesene Interessenberatung selbst verrät ein Legitimationsdefizit, indem Politik und Administration von einer sehr fragwürdigen Prognosefähigkeit der Wissenschaft ausgehen und den Marktmythos von der Kenntnis der Bedürfnisse durch Industrieberatung fortsetzen. Die Gleichsetzung von Verwertungs- und Gewinnorientierung mit Bedarfsorientierung ist eine in der Forschungspolitik praktizierte Fehlgleichung; die Abwehr der Sozialforschung und sozialwissenschaftlichen Begleitforschung mit dem Ziel gesellschaftlicher Frühwarnung unerwünschter Folgen des technisch-wirtschaftlichen Wandels ist das Pendant dieser Fehlgleichung. Nicht hinreichend organisierte Interessen werden in die Bedarfsorientierung nicht einbezogen, so daß ein Legitimationsdefizit entsteht, das durch die zunehmende Verlagerung des Forschungsmanagements auf industrielle und wissenschaftliche Projektträger noch vergrößert wird. Gerade die Projektträgerschaften und das Vertrauen in Selbstregulierungs- und Selbstkontrollmechanismen sind Ausdruck einer utopischen Steuerungs- und Managementideologie. Statt eines managements by political objektives findet de facto ein management by external selected informations and instructions statt, das mit einem neu verkündeten altliberalen Strukturprinzip, dem laisser faire, laisser innover, verbunden wird. Eine Breitenförderung mit Projektzersplitterung dient einer Befriedigungsstrategie bei gleichzeitigem programmatischen Defizit. Die Folge ist, daß finanzielle Aufwendungen als inhaltliche Erfolge dargestellt werden, was einer ökonomischen Umsatzideologie anstatt einer Produktivitäts- oder Marktanteilsvorstellung entspricht. In der Forschungspolitik der letzten Jahre sind unter dem Schlagwort der antizipativen Strukturpolitik in Wirklichkeit gesellschaftliche Ziele immer mehr ausgeblendet worden[24]. Es wurden bislang nicht einmal Indikatoren, Kriterien oder sonstige Meßvorstellungen für Struktureffekte, Umverteilungseffekte, Arbeitsplatzeffekte entwickelt. Ein Input-Management als Legitimationsersatz und verwaltete Effizienz als Demokratieersatz sind Teilziele des bürokratischen Strukturziels der Entpolitisierung, in dem das Beratungswesen systemstabilisierender und funktionsichernder Bestandteil ist. Forschungspolitik ist weiter denn je davon entfernt, seinen Anspruch auf politische Steuerung zu erfüllen. Sie erweist sich als konsistenter Bereich des Spätkapitalismus.

Das Ergebnis der Untersuchung läßt sich in fünf Thesen zusammenfassen:

1. Die Forschungspolitik der Bundesregierung ist geprägt durch den Widerspruch antizipative Strukturpolitik sein zu wollen und reaktive Vollzugsverwaltung mit Subventionscharakter zu sein.
2. Dieser Widerspruch zwischen Steuerungsutopie und Subventionsverwaltung wird durch eine dual-parallele Interessenstruktur der Subventionsempfänger abgesichert, die die Subventionsverteilung durch organisierte Interessenvermittlung sicherstellt.
3. Die Interessenvermittlung geschieht wesentlich über die forschungspolitische Beratung, über die die gut organisierten und mächtigsten Interessen in Wirtschaft und Wissenschaft die administrative Struktur prägen und deren Aufgabenstellung unter ihren Interesseneinfluß bringen.
4. Die gesellschaftliche Bedeutung der Forschung bestimmt nicht in erster Linie ihre Struktur und die Ziele der Forschungspolitik, sondern umgekehrt werden über die Interessen die Struktur bestimmt und damit die Aufgabenstellung in der Forschung und die Zielsetzung in der Forschungspolitik festgelegt.

5. Diese unter anderem im Beratungswesen organisierte und abgesicherte Interessenvermittlung kulminiert in dem bürokratischen Strukturziel der „Entpolitisierung", einem Strukturziel, das administrativ auf drei Ebenen nachweisbar ist:
– in der Orientierung an der Konfliktminimierung bei der Forschungsförderung und ihrer faktischen Entartung zur Forschungsfinanzierung,
– in der faktischen Stärkung der Privatheit aller Forschungsplanungs-, Forschungsentscheidung-, Forschungskontroll- und Forschungsverwertungsprozesse bei zunehmender Vergesellschaftung des Forschungsarbeitsprozesses,
– in der zunehmenden Managementdrapierung politischer Defizite vor allem in der fehlenden Legitimation einer Forschungspolitik ohne gesellschaftpolitische Perspektive.

Anmerkungen

1 Vgl. den letzten Bundesbericht Forschung V, herausgegeben vom Bundesminister für Forschung und Technologie, Bonn 1975, vor allem die Teile 1 und 2;
2 z.B. Matthöfer, Für eine menschliche Zukunft, Econ-Verlag, Düsseldorf–Wien 1976;
3 Matthöfer, a.a.O. Seite 43 ff., Hauff-Scharpf, Modernisierung der Volkswirtschaft, Europäische Verlagsanstalt, Frankfurt a.M.–Köln 1975, vor allem Seite 41ff.;
4 Matthöfer a.a.O.;
5 vgl. die zahlreichen Presseerklärungen des BMFT und die von ihm herausgegebenen Pressemitteilungen;
6 vgl. Berger, Zur Stellung des Wissenschaftsrats bei der wissenschaftspolitischen Beratung von Bund und Ländern, Nomos Verlagsgesellschaft, Baden-Baden 1974, vor allem Kapitel 4 Seite 113 ff.;
7 Berger, Forschung – Politik – Gesellschaft, herausgegeben vom Institut für Gesellschaft und Wissenschaft im Verlag Deutsche Gesellschaft für zeitgeschichtliche Fragen e.V., Erlangen 1976, Seite 89 ff.;
8 Merkblatt des Bundesministers für Bildung und Wissenschaft 11/71, Seite 1;
9 Merkblatt des Bundesministers für Bildung und Wissenschaft a.a.O. Seite 4;
10 Merkblatt des Bundesministers für Bildung und Wissenschaft a.a.O. Seite 6; vgl. auch die Pressemitteilung des BMBW vom 20. Sept. 1971, 82/71 Seite 2, und Forschungsbericht IV der Bundesregierung, Verlag Dr. Heger, Bonn–Bad Godesberg 1972, Teilzahl 15 ff.;
11 Beratungspläne, herausgegeben vom BMFT, Bonn;
12 Schmitz Riehle, Narr, Koch, Albrecht, Der Staat und die Steuerung der Wissenschaft, Verlag Otto Schwartz und Co., Göttingen 1976, Kapitel 2 und 4.3;
13 vgl. hierzu Schmitz u.a. a.a.O.; Hirsch, Wissenschaftlich-technischer Fortschritt und politisches System, Edition Suhrkamp, Frankfurt a.M. 1971, Rolshausen, Wissenschaft und gesellschaftliche Reproduktion, Edition Suhrkamp, Frankfurt a.M. 1975;
14 Berger, Forschung – Politik – Gesellschaft, a.a.O.;
15 Schmitz und andere, a.a.O., Kapitel 4.3;
16 Schmitz und andere, a.a.O., Hirsch, a.a.O., Hirsch, Staatsapparat und Reproduktion des Kapitals, Edition Suhrkamp, Frankfurt a.M. 1974, Kapitel II und IV;
17 Berger, Zur Stellung des Wissenschaftsrats, a.a.O. Seite 39 ff.;
18 Hirsch, Wissenschaftlich-technischer Fortschritt, a.a.O. Kapitel III;
19 Deutsch, Der Stand der Kriegsursachenforschung, DGFK-Hefte 2/1973, Seite 16;
20 Ronge, Forschungspolitik als Strukturpolitik, R. Pieper und Co. Verlag, München 1977, vor allem Seite 125 ff.;
21 Scharpf, Reissert, Schnabel, Politikverflechtung, Scriptor Verlag, Kronberg/Ts., 1976, vor allem Kapitel 5 und 6.3;
22 Berger, Forschung – Politik – Gesellschaft, a.a.O. Seite 89 ff.
23 vgl. den Bericht über die Erfahrungen mit den Leitlinien, herausgegeben vom BMFT, Bonn 1974;
24 Berger, Strukturpolitische Rettung durch Technologiepolitik?, Die Neue Gesellschaft 4/76, Seite 328 ff.

Politik und Verwaltung im Bildungsbereich

Referenten und Abteilungsleiter eines Kultusministeriums in der Bundesrepublik Deutschland (1972/1973)

Von Paul L. Weinacht

(1) Was wir sonst im Innenminsterium vorfanden, waren fast alles gut qualifizierte Fachbeamte, aber sie standen der Demokratie innerlich fern." (Arnold Brecht, betr. 1921)

(2) „Unsere Beamten dienen der Verfassung, dem Gesetz und dem Volk ... Wir verwahren uns dagegen, daß Beamte zu Dienern einer Partei gestempelt werden sollen." (Josef Schmitt, betr. 1933)

1. Politik und Verwaltung

1.1 Berufsbeamtentum am Ende?

Die Spannungslage von Politik und Verwaltung im neuzeitlichen Verfassungsstaat ist ein Merkmal der Gewaltenteilung: Sie unterscheidet Regierung (Gubernative) und Verwaltung (Exekutive) als gegenläufig strukturierte Handlungsbereiche innerhalb der zweiten Gewalt, also ein mehr „dynamisches" und ein mehr „statisches" Feld. Letzteres trägt die Kennzeichen von Objektivität, Unparteilichkeit, fachlicher Vorbildung, Weisungsgebundenheit bei selbständiger Amtsführung, Stetigkeit.

Diese Spannungslage mußte in dem Maße anwachsen, als das „dynamische" Feld neuen Machtlagen in der Gesellschaft Rechnung trug und dank einer republikanischen Verfassung einen Legitimationsvorsprung gegenüber der Verwaltung erhielt. Qualitativ stellte sich die Spannung am Anfang und am Ende der Weimarer Republik verschieden dar: Sie offenbarte zunächst ihre Schwäche, nämlich den Tatbestand innerer Fremdheit des Beamtenkorps in den leitenden Stellungen gegenüber der Parteiendemokratie und der parlamentarisch-demokratischen Regierungsweise (vgl. Motto 1). Sie deutete am Ende jedoch auf Möglichkeiten des Widerstands gegen eine besondere Form des Parteienregiments, nämlich parteilichen Regierens. Diese potentielle Stärke, die jene Spannungslage eben auch zum Ausdruck bringt, und die auf dem Widerlager eines intakten und verfassungstreuen Berufsbeamtentums ruht, wurde im badischen Landtag in dem Augenblick virulent, wo die Reichsregierung Hitlers von der badischen Regierung erwartete, daß sie das Berliner Beamtenrevirement in den Karlsruher Ministerien nachvollziehe. Für den damaligen badischen Staatspräsidenten Josef Schmitt aber waren Objektivität, Neutralität, Unparteilichkeit der Beamtenschaft Vorbedingungen jedes Rechtsstaates: „Gerecht sein, Gerechtigkeit für und gegen alle, ob sie schwarz, rot oder braun sind." Er konnte sich dafür auf die Reichsverfassung berufen (vgl. Motto 2). Er bestätigte, als sich in Berlin bereits der Vorhang zur Führerstaat-Tragödie hob: „Die Beamten und Ministerialräte dienen überhaupt keinem Herrn!" und erklärte: „Wir haben das Verbrechertum in sich und in jeder Form zu bekämpfen, nicht nur das rote".[1] Es war dies ein letzter mutiger, wenn auch aussichtsloser Appell an die sittliche Macht des Beamtentums in Deutschland.

Die Spannung zwischen Regierung und Verwaltung ist längst kein bloßes Binnenproblem innerhalb der zweiten Gewalt mehr; denn die Konstellation hat sich gewandelt: Die Beamtenschaft hat der entwickelten Parteiendemokratie als dem verfassungsmäßig gewollten Regierungstypus zustimmend Rechnung zu tragen, hat von der Tatsache politisch-ökonomischer Funktionenverschränkung von Staat und Gesellschaft auszugehen und sie als demokratisch-sozialstaatliche Ordnungsaufgabe zu begreifen. Wenn auf diese Weise immer wichtigere Entscheidungen im Schoß der Ministerialorganisation vorbereitet, getroffen, ja verbindlich gesetzt werden, steigt auch der Druck der Interessenten auf die solchermaßen „politisierte" Verwaltungsorganisation. Die Spannung der Verwaltung zur Politik kann in eine Politisierung der Verwaltung umschlagen, wobei allenfalls die Pflicht zu effektiver Entscheidungsherstellung einerseits und legitimierender Entscheidungsdarstellung andererseits die Bereiche Politik und Verwaltung trennen. Für Rechts- und Sozialwissenschaften öffnen sich in diesem Fall viele alte und neue Fragen.[2]

2) Die Gutachterfrage: Empfiehlt es sich, das Beamtenrecht unter Berücksichtigung der Wandlungen von Staat und Gesellschaft neu zu ordnen? wurde vor dem 48. Deutschen Juristentag behandelt.[3] Sie löste einen zusätzlichen Schub sozialwissenschaftlicher Informationen aus und führte zu einer Belebung des Leitbildwettbewerbs um die „hervortretende Besonderheit der staatlichen Bürokratie" (E. Forsthoff).[4] Unverkennbar waren beamtenrechtliche Qualifikationen wie Objektivität, Unparteilichkeit und Selbständigkeit der Wahrnehmung der Amtsgeschäfte seit Bildung der großen Koalitionen in Bonn in die Diskussion und seit 1968 in den Sog einer Politik „innerer Reformen" geraten, die ihre Reinterpretation, wo nicht gar Beseitigung nahelegten. Objektivität war nicht mehr durch bloße Abschottung gegenüber gesellschaftlichen Einflüssen, sondern mußte zugleich durch Kooperation, teilweise sogar durch Integration gesellschaftlicher Bezugsfelder erreicht werden; Unparteilichkeit konnte nicht einfach durch Abwendung von politischen Parteien, sondern mußte durch Disziplinierung spezifischer parteipolitischer Affinitäten errungen werden; das Recht zu eigenständiger Wahrnehmung der Amtsgeschäfte unbeschadet der Weisungsgebundenheit durfte nicht mehr nur vor dem Hintergrund einer „vom Staat repräsentierten Idee" (A. Köttgen) gesehen werden, sondern war als Kompensationserfordernis gegenüber Führungsdefiziten der Minister bzw. der parlamentarischen Regierung zu begreifen.[5]

Häufig wurden die hier zum Ausdruck kommenden Veränderungen für Typik und Recht der Beamtenschaft überinterpretiert. Im Ministerialbereich sah man einen neuen Prototyp auftauchen: den „politischen Bürokraten" bzw. politisch engagierten „Planer".[6] Er trug die Merkmale des „Außenseitertums", der „Verjüngung" und „Politisierung" an der Stirn und manche glaubten, ihm ein Gutteil der Pflicht zur politischen Zurückhaltung von den Schultern nehmen zu sollen. Weitreichende Reformvorschläge für ein neues Dienstrecht, z.T. in Verbindung mit organisationsrechtlichen Vorkehrungen für „klassische" bzw. „politische Bürokratie", wurden diskutiert[7]. Allein, es handelte sich vornehmlich um das Bezugsfeld von Bundesbehörden[8]. Die Referentenebene der Länderministerien, in der der Großteil der deutschen Ministerialbeamtenschaft tätig ist, blieb – soweit sie neuerdings nicht unter dem Slogen „Politikverflechtung" auftritt – weitgehend außer Ansatz.

3) War die vom „politischen Bürokraten" beherrschte und auf Reform des Beamtenrechts im Sinn der hergebrachten Grundsätze abzielende Diskussion dadurch gekennzeichnet, daß sie empirisch ermittelte Daten im Licht zeittypischer Tendenzen zu überzeichnen neigte, so kam die Gegenbewegung von den „verfassungsrechtlichen Grenzen" her, die einer Reform des öffentlichen Dienstrechts gezogen sind.[8] Ernst Forsthoff beispielsweise hob auf die Funktion des Berufsbeamtentums als Träger politischer Stabilität und staatlicher Kontinuität als Bedingungen freiheitlicher Verfassungsverhältnisse ab, band jedoch dic „hergebrachten Grundsätze" so sehr an den „überkommenden Staatsbegriff" im Sinne eines „mit der Gesellschaft nicht identischen Hoheitsverbandes[9], daß die „Besonderheiten der staatlichen Bürokratie" in Deutschland nur noch als fernher zitierbare Normen, Postulate, Sollwerte aber kaum noch als praktische Verhaltensformen, Handlungsmuster, gelebtes Dasein erschienen. Der Eindruck mußte entstehen, daß das Berufsbeamtentum im Sinn der „hergebrachten Grundsätze", desto unwahrscheinlicher wurde, je abgehobener die rechtfertigende und je strenger die verpflichtende Norm war, der diese Grundsätze entsprachen. Besonders problematisch war es, daß Forsthoff die Verfassungslage des gegenwärtigen Industriestaates in einer zuvor erschienenen Realanalyse der Bundesrepublik als gegenüber älteren Verfassungszuständen strukturell verschoben erklärt hatte: Nicht mehr die Unterscheidung von Staat und Gesellschaft sei ausschlaggebend, sondern ein beide überwölbender Funktionalismus: das „Sozialstaatssystem".[10]

Forsthoff hat diese Realanalyse später als eine Art Warnschuß vorgestellt, mit dem er der „Reintegration des Staates" habe dienen wollen.[11] Die näherliegende Frage hat er nicht bedacht, nämlich: In welcher Form werden Grundsätze des Berufsbeamtentums angesichts akuteller und „real analysierter" Herausforderungen wirksam? Ist das Berufsbeamtentum im „Sozialstaatssystem" der Gegenwart tatsächlich am Ende oder gibt es für dieses Beamtentum auch unabhängig vom „überkommenen Staatsbegriff" in seiner „hoheitsrechtlichen" Ausformung plausible Verwendung und einsichtig zu machende Grundlagen? Dies wäre freilich keine quaestio juris, sondern eine quaestio facti, wie der Sozialwissenschaftler sie zu stellen pflegt.

1.2 Ministerialverwaltung im Bildungsbereich

In den Kultusverwaltungen der Länder gibt es auf Ministerialebene eine dreifache sachliche Ressortzuständigkeit. Th. Oppermann[12] systematisiert sie für die Zwecke der Verwaltungsrechtslehre unter den Rubriken Bildung – Wissenschaft – Kunst. Die Ressorts Bildung und Wissenschaft sind gegeneinander organisatorisch abgegrenzt (Abteilungen bzw. Abteilungsgruppen), z.T. institutionell verselbständigt (Bildungs-, Wissenschaftsministerium); das Kunst-Ressort und ggf. andere Organisationseinheiten werden nach pragmatischen Erwägungen auf die beiden anderen aufgeteilt.

Die Kultusverwaltung, in Deutschland der allgemeinen Verwaltung als eine Sonderverwaltung seit mehr als einem halben Jahrhundert entwachsen, ist durch eine Reihe von Merkmalen gekennzeichnet, die ihr besonders Spannungsverhältnis zur Politik ausmachen. Die Spannung, die zur „Politisierung der Verwaltung" ausarten[13] kann, resultiert insbesondere a) aus der Verbindlichkeit politisch kontrovers interpretierten („demokratischer", „sozialstaatlicher") Verfassungsprinzipien für ihre Aufgaben, b) aus der Verflochtenheit des Bildungswesen in die jeweilige Sozialverfassung, c) aus der aktiven Rolle, die das Bildungswesen für die aktuelle Gesellschaftsplanung spielt.

a) Da ist zunächst die Aufgabenstellung oder Zielbestimmung der Bildungspolitik im demokratischen Sozialstaat der Gegenwart. Sie läßt sich verstehen einerseits als Rückgriff auf wohlfahrtspolizeiliche Staatsaufgaben, nämlich die Versorgung der Staatsbürger mit den für sie erforderlichen Qualifikationen – in der Sprache Mosers: „Sachen, so zur Aufklärung des Verstandes und Besserung des Willens derer Unterthanen dienen" (1766); andererseits als Konkretisierung des Gleichheitssatzes, wonach einerseits gegen den erklärten Elternwillen kein anderer Gesichtspunkt geltend gemacht werden dürfte als die Leistung des Schülers, andererseits in der Ausprägung des elterlichen Willens (z.B. durch Bildungswerbung, günstige Schulstandorte, Kostenbefreiungen usw.) sowie in den verfügbaren Schullaufbahnen jedem Schüler die gleiche Chance geboten werden solle, seine Talente zu entdecken und zu entwickeln. In der Bemühung um Realisierung dieser abstrakten Zielformulierung unter jeweiligen Verhältnissen und in der weiteren Klärung und Differenzierung der Aufgabenstellung gegenüber egalitären oder kollektivistischen Forderungen – etwa der Forderung auf Eliminierung des Elternrechts, auf Vereinheitlichung der Bildungsangebote, auf Ergebnisgleichheit des Bildungsgeschehens steigt die Spannung zur Politik. Die auf Realisierung des demokratischen und sozialstaatlichen Gehalts ihrer Aufgaben bedachte Verwaltung kann den Umschlag in die eigene Politisierung z.B. dadurch zu vermeiden streben, daß sie möglichst lange den Argumentationsbezug auf sog. „vorpolitische" Bereiche beschränkt: pädagogische Erfahrung, zu beachtende Rechtslage, Effizienz von Maßnahmen.

b) Charakteristisch ist des weiteren die Verflochtenheit des Verwaltungsgegenstandes, nämlich des Bildungssystems, in die jeweilige Gesellschaftsverfassung. Weite Bereiche des Bildungswesens sind nichts anderes als kulturell interpretierte Sozialtatsachen; sie treten auf in Begriffen des Wirtschaftslebens (Bedarf an Qaulifikationen bestimmten Typs und bestimmter Zahl, Beteiligung von Betrieben an der Ausbildung), Verfassungsprinzipien (Elternrecht, Chancengleichheit, einheitliche Lebensverhältnisse), religiöse und staatskirchenrechtliche Grundsätze (katholische Schule, Simultanschule), des Sports u.a.m. Die Kultusverwaltung hat durch Art. 7 GG den Auftrag, die vornehmlich kulturell interpretierte Sozialverfassung mit Hilfe des Bildungssystems zu bewahren und dieses auf die sich wandelnde Sozialverfassung einzustellen. Erst wo Erhalt und Ausgleich im fachlich vordefinierten Bereich mißlingt, wächst die Wahrscheinlichkeit, daß der auf Art. 7 gestützte Schulaufsichtsbegriff entweder die Verwaltung politisiert oder unter den Vorbehalt von Parlamentsentscheidungen gestellt wird („Verrechtlichung der Schule").

c) Charakteristisch ist ferner, daß das Bildungssystem eine aktive Rolle in der Veränderung der Sozialverfassung spielen kann. Die vorgenannten verfassungsmäßigen

Rücksichten auf Chancengleichheit oder einheitliche Lebensverhältnisse können nämlich Veranlassung geben, in die Sozialverfassung selbst einzugreifen, auch können strukturpolitische Entwicklungsziele einer Regierung, z.B. die Anhebung des ökonomischen und kulturellen Niveaus eines Gebietes oder einer Bevölkerungsgruppe, die Kultusverwaltung verpflichten, ihre Planungen auf die politischen Ziele der Regierung zu beziehen, ihre Maßnahmen in ein Gesamtprogramm von Maßnahmen verschiedener Handlungsträger einzubauen und Ergebnisse solchen Tuns nicht isoliert, sondern im gesamtpolitischen Zusammenhang zu sehen. Dieses Muster einer aktiven Rolle in der Gesellschaftspolitik und einer interdependanten, nicht etwa kulturautonomen oder pädagogisch-fachlichen Aufgabenstellung ist der dritte Focus, an dem das Bildungsressort eine spezifische Spannung zur Politik gewinnt. Von jedem der genannten Merkmalsbereiche droht der Kultusverwaltung die unmittelbare Politisierung. Sie tritt aber wohl erst dann in ein akutes Stadium, wenn weitere Umstände dazu kommen: beschleunigter sozialer Wandel, kumulative Folgeprobleme staatlichen Handels, die bewährte Handlungsmuster außer Kurs setzen, gesteigerte parteipolitische Einflußmaßnahmen in Bereich hinein, die vordem als „nicht-kontrovers" gegolten haben.

Seit den 60er Jahren sind im Bildungswesen solche „weiteren Umstände" in großer Zahl aufgetreten und haben die Politisierungsanfälligkeit der Verwaltung erhöht. Die Wirkung an einem Ministerium im einzelnen zu zeigen, ist der nachfolgenden Darstellung vorbehalten. Außer dem Verwaltungsumfeld kann der Binnenbereich einer Verwaltung, also z.B. ihr Personal, den Politisierungseffekt beeinflussen. Dies gilt speziell von dem Wertevorrat, den ein Beamter in sich trägt und der die Entscheidungsprämisse darstellt, von der er seine Entscheidungen ableitet. Aufgrund solcher Werte kann davon entweder als Vertreter des jeweiligen parlamentarischen Mehrheitswillens und/oder als Vertreter der verfassungsmäßigen Grundwerte oder einer elitären Sondermoral welcher Provenienz auch immer gelten. Die für einen Beamten maßgebliche Berufsmoral der hergebrachten Grundsätze des Berufsbeamtentums ist flexibel genug, um dienstposten-, ausbildungs- und verbandsspezifisch ausdeutbar zu sein; auch kann sie mehr mit bürokratischer oder professioneller Berufsrollenwahrnehmung zusammengehen.[14]

Eine Grenze der Ausdeutung stellt immerhin das Loyalitätserfordernis dar, nämlich die Bereitschaft zu eigenverantwortlicher Amtsführung, auf der Grundlage aktiver Verfassungstreue und Folgefähigkeit und Bereitschaft gegenüber dienstlichen Weisungen. Soweit es bei Loyalität auch um Identifizierung mit der für den Beamten maßgeblichen Berufsmoral geht, besteht diese zwar einfach aus den „hergebrachten Grundsätzen" und dem vielfach damit assoziierten „elitären Anspruch",[15] wohl aber ist mit den „Grundsätzen" ein Anspruchslevel gesetzt, der gewiß differenziert beantwortet, bei Normabwägungen aber keinesfalls außer acht gelassen werden darf.

2. *Probleme des empirischen Zugangs*

Einer empirischen Erhebung des Politisierungsproblems stehen zahlreiche Schwierigkeiten entgegen, die teilweise mit der Vielschichtigkeit des Phänomens selbst zu tun haben, teilweise mit der Betroffenheitsstruktur der untersuchten Personengruppe:

– Das Politischwerden der Ministerialverwaltung ist ein diffuser und diskontinuierlicher Prozeß. Er ereignet sich gegenüber Regierung und Parlament und gesellschaftlichem Umfeld und erscheint teilweise in parteipolitischen und/oder institutionellen Formen, jedesmal mit funktionalem oder zusätzlich auch intentionalem Charakter.
– Das Politischwerden der Ministerialverwaltung ist zum geringeren Teil über die klassische Gewaltenteilungslehre zu legitimieren; die Untersuchungsabsicht stößt darum u.U. bei den Betroffenen auf Mißtrauen und kann zu verfassungspolitischen Befürchtungen Anlaß geben und den Informationsgehalt einer Aussage beeinträchtigen.
– Die besonders enge Verbindung zwischen Einheiten der Ministerialverwaltung und Bezugsgruppen oder Adressaten außerhalb des Hauses kann – wenn Grundsätze des Berufsbeamtentums oder auch Probleme innerdienstlicher Führung und Kontrolle (der „Linie des Hauses") ins Spiel geraten – den Verdacht mangelnder Loyalität begründen; sie wird dann u. U. vor dem zudringlichen Blick des externen Beobachters abgeschirmt. Damit nicht zu verwechseln ist das Vertraulichkeitserfordernis, das im Interesse effektiver Arbeit gegenüber bestimmten außerdienstlichen Informanten oder Kontaktformen besteht und ebenfall die Aufhellung bestimmter Verbindungen im Wege sein kann.
– Schließlich gibt es die Schwierigkeit, daß durch Vermehrung der politischen Entscheidungen im Schoß der Ministerialverwaltung ein Kreis von Verwaltungsmitgliedern (auch unter Bedingungen des Regimes der „Selbstführung der Verwaltung") als Exponenten des jeweiligen politischen Kurses gelten, die Gefahr laufen, bei einem Kurswechsel fallengelassen zu werden.

Die angedeuteten legitimatorischen, instituionellen und karrieremäßigen Folgen des Politischwerdens der Ministerialebene werden von den Beamten in der einen oder anderen Weise durchaus gesehen; während sie hier vor allem als Problembereiche artikuliert waren, können sie durchaus auch unter Gesichtspunkten eines „Begünstigungsmusters" (Grottian) analysiert werden. Ersteres reflektiert das Interesse an der Behauptung der Prinzipien des Berufsbeamtentums, letzteres reflektiert das Interesse an einer Personalrekrutierung und Karriereregelung, wie sie nach 1967, verstärkt nach 1969 in SPD-geführten Bonner Ministerien gehandhabt wurden. Kein Wunder also, daß das Thema brisant ist. Recherchen müssen darum unter sorgfältiger Beachtung der politischen und zeitlichen Umstände, der Eigenart der untersuchten Personengruppe und des Ressorts, zu dem sie gehört, durchgeführt werden. Nur so ist gewährleistet, daß der Informationsgehalt einer Befragung durch die taktischen Rücksichten, die jeweils genommen werden, keinen Schaden nimmt.

3. *Untersuchungsgegenstand*

Die Herausarbeitung des politischen Charakters des Bildungsressorts und seines Personals ist Teil einer größeren Untersuchung. Sie trägt den Arbeitstitel: „Bildungsverwaltung im politischen Prozeß" und gilt jenem öffentlichen Sektor in einem Bundesland, in dem bildungs-, näherhin schulpolitische Entscheidungen konzipiert, erarbeitet, beeinflußt, modifiziert und mit rechtlicher Geltungskraft versehen werden.

Der öffentliche Sektor wurde in drei Handlungsbereiche und zwei Kontroll- bzw. Verstärkerbereiche untergliedert. Die Handlungsbereiche sind Regierung („Bildungsverwaltung") – Parlament („Kulturpolitischer Ausschuß") – interessierte und betroffene Verbände (bildungspolitisch interessierte Verbände und Institutionen). Der Kontrollbereich ist das Justizwesen, der Verstärkerbereich insbesondere die Presse.

Gefragt wird nach dem Zusammenhang, der zwischen diesen Bereichen besteht, nach der Dichte der Beziehungen, die unterhalten werden, nach Ansatzpunkten für Allianzen oder Oppositionen, nach dem Ausmaß der Interessenberücksichtigung, die sich innerhalb der Bildungsverwaltung bzw. korrigierend hierzu innerhalb des Parlaments abzeichnet. Ansatzpunkte für Allianzen und Oppositionen werden identifiziert anhand der Beurteilung gleicher politischer und kultureller Sachverhalte. Die Macht, über die ein Handlungsträger verfügt, wird über verschiedene Faktoren zu identifizieren versucht, speziell über den Faktor der Selbst- und (dazu in Vergleich gesetzten) Fremdeinschätzung (= reputational approach).

Die Ergebnisse dieser insbesondere durch Interviews und Fragebogen erhobenen Studie werden als politisch-psychologische Infrastruktur des Entscheidungsprozesses interpretiert und durch Einbeziehung weiterer Gesichtspunkte und Untersuchungsverfahren ergänzt.

Die nachfolgende Teilstudie über Referenten und Abteilungsleiter eines Kultusministeriums beruht auf Ergebnissen zweier Befragungsserien, deren erste im Sommer 1972 und deren zweite im Sommer und Herbst 1973 in partiell modifizierter Form durchgeführt wurden. Es war für den höheren Dienst des Ministeriums eine Totalbefragung geplant, die zumindest das Bildungsressort umfassen sollte. Es handelte sich dabei um 90 Beamte, davon 50 Referenten und 40 Hilfsreferenten bzw. Referatsmitarbeiter. Für letztere wurde eine Befragungserlaubnis nicht erteilt, so daß die Befragung auf die Referenten und Abteilungsleiter eingeschränkt werden mußte. Von 50 Personen wurden 46, in bestimmten Frageserien 39 interviewt, davon einige mehrfach. Mit den Inhabern von Führungspositionen wurden ausführliche Gespräche geführt, wobei auch Teilergebnisse der Befragung diskutiert und kritischen Einwendungen ausgesetzt wurden.[16]

3.1 Personal des Bildungsressorts

Der Personalbestand eines Ministeriums reflektiert im Rahmen der einschlägigen Verfassungsnormen und beamtenrechtlichen Regelungen die unterschiedlichsten Tendenzen. Dazu gehören: Aufgaben der Ministerialebene und Qualifikationserfordernis für das Personal, die Lage auf dem akademischen Arbeitsmarkt, kulturelle und politische Zeitströmungen, Beteiligung bestimmter politischer Parteien an Regierungskoalitionen, Unempfindlichkeit oder Empfänglichkeit regierungsinterner Personalentscheidungen für externe Wünsche oder Pressionen, Präferenzen der Leitung des Hauses u.a.m.

Eine strategische Position inmitten dieser Tendenzen und Einflüsse kommt dem Personalreferat zu. Gespräche mit dem verantwortlichen Beamten sowie der Leitung des Hauses sollten klären helfen, welche Probleme sich bei Einstellung und Beförderung von Referenten stellen und welchen Interessen die Personalpolitik des Ministeriums im Bildungsressort folgt. Dabei war auszugehen von der pädagogisch-juristischen Mischbesetzung dieses Ressorts, das die Fachreferate mit Lehrern, die Rechtsreferate mit Juristen besetzt und sich dadurch etwa vom Wissenschaftsressort desselben Hauses unterscheidet, in dem nur zwei Referate mit Nichtjuristen besetzt sind (Mathematiker, Diplomingenieur).

Wonach wird ein Rechtsreferent ausgesucht? Das Personalreferat achtet mit Vorzug auf diejenigen, die sich bei einer vorübergehenden Tätigkeit als juristische Hilfsreferenten im Ministerium bewährt haben. Hilfsreferent wird man auf der Grundlage der Ministerialnote. (Anfangs der sechziger Jahre war das Prädikat gut verlangt, zum Befragungszeitpunkt vollbefriedrigend.)[17]

Auch bei den Fachbeamten wird die Ministerialnote vorausgesetzt. Da die Note „sehr gut" bei Lehrern keine Seltenheit ist, kommt es zusätzlich auf die Rangstelle beim II. Staatsexamen an sowie auf die Beurteilung in der Schul- und Schulverwaltungspraxis. Das eigentlich unterscheidende Merkmal gegenüber den Rechtsreferenten ist die fachliche Spezialisierung: jedes Fachreferat kann nur mit einem Experten des jeweiligen Gebietes (Schule, Lehrerseminar, Schulaufsicht) besetzt werden.

Die hier bezeichneten Leistungs-, Befähigungs- und Eignungsmerkmale bedeuten freilich nicht, daß der Personalreferent die gewünschten Personen oder auch nur die jeweils besten tatsächlich gewinnen kann: Die Ministeriallaufbahn konkurriert für die jeweils besten ihres Examesjahrgangs einmal mit der Laufbahn in der Schule (betrifft Philologen), zum anderen mit der Laufbahn in anderen Staatsbehörden mit reichen inneren Karrieren und Möglichkeiten zu späterer externer Karriere (betrifft Juristen).[18] Manch guter Jurist macht der Schulverwaltung gegenüber auch sonstige Vorbehalte geltend: Er fürchtet vielleicht, einen Lehrer als Vorgesetzten zu bekommen, oder ihn narrt der Gedanke, er müsse als Schuljurist mehr mit Politik als mit Recht beschäftigen. Während die Karrieregesichtspunkte nach Auskunft des Personalreferenten zuträfen, seien die zuletzt genannten Vorbehalte als Vorurteile anzusehen, die bei mehr Information und Erfahrung ausgeräumt werden könnten. Beispielsweise hätten Juristen gerade unter einem Lehrer als Vorgesetzten relativ große Selbständigkeit und hohe Wertschätzung.

Eine delikate Frage ist die Parteiaffinität und -mitgliederschaft von Ministerialbeamten, da sie – soweit „politische Beamtenstellen" im engeren Sinne nicht zur Debatte stehen – laut Beamtengesetz weder bei Einstellung noch bei Beförderung ausschlaggebend sein dürfen. Andererseits ist schwerlich zu leugnen, daß die parteipolitische Affinität des Beamtenkörpers – auf welchen Wegen der gezielten Ergänzung oder Neuorientierung immer – den Interessen der Regierungsparteien im Lauf der Zeit mehr entspricht als denjenigen der Oppositionsparteien. Und ebensowenig kann übersehen werden, daß dieser „Angleichungseffekt" zuerst und am stärksten bei politisch-sensiblen Funktionsstellen einzutreten pflegt.

Da es bei der untersuchten Behörde, nämlich dem Bildungsressort eines Kultusministeriums, geradezu um einen Pool politisch-sensibler Funktionsstellen geht, war aufgrund der geschilderten Erfahrungsregel zu vermuten, daß es besonders parteinah besetzt worden sei oder jedenfall besetzt sei (der Akzent liegt im einen Fall auf der Absicht, im anderen auf der eingetretenen Folgewirkung).

Bei direkter Befragung erklärten die verantwortlichen Beamten des Personalreferats, Parteinähe oder -mitgliedschaft seien Privatsache der Beamten, ggf. habe man sie als Störfaktor eines funktionierenden Beamtenkorps einzuschätzen. Negative Erwähnung fand entsprechend der „Personalschub", der im Gefolge eines Regierungswechsels eingesetzt habe, der inzwischen aber entweder „assimiliert" sei oder bei sonstiger Karrieremöglichkeit wieder aus dem Ressort ausgeschieden sei; negative Erwähnung finden auch alle externen Versuche, die Personalpolitik zu beeinflussen. Unterstützungsbemühungen der Bewerber um externe Hilfen sowie Einflußnahmen von interessierter Seite (Verbände, Parteien, Institutionen) sind mehr die Begleitumstände von Personalentscheidungen im nicht-ministerialen Verwaltungsbereich als im Ministerium selbst. Sollten sie auch dort registriert werden, so gilt der Grundsatz, daß im Beamtenwesen stets die sachliche Erwegung den Ausschlag zu geben habe: „daß die Zugehörigkeit zu Partei oder Verband weder positiv noch negativ ins Gewicht fallen darf, sondern außer Betracht bleiben muß" (Brief v. 20.10.1977). Das bedeutet zugleich, daß Protektionsversuche von außen den Auwahlprozeß zunächst im Sinn seiner legalen Formalisierung beeinflussen: „Wenn einer der beste ist, dann darf er auch einer Partei oder einem Verband angehören, die sich für ihn eingesetzt haben." (I. v. 19.12.74). Im Gegenzug gegen eine jederzeit drohende Interessenverdichtung oder Politisierung der Personalentscheidungen stabilisiert die Behörde verwaltungseigene Gesichtspunkte bis in die Besetzung von Spitzenstellen hinein. „Hier im Hause gibt es schon lange vor der Ernennung Anwartschaften." (I. v. 9.11.1971).[19]

Daß dabei alle Aufmerksamkeit von parteipolitischen Aspekten abgezogen würde, darf wohl bezweifelt werden. Dagegen spricht bereits die in gewissen Grenzen sicher zulässige Praxis permanter Loyalitätsvorsorge in Ministerialverwaltungen. Es war ein Gegenstand unserer Untersuchung, die Auswirkung dieser Vorsorge im Bewußtsein der Beamtenschaft wiederzuerkennen: Pflicht zu politischer Zurückhaltung und Mäßigung einerseits, Bereitschaft zur Unterstützung des Ministers andererseits. Die Vermutung liegt auf der Hand, daß – je länger eine Partei die Regierungsverantwortung trägt – desto asymmetrischer, d.h. für Oppositionskreise ungünstiger – muß sich im Zeichen der „Loyalitätsvorsorge" die politische Affinität des Beamtenkorps entwickeln.

3.2 Sozialdaten[20]

Alter: Jeder 5. Referent ist unter 40 Jahren, 60 und älter nur jeder 10. Das erstaunlich niedrige Durchschnittsalter, das zwischen 40 und 50 Jahren liegt, erklärt sich so, daß im Gefolge der Aufgabenmehrung der letzten 15 Jahre das Ministerium stark erweitert wurde. Die Zahl der Referate im Wissenschafts- und im Bildungsressort wurde nahezu verdoppelt, viele meist jüngere Beamte wurden ins Ministerium einberufen. Dadurch verschob sich die Altersstruktur in die Nähe des Durchschnittsalters sog. „politische Bürokraten" (Steinkemper S. 32ff.) Eine vergleichbare Verjüngung trat in den meisten Kollegien des Bildungs- und Wissenschaftsbereiches im Lande ein.

Dauer der Zugehörigkeit zum Ministerium: Von 44 Referenten sind 13 nicht länger als 5 und weitere 14 nicht länger als 10 Jahre im Ministerium beschäftigt; insgesamt sind 60 Prozent der Referenten nicht länger als 10 Jahre im Hause. Die Dauer der Zugehörigkeit paßt zur Aussage über das relativ niedrige Durchschnittsalter.

Regionale Herkunft: 9 von 10 Referenten des Bildungsressorts bezeichnen sich nach Geburt und Herkunft als Landeskinder. Die verschiedenen Landesteile sind in etwa anteilig vertreten. Die Vertriebenen, Flüchtlinge und Aussiedler, deren Anteil an der Wohnbevölkerung 1/5 beträgt, finden keine entsprechende Repräsentanz.

Konfession: Der Konfessionsproporz unter den Referenten weist einen Überhang zugunsten des dominanten Bekenntnisses von + 10 %-Punkten gegenüber der Wohnbevölkerung auf; da eine Reihe von ehemals heiklen Fragen zwischen den Bekenntnissen aus der politischen Aufmerksamkeit herausgerückt sind, kann das Gewicht dieses Überhangs als unbedeutend gelten.

Soziale Herkunft: Als Vaterberuf wird in 5 von 40 Fällen Arbeiter angegeben, 17 mal Beamter, 9 mal Angestellter, 8 mal Selbständiger und 1 mal Sonstiges. Die Status-Repräsentanz der Herkunftsfamilien ist damit überraschend ausgewogen, gemessen etwa an Angaben, die in sonstigen Studien zur Herkunft der Ministerialbeamten verfügbar gemacht werden (vgl. zuletzt Grottian). Eine gewisse Erklärung hierfür bietet am ehesten die Laufbahn der Referenten eines Bildungsressorts: Es handelt sich in der Mehrzahl um Lehrer, nicht um Juristen.

Studium: Über die Hälfte der Referenten (23 von 43) bezeichnen sich dem Studium nach als „Philologen", wobei Reallehrerstudien im Einzelfall subsumiert worden sind. Vier von 43 Nennungen lauten auf Ausbildung zum ehemaligen Volks- oder Berufsschullehrer. 12 Referenten, also 28 %, bezeichnen sich als Juristen. Die Zahl sonstiger akademischer Studien bzw. Berufsrichtungen ist gering (4 von 43).

Erste berufliche Tätigkeit: Der Karriereweg der Referenten des Bildungsressorts eines Kultusministeriums entpricht dem unmittelbaren Ausbildungsziel: Praktisch alle Philologen und übrigen Lehrerstudenten begannen ihre berufliche Tätigkeit in der Schule; die Juristen hatten andere als die hier erwähnten Ersttätigkeitsbereiche durchlaufen.

Letzte Position vor Eintritt in das Kultusministerium: Von den 28 Referenten, die in der Schule begonnen hatten, wurden 16 als Lehrer ins Ministerium berufen, 8 als Schulleiter, 5 als Schulaufsichtsbeamte. Die Verhältniszahlen sind in dieser Form wenig aussagekräftig, da die verschiedenen Schularten zur Ministerialebene unterschiedlich gestellt sind: Volks- und berufliche Schulen werden über den Instanzenzug der allgemeinen Verwaltung beaufsichtigt, Realschulen und Gymnasien unterstehen dem Ministerium direkt, also ohne Zwischenschaltung einer unteren oder Mittelbehörde. Daraus erklärt sich nicht nur die spezifische Ausgestaltung des Geschäftsbereichs der jeweiligen Fachreferate, sondern die Zahl der Gymnasial- im Vergleich zu den Volksschulreferaten.

Bei den Rechtsreferenten liegt die letzte Position vor Eintritt ins Kultusministerium meist in den unteren Stufen der allgemeinen Verwaltung (Kommunal- und Kreisverwaltung): 6 von 12, seltener in Mittelbehörden oder einem Ministerium (je 2 von 12).

Verbandszugehörigkeit: Die Mitgliedschaft in Fachverbänden wird zumeist in der dem Ministerium vorangehenden Berufstätigkeit erworben und beim Eintritt ins Ministerium beibehalten. Nur die Frage des Organisationsgrades in Berufsverbänden war gestellt worden; die Antwort ergab einen Organisationsgrad unter den Fachreferenten von 0,8, d.h. mindestens 3 von 4 Fachreferenten gehörten einem Lehrerverband an, in den meisten Fällen einem Verband, der am Geschäftsbereich des Fachreferenten unmittelbar interessiert war.

Parteinähe und -mitgliedschaft: Die Frage nach dem jeweiligen Verhältnis eines Referenten zur Parteipolitik wurde untergliedert in Nähe und Mitgliedschaft. Als einer politischen Partei nahestehend bezeichnen sich von 46 befragten Referenten 28; als nicht nahestehend 11. Sieben Referenten verweigerten die Antwort. In Prozentzahlen ausgedrückt heißt das:

einer Partei nahestehend:	62,8 %
keiner Partei nahestehend:	23,2 %
Antwort verweigert:	14,0 %

Von den nahestehenden 28 Referenten erklärten sich als Parteimitglieder 3, als Nichtmitglieder 23. Der Rest verweigerte die Antwort. In Prozentzahlen für die Gesamtgruppe (46) sieht das so aus:

erklärte Parteimitglieder:	6,5 %
erklärte Nichtmitglieder:	50,0 %
ohne Erklärung:	43,5 %

Die konkrete Frage nach der Partei wurde nicht gestellt. Doch nannten von denjenigen, die sich einer Partei nahestehend erklärten, fast die Hälfte (12 von 28) von sich her die Regierungspartei.

Aufs ganze gesehen bedeutet dieses Ergebnis, daß das Personal des Bildungsressorts sich zu etwa 2/3 einem parteipolitisch bestimmbaren Standort zurechnet. Jeder fünfte sympathisiert offen mit der Regierungspartei, insgeheim tut dies wohl mehr als die Hälfte.

Die beachtliche Gruppe, die die Antwort auf die Frage nach parteipolitischer Affinität verweigerte, würde durch „Politik-Ferne" sicherlich nicht zutreffend interpretiert, sie kann auch nicht als „politikscheu" gelten, eher als „erklärungsscheu". Mögliche Gründe dafür müssen im Zusammenhang mit weiteren Ergebnissen bedacht werden. Was sagen die mitgeteilten Sozialdaten aus?

Man könnte den Teil, in dem Entsprechungen zwischen Sozialmerkmalen der Bevölkerung und der Beamtenschaft des Bildungsressorts bestehen, als „eher günstig" einschätzen. Voraussetzung dafür wäre, daß man die These akzeptiert, daß eine pluralistische Gesellschaft Anspruch hat auf gleichmäßige soziale Wertberücksichtigung und daß diesem Anspruch durch eine repräsentative Zusammensetzung der behördlichen Personalkörper Rechnung zu tragen sei. Indes sind an dieser These Zweifel angebracht: Der Wertehaushalt eines Ministeriums resultiert vermutlich weniger aus den von Hause mitgebrachten Individualwerten seiner Beamten als aus der Assimilation dieser Werte an die Gruppennormen des Beamtenkorps („Elite") bzw. an die institutionell vermittelten Normen einer konventions- und sanktionsmächtigen Instanz („Kultusministerium"). Auch wäre zu fragen, ob eine gleichmäßige soziale Wertberücksichtigung nicht erst dann möglich wird, wenn zuvor Rahmenentscheidungen getroffen worden sind, in denen verschiedene Werte berücksichtigt werden können.

Man könnte sodann die Sozialdaten zur Ergebniskontrolle für Personalpolitik und Loyalitätsvorsorge des Bildungsressorts heranziehen. Nach Auskunft des zuständigen Beamten spielt der größte Teil der Daten bei Personalentscheidungen keine oder nur eine untergeordnete Rolle; insofern haftet ihnen also weder der Charakter des Erfolgs, noch der des Mißerfolgs an. Allerdings wird man weiter klären müssen, was es bedeutet,

daß bei einer auf Leistung, Eignung, Anciennität abstellenden Personalpolitik in einer formell unpolitischen Ministerialorganisation (politische Stellen für Laufbahnbeamte fehlen) Parteipolitik von der großen Zahl der Beamte als Möglichkeit der eigenen Standortbestimmung akzeptiert wird.
Erklärungsmöglichkeiten für Parteiaffinität

a) Die Parteinähe entspricht staatsbürgerlichem Engagement, das innerdienstlich folgenlos bleibt (außerdienstliche Politik).
b) Die Parteinähe resultiert aus der zum Erhebungszeitpunkt stark angewachsenen Polarisierung der kultur- und allgemeinpolitischen Szene in der Bundesrepublik (Politik, die von außen in den Dienst eindringt).
c) Die Parteinähe ist das aus der Situation (b) zu verstehende Manifestwerden der latenten politischen Funktionen der Ministerialverwaltung (Politik der dienstlichen Geschäfte).
d) Der parteipolitische Standort entspricht – was das Fehlen erklärter Selbstzurechnung zur Opposition anbetrifft – der Loyalitätsvorsorge unter einer mehrfach in Wahlen wiederbestätigten Regierungspartei (Politik der Hausleitung).

4. *Politische Funktionen des Bildungsressorts*

4.1 Der Handlungsbereich des Amtschefs

Bei der Klärung des politischen Charakters des Bildungsressorts kam es einerseits auf dessen politische Funktionen, andererseits auf die Loyalitätsvorsorge durch die Hausleitung an. Beides mußte in Position und Funktion des Amtschefs kultimieren. Beginnen wir darum bei ihm die Untersuchung.

Die Funktion des Amtschefs (Ministerialdirektor) umfaßt die Sorge für Aufbau, Ausstattung und Funktionieren des Ressorts im ganzen, sodann die Sorge für die Aufrechterhaltung optimaler Außenbeziehungen im Land, jenseits der Landesgrenzen und zum Bund. Die Funktion ist insofern administrativ, als sie unter dem politischen Vorbehalt und unter der politischen Verantwortung des Ministers wahrgenommen wird; sie ist politisch, insofern sie die politische Linie des Ministers konkretisiert und bei allem die Zentralität der eigenen Handlungsposition im Auge hat („Machterwerb/Machtsicherung"). Für dieses Geschäft ist ein tägliches Pensum an Information verlangt, das 400 bis 500 Akten umfaßt und 12 bis 14 Stunden angestrengter Lesearbeit bedeutet. „Ich muß soviel konsumieren, um den Kopf oben zu halten, damit die Pläne nicht an der Wirklichkeit vorbeilaufen." (I. V. 19.1.72). Im Aktendurchlauf muß die Stelle unmittelbar vor dem Minister gehalten werden, Immediatvortrag von Referenten bei dem Minister gilt es auf Ausnahmefälle zu beschränken. Risiken, die in oder außerhalb des Hauses entstehen, zum Beispiel durch den Einfluß wissenschaftlicher, d.h. administrativ schwer kontrollierbarer Autorität, müssen neutralisiert werden. Ein solches Risiko für die Ablaufplanung stellt im vorliegenden Fall ein Stab von Planungsexperten dar, die „bei jeder neuen wissenschaftlichen Entdeckung oder jeder Modeströmung das ganze Gerüst umwerfen – die Verwaltung aber braucht Stetigkeit und sichere, bewährte, gültige Grundsätze". (I. V. 9.11.72).

In dem Maße, in dem er sein Haus „unter Kontrolle" hat, kann er wirkungsvoll in den Verkehr mit dem öffentlichen Sektor für Bildungspolitik eintreten: als Ratgeber des Ministers, als Kontaktperson für Regierungsmitglieder und Spitzenpolitiker, nicht zuletzt der Vorsitzenden großer Verbände oder wichtiger Institutionen. Wenn sein Rat nicht mehr gesucht, seine Informationen nicht mehr gefragt sind, wenn die Prominenz seiner Besucherliste abnimmt, dann verringert sich sein Einfluß im öffentlichen Sektor und im Hause.

Um die Abwicklung der Programme seines Hauses zu sichern, muß er Zugang haben zu den externen Punkten, von denen der Prozeß der Meinungs- und institutionalisierten Entscheidungsbildung angestoßen oder blockiert werden kann. Das jüngste Gesetzvorhaben, so erklärte er, sei nur hängengeblieben, „weil ein oder zwei Leute nicht wollen." Im Land werde Bildungspolitik „unter höchstens 50–60 Personen" ausgemacht (I. v. 19.2.72). Für den Amtschef reduzierten sich die sozialen, politischen, wissenschaftlichen, ökonomischen Risikofaktoren des öffentlichen Sektors auf ein paar Dutzend Gesichter.

Wie sieht dieser Mann die Tätigkeit seiner Referenten? Haben sie teil an seiner politischen Funktion, zu der er sich klar bekennt? Er erinnert an eine Auseinandersetzung mit seinem Amtsvorgänger, der sich als reiner Fachbeamter begriffen habe. Als Referent habe er bereits zu ihm gesagt: „Wenn wir gute Diener des Ministers sein wollen, der ja einen politischen Part spielt, müssen wir auch politisch denken. Anders können wir keine gute Arbeit leisten." (I. v. 9.11.72)

Die im Bildungsressort durchgeführte begleitende Beobachtung stützt die Vermutung, daß in Referentenbesprechungen sowohl fachliche wie auch politische Gesichtspunkte vorgetragen werden. Freilich ergab sich, daß in Anwesenheit des Amtschefs der politische Part regelmäßig von ihm übernommen wird und die Referenten sich auf fachliche Beiträge beschränken. Der Amtschef nimmt bei solchen Anlässen die Gelegenheit zu richtungsweisender politischer Problemeinschätzung sowie zur Verdeutlichung von Grundsätzen wahr, womit er nicht nur einen politischen Sachbeitrag liefern, sondern konkrete Loyalitätsvorsorge betreiben kann.

4.2 Der Handlungsbereich der Abteilungsleiter und Referenten

Der politische Charakter des Bildungsressorts wurde auf der Ebene der Referenten und Abteilungsleiter anhand von Selbstzeugnissen der Interviewten in zwei Richtungen erschlossen: (1) in Richtung auf bürokratische Handlungsmacht überhaupt, also nicht im Sinne von Ermessungsspielräumen von Referenten und Abteilungsleitern gegenüber ihren jeweiligen Dienstvorgesetzten, sondern im Sinne ihrer Einbindung in Strukturen politischer Führung und Kontrolle. Das damit angeschnittene verfassungspolitische Problem kann unter dem Stichwort der „sich selbst führenden Verwaltung" (Ellwein)[20a] verdeutlicht werden. (2) Die andere Richtung der Untersuchung betrifft den gesellschaftlichen Bezug der im Bildungsressort tätigen Referenten und Abteilungsleiter, also ihr Verhältnis zur sozialen Umwelt und diversen Verwaltungspublika („Integration"). Das hier angelegte Problem ist das der „angemessenen Außenbeziehung".

4.2 (1) Der Fragekomplex bürokratische Handlungsmacht verbindet a) Fragen zu Entscheidungssituationen, wie sie für bildungsplanerische Vorhaben im weitesten Sinn kennzeichnend sind, mit b) Fragen zu Personalqualifikationen, die nach Meinung der Befragten einen Referenten im Bildungsressort auszeichnen sollten (Leitbild), und c) politische Entscheidungsnormen.

a) Mit Blick auf Entscheidungssituationen wurde nach dem Gewicht gefragt, das die Referenten und Abteilungsleiter der „Wahrung des Handlungsspielraums der Kultusverwaltung" bei ihren Planungsentscheidungen einräumten. Es sollte sich daran zeigen, ob die Verwaltung an ihrer abstrakten, d.h. inhaltlich nicht gebundenen und auf allgemeine Tauschmittel begründeten Verfügungsmacht ein erkennbares Interesse bekunden würde. Zwei von drei Befragten sprachen dem Argument Handlungsspielraum erst- bis zweitrangige Bedeutung bei; ein einziger von 34 Antwortenden hielt das Argument für bedenklich.[21]

Um zu erfahren, ob aus diesem Interesse an Handlungsfähigkeit eine Neigung zur Selbstführung der Verwaltung herauswuchs, wollten wir wissen, ob die Referenten eine Situation für gegeben hielten, in der ihre besondere Tatkraft gefordert sei. Wir fragten sie daher nach ihrem Urteil über die Fähigkeiten des Landtags, Gesetze einzubringen und zu beraten, langfristige Bildungsplanung mit zu beraten und zu kontrollieren und schließlich: die Regierung politisch zu kontrollieren. Zum Vergleich baten wir auch Mitglieder des Landtags, sich in bezug auf diese Dinge selbst einzuschätzen. Während die Beamten dem Landtag gute Zensuren hinsichtlich seiner Kontrollfähigkeit erteilten,[22] urteilten sie zurückhaltend über seine Fähigkeit zur Gesetzesberatung,[23] eher ungünstig über seine Fähigkeit zur Einbringung von Gesetzen[24] und schlecht über seine Fähigkeit zur Mitwirkung an langfristiger Schulplanung.[25] Die Abgeordneten selber trauten sich selbst bei der Gesetzesberatung mehr zu, dagegen deutlich weniger bei der Kontrolle.[26] Hier klafft also ein Widerspruch in der Einschätzung des Landtags durch Beamte der Kultusverwaltung und der Selbsteinschätzung durch Abgeordnete. Wie ist er zu erklären, und was besagt er?

Erklärlich ist die Einschätzung der Beamten dann, wenn sie im Landtag einen Konkurrenten sehen, der Aufgaben, die die Verwaltung für ihre eigenen hält, selbst in die Hand zu bekommen versucht, zumal er sie – nach Meinung der Beamten – weniger gut erledigen kann. Daß die Kontrollfähigkeit so gut taxiert wird, mag daran liegen, daß hier eine eigenständige Aufgabe des Parlaments anerkannt wird, bei deren Erledigung – wie immer sie ausfallen mag – der Minister und sein Haus auf Trab gebracht werden und die stets aufs neue Herausforderungen schafft, vor denen man sich bewähren kann. Bewährungsproben zu bieten – hierzu scheint der Landtag den Beamten sowohl berechtigt wie auch genügend gut qualifiziert. Die Abgeordneten dagegen, allen voran diejenigen der Opposition, sind in diesem Punkt weniger zufrieden: Sie schätzen ihre Kontroll-Fähigkeit vermutlich um so weniger, je mehr sie der Regierung oder der Verwaltung ungewollt Gelegenheiten zur günstigen Selbstdarstellung verschaffen. Die Kontrollschwäche des Parlaments gegenüber einem überlegenen Regierungsapparat ist unübersehbar.

Darf man jedoch daraus schließen, daß die Beamten sich zu politischer Selbstführung berechtigt sehen? Hier gilt es zu unterscheiden zwischen dem Verhältnis zur Regierung einerseits, das im vorliegenden Fall klar ein solches der Unterstellung bleibt, und dem Verhältnis zum Parlament, das durch großes Selbstbewußtsein ausgezeichnet ist.

Was das Verhältnis zur Regierung, näherhin zum Minister angeht, so wäre die Situation zur Selbstführung des Beamtenkörpers dann gegeben, wenn Führung nicht stattfände, also politische Orientierung verweigert würde, oder wenn Führung in eine Richtung zielte, in die die Beamten zu folgen weder in der Lage noch willens wären. Bei der Frage, woher sie ihr Wissen über den politischen Willen des Ministers nähmen, antwortete die Mehrzahl der Befragten, sie könnte sich auf die beamtete Spitze des Hauses und dienstliche Informationsgebung verlassen, nur eine Minderheit gab an, Presseberichte, eigenes Fingerspitzengefühl oder Kollegenmitteilungen zu benötigen.[27]

Dies deutet darauf hin, daß Organisation und Führung des Hauses politisch ausreichend definiert sind und Bedürfnisse nach Klarstellung und Verdeutlichung nicht durch informelle Kontakte gesättigt werden müssen. Jedenfalls bestritt man ein Bedürfnis nach „mehr politischen Orientierungsdaten für den Bereich Ihrer Tätigkeit".[28]

Auf die Frage, was die Beamten am dringlichsten für längerfristige Planungen benötigten: mehr politische Führung, mehr Wissenschaft oder mehr Koordination, also bessere Ein- und Unterordnung beteiligter und nachgeordneter Dienststellen und Ämter, sprachen sich 21 von 39 Befragten für Koordination an erster Stelle und nur acht von 39 für Führung an erster Stelle aus. Daß ihnen Wissenschaft am meisten nötig sei, dafür sprachen sich ganze 4 Befragte aus.[29] Man könnte daraus den Schluß ziehen, daß der strategische Engpaß für längerfristige Bildungsplanung, sieht man einmal von der Verfügbarkeit von Haushaltsmitteln ab, in der Einvernehmensherstellung und Ausgleichung von Positionen und keinesfalls in der politischen Orientierung oder gar wissenschaftlichen Absicherung gesehen wird. Dieses Ergebnis läßt sich nach zwei Richtungen interpretieren: Entweder macht sich an dieser Stelle bürokratischer Autokratismus geltend, der sich dann am ungeniertesten entwickelt, wenn der Minister möglichst wenig Führungsvorgaben macht, oder aber es handelt sich um eine loyale Beamtengruppe, die tatsächlich politisch ausreichend instruiert ist und vielleicht nur Spielraum benötigt, um die Auffassungen beteiligter Ämter sowie gesellschaftlicher Gruppen sowohl untereinander wie auch insbesondere mit dem politischen Zielwillen der Regierung zu vermitteln.

Wir haben daher gefragt, welche Auswirkungen für die Beamten einträten, wenn die politische Führung in einem strategisch wichtigen Fall die Entscheidung offenhalte. Von den gleichen 39 Befragten wiesen diesmal 16 auf erschwerte Planungsbedingungen hin, neun darauf, daß man in einer solchen Situation eigene Vorstellungen entwickeln und durchsetzen könne.[30] Demnach würde nur jeder vierte die Zurückhaltung der Regierung als Aufforderung sehen, selbst gestalterisch tätig zu werden. Daß sich hier nicht undifferenzierte Abneigung gegen gestalterisches Handeln und die damit verbundenen Konflikte und Risiken ausdrückt, zeigt sich am Leitbild des guten und erfolgreichen Referenten. Denn zu ihm gehört nach überwiegender Einschätzung die „Bereitschaft, seine Meinung fachlich zu vertreten, auch wenn mit gewissen innerdienstlichen Schwierigkeiten zu rechnen ist."[31]

Das Ergebnis dieses ersten Durchgangs überrascht nicht: Die befragten Referenten und Abteilungsleiter sind an genereller Handlungsmacht ihres Ressorts stark interessiert, neigen dazu, potentiellen Konkurrenten gegenüber auf die Legitimation ihrer fachlichen Überlegenheit zu pochen, beschränken diesen Anspruch jedoch auf die vom politischen Willen des Ministers gedeckten Gebiete, die ihnen zureichend definiert erscheinen. Als Engpaß für das Handeln der Verwaltung gilt übereinstimmend nicht die politische Richtungsbestimmung, sondern die Koordination der für das Gelingen eines Vorhabens erforderlichen Interessen und Teilzuständigkeiten. Das untersuchte Ressort gibt damit bisher der These über die Selbstführung der Verwaltung politisch wenig Nahrung.

(b) Ein anderer Zugang wird dadurch gewonnen, daß man die Ministerialbeamten nach ihrem normativen Selbstbild (Leitbild) fragt. Politische Züge kommen zum Vorschein, wenn man sie nach Personalqualifikationen fragt, die einen Referenten auszeichnen sollten.

Würde „Bereitschaft zu politischem Engagement" dazugehören? Von 7 Beamten einer Referatsgruppe, die nach unabdingbaren bzw. entbehrlichen Personalqualifikationen gefragt worden waren, hatten alle diese Qualifikation als entbehrlich, ja von potentiell 15 entbehrlichen als die mit Abstand entbehrlichste bezeichnet.[32] Bei den restlichen 39 Beamten (sie konnten unter vier Ausprägungs-Intensitäten unterscheiden) kam es zu einem ähnlichen, wenn auch nicht ganz so klaren Ergebnis.[33] Für höchstens ein Viertel der Befragten gehört demnach „politisches Engagement" zu ihrem Leitbild eines Ministerialbeamten im Kultusministerium. Wie sensibel soll ein Referent für die Stimmungen der Öffentlichkeit sein? Sollte er es hier gar mit den gewählten Volksvertretern aufnehmen? Die Meinung der 39 Befragten war geteilt: eine Hälfte lehnte ab, eine andere stimmte zu.[34] Wie steht es mit der Kenntnis der Interessenlage von Organisationen und Verbänden – soll der Beamte darin beschlagen sein? Jeder vierte wehrte ab.[35] Sehr viel hielten die Beamten von der Fähigkeit, mit mitzuständigen Stellen und interessierten Gruppen zu einvernehmlichen Regelungen zu kommen;[36] und sehr viel auch von der Fähigkeit, auf die politische Konzeption des Ministers einzugehen.[37] Auch hier zeigt sich wieder der Engpaß Koordination, den zu überwinden – und zwar im Rahmen der „Konzeption des Ministers" – als eine der vornehmsten Anforderungen an den Referenten gesehen wird.

(c) Eine dritte Zugangsmöglichkeit zum politischen Charakter der Bildungsverwaltung wurde in der Weise versucht, daß Handlungsziele und -schranken nach der subjektiv unterlegten Relevanz „gewichtet" werden sollten. Eine Güterabwägung in jeweiligen Situationen kann aus diesem Verfahren nicht prognostiziert werden, da erst die konkrete Lage das relative Gewicht einzelner Gesichtspunkte zueinander bestimmt. Wohl aber findet eine Art Selbstzurechnung zu bestimmten (vorgegebenen) Normen statt und wird dadurch der „politische Habitus" des Beamten erkennbar.

Wir wollten wissen, welche Rücksichten einem Bildungsplaner im Ministerium besonders angelegen seien, wenn er in der Situation steht, abzuwägen und zur Entscheidung zu kommen. „Zustimmung im Kreis der Betroffenen", also auch außerhalb der organisierten, verbandlich vertretenen Interessen – dieses Argument fand bei 27 von

29 erst- und zweitrangige Beachtung; von denen, die eine Antwort auf diese Frage gegeben haben, sind das 75 %.[38]

Anders liegen die Dinge bei der organisierten Verbands- oder Parteipolitik. „Zustimmung der interessierten Verbände", also etwa bei Stellungnahmen im Referentenstadium eines Gesetzentwurfs oder bei Änderungen im Beratungsgang des Landtags – dieses Argument stach nur bei der Hälfte der Befragten: 18 hielten es für erst- oder zweitrangig, 13 dagegen für drittrangig und 4 sogar für bedenklich.[39] „Vertrauenswerbung für die Regierungspartei". Nur 13 von 39, also ein Drittel, ließ es als erst- oder zweitrangig gelten.[40] Ebenso erging es dem Argument: „Umsetzbarkeit in nach außen sichtbare politische Erfolge des Ministers". Wiederum war es nur ein Drittel, das diesem Argument erst- bis zweitrangige Bedeutung gab.[41]

Dies zeigt, daß Loyalität professionalisiert, d.h. in Fachfragen eingebunden ist und in dem Augenblick nachläßt, wo sie unabhängig von ihnen gefordert wird. Größenmäßig heißt das etwa: Nur jeder dritte Beamte wäre bereit, in eine Abwägung zwischen fachlichen und politischen Forderungen überhaupt mit offenem Visier einzutreten; sehr im Unterschied zum fach- und sachungebundenen Interesse der Verwaltung an der Wahrung ihres Handlungsspielraumes, das uns weiter oben begegnet ist (vgl. Anm. 21). Das Hemd der eigenen Handlungsmächtigkeit sitzt den Beamten offensichtlich näher als der politische Rock ihres Ministers und seiner Partei.

(d) Nun wäre die Aussage mißverständlich, wenn sie nicht unter den Vorbehalt der Tatsache gestellt würde, daß die parteipolitische Selbstzurechnung der Beamten, die immerhin von jedem Dritten vorgenommen wird, der Regierungspartei und nicht der Opposition zugute kommt. Die Gruppe der erklärtermaßen der Regierungspartei nahestehenden oder ihr angehörenden Referenten haben ein deutlich politischeres Leitbild vom Referenten als Beamte mit einer nicht-deklarierten Parteisympathie oder -Mitgliedschaft und schon gar als deklarierte Nicht-Sympathisanten. Dies zeigt sich etwa an der „Bereitschaft zu politischem Engagement", das für Sympathisanten der Regierungspartei in der Regel wohl weniger konfliktträchtig ist als für andere. Sie können von Zeit zu Zeit wohl gar mit ihrem politischen Herzen bei der Arbeit sein.[42]

Es zeigt sich ebenso klar an der Forderung, daß ein Referent auf die politische Konzeption des Ministers eingehen können muß.[43] Dafür nehmen sie den Nachdruck etwas zurück von der Bereitschaft zu fachlicher Vertretung einer Meinung, „auch wenn mit gewissen innerdienstlichen Schwierigkeiten zu rechnen ist". Indes berufen sich gerade die erklärtermaßen parteipolitisch Nicht-Festgelegten auf diese „Grundpflicht des Fachbeamten".[44]

Eine allgemeine Charakterisierung sei angefügt.[45] In unserer Untersuchung zeigte sich, daß die heute absehbaren „Entwicklungstendenzen im deutschen Schulwesen" desto skeptischer eingeschätzt werden, je älter die Referenten nach Lebensjahren sind, und daß sie bei den jüngsten soeben noch eine optimistische Beurteilung erreichen. Eine solche optimistisch Beurteilung erhalten sie auch bei den Referenten, die – ohne stets die jüngsten zu sein – sich zur Regierungspartei als Nahestehende oder Mitglieder bekennen. Es hat demnach den Anschein, als würde Affinität zur Regierungspolitik dazu beitragen können, den Alterssekptizismus zu mäßigen. Wenn einer auch nicht, von einer rosigen Zukunft träumen mag, so sieht er doch Möglichkeiten, dem Übel zu wehren.

4.2 (2) Verwaltung ist handlungsmächtig in dem Maße, als ihre Arbeitsergebnisse, speziell Pläne, Weisungen, Leistungsangebote von den Adressaten im gesellschaftlichen Umfeld in erwarteter Weise angenommen werden. Es geht nicht einfach um das „Abnehmen" von Entscheidungen, wie eine vereinfachte Sicht auf Indizien legitimen Verwaltungshandelns nahelegt (so als wäre der Widerspruch das Problem), sondern um die Harmonisierung von Maßnahmeziel einerseits und dem durch eine Maßnahme ausgelösten Sozialverhalten andererseits.

Damit diese Übereinstimmung möglich wird, sind Voraussetzungen verlangt, die wir unter dem Leitbegriff der Integration und der Problemfrage nach dem angemessenen Verhältnis von Verwaltung und Gesellschaft untersucht haben.

Versteht man unter gesellschaftlicher Integration zunächst nur die Fähigkeit und Bereitschaft eines Verwaltungskörpers, seine Grenzen zum sozialen Umfeld unter gewissen Aspekten zur Disposition zu stellen, so ergibt sich ein Optimierungs-Problem folgender Art: Auf der einen Seite müssen Besonderheiten und Abschottungen des Verwaltungsbereichs zurückgenommen werden, muß er sich also mit seiner Umwelt „gemein machen", um die obengenannte Harmonisierung bewerkstelligen zu können; auf der anderen Seite darf die Integration nicht jene Schwelle überschreiten, jenseits derer die regierungs- und organisationsbezogene Loyalität im Ressort sich auflöst und zentrifugale Kräfte bzw. partielle Identifikationen die Führung des Apparats unmöglich machen.

Zunächst wollten wir wissen, welche gesellschaftlichen Bereiche für die Beamten besonders wichtig sind. Dabei stellte sich heraus, daß die Zustimmung der interessierten Verbände weniger wichtig war als die Zustimmung der Betroffenen (vgl. Anm. 18 und 19). Die Verbandsleitungen geben sich darüber keiner Illusion hin – gelegentlich malen sie – vermutlich aus Enttäuschung über abgewiesene Forderungen – sogar bewußt schwarz.[46] Die Kontaktform, in der sich Verbandsvertreter mit Referenten treffen und die zwischen Routinebesuch und gelegentlicher Vorsprache schwankt, ist von unterschiedlichen Erwartungen bestimmt: Für die Verwaltung gibt es drei etwa gleichgewichtige Gesprächsziele: Vereinbarung von Bedingungen, zu denen man sich einigen kann, Informationen, die man gewinnen will und Beratung des Gegenübers; Verbände sehen insbesondere auf die „Vereinbarung von Bedingungen".[47] Man darf natürlich den Begriff „Vereinbarung" nicht pressen, denn schließlich wollen ja die Verbände etwas von der Verwaltung haben, außerdem war nur der Zweck und nicht der Erfolg der Gespräche erfragt.

Ungleich wichtiger als Verbandskontakte[48] sind die Kontakte zu den „Betroffenen". Als solche im Bildungsressort zunächst nicht Eltern und Schüler, sondern die nachgeordneten Dienststellen, speziell Schulleiter und Schulaufsichtsbeamte, ganz nach dem jeweiligen Organisationsverhältnis. Ihre Bedeutung liegt in ihrer Funktion als Informationsgeber[49]. Was ihre Informationen so wichtig macht, ist zunächst die Klärung des Tatbestands, also ihr Sachwert, alsdann – mit deutlicher Staffelung – ihr Perspektiv-, Kontroll- und Urteilswert.[50] Verwaltungen auf Ministerialebene wären ohne diese Personengruppen blind, weil sie nur durch deren Augen die Situation vor Ort erfassen. Ohne sie könnten sie weder den Sitz eines Problems im Schulleben erkennen und mögliche Lösungen auf ihre Brauchbarkeit abschätzen, noch könnten sie im Nachhinein den Erfolg einer Maßnahme und deren Nebenwirkungen zuverlässig beurteilen. Wissenschaftliche Übersichten oder öffentlich geäußertes Unbehagen oder Pressemeldungen sind gewiß wichtig[51], ersetzen aber den Sachwert dieser Informationen nicht. Wir fragen: „Gesetzt den Fall, die Ergebnisse einer Einrichtung der Bildungsforschung stünden im Widerspruch zu Ihrer dienstlichen Erfahrung. Woran würden Sie sich bei strittigen Entscheidungen eher orientieren?" Die große Mehrheit gab der dienstlichen Erfahrung den Vorzug, kaum jeder Zehnte möchte sich in einer solchen Lage den Ergebnissen der Forschung anvertrauen.[52]

Wir schließen daraus, daß es nichts gibt, das die Verläßlichkeit eingespielter Austauschformen für Informationen und Dienste ersetzen kann, daß im Zweifel die Karte der Erfahrung gezogen wird und Personen und Umstände, die diese Erfahrung begründen und sichern, als ein äußerst schutzwürdiges Gut gelten. Alles dies aber trifft weder auf Wissenschaft noch auf Politik zu, sondern auf den unmittelbaren täglichen Geschäftsgang, in dem einer steht und auf den er sich verlassen muß.

Darum organisiert das Bildungsressort sein Verhältnis zur sozialen Umwelt um die von ihm kontrollierten Verwaltungsinstanzen. Sie sind das strategische Zentrum des Informationsumschlags und die institutionelle Gewähr für den Wert „dienstlich erworbener Erfahrung". Fehlt ein solcher Unterbau oder treten im Zuständigkeitsbereich weitere Kompetenzeninhaber auf, so verschiebt sich der innerste Kontaktbereich in Richtung auf diese Aktionszone. Beispielsweise messen die Referenten für das berufliche Schulwesen den Informationen von Kammern, die Mitträger der beruflichen Bildung sind, beinahe ebenso hohen Wert zu wie den Informationen der Lehrer/Schulleiter und Schulaufsichtsbeamten. Der Dienstweg, gelegentlich der kurzgeschlossene, ist also der Routinezugang zu den „Betroffenen" und der Weg zur Erkundung der Bedingungen für ihre „Zustimmung" (vgl. Anm. 38).

Der zweite Kreis wird von interessierten Gruppen und Verbänden bzw. deren Leitungen gebildet, soweit sie nicht schon im ersten präsent sind. Der Unterschied zwischen beiden Kreisen aus der Sicht des Referenten drückt sich so aus: „Dort (bei den Betroffenen) müssen wir Zustimmung zu gewinnen suchen; hier (bei den Verbandsvorständen) reicht es, wenn wir uns ihre Auffassung vortragen lassen und sie zur Kenntnis nehmen." (I. v. 19.12.74). Daß es manchmal indessen nicht ausreicht, bekommt letztlich der Amtschef zu spüren. Auf Referenten-Ebene herrscht oftmals eine Art von Interessenkonkordanz mit den Verbänden vor – speziell wenn das Aufgabengebiet homogen strukturiert und verbandlich homogen organisiert ist. Hinzu kommt, daß der Referent in solchem Fall oft genug selbst auch dem Verband angehört, der sich um Berücksichtigung bestimmter Dinge bei ihm bemüht. Dies war der Grund, warum der zuvor zitierte Beamte die Wahrung des Dienstgeheimnisses als wichtiges Moment seines Referentenleitbildes nannte: „Es sitzen die Verbände im Haus mittendrin, und das Dienstgeheimnis genießt daher nicht mehr den Rang und Respekt, wie es ihn haben müßte." (I. v. 19.12.74).

Den äußersten oder dritten Kreis, der nur in Ansätzen ans Ministerium heranreicht, weil er entweder weiter unten abgefangen wird oder weil klare Zuständigkeiten fehlen, wird gebildet durch Schüler und Eltern, durch Lehrer, die nicht immediat zur Ministerialstufe stehen, durch politische Bewegungen im soziokulturellen Bereich, aktive

Elterngruppen usw. Für die Elternseite gibt es eine Antwort „hoch zu Roß“, die die Distanz zu dieser Seite am eindruckvollsten belegt: „Überhaupt ist das Interesse bei den Informationen von Seiten der Eltern gar nicht wegzudenken; sie wollen allemal nur den Erfolg für ihr Kind“ (I. v. 19.12.74). Politische Vorgänge an bzw. im Umfeld nicht weniger Schulen, die unter dem Stichwort der ,,Dynamisierung und Politisierung der Basis“ diskutiert wurden, werden als vorübergehende Erscheinungen eingestuft, denen man keine übertriebene Aufmerksamkeit zuwenden müsse. „Es gibt noch aktivistische Elterngruppen, sie sind sehr klein und haben übertriebene Resonanz im Landtag.“ (I. v. 19.12.74).

Die lange vernachlässigte Beziehung zu den Eltern hat man inzwischen als wichtig genug anzusehen gelernt, als daß man sie allein nachgeordneten Dienststellen zur Pflege anheimstellen könnte. Seit wenigen Jahren werden Ministerbriefe an Schulabgänger und deren Eltern in Massenauflage über die Schulen verteilt. Diese und ähnliche Maßnahmen liegen indes jenseits unseres Beobachtungszeitraumes.[53]

Fragt man abschließend, wo die Grenzen des Verwaltungsbereichs zu seinem Publikum durchlässig genug sind, damit „Integration“ als ebenso prekäre wie notwendige Bedingung einer Abstimmung zwischen innen und außen entsteht, so wäre zu antworten:

– Bestimmte Sozialdaten der Referenten haben eine relativ gute Proportionalität zum gesellschaftlichen Umfeld (soziale und regionale Herkunft, Konfession, vgl. unter Ziffer 3.2);

– Die berufliche Herkunft von Fachreferenten entspricht – wo nicht im engsten fachlichen Sinn, so doch in berufsständischer Hinsicht – dem Aufgabengebiet des Referats;

– Die Interessenverbände (Lehrerverbände) haben in den jeweiligen Abteilungen, auf die sie ihre Forderungen und ihr Informationsbedürfnis zuständigkeitshalber richten, Mitglieder sitzen;

– Kontakte verschiedenster Art zwischen Referenten, Abteilungsleitern und ihren Adressaten kommen zustande: Eine Form ist die Einladung des zuständigen Abteilungsleiters zu Fachtagungen, eine andere die Vorsprache eines Verbandsvertreters im Ressort, eine dritte die Beteiligung von Fachleuten (und zugleich Verbandsvertretern) an ministeriellen Kommissionen und Arbeitskreisen, eine vierte das Einrücken von Sach- oder Meinungsbeiträgen in Verbandszeitschriften bzw. jüngst Versuche zur Kontaktaufnahme mit den Eltern.

Ungleichgewichte bzw. Asymmetrien im Integrationsbemühen sind durch Informationsbedürfnisse bestimmt: Am stärksten ist die Verbindung zum nachgeordneten dienstlichen Bereich, als dann zum Verbändesystem, am geringsten zum allgemeinen Schulpublikum.

Prekär und folglich mit bürokratischer Gegensteuerung versehen sind die Integrationserscheinungen im dienstlichen Verhaltensbereich („Verschwiegenheit“), im Bereich der politischen Parteien (Ablehnung des „politischen Engagements“ und Abwehr von Ämterpatronage) sowie in all den Bereichen, die Verbindlichkeiten auslösen und ein Risiko für die Zentralität der Handlungsposition des Amtschefs beinhalten können (vgl. dazu auch unter Ziffer 4.1).

5. *Ergebnisse*

Die Darstellung des politischen Charakters des Bildungsressorts eines Kultusministeriums hat die beamtenrechtlichen Voraussetzungen, unter denen die Referenten und Abteilungsleiter hier arbeiten, nicht Lügen gestraft, sondern unter konkreten Bedingungen nur näher bestimmbar gemacht. Zu diesen Bedingungen gehören insbesondere vier Sachbereiche:

1. Die Parteiaffinität des Beamtenkörpers. Eine parteipolitische Selbstzurechnung erfolgt bei 2/3 aller befragten Referenten, 1/3 lehnt entweder eine Antwort ab oder erklärt sich für parteiendistanziert. Parteimitgliedschaften bestehen nur wenige (unter 10 %). Jeder 5. Referent bekundete spontan seine Affinität zur Regierungspartei, keiner zur Opposition. Es handelt sich bei diesen Zahlen um einen für die Ministerialebene relativ jungen Beamtenkörper. Die asymmetrische Erklärungsbereitschaft für Regierungs- und Oppositionspartei bleibt erklärungsbedürftig, doch hängt sie wohl mit dem längeren Ausbleiben eines Regierungswechsels und mit der kontinuierlichen Loyalitätsvorsorge für die Politik des Ministers zusammen.

2. Der Vorrang des Fachlichen in Entscheidungsfragen. Das untersuchte Ressort steht in starker Spannung zum politischen Bereich (vgl. 1.2). Indes wird das „nackte" Hervortreten eines politischen Engagements bei Referenten scharf abgelehnt. Für die große Zahl der Referenten wird ein politisches Interesse der Regierungspartei oder des Ministers erst dann annehmbar, wenn es fachlich zu rechtfertigen ist. Damit scheint gewährleistet, daß in bildungspolitischen Fragen die wahl- oder parteipolitische Erfolgsbeurteilung nicht ins Kraut schießen kann. Daß solche Gesichtspunkte wichtig genommen werden, zeigt sich an den erklärtermaßen der Regierungspartei zuneigenden Referenten.

3. Die Selbstführung ohne politische Ambitionen. Es wurden Gründe dargelegt, die dafür sprechen, daß eine „Selbstführung der Verwaltung" im untersuchten Bildungsressort zwar stattfindet, als solche aber keine politische Eigenbedeutung hat. Das Interesse der Beamten an der „Handlungsmächtigkeit" ihrer Behörde beruht darauf, daß sie auch bei mangelhafter Kontrolle der erfolgsnotwendigen Umstände ein Vorhaben „im Sinne des Ministers" durchbringen. Handlungsengpaß war übereinstimmend nicht die Orientierungslosigkeit im Politischen, auch nicht die Unberatenheit im Wissenschaftlichen, sondern die Koordinierung des Willens aller Handlungsbeteiligten.

4. Gesellschaft als „Erfahrungs"-Grenze im Amt. Angemessene Außenbeziehungen werden durch den Engpaß zuverlässiger und dienstlich verwertbarer Information erschwert. Da nur die nachgeordneten Dienststellen darüber verfügen, da außerdem zu ihnen meist eine standes- und schulpolitische Interessenhomogenität besteht, fällt diesem Umwelt-Segment die größte Aufmerksamkeit zu („Zustimmung"). Der Kontakt zu wichtigen Verbandsspitzen verläuft, speziell in streitigen Fragen, oberhalb der Referenten- und Abteilungsebene; es reicht für diese daher aus, eine allgemeine Berücksichtigung („Zurkenntnisnahme") dieser Interessen zu versichern. Am schwächsten ist die Beziehung zu Eltern und Schülern sowie einzelnen Lehrergruppen (Volksschulbereich) ausgestaltet, zumal die Beziehungen zu diesen Publika über nachgeordnete Dienststellen organisiert werden. Sozialwissenschaftliche Erfahrung, die eine nicht verwaltungsförmig vermittelte und darum freiere und ggf. angemessenere Zuwendung zum gesellschaftlichen Umfeld erlaubte, fehlt weitgehend und wird auch nicht vermißt.

Anmerkungen

1 Die Zitate dieses Abschnittes, desgleichen das Motto, sind dem Biographischen Beitrag entnommen: J. Bartille u. A. Hollerbach, Josef Schmitt (1874–1939), Bausteine zur Würdigung seines Wirkens als badischer Jurist und Politiker, in: Freiburger Diözesan-Archiv, 97. Ed., Dritte Folge, 29 Bd. 1977 S. 394. Zur badischen Beamtenpolitik dieser Epoche sei auf die Dissertation von Hans-Georg Merz (bei K. Schwabe) vorausverwiesen, die vermutlich Ende 1978 fertig wird: „Beamtenpolitik in Baden. Eine Untersuchung zur Kontinuität und Wandel vom Großherzogtum bis in die Anfangsjahre des nationalsozialistischen Herrschaftssystems." Zur Geschichte des Berufsbeamtentums in Deutschland vgl. die Standardwerke von M. Weber, Wissenschaft und Gesellschaft, ed. J. Winckelmann, Tübingen 1956, bes. Kap. IX; S. Issacsohn, Geschichte des preußischen Beamtentums von Anfang des 15. Jh. bis auf die Gegenwart, Neudruck, Aalen 1962; A. Köttgen, Das deutsche Berufsbeamtentum und die parlamentarische Demokratie, Berlin-Leipzig 1928; F. Hartung, Zur Geschichte des Beamtentums im 19. und 20. Jh., Berlin 1948.

2 Zu den alten Fragen sind ordnungspolitische, verfassungsrechtliche und verwaltungssoziologische zu zählen, wie sie in den Arbeiten der älteren Staatsrechtslehrer, Soziologen und Historiker z.T. komparatistisch gestellt worden sind, vgl. die Literaturangaben am Ende von Fn. 1. Neuere Fragestellungen berücksichtigen meist das Planungsthema, für das zwischen 1960 und 1972 in einer systematischen Bibliographie immerhin 1800 Titel ausgewiesen wurden: M.J. Buse / D. v. Dewitz, Bibliographie zur politischen Planung, Bibliographie on Political Planning (= Planen, Studien, usw., hg. v. A. Kruse-Rodenacker u. R.E. Vente, Bd. 7), Baden-Baden 1974. In das hier abgesteckte Feld stößt zur rechten Zeit auch die politikwissenschaftlich inspirierte Verwaltungsforschung. Von juristischer Seite gibt einen guten Überblick K. König, Erkenntnisinteressen der Verwaltungswissenschaft, Berlin 1970; vgl. dazu meine Besprechung in ZfP 1970 S. 390–93. Wichtige Anstöße verdankt die politikwissenschaftliche empirische Verwaltungsforschung den Entwürfen von W. Hennis (1967), Th. Ellwein (1966 u. 1970) und N. Luhmann 1966 u. 1971), außerdem den empirischen Projekten von R. Wildenmann (1968, daraus B. Steinkemper 1974), von R. Ronneberger / U. Rödel (1971), von Mayntz / Scharpf (Gutachten für die Projektgruppe für Regierungs- und Verwaltungsreform beim BMI 1972, daraus beide Autoren 1973). Weitere Anregungen brachte das Programm „Verwaltungswissenschaft" der VW-Stiftung / Hannover, das mehrere Jahre lief und in dessen Rahmen auch die der vorliegenden Studie zugrunde liegenden Erhebungen gefördert wurden. Vgl. vom Verfasser auch: Berufliche Schulen im politischen Kräftefeld, in; Politische Studien, 24. Jg. Nr. 207 (1973) S. 39 ff sowie Wie politisch sollen Beamte sein? in: Intern. Kathol. Zeitschrift 4/77 (6. Jg.) S. 375 ff; Vgl. auch Fn. (16).

3 Vgl. W. Thiemes Gutachten sowie die daran sich anschließende Diskussion der Beschlußvorschläge in: Verhandlungen des 48. Deutschen Juristentages, B. I, München 1970, D 50 f., Bd. II München 1970, O 212

4 Vgl. E. Forsthoff, Verfassungsrechtliche Grenzen einer Reform des öffentlichen Dienstrechts, Bd. 5 des Berichts der Studienkommission für die Reform des öffentlichen Dienstrechts, Baden-Baden 1973, S. 24. Vgl. neuerdings die Übersicht über gegensätzliche Modelle sowie „Widerstreit im Vorverständnis" des Beamtentums bei K. König, Die Reform des öffentlichen Dienstes als Dilemma von Wissenschaft und Praxis (Referat für den wiss. Kongreß der DVPW v. 4.–10. 10. 1977, Bonn).

5 R. Mayntz wies darauf hin, daß „durch politische Besetzung von Positionen inhaltliche Entscheidungsprämissen innerhalb eines Körpers", „der die politischen Entscheidungen nicht mehr nur vorbereitete", gesetzt werden könnten. Vgl. Organisation der Ministerien des Bundes und der Länder (= Schriftenreihe der Hochschule Speyer Bd. 52), Berlin 1973, S. 51. Ähnlich Scharpf cbd. S. 37 ff.

6 Vgl. dazu – in Anlehnung an R.D. Putnam – B. Steinkemper, Klassische und politische Bürokraten in der Ministerialverwaltung der Bundesrepublik Deutschland, Diss. Köln 1974 sowie P. Grottian, Strukurprobleme staatlicher Planung, Eine empirsche Studie zum Planungsbewußtsein der Bonner Ministerialbürokratie usw., Hamburg 1974.

7 Vgl. B. Steinkemper (Fn. 6) und J. Kölble in Weiterführung von Vorschlägen E. Guilleaumes (Reorganisation von Regierung und Verwaltungsführung, Baden-Baden 1966) in: Organisation der Ministerien (vgl. Fn. 5) S. 46 ff. Ferner das historisch und empirisch gearbeitete Plädoyer gegen das Berufsbeamtentum im Sinne des Artikels 33. V. GG: Th Ellwein / R. Zoll, Berufsbeamtentum – Anspruch und Wirklichkeit, Düsseldorf 1973. Schließlich die Berichtsbände der Studienkommission für die Reform des öffentlichen Dienstes, Baden-Baden 1973. Weitere Literaturangaben bei K. König, Die Reform des öffentlichen Dienstes (= Fn. 4).

8 Vgl. die sehr instruktive, mit reichlichen Literaturangaben versehene Studie von J. Kölble, Die Ministerialverwaltung im parlamentarisch-demokratischen Regierungssystem des Grundgesetzes, in: DÖV 1969, Heft 1–2, S. 25 ff.

9 Vgl. E. Forsthoff (= Fn. 4) S. 69 sowie – etwas anders akzentuierend – P. Dagtoglou, ebd.

10 Vgl. Die Bundesrepublik Deutschland – Umrisse einer Realanalyse, in: Merkur 1966, S. 808 ff.

11 Vgl. E. Forsthoff (= Fn 4) S. 16, Fußnote 18.

12 Th. Oppermann, Kulturverwaltungsrecht, Bildung – Wissenschaft – Kunst, Tübingen 1969

13 „Politisierung" im negativen Sinn wird auch von Sontheimer/Bleek der Sache, aus besonderen ideenpolitischen Gründen aber nicht dem Wort nach verwendet; vgl. P. Dagtoglou u. a., Verfassungspolitischen Gründen aber nicht dem Wort nach verwendet; vgl. P. Dagtoglou u. a., Verfassungspolitische Perspektiven einer Reform des öffentlichen Dienstes in der BRD, hg. v. d. Studienkommission für die Reform des öffentlichen Dienstrechts Bd. 6, Baden-Baden 1973 S. 296 f.

14 Vgl. F. Ronneberger, U. Rödel, Beamte im gesellschaftlichen Wandlungsprozeß, Godesberg 1971 S. 154 f.

15 Vgl. dazu Th. Ellwein / R. Zoll, (= Fn. 7), S. 202 ff.

16 Die empirische Untersuchung war möglich dank der Förderung der VW-Stiftung (vgl. zum Förderungsschwerpunkt Fn. 2). Das Projekt, am Münchner Geschwister-Scholl-Institut für Politische Wissenschaft etatisiert, läuft seit 1971. Besonderen Dank schuldet der Verf. seinen früheren Mitarbeitern Diplomsoziologen G. Wachtler H. Dürr M.A. sowie Studienass. G. Madsack.

17 Das Zurückgehen auf die Note „vollbefriedigend" beruhte auf einem aktuellen Engpaß bei der Gewinnung juristischer Mitarbeiter, nicht auf prinzipiell geringeren Qualitätsanforderungen.

18 Es handelt sich neben der Wirtschafts- und Finanzverwaltung vor allem auch um die innere Verwaltung sowie die durch die Unabhängigkeit des Richteramtes verlockende Justizverwaltung.

19 Unter „Anwartschaft" ist kein Rechtsanspruch, sondern ein moralischer Anspruch zu verstehen, den zu mißachten nicht üblich ist. Daß gewisse Beamte intern als Favoriten für eine bestimmte Position, insbesondere die begehrte Position des Abteilungsleiters, gelten, beruht im untersuchten Ministerium auf der Geltung des Leistungsprinzips, nicht der Seniorität oder parteipolitischer Protektion. Es kommt daher immer wieder vor, daß ein Beamter eines anderen Ministeriums betraut wird. Dies beruht dann trotz des möglichen Überraschungseffekts auf dem gleichen Prinzip wie die hausinterne Anwartschaft. Brieflich wurde mir dazu noch folgendes mitgeteilt: „Wenn Sie meinen, daß durch den Mechanismus der ‚festen Anwartschaft' die politische Disponibilität der Stellenbesetzung eingeschränkt und der Trend zu einer Politisierung von Personalmaßnahmen erschwert wurde, so haben Sie sicher recht, nur beruht diese Erschwerung in der Praxis eben nicht darauf, daß ‚feste Anwartschaften' bestehen, sondern daß es vielfach Beamte gibt, deren Leistung und Erfahrung so herausragt, daß sie mit sachlichen Gründen schwer übergangen werden können." (Brief v. 8.11.1977)

20 Die Sozialdaten wurden am Schluß des Interviews durch 15 Fragen erhoben; davon sind im Text folgende 12 ausgewertet worden: „Gestatten Sie uns bitte noch einige Fragen zu Ihrer Person?"

Frage 48/N.
„Wie alt sind Sie?" (Vorgegeben waren vier Altersrubriken: 30–40; 40–50; 60 und älter) N = 46. Ohne Antwort: 1

Frage 49/N.
„Sind Sie im Bundesland selbst gebürtig?" N = 46. Ohne Antwort: 1

Frage 50/N. (nur bei „Ja")
„Aus welchem Regierungsbezirk stammen Sie?" N = 42. Ohne Antwort: 1

Frage 51/N.
„Welchen Beruf übte Ihr Vater aus?" (Vorgabe: Arbeiter/Beamter/Angestellter/Selbstständiger/Sonstiges) N = 46. Ohne Antwort: 6

Frage 52/N.
„Ihre Konfession?" N = 46. Ohne Antwort: 6

Frage 53/N.
„Gehören Sie irgendwelchen Vereinen oder Verbänden an?" (Vorgabe: Keine/Nur Lehrerverband/Nur andere Verbände/Lehrerverband und andere Verbände) N = 46. Ohne Antwort: 4

Frage 54/N.
„Stehen Sie einer Partei nahe?" N = 46. Ohne Antwort: 7

Frage 55/N. (nur bei „Ja" bzw. Spontan-Nennung des Parteinamens)
„Gehören Sie dieser Partei an?" N = 30. Ohne Antwort: 4

Frage 56/N.
„Welches Studium haben Sie absolviert?" N = 46. Ohne Antwort: 3
Frage 57/N.
„Was war Ihre erste berufliche Tätigkeit?" (Vorgaben: Schuldienst/Verwaltung/Wirtschaft/Sonstiges) N = 46. Ohne Antwort: 2
Frage 58/N.
„Was war Ihre letzte Position vor Eintritt in das Kultusministerium?" N = 46. Ohne Antwort: 2
Frage 59/N.
„Seit wann sind Sie im Kultusministerium?" N = 46. Ohne Antwort: 2

20a Vgl. Th. Ellwein, Formierte Verwaltung – Autoritäre Herrschaft in einer parlamentarischen Demokratie, in: W. Steffani (Hg.), Parlamentarismus ohne Transparenz (= Kritik Bd. 3), Opladen 1971, S. 48 ff. Ellweins Kritik an der „formierten" Verwaltung versteht man nur, wenn man sich seinen „emanzipatorischen" Politikbegriff zu eigen macht.

21 *Frage 64 (o)/N.* „Wenn Sie die verschiedenen Gesichtspunkte bei der Bewertung von Planungsmaßnahmen im Bildungswesen nach deren Gewicht abschätzen müßten, worauf sollte Ihrer Ansicht nach der Akzent liegen?" (o) „Die Wahrung des Handlungsspielraums der Kultusverwaltung" (gefragt war nach 20 Gesichtspunkten; vorgegeben waren 6 Akzentuierungsmöglichkeiten:)

N = 39	erstrangig	13	bedenklich	1
	zweitrangig	10	völlig abzulehnen	0
	drittrangig	10		
	nebensächlich	0	(ohne Antwort 5)	

22 *Frage 2/N.* „Wie schätzen Sie die Fähigkeit des Landtags ein, die Arbeit des Ministers politisch zu kontrollieren?" (vorgegeben waren drei Urteile)

N = 46	gut	17	gering	4
	ausreichend	16	(ohne Antwort 9)	

23 *Frage 1/N.* „Wie schätzen Sie aus Ihrer Sicht als Referent im Kultusministerium die Fähigkeit des Landtags ein, Gesetze sachverständig zu beraten?" (vorgegeben waren drei Urteile)

N = 46	gut	5	„unterschiedlich"	7
	ausreichend	19	(Spontan-Urteil)	
	gering	9	(ohne Antwort 6)	

24 *Frage 3/N.* „Wie schätzen Sie die Fähigkeit des Landtags ein, eigene Gesetzesvorlagen zu entwickeln?" (vorgegeben waren drei Urteile)

N = 46	gut	9	gering	17
	ausreichend	11	(ohne Antwort 9)	

25 *Frage 4/N.* „Wie schätzen Sie die Fähigkeit des Landtags ein, eine langfristige Schulplanung mitzuberaten und zu kontrollieren?" (vorgegeben waren drei Urteile)

N = 46	gut	4	gering	16
	ausreichend	11	(ohne Antwort 15)	

26 *Die Frage 1/N* (= Fn. Anm. 23), Mitgliedern des Landtags (kultur- und bildungspolitischer Ausschuß) vorgelegt, ergab die folgende Selbsteinstufung:

N = 38	gut	12	„unterschiedlich"	1
	ausreichend	10	(Spontan-Urteil)	
	gering	10	(ohne Antwort 5)	

Demgegenüber ergab die Selbsteinstufung durch Landtagsmitglieder bei *Frage 2/N* (= Anm. 2) – mit deutlicher Selbstkritik vor allem bei Oppositionsangehörigen:

N = 38	gut	7	gering	14
	ausreichend	10	(ohne Antwort 7)	

27 *Frage 35/N.* „Nicht immer gehen vom Minister Weisungen aus. Welche Möglichkeiten gibt es für Sie, die politischen Absichten des Ministers zu erfahren?" (vorgegeben waren 8 Antwortmöglichkeiten, von denen mehrere benannt werden konnten und die sich sachlich z. T. überschnitten)

N = 46	Presse- und Verbandsmitteilungen	14
	Kollegenmitteilung	9
	Anweisung des Abteilungsleiters	18
	Anweisung des Amtschefs	30
	Korrekturanmerkung zu Vorlagen	18
	Vormerkungen	18
	nötiges Fingerspitzengefühl	13
	anderes	11

Innerhalb der Beamtenschaft ergaben sich Unterschiede zwischen denjenigen, die an regelmäßigen Besprechungen mit dem Amtschef teilnahmen und folglich zum engeren Kreis der „Planer" gehörten, und den anderen. Die erstgenannten gelangen erkennbar besser an Führungsinformationen auf dienstlichem Weg wie auf dem Weg über die Umwelt des Hauses; die zweite Gruppe rekurriert dafür auf „informelle Kanäle im Haus".

28 *Frage 128/N.* (drei Antworten waren vorgegeben:)

N = 39	ja	3	(ohne Antwort 3)
	teils/teils	2	
	nein	31	

29 *Frage 134/N.* „Wenn Sie die folgenden Forderungen nach ihrer gegenwärtigen Dringlichkeit für das Gelingen der Bildungsplanung im Bundesland ordnen sollten, welche Reihenfolge würden Sie wählen?" (vorgegeben waren drei Forderungen:)

N = 39	Koordination – Wissenschaft – politische Führung:	13
	Koordination – politische Führung – Wissenschaft:	5
	Politische Führung – Koordination – Wissenschaft:	5
	Politische Führung – Wissenschaft – Koordination:	3
	Wissenschaft – Koordination – politische Führung:	3
	Wissenschaft – politische Führung – Koordination:	1
	ohne Reihenfolge („gleichgewichtig")	2
	(ohne Antwort	7)

30 *Frage 36/N.* „Es gibt eine Reihe von Entscheidungen, die von der politischen Führung bewußt offen gehalten werden. Wie wirken sich diese offenen Entscheidungen auf ihre Tätigkeit aus?" (vier Auswirkungen waren vorgegeben)

N = 39	„Es ergeben sich keine zusätzlichen Belastungen":	4
	„Die Planung wird erschwert, da man immer mehrere Möglichkeiten im Auge behalten muß":	16
	„Man muß seine eigenen Vorstellungen entwickeln und durchzusetzen versuchen":	9
	„andere Auswirkungen"	2
	(keine Antwort	8

31 *Frage 9b (10)/N.* „Wir möchten Sie bitten zu bewerten, in welchem Ausmaß Ihrer Ansicht nach bei einem Referenten im Kultusministerium die folgenden Einstellungen, Fähigkeiten und Kenntnisse ausgeprägt sein sollten." (vorgegeben waren vier Ausprägungsgrade)
„Bereitschaft, eine Meinung fachlich zu vertreten, auch wenn mit gewissen innerdienstlichen Schwierigkeiten zu rechnen ist"

N = 39	sehr stark 15	gar nicht 0
	stark 19	(ohne Antwort 5)
	etwas 0	

32 *Frage 9a (5)/N.* „Welche allgemeinen Einstellungen, Fähigkeiten und Kenntnisse sind Ihrer Meinung nach für einen Referenten im Kultusministerium unabdingbar? Bitte wählen Sie aus den 15 Angaben 5 aus. Nennen Sie bitte auch ein oder zwei Angaben, die Ihnen entbehrlich erscheinen!"
„Bereitschaft zu politischem Engagement"

N = 7	entbehrlich 7	(ohne Antwort 0)

33 *Frage 9b (5)/N.* Vgl. Anm. 31
– „Bereitschaft zu politischem Engagement"

N = 39	sehr stark 1	gar nicht 14
	stark 9	(ohne Antwort 2)
	etwas 13	

34 *Frage 9b (1)/N.* Vgl. Anm. 31
– „Gespür für die wechselnden stimmungen der interessierten Öffentlichkeit"

N = 39	sehr stark 7	gar nicht 2
	stark 12	(ohne Antwort 4)
	etwas 14	

Zum Vergleich *Frage 9a (1)/N.* Vgl. Anm. 12

N = 7	unabdingbar 4	entbehrlich 0

35 *Frage 9b (2)/N.* Vgl. Anm. 31
– „Kenntnis der Interessenlage von Organisationen (Parteien, Verbände usw.)"

N = 39	sehr stark 4	gar nicht 2
	stark 21	(ohne Antwort 3)
	etwas 9	

36 *Frage 9b (4)/N.* Vgl. Anm. 31
– „Fähigkeit, mit mitzuständigen Stellen oder interessierten Gruppen zu einvernehmlichen Regelungen zu kommen"

N = 39	sehr stark 17	gar nicht 1
	stark 15	(ohne Antwort 3)
	etwas 3	

37 *Frage 9b (3)/N.* Vgl. Anm. 31
– „Fähigkeit, auf die politische Konzeption des Ministers einzugehen"

N = 39	sehr stark 13	gar nicht 1
	stark 19	(ohne Antwort 3)
	etwas 3	

38 *Frage 64 (c)/N.* „Wenn Sie die verschiedenen Gesichtspunkte bei der Bewertung von Planungsmaßnahmen im Bildungswesen nach deren Gewicht abschätzen müßten, worauf sollte Ihrer Ansicht nach der Akzent liegen?" (Zusätzlicher Hinweis: „Hinter den einzelnen Punkten verbirgt sich zwar meist eine Fülle von Aspekten; um aber einen Anhaltspunkt zu gewinnen, wohin Ihre Beurteilung tendiert, möchten wir Sie bitten, jeden der folgenden Punkte nach dem Antwortschema, das wir Ihnen jetzt vorlegen, einzustufen." Es folgen sechs Einstufungsmöglichkeiten).
– „Das Maß der Zustimmung im Kreis der Betroffenen"

N = 39	erstrangig	14	bedenklich	0
	zweitrangig	13	völlig abzulehnen	0
	drittrangig	9	(ohne Antwort 3)	
	nebensächlich	0		

39 *Frage 64 (i)/N.* vgl. Anm. 38
– „Die Zustimmung der interessierten Verbände"

N = 39	erstrangig	3	bedenklich	4
	zweitrangig	15	völlig abzulehnen	0
	drittrangig	12	(ohne Antwort 4)	
	nebensächlich	1		

40 *Frage 64 (r)/N.* vgl. Anm. 38
– „Die Vertrauenswerbung für die Regierungspartei"

N = 39	erstrangig	3	bedenklich	1
	zweitrangig	10	völlig abzulehnen	3
	drittrangig	10	(ohne Antwort 2)	
	nebensächlich	10		

41 *Frage 64 (h)/N.* vgl. Anm. 38
– „Die Umsetzbarkeit in nach außen sichtbare Erfolge des Ministers"

N = 39	erstrangig	6	bedenklich	1
	zweitrangig	7	völlig abzulehnen	0
	drittrangig	10	(ohne Antwort 5)	
	nebensächlich	10		

42 *Frage 54/N. zu Frage 9b (5)/N.* (= Parteinähe zu „politischem Engagement")

N = 39	Reg. partei-Symp. u. Mitgl.	Allg. Symp. u. Mitgl.	Nicht-Symp. u. Nichtmitgl.	Sonstige („ohne Antw.")
	N = 9	N = 12	N = 11	N = 7
sehr stark	1	0	0	0
stark	4	3	1	1
etwas	2	6	4	1
gar nicht	2	2	5	5
ohne Antwort	–	1	1	–

43 *Frage 54/N. zu Frage 9b (3)/N.* (= Parteinähe zu „Konzeption des Ministers")

N = 39	Reg. partei-Symp. u. Mitgl.	Allg. Symp. u. Mitgl.	Nicht-Symp. u. Nichtmitgl.	Sonstige („ohne Antw.")
	N = 9	N = 14	N = 11	N = 7
sehr stark	5	4	2	2
stark	4	4	7	4
etwas	–	2	–	1
gar nicht	–	1	–	–
ohne Antwort	–	1	2	–

44 *Frage 54/N. zu Frage 9b (10)/N.* (Parteinähe zu fachlichem Meinungskonflikt)

N = 39	Reg. partei-Symp. u. -Mitgl.	Allg. Symp. u. Mitgl.	Nicht-Symp. u. Nichtmitgl.	Sonstige („ohne Antw.")
	N = 9	N = 12	N = 11	N = 7
sehr stark	3	4	7	1
stark	6	6	3	4
etwas	–	–	–	–
gar nicht	–	–	–	–
ohne Antwort	–	2	1	2

45 Auf die Mitteilung der Ergebnisse im einzelnen wird verzichtet, da für die fraglichen Kreuzauszählungen noch keine bereinigten Basiszahlen vorliegen.

46 Der im Herbst 1974 an etwa 90 Verbände versandte Fragebogen hatte ein Rücklaufquote von etwa 2/3. In dieser Studie werden die gewonnenen Ergebnisse nur beiläufig zitiert. Hier die *Frage 64 (A)/N.* „Wie schätzt wohl die Mehrheit der Beamten im Kultusministerium den Gesichtspunkt ‚Zustimmung der interessierten Verbände' ein?"

N = 59				
	erstrangig	0	bedenklich	0
	zweitrangig	19	völlig abzulehnen	1
	drittrangig	22	(keine Antwort 3)	
	nebensächlich	14		

47 *Frage 6/N.* „Was sind die vorrangigen Ziele der Verwaltung, die diese im Umgang mit Vertretern von Verbänden verfolgt? Worum handelt es sich überwiegend?" (Sechs Ziele wurden vorgegeben / Mehrfachnennungen waren erlaubt)

	KM, N = 46	Verbände, N = 59
„Informationen, die sich Verwaltung besorgen will"	22	22
„Beratung der Klienten durch die Verwaltung"	19	8
„Werbung für den Verwaltungsstandpunkt"	18	9
„Vereinbarung von Bedingungen, zu denen Verwaltung und Verband sich einigen können"	23	38
Sonstiges	10	10
(keine Antwort	1	9)

48 Die ersten 12 Fragen des „Verbändefragebogens" handeln ausschließlich von den „Außenbeziehungen", die zwischen Verband und einzelnen Regierungsstellen, speziell dem Kultusministerium, unterhalten werden. Die Ergebnisse werden an anderer Stelle mitgeteilt werden.

49 *Frage 31/N.* „Über den dienstlichen Verkehr erhalten Sie einen Großteil Ihrer Informationen. Welche unter den nachfolgend genannten schätzen Sie dabei am höchsten ein?" (Sechs Informationsquellen / Mehrfachnennung möglich)

N = 46	Schulleiter und Lehrer	28	sonstige Dienststellen	11
	Schulaufsichtsbeamte	20	Schulträger	6
	Kammern/Verbände	17	Eltern	5

50 *Frage 32/N.* „Was macht diese Informationen für Sie so wertvoll?" 9 offene Frage, die nach fünf Zuordnungsmöglichkeiten ausgewertet wurde / Mehrfachnennung möglich)

N = 46	Tatbestandserklärung (Sachwert)	17
	Audiatur-et-altera-pars-Prinzip (Perspektiv-Wert)	10
	Rückmeldung von Maßnahme-Effekten (Kontrollwert)	10
	Vertrauen in das Urteil des Informanten (Urteilswert)	4
	Rücksicht auf die hohe Stellung der Informanten (Prestigewert)	1

51 Der Nutzen etwa, den die Referenten aus der im Auftrag des Ministeriums betriebenen Bildungsforschung für ihren Geschäftsbereich ziehen, hängt ganz von der Ausgestaltung des Geschäftsbereichs ab; die Antworten auf *Frage 33a/N.* nach dem Ausmaß dieses Nutzens streuen dann erheblich:

N = 39	keinen Nutzen	13	großen Nutzen	13
	wenig Nutzen	10	(ohne Antwort 3)	

Die Vor*frage 115/N.:* „Benutzen Sie bei ihrer Arbeit Ergebnisse der Bildungsforschung und der wissenschaftlichen Bildungsplanung?" erbrachte nur einen sehr vagen Sympathie-Hinweis für das wissenschaftsorientierte Leitbild eines Referenten im Bildungsressort.

N = 39	ja	29	
	nein	8	(ohne Antwort 2)

52 *Frage 34/N.* „Gesetzt den Fall, die Ergebnisse einer Einrichtung der Bildungsforschung stünden im Widerspruch zur dienstlichen Erfahrung: Woran würden Sie sich wahrscheinlich orientieren?" (Drei Vorgaben)

N = 46	An den Forschungsergebnissen	4
	An der dienstlichen Erfahrung	24
	Vermeidung der Alternative	13
	(ohne Antwort	5)

53 Es wäre reizvoll, die Kontakt-Formen mit den Eltern daraufhin zu prüfen. 1. Inwiefern entsprechen sie den im Verkehr mit Verbandsvertretern verfolgten Gesprächszielen der Verwaltung („Beratung der Klienten", „Werbung für den Verwaltungsstandpunkt")? 2. Inwiefern haben sie politische Funktion über den engeren Bereich der Umsetzung politisch bereits legitimierter Konzepte hinaus, also inwieweit haben sie Wahlhilfe-Funktion, wie es von der parlamentarischen Opposition unterstellt wird?

V. Arbeitsgruppe: Gesundheitspolitik, Sozialpolitik

Prävention als Aufgabe der Gesundheitspolitik – Überlegungen zur Umgestaltung der Arbeitgeberbeiträge in der gesetzlichen Krankenversicherung

Von Stefan Kirchberger

1. „Die Erfolge der wissenschaftlichen Medizin haben ... eine Situation geschaffen, die ein aktives Eingreifen politischer Instanzen fordert. Die Mediziner sprechen von einem Wandel des Krankheitspanoramas. ... Die wissenschaftliche Medizin ist ausschnitthaft auf ein bestimmtes Feld der Bedrohung menschlichen Lebens gerichtet unter Aussparung der Aspekte menschlichen Leidens, die zunehmend die Szene beherrschen"[1] – Der Wandel des Krankheitspanoramas, der – entsprechend der zitierten Feststellung Christian von FERBERs – ein „aktives Eingreifen politischer Instanzen" erfordert, ist gekennzeichnet durch die bedrohliche Zunahme chronisch verlaufender Krankheiten wie Diabetes, Rheumatismus, Herzkreislaufkrankheiten, bösartige Neubildungen (maligne Tumore), die mit den Mitteln der kurativen Medizin wenn überhaupt, so nur im Frühstadium therapierbar sind und im allgemeinen nach längeren Krankheitsprozessen zu Arbeitsunfähigkeit und Frühinvalidität führen. Die naturwissenschaftliche Medizin, deren vielgepriesene Fortschritte das Selbstverständnis des Gesundheitswesens der letzten 80 Jahre geprägt haben, stößt hier offenbar an ihre Grenzen. Der Eindämmung der quantitativ bedeutsamsten Infektionskrankheiten wie Pocken, Cholera, Diphterie, Typhus oder TBC, die noch um die Jahrhundertwende den überwiegenden Teil der Erkrankungs- und Todesursachen ausmachten, durch prophylaktische Maßnahmen der Hygiene und Schutzimpfung einerseits, aber auch durch die vergrößerten Chancen der Therapierbarkeit, vor allem durch Antibiotika andererseits, steht die beständige Zunahme der chronischen, therapeutisch nicht oder nur geringfügig beeinflußbaren Krankheiten gegenüber.

Die Beobachtung einer solchen Entwicklung sowie die Forderung eines aktiven politischen Eingreifens ist keineswegs neueren Datums. So konstatierte 1948 der aus der Emigration heimgekehrte Mediziner Hugo FREUND einen entscheidenden Wandel im Krankheitsbild der Bevölkerung, welcher zum Vorherrschen der sogenannten „Zivilisationskrankheiten", der Kreislaufstörungen und Krebserkrankungen geführt habe. Seine Bemühungen um die Gründung eines überregionalen gesundheitspolitischen Instituts[2], welches die in der Weimarer Republik begonnene, durch die NS-Zeit zerstörte sozialmedizinische Forschung wiederaufnehmen und in gesundheitspolitische Programme und Initiativen umsetzen sollte, scheiterten am Desinteresse der Parlamentarier einerseits, am „restaurativen Charakter der Reorganisation des Gesundheitswesens"[3] andererseits. Rückblickend bemerkt FREUND 1953, daß „die junge politische Wissenschaft ... noch zu sehr mit ihrem Aufbau beschäftigt ist, als daß sie Krankheit und Gesundheit als wesentliche staatspolitische Faktoren einschätzen könnte oder gar der Gesundheitspolitik einen bestimmten Platz als Spezialgebiet in der Politik einräumen würde".[4]

Daß Medizin und Gesundheitswesen klassiche Themen der Staats- und Verwaltungswissenschaften des aufgeklärten Absolutismus des 18. und der liberalen Verwaltungslehre des 19. Jahrhunderts sind[5], war durch den ungeheuren Erfolg der naturwissenschaftlichen Medizin in den letzten 100 Jahren zunehmend aus dem Bewußtsein verdrängt worden. Mit den neuen chemotherapeutischen und technischen Möglichkeiten schien die Sicherung der Gesundheit nurmehr ein immanentes Problem der Entwicklung der Naturwissenschaften und der Medizin-Technologie, allenfalls eine Frage der Bereitstellung der erforderlichen Finanzmittel. Mit der Einrichtung der Sozialversicherung wurde auch das Versorgungsproblem auf seine verteilungspolitischen Aspekte reduziert, die Leistungsfähigkeit und der Fortschritt der Gesundheitsversorgung schienen fraglos gegeben. In der Sozialenquête von 1966 wird die Leistung der Sozialversicherung für die Gesundheit der Bevölkerung gar nicht mehr erörtert.[6]

Erst die zunehmend offenkundige Ohnmacht der kurativen Medizin gegenüber den veränderten Krankheitsformen sowie die immer schärfer werdende Diskussion um die Kostenentwicklung in der Gesetzlichen Krankenversicherung (GKV) haben das Gesundheitswesen wieder zu einem Gegenstand allgemeiner politischer Auseinandersetzung gemacht. Die Bedeutung der aufgeworfenen Probleme ist offenbar auch nicht mehr dadurch in Frage zu stellen, daß man – wie dies gelegentlich geschieht – die politische Legitimation der Diskutanten bezweifelt. Auf dem Hintergrund der von Hans SCHAEFER überzeugend dargelegten These, daß eine Versorgung der gesamten Bevölkerung mit den auf Grund der technischen Entwicklung möglichen medizinischen Leistungen aus finanziellen Erwägungen wohl kaum realistisch ins Auge gefaßt werden kann[7] (schon die Forderung, mehrere Dialyse-Geräte den Patienten zur Verfügung zu stellen, bringt eine kleinere Krankenkasse an die Grenze der Zahlungsfähigkeit), wird mit Recht die Frage aufgeworfen, ob der in die kurative Medizin gesteckte Aufwand, wenn er nur noch geringe Heilungschancen gegenüber den veränderten Krankheitsformen verspricht und wenn er wohl kaum verallgemeinert der Gesamtbevölkerung zugute kommen kann, noch in irgendeiner sinnvollen Relation zu dem erwarteten Erfolg steht.[8]

2. „Hauptzweck sozialer Gesetzgebung ist – so schrieb 1913 Heinz POTTHOFF – die rationelle Ausnutzung der arbeitenden Millionen ... (unter) Anwendung der Grundsätze, die jedem Kaufmann für sein lebendes und totes Inventar als selbstverständlich gelten." Und unter Anwendung dieses kaufmännischen Gesichtspunktes stellte er fest, daß „die wichtigste Aufgabe" der Sozialversicherung „nicht die Zahlung der Renten, sondern die Vorbeugung vor einer Rentenbedürftigkeit"[9] sei. POTTHOFFs Feststellung hat in den vergangenen 65 Jahren an Aktualität nur gewonnen: Insoweit die zur Verfügung stehenden therapeutischen Möglichkeiten Heilung nicht mehr versprechen, kann die ökonomische Alternative nur darin bestehen, dem Erkrankungsprozeß selbst zuvorzukommen. Der Erkrankung zuvorkommen (praevenire) heißt, ihre Ursachen beseitigen. Voraussetzung dafür ist die Kenntnis der Krankheitsursachen, und zwar in erster Linie derjenigen, die einer solchen Prävention zugänglich sind.

Der Begriff ‚Prävention' deckt in der wissenschaftlichen wie gesundheitspolitischen Debatte eine Reihe höchst unterschiedlicher und unterschiedlich zu bewertender Maßnahmen: Schutzimpfungen und Röntgenreihenuntersuchungen, Schwangeren- und Mütterberatung sowie Gymnastik, Maßnahmen zur Krebsfrüherkennung und Berufseignungsuntersuchungen[10] werden ebenso unter den Begriff subsumiert wie Maßnahmen des Arbeits- und Gesundheitsschutzes am Arbeitsplatz[11] oder Maßnahmen des sozialen Wohnungsbaus, der Gesichtspunkte der Gesunderhaltung der Wohnbevölkerung systematisch in Rechnung stellt[12].

Für W. SCHAUWECKER ist die Gesundheitserziehung das „Kernstück der Prävention"[13], während SCHAEFER/BLOHMKE eher resignierend feststellen, daß in der gegenwärtigen Situation nur die Möglichkeit besteht, „Prävention durch Gesundheitsbekehrung mit propagandistischen Methoden zu betreiben"[14].

Auffallend an den Erörterungen zu Fragen der Prävention ist der herrschende begriffliche Wirrwarr, wie P. ROSENBERG zu Recht feststellt[15]. Etwas Ordnung in diesen Wirrwarr bringen SCHAEFER/BLOHMKE, wenn sie zwischen „Gesundheitsvorsorge" und „Früherkennung (Pränotion)" unterscheiden[16]. Im Fall der *Vorsorge* sollen „erkennbare Risikofaktoren ausgeschaltet", also „Krankheitsentstehung durch Änderung von Verhalten und Umwelt in gewissem Ausmaß" gesteuert werden. Dem stehen *Früherkennungsmaßnahmen* gegenüber, die das Ziel verfolgen, „die ersten Anzeichen für die Entstehung von Krankheit zu erfassen, möglichst zu einem Zeitpunkt, wo die zu erfassenden leiblichen und geistigen Veränderungen noch leicht und reversibel sind"[17]. Da H. SCHAEFER/M. BLOHMKE jedoch den Begriff der Prävention in erster Linie an der ärztlichen Tätigkeit festmachen, ist es nur folgerichtig, wenn für sie „die Grenzen zwischen einer Prävention im strengen Wortsinn und einer kurativen Heilkunde im traditionellen Sinn verschwimmen und nur durch willkürliche Festsetzungen und Terminologien wiederhergestellt werden könnten"[18]. Das Problem terminologischer Unschärfe entsteht jedoch nur deshalb, weil SCHAEFER/BLOHMKE ihre Überlegungen in Hinblick auf die spezifische *Rolle des Arztes* entwickeln[19]: Wenn Prävention bedeutet, „daß man der Entstehung einer Krankheit zuvorkommt" durch „Beseitigung individueller Risikofaktoren oder mit der Änderung der sozialen oder technischen Umwelt", und, wie sie sagen: „letzteres niemals Sache des einzelnen Patienten und seines Arztes sein" kann, weshalb „*präventive Medizin bezüglich dieser Umweltveränderung Sache der Gesundheitspolitik* sei"[20], dann geht es ihnen also um einen Begriff der Prävention, der in der Interaktion zwischen dem einzelnen Arzt und dem Patienten zum Tragen kommt (sie verweisen selber darauf, daß der Begriff „Patient" hier unzutreffend ist). – Unter diesem Gesichtspunkt ist allerdings die Frage, wann von einer manifesten Krankheit und wann von einem Krankheitsrisiko die Rede sein soll, tatsächlich eine Frage terminologischer Vereinbarung. In dem so gesteckten Bezugsrahmen wird jedoch die Unterscheidung zwischen Prävention und Pränotion überhaupt unergiebig. Ob bei individuell bezogener Diagnostik aufgedeckte Risiken als Krankheitsgefahr, als Vorstadium der Krankheit oder erstes Krankheitsanzeichen erscheinen, mag für die therapeutischen Entscheidungen des Arztes wie für die Lebensführung der einzelnen Betroffenen von großer Bedeutung sein. Theoretisch wie politisch ist diese Unterscheidung wenig fruchtbar. Läßt man jedoch die Rolle des Mediziners zunächst außer acht, so enthält die Definition von H. SCHAEFER/M. BLOHMKE durchaus Merkmale, die eine scharfe Trennung der beiden Begriffe gestatten und wichtig erscheinen lassen.

Der Begriff ‚Prävention' bezeichnet Maßnahmen, deren Ziel es ist, „der Entstehung einer Krankheit zuvorzukommen"[21]. Der Begriff ‚Krankheit', will man ihn nicht metaphorisch verwenden, „ist natürlich immer das Eigenthum von Individuen" (VIRCHOW), er bezeichnet einen Tatbestand, der sich am einzelnen Individuum manifestiert. Demgegenüber sind Krankheitsrisiken, also die sozialen, psychischen und physischen Faktoren, welche Krankheit verursachen – sieht man von konstitutionellen Faktoren ab – Merkmale einer Situation. Maßnahmen, die der Entstehung von Krankheit zuvorkommen sollen, richten sich demnach auf die Beseitigung von Krankheitsursachen, also die Veränderung von Situationen, nicht auf die Entdeckung schon individualisierter Risiken, also manifester Frühstadien von Erkrankung. Entsprechend einem so verstandenen Begriff wären Maßnahmen der Prävention nicht auf einzelne Individuen, sondern auf soziale Situationen bezogen. Sie wären eben nicht „Sache des einzelnen Patienten und seines Arztes", sondern, wie SCHAEFER sagt, „Sache der Gesundheitspolitik"[22].

Die Forderung nach Realisierung präventiver Maßnahmen – in einem so verstandenen Sinne – wird seit langem erhoben. In der Sozialwissenschaft ist sie in letzter Zeit unter dem Stichwort ‚Humanisierung der Arbeit' zu einem bedeutsamen Forschungsthema geworden[23]. Zugleich scheint jedoch die resignierende Feststellung vorherrschend, daß in der BRD gesundheitspolitische Maßnahmen auf diesem Gebiet nicht nur kaum entwickelt[24], sondern auch institutionell nur sehr schwer durchzusetzen seien[25]. Wenn in den folgenden Ausführungen der Arbeitgeberanteil an den Beiträgen zur gesetzlichen Krankenversicherung als ein mögliches Instrument zur Durchsetzung präventiver Maßnahmen erörtert wird, so verkennt diese Erörterung keineswegs, daß eine Neugestaltung der Arbeitgeberbeiträge auf gleiche, vielleicht sogar größere Durchsetzungsschwierigkeiten stößt. Eine solche Befürchtung darf jedoch nicht zur Folge haben, daß Überlegungen ungeprüft von vornherein abgeschnitten, Möglichkeiten erst gar nicht in die Diskussion einbezogen werden. Die Absicht dieses Aufsatzes kann es zunächst nur sein, auf eine solche Möglichkeit aufmerksam zu machen. Im Folgenden wird daher die Frage erörtert, welche gesundheitspolitische Bedeutung die Form der Prämienbemessung in der GKV besitzt und welche Steuerungsfunktion unter dem Gesichtspunkt der Prävention einer Neustrukturierung der Arbeitgeberanteile, nach Kriterien des mit dem Arbeitsplatz verbundenen Gesundheitsrisikos, zukommen könnte.

3. Der Streit um die Frage, ob die Sozialversicherung eine Versicherung sei oder eine Einrichtung sui generis, „ein Gattungsbegriff ..., der eine soziale Sicherung eigener Art"[26] meine, dieser Streit ist müßig. Interessant ist nicht der Streit selber, sondern die Tatsache, daß eine befriedigende begriffliche Abgrenzung zwischen Privatversicherung und Sozialversicherung trotz der vom Bundessozialgericht und Bundesverfassungsgericht vertretenen Ansicht bis heute nicht gelungen ist. Der Hamburger Versicherungswissenschaftler Hans MÖLLER zerpflückt die mit ‚wenn' und ‚aber', mit Einschränkungen und Vorbehalten operierende, begrifflich-dogmatische Abgrenzung des Arbeits- und Sozialrechtlers Georg WANNAGAT und kommt zu dem Schluß, „daß juristische

Klarheit für die Abgrenzung der Sozialversicherung von der Privatversicherung, auch vom Äquivalenzprinzip, vom Einlösungsprinzip oder vom Synallagma her nicht zu gewinnen ist"[27].

Die Besonderheit der Gesetzlichen Krankenversicherung, das Merkmal, welches die Frage aufkommen läßt, ob sie denn überhaupt eine Versicherung sei, ist die Form ihrer Beitragsbemessung. Prinzip jeder Versicherung – so wird argumentiert – sei die Bemessung der zu zahlenden Prämien auf der Grundlage des je individuell eingebrachten Risikos. Wenn demgegenüber bei der Beitragsbemessung in der GKV das eingebrachte Risiko nicht berücksichtigt wird, und diese sich ausschließlich an der Höhe des Bruttoeinkommens der Versicherten orientiert, so sei das aus der sozialen Intention einer Erzielung von Umverteilungswirkungen[28] zwar verständlich, konstituiere allerdings einen wesentlichen Unterschied zu den am Versicherungsprinzip orientierten Unternehmungen der privaten Krankenversicherung.

Diese Überlegung klingt zunächst plausibel. Das Prinzip der Versicherung beruht darauf, daß die im Einzelfall vorher nicht bestimmbaren Schadensereignisse als Gesamtschadenmenge, als Gesamtrisiko auf Grund vorgängiger Erfahrung geschätzt werden können. Die vorgängige Erfahrung bezieht sich immer auf eine bestimmte, d.h. abgegrenzte Population (oder im Fall der Sachversicherung: eine Situation). Die Möglichkeit, für beliebige Populationen die Höhe des Gesamtrisikos vorweg zu bestimmen, setzt die Kenntnis der Einzelrisiken voraus. Im Falle der Personenversicherung – in unserem Fall also der Krankenversicherung – müssen aus der Fülle der Merkmale, die das Schadensereignis determinieren, diejenigen bestimmt werden, deren Träger das Individuum ist. Erst eine solche ‚Individualisierung' der Schadenswahrscheinlichkeit gestattet die Berechnung von Schadenstabellen, anhand derer das von den einzelnen Versicherten eingebrachte Risiko klassifiziert werden kann. Nur so kann, zum einen, das Gesamtrisiko für jede beliebige Population berechnet, also die Höhe des zu erwartenden Schadens bzw. die Mittel, die zu seiner Begleichung erforderlich sind, bestimmt werden. Zum anderen ist diese Individualisierung Voraussetzung für den Betrieb der Versicherung als einer kapitalistischen Unternehmung, insofern erst die begründbare individuelle Zurechnung des Risikos – die sogenannte ‚Risikoäquivalenz' – die Möglichkeit des Tausches, des Abschlusses von Kaufverträgen gewährt und damit die systematische Umwandlung der tradierten Sicherungsformen des nachträglichen Lastenausgleichs der Gilden und Genossenschaften in die kapitalistische Form des Versicherungsunternehmens gestattet.

Die somit notwendige Individualisierung des Versicherungstatbestandes hat jedoch eine wesentliche Voraussetzung, nämlich: die Unabhängigkeit der einzelnen Schadensereignisse voneinander. Nur unter dieser Prämisse kann gewährleistet werden, daß der einzelne auch tatsächlich das in seiner Person repräsentierte Risiko und nicht das der anderen bezahlt. Die Problematik einer solchen Voraussetzung wird im Gesundheitsbereich am offensichtlichsten im Falle der Infektionskrankheiten. Das Individuum, das sich gegenüber einer Infektionskrankheit als nicht immun erweist, stellt gleichzeitig eine Gefahr für seine Umgebung dar, eine Gefahr, welche auf die Höhe der Prämien der übrigen Versicherten Rückwirkungen hat. Die Unabhängigkeit der Schadensereignisse kann für den Versicherungstatbestand Krankheit demnach nur eine Fiktion sein.

Zumindest solange Infektionskrankheiten das vorherrschende Erkrankungsrisiko darstellten, war die Fragwürdigkeit der Behauptung einer solchen Unabhängigkeit der Einzelrisiken offenkundig[29] (was sicher einer der Gründe für die relativ späte Entwicklung der privaten Krankenversicherung ist).

Von der Konstruktion der GKV her war die Berechnung risikoäquivalenter Prämien jedoch nicht erforderlich, da es sich hier um eine Pflichtversicherung handelt, und im Sinne eines ‚sozialen Ausgleichs' auch prinzipiell davon ausgegangen wurde, daß die Bezieher höherer Einkommen die Last der wenig Verdienenden mit zu tragen hätten. Zudem gab es bei der Einrichtung der GKV keine brauchbaren Schadenstabellen und damit auch nicht die Möglichkeit einer derartigen Prämienkalkulation. Dementsprechend galt Krankheit – z.B. im Gegensatz zum Unfall – als ein nicht versicherbares Wagnis, welches man, da es für die private Versicherungswirtschaft ohne Interesse war, getrost der staatlichen Initiative überlassen konnte[30]. Wollte man auf ein individuell bezogenes Beitragssystem im Sinne der Versicherung nicht verzichten, so war es naheliegend, an die Leistungsfähigkeit der einzelnen Versicherten im Rahmen der Solidargemeinschaft anzuknüpfen und die Beiträge am Bruttoarbeitsentgelt zu bemessen.

Umso erstaunlicher ist die Feststellung, daß gerade diese Form der Beitragsbemessung in der GKV sich als diejenige erwiesen hat, die dem Prinzip der versicherungstechnischen Risikoäquivalenz der Prämien de facto vermutlich am nächsten kam. Jedenfalls kommt Wilfrid SCHREIBER in der „Sozialenquête" 1966 zu dem Ergebnis, daß „die zunächst so plump erscheinende Bemessung des Beitrags als ... fixer Prozentsatz des Bruttoeinkommens ... das Prinzip risikogerechter Beiträge (nicht) verleugnet"[31], und daß „die im System der GKV unter den Mitgliedern einer Klasse vollzogene Einkommensverteilung – hervorgerufen durch Abweichungen vom Äquivalenzprinzip in jeder kurzen Periode – im Gesamteffekt wesentlich geringer ist, als der Augenschein vermuten läßt"[32]. Und 1975 kommt der Finanzwissenschaftler Norbert ANDEL zu dem Ergebnis, daß die GKV „in mancher Hinsicht das Äquivalenzprinzip weitergehend als die PKV verwirklicht"[33]. Der Grund für diesen unumstrittenen Tatbestand wäre zu ermitteln, besagt er doch – grob gesprochen – daß die Versicherten umso mehr Leistungen erhalten, je höhere Einkommen sie beziehen[34]. Will man nicht die These vertreten, daß der Gesundheitszustand der Bevölkerung umso besser ist, je geringer ihr Einkommen, so wird hier deutlich, daß der Grund für eine weitgehende Risikoäquivalenz der Beiträge in der GKV nur in den sozial determinierten Unterschieden der Wahrnehmung von Krankheitssymptomen und den daraus resultierenden Unterschieden der Inanspruchnahme medizinischer Leistungen einerseits sowie den unterschiedlichen Zugangschancen andererseits gesehen werden kann. Denn zweifelsfrei ist den Ergebnissen sozialmedizinischer und medizinsoziologischer Forschung zu entnehmen, daß der Gesundheitszustand der unteren Einkommensgruppen eher schlechter, aber jedenfalls nicht besser ist als der der Bezieher höherer Einkommen[35]. Das bedeutet, daß die rechtliche Gleichstellung der Versicherten durch die Beseitigung der ökonomischen Barriere, medizinische Leistungen aus *finanziellen* Gründen nicht in Anspruch nehmen zu können, in keiner Weise die übrigen Zugangshindernisse beseitigt hat. Nur auf Grund der Ungleichheit der Zugangschancen kann sich das Prinzip des Äquivalententauschs auf der Grundlage der einkommensbezogenen Beitragsbemessung hinter dem Rücken der Versicherten durchsetzen[36].

Der Risikobegriff der Versicherungswissenschaft und auch der sozialpolitischen Diskussion des „sozialen Ausgleichs" darf aber nicht verwechselt werden mit dem, was in der Sozialmedizin als „Risikofaktor" bezeichnet wird. Während Risikofaktoren „solche Vorgänge oder Zustände sind, die als Ursachen eines pathogenetischen Prozesses angesehen werden können, derart, daß ihr Vorhandensein selbst eine Wirkungskette auslöst oder begünstigt, an deren Ende die manifeste Krankheit steht"[37] – sind demgegenüber die Versicherungsrisiken (repräsentiert z.B. durch die Merkmale Alter, Geschlecht, Beruf) Indikatoren eines bestimmten Gesundheits*verhaltens* im Sinne einer Wahrscheinlichkeit für das Eintreten des Versicherungsfalles durch Anmeldung eines Schadens seitens der Versicherten. Die Schadensmeldung beinhaltet das Aufsuchen des Arztes und den Umfang der festgestellten Behandlungsbedürftigkeit.

Voraussetzung für die Feststellung des Schadensfalls ‚Krankheit' ist in jedem Falle das Aufsuchen eines Arztes. Welche Leidensschwelle beim einzelnen Individuum überschritten sein muß, damit er den Arzt aufsucht, ist aber eine Frage sozialer und psychischer Umstände. Sowohl das in der privaten Krankenversicherung der Prämienberechnung zugrundegelegte Risiko, als auch der in der sozialpolitischen Diskussion der Äquivalenzfrage zum Tragen kommende Risikobegriff repräsentieren demnach nichts anderes als Inanspruchnahmegewohnheiten, konventionelle Leidensschwellen, also keineswegs – wie es im irreführenden Jargon einer bestimmten Sozialpolitik heißt – ein gegenüber der eigenen Gesundheit sowie gegenüber der Solidargemeinschaft der Versicherten „verantwortliches" Handeln. Denn als *Schadensereignis* ist der Versicherungsfall ‚Krankheit' nicht durch eine medizinische Bezeichnung festlegbar. Die persönliche Reaktion auf Befindlichkeitsstörungen, die individuelle Leidensschwelle, die überschritten sein muß, damit der Versicherte den Arzt aufsucht, oder vielleicht sogar die Tatsache, daß der Arzt im akuten Stadium einer Krankheit überhaupt nicht konsultiert wird, so daß, wenn der Versicherungsfall schließlich eintritt, irreversible Folgeschäden vorliegen – dies alles bestimmt wesentlich Ablauf und Heilerfolg vieler Krankheiten und damit das versicherungsmäßige Schadensereignis, also die Höhe der Kosten. Solange und insoweit Krankheit als Privatsache des einzelnen Individuums verstanden wird, ist das Versicherungsrisiko deshalb eine Frage des Inanspruchnahmeverhaltens, die Abgrenzung des Versicherungsrisikos ein Problem der Verhaltenssteuerung.

Eine für die GKV nicht unwesentliche „Steuerungsfunktion" liegt z.B. in der unterschiedlichen Arztdichte: Die Konzentration des fachärztlichen Angebots in den Zentren der Großstädte „führt zu erheblichen Belastungen der Ärzte und Patienten in dünner besiedelten Regionen ... Da bestimmte Leistungsbereiche kaum durch fachfremde Ärzte substituierbar sind, muß befürchtet werden, daß die Bevölkerung medizinisch unterversorgter Gebiete ... insbesondere in diesen Leistungsbereichen unterversorgt ist"[38]. Ähnliches gilt offenbar auch innerhalb von Agglomerationen, wo eine unterschiedliche Versorgungsdichte unterschiedliche Inanspruchnahmegewohnheiten und offenbar auch Versorgungsformen zur Folge hat – nur daß hier eine eindeutige Bestimmung von Ursachen und Wirkung weniger einfach scheint.

Festzuhalten bleibt: Nur auf Grundlage der in der sozialmedizinischen und epidemiologischen Forschung ermittelten Risikofaktoren lassen sich für die einzelnen Bevölkerungsgruppen Aussagen über das *Krankheitsrisiko*, die Erkrankungswahrscheinlichkeit formulieren. Die Risikotabellen der Versicherungswissenschaft hingegen dienen der Berechnung einer durch ungleiche soziale Zugangschancen vermittelten *Häufigkeit der Inanspruchnahme und des Kostenumfanges* medizinischer Leistungen. Wird in der sozialpolitischen Diskussion dieses Versicherungsrisiko zum Maßstab für die Forderung der Minimierung von Umverteilungen, der Herstellung einer Risikoäquivalenz erhoben[39], so wird der formale Gleichheitsbegriff, wie er in der Bemerkung von Anatole FRANCE zum Ausdruck kommt, daß es jedem – ob reich oder arm – verboten sei, unter den Brücken von Paris zu schlafen, zur Maxime sozialpolitischen Handelns.

4. Die Äquivalenzfrage in der GKV könnte jedoch auch unter einer *gesundheitspolitischen* Perspektive erörtert werden. Dazu ist es erforderlich, zwischen dem Arbeitnehmer- und dem Arbeitgeberanteil der Beiträge zu unterscheiden. Diese Unterscheidung ist in der sozialpolitischen Diskussion im allgemeinen von geringer Bedeutung, da entsprechend der herrschenden Meinung der Arbeitgeberanteil am Beitragsaufkommen ökonomisch betrachtet nichts anderes als einen Teil der Lohnkosten darstellt, der über die Preise auf den Konsumenten abgewälzt wird. In diesem Sinne vertrat Wilfrid SCHREIBER 1962 die Auffassung, den Arbeitgeberanteil durch entsprechende Erhöhung des Bruttolohnes bzw. -gehaltes zu ersetzen, um dann von dem erhöhten Arbeitsentgelt die vollen Sozialversicherungsbeiträge einzubehalten. Eine solche „Umbuchung" sollte nach Meinung SCHREIBERs „dem Arbeitnehmer deutlich vor Augen führen, daß er und er allein für die Kosten seiner sozialen Sicherheit aufkommen muß"[40]. Die Beseitigung des „Trugbildes", daß es sich bei diesen Beiträgen um einen „Fürsorgeakt" des Unternehmers handele, würde dadurch beseitigt, und das „Selbstgefühl, das Selbstbewußtsein und die Bereitschaft zur Selbstverantwortung" auf Seiten der Arbeitnehmer „würden wesentlich gefestigt"[41]. Ob die Ablehnung, die dieser Vorschlag bei den Arbeitgebern erfahren hat, einzig auf der Tatsache beruht, daß damit auch die paritätische Beteiligung an der Selbstverwaltung der RVO-Kassen hinfällig würde[42], ob nicht – neben einer Reihe von unerwünschten Nebenwirkungen[43] – beispielsweise auch die für die Arbeitgeber günstigere steuerliche Behandlung auf Grund der Aufteilung der Beitragsleistung für diese Ablehnung eine Rolle spielte, soll hier nicht erörtert werden. Hinzuweisen ist allerdings auf einen anders gearteten Risikoausgleich: die auf die Preise überwälzten Beiträge werden von den Konsumenten getragen, während die Umbuchung in absehbarer Zeit dazu führen würde, daß die steigende Ausgabenlast von den Versicherten allein getragen werden müßte[44]. Zudem stellen die Beitragsleistungen der Arbeitgeber im rechtlichen Sinne keine Lohnzahlungen dar, vielmehr resultieren sie aus einer eigenen, „in den Versicherungsgesetzen verankerten öffentlich-rechtlichen Verpflichtung des Arbeitgebers gegenüber den Versicherungsträgern"[45], und ihre Veränderung würde zugleich den Organisationscharakter der Sozialversicherung in entscheidender Weise berühren[46].

5. Die Diskussion der „Umbuchung" des Arbeitgeberanteils am Krankenversicherungsbeitrag scheint daher abgeschlossen. Die Forderung der Minimierung vermuteter

Umverteilungsprozesse hingegen ist es nicht[47]. Die Fragwürdigkeit der Forderung einer Äquivalenz der Beiträge auf dem Hintergrund eines am versicherungstechnischen Risiko des geltend gemachten Anspruchs und nicht am tatsächlichen Krankheitsrisiko festgemachten Maßstabs der Beitragsbemessung ist oben erörtert worden. Im Anschluß an die vorausgegangenen Ausführungen zur Gesundheitsvorsorge bietet sich nun eine Umdeutung des Begriffs der Risikoäquivalenz an, welche eine Vergrößerung der Chance zur praktischen Umsetzung präventiver Maßnahmen zum Ziel hat: im folgenden soll der Gesichtspunkt der Risikoäquivalenz erörtert werden in Bezug auf eine Neugestaltung der Bemessung des Arbeitgeberanteils am Beitragsaufkommen der Gesetzlichen Krankenversicherung. Hier nämlich könnte der Gesichtspunkt der Risikoäquivalenz in einer ganz anderen, positiven Weise zum Tragen kommen als auf Seiten der Arbeitnehmer.

Bezugspunkt der Leistungen der GKV ist ein wie auch immer definierter Krankheitsbegriff, richtiger: ein im weitesten Sinne des Wortes pathologischer Befund und der daraus erwachsende individuelle Rechtsanspruch. (Dies gilt im Prinzip auch für die Früherkennungsuntersuchungen, deren Ziel die Aufdeckung eines individuellen Befundes ist.) Obgleich Gesundheit und Krankheit – wie R. VIRCHOW sagt – „natürlich immer das Eigenthum von Individuen (sind), da das Leben nicht an den Massen, sondern nur an den Einzelnen zustande kommt", gibt es indes „gewisse Verhältnisse des Lebens", die als „Ausdruck der normalen oder abnormen Zustände und Bedingungen ganze Völker oder größere Bruchteile von Völkern gemeinschaftlich treffen", so daß „wir von der Gesundheit und Krankheit des Volkes, wenn auch in abstrakter, so doch nicht in idealer Form sprechen können"[48]. Während die am biologisch-naturwissenschaftlichen Modell orientierte Medizin sich vorwiegend auf die Erforschung der endogenen, d.h. in der Person selbst liegenden Krankheitsursachen orientierte, eine Orientierung, die ihrem primär kurativen Interesse entsprach, stellt die Sozialmedizin die individuelle Pathologie in einen systematischen Zusammenhang mit den umgebenden gesellschaftlichen Verhältnissen und sucht hier nach Faktoren, die als sozial determinierte zum Auslöser bestimmter Krankheiten werden[49].

Die gesundheitliche Belastung der Arbeitnehmer durch Arbeitsabläufe und Arbeitsplatzstrukturen ist in der Sozialmedizin und Medizinsoziologie der letzten Jahrzehnte vielfältig nachgewiesen und mit einer Fülle von Material belegt worden[50]. Soweit bestehende gesetzliche Vorschriften diese Gesundheitsbelastung einzuschränken suchen, beziehen sie sich auf Grenzwerte – wie maximale Lärmbelastung, Gas- und Hitzekonzentration bzw. Arbeitszeit- und Pausenvorschriften, die nicht oder nur unter Einhaltung besonderer Schutzmaßnahmen überschritten werden dürfen. Diese Werte bezeichnen die Grenze zu unmittelbar *nachweisbaren* Gesundheitsschäden, was nur heißt, daß geringere Belastungswerte zwar zugegebenermaßen auch gesundheitsschädigend sind, jedoch nicht in einem ätiologisch eindeutigen Sinne bestimmte Erkrankungen zur Folge haben. Nur insoweit ein *eindeutiger Kausalzusammenhang* zwischen der Gesundheitsbelastung am Arbeitsplatz und einer bestimmten Erkrankung hergestellt werden kann, greift die Berufskrankheitenverordnung im Rahmen der Unfallversicherung ein.

Das bedeutet wiederum, daß alle Erkrankungen multifaktorieller Genese im Rahmen der Berufskrankheitenverordnung versicherungsrechtlich nicht gedeckt sind, also der Krankenversicherung zur Last fallen. Der Begriff der „paraprofessionellen Krankheiten" bezeichnet solche Krankheiten, „die mit mehr oder weniger großer Wahrscheinlichkeit durch die Arbeitseinflüsse mitbedingt sind", die aber auch durch außerberufliche Faktoren hervorgerufen und durch endogene Faktoren der Konstitution und Erbanlagen beeinflußt werden, so „daß ihre berufliche Verursachung zwar statistisch mit Sicherheit, im Einzelfall nur schwierig zu belegen ist"[51]. Die Notwendigkeit, im je einzelnen Fall den Nachweis der Arbeitsbedingtheit der Gesundheitsschädigung zu erbringen, führt dazu, daß Berufskrankheiten, wie F. TENNSTEDT feststellt, nur einen „Sonderfall" unter den arbeitsbedingten Gesundheitsschäden darstellen[52]. „Die Risiken des Industriebetriebs bzw. des Gesamts der mit dem Kapitalismus entstandenen spezifischen Form der industriellen Arbeitsverfassung für die Arbeitnehmer wurden nicht über den Betrieb ‚vergesellschaftet', sondern über die ‚Versicherungsgemeinschaft' allein, d.h. sie konnten auf diese als soziale Kosten abgewälzt werden"[53].

Eine Neustrukturierung des Arbeitgeberanteils am Beitragsaufkommen der GKV sollte diesen nicht mehr wie bisher an das Bruttoeinkommen der Arbeitnehmer binden, sondern entsprechend sozialmedizinischer und medizinsoziologischer Erkenntnis an das mit dem Arbeitsplatz verbundene Gesundheitsrisiko. Damit würde, ähnlich wie im Unfallversicherungsgesetz von 1885, so etwas wie ein Haftungsprinzip konstituiert: wie der Unternehmer für die mit dem Arbeitsprozeß verbundenen Unfallgefahren haftet und diese Haftung in dem nach Gefahrenklassen gestaffelten Beitragssystem der Unfallversicherung ihren Ausdruck findet, könnte eine an der Gesundheitsbelastung der Arbeitsplätze orientierte Staffelung des Arbeitgeberanteils die Verantwortung des Unternehmens für die Arbeitsbedingungen zum Ausdruck bringen.

Anders jedoch als in der Unfallversicherung, in der die Unfallgefahr im wesentlichen über die *Unfallhäufigkeit* definiert ist und diese damit unproblematisch quantifizierbar als Bemessungsgrundlage der Prämien dienen kann, darf es aus den erörterten Gründen im Falle der Krankenversicherung sich *keinesfalls* darum handeln, *den Krankenstand zur Bemessungsgrundlage* zu machen. Grundlage der Beitragsbemessung können vielmehr nur die Risikofaktoren sein, denen die Arbeitnehmer am Arbeitsplatz ausgesetzt sind. Die Quantifizierung dieser Risikofaktoren und ihre Gewichtung ist ein Problem, welches mit erheblichen wissenschaftlichen und politischen Schwierigkeiten verbunden ist. So gelten die jährlich vom Bundesarbeitsministerium bekanntgegebenen MAK-Werte, d.h. die Werte, die die höchstzulässige Konzentration eines gesundheitsschädlichen Arbeitsstoffes als Gas, Dampf oder Schwebstoff in der Luft am Arbeitsplatz bezeichnen, in der Regel nur für die Einwirkung des reinen Stoffes, nicht jedoch für „einen Bestandteil eines Gemisches in der Luft am Arbeitsplatz oder für ein technisches Produkt, das Begleitstoffe von u.U. höherer Toxizität enthält"[54]. Wie es in der amtlichen Bekanntmachung des Bundesarbeitsministeriums weiter heißt, können „gleichzeitig oder nacheinander erfolgende Einwirkungen verschiedener Stoffe ... die gesundheitsschädliche Wirkung erheblich verstärken"[55]. Da jedoch MAK-Werte für Gemische mehrerer gesundheitsschädigender Arbeitsstoffe auf Grund der unterschiedlichen Wirkungskriterien der einzelnen Komponenten zur Zeit nur geschätzt oder einfach gesetzt werden können, lehnt die zuständige Kommission entsprechend dem mangelhaften Kenntnisstand „nachdrücklich Verfahren zur Errechnung von MAK-Werten insbesondere für Lösungsmittelgemische als Flüssigkeiten ab. Sie ist jedoch bestrebt ... Werte für definierte, praktisch wichtige Dampfgemische bekanntzugeben“[56]. Die Gesundheitsbelastung bei der Mehrzahl der Arbeitsplätze resultiert jedoch gerade aus der additiven toxischen Wirkung solcher Gemische. Die praktische Relevanz der in der BRD seit 1954 jährlich veröffentlichten MAK-Werte für die Gewährleistung von nicht unmittelbar gesundheitsschädigenden Arbeitsplätzen ist deshalb nur gering zu veranschlagen.

Will man zudem Risikofaktoren verschiedener Qualität in die Berechnungen einbeziehen, also neben den MAK-Werten z. B. Lärm, Stressfaktoren und einseitige physische Anstrengung, so erhöhen sich die Probleme der Quantifizierung und Gewichtung noch erheblich. Es stellt sich allerdings die Frage, ob der Ehrgeiz einer präzisen wissenschaftlichen Bestimmung der Gesundheitsbelastung je Arbeitsplatz nicht eher dazu dient, die Perpetuierung gesundheitlich kaum tragbarer Zustände zu legitimieren. Unter dem Gesichtspunkt der Gesundheitsvorsorge wäre eine Strategie, die darauf abzielt, die jeweils am stärksten gesundheitsschädigenden Arbeitsplätze zu verbessern, ein wesentlicher Fortschritt. Zu diesem Zwecke wäre eine Rangordnung der Arbeitsplätze nach Kriterien der Gesundheitsbelastung hinreichend. Um die Vergleichbarkeiten und damit die Gewichtung zu erleichtern, könnte eine solche Rangordnung *innerhalb* der einzelnen Industriezweige erfolgen. Die Höhe des Gesamtbeitrags der Arbeitgeber würde – wie bisher – durch die Summe der auf das Bruttoarbeitsentgelt bezogenen Arbeitnehmerbeiträge bestimmt bleiben. Zu ändern wäre aber die Verteilung dieses Beitragsaufkommens der Arbeitgeber innerhalb der einzelnen Industriezweige. Als Bemessungsgrundlage für die Höhe des Beitrags je Unternehmen diente nicht mehr die Lohnsumme, sondern vielmehr das Ausmaß der mit den vorfindlichen Arbeitsplätzen verbundenen Gesundheitsrisiken.

Sicher ist auch eine Rangordnung der Arbeitsplätze eines Industriezweiges entsprechend der je vorfindlichen Häufung der Risikofaktoren mit einer Fülle wissenschaftlicher Schwierigkeiten verbunden, die in vielen Fällen nur durch Annahmen und Schätzungen zu überbrücken sind. Jedoch lohnt es sich – abgesehen von diesen Schwierigkeiten – die Überlegung einer Neustrukturierung der Arbeitgeberbeiträge genauer zu verfolgen, und zwar aus folgenden Gründen:

1. Der sogenannte Arbeitgeberanteil am Beitragsaufkommen der GKV, dessen Bedeutung gegenwärtig nur noch darin liegt, daß ein Teil der Gesundheitskosten auf die Gesamtheit der Konsumenten umgelegt und somit nicht allein von den Sozialversicherten getragen werden muß, dieser Arbeitgeberanteil bekäme eine neue gesundheitspolitische Funktion: Als Indikator der Gesundheitsbelastung könnte er Grundlage gezielter präventiver Maßnahmen werden. In der Unfallversicherung jedenfalls erwies sich die Koppelung von Beitragsbelastung und Unfallgefahr als ein wesentlicher Anlaß für die relativ rasche Durchsetzung von Unfallverhütungsmaßnahmen[57], insofern sie das ökonomische Interesse der Betriebe, die Beitragslast möglichst gering zu halten, für den sozialpolitischen Zweck funktionalisierte[58].
2. Angesichts des Vorherrschens der kurativen Medizin bleiben sozialmedizinische und medizinsoziologische Forschungsergebnisse gegenwärtig für die Praxis des Ge-

sundheitswesens relativ folgenlos. Die Bedeutung dieser Forschung, insbesondere gegenüber den veränderten Krankheitsformen und der bedrohlichen Zunahme chronisch verlaufender Erkrankungen steht außer Zweifel. Daraus ergibt sich die dringende sozialpolitische Aufgabe, der zunehmenden Invalidisierung durch präventive Maßnahmen zu begegnen. Eine Voraussetzung für die Realisierung dieser Forderung ist die Erweiterung der sozialmedizinischen und medizinsoziologischen Forschungskapazität und deren Einbindung in die Praxis.
Die Bestimmung der Gesundheitsbelastung der Arbeitsplätze und damit der Höhe der Arbeitgeberbeiträge ist keine einmalige, sondern eine kontinuierlich zu erfüllende Aufgabe. Vom tradierten Tätigkeitsbereich her bietet es sich an, dem öffentlichen Gesundheitswesen diese Aufgabe zu übertragen. Das könnte zugleich eine wichtige und gesundheitspolitisch wünschenswerte Aufwertung eines nach 1945 zunehmend vernachlässigten Bereichs der Gesundheitsversorgung beinhalten[59].

3. Schließlich wäre es für die gesundheitspolitische Diskussion gerade auf dem Hintergrund der Kostenentwicklung wesentlich, den Stellenwert der verteilungspolitischen Argumente in ihrer Nachrangigkeit deutlich zu machen. Aufgrund der Tatsache, daß manifeste Krankheit „immer das Eigenthum von Individuen ist" und somit die Feststellung der Behandlungsbedürftigkeit sich als eine Frage individuellen Verhaltens erweist, erscheint auch das Krankheitsrisiko als ein vereinzeltes, je individuelles und damit zufälliges[60]. Dadurch wird einerseits der soziale Bedingungszusammenhang ausgeblendet, andererseits eine spezifische Dimension der Erklärbarkeit erst ermöglicht: In den Vordergrund rückt zwangsläufig das biographische Moment, die je individuelle Verarbeitung der sozialen Bedingungen. Dies erst ermöglicht eine Diskussion, in der Krankheit als individuelles Versagen, als Unfähigkeit oder mangelnde Bereitschaft zur Problembewältigung erscheint. Krankheit wird zu einem Naturereignis einerseits, zur mangelnden Bereitschaft der Selbstverantwortung andererseits. Das wird insbesondere in der Diskussion der Kostenentwicklung deutlich, wenn zwar dem einzelnen vor Augen gehalten werden soll, welche Kosten er verursacht, die Kostenursache, die Gesundheitsbelastung – jedenfalls soweit sie nicht der ‚Selbstverantwortung' der Individuen zuzurechnen ist (Rauchen, Alkoholgenuß bzw. -abusus) – aber ausgeklammert bleibt. Die systematische Ermittlung und Publikation der aus Arbeitsorganisation und Arbeitsplatzstruktur resultierenden Gesundheitsbelastungen könnte hier ein Gegengewicht in der Argumentation schaffen, ein Gegengewicht, welches die soziale Bedingtheit der wesentlichen Krankheitsfaktoren wieder in das Zentrum der Diskussion rückte.

Zusammenfassung

Mit den Mitteln der kurativen Medizin können die in unserer Gesellschaft vorherrschenden chronisch verlaufenden Krankheiten zwar gelindert, aber nicht geheilt werden, deshalb erhält die Forderung einer auf präventive Maßnahmen gerichteten Gesundheitspolitik wachsende politische und ökonomische Bedeutung. Prävention heißt: den individuellen Erkrankungen zuvorkommen durch Beseitigung gesundheitsschädigender

Situationen. Ein wesentlicher Teil der Gesundheitsrisiken ist mit der Arbeitsplatzsituation verbunden. Allerdings bleiben die Erkenntnisse der Arbeits- und Sozialmedizin für die Gestaltung der Arbeitsplätze bislang relativ folgenlos.

Der Aufsatz greift die Diskussion um die Risikoäquivalenz der Beiträge in der Gesetzlichen Krankenversicherung auf und stellt die Frage, ob eine Neugestaltung des Arbeitgeberanteils, entsprechend den mit den Arbeitsplätzen verbundenen Gesundheitsrisiken, die Chancen der Realisierung von Maßnahmen der Gesundheitsvorsorge erhöhen könnte.

Literatur

Andel, N.: Verteilungswirkungen der Sozialversicherung am Beispiel der gesetzlichen Krankenversicherung der Bundesrepublik Deutschland. In: Öffentliche Finanzwirtschaft und Verteilung III, W. Dreissig ed; Berlin, 1975 p 39–82

Anonym Bericht; in: Assekuranzjahrb., A. Ehrenzweig ed. 1886 III, p 88

Appelt, W., Kreifelts, Th.: Die Ursachen der Beitragssatzunterschiede in der gesetzlichen Krankenversicherung und die Auswirkungen alternativer Finanzausgleichsmodelle. – Eine quantitative Untersuchung. GMD-Mitteilungen Nr. 36, Birlinghoven, 1976

Arrow, K.: Uncertainty and the welfare economics of medical care. In: The American Economic Review 53, 1963, 5

Biedenkopf, K.: Grundlagen und Aufgaben unserer politischen Arbeit bis zum Landesparteitag. (Vorlage des Landesvorsitzenden an den Landesvorstand der CDU Westfalen-Lippe) Manuskript 12.10.1977

Böhle, F.: Humanisierung der Arbeit und Sozialpolitik, In: Kölner Zs. f. Soziol. 19, Sonderh.: Soziologie und Sozialpolitik 1977, p 290–324

Bönnemann, H.: Die Rechsnatur der Arbeitgeberbeiträge zur Sozialversicherung. Diss. jur., Köln 1967

Brackmann, K.: Handbuch der Sozialversicherung. Bonn-Bad Godesberg, 1977

Bundesministerium für Arbeit und Sozialordnung: Amtliche Bekanntmachung vom 1.9.1977. Maximale Arbeitsplatzkonzentrationen 1977 der Kommission zur Prüfung Gesundheitsschädlicher Arbeitsstoffe der Deutschen Forschungsgemeinschaft. In: Arbeitsschutz – Fachbeilage des Bundesarbeitsblattes 10/1977 p 266–277

Cralley, L.V. et al. eds.: Industrial environmental health. The Worker and the Community, New York 1972

Crosby, A.J.: Epidemic and peace 1918. Westprot/London 1976

Deppe, H.U.: Industriearbeit und Medizin. Frankfurt/M. 1973

Ferber, Chr. v.: Sozialpolitik in der Wohlstandsgesellschaft. Hamburg 1967

Ferber, Chr. v.: Gesellschaftliche Grundlagen der Volksgesundheit. In: Arbeit und Leistung Jhrg. 25, 1971, p 2–8

Ferber, Chr. v.: Gesundheitspolitik – Bilanz und Alternativen. Referat, gehalten auf dem XV. Bundeskongreß der Arbeitsgemeinschaft der Sozialdemokraten im Gesundheitswesen vom 22.–24.4.1977 in Bremen

Freund, H.: Gesundheitspolitik und Arbeiterbewegung. Berlin 1948

Freund, H.: Plan eines Institutes für Gesundheitspolitik. Hannover 1948, (verv. Manuskript)

Freund, H.: Entwicklungstendenzen der Gesundheitspolitik. (Schriften der Arbeiterwohlfahrt, Schriftleitung L. Lemke, Nr. 4) Bonn 1953

Gärtner, R.: Privatversicherungsrecht. Neuwied 1976

Geissler, B., Thoma, P. eds.: Medizinsoziologie – Einführung in ihre Grundbegriffe und Probleme. Frankfurt–New York 1975

Herder-Dornreich, Ph., Schreiber, W.: Einkommensgrenzen und Kassensanierung in der gesetzlichen Krankenversicherung. – Ein wissenschaftlicher Beitrag zur politischen Entscheidung. Berlin 1969

Insel, P.M., Moos, R.H.: Health and the social environment. Lexington-Toronto-London 1974

Isensee, J.: Umverteilung durch Sozialversicherungsbeiträge. Eine Finanzverfassungsrechtliche Studie über den Solidarausgleich in der gesetzlichen Krankenversicherung. Berlin 1973

Kaufmann, P.: Schadenverhütendes Wirken in der Deutschen Arbeitsversicherung. Berlin 1913

Knoblich, I.: Ärztliche Tätigkeit und Arbeitsteilung im Ballungsgebiet und im ländlichen Raum. In: W.F. Schräder/V. Volkholz eds. Regionale Analyse der medizinischen Versorgung. (Schriftenreihe: Strukturforschung im Gesundheitswesen Bd. 2) Berlin 1977, p 110–123

Krohn, J.: Rechtliche und sozialpolitische Folgen aus der Rechtsnatur der Sozialversicherung. In: Festgabe f. E. Roehrbein 1962 p 123

Lesky, E.: Österreichisches Gesundheitswesen im Zeitalter des aufgeklärten Absolutismus. (Arch. f. Österr. Gesch. Bd. 122 H 1) Wien (R. Rohrer) 1959

Lesky, E. ed: Sozialmedizin. Entwicklung und Selbstverständnis. Darmstadt 1977

Metze, I.: Soziale Sicherung und Einkommensumverteilung. Eine empirische Untersuchung über die Wirkungen staatlicher Maßnahmen zur sozialen Sicherung sowie der Einkommens- und Umsatzsteuer auf die verfügbaren Einkommen der privaten Haushalte. Berlin 1974

Möller, H.: Stellung der Sozialversicherung im Gesamtgefüge des Versicherungswesens. In: Th. Mayer-Maly et al. eds., Festschrift f. Hans Schmitz Bd. II, Wien–München 1967, p 391–406

Naschold, F.: Zur Effizienz des medizinischen Versorgungssystems in der Bundesrepublik Deutschland. In: Die Ortskrankenkasse 1977, p 459–462

Neuhaus, R.: Staat und Gesundheit – Aphorismen zu einer Theorie der Gesundheitserziehung. In: Sozialer Fortschritt, Jhg. 26, H 5, Mai 1977, p 113–116

Nipperdey, H., Säcker, F.: Zur verfassungsrechtlichen Problematik von Finanzausgleich und Gemeinlast in der Sozialversicherung. Berlin 1969

Potthoff, H.: Wer trägt die Kosten der sozialen Versicherung. In: Untersuchungen über das Versicherungswesen in Deutschland. (Schriften d. Vereins f. Sozialpolitik Bd. 137 Teil IV) München–Leipzip 1913, p 281–288

Rosen, G.: Die Entwicklung der sozialen Medizin. In: H.U. Deppe, M.Regus eds. Seminar: Medizin, Gesellschaft, Geschichte. Beiträge zur Entwicklungsgeschichte der Medizinsoziologie (STW 67) Frankfurt 1975, p 74–131

Rosenberg, P.: Möglichkeiten der Reform des Gesundheitswesens in der Bundesrepublik Deutschland. (Kommission für wirtschaftlichen und sozialen Wandel 48). Göttingen 1975

Schäfer, H.: Die Zukunft des Gesundheitswesen. In: Aufgabe Zukunft. Qualität des Lebens, Bd. V, Frankfurt 1973

Schäfer, H., Blohmke, M.: Sozialmedizin. Stuttgart 1972

Schauwecker, W.: Gesundheitserziehung. Die Relevanz der Entscheidungen des Patienten, Patientensteuerung des Gesundheitswesens. In: M. Blohmke/Ch. v. Ferber et al. eds. Handb. d. Sozialmedizin Bd. III, Stuttgart 1976, p 46–65

Schreiber, W.: Staatsversorgung oder Selbsthilfe? Die Zukunft der Sozialversicherung. In: Deutsche Versicherungszeitschrift 12, 1962, p 289–292

Schreiber, W.: Sicherung im Krankheitsfall. In: Soziale Sicherung in der Bundesrepublik Deutschland, Stuttgart 1966, p 196–260

Schwartz, F.W.: Idee und Konzeption der frühen territorialstaatlichen Gesundheitspflege in Deutschland („Medizinische Polizei") in der ärztlichen und staatswissenschaftlichen Fachliteratur des 16.–18. Jahrhunderts. (Diss. med.) Frankfurt 1973

Siebeck, Th.: Zur Kostenentwicklung in der Krankenversicherung. Bonn (Verlag der Ortskrankenkassen) 1976

Tennstedt, F.: Sozialwissenschaftliche Forschung in der Sozialversicherung. In: Kölner Zs. f. Soziol. 1977, Sonderheft: Soziologie und Sozialpolitik 1977, p 483–523

Tennstedt, F.: Sozialgeschichte der Sozialversicherung. In: Handb. d. Sozialmedizin Bd. 3, Stuttgart, 1976, p 385–492

Thiemeyer, Th.: Vorschläge zur Bewältigung der Kostenexplosion. In: Medizin Mensch Gesellschaft 1976, p 14–21

Töns, H.: Entwicklungsprobleme der Krankenversicherung. In: Die Ortskrankenkasse 3, 1977, p 65–73

Unrasch, R.: Ablösung des Arbeitgeberbeitrages zur Sozialversicherung durch einmalige Lohnerhöhung. Stellungnahme zum „neuen Schreiber-Plan" In: Der Betriebsberater 1963, p 1489

Virchow, R.: Die Volkskrankheiten. In: Die medizinische Reform 1849, p 269

Anmerkungen

1 Chr. v. Ferber 1971, p 2
2 C f H. Freund 1948 (1) und 1948 (2).
3 H. Freund 1953, p 9.
4 Ders. a.a.O. p 5.
5 C f dazu z.B. E. Lesky 1959 und 1977, F. Schwartz 1973, G. Rosen 1975
6 C f dazu Chr. v. Ferber 1967
7 C f z.B. H. Schaefer 1973
8 C f dazu z.B. F. Naschold 1977
9 H. Potthoff 1913, p 283
10 C f Th. Siebeck p 29–32, H. Schaefer/M. Blohmke 1972, p 286–292
11 C f Ch. v. Ferber 1977, p 7, P. Rosenberg 1975 p 26/27
12 P. Rosenberg 1975, p 31
13 W. Schauwecker 1976, p 48 u. 59 – kritisch dazu R. Neuhaus 1977
14 H. Schaefer/M. Blohmke 1972, p 291
15 P. Rosenberg 1975, p 26
16 H. Schaefer/M. Blohmke 1972, p 287
17 Dies. a.a.O.
18 Dies a.a.O. p 289
19 P. Rosenberg verweist darauf, daß zwischen Früherkennung und Gesundheitsvorsorge (Pränotion und Prävention) gerade in den Äusserungen der Ärzteverbände kaum unterschieden wird und meint, daß dies „angesichts der Kompetenz der Mitarbeiter wohl weder Zufall noch Unachtsamkeit sein kann". (P. Rosenberg 1975, p 28)
20 H. Schaefer/M. Blohmke 1972, p 286
21 H. Schaefer/M. Blohmke 1972, p 287
22 Woraus keineswegs gefolgert werden darf, daß die kurative medizinische Versorgung etwa der gesundheitspolitischen Initiative entzogen wäre.
23 C f für andere F. Böhle 1977, insbesondere p 296–307
24 In diesem Sinne stellt Ch. v. Ferber die Frage: „Wann werden wir in der BRD eine Gesundheitspolitik haben?" (1971, p 2)
25 Cf F. Böhle 1977, p 314 f
26 H. Nipperdey/F. Säcker 1969, p 15/16
27 H. Möller 1967, p 398; cf auch R. Gärtner 1976, p 104
28 Cf Th. Thiemeyer 1976, p 21, ähnlich J. Krohn 1962, p 123 ff, dagegen H. Töns 1977, p 69 f.
29 Cf K. Arrow 1963, als Illustration dazu cf die dramatische Schilderung der Grippeepidemie 1918 bei A. Crosby 1976
30 Cf Assekuranzjahrbuch 1886 III, p 88
31 W. Schreiber 1966, Ziffer 590
32 W. Schreiber 1966, Ziffer 590
33 N. Andel 1975
34 Dem entsprechen auch die Ergebnisse einer 1976 veröffentlichten Untersuchung über die Ursachen der Beitragssatzunterschiede in der GKV, cf W. Appelt/Th. Kreifelts 1976
35 Aus der Fülle an Untersuchungen zu diesem Thema sei hier nur beispielhaft verwiesen auf L. Cralley et al. eds. 1972 und P.M. Insel/R.H. Moos 1974
36 Auf die Fragwürdigkeit einer auf diesem Hintergrund erörterten Risikoäquivalenz zielt v. FERBERs Bemerkung: „Bezeichnenderweise wird die Frage nach dem Beitrag der GKV für den Gesundheitszustand der Bevölkerung von Prof. Dr. Wilfrid Schreiber ... gar nicht erst gestellt." (Chr. v. Ferber 1967, p 132.)

Nebenbei bemerkt, liegt hier ein meines Wissens bislang zu wenig beachtetes Argument gegen die Schaffung größerer Kassen. Je größer die Kasse, desto unterschiedlicher die Chancen der einzelnen Versichertengruppen, Leistungen der Gesundheitsversorgung zu erhalten. Da der Beitragssatz einheitlich für alle Mitglieder einer Kasse gilt und nur schwerlich nach Zugangschancen differenziert werden kann, besteht die begründete Vermutung, daß die annäherungsweise Äquivalenz von Prämien und Leistungen bei gleichen Einkommensgruppen mit unterschiedlichen Zugangschancen in einer den Intentionen der Sozialversicherung zuwiderlaufenden Weise durchbrochen wird, in dem Sinne nämlich, daß diejenigen Personen mit den schlechteren Zugangschancen durch ihren Beitrag die besseren Zugangschancen der anderen mitfinanzieren.

37 H. Schaefer/M. Blohmke 1972, p 166
38 I. Knoblich 1977, p 121
39 Hinter dieser Diskussion steht das konkrete politische Interesse, den Markt der PKV auszuweiten, durch ‚risikoäquivalente' Prämien es den einzelnen freizustellen, „bei welcher Versicherung und mit welchem Leistungsstandard sie sich gegen das Krankheitsrisiko versichern". (I. Metze 1974, p 157f.) Diese Forderung mit dem Argument der „Rationalität der Sozialpolitik" (p 24) zu verbinden, mutet allerdings fast zynisch an.
40 W. Schreiber 1962, P 292
41 Ders. a.a.O.
42 Cf Ph. Herder-Dornreich/W. Schreiber 1969, p 27 f.
43 Cf R. Unrasch 1963, p 1490
44 Cf K. Brackmann 1977 Bd. II, p 361d
45 H. Bönnemann 1967, p 183
46 Cf ders. p 185 f
47 Wie aktuell diese Diskussion ist, wird daraus deutlich, daß Kurt Biedenkopf in seinem Referat vor dem Landesvorstand Westfalen-Lippe erst jüngst, am 12.10.77 diese Forderung wieder erhoben hat. Für die neuere wissenschaftliche Diskussion cf z.B. J. Isensee 1973, I. Metze 1974
48 R. Virchow 1849, p 269
49 Cf B. Geissler/P. Thoma 1975, p 97; cf auch H. Schaefer/M. Blohmke 1972, p 96–105
50 Cf z.B. B. L. Cralley et al. eds. 1972, H.–U. Deppe 1973
51 F. Tennstedt 1977, p 495
52 F. Tennstedt 1977, p 495
53 Ders. a.a.O. p 486
54 Amtliche Bekanntmachung des BMA Oktober 1977, p 267
55 Amtliche Bekanntmachung des BMA l.c. p 267
56 Amtliche Bekanntmachung des BMA l.c. p 267
57 Cf F. Tennstedt 1976, p 425 f.
58 Cf P. Kaufmann 1913
59 In gleichem Sinne fordert Chr. v. Ferber: „Wir sollten ... die Institutionen mit Forschungseinrichtungen ausstatten, denen unser sozialer Rechtsstaat ohnehin bereits ein gut Stück Verantwortung für die Gesundheitsvoraussetzungen des Lebens überantwortet hat ... Das hätte zur Folge, daß die Einrichtungen ... des öffentlichen Gesundheitswesens mit Forschungszentren, mit Stabs- oder Forschungsstellen ausgestattet würden". (1971, p 7)
60 In diesem Sinne schreibt F. Tennstedt: „Der spezifische Unterschied der Sozialversicherung zu anderen Sicherungssystemen lag gerade darin, daß sie von Staats wegen zwangweise organisiert war und mittels *individueller* Rechtsansprüche auf Notstände reagiert wurde, die *sozial* bedingt waren bzw. erst durch den erreichten Zustand gesellschaftlicher Entwicklung hervortraten; somit ist sie die erste Form staatlicher (‚vergesellschaftender') Einflußnahme auf die bis dahin ausschließlich private Reproduktion der Staatsbürger gewesen. ... Der entscheidende Sprung gegenüber bisherigen privaten Versicherungen lag ... darin, daß sie die sozialen Risiken den natürlichen Risiken technisch gleichsetzte und damit prinzipiell als nicht beeinflußbar bzw. ‚zufällig' ansah". (1977, p 485)

VI. Arbeitsgruppe: Internationale Wirtschaftsbeziehungen

Die Bundesrepublik Deutschland – eine „Economie Dominante" in Westeuropa?

Von Michael Kreile

1. Einleitung

Ein Gespenst geht um in der Auslandspresse: die Germanisierung Europas. Es hätte kaum der Affäre Kappler bedurft, um die nationalsozialistische Vergangenheit, den Radikalen-Erlaß und die wirtschaftliche Potenz der Bundesrepublik zu einem brisanten Gemisch werden zu lassen, an dem sich traumatische Erinnerungen, legitime Sorgen, tiefsitzende Ressentiments und frustrierte Großmachtambitionen entzünden. Für „Le Monde Diplomatique" droht Europa unter das Joch einer deutsch-amerikanischen Hegemonie zu geraten. Die Bundesrepublik übernimmt dabei die Rolle des Prokonsulats.[1] Das „Comité d'Action contre une Europe germano-américaine", dem u.a. Jean Paul Sartre, General Binoche und Charles Piaget (Lip) angehören, sieht in der Direktwahl zum Europäischen Parlament die Krönung der westdeutschen Hegemonie über die Europäische Gemeinschaft.[2] Michel Debré hat die Frage gestellt, ob Deutschland dreißig Jahre nach dem Krieg wieder eine Gefahr für das Gleichgewicht der Kräfte in Europa werde, und der außenpolitische Experte der französischen KP-Führung, Jean Kanapa, hat die Option des PCF zugunsten der Force de Frappe nicht zuletzt damit begründet, daß es gelte, den westdeutschen Imperalismus in Schach zu halten.[3] Doch: Was dem einen sin Uhl, ... Während manchen das „Modell Deutschland" zum Alptraum wird, gilt anderen die Bundesrepublik als Insel der Stabilität, in die sie ihre Hoffnungen auf einen wirtschaftlichen Aufschwung setzen, der den Weg aus der Krise eröffnen soll. François Ceyrac, der Präsident des französischen Unternehmerverbandes (CNPF), hat jüngst erklärt:

> „Die Deutsche Wirtschaftskraft flößt den Franzosen im allgemeinen keine Angst ein. Sie kann sogar als Sicherheitsfaktor in den gegenwärtigen wirtschaftlichen Umwälzungen angesehen werden. Ein starkes Deutschland sichert die Stabilität der Europäischen Gemeinschaft."[4]

Von amerikanischer Seite ist ein "joint leadership" der USA und der Bundesrepublik in der Weltwirtschaft angeregt worden.[5] Mit Befriedigung hat Bundesbankpräsident Emminger vor kurzem registriert:

> „Das Wort von der Bundesrepublik als ‚Wirtschaftsriese, aber politischen Zwerg' stimmt zwar schon lange nicht mehr. Aber daß die Bundesrepublik schon seit geraumer Zeit auch außenpolitisch in die Rolle einer mittleren Macht – sogar einer führenden mittleren Macht – ein-

gerückt ist, hängt doch zu einem erheblichen Teil mit unserer Wirtschafts- und Währungsstärke und natürlich auch der wirtschaftlichen Anfälligkeit und Schwäche von anderen europäischen Ländern gleicher Größenordnung zusammen."[6]

Die Kehrseite der Medaille besteht darin, daß die Europäische Gemeinschaft zu einer „Klassengesellschaft" geworden ist, an deren Spitze einsam die Bundesrepublik steht.[7] So reizvoll es wäre, die sozialpsychologischen Auswirkungen dieser Entwicklung zu untersuchen oder die Legitimations- und Alibifunktionen des veröffentlichten Deutschlandbildes im lateinischen Europa zu analysieren, in diesem Beitrag wollen wir uns auf die polit-ökonomische Dimension, das „fundamentum in re" der angesprochenen Reaktionsmuster, beschränken. Ist die Bundesrepublik – so lautet unsere Frage – zu einer „économie dominante" in Westeuropa herangewachsen, die ihren Partnern – gewollt oder ungewollt – das Gesetz des Handelns diktiert? Vermag die BRD den übrigen Staaten Westeuropas gegenüber von einer Position der Stärke her ökonomische und politische Optionen durchzusetzen, die deren Zielvorstellungen zuwiderlaufen? Um die Frage nach der Dominanz beantworten zu können, ist vorab zu klären, woran sich Dominanz bemißt, durch welche Indikatoren sie erfaßt werden kann und welche Vergleichsgrößen dafür heranzuziehen sind. Dies soll im folgenden in Auseinandersetzung mit Arbeiten von François Perroux versucht werden.

2. *Zum Konzept der „économie dominante" bei F. Perroux*

Die von François Perroux entwickelte Theorie der Domination[8] versteht sich zunächst als Kritik der statischen Gleichgewichtstheorie in der Nationalökonomie, die von einer Gleichheit der Produktionseinheiten und vollständiger Konkurrenz ausgeht.[9] Perroux geht es hingegen darum, der ökonomischen Theorie die Einsicht zu integrieren, daß Marktbeziehungen von Machtbeziehungen durchdrungen sind. Ein Dominationseffekt liegt vor, wenn eine Wirtschaftseinheit A einen asymmetrischen, irreversiblen Einfluß auf eine Wirtschaftseinheit B ausübt.

> „L'effet de domination, *intentionnel ou non,* est une influence dissymétrique ou irréversible. Sa mesure tient dans l'avantage extérieur au contrat ou la marge d'indétermination introduite par comparaison à l'équilibre de l'échange pur. Ses composantes sont la force contractuelle de l'unité, sa dimension et son appartenance à une zone active de l'économie. Son action s'exerce directement ou par intermédiaire ... Ces catégories étant clairement discernées, il est à peine utile de marquer qu'une unité peut exercer un effet de domination *général* ou *particulier* quant à la sorte d'activité économique considérée et quant au nombre des partenaires dominés, que cet effect peut naitre de circonstances historiques et occasionnelles ou de facteurs durables afférents aux structures."[10]

Dominationseffekte können ebensogut die Beziehungen zwischen Firmen wie solche zwischen Nationen charakterisieren. Nationalstaaten sind deshalb als Wirtschaftseinheiten anzusehen, weil sie „des complexes ou systèmes adaptables par l'action combinée des choix de l'Etat et des choix des entrepreneurs et consommateurs" bzw. groupes de firmes privées arbitrées par un monopoleur de la contrainte publique, l'Etat" darstellen.[11] Die Komponenten des Dominationseffektes – Größe, Verhandlungsmacht und „strategische" wirtschaftliche Aktivitäten – lassen sich folglich auch in den Beziehungen zwischen nationalen Volkswirtschaften analysieren. Eine „économie dominante" zeichnet sich dadurch aus, daß sie „centre de conjoncture autonome" ist. Veränderungen volkswirtschaftlicher Aggregate wie Bruttosozialprodukt oder Investitionsvolumen sind weitgehend autonom, während sie bei den Handelspartnern in erheblichem Umfang induziert sind. Der Dominationseffekt wird maximiert,

> „quand une économie a, pour les biens et services strategiques, les groupes oligo-polistiques relativement les plus puissants servis par le bargaining power d'un des plus grands monopoleurs mondiaux de la puissance publique et au sein d'une économie qui, par sa structure globale, tend à exercer un effect de domination sur de nombreuses autres économies globales."[12]

Wenn Perroux als Merkmale der „économie dominante" einen chronischen Exportüberschuß – bedingt durch ein starres Importvolumen[13] –, die Gewährung langfristiger Kredite zur Kompensation des Ungleichgewichts, größere Faktorproduktivität, das Bemühen, ein liberales Welthandelssystem zu schaffen und zu erhalten, usw. aufführt, so ist darin unschwer eine generalisierende Beschreibung der weltwirtschaftlichen Machtposition der USA während der Rekonstruktionsperiode nach dem Zweiten Weltkrieg zu erkennen. Er räumt selbst ein, seine Analyse könnte womöglich interpretiert werden „comme une architecture théorique preparée de parti pris à partir d'*un* exemple concret ou comme un ensemble d'allusions transparentes."[14] Dies hieße jedoch – so fügt er hinzu – die zentrale Intention und eines der wichtigsten Ergebnisse seiner Analysen zu verkennen: Die Analysen des Dominationseffektes erhellen zahlreiche Konstellationen auf dem Binnenmarkt ebenso wie Struktur- und Funktionsweise aller dominanten Volkswirtschaften (économies nationales dominantes). Diese sind dadurch bestimmt, daß sich bei ihnen der konzentrierte Ausdruck eines Effektes beobachten läßt, der gemeinhin die Beziehungen zwischen allen nationalen Volkswirtschaften charakterisiert. Insofern dienen also Perroux die USA als Material für die Konstruktion eines Idealtypus (modèle pur).

Perroux betont, daß sich seine Interpretation außerhalb des Rahmens von Imperialismustheorien bewege. Abgesehen davon, daß diese ihm nicht hinreichend präzise erscheinen, hält er das „emotionale Vokabular", von dem sie Gebrauch machten, weder dem Erkenntnisfortschritt noch „dem Fortschritt der friedlichen Beziehungen zwischen Nationen" für dienlich. Die Analyse von Dominationseffekten biete hingegen ein Terrain wissenschaftlicher Neutralität.[15] Sein Ansatz lasse sich auch nicht auf die (von Hirschman in seiner klassischen Studie "National Power and the Structure of Foreign Trade" behandelte) Fragestellung zurückführen, wie die Macht einer Nation durch den Außenhandel gesteigert werden könne.

Die Theorie der „économie dominante" ist oft gepriesen, aber auch mehrfach kritisiert worden.[16] So wurde beispielsweise Perroux' Versuch gewürdigt, das Machtphänomen in die Außenwirtschaftstheorie einzuführen. Andererseits wurde die Theorie der „économie dominante" mehr als „suggestive Reproduktion" der internationalen Wirtschaftslage, denn als exakte Theorie gewertet.[17] Auch wurde die analytische Brauchbarkeit des Dominationseffekts angezweifelt. In der Tat reduziert die Universalität des Phänomens (asymmetrische Einflußbeziehungen zwischen Wirtschaftseinheiten) seinen Aussagegehalt. Wenn dadurch eklatante Schwächen konventioneller ökonomischer Theorie aufgedeckt werden, so ist dies allenfalls ein erster Schritt in Richtung auf eine den Modellplatonismus überwindende Theoriebildung. Daß einige der konstitutiven Merkmale der „économie dominante" USA wie Exportüberschuß und Dollarlücke der Partnerländer der Vergangenheit angehören[18], braucht kaum besonders hervorgehoben zu werden.

Als fruchtbar für eine politische Ökonomie internationaler Beziehungen erweisen sich vor allem die folgenden Gesichtspunkte: Konkurrenz in den internationalen Wirtschaftsbeziehungen ist für Perroux sowohl „un se lutte pour l'échange", ein Wettbewerb, der meist zwischen privaten Unternehmen ausgetragen wird, als auch – und dies wird in der traditionellen Außenhandelstheorie unterschlagen – „une lutte pour la fixation des cadres de l'échange", also ein Kampf um die Spielregeln und institutionellen Rahmenbedingungen, der sich im wesentlichen zwischen den Staaten abspielt.[19] Historisch gesehen war es die Hegemonie der „économie dominante", welche die Stabilität des Regelsystems garantierte. Die Strukturwandlungen der Weltwirtschaft lassen sich in ein Entwicklungsschema fügen, das neuerdings Robert Gilpin wiederaufgenommen hat: Danach läßt sich die Entwicklung der kapitalistischen Weltwirtschaft als Aufeinanderfolge von „économies dominantes" interpretieren:

> "The economic evolution of the world has resulted from a succession of dominant economies, each in turn taking the lead in international activity and influence ... Throughout the nineteenth century the British economy was the dominant economy in the world. From the seventies on, Germany was dominant in respect to certain other Continental countries and in certain specific fields. In the twentieth century, the United States economy has clearly been and still is the internationally dominant economy."[20]

So wie der Welthandel des 19. Jahrhunderts unter dem Vorzeichen der Pax Britannica stand, war es nach dem Zweiten Weltkrieg die Hegemonialmacht USA, die mit dem System von Bretton Woods und dem GATT die Institionen eines neuen liberalen Weltwirtschaftssystems schuf.[21] Die Kontroversen um die Reform des internationalen Währungssystems und die Forderungen der Entwicklungsländer nach einer neuen Weltwirtschaftsordnung sind Anzeichen dafür, daß die Strukturen des Systems Legitimität eingebüßt haben die Spielregeln von relevanten Akteuren folgenreich in Frage gestellt werden.[22] Sie sind somit zum einen Ausdruck und Ergebnis des relativen Niedergangs der USA als „économie dominante", dem der Aufstieg Japans und der Europäischen Gemeinschaft zu (nahezu) ebenbürtigen Partnern in einer oligopolitischen Konstellation von Wirtschaftsmächten entsprach; zum anderen spiegeln sie die Demonstrationseffekte, die von dem OPEC-Erfolg auf die Dritte Welt insgesamt ausstrahlten.

Für eine Analyse des außenwirtschaftlichen Machtpotentials der Bundesrepublik besitzt das Konzept der „économie dominante" nur einen gewissen heuristischen Wert. Obschon die Bundesrepublik die zweitgrößte Handelsnation der Welt darstellt, über die höchsten Währungsreserven verfügt und im internationalen Tourismus an der Spitze liegt[23], ist sie weit davon entfernt, eine dem Status der USA vergleichbare Position in der Weltwirtschaft einzunehmen. Dies zeigt schon ein Blick auf die folgenden Zahlen: 1976 betrug das BIP der USA 1689 Mrd. US-$; das der BRD 451 Mrd.;

Japan: 552,7 Mrd.; Frankreich: 348,3 Mrd.[24] Einige Anhaltspunkte sprechen für die These Gilpins:

> "Although the relative power of the United States has declined, the United States remains the dominant world economy. The scale, diversity and dynamics of the American enonomy will continue to place the United States at the center of the international economic system ..."[25]

Deshalb liegt es nahe, mit einer „regionalisierten" Version des Perroux-Konzepts zu arbeiten und die BRD mit den übrigen großen EG-Ökonomien Frankreich, Italien und Großbritannien in bezug auf eine Reihe von Strukturindikatoren zu vergleichen, die zur Messung des ökonomischen Potentials bzw. relativer Dominanz geeignet erscheinen. Ferner gilt es, die Außenhandelsverflechtung der Bundesrepublik mit kleineren Partnerstaaten wie den Beneluxländern, Dänemark, Österreich und der Schweiz zu betrachten. Bei der Wahl der Indikatoren gehen wir pragmatisch vor, d.h. ohne ein kohärentes theoretisches Design, aus dem sich zwingend bestimmte Indikatoren ableiten liessen.

Vielmehr werden verschiedene Relevanzgesichtspunkte kombiniert, ein Verfahren, das vorläufig als ausreichend erscheint, zumal auch Perroux in ähnlicher Weise vorgeht.[26] Neben dem Bruttosozialprodukt und Daten zu Volumen und Struktur des Außenhandels werden Direktinvestitionen, Gastarbeiterströme, der Bestand an Währungsreserven und der Grad der Energieimportabhängigkeit herangezogen. Ferner erscheint es sinnvoll, die Branchenstruktur der Wirtschaft und die internationale Konkurrenzposition einzelner Branchen (insbesondere im "advanced technology"-Bereich) in Betracht zu ziehen, eine Methode, die in vergleichenden Studien zum Wirtschaftspotential Frankreichs und der BRD angewandt worden ist.[27] Dabei ist freilich zu berücksichtigen, daß die wachsende Internationalisierung der Produktion den Vergleich „nationaler" Potentiale bis zu einem gewissen Grade fragwürdig macht. Eine strukturorientierte Betrachtungsweise soll anschließend ergänzt werden durch Indikatoren der *Performanz* der wichtigsten EG-Ökonomien unter dem Druck der Weltrezession der letzten Jahre. Knorrs Unterscheidung zwischen "economic strength" und "economic power" macht darauf aufmerksam, daß außenwirtschaftliche Stärke nicht gleichbedeutend ist mit Hegemoninalpolitik bzw. der politischen Nutzung ökonomischer Dominanz ("... national economic power is engaged when wealth or economic policy are deliberately used for modifying the behavior or capabilities of other states ...").[28] Die Konvertibilität „wirtschaftlicher Stärke" in „wirtschaftliche Macht" wird von nichtökonomischen Faktoren (z.B. militärische Machtrelationen, taktisches Geschick) beeinflußt.[29] Unter diesen Aspekten ist zu fragen, ob die wirtschaftliche Stärke der Bundesrepublik so etwas wie eine „DM-Diplomatie" begründet hat bzw. inwieweit und mit welchem Erfolg sie in den Dienst politischer Junktimstrategien gestellt wird. Den Versuch einer Antwort soll die Analyse von Entscheidungsprozessen innerhalb der Europäischen Gemeinschaft und von währungspolitischen Stützungsmaßnahmen im multilateralen und bilateralen Rahmen geben.

3. Ökonomische Potenz in Zahlen

Der Grobindikator *Bruttoinlandsprodukt* erlaubt einen ungefähren Größenvergleich zwischen den Volkswirtschaften der Europäischen Gemeinschaft:

	BRD	F	GB	I	NL	B	DK	IRL	L
BIP Mrd. US-$	425	336	228	172	81	62	35	8	2
BIP pro Kopf in US-$	6860	6360	4070	3080	5950	6350	7010	2480	6140

Quelle: OECD Observer May 1977 (Angaben gerundet in laufenden Preisen f. 1975)

Der hohe *Industrialisierungsgrad* der BRD läßt sich an den Daten zur Beschäftigungsstruktur ablesen:

	Landwirtschaft	Industrie	andere Bereiche
BRD	7,3	46,0	46,7
F	11,3	38,6	50,1
GB	2,7	40,9	56,4
I	15,8	44,1	40,1

Quelle: OECD Observer (in % der aktiven Bevölkerung)

Unter den „großen Vier" der EG weist die Bundesrepublik den höchsten *Verbrauch an Primärenergie* und den geringsten *Abhängigkeitsgrad in der Energieversorgung* nach Großbritannien auf:

Bruttoinlandsverbrauch an Primärenergie in Mio. t SKE (1975):

BRD	F	GB	I
345,3	234,9	289,4	181,9
Abhängigkeitsgrad in der Energieversorgung in %:			
55,0	73,8	43,2	79,1

Quelle: eurostat, Statistische Grundzahlen der Gemeinschaft 1977, Tab. 49 u. 52 (S. 71, S. 74)

Die Bedeutung des *Außenhandels* für die einzelnen EG-Länder zeigt folgende Übersicht:

	BRD	F	GB	I	NL	B + L	DK	IRL
Einfuhr in % d. BIP	17,9	16,0	23,3	22,3	43,4	48,4	29,2	48,5
Ausfuhr in % d. BIP	21,5	15,3	19,2	20,2	43,5	45,4	24,6	41,1

Quelle: eurostat 1977, Tab. 108 (S. 135).

Für die besonders außenhandelsabhängigen Benelux-Staaten ist auch die Bedeutung des EG-internen Handelsaustausches am größten, doch selbst die Bundesrepublik wickelt nahezu die Hälfte ihres Außenhandels mit den EG-Partnern ab.

	Einfuhr aus den EG-Ländern 1975		Ausfuhr nach den EG-Ländern 1975	
	Mio Eur	%	Mio Eur	%
EUR 9	110038	48,4	110975	49,4
BR Deutschland	28339	49,5	29984	43,6
Frankreich	19945	49,3	19276	49,6
Italien	12489	42,9	11881	45,1
Niederlande	15088	56,9	18927	71,0
Belgien Luxemburg	15555	67,1	15322	70,5
Ver. Königreich	13051	32,4	10693	32,3
Irland	1971	69,2	1918	79,4
Dänemark	3601	45,9	2973	45,0

Quelle: eurostat 1977, Tab. 97 + 98 (S. 124 f.)

Betrachtet man die hohe Außenhandelsabhängigkeit der kleineren EG-Länder zusammen mit der Bedeutung der Bundesrepublik als Absatzmarkt, so gewinnt man einen Eindruck von der Abhängigkeit dieser Länder vom westdeutschen Konjunkturverlauf. In der folgenden Tabelle geben die Zeilen 1 und 2 den Anteil der BRD an den Ausfuhren und Einfuhren der EG-Länder sowie Österreichs und der Schweiz an; die Zeilen 3 und 4 den Anteil des betreffenden Landes an der Aus- und Einfuhr der BRD. Damit werden Asymmetrien der außenwirtschaftlichen Verflechtung sichtbar.

	B + L	DK	F	GB	IRL	I	NL	A	CH
A	22,3	13,3	16,5	6,4	7,9	18,6	31,0	21,8	14,8
E	22,0	19,7	18,8	8,3	10,7	17,1	25,2	40,0	27,9
A	7,6	2,1	11,7	5,0	0,3	7,2	10,0	4,6	5,5
E	9,1	1,5	12,6	8,7	0,4	9,2	14,7	2,1	5,6

Quellen: Statistisches Jahrbuch für die Bundesrepublik Deutschland 1977, S. 631ff.; Wirtschaft und Statistik Nr. 6/1977, S. 406 (alle Angaben 1975).

Nach dem Maßstab der Handelsverflechtung erscheint die Bundesrepublik als „économie dominante" am ehesten im Verhältnis zu den Beneluxstaaten und Österreich. Diese sind aber bei weitem nicht in dem Maße Satellitenwirtschaften wie z.B. Irland im Verhältnis zu Großbritannien, das 52,5 % der irischen Exporte abnimmt. Ferner sollte berücksichtigt werden, daß etwa unter den Abnehmern Belgien-Luxemburgs Frankreich mit 17,8 % der belgischen Ausfuhren und die Niederlande mit 17,1 % nur mit relativ geringem Abstand hinter der BRD rangierten.

Als Anziehungspol für Gastarbeiterströme steht die Bundesrepublik in der EG an der Spitze, wie die Zahlen über den Bestand an ausländischen Arbeitskräften zeigen:

	BRD (Jan. 1973)	Frankreich (Jan. 1973)	Großbritannien (1971)
aus Gemeinschaftsländern	566 000[30]	299 000	653 000
aus Drittländern	1 779 000	1 483 000	1 012 000[31]

Quelle: K. P. Tudyka, Marktplatz Europa, Köln 1975, S. 26 f.

Nimmt man den Internationalisierungsgrad der Produktion gemessen am Bestand der *Direktinvestitionen* im Ausland als Indikator der expansiven Dynamik einer kapitalistischen Ökonomie[32], so registriert man für die Bundesrepublik Deutschland einen beträchtlichen Rückstand: Mitte 1974 wurde der Bestand an Direktinvestitionen im Ausland auf 41,7 Mrd. DM geschätzt; damit lag die BRD weit zurück hinter den USA mit 257,4 Mrd. DM (1973) und Großbritannien mit 71,2 Mrd. DM (1973). Die französischen Direktinvestitionen wurden 1972 auf ca. 19 Mrd. DM, diejenigen der Schweiz auf 40,3 Mrd. DM geschätzt.[33] Bemerkenswert ist freilich der Rhythmus, in dem die westdeutsche Industrie ihre internationalen Operationen ausgedehnt hat. Hatten die Auslandsinvestitionen 1965 bei 8,3 Mrd. DM gelegen, so stiegen sie auf 21,2 Mrd. DM 1970 an und verdoppelten sich bis 1975 auf 42 Mrd. DM.[34] Die Bundesrepublik dürfte die Schwelle zum Nettokapitalexport schon überschritten haben. 1975 betrug der Bestand an Auslandskapital in der BRD 42,4 Mrd. DM. Im Rezessionsjahr 1975 beliefen sich die Kapitalabflüsse auf 5,2 Mrd. DM (knapp unter dem Rekord von 1973: 5,6 Mrd. DM), während die Zuflüsse nur 2,5 Mrd. DM ausmachten. Nichtsdestoweniger wird die Auslandsproduktion vom Warenexport noch weit in den Schatten gestellt. Für den Zeitraum 1971–73 machte die Auslandsproduktion westdeutscher Unternehmen durchschnittlich 36 % des Exportwerts aus; für die USA, Großbritannien und Japan lauten die entsprechenden Zahlen 380 %, 202 % und 48 %.[35] In dem Maße, wie die „europäischen Multinationalen" an Boden gewinnen[36], sich also die Tendenz zum internationalen "cross-investment" verstärkt, verliert das Problem der US-Dominanz an Aktualität. Eine Dominanzposition der BRD in Westeuropa läßt sich in bezug auf Direktinvestitionen nicht feststellen. 1973 beliefen sich die BRD-Investitionen in der EG der Neun auf 11,4 Mrd. DM; die Kapitalbeteiligungen aus EG-Ländern in der BRD lagen bei 11 Mrd. DM. Die bilateralen Bilanzen mit den wichtigsten europäischen Anlegerländern sehen wie folgt aus:

	BRD-Investitionen (Mrd. DM)	Anlagen in der BRD
Großbritannien	0,86	3,5
Belgien-Luxemburg	3,3	1,4
Frankreich	3,2	1,9
Niederlande	2,5	3,7
Schweiz	3,5	4,0

Quellen: Krägenau, a. a. O., (Anm. 32), S. 125; Monatsberichte der Deutschen Bundesbank, 26. Jg. Nr. 11 Nov. 1974, S. 31.

In der Arena der *internationalen Finanz* vermag Frankfurt mit der Londoner City kaum zu rivalisieren. So hat der Eurogeldmarkt sein Zentrum in London: „Am Euro*dollar*markt nimmt London weiterhin eine beherrschende Stellung ein (Ende 1974 entfielen nach Angaben der BIZ 56,8 % der Auslandsverbindlichkeiten der Banken in US-Dollar aus den acht berichtenden europäischen Ländern auf Großbritannien), während das Übergewicht Londons an den Euromärkten in anderen Währungen nicht so ausgeprägt ist (der entsprechende Anteil liegt hier bei lediglich 35,2 %): Auf diesen Märkten nimmt Belgien-Luxemburg (vor allem auf Grund der starken Konzentration des Euro-DM-Marktes auf Luxemburg) mit 28 % eine nahezu ebenbürtige Stellung ein."[37] In den internationalen Bankgruppen wie EBIC, ORION, ABECOR und EUROPARTNERS kooperieren die beteiligten deutschen Banken mit italienischen, französischen und britischen Partnern, die sie – gemessen an der Bilanzsumme – nicht selten übeflügeln.[38]

„Währungsstärke", so hat O. Emminger formuliert, „bedeutet im internationalen Zusammenhang in erster Linie eine gesunde Zahlungsbilanz, einen vertrauenerweckenden Wechselkurs, gut dotierte Währungsreserven".[39] Mit einem Bestand an Währungsreserven (Devisen, Gold, SZR, IWF-Position) im Gegenwert von 34,8 Mrd. US-$ lag die Bundesrepublik international an der Spitze vor Saudiarabien (27 Mrd. US-$) und den USA (18,3 Mrd. US-$). Frankreichs Reserven beliefen sich zu diesem Zeitpunkt auf 9,7 Mrd. US-$, diejenigen Italiens und Großbritanniens auf 6,7 bzw. 4,2 Mrd. US-$.[40] Welche währungspolitische Strategie diese Akkumulation von „Rheingold" ermöglicht hat und für welche Zwecke dieser Hort eingesetzt wird, soll an späterer Stelle behandelt werden.

Es würde den Rahmen dieses Beitrags sprengen, wollte man eine komparative Analyse der industriellen *Branchenstruktur* der wichtigsten westeuropäischen Industriestaaten, ein umfassendes Tableau ihrer Stärken und Schwächen vorlegen. Hierzu sind detaillierte französische Studien verfügbar.[41] Im folgenden werden deshalb nur Basisdaten für einige wichtige Industriezweige präsentiert.

Eine internationale Spitzenposition hat die BRD im *Maschinenbau* inne, der 1974 mit einem Umsatz von ca. 82 Mrd. DM und einer Beschäftigtenzahl von 1,15 Mio. (was 10,9 % des gesamten Industrieumsatzes und 14,5 % aller in der Industrie Beschäftigten entspricht) den größten deutschen Industriezweig bildete. 1974 betrug der BRD-Anteil an der gesamten Maschinenausfuhr der westlichen Welt mit 46,2 Mrd. DM 26,2 %; die Anteile der USA und Großbritanniens betrugen 23,7 bzw. 9,1 %.[42]

In der *Rohstahlerzeugung* lag die BRD 1976 in der Weltrangliste an 4. Stelle, gefolgt von Italien und Frankreich.

Rohstahlerzeugung in Mio. t:[43]

UdSSR	147	BRD	42,4
USA	116,3	Italien	23,3
Japan	107,3	Frankreich	23,2

In der seit Ende 1974 andauernden Krise der europäischen Stahlindustrie haben sich die westdeutschen Unternehmen ebenso wie diejenigen der Niederlande und Luxemburgs als relativ widerstandsfähig erwiesen. Am stärksten von Strukturschwächen gezeichnet ist die französische Stahlindustrie: 1976 war die Verschuldungsrate der französischen Stahlindustrie doppelt so hoch wie die der britischen und sechsmal so hoch wie die der deutschen. Die Produktion einer Tonne Rohstahl erforderte 10,8 Std. in Frankreich, 7,7 Std. in der BRD und 6,46 Std. in Luxemburg (1974).[44]

Ein grobes Profil der *Chemieindustrie* in den „großen Vier" der Europäischen Gemeinschaft liefert die folgende Tabelle:

	Umsatz 1973 in Mio US-$	Wertschöpfung 1973, Mio US-$	Investition 1973, Mio US-$	Anteil in v.H. Weltchemie-Export
BRD	24 105[1]	13 860	1 754	19,8
F	14 550	5 595	896[2]	8,2
GB	14 630	6 570	699[2]	7,3
I	9 525	4 765	1 167	3,9

1 ohne Mehrwertsteuer, 2 ohne Chemiefasern.
Quellen: Gresi, a.a.O. (Anm. 41), S. 171; Berband der chemischen Industrie, Chemiewirtschaft in Zahlen 1975, S. 101.

In der europäischen *Luftfahrtindustrie* nimmt Frankreich eine Spitzenstellung ein. Bei einem Umsatz von 19,8 Mrd. FF machten die Exporte 1976 10,4 Mrd. FF aus. Hinsichtlich der Beschäftigtenzahl wird Frankreich von Großbritannien allerdings weit übertroffen: Während die französische Luftfahrtindustrie 108 000 Beschäftigte zählt, erwirtschafteten die 206 000 Beschäftigten der britischen 1975 einen Umsatz von 1,2 Mrd. Pfund Sterling, von denen 801 Mio. in den Export gingen. Mit ca. 52 000 Beschäftigten erwirtschaftete die westdeutsche Luftfahrtindustrie 1975 einen Umsatz von 5 Mrd. DM; der Exportanteil betrug ca. 20 %. (Die internationale Dominanz der USA in dieser Branche ist indessen nahezu erdrückend, insbesondere im Bereich der zivilen Produktion: nahezu 95 % der internationalen Luftflotte (ohne Ostblock) sind Flugzeuge amerikanischer Herkunft.)[45]

Die Liste der bisher herangezogenen Indikatoren könnte um solche Kriterien verlängert werden, wie sie in einem Vergleich der Entwicklungspotentiale Frankreichs und der BRD[46] benutzt wurden: Dabei wurden neben Industriestruktur, Investitionsraten und Exportdynamik u.a. auch die Altersstruktur der Bevölkerung, die Ausgewogenheit der Regionalstruktur, das Verhältnis von individuellem und kollektivem Konsum, die Macht des Staates und der Grad sozialer Integration berücksichtigt. Bei einem derartigen Vorgehen vervielfachen sich freilich die Methoden- und Bewertungsprobleme. Auch hinsichtlich der bisher verwendeten Indikatoren bleiben Gewichtungs- und Bewertungsfragen offen.

Uns erscheint noch der Versuch lohnend, einige Indikatoren zu berücksichtigen, welche die Performanz einer Wirtschaft unter Stress messen bzw. die krisenhafte Entwicklung verschiedener Volkswirtschaften unter dem Einfluß von Währungskrisen, Ölpreisschock, Verteilungskämpfen und internationaler Rezession spiegeln. Dabei sollte man sich vergegenwärtigen, daß Arbeitslosenquoten, Inflationsraten und Wechselkursschwankungen auch Reflex der Prioritäten und des Geschicks wirtschaftspolitischen Krisenmanagements, des Charakters der Arbeitsbeziehungen sowie des Grades an gesellschaftspolitischem Konsens sind. Den *Arbeitslosenquoten* in den vier großen EG-Ländern werden zum Vergleich die Daten für Schweden gegenübergestellt:

	Durchschnitt 1962–1973	1974	1975	1976	1977 1. Quartal
BRD	0,6	1,5	3,6	3,5	3,9
F	2,2	2,7	4,1	4,0	3,9
GB	3,1	2,9	4,4	6,0	6,0
I	3,5	3,1	3,6	3,9	4,1
S	2,1	2,0	1,6	1,6	1,7

Quelle: OECD Observer July 1977, S. 21[47].

Inflationsraten und die Entwicklung des Außenwerts wichtiger Währungen werden durch die folgenden Schaubilder ausgewiesen.

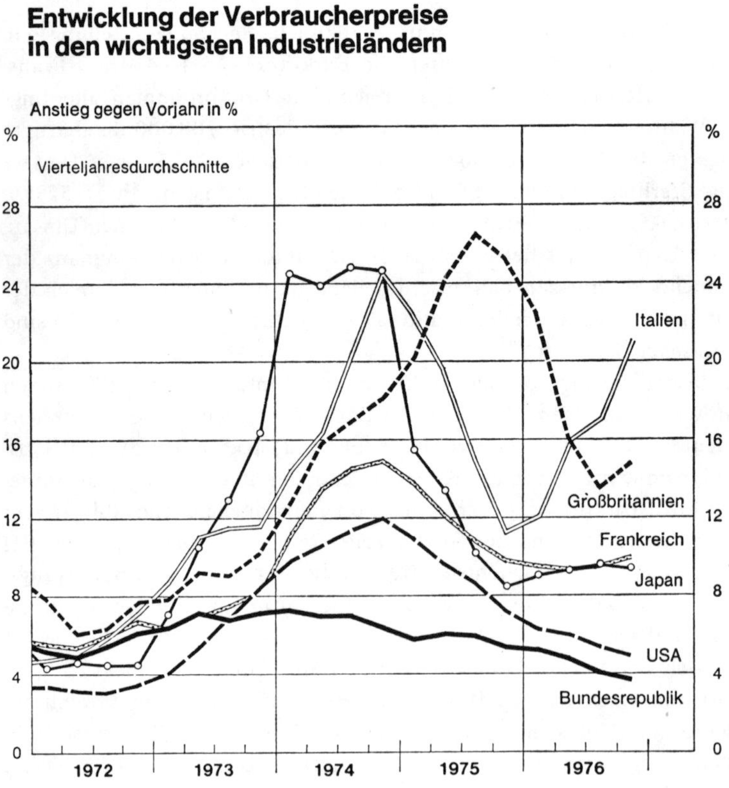

Entwicklung des Außenwerts wichtiger Währungen gegenüber der gesamten Welt

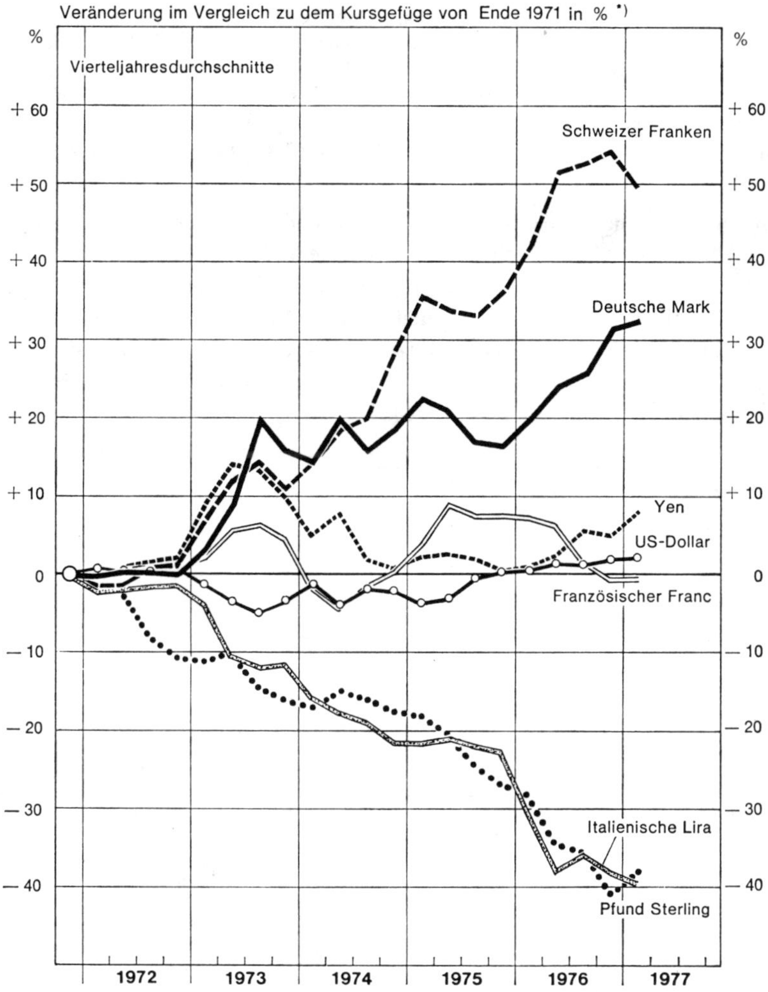

*) Berechnet auf Basis der amtlichen Kassa-Mittelkurse in Frankfurt am Main. Für Ende 1971 wurden die Leitkurse des Wechselkurs-Realignments vom 18. Dezember 1971 zugrunde gelegt, beim kanadischen Dollar, für den kein Leitkurs festgelegt wurde, die Marktkurse vom 21. Dezember 1971. Die Gewichte entsprechen der Regionalstruktur der Außenhandelsumsätze (Ausfuhr plus Einfuhr) der einzelnen Länder.

Quelle: Geschäftsbericht der Deutschen Bundesbank 1976, S. 51, 61

Im letzten Geschäftsbericht der Bundesbank heißt es hierzu:

„Die Polarisierung in der Entwicklung des Außenwerts wichtiger Währungen, die mit dem allgemeinen Übergang zu beweglicheren Wechselkursen begonnen hatte, setzte sich 1976 verstärkt fort. Einer klar umrissenen Gruppe von währungsstarken Ländern – dazu gehören die Schweiz, die Bundesrepublik, die Niederlande und die Vereinigten Staaten – stand eine Anzahl von Ländern gegenüber, deren Währungen einer fast ständigen, von gelegentlichen Übersteigerungen nicht freien Erosion ausgesetzt waren. Insbesondere das Pfund Sterling und die italienische Lira haben starke Kurseinbußen erfahren ... Die hohen Inflationsraten in diesen Ländern ... machten die skeptische Einschätzung der Märkte gegenüber Pfund und Lira verständlich ...“[48]

Die Entwicklung der Leistungsbilanzsalden zeigt die folgende Übersicht. Bezeichnend für die starke außenwirtschaftliche Position der Bundesrepublik ist die Tatsache, daß nach einem zunächst steilen Anstieg der Leistungsbilanzdefizite gegenüber den OPEC-Ländern schon 1975 die Leistungsbilanz gegenüber dieser Ländergruppe nahezu ausgeglichen war. Während 1974 das Leistungsbilanzdefizit um 8,5 Mrd. DM auf fast 11 Mrd. DM nach oben schnellte, sank es infolge des Exportbooms in die Ölländer auf 0,3 Mrd. DM (1975) bzw. 0,9 Mrd. DM (1976).[49]

Leistungsbilanzsalden der OECD-Länder *)

Mrd US-Dollar

Länder	1973	1974	1975	1976 p)
Bundesrepublik Deutschland	+ 4,4	+ 9,8	+ 3,9	+ 3,0
Niederlande	+ 2,3	+ 2,0	+ 1,6	+ 2,3
Belgien-Luxemburg	+ 1,3	+ 0,7	+ 0,3	– 0,0
Dänemark	– 0,5	– 0,9	– 0,5	– 1,9
Schweden	+ 1,2	– 0,9	– 1,6	– 2,5
Norwegen	– 0,4	– 1,2	– 2,5	– 3,4
Gruppenfloater zusammen	+ 8,3	+ 9,5	+ 1,2	– 2,5
Frankreich	– 0,7	– 5,9	– 0,1	– 5,8
Großbritannien	– 2,0	– 8,6	– 3,7	– 2,5
Italien	– 2,5	– 7,8	– 0,5	– 2,9
Schweiz	+ 0,3	+ 0,2	+ 2,6	+ 3,4
Österreich	– 0,3	– 0,5	– 0,3	– 1,5
Sonstige europäische OECD-Länder 1)	– 1,0	– 5,9	– 9,8	–10,8
Vereinigte Staaten	+ 0,0	– 3,6	+11,7	– 0,6
Kanada	+ 0,1	– 1,5	– 4,9	– 4,4
Japan	– 0,1	– 4,7	– 0,7	+ 3,7
Australien, Neuseeland	+ 0,7	– 3,7	– 2,0	– 2,1
OECD-Länder insgesamt	+ 2,8	–32,5	– 6,5	–26,0

* Salden des Warenhandels, der Dienstleistungen und der privaten sowie öffentlichen Übertragungen (auf Transaktionsbasis). – **1** Finnland, Irland, Island; Griechenland, Portugal, Spanien, Türkei. – **p** Vorläufig.
Quellen: Nationale Statistiken, IWF und OECD.

Quelle: Geschäftsbericht der Bundesbank 1976, S. 62

Was die „währungsschwachen Länder" angeht, so hat John Pinder darauf hingewiesen, daß diese in bezug auf das Wirtschaftswachstum bessere Leistungen aufweisen als die sogenannten „starken Länder": Zwischen 1964 und 1974 stieg der Output pro Beschäftigtem um jährlich 4,8 % in Italien, 4,5 % in Frankreich, 4,2 % in der BRD, und das industriell stagnierende Großbritannien stand mit 2,4 % besser da als die USA mit 1,6 %.[50] Die Schwäche der Defizitländer mit hoher Inflationsrate wurzelt nach Pinder "in the inability of politics and society to come to terms with the power of workers' organisations: a structural defect which is not likely to be quickly removed, and certainly not by conjunctural policies".[51] Wenn dies richtig ist und wenn ferner zutrifft, daß sich Frankreich oder Italien auf die Dauer keine Inflationsrate von 20 % leisten können, wenn sie in der BRD bei 4 % liegt, weil bei gegebener Verflechtung von der deutschen Stabilitätspolitik ein gewisser Anpassungszwang auf die Konjunkturpolitik der Partnerländer ausgeht,[52] so bedeutet dies nichts anderes, als daß Stabilitätspolitik und Gewerkschaftsdisziplin des „starken Landes" den gesellschaftspolitischen Manövrierspielraum des „schwachen Landes" eingrenzen. Dieser „Dominanz-Effekt", wenn man so will, wirkt ganz unabhängig von rhetorischen Interventionen deutscher Politiker oder von Auflagen, die an Devisenkredite geknüpft sein mögen. Dieser Sachverhalt ist es nicht zuletzt, der nach einer Erklärung der deutschen „Währungsstärke" bzw. der außenwirtschaftlichen Performanz der BRD-Wirtschaft verlangt.

4. *Expansion und Stabilität: Zur außenwirtschaftlichen Strategie der Bundesrepublik*[53]

Wer den Schlüssel zur Erfolgsgeschichte des „Modell Deutschland" sucht, findet ihn vermutlich am ehesten in der Strategie des exportorientierten Wachstums, die lange Zeit Vollbeschäftigung sicherte und wachsende Reallöhne garantierte. Wirtschaftliches Wachstum verbürgte politische und soziale Stabilität, und diese Stabilität wiederum wurde zu einem wichtigen Faktor für die Wettbewerbsfähigkeit der westdeutschen Industrie auf den Weltmärkten. Die Dynamik der Exportexpansion läßt sich an der Tatsache ablesen, daß der Exportanteil am Bruttosozialprodukt von 8,5 % im Jahre 1950 auf 25,2 % im Jahr 1974 anstieg. 1975 war jeder fünfte Arbeitsplatz vom Export abhängig.

Exportorientiertes Wachstum entsprach zum einen der Logik der Industriestruktur; zum anderen war es Produkt bewußter Politik. Die Teilung Deutschlands hatte die traditionelle Konzentration auf Grundstoff- und Produktionsgüterbranchen noch verstärkt. Damit war die westdeutsche Wirtschaft in nahezu idealer Weise an die Weltnachfrage der Nachkriegsära angepaßt. Der westdeutsche Export florierte unter den Auspizien der Pax Americana, die eine bis dahin nicht gekannte Intensivierung des Welthandels hervorbrachte. Der internationalen Wettbewerbsfähigkeit der deutschen Industrie kam das reichliche Arbeitskräfteangebot, das zuerst die Flüchtlinge und später die Gastarbeiter bildeten, zugute, ebenso die lohnpolitische Disziplin der Gewerkschaften, die bis gegen Ende der 60er-Jahre anhielt. Die Dividenden des Wachstums dämpften den Klassenkonflikt. „Einkommenspolitik von unten" (Kindleberger) und eine entschiedene Stabilitäts- bzw. Deflationspolitik sorgten für niedrige Inflationsraten und eine Zügelung der Binnennachfrage mit dem Erfolg, daß der Drang in die Exportmärkte doppelt angeregt wurde. Preisstabilität im Innern und Wettbewerbsfähigkeit nach außen bildeten die Eckpfeiler der Geld- und Währungspolitik. Vollbeschäftigung wurde – wie die Rezession 1966/67 demonstrierte – der Preisstabilität untergeordnet. Trotz steigender Exportüberschüsse seit der zweiten Hälfte der 50er-Jahre – verursacht durch eine nahezu chronische Unterbewertung der DM – war die Parität tabu, und Wechselkursänderungen wurden nur als „ultima ratio" praktiziert, wenn die importierte Inflation das Ziel der Preisstabilität gefährdete. Die Anpassung der Zahlungsbilanzen wurde zur Sache der Defizitländer erklärt, welche vom Pfad der Währungsdisziplin abgewichen waren. Im Zielkonflikt zwischen Preisstabilität und Exportchancen vermochte der Exportsektor (Industrie und Geschäftsbanken) erfolgreich notwendige Aufwertungen zu verzögern, wie der Verlauf der Aufwertungsdebatten 1961 und 1968/69 zeigte.

Während der frühen 70er-Jahre bildeten die Turbulenzen in den internationalen Geldmärkten eine Hauptursache der Inflation für die westdeutsche Wirtschaft. Die Bundesbank verlor die Kontrolle über die Liquiditätsversorgung. Erst der Übergang zum Regime des Floating gab ihr die Möglichkeit zurück, eine effektive Stabilitätspolitik zu betreiben und die BRD vom internationalen „Inflationskonvoi" (Emminger) abzukoppeln. Ironischerweise vermochte die sukzessive DM-Aufwertung jedoch nicht ein Ansteigen der Exportüberschüsse zu verhindern, die 1974 die Rekordziffer von 51 Mrd. DM erreichten.

Die Rezession von 1975, die zu einem Rückgang des realen BSP um 3,4 % führte und die höchste Arbeitslosenquote seit 1955 – 4,7 % – mit sich brachte, erhellte schlagartig die Verwundbarkeit der westdeutschen Wirtschaft, die mit dem hohen Grad der Exportabhängigkeit verbunden ist. Sie hat der Frage eine gewisse Aktualität verliehen, ob nicht für die Bundesrepublik die Grenzen des exportorientierten Wachstums erreicht sind. Schon der Zerfall des Bretton-Woods-Systems und der arabische Ölboykott hatten das Ende einer „belle époque" signalisiert. Der Wegfall künstlicher Wettbewerbsvorteile, die aus der Unterbewertung der DM resultierten, und Wandlungstendenzen in der internationalen Arbeitsteilung (exportorientierte Industrialisierung in Entwicklungsländern) treiben einen Strukturwandel voran, dessen krisenhafte Ausprägungen zum Teil die Spätfolgen der Strategie der Exportexpansion sind. Zwar gilt im Wirtschaftsministerium auch für die Zukunft ein Exportanteil in der Größenordnung von 25 % des BSP als erwünscht; gleichzeitig werden jedoch Direktinvestitionen als Faktor des Strukturwandels und als Beitrag zur Verbesserung der internationalen Arbeitsteilung gefördert. Sollten sich als Folge zunehmender Auslandsinvestitionen Tendenzen in Richtung einer "headquarters economy" verstärken, so wäre dies zweifellos mit zusätzlichen beschäftigungspolitischen Risiken verbunden, die eine "export of jobs"-Kontroverse heraufbeschwören müßten, wie sie in den letzten Jahren in den USA stattgefunden hat. Anhaltend hohe Arbeitslosigkeit könnte im übrigen die Gewerkschaften zu mehr Militanz veranlassen und den Nexus von Stabilität und Expansion zerbrechen.

Bundesregierung und Bundesbank suchen die Kontinuität der außenwirtschaftlichen Strategie zu retten, die der Bundesrepublik ihre Exporterfolge beschert hat, wenn sie heute für die Erhaltung eines liberalen Welthandelssystems kämpfen und mit den Instrumenten der Währungsdiplomatie die Inflation im Weltmaßstab einzudämmen trachten. Das Plädoyer für Stabilitätspolitik wird mit fast missionarischen Akzenten vorgetragen: „In dem weltweiten Kampf gegen die Geißel der Inflation ist die deutsche Währungsstabilität eine Stütze für die Stabilität des internationalen Währungssystems".[54] Den an die Adresse der Bundesrepublik gerichteten Forderungen nach Reflation wird das Stabilitätsziel als kategorischer Imperativ entgegengehalten:

> „Die währungsstarken Länder können die Expansion der internen Nachfrage freilich nur soweit zulassen, wie es mit einer erfolgreichen Stabilitätspolitik noch vereinbar ist. Darüber hinaus liegt ihr wesentlicher und stabilitätspolitisch auch nützlicher Beitrag zur Unterstützung der Defizitländer hauptsächlich darin, daß sie einer eventuellen Höherbewertung ihrer Währungen auf den Devisenmärkten keinen Widerstand entgegensetzen."[55]

Otmar Emmingers Bemerkung, es gelte „den Eindruck zu vermeiden, als ob ‚am deutschen Wesen die Welt genesen' solle"[56], hat durchaus eine selbstkritische Pointe. Das Schicksal der europäischen Währungsschlange demonstriert die Grenzen eines stabilitätsorientierten internationalen Krisenmanagements. Ursprünglich als Stabilitätsblock in einem System driftender Währungen, als wichtige Etappe auf dem Weg zur europäischen Wirtschafts- und Währungsunion konzipiert, ist sie jüngst mit dem Ausscheiden des assoziierten Schweden weiter geschrumpft und stellt heute im wesentlichen eine DM-Zone dar (Mitglieder: Benelux-Länder, Dänemark; assoziiert: Norwegen). Die Mini-Schlange bildet somit das währungspolitische Korrelat zu der besonders engen Außenhandelsverflechtung der übrigen Mitgliedsländer mit der Bundesrepublik. Diese vermag darüber mehr als 25 % ihres Außenhandels zu festen Wechselkursen abzuwickeln.[57]

5. *Trade through Aid oder Kroesus als Zensor*

Das Volumen ihrer Währungsreserven prädestiniert die Bundesrepublik zum Financier von Zahlungsbilanzhilfen an Defizitländer. Devisenkredite zur Überbrückung von Zahlungsbilanzschwierigkeiten können bilateral, über die Bank für Internationalen Zahlungsausgleich (BIZ) und den Internationalen Währungsfonds (IWF) gewährt werden. Im Rahmen der Europäischen Gemeinschaft gibt es neben dem gemeinschaftlichen Interventionssystem der EG-Währungsschlange drei weitere Beistandsmechanismen: den kurzfristigen und den mittelfristigen Währungsbeistand sowie die Gemeinschaftsanleihen. Während der kurzfristige Beistand ohne wirtschaftspolitische Auflagen gewährt wird, ist der mittelfristige Beistand mit Auflagen verbunden, deren Einhaltung vom EG-Währungsausschuß und der EG-Kommission überwacht wird. Ebenfalls an wirtschaftspolitische Auflagen gebunden ist die Inanspruchnahme von Mitteln aus Gemeinschaftsanleihen, bei denen die Mitgliedsstaaten im Verhältnis ihrer Quoten im kurzfristigen Währungsbeistand haften.[58]

Wenn sich die Bundesrepublik an Stützungsmaßnahmen im Rahmen der genannten Mechanismen entsprechend ihrer Leistungsfähigkeit beteiligt oder über die Bundesbank bilaterale Hilfe gewährt, so geschieht dies in erster Linie in der Absicht, wichtige Handelspartner zu „stabilisieren", ein internationales „Milieu" zu erhalten, das der BRD Exportchancen sichert. Importbeschränkungen, zu denen zahlungsschwache Länder greifen könnten, um ihre Handelsbilanz zu verbessern, liegen nicht im deutschen Interesse. Zugleich dienen Zahlungsbilanzhilfen als (wenn auch unzureichender) Ersatz für Reflationsmaßnahmen, die aus binnenwirtschaftlichen Gründen als unerwünscht gelten. Gelegentlich werden Stützungskredite auch von politisch-strategischen Interessen diktiert – so zum Beispiel im Falle Portugals: Mit der Finanzierung eines „Tochterunternehmens" der SPD suchte die Bundesrepublik ein Gegengewicht gegen die portugiesische KP zu stärken und damit den Verbleib Portugals in der NATO zu sichern. Auch im Falle Italiens spielte offensichtlich das antikommunistische Kalkül eine Rolle. Als Helmut Schmidt nach dem Puerto-Rico-Gipfel ein Junktim zwischen weiterer Kredithilfe für Italien und dem Ausschluß der KPI aus der Regierungsverantwortung verkündete, mag es ihm freilich mehr um den Ankündigungseffekt als um die Realisierung der Drohung gegangen sein.

Wie in einem Schuldnerland die Problematik der „Konditionierung" von außen gesehen wird, die sich mit dem Stabilitätsgefälle und der „Zahlungsbilanzfessel" verbindet, kann an zwei italienischen Beispielen gezeigt werden. Als Ende März 1977 die Verhandlungen um einen IWF-Kredit in ihre Endphase gelangten, waren es vor allem die Begleitumstände, unter denen die wirtschaftspolitischen Auflagen des Währungsfonds ausgehandelt wurden, welche von einem Teil der italienischen Öffentlichkeit als demütigend empfunden wurden. Regierung und Gewerkschaften rangen zäh um die vom Fonds verlangte Dämpfung der Lohnkosten, konkret: um Modifikationen der Berechnung der „scala mobile", ein Indexierungsmechanismus zum Schutz der Reallöhne gegen die Inflation. Eine Einigung mit dem Fonds galt als Voraussetzung für weitere Kredite seitens der EG. Nachdem der Finanzminister nach Washington entsandt worden war, um für Korrekturen der ausgehandelten "Letter of Intent", welche die Gewerkschaften verlangten, das Plazet des IWF-Direktoriums einzuholen, saß das Kabinett nachts im Palazzo Chigi versammelt und wartete auf das entscheidende Telefonat aus Washington. Wenige Tage später äußerte sich ein führender SPD-Politiker in einer Diskussion mit italienischen Journalisten lobend über die bewährte Praxis des IWF. Unausgesprochen blieb dabei das Argument, wenn der IWF Auflagen erteile, dann brauche die Bundesrepublik dies nicht zu tun. Nach den Worten von Staatssekretär Hermes betrachtet die Bundesregierung den IWF „als die zur Zeit geeignetste und wirksamste internationale Institution zur Bewältigung der kritischen Probleme der Weltwirtschaft."[60] Diese Einschätzung erklärt sich sicherlich u.a. auch aus der Entlastungsfunktion, die der IWF für die Bundesrepublik erfüllt, indem er ihr zusätzliche Imageprobleme im Verhältnis zu ihren Partnern erspart und sie davon befreit, selbst als wirtschaftspolitischer Zensor auftreten zu müssen.

Im Zusammenhang mit der Forderung der italienischen Gewerkschaften nach dem „salario europeo", d.h. der Angleichung des italienischen Lohnniveaus an das der höher entwickelten europäischen Staaten, verdienen die Ausführungen des italienischen Ökonomen Luigi Spaventa zum Verhältnis der nationalen Arbeiterbewegungen in Europa Beachtung. Italienische Gewerkschaften müßten – so Spaventa – immer „salti mortali" vollbringen, um nachzuweisen, daß die Arbeitskosten in Italien nicht stärker oder sogar weniger stark gestiegen seien als in anderen europäischen Ländern. Für Sozialisten stelle sich das Problem, wie zu vermeiden sei, daß die europäische Integration zum Transmissionsmittel für die rückständigsten Bedingungen werde, in denen sich die Arbeiterbewegung befinde. Übertragen werde nämlich nicht der fortgeschrittenste Stand, den die Arbeiterbewegung in einem Land erreicht habe, sondern der am weitesten zurückgebliebene (la condizione più arretrata), da dieser sich als Parameter über das Vehikel der internationalen Wettbewerbsfähigkeit und die Fessel der Zahlungsbilanz durchsetze. Deshalb müsse man sich dem Problem der deutschen Sozialdemokratie und der deutschen Gewerkschaften stellen.[61] So kurzsichtig es sein mag, die für die Masse der westdeutschen Arbeitnehmer spürbaren Erfolge kooperativer Gewerkschaftspolitik als rückständig einzustufen, so bleibt nichtsdestoweniger der Sachverhalt bestehen, daß ein Konfliktgefälle in den Arbeitsbeziehungen ökonomische Konsequenzen hat, die als Dominanzeffekte interpretiert werden können. Aus dieser Optik wird dann auch die Mahnung Bino Olivis an die Adresse der KPI verständlich, den wahren „historischen Kompromiß" hätten die italienischen Kommunisten nicht mit der Democrazia Christiana, sondern mit der deutschen Sozialdemokratie zu schließen.[62]

Im Rahmen der Europäischen Gemeinschaft spielt die Bundesrepublik nicht nur eine Schlüsselrolle bei der Finanzierung verschiedener Formen des Währungsbeistands, sondern sie kommt bekanntlich auch für einen bedeutenden Anteil des EG-Haushalts auf (1976: nominal 27,5 %; real 36 %). Von daher stellt sich die Frage, ob die Bundesrepublik aus diesen beiden Funktionen eine Dominanzposition im EG-Entscheidungsprozeß bezieht: mit anderen Worten: Ist es der Bundesrepublik gelungen, kraft ihrer Wirtschafts- und Währungsstärke ihre Zielvorstellungen und Interessen im Bereich der Europa-Politik durchzusetzen? Läßt man eine Reihe wichtiger Entscheidungen der letzten Jahre Revue passieren, so drängt sich der Eindruck auf, daß dies allenfalls in geringem Maße der Fall gewesen ist. Von der Einigung über die Direktwahl zum Europäischen Parlament abgesehen ist die Bundesrepublik ihrem europapolitischen Fernziel, dem institutionellen Ausbau der Gemeinschaft zur Politischen Union und – langfristig – zum Bundesstaat nicht näher gekommen. Eine gemeinsame Energiepolitik ist ebensowenig zustande gekommen wie eine durchgreifende Reform der Agrarpolitik. Die Verhandlungsmacht der BRD reichte nicht einmal dazu aus, das JET-Projekt nach Garching zu bekommen. Denn das Institutionensystem der Europäischen Gemeinschaft wirkt ausgesprochen anti-hegemonial und sorgt dafür, daß sich wirtschaftliche Stärke nicht ohne weiteres in politische Macht umsetzt. Einstimmigkeit maximiert die Obstruktionsfähigkeit und Veto-Macht jedes einzelnen Mitglieds. Ihre „Zahlmeister-Rolle" verleiht der Bundesrepublik oft nicht viel mehr als die Macht des Neinsagens. Die Entstehungsgeschichte des Regionalfonds bietet hierfür ein instruktives Beispiel.[63] –

6. *Schluß*

Aufgrund ihrer Industriestruktur, mit ihren Währungsreserven und als Konjunkturzentrum befindet sich die Bundesrepublik sowohl innerhalb der Weltwirtschaft als auch in Europa in einer Position der Stärke. Wer diesen Sachverhalt mit dem Konzept der „économie dominante" zu charakterisieren versucht, übersieht indessen allzu leicht die vielfältigen Restriktionen, welche die Position der BRD relativieren. Darüber hinaus zeichnen sich gegenwärtig Entwicklungstendenzen ab, die zu gravierenden Belastungsproben für die deutsche Außenwirtschaftspolitik führen können. An dieser Stelle können sie nur thesenhaft skizziert werden:

1. Der Strukturwandel der westdeutschen Wirtschaft, die zunehmende Internationalisierung der Produktion und ein anhaltend hohes Niveau von Arbeitslosigkeit bergen ein „subversives" Potential, welches das „Modell Deutschland" zu unterminieren droht.

2. Die Forderungen der Entwicklungsländer nach einer Neuen Weltwirtschaftsordnung kollidieren mit den weltwirtschaftlichen Ordnungsvorstellungen, die bisher die Bundesrepublik vertreten hat. Auf internationalen Konferenzen stellt Die Verhandlungsmethode ist die der Schadensbegrenzung („Wir haben in diesem Nord-Süd-Dialog schon einige Federn lassen müssen und sollten nun aufpassen, daß wir mit einem blauen Auge davonkommen").[64] Die Bundesrepublik muß mit dem Problem fertig werden, daß die Harmonie, die in der Vergangenheit zwischen den Strukturprinzipien ihrer Wirtschaftsordnung und den Spielregeln der Weltwirtschaft bestand, der Politisierung der internationalen Wirtschaftsbeziehungen zum Opfer gefallen ist.

3. Gesellschaftspolitische Transformationsprozesse in Frankreich oder Italien dürften den neokapitalistischen Konsens untergraben, auf den die EG seit ihren Anfängen gegründet ist. Protektionistische Strategien, aus Programmen abgeleitet oder aus der Not geboren, müßten das Handelsklima für die BRD in einschneidender Weise verändern. Der Verzicht der BRD auf wirtschaftliche und politische Pressionen und die Gewährung großzügiger Unterstützung zur Überbrückung von Zahlungsbilanzdefiziten könnte es freilich einer Linksregierung in einem Partnerland erleichtern, bestimmte außenwirtschaftliche Spielregeln einzuhalten.

4. Das Vordringen des Protektionismus in den USA ist ein weiteres Indiz dafür, daß die Ausbreitung des Staatsinterventionismus und Dirigismus in den internationalen Wirtschaftsbeziehungen – der Alptraum, der die Architekten der westdeutschen Außenwirtschaftspolitik quält[65] – zunehmend zu einer realen Bedrohung wird.

Viele Anzeichen am Horizont der Weltwirtschaft deuten darauf hin, daß für die Bundesrepublik als Wirtschaftsmacht zwar nicht die Götterdämmerung angebrochen, wohl aber eine Schönwetterperiode zu Ende gegangen ist.

Anmerkungen

1 Vgl. J. P. Vigier, L'Europe sous une hégémonie germano-américaine?, Le Monde Diplomatique Dez. 1976, S. 1, 7.
2 Anzeige in Le Monde 8./9.5.1977, S. 6; vgl. C. Bourdet, Comme en 1940, Le Monde 12./13.6. 1977, S. 5.
3 Vgl. Le Monde 19./20.6.1977 (J. Huntziger, Le „mal allemand"), ein bemerkenswert nüchterner und abgewogener Beitrag.
4 Handelsblatt 21.6.1977.
5 Vgl. P. Katzenstein, West Germany's Place in American Foreign Policy: Pivot, Anchor or Broker?, in: R. Rosecrance (Hrsg.), America as an Ordinary Country, Ithaca/London 1976, S. 110–135, S. 113.
6 Vortrag vor der Mitgliederversammlung der Deutschen Gesellschaft für Auswärtige Politik: „Die internationale Bedeutung der deutschen Stabilitätspolitik", in: Europa-Archiv Nr. 15/ 1977, S. 509 ff., S. 511.
7 So EG-Kommissar Haferkamp, in: Handelsblatt 31.12.1976.
8 Eine Bibliographie der Arbeiten Perroux' findet sich bei U. Jeck, Die Theorie der Domination von François Perroux, Berlin 1968, S. 135 ff. Wir stützen uns vor allem auf F. Perroux, L'économie du XXe siécle, 3. Aufl. Paris 1969.
9 Vgl. U. Jeck, a.a.O., S. 14 ff.
10 Perroux, a.a.O., S. 71.
11 Ebd., S. 80.
12 Ebd., S. 85.
13 Die Gründe für das Versagen der bekannten Ausgleichsmechanismen sind zusammengefaßt bei Jeck, a.a.O., S. 34 ff.
14 Perroux, a.a.O., S. 99.
15 Vgl. ebd., S. 87 Anm. 2.
16 Vgl. im einzelnen Jeck, a.a.O., S. 61ff.
17 Vgl. ebd., S. 64 f.
18 Übrigens auch zum Zeitpunkt der Veröffentlichung d. 3. Aufl, von L'économie du XXe siécle.
19 Perroux, a.a.O., S. 90.
20 Perroux, The Domination Effect and Modern Economic Theory, in: K. W. Rothschild (Hrsg.), Power in economics, Harmondsworth 1971, S. 56–73, S. 67; vgl. R. Gilpin, U. S. Power and Multinational Corporation. The Political Economy of Foreign Direct Investment, New York, London 1975, S. 40.
21 Vgl. Gilpin, a.a.O., S. 48 ff.; S. D. Krasner, State Power and the Structure of International Trade, in: World Politics, Vol. XXVIII, Nr. 3 (April 1976), S. 317–347.
22 Vgl. auch R. Keohane/J. Nye, World Politics and the International Economic System, in: C. F. Bergsten (Hrsg.), The Future of the International Economic Order: An Agenda for Research, Lexington/Mass. 1973, S. 115–179, S. 116 ff.
23 Die Tourismus-Ausgaben betrugen 1976: BRD: 8,9 Mrd. US-$; USA: 6,8 Mrd. US-$; Frankreich: 3,4 Mrd US-$; Großbritannien: ca. 2 Mrd. Nach Financial Times 22.7.1977.
24 Nach OECD Observer May 1977 (in laufenden Preisen und Wechselkursen).
25 Gilpin, a.a.O., S. 253.
26 Perroux verwendet, ohne eine elaborierte Begründung zu liefern, Größen wie Bruttosozialprodukt, Industrie- und Exportstruktur, Direktinvestitionen, Währungsreserven usw. Perroux geht von einer historischen Variabilität der Dominationseffekte aus.
27 Vgl. B.I.P.E., Comparaison des potentiels de développement de la République Fédérale d'Allemagne et la France, in: Schéma général d'aménagement de la France, Industries en Europe, Paris 1973.
28 K. Knorr, The Power of Nations, New York 1975, S. 80.
29 Vgl. ebd., S. 97, S. 102.
30 Wegen der rezessionsbedingten Abwanderungen überholt: Am 30.6.1976 betrug die Zahl der Gastarbeiter aus EG-Ländern 402 771, 1 534 363 kamen aus Drittländern; nach: Statistisches Jahrbuch 1977 für die Bundesrepublik Deutschland, S. 103.
31 Schätzung, einschl. 630 000 Commonwealth-Angehöriger.
32 Gilpin unterscheidet zwei Phasen der Auslandsinvestition: in der ersten Phase ist sie ein Zeichen der Stärke der "core economy", in der zweiten Phase eine Antwort auf den relativen Niedergang der industriellen Führungsmacht. Für Großbritannien erfolgte der Übergang nach 1870; für die USA nach Mitte der 60er-Jahre, vgl. Gilpin, a.a.O., S. 46 f.

33 Nach H. Krägenau, Internationale Direktinvestitionen 1950–1973, Hamburg 1975, S. 32.
34 Diese Zahlen unterbewerten den Bestand um ca. 20 %. Vgl. Krägenau, a.a.O., und Handelsblatt 14./15.5.1976.
35 B. Mennis/K. P. Sauvant, Emerging Forms of Transnational Community, Lexington/Mass. 1976, S. 15.
36 Vgl. L. G. Franko, The European Multinationals, London 1976.
37 G. Junne, Der Eurogeldmarkt, Frankfurt 1976, S. 74.
38 Vgl. die Übersicht ebd, S. 57.
39 Emminger, a.a.O., S. 509.
40 Bundesbank, Geschäftsbericht 1976, S. 68.
41 Vgl. B.I.P.E., a.a.O., sowie Groupe de Réflexion sur les Stratégies Industrielles (GRESI) du Ministère de l'Industrie et de la Recherche, La Division Internationale du Travail, 2 Bde. Paris 1976.
42 Statistisches Handbuch für den Maschinenbau 1975, hrsg, v. Verein Deutscher Maschinenbauanstalten (VDMA), Frankfurt 1975, S. 42, S. 285.
43 Le Monde 19.4.1977, S. 20.
44 Angaben nach Le Monde 19.4.1977, Financial Times 2.8.1977.
45 Le Monde 11.5.1977.
46 B.I.P.E., a.a.O.
47 Die Angaben beruhen auf OECD-Definitionen und können von nationalen Statistiken differieren.
48 Bundesbank, Geschäftsbericht, S. 51.
49 Monatsberichte der Deutschen Bundesbank Juli 1977.
50 J. Pinder, The Reform of International Economic Policy: Weak and Strong Countries, in: International Affairs, Vol. 53, No. 3 (July 1977), S. 345–363, S. 346 ff.
51 Ebd., S. 347.
52 So Ulrich Everling in einem Diskussionsbeitrag in: Strukturprobleme der deutsch-französischen Wirtschaftsbeziehungen, Ludwigsburg 1976, S. 27.
53 Dieser Abschnitt stützt sich teilweise auf den Beitrag des Verf.: West Germany: The Dynamics of Expansion, in: P. Katzenstein (Hrsg.), Between Power and Plenty. Foreign Economic Policies of Advanced Industrial States, Sonderheft International Organization, Nr. 4, 1977.
54 Emminger, a.a.O., S. 511.
55 Geschäftsbericht der Deutschen Bundesbank 1976, S. 59.
56 Emminger, a.a.O., S. 511.
57 Nach Scharrer beruht das Interesse der kleineren Ländern an der Stabilitätszone auch darauf, „daß sie angesichts eines Exportanteils am Bruttosozialprodukt von bis zu 50 v.H. (Belgien) bei einem Übergang zum isolierten Floating ohnehin keinen zusätzlichen Freiheitsgrad für die Binnenwirtschaftspolitik realisieren könnten. Ihre Zugehörigkeit zur Minischlange sichert ihnen hingegen, direkt oder indirekt, einen gewissen Einfluß auf die geldpolitischen Entscheidungen der Bundesbank ..." H. E. Scharrer, Währungspolitische Perspektiven für die Bundesrepublik Deutschland in der Post-Bretton Woods-Ära, in: WSI-Mitteilungen Nr. 5/1976, S. 298–306, S. 304.
58 Vgl. E. Wagenhöfer, Unsere internationalen Währungsbeziehungen. Bundesministerium der Finanzen, Bonn 1977, S. 70: „Im Falle von Zahlungsschwierigkeiten eines EG-Landes beträgt die Haftung der übrigen Staaten höchstens das Doppelte ihres Quotenanteils. Konkret bedeutet dies zum Beispiel, daß die Bundesrepublik Deutschland bis zu höchstens 44,04 % der Verpflichtungen der Gemeinschaft aus der Kreditaufnahme haftet."
59 Aufschlußreich hierzu: Crisi economica e condizionamenti internazionali dell'Italia. Atti del Convegno promosso dal CESPE Roma 15.–17. marzo 1976, Rom 1977, 2 Bde.
60 P. Hermes, Deutsche Verantwortung in der Weltwirtschaft, in: Außenpolitik Nr. 3/1977, S. 243 ff., S. 249.
61 Vgl. L. Spaventa, Rapporto introduttivo, in: ARA (Azione e Ricerca per l'Alternativa): Quale Socialismo? Quale Europa? Milano 1977, S. 40–50, S. 42 f.
62 Vgl. den Diskussionsbeitrag v. B. Olivi ebd., S. 61 ff.
63 Vgl. C. Sasse, Regierungen, Parlamente, Ministerrat, Bonn 1975, S. 31 ff.
64 So Staatssekretär Schlecht vor der Jahresversammlung des Ifo-Instituts, nach Ifo-Schnelldienst Nr. 20/1977.
65 Vgl. P. Hermes, Außenpolitik und Außenwirtschaftsinteressen, in: Außenpolitik Nr. 3/1976, S. 247–255, S. 251.

Weltwirtschaftsinnenpolitik versus nationale Außenwirtschaftspolitik

Von Wolfgang Bärtschi

1. *Vorbemerkung*[1]

Der Titel rekurriert auf von Weizsäckers Terminus der „Weltinnenpolitik"[2] und Gantzels „Weltgesellschaft"[3]. Ist letzterer, der auf die historische Dimension der Weltwirtschaft, die Ungleichheit der Nationen und die asymmetrischen Abhängigkeiten zwischen ihnen hinweisen soll, „noch nicht auf den Begriff gebracht"[4], so bezeichnet ersterer „eine sich ausbreitende Wahrnehmungsweise weltpolitischer Vorgänge, eine entstehende Bewußtseinsebene".[5]

Diese Sichtweise soll der Thematisierung des Verhältnisses von nationalen, internationalen und globalen Interessen und Interessengegensätzen vor allem auf dem ökonomischen und politischen Feld zugrundegelegt werden. Dabei soll die Nord-Süd-Auseinandersetzung im Vordergrund der nachfolgenden Zeilen stehen, weil sie in weltumspannender und gefährlicher Form sowohl die partielle Harmonie nur teilweise richtiger wie die nur partielle Inkompatibilität teilweise falscher Denk- und Handlungsmuster indiziert. Festgemacht wird ihre Analyse und Interpretation deshalb an den heute von den Ländern der Dritten Welt massiv vorgetragenen Forderungen nach universaler Egalisierung („Neue Weltwirtschaftsordnung")[6] und an deren verschiedenartigen Strangulierungen auf aussenhandelstheoretischem, wirtschaftspolitischem, historischem und weltpolitischem Gebiet.

2. *Das außenhandelstheoretische Räsonnement*[7]

Verkürzt man in einem ersten Untersuchungsschritt die Nord-Süd-Beziehungen auf ihren über den Außenhandel determinierten Güterverkehr, so befinden wir uns nicht nur bei einem Schlüsselproblem des politischen Dialogs, sondern auch mitten in der außenhandelstheoretischen Debatte und außenhandels- bis entwicklungspolitischen Ordnungskontroverse.[8] Wie sehen in ihnen die jeweils proklamierten Teilwahrheiten aus bzw. wie hoch ist ihr jeweiliger Ideologiegehalt anzusetzen?

Zunächst einmal ist festzustellen, daß das außenhandelstheoretische Gedankengebäude – obwohl von der Klassik bis zur Neoklassik unisono behauptet – niemals eine Fundierung der Entwicklungsgesetze internationaler Arbeitsteilung hat abgeben können; ganz einfach schon deshalb nicht, weil so gravierende Elemente zwischenstaatlicher Wirtschaftsbeziehungen wie die der Kapitalbewegungen, der Arbeitskräftewanderungen oder auch des Wechselkursinstrumentariums in ihm nur ungenügend thematisiert werden. Doch auch das sui generis außenhandelstheoretische Residuum – das immer die kognitive Legitimation für die politische Doktrin des Freihandels abgegeben hat – ist letztlich akademisch so sakrosankt geblieben wie es politisch traditionell umstritten ist. Und dies hat jeweils gute Gründe.

Denn egal, ob man Ricardos klassische, die neoklassische Version des Theorems der komparativen Vorteile oder das Faktorproportionentheorem in Anspruch nimmt: beide Handelspartner – sagen wir die peripheren Rohstoffländer des Südens und die metropolitanen Fertiggüterexporteure des Nordens – „gewinnen" beim internationalen (-regionalen) Güteraustausch, solange sich jeder vor ihnen auf die Produktion derjenigen Waren spezialisiert, bei denen er relative Vorteile hat, seien es die der Produktivität, der Kosten, der Verfügbarkeit von Produktionsfaktoren etc. Diese nationalen (regionalen) Spezialisierungsgewinne, die im Modell komparativ-statisch deduziert sind, führen mithin bei Realisierung von Freihandel aufgrund des internationalen Allokationsoptimums zu einem globalen Wohlstandsmaximum. Dies ist, kurz gesagt, das Credo des wirtschaftspolitischen Liberalismus und bezeichnet die Essenz der außenhandelspolitischen Position der BRD wie – allerdings grob vereinfacht – der westlichen Industrienationen insgesamt im Nord-Süd-Konflikt.[9]

Die Gegenposition der Länder der Dritten Welt – politisch vor allem seit der III. und IV. Welthandelskonferenz der UNCTAD und der Konferenzen über internationale wirtschaftliche Zusammenarbeit (KIWZ, „Nord-Süd-Dialog") evident – ist eigenartigerweise theoretisch weniger geschlossen. Sie verbleibt im wesentlichen noch immer auf der Ebene der Freihandelsdoktrin, kritisiert auf dem Niveau von Tatsächlichkeiten die augenfällige Diskrepanz zwischen „Arm" und „Reich" wie deren wachsendes Auseinanderklaffen und postuliert Kompensationszahlungen für erlittene terms of trade-Verluste wie – und erst hier wird es problematisch – neue Ordnungselemente, die eben dies zukünftig verhindern sollen. All das kann man als politisch verständlich deklarieren, geht jedoch im ersten Teil außenhandels- bzw. verteilungstheoretisch über das seit über zwei Dekaden bekannte Räsonnement Prebischs nicht hinaus.[10] Denn nach ihm realisieren die Länder der Dritten Welt im internationalen Güteraustausch deshalb Realeinkommensverluste, weil erstens die Produktivitätsgewinne der Industrienationen höher sind, dieselben zweitens national, d.h. an die einheimische Arbeitnehmerschaft verteilt werden und drittens die Nachfrage nach den Exportprodukten der Entwicklungsländer preiselastischer reagiert. Seine Erklärung umfaßt mithin ein Technologie-, ein (Gewerkschafts-) Macht- und ein Marktelement. Daß gegen soviel vermeintliche „Diffusion" die orthodoxe neoklassische Schule der westlichen ökonomi (sti)-schen Wissenschaft Sturm lief,[11] ist nicht verwunderlich, doch entpuppt dieser sich immer mehr als akademische Scheinblüte und außenpolitischer Mißerfolg.

Wenden wir uns zunächst noch einmal der abstrakten Modellebene zu. Denn hier ist das universale Effizienzkriterium des Theorems der komparativen Vorteile zwar insofern nicht infragezustellen, als es für die neoklassische Außenhandelstheorie neben dem positiven erklärenden Gehalt bezüglich der Bewegungsgesetze internationaler Arbeitsteilung auch eine gewisse normative Relevanz für die Organisation des Weltwirtschaftssystems besitzt – doch ist dies nur die halbe Wahrheit. Denn das Modell gibt an, daß die Industrieländer wie die Länder der Dritten Welt bei interregionalem Güteraustausch gewinnen, sagt jedoch nicht, in welcher Höhe. Und warum soll es realiter nicht so sein, daß die interregionalen Spezialisierungsgewinne derart unterschiedlich ausfallen, daß trotz absoluter Wohlstandserhöhung beider Regionen die relative Bereicherung der Metropolen und die relative Verarmung der Peripherien über den Außenhandel tendenziell verschärft werden?

Nun gibt es sage und schreibe ein über den Rückgriff auf die nationalökonomische Klassik bezogenes Theorem in der vor allem marxistisch orientierten Außenhandelstheorie, das genau diesen Tatbestand zum Ergebnis hat, doch von der „westlichen“ Außenhandelstheorie konsequent ignoriert wird. Nach ihm, dem sogenannten Nichtäquivalententauschtheorem, gewinnen zwar beide Handelsregionen, doch die produktivere mehr als die weniger produktive.

Der ungleiche Tausch ergibt sich insofern,[12] als erstens bei Handel zu internationalen Werten (determiniert über den gewogenen arithmetischen Durchschnitt der nationalen Werte) die nationalen (regionalen) Werte in unterschiedlicher Höhe vom internationalen Wert abweichen, d.h. Umverteilung nationaler Arbeitsaufwendungen zur Folge haben, und zweitens bei Handel zu Weltmarktpreisen der angegebene Redistributionsprozeß noch verstärkt wird, indem wegen der oligopolistischen Marktmacht der Metropolen die Weltmarktpreisentwicklung unproportional zur Bewegung der internationalen Werte verläuft. Mit anderen Worten: Selbst die kontinuierliche Ausnutzung relativer Vorteile – gemäß dem Theorem definiert als Arbeitsproduktivitäts- und -intensitätsvorsprünge – produziert immer neue Ungleichheitsniveaus und macht sukzessive weitere Anpassungen, also neue Spezialisierungen effizient.

Somit läßt das Nichtäquivalententauschtheorem den normativen Gehalt des Theorems der komparativen Vorteile unberührt und ergänzt dessen mangelnde verteilungstheoretische Aussagekraft über die Ermöglichung einer Interpretation interregionaler (-nationaler) ökonomischer Hierarchisierung. Sein akademisches Pech jedoch ist, daß es im französischen Sprachraum[13] und von den die bundesrepublikanische sozialwissenschaftliche Szene beherrschenden Politikwissenschaftlern so gründlich mißverstanden worden ist, daß es, über die Kombination mit dem eher soziologisierenden Dependencia-Ansatz, als Unterentwicklung schon fast allein erklärend begriffen worden ist. Es ist dies ein theoriegeschichtliches Unglück, indem sehr schnell die Forderung nach Desintegration der Entwicklungsländer aus dem Weltmarkt erhoben wird, weil angeblich einzig so die Aufhebung der Abhängigkeit der Peripherien von den Metropolen und damit die Überwindung der Unterentwicklung zu erreichen sei.[14]

Bei soviel theoretischer Konfusion kann das politische Schicksal des Nichtäquivalententauschtheorems dann nicht mehr überraschen: Die verantwortlichen, auf Kooperation zwischen Nord und Süd bedachten Politiker der Industrienationen ignorieren es, weil sie es entweder gar nicht, oder nur seine militante, weil weltwirtschaftlich desintegrative Schlußfolgerung kennen, und die Politiker der Entwicklungsländer –weil zum überwiegenden Teil in westlichen Ländern wirtschaftswissenschaftlich neoklassisch ausgebildet[15] – kennen es in der hier vorgetragenen Form ebenfalls nicht oder verquicken es bestenfalls mit der rigorosen dependenztheoretischen Forderung nach Ablösung der alten, Abhängigkeit und Einkommensumverteilung verstärkenden, Weltwirtschaftsordnung.

Dies ist *eine* rationale Erklärung für diametrale irrationale politische Positionen. Irrational insofern, als man die fehlende Partizipation und ausschließliche Defensivhaltung der westlichen Länder bis zur IV. Welthandelskonferenz außenhandelstheoretisch dahingehend interpretieren kann, daß sie das bis dahin gültige Weltwirtschaftssystem gemäß dem komparativen Vorteilstheorem als ordnungspolitisches Desiderat begriffen und dabei übersahen, daß die resultierenden Wohlstandssteigerungen sich regional unterschiedlich verteilten.[16] Und irrational andererseits, als die Forderungen der Entwicklungsländer nach Installierung eines Common Fund für Rohstoffe, Preisindexierung (Kopplung der exportierten Rohstoffgüterpreise an die der importierten industriellen Fertiggüter) und kostenloser Enteignung ausländischer Produktionsanlagen nur als weltweite Fehlallokationen begünstigend oder geradezu hervorrufend zu bezeichnen sind. So verbleibt als außenhandelstheoretisch rational erst einmal nur die Forderung nach Ausgleichsfinanzierung für Exporterlösschwankungen und die Einräumung eines Moratoriums für Schuldendienstzahlungen, um die regional unterschiedlichen Effekte internationaler Spezialisierung zu kompensieren.

Es ist dies eine Klassifizierung „nördlicher" Konservierungs- und „südlicher" Reformvorstellungen der Weltwirtschaftsordnung, die ganz generell auch die Entwicklungslinie von den verschiedenen UN-Deklamationen der Vergangenheit zu den Verhandlungen im Rahmen der KIWZ in der Gegenwart und Zukunft wiedergibt. Denn nicht mehr wird das universale Wohlstandsmaximierungskriterium des Freihandels dirigistisch infragegestellt,[17] sondern nur noch sein regionaler Distributionseffekt. Handelspolitisch „neu" an der zukünftigen Weltwirtschaftsordnung wird also sein, daß regionale (nationale) Handelsgewinne und -verluste nicht mehr nur regional akkumuliert, sondern tendenziell interregional sozialisiert werden. Dies jedoch involviert bereits fundamentale wirtschaftspolitische Konsequenzen, vor allem für die Industrienationen.

3. *Die wirtschaftspolitischen Determinanten*

So wie die Konklusion vom ungleichen Tausch (bei internationalem Handel gemäß dem Theorem der komparativen Vorteile) den außenhandelstheoretischen Rahmen für die von den Peripherien in die Metropolen transferierten Realeinkommen abgibt, so lassen sich diese in den sogenannten doppelten faktoralen terms of trade-Indizes instrumentell fassen. Dabei wird die Produktivitäts- und Exportgüterpreisentwicklung in beiden Regionen zueinander in Beziehung gesetzt und empirische Untersuchungen belegen – soweit sie statistisch überhaupt möglich sind – für die Nachkriegszeit bis zum Ölpreisschock das behauptete Ergebnis.[18] Das heißt konkret: Trotz höheren gesamtwirtschaftlichen Produktivitätswachstums haben die Industrieländer ihre Exportgüterpreise stärker erhöht als die Entwicklungsländer, mithin in den Peripherien erwirtschaftete Wertschöpfung sich angeeignet, so daß – bei langfristiger Konstanz der Lohn- und Profitquote – in den Industrieländern die Reallöhne tendenziell über die Produktivitätssteigerung hinaus erhöht werden konnten.

Die sich so ergebende Partizipation der Arbeitnehmerschaft in den kapitalistischen Zentren an den internationalen Wertetransfers hat in der Vergangenheit den internen Verteilungskonflikt zwischen Arbeitnehmern und Unternehmern insofern entschärft, als es noch eine ausländische Rückgriffmasse gegeben hat. Sie entfällt in Zukunft.

Nicht etwa, weil zu der metropolitanen Gewerkschaftsmacht, die produktivitätswachstumsadäquate und noch darüber hinausgehende Reallohnanhebungen durchsetzt, nun annähernd starke gewerkschaftliche Gegenmacht in den Peripherieländern aufgebaut wird, sondern weil über zwischenstaatliche Regulationsmechanismen, wie dem der Kompensationszahlungen für periphere Exporterlösschwankungen, dem Prozeß der Verschärfung der weltweiten Einkommensunterschiede entgegengewirkt wird. Haben die Industrieländer in der Vergangenheit den binnenwirtschaftlichen Verteilungskampf zwischen den Tarifparteien so weit externalisiert bis es zum politischen Dissens zwischen Dritter und Erster Welt kam, so müssen sie heute umgekehrt den weltwirtschaftlichen Verteilungskampf so geschickt internalisieren, daß es nicht zum sozialen Konflikt zwischen den Tarifgruppen kommt.

Dies erfordert auch und vor allem ein Umdenken auf Arbeitnehmer- und Gewerkschaftsseite, hat doch die OPEC-Ölpreiserhöhung die kontraktiven ökonomischen Folgen dieses internationalen Umkehrprozesses in allen westlichen Ländern für jedermann deutlich gemacht.[19] In diesem Sinn sind auch die seitdem beschwörenden Appelle der Regierungen an die Gewerkschaften zu verstehen, sich in den Tarifauseinandersetzungen stabilisierend zu verhalten. Denn je höher die Nominallohnanhebungen über dem Produktivitätswachstum liegen, desto mehr steigt tendenziell die Inflationsrate, sinken die internationale Konkurrenz- und Zahlungsfähigkeit und steigt damit die Abhängigkeit von Krediten des Auslandes. Je nachdem, wie erfolgreich in den einzelnen Industrienationen die Schwerpunktverlagerung gewerkschaftlicher Tarifpolitik von der Nachfrage- (Einkommens-) auf die Beschäftigungskomponente vonstatten geht, können die internationalen Umverteilungsforderungen der Länder der Dritten Welt erfüllt werden.

In der Bundesrepublik wie auch in einigen westeuropäischen Ländern haben die siebziger Jahre auch die nationalen Distributions- und Redistributionsgrenzen des ökonomischen Gesamtsystems sichtbar gemacht. Denn die in der ersten Hälfte der Dekade aggressive gewerkschaftliche Lohnpolitik, das System der sozialen Sicherung wie die Steuerlastquote insgesamt haben die Profitquote so arg strapaziert, daß die Unternehmerinvestitionen zurückgingen, die Beschäftigung sank und Mitte der siebziger Jahre sogar ein Negativ-Wachstum des Bruttosozialprodukts realisiert wurde[20] – mithin der Kuchen, aus dem immer größere Stücke vom Staat und den Gewerkschaften geschnitten werden sollten, nunmehr kleiner wurde. Dies ging einher mit einem rapiden Anstieg der Sparquote – ein weiteres Indiz für die seinerzeitige verfehlte Legitimation der Lohnpolitik, da sie die gesamtwirtschaftliche Nachfrage erhöhen wollte – und mit einer Expansion der privaten Direktinvestitionen im Ausland, weil eben die Gewinnerwartungen bei Inlandsinvestitionen ungleich geringer als bei Auslandsengagements angesetzt wurden.[21] Die strategischen Variablen der Nominallohnanhebungen und der steuerlichen Belastungen machen so den Wirkungszusammenhang zwischen nationaler und internationaler Einkommensverteilung evident. Denn je wachstumsproportionaler die Reallöhne und der Staatshaushalt steigen, desto geringer wird der Druck auf die Exportgüterpreise und desto gleichgewichtiger die Entwicklung des Realaustauschverhältnisses – womit dann die Legitimation für terms of trade-Verluste kompensierende Zahlungen an die Länder der Dritten Welt entfällt.

Die andere Seite der Medaille sind die privaten Kapitalbewegungen. Denn die Lohnkosten„explosion" reduziert nicht nur die Profite, sondern auch die Gewinnerwartungen. Zwar wird die Gewinnmasse insgesamt kleiner, doch die relativ günstigen Kreditkonditionen, auch determiniert über die Erhöhung der Sparquote, induzieren verstärke Auslandsinvestitionen. In dem Maße, in dem sie in Ländern der Peripherie realisiert werden – und dies ist auch desto wahrscheinlicher je höher deren Eigentumssicherungsgarantien sind – , haben sie einen interregionalen beschäftigungs- und einkommensdifferenznivellierenden Effekt. Und in dem Maße, in dem die privaten Kapitaltransfers volumenmäßig in die Nähe des entwicklungspolitischen Ziels von beispielsweise dem 0,7 percent target kommen, kann sich der Anteil der öffentlichen Entwicklungsleistungen vermindern.

Nur: die öffentliche Entwicklungshilfe ist genau so unpopulär, wie die privaten Investitionen im Ausland immer stärker als Kapitalflucht und Arbeitsplätzeexport angeprangert werden. Und die so artikulierte öffentliche Meinung gibt die national-merkantilistische, weil nur auf den eigenen, und manchmal nur kurzfristig scheinbaren Vorteil bedachte, Perspektive grenzüberschreitender ökomomischer Tätigkeit korrekt wider. Daß Sachleistungen und monetäre Transfers, die mit einer Lieferbindung versehen sind, das metropolitane Beschäftigungsniveau stabilisieren, wird kaum reflektiert. Im Gegenteil, jede Regierung in den Industrieländern muß sich (noch) davor hüten, vor ihrer Wählerschaft das Ziel der Erhöhung der Entwicklungshilfe zu proklamieren, weil ihre Wiederwahl dadurch mit Sicherheit gefährdet würde. Die Entwicklungshilfe muß anonymisiert werden und mit Investitionskontrollen, die dann mit Sicherheit zur tendenziellen Reduktion von profitablen Auslands- und Expansion von kaum rentablen Inlandsinvestitionen führen würden, wird in der Bundesrepublik gedroht, andernorts schon operiert.

Soviel zu den marktkonformen, asymmetrisch strukturierten internationalen Interdependenzen auf der Distributions- und Redistributionsebene. Ihre Ungleichgewichtigkeit im Sinne neomerkantilistischer Außenwirtschaftspolitik wird überall dort noch verstärkt, wo massive nationalstaatliche Eingriffe in den internationalen Markt- und Produktionsmechanismus vorgenommen werden, d.h. wo über Zölle, Kontingentierungen und nichttarifäre Handelshemmnisse potentielle Importe verhindert und über Subventionszahlungen preisgünstige Exporte ermöglicht werden.[22] Das klassische Schutz- und Erziehungszollargument, das den Aufbau bzw. Weiterbestand heimischer Industriezweige unter bewußter Nichtberücksichtigung der internationalen Konkurrenz sanktioniert, demonstriert augenfällig die nationale Ausrichtung der Wirtschaftstätigkeit. Gerade in denjenigen Branchen, in denen sich die Aufnahme bzw. Aufrechterhaltung der Produktion gar nicht „lohnt", wurde und wird mit dem staatlichen Argument der Eindämmung der Auslandsabhängigkeit und dem gewerkschaftlichen Hinweis auf die Arbeitsplatzsicherung das Universalitätskriterium internationaler Spezialisierung – das komparative Vorteilstheorem – national durchbrochen. So sind weite Bereiche der Produktion und des internationalen Handels heute dadurch bestimmt, daß die „natürlichen" komparativen Vor- und Nachteilspositionen durch absolute künstliche ersetzt sind und die internationale Arbeitsteilung nicht mehr so sehr das Resultat von ökonomischen Standortvorteilen wie des politischen Aushandelns von

Marktzugangsmöglichkeiten ist. Da dies üblicherweise auf der Basis bilateraler Reziprozität geschieht und die Länder der Dritten Welt vor der Industrialisierungsnotwendigkeit stehen, läuft das Prinzip international behaupteter und tatsächlich längst national irreversibel gebrochener Liberalität im Welthandel durchweg darauf hinaus, daß ungleichen Partnern ein gleiches Verhaltenskorsett angepaßt wird.

Eine löbliche Ausnahme von dieser Praxis bilden in der jüngeren Vergangenheit teilweise die Abkommen der EG mit den AKP-Staaten und den Maghreb- und Maschrek-Ländern.[23] Doch ansonsten ist die generelle Affirmativität internationaler handelspolitischer Vereinbarungen nicht zu übersehen. Über die soziale Dimension der Marktwirtschaft, erreichbar mit Hilfe des keynesianischen wirtschaftspolitischen Instrumentariums, sehen sich die Regierungen in den Industrieländern verpflichtet vor allem Vollbeschäftigung und wirtschaftliches Wachstum zu realisieren. Dadurch wird die internationale ökonomische Interdependenz realiter sehr schnell zu einseitiger Dependenz verkürzt, indem gerade auch die Interessenvertreter beispielsweise die bundesrepublikanische weltwirtschaftliche Verflechtung immer dann als störend empfinden, wenn sie zu kontraktiven Beschäftigungs- und Einkommenseffekten führt, seltener dagegen als günstig bzw. universell-inegalitär perzipieren, wenn sie zu positiven Binnenwirkungen führt. Die Vokabel von der „Absicherung der außenwirtschaftlichen Flanke" kennzeichnet deshalb auch ganz ausgezeichnet die moderne Variante national orientierter und merkantilistisch operierender Außenwirtschaftspolitik.

Sie äußert sich auch darin, daß die Gesamtheit der Industrieländer chronisch Handelsbilanzüberschüsse gegenüber den Ländern der Dritten Welt erzielt. Diese spiegeln nicht nur die Industrialisierungslücke der Entwicklungsländer (und den Versuch, sie durch Importüberschüsse zu schließen) wider, sind bilanzarithmetisch als realer Inflowsaldo also erst einmal positiv zu bewerten, sondern reflektieren ebenfalls – gemessen an der eigenen Absorption – ein „Mehr" an Beschäftigung in den Industrie- als in den Entwicklungsländern. Für die Exportüberschüsse ist die Akkumulation von Forderungen gegenüber den Peripherien das monetäre Äquivalent – umgekehrt sind es die Verbindlichkeiten – und der Bestand an Währungsreserven bzw. sein Fehlen ist nicht nur Indikator für die Stabilität einer Währung, sondern gibt auch den zahlungsbilanzdeterminierten Spielraum für den Autonomitätsgrad nationaler Wirtschaftspolitik an. Sind die offiziellen Notenbankreserven gering bzw. ist die private Kapitalmarktverschuldung hoch, dann ist der internationale Einfluß auf die (Wirtschafts-) Politik desto stärker. Der gegenwärtigen extremen Höhe dieser monetären Vulnerabilität der Peripherie[24] läßt sich auch nicht mit dem Vorschlag eines generellen Schuldenerlasses begegnen. Auf keinen Fall jedenfalls über interregionale Regierungserklärungen, wie sie u.a. auf den letzten beiden Welthandelskonferenzen gefordert worden sind. Denn die internationale Kredit- und das heißt Glaubwürdigkeit ist nun einmal nur über zumindest die Suggestion der Rückzahlungsmöglichkeit aufrechzuerhalten. D.h., worüber man sich in den KIWZ-Verhandlungen maximal einig werden kann, sind nationenspezifische Moratorien (vielleicht für die „least developed countries", LLDCs), günstigere Zins- und Rückzahlungskonditionen etc., nicht jedoch ein genereller interregionaler Schuldenerlaß. Und dies nicht etwa deshalb, weil in den industriellen Gläubigernationen ernsthaft jemand wünscht bzw. daran denkt, die immensen Kredite an die Peripherie jemals zurückerstattet zu bekommen, sondern weil diese das Beschäftigungsniveau im Inland stabilisieren und das periphere Ausland außenpolitisch erpreßbar belassen.

Hier genau ist der grundlegende Unterschied zwischen den oben angesprochenen Realeinkommenstransfers der Peripherien in die Zentren aufgrund negativer terms of trade-Verläufe und ihren Kapitalimporten aus den Industrieländern. Erstere haben kein monetäres Äquivalent, zweite dagegen sind so gut wie ausschließlich Kredite. Will, oder besser: muß man letztere tilgen, so werden meist neue und häufig ungünstigere Kredite aufgenommen. Diese endlose Kaufkraftübertragungsspirale reduziert zwar prima vista die Notwendigkeit zur Debetbegleichung in Sachleistungen, führt jedoch einerseits zu enormen öffentlichen Schuldendienstlasten und andererseits zu privaten Kapitalretransferzugeständnissen, die in vielen Fällen die Direktinvestitionen/Retransfer-Relation, d.h. das Verhältnis von neuen Direktinvestitionen zu den repatriierten Profiten infolge ehemaliger Direktinvestitionen, für die Peripherien längst negativ gestaltet hat.[25] Mit anderen Worten: die Überfremdung peripherer Produktionszweige ist derart stark, daß der resultierende private capital outflow pro Periode mittlerweile vielerorts schon höher als der inflow ist. Dies kontrastiert deutlich zu den terms of trade-Gewinnen der Metropolen, weil diese eben gar keine Gegenleistung erfordern.

Trotzdem muß an dieser Stelle die Konklusion des außenhandelstheoretischen Räsonnements über die terms of trade-Gewinne der Zentren und die -Verluste der Peripherien noch einmal aufgenommen werden. Denn mit der bisher festgestellten Ungleichgewichtigkeit ihrer interregionalen Verteilung ist es insofern nicht getan, als auch die Forderung nach Indexierung der Exportgüterpreise auf der internationalen Agenda steht. Ihre Realisierung nämlich würde nicht nur, wie von den Industrieländern druchweg behauptet, zu einem weltweiten Inflationspush führen, sondern würde die internationale Preis„gerechtigkeit", die die Entwicklungsländer anstreben, auch gar nicht erhöhen. Dies deshalb nicht, weil die gleichmacherische Verteilungsperspektive hier nicht mehr ausreicht, sondern man sie bis auf die Produktionssphäre herunter„diskontieren" muß. Dort nämlich erst wird offenbar — und so lautete der oben angegebene empirische Tatbestand —, daß die Exportgüterpreise genau da am stärksten erhöht werden, wo die Produktivitätsfortschritte am größten sind. Dagegen impliziert das normative marxistische Postulat des Äquivalententauschs umgekehrt, daß die (metropolitanen) Produktivitätssteigerungen sich in (Export-) Preisrückgängen niederschlagen, und übersieht so schlechterdings die Dynamik des Wirtschaftsprozesses insgesamt, da es mit der Forderung nach internationaler Sozialisierung der Produktivitätsgewinne jeden nationalen arbeitsparenden technischen Fortschritt deattraktiviert. Denn weshalb sollen ohne die Aussicht auf zukünftige new comer-Gewinne Produktionsmethoden innoviert und Rationalisierungsinvestitionen getätigt werden — ist doch Investieren ohne gleichzeitigen Konsumverzicht nicht möglich! So würde der Äquivalententausch bzw. die Exportgüterpreisindexierung auf der individualistischen Ebene den „schöpferischen" Unternehmer liquidieren und den „untätigen" Unternehmer sanktionieren und auf dem gesamtgesellschaftlichen und nationalen Plateau ökonomisches Wachstum und die Finanzierung seines Arbeitsfreisetzungseffekts verhindern. Kann der Wachstumsverzicht auch von den Ländern der Dritten Welt nicht gewollt werden, so würde letzteres die Bestrafung der metropolitanen „wegrationalisierten" Arbeitskräfte implizieren, was eine zusätzliche – und in den Industrieländern ohnehin schon sozial brisante – aktuelle Komponente des grundlegenden interregionalen Konflikts zwischen Arbeit und Arbeitslosigkeit wie deren Entlohnung und Finanzierung ist.

Die conclusio des ökonomischen Räsonnements ist demnach eindeutig: Das Angebot an Arbeit ist weltweit zu hoch und das Angebot an Kapital global zu gering, um ubiquitär alle Arbeitsuchenden lohnend zu beschäftigen. Daneben hat Kapital die Funktion, das beschäftigte Arbeitskräfteangebot effizienter einzusetzen, d.h. Arbeit zu substituieren und die Nachfrage nach Arbeitskräften zu vermindern. Begreift man Kapital als in der Vergangenheit erwirtschaftetes und nichkonsumiertes Produkt, dann ist das gegenwärtige Konsumniveau – und zwar als Summe der Entlohnung der Beschäftigten und der Finanzierung der Arbeitslosen – desto höher, je größer sein Bestand ist. Dieser Kapital/Arbeitsnexus und seine Wohlstandswirkungen auf Beschäftigte und Unbeschäftigte sind interregional (-national) diversifiziert, doch ist es nicht mehr als recht und billig, wenn die ökonomische Verwertung technischen Fortschritts, weil sie in der Periode n einen nationalen Konsumverzicht erfordert, in der Periode n+1 auch national erfolgt. Dies ist nachgerade die soziale Dimension wirtschaftlichen Wachstums, weil sie die Weitergabe des über Investitionen (Sparen) ermöglichten und über Produktivitätsfortschritte erwirtschafteten gesellschaftlichen Mehrprodukts qua Reallohnsteigerungen an die Arbeitnehmerschaft beinhaltet. Der Rekurs auf den internationalen Tauschakt und sein Ergebnis der Nichtäquivalenz demonstrieren somit auch nur eine Form zwischenstaatlicher Extrapolation nationaler Wohlstandsdifferenzen. Und national heterogene Akkumulations-, Einkommens- und Sozialniveaus führen gerade bei Intensivierung internationaler Interaktion und Kommunikation, also gegenseitiger Kenntnisnahme, schnell zu globaler sozialer und politischer Unverträglichkeit.

4. Das historische Alibi

Nun bedarf allerdings das ökonomische Rationalkalkül der historischen Ergänzung. Denn das, was bisher als geschichtslose bipolare Kommunikationsformation gefaßt wurde, ist alles andere als nur das Produkt des freien Spiels der Marktkräfte. Dies zeigt schon ein Blick in die Geschichte überseeischer Entdeckungen wie in die verschiedenen Ausprägungen der Imperialismustheorien. Nach ihnen folgt auf die Erkundung fremder Kontinente im 14. und 15. Jahrhundert durch die damals führenden und seebeherrschenden west-europäischen Mächte nicht nur deren gewaltsame politische Annektion, die wirtschaftliche Ausplünderung und die Aufteilung der Erde in tributäre Kolonien und tributerhebende Kolonialmächte, sondern auch eine sukzessive umfassende Destruktion autochthoner politischer, gesellschaftlicher und ethnischer Formationen, die dann – im späteren Zeitalter des Imperialismus – die Durchsetzung des weltweiten Arbeitsteilungssystems institutionell ermöglichen. Die Weltkarte der Kolonialreiche ist hier insofern durch manifeste einseitige Dependenzverhältnisse gekennzeichnet, als sie im wesentlichen nur durch imperialistische Kriege verändert wird – je nachdem, wie das Bürgertum und die industrielle Revolution in Europa und den USA auf die Exploration fremder Rohstoffe, die Ausbeutung der Menschen und die

Kapitalverwertung in den Kolonien angewiesen sind und sich militärpolitisch zur Geltung bringen. Die Handelsbilanzen ehemaliger Kolonien wären, würden wir heute über sie verfügen, mit Sicherheit für jene Jahrhunderte positiv! Und dieser säkulare unfreiwillige wirtschaftliche Aderlaß der Kolonien hat nicht nur zu ihrer strukturellen Pauperisierung, sondern auch zur simultanen Kapitalakkumulation und Prosperisierung der Industrienationen geführt.

Dieser Prozeß ist so seit langem abgeschlossen. Doch die traditionelle Monokultivierung der Landwirtschaft, die Verhinderung des Aufbaus eigenständiger Industrialisierung über die Beschneidung der Akkumulations-, Reproduktions- und Weiterverarbeitungspotentiale, die Ermöglichung der Auslandsflucht für die verbliebenen Kapitale und Überfremdung produktiver Sektoren, die ganz auf den Welt- und kaum auf den heimischen Markt orientierten outward looking industries, die Zugkraft westlicher Konsum- und Verhaltensmuster für korrupte, nach außen sich ausrichtende politische Oligarchien und die zu schmale Mittelklasse, die Analphabetisierungsquote der marginalisierten Bevölkerung etc. – mit einem Wort: all die Erscheinungsformen und Konsequenzen allzulanger ökonomischer internationaler Ausbeutung sind nicht nur von den modernen imperialismustheoretischen Varianten thematisiert[26], sondern bezeichnen auch einen großen Teil der für die internationalen Beziehungen relevanten strukturellen Deformationen der Peripherie.

Dies ist die historische Dimension des Wandels von einseitiger Dominanz und Dependenz zu multilateraler asymmetrischer Interdependenz zwischen Peripherien und Zentren, die nach dem Prozeß der Entkolonialisierung und dem Zugeständnis der formalpolitischen Souveränität noch der inhaltlichen materiellen Egalisierung harrt. Doch so wie in diesem Sinne die Forderungen der Entwicklungsländer – die sie heute aufgrund ihrer politischen Souveränität wenigstens weltweit und mehrheitlich artikulieren können – nach beispielsweise einem 25-Prozent-Anteil an der Weltindustrieproduktion, dem nichtrezipoken unilateralen Zollabbau der Industrieländer für verarbeitete Produkte oder dem Recht auf Enteignung multinationaler Konzerne moralisch verständlich sind, so sind politische Veränderungen doch bislang niemals so sehr das Ergebnis von Rechts- und Moralansprüchen wie das Resultat von Macht. Wie und über welche Mechanismen und Voraussetzungen ökonomische Macht international (und vor allem: -regional) verteilt ist, ist beschrieben worden. Fragen wir nun nach der von ihr nicht allzu unabhängigen globalen politischen Kräftekonstellation.

5. *Die weltpolitischen Koordinaten*

Bisher ist die Verengung der weltwirtschaftlichen Betrachtungsweise auf die Nord-Süd-Konfiguration von ausreichendem heuristischen Wert gewesen. Nun jedoch, bei der außenpolitischen Dimension, muß sie sowohl spezifiziert wie ergänzt werden. Denn einmal sind „Dritte" und „Erste" Welt keine geschlossenen amorphen Blöcke und zum anderen müssen die UdSSR und die ihr im RGW und im Warschauer Pakt angeschlossenen sozialistischen Länder berücksichtigt werden. Zwar richten sich die Forderungen der Entwicklungsländer nach Reorganisation der Weltwirtschaft ausdrücklich an die kapitalistischen Industrienationen, sind sie es doch, die vom kapitalistischen Weltwirtschaftssystem (am meisten) profitiert und Unzufriedenheit bzw. den Wunsch nach Veränderung bei den anderen verursacht haben. Wie eng der Spielraum für die Wirtschaftspolitik der Industrieländer ist, ist schon angedeutet worden – doch hat er noch übergeordnete Koordinaten.

Da ist einmal der Rahmen der verfassungsmäßigen Organisation westlicher Demokratien, einschließlich der immer häufiger zirkulierenden Formel der zurückgehenden politischen Regierbarkeit. Dies korreliert sehr stark mit dem ökonomischen Faktum des drohenden bzw. zu einem gewissen Teil schon realisierten Wegfalls der Möglichkeit peripheres Sozialprodukt metropolitan zu verteilen und seiner rezessiven, Wachstums- und Beschäftigungseinbußen involvierenden Folgeerscheinungen, die die politische Radikalisierung fördern. Dies geschieht gegenwärtig nicht nur, wie gesehen, über den internen Verteilungskampf zwischen den Tarifgruppen, sondern ist eben auch mit parteipolitischen Auflösungs- und Korruptionserscheinungen verbunden, die dazu führen, daß große Teile der Bevölkerung ihre Interessen in den Händen der Regierungsmacht ausübenden oder überhaupt existierenden Parteien entweder gar nicht oder nicht mehr ausreichend gewahrt sehen. Ihr Spiegelbild sind gesellschaftliche Polarisierungen, die parteipolitisch nur noch in Extrempositionen aufgefangen werden (Italien, Frankreich) oder neben der Parteienlandschaft angesiedelt sind bzw. von ihr wegen der hohen volkswirtschaftlichen Kosten nur halben Herzens internalisiert werden (Bürgerinitiativen, Mitbestimmungsgesetz in der BRD). Was hier in der letzten Zeit vor allem in den westeuropäischen Ländern an politischer Stabilität der Demokratien zur Disposition steht, ist in der Nachkriegsperiode sicherlich „kostengünstiger" aufgefangen worden und steht in seiner Wirkung zweifellos auch in direktem politischen Gegensatz zu den ansonsten wohl eher erfüllbaren ökonomischen Umverteilungsforderungen der Peripherien.

Dieser Erosionsprozeß der westeuropäischen Demokratien findet bei der Hegemonialmacht USA seine Entsprechung im innenpolitischen Watergateskandel und außenpolitischen Vietnamdesaster. Alles zusammengenommen erhöht die Vulnerabilität der westlichen Welt insgesamt, zeitigt außenpolitische Negativfolgen und geht zudem mit einer gewissen Desensibilisierung auf sicherheitspolitischem Gebiet einher, die erst jetzt wieder umzuschlagen beginnt. Die absolut und relativ gewachsene militärische Stärke der Warschauer Pakt-Staaten wird trotz deren teilweise außenpolitischer Erfolge (wie beispielsweise Angola) noch kaum als gestiegenes Sicherheitsrisiko reflektiert, obwohl es auch und gerade seine Nord-Süd-Konsequenzen hat. Denn das auf der internationalen Agenda stehende Nord-Süd-Verhältnis ist gewiß für die westlichen Industrieländer desto fragiler, je wahrscheinlicher umgekehrt das militärisch durchsetzbare Hegemonialstreben der Sowjetunion ist. Das ist ein die kapitalistische Weltwirtschaft und damit das (noch) existierende Nord-Süd-Verhältnis potentiell destabilisierender Faktor.

War noch während der sechziger Jahre die UdSSR eine Regionalmacht, die militärisch, politisch und ökonomisch das internationale System nicht allzu fühlbar beeinträchtigen konnte, so ist heute aufgrund der zu ihren Gunsten erfolgten militärpolitischen Kräfteverschiebung eine zusätzliche Instabilitätsdimension zu berücksichtigen.

Kombiniert man sie in bezug auf den unmittelbaren Reorganisationsadressaten der Dritten Welt nicht nur mit dem wirtschaftlichen, sondern auch mit dem politischen und ideologischen Impetus, der die Umverteilungsforderung trägt, dann wird gerade bei der sich expressis verbis antikolonial gebenden Ordnungsmacht Sowjetunion und den von ihr moralisch und ökonomisch-politisch unterstützten Befreiungsbewegungen evident, daß der Nord-Süd-Konflikt letzten Endes zu einer Variante der Ost-West-Auseinandersetzung geriert.[27]

So ist endlich auch der Versuch der westlichen Länder zu verstehen, die RGW-Staaten in bezug auf die Erhöhung der Entwicklungshilfeleistungen stärker in die Pflicht zu nehmen mit dem Argument, daß der interregionale Verteilungskonflikt sich schließlich auf die Wohlstandsdifferenzen zwischen dem „reichen Norden" und „armen Süden" bezieht. Doch der bislang erfolgreiche Widerstand der sozialistischen Länder mit dem Hinweis, daß bei ihnen die historische und neokoloniale Verursachung der Pauperisierung der Peripherien nicht gegeben sei, sie im Gegensatz dazu die Voraussetzungen für ökonomische Ausbeutung systematisch abgeschafft hätten und ihre vorteilsfreie Unterstützung lokaler peripherer Befreiungskriege zweifelsfrei sei, indiziert nicht nur die außenpolitischen Systemoptionen der Peripherien, sondern auch die tatsächliche wirtschaftliche Schwäche der sozialistischen Staaten in die von den kapitalistischen Ländern hinterlassene periphere Wohlstandslücke erfolgreich hineinzustoßen.

Im Gegenteil, die Extensivierung der Ost-West-Wirtschaftsbeziehungen[28] und ihr Resultat der immer massiver an die Finanzierungsgrenzen gehenden Westverschuldung des Ostens haben die globalen Systemveränderungsambitionen der sozialistischen Länder für den Westen wieder kalkulierbar gemacht durch die wirtschaftliche Schliessung der offenen ideologischen und politischen Flanke. Das Wort von den über Exportüberschüsse und Ostkredite kapitalistisch finanzierten und ideologisch kommunistisch infiltrierten Befreiungsbewegungen in Ländern der Dritten Welt verfälscht zwar die Komplexität der intersystemaren Beziehungen, kennzeichnet aber auch eine subtile periphere Variante des nach Überwindung des kalten Krieges durch ökonomische Kooperation und Beibehaltung der ideologischen Auseinandersetzung widergewonnenen außerpolitischen Handlungsspielraums des Westens. Er stellt die Sowjetunion vor eine Reihe unbequemer Sachverhalte. Denn erstens „ist die Dritte Welt gerade bei westlichem Entgegenkommen auch direkter Konkurrent der Sowjetunion und des ganzen RGW in bezug auf Marktzugang und Kredite. Zweitens muß die Sowjetunion wählen zwischen dem pragmatischen Interesse an der ungestörten Entwicklung der westlichen Weltwirtschaft und einer Politik, die sich auf die These stützt, daß im Kapitalismus eine ‚qualitative Wandlung vor sich geht', die in der ‚Verschärfung des Klassenkampfes' resultiert – eine Alternative, die gerade in bezug auf die Rohstoffpolitik in der Dritten Welt Folgen hat. Drittens wird Moskau bei erfolgversprechendem Fortgang des Dialogs entweder seine Prinzipientreue, d.h. seine politischen Bedingungen für östliche Hilfeleistungen lockern müssen, wobei die ägyptische Erfahrung schwer wiegt, oder aber es müßte mit schwindendem politischen Einfluß rechnen ..."[29]

Hinzu kommt, daß die Peripherie kein geschlossener Interessenblock ist. Vielfach bezeichnet man heutzutage schon die erdölproduzierenden Länder als „Dritte" und den „Rest" der Peripherie als „Vierte" Welt, wobei die Chronologie von „Erster" bis

„Vierter" Welt die politisch-ökonomische Relevanz angibt. Dabei ist zu beobachten, daß das OPEC-Kartell mittlerweile nicht mehr die „Chaosmacht" ausübt, die noch 1974 im Westen befürchtet worden ist. Das hat mit interner Anpassung wie mit der Pattsituation im israelisch-arabischen Konflikt und mit der hohen wechselseitigen Abhängigkeit von erdölproduzierenden und -verbrauchenden Ländern zu tun. Ihr strategisches Ergebnis sind starke prowestliche und militärisch gebundene „Brückenköpfe" in den Persischen Golfanrainern. Der Iran, Saudi Arabien und die kleineren Golfstaaten sind darüber hinaus ein, wenn auch völlig unrepräsentatives, Beispiel für eine – gerade aufgrund ihrer totalen Weltmarktintegration ermöglichte – erfolgsreiche Politik der Pro-Kopf-Einkommenserhöhung, vielleicht auch, soweit dies überhaupt nötig ist, der Industrialisierung. Dies hat einen ähnlich hohen Demonstrationseffekt wie beispielsweise die wachstumsintensiven pazifischen Stadt- und Kleinstaaten Hongkong, Singapur, Taiwan, Südkorea und die großmachtpolitisch ambitionierten riesigen lateinamerikanischen Flächenstaaten Brasilien und Mexiko die periphere (Noch-)Einheitsphalanx politisch sprengen können.

Wie ambivalent und schwer prognostizierbar auf diesem Gebiet auch die militärpolitische Strategie des Westens gegenwärtig ist, demonstrieren die enormen Verkäufe konventioneller Rüstungsgüter in diese Länder[30] und die nach langwierigen Verhandlungen hergestellte konzertierte Aktion der Nonproliferantionsreproduktion. Die Wiedergeburt des amerikanischen Moralismus seit dem Amtsantritt der Carter-Administration induziert offenbar nicht nur eine generell höhere Verhandlungsbereitschaft der USA gegenüber den Ansprüchen der Dritten Welt, sondern auch eine Politik der Restituierung der innerwestlichen Machtverhältnisse, die sich auf die kapitalistischen Subzentren Westeuropas und Japan wie auf die sich emanzipierenden starken Peripheriemächte richtet.

Die angegebenen weltpolitischen Strukturdeterminanten und außenpolitischen Verhaltensmuster der dominierenden Länder werden mit Sicherheit zur Renationalisierung des interregionalen Reorganisationskonflikts führen. Dafür sprechen einmal die über Emanzipationspotential verfügenden peripheren Subzentren und von der weltweiten Arbeitsteilung eindeutig profitierenden kapitalistischen Brückenköpfe wie zum anderen das gebändigte bzw. zu bändigende Hegemoniestreben des wirtschaftlich zu schwachen sozialistischen Blocks und letzten Endes die auch so determinierte Priorität der innerwestlichen Politik des Krisenmanagements. In dem Maße, wie im Westen die Politik der Krisenvermeidungsimperative international koordiniert wird, ist ihre interne Erfolgschance größer und mithin – aufgrund der Wachstumsresultante – ist auch die Chance zu zwar geringer, doch, wegen der Selektion auf die „wichtigen" Entwicklungsländer, substantieller Erhöhung der Hilfeleistungen an die Dritte Welt höher zu veranschlagen. Auch wird über kurz oder lang die relative und fast auch absolute Absenz der sozialistischen Länder von umfangreichen Transferleistungen an die Peripherien politisch kaum mehr opportun sein, so daß auch von daher Sozialproduktumverteilungen zu erwarten sind. Dies wird insgesamt allerdings die Politisierung der Entwicklungshilfeleistungen kaum vermindern und die sich abzeichnende Reorganisation der Weltwirtschaft global zwar nur schwerlich ökonomisch rationaler, doch vielleicht lokal humaner gestalten.

Anmerkungen

1 Für wichtige Hinweise bin ich K.W. Deutsch, B. Fritsch und H.–D. Jacobsen zu Dank verpflichtet.

2 Vgl. C.F. v. Weizsäcker, Bedingungen des Friedens, Göttingen 1963.

3 Vgl. K.J. Gantzel (Hrsg.), Herrschaft und Befreiung in der Weltgesellschaft, Frankfurt am Main 1975, Einführendes Vorwort.

4 Ebenda, S. 10.

5 „Weltinnenpolitisch denkt, wer weltpolitische Vorgänge so beurteilt, als seien sie Innenpolitik. Weltinnenpolitisch denkt z.B., wer die Welt als einen virtuellen oder realen Markt sieht, in dem die Staaten nur als Partner oder Garanten des Handels und der Produktion oder als Störer des Handels wahrgenommen werden. Weltinnenpolitisch denkt auch, wer die Weltgeschichte als einen Kampf oder eine Evolution der Gesellschaftssysteme sieht, in dem die staatlichen Regierungen vor allem Herrschaftsinteressen ihrer Klassen vertreten". C.F. v. Weizsäcker, Wege in der Gefahr. Eine Studie über Wirtschaft, Gesellschaft und Kriegsverhütung, München 1977[4], S. 243.

6 Vgl. die „UN-Erklärung über die Errichtung einer neuen internationalen Wirtschaftsordnung" und die „UN-Charta über die Rechte und Pflichten von Staaten", in: BMWZ, Materialien zur Entwicklungspolitik, Nr. 45, Europa-Archiv, Nr. 13/1974 und epd-Entwicklungspolitik 2/1975.

7 Zur Vertiefung dieses und des nächsten Kapitels vgl. W. Bärtschi/H.–D. Jacobsen, Kritische Einführung in die Außenhandelstheorie, Reinbek 1976 und W. Bärtschi. Ausbeutung und Einkommensumverteilung in den internationalen Wirtschaftsbeziehungen, Berlin 1976.

8 Vgl. A. Schmidt (Hrsg.), Strategien gegen Unterentwicklung. Zwischen Weltmarkt und Eigenständigkeit. Frankfurt am Main 1976.

9 Vgl. die Reden von H. Kissinger und H. Friderichs vom 6. und 7. Mai 1976 in Nairobi sowie die Protokolle der Debatten des Deutschen Bundestages vom 20. Mai und 2. Juni 1976, in: BMWZ, Materialien zur Entwicklungspolitik, Nr. 53.

10 Vgl. lediglich R. Prebisch, Für eine bessere Zukunft der Entwicklungsländer, Berlin 1968.

11 Vgl. etwa G. Haberler, Terms of Trade and Economic Development, in: H.S. Ellis (Hrsg.), Economic Development for Latin America, New York 1961.

12 Vgl. G. Kohlmey, Karl Marx' Theorie von den internationalen Werten mit einigen Schlußfolgerungen für die Preisbildung im Außenhandel zwischen den sozialistischen Staaten, in: Probleme der politischen Ökonomie, Bd. 5, Berlin (Ost) 1962.

13 Vgl. A. Emmanuel, Unequal Exchange. A Study of the Imperialism of Trade, New York – London 1972 und S. Amin, Die ungleiche Entwicklung. Essay über die Gesellschaftsformationen des peripheren Kapitalismus, Hamburg 1975.

14 Vgl. stellvertretend D. Senghaas, Weltwirtschaftsordnung und Entwicklungspolitik. Plädoyer für Dissoziation, Frankfurt/Main 1977.

15 Ähnlich muß es sich mit den in sozialistischen Ländern ausgebildeten Politikern der Dritten Welt verhalten, denn das Nichtäquivalententauschtheorem ist dort sehr schnell als häretisch qualifiziert und tabuisiert worden, weil es nicht nur die marxistische außenhandelstheoretische Orthodoxie im Kern trifft, sondern auch für die Preisgestaltung im Intra-RGW-Handel von außerordentlicher politischer Brisanz ist.

16 Und zwar ganz unabhängig davon, daß empirische Tests die behauptete grundlegende Relevanz des komparativen Kostentheorems für die Erklärung der tatsächlichen Handelsströme kaum bestätigt haben. Vgl. hierzu etwa A. Lemper, Handel in einer dynamischen Weltwirtschaft. Ansatzpunkte für eine Neuorientierung der Außenhandelstheorie, München 1974.

17 Abgesehen von einigen zu erwartenden Rohstoffteilabkommen, die nur marginal zu Fehlallokationen führen, finanzierungsmäßig leicht zu ertragen und politisch kaum noch zu vermeiden sind.

18 Vgl. Ch. P. Kindleberger, The Terms of Trade. A European Case Study, New York – London 1956; W. Bärtschi, Ausbeutung und Einkommensumverteilung ..., a.a.O. und W. Bärtschi, Internationale Realeinkommenstransfers. Das Dilemma der Außenhandelstheorie, in: Konjunkturpolitik, 22. Jhrg., 1. Heft 1976.

19 Hingewiesen sei hier nur auf die kumulierten Leistungsbilanzsalden für den Zeitraum 1974–76 der „entwickelten Gebiete" in Höhe von –75, 6 Mrd. Dollar und der OPEC-Länder in Höhe von 145 Mrd. Dollar. Vgl. BIZ, 47. Jahresbericht, Basel 13. Juni 1977, S. 99.

20 Vgl. ebenda, S. 19

21 Vgl. Jahresgutachten 1975 des Sachverständigenrates zur Begutachtung der gesamtwirtschaftlichen Entwicklung, Ziffer 163 ff. und W. Bärtschi, Rückwirkungen der außenwirtschaftlichen Verflechtung auf Stabilität und Verteilung in der BRD, in: WSI-Mitteilungen, 29. Jhrg., Heft 5, Mai 1976.

22 Vgl. H. Hesse, Strukturwandlungen im Welthandel 1950–1960/61, Tübingen 1976, S. 96 ff. und U. Hiemenz/K.W. Schatz, Erfolgschancen und Grenzen einer weltwirtschaftlichen Integration als Entwicklungsstrategie, in: A. Schmidt (Hrsg.), Strategien ..., a.a.O. S. 75 f.

23 Vgl. W. Vogel, Die Abkommen der Europäischen Wirtschaftsgemeinschaft mit den Maghreb- und Maschrekländern. Bilanz der globalen Mittelmeer-Politik der Gemeinschaft, in: Europa Archiv 2/1977, S. 53 ff.

24 Vgl. Weltbank/IDA, Jahresbericht 1975 und OECD, Zusammenarbeit im Dienst der Entwicklung, November 1976.

25 Vgl. UNCTAD, The Flow of Financial Resources. Financial flows to and from developing countries. Report by the UNCTAD secretariat, TD/B/C. 3/110, 24. April 1973, S. 52 f.

26 Und dies fast allzu häufig. Denn über die Deskription des sicherlich nicht von der Hand zu weisenden Unterentwicklungstatbestandes der Peripherien kommen sie entweder theoretisch noch nicht hinaus oder – vgl. Fußnote 14(– rufen zu moralisierenden akademischen Trotzreaktionen bei der Überwindung der Unterentwicklung auf, die dem politischen Faktum wie seiner Kausalität und Veränderbarkeit nicht gerecht werden.

27 Darauf hat erst kürzlich U. Nerlich, Großmachtkonkurrenz und Weltwirtschaftsordnung, unveröffentlichtes Manuskript, hingewiesen.

28 Vgl. H.–D. Jacobsen, Die Entwicklung der wirtschaftlichen Ost-West-Beziehungen als Problem der westeuropäischen und atlantischen Gemeinschaft, SWP-S 242, Ebenhausen bei München, September 1975.

29 U. Nerlich, Großmachtkonkurrenz ..., a.a.O., S. 22.

30 Vgl. World Armaments and Disarmaments, SIPRI Yearbook 1977, Stockholm 1977, S. 306 ff.

VII. Arbeitsgruppe: Verfassungspolitik

Gegenwartsprobleme der Verfassungspolitik und der Beitrag der Politikwissenschaft*

Von Dieter Grimm

I. Zur Situation der Verfassungspolitik

Daß Verfassungen die Aufgabe haben, der Politik normative Fesseln anzulegen, bewahrt sie nicht davor, selbst wieder Gegenstand von Politik zu werden. Wie der Rechtstheorie heute besser bekannt ist als früher, führen Verfassungen kein normatives Eigenleben, sondern stehen in einer doppelten Verbindung zur Realität[1]. Aus einer bestimmten Vorstellung von gerechter Ordnung erwachsen und auf eine bestimmte Vorstellung von sozialer Wirklichkeit bezogen, lassen sie sich von ihren Entstehungsbedingungen nicht völlig ablösen. Diese bilden nicht einfach die den Normen vorausliegenden Regelungsmotive oder das ihnen gegenüberstehende Anwendungsfeld, sie konstituieren vielmehr ihren Sinn mit. Sozialer Wandel wirkt sich daher auch auf die Verfassung aus. Zwar beeinträchtigt er – vom Grenzfall der Obsolenz abgesehen – nicht ihre rechtliche Geltung, wohl aber ihren Sinn. Unverändert angewandt, können Normen dysfunktional werden. Die Folgen sind Rationalitätseinbußen des politischen Prozesses oder Umgehungen der Verfassung. So notwendig eine gewisse Statik für die Funktion der Verfassung ist, so erträglich scheint sie aus diesem Grund doch nur, wenn die Möglichkeit besteht, das Recht an veränderte Verhältnisse anzupassen. Teils können solche Anpassungen interpretativ erfolgen – das Grundgesetz sieht im Bundesverfassungsgericht eine eigene Instanz dafür vor –, ohne Vergewaltigung des Normtexts und des Demokratieprinzips jedoch nicht grenzenlos. Im übrigen müssen Verfassungsänderungen zulässig sein. Verfassungspolitik bedeutet deswegen keinen Angriff auf die Normativität der Verfassung, sie regeneriert vielmehr ihre normative Kraft unter veränderten Bedingungen.

Eine rationale Verfassungspolitik begegnet derzeit freilich beträchtlichen Schwierigkeiten. Auf die Verfassung trifft nämlich ebenfalls zu, was für eine Anzahl politischer Institutionen seit längerem feststeht: es fehlt an einer Theorie, die ihre Funktion, ihr Leistungsvermögen und ihre Leistungsgrenzen hinlänglich erklärte[2]. Man kann über diesen Mangel nicht einfach zur Reformtagesordnung hinweg schreiten, denn anders als die weltweite Verbreitung des Verfassungsgedankens vermuten ließe, ist es keineswegs sicher, in welchem Maße Verfassungen noch ein geeignetes Instrument zur Politikrationalisierung sind. Verfassungen haben diese Aufgabe ja unter ganz bestimmten historischen Bedingungen übernommen, und es gibt keine Gewähr, daß sie sie für alle Zukunft behalten müßten. Verfassungen waren eine bürgerliche Errungenschaft. Sie entstanden in dem Zeitpunkt, als es gelang, den umfassenden Gestaltungsanspruch des absoluten Fürstenstaats zu brechen und die bürgerliche Gesellschaft als autonome, eigenen Zwecken folgende Sphäre zu begründen. Soziale Gerechtigkeit erschien in dieser Situation als Problem der Gewährleistung der gesellschaftlichen Autonomie und der Beschränkung des Staates auf ihren Schutz vor Störungen. Die Aufgaben waren so beschaffen, daß sie durch Rechtsnormen unmittelbar gelöst werden konnten. Grundrechte grenzten die bürgerliche Gesellschaft vom Staat ab, dessen Tätigkeit dadurch zum „Eingriff" wurde, und Organisationsnormen garantierten, daß Eingriffe, wenn sie im Interesse der Aufrechterhaltung der gesellschaftlichen Autonomie unerläßlich waren, nur aufgrund einer im Gesetz generell erteilten Ermächtigung der bürgerlichen Gesellschaft erfolgten.

Nachdem sich die mit dem liberalen Sozialmodell verbundenen Erwartungen nicht erfüllt haben, ist wieder anerkannt, daß soziale Gerechtigkeit nicht automatisch aus gesellschaftlicher Autonomie folgt, sondern politisch hergestellt werden muß. Diese Aufgabe läßt sich im Gegensatz zu der der Schrankenziehung nicht mehr unmittelbar durch Verfassungsrecht erfüllen. Die Verfassung kann vielmehr nur Ziele vorgeben und Richtlinien aufstellen, die aber stets auf politische Vermittlung angewiesen bleiben. Anders als bei der Beobachtung rechtlicher Schranken genießen die staatlichen Organe indes bei der Verwirklichung normativer Prinzipien stets einen relativ weiten Spielraum. Sie lassen nicht nur Platz für verschiedene Konkretisierungsvarianten, sondern treten auch unter die Maßgabe des jeweils Möglichen. Für die Verfassung folgt daraus, daß sie im Sozialstaat, verglichen mit dem bürgerlichen Rechtsstaat, an unmittelbarer Bindungskraft und normativer Intensität einbüßt. Im selben Maß, wie die Staatsaufgaben wachsen, nimmt ihre Rationalisierbarkeit mittels Verfassungsrecht ab. Forsthoff, der sich als erster mit dieser Situation befaßte, wollte daraus den Schluß ziehen, daß die Verfassung nur als rechtsstaatliche denkbar sei und sich anderen, insbesondere sozialstaatlichen Zwecken nicht öffne. Der Preis bestünde freilich im Verzicht auf die positive Anleitung politischer Gestaltungsaufgaben. Die Verfassung bliebe in ihrer Beschränkung auf Handlungsgrenzen und Verfahrensvorschriften weitgehend formal und müßte die Politikinhalte gänzlich der Parteienkonkurrenz überlassen.

Damit wird es weder für erstrebenswert noch möglich erklärt, daß die Verfassung staatliches Handeln inhaltlich vorwegbestimmen, Politik also auf Verfassungsvollzug reduzieren sollte. Andererseits haben aber gerade die neueren Forschungen von Politikwissenschaft und Staatsrechtslehre bestätigt, daß staatsfreie Räume und Verfahrensregelungen, wie sie die bürgerlich-rechtsstaatliche Verfassung charakterisierten, ihren Sinn nur unter bestimmten Zusatzvoraussetzungen erfüllen können. So wird heute kaum noch bestritten, daß die mittels Grundrechten gesicherten Bereiche staatsfreier Selbstbestimmung nur dann ihr Ziel personaler Freiheit erreichen, wenn sie auch gegen gesellschaftliche Macht geschützt und materiell so weit fundiert werden, daß der einzelne von seiner Freiheit faktisch Gebrauch machen kann. Ebenso ist heute erkannt, daß die demokratischen Verfahrensregeln ihren Zweck der Rückkopplung der staatlichen Entscheidungsträger an die Interessen der Bevölkerung nur dann zu erfüllen vermögen, wenn sie unter anderem auf einer relativ unverzerrten und offenen Kommunikationsstruktur basieren. Diese Gelingensvoraussetzungen sind spätestens seit der Industriellen Revolution nicht mehr selbstverständlich. In einer solchen Lage kann die Verfassung die Bedingungen ihrer eigenen Sinnerfüllung aber nicht einfach ignorieren. Grundrechte und Verfahrensbestimmungen verlangen zusätzliche Vorkehrungen, deren Herstellung nicht in politisches Belieben gestellt, sondern selbst verfassungsrechtlich geboten ist.

Forsthoffs Behauptung, daß sich die Verfassung für solche Aufgaben nicht eigne, ist unbegründet. Nicht nur formale Handlungsschranken und Verfahrensvorschriften, sondern auch materiale Gestaltungsprinzipien, die vom Konsens der Gesellschaft getragen sind, können normative Kraft entfalten, wenngleich sie nicht unmittelbar zur richterlichen Subsumtion auf einen Streitfall taugen. In der Streitentscheidung liegt aber nicht die einzige Aufgabe der Verfassung. Die materialen Gestaltungsprinzipien richten sich vielmehr in erster Linie an den Gesetzgeber, scheiden bestimmte Gestaltungsmöglichkeiten aus dem Kreis der zulässigen Alternativen aus und nennen für andere eine Zielrichtung. Auf diese Weise reduzieren sie die Entscheidungslast der politischen Instanzen. Sie sind nicht mehr Themen, sondern Prämissen der Politik. Die Verfassung nimmt dadurch freilich programmatische Züge an. Das geht auf Kosten ihrer Eindeutigkeit. Es wird leichter, für unterschiedliche politische Absichten Verfassungsaufträge zu reklamieren. Auch die politische Bedeutung der Verfassungsgerichtsbarkeit wächst. Der Preis muß aber gezahlt werden, wenn man an der rechtsnormativen Legitimierung und Limitierung der Politik unter veränderten Bedingungen festhalten und Demokratie und Rechtsstaat nicht zur Hülse weitgehend beliebiger Inhalte machen will. Es kann nicht darum gehen, die Verfassung von inhaltlichen Festlegungen möglichst frei zu halten, sondern nur das rechte Maß zwischen Formalität und programmatischer Überfrachtung zu finden.

Einer zeitgemäßen Verfassungstheorie ist damit allerdings erst der Weg gewiesen, ihre Ausarbeitung steht noch bevor. Besondere Schwierigkeiten ergeben sich dabei aus dem Umstand, daß Verfassungen, die nicht nur Schranken ziehen und Verfahren regeln, sondern Zielvorgaben und Handlungsdirektiven enthalten, sich in viel höherem Maße auf die soziale Wirklichkeit einlassen müssen als ihre liberalen Vorgänger. Der Grad der Normverwirklichung wird durch die Eigengesetzlichkeiten des Regelungsgegenstandes mitbestimmt. Daraus resultieren Leistungsgrenzen der Verfassung. Genaueres ist darüber indes nicht bekannt. Die Möglichkeit von Realitätsänderungen durch Verfassungsänderungen, die Gelingensvoraussetzungen von Verfassungsrecht, die Beziehungen zwischen normativen Regelungen und anderen Steuerungsmitteln sind noch weitgehend unerforscht. Kenntnisse über diese Zusammenhänge wären aber eine wichtige Voraussetzung effektiver Verfassungspolitik, und der rationale Einsatz von Verfassungsrecht leidet unter dem Mangel beträchtlich. Die Politikwissenschaft hat zur Beantwortung solcher Fragen bislang wenig beigetragen. Zwar findet eine Reihe verfassungsrechtlicher Institutionen und Prozeduren wie Wahlen, Parlamente, Gesetzgebung das Interesse der Disziplin, die Verfassung als solche indessen kaum[4]. Verfassungspolitik kann freilich nicht ausgesetzt werden, bis die Theoriebildung abgeschlossen ist. Dafür haben sich trotz der relativ kurzen Geltungsdauer des Grundgesetzes und verhältnismäßig zahlreicher Verfassungsänderungen zu viel drängende Probleme angesammelt.

II. Verfassungspolitische Probleme

1. Funktionswandel des Staates als Ursache verfassungspolitischer Probleme

Daß es sich bei den Problemen nicht nur um Einbildungen der Wissenschaft handelt, zeigt die Einsetzung einer Enquete-Kommission des Bundestages, die von 1971 bis 1976 über eine Revision des Grundgesetzes beriet[5]. Die Grundprinzipien der Verfassung blieben von dem Auftrag freilich ausgenommen. Dieser Umstand deutet daraufhin, daß die Reforminitiative ihren Grund weniger in einem Wandel der politischen Ordnungsvorstellungen als in Veränderungen der sozialen Wirklichkeit hat. Zwar fehlt es auch an Veränderungen der Wertmaßstäbe nicht. Zum einen sind die historischen Erfahrungen der Weimarer Demokratie und der nationalsozialistischen Diktatur, die das Grundgesetz stark geprägt haben, nicht mehr in gleicher Weise lebendig wie 1949. Eine Reihe von Kautelen gegen die Wiederholung dieser Ereignisse scheint dadurch an Evidenz verloren zu haben. Zum anderen hat sich mit der Ausweitung des politischen Spektrums der Bundesrepublik seit den späten sechziger Jahren auch die Aufmerksamkeit für die strukturellen Bedingungen sozialer Benachteiligungen und die gesellschaftlichen Voraussetzungen demokratischer Politik geschärft. Indessen sind gerade die sozialreformatorischen und demokratisierenden Bestrebungen, wie sie insbesondere das Programm der seit 1969 regierenden sozialliberalen Koalition anfangs stark bestimmten, nicht in Konfrontation zur Verfassung entwickelt, sondern im Gegenteil als die bis dahin versäumte „Erfüllung" des Grundgesetzes ausgegeben worden. Die ausdrückliche Ablehnung der grundgesetzlichen Wertvorstellungen blieb auf wenige extreme Gruppen beschränkt, während die Wertdivergenzen der übrigen den Verfassungskonsens nicht sprengten, sondern erst auf die Ebene der Verfassungsinterpretation zum Vorschein kamen, wie die Häufung politisch brisanter Verfassungsprozesse indiziert.

Die aktuellen Probleme der Verfassungpolitik sind dagegen größtenteils die Folge der weiter steigenden Komplexität der sozio-ökonomischen Strukturen und Funktionen[6]. Sie erhöht einerseits die Differenzierung und damit Leistungsfähigkeit des Systems, andererseits aber auch die Interdependenz und damit Störungsanfälligkeit. Dadurch nimmt der Steuerungsbedarf des sozio-ökonomischen Systems zu, während gleichzeitig die systemeigenen Steuerungsmittel, namentlich der Markt, an Wirksamkeit verlieren. Der Staat springt in die Bresche. Er verändert dadurch freilich sein Aussehen und tritt nicht mehr als Garant einer vorausgesetzten und unabhängig von ihm funktionierenden Sozialordnung auf, sondern muß die Ordnung allererst herstellen. Diese Entwicklung hat bereits im vorigen Jahrhundert eingesetzt, und die Epoche des Liberalismus, wie prägend sie auch immer für unsere politische und verfassungsrechtliche Vorstellungswelt war, scheint ihr gegenüber eher episodisch. Es spricht aber vieles dafür, daß gegenwärtig abermals ein Qualitätssprung stattfindet. Dem Staat, der seine Aufgaben noch bis in die sechziger Jahre durch korrigierende oder reparierende Interventionen lösen konnte, wird nun die umfassende Verantwortung für die gesellschaftliche Entwicklung aufgebürdet. Im einzelnen geht es dabei vor allem um die Bereitstellung der infrastrukturellen Vorleistungen des Wirtschaftswachstums sowie die Abdeckung seiner externen Folgekosten wie etwa der Umweltbelastung, die Erhaltung der Wettbewerbsfähigkeit der einheimischen Wirtschaft in einer sich zunehmend verflechtenden Weltwirtschaft, den Ausgleich konjunktureller Schwankungen durch Steuer- und Fiskalpolitik und prospektive Risikovorkehrungen ebensowohl im Interesse der Beschäftigten wie der Unternehmer.

Diese Aufgaben sind nicht länger punktuell begreifbar. Sie haben sich bereits zu einer Globalverantwortung des Staates für wirtschaftliche Prosperität und soziale Sicherheit verdichtet. Insoweit bleibt dem Staat keine Wahl. Bestand und Legitimität des politischen Systems hängen zu einem Gutteil von der Bewältigung dieser Aufgaben ab. Sie sind nicht mehr Thema, sondern Prämisse der Verfassungspolitik. Der Staat reagiert auf die neuen Anforderungen mit einem neuen Instrumentarium, der Globalsteuerung und Planung[7]. Das Instrumentarium markiert den endgültigen Übergang von reaktiver zu aktiver Politik. Es ist darauf angelegt, Krisen zuvorzukommen und die Entwicklung ganzer Sozialbereiche unter Vermeidung unerwünschter Nebenwirkungen in anderen Bereichen auf bestimmte Ziele hin zu steuern. Das hat unabhängig von dem Perfektionsgrad heutiger Planungstechniken und den externen Restriktionen bei der Zielverwirklichung zwei wichtige Folgen. Einmal weitet sich das Gebiet, in dem politisch entschieden werden muß, auf Kosten der bloßen Verwaltung aus. Zahlreiche Sektoren, die sich lange Zeit relativ politikfern entwickelt hatten, sich binnen kurzem Gegenstand von Reformen geworden. Zum anderen nimmt eine Politik, die Sozialbereiche nicht lediglich in ihrem Bestand garantiert, sondern planmäßig umgestaltet, an Konkretheit zu. Damit wächst aber sowohl der Grad der Betroffenheit von politischen Planungen als auch das Konfliktpotential bei ihrer Verwirklichung. Politik wird umstrittener. Der Legitimationszwang steigt.

Legitimität ist freilich unter den Bedingungen einer quantitativ und qualitativ wachsenden Politisierung schwerer zu haben[8]. Je mehr sich der Staat den ökonomischen Imperativen fügt und die Globalverantwortung für die ökonomische und soziale Entwicklung übernimmt, desto mehr werden auch wirtschaftliche Mißerfolge ihm zugerechnet. Damit wächst ihm jedoch die Verantwortung für Ereignisse zu, die seinem Einfluß nur begrenzt unterliegen. Die Ausweitung der Staatsaufgaben ist nämlich nicht mit einer entsprechenden Vergrößerung der Staatsbefugnisse einhergegangen. Nach wie vor sichern Grundrechte dem einzelnen wie den gesellschaftlichen Gruppen eine Handlungsfreiheit, die ihr Anwendungsfeld gerade auch im wirtschaftlichen Bereich hat. Der Staat kann sich daher zur Erfüllung seiner neuen Aufgaben nur begrenzt der traditionellen staatlichen Mittel von Befehl und Zwang bedienen und ist überwiegend auf indirekt wirkende Steuerungsmaßnahmen, insbesondere die Setzung von Motivationsdaten angewiesen. Die Sanktion bleibt gleichwohl gebieterisch. Sie besteht im Legitimationsentzug. Da dieser in Systemen mit Parteienkonkurrenz und Wahlmöglichkeiten folgenreicher als in Einparteiensystemen ist, bemühen sich die staatlichen Institutionen um die Folgebereitschaft der wirtschaftlichen Entscheidungsträger, die dadurch freilich die Chance bevorzugter Berücksichtigung ihrer Interessen erhalten. Bei dieser Entwicklung, deren Erhellung im wesentlichen ein Verdienst der Politikwissenschaft der letzten Jahre ist, während die Staatslehre aus der gleichnamigen juristischen Disziplin weitgehend abgewandert ist, geht es nicht um den Grad der staatlichen Abhängigkeit, der zu den beliebtesten Streitgegenständen des Fachs gehört, und auch nicht um die Frage, ob der „Staat der Industriegesellschaft“ seinen Namen noch verdient, die die konservative Staatslehre bewegt, sondern um die Rückwirkungen auf das geltende Verfassungsrecht.

Solche Rückwirkungen können in verschiedener Weise auftreten. Zum Teil geraten Verfassungsbestimmungen mit sozialen Tendenzen in offenen Widerspruch und provozieren, wenn verfassungspolitische Korrekturen ausbleiben, nachgerade Verfassungsumgehungen. So verhielt es sich beispielsweise beim Föderalismus. Zum größten Teil wird das Verfassungsrecht jedoch nicht unmittelbar in Frage gestellt. Die verfassungsrechtlichen Institutionen und Prozeduren funktionieren vielmehr wie gewohnt, sie erfassen aber politische Phänomene nicht, die jünger als die Verfassung sind. Diese können sich sozusagen naturwüchsig entfalten und damit die Wirkung normativer Regelungen verkürzen. Das trifft etwa für die Planung zu, die sowohl das Demokratie- als auch das Rechtsstaatsprinzip partiell unterläuft. Teils erweist sich Verfassungsrecht schließlich angesichts neuer Entwicklungen als zu kurz dimensioniert. Wichtige Gelingensvoraussetzungen bleiben, weil sie bei Erlaß der Verfassung noch nicht als problematisch empfunden wurden, außerhalb ihrer Reichweite. Das ist etwa beim Demokratieprinzip und bei manchen Grundrechten der Fall. Legt man die Verfassung nicht auf ihre rechtsstaatliche Erscheinungsform fest oder verengt sie gar auf eine Spielregelsammlung, sondern versteht sie primär als materiale Grundlage der Ordnung von Staat und Gesellschaft, dann werden nicht nur offensichtliche Widersprüche zwischen Recht und Wirklichkeit, sondern auch Regelungslücken und Regelunsverkürzungen, die die Wirksamkeit verfassungsrechtlicher Prinzipien schmälern, zum verfassungspolitischen Problem.

Die Intensität der Rückwirkungen hängt davon ab, in welchem Maß fundamentale Verfassungsprinzipien durch den sozialen Wandel in ihrer Wirksamkeit geschmälert werden. Solche fundamentalen Prinzipien sind in der Bundesrepublik repräsentative Demokratie und sozialer Rechtsstaat. Das Grundgesetz sucht sie dadurch zu verwirklichen, daß es politische Herrschaft an einen revozierbaren Auftrag des Volkes bindet und zur Sicherung des Volksvorrangs gegenständlich begrenzt. Es errichtet zu diesem Zweck ein System der Parteienkonkurrenz um die staatlichen Ämter bei gleichzeitigem Verbot, den Prozeß der Meinungsbildung und Interessenwahrnehmung staatlich zu reglementieren, sowie eine Vielzahl sachlicher, räumlicher und funktioneller Handlungsschranken, die nicht nur Machtkonzentration verhindern, sondern auch Interessentendruck verteilen, Kontrollpotentiale verstärken und Mitwirkungsansätze verbreitern sollen. Staatliches Handeln fordert auf diese Weise in der Regel ein Zusammenwirken verschiedener in ihrem Kompetenzbereich selbständiger Entscheidungsträger. Dessenungeachtet vermeidet das Grundgesetz aber eine Vermischung der aus den Wahlen hervorgegangenen Mehrheiten und Minderheiten. Mehrheiten müssen sich von Minderheiten zur Rechenschaft ziehen, kritisieren und mit Alternativen konfrontieren lassen, sind aber zur Durchsetzung ihre Ziele nicht auf deren Einverständnis angewiesen. Lediglich bei Verfassungsänderungen und Personalentscheidungen für Institutionen, die den parteipolitisch besetzten Organen gerade als Prüfer gegenübergestellt sind wie das Bundesverfassungsgericht, werden Mehrheit und Minderheit zur Verständigung gezwungen. Im übrigen bleiben jedoch die Verantwortlichkeiten unterscheidbar. Gerade diese für das Funktionieren des Systems bedeutsame Unterscheidung[9] scheint aber mit der Veränderung der Staatsaufgaben besonders in Gefahr zu geraten.

2. Entwertung des Konkurrenzprinzips durch Verbundtendenzen

Am deutlichsten zeigt sich die Vermischung von Verantwortlichkeiten in der föderalistischen Struktur der Bundesrepublik. Der Föderalismus war dasjenige Prinzip, unter dem es im 19. Jahrhundert gelang, das Bedürfnis nach nationaler Einheit mit der Existenz souveräner Einzelstaaten zu verbinden. Sein soziales Substrat bildeten ethnische, kulturelle und religiöse Eigenheiten, in denen die Bevölkerung ihre Identität fand und die sie deswegen nicht in einem Einheitsstaat aufgehen lassen wollte. Obwohl diese Voraussetzungen nach dem Zweiten Weltkrieg stark geschrumpft waren, hielt das Grundgesetz an dem traditionellen dualistischen Föderalismus fest. Dieser beruht auf einer Teilung der Gesetzgebungs- und Verwaltungskompetenzen bei getrennter Finanzierung und Verantwortung. Die Länder erhielten im Bundesrat zwar Mitsprache bei der Bundesgesetzgebung, wie umgekehrt der Bund die Verwaltung seiner Gesetze durch die Länder beeinflussen konnte. Doch ging man davon aus, daß die Autonomie der Bereiche dadurch nicht beeinträchtigt würde. Unterdessen ist dieses System von der sozialen, ökonomischen und technischen Entwicklung aber weiter überholt worden. Einerseits ging der Anteil der Staatsaufgaben, die sich länderweise lösen ließen, zurück. Gerade bei den mit der Globalsteuerung verbundenen Maßnahmen ist bundesweite und häufig schon internationale Geltung Effizienzvoraussetzung. Andererseits änderten sich die Erwartungen der Bevölkerung, die zusehends gleichwertige Lebens-, Erwerbs- und Ausbildungsbedingungen über die Bewahrung regionaler Eigenarten stellte.

Unter dem Druck dieser Vehältnisse setzte schon bald nach Gründung der Bundesrepublik eine schleichende Umwandlung des Föderalismus ein, der das Grundgesetz eher nacheilte als den Weg wies[10]. Schöpfte der Bund zunächst den Bereich der konkurrierenden Gesetzgebung fast völlig aus, so ließ er sich alsbald auch genuine Länderkompetenzen übertragen. Von den mittlerweile vierunddreißig Grundgesetzänderungen betreffen nicht weniger als zwanzig unmittelbar die Aufgabenverteilung zwischen Bund und Ländern. Schwerer als diese punktuellen Verschiebungen trafen den dualistischen Föderalismus aber die an der Verfassung vorbeilaufenden Unitarisierungstendenzen. Von beiden Seiten betrieben, äußerten sie sich darin, daß die Länder immer stärker zur Selbstkoordination schritten, während der Bund Verwaltungsabkommen und Dotationen in den Dienst der Vereinheitlichung stellte. Der kooperative Föderalismus war auf diese Weise politische Wirklichkeit, ehe ihn die Grundgesetzänderung von 1969 auch juristisch sanktionierte. Ausgelöst durch die 1966/67 offenkundig gewordene Gefährdung effektiver Konjunkturpolitik bei fortbestehender Finanzautonomie der Länder, konnte sie allerdings nicht bei der freiwilligen Unitarisierung stehenbleiben, sondern mußte zur obligatorischen Zentralisierung übergehen. Wegen der verfassungsrechtlichen Schranke des Art. 79 III war das freilich nur durch eine Verfestigung der „Dritten Ebene" möglich. Obwohl die Reform die Bereiche gemeinschaftlichen Handelns kasuistisch zu begrenzen suchte, war doch bald erkennbar, daß von der Verbundpolitik ein Sog ausging, der auch solche Aufgaben erfaßte, die weiterhin autonom wahrgenommen werden sollten. Ungeachtet der grundgesetzlichen Bestimmungen sind neben der Außen- und Verteidigungspolitik nur noch wenige Gebiete übriggeblieben, in denen Bund und Länder bei der Planung, Finanzierung und Durchführung von Maßnahmen nicht in irgendeiner Form zusammenwirken, so daß der kooperative Föderalismus, kaum daß er juristisch hergestellt war, faktisch schon wieder überholt schien.

Die Grundgesetz-Änderung von 1969 ging deswegen bereits mit der Warnung einher, daß sie über kurz oder lang weitere Reformen nötig machen würde, und es ist bekannt, daß es in der Tat die Probleme des Föderalismus waren, die schon wenig später zur Einsetzung der Enquete-Kommission führten und deren Beratungen trotz der thematischen Ausweitung des Auftrags weitgehend bestimmten. Als die Enquete-Kommission ihre Arbeit aufnahm, konnte sie sich allerdings ebensowenig auf politologische Forschungen stützen wie zuvor die Troeger-Kommission, die die Verfassungsänderung von 1969 vorbereitet hatte. Föderalismus bildete zu dieser Zeit kein Thema der Politikwissenschaft[11]. Für die Verfassungspolitik wirkte sich dieser Mangel doppelt nachteilig aus. Zum einen fehlte es an empirischen Analysen des tatsächlichen Verflechtungsgrads im Bund-Länder-Verhältnis und besonders der Folgen, die mit dem Übergang zur Mischverantwortung für die Problemlösungskapazität des politischen Systems, aber auch für die verfassungsrechtlich verbindlichen Systemziele, namentlich das Demokratieprinzip, verbunden waren. Zum anderen herrschte keine Klarheit darüber, worin der Sinn des Föderalismus bestehen konnte, nachdem seine traditionelle Verwurzelung in landsmannschaftlichen und kulturellen Eigenarten weitgehend abgestorben war. Am häufigsten wurde darauf hingewiesen, daß die bundesstaatliche Struktur eine zusätzliche Form der Gewaltenteilung bilde und damit den Schutz der individuellen Freiheit begünstige. Es kamen aber auch die innovationsfördernden Kräfte des politischen Wettbewerbs unter den Ländern, die Ermöglichung von Experimenten in kleinerem Rahmen, die Bürgernähe und Verbreiterung von Mitwirkungschancen für den einzelnen, die Ventilfunktion gegen Oppositionsfrustrationen etc. zur Sprache.

Erst neuerdings bringen politikwissenschaftliche Untersuchungen zum Vorschein, daß gerade diese Vorzüge des Föderalismus von der heute geübten Verflechtungspraxis in Frage gestellt werden[12]. Die mit ihr verbundenen Kooperationszwänge haben einen außerordentlich hohen Konsensbedarf zur Folge, der freilich weniger in der Bevölkerung als im Staatsapparat selbst anfällt. Politische Entscheidungen im Verflechtungsbereich sind in aller Regel das Ergebnis eines Kompromisses unterschiedlicher parteipolitischer Konzepte. Damit wird der innovationsfreundliche Wettbewerb aber zugunsten einer Politik verlassen, in der jede Neuerung oder selbst die Änderung einmal gefundener Einigungsformeln schwer, die Verständigung auf dem kleinsten gemeinsamen Nenner dagegen üblich ist. Die Gewaltenteilung verwandelt sich in eine Gewaltbeteiligung aller politischen Kräfte, die die Einwirkungschancen der Bürger stark herabsetzt. Da sowohl die Parteivorstellungen als auch die Bundes- und Länderinteressen bereits auf der politisch-administrativen Ebene ausgeglichen werden und das Ergebnis als Gemeinschaftswerk auftritt, ist weder ein hinreichend identifizierbarer Adressat für öffentliche Meinung und Interessenartikulation noch ein greifbares Zurechnungssubjekt für Verantwortung und Kontrolle vorhanden. Im Vorbereitungsstadium können Bevölkerungsinitiativen auf zahlreiche Entscheidungsträger verteilt und damit entschärft werden. Im Rechtfertigungsstadium können die Beteiligten die Haftung für Mißerfolge untereinander hin- und herschieben, während Erfolge für jeden reklamierbar sind. Gerade darin scheint indes der Reiz für die Akteure zu liegen, die sich im Verbund gegen Risiken weitgehend abgesichert sehen. Nachdem dieses System relativ unkritisiert entstehen konnte, scheint jetzt eine Umkehr aus subjektiven und objektiven Gründen schwer. Wenngleich die politologischen Forschungen gezeigt haben, daß die Verflechtung auch in Bereiche vorgedrungen ist, wo sie nicht von der Problemlage erzwungen war, so bleibt doch die Tatsache bestehen, daß die Zahl der regional radizierbaren Probleme ebenso wie die Vorliebe für regionale Eigenarten weiter abnimmt. Aus diesem Grunde könnte auch eine Neugliederung und finanzielle Stärkung der Länder nur bedingt Abhilfe schaffen. Überzeugende verfassungspolitische Alternativen, die sowohl die Verflechtungszwänge als auch deren Nachteile verarbeiteten, stehen vielmehr noch aus.

Unterdessen setzen sich die Tendenzen zur Vermischung von Mehrheit und Minderheit auf der Bundesebene fort. Am auffälligsten wird das neuerdings im Verhältnis von Bundestag und Bundesrat[13]. Hatte der Bundesrat seinen Einfluß auf die Bundesgesetzgebung durch eine extensive Interpretation des Art. 84 I ohnedies schon stark ausgedehnt, so kam es als verfassungsrechtliche Kompensation für die ständige Verlagerung von Länderkompetenzen auf den Bund zu einem abermaligen Anstieg seiner Vetorechte. Obwohl diese Regelung ihren Sinn aus der föderalistischen Struktur der Bundesrepublik ableitet und den Ländern, die nach Art. 83 auch im Gesetzgebungsbereich des Bundes die Verwaltungskompetenz besitzen, eine Berücksichtigung ihrer Interessen und Erfahrungen sichern will, scheint in der politischen Praxis doch das parteipolitische Prinzip das föderalistische zu überlagern. Die Vertretung der Länder wird nicht nur zur Wahrung von Länderbelangen gegenüber dem Zentralstaat, sondern mehr und mehr zur Effektivierung der Bundesopposition benutzt. Seitdem die Mehrheitsverhältnisse in den beiden gesetzgebenden Körperschaften divergieren, tritt auch im Kompetenzbereich des Bundes das Mehrheitsprinzip zunehmend hinter Aushandlungsprozesse zurück. Der Bundesrat hat sich als ernstestes Hemmnis bei der Durchsetzung von Regierungsprogrammen erwiesen. Ihre Verwirklichung hängt zu einem Gutteil von der Billigung oder zumindest Tolerierung durch die Opposition und also von entsprechenden Zugeständnissen ab. Bundesstaat und Parteiendemokratie geraten partiell in Widerspruch.

In Reichweite und Zwangscharakter zwar unterschieden, im Effekt jedoch vergleichbar sind jene Schwächungen des Konkurrenzprinzips, die infolge der sog. parlamentarischen Mitregierung auftauchen[14]. Diese Praxis hat sich in Reaktion auf die Erschwerung der Regierungskontrolle angesichts der Ausweitung und Komplizierung der Staatsaufgaben entwickelt. Das Parlament versucht die weithin versagende oder wirkungsarme nachträgliche Überprüfung der Exekutive dadurch zu kompensieren, daß es sich über seine Ausschüsse Einfluß auf laufende Regierungsentscheidungen verschafft. Wenngleich dabei die SPD/FDP-Koalition die Opposition kürzer hielt als frühere Regierungen und sie so zu einem stärker kompetitiven Rollenverständnis zwang[15], haben sich doch Mitwirkungspraktiken vor allem im Haushalts- und im Verteidigungsausschuß immer noch erhalten. Der gebremste parlamentarische Einfluß der Opposition reizte sie freilich, Ziele, die im Bundestag und Bundesrat nicht durchsetzbar waren, mit Hilfe von Verfassungsklagen zu erreichen[16]. Das Institut der abstrakten Normenkontrolle erlaubt es ja, daß politische Streitfragen vom Verlierer unmittelbar an das Bundesverfassungsgericht weitergegeben und dort mit gesetzesgleicher Wirkung entschieden werden. Solange sich das Gericht dabei mit der Überprüfung von Mehrheitsentscheidungen auf ihre Verfassungsmäßigkeit begnügt, bleibt dieses Mittel funktionsadäquat. Indessen läßt sich eine wachsende Neigung des Gerichts beobachten, mit seinen Entscheidungen über den Anlaßfall hinauszugehen und auch künftige Politik zu binden oder Gesetzesbeanstandungen sogleich mit Empfehlungen für eine bessere Regelung der Materie zu versehen. Obgleich solche Vorgriffe auf den politischen Prozeß de iure unverbindlich sind, hat sich die Mehrheit doch immer beeilt, auch den obiter dicta des Gerichts zu folgen.

Die Kosten fallen hier wie bei der föderalistischen Politikverflechtung im demokratischen Prozeß an. Den Aushandlungsvorgängen zwischen Bundestag und Bundesrat, in anderer Form auch zwischen Regierung und Ausschuß, der Vorstrukturierung politischer Entscheidungen im Bundesverfassungsgericht fehlt die Transparenz. Im selben Maß, wie sich der Einfluß der politischen Akteure erhöht, sinkt der der Öffentlichkeit. Ohne die öffentliche Darstellung der konkurrierenden Konzeptionen fehlen die Ansätze für Meinungsbildung und Interessenartikulation. Die Ergebnisse der Verbundpolitik sind den konkurrierenden Kräften nicht mehr eindeutig zurechenbar. Die Differenz zwischen Mehrheit und Minderheit schrumpft. Kritischer Bewertung der Regierungspolitik läßt sich durch den Hinweis auf Mitwirkung vorbeugen oder wehren. Die Opposition kann für sich in Anspruch nehmen, Regierungsmaßnahmen entschärft zu haben, die Mehrheit kann sich darauf berufen, an der Realisierung ihrer eigentlichen Absichten gehindert worden zu sein. Auf diese Weise wird es immer schwerer, in der Wahl ein folgenreiches Urteil über erbrachte Regierungsleistungen oder eine Vertrauensvorgabe für erklärte Regierungsabsichten auszusprechen. Die Politikwissenschaft hat vor diesen Konsequenzen, zumindest was den parlamentarischen Prozeß angeht, seit längrem gewarnt, während die vom Bundesverfassungsgericht ausgehenden Vermischungstendenzen vielfach übersehen worden sind[17]. Die Beteiligten scheinen im Verbund jedoch eine gewisse Risikoversicherung zu erblicken. Eine Beschneidung etwa der Bundesratsrechte konnte in der Enquete-Kommission kaum diskutiert werden, zur Debatte stand vielmehr ihre Erweiterung. Das System entwickelt sich zu einer informellen Großen Koalition.

3. Wirkungsverlust demokratischer und rechtsstaatlicher Institutionen durch Planung

Die gestiegenen gesellschaftlichen Ansprüche an den Staat sind nur im Bereich des Föderalismus geradewegs mit dem Grundgesetz kollidiert und haben deswegen dort einen starken verfassungspolitischen Reformdruck erzeugt. Im übrigen stand die Verfassung ihrer Befriedigung nicht im Wege. Das Grundgesetz verbietet dem Staat nicht die Übernahme der Globalverantwortung für wirtschaftliches Wachstum und soziale Sicherheit, solange er dabei die Grundrechte respektiert. Es hält im Gegenteil in der Sozialstaatsklausel eine pauschale Legitimation bereit. Ebensowenig untersagt es ihm das zur Bewältigung dieser Aufgabe bevorzugt eingesetzte Mittel, die Planung, und zwar schon deswegen nicht, weil Planung 1949 noch kein Thema war. Verfassungspolitische Probleme entstehen unter diesen Umständen eher daraus, daß mit der Planung ein Instrument des Sozialstaats auf eine Verfassung einwirkt, die sich auf der Stufe der Institutionen und Verfahren noch weitgehend am liberalen Modell orientiert. Danach trat der Staat als Garant, nicht als Gestalter der Sozialordnung auf. Die Garantenfunktion konnte Eingriffe in die Gesellschaft notwendig machen, und der Festsetzung der Voraussetzungen, Verfahren, Grenzen und Kontrollen von Eingriffen galt im wesentlichen die Sorge des liberalen Verfassungsrechts. Grundrechte sichern dem einzelnen eine staatsfreie Sphäre der Selbstbestimmung. Eingriffe in diese Sphäre dürfen nur aufgrund eines Gesetzes erfolgen. Das Gesetz ist ein Willensakt der im Parlament repräsentierten Gesellschaft. Seine gleichmäßige Befolgung garantiert das Prinzip der Gesetzmäßigkeit der Verwaltung, das institutionell durch politisch verantwortliche Verwaltungsführung und unabhängige richterliche Kontrolle abgesichert ist.

Hatte dieses Modell bereits durch die starke Expansion der Leistungsverwaltung gelitten, so hält es dem planenden Staat gar nicht mehr Stand. Davon werden alle drei Staatsgewalten berührt. Im Bereich der Legislative verschärft die Planung ein altes Dilemma[18]. Das Parlament ist, obzwar unmittelbarer Repräsentant des Volkes und also demokratisches Zentralorgan, dem abgeleiteten Organ, der Regierung, strukturell unterlegen. Kann diese Unterlegenheit aber bei der Gesetzgebung und Etatfeststellung durch das parlamentarische Entscheidungsmonopol noch teilweise aufgefangen werden, so kommt sie beim Plan voll zur Geltung. Pläne greifen in der Regel nicht direkt in subjektive Rechte einzelner ein und fallen daher nicht unter den Vorbehalt des Gesetzes. Planung wurde auf diese Weise zur Regierungssache. Soweit diese für den Planvollzug nicht gesetzliche Grundlagen oder Etatmittel benötigt, erlangt das Parlament keine Mitsprache, und selbst dann bezieht sie sich nicht auf den Plan insgesamt, sondern nur seine parlamentarisch relevanten Ausschnitte. Das wäre erträglich, wenn es sich bei der Planung lediglich um eine moderne Form der Entscheidungsvorbereitung handelte. Doch hat die Politikwissenschaft diese anfangs gehegte Vermutung weitgehend zerstört. Planung tritt nicht neben, sondern tendenziell über die traditionellen staatlichen Instrumente, die ihrerseits auf die Stufe der Planverwirklichung herabsinken. Gleichzeitig tangiert die Planung den einzelnen zwar unmerklicher, aber doch intensiver als der herkömmliche Eingriff. Denn während Gesetz und Verwaltungsakt Individualverhältnisse meist nur punktuell ergreifen, legen Pläne die Rahmenbedingungen der privaten und öffentlichen Existenz fest.

Laufen Entscheidungen von solcher Reichweite am Parlament vorbei, so erleidet das demokratische System schwerwiegende Einbußen. Es ist ein wesentliches Verdienst der Politikwissenschaft, in Überwindung des in Deutschland verbreiteten und auch wissenschaftlich immer wieder belebten antiparlamentarischen Affekts Elemente einer Parlamentarismustheorie herausgearbeitet zu haben, die die Gewichtsverlagerungen zwischen Parlament und Regierung nicht nur unter Verfallskategorien subsumiert, sondern den Sinn des Parlaments unter den gegebenen Bedingungen neu formuliert[19]. Ausgangspunkt ist die Erkenntnis, daß politische Entscheidungen im Parlament weniger hergestellt als dargestellt werden. Die Darstellung wird deswegen aber nicht zum bloßen Ritual, sondern wirkt einerseits auf die gesellschaftliche Meinungsbildung zurück und andererseits auf die staatliche Willensbildung vor. Im Parlament ist die Mehrheit erstmals nicht mehr unter sich, sondern muß ihre Absichten öffentlich darlegen und begründen, der Kritik der Minderheit aussetzen und an deren Alternativen messen lassen. Das parlamentarische Verfahren ermöglicht dadurch erst jene Transparenz des Regierungshandelns, die wiederum Vorbedingung einer kontinuierlichen öffentlichen Kritik und Kontrolle, Ideenproduktion und Interessenanmeldung ist und vor allem solchen Gruppen Beteiligungschancen eröffnet, die nicht über institutionalisierten oder informellen Machtzugang verfügen. Da dieser komplexe und im einzelnen noch sehr aufhellungsbedürftige Vorgang in der Wahl folgenreich wird, zwingt er die Entscheidungsinstanzen zur antizipierenden Berücksichtigung des parlamentarischen Verfahrens und sorgt so für eine gewisse Ausrichtung auch parteipolitischer Herrschaft am Gesamtinteresse. Trotz aller Mängel scheint das Parlament in dieser Funktion zur Zeit durch keine andere Institution ersetzbar.

Hier sollen nicht die Folgerungen wiederholt werden, die die Politikwissenschaft aus dieser Theorie für die Parlamentsreform im allgemeinen gezogen hat[20]. Dieses Thema ist notorisch. Es geht vielmehr um die verfassungsrechtliche Einordnung der Plangewalt. Hängt in der Tat die demokratische Qualität des politischen Prozesses von der Einschaltung des Parlaments ab, dann kann eine so einschneidende Handlungsform wie die Planung davon nicht ausgenommen sein. Darüber scheint inzwischen weitgehend Einigkeit zu herrschen. Andererseits steht fest, daß das Parlament nicht selbst planen kann. Zwar trat die rechtliche Lösung dieses Zwiespalts in der politikwissenschaftlichen Diskussion hinter planungstheoretischen und planungstechnischen Fragen zurück. Doch verdanken wir ihr immerhin die Erkenntnis, daß die Eigenart von Planungsprozessen keine simple Übernahme des Gesetzgebensverfahrens erlaubt. Angesichts der im Plan verarbeiteten hohen Komplexität, die weder leicht vergegenwärtigt werden kann noch punktuelle Korrekturen gestattet, geriete ein nur mit dem Recht der endgültigen Sanktion ausgestattetes Parlament schnell in eine Ratifikationssituation. Seine Mitwirkung würde zum Formalakt und könnte dem Plan nur eine demokratische Scheinlegitimation verleihen. Aus diesem Grund scheint auch die pauschale Beteiligungsforderung der Enquete-Kommission nicht ausreichend[21]. Es geht um die Einbeziehung des Parlaments in den exekutiven Planungsprozeß an entscheidenden Schaltstellen wie der Prioritätensetzung und der Zielbestimmung. Auch dann hängt die Wirksamkeit des parlamentarischen Verfahrens freilich davon ab, in welchem Maß die Parteienkonkurrenz angesichts komplexer Planungen überhaupt noch funktioniert. Der Gedanke, die Regierung zur Vorlage von Alternativplänen zu verpflichten, wird inzwischen mit Recht skeptisch bewertet, weil Planung aus dem Parteinwettbewerb nicht „technokratisch ausgeklammert" werden kann[22]. Die Plankritik auf der Grundlage von Planalternativen kann vielmehr nur Oppositionsaufgabe sein, stößt dort freilich an die Grenzen der Machbarkeit.

So sehr das Parlament bei der Planung hinter die Regierung zurückfällt, so schwierig ist es für diese, den Primat der Politik gegenüber der Verwaltung zu behaupten[23]. Im Gegensatz zur Eingriffs- und selbst noch zur Leistungsverwaltung läßt sich nämlich die Planungsverwaltung weder auf die Vorbereitung noch den Vollzug politischer Entscheidungen festlegen. Sowohl die Aufstellung wie die Durchführung von Plänen ist vielmehr selbst ein kontinuierlicher Entscheidungsprozeß, der wegen seiner hohen Komplexität nicht hierarchisch dirigiert oder durch Konditionalprogramme determiniert, sondern nur mittels Zielvorgaben angeleitet werden kann. Diese schaffen freilich vergleichsweise große Handlungsspielräume. Im Maß ihrer Ausnutzung versagt das Prinzip der Gesetzmäßigkeit der Verwaltung und hinterläßt ebensowohl rechtsstaatliche wie demokratische Lücken. Es entstehen politische Entscheidungsbefugnisse, die weder in Wahlen verantwortet noch durch eine äquivalente Bindung aufgefangen werden. Das hat zur Folge, daß die plandende Verwaltung sich weitgehend selbst steuert. Während die Frage nach der optimalen Organisation der planenden Verwaltung und der geeigneten Konstruktion eines zu konzeptioneller Politik fähigen Kabinetts eine Reihe praktikabler Vorschläge erbracht hat[24], harrt das grundsätzliche Problem, wie die Verselbständigung der Verwaltung aufgehalten und der Verlust der traditionellen Gesetzesbindung wettgemacht werden kann, noch einer befriedigenden Antwort. Unter demokratischen Rücksichten scheint das Hierarchiemodell einstweilen noch unentbehrlich und könnte allenfalls durch ein verstärktes management by objectives den veränderten Verhältnissen angepaßt werden.

Die verfassungsrechtliche Verlustliste des Planungsstaats wird nochmals dadurch verlängert, daß sich die planende Verwaltung auch der gerichtlichen Kontrolle weitgehend entzieht. Da sie selten unmittelbar in subjektive Rechte eingreift, liegen die Voraussetzungen einer verwaltungsgerichtlichen Klage in der Regel nicht vor. Diese lassen sich aber auch nicht beliebig erweitern. Richterliche Kontrolle ist Rechtmäßigkeitskontrolle und als solche auf Konditionalprogramme zugeschnitten. Die planende Verwaltung folgt dagegen Finalprogrammen, denen die Erfolgskontrolle entspricht. Erfolgskontrolle setzt indes Fähigkeiten wie die Rekonstruktion eines Planungsprozesses, den Vergleich mit Alternativen, die Bewertung externer Einflüsse etc. voraus, die einem Gericht fehlen. Die Folge ist, daß die Rechtsschutzgarantie des Art. 19 IV bezüglich der Planung leerläuft. Da jedoch die Planung den einzelnen nachhaltiger treffen kann als der Eingriffsakt, hinter dem alle demokratischen und rechtsstaatlichen Kautelen stehen, klafft auch hier eine spürbare Lücke. Die Politikwissenschaft hat freilich der Rechtsschutzproblematik noch keine größere Aufmerksamkeit geschenkt. Nur Scharpf ist, allerdings ehe die Planungsfrage auftauchte, den politischen Kosten eines perfektionierten Rechtsschutzstaats nachgegangen[25]. Sein Vorschlag zielt auf ein ausgewogeneres Verhältnis von Gerichtskontrolle und Partizipation. In der verstärkten Beteiligung Betroffener am Planungsverfahren scheint überhaupt auf lange Sicht der einzige Ersatz für die abgenutzten Steuerungs- und Kontrollmittel des bürgerlichen Rechtsstaates zu liegen. Auch insoweit bleiben allerdings die meisten Fragen noch gänzlich offen, die Lokalisierung von Betroffenheit, wenn es um großräumigere Planungsvorhaben geht, die Mobilisierbarkeit von Interesse, sobald Langfristplanungen in Angriff genommen werden, die Bewältigung der auf die Verwaltung zukommenden Konsensprobleme.

4. Einschränkung der staatlichen Autonomie durch gesellschaftliche Macht

Mit der Erstreckung der Staatsaufgaben auf die Gewährleistung wirtschaftlichen Wachstums und sozialer Sicherheit geht aber nicht nur ein Wandel des politischen Systems, sondern auch eine Veränderung im Verhältnis von Staat und Gesellschaft einher. Längst nicht mehr getrennt, wie es die Verfassungen des 19. Jahrhunderts wollten, sondern funktionell und personell eng verbunden, fallen sie doch nicht ineins. Die Verfassung hält die Unterscheidung grundrechtlich und organisationsrechtlich aufrecht. Das gilt auch bezüglich des Wirtschaftssystems, insofern einerseits die Grundrechte verhindern, daß der Staat es unmittelbar in Eigenregie nimmt, und andererseits die Verfahrensvorschriften ausschließen, daß wirtschaftliche Macht sich unmittelbar in Staatswillen umsetzt. Auch diese Systemgrenze wird nun aber brüchig. Der Staat, der die Verantwortung für wirtschaftliche Prosperität auf sich nimmt und seine Legitimität großenteils aus der Bewältigung dieser Aufgabe zieht, kann keine Distanz zum Wirtschaftssystem mehr wahren, sondern wird zur Identifikation mit ihm gedrängt. Da ihm gleichwohl die volle Verfügung über diesen Bereich grundrechtlich vorenthalten ist, muß er um die freiwillige Gefolgschaft der wirtschaftlichen Entscheidungsträger werben. Damit steigt aber im Maße, wie sie über Faktoren verfügen, die die staatliche Aufgabenerfüllung präjudizieren, ihr Einfluß auf den staatlichen Entscheidungsprozeß. Seitdem die politikwissenschaftlich genährten Hoffnungen vom Kräftegleichgewicht der gesellschaftlichen Gruppen zerstört und die Asymmetrien des Pluralismus aufgedeckt sind, werden solche privaten Einflußpositionen zum demokratischen Problem, das seit längerem diskutiert wird und auch schon zu einer Reihe verfassungspolitischer Vorschläge geführt hat[26].

Diese Vorschläge zielen meist auf eine verfassungsrechtliche oder gesetzliche Institutionalisierung des Verbandseinflusses. Indessen scheint das Problem mit Hilfe von Einflußkategorien nicht völlig ermeßbar. Die wirtschaftlichen Einflußpositionen rücken zwar Staat und Gesellschaft einander erneut näher, heben aber den Unterschied zwischen ihnen nicht auf. Der Staat muß dem Druck nicht nachgeben, er kann abweichend entscheiden und dafür öffentliche Unterstützung zu mobilisieren versuchen. Anders als einige neomarxistische Staatstheorien behaupten, steht er dabei keineswegs auf verlorenem Posten. Denn zum einen hängen Verbands- und Unternehmenserfolge ihrerseits wieder von staatlichen Vorleistungen ab, so daß die Druckmittel nicht einseitig verteilt sind; zum anderen kann das Wirtschaftssystem seine Pressionsmöglichkeiten nicht geballt einsetzen, weil es selbst wieder gegenläufige Interessen in sich vereint, die dem Staat einen gewissen Dispositionsspielraum verschaffen. Fälle der Nutzung dieses Spielraums sind bekannt. Darauf haben sich verschiedene Theorien eingerichtet, die gerade in der relativen Autonomie des Staates eine Voraussetzung für die Wahrnehmung klassenspezifischer Interessen sehen. Der Klassencharakter äußert sich dann in der „Selektivität politischer Institutionen", die nur scheinbar gemeinwohlbezogen sind, in Wahrheit aber systematisch Begünstigungen und Benachteiligungen erzeugen[27]. Ein solcher Einwand hat verfassungspolitisch höchstes Gewicht. Träfe er zu, wären weitere Reformüberlegungen freilich überflüssig. Er könnte nur durch einen Systemwechsel behoben werden. Insofern sprengt er den Rahmen einer verfassungspolitischen Bestandsaufnahme.

In diesem Zusammenhang steht vielmehr die Frage im Vordergrund, ob nicht einige wirtschaftliche Entscheidungsträger das Stadium bloßer, wenn auch massiver Einflußnahme bereits überschritten und selbst Anteil an der staatlichen Entscheidungsgewalt erlangt haben. Staatliche Entscheidungsgewelt darf dabei nicht formal gesehen werden. Von einer Beteiligung an der staatlichen Entscheidungsgewelt kann man mit Böckenförde vielmehr schon dann sprechen, wenn die Erfüllung zentraler Staatsaufgaben nicht allein von staatlichen, sondern auch von privaten Entscheidungen determiniert wird[28]. Böckenförde nimmt das zumindest bei denjenigen Entscheidungsträgern an, deren Beschlüsse die Verteilung des Sozialprodukts, die Kaufkraft, die Investitionsrate, den Arbeitsmarkt und die Geldwertstabilität mitbestimmen. Unter diesen Umständen käme es aber in der Tat zu einer Aufteilung staatlicher Aufgaben zwischen Staatsorganen und Privaten, die die verfassungsrechtlichen Grenzen überspringt. Den wirtschaftlichen Entscheidungsträgern sind von Verfassungs wegen nur Freiheiten eingeräumt und keine Gemeinwohlpflichten auferlegt, weil sie dem gesellschaftlichen Bereich zugezählt werden. Gesellschaftliche Kräfte mit Anteil an den Staatsaufgaben kennt das Grundgesetz bislang nur in Gestalt der politischen Parteien. Für sie gilt daher eine funktionsadäquate Mischung aus Freiheit und Bindung, die sich freilich mit dem Übertritt in staatliche Ämter zur vollen Bindung verdichtet. Wenn wirtschaftliche Entscheidungsträger nun in eine vergleichbare Position einrücken, bedeutet ein Regelungsverzicht nichts anderes als eine partielle Freistellung staatlicher Aufgabenerfüllung. Die Verfassung, die die Bildung des staatlichen Willens in all seinen Formen nur als zielgebundene und kontrollierbare Kompetenz zulassen will, wird diesem Anspruch nicht mehr voll gerecht.

Das verfassungspolitische Problem liegt freilich nicht nur im Auftauchen neuer, quasi-staatlicher Entscheidungsträger, sondern auch in der Rückwirkung auf die Verfassungsbindung der eigentlichen Staatsorgane. Sie sind im Interesse gleicher Freiheit einer Vielzahl rechtsstaatlicher und demokratischer Beschränkungen unterworfen. Müssen die Staatsorgane ihre Befugnisse im Bereich der Wirtschafts- und Sozialpolitik mit anderen Akteuren teilen, dann verlieren die normativen Kautelen insoweit an Wirkung. Die staatliche Entscheidung steht nicht am Ende des demokratischen Prozesses, sondern muß danach noch mit extrakonstitutionellen Kräften abgestimmt werden. Es handelt sich um das Problem, welches jüngst unter dem Schlagwort von der „Regierbarkeit" westlicher Gesellschaften große Aufmerksamkeit in der Politikwissenschaft erlangt hat[29]. Hält man die Forderung aufrecht, daß staatliche Entscheidungen den verfassungsrechtlichen Wert- und Verfahrensbestimmungen umfassend zu entsprechen haben, so stellt sich die verfassungspolitische Frage, ob die von den Tarifpartnern und Großinvestoren erfüllten Funktionen entweder vom Staat übernommen oder doch den für die Staatsorgane geltenden demokratischen und rechtsstaatlichen Kautelen unterworfen werden müßten. Für eine Antwort fehlen noch zahlreiche Voraussetzungen. Bei einer Übernahme in Staatsregie droht angesichts des gegenwärtigen Entwicklungsstandes zentraler Lenkungstechniken eine chronische Überforderung, die Niveau- und Konsensverfall nach sich zöge. Eine Erstreckung der verfassungsrechtlichen Kautelen auf die wirtschaftlichen Entscheidungsträger dagegen stünde in Gefahr, ihre Interessengebundenheit nicht aufzuheben, sondern nur mit dem Schein der Konstitutionalität zu umkleiden.

Während eine verfassungspolitische Lösung dieses Problems noch nicht in Sicht ist, läßt sich bereits eine Folgereaktion der politischen Parteien beobachten[30]. Diese befinden sich freilich in einer mißlichen Lage. Einerseits hat die Parteienkonkurrenz die gesellschaftlichen Erwartungen an die staatliche Wirtschaftssteuerung erst in die Höhe geschraubt. Andererseits fallen die Folgen der Erwartungssteigerung auf die Parteien zurück. Bei Schlechterfüllung droht Legitimationsentzug oder zumindest Mehrheitsverlust. Die Parteien antworten darauf mit verstärkten Legitimationsanstrengungen. Sie schlagen im Zuge ihrer Anstrengungen aber nicht den Weg verstärkter Öffnung zur gesellschaftlichen Basis ein, sondern verschanzen sich im Gegenteil mehr und mehr in der staatlichen Sphäre, um von dort aus die gesellschaftliche Meinungsbildung zu beeinflussen. In diesem Bestreben greifen sie insbesondere auch auf solche Instanzen aus, die von Verfassungs wegen aus dem Staatssektor oder zumindest dem Bereich der parteipolitisch besetzten Staatsorgane gerade ausgegliedert sind, um diesen gegenüber eine unabhängig-kritische Position wahren zu können, wie zum Beispiel die Rundfunk- und Fernsehanstalten und das Bundesverfassungsgericht[31]. Wegen der Besetzungsmodi geht das freilich nur unter Verzicht auf Konkurrenz im Proporzwege. Mit ihrem Allzuständigkeitsanspruch für die gesellschaftliche Meinungsbildung verfälschen sie jedoch ihre ursprüngliche Aufgabe. Die Funktion, zwischen Staat und Gesellschaft wechselseitig zu vermitteln, kommt zu kurz. Die Wirklichkeit gleicht eher einer Einbahnstraße vom Staat zur Gesellschaft.

Diese sucht sich freilich neue Ventile, wie die Bewegung der Bürgerinitiativen und die Zunahme direkter Aktionen anzeigt[32]. Sie sind indes wenig geeignet, den Parteien die Funktion der Bündelung und Vorklärung von Interessen und Meinungen sowie der Aufstellung kohärenter Programme und der Auswahl von Führungskandidaten streitig zu machen. Daher wird in der verfassungspolitischen Diskussion immer wieder nach Möglichkeiten gesucht, die Mediatisierung des Volkes rückgängig zu machen oder zumindest abzuschwächen[33]. Ohne Mediatisierung scheint es freilich nicht zu gehen. Das Rätesystem, das bei dem Bemühen um Alternativen eine kurze wissenschaftliche Blüte erlebte, ist unter zahlreichen und gewichtigen Einwänden sowohl gegen seine Praktikabilität auf längere Dauer als auch gegen seinen demokratie-intensivierenden Effekt weitgehend verschwunden. Ansätze der innerorganisatorischen Demokratisierung haben sich bisher nicht auf Großorganisationen übertragen lassen. So konzentrieren sich die verfassungspolitischen Überlegungen auf die Verbesserung der Vermittlungsinstanzen und -verfahren. Ein Teil setzt bei den direkten Entscheidungsmöglichkeiten des Volkes an und versucht dann, die repräsentative Demokratie durch plebiszitäre Einschübe aufzulockern. Darüber fehlt es, soweit ersichtlich, an vergleichenden, empirisch fundierten Studien, die erstens die möglichen Gegenstände plebiszitärer Entscheidungen definierten und zweitens die Rückwirkungen auf den Stil der politischen Auseinandersetzung, den Rationalitätsgrad von Politik, die Funktionsfähigkeit der gleichwohl unverzichtbaren Parteien und Parlamente untersuchten. Es ist in diesem Zusammenhang nicht uninteressant, daß plebiszitäre Formen dort, wo sie noch in größerem Umfang existieren, selbst in die verfassungspolitische Diskussion gekommen sind[34].

Der größere Reformelan richtet sich aber ohnehin auf die Institutionen des Repräsentativsystems und setzt bei der Verbesserung einerseits der Wahlen, andererseits der Parteien an. Reformkommissionen können sich in diesem Bereich nicht darüber beklagen, von der Politikwissenschaft im Stich gelassen zu werden. Wahlsysteme und politische Parteien zählen zu ihren klassischen Arbeitsgebieten, und die Verwertungsschwierigkeiten ergeben sich eher aus der Fülle und den Widersprüchen der Thesen[35]. Über das Ziel, Vergrößerung des Wählereinflusses, herrscht jedoch weitgehend Einverständnis. Bezüglich der Mittel gehen die Vorschläge sehr verschiedene, teils einander ausschließende Wege. Einigen Autoren liegt an der Vermehrung der Alternativen, zum Beispiel durch Senkung der Zulassungsvoraussetzungen für Parteien und Beseitigung oder Senkung der Fünf-Prozent-Klausel. Andere streben eine Ausweitung der Entscheidungsmöglichkeiten, etwa durch Primaries, offene Listen, manchmal auch durch Übergang zum Mehrheitswahlrecht an. Bei den Parteien wenden sich die Reformbestrebungen vor allem gegen die Oligarchisierungstendenzen. Das Reformziel ist hier die Stärkung des Einflusses der Parteibasis auf die Parteileitung. Meistens wird dabei an die Kandidatenaufstellung gedacht. Es geht aber auch um die Bindung von Inhabern staatlicher Ämter an die Beschlüsse ihrer Parteitage. Diese Forderung wird unter dem Stichwort des imperativen Mandats äußerst kontrovers diskutiert[36]. Sie berührt freilich ein zentrales Problem: das Verhältnis von Partei und Staat in pluralistischen Demokratien, das für die Erhaltung des Grundkonsenses unter den rivalisierenden politischen Kräften, die Wahrung der Alternierungschance, das Rollenverständnis der Verwaltung ebenso folgenreich wie von einer befriedigenden theoretischen Klärung noch weit entfernt ist.

III. Zum Verhältnis von Wissenschaft und Praxis in der Verfassungspolitik

Im Bereich der Verfassungspolitik liegt für die Zusammenarbeit von Wissenschaft und Praxis ein Testfall auf hoher Ebene vor. Im Dezember 1976 hat nach fünfjähriger Tätigkeit die Enquete-Kommission für Verfassungsreform ihre Arbeit abgeschlossen. Enquete-Kommissionen dienen nach § 74a GOBT „zur Vorbereitung von Entscheidungen über umfangreiche und bedeutsame Sachkomplexe" und sind im Gegensatz zu den sonstigen Bundestags-Ausschüssen nicht auf Abgeordnete beschränkt. In der Enquete-Kommission für Verfassungsreform wirkten im gleichen Verhältnis Mitglieder des Bundestages, Vertreter der Länder und Sachverständige zusammen. Allerdings handelt es sich nur bedingt um einen Testfall für das Verhältnis von Politikwissenschaft und politischer Praxis. Denn die an der Arbeit der Kommission beteiligten Wissenschaftler waren zunächst durchweg und nach der Neukonstituierung mit einer Ausnahme Staatsrechtslehrer. Ehe sich die Politikwissenschaft darüber beklagt, sollte sie die Tatsache zum Anlaß einer Selbstprüfung nehmen. Offenbar haben ja die Fraktionen des Bundestages, die die Sachverständigen benannten, das Stichwort Verfassungspolitik nicht mit der Politikwissenschaft in Verbindung gebracht. Das muß nicht nur ein Zeichen von Befangenheit in traditionellen Denkgewohnheiten sein. Es kann auch darauf hinweisen, daß sich die Politikwissenschaft als Erforscherin von Verfassungsstrukturen nicht hinreichend ausgezeichnet oder zumindest nicht hinreichend ins Bewußtsein gerückt hat.

In der Tat gibt es in der Politikwissenschaft Strömungen, die normative Fragestellungen unter empirischer Beflissenheit zudecken oder Recht nur als Resultante, nicht auch als Determinante von Politik zur Kenntnis nehmen. Betrachtet man aber die hier versuchte Bestandsaufnahme, so läßt sich der Vorwurf keineswegs für die Disziplin in ihrer Gesamtheit aufrechterhalten. Es liegt eine ansehnliche Literatur im Zusammenhang mit Verfassungsfragen vor, die auch im staatsrechtlichen Schrifttum zunehmend Beachtung findet. Allerdings verteilt sich das politologische Interesse sehr ungleichmäßig auf die verschiedenen Bestandteile des Verfassungsrechts. Besonderer Beliebtheit erfreuen sich die zentralen Institutionen und Funktionen des politischen Systems wie Parlament und Regierung, Wahl und Gesetzgebung, Parteien und Verbände. Dagegen spielt die Justiz einschließlich der Vefassungsrechtsprechung eine weit geringere Rolle. Bei der politischen Theorie steht das Demokratieprinzip im Vordergrund, der Föderalismus ist erst vor kurzem ins Blickfeld der Politikwissenschaft gerückt, der Rechtsstaat führt ein Randdasein. In der Disziplin scheint eine Art Vorverständnis zu herrschen, welche Teile des Verfassungsrechts auch politisch, welche nur juristisch relevant seien. Die Grundrechte etwa treten kaum als Thema der Politikwissenschaft in Erscheinung. Wohl gibt es eine Reihe von Untersuchungen über die von den Grundrechten geregelten Sozialbereiche wie die Massenmedien, die Verbände etc., nicht aber der Grundrechtsproblematik selbst, obwohl die gesamte Politik der sog. inneren Reformen juristisch gesehen ein Grundrechtsproblem war und deswegen in letzter Instanz nicht im Parlament, sondern vor dem Bundesverfassungsgericht ausgetragen wurde. Die Reserve gegenüber rechtlichen Themen zeigt sich vollends daran, daß die Verfassungsinterpretation so gut wie gar nicht zum Gegenstand politologischer Analyse gemacht wird[37]. Kenntnis und Berücksichtigung der staatsrechtlichen Dogmatik und Judikatur sind gering. So wird es auch erklärlich, daß die Reformansätze selten bis zu einer Konkretisierungsstufe vorangetrieben werden, auf der sie in Verfassungsartikel umsetzbar wären.

Die Gründe sind schwer auszumachen. Zum Teil mag für die Haltung der Politikwissenschaft ein erfolgreich betriebener Fachimperialismus der Juristen mitverantwortlich sein. In größerem Maß scheint die Mängelliste aber darauf zurückzugehen, daß die Politikwissenschaft das Verfassungsrecht unterschätzt. Oft wird die Verfassung mit dem kapitalistischen System pauschal abgehandelt und dann allenfalls auf der Restriktionsseite gebucht, häufig verschwindet sie unter einem falschen Begriff von Verfassungswirklichkeit und kommt dann für die Theoriebildung nicht mehr ins politologische Blickfeld. Hier wird zur Forschungsprämisse, was Forschungsthema sein müßte. Die Folgen sind nachteilig, für die Juristen, die einen wachsenden Bedarf an Kenntnissen über die sozialen Bedingungen der Entstehung und des Funktionierens von Normen, die nur sozialwissenschaftlich geklärt werden können, entwickeln und sich selbst im engeren Bereich der juristischen Dogmatik zunehmend auf die Sozialwissenschaften verwiesen sehen, beispielsweise wenn es um die optimale Realisierung verfassungsrechtlicher Ziele, die nur in Kenntnis des sozialen Regelungsbereichs gefunden werden kann, oder um die Auswahl zwischen verschiedenen Interpretationsvarianten im Lichte ihrer politischen Konsequenzen geht[38]. Die Folgen sind aber auch für die Politikwissenschaft nachteilig, weil sie im Verfassungsrecht wichtige Bestimmungsfaktoren ihres

Gegenstandes vernachlässigt und dadurch ihre Praxisrelevanz herabsetzt. Ratschläge und Gutachten, die rechtsnormative Strukturen nicht ernst nehmen, bringen sich selbst um ihre Aufnahmebereitschaft in der politischen Praxis, die Ziele und Pläne stets nur im Rahmen des bestehenden Normgerüsts verwirklichen kann.

Ein Reformvorschlag, der in der politischen Praxis Aussicht auf Annahme hat, war aber ersichtlich das Ziel der Enquete-Kommission. Der Blick auf die verfassungsändernde Mehrheit bestimmte weitgehend ihre Arbeit. Es ist keineswegs kritikwürdig, daß eine Reformkommission die Realisierbarkeit ihrer Vorschläge im Auge behält. Doch scheint es, als hätte der antizipierte Konsens des Verfassungsgesetzgebers nicht nur die Liste der Empfehlungen, sondern auch den Beratungsspielraum insgesamt eingeengt. Vergleicht man die von der Kommission behandelten Fragen mit dem Ausmaß des sozialen Wandels, der sich seit Erlaß des Grundgesetzes vollzogen oder beschleunigt, mit den Strukturproblemen demokratischer Systeme in hochindustrialisierten Gesellschaften, die die wissenschaftliche Forschung in den letzten Jahren aufgedeckt, oder selbst mit dem Arbeitsauftrag, den der Bundestag der Kommission erteilt hat, so stellt er ohne Frage nur einen Ausschnitt dar[39]. Für die Auswahl der Probleme ist allem Anschein nach in erster Linie der Dringlichkeitsgrad, in zweiter Linie der Bekanntheitsgrad maßgeblich gewesen. Wo soziale und politische Bedürfnisse offenkundig mit verfassungsrechtlichen Strukturen in Konflikt geraten wie im bundesstaatlichen Bereich oder wo Reformen ein Daueranliegen sind wie bei der Gestaltung der parlamentarischen Arbeit und dem Verhältnis von Parlament und Regierung haben eingehende Überlegungen stattgefunden, während Probleme, die sich erst seit kurzem stellen, oder Entwicklungen, die die Verfassung in ihrer Wirkung herabsetzen, ohne sie geradewegs zu verletzen, hintangestellt wurden. Auf diese Weise fehlen aber Stellungnahmen zu all jenen Erscheinungen, die auf lange Sicht die Politikrationalisierung durch Verfassungsrecht besonders gefährden.

Innerhalb dieses im Vergleich zur Problematik bereits verengten Diskussionsrahmens hat der hohe Konsensdruck, unter den sich die Kommission begab, bei der Formulierung der Vorschläge abermals zu Bescheidungen geführt. Betroffen sind neunundzwanzig Artikel des Grundgesetzes, also fast ein Fünftel aller Bestimmungen. Mehr als die Hälfte der Vorschläge bezieht sich auf das Verhältnis von Bund und Ländern, etwa ein Drittel auf den Bundestag, bei dem Rest handelt es sich um eher beiläufige Detailkorrekturen. Ihrem Inhalt nach reinigen die Empfehlungen das bestehende System von verschiedenen Inkonsequenzen und historischen Relikten und entwickeln es vorsichtig fort, ohne ihm jedoch grundsätzlich neue Züge zu verleihen. Allein der Rat, bei den Bundestagswahlen die begrenzt offene Liste einzuführen, springt als Überraschung aus den behutsamen Vorschlägen hervor[40]. Würden sie verwirklicht, könnte man nicht behaupten, daß die Gesamtrevision die drei einschneidenden Verfassungsänderungen von 1956 (Wehrverfassung), 1968 (Notstandsverfassung) und 1969 (Bundesstaats- und Finanzreform) weit hinter sich ließe. So nützlich die Änderungen für den politischen Prozeß im einzelnen wären, so schwer ist es doch zu bestätigen, daß sie das Grundgesetz „den gegenwärtigen und voraussehbaren zukünftigen Erfordernissen" anpaßten, wie der Kommissionsauftrag lautete. Es ist nicht einmal wahrscheinlich, daß die Gesamtrevision auf absehbare Zeit Verfassungsänderungen überflüssig machen wird, weil sich schon heute Probleme prinzipieller Natur abzeichnen, die auf lange Sicht nicht ungelöst bleiben können.

Die Beurteilung der Empfehlungen fällt unter diesen Umständen nicht leicht. Einerseits ist es beeindruckend, daß ein immenser Stoff von außerordentlich belasteten Politikern und Fachleuten binnen relativ kurzer Zeit in praktikable und mehrheitsfähige Vorschläge umgesetzt werden konnte, und zwar trotz des Verzichts auf externen Sachverstand auf hohem Informationsniveau. Andererseits muß man aber die Frage stellen, ob es sinnvoll war, daß sich die Kommission von vornherein als verkleinertes Abbild des Verfassungsgebers verstand und ihre Arbeit daran orientierte. Für den Verfassungsgeber, der meist unter krisenhaften Umständen und erheblichem Zeitdruck operiert, ist die Einigung, selbst um den Preis von Vordergründigkeiten und Formelkompromissen, lebenswichtig. Enquete-Kommissionen stehen vor einer anderen Situation. Von unmittelbarem Entscheidungszwang entlastet, Politik und Wissenschaft im Gegensatz zum üblichen Beratungsmuster integrierend, bieten sie gerade die Chance gegenseitiger Anregung und Relativierung von Theorie und Praxis. Den im kurzatmigen politischen Geschäft stehenden Praktikern können die Hintergründe von Regelungsproblemen und die Konsequenzen von Lösungsalternativen erschlossen und bloße Symptomkuren erschwert werden, während die Theoretiker gezwungen werden, ihre Vorschläge nicht nur unter dem Gesichtspunkt des Wünschbaren, sondern auch des Machbaren zu formulieren. Das Ergebnis muß nicht unter allen Umständen eine konsensfähige Vorlage sein. Enquete-Kommissionen haben auch den Entscheidungsorganen die Dimension ihres Handelns vor Augen zu rücken. Diese edukatorische Funktion scheint bei den Beratungen zu kurz gekommen. Die Vorschläge könnten die beratenen Staatsorgane wie auch die Öffentlichkeit allzu leicht in Sicherheit über die zukünftige Tragfähigkeit des Verfassungsfundaments wiegen.

Anmerkungen

* Es handelt sich um das gekürzte und mit Anmerkungen versehene Einleitungsreferat für die Arbeitsgruppe Verfassungspolitik des Politologenkongresses 1977 in Bonn. Auf zwei thematisch verwandte Arbeiten, Verfassungsfunktion und Grundgesetzreform, AöR 97 (1972), 489–537, und Die Revision des deutschen Grundgesetzes. Ursachen – Themen – Chancen, ÖZP 6 (1977), 397–418, ist gelegentlich zurückgegriffen worden.

1 Vgl. dazu vor allem F. *Müller*, Normstruktur und Normativität, 1966; ferner *Bäumlin*, Staat, Recht und Geschichte, 1961; *Grimm* (Hrsg.), Rechtswissenschaft und Nachbarwissenschaften I, II, 1976.

2 Vgl. zum gegenwärtigen Stand der Verfassungstheorie etwa *Hesse*, Die normative Kraft der Verfassung, 1959; *Forsthoff*, Die Umbildung des Verfassungsgesetzes, Festschrift für Carl Schmitt, 1959; *Hollerbach*, Auflösung der rechtsstaatlichen Verfassung? AöR 85 (1960), 248; *Krüger*, Verfassung, HdSW XI, 1961, 72; *Scheuner*, Verfassung, Staatslexikon VIII, [6]1963, 117; *Lerche*, Stiller Verfassungswandel als aktuelles Politikum, Festgabe Maunz, 1971; *Grimm*, Verfassungsfunktion und Grundgesetzreform, AöR 97 (1972), 489; *Badura*, Verfassung und Verfassungsgesetz, Festschrift für Scheuner, 1973; *Luhmann*, Politische Verfassungen im Kontext des Gesellschaftssystems, Der Staat 12 (1973), 1 und 165; *Häberle*, Zeit und Verfassung, ZfP 21 (1974), 111; *Schneider*, Die Verfassung – Aufgabe und Struktur, AöR Beiheft 1 (1974), 64; *Badura*, Verfassung, Ev. Staatslexikon, [2]1975, 2708; *Hufen*, Verfassungstheorie und Systemtheorie, AöR 100 (1975), 193; *Suhr*, Bewußtseinsverfassung und Gesellschaftsverfassung, 1975; *F. Müller*, Recht – Sprache – Gewalt, Elemente einer Verfassungstheorie I, 1975, und Juristische Metho-

dik und Politisches System, Elemente einer Verfassungstheorie II, 1976. Einige dieser und weitere Arbeiten demnächst bei *Friedrich* (Hrsg.), Verfassung.

3 *Forsthoff*, Begriff und Wesen des sozialen Rechtsstaats, VVDStRL 12 (1954); Die Umbildung des Verfassungsgesetzes, Festschrift für Carl Schmitt, 1959; Der introvertierte Rechtsstaat und seine Verortung, Der Staat 2 (1963), 385; Zur heutigen Situation einer Verfassungslehre, Epirrhosis, Festgabe für Carl Schmitt, 1968; alle auch in: *Forsthoff*, Rechtsstaat im Wandel, ²1976.

4 Eine wichtige Ausnahme macht *Hennis*, Verfassung und Verfassungswirklichkeit, 1968. Dazu die Rezensionen von *Böckenförde*, Der Staat 9 (1970), 533, und *Hesse*, AöR 96 (1971), 137.

5 Einsetzung 1970, Deutscher Bundestag, Sten. Protokolle 6/3893; Zwischenbericht von 1972, BT-Drucks. 6/3829; Neukonstituierung 1973, Sten. Protokolle 7/799 A; Schlußbericht 1976 BT-Drucks. 7/5924.

6 Vgl. zum Folgenden aus der umfangreichen Literatur etwa *Arndt*, Staat und Wirtschaft, studium generale 21 (1968), 712; *Luhmann*, Soziologie des politischen Systems, KZSS 20 (1968), 705; *Offe*, Politische Herrschaft und Klassenstrukturen, in: Kress/Senghaas (Hrsg.), Politikwissenschaft, 1969; *Hirsch*, Wissenschaftlich-technischer Forschritt und politisches System, 1970; *Forsthoff*, Der Staat der Industriegesellschaft, 1971; *Offe*, Strukturprobleme des kapitalistischen Staates, 1972; *Hirsch*, Staatsapparat und Reproduktion des Kapitals, 1974; *Grottian/Murswieck* (Hrsg.), Handlungsspielräume der Staatsadministration, 1974; *Narr* (Hrsg.), Politik und Ökonomie – autonome Handlungsmöglichkeiten des politischen Systems, 1975; *Abromeit*, Zum Verhältnis von Staat und Wirtschaft im gegenwärtigen Kapitalismus, PVS 17 (1976), 2; *Brandes* u.a. (Hrsg.), Handbuch 5 Staat, 1977; *Böckenförde* (Hrsg.), Staat und Gesellschaft, 1977; weitere Angaben in Anm. 8.

7 Vgl. aus der umfangreichen Planungsliteratur etwa *Ellwein*, Politik und Planung, 1968; *Ronge/Schmieg* (Hrsg.), Politische Planung in Theorie und Praxis, 1971; *Lompe*, Gesellschaftspolitik und Planung, 1971; *Tenbruck*, Zur Kritik der planenden Vernunft, 1972; *Scharpf*, Planung als politischer Prozeß, 1973; *Ronge/Schmieg*, Restriktionen politischer Planung, 1973; *Schäfers* (Hrsg.), Gesellschaftliche Planung, 1973; *Naschold/Väth* (Hrsg.), Politische Planungssysteme, 1973; *Grottian*, Strukturprobleme staatlicher Planung, 1974; *Luhmann*, Politische Planung, ²1975. Zur verfassungsrechtlichen Problematik der Planung s. die Hinweise in Anm. 18.

8 Vgl. dazu außer den in Anm. 6 Genannten etwa *Habermas*, Legitimationsprobleme im Spätkapitalismus, 1973; *Guggenberger*, Wem nützt der Staat? 1974; *Offe/Narr* (Hrsg.), Wohlfahrtsstaat und Massenloyalität, 1975; *Kielmannsegg* (Hrsg.), Legitimationsprobleme politischer Systeme, 1976; *Ebbighausen* (Hrsg.), Bürgerlicher Staat und politische Legitimation, 1976; generell *Dux*, Strukturwandel der Legitimation, 1976.

9 Vgl. dazu vor allem *Lehmbruch*, Proporzdemokratie, 1961; Consociational Democracy, Class Conflict, and the New Corporatism, IPSA paper, 1974; A Non-Competitive Pattern of Conflict Management in Liberal Democracies, in: McRae (Hrsg.), Consociational Democracy, 1974; Parteienwettbewerb im Bundesstaat, 1976.

10 Die grundlegende Analyse bei *Hesse*, Der unitarische Bundesstaat, 1962. Auch später blieb das Thema überwiegend in juristischer Hand, vgl. etwa *Scheuner*, Wandlungen im Föderalismus der Bundesrepublik, DöV 1966, 518; *Kommission für die Finanzreform*, Gutachten über die Finanzreform in der Bundesrepublik Deutschland, 1966; *Grawert*, Verwaltungsabkommen zwischen Bund und Ländern, 1967; *Hirschmüller*, Die Konferenzen der Ministerpräsidenten und Ressortminister, Diss. jur. Tübingen, 1967; *Kunze*, Kooperativer Föderalismus in der Bundesrepublik, 1968; *Tiemann*, Gemeinschaftsaufgaben von Bund und Ländern, 1969; *Hesse*, Aspekte des kooperativen Föderalismus in der Bundesrepublik, Festschrift für Gebhard Müller, 1970; *Kisker*, Kooperation im Bundesstaat, 1971; *Scheuner*, Kooperation und Konflikt, DöV 1972, 585; *Frowein*, Gemeinschaftsaufgaben im Bundesstaat, VVDStRL 31 (1972); *Fröchling*, Der Bundesrat in der Koordinierungspraxis von Bund und Ländern, 1972. Ein guter Überblick über die Entwicklung seit Erlaß des GG jetzt bei *I ehmbruch*, Parteienwettbewerb im Bundesstaat, 1976 , 72 ff.

11 Bezeichnenderweise wurde eine Trendanalyse über die Entwicklung des Bundesstaates nicht an Politologen, sondern Juristen vergeben, s. *Thieme*, Föderalismus im Wandel, 1970.

12 Vgl. *Scharpf/Reissert/Schnabel*, Politikverflechtung, 1976, und *dies.* (Hrsg.), Politikverflechtung II. Kritik und Berichte aus der Praxis, 1977; *Lehmbruch*, Parteienwettbewerb im Bundesstaat, 1976; ferner *Scharpf*, Alternativen des deutschen Föderalismus, Die Neue Gesellschaft 1974, 237.

13 Vgl. dazu *Lehmbruch*, Parteinwettbewerb, bes. 133 ff.; *Fromme*, Gesetzgebung im Widerstreit, 1976; ferner die Referate und Diskussionsbeiträge einer Tagung der Gesellschaft für Parlamentsfragen, ZParl 7 (1976), 291 ff. Generell *Neunreither*, Der Bundesrat zwischen Politik und Verwaltung, 1959; *Laufer*, Der Bundesrat als Instrument der Opposition, ZParl 1 (1970), 318.

14 Vgl. vor allem *Kewenig*, Staatsrechtliche Probleme parlamentarischer Mitregierung am Beispiel der Bundestagsausschüsse, 1970; *Hoffmann*, Haushaltsvollzug und Parlament, 1972; *Schäfer*, Der Bundestag, 2 1975, 257 ff. Zum Wandel der Kontrollbedingungen und des Kontrollbegriffs generell *Bäumlin*, Die Kontrolle des Parlaments über Regierung und Verwaltung, Ref. und Mitt. des Schweiz. Juristenvereins, 1966, 244; *Ritter*, Die Kontrolle staatlicher Macht in der modernen Demokratie, in: ders. (Hrsg.), Vom Wohlfahrtsausschuß zum Wohlfahrtsstaat, 1973.

15 Dazu *Veen*, Die CDU/CSU-Opposition im parlamentarischen Entscheidungsprozeß, 1973; *ders.*, Opposition im Bundestag, 1976.

16 Näher *Grimm*, Verfassungsgerichtsbarkeit im demokratischen System, JZ 1976, 697; *ders.*, Verfassungsgerichtsbarkeit – Funktion und Funktionsgrenzen im demokratischen Staat, in: Sozialwissenschaften im Studium des Rechts II, 1977, 83, m.w.N.; *Rupp von Brünneck*, Verfassungsgerichtsbarkeit und gesetzgebende Gewalt, AöR 102 (1977), 1. Generell Bundesverfassungsgericht und Grundgesetz I, II, 1976, und *Häberle* (Hrsg.), Verfassungsgerichtsbarkeit, 1976.

17 Vgl. vor allem die Arbeiten von *Hennis*, zuletzt Die Rolle des Parlaments und die Parteiendemokratie, in: Löwenthal/Schwarz (Hrsg.), Die Zweite Republik, 1974; ferner etwa *Steffani*, Parlamentarische Demokratie, in: ders. (Hrsg.), Parlamentarismus ohne Transparenz, 2 1973; *Oberreuter*, Institutionalisierung der Opposition? in: *ders.* (Hrsg.), Parlamentarische Opposition, 1975. Zum BVerfG aus politologischer Sicht etwa *Wildenmann*, Die Rolle des Bundesverfassungsgerichts und der Deutschen Bundesbank in der politischen Willensbildung, 1969; *Massing*, Das Bundesverfassungsgericht als Instrument sozialer Kontrolle, in: Probleme der Demokratie heute, 1970; *Billing*, zuletzt in Sontheimer/Röhring (Hrsg.), Handbuch des politischen Systems der Bundesrepublik Deutschland, 1977, 132.

18 Vgl. zum Verhältnis von Parlament und Planung etwa *Herzog*, Gesetzgeber und Verwaltung, VVDStRL 24 (1966); *Leibfried/Quilisch*, Planung im Sozialstaat, Atomzeitalter 1967, 552, 610; *Harnischfeger*, Planung in der sozialstaatlichen Demokratie, 1969; die Beiträge von *Oberndörfer*, *Stern* und *Friauf* in: Projektgruppe für Regierungs- und Verwaltungsreform, Erster Bericht, Anlagenband, 1969, 315, 563 und 607; *Badura*, Verfassungsfragen der Finanzplanung, Festgabe für Maunz, 1971; *Lompe*, Gesellschaftspolitik und Planung, 1971; *Lutz*, Organisationsprobleme politischer Planung, Beilage zum Parlament vom 23.10.1971; *Grimm*, Verfassungsfunktion und Grundgesetzreform, AöR 97 (1972), 517 ff.; *Böckenförde*, Planung zwischen Parlament und Regierung, Der Staat 1972, 429; *Ossenbühl*, Welche normativen Anforderungen stellt der Verfassungsgrundsatz des demokratischen Rechtsstaats an die planende Staatstätigkeit? Verhandlungen des 50. Deutschen Juristentages, 1974, B 1; *Schröder*, Planung auf staatlicher Ebene, 1974; *Dobiey*, Politische Planung als verfassungsrechtliches Problem zwischen Bundesregierung und Bundestag, 1975; *Vitzthum*, Parlament und Planung, 1977.

19 Vgl. vor allem *Steffani*, Parlamentarische Demokratie, in: *ders.* (Hrsg.), Parlamentarismus ohne Transparenz, 2 1973. Ein Überblick bei *Alemann*, Parteisysteme im Parlamentarismus, 1973.

20 Dazu *Rausch*, Parlamentsreform – Tendenzen und Richtungen, ZfP 14 (1967), 259; *Hereth*, Die Reform des Deutschen Bundestages, 1971; *Thaysen*, Parlamentsreform in Theorie und Praxis, 1972; *Oppermann/Meyer*, Das parlamentarische Regierungssystem. Anlage – Erfahrungen – Zukunftseignung, VVDStRL 33 (1974); *Liesegang*, Parlamentsreform in der Bundesrepublik, 1974; *Achterberg*, Parlamentsreform – Thesen und Themen, DöV 1975, 833; *Rausch*, Parlamentsreform, in: Sontheimer/Röhring (Hrsg.), Handbuch des politischen Systems der Bundesrepublik Deutschland, 1977, 450.

21 S. den von der Kommission vorgeschlagenen Art. 28a GG, Schlußbericht, 177 f.

22 *Lehmbruch*, Parteienwettbewerb, 122 f. Ausführlich zum Problem *Seemann*, Politische Planung in der parlamentarischen Opposition, 1974.

23 Vgl. zum Folgenden etwa *W. Schmidt*, Die Programmierung von Verwaltungsentscheidungen, AöR 96 (1971), 321; *Hochschule Speyer*, Demokratie und Verwaltung, 1972; *Blümel*, Demokratisierung der Planung oder rechtsstaatliche Planung, Festschrift für Forsthoff, 1972; *Mayntz/Scharpf* (Hrsg.), Planungsorganisation, 1972; *Scharpf*, Planung als politischer Prozeß, 1973; *Aderhold*, Kybernetische Regierungstechnik in der Demokratie, 1973; *Grauhan*, ÖZP 1972, 15; *Luhmann*, Politische Planung, 2 1975, 66 ff; *Brohm*, Strukturprobleme der planenden Verwaltung, JuS 1977, 500.

24 Vgl. etwa *Dammann*, Stäbe, Intendantur- und Dacheinheiten, 1969; *Scharpf*, Stellung und Führungsinstrumentarium der Regierungschefs in den Bundesländern, Erster Bericht, Anlangenband, 267; *Ellwein*, Regierung und Verwaltung I, 1970; *Hochschule Speyer*, Aktuelle Probleme der Ministerialorganisation, 1972; *dies.*, Organisation der Ministerien des Bundes und der Länder,

1973; *Ellwein*, Regieren und Verwalten, 1976; *Derlien*, Die Erfolgskontrolle staatlicher Planung, 1976; *Böreth/Junkers*, Führungskonzepte für die öffentliche Verwaltung, 1976.

25 *Scharpf*, Die politischen Kosten des Rechtsstaates, 1970: aus verfassungsrechtlicher Sicht besonders *Ossenbühl*, Verhandlungen des 50. Deutschen Juristentages, 1974, B 160 ff.

26 Vgl. aus der vor allem in den beiden letzten Jahren stark angewachsenen Literatur etwa *Beyme*, Interessengruppen in der Demokratie, [2] 1970; *Steinberg*, Die Verbände in der Verfassungsordnung, PVS 14 (1973), 27; *Föhr/Rinken*, Innere Demokratie in den Verbänden, in: Posser/Wassermann (Hrsg.), Freiheit in der sozialen Demokratie, 1975; *Dettling*, Macht der Verbände – Ohnmacht der Demokratie? 1976; *Gießen*, Die Gewerkschaften im Prozeß der Volks- und Staatswillensbildung, 1976; *Leßmann*, Die öffentlichen Aufgaben und Funktionen privatrechtlicher Wirtschaftsverbände, 1976; *Meessen*, Erlaß eines Verbändegesetzes als rechtspolitische Aufgabe? 1976; *Schröder*, Gesetzgebung und Verbände, 1976; Beilage zum Parlament vom 26.2.1977 mit Beiträgen von *Alemann, Teubner, Müller* und *Blanke; W. Schmidt*, Die „innere Vereinsfreiheit“ als Bedingung der Verwirklichung von Grundrechten durch Organisation, ZRP 1977, 225; *Teubner*, Organisationsdemokratie und Verbandsverfassung, 1978.

27 *Offe*, Klassenherrschaft und politisches System. Die Selektivität politischer Institutionen, in: Strukturprobleme, 65.

28 *Böckenförde*, Die politische Funktion wirtschaftlich-sozialer Verbände und Interessenträger in der sozialstaatlichen Demokratie, Der Staat 15 (1976), 457.

29 Vgl. neben einigen der in Anm. 8 genannten Arbeiten jetzt *Hennis* u.a. (Hrsg.), Regierbarkeit, 1977.

30 Vgl. etwa *Dittberner/Ebbighausen* (Hrsg.), Parteiensystem in der Legitimationskrise, 1973; *Hennis*, Parteienstruktur und Regierbarkeit, in: ders. u.a. (Hrsg.), Regierbarkeit, 1977.

31 Vgl. etwa *Bismarck*, Immer mehr Proporz im Rundfunk? 1966; *Meyn*, Gefahr für die Freiheit von Rundfunk und Fernsehen? Beilage zum Parlament vom 29.11.1969; *Starck*, Zusammensetzung der Rundfunkgremien und Rundfunkfreiheit, in: Probleme der äußeren Rundfunkfreiheit I, 1974; *Aufermann* u.a. (Hrsg.), Fernsehen und Hörfunk in der Demokratie, 1977; *Stock*, Parteien und Rundfunk, Festschrift für Eberhard, 1977; *Laufer*, Verfassungsgerichtsbarkeit und politischer Prozeß, 1968, bes. 206 ff.; *Billing*, Das Problem der Richterwahl zum Bundesverfassungsgericht, 1969; *Kommers*, Judical Politics in West Germany, 1976.

32 Vgl. etwa *Zilleßen*, Bürgerinitiativen im repräsentativen Regierungssystem, Beilage zum Parlament vom 23.3.1974; *W. Schmidt*, Organisierte Einwirkungen auf die Verwaltung, VVDStRL 33 (1974); *Ellwein/Lippert/Zoll*, Politische Beteiligung in der Bundesrepublik, 1975; *Mayer-Tasch*, Die Bürgerinitiativbewegung, 1976; *Schuppert*, Bürgerinitiativen als Bürgerbeteiligung an staatlichen Entscheidungen, AöR 102 (1977), 369.

33 Vgl. etwa *Naschold*, Organisation und Demokratie, 1969; *Scharpf*, Demokratietheorie zwischen Utopie und Anpassung, 1970; Probleme der Demokratie heute, PVS–Sonderheft 1970; *Narr/Naschold*, Theorie der Demokratie, 1971; *Greiffenhagen* (Hrsg.), Demokratisierung in Staat und Gesellschaft, 1973; *Bermbach* (Hrsg.), Theorie und Praxis der direkten Demokratie, 1973; *Vilmar*, Strategien der Demokratisierung I, II, 1973; *Alemann* (Hrsg.), Partizipation – Demokratisierung – Mitbestimmung, 1975.

34 Vgl. den Bericht von *Germann*, Die Totalrevision der schweizerischen Bundesverfassung, ÖZP 6 (1977), 424.

35 Vgl. aus der umfangreichen Literatur neben den in Anm. 30 und 33 genannten Autoren etwa *Zeuner*, Innerparteiliche Demokratie, [2]1970; *Jaeger* (Hrsg.), Partei und System, 1973; *Greven*, Innerparteiliche Demokratie und politische Herrschaft, 1975; zur Wahlrechtsreform beispielsweise *Raschke*, Wie wählen wir morgen? 1967; *Hermens*, Demokratie oder Anarchie? [2] 1968; *Van der Vring*, Reform oder Manipulation? 1968; *Meyer*, Wahlsystem und Verfassungsordnung, 1973.

36 Vgl. die wichtigsten Beiträge in dem Sammelband von *Guggenberger* u.a. (Hrsg.), Parteienstaat und Abgeordnetenfreiheit, 1976; zur Verfassungsrechtslage am besten *Badura*, Bonner Kommentar zum GG, Art. 38 (Zweitbearbeitung); generell *Ch. Müller*, Das imperative und freie Mandat, 1966; über ein wichtiges Folgeproblem *M. Müller*, Fraktionswechsel im Parteinstaat, 1974.

37 Vgl. zu den aktuellen Grundrechtstheorien und ihren politischen Konsequenzen *Böckenförde*, Grundrechtstheorie und Grundrechtsinterpretation, NJW 1974, 1529, jetzt auch in: ders., Staat – Gesellschaft – Freiheit, 1976; die einzige sozialwissenschaftliche Grundrechtstheorie bei *Luhmann*, Grundrechte als Institution, [2]1974, Zur Verfassungsauslegung generell *Dreier/Schwegmann* (Hrsg.), Probleme der Verfassungsinterpretation, 1976; zur GG-Interpretation durch das BVerfG vgl. Bundesverfassungsgericht und Grundgesetz I, II, 1976. Eine bedeutsame

politologische Ausnahme macht *Hartwich*, Sozialstaatspostulat und gesellschaftlicher status quo, [2]1977; ein neuerer Versuch bei *Backhaus*, Politikwissenschaftliche Analyse interpretatorischer Veränderungen von Verfassungsnormen, PVS 17 (1976), 520.

38 Ein ausgezeichneter Überblick jetzt bei *Hoffmann-Riem*, Rechtswissenschaft als Rechtsanwendungswissenschaft, in: Sozialwissenschaften im Studium des Rechts II, 1977; s. auch *Grimm*, Staatsrechtslehre und Politikwissenschaft, in: ders. (Hrsg.), Rechtswissenschaft und Nachbarwissenschaften I, [2] 1976.

39 Vgl. zur Würdigung der Empfehlungen im einzelnen *Grimm*, Die Revision des deutschen Grundgesetzes, ÖZP 6 (1977), 397, sowie die Aufsätze in DöV 1977, Heft 15 und 16.

40 Schlußbericht, 17 ff.

VIII. Arbeitsgruppe: Lokalpolitik

Thesen zur Distanz zwischen der „lokalen Politikforschung" und dem kommunalen politisch-administrativen System

Von Dietrich Fürst / Joachim Jens Hesse

„Man liest darüber so schnell hinweg wie über die neueste Gipfelhöhe des Butterberges – weil es zum Problem selber nur wenig sagt. Aber dann macht einen das Faktum doch stutzen: allein in den vergangenen fünfzehn Jahren sind im deutschsprachigen Gebiet fast 6500 kommunalwissenschaftliche Dissertationen geschrieben worden. Das Deutsche Institut für Urbanistik notiert dazu nur kühl ‚das wachsende Interesse am Forschungsgegenstand Stadt' – indessen fühlt man sich ermuntert zu fragen, wer außer den Promovierten und den Doktorvätern sich durch diesen Denk-Berg hindurchlese. Wieviel von dieser Literatur erreicht eigentlich diejenigen, die es betrifft und womöglich betroffen machen, vielleicht sogar helfen sollte, die Stadtverordneten, die Bürgermeister und die Räte? Oder dient das mühsam Erforschte am Ende nur dem Ruhm der Wissenschaft?"

DIE ZEIT vom 10.6.1977

(1) Das Rahmenthema des diesjährigen Kongresses aufnehmend, soll mit den folgenden Ausführungen versucht werden, innerhalb des Themenbereiches „Politische Wissenschaft und Politische Praxis" auf einige problematische Entwicklungstendenzen im Verhältnis von „lokaler Politikforschung" und kommunalem politisch-administrativen System zu verweisen. Ziel der Ausführungen ist dabei zwar auch die (selbst)kritische Einschätzung der vorgelegten Forschungsergebnisse, primär jedoch der Versuch, einige Gründe für die bislang kaum existente Interaktion von „Wissenschaft" und „politischer Praxis" in diesem Politikbereich aufzuzeigen, auf Folgewirkungen zu verweisen und Ansätze für ein Überdenken des Transferproblems vorzustellen.

Zunächst bedarf hierzu der *Begriff der „Praxis"* einer Klärung. Praxis meint im tradierten Verständnis meist nur die Anwender von Wissenschaft. Da die Allokation von Wissenschaft aber bekanntlich Ressourcen (Zeit, Geld, Personal) kostet, schließt die Angebots-Nachfrage-Konstellation solche praktischen Anwender aus, die nicht über diese Ressourcen verfügen – relevante Praxis wäre dann ausschließlich die kommunale politisch-administrative Ebene. Daraus Forderungen an die „lokale Politikforschung" abzuleiten, verengt zwangsläufig die wissenschaftliche Problemperspektive: thematisiert würde, was der administrativen Praxis nutzt. Interessen der Träger von „Gegenwerten", die sich etwa in Bürgerinitiativen, parteilicher Opposition etc. artikulieren, blieben dann tendenziell ausgeklammert. Eine solche enge Perspektive, die ausschließt, daß andere Träger von „Praxis" möglich sind und daß andere Problemstellungen „praktisch" sein können, kann demnach nicht intendiert sein, will man dem Wissenschaftsbereich eine gesellschaftskritische Anstoßfunktion zumessen. Unser Praxisbegriff differenziert folglich nicht zwischen verschiedenen Anwendergruppen, sondern erfaßt das für alle Anwendergruppen typische Verhältnis zum Wissenschaftsbereich. Auf notwendige Differenzierungen wird jeweils verwiesen.

Auch der *Begriff der „Distanz"* bedarf einer kurzen Erläuterung. Distanz heißt zunächst, daß Wissenschaft für Praxis und Praxis für Wissenschaft nur beschränkt relevant sind. Das kann ein fruchtbares Spannungsverhältnis sein, wenn Inzentivs vorliegen, diese Distanz zu überwinden, kann aber auch wechselseitiges Desinteresse signalisieren. Letzteres ist die problematischere Version und erfordert Diskussion. Was für die Praxis relevant ist, hängt von ihren institutionalisierten Regeln der Problemwahrnehmung, ihren (auch außengeleiteten) „Sehgewohnheiten" und ihren Normen ab und ist – im Rahmen materieller Restriktionen, aber auch in Rückwirkung darauf – veränderbar. Diese Veränderbarkeit ist von der Wissenschaft kognitiv und normativ beeinflußbar („Konstruktion sozialer Realität durch Wissenschaft"). Daß dieser Einfluß – in Grenzen – möglich ist, wird zur weiteren Voraussetzung dafür, daß die Distanz zwischen Wissenschaft und Praxis für uns zum Thema wird. Die Grenzen, innerhalb derer die Wissenschaft ihre kritische Anstoßfunktion realisieren kann, lassen sich nicht definieren, weil sie ihrerseits von strukturellen Gegebenheiten, kognitiven Veränderungen und gesellschaftlichem Wertewandel abhängen, auf die der Wissenschaftsbereich direkt oder indirekt Einfluß ausübt. Sie sind Hintergrund, nicht aber Gegenstand der folgenden Analyse.

Auf dieser Grundlage soll im folgenden in einer Art *Bestandsaufnahme* zunächst kurz skizziert werden, wie sich die Distanz zwischen „Wissenschaft" und „Praxis" einmal aus der Sicht der Praxis, dann aus der Sicht des Wissenschaftsbereiches darstellt (Abschnitt 2). Dem folgt ein Erklärungsversuch dieser Distanz aus *strukturell-prozessualen Bedingungen der Wissenschaftsproduktion* und der praktischen *Nachfrage nach Wissenschaft* (Abschnitt 3). Daraus wird deutlich, daß *drei Ebenen der Distanz* bzw. der Interaktionsdefizite zu unterscheiden sind: eine *inhaltliche* – Produzenten und Anwender von Wissenschaft haben unterschiedliche Vorstellungen über die Definition von Problemen, ihre Relevanz und die erforderlichen Lösungsstrukturen –, eine *paradigmatische* – die Deutungsmuster für „Wirklichkeit" werden von spezifischen „ethnosoziologischen" (Nowotny) Restriktionen bestimmt und klaffen folglich auseinander – und eine *kommunikativ-kognitive* Ebene, die sich auf Sprach-Codes, Abstraktions- und Komplexitätsniveaus der Darstellung, Denkgewohnheiten etc. bezieht. Schon aus Kapazitätsgründen werden wir uns auf die Analyse des Inhaltaspektes (Abschnitt 4) und die paradigmatischen Distanzen (Abschnitt 5) beschränken.

(2) Auf Seiten der *politisch-administrativen Praxis*[1] wird die Interaktion mit dem Wissenschaftsbereich und hier wiederum – soweit dies ausgrenzbar ist – mit der „lokalen Politikforschung"[2] derzeit außerordentlich skeptisch beurteilt[3]. Die Anstöße des Wissenschaftsbereiches werden nach der anfänglichen latenten Wissenschaftseuphorie heute – wenn überhaupt – mit deutlicher Ernüchterung konstatiert (und in

der Regel mit Verweis auf ihre Praxisferne verworfen), zum Teil sind Tendenzen einer Wissenschaftsfeindlichkeit erkennbar. Dies gilt insbesondere für solche Problembereiche, in denen die Funktionsträger des politisch-administrativen Systems sich Forderungen oder Anregungen des Wissenschaftsbereiches gegenübersehen, die sie als politisch wirkungslos und planerisch dysfunktional einschätzen.

In Ermangelung umsetzbarer wissenschaftlicher Erkenntnisse und verstärkt durch akute Ressourcenengpässe sind darüber hinaus Versuche der Selbsthilfe erkennbar, d.h. der Eigeninnovation, also der Innovation aus dem inzwischen sowohl analytisch anspruchsvolleren wie politisch bewußteren administrativen Apparat selbst heraus. Dabei ist bedeutsam, daß diese von einem zumindest partiellen Ausschluß des Wissenschaftsbereiches begleitete Selbsthilfe durchaus nicht etwa nur auf prozessuale Probleme zielt, auch strukturelle Fragestellungen werden in den Apparaten selbst zunehmend thematisiert[4].

Andererseits ist deutlich, daß der Innovationsgrad hierbei erarbeiteter Problemlösungen nur begrenzt sein kann. Dies erklärt sich zum einen aus dem permanenten Handlungs- und Legitimationsdruck, der dem politisch-administrativen System eher die Orientierung an kurzfristigen, den Problemdruck sichtbar reduzierenden „Umsetzungs"-Politiken opportun erscheinen läßt, zum anderen begrenzen das Konsensbildungserfordernis und der restringierte Handlungsraum die Reichweite von Lösungsansätzen.

Auf Seiten des *Wissenschaftsbereiches* scheint uns trotz des Eingangszitates derzeit gleichfalls eine gewisse Ernüchterung im Hinblick auf den angestrebten Wissenstransfer vorzuliegen. Zumindest jedoch ist das Ende der "Boom"-Periode in der Beschäftigung mit lokalen Problemstellungen deutlich geworden. Dabei ist von Bedeutung, daß diese Tendenz nicht gleichzusetzen ist etwa mit der Erschöpfung von bearbeitungswürdigen oder -fähigen Problemstellungen. Im Gegenteil ist darauf zu verweisen, daß der Bedarf der Praxis an „wissenschaftlicher Erkenntnis" und Beratung eher zunimmt und im Wissenschaftsbereich die gesamtgesellschaftliche Relevanz der Lokalebene noch keineswegs vollständig erfaßt sein dürfte.

Materiell werden die Stagnationstendenzen im Bereich der Forschung bei einem Blick auf die bisher dominanten Untersuchungsrichtungen deutlich (vgl. auch unter 4). Seit Beginn der (Wieder)Beschäftigung mit lokalen Problemstellungen kann grob und notwendigerweise vereinfachend zwischen zwei grundsätzlichen Entwicklungslinien der Forschung unterschieden werden:

- zum einen Untersuchungsansätzen, die in einer vergleichsweise unkritischen Umsetzungsorientierung häufig die Ressource der politisch-administrativen Rationalität zum Gegenstand haben, dabei aber verkürzte Lösungsansätze anbieten, die der Komplexität kleinräumiger Planungs- und Entscheidungsprozesse nur unzureichend entsprechen und nahezu ausschließlich prozessual ausgerichtet sind;
- zum anderen Ansätzen, die durch ihre nahezu ausschließliche Konzentration auf kategoriale Fragestellungen und theoretische Ableitungszusammenhänge den Strategie- und Reformaspekten etwa im Bereich der planenden Verwaltung kaum ihre Aufmerksamkeit widmen. Sie leiten sich primär aus der politökonomischen Staatsdiskussion ab und sind folglich auf Restriktions- und Funktionsanalysen des lokalen

politisch-administrativen Systems ausgerichtet. Diesen Ansätzen kommt zwar das Verdienst zu, kommunalpolitische Problemstellungen aus der zu engen institutionellen Fixierung auf die kommunale Selbstverwaltung gelöst und ihre gesamtstaatliche Bedeutung betont zu haben; andererseits stehen diese Ansätze hinsichtlich ihrer empirischen Fundierung, der politisch-administrativen „Kleinarbeitung" der Probleme und ihrer Umsetzung auf das reale Politikfeld noch immer in den Anfängen. Damit ist dann gleichzeitig jedoch auch eine weitgehende Nichtbeachtung durch die politische und planerische Praxis verbunden, auf die diese Arbeiten zumindest ihrem Anspruch nach zielen.

Aus dieser Polarität von Untersuchungsansätzen resultierte schließlich ein weitgehend angepaßtes Beratungsinteresse auf der einen, eine latent zum Selbstzweck werdende Theoriediskussion auf der anderen Seite. Folge dieser Entwicklung war und ist ein erhebliches Defizit an empirisch-analytischen Arbeiten im untersuchten Politikfeld.

Dieses Defizit ist erklärungsbedürftig, will man sich nicht auf Pauschalargumente individualpsychologischer Provenienz beschränken (Berührungsängste des Wissenschaftsbereiches gegenüber der Praxis, Unkenntnis und fehlende Problemsensibilität gegenüber praktischen Fragestellungen etc. auf Seiten des Wissenschaftsbereiches, kognitives Unvermögen, fehlende Ausbildung zur Umsetzung wissenschaftlicher Analysen etc. auf Seiten der Praxis).

(3) Die *beobachteten Defizite* aktueller Forschung zu kommunalen Problemfeldern dürften zumindest auch *Ergebnis struktureller Selektivitäten respektive Filter in der Wissenschaftsproduktion einerseits, im Nachfrageverhalten der kommunalen Praxis andererseits* sein, die dazu führen, daß die jeweils eigenen Bezugssysteme Anreize und Zwänge zur Interaktion erheblich reduzieren[5].

Deutlichsten Ausdruck findet die relative Eigenständigkeit der Bezugssysteme in den Begriffen „Praxis" und „Theorie". Die Praxis, verkörpert durch (im konkreten Falle) staatliche und kommunale Inhaber von Ressourcen, um Wissenschaft anwerben zu können, monopolisiert die Definition von „Praxis" im Sinne von empirischem Problemlösungsverhalten und erhebt die Definitionsmerkmale zu Gütekriterien für wissenschaftlichen Output. Der Wissenschaftsbereich seinerseits benutzt den Begriff „Theorie", um sich von der Praxis abzugrenzen, und meint ein System von Regeln und Paradigma der Erkenntnisgewinnung, deren Beherrschung allein den Zugang zum „Markt" der theoretischen Wissenschaft ermöglicht. Daß diese Regeln und Paradigma gleichzeitig als „Marktzugangsbeschränkungen" fungieren (und teilweise bewußt als solche gegen die Praxis eingesetzt werden), versteht sich von selbst.

Wissenschaft produziert für einen sehr heterogenen Abnehmerkreis, der durch Interessen, Ressourcenkontrolle und Resonanzfähigkeit für wissenschaftlichen Output (Kommunikationsregeln und „Sprache") partikularisiert, d.h. in mehr oder weniger unabhängige „Wissenschaftsmärkte" zergliedert ist, wobei bekanntlich die Unterschiede zwischen dem Wissenschaftsmarkt für Praktiker und dem Wissenschaftsmarkt für Wissenschaftler am schroffsten sind.

Auf der Seite der kommunalen politisch-administrativen Praxis (als hier interessierende „praktische" Endnachfrager von Wissenschaft) definieren sich die *strukturellen Selektivitäten gegenüber dem Output der Wissenschaft* wie folgt:

- die Nachfrage nach Wissenschaft wird erst virulent, wenn akute Probleme zu lösen sind, denen gegenüber nur unzureichende Problemlösungskapazitäten vorliegen und deren Nichtbeachtung erhebliche politische Kosten verursachen würde;
- das *Nachfrageverhalten* gegenüber Wissenschaft wird einerseits *stimuliert durch* die – von Vermarktungsstrategien wissenschaftlicher Praxisberater verstärkte – *Erwartungshaltung,* in der Wissenschaft eine „produktive Kraft" für Problemlösungen zu besitzen, und durch die *Legitimationsfähigkeit,* die „wissenschaftlich abgesicherter Rationalität" in unserer Gesellschaft zugesprochen wird. Das Nachfrageverhalten wird andererseits *restringiert durch* die *Problemdefinition* der Praxis, die an Kriterien der (mit gegebenen Kompetenzen und Ressourcen) im herrschenden Konfliktfeld „machbaren" Lösung und an empirisch und politisch operationalisierten kommunalen Mängellagen (Leistungsdefizite, Engpässe, rechtliche Normen, fiskalische Anreize) orientiert ist. Wissenschaftlicher Output ist nur interessant, wenn er die Problemdefinition unmittelbar und empirisch „genau" trifft;
- das *Nachfragevolumen* der kommunalen Praxis wird durch knappe personale und fiskalische Ressourcen *begrenzt:* die *personalen Ressourcen* limitieren die Resonanzfähigkeit für Wissenschaft (Kenntnis des wissenschaftlichen Angebots, Verständnis der vermittelten Information, Umsetzungsfähigkeit für wissenschaftliche Praxis); die *fiskalische Knappheit* reduziert die Nachfrage auf unmittelbar verwertbaren wissenschaftlichen Output;
- *„Verwertbarkeit"* wirkt extrem *selektiv:* wissenschaftlicher Output muß empirisch faßbar und nachvollziehbar sein, muß politisch umsetzbar sein (was bedeutet: eine Definition der Realität zugrundelegen, die im politischen Prozeß Konsens finden kann) und Aussagen anbieten, die politisch überzeugen können, d.h. empirisch „wahr" sind; verwertbar ist zudem nur ein Output, der die engen Restriktionen kommunalen Handelns respektiert, d.h. keine gesellschaftlichen und politisch-administrativen Strukturänderungen impliziert;
- die begrenzte Informations- und Konfliktverarbeitungsfähigkeit der Praxis sowie die Knappheit der Zeit zur Bearbeitung von Problemen zwingen die Praxis, *unmittelbar anwendbare Problemlösungen* in Gestalt empirischer Handlungstechnologien *nachzufragen*, wobei die Eigenheit der administrativen Praxis, am „Verfahren" orientiert zu sein und damit technische Regelungen problematisierenden Analysen vorzuziehen, diese Tendenz nur noch unterstützt.

Daraus folgt jedoch als typische kommunale Nachfrage nach wissenschaftlichem Output: Wissenschaft wird nur soweit nachgefragt, wie sie praktische Problemlösungen anbieten kann, d.h. sie muß positivistisch-empirisch sein („richtig" sein), der engen kommunalen Problemdefinition entsprechen („umsetzbar" sein), den Denk- und Handlungsgewohnheiten der administrativen Praxis entsprechen („machbar" sein) sowie möglichst Lösungstechnologien bereitstellen („verwertbar" sein).

Die *selektiven Steuerungsstrukturen auf der Anbieterseite* (Wissenschaftsbereich) kommen diesen Anforderungen der kommunalen Praxis nur sehr bedingt entgegen:

- *Anreize* zur wissenschaftlichen Produktion sind primär *Reputation und Einkommen,* kanalisiert durch *Erkenntnisinteressen.* Reputation verschafft Einfluß und Macht im Wissenschaftsbereich, indem sie u.a. Resonanz steuert (Zugang zu Publikationsmedien, Forschungsressourcen, Kommunikationszentren etc.). Einkommen ist die Steuerungsvariable der Praxis gegenüber der Wissenschaft; wird sie kombiniert mit Reputation, die die Praxis vergeben kann, so erhält die Praxis zumindest auf wissenschaftlichen Teilmärkten dominanten Einfluß. Diese Teilmärkte haben hohe wissenschaftliche Attraktivität – Reputation erleichtert hierbei den Marktzugang ganz entscheidend;

- wissenschaftliche Reputation kann auf verschiedenen wissenschaftlichen Teilmärkten gewonnen werden, wobei diese Teilmärkte um so eher eigene wissenschaftliche Reputationssysteme darstellen, je stärker sie gegeneinander abgeschlossen sind (über Themen, Methoden, Paradigmata, erforderliche Informationsgrundlagen) und je enger die Resonanz für wissenschaftlichen Output auf diese Märkte beschränkt ist. Eigenständige *Reputationssysteme* in diesem Sinne sind *praxisorientierte* Wissenschaftsmärkte *und wissenschaftsbezogene Wissenschaftsmärkte.* Sie unterscheiden sich wesentlich durch die *Kriterien zur Vergabe von Reputation:* während (sozial)-wissenschaftliche Reputationssysteme Innovationen bei der Wahl der Themen, der kognitiven Perspektive in der Analyse, der Methode oder des Abbildungsmodells der Realität honorieren und die "scientific culture" (selektive Denkstile, metatheoretische Werteprämissen) wissenschaftlichen Fortschritt in der Offenlegung immer komplexerer und komplizierterer sozialer Interdependenzbezüge sieht, – was zwangsläufig die Erfassung der zunehmenden Komplexität auf immer abstraktere Abbildungsformen reduziert –, vergeben praxisbezogene Reputationssysteme Reputation primär für empirisch-praktische Lösungsansätze. Reputation zwischen den einzelnen Systemen wird dann nicht ohne weiteres transferierbar: praxisbezogene Wissenschaftler müssen von der Methodik, Realitätsdefinition, Themenbegrenzung und von den kognitiven Bezugssystemen her eher „konservativ“ sein, wenn sie in den Augen ihrer Klientel erfolgreich sein wollen; wissenschaftsbezogene Wissenschaftler müssen umgekehrt ihre Fähigkeit zur Komplexitätsreduktion in immer komplexeren Bezugssystemen bei zunehmend abstrakterer Realitätsbildung dokumentieren; die wechselseitige Diskreditierung verstärkt diesen Prozeß;
- Reputation verlangt die *Gewinnung von Aufmerksamkeit der signifikanten Adressaten.* Die Informationsflut und die prinzipiell hohe Konkurrenz wissenschaftlicher Anbieter limitiert die Aufmerksamkeit wissenschaftsbezogener Reputationssysteme auf den Kreis derer, die aufgrund gleicher Thematik, identischer Forschungsgebiet oder identischer Adressaten resonanzbereit sind. Reputation ist dabei in bezug auf wissenschaftliche Karrieren um so weniger zu gewinnen, je kleiner der Kreis der Resonanzfähigen ist und als je weniger bedeutsam dieser Kreis vom gesamten Wissenschaftsbereich eingeschätzt wird. Um die Knappheit der Aufmerksamkeit auf sich zu lenken, müssen Wissenschaftler oder Wissenschaftlergruppen wie auf Warenmärkten Strategien einsetzen, die „Nachfrage“ wecken und die Kontrolle über Nachfrage monopolisieren: dem „Produkt“ muß über klangvolle Etiketten, Bezüge zu allgemeineren Themen, geräuschvolle Aufwertung seiner Aktualität etc. Aufmerksamkeit zugeführt werden;

– dabei bilden sich „*Produktzyklen*" (wissenschaftliche issue cycles), die von den beteiligten Gruppen stabilisert werden: sie reduzieren den Konkurrenzdruck, indem sie das Thema über Kartellierungspraktiken abschirmen und die wissenschaftliche Beziehung unter sich aus einer Konkurrenzbeziehung in eine Transferbeziehung verwandeln. Damit einher geht ein Mindestmaß an Institutionalisierung (Aufbau eigener Kommunikationsnetze und -medien; Erhöhung der Außengrenzen durch Informationsvorsprünge, etwa durch Manuskript-Tauschringe; Resonanzverteilung durch Zitierkartelle etc.). Institutionalisierung neigt – bei entsprechenden persönlichen und kommunikativen Kontakten – zur Ausbildung typischer Eigenschaften eines Gruppendenkens (Janis), das durch eigene Begriffsysteme, Perzeptionsregeln, Selektivitätsregeln für Themen etc. den Rang eines Paradigmas einnehmen kann;
– die *Stabilität dieser „Kartelle"* nimmt in dem Maße zu, wie das neue „Paradigma" mit gesellschaftlichen Interessen kompatibel ist und sich dadurch abstützen läßt. Ein solcher „Paradigmawechsel" mit Institutionalisierungsritualen sowie neuen Orientierungs- und Perzeptionskomplexen liegt wahrscheinlich auch einem Teil der neueren politikwissenschaftlichen Forschung zu kommunalen Problemen zugrunde. Damit einher geht zwangsläufig eine Neuinterpretation der Realität und eine Selektion von Themen, die den kommunikativen Graben zur kommunalen politisch-administrativen Praxis zunächst fast konflikthaft vertiefen müssen;
– dieser *Kommunikationsgraben* reduziert für einen Teil der kommunalwissenschaftlichen Forschung den Zugang zur Praxis und schließt sie von Impulsen aus der Praxis nahezu aus. Das wurde so lange nicht als gravierendes Problem empfunden, als unterschwellig das traditionelle Selbstverständnis fortbestand, einen erheblichen Unterschied zwischen praxisorientierter und „reiner" Forschung zu sehen. Der damit verbundene „Praxisverlust" bedeutet dann, daß das Wissenschaftssystem feedbacks und kritische Resonanz der Praxis abkoppelt und selbst definiert, welche Interessen der gesellschaftlichen Praxis wie in die – zum Teil sogar nur deduktiv konstruierte – wissenschaftliche Abbildung der Realität eingehen. Damit wird gleichzeitig aber der Einfluß von Wissenschaft auf Praxis erheblich reduziert und für konkrete Probleme der politisch-administrativen Praxis häufig sogar irrelevant;
– die damit verbundene *Vernachlässigung wissenschaftlicher Teilmärkte* wird von privaten Beraterfirmen oder praxisorientierten Wissenschaftlern genutz, um Nachfrage zu monopolisieren. Sie nutzen administrative Geheimhaltungsregeln, Informationsvorsprünge des Insiders, spezifische Praxiskenntnisse etc., um den Markt vor Wettbewerbern abzuschirmen und sind ihrerseits nur sehr bescheiden an einem Transfer von wissenschaftlichem Output zwischen wissenschaftsbezogenen und praxisbezogenen Reputationssystemen interessiert. Diese Monopolisierung ist zumindest gegenüber den wissenschaftlichen Konkurrenz-Anbietern insbesondere deshalb wirksam, weil das kommunale Problemfeld hier einen relativ niedrigen Reputationswert besitzt, d.h. wenig Konkurrenz attrahiert; unter den praxisbezogenen Reputationssystemen rangieren Beratungsverhältnisse auf Bundes- und Landesebene wegen ihres höheren Innovationswertes (aktuelle gesamtgesellschaftlich relevante Themen; hohe Informationsdichte; hohe Selbst-Reflexivität der zu-

nehmend verwissenschaftlichten Staatsadministration etc.) wesentlich höher als die immer noch als „pragmatisch" angesehenen kommunalen Beratungsverhältnisse;

- diese *Wertehierarchie der Reputationssysteme* spiegelt letztlich die gesellschaftliche Bedeutungszuordnung wider, die zumindest bis zu Beginn der 70er Jahre vorherrschte, d.h. bis die sich lokal niederschlagenden Krisenerscheinungen zum politischen und gesellschaftlichen Problem geworden sind. Kommunale Problemstellungen wurden bis dahin als nachrangig wichtig betrachtet, was im politischen Bereich die Entkommunalisierungstendenzen begünstigte und im Bereich der Ressourcenallokation für Forschungszwecke eine gewisse Vernachlässigung kommunaler Forschungsansätze mit sich brachte.

Die *skizzierten selektiven Strukturen von Angebot und Nachfrage nach kommunalwissenschaftlichem Output begründen einige der Spannungen zwischen Theorie und Praxis*, so insbesondere:

- Diskrepanzen zwischen positivistisch-normativem Forschungsbedarf aus der Sicht der Praxis und hermeneutisch-systemanalytischem Forschungsangebot,
- Kommunikationsdistanzen zwischen praxisbezogener Forschung und wissenschaftsbezogener Forschung,
- die Vernachlässigung der Transfer- und Umsetzungsprobleme durch wissenschaftsbezogene Forschung und die Vernachlässigung gesellschaftlicher und überlokaler Bezüge bei praxisbezogener Forschung,
- die (nicht nur für Außenstehende) unsystematische Zyklizität von wissenschaftlichen Themen bei Vernachlässigung praktisch-relevanter Problemfelder.

Die damit verbundene Dichotomisierung von Praxis und Wissenschaft kann eskalieren, wenn sich in der Praxis die Vorstellung verfestigt, Wissenschaft sei generell irrelevant für praktische Probleme, und Wissenschaftler in Praktikern keine Kommunikationspartner finden, weil diese „nicht verstehen", was der Wissenschaftsbereich will, oder weil Praktiker a priori als Agenten zur Strukturreform unfähiger bürokratischer Apparate diskreditiert werden. Die kommunale Praxis unterliegt jedoch denselben Verwissenschaftlichungsprozessen wie alle Organisationen und Interaktionssysteme und sucht ihren Wissenschaftsbedarf in Selbsthilfe zu befriedigen, wobei wissenschaftsorientierte Zwischensysteme (wie etwa die Kommunale Gemeinschaftsstelle für Verwaltungsvereinfachung oder das Deutsche Institut für Urbanistik) sowohl den Transfer zwischen Wissenschaft und Praxis besorgen als auch wissenschaftlich-innovativ Problemlösungen generieren sollen. Dabei sind Verselbständigungstendenzen zu beobachten, in zunehmendem Maße wissenschaftliche Ressourcen zu binden, um Probleme der kommunalen Praxis (insbesondere der Großstädte) überhaupt aufarbeiten und pragmatische Problemlösungen anbieten zu können. Damit allerdings gehen auch die spezifischen Schwächen dieser Transferinstitutionen in die politisch-administrative Praxis ein.

Andererseits ist ein *Trendumschlag* in der gesellschaftlichen Aufmerksamkeitsverteilung zugunsten kommunaler Problemfelder zu beobachten, der praxisbezogene Reputationssysteme im kommunalen Bereich aufwertet. Das hängt einmal damit zusammen, daß die lokalen Krisenerscheinungen zum politischen Problem wurden und staatliche Ressourcen für städtisches Krisenmanagement wie auch für die Erforschung städtischer Problemfelder bereitstellen ließen (siehe Art. 104a IV GG; Schwerpunktprogramme des BMBau, des BMFT („Bürgernahe Gestaltung der sozialen Umwelt"), der Stiftung Volkswagenwerk, der Deutschen Forschungsgemeinschaft etc.). Parallel scheint sich ein gesellschaftlicher Wertewandel zu vollziehen, der eine individualistisch-sensualistische Konsumkultur vorbereitet, die ihrerseits die Kommunen als politische „Domäne" betrachtet. Aber auch im Wissenschaftsbereich bahnt sich ein Wertewandel an, der infolge einer zunehmenden humansozialen Orientierung im Zuge der „Strategiediskussion" kommunale Problemfelder aufwertet und einen Ansatz für gesellschaftsstrukturelle evolutorische Prozesse in den Städten sieht (zumal städtische Problemfelder gesamtgesellschaftliche Konfliktfelder im Prinzipiellen abbilden).

Allerdings ist hierbei auch eine Entwicklung zur zunehmenden Unterordnung von Wissenschaft unter von der Praxis formulierte Verwertungsinteressen denkbar, wie sie zur Zeit im Bereich der Raumordnung/Regionalpolitik zu verfolgen ist: dort hat die hohe Attraktivität praxisbezogener Reputationssysteme dazu geführt, daß Reputation für Regionalwissenschaftler fast ausschließlich nur dort zu erwerben ist. Die knappen regionalwissenschaftlichen Ressourcen wurden von praxisorientierten Reputationssystemen fast vollständig absorbiert, was dazu führte, daß die Problemdefinition und die Lösungs-Restriktion der Praxis regionalwissenschaftliche Forschung dominierten. Die von der dominanten Praxis initiierten Sozialisationsprozesse gegenüber Wissenschaftlern tendieren dazu, einen „technischen" Empirismus zu begünstigen und Reformansätze auf ein "muddling through" mit sehr kurzfristiger Zeitperspektive zu reduzieren. So ist Regionalwissenschaft heute zum Teil nur Nacharbeit dessen, was in der politisch-administrativen Praxis bereits vollzogen oder in Arbeit ist.

(4) Das skizzierte Angebot-Nachfrage-Modell hat auf eine Anzahl struktureller Defizite und Barrieren im Verhältnis von Wissenschaft und politisch-administrativer Praxis nicht nur, aber auch im Kommunalbereich verwiesen. Die folgenden Ausführungen sollen einige der daraus resultierenden materiellen Konsequenzen (inhaltliche Distanz) verdeutlichen, wobei in einer Art Systemanalyse des Gegenstandsbereiches der „lokalen Politikforschung" zunächst auf bisher abgedeckte Forschungs- (und Praxis-) bereiche, dann jedoch insbesondere auch auf „ausgeblendete", nicht thematisierte Problem- und Fragestellungen abgehoben werden soll.

Die damit gegebene *Konzentration auf den Wissenschaftsbereich* soll sicher nicht heißen, daß angesichts der geschilderten Ausgangssituation und der strukturellen Verfestigungen in der Wissenschaft-Praxis-Interaktion allein der Wissenschaftsbereich zum Handeln, zum Ausbau seiner Fragestellungen und zum Abbau der geschilderten „Distanzen", der Filter und Perzeptionsbarrieren etc. aufgefordert ist. Auch soll damit nicht einer rein praxisbezogenen Servicefunktion der Wissenschaft das Wort geredet werden. Vielmehr muß Wissenschaft ihre kritische gesellschaftliche Anstoßfunktion ohne Tendenzen der Realitätsverleugnung (Offe) wahrnehmen. Gleichwohl spricht für diese Fragestellung (neben der pragmatischen Argumentation: Kongreßklientel, professionelle Identifikationsmuster etc.) ein Gefälle in den Handlungs-, Reaktions- und Aktionsmöglichkeiten zwischen der politisch-administrativen Praxis und der wissenschaftlichen Forschung. So ist die Praxis in ihrem Perzeptionspotential gegenüber dem Wissenschaftsbereich stärker begrenzt als dies für den Wissenschaftsbereich im Hinblick auf die Beschäftigung mit bestimmten Problemstellungen der Fall sein dürfte. Während der Wissenschafts- und Forschungsbereich, wenn auch nicht frei von „Systemzwängen" und Verwertungsinteressen (dokumentiert etwa in den staatlichen Richtlinien der Forschungsförderung), so doch noch immer eine vergleichsweise hohe Autonomie im Aufnehmen von Forschungsfragestellungen und in der Formulierung von Forschungsinhalten besitzt, dürfte die Praxis hinsichtlich ihrer Aufnahmefähigkeit gegenüber „wissenschaftlicher Erkenntnis" sowohl durch den konkreten, täglichen Problemlösungsdruck (und die entsprechenden Muster der Selbstlegitimation) als auch durch den sehr unmittelbaren externen Interessendruck sehr viel stärker restringiert sein.

Die Bearbeitung von Problemen im Bereich der lokalen Politikforschung muß – will sie auch nur annähernd realitätsorientiert und/oder theoretisch ausreichend komplex sein – wenigstens drei *grundlegende Differenzierungen* berücksichtigen (vgl. die schematische Darstellung auf S. 307):

- die nach Problemtypen (etwa Allokations-, Verteilungs- und Stabilisierungsproblemen),
- die nach gesellschaftlichen Subsystemen, die entweder als Nachfrager von öffentlichen Leistungen mit entsprechenden Anspruchsprofilen auftreten, Problemlösungsagentur resp. „Umsetzer" sind oder aber als positiv wie negativ Betroffene der jeweiligen Problemlösung fungieren (ökonomisches, politisch-administratives und soziokulturelles Subsystem)
- sowie (in einer Ausdifferenzierung) die nach politisch-administrativen Problemlösungsinstanzen (hier: Bund, Länder, Gemeinden).

Vor diesem Analysehintergrund stellen sich bereits eine Anzahl gleichsam logischer, weil aus der Verknüpfung der genannten Elemente, Typen oder Systembestandteile ableitbarer Problembereiche, die zumindest zum Teil auch die Aufmerksamkeit der politikwissenschaftlichen und verwaltungswissenschaftlichen Forschung gefunden haben[6].

Beträchtliches Forschungsinteresse hat die Beziehung zwischen *gesellschaftlichen Allokations- und Verteilungsbedürfnissen* (primär formuliert im soziokulturellen und im ökonomischen System) und ihrem faktischen Niederschlag als lokale Problemstellung attrahiert, dabei insbesondere die begrenzte lokale Problemverarbeitungskapazität. Allokationsbedürfnisse bezeichnen in diesem Zusammenhang die Erschließung und effiziente Nutzung von Ressourcen; Verteilungsbedürfnisse meinen die Zielorientierung der Allokation und die Zuordnung des Güter- und Dienstleistungsoutputs zu einzelnen Nutzern. Einflüsse auf Allokationsprozesse erfolgen national, teils supranational; Verteilungsprozesse finden in ihrem konsumptiven Aspekt („Lebenslage der Bevölkerung") sowie in ihrer Beeinflussung durch Folgewirkungen der Allokationsprozesse im Reproduktionsbereich (Umweltschutz, Massenverkehr, Siedlungsstruktur etc.) eher unmittelbaren Niederschlag auf der kommunalen Ebene. An Allokations- wie an Verteilungsprozessen sind alle gesellschaftlichen Subsysteme beteiligt; es ist analytisch unbefriedigend, Allokationsprozesse dem ökonomischen Subsystem, Verteilungsprozesse dem soziokulturellen Subsystem (unter Beteiligung jeweils des politisch-administrativen Subsystems) zuzurechnen.

Die auf dem „Wege" von den gesellschaftlichen Subsystemen zu den kommunalen politisch-administrativen Instanzen platzgreifenden Filter sind weitgehend erkannt und von der Forschung aufgenommen worden. Allerdings gilt dies – wie sich aus der schematischen Darstellung auf der folgenden Seite erkennen läßt – nur mit der Einschränkung, daß zwar die auf das kommunale politisch-administrative System einwirkenden Inputströme (1 und 3) und deren Filter (im Allokationsbereich etwa: Ressourcenknappheit und damit verbundene Machtpotentiale; Verteilungsbereich: dominante Interessenstrukturen, non decision-making) thematisiert werden, weniger hingegen die Outputströme (2 und 4). So stehen im Allokationsbereich politikwissenschaftliche Analysen zur Allokationsinzidenz und -effizienz lokaler politisch-administrativer Maßnahmen noch völlig aus resp. werden traditionellen ökonomischen Arbeiten überlassen. Auch im Verteilungsbereich stehen Implementations- und Wirkungsanalysen bestenfalls in den Anfängen.

Auf der *Ebene des kommunalen politischen Systems im engeren Sinne* dominieren seit längerer Zeit Studien zur Willensbildungs- und Entscheidungsstruktur. So verdienstvoll diese Arbeiten sind und waren, so problematisch erscheint die daraus resultierende Nichtberücksichtigung oder nur nebenrangige Bearbeitung von Grundlagen (wie etwa Arbeiten zum kommunalen Problembestand und zur Problemdefinition), von Fragen der internen Problemverarbeitung (Organisation, Planungsmethodik, Steuerungsinstrumentarium) und schließlich von notwendigen Binnendifferenzierungen des kommunalen Bereichs selbst.

Bereits im Hinblick auf den zu be- und verarbeitenden *Problembestand* herrscht Unklarheit. Zwar sind – meist hochaggregiert – „Verstädterungs"-Probleme oder Probleme der sogenannten „urban crisis" benannt (Beispiel: vertikale und horizontale Disparitäten), ohne daß allerdings eine auch empirische Konkretisierung vorliegt (Ausnahmen: Wohnverhältnisse einschließlich Sanierungsproblematik, Verkehrsverhältnisse, einzelne Randgruppen). Zudem ist auch theoretisch nicht ausdiskutiert, inwieweit lokale Problemstellungen Niederschlag oder gar Abbild gesamtgesellschaftlicher Prozesse darstellen oder (auch) Folge spezifischer dezentraler Verursachungszusammenhänge sind.

Arbeiten zur *internen* (hier meist adminstrationsinternen) *Problemverarbeitung* (5) galten und gelten im Bereich politikwissenschaftlicher Forschungen meist als umstritten. Grund hierfür ist die (zum Teil) berechtigte Skepsis, daß eine von Außenbezügen abstrahierende Analyse von Problemverarbeitungsprozessen eher der internen Rationalisierung an sich defizitärer, nicht den Ansprüchen wenigstens der kritischeren Demokratietheorie genügenden Strukturen, Prozesse und Politikinhalte diene. Problematisch ist jedoch, daß dies in nur sehr geringem Ausmaß zu einer entsprechenden Erweiterung von Untersuchungsansätzen geführt hat, obwohl theoretisch inzwischen unstrittig sein dürfte, daß, wenn die Defizite kommunaler Problemverarbeitung weder durch die These der quasi vollständigen Determination des politischen durch das ökonomische System noch durch die Annahme von deren funktionaler Differenzierung ausreichend erklärt werden können, auch strukturelle Bedingungen des politisch-

PAS : Politisch-administratives Subsystem

SKS : Soziokulturelles Subsystem

ÖS : Ökonomisches Subsystem

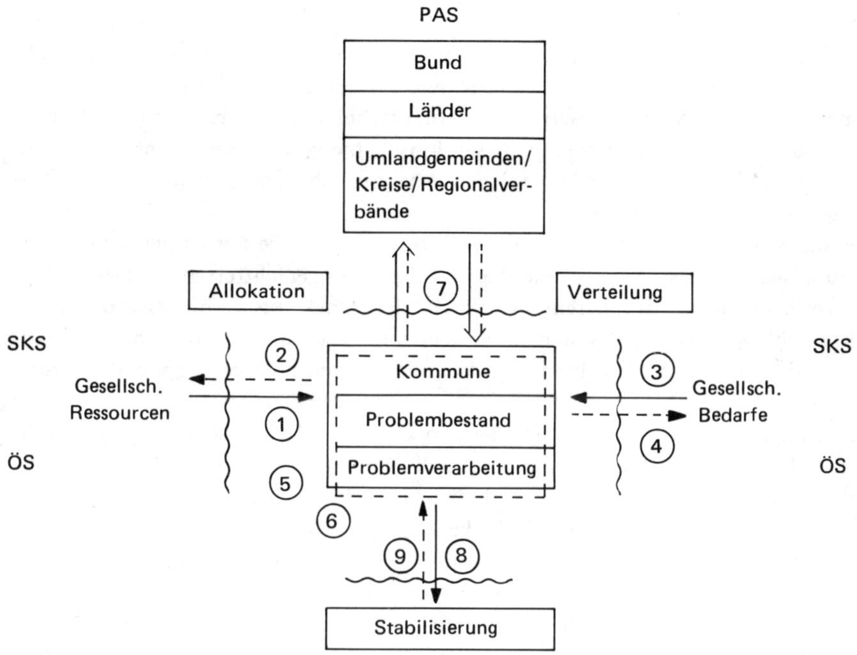

1 Input: Verstädterungsdruck
2 Output/Impact: wirtschaftsnahe Infrastruktur, Bodenallokation
3 Input: Willensbildung
4 Output/Impact: Daseinsvorsorge, geplante Stadtentwicklung
5 Interne Problemverarbeitung
6 Binnendifferenzierung
7 Horizontale/vertikale Politikverflechtung (Input/Outputströme)
8 Legitimation/Loyalitätssicherung
9 Destabilisierung (Bürgerinitiativen, Abwanderung)

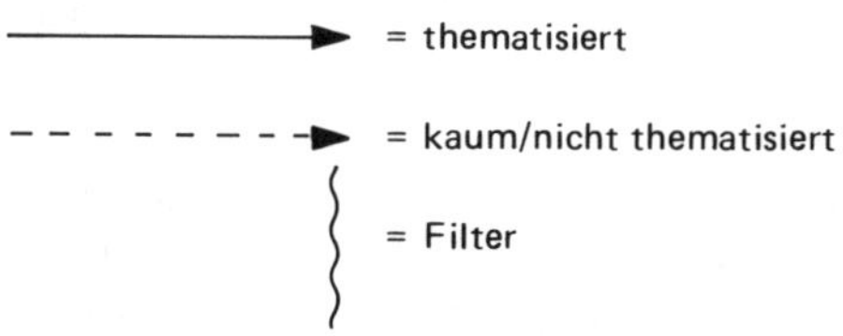

administrativen Systems selbst zur Begründung oder Verstärkung der konstatierten Steuerungsdefizite beitragen oder beigetragen haben müssen.

Dessen ungeachtet blieben politikwissenschaftliche Analysen zu Organisations- und Programmstrukturen, zur Planungsmethodik, zum Steuerungsinstrumentarium etc. eher eine Ausnahme. Daß dies die Reichweite „lokaler Politikforschung" enorm begrenzen muß, weil die starke faktische Selektivität etwa von Organisationsstrukturen, die Nutzeninzidenzen präjudizierenden „technokratischen" Planungsstrukturen, das immer weiter verfeinerte, aber nur vermeintlich technische Steuerungsinstrumentarium etc. Verteilungsergebnisse vorentscheiden, liegt auf der Hand. Hinzu kommt, daß bei einer Verstetigung dieser Einschätzung administrationsinterne Untersuchungen nahezu ausschließlich solchen Analysen überlassen bleiben, die im Gefolge der betriebswirtschaftlichen Organisationslehre deren verkürzte Rationalitätskalküle auf Verwaltungssysteme übertragen. Die Folge ist die Perpetuierung und Zementierung genau jener Defizite, die dann – ebenso ungerechtfertigt verkürzt – von Untersuchungen mit kritischerem Anspruch der black box „binnenstruktureller Restriktionen" zugerechnet werden, ohne daß ihre – wenn auch begrenzte – Variabilität und ihre damit den binnenstrukturellen Bereich übergreifende Bedeutung gesehen wird.

Die Tendenz, nahezu stereotyp aus der Struktur-Prozeß-Unterscheidung nur Strukturuntersuchungen als politikwissenschaftlich sinnvolle Untersuchungsperspektive anzuerkennen und darüber hinaus – ähnlich stereotyp – dem Ende der Planungsperiode das Wort zu reden, obwohl die Planungsbemühungen der Kommunen, bei qualitativer Weiterentwicklung, unverändert fortlaufen, scheint uns problematisch. Die lokale Politikforschung steht hier in der Gefahr, ihren Gegenstandsbereich, zumindest aber ihre praxisrelevante, kritische Anstoßfunktion zu verfehlen oder gar zu verlieren.

Ein weiteres zentrales Problem stellt die bis jetzt im Forschungsprozeß noch unzureichende *Binnendifferenzierung* (6) des kommunalen Systems dar. Hier ist festzustellen, daß die meisten der politikwissenschaftlichen Untersuchungen häufig nur allgemein aggregiert vom „kommunalen Bereich" sprechen. Gemeint ist dabei in der Regel der großstädtische Bereich. Diese pauschale Kennzeichnung des eigentlichen Untersuchungsfeldes erweist sich insofern als zunehmend fragwürdig, als die sehr unterschiedliche Problemstruktur etwa in ländlichen Gemeinden[7], Mittelstädten und Agglomerationsräumen auch unterschiedlicher Muster der Problemverarbeitung bedarf. In dieser Hinsicht differenzierte politikwissenschaftliche Analysen liegen kaum vor. So begibt sich die „lokale Politikforschung" dann allerdings auch der Möglichkeiten, ihr kritisches Potential in laufende Problemverarbeitungsprozesse einzubringen oder aber (mit ex-post ansetzenden strukturanalytischen Arbeiten) außerhalb ihres jeweiligen wissenschaftlichen Subsystems Aufmerksamkeit zu erreichen.

So erscheint es beispielsweise zwar konsequent, aber unbefriedigend, wenn zu so weitreichenden politischen Reformvorhaben wie der Funktionalreform (mit deren erheblichen strukturellen Konsequenzen) keine politikwissenschaftlichen Untersuchungen vorliegen. Ähnliches gilt für die Reform des Finanzausgleichs, wie ohnehin auffällt, daß das Defizit nicht nur beschreibender, sondern kritischer empirisch-analytischer Arbeiten gerade in denjenigen Untersuchungsbereichen am stärksten erscheint, wo aufgrund der zum Teil virulenten Verteilungskämpfe um öffentliche und private Ressourcen am ehesten politikwissenschaftliche Forschungsinteressen vermutet werden könnten.

Erweitert man die kommunale Perspektive um den *gesamtstaatlichen Zusammenhang* (7), so wird deutlich, daß (neben der Untersuchung von Willensbildungs- und Entscheidungsstrukturen) die theoretische Erörterung des Staat-Kommune-Verhältnisses den zweiten dominanten Untersuchungsschwerpunkt der lokalen Politikforschung bildet. Wie schon eingangs bemerkt, muß dabei allerdings festgestellt werden, daß die zu Recht geforderte Überwindung der institutionellen Fixierung auf die kommunale Selbstverwaltung und die dem entgegengesetzte Sicht der Kommune als gesamtstaatlich „residuale Konfliktsphäre" (Offe) oder als „Ort umfassender Produktions-, Austausch- und Konsumptionsbeziehungen" (Evers) auf primär theoretisch ausgerichtete Arbeiten beschränkt blieb und bislang eine nur unzureichende empirisch-analytische Fundierung oder besser Weiterentwicklung gefunden hat.

So blieben etwa Politikverflechtungsanalysen bisher nahezu ausschließlich auf das Bund-Länder-Verhältnis konzentriert. Faßt man Politikverflechtung jenseits ihres institutionellen Niederschlages (Gemeinschaftsaufgaben nach Art. 91a und b GG. Finanzhilfen des Bundes nach Art. 104a IV GG) jedoch umfassender als Folge des Auseinanderfallens von interdependenten Problemstrukturen und demgegenüber ausdifferenzierten Entscheidungsstrukturen, so wird deutlich, daß den Kommunen als einer Art „Vollzugsagentur" des kooperativen Föderalismus eine entscheidende Funktion zukommt.

Demnach bleibt festzuhalten, daß das Staat-Kommune-Verhältnis auch nicht annähernd ausdiskutiert, zum Teil noch nicht einmal andiskutiert ist (Beispiele: horizontale und vertikale Politikverflechtung, Einfluß von Landesfachplanungen, differenziertere Zweckzuweisungsuntersuchungen, Finanzausgleichsuntersuchungen, Dezentralisierungsstudien). Darüber hinaus gilt auch hier – angesichts des zentralstaatlichen Steuerungspotentials allerdings verständlich –, daß eher auf das kommunale politisch-administrative System einwirkende (Input)Faktoren untersucht werden, kommunale Beiträge zur gesamtstaatlichen Problemverarbeitung (Output), aber auch darin sich niederschlagende gesellschaftliche Verteilungskonflikte kaum das Interesse der lokalen Politikforschung gefunden haben.

Bleibt schließlich in dem schematischen Überblick der – hier in einem anderen als dem Musgrave'schen Verständnis gebrauchte – Problembereich der Stabilisierung. Der Terminus stellt ab auf die lange Zeit diskutierten Probleme der Legitimations- und Loyalitätssicherung (8) (u.a. auch als Systemziel-, Systemüberlebenskategorien). Dieser Themenbereich scheint ausreichend bearbeitet und insofern zunächst ausdiskutiert, als den Kommunen die Aufgabe der Integration einzelner gesellschaftlicher Gruppierungen in den Gesamtstaat zugesprochen wird, sie damit legitimatorisch entlastend für die Zentralanstalten, also Bund und Länder wirken. Strittig ist, inwieweit diese Funktion der dezentralen Gebietskörperschaften geeignet ist, Gegenmachtpotentiale gegenüber Steuerungspolitiken und Zentralinstanzen aufzubauen, d.h. wie dieser Bereich mit vertikaler Politikverflechtung verknüpft ist. Zudem ist nicht thematisiert worden, welche Bedeutung die Chance der Abwanderung für die Funktion der Stabilisierung übernimmt (vgl. Hirschmans exit-voice-paradigma) und ob das damit verbundene Destabilisierungsrisiko (9) nicht für die Gesamtgesellschaft stabilisierend wirkt (vgl. Biermann).

Zusammenfassend kann demnach auf eine gewisse *Enge des thematischen Interesses der „lokalen Politikforschung"* geschlossen werden. Sie dokumentiert sich insbesondere in einem *Defizit an kritischen empirisch-analytischen Studien* und in der *Dominanz hochaggregierter, eher gesamthafter Problemstellungen*, die aufgrund einer entsprechenden Eigendynamik und sich bildender wissenschaftlicher Reputationssysteme (vgl. unter 3) durch eine latente Loslösung vom eigentlichen Gegenstandsbereich gekennzeichnet sind und daher nur eine skeptische Einschätzung der Reichweite der „lokalen Politikforschung" zulassen.

Gegen diese Analyse ist einzuwenden, sie sei überzeichnet, berücksichtige nicht die relative Jugend „lokaler Politikforschung" in der Bundesrepublik und falle ihrerseits in die Gefahr, einen Praxisbegriff unterschwellig zur Leitlinie zu machen, der restriktiv und selektiv die lokale Politikforschung beeinflussen müßte, wollte man ihm folgen. Zur Verdeutlichung: Uns geht es darum, daß lokale Politikforschung mehr sein muß als nur ein Feld wissenschaftlicher Erkenntnisgewinnung. Wir meinen, daß auf lokaler Ebene noch am ehesten Ansätze für humansoziale Reformimpulse existieren, die auf staatlicher Ebene durch zahlreiche Interessenkartellierungen und ökonomische Zwänge wesentlich schwerer (wenn überhaupt) Resonanz-Chancen finden. Das aber setzt voraus, daß man das lokale Handlungspotential umfassend ausleuchtet (darauf verweist unsere „Defizit-Analyse") und in Kommunikation mit den Akteuren des lokalen Politikfeldes tritt (daß hierzu besonders auch aus dem Wissenschaftsbereich heraus noch einige Voraussetzungen geschaffen werden müssen, sollte unser Beitrag verdeutlichen). Dies heißt sicher nicht, daß es nur einen „richtigen" paradigmatischen Ansatz geben könne oder daß nur bestimmte Themen „relevant" seien.

(5) Das *Kommunikationsproblem zwischen Wissenschaft und Praxis* ist zweifellos *mit einer erweiterten thematischen Schwerpunktbildung jedoch noch nicht gelöst. Wissenschaft muß vermittelbar sein*, was – außer dem Abbau von Sprachbarrieren – zunächst eine Angleichung der Bezugssysteme, d.h. eine *Annäherung der Paradigmata von Wissenschaft und Praxis* zur Deutung der Wirklichkeit voraussetzt. Infolge der – oben kurz skizzierten – unterschiedlichen Erkenntnisinteressen, Wahrnehmungs-Selektivitäten und Problemintensitäten divergieren die Deutungsmuster zwischen Praxis und Wissenschaft in erheblichem Maße. In der Praxis dominiert ein Theoriebegriff, der weitgehend einem naturwissenschaftlichen Ideal entspricht (technokratischer Theoriebegriff): Empirie muß exakt abgebildet, generalisierend systematisiert und mit empirisch gesicherten Gesetzmäßigkeiten beschrieben werden. Demgegenüber setzt sich in den Sozialwissenschaften ein Theoriebegriff durch, der Realität als sozial konstruiert auffaßt und die Deutung der Realität aus historisch-materialistischen, systemtheoretischen oder systemanalytischen Interpretationszusammenhängen ableitet, wobei nicht mehr „objektive Wahrheit" relevantes Selektionsmuster

ist, sondern konsens-bestimmte Akzeptanz, die sich im regelgebundenen wissenschaftlichen Diskurs durchsetzt, aber stets nur raum-zeit-gebunden gültig ist. Dieser unterschiedliche Theoriebegriff erzeugt zwischen Wissenschaft und Praxis die gleichen Konflikte, die im mittlerweile klassischen Positivismusstreit auszutragen waren. Denn der Theoriebegriff geht unmittelbar in die paradigmatischen Deutungsmuster über das ein, was „realistisch" ist.

Während im allgemeinen in den Naturwissenschaften verschiedene Deutungsmuster ineinander transformierbar sind, solange sie sich auf dasselbe empirische Erkenntnisobjekt beziehen, scheitert diese Möglichkeit in den Sozialwissenschaften daran, daß divergierende Paradigmata aus divergierenden Wertesystemen resultieren. Infolgedessen setzt die Angleichung der Deutungsmuster zwischen Wissenschaft und Praxis auch Konsens über Werte voraus. Dabei kann es aber nicht darum gehen, daß Wissenschaft aufgrund ihrer extremen Ressourcenabhängigkeit von der Praxis deren Wertesystem affirmativ übernimmt. Vielmehr gehört es zu den kritischen Anstoßfunktionen der Wissenschaft, den Wertewandel in der Praxis zu beschleunigen[8].

Die *Resonanzbereitschaft* des für die Allokation von Werten zuständigen politisch-administrativen Systems ist jedoch *reduziert:*

- die politische Praxis wird sich Wertediskussionen verschließen, sofern sie relevante institutionelle und strukturelle Prämissen ihrer Entscheidungen in Frage stellen;
- die Resonanzfähigkeit der Praxis für zugemuteten Wertewandel wird durch organisatorische und interessenspezifische Selektionsstrukturen, Perzeptionsfähigkeiten und Perzeptionsreichweiten restringiert: Konsensprozesse sind dann auf partielle Ausschnitte beschränkt;
- Wertewandel ist auf die engen Toleranz-Spielräume materieller und institutioneller Macht- und Interessenstrukturen begrenzt, sich in Frage stellen zu lassen. Obwohl diese wahrscheinlich evolutorisch veränderbar sind (Bewußtseinswandel kann – wie Untersuchungen zum sozialen Wandel zeigen – die Strukturflexibilität erhöhen), bleiben die materiellen Veränderungen infolge institutioneller und struktureller Veränderungskosten in der Regel marginal;
- die Wertediskussion kann zudem gesellschaftliche Konflikte in wissenschaftliche Paradigma-Konflikte transferieren (vgl. die Zuordnung „bürgerlicher" Paradigmata zu Produktionsinteressen, „marxistischer" Paradigmata zu reproduktiven Interessen) und umgekehrt in der Rückkopplung aus der Wissenschaft in die Praxis die gesellschaftlichen Konflikte intensivieren und – sofern die politisch-administrative Konfliktregelungskapazität zu niedrig ist – das gesellschaftliche Problemlösungspotential blockieren.

Wissenschaft kann die Macht der Praxis, „nicht lernen zu müssen", durch Intensivierung des politischen Drucks oppositioneller Werteträger reduzieren: „Praxis" wird ja nicht nur durch die etablierten politisch-administrativen Strukturen verkörpert, sondern auch durch „plebiszitäre oder klassenspezifische Gegenmacht" (Ronge). *Aber auch dort muß sie sich vermitteln können.* Abgesehen von dem diskutierten Werteproblem und abgesehen von Problemen des Zugangs zu Kommunikationskanälen und Kommunikationsressourcen ist dabei auf das Kontextproblem zu verweisen

(Luhmann), nach dem alle wissenschaftlichen Aussagen und Begriffe nur in ihrem spezifischen paradigmatischen Kontext Sinn haben. Ohne Luhmanns Forderung nach notwendiger „Kontextfreiheit" zu übernehmen, ist doch richtig, daß die Vermittlungsschwierigkeit nicht so sehr im – für die Resonanzkapazität der Adressaten – zu hohen Abstraktions- und Komplexitätsniveau oder in Sprachcodes begründet liegt[9]. Der Transfer muß vielmehr auch und gerade auf die paradigmatischen, erkenntnismotivationalen und kognitiven Voraussetzungen der Adressaten Rücksicht nehmen, was allerdings zu einem Substanzverlust an Aussage führen kann: was letztlich beim Adressaten ankommt, wirkt doch „banal" bzw. „allgemein", ohne problemspezifisches theoretisches Auflösungsvermögen.

Die Transformation in die Kommunalebene wird dabei als besonders problematisch angesehen, weil einmal die kommunalpraktische Problemrestriktion Theorie in der Transformation stark verkürzen muß, zum anderen weil die Praxis eine empirische Detaillierung verlangt, die in der Regel jenseits wissenschaftlicher Kapazitäten liegt. Das intensiviert die oben genannten Differenzen zwischen praxisorientierten und wissenschaftsorientierten Reputationssystemen und trägt zum skizzierten Reputationsgefälle bei. Weder ist diese Einschätzung der Transformationskosten jedoch empirisch korrekt – insbesondere die wissenschaftliche Resonanzfähigkeit der Großstädte ist derjenigen des Wissenschaftsbereiches kaum unterlegen – noch werden die *vorteilhaften Resonanzbedingungen* der Kommunalebene damit zur Kenntnis genommen:

- zwischen kommunaler Praxis und kommunalwissenschaftlicher Forschung besteht Werteaffinität, weil beide einer „humanitär-sozialen" Werteordnung zuneigen. Das wird auf der kommunalen Ebene einmal dadurch begünstigt, daß die Knappheit und funktionale Begrenztheit des Raumes Konflikte zwischen Produktion und Reproduktion dem einzelnen sichtbar machen (vgl. die personale Inzidenz der „urban crisis" als Folge ungleicher Verteilung von Einkommens- und Konsumchancen sowie die negativen Externalisierungseffekte der Produktion in Bereichen wie Massenverkehr, Umweltschutz, Bodenverteilung etc.). Zum anderen wurden die allokativen Staatsfunktionen (Schaffung von Arbeitsplätzen, Sicherung und Erweiterung der Kapitalverwertungsbedingungen etc.) auf Bund und Länder zentralisiert, während die – räumlich eher begrenzten – Funktionen der Sicherung und Förderung von Reproduktionsbedingungen der Individuen zur dominanten Aufgabe der Kommunalebene wurden (vgl. ähnlich Castells).
- Humanitär-soziale Werte finden innerhalb des kommunalen politisch-administrativen Prozesses, noch mehr möglicherweise außerhalb desselben (Bürgerinitiativen etc.) eine höhere Mobilisierungsbereitschaft als auf der Ebene der Zentralanstalten und schaffen damit die Resonanz für Ideen der darauf basierenden Veränderung. Allerdings tritt dabei das Problem auf, wie weit die Instanzen, die die für eine „gegenmachtbezogene" Wissenschaft erforderlichen Ressourcen bereitstellen müssen, darauf gerichtete Forschungen unterstützen. Dies ist auch ein Problem der Einflußnahme auf die Forschungsverwaltungen.
- Die starke Legitimationsabhängigkeit des kommunalen politisch-administrativen Systems, der zunehmende Problemdruck eines wachsenden „kollektiven Konsums"

sowie die beträchtlichen Restriktionen für kommunale Handlungsspielräume machen auch die kommunalpolitische Praxis resonanzbereit für paradigmatische Ansätze, die gerade diese strukturellen Restriktionen thematisieren. Zudem ist die gesellschaftliche Toleranz gegenüber lokal begrenzten „Experimenten" groß genug, um Kommunen eine gewisse „thematische Narrenfreiheit" zu geben.

(6) Die Ausführungen versuchten, die hier behauptete Distanz zwischen der „lokalen Politikforschung" und dem kommunalen politisch-administrativen System zumindest auch aus strukturell-prozessualen Bedingungen der Wissenschaftsproduktion einerseits und der „praktischen" Nachfrage nach Wissenschaft andererseits zu erklären. Wesentlich erschien uns dabei, zunächst die unterschiedlichen Ebenen dieser Distanz aufzuzeigen (inhaltliche, paradigmatische und kommunikativ-kognitive Ebene), gleichzeitig jedoch auch auf deren Interdependenzen zu verweisen. So ist das Vermittlungsproblem nicht von der materiellen Schwerpunktbildung zu trennen, ist die kommunikativ-kognitive Interaktionsebene ohne Berücksichtigung der aufgezeigten Angebots-Nachfrage-Strukturen und ihrer faktischen Selektivitäten nicht sinnvoll analysierbar. Das heißt dann aber auch, daß die Weiterentwicklung der „lokalen Politikforschung" dann problematisch bleiben müßte, wenn sie ihre Arbeitsbereiche und Forschungsschwerpunkte einseitig setzt, d.h. die einem konkreten Politikbereich entnommenen Fragestellungen von eben diesem Politikbereich „abkoppelt", sie dem Vermittlungsproblem gar nicht erst konfrontiert. Zwar kann der so geforderte Transferversuch strukturelle Barrieren erkennen lassen, die zu überwinden sich Untersuchungen mit kritischerem Anspruch verschließen werden, vielleicht auch verschließen müssen. Ohne wenigstens diesen Versuch jedoch droht der „lokalen Politikforschung" Stagnation.

Anmerkungen

1) Hier jetzt im formalen, institutionalisierten Kontext verstanden (Funktionsträger kommunaler Verwaltungen und des institutionalisierten etablierten politischen Prozesses).
2) Dieser Begriff soll auf die früheren Arbeiten im Rahmen der Deutschen Vereinigung für Politische Wissenschaft verweisen; vgl. Rolf-Richard Grauhan (Hrsg.), Lokale Politikforschung, 2 Bde. Frankfurt/M. 1975. „Lokale Politikforschung" bezeichnet dabei nur den Themenkreis, der sich mit der Abbildung gesellschaftlicher Konfliktfelder auf lokaler Ebene, ihrer Aufnahme in lokalen politisch-administrativen Prozessen und deren Outputeffekten auf die Lösung dieser Probleme sowie auf Folgeprobleme befaßt. Weitgehend unberücksichtigt blieben soziologische Analysen zur sozialen Inzidenz einzelner Konfliktfelder, ökonomische Analysen zur Beziehung der lokalen Finanzwirtschaft zu lokalen und überlokalen Allokations- und Konsumptionsprozessen und verfassungsrechtliche Arbeiten zur Regelung politisch-administrativer Prozesse auf lokaler Ebene (vgl. auch unter (4)).
3) Die folgenden Einschätzungen beruhen auf einer Vielzahl von Interviews, die die Autoren im Zuge abgeschlossener oder laufender Forschungsprojekte mit Vertretern des kommunalen politisch-administrativen Systems durchführten.
4) Als Beispiel hierfür ist etwa im Bereich der Ressourcen auf die Bodenaktivitäten einzelner Städte zu verweisen (vgl. für Frankfurt: Dokumentation Bodenspekulation, hrsg. vom Dezernat Planung der Stadt Frankfurt/M., Frankfurt 1975), im Planungsbereich auf die zuneh-

mende Bedeutung von Stadtteilentwicklungs- resp. Strukturplänen mit entsprechenden Willensbildungsformen, im Bereich der internen Problemverarbeitung auf die Ansätze von Organisationsreformen, die dem externen Interessenbesatz im Sinne einer erweiterten Legitimation zu entsprechen suchen etc.

5) Dabei ist unstrittig (und deshalb hier nicht explizit berücksichtigt), daß die „lokale Politikforschung" ihrer eigenen historisch-genetischen Entwicklung folgt, die an – in Erkenntnisinteressen umgesetzte – gesellschaftliche Problementwicklungen gebunden war und ist. Der folgende Erklärungs- oder besser Interpretationsansatz sucht darüberhinaus auf daraus resultierende oder damit verbundene „Eigendynamiken" zu verweisen, die aus den zwischen dem Wissenschaftsbereich und der Praxis differierenden Bezugs- und Gratifikationssystemen folgen und zu einer erweiterten Dichotomisierung von „Praxis" und „Wissenschaft" führen.

6) Wenn dabei im folgenden in sehr grobmaschiger Systemanalyse „Forschungslücken" skizziert werden, so sind diese relativ zu werten.

7) Der ländliche Raum hat bisher bestenfalls im Zuge der Raumordnungsdiskussion, der regionalen Wirtschaftsförderung und der theoretischen Stadt-Land-Diskussion ansatzweise Beachtung gefunden. Spezifische Untersuchungen liegen nicht vor.

8) Allerdings ist der Wissenschaftsbereich seit der Werturteilsdebatte in bezug auf die Diskussion von Werten erheblich verunsichert. Das hat dann häufig die Konsequenz, daß Werte undiskutiert in Paradigmata eingehen oder dadurch in die Praxis geleitet werden, daß die Wissenschaft gemäß ihrer paradigmatischen Voreingenommenheit die „Kosten" von Zielfixierungen in Form vernichteter Möglichkeiten definiert, den Einfluß von gesellschaftlichen Knappheitsentwicklungen auf Wertehierarchien offenlegt, Konsequenzen disparitärer Verteilungen von Möglichkeiten sichtbar macht etc., dabei mitunter aber Tendenzen einseitig dramatisiert.

9) Wenn auch dieses Problem für marxistische Ansätze methodisch noch nicht gelöst scheint: wie etwa lassen sich kategoriale Bezugssysteme in die der Praxis allein verständlichen empirischen Sprach-Codes übersetzen (Eberle).

Literatur: (mit wenigen Ausnahmen wird auf den Ausweis spezifischer Literatur zur „lokalen Politikforschung" verzichtet)

Badura, B., Hrsg., Seminar: Angewandte Sozialforschung. Studien über Voraussetzungen und Bedingungen der Produktion, Diffusion und Verwertung sozialwissenschaftlichen Wissens, Frankfurt/Main 1976

Berger, P. L. / Luckmann, Th., Die gesellschaftliche Konstruktion der Wirklichkeit, Frankfurt/Main 1969 (USA: 1966)

Biermann, H., Ansatzpunkte einer allgemeinen Strukturpolitik. Destabilisierung von Managementgremien und/oder Organisationen als Voraussetzung für Wettbewerb und Demokratie, Berlin 1976

Bühl, W. L., Einführung in die Wissenschaftssoziologie, München 1974

Castells, M., Advanced Capitalism, Collective Consumption, and Urban Contradictions: New Sources of Inequality and New Models of Change, in: Lindberg, L. N. et al., Hrsg., Stress and Contradiction in Modern Capitalism, Lexington/Mass. 1975, S. 175–198

Eberle, F., Zur Auseinandersetzung der Marxschen Theorie mit bürgerlichen Ansätzen, in: Backhaus, H. H. u.a., Hrsg., Gesellschaft. Beiträge zur Marxschen Theorie (I), Frankfurt/Main 1974, S. 132–180

Fach, W., Autonome Wissenschaft: Überlegungen zu einer Fiktion, in: Zs. f. Soziologie, 3 (1974), S. 31–43

Fürst, D., Kommunale Entscheidungsprozesse. Ein Beitrag zur Selektivität politisch-administrativer Prozesse, Baden-Baden 1975

Frankfurt: Dokumentation Bodenspekulation, hrsg. vom Dezernat Planung der Stadt Frankfurt/M., Frankfurt 1975

Galloway, Th. D. / Mahayni, R. G., Planning Theory in Retrospect: The Process of Paradigm Change, in: AIP-Journal, 43 (1977), S. 62–71

Grauhan, R. R., Hrsg., Lokale Politikforschung, 2 Bde., Frankfurt/M. 1975

Hesse, J. J., Organisation kommunaler Entwicklungsplanung. Anspruch, Inhalt und Reichweite von Reorganisationsvorstellungen für das kommunale politisch-administrative System, Stuttgart u.a. 1976

Hieber, L., Zum Konzept „Finalisierung der Wissenschaft", in: Leviathan, 3 (1975) S. 449–472

Janis, J. L., Victims of Groupthink, Boston 1972

Kuhn, Th. S., Die strukturwissenschaftliche Revolution, Frankfurt/M. 1973 (USA: 1962)

Luhmann, N., Theoretische und praktische Probleme der anwendungsbezogenen Sozialwissenschaft, in: Wissenschaftszentrum Berlin, Hrsg., Interaktion von Wissenschaft und Politik, Frankfurt/New York 1977, S. 16–39

Nowotny, H., Zur gesellschaftlichen Irrelevanz der Sozialwissenschaften, in: Stehr, N. / König, R., Hrsg., Wissenschaftssoziologie, Sonderheft 18 der KZfS, S. 445–456

Ronge, V., Kritische Analyse der Interaktion von Wissenschaft und Praxis am Beispiel der Arbeit der Projektgruppe „Regierungs- und Verwaltungsreform", in: Wissenschaftszentrum Berlin, Hrsg.,Interaktion von Wissenschaft und Politik, Frankfurt/New York 1977, S. 227–259

Scherhorn, G., Der Wettbewerb in der Erfahrungswissenschaft. Ein Beitrag zur allgemeinen Theorie des Marktes, in: Hamburger Jahrbuch für Wirtschafts- und Gesellschaftspolitik, 14 (1969), S. 63–86

Wagner, D., Der Bluff. Die Institution Universität in der Wirkung auf die Arbeitsweise und das Bewußtsein ihrer Mitglieder, in: Probleme des Klassenkampfes, 7 (1973), S. 43–81

Weingart, P., Wissensproduktion und soziale Struktur, Frankfurt/M. 1976

Whitley, R. D., Kommunikationsnetze in der Wissenschaft: Status und Zitierungsmuster in der Tierphysiologie, in: Weingart, P. Hrsg., Wissenschaftssoziologie 1: Wissenschaftliche Entwicklung als sozialer Prozeß, Frankfurt/M. 1972, S. 188–202

Perspektiven einer praxisnahen Lokalen Politikforschung

Von Gerd-Michael Hellstern / Hellmut Wollmann

Das nachstehende (für die Veröffentlichung leicht überarbeitete) Papier wurde in der Arbeitsgruppe „Kommunalpolitik und Politikwissenschaft" eingebracht und ist – entsprechend dem Rahmenthema und der Stoßrichtung des DVPW-Kongresses 1977 – inhaltlich und sprachlich bewußt darauf angelegt, nach Möglichkeit für die und durch die *Praktiker* diskutierbar zu sein, die anzusprechen und in die bislang weitgehend politikwissenschaftsinterne Diskussion einzubeziehen, das Leitmotiv dieses Jahreskongresses war.

Das Verhältnis von Politikwissenschaft und politisch-administrativer Praxis in den Mittelpunkt einer politikwissenschaftlichen Fachkonferenz zu rücken, könnte kaum aktueller sein, wie ein Blick darauf verdeutlicht, daß die sich zuspitzende Akademikerarbeitslosigkeit die Absolventen sozialwissenschaftlicher Fächer besonders hart trifft. (Ende Mai 1977 befanden sich unter den knapp 40 000 arbeitslosen Akademikern 4 700 Wirtschafts- und Sozialwissenschaftler).[1] Dem durch diese Entwicklung aktualisierten *Praxisbezug politikwissenschaftlicher Forschung und Lehre* soll im folgenden am Beispiel der politikwissenschaftlichen Beschäftigung mit *Politik und Verwaltung auf der lokalen Ebene* nachgegangen werden.

Die Frage nach dem Praxisbezug von Forschung und Lehre zielt seit je auf den Nerv des gesellschafts- und wissenschaftspolitischen Selbstverständnisses in den Sozialwissenschaften überhaupt. In dem Maße, wie sich das Wissenschaftssystem für seine weitere Entwicklung auf den (finanziellen) Beitrag und die Unterstützung durch die Anwendungssysteme (Wirtschaft, Politik, Erziehung usw.) angewiesen sieht, unterliegen sowohl seine Problem- und Methodenwahl als auch die Ziele und Ergebnisse seiner Forschung einem zunehmenden Außendruck, einer Außensteuerung oder, modisch ausgedrückt, einer *Finalisierung,* wodurch das wissenschaftliche Forschungs- und Ausbildungssystem immer stärker funktionalisiert zu werden scheint[2]. Virulent wird das Spannungsverhältnis zwischen sozialwissenschaftlichem, zumal *gesellschaftskritischem Erkenntnisinteresse* und *politisch-administrativem Handlungsinteresse* vor allem dann,

– wenn auf der einen Seite die sozialwissenschaftliche Forschung und Lehre von der Annahme ausgeht oder zum Ergebnis kommt, daß der politisch gesellschaftliche Status quo durch die gesamtgesellschaftlichen Rahmenbedingungen, insbesondere durch die kapitalistische Produktionsweise, unverrückbar bestimmt sei, seine Veränderung mithin nicht über reformerische Teilschritte, sondern nur durch deren systemverändernde Aufhebung zu leisten sei, weshalb der Probierstein für Praxisnähe sozialwissenschaftlicher Erkenntnisse nicht in ihrer Brauchbarkeit für politisch-administrative Akteure, sondern in ihrer Eignung, *emanzipatorische Lernprozesse* freizusetzen, zu sehen sei,

– und wenn auf der anderen Seite die politisch-administrative Praxis auf ihrem Handlungsrahmen und dessen politisch-gesellschaftlich vorgegebenen Handlungsprämissen beharrt, innerhalb derer die Sozialwissenschaften lediglich *handlungsinstrumentelle und sozialtechnologische Beratung* und Zuarbeit zu liefern haben, um das politisch-administrative Handeln effektiver, also treffsicherer, und effizienter, also im Einsatz knapper personeller und finanzieller Ressourcen wirksamer, zu machen, mit der Folge, daß kritische Reflexion und Positionsnahme der Sozialwissenschaften, die über diese politisch-administrativen Prämissen hinausgehen oder sie gar in Frage stellen, als praktisch unbrauchbar oder irrelevant zurückgewiesen, wenn nicht als politisch nicht zu duldende Systemüberschreitung zur Ordnung gerufen werden.

Beispielhaft sei diese vielschichtige Problematik nur in einem Ausschnitt auf der lokalen Ebene veranschaulicht: Eine Stadtverwaltung sei daran interessiert, sich durch eine sozialwissenschaftlich angeleitete empirische Untersuchung gesichert darüber unterrichten zu lassen, aufgrund welcher Faktoren eine von der Stadt geplante und durchgeführte Sanierungsmaßnahme steckengeblieben sei. Das unterschiedliche Erkenntnisinteresse kann sich in zumindest zwei Hinsichten zeigen[3].

Zum einen legt es die Perspektive der *Verwaltung* aus *Handlungs- und Steuerungsinteresse* nahe, solche Faktoren, die einer effektiven und effizienten Durchführung politisch-administrativer Handlungsprogramme im Wege stehen, als „Störfaktoren" anzusehen und ihre Beseitigung anzustreben, während – denkt man etwa an Bürgerinitiativen, Betroffenenproteste und -beteiligung usw. – das *Erkenntnisinteresse kritischer Sozialwissenschaft* umgekehrt darauf gerichtet ist, der durchsetzungsorientierten, „herrscherlichen" Perspektive die Perspektive der auf Verwaltungshandeln angewiesenen und von ihm betroffenen Bevölkerungsgruppen gegenüberzustellen und beispielsweise der *Nicht*berücksichtigung von Interessen im politischen Prozeß, den Verteilungsmustern von Vor- und Nachteilen in den einzelnen Handlungsprogrammen besondere analytische Aufmerksamkeit zu widmen.

Zum anderen führt das *Handlungsinteresse der Stadtverwaltung* als *lokale* Instanz dazu, daß sie von einer sozialwissenschaftlichen Untersuchung in erster Linie die Aufhellung von Handlungschancen und -hindernissen erwartet, die als innerhalb des *lokalen Handlungsspielraums* beeinflußbar erscheinen. Umgekehrt hebt *sozialwissenschaftliches Erkenntnisinteresse* darauf ab, die wesentlichen *Ursache-Wirkungs-Zusammenhänge* insgesamt aufzudecken, das komplexe Ursache-Wirkungs-Geflecht also möglichst umfassend zu konzipieren und einen Untersuchungsrahmen abzustecken, der – um bei dem Sanierungsbeispiel zu bleiben – neben möglichen lokalen Bestimmungsfaktoren (Organisation der örtlichen Sanierungsverwaltung, Konfliktfähigkeit örtlicher Bürgerinitiativen usw.) auch überlokale, gesamtstaatliche (etwa die Bereitstellung staatlicher Sanierungsförderungsmittel) und gesamtwirtschaftliche Faktoren (konjunkturelle Situation), aber auch gesamtgesellschaftlich- systemische Rahmenbedingungen (etwa die Angewiesenheit staatlicher Planungsverwirklichung auf die Mobilisierung privaten Kapitals) berücksichtigt. Das Auseinanderfallen dieser beiden Perspektiven wird besonders deutlich, wenn unter sozialwissenschaftlicher Fragestellung solche Bestimmungsfaktoren als die wesentlichen Ursachen erkannt werden, die aufgrund gesellschaftlich-ökonomischer Machtstellung nicht zur Disposition der politisch-administrativen Akteure, schon gar nicht auf der lokalen Ebene stehen.

Neue Richtungen für angewandte Sozialforschung?

Die Diskrepanz zwischen Zielen und Ergebnissen sozialwissenschaftlicher Forschung einerseits und Bedarf und Nachfrage im politisch-administrativen Bereich andererseits öffnet sich – folgt man *James Coleman,* selber Leiter und maßgeblicher Bearbeiter eines vielzitierten und überaus einflußreichen US-amerikanischen Forschungsgutachtens *(Coleman-Report)*[4] –, da

- sich sozialwissenschaftliche Fragestellungen bisher kaum nach den Informationsbedürfnissen der politisch-administrativen Akteure gerichtet haben,
- sich die Sozialwissenschaften bislang kaum auf die spezifischen Notwendigkeiten und gesellschaftlichen Rahmenbedingungen von Politikern und Administratoren eingelassen haben,
- Wissenschaftler und Praktiker sich vor allem in ihrem Zeithorizont unterscheiden und
- zudem über kein ausreichendes Kommunikations- und Interaktionssystem verfügen.

Anwendungsorientierung und Praxisrelevanz seien demnach nur durch die Entwicklung eines neuen Wissenschaftsmodells zu erreichen, einer *science for action,* die sich von dem Streben nach wissenschaftsimmanenter Theorie- und Wissensbildung *(science for knowledge)* lossagt[5], einer *Handlungswissenschaft* also,

- die sich mit Bruchstücken von Erfahrung zufrieden gibt, dafür jedoch *rechtzeitig Entscheidungsinformationen* zur Verfügung stellt,
- deren Ziel es ist, *auf Politik Einfluß zu nehmen,* Programme zu modifizieren,
- deren Grundlage nicht auf dekuktiv abgeleiteten Erkenntnissen, sondern *kleinen, induktiv aufgefundenen Lernschritten* beruht,
- die nicht zwischen unabhängigen und abhängigen, sondern zwischen *situationalen* (d.h. nicht beeinflußbaren) und *policy-Variablen* (d.h. manipulierbaren Variablen) unterscheidet,
- die Entscheidung über den Charakter einer Variable als manipulierbare oder vorgegebene Größe vom jeweiligen Akteur *(decision-maker)* oder Auftraggeber *(Klientel)* abhängig macht,
- die Problemformulierung und -definition dem *Politikfeld* und nicht dem akademischen Forschungsstand und der jeweiligen disziplinären Abgrenzung entnimmt,
- die in ihrem Modell *unterschiedliche Interessen* berücksichtigt bzw. es der Konkurrenz anderer aussetzt und sich damit zum politischen Handlungsfeld und nicht nur zur wissenschaftsimmanenten Diskussion rückkoppelt.

Obgleich dieser Entwurf eines anwendungsorientierten Wissenschaftsmodells nur unzureichend auf den Prozeß der Ausdifferenzierung der Wissenschaft, die Interdependenzen und Abhängigkeiten zwischen Grundlagen-, Methoden- und anwendungsorientierter Forschung eingeht[6] und insbesondere theoretisch und empirisch[7]

– die Notwendigkeit und Bedeutung einer wissenschaftlichen Eigenstruktur[8]
– sowie die Vielfalt und Unterschiedlichkeit wissenschaftlicher Transformations- und Innovationsprozesse[9]

einem eher mechanistischen Umsetzungsmodell opfert, trifft sich die Kritik an der nur unzulänglichen Berücksichtigung gesellschaftlicher Bedürfnisse durch das Wissenschaftssystem mit der Kritik zahlreicher Wissenschaftler und Praktiker.

Ansatzpunkte für eine Annäherung sozialwissenschaftlicher Forschung und politisch-administrativer Praxis finden sich vor allem in der *Policy Science* sowie in dem mit *Implementations- und Evaluationsforschung* zu umschreibenden Wissenschaftsbereich. Auf die unmittelbare Verschränkung von Forschung und Praxis zielen die neueren Ansätze der *Aktionsforschung,* wie sie u.a. im Anschluß an *Kurt Lewin* neu entwickelt wurden, sowie der *Organisationsentwicklung* (organizational development), deren Einsatz im kommunalen Bereich *Gerhard Banner* in einem wichtigen Referat für die Arbeitsgruppe „Kommunalpolitik und Politikwissenschaft" diskutiert hat[10].

Policy Science (die im Rahmen dieses Beitrags nur gestreift werden kann) orientiert sich vor allem an aktuellen materiellen Politikfeldern – wie Energie, Gesundheitswesen usw. – und zielt darauf, – ausgehend von systemtheoretischen und Operations-Research-Ansätzen – langfristige Alternativen und Perspektiven herauszuarbeiten und auf Politikentscheidungen unmittelbaren Einfluß zu nehmen. Vor allem in den USA hat sich die Policy Science inzwischen ein breites Forum geschaffen, wie an der Vielzahl einschlägiger Publikationen (insbesondere *Policy Analysis, Policy and Politics, Policy Sciences, Policy Studies Journal, Public Policy, Policy Studies Review Annual, Yearbook in Politics and Publics Policy)* ablesbar ist. Auch hierzulande kann sie mittlerweile auf entwickelte Forschungsansätze verweisen[11].

Mit der Entwicklung einer *Implementationsforschung* wendet sich empirische Sozialforschung stärker den Durchführungsproblemen staatlicher Handlungsprogramme zu, indem sich das Analyseinteresse von der Programm*formulierung* (input- und Zielfindungsaspekte) auf die Probleme der Programm*verwirklichung* verschiebt, die als ein über eine „Vielzahl von Entscheidungspunkten" *(Pressman/Wildavsky)* vermittelter, vielfältig verschlungener Prozeß begriffen wird. Zu einer angemesseneren Erfassung politisch-administrativer Handlungsabläufe erscheint Implementationsforschung konzeptionell vor allem dort im Stande, wo unterschiedliche Handlungsprogramme mit einer Vielzahl von Zielen bzw. eine Vielzahl von Akteuren auf unterschiedlichen Handlungsebenen innerhalb eines Programmes miteinander verflochten sind[12]. Konzeptionelle Anleihen erscheinen für diese Variante politikwissenschaftlicher Prozeßforschung vor allem bei Elementen der Organisationstheorie, insbesondere bei der *Kontingenztheorie,* deren (in seiner Beschränkung auf Komplexität und Unsicherheit eher residualen) Umweltbegriff die *Interorganisationstheorie* weiterentwickelt hat, indem die Umwelt selbst als ein *Netzwerk* politisch-gesellschaftlicher Organisationen und Akteure begriffen wird, die in einem dynamischen Auseinandersetzungs- und Austauschprozeß zueinander stehen[13].

Demgegenüber befindet sich die *Evaluierungsforschung* erst im Aufbaustadium ihrer Entwicklung. Sie empfing ihre Impulse eher aus dem politisch-administrativen Bereich, in dessen Planungs- und Entscheidungsprozeß sie als „Rückkopplungsschleife" (Erfolgskontrolle, Wirkungsanalyse) eingebettet ist[14]. Ihre starke Verknüpfung mit der kommerziellen und Auftragsforschung hat erst in den letzten Jahren auch zu einem verstärkten akademischen Interesse geführt, das neuerdings auch in Veröffentlichungen wie *Evaluation, Evaluation Quarterly, Evaluation and Planning, Evaluation Studies, Review Annual* dokumentiert wird. Neuerdings als *Wirkungsforschung, Wirkungsanalysen* auch hierzulande stärker diskutiert und auch praktiziert[15], zielt diese Forschungsrichtung darauf, die Wirksamkeit bestimmter Instrumente, Verfahrensweisen, Handlungsstrategien in politisch-administrativen Handlungsprogrammen zu untersuchen und den Ursache-Wirkungszuammenhang zwischen den Faktoren der Programmabwicklung und den Programmergebnissen, -wirkungen in der Absicht aufzuhellen, vorhandene Handlungshindernisse namhaft zu machen und ungenutzte Handlungschancen aufzuzeigen. In dieser Forschungsrichtung, in der es mithin schwerpunkthaft um die empirische *(ex post –)* Analyse des Wirkungsgeflechtes zurückliegender und aktueller politisch-administrativer Handlungsfelder geht und deren zunehmendes Gewicht am wachsenden Volumen entsprechender Forschungsaufträge öffentlicher Stellen ablesbar ist, kommt die ernüchterte Einschätzung der zukunftsgerichteten *(ex ante –)* Planungstechniken zum Ausdruck, auf die staatliche und kommunale Stellen vor allem in den planungseuphorischen späten sechziger und frühen siebziger Jahren zur Erweiterung ihrer Handlungsfähigkeit gesetzt hatten. Gerade bei den Städten und Gemeinden – in den zurückliegenden Jahren Auftraggeber und Adressaten zahlloser Bestandsaufnahmen, Prognosen, Planentwürfe, Arbeitshilfen und dgl. – ist die Skepsis gegenüber den ihnen von privaten Planungsbüros, kommerziellen und öffentlichen Forschungsinstituten, aber auch Universitätsinstituten vielfach für teures Geld gelieferten Forschungsleistungen längst verbreitet, die sich – wenn schon nicht als unbrauchbare „Datenfriedhöfe" und unlesbarer Gutachtenwust – wegen ihrer modellhaften Allgemeinheit und Unverbindlichkeit oft als *Steine statt Brot* für die Gemeinden erwiesen.

Obgleich in der Wirkungsforschung die Verflechtung von politischen Anforderungen und wissenschaftlichen Dienstleistungen mithin als besonders eng erscheint, ermöglichen gerade ihre empirisch-historische Vorgehensweise und ihre Betonung der Nutzung von Lernerfahrungen aus zurückliegenden Projekten, sowohl der Nachfrage der politisch-administrativen Praxis nach zuverlässigen *handlungsrelevanten Ergebnissen* als auch dem Bestreben der Sozialwissenschaften nach *kritisch-aufklärerischer Analyse* entgegenzukommen. Wirkungsforschung soll daher im folgenden als Beispiel eines aussichtsreichen neueren sozialwissenschaftlichen Ansatzes dienen, um die Chancen und Schwierigkeiten anwendungsbezogener Politikforschung auf der und für die lokale Ebene und die Möglichkeiten und Grenzen einer entsprechenden sozialwissenschaftlichen Ausbildung zu diskutieren.

Was will Wirkungsforschung?

Wirkungsforschung richtet sich je nach der Fragestellung auf drei unterschiedliche Aspekte staatlicher Handlungsprogramme.

- Als *Programmwirkungsanalyse* strebt sie Aussagen über *„letztendliche"* Wirkungen eines Programmes an. Hat das Programm seine Ziele erreicht? Welche Wirkungen oder Nebenwirkungen gingen von dem Programm und seinen Maßnahmen aus? Diese Fragerichtung steht unter der eher *strategischen* Perspektive, die Untersuchungsergebnisse in die Formulierung neuer Handlungsprogramme einzubringen, wobei von einer *summativen* Analyse gesprochen werden kann, wenn sie nach Programmablauf gewissermaßen *abschließend* stattfindet;
- *Programmdurchführungsanalysen* untersuchen die unterschiedlichen Komponenten und Elemente eines Programms im Handlungsablauf. Welche Maßnahmen und Instrumente haben sich bewährt? Wie arbeitet das Programm? Dieser stärker *prozeß- und implementations*bezogenen Fragestellung liegt die eher *operative* Perspektive zugrunde, Veränderungsvorschläge für die laufende Arbeit im Programm zu machen und diese möglichst *frühzeitig („formativ")* in den Handlungsprozeß „rückkoppeln" zu können.
- Durch das *Monitoring* sollen Engpässe, Schwierigkeiten im Programmablauf aufgedeckt werden. Inwieweit weicht er von der vorgesehenen Planung ab? *Existiert das Programm überhaupt* wie vorgesehen?

Die Anwendung sozialwissenschaftlicher Forschungsmethoden auf das politisch-administrative Handlungs- und Wirkungsfeld wirft indessen außerordentliche methodische Probleme auf[16]. Aussagen über den Zusammenhang von Maßnahmen und Wirkungen begegnen allein deshalb erheblichen Schwierigkeiten, weil

- *Ziele und Kriterien* für den Erfolg in der Regel nur sehr vage und verschwommen vorhanden sind, aufgrund unterschiedlicher Interessen häufig konfligieren und sich im Zeitablauf verändern,
- die *Programme und Maßnahmen* selbst eher einen Komplex unterschiedlicher Teilmaßnahmen, Handlungen und Reaktionen darstellen, der sich im *Implementationsprozeß* noch verändert,
- gleiche Maßnahmen je nach räumlicher Lage, zeitlichem Einsatz und gesellschaftlicher Klientel durchaus *unterschiedliche Wirkungen* hervorrufen können.

Indem Wirkungsforschung auf eine experimentelle Politik — eine gezielte Variation von Instrumenteneinsatz — zielt, strebt sie zwar an, möglichst *kontrollierbare* Situationen zu schaffen. Da derartige Politiken jedoch aus politischen, technischen und sozialen Gründen häufig nicht durchführbar sind, benutzt Wirkungsforschung für Programmanalysen vielfach eine *komparative Vorgehensweise,* die durch

- Vorher-Nachher-Vergleiche,
- Zeitreihen,
- Vergleiche mit Kontrollgruppen (Querschnittsvergleiche)

Unterschiede im Wirkungsfeld aufzufinden versuchen. Die Wirksamkeit dieser Forschungsrichtung wurde indessen zunächst durch eine einseitige Ausrichtung an einem quantifizierenden Wissenschaftsmodell mit seiner Beschränkung auf wenige Zielkriterien behindert. Erst mit der zunehmenden methodischen und politischen Kritik an dessen unzureichend differentieller Betrachtungsweise von Wirkungen gewannen Forschungstechniken an Bedeutung, die nicht an die engen technischen und methodischen Voraussetzungen quantitativer Analysen (Datenqualität, Variablenauswahl) und deren Probleme (Aggregation, Linearität, Multikollinearität usw.) gebunden sind und nicht mehr einseitig Variablenmanipulation und Konsistenz, sondern stärker Problemverständnis und Orientierungsfähigkeiten in Konflikten betonen.

Hierbei erscheinen als aussichtsreich und ergiebig eher qualitativ orientierte Ansätze wie *Fallstudien* und vergleichende *Fallanalysen*[17], die zunächst einmal „illuminativ" aufzeigen, „wie das Programm eigentlich läuft", wie es von seinen Adressaten aufgenommen, angenommen, durch die unterschiedlichen Kontextbedingungen geformt, implementiert wird und welche Engpässe bestehen. Im Vorgehen flexibel und gegenüber „unerwarteten Funden" offen, gelingt es Fallstudien cher, unbekannten Wirkungsverläufen und Nebenwirkungen auf die Spur zu kommen, die vorhandenen Handlungsspielräume, auch ungenutzte Handlungspotentiale einzuschätzen und das Erfahrungswissen, insbesondere die Lernerfahrungen der mit der Projektabwicklung befaßten Akteure rückkoppelnd in den weiteren Implementationsprozeß einzubringen. Die gebräuchlichen Erhebungstechniken empirischer Feldforschung (teilnehmende Beobachtung, Interview, Aktenstudium usw.) lassen die Fallstudien besonders geeignet erscheinen, als *Prozeßanalysen* die relevanten Handlungsabläufe aufzuhellen und auf diesem Wege mögliche Wirkungsketten zu identifizieren.

Ohne die methodischen Schwächen der Fallstudie zu unterschätzen – ihre Ergebnisse sind nur bei ausreichender, angesichts des gegenwärtigen Standes des Theoriewissens vielfach kaum leistbarer theoretisch-konzeptioneller Anleitung verallgemeinerbar –, wird ihre heuristische und analytische Stärke nicht zuletzt in ihrer auf die jeweilige Untersuchungsfrage flexibel zuzuschneidenden Kombinationsfähigkeit mit anderen Untersuchungsdesigns *(Methodenmix)* gesehen, deren Nutzung freilich an die *sozialwissenschaftliche Kompetenz* des Forscherteams hohe Anforderungen stellt. So könnte nach einer intensiven Phase der Literaturauswertung, unter Umständen in Form einer systematischen *Sekundäranalyse* bereits vorliegender Untersuchungen, mit einer vertieften Fallstudie *(explorative Pilotstudie)* begonnen werden, um brauchbare Indikatoren (für Wirkungen) und Hypothesen (über Wirkungszusammenhänge) zu formulieren und zu erproben, könnten mit verbessertem Fragerahmen *weitere* sich gegenseitig ergänzende *Fallstudien* (block-building-technique) durchgeführt, für ihre wesentlichen Ergebnisse möglicherweise *quantitative Kontrolluntersuchungen* (follow-ups) angeschlossen und könnte schließlich dazu übergegangen werden, bestimmte aus der Untersuchung entwickelte und erhärtete Veränderungsvorschläge in einzelnen Maßnahmen konkret einzuführen und, von einer gesonderten Wirkungsanalyse begleitet, zu erproben (Social Experimentation). Die hier skizzierte fallstudienorientierte Untersuchungsstrategie für Wirkungsanalysen ist mithin darauf angelegt, die Methodenreflexion und -vielfalt der Sozialwissenschaften intensiv zu nutzen, ohne allerdings einem (vielfach unfruchtbaren) methodischen Rigorismus und (häufig nur scheinbar präzisen) Operationalismus zu verfallen.

Was kann Wirkungsforschung für die lokale Ebene leisten?

Wirkungsanalytische Auftragsforschung geht – wie Forschungsförderung insgesamt – bislang hauptsächlich von der hierfür finanziell und personell besser ausgestatteten *Bundes*ebene aus[18]. Hierbei läßt sich zumindest in den USA eine Funktionsverschiebung der Wirkungsforschung von einem Instrument der exekutiven Selbstkontrolle zu einem Instrument legislativer Kontrolle beobachten[19]. Gegenüber dem – von der bisher überwiegenden Forschungsinitiierung durch den Bund nahegelegten – meist einseitigen Informationsfluß von unten nach oben und eher makroanalytischen Untersuchungsrahmen – mit seinen unbeabsichtigten oder beabsichtigten Verzerrungen[20] – könnten von den *Kommunen* selber in Auftrag gegebene oder durchgeführte Wirkungsanalysen ermöglichen, verstärkt lokale Besonderheiten und Eigeninteressen einzubringen, und die Chance bieten, der zentralstaatlichen, ressortpartikularistischen Perspektive, die infolge der Forschungsvergabe durch Fachressorts der Bundesebene in die Untersuchung eingehen kann, die Perspektive der lokalen Handlungsebene entgegenzustellen[21]. Ist städtische Politik bisher noch weitgehend auf sporadische Teilanalysen, Informationen (und Druck) durch Interessengruppen und auf eigene Orts- und Personenkenntnis verwiesen, so könnte Wirkungsforschung der Kommunen insbesondere auch die reale Einschätzung von Wirksamkeit und Grenzen kommunalpolitischen Handelns verbessern und hierdurch nicht nur die *Effektivität*, sondern auch die *Responsivität* der Kommunalverwaltung steigern, indem sie

- *Zielkorrekturen* entsprechend dem tatsächlichen Bedarfsprofil der Zielgruppe(n) veranlaßt (wie sie sich etwa aus der Analyse der tatsächlichen Wirkungen und Ausstrahlungen neugeschaffener Infrastruktureinrichtungen auf unterschiedliche Gruppen in der Gemeinde ergeben können),
- *Erfahrungen* aus der bisherigen Durchführung von Maßnahmen für künftige Projekte zieht,
- unterschiedliche *Instrumente und Strategien* etwa im Bereich öffentlicher Dienstleistungen auf ihre unterschiedliche Wirksamkeit vergleicht[22].

Dieser Versuch, Erfahrungen aus dem Einsatz von Instrumenten bei bisherigen Maßnahmen zu nutzen, Ergebnisse und Wirkungen differenziert zu erfassen, findet sich bisher zwar ansatzweise in zentralen Plan-/Stabsstellen der Hauptverwaltung, wobei jedoch eher allgemeine Standards denn Ergebnisse wirkungsanalytischer Beobachtungen und Erhebungen in die Reformulierung und Entscheidung über Pläne eingehen. Bisherige Erfahrungen mit planerisch und analytisch orientierten Stabsstellen in der Verwaltung deuten zudem darauf hin, daß diese – in die Linien-Verwaltung unzureichend eingebunden und ohne eigene administrative „Muskeln"[23] – kaum dem Druck einzelner Fachverwaltungen oder externer Interessengruppen standhalten oder diese gar beeinflussen können. Anknüpfend an erfolgreiche Beispiele in den USA wäre es deshalb wichtig, Wirkungsforschung auf der lokalen Ebene in enger Verzahnung mit der *Haushalts- und Finanzplanung* zu initiieren und durchzuführen, weil hierdurch die Struktur und Effektivität der Ausgabenseite des Haushalts stärker zur Diskussion gestellt *(„Aufgabenkritik")*[25] und darüber hinaus routinemäßig bzw. gezielt *Eigenevaluierungen* größerer *Fachämter-* und *abteilungen*, etwa im Bereich der Stadtentwicklung, der Sanierung, des Sozialwesens, der Freizeiteinrichtungen, in Gang gesetzt werden könnten. Die in einer Reihe von Städten inzwischen verfolgten wirkungsanalytischen Ansätze (u.a. Bochum, Dortmund, Duisburg, Hannover, Wuppertal, Köln) sind insofern durchaus bemerkenswert. Allerdings beschränken sie sich vielfach noch auf eine Aufgabenkritik, die sich in der Diskussion von Rationalisierungsmaßnahmen und der Privatisierung öffentlicher Aufgaben erschöpft[26]. Für eine Institutionalisierung der Erfolgskontrolle und Wirkungsanalysen fehlt auf der kommunalen Ebene noch weitgehend der personelle Unterbau als eine wesentliche Voraussetzung sozialwissenschaftlicher Analyse. Brauchbare Ansätze zu Wirkungsanalysen zeichnen sich somit, wie erste Beispiele zeigen, noch am ehesten in solchen Städten ab, in denen eine *Verknüpfung von Stadtentwicklungsplanung, Stadtstatistik und Stadtforschung* vorgenommen wird[27].

Der Auf- und Ausbau der Wirkungsforschung auf der lokalen Ebene hat indessen mit spezifischen Schwierigkeiten zu rechnen. Ist diese doch noch stärker als eine bundesstaatlich veranlaßte Evaluierungsforschung in ein „hautnahes“ Politik- und Handlungsfeld gestellt. Die persönlichen Kontaktnetze sind engmaschiger. Die Betroffenen selber sind viel direkter dem politischen Aktionsfeld ausgesetzt als auf der Bundesebene mit ihrer Vielzahl von Schalt- und Verknüpfungsstellen. Zudem erlauben die drängenden Handlungsprobleme und der hierdurch gesetzte zeitlich enge Handlungs- und Planungsrahmen einer Gemeinde kaum, längerfristige Evaluierungsstudien zu finanzieren. Angewandte (qualitätsorientierte) Sozialforschung benötigt indessen Zeit und Geld, ohne sofort Ergebnisse oder umsetzbare Beratungsvorschläge abzugeben. Der unterschiedliche Sozialisationsprozeß von Forschern und lokalen Akteuren erschwert – im Vergleich zu Bundes- und Landesebene mit ihren Forschungsreferaten (Beamte mit ähnlichen Karrieremustern, Ausbildungsgängen usw.) – zusätzlich Kommunikation und Dissemination der Forschungsergebnisse.

Ist Wirkungsforschung umzusetzen?

Die *Umsetzung* der Ergebnisse derartiger Wirkungsanalysen in die politisch-administrative Praxis bleibt in dem Maße ungesichert, wie sich auch und gerade Wirkungsforschung im Handlungsfeld politisch-administrativer und vor allem gesellschaftlich-ökonomischer *Interessen* bewegt und mit deren möglicher Gegnerschaft zu rechnen hat. Umso größere Anstrengungen sollten die beteiligten Sozialwissenschaftler darauf verwenden, die Verdrängung und „Schubladisierung“ von Forschungsergebnissen auch und gerade im Rahmen von Auftragsforschung zu erschweren. Hierbei sollte zunächst selbstkritisch bedacht werden, daß sich sozialwissenschaftliche Forschungsarbeiten vielfach allein schon deshalb als für die politisch-administrative Praxis „unverdaulich“ erweisen, weil sie mit Fachjargon und nur dem Insider verständlicher Theoriediskussion überfrachtet sind. Des weiteren sollten die an solchen Forschungen beteiligten Sozialwissenschaftler bemüht sein, sich stärker in die Umsetzung ihrer Ergebnisse einzuschalten. Hierzu rechnet die Bereitschaft, die *Diskussion* und die Auseinandersetzung mit „Praktikern“ über Forschungsprobleme und -ergebnisse zu suchen und zu führen, ebenso wie die Bereitschaft, mit dem in universitärer Forschung gebräuchlichen *hit-and-run*-Verhalten („Untersuchung abliefern und weglaufen", wie im Rahmen eines größeren US-amerikanischen Projektes anwendungsbezogener Stadtforschung unlängst in zutreffender Kritik gesagt wurde[28]) zu brechen und sich stattdessen nach Möglichkeit an der *Erprobung und Verwirklichung* von Empfehlungen, etwa in Form vorübergehender *Mitarbeit* in der betreffenden Kommunalverwaltung, selbst zu beteiligen.

Neue Formen der *Kooperation zwischen Universitäten und Kommunen* könnten eine entsprechende Entwicklung erleichtern, für die die USA instruktive Beispiele bieten. Hier sind vor allem die zahlreichen im *Council for Urban Affairs* zusammengeschlossenen universitären Stadtforschungsinstitute zu nennen[29]. Beispielhaft sei auf die Kooperation zwischen der Stadt New York und der New York City University[30], auf das vom Bundesministerium für Wohnungswesen und Stadtentwicklung (HUD) geförderte, von der *National League of Cities* durchgeführte *HUD Urban Observatory Program* (das nun auch auf mittlere und kleinere Städte ausgedehnt worden ist)[31] und auf das gegenwärtige *Urban Grant Program* verwiesen werden[32], um nur einige aus öffentlichen Mitteln geförderte Tätigkeiten zu erwähnen[33], denen hierzulande Vergleichbares nicht gegenübersteht[34].

Eine solche Zusammenarbeit hängt wesentlich davon ab, daß die technischen, personellen und finanziellen Voraussetzungen für den Ausbau eines derartigen Kooperations- und Kommunikationsnetzes sowohl auf Seiten der Kommunen als auch der Universitäten gestärkt und verbessert werden. Die Kommunalverwaltung wird die analytischen – personellen wie technischen – Ressourcen der Universitäten wirksam nur nutzen können, wenn sie auch über das Personal verfügt, das fähig und bereit ist, wissenschaftliche Informationen aufzunehmen, zu verarbeiten und der jeweiligen lokalen Situation gemäß in ihrer politisch-administrativen Umwelt umzusetzen. Auf der anderen Seite ist von den Universitäten zu fordern, daß sie nicht nur entsprechende *Forschungs*kapazitäten und -richtungen aufbauen, sondern vor allem auch ihre *Lehre* – nach wie vor ihre vorrangige Funktion – auf die Ausbildung solcher Qualifikationen ihrer Studenten und Absolventen auszurichten, die den Aufbau eines solchen interkommunikativen Kontaktnetzes zwischen Wissenschaftssystem und politisch-administrativem System und den *gegenseitigen Wissens- und Erfahrungstransfer* fördern[35].

Damit sind für die weiteren Überlegungen zur *Lehre* kritische Fragen zu stellen:
Von welchem Nutzen kann eine derartige Ausbildung sein?
Welches Anforderungsprofil ist an eine solche Ausbildung zu stellen?
Besteht in der Kommunalverwaltung konkret überhaupt ein Bedarf dafür?
Gibt es Stellen dafür?
Welche Erfahrungen hat die Praxis mit Sozialwissenschaftlern und haben Sozialwissenschaftler mit der Praxis gemacht?

Welche Qualifikationsanforderungen stellen sich dem Verwaltungspersonal aufgrund der Funktionsveränderung der Verwaltung?

Wie die Veränderungen im Ausbildungs- und Fortbildungssystem für den Öffentlichen Dienst insgesamt[36] ist die Diskussion um die Einrichtung *sozialwissenschaftlich* geprägter *Studiengänge* („curricula") für eine *Verwaltungsausbildung* an den Universitäten in zeitlichem und inhaltlichem Zusammenhang mit der im Laufe der sechziger Jahre aufgebrochenen Diskussion über einen tiefgreifenden *Neubau der Verwaltung (F. Wagner)* zu sehen[37]. Diese weitgefächerte Auseinandersetzung um eine Verwaltungsreform „an Haupt und Gliedern" hatte neben der *Organisation* der Verwaltung (hier insbes. eine „Maßstabsvergrößerung" des gebietlichen Zuschnittes der Verwaltungseinheiten als *Gebietsreform*, eine Neuordnung der Zuständigkeiten innerhalb der einzelnen Verwaltungsebenen als *Funktionalreform* und eine „*Modernisierung*" der sächlichen und instrumentellen Ausstattung der Verwaltung, etwa durch Einsatz von Elektronischer Datenverarbeitung und fortgeschrittenen Management-Techniken) vor allem die *Personalstruktur der Verwaltung* zum Gegenstand, deren Mängel insbes. im überkommenen *Dienstrecht* (Erhöhung der Leistungs- und Anpassungsfähigkeit des Verwaltungspersonals durch eine Dienstrechtsreform) und im vorhandenen *Qualifikationsprofil* des Verwaltungspersonals gesehen wurden. Mit dem Ruf nach besser qualifiziertem Verwaltungspersonal war wesentlich die Forderung nach einer Reform der universitären Verwaltungsausbildung gestellt.

Diese weitgefächerte *Verwaltungsreformdiskussion* war von der im Ergebnis weitgehend übereinstimmenden, wenn auch mit unterschiedlichem analytischem Tiefgang und konzeptionellem Umgriff begründeten Vorstellung getragen, daß die Öffentliche Verwaltung noch weitgehend am traditionellen, auf Gesetzesvollzug ausgerichteten Modell der *Ordnungsverwaltung* orientiert sei, während sie sich aufgrund tiefgreifender gesellschaftlicher und ökonomischer Veränderungsprozesse in zunehmendem Umfang den Aufgaben einer *Planungs- und Leistungsverwaltung* gegenüber sieht.

> „Die traditionellen Aufgaben der Öffentlichen Verwaltung haben zwar ihre Bedeutung behalten, sind aber im Zuge der politischen, wirtschaftlichen und sozialen Entwicklung durch neue und differenzierte Anforderungen erweitert worden, für die das Verwaltungssystem nicht geschaffen war ... Sie hat Normendisziplin, Präzision, Stabilität und Kontinuität zu verbinden mit zweckorientiertem und zukunftsgerichtetem Gestaltungsvermögen, Mobilität, Anpassungs- und Innovationsfähigkeit."[38]

Diese massive Veränderung und Vermehrung der Aufgaben öffentlicher Verwaltung schlägt auf der unteren, zumal *lokalen* Ebene politisch-administrativer Problemverarbeitung besonders intensiv durch,

- sei es im Erfordernis, als *Planungs- und Interventionsverwaltung* auf Veränderungsprozesse einzuwirken, die bislang weitgehend der „Steuerung über den Markt" überlassen blieben (beispielsweise die Durchführung von Maßnahmen der Stadtsanierung und des Stadtumbaues, nachdem die marktvermittelten Fehlentwicklungen des Verstädterungsprozesses vor allem in den Kernstädten und der Stadt-Umland-Beziehung handgreiflich geworden sind),

– sei es in der Anforderung an die Kommunalverwaltung, als *Sozialstaatsverwaltung* in zunehmendem Umfang für in erster Linie durch gesellschaftlich-ökonomische Veränderungsprozesse ausgelöste Folgeprobleme und -kosten aufzukommen (beispielsweise durch Aufstellung und Durchführung von Sozialplänen im Rahmen von Sanierungsmaßnahmen, aber auch durch Vermehrung der Sozialleistungen in Reaktion auf die sich vertiefende Arbeitslosigkeit[39],
– sei es in der Aufgabe der Kommunalverwaltung, die vielfach erst auf der lokalen Vollzugsebene aufbrechenden *Zielkonflikte* staatlicher Politikprogramme *auszutragen,* ihre *Folgeprobleme zu verantworten* und sich mit gerade auf der lokalen Ebene vorgetragenen und formierten Forderungen nach stärkerer *bürgerschaftlicher Beteiligung* an kollektiven Entscheidungsprozessen auseinanderzusetzen.

Vor diesem Hintergrund der durch die Aufgabenstellung veränderten Qualifikationsanforderungen an das Verwaltungspersonal spielte und spielt die Kritik an einem Verwaltungsstil eine wesentliche Rolle, dessen Kennzeichnung eher in einem *statisch-legalistischen Verwaltungsvollzug* denn in einer *dynamisch-initiativen Problemorientierung* gesehen wird und der vielfach auf die überkommene, einseitig am Tätigkeitsbild der auf richterliche Normanwendung ausgerichteten Ausbildung eines *Einheitsjuristen*[40] und auf das der deutschen Verwaltungstradition eigentümliche *Juristenmonopol* zurückgeführt wird. Zwar bilden – worauf Kritiker der pointierten Formel vom Juristenmonopol hinweisen – die Juristen „nur" dreizehn Prozent der Beamten und Angestellten des höheren Dienstes (ab A 13 bzw. BAT II) insgesamt. Jedoch zeigt sich, daß der Anteil der Juristen mit steigender Höhe in der hierarchischen Gliederung und Besoldungsgruppe steil zunimmt[41]. Offensichtlich prägen die Verwaltungsjuristen – wenn auch mit leicht fallender Tendenz – nach wie vor die Leistungsfunktion in der Verwaltung und damit den Verwaltungsstil insgesamt.

Kann die sozialwissenschaftliche Hochschulausbildung den Anforderungen der Praxis entsprechen?

Die Diskussion um eine durch die eingetretenen Veränderungsprozesse gebotene *Reform der Verwaltungsausbildung* gabelte sich vor allem in zwei Richtungen. Zum einen wurde sie innerhalb der *Juristen* selbst entfacht, insbes. mit dem Ziel, das juristische Studium über ein entsprechendes Grundstudium sozialwissenschaftlich anzuleiten und eine („einphasige") Verschränkung von theoretischer und praktischer Ausbildung zu erreichen[42]. Mit der 1971 durch eine entsprechende Novellierung des Deutschen Richtergesetzes geschaffenen *Experimentierklausel*[43] war der Weg für Versuche mit einer reformierten Juristenausbildung frei. Bisher haben beinahe alle Bundesländer (außer Saarland und Schleswig-Holstein und auch Berlin-West) von der Experimentierklausel gesetzgeberisch Gebrauch gemacht, wenn auch teilweise, wie in Hessen, noch nicht angewandt[44]. Die Laufzeit der bislang eingerichteten Ein-Phasen-Modelle ist für erste verläßliche Aussagen noch zu kurz[45].

Zum anderen wurde die Diskussion um die Ausbildungsreform vor allem in den *Sozialwissenschaften* aufgegriffen. Als Ausdruck der geschärften gesellschaftskritischen Analyse und Positionsnahme wesentlicher Teile der Sozialwissenschaften und als Ergebnis der Studentenrevolte waren diese curricularen Bemühungen zumindest zunächst von den Auseinandersetzungen um eine grundsätzliche gesellschaftspolitische Standortbestimmung der Sozialwissenschaften geprägt. Zwischen den Polen sozialkritisch-gesellschaftsverändernder und pragmatisch-technokratischer Positionen bewegten sich die curricularen Modellentwürfe und Festlegungen auf einem sozialkritisch-reformerischen Kurs, der vom Bestreben bestimmt war, das Studium möge einer doppelten Anforderung genügen,

- einerseits die Voraussetzungen dafür zu schaffen, daß der Soziologe und Politologe das kritische Analyse- und Reflexionspotential der Sozialwissenschaften in seine spätere Berufsrolle einbringt und in ihr nutzt,
- andererseits jene professionellen Fähigkeiten (Skills) zu vermitteln, die die Praxis nachfragt und ohne deren Beherrschung ein ausgebildeter Sozialwissenschaftler keine Chance hat, in der Konkurrenz um die Stellen der öffentlichen Verwaltung zu bestehen[46].

Für die hier interessierende Aufhellung des Zusammenhangs zwischen universitär vermitteltem Qualifikationsprofil und künftigem Berufsfeld in der Öffentlichen Verwaltung liefert die Diskussion aufschlußreiche Hinweise, die an der 1968 gegründeten Universität Konstanz über das an ihr einzurichtende *Verwaltungsstudium* geführt wurde und in der ihre Protagonisten *Fritz W. Scharpf* und *Rolf-Richard Grauhan* unterschiedliche Positionen vertraten, die durch unterschiedliche Akzentuierung des Qualifikationsprofils und dementsprechend durch unterschiedliche Vorstellungen vom möglichen Berufsfeld gekennzeichnet sind[47].

Die eher *organisatorisch-operative* Variante eines *Integrationsfachmannes* und *„Managers von Problemlösungsverarbeitungsprozessen“ (Fritz W. Scharpf*[48]*)* hebt auf einen Verwaltungsmann ab, der auf „Aufgaben der Planung und Entscheidungsvorbereitung, der Organisation, des Personalwesens und des administrativen Managements“[49] vorbereitet ist. Eine interdisziplinäre Ausbildung in Politikwissenschaft, Soziologie, Ökonomie und Rechtswissenschaft ist auf den Erwerb entsprechender Fähigkeiten gerichtet. Ähnlich argumentiert *Gerhard Banner*, der dem ausgebildeten Verwaltungswissenschaftler die Aufgabe stellt, als *„Systemspezialist“*[50] die „Managementlücke“ der Kommunalverwaltung zu füllen; er sei in einem „Problemlösungsspezialist, Koordinator, Moderator, Trainer, Dolmetscher zwischen den Fachbereichen und Hierarchieebenen“. Insgesamt erscheint diese Variante verwaltungswissenschaftlicher Ausbildung also darauf geschnitten, ihren Absolventen auf Führungs- und Leitungsaufgaben in der Linien-Verwaltung vorzubereiten[51].

Eine eher *konzeptionell-analytische* Variante stellt – in Auseinandersetzung mit dem *Verfahrensgeneralisten* juristischen Ausbildungsprofils – auf den *„Analysegeneralisten“*[52] *(Rolf-Richard Grauhan / Wolf-Dieter Narr)*, also eine Verwaltungstätigkeit ab, durch die die Analyse- und Konzipierungskapazität der Verwaltung, nicht zuletzt hinsichtlich der gesellschaftlich-ökonomischen Erzeugung politisch-administrativer Handlungsprobleme, erhöht werden soll. Vom Analysegeneralisten seien vor allem zu erwarten:

> „Initiativen zur Problemermittlung; die Analyse materieller Zielkonflikte und ihre Rückführung auf gesellschaftliche Interessenkonflikte; die planerische Aufbereitung

von Entscheidungsalternativen; die Reflexion ihrer sozialen Folgen und die Offenlegung der mit dem Akt der Auswahl zu übernehmenden politischen Verantwortung."[53]

Mit ihrem Schwerpunkt weist das so umrissene Qualifikationsprofil eher auf planerische und analytische Tätigkeiten in einer Stabsfunktion hin.

Wenn im folgenden versucht wird, die in diesen Konzepten angedeuteten Qualifikationsprofile und Tätigkeitsfelder am Gegenstand der Kommunalverwaltung nachzuzeichnen, so kann dies in diesem Rahmen nur skizzenhaft geschehen und die, soweit wir sehen, noch ausstehende ausführlichere Analyse nicht ersetzen. Zur Veranschaulichung des Problemfeldes seien einige Angaben über den hier in erster Linie interessierenden höheren Dienst (Beamte ab A 13, Angestellte ab BAT II) in der Kommunalverwaltung vorausgeschickt.

Der höhere Dienst (Beamte und Angestellte) der Kommunen umfaßte 1968 30 261 und 1974 42 792 Vollbeschäftigte[54]. Im Vergleich zum Verwaltungspersonal des Bundes und der Länder ist der Anteil der Beamten des höheren Dienstes an der Gesamtzahl der Beamten bei den Gemeinden verhältnismäßig gering[55], hingegen der Anteil des gehobenen Dienstes groß[56], was auf den ausführungsorientierten Charakter der Gemeinde ("service delivery") hinweist. Schlüsselt man die Beamten und Angestellten des höheren Dienstes der Kommunen nach ihrer Ausbildung auf, so ergeben sich (berechnet für die kreisfreien Gemeinden Nordrhein-Westfalens im Jahr 1968) die stärksten Anteile für die Diplomingenieure (35,4 %) und die Juristen (13,6 %)[57]; aus dem verhältnismäßig großen Anteil von Diplomingenieuren spricht der Schwerpunkt kommunaler Leistungen im Bereich des Hoch- und Tiefbaues und der technischen Dienste. Außerdem ist der Anteil (30,6 %) von Aufstiegsbeamten auffallend hoch[58], also von Bediensteten, die – ohne universitäre Ausbildung – den Aufstieg aus dem gehobenen in den höheren Dienst schaffen.

Mustert man (etwa unter Zugrundelegung des gebräuchlichen Aufgabengliederungsplans der KGSt: 1. Allgem. Verwaltungsaufgaben, 2. Finanzen, 3. Recht, Sicherheit und Ordnung, 4. Schulen und Kultur, 5. Sozial- und Gesundheitswesen, 6. Bauwesen, 7. Öffentliche Einrichtungen, 8. Wirtschaft und Verkehr) die breitgefächerte Aufgabenpalette der Kommunen und die ihnen zugeordneten Ämter einer Kommunalverwaltung unter der Fragestellung, wo ein Bedarf der Kommunalverwaltung an politik- und verwaltungswissenschaftlich ausgebildetem Verwaltungspersonal identifiziert und ein entsprechendes Qualifikationsangebot durch universitäre Ausbildung angegeben werden kann, so zeichnet sich ausschnitthaft etwa folgendes ab:

1. Die bisher in politikwissenschaftlichen Ausbildungsgängen geförderte Fähigkeit, „*in politisch-administrativen Prozessen zu denken*" und für Konfliktfelder und Interessenberücksichtigungsmuster *sensibel* zu sein, wird in dem Maße für die Kommunalverwaltung an Bedeutung zunehmen, wie sich die bislang administrativ geprägten Konfliktregelungsmuster auf der lokalen Ebene zu verändern beginnen, und die Kommunalverwaltung sich mehr und mehr darauf verwiesen sieht, die Gemeindevertretung in ihrer politischen Funktion zu berücksichtigen, sich mit Interessen und Ansprüchen von Bürgerinitiativen, Betroffenenaktionen usw. auseinanderzusetzen, parti-

zipative Planungsformen (nach Städtebauförderungsgesetz, dem novellierten Bundesbaugesetz usw.) einzuführen sowie dezentrale Verwaltungsformen (Bezirksbeiräte, Stadtteilzentren usw.) zu nutzen. In diesem komplexen Fähigkeitsbündel treten *kommunikative Fähigkeiten*, insbesondere mit unterschiedlichen Interessen-, Klientel- und Bezugsgruppen adäquat zu kommunizieren, immer stärker in den Vordergrund.

2. Die durch das sozialwissenschaftliche Studium vermittelten *analytischen und konzeptionellen* Fähigkeiten bieten darüber hinaus ein für die Kommunalverwaltung wichtiges Qualifikationsmerkmal zur Beratung und Unterstützung der Linienverwaltung (Persönliche Referenten, Pressereferenten, Planungsgruppen usw.). Dies umso mehr, als sich die Kommunalverwaltung einer immer größeren Flut von Richtlinien, Gutachten, Materialien, Plänen usw. gegenübersieht und sich diese „vergrabenen" *Informationen erarbeiten* muß, um handlungsfähig zu bleiben.

3. Während Problemanalyse, Entscheidungsvorbereitung, Konfliktvermittlung eher traditionelle Bereiche sozialwissenschaftlicher Qualifikation darstellen, wird künftig der Frage der *Aufgabenbewertung, Erfolgs- und Wirkungskontrolle*[59] eine besondere Funktion auch in der Ausbildung zukommen können und müssen. Hierbei werden neu anfallende bzw. bestehende Aufgaben einer systematischen Analyse unterzogen, Fragen der Aufgabenerfüllung, Zweckmäßigkeit, Wirksamkeit, ihre mögliche Verlagerung und Veränderung der Zielplanung diskutiert und unmittelbar in den kommunalen Entscheidungs- und Handlungsprozeß zurückgespeist. Als Adressaten kommen hierfür – wie weiter vorn herauszuarbeiten versucht wurde – in erster Linie die Kämmerei und die politische Leitung der Kommune, aber auch Fachämter, wie Stadtentwicklungsamt, Sozialamt usw. in Betracht.

Wo stehen wir in der Ausbildung? Welche Erfahrungen wurden bislang gemacht?

Ihr greifbarstes Ergebnis fand die hier verfolgte curriculare Diskussion, soweit es um eine politikwissenschaftlich angeleitete Verwaltungsausbildung geht, bislang im Konstanzer *Verwaltungsstudium*[60]: nach einem viersemestrigen *Sozialwissenschaftlichen Grundstudium*, zu dem die Fachbereiche Politische Wissenschaft, Soziologie, Ökonomie und Rechtswissenschaft gleichberechtigt beitragen, findet ein insgesamt 8-monatiger *Arbeitsaufenthalt* in der Verwaltung statt. Daran schließt das *Hauptstudium* mit thematischen Schwerpunktbildungen an; es wird mit der Prüfung zum *Diplom-Verwaltungswissenschaftler* beendet. Insgesamt ist die interdisziplinäre Ausbildung auf einen Verwaltungsgeneralisten zugeschnitten, der organisatorisch-manageriale Fähigkeiten mit konzeptionell-analytischen verbinden soll.

Gegenüber dem Konstanzer Verwaltungsstudium befindet sich der *Studienschwerpunkt Planung/Verwaltung*, der kürzlich am Fachbereich Politische Wissenschaft („Otto-Suhr-Institut") der *Freien Universität Berlin* gebildet wurde, noch im Aufbau. Ihm fehlt noch jene konzertierte akademische und praktische Unterstützung, die das Konstanzer Modell auszeichnet. Seine Hauptimpulse entstammen bisher eher verwaltungswissenschaftlicher Forschung denn verwaltungswissenschaftlicher Praxis[61]. Von soziologisch angeleiteten Studiengängen *(Bielefeld, Bochum, FU Berlin, Kassel, Bremen, Oldenburg)* ist insbesondere die Bielefelder Soziologenausbildung zu nennen, deren einer Praxisschwerpunkt auf Öffentlicher Verwaltung liegt und der mit dem Diplom-Soziologen abschließt.

Im Vergleich mit der sozialwissenschaftlichen Verwaltungsausbildung im Ausland – beispielsweise mit den zahlreichen Policy-Studies-Programmen an den US-amerikanischen Universitäten[62] – erweisen sich die Bemühungen hierzulande auch dann noch als bescheiden, wenn man das Speyerer Aufbaustudium, die Ansätze zu Konstaktstudien (KONPLAN) und verwaltungsinterne Einrichtungen der Aus- und Fortbildung, wie die Bundesakademie für Öffentliche Verwaltung (für Bundesbeamte), einbezieht und die inzwischen stark verbesserte Ausbildung für den mittleren und gehobenen Dienst (Fachhochschulen) anerkennt.

Nicht nur die Ausbildung bleibt indessen ausweitungs- und verbesserungsbedürftig. Auch die *Übergänge* von einer Verwaltungsbildung in die Praxis sind für Sozialwissenschaftler nach wie vor voller Stolpersteine, wenn nicht blockiert. Der ausschnitthafte Überblick über sozialwissenschaftliche Studienabschlüsse im Bereich der Verwaltungsausbildung sei deshalb durch einige Bemerkungen zu den möglichen Übergängen in die Öffentliche Verwaltung ergänzt[63].

Nach geltendem Laufbahnrecht in Bund und Ländern setzt die Übernahme einer Beamtenstelle des höheren Dienstes (A 13 aufwärts) die Ableistung des Vorbereitungsdienstes (Referendardienst) und eine hieran anschließende Prüfung (2. Staatsexamen) voraus. Bereits hinsichtlich der Aufnahme in den Vorbereitungsdienst ist der Sozialwissenschaftler gegenüber dem Juristen indessen noch immer benachteiligt. Zwar sind inzwischen der Bund und eine Reihe von Bundesländern von der Regelung abgegangen, zum Vorbereitungsdienst nur Juristen zuzulassen (einige Bundesländer halten an dieser überkommenen Regelung noch immer fest!) und stellen die Absolventen der Wirtschafts- und Sozialwissenschaften den Juristen nunmehr gleich. Jedoch war bislang die Zahl der für Wirtschafts- und Sozialwissenschaftler bereitgestellten Referendarstellen (sog. Wirtschaftsreferendariat) überaus begrenzt. Zudem erweisen sich die Anlage des Referendardienstes und auch die anschließende Staatsprüfung als noch immer darauf angelegt, „aus reinen Volks- und Betriebswirten und Soziologen in der verfügbaren Zeit möglichst gute Verwaltungsjuristen zu machen“[64], also die spezifischen Fähigkeiten dieser Absolventen wieder eher zu verschütten.

Die Anstellung nach dem Bundesangestelltentarif (BAT) ist für Sozialwissenschaftler, zumindest in formaler Hinsicht, weniger beschwerlich, da nach dem BAT für einen Angestellten im allgemeinen Verwaltungsdienst keine bestimmte Fachausrichtung des Studienabschlusses verlangt wird. Mit Zustimmung des Anzustellenden ist es möglich, ihn trotz abgeschlossener Hochschulbildung in eine Stelle einzuweisen, die einer Vergütungsgruppe unterhalb von BAT II, also im Bereich des gehobenen Dienstes, zugeordnet ist. (Dies ist eine Möglichkeit, von der, wie sich zeigt, von arbeitssuchenden Sozialwissenschaftlern offensichtlich in zunehmendem Umfang Gebrauch gemacht wird). Unter bestimmten Voraussetzungen ist es für einen zunächst nach BAT Beschäftigten möglich, durch Vorweis entsprechender Praxiserfahrungen in das Beamtenverhältnis übernommen, „verbeamtet“ zu werden.

Angesichts der die Ausbildungsreform tragenden Aussagen über den Bedarf der Öffentlichen Verwaltung an sozialwissenschaftlich ausgebildetem Verwaltungspersonal einerseits und der wachsenden Zahl von auf entsprechende Anforderungsprofile hin ausgebildeten Hochschulabsolventen andererseits, drängt sich die Frage auf, ob und inwieweit sich eine entsprechende *Aufnahmebereitschaft und -fähigkeit der Öffentlichen Verwaltung* mittlerweile empirisch belegen läßt.

Von den zu dieser Frage vorliegenden ersten empirischen Untersuchungen[65] darf die kürzlich veröffentlichte Studie eines Bielefelder Untersuchungsteams[66] vor allem deshalb besondere Aufmerksamkeit beanspruchen, weil in ihr der Versuch unternommen wird, mit Hilfe einer Totalbefragung aller in Betracht kommenden Behörden des Bundes, der Länder und der (größeren) Gemeinden zu einer flächendeckenden Aussage zu gelangen[67]. Auch wenn die von dem Team erhobenen Zahlen aus einer Reihe hier nicht zu erörternder Gründe teilweise ungesichert sein dürften, sind die von der Studie ermittelten Zahlen in der Tendenz zweifellos aussagekräftig. Unter Zugrundelegung der Angaben der auf die schriftliche Befragung antwortenden Verwaltungsstellen in Bund, Ländern und (größeren) Gemeinden befanden sich Mitte 1975 186 Soziologen und 106 Politikwissenschaftler im höheren Dienst der Öffentlichen Verwaltung[68]. Gegenüber diesen Zahlen der Bielefelder Untersuchung, die, für die Öffentliche Verwaltung insgesamt ungünstig genug, in bezug auf die Kommunalverwaltung besonders gering ausfallen, ist indessen daran zu erinnern, daß beispielsweise die Absolventen des Konstanzer Verwaltungsstudiums, nachdem eine frühere Untersuchung zu ihren ersten 26 Absolventen (Stand 1973/1974) keine Anstellungen bei Kommunalverwaltungen aufgezeigt hatte, ausweislich neuerer Erhebungen inzwischen in durchaus beachtlichem Umfang Anstellung und Betätigung in Kommunalverwaltung und -politik finden[69], was zu bestätigen scheint, daß das Eindringen sozialwissenschaftlicher Kompetenz in die Verwaltung als ein langfristiger, eine beharrliche Kleinarbeit der an dieser Qualifizierung und Rekrutierung Beteiligten erfordernder Diffusionsprozeß zu begreifen ist.

Sind die Zahlenangaben der Bielefelder Studie – trotz der angedeuteten Abstriche – zumindest für Tendenzaussagen brauchbar, liegen das Hauptgewicht dieser Untersuchung und ihr wesentlicher Gewinn in der Auswertung und Interpretation der detaillierten Fragebogen und Interviews. Um nur einige aufschlußreiche Ergebnisse der Studie heranzuziehen: Ihren vorrangigen Aufgabenbereich gaben die in der Öffentlichen Verwaltung tätigen Politikwissenschaftler als „Öffentlichkeitsarbeit" (22 %), Erwachsenenbildung/politische Bildung (18,6 %) und „Verwaltung der Verwaltung (11,9 %) an, ein Beleg dafür, daß zumindest in der ersten Rekrutierungsphase die Politologen schwerpunktmäßig in Pressereferaten, aber auch in Einrichtungen der politischen Bildung (Landeszentralen für politische Bildung, Volkshochschulen usw.) angestellt wurden[70]. Auf die Frage: „Würden Sie nach Ihren jetzigen Erfahrungen wieder dasselbe Fach bzw. dieselbe Fächerkombination studieren, wenn sie in die Öffentliche Verwaltung eintreten wollten", antworteten lediglich 28,8 % der Politologen mit ja, hingegen 50,8 % mit nein[71]. Läßt sich hieraus eine massive Skepsis gegenüber der von ihnen erfahrenen politikwissenschaftlichen Ausbildung ablesen, bleibt zu berücksichtigen, daß es sich überwiegend um Absolventen noch unstrukturierter Ausbildungsgänge gehandelt haben dürfte. Besonderes Interesse kommt auch der Frage zu: „Wie müßte ein sozialwissenschaftliches Studium angelegt sein, um auf eine Tätigkeit in der Öffentlichen Verwaltung vorzubereiten?". Die befragten Politologen gaben an erster Stelle jeweils an: „Interdisziplinärer Studiengang, der Politologie, Wirtschaftswissenschaften und Soziologie umfaßt" (49,2 %), „Frühe Ausrichtung des Studiums auf bestimmte Tätigkeitsbereiche" (11,9 %) und „Vermittlung juristischer Grundkenntnisse" (11,9 %) [72].

Was kann getan werden?

Kommunalpolitische Forschung und Lehre und kommunale Praxis einander näher zu bringen, erscheint uns nicht nur notwendig zu sein, sondern auch wert zu sein, bisherige Anstrengungen hierfür zu verstärken, neue Ansätze zu erproben. Wichtige mögliche Schritte umfassen:

- die Verbesserung des gegenwärtigen *Kommunikations- und Interaktionsnetzes* durch personelle Kontakte, die die *Diffusion von Erfahrungen* und *Umsetzung von Forschungsergebnissen* erleichtern könnten.
  Kontakte, die Erfahrungen aus der Praxis vermitteln, Ergebnisse aus der Forschung für die Praxis aufnehmen und Orientierungshilfen für Ausbildung und Studium geben könnten, fehlen häufig. Manches deutet darauf hin, daß die natürlichen Brückenköpfe und Vermittlungsstellen anderer Berufssparten, die in der Praxis tätigen Absolventen politik- und verwaltungswissenschaftlicher Studiengänge, nach Jahren in der Praxis (aus welchen Gründen immer) dazu neigen, ihre sozialwissenschaftliche Universitätsausbildung eher schamhaft zu verschweigen oder zumindest durch Betonung der Wichtigkeit des *learning on the job* herunterzuspielen. Da gleichzeitig institutionalisierte Übergangs- und Einarbeitungszeiten (Referendariat) fehlen, wäre ein erster wichtiger Schritt, Kontakte zwischen in der Praxis tätigen Absolventen politik- und verwaltungswissenschaftlicher Ausbildung und ihren in der Universität tätigen Kollegen künftig (auch innerhalb des *Arbeitskreises Lokale Politikforschung)* etwas systematischer als bisher zu pflegen.
- die stärkere *Anbindung der Forschung an aktuelle kommunal-politische Problemlagen und Forschungsdefizite.*
  Die bisher eher bescheidenen Forschungskontakte auf der lokalen Ebene zwischen Universität und politikwissenschaftlicher Forschung und Lehre sind zu intensivieren und zu verstetigen. So wären, da mittlerweile fast jede größere Gemeinde eine Hochschule – zumindest in unmittelbarer Nähe – besitzt, auch institutionelle Formen der Zusammenarbeit zu erwägen. Hierfür bieten sich vielfältige Kooperationsmöglichkeiten an, die von Werkverträgen und Forschungsaufträgen bis zu universitären Beobachtungsstationen *(Observatories)* und gemeinsamen Stadtforschungsstellen reichen. Hierfür ließen sich zahlreiche, vor allem US-amerikanische Beispiele anführen, von denen (auch ihren Fehlern und Finanzierungsformen z.B.) gelernt werden könnte. Zunächst wäre jedoch die (politisch-ideologische) Tabuisierung einerseits und die (z.T. immer noch vorhandene) Überschätzung der

Problemlösungskapazität der Sozialwissenschaften andererseits durch Einladungen, Kontakte, Teilnahme an Beratungen, nicht nur auf der höheren, sondern gerade auf der mittleren Ebene zu stärken. Arbeitstreffen zwischen Wissenschaftlern und Praktikern, wie sie der diesjährige Kongreß der Deutschen Vereinigung für Politische Wissenschaft anstrebt, zeigen erste Ansätze auf einer allerdings noch zu allgemeinen und unverbindlichen Ebene. Einer der konkreteren ersten Schritte könnte darin bestehen, z.B. die bereits bestehenden Forschungskontakte zwischen der Stadtverwaltung und den naheliegenden Universitätsinstituten systematisch zu erfassen, mögliche Forschungsdefizite aufzuzeigen und jeweils problemspezifische Schwerpunkte zu setzen. Auch hierfür könnten bestehende Ansätze genutzt und ausgebaut werden. Z.B. sei nur an die verdienstvolle – wenn auch leider noch sehr lückenhafte – Gutachtensammlung des Deutschen Städtetags erinnert.

– *die Verzahnung und Intensivierung von universitärer empirisch-analytischer Ausbildung und praktischen Erfahrungen während des Studiums.*
  Hierbei ist allerdings nüchtern davon auszugehen, daß die Hindernisse für eine Rekrutierung von politik- und verwaltungswissenschaftlichen Hochschulabsolventen durch die Kommunalverwaltung in den letzten Jahren eher zu- als abgenommen haben:
– Ein *Erweiterungsbedarf* wie in der Reformphase der frühen siebziger Jahre ist *nicht absehbar.*
– Mit *Ersatzbedarf* ist gerade in den für Sozialwissenschaftler in Betracht kommenden Verwaltungsteilen (Stabsfunktionen usw.) auf Grund des diese kennzeichnenden Altersaufbaus (Rekrutierung im zurückliegenden Stellenschub) *kaum zu rechnen.*
– Gegenwärtig ist eher von einem *Stellenüberhang* aus der Gebietsreform auszugehen, der in den kommenden Jahren *abgeschmolzen* werden dürfte.
  Ohne diese Hürden zu verkennen, dürfte somit sich noch stärker die Notwendigkeit ergeben, sozialwissenschaftliche Problem-Analyse- und Konzeptionsfähigkeiten sinnvoll und effektiver einzusetzen und andererseits das in der Ausbildung zu erwerbende Qualifikationsprofil bereits *während* des Studiums praktischen Erfahrungen auszusetzen. Auch hierfür kann auf bereits bestehende Ansätze hingewiesen und können durchaus realistische Vertiefungsschritte und Erweiterungen aufgezeigt werden,
– Vertiefung der an verschiedenen Universitäten mittlerweile eingespielten Lehrveranstaltungen, die von Hochschulangehörigen und Praktikern gemeinsam durchgeführt werden. Dabei sollte versucht werden, auch umgekehrt Hochschuldozenten die Möglichkeit zu verschaffen, vorübergehend (teilzeitig oder ganzzeitig) in der Verwaltung zu arbeiten (vergleichbar dem US-amerikanischen "professional internship" insbes. auf der Bundesebene).
– Erleichterung von *studentischen Feldprojekten*, über deren sinnvolle Gestaltung und Durchführung sich Verwaltung und Ausbilder Gedanken machen sollten (insbes. um unnötige zusätzliche Arbeitsbelastungen für die Praxis zu vermeiden). Als besonders gelungene Beispiele für die Institutionalisierung derartiger Projekte im Bereich der Sozialwissenschaften wären etwa die Area Studies in Detroit zu nennen.

- Stärkere *Orientierung universitärer Abschlußarbeiten* (Diplom- und Doktorarbeiten) *an der Praxis*, ihre Einbindung in laufende Forschungsprojekte (um den Übergang in die Praxis zu erleichtern), ihre finanzielle und technische Förderung durch Kooperationsbereitschaft, räumliche Arbeitsmöglichkeiten, Vergabe von Werkverträgen oder Forschungsstipendien.
- Verstärkte Öffnung der Kommunalverwaltung für *Praktika für Studenten* politik- und verwaltungswissenschaftlicher Studiengänge. Erschließung neuer Praktikumsformen, gemeinsame Gestaltung und Einarbeitung (beispielhaft: der Arbeitsaufenthalt des Konstanzer Verwaltungsstudiums, die Praxisaufenthalte an der BfLR), sowie die "interships" entsprechender US-amerikanischer Ausbildungsprogramme.
- Daß darüberhinaus noch zahlreiche Möglichkeiten bestehen, wie z.B. auch bisher brachliegende sozialwissenschaftliche Kapazitäten zu nutzen sind, zeigt sich an Beispielen in Bremen (Architekten) und Berlin (Strategien für Kreuzberg), in denen arbeitslosen Sozialwissenschaftlern und Planern nicht nur die Möglichkeiten für einen Übergang in die Praxis, sondern auch der Praxis ein häufig dringend benötigter Ressourcenzugang eröffnet wird.

Literatur

Argyris, Ch. 1976, Single Loop and Double Loop Models in Research on Decision-Making, in: Administrative Science Quarterly, S. 363 ff.

Badura, B., Bruder, W., Waltz, M. 1977, The Underutilization of Social Science Information in the German Federal Government, Ms.

Baestlein, A., Hunnius, G., Konukiewitz, M., Wollmann, H., 1978 Zwischenbericht des Teilprojekts „Siedlungsstrukturpolitik" innerhalb des DFG-Projektverbunds „Implementationsforschung", Ms. Berlin März 1978

Banner, G. 1972, Politische Willensbildung und Führung in Großstädten der Oberstadtdirektor-Verfassung, in: Grauhan, R.-R. (Hsg), Großstadt-Politik, Gütersloh, S. 162 ff.

Banner, G. 1975, Die Anforderungen der Kommunalverwaltung an ein Verwaltungsstudium, in: Der Städtetag, S. 72 ff.

Banner, G., 1977, Planung und Implementierung komplexer Änderungen in der Kommunalverwaltung, Ms. Oktober 1977, in: *Kevenhörster, P. / Wollmann, H.* (Hsg), Politikwissenschaft und Kommunalpolitik, difu-Schriftenreihe (im Erscheinen)

Bardach, E., 1977, The Implementation Game: What Happens After a Bill Becomes a Law, Cambridge, Mass.

Bauer, H., Knöpfle, F., Mäding, E. (Hsg), Aufgabenplanung und Finanzplanung, Wien usw. 1974

Beckmann, N., 1977, Policy Analysis for the Congress, in: Public Administrativen Review, Heft 3, S. 237 ff.

Benson, J. K., 1975, The Interorganizational Network as a Political Economy, in: Administrative Science Quarterly, S. 229 ff.

Blankenburg, E., Schmid, G., Treiber, H., 1974, Von der reaktiven zur aktiven Politik? Darstellung und Kritik des Policy Science Ansatzes, in: Grottian, P., Murswieck (Hrsg), Handlungsspielräume der Staatsadministration, Hamburg

Böhme, G., 1977, Models for the Development of Science, in: Spiegel-Rösing I., de Solla Price D. (eds.), Science Technology and Society, London/Beverly Hills, S. 319 ff.

Böhme, G., van den Daele, W., Krohn, W., 1976, Finalization of Science, in: Social Science Information, XV, S. 306 ff.

Brinegar, I. H., 1977, The Academy and Local Government, A Growing Partnership, in: National Civic Review, S. 73 ff.

Brinkmann, G., 1974, Ermittlung des Fortbildungsbedarfs des höheren Verwaltungsdienstes, in: Fortbildung des höheren Verwaltungsdienstes, Schriftenreihe der Hochschule Speyer, Band 54, Berlin, S. 125 ff.

Brinkmann, G., Pippke, W., Rippe, W., 1973, Die Tätigkeitsfelder des höheren Verwaltungsdienstes. Arbeitsansprüche, Ausbildungserfordernisse, Personalbedarf, Opladen

Bücker-Gärtner, H., Grunow, P., Hegner, F., Neubauer, G., 1977, Sozialwissenschaftler in der Öffentlichen Verwaltung, Frankfurt/New York

Burt, M. R., Fisk, D. M., Hatry, H. P., 1972, Factors Affecting the Impact of Urban Policy Analysis, The Urban Institute, Washington D.C.

Carey, W. D., 1976, The Relationship Between Federal State and Local Government Support For Research and Development, in: Priorities and Efficiency in Federal Research and Development, U.S. Joint Economic Committee, 94th Congress, 2nd Session, U.S. GPO, Washington D.C.

Carnegie Commission on Higher Education, 1974, A Digest of Reports on Higher Education, New York

Coleman, J. S., 1972, Policy Research in the Social Sciences, Morristown, N.J.

Coleman, J. S., 1975, Problems of Conceptualization and Measurements in Studying Policy Impacts, in: Dolbeare, K. M. (ed.), Public Policy Evaluation, Beverly Hills, S. 85 ff.

Colemann, J. S., Campbell, E. Q., Hobson, C. J., Partland Mc, J., Mood, A. M., Weinfeld, F. D., York, R. L., 1966, Equality of Educational Opportunity, GPO, Washington D.C.

Cook, K. S., 1977, Exchange and Power in Networks of Interorganizational Relations, in: The Sociological Quarterly, S. 62 ff.

Cupei, J., 1976, Planungswissen, ein Fortbildungsproblem für Verwaltungsjuristen, in: Verwaltung und Fortbildung, Heft 2, S. 76 ff.

Dehnhard, A., 1977, Die Geltung des Hochschulrahmengesetzes für Fachhochschulen für Verwaltung, in: Deutsches Verwaltungsblatt, S. 625 ff.

Derlien, H.-U., 1976, Die Erfolgskontrolle staatlicher Planung, Baden-Baden

Derthick, M., 1972, New Towns In-Town, Washington D.C.

Deutscher Juristentag, Verhandlungen des 48. DJT, 1970, München

Diekmann, R., 1977, Aufgabenkritik in einer Großstadt unter besonderer Berücksichtigung Hamburgs, Berlin

Dillkofer, H., Ellwein, Th., Habermeyer, W., Kuhlmann, J., Sahner, W., Zoll, R., 1975, Wirtschafts- und Verwaltungswissenschaften, Opladen

Dreyfus, D. A., 1977, The Limitations of Policy Research in Congressional Decision Making, in: Weiss, C. H. (ed.), Using Social Research in Public Policy Making, Lexington, S. 99 ff.

Eekhoff, J., 1975, Erfolgskontrolle in der Stadtentwicklungsplanung, Saarbrücken

Engelbert, E. A., 1977, University Education for Public Policy Analysis, in: Public Administration Review, S. 228 ff.

Esser, J., Fach, W., Simonis, G., Väth, W., 1977, in: Vögelein, L. (ed.), 1977, Sozialwissenschaften und berufsorientiertes Studium, Frankfurt, S. 100 ff.

Fachrichtungen des Personals im höheren Öffentlichen Dienst. Ergebnis der Personalstrukturerhebung 1968, in: Wirtschaft und Statistik 1971, S. 630 ff.

Fortbildung des höheren Verwaltungsdienstes, 1974, Schriftenreihe der Hochschule Speyer, Band 54. Berlin

Frerk, C., Rentrop, G., 1977, Zwischenauswertung einer Analyse zur Studien- und Berufssituation von Politologen (Diplomanden) am Fachbereich Politische Wissenschaft (Otto-Suhr-Institut) der FU Berlin, verv. Ms.

Friend, J. K., 1976, Entwicklungsplanung, politische Grundsätze, organisatorische Grenzen, in: Stadtbauwelt, Heft 50, S. 125 ff.

Friend, J., 1977, Community and Policy: Co-ordination form above or below?, in: Linkage Nr. 2, IOR London

Friend, J. K., Power, J. M., Yewlett, C. J. L., 1974, Public Planning. The Inter-Corporate Dimension, London

Fürst, D., Hesse, J.-J., 1978, Thesen zur Distanz zwischen der „lokalen Politikforschung" und dem kommunalen politisch-administrativen System, in diesem PVS-Sonderheft

Ganser, K., 1975, Probleme anwendungsorientierter Forschung, in: Informationen zur Raumentwicklung, Heft 6/7, S. 287 ff.

Ganser, K., 1976, Schwerpunkte und neue Akzente in der Ressortforschung für Raumordnung und Stadtentwicklung, in: Informationen zur Raumentwicklung, Heft 10/11, S. 507 ff.

Garbrecht, D., 1977, Auswertungsforschung. Anmerkungen zu einem Forschungsansatz, in: Der Städtetag, S. 368 ff.

Grauhan, R.-R., 1975, Einführung: Lokale Politikforschung, in: ders. (Hsg), Lokale Politikforschung, Frankfurt, S. 11ff.

Grauhan, R.-R., Narr, W. D., 1973, Studium der Sozialwissenschaft – demonstriert an der Politikwissenschaft, ein Entwurf, in: Leviathan, S. 90 ff.

Grottian, P., Hellstern, G.-M., Wollmann, H., 1977, Vorlage zur Entwicklung eines Studienschwerpunktes Planung/Verwaltung, Berlin (mimeo)

Guttentag, M. (ed.), 1977, Evaluation Studies Review Annual, Vol. 2, London/Beverly Hills

Häußermann, H., Hopf, W., Siebel, W., 1977, Ist der Soziologenmarkt gesättigt?, in: Arch +, Heft 32

Hargrove, E. C., 1975, The Missing Link, The Study of the Implementation of Social Policy, Washington D.C.

Haro, R., 1969, A Directory of Government, Public and Urban Affairs Research Centers in the United States, Univ. of Cal., Davis

Hartung, D. u.a., 1970, Politologen im Beruf, Stuttgart

Hatry, H. P., Winnie, R. E., Fisk, D. M., 1972, Practical Evaluation For State and Local Government Officials, The Urban Institute, Washington D.C.

Hatry, H. P., Blair, L., Fisk, D., Kimmel, W., 1976, Programm Analysis For State and Local Government, The Urban Institute, Washington D.C.

Heckmann, W. E., Müller. P., 1975, Das räumliche Ordnungskonzept Bochums, Erfolgskontrolle der Entwicklungsziele, Amt für Statistik und Stadtforschung, Bochum

Hellstern, G.-M., Wollmann, H., 1977a, Wirkungsanalysen: Eine neue Variante wissenschaftlicher Politikberatung, in: transfer, Heft 4, Planung in Öffentlicher Hand, S. 157 ff.

Hellstern, G.-M., Wollmann, H., 1977b, Sozialwissenschaftliche Untersuchungsregeln und Wirkungsforschung, Zur Chance kritischer Sozialwissenschaft im Rahmen staatlicher Forschungsaufträge, in: Peter Haungs (Hrg.), Res Publica, Festschrift für Dolf Sternberger, München, S. 415 ff.

Hellstern, G.-M., Wollmann, H., 1977c, Analyse kommunaler Entscheidungsprozesse. Vorstudie im Rahmen des Stadtforschungsprogramms der Robert-Bosch-Stiftung, Ms. April 1977

Hellstern, G.-M., Wollmann, H., 1978, Städtebauliche und stadtstrukturelle Wirkungen, Bd. 02.012 der Schriften- und Städtebau, Bonn Bad Godesberg

Hirsch, J., Leibfried, St., 1971, Trends der Verwaltungsausbildung, in: dies., Materialien zur Wissenschafts- und Bildungspolitik, Frankfurt

Hohenadel, D., 1977, Probleme der Evaluation von Reformstudiengängen unter Bezugnahme auf die einphasige Juristenausbilung, in: Recht und Politik, Heft 1, S. 46 ff.

Van Horn, C. E., Van Meter, D. S., 1976, The Implementation of Intergovernmental Policy, in: Jones, Ch. O., Thomas, R. D. (eds.), Public Policy Making in a Federal System, Beverly Hills usw. 1976, S. 39 ff.

Horowitz, L. I., Katz, J. E., 1975, Social Science and Public Policy in the United States, New York

HUD, Greenleigh Ass. Inc., 1974, An Evaluation of the Urban Observatory Program

International City Management Association (ICMA), 1972, Applying Systems Analysis in Urban Government: Three Case Studies, Washington D.C.

Joosten, P., v. Kaldenkerken, K. H. (Hsg) 1976, Organisation und Effizienz der Öffentlichen Verwaltung II, Köln, Eindhoven 1976

Kantowsky, D. (Hsg) 1977, Evaluierungsforschung und -praxis in der Entwicklungshilfe, Zürich 1977

Kaufmann, F. X. (Hg.), 1977, Bürgernahe Gestaltung der sozialen Umwelt, Meisenheim

Kelly, R. M., 1977, Evaluation Research, Public Policy and Theory: Interfaces to be developed (mimeo), Washington D.C.

Kevenhörster, P., 1976, Erwarten aus der Theorie, in: Kommunalpolitische Blätter, Heft 3, S. 179 ff.

KGSt-Bericht, Nr. 21/1974 Aufgabenkritik

KGSt-Bericht, Nr. 16/1975 Stand der Aufgabenkritik; Sparmaßnahmen; Auswertung einer Umfrage

KGSt-Bericht, Nr. 20/1976 Übertragung bisher von der Verwaltung wahrgenommener Aufgaben, Ergebnis einer Umfrage

KGSt-Bericht, Nr. 25/1976 Verfahren der Aufgabenkritik

König, H., 1977, Kritische Analyse des Managements finanzieller, personeller und materieller Ressourcen in der Öffentlichen Verwaltung, Sonderheft 3 der Verwaltungswissenschaftlichen Informationen, Bonn

Koschnick, H., 1977, Schrumpfen sich unsere Städte krank?, in: Die Demokratische Gemeinde, Heft 5, S. 10 ff.

Kübler, H., 1974, Organisation und Führung in Behörden, Stuttgart 1974
Landau, M., 1973, On the Concept of a Selfcorrecting Organization, in: Public Administration Review, S. 533 ff.
Lehmann-Grube, H., Ruschmeier, L., 1977, Personalentwicklung bei der Stadt Köln, in: Demokratische Gemeinde, Heft 6, S. 529 ff.
Linder, W., Treiber, H., 1976, Verwaltungsreform als Ausbildungsreform, München
Luhmann, N., 1977, Theoretische und praktische Probleme der anwendungsbezogenen Sozialwissenschaften, in: Wissenschaftszentrum Berlin (Hrsg.), Interaktion von Wissenschaft und Politik, Frankfurt, S. 16 ff.
Lynn, L. E., 1977, Implementation: Will the Hedgehogs be Outfoxed?, in: Policy Analysis, S. 277 ff.
Lyons, G. M. (ed.), 1975, Social Research and Public Policies, Dartmouth
Mayntz, R., 1977, Die Implementation politischer Programme. Theoretische Überlegungen zu einem neuen Forschungsgebiet, in: Die Verwaltung, 1977, S. 51 ff.
Mayntz, R., Scharpf, F. W., 1973, Kriterien, Voraussetzungen und Einschränkungen aktiver Politik, in: dies. (Hsg), Planungsorganisation, München
Mushkin, S. J., 1977, Policy Analysis in State and Community, in: Public Administration Review, S. 245 ff.
Nagel, St. (ed.), 1977, Policy Studies Review Annual, Vol. 1, Beverly Hills/London
NASPAA, 1974, Guidelines and Standards for Professional Mater Degree Programs in Public Affairs/Public Administration, Washington D.C.
National Academy of Sciences, 1976, Social and Behavioral Science Programs in the National Science Foundation, Final Report, Washington D.C.
National League of Cities, 1975, NLC Urban Observatory Program – Final Report, Washington D.C.
National League of Cities, 1977, Smaller City Urban Observatory, First Year Research Report
Der neue Jurist, 1973, Ausbildungsreform in Bremen als Planungs- und Lernprozeß, Darmstadt/Neuwied
Offe, C., 1977, Die kritische Funktion der Sozialwissenschaften, in: Wissenschaftszentrum Berlin (Hrsg.), Interaktion von Wissenschaft und Politik, Frankfurt, S. 321 ff.
Parmentier, K., 1977, Beschäftigungslage und Berufschancen der Wirtschaftswissenschaftler, Juristen und Sozialwissenschaftler, Materialien aus der Arbeitsmarkt-und Berufsforschung, Heft 9, 1976
Pendleton, W. C., 1974, Urban Studies and the University, The Ford Experience, New York City
Pendleton, W. C., 1975, University/City Relations Revisited, New York City
Personal im Öffentlichen Dienst am 30.6.1974, in: Wirtschaft und Statistik, 1975, S. 259 ff.
Pippke, W., 1975, Karrieredeterminanten in der Öffentlichen Verwaltung, Baden-Baden 1975
Pippke, W., 1976, Ist die Zeit der großen Einstellungsschübe vorbei?, in: analysen, Heft 1, S. 20 ff.
Policy Studies Journal Symposium, 1972, Basic Institutions and Facilities in Policy Studies
Policy Studies Organization, 1976, Policy Studies Directory (2ed)
Pressman, J. L., Wildavsky, A. B., 1973, Implementation, Berkeley usw.
Rein, M., White, Sh. H., 1977, Policy Research: Belief and Doubt, in: Policy Analysis, 239 ff.
Rinken, A., 1977, Einführung in das juristische Studium, München
Rinsche, G., 1975, Dynamische Kommunalpolitik, Recklinghausen
Rinsche, G., 1976, Einleitungsreferat, in: Kommunalpolitische Blätter 1976, S. 177 ff.
Rinsche, G., 1977, Die Rolle von Sozialwissenschaften in Kommunalpolitik und -verwaltung, Ms. Oktober 1977, in: *Kevenhörster, P. / Wollmann, H.* (Hsg), Politikwissenschaft und Kommunalpolitik, difu-Schriftenreihe (im Erscheinen)
Zur Sache, Heft 5/1971, Reform der Juristenausbildung
Scharpf, F. W., 1971, Das Konstanzer Verwaltungsstudium nach drei Jahren: Entwicklungen, Erfahrungen und Probleme, in: Die Öffentliche Verwaltung, S. 771 ff.
Schelsky, H., Nutzen und Gefahren sozialwissenschaftlicher Ausbildung für Juristen, in Juristenzeitung 1974, S. 410
Schnur, R., 1977, Privileg der Juristen in der Verwaltung?, in: Die Verwaltung, Heft 2
Schwartz, Ch., 1977, Council Evaluation: State of the Art, in: Current Municipal Problems, Vol. XVIII, Spring, S. 431 ff.
Smith, D., 1975, Policy Analysis for Undergraduates, Ford Foundation, New York City
SPD-Ratsfraktion Bochum, 1977, Zwischenbericht der SPD-Ratsfraktion Bochum
Studienkommission für die Reform des Öffentlichen Dienstrechts, 1974, Bericht der Kommission, Baden-Baden

Sunderland, J., 1970, Ph. D. Programs in Policy Sciences, Who, When, Where, What and Why?, in: Policy Sciences, S. 469 ff.
Szanton, P. L., 1972, Analysis and Urban Government: Experience of the New York City – Rand Institute, in: Policy Sciences, S. 153 f.
Tessaring, M., 1977, Qualifikationsspezifische Arbeitslosigkeit in der Bundesrepublik Deutschland, in: Mittelungen aus der Arbeitsmarkt- und Berufsforschung, Heft 2, S. 229 ff.
Troje, H.-E., 1977, Juristenausbildung als Forschungsgegenstand, in: Recht und Politik, Heft 3, S. 144 ff.
Tuite, M. F., Chrisholm, R. K., Radnor, M., 1972, Interorganizational Decision Making, Chicago
Urban Affairs Quarterly, 1972, Urban Studies Research Centers, S. 317 ff.
The Urban Institute, 1971, University Urban Research Centers, Washington D.C. (2. ed.)
U.S. Congress, Senate, Commission on the Operations of the Senate. Policy Analysis on Major Issues. 94th Congress, 2nd Session, U.S. GPO, Washington D.C.
U.S. GAO, 1976, Federal Program Evaluations, A Directory for the Congress, U.S. GPO, Washington D.C.
Van de Vall, M., 1975, Utilization and Methodology of Applied Social Research: Four Complementary Models, in: The Journal of Applied Behavioral Science, S. 14 ff.
Vandervelde, K. J., Miller, J. L., 1975, The Urban Grant Concept: A Systems Analysis, in: Behavioral Science, Heft 5, S. 273 ff.
Wagener, F., 1969, 1975², Neubau der Verwaltung, Berlin
Warren, R. L., 1967, The Interorganizational Field as a Focus for Investigation, in: Administrative Science Quarterly, S. 396 ff.
Warren, R. L., St. M. Rose, A. F., Bergunder, 1974, The Structure of Urban Reform, Lexington, Mass.
Weiner, H. (ed.), 1977, Symposium Education for the Public Service, in: Journal of Urban Analysis, 1
Weiss, C. H. (ed.), 1977, Using Social Research in Public Policy Making, Lexington
Williams, W., Elmore, R. F. (eds.), 1976, Social Program Implementation, New York usw.
Winnie, R. E., 1972, Local Government Budgeting, Program Planning and Evaluation, in: The International City Management Assiciation (ICMA), Urban Data Service, 4 (5) May
Wrage, V., 1975, Erfolg der Territorialreform, Berlin
Yates, D. T. Jr., 1975, Report on Graduate Training and Research Programs in Public Policy, Ford Foundation, New York
Yin, R. K., 1976, R & D Utilization by Local Servies: Problems and Proposals for Further Research, Rand Corp. 2020 DOJ

Anmerkungen

1 Zur Entwicklung der Arbeitslosenzahlen „besonders qualifizierter Berufe" vgl. auch Amtliche Nachrichten der Bundesanstalt für Arbeit, 1977, insbes. S. 1386. Für spezifische Literaturhinweise s. *Tessaring* 1977, insbes. FN 230 sowie *Parmentier* 1977. S.a. die Debatte im Bundestag zu den „Zukunftschancen der jungen Generation", BT Drs. 7/4836 sowie 7/5099. Zur Diskussion von Lösungsmodellen s. die Diskussion auf dem Symposium der BfA und des Max-Planck-Instituts für Bildungsforschung am 29.10.1977, insbes. den Beitrag von *D. Mertens*, Direktor des Nürnberger Instituts für Arbeitsmarkt- und Berufsforschung, vgl. Handelsblatt v. 31.10.1977.

2 Die hiermit angesprochene (mittlerweile wissenschaftssoziologisch, -historisch und -theoretisch ausdifferenzierte) Diskussion um die Finalisierbarkeit und Resistenz wissenschaftlicher Forschung kann hier nur am Rande berührt werden. Vgl. hierzu für einen Überblick *Bähme* u.a. 1976; *Böhme* 1977, s.a. *Weingart* 1976; s. für ausführlichere Hinweise *Hellstern/Wollmann* 1977b, 415 ff.

3 Vgl. auch *Offe* 1977, S. 324–325

4 S. *Coleman* u.a. 1966, meist referiert als „Coleman-Report".

5 S. *Coleman* 1972, eine leicht veränderte Fassung erschien 1975, vgl. *Coleman* 1975

6 Vgl. hierzu auch *Luhmann* 1977, S. 20 ff.

7 Vgl. etwa neuerdings auch *Kelly* 1977

8 S.a. den Aufsatz von *Fürst/Hesse* 1978 (in diesem Band)

9 Auf die – inzwischen insbesondere in den USA überquellende – Forschungsliteratur zur Wissenschaftsnutzung näher einzugehen, würde den Rahmen dieses Aufsatzes sprengen. Es sei hier lediglich auf die Forschungsergebnisse von Caplan (Michigan), Rich (Princeton) und Weiss (Columbia) verwiesen, die übereinstimmend aufzeigen, daß die den meisten Modellen anwendungsorientierter Forschung unterliegenden Vorstellungen einer technokratischen Politikberatung nicht dem vielfältig verzahnten Prozeß zwischen wissenschaftlichem und politisch-administrativen System gerecht werden, der viel eher einem durchaus widersprüchlichen und kumulativ verlaufenden Diskussions- und Aufklärungsprozeß als einem rezeptorientierten Handlungsmodell entspricht, vgl. hierzu etwa die Beiträge in: *Guttentag* (ed.) 1977, *Nagel (ed.) 1977, Weiss* (ed.) 1977, s.a. die wichtigen Beiträge der *Dartmouth OECD Conference*, in: *Lyons* (ed.) 1975 sowie *van de Vall* 1975. Zu ersten deutschen Forschungsergebnissen vgl. *Badura/Bruder/Waltz* 1977.

10 *Banner* 1977

11 Vgl. etwa *Mayntz/Scharpf* 1973, zur Kritik vgl. *Blankenburg* u.a. 1974

12 Nicht von ungefähr entstammen wesentliche Impulse der Implementationsforschung der Analyse föderaler Programme, vgl. vor allem *Pressman/Wildavsky* 1973, *Derthick* 1972. Zum DFG-Projektverbund „Implementationsforschung" vgl. *Mayntz* 1977, als Teilprojektbericht *Baestlein/Hunnius/Konukiewitz/Wollmann* 1978. Zur Entwicklung der Implementationsforschung vgl. insbes. *Hargrove* 1975, *Williams/Elmore* (eds.) 1976. Zur konzeptionellen Entwicklung s. *Van Horn/Van Meter* 1976, *Bardach* 1977, für eine illustrative Kritik vgl. *Lynn* 1977.

13 Vgl. hierzu u.a. *Warren* 1967, *Tuite* u.a. 1972, *Warren* u.a. 1974, *Benson* 1975, *Cook* 1977, S.a. die Arbeit aus dem englischen *Tavistock Institute,* insbes. *Friend* u.a. 1974, *Friend* 1976, 1977 sowie ingesamt den von diesem Insitut neuerdings herausgegebenen Newsletter "*Linkage*".

14 Für eine Übersicht über die Entwicklung der Wirkungsforschung in den USA und in der BRDeutschland sowie für ausführliche Literaturhinweise vgl. *Hellstern/Wollmann* 1977b, 419 ff., auch 1978

15 Vgl. hierzu beispielhaft das *Mittelfristige Forschungsprogramm Raum- und Siedlungsentwicklung* (MFPRS) des BMBau: für eine Zwischenbilanz s. *Ganser* 1976, S. 513 ff. Aus der Forschungsförderung des BMFT ist etwa der Projektverband *„Bürgernahe Gestaltung der sozialen Umwelt"* und innerhalb dessen insbesondere das Teilprojekt der Bielefelder *„Projektgruppe ‚Wirkungsanalysen' der Sozialpolitik"* zu nennen; vgl. *Kaufmann* (Hrg) 1977

16 Für eine detailliertere Diskussion der in der Wirkungsforschung angewandten (experimentellen, quasi-experiment., statistischen, vergleichenden) Methoden, vgl. *Hellstern/Wollmann* 1978, auch 1977a und 1977b

17 Für eine ausführliche methodologische Behandlung des hier vertretenen Fallstudienansatzes sowie Literaturangaben vgl. *Hellstern/Wollmann* 1977b, 442 ff., auch 1978

18 Vgl. *National Academy of Sciences* 1976, *W. D. Carey* 1976 im Auftrag des Subcommittee on Priorities and Economy on Government). s.a. *Horowitz/Katz* 1975. Zur deutschen Diskussion vgl. *Derlien* 1976, *Kantowsky* (Hrg) 1977

19 Vgl. insbes. den Machtzuwachs und die erneute Bedeutung, die das *GAO* (General Accounting Office), *CBO* (Congressional Budget Office), *CRA* (Congressional Research Service) und das *OTA* (Office of Technology Assessment) erfahren haben. Einen guten Einblick in die Evaluierungsaktivitäten geben *Federal Program Evaluations.* A Directory for the Congress, 1976 (hierdurch sollte dem Congress ein Überblick über die Evaluationsforschung verschafft werden) sowie *US. Congress,* Senate 1977, Policy Analysis on Major Issues. A Compilation of Papers, 94th Congress, 2nd Session, Washington, D.C. U.S. GPO, s.a. *Beckman* 1977, 237 ff; zur Kritik *Dreyfus* 1977, 99 ff.

20 Zu Lösungsansätzen *Landau* 1973, 533 ff.; zu theoretischen Überlegungen und Problemlösungsvorschlägen *Argyris* 1976, S. 363 ff.

21 Vgl. beispielsweise die Diskussionen auf der Jahrestagung der *Stadt-, Regional- und Landesplaner;* s. hierzu Kongreßbericht in: Die Demokratische Gemeinde, 1977, 34 ff.

22 Vgl. auch *Rinsche,* 1975, S. 83 ff., 1976, S. 18, 1977, 19 ff.

23 *Banner* 1972, 172 ff.

24 Bereits 1970 nutzten über 55 % aller US-amerik. Gemeinden über 50 000 Einw. verschiedene Formen von Evaluierungsanalysen im Prozeß der Haushaltsaufstellung (*Winnie* 1972); seither – insbes. seit der 1972er Entscheidung des GAO, nicht nur Rechnungslegung sondern auch Wirkungsanalysen zu betreiben (neben Rechenschafts- nun auch Effizienz- und Effektivitätsanalysen einzuführen) – dürfte sich diese Anzahl eher erhöht haben; s.a. *Mushkin* 1977, 245 ff.;

zu praktischen Erfahrungen insbes. *Burt* u.a. (Urban Institute) 1972; *International City Management Association* (ICMA) 1972; *Hatry* u.a. 1972, 1976. Zu den Ansätzen in England, laufende Erfolgskontrollen in der Kämmerei einzusetzen, s. den Bericht der *Layfield Commission,* in: Public Administration (Schwerpunktheft) Heft 1, 1977 für eine Zusammenfassung.

25 Zur Konzipierung und Institutionalisierung der hierzulande vor allem von der KGSt verfochtenen „Aufgabenkritik" in Kommunen vgl. *Bauer/Knöpfle/Mäding* (Hrg) 1974, *Joosten/v. Kaldenkerken* (Hrg) 1976, *König* 1977, S. 6 ff., 50 ff., *Banner* 1977, S. 9 ff., *Diekmann* 1977 sowie die KGSt-Berichte, Nr. 21/1974, Nr. 25/1976

26 S.a. *KGSt-Bericht* 16/1975 zum Stand der Aufgabenkritik, Auswertung der Umfrage zu Sparmaßnahmen und *KGSt-Bericht* 20/1976 zur Übertragung bisher von der Verwaltung wahrgenommener Aufgaben auf Private.

27 So ist in *Wuppertal* beabsichtigt, ab Anfang 1978 einen Sozialwissenschaftler im Stadtentwicklungsamt einzustellen und mit der (noch ausfüllungsbedürftigen) Aufgabe eines „Evaluators" zu betrauen. Vgl. auch den *Bochumer* Ansatz zur Erfolgskontrolle in der Stadtentwicklungsplanung, s. *Heckmann/Müller* 1975, *SPD-Stadtratfraktion Bochum* 1977. Vgl. ferner *Eekhoff* 1975. Verhältnismäßig verbreitet scheinen z.B. Schritte zur Erfolgskontrolle im Bereich des Umweltschutzes, vor allem dort, wo Umweltschutzämter in der Kommunalverwaltung geschaffen wurden, beispielsweise in *Saarbrücken.*

28 S. *Pressman/Wildavsky* 1973, S. VIII

29 *Haro* 1969; *Urban Institute* 1971; *Urban Affairs Quarterly* 1972.

30 Das New Yorker Beispiel zeigte auch, wie ein erfolgreiches Stadtforschungsprogramm durch eine zu enge Bindung an die politische Führung einer Stadt scheitern kann, s. zur Arbeit des *New York City Rand Institute, Szanton* 1972.

31 Zum ersten Teil des *HUD-Urban Observatory Program* vgl. a. *National League of Cities* 1975, zum zweiten Teil *National League of Cities* 1977; zu den deutschen Ansätzen s. *Garbrecht* 1977, 368 ff.

32 Gegenwärtig befindet sich eine Gesetzesvorlage noch in der Beratung, zum Konzept s. *Carnegie Commission in Higher Education* 1974, 251 ff.; sowie *Vandervelde/Müller* 1975, 273 ff.

33 Vgl. jedoch auch *Brinegar* 1977, 73 ff.; *Pendleton* 1974, 1975 für die Ford-Foundation, für Urban/University Linkages, sowie die Rand Studie, *Yin* 1976

34 Neuerdings ist als aussichtsreiches Vorhaben anwendungsbezogener Stadtforschung das von der *Robert-Bosch-Stiftung* projektierte mehrjährige Forschungsvorhaben zur *Stadtregion Stuttgart* zu nennen, das Anfang 1978 in seine Pilotphase eintritt. Für eine Teilvorstudie hierzu vgl. *Hellstern/Wollmann* 1977c

35 Als ein kürzliches Beispiel für den im Bereich der Erfolgskontrolle und Wirkungsforschung in Gang kommenden Erfahrungs- und Wissenstransfer sei auf das 6./8.12.1977 gemeinsam vom *Deutschen Insitut für Urbanistik (difu)* und von der *Bundesakademie für Öffentliche Verwaltung* veranstaltete Fachseminar zum Thema „Von der Finanzkontrolle zur Erfolgskontrolle" verwiesen

36 Als Teil dieser Reformbemühungen ist auch die 1969 erfolgte Gründung der *Bundesakademie für Öffentliche Verwaltung* (BAKöV) – für den höheren Dienst – sowie der Ausbau der *Fachhochschulen für Verwaltung* (FHSV) – für den gehobenen Dienst – zu sehen. Vgl. *Dehnhard* 1977.

37 Vgl. die bereits in ihrem Titel gewissermaßen programmatische, einflußreich gewordene Schrift von *Wagener* 1969.

38 *Fischer-Menshausen* 1974, A. 150. Vgl. auch *Studienkommission* für die Reform des Öffentl. Dienstrechts 1973, S. 63 ff. Aus der umfangreichen Literatur hierzu vgl. insbes. die politökonomisch angeleitete Analyse von *Hirsch/Leibfried* 1971.

39 Vgl. *Koschnick* 1977, S. 13.

40 Vgl. *Brinkmann* u.a. 1973, S. 349; *Pippke* 1975, S. 96. Zur Kontroverse um die Einschätzung von *Brinkmann* u.a. vgl. *Fortbildung* des höheren Verwaltungsdienstes 1974, S. 139 ff. Zu dieser Kontroverse vgl. neuerdings *Cupei* 1976 einerseits und *Schnur* 1977 andererseits.

41 Anteil der Juristen am höheren Dienst (Stand 2.10.68) insgesamt 13 %, davon im Bund: 28,6 %, in den Ländern 13,1 % und in den Gemeinden: 6,1 % (nach: *Wirtschaft und Statistik,* 1971, S. 631). Allerdings wächst der Anteil der Juristen mit steigender hierarchischer Stellung und Besoldungsgruppe steil an. Beispielsweise beträgt der Anteil der Juristen am höheren Dienst der kreisfreien Gemeinden in Nordrhein-Westfalen (Stand 2.10.68) insges. 13,6 %, steigt jedoch innerhalb der Besoldungsgruppen von 7.1 % (A 13) bis 83,3 % (B 9) (nach: *Brinkmann* u.a. 1973, Tab. S. 62).

42 S. insbesondere die Diskussion auf dem 48. DJT, hier vor allem die Berichte von Oehler und Richter. Zur Diskussion vgl. auch Der neue Jurist 1973 einerseits und Schelsky 1974 andererseits. Vgl. auch Linder/Treiber 1976, S. 59 ff. mit weiteren Nachweisen. S. neuerdings Rinken 1977.

43 Vgl. § 5 b des Deutschen Richtergesetzes in der Fassung vom 10.9.1971, vgl. auch BTDrs. VI/2269, ferner Zur Sache, 5/1971.

44 Für einen Überblick vgl. Bericht der Bundesregierung vom 6.5.1975, BTDrs. 7/3604.

45 Zur Evaluierung vgl. neuerdings Hohenadel 1977, Troje 1977.

46 Vgl. hierzu *Bücker-Gärtner* u.a. 1977, S. 1 ff. mit Nachweisen für die Diskussion um das Bielefelder Studienkonzept, insbes. das von der „aktiven Professionalisierung"; vgl. auch *Häußermann* u.a. 1977, S. 25 ff.

47 Für eine aufschlußreiche Dokumentation der Diskussion um die inhaltliche Definition und Ausfüllung eines politikwissenschaftlich angeleiteten Verwaltungsstudiums vgl. *Linder/Treiber* 1976, insbes. S. 13 ff. S.a. *Dillkofer* u.a. 1975.

48 Vgl. *Scharpf* 1971, S. 773.

49 Ebd., S. 771.

50 Vgl. *Banner* 1975, S. 73.

51 Zur (nicht unproblematischen) *Linien-Stab*-Unterscheidung vgl. etwa *Kübler* 1974, S. 64 f.

52 Vgl. *Grauhan/Narr* 1973, S. 117.

53 Ebd., S. 117.

54 Nach: *Wirtschaft und Statistik,* 1971, S. 631 und 1975, S. 260.

55 Gemeinden: 16 %, Länder 32 %, Bund: 16 %, Stand 30.6.74, berechnet nach: *Wirtschaft u. Statistik,* 1975, S. 260.

56 Gemeinden: 51 %, Länder 41 %, Bund: 37 %, Stand 30.6.74, berechnet nach: *Wirtschaft u. Statistik,* 1975, S. 260.

57 Nach *Brinkmann* u.a. 1973, S. 62 (Stand 2.10.68).

58 Ebd. Bei den obersten Landesbehörden des Landes NRW beträgt der Anteil der Aufstiegsbeamten 16,4 %, bei den nachgeordneten Landesbehörden 6.2 %. *Bei den kreisangehörigen Gemeinden steigt der Anteil auf 60,3 %*(!).nach: a.a.O., S. 60–64.

59 Vgl. oben Anm. 18 ff., zur "Council Evaluation" s. *Schwartz* 1977, S. 431 ff.

60 Vgl. *Linder/Treiber* 1976, insbes. S. 69 ff. vgl. auch *Scharpf* 1971. Für einen Kurzvergleich verwaltungswissenschaftlicher Studiengänge vgl. *Linder/Treiber* 1976, S. 246, Anmerk. 3; s.a. *Esser* u.a. 1977.

61 S. *Grottian/Hellstern/Wollmann* 1977.

62 Vgl. insbes. den Ford-Foundation-Report, *Yates* 1976, sowie die NASPAA-Richtlinien 1974; für einen Überblick s. *Engelbert* 1977. Konkrete Hinweise sind *Smith* 1975 für "Undergraduate Studies"; *Sunderland* 1970 für "Post-Graduates" zu entnehmen; für Urban Studies s. *Weiner* 1977; als Übersicht über die Policy-Studies-Einrichtungen s. *Policy-Studies Symposium* 1972, sowie *Pol. Stud. Directory* 1976.

63 Zum folgenden vgl. auch *Bücker-Gärtner* u.a. 1977, S. 13 ff.

64 *Scharpf* 1971, S. 772.

65 Vgl. *Bücker-Gärtner* u.a. 1977, S. 30–31 mit Nachweisen; s. auch die noch immer aufschlußreiche, wenn auch veraltete Studie von *Hartung* u.a. 1970; s. neuerdings Schwerpunktheft der *Österr. Zeitschrift f. Politikwissenschaft,* 1976, Heft 4.

66 *Bücker-Gärtner, Grunow, Hegner, Neubauer.*

67 Vgl. auch *Häußermann* u.a. 1977 sowie *Frerk/Rentrop* 1977.

68 Vgl. *Bücker-Gärtner* u.a. 1977, Tab. S. 27.

69 Vgl. *Linder/Treiber* 1976, S. 283 ff., für die neuere Entwicklung von Fachbereich Politische Wissenschaft der Uni Konstanz veranstalteten Umfrage bei seinen Absolventen vgl. die laufende. Dabei ist hervorzuheben, daß dem Vernehmen nach bislang keiner der Absolventen des Konstanzer Verwaltungsstudiums arbeitslos geblieben ist.

70 Vgl. *Bücker-Gärtner* u.a. 1977, S. 44 f.

71 Ebd., S. 90–91.

72 Ebd., S. 91–93.

IX. Arbeitsgruppe: Umweltschutz

Blauer Himmel über den Industriestädten – eine optische Täuschung

Zur Kritik der Strategie technologischer Symptombekämpfung

Von Martin Jänicke

Aus gegebenem Anlaß haben die Industrieländer seit Beginn der siebziger Jahre den Umweltschutz in den Rang einer systematisch betriebenen Politik des Staates erhoben. Zentrale Institutionen wurden geschaffen, umfangreiche Gesetze verabschiedet, erhebliche Mittel bereitgestellt. In den meisten westlichen Industrieländern betragen die Aufwendungen für den Umweltschutz heute zwischen 1 und 2 Prozent des Bruttosozialprodukts (in Japan sind die Aufwendungen höher, in den COMECON-Ländern niedriger).[1] Es liegt nahe zu fragen, was der Nutzen dieser Aufwendungen gewesen ist. Ich werde hierzu einige Forschungsergebnisse des Projekts „Politik und Ökologie der entwickelten Industriegesellschaften" an der Freien Universität Berlin mitteilen und anschließend die bisherige Strategie des Umweltschutzes der Industriestaaten einer kritischen Analyse unterziehen. Dabei beschränke ich mich auf den Bereich der Luftreinhaltung.

Drei methodische Vorbemerkungen vorweg:

1. Angesichts des verbreiteten „Vollzugsdefizits" im Umweltschutz ist es höchst irreführend von sogen. fortschrittlichen Gesetzen auf die Umweltqualität des betreffenden Landes zu schließen. Umgekehrt wurden gelegentlich lokale Maßnahmen bereits ergriffen, bevor umfassende Gesetze vorlagen. Wir gehen daher in dem genannten Projekt so vor, daß wir unmittelbar nach den meßbaren Trends der Umweltqualität fragen. Der Umweltschutz ist ja einer der wenigen Politikbereiche, in denen potentiell meßbare Resultate erzielt werden können.

2. Wenn man solchermaßen zuerst nach den empirischen Trends der Umweltqualität und ihren Veränderungen fragt, stößt man auf die Schwierigkeit, daß es einen systematischen Umweltschutz in den meisten Industrieländern erst seit Beginn der siebziger Jahre gibt. Bis zum Eintritt von Wirkungen dieser Maßnahmen ist eine Verzögerungszeit zu veranschlagen, die sich aus dem langsamen Verarbeitungstempo des Problems innerhalb der politisch-administrativen Regelungsapparatur ergibt, zu der noch die notwendigen Reaktionsfristen der Addressaten dieser Maßnahmen treten. Hinzu kommt, daß die neuesten Daten, die im Rahmen eines international vergleichenden Projekts

gesammelt werden können, in aller Regel zumindest ein Jahr alt sind. Die hier referierten Trendangaben zur Luftqualitätsentwicklung von Großstädten enden überwiegend 1974 oder 1975.

3. Fast alle verfügbaren Angaben sind Informationen offizieller Stellen[2], die ja auf dem Gebiet der Umweltqualitätsmessungen meist über ein Informationsmonopol verfügen. Das hier dargestellte Ergebnis der Luftqualitätsmessungen in 76 Großstädten[3] der industrialisierten Welt (s. Tabelle) ist also zugleich eine Widerspiegelung der Informationsstrategie der Behörden. Sie läßt sich erkennbar so umreißen: Ist der Trend günstig, so fließen die Informationen reichlich. Ist der Trend ungünstig, versiegt der Informationsstrom.[4] Sind Informationen zu wichtigen Problembereichen nicht erhältlich, ist folglich mit ungünstigen Tatbeständen zu rechnen.

Auf den ersten Blick zeigt diese Tabelle nun ein außerordentlich günstiges Bild der Luftqualitätsentwicklung in den Großstädten der Industrieländer:

Schwefeldioxid und Staub, die beiden Schadstoffe, die lange Zeit (zu Unrecht) als Leitindikatoren der Luftbelastung angesehen wurden, *weisen ganz überwiegend rückläufige Immissionskonzentrationen auf.* Die Schwefeldioxid-Belastung hat sich in 52 von 76 Großstädten verringert. Eine gleichbleibende Belastung durch SO_2 wurde überwiegend in weniger verschmutzten Großstädten konstatiert. In acht Großstädten nahm sie zu: in Madrid, Bilbao, Ankara, in Bordeaux, in Duisburg und Düsseldorf, in Cottbus und in Bratislava. Einschränkend sei hier allerdings darauf hingewiesen, daß unsere Daten in bezug auf Süd- und Osteuropa unvollständig sind. Die Reduzierung der Staubbelastung ist noch verbreiteter: Nur zwei von 59 erfaßten Großstädten, Madrid und Ankara, wiesen in den siebziger Jahren steigende Staubkonzentrationen auf. (Nicht enthalten in der Gesamtzahl ist die VR China, wo die Kohlenstaubbelastung in 13 Großstädten verringert wurde.) Überwiegend günstig sind auch die Trends bei Kohlenmonoxid, wo nur 3 von 21 Städten eine Verschlechterung aufweisen. Die Informationslage ist hier jedoch bereits deutlich ungünstiger. Vollends gilt dies für die *zunehmenden* Schadstoffe Stickoxide und Kohlenwasserstoffe, von denen vor allem letztere wegen ihrer Krebsgefährlichkeit wahrlich größeres Interesse verdienten.

Entwicklung der Luftbelastung in Großstädten der Industrieländer

Schadstoff	besser	schlechter	gleichbleibend	Summe der erfaßten Städte
SO_2	52	8	16	76
Staub (TSP, Smoke)	47	2	10	59
CO	14	3	4	21
O_x	6	3	5	14
NO_x	2	7	6	15
CH	1	3	1	5

Projekt „Politik und Ökologie" 1977

Bei SO_2 und Staub hingegen ist häufig auch das Ausmaß der erzielten Niveauverbesserung durchaus eindrucksvoll: So weist Moskau heute nur noch ein Achtel derjenigen (extremen) Schwefeldioxid- und Staubbelastung auf, die in den fünfziger Jahren vorherrschte.[5] In Tokio hat man die Staubbelastung in einem Jahr auf fast ein Viertel verringert.[6] In New York betrugen die Schwefeldioxidwerte von 1973 nur noch ein Zehntel dessen, was 1967 gemessen wurde.[7] Auch in Stockholm oder in Oslo kam es in wenigen Jahren zu einer starken Verringerung der Konzentrationen der beiden Schadstoffe. Diese Erfolgsliste ließe sich verlängern.

Zu einem überraschenden Ergebnis führt auch der internationale Vergleich des Belastungs*niveaus.* Es war den Industriegesellschaften von der Ökologie-Bewegung prophezeit worden, sie würden ihren immer höheren Lebensstandard mit einem immer höheren Niveau der Umweltverschmutzung bezahlen müssen. Für Schwefeldioxid und Staub gilt heute genau der umgekehrte Zusammenhang: *Je höher der Lebensstandard, desto niedriger die Luftverschmutzung durch diese beiden Schadstoffe.* Die durchschnittlich niedrigsten Schwefeldioxid- und Staubkonzentrationen weisen heute die Großstädte Schwedens, der Schweiz, Norwegens, Dänemarks, Hollands, der USA und Kanadas auf (in dieser Reihenfolge). Die höchste Luftbelastung durch die genannten Schadstoffe findet man heute nicht in Chigago, in Osaka oder in London, sondern im peripheren Kapitalismus Südeuropas und in Teilen Osteuropas. Als besonders hoch belastete Großstädte erwiesen sich in den letzten Jahren nach unseren – hier lückenhaften – Informationen Städte wie Bilbao, Ankara und vor allem Mailand auf der einen Seite, Halle, Leipzig, Budapest und Bratislava auf der anderen Seite.

Die These, die Luftverschmutzung steige mit dem pro-Kopf-Einkommen, wäre also schlagend widerlegt, *wenn* Schwefeldioxid und Staub als Indikatoren der gesamten Luftbelastung gelten könnten. Dies ist jedoch erkennbar *nicht* der Fall: *Schwefeldioxid und Staub weisen gegenüber anderen Belastungsfaktoren heute eine Sonderentwicklung auf.* Die These von der Höchstbelastung der entwickeltsten Industriegesellschaften hat deshalb wenig von ihrer Plausibilität eingebüßt.

Bevor ich auf diese entscheidende Problematik der „weiteren Schadstoffe" näher eingehe, ist zu erläutern, daß und warum die Erfolgsmeldungen bei Schwefeldioxid und Staub selbst einer ernüchternden Ergänzung bedürfen:

1. Ein Teil der hier erzielten Verbesserungen ist lediglich das Resultat von Brennstoffsubstitutionen, wobei sich vor allem der verringerte Einsatz von Kohle positiv auswirkte. Dieser Hinweis hat zumindest für diejenigen Länder Bedeutung, die wie die Bundesrepublik, die USA oder Großbritannien in Zukunft eventuell wieder stärker auf die Kohle zurückgreifen werden.

2. Ein anderer Teil der positiven Effekte ergibt sich lediglich durch eine bessere Verteilung der genannten beiden Schadstoffe: durch eine Erhöhung der Schornsteine oder die Dezentralisierung der Industriestandorte. Dies gilt zumindest für Schwefeldioxid, wo die Emissionen (die Gesamtmenge des in die Luft abgegebenen Schadstoffes) eine weniger günstige Entwicklung aufweisen als die Immissionskonzentrationen. Weltweit ist vermutlich von einem weiteren Anstieg der SO_2-Emissionen auszugehen.

3. Da auch die entwickeltsten Industriegesellschaften nicht in dem Sinne „postindustriell" geworden sind, daß die materielle Produktion stagniert oder gar rückläufig ist, da also das Industriewachstum anhält, muß mit einem Wiederanstieg der Immissionskonzentrationen gerechnet werden. Dies umso mehr, als die Art der bisher ergriffenen Maßnahmen (Einbau von Filtern, Verwendung günstigerer Brennstoffe, bessere Verteilung des Schadstoffes) keine wesentlich weitergehenden Verbesserungen möglich macht. Dies würde bedeuten, daß in absehbarer Zeit der ursprüngliche Belastungszustand wiederhergestellt wäre, obwohl teure Maßnahmen ergriffen wurden. Sollten hingegen effektivere Technologien wie etwa die Rauchgasentschwefelung eingesetzt werden (was bisher nur in Japan und den USA in größerem Umfang geschieht), so hieße dies: das gleiche Belastungsniveau wird im Wachstumsprozeß mit einem steigenden Preis bezahlt.

Der entscheidende Einwand gegen eine zu optimistische Interpretation der Umweltschutz-Erfolge bei Schwefeldioxid, Staub, Kohlenmonoxid oder auch Blei (in Ländern wie der BRD oder Schweden) ist die Tatsache, daß die Liste der toxischen Schadstoffe in der Luft beträchtlich länger ist. Nach Angaben des siebenten Berichts des amerikanischen Council of Environmental Quality für 1976 gibt es heute rund 3,5 Mio chemische Verbindungen.[8] Jährlich werden tausende neu hinzuerfunden und hunderte in den Handel gebracht. Die meisten dieser Stoffe sind harmlos. Viele sind es nachweislich nicht. Andere galten zunächst als ungefährlich, bis man eines Besseren belehrt wurde wie im Falle von PVC und PCB. Aus dieser Tatsache hatte der amerikanische CEQ bereits ein Jahr zuvor die Konsequenz gezogen, den bisherigen „Leitindikatoren" der Luftbelastung (SO_2 und Staub) ihre Indikatoreneigenschaft praktisch abzusprechen: "It is becoming increasingly evident that the air pollutants upon which our standards and monitoring have been focusing do not represent all the important parameters of air quality. In some cases, they may not even represent the most important or informative ones."[9]

Der zitierte Umweltbericht beginnt mit einem materialreichen Kapitel über den Zusammenhang von Umweltbelastung und Krebs. Die Krebserkrankung bestimmter Organe, insbesondere der Lunge, nimmt ja in den Industrieländern weiterhin zu. Und diese Tatsache „indiziert" die Luftqualitätsentwicklung in ihrer eigentlichen Gefährlichkeit vermutlich besser als die nunmehr entthronten „Leitindikatoren" der Luftbelastung. Der Zusammenhang zwischen der Umweltbelastung durch chemische Schadstoffe und bestimmten Organkrebsen wird heute international nicht mehr ernsthaft bestritten. Bisher wußte man, daß einige Organkrebse in industriellen Ballungsgebieten am häufigsten auftreten. Unlängst hat das National Cancer Institute der USA im Auftrag der WHO genauere Zusammenhänge herausgearbeitet, wobei sich zeigte, daß solche Erkrankungen in der Nähe chemischer Produktionszentren verstärkt vorgefunden werden.[10] Sehr anschaulich wird dies auch durch Forschungen aus der DDR belegt, wonach man im Chemiekombinat Leuna mehr als zehnmal häufiger an Krebs erkrankt als in einer Stahlgießerei derselben Gegend.[11]

Die Lebenserwartung der Männer in den meisten Industrieländern geht heute absolut zurück oder nimmt einen ungünstigeren Verlauf als die der – weniger erwerbstätigen – Frauen.[12] Dies bestärkt die Vermutung, daß die Umweltverhältnisse gerade der „modernsten" Industrien zunehmende Gesundheitsprobleme aufwerfen. Wo die Erwerbstätigkeit der Frauen besonders hoch ist, wie in der DDR, gleicht sich die Lebenserwartung beider Geschlechter – in der ungünstigen Richtung – an. Neben den Herz-Kreislauf-Krankheiten wird diese Entwicklung entscheidend durch die Zunahme der Krebserkrankungen bestimmter Organe, besonders der Lunge, so negativ bestimmt (s. Anhang).

Diese wenigen epidemiologischen Hinweise mögen genügen, um zu verdeutlichen, *daß die Erfolge bei Schwefeldioxid und Staub ein irreführendes Bild über die gesamte Luftbelastung durch toxische Schadstoffe vermitteln.* Zwischen Indikator und Indiziertem ergibt sich eine deutliche Kluft. Die Entwicklung der Chemieproduktion, die Krebsmortalität und vor allem die geringe Zahl von Schadstoffen, für die eine generalisierte Problemperzeption bzw. ein Regelungssystem vorliegt, geben weiterhin zu der Vermutung Anlaß, daß gesundheitsschädliche Luftbelastungen mit dem Industrialisierungsgrad zunehmen. Für Schwefeldioxid und Staub gilt dagegen, wie gezeigt wurde, genau das Gegenteil: Den blauesten Himmel haben heute die entwickeltsten Industriegesellschaften. Dieser blaue Himmel aber nimmt den Charakter einer optischen Täuschung an. Die Entwicklung der zahlreichen Giftstoffe, für die es keine generalisierte Problemperzeption und daher auch keine Regelungen gibt, die nur gelegentlich bzw. nur in kleinen Mengen auftreten und die – wie die karzinogenen Stoffe – dennoch äußerst gefährlich sind, nimmt offensichtlich einen anderen Verlauf. Dies allein schon deshalb, weil Maßnahmen immer erst dann ergriffen werden, wenn nachweisbare Schadenswirkungen vorliegen.

Damit komme ich zum entscheidenden Punkt: Der Entwarnungseffekt bei Staub und Schwefeldioxid ergibt sich zu einem Zeitpunkt, in dem gerade ein radikalisiertes Problembewußtsein nötig wäre – ein Problembewußtsein, das eine neue Strategie des Umweltschutzes bewirkt, bei der die politische Instanz ihre Befähigung zur vorausschauenden Strukturplanung und Technologiekontrolle zu erweisen hätte, eine Umorientierung also, die bei sinkendem Problembewußtsein unvorstellbar ist.

Dies führt nun zur Kritik der bisherigen Strategie des Umweltschutzes:[13] Das internationalisierte, arbeitsteilige und großtechnologische Industriesystem – das seinem Wesen nach kapitalistisch, aber nicht mehr auf die kapitalistischen Länder beschränkt ist[14] – produziert mit der wachsenden Menge seiner Güter auch wachsende Probleme. Einen Teil dieser Probleme aber benutzt es wiederum als Ausgangslage für neue Produktionen. Ein wachsender Anteil des Bruttosozialprodukts entsteht dadurch, daß das Industriesystem „Heilmittel" für die von ihm selbst produzierten Krankheiten produziert. Der *Zyklus von industrieller Problemproduktion und industrialisierter Problembewältigung* erhält so immer größeres Gewicht. Am Umweltschutz läßt sich dieser Mechanismus gut demonstrieren (die Gesundheitspolitik ist ein anderes Beispiel)[15].

Vor allem läßt sich hier veranschaulichen, für welche Problembewältigungen sich das Industriesystem interessiert und für welche es seiner ganzen Natur nach unzuständig ist – mit dem Effekt, daß notwendige Regelungen unterbleiben. Eine kurze Charakterisierung des Typus der „Industrialisierten Problembewältigung" mag verdeutlichen, warum der eine oder andere Schadstoff mehr oder weniger beseitigt werden kann, ohne daß die Gesamtproblematik davon nennenswert berührt wird.

Die *Industrialisierung einer Problemlösung* ist durch folgende Merkmale gekennzeichnet:

- sie ist ökonomisch, nicht politisch,
- sie ist spezialistisch, nicht komplex,
- sie hat die Form der Serienproduktion,
- sie äußert sich als Symptombekämpfung, und
- sie macht den Staat zum Nachfragebeschaffer für neue Industriegüter.

An die Stelle eines einmaligen politischen „Nein" zur Problemursache tritt ein zweifaches „Ja": einmal zur Problemproduktion und einmal zur Produktion der Problemlösung. Lediglich die Produktpalette wird also erweitert. Das politisch-administrative System spiegelt diesen Problemlösungsmodus wider: einmal wegen der wachsenden Verflechtung mit dem Industriesystem, zum anderen, weil auch das bürokratische System Expansionsanlässe dankbar aufgreift. Während das industrielle System – bei zahlungsfähiger Nachfrage – gegebenenfalls für jeden einzelnen Schadstoff ein spezielles Meßsystem und eine spezielle Reinigungsanlage produziert, „produziert" das bürokratische System die speziellen Normen, stellt spezielle Experten für einzelne Schadstoffe an, initiiert spezielle Forschungen oder gewährt spezielle Subventionen. Im Einzelfall – z.B. auch beim Benzin-Blei-Gesetz in der Bundesrepublik – können die Wirkungen durchaus eindrucksvoll sein. (In wenigen Monaten verringerte sich als Folge dieses Gesetzes die Bleikonzentration in westdeutschen Großstädten um zwei Drittel.)

Gleichzeitig schaffen diese in der Regel besonders legitimationsträchtigen Einzelfälle jedoch ein falsches Bewußtsein von Kompetenz: Man kann, so scheint es, dem Industriesystem beruhigt die Lösung der von ihm selbst erzeugten Probleme überlassen. Aber damit bleiben die Problemlösungen einem System der technologischen Symptombekämpfung überlassen, das

- auf Kriminalität primär mit neuen technischen Ausrüstungen für die Kriminalpolizei,
- auf Krebs primär mit aufwendigen Diagnosegeräten,
- auf Lärm primär mit Schallschutzinstallationen an Straßen und Häusern und
- auf internationale Probleme primär mit neuen Militärtechnologien reagiert (die wiederum internationale Probleme schaffen).

All diese „Problemlösungs-Branchen" die von den Sorgen der Öffentlichkeit bzw. öffentlicher Nachfrage „leben", folgen dem gleichen Expansionsschema: Auf eine spezielle Krisenwarnung – die wiederum eine Spezialität der industrialisierten Kommunikationsmittel ist – tritt der Staat mit einer speziellen Maßnahme in Aktion, deren Kern die Nachfrage nach neuen Industriegütern ist. Die Konsequenz: immer mehr Arbeitsplätze und Gewinne (bzw. bürokratische Einflußsphären) hängen davon ab, daß die Probleme nicht wirklich gelöst werden, das produzierte Krisenmanagement also andauert.

Damit werden Strategien bevorzugt und verfestigt, die politische Lösungen tabu machen. Die *politische* Lösung wäre hier immer eine Veto-Lösung: das Abstellen schädigender Kausalketten am *Ausgangspunkt.* Dies aber bedeutet in der Regel doppelten Wachstumsverlust, sowohl in der schädigenden als auch in der schadensbeseitigenden Industrie. Hier liegt die Wurzel der Entpolitisierung von Problemlösungen im kapitalistischen Industriesystem. (Analogien im Staatskapitalismus sind dort systemisch keineswegs zwingend, ergeben sich aber vor allem auf dem Wege der Nachahmung westlicher Technologien und Strategien.)

Man könnte sich mit dieser massiven Tendenz zur Industrialisierung von Problemlösungen abfinden, wenn sie nicht entscheidende Mängel hätte:

1. Sie ist vergleichsweise *ineffektiv*, weil sie nur bestimmte technisch angehbare Teilaspekte der Gesamtproblematik erfaßt und blind für komplexe Kausalzusammenhänge ist. Für den hier interessierenden Bereich der Luftreinhaltung bedeutet dies: Zusammenhänge wie der zwischen Umweltbelastung und Lungenkrebs oder auch nur die Kombinationswirkung mehrerer Schadstoffe bleiben außerhalb des technischen Gesichtswinkels. So ist es möglich, daß diese Art von Umweltschutz im Sinne ihrer begrenzten Erfolgskriterien „erfolgreich" ist, ohne daß nennenswerte gesundheitliche Verbesserungen eintreten.

2. Ineffektiv ist diese Strategie auch deshalb, weil sie in typischer Weise *selektiv* ist: Sie beschränkt sich tendenziell auf Problemaspekte, die einen *hohen Aufmerksamkeitswert* besitzen. Dies liegt daran, daß die öffentliche Nachfrage – entweder direkt durch den Staat finanziert oder durch staatliche Maßnahmen initiiert – erst publizistisch hervorgerufen werden muß. Öffentlicher Alarm aber setzt spektakuläre Mißstände voraus. Vor allem aber: der Schaden muß bereits eingetreten sein. Hohe staatliche Aufwendungen für noch ungewisse Zukunftsrisiken – geschweige denn ein staatliches Veto – sind demgegenüber schwer zu legitimieren. Angesichts der meist langen Verzögerungszeit zwischen Ursache und Schadenswirkung, kommen staatliche Maßnahmen daher tendenziell immer zu spät. Da sich nicht nur die Maßnahmen, sondern auch die Erfolge auf der Ebene hoher Aufmerksamkeitswerte bewegen, *erhält die industrialisierte Problemlösung die für die öffentliche Mittelaufwendung nötige Legitimation – auch wenn sich an der Problemlage überhaupt nichts ändert*, weil man nur die Spitze des Eisbergs abgetragen hat.

3. Die industrialisierte Problemlösung ist zu *teuer*. Im Umweltschutz zeigt sich dies darin, daß mit einem beträchtlichen Mittelaufwand nur einige wenige Schadstoffe in der Luft – und nicht einmal die gefährlichsten! – reduziert wurden. Für die Verringerung der großen Zahl weiterer Giftstoffe in der Luft fehlen die Mittel. Dies zum einen, weil der Preis für die Stabilisierung des Belastungsniveaus auch bei SO_2, Staub oder Kohlenmonoxid mit dem Wirtschaftswachstum tendenziell steigt (Wiederanstiegsproblem). Vor allem aber fehlen die Mittel für eine Fortsetzung der Schadstoff-für-Schadstoff-Entsorgung, weil die Schaffung immer neuer Spezialmeßsysteme, Spezialreinigungsanlagen, Spezialkontrollinstanzen im Umfange der anfallenden Schadstoffe gewaltige Kosten verursacht. Die Kosten-Nutzen-Relation dieser Strategie ist zu ungünstig.

4. Da die industrialisierte Problemlösung ihrer Natur nach nicht vorsorgend, sondern nachsorgend ist, ändert sie also prinzipiell nichts am „Volumen“ der anfallenden Probleme. Die Menge der produzierten Giftstoffe nimmt also weiter zu. Dies bleibt problematisch selbst da, wo auf dem Wege technischer Innovation geschlossene Systeme geschaffen wurden: Seveso war ein geschlossenes System![16] Schlimmer noch ist, daß der industrialisierte Umweltschutz oft nur den Charakter eines *technischen Umwegs* hat: die Giftstoffe gelangen nicht in die Luft, sondern auf den Abfall, werden nicht in den Fluß, sondern direkt ins Meer geleitet usf. Durch solche *Problemverschiebungen* auf der Basis einer unveränderten Schadstoffmenge wird der Weg in die Umwelt häufig nur verlängert.

5. Die industrialisierte Problemlösung, deren Stärke die Beseitigung massenweise und kalkulierbar anfallender Schadstoffmengen ist – Produktionsbedingung ist der berechenbare Mengenabsatz des „Gegenmittels“ –, versagt da, wo der *Problemtypus des Risikos* im Spiel ist. Die unkalkulierbare Luftbelastung durch zahllose toxische Stoffe, die nur gelegentlich, nur lokal oder nur in kleinen Mengen anfallen, insgesamt aber gesundheitsstatistisch erhebliches Gewicht haben, gehören hierzu.

An diesem Punkt führt unser Thema zur entscheidenden ökologischen Problemstruktur des Industriesystems. Gemeint ist die zunehmende *Risikoproduktion* – ein Problemtypus, den die Industrie hervorbringt, *ohne* an der gleichzeitigen Produktion von Gegenmitteln interessiert zu sein. Zunehmende Risiken dieser Art produziert nicht nur die chemische Industrie. In der Lebensmittelindustrie, der „Gesundheitsindustrie“, der Energiewirtschaft, im Verkehrswesen oder im Rüstungsbereich wachsen die Risiken, sei es technologisch bedingt (Beispiel Atomenergie), sei es durch die bloße Zunahme des Volumens (Beispiel: Luftverkehrsdichte). Die Außeralltäglichkeit der anfallenden Gefahren und die Unkalkulierbarkeit etwaiger Absatzchancen lassen hier *keinen* Problemlösungsmarkt entstehen. „Interessant“ sind die industriell produzierten Risiken lediglich für das Versicherungswesen und die Alarm-Publizistik.

Damit ist nunmehr ein Problembereich umrissen, der der industriellen „Selbstheilung“ prinzipiell nicht anvertraut werden kann, der sich technologischen Therapien entzieht und eine andere als die technokratische Form der Politik erfordert. Technokratische Umweltpolitik ist wesentlich *Nach*sorge in Konformität mit industriellen und staatlichen Wachstumsinteressen, wobei sie häufig zur unmittelbaren Wachstumspolitik wird (wie insbesondere beim Kläranlagenbau).[17]

Die zunehmende industrielle Risiko-Produktion erfordert dagegen eine Politik der *Vor*sorge, die nicht durch die Problemdefinitionen und Wachstumsinteressen des Industriesystems bestimmt bzw. beschränkt wird, diesem vielmehr aus eigener Kompetenz und Legitimität mit dem Anspruch, Probleme an ihrer Quelle zu beseitigen, gegenübertritt. „Politisch“ in diesem Sinne wäre eine systematische Technologiebewertung mit *Ausschließungskonsequenz* für schädliche oder zu risikoreiche Technologien.

Der Unterschied zwischen Vorsorge und „Nachsorge“ wird offenkundig, wenn man die Länge der problematischen Kausalkette betrachtet, an deren Anfang oder Ende jeweils eingegriffen wird. Sie umfaßt zumindest die folgenden Stufen:

1. die Entscheidung über ein bestimmtes Forschungsvorhaben
2. die Investitionsentscheidung
3. die Vermarktung
4. das Auftreten von Umwelt- oder Gesundheitsschäden
5. die generalisierte Problemperzeption im Sinne von öffentlichem Alarm
6. Gegenmaßnahmen
7. deren Implementation
8. Wirkungen von Maßnahmen (oder auch: die Erkenntnis ihrer Unwirksamkeit, womit der Prozeß erneut bei 5. beginnt).

Der ökonomisch günstigste Staatseingriff ist derjenige, der bereits bei der Forschungsentscheidung wirksam wird. Die Vergeudung von Forschungsmitteln, von Fehlinvestitionen und der Verlust von Arbeitsplätzen im Falle eines Vetos politischer oder juristischer Instanzen wären hier optimal zu verhindern. Auch der ökologische Nutzen eines Eingriffs auf früher Stufe ist evident. Umgekehrt sind die Schadensbeseitigungskosten beim ungehinderten Ablauf problematischer Kausalketten bis hin zur Umweltkrise oder zum Gesundheitsschaden am höchsten.

Eine vorsorgende Politik der Negation von Problemursachen ist etwas anderes als eine Staatstätigkeit, die industriell erzeugte Probleme als Vehikel industriellen (und bürokratischen) Wachstums einsetzt. Sie setzt einen Staat voraus, dessen Souveränität sich in der Konfliktfähigkeit gegenüber dem Industriesystem erweist. Das Industriesystem und seine Form der Problemlösung verlangen hingegen einen Staat, dessen Stärke nicht *qualitativer* sondern *quantitativer* Natur ist, der wenig Veto-Macht, aber ein großes Finanzvolumen besitzt, mit dem die „öffentliche Nachfrage" nach Entsorgungsgütern gedeckt werden kann.

Im Hinblick auf die vorherrschende Wirklichkeit ist die Forderung nach Souveränität des Staates gegenüber dem Industriesystem eine sehr weitgehende. Schließlich stellt sich heute immer stärker die Frage, wer diese gigantische – internationalisierte – Produktionsapparatur und ihre immer riskanteren Technologieangebote überhaupt noch zu kontrollieren vermag. Am anschaulichsten zeigt der Rüstungswettlauf, wie sehr die weitere Entwicklung den Produzenten immer problematischerer Großtechnologien überlassen ist.

Dennoch ist vor der apodiktischen Behauptung zu warnen, das (kapitalistische) Industriesystem und sein Staat seien *prinzipiell* unfähig, den neuen Problemtypus der Risiko-Produktion unter Kontrolle zu nehmen. Voreilige Behauptungen über diesbezügliche Systemgrenzen gab es auch im Hinblick auf die Reinhaltung der Luft – noch vor kurzem fand das Bild vom industriellen Erstickungstod in ganz unterschiedlichen Lagern beunruhigte Zustimmung. Die hier angeführten Daten zeigen, daß es zu pessimistisch war. Unsere anschließende Diskussion der toxischen Umweltrisiken ergab, daß hier eine Problematik anderer Qualität vorliegt, die im Gegensatz zu bestimmten regelmäßig anfallenden Umweltbelastungen nicht industriell-nachsorgend, sondern nur politisch-vorsorgend zu regeln ist. Das größte Handikap einer angemessenen Regelung ist hier, daß sie nicht wachstumskonform, sondern im Konfliktfall gerade (zumindest kurzfristig) wachstumshemmend ist.

Dennoch gibt es in den USA seit Ende 1976 ein – jahrelang von der Industrielobby blockiertes – Gesetz zur generellen Kontrolle toxischer Substanzen, das wesentliche

Elemente einer *prinzipiellen* Vorsorge enthält und nicht erst die nachweisbare Schädigung, sondern bereits das Risiko eines chemischen Produkts berücksichtigt; gefährliche Substanzen können nach diesem Gesetz (Toxic Substances Control Act) bereits vor ihrer Vermarktung verboten werden! Es bleibt abzuwarten, ob dieses in vieler Hinsicht durchaus beachtliche Gesetz einen effektiven Beitrag zur Risiko-Minderung im Umweltbereich zu leisten vermag. Erwähnenswert ist es in unserem Zusammenhang allemal, nicht zuletzt auch deshalb, weil in der Bundesrepublik gerade erst die Diskussion dieser Problematik angelaufen ist.[18]

Sollte also doch das Tabu durchbrochen werden können, daß jede produktionsreife Technologie umstandslos vermarktet wird? Die systematischen Barrieren gegen entsprechende negatorische Staatsinterventionen scheinen beträchtlich. Immerhin gibt es aber zwei gegenläufige Faktoren, die die politische Vorsorge begünstigen könnten: Zum einen gibt es ein gewisses Industrieinteresse daran, daß die Gefährlichkeit des jeweiligen Produkts nicht zu unkalkulierbaren Kostenentwicklungen führt. Die Itai-Itai-Krankheit in Japan, die Contergan-Affäre in der Bundesrepublik, das Seveso-Unglück in Italien oder die (kürzliche) Kepone-Affäre[19] in den USA stellen ein solches *Kosten*-Risiko dar. Unkalkulierbare Entwicklungen dieser Art scheut die Industrie ebenso wie etwa die Dampfkessel-Explosionen, die in Deutschland schon frühzeitig zur Gründung des – privaten – TÜV führten.

Wichtiger scheint mir folgende Gegentendenz:
Das politisch unzureichend kontrollierte Industriesystem produziert mit seinen Risiken in wachsendem Maße Zukunftsangst. Diese artikuliert sich zunehmend in kritischen Fraktionen der Wissenschaft, der Öffentlichkeit und bei den Betroffenen. Die großindustriellen Veto-Gruppen, die mit ihren ökonomischen Einzelinteressen den Staat immer wieder an der Wahrnehmung von Gesamtinteressen – einschließlich der Zukunftsinteressen – hindern, haben in den spontanen Veto-Gruppen betroffener Bürger eine Entsprechung gefunden. Die oligarchische Negation von Gemeinwohlinteressen wird nun ihrerseits an der Basis negiert. Die mangelnde Souveränität des Staates gegenüber dem Industriesystem hat Erosionstendenzen der politischen Instanz zur Folge, die unübersehbar sind. Die politische Kontrolle industrieller Risiken, auf die der technokratische Staat weitgehend verzichtet hat, wird immer mehr ersatzweise *außerhalb* des in die industriellen Erwerbs- und Wachstumsinteressen eingebundenen politischen Systems artikuliert. Auf diese Entwicklung kann der Staatsapparat entweder mit Anpassung an die artikulierten Bürgerinteressen oder mit Blockierung der störenden politischen und rechtlichen Artikulationsmöglichkeiten reagieren. Die idealtypische Konsequenz des demokratischen Weges wäre vermutlich ein Innovationsschub in Richtung auf umweltschonende, risikoarme Technologien. Am Ende des repressiven Weges – in letzter Konsequenz: eines Wachstums unter Polizeischutz – stünde vermutlich das, was die Industrie gern mit umgekehrten Vorzeichen beschwört: der wirtschaftliche Niedergang. Denn trotz all der latent autoritären Strukturmerkmale, die dem Industriesystem schon frühzeitig – von Burnham bis Marcuse – attestiert wurden, sind dessen repressive Möglichkeiten durchaus begrenzt. Autoritär verfaßte Industriegesellschaften sind weniger effektiv, weil ihre Flexibilität leidet, weil wichtige Informationsströme unterbunden sind, weil die ohnehin prekäre Stör-

anfälligkeit zunimmt. Autoritäre Wachstumsmechanismen würden bei dem jetzt erreichten Lebensstandard spätestens beim Konsumenten enden, dessen Nachfrage nur in Einzelfällen erzwingbar ist.

Dies sind, wohl gemerkt, Gegen*tendenzen*, mehr nicht. Sie bedeuten lediglich, daß die Bürger- und Gemeinwohlinteressen in ihrer Untermächtigkeit gegenüber dem hochorganisierten bürokratischen und industriellen Wachstumskomplex nicht durchweg voluntaristisch im Abseits der großen Interessenströme operieren. *Einige* objektive Tendenzen kommen ihnen entgegen.

Zusammenfassung

Die hier entworfene Problemskizze stellt den Versuch dar, am Beispiel der Luftreinhaltung die Möglichkeiten und Grenzen der technokratischen Problemlösungsstrategie des Industriesystems zu entwickeln. Sie begann mit dem Ergebnis, daß eine bestimmte Art von Umweltschutz vom Industriesystem keineswegs abgelehnt wird. Das Bild vom industriellen Erstickungstod, das noch vor kurzem die Gemüter erregte, ist irreführend gewesen. Eine bestimmte Art von Umweltschutz ist dem Industriesystem willkommen, sofern sie einen neuen Wachstumsbereich eröffnet, dessen Kosten zu einem erheblichen Teil externalisiert werden können. Überdies kann sich diese Art Umweltschutz sogar durch sichtbare Erfolge legitimieren. Kosten und Nutzen eines solchen technokratischen Umweltschutzes stehen jedoch in keinem angemessenen Verhältnis. Die eigentliche Problematik bleibt im Dunkeln und läßt sich mit dieser Strategie weder technisch noch finanziell bewältigen. Der Problemtypus des Risikos (hier des toxischen Umweltrisikos) erfordert eine andere, eine politische Strategie, deren Erfolg wiederum eine staatliche Veto-Macht erfordert, die bisher nicht vorhanden ist. Ihr Fehlen steht nicht nur einer Politik der Risiko-Minderung entgegen. Politische Folge ist ein Legitimitätsverlust des politischen Systems, dessen Konsequenzen noch nicht absehbar sind.

Anmerkungen

1 Nach Unterlagen des Projekts „Politik und Ökologie" an der Freien Universität Berlin.

2 Dies gilt für die OECD-Länder, deren Umweltbehörden systematisch angeschrieben wurden. Ergänzend wurden herangezogen: Stichting Concave: Characteristics of Urban Air Pollution: Sulphur Dioxide and Smoke Levels in Some European Cities, Report Nr. 4/Den Haag März 1976. NATO Committee on the Challenges of Modern Society: Air Pollution; Second Follow-Up Report, Nr. 50/Sept. 1976.
Angaben aus den COMECON-Ländern – wo sich schriftliche Anfragen als zwecklos erwiesen – stammen aus offiziellen Umweltschutzpublikationen und Fachzeitschriften wie der Zeitschrift für die gesamte Hygiene (DDR).

3 Die 76 Großstädte (mit Trendangaben zur SO_2-Entwicklung) sind:
Belgien: Antwerpen, Brüssel, Lüttich
BRD: Berlin (Steglitz), Bottrop, Bremen, Dortmund, Düsseldorf, Duisburg, Essen, Frankfurt/M., Gelsenkirschen, Hamburg, Hannover, Mannheim, München, Oberhausen
Bulgarien: Sofia
CSSR: Bratislava, Prag
Dänemark: Kopenhagen

DDR: Cottbus, Halle, Magdeburg, Zwickau
Frankreich: Bordeaux, Lyon-Villeurbanne, Marseille, Nantes, Paris
Großbritannien: Glasgow, Leeds, London, Manchester, Sheffield
Japan: Kawasaki, Osaka, Tokio, Yokkaichi, Yokohama
Kanada: Calgary, Hamilton, Montreal, Ottawa, Toronto, Vancouver, Windsor, Winnipeg
Niederlande: Amsterdam, Rotterdam
Norwegen: Bergen, Oslo, Trondheim
Österreich: Wien
Schweden: Göteborg, Malmö, Stockholm
Schweiz: Zürich/Dübendorf
Spanien: Barcelona, Bilbao, Madrid
Türkei: Ankara
UdSSR: Moskau
USA: Boston, Chicago, Cincinnati, Cleveland, Denver, Los Angeles, New York, Philadelphia, Pittsburgh, San Diego, San Francisco, St. Louis, Washington D.C.
Hinzukommen die Städte Bristol, Dublin und Ostberlin, für die andere als SO_2-Werte vorliegen.

4 Dies zeigt auch die erwähnte NATO-Umfrage (Anm. 2), die bei Schwefeldioxid 33, bei Stickoxiden 3 Städtewerte erbrachte.

5 Nach sowjetischen Angaben bei der WHO. Wiedergegeben bei F. Singleton (Ed.): Environmental Misuse in the Soviet Union, New York etc. 1976, S. 11.

6 Jap. Environment Agency (Ed.): Quality of the Environment in Japan 1973, Tokio 1974, S. 80.

7 The Fifth Annual Report of the Council on Environmental Quality, Washington 1975, S. 272.

8 The Seventh Annual Report of the Council on Environmental Quality, Washington 1977, S. 29 und pass.

9 The Sixth Annual Report of the Council on Environmental Quality, Washington 1976, S. 326.

10 Vgl. TIME v. 11.8.1975.

11 Zeitschrift für die gesamte Hygiene Nr. 12/1972. Untersuchungen der DDR ergaben auch, daß leitende Angestellte, Akademiker und in der Landwirtschaft Tätige an Bronchial-, Magen- und Dickdarmkrebs ungleich viel seltener als Facharbeiter sterben. K. Berndt: Krebs und soziale Lage, in: Medizin und Soziologie, Berlin (DDR) 1967. Ganz im Sinne des amerikanischen Umweltberichts (Anm. 9) kommt man daher auch in der DDR zu folgendem Resultat: „1. Epidemiologische und experimentelle Untersuchungen sprechen dafür, daß die Mehrzahl der menschlichen Organkrebse durch Umweltfaktoren hervorgerufen werden. 2. Die zunehmende Chemisierung und Industrialisierung führt ganz allgemein zu einer Zunahme der Schadstoffe in der Biosphäre. 3. Die durch exogene Faktoren verursachten Organkrebse beim Menschen nehmen zu." Verminderung der Luftverunreinigung und medizinische Aspekte, hg. von der Kammer der Technik der DDR, Leipzig 1975, S. 139.

12 M. Jänicke: Soziale und ökologische Faktoren rückläufiger Lebenserwartung in Industrieländern, in: Medizin Mensch Gesellschaft Nr. 4/1977.

13 Zu der folgenden Kritik des technokratischen Umweltschutzes siehe auch die aus dem Projekt „Politik und Ökologie" hervorgegangene Studie von J. Gerau: Zur politischen Ökologie der Industrialisierung des Umweltschutzes, in: Leviathan Nr. 1/1977. Ferner E. Hödl: Wirtschaftswachstum u. Umweltpolitik, Göttingen 1975.

14 Vgl. M. Jänicke: Umweltpolitik in Osteuropa, Beilage zur Wochenzeitung DAS PARLAMENT v. 11.6.1977.

15 Vgl. B. und J. Ehrenreich: Der medizinisch-industrielle Komplex, in: W.-D. Narr u. C. Offe (Hg.): Wohlfahrtsstaat und Massenloyalität, Köln 1975. F. Naschold: Strukturelle Bestimmungsfaktoren für die Kostenexplosion im Gesundheitswesen, in: A. Murswieck (Hg.): Staatliche Politik im Sozialsektor, München 1976. Vgl. daselbst auch den Beitrag von J. Ueltzhöffer zur Entstehung eines „sozial industriellen Komplexes".

16 Vgl. F. Vahrenholt: Seveso. Informationen über eine Umweltkatastrophe, Materialien Nr. 8/1976 des Umweltbundesamtes.

17 Vgl. R. J. van Schaik: The Impact of the Economic Situation on Environmental Policies, OECD-Observer Nr. 79/1976.

18 Vgl. H. Weidner: Von der Schadstoffbeseitigung zur Risikoverhinderung. Neue gesetzliche Regelungen für Umweltchemikalien, Forschungsbericht Nr. 10/1977 des Projekts „Politik und Ökologie".

19 The Seventh Annual Report of the CEQ (Anm. 8), S. 30 ff. 1975 wurden in den USA 70 Kepone-Vergiftete registriert. Kepone ist ein kanzerogener Stoff.

Anhang

Veränderungen der durchschnittlichen Lebenserwartung und der Krebsmortalität in Industrieländern

Land	Vergleichszeitraum	Veränderung der Lebenserwartung (in Jahren) für fünfjährige[1] Jungen	Mädchen	Vergleichszeitraum	Veränderung der Krebsmortalität (Sterbefälle je 100 000 Einwohner)
Belgien	1959/63–1968/72	+ 0,01	+ 0,59	1960–1972:	226,2 / 246,8
Bundesrepublik Deutschland	1960/2 –1972/4:	+ 0,22	+ 1,22	1960–1974:	207,2 / 239,8
Dänemark	1961/5 –1971/2:	– 0,10	+ 1,20	1960–1973:	209,5 / 231,9
DDR	1963/6 –1971/2:	– 0,80	– 0,52	1960–1974:	214,0 / 221,1
Frankreich	1960 –1971/2:	+ 0,45	+ 1,80	1960–1970:	196,8 / 207,4
Finnland	1961/5 –1971:	– 0,10	+ 1,20	1960–1973:	155,3 / 172,2
Großbritannien u. Nord-Irland	1960 –1969/71:	+ 0,20	+ 0,60	1960–1973[2]:	215,9 / 244,1
Japan	1960 –1971:	+ 3,20	+ 3,88	1960–1974:	100,3 / 122,7
Niederlande	1961/5 –1971/3:	– 0,57	+ 0,70	1960–1972:	168,4 / 197,5
Norwegen	1961/5 –1971/2:	– 0,19	+ 1,03	1960–1973:	163,9 / 187,5
Österreich	1959/61–1970/2:	– 0,05	+ 0,76	1960–1974:	249,6 / 258,3
Polen	1965/6 –1970/2:	– 1,08	+ 0,08	1970–1974:	138,0 / 149,6
Rumänien	1964/7 –1970/2:	– 0,32	+ 0,20	1969–1974:	122,1 / 124,4
Schweden	1959 –1973:	– 0,22	+ 2,02	1959–1973:	178,8 / 228,5
Schweiz	1958/63–1968/73:	+ 0,96	+ 1,59	1959–1973:	194,8 / 208,1
Tschechoslowakei	1960/1 –1969/70:	– 1,54	– 0,02	1968–1973:	215,2 / 225,7
UdSSR	1958/9 –1968/71:	– 1,44	+ 0,21	–	–
USA	1959 –1970/2:	+ 0,10	+ 1,37	1960–1974:	147,4 / 170,5

1 Wegen der Verringerung der Säuglingssterblichkeit hat die Lebenserwartung Neugeborener eine günstigere Tendenz.
2 Nur England und Wales.

Wirtschaftswachstum und umweltpolitische Problemlösungskapazität

von Alparslan Yenal

Die aktuelle Debatte über die wirtschafts- und umweltpolitisch relevanten Folgen der externen Effekte, der sozialen Folgekosten[1] des Wirtschaftsprozesses als Problem des privatkapitalistisch-marktwirtschaftlich koordinierten sozialökonomischen Systems wird in breiter Front geführt. Sie hat die politische Sensibilisierung für die Umweltprobleme bewirkt und zur Problematisierung des Wirtschaftswachstums beigetragen[2]. Dabei wurden allerdings einige wichtige Problemaspekte ausgeblendet oder als Randphänomene betrachtet. Die Konzentration der Umweltdiskussion auf die Frage der Problemlösungswirksamkeit der im gegebenen Systemrahmen möglichen Instrumente entsprach der Dringlichkeit der umweltpolitischen Entscheidungen und Handlungen. Das politische Defizit, entstanden durch die Versäumnisse in der Problemanalyse und durch Nicht-Entscheidungen, konnte in der öffentlichen Umweltdebatte nur als eine Effizienzfrage angewandter Instrumente erscheinen. Damit wurde die politische Auseinandersetzung mit der konsequenten, zukunftsichernden wirtschafts- und umweltpolitischen Zielrealisierung und mit den Problemlösungsalternativen vermieden. Das bedeutet nochmalige Vertagung einer kritischen Auswertung der Problemlösungskapazität des bestehenden politischen und sozialökonomischen Systems.[3]

In der wissenschaftlichen Analyse der umweltbedingten Sozialkosten haben die spezifischen Probleme der politischen Willensbildung über die Zielbestimmung, Mittelwahl und insbesondere Zusammenhänge der politischen und sozialökonomischen Systeme ebenfalls nicht die erforderliche Beachtung erfahren. Wenn die Umweltpolitik nicht eine „naive" Verlängerung der inkrementalen Wirtschaftspolitik sein soll, muß sie *erstens* unter dem Aspekt ihrer politischen und sozialökonomischen Systembedingungen beurteilt werden und *zweitens* müssen die Ansatzpunkte einer sinnvollen Umweltpolitik als Teil einer nicht reaktiven, sondern zukunftsgestaltenden Wirtschaftspolitik aufgezeigt werden.

Die vorliegende Arbeit will zu einigen Punkten dieses Themenkomplexes beitragen. *Im ersten Abschnitt* werden die Zusammenhänge zwischen dem Wirtschaftswachstum und der Umwelt behandelt. *Der zweite Abschnitt* befaßt sich mit einem zentralen Komplex der Umweltpolitik, nämlich mit dem wirtschaftspolitischen Aspekt des Umweltschutzes. Dabei werden Wirtschaftswachstumseffekte der Umweltpolitik im Vordergrund stehen. Die systemischen Probleme der umweltpolitischen Problemlösungskapazität sind der Gegenstand des *letzten Abschnitts.*

In der aktuellen umweltpolitischen Analyse steht das Problem der Wirtschaftswachstumseffekte der Umweltschutzmaßnahmen im Vordergrund. Das hat angesichts der notwendigen Klärung des Zielkonflikts zwischen Wirtschaftswachstum und Umweltschutz seine Berechtigung. Diese *Problemstellung* muß aber mit einer anderen Problemsicht ergänzt werden. Die Wachstumsverluste, die durch die Umweltverschlechterung bedingt sind, müssen ebenfalls thematisiert werden. Ohne diese Art der Wachstumsbeeinträchtigung hervorzuheben, kann ein abwägendes Gesamturteil über die Umweltschutzpolitik nicht gebildet werden.

Bevor wir auf die Wachstumswirkungen der Umweltschäden eingehen, soll der Zusammenhang zwischen Wirtschaftswachstum und der Umweltgefährdung erklärt werden.

1. Wirtschaftswachstum und Umweltgefährdung

Zwischen Wirtschaftswachstum und Umweltgefährdung besteht folgender Zusammenhang.

Die Kausalbeziehung der Entwicklung der Schadstoffemission (P(t)), z.B. m^3 Abwasser je Zeiteinheit, zur Sozialproduktentwicklung (Y(t)) läßt sich mit

$$P(t) = \alpha(t) \cdot Y(t) \tag{1}$$

formulieren.[4]

Der Ausdruck α zeichnet den gesamtwirtschaftlichen Schadstoffkoeffizienten, der sich aus den Emissionskoeffizienten der Produktions- und Konsumprozesse ergibt. Die Emissionskoeffizienten können aus den Input-Output-Rechnungen ermittelt werden.[5]

Wenn das Sozialprodukt Y in pro-Kopf-Version $y = \frac{Y}{N}$, wobei N Bevölkerungszahl ist ,definiert wird, kann die Gleichung (1) umschrieben werden

$$P(t) = \alpha(t) \cdot y(t) \cdot N(t) \tag{2}$$

Der Gleichung (2) können wir entnehmen, daß die Schadstoffemission mit dem steigenden Schadstoffkoeffizienten, mit der zunehmenden Produktion und der Bevölkerung wächst. Die Konstanz des Schadstoffkoeffizienten genügt also alleine nicht, das bestehende Schadstoffemissionsniveau zu erhalten.

Aus der Gleichung (2) werden auch die strategisch-alternativen Ansatzpunkte der Umweltpolitik deutlich. Diese werden in dem nächsten Abschnitt hinsichtlich ihrer Wachstumsauswirkungen untersucht.

Die Verbesserung oder Erhaltung der Umweltqualität, gemessen an der Veränderung der *Schadstoffkonzentration* $\overline{P}$ in dem betrachteten Umweltbereich, z.B. Abwasser pro m^3 Wasser, durch die privaten und öffentlichen Umweltinvestitionen I_u in Kläranlagen kann durch

$$\frac{d\overline{P}}{dt} = \alpha Y - \beta I_u - \gamma \overline{P} \tag{3}$$

beschrieben werden. Den Abbau der Schadstoffemission durch Umweltinvestitionen bei gegebener Umwelttechnologie drückt der technologische *Reinigungskoeffizient* β aus. Ein Teil der Schadstoffkonzentration wird durch die Selbstreinigungskapazität des Umweltmediums abgebaut. Diesen Teil pro Zeiteinheit zeigt der *natürliche Abbaukoeffizient* γ. Wobei $\beta > 0$ und $\gamma > 0$ ist.

Die Schadstoffkonzentration kann nur abnehmen, wenn erreicht wird, daß $(\alpha Y - \beta I_u) < \gamma \bar{P}$ ist (vgl. ex_i in Übersicht 2).

2. Wachstumsverluste, die durch Umweltschäden bedingt sind.

Die durch Umweltverschlechterung verursachten Wachstumsverluste können wie folgt zusammengefaßt werden.

1. Die Produktionszweige, die ein Umweltgut als Input mit einer bestimmten qualitativen Beschaffenheit brauchen, sind von der Qualitätsminderung der Umwelt direkt betroffen.[6] Für sie entstehen zusätzliche Kosten durch höheren Faktoreinsatz zur Wiederherstellung der erforderlichen Qualität z. B. der Bereinigung. Die unmittelbare Betroffenheit durch negative externe Effekte ist für die mittelgroßen und kleinen Unternehmen wesentlich höher. Sie können die Zusatzkosten nicht so erfolgreich abwälzen wie ein marktbeherrschendes Unternehmen. Wenn sie die Produktion wegen dieses Kostendrucks einstellen müssen, kann das die Wachstumsverringerung zur Folge haben. Die Übernahme eines solchen Betriebs von einem Großunternehmen kann zwar die direkte Wachstumsverringerung auffange, aber mit wettbewerbspolitischen und wirtschaftsstrukturellen Konsequenzen. Ist jedoch die Umweltverschlechterung irreversibel, so daß die Produktion nicht erhalten werden kann, führt das unmittelbar zu Wachstumsverlusten und zu wirtschaftsstrukturellen Problemen.
2. Das Konsumverhalten kann sich durch die Nutzenminderung der gestörten Umwelt ändern. Der direkte Konsumnutzen der Umweltgüter kann wegen ihrer schlechten Qualität abnehmen. Auch die Preissteigerungen, die wegen des Produktivitätsrückgangs in den Umweltschäden betroffenen Branchen nicht vermieden werden können, bewirken eine Änderung des Konsumverhaltens. Das veränderte Konsumverhalten verursacht Anpassungsprozesse, die den Wachstumsprozeß beeinträchtigen und sogar nachhaltig hemmen können. Mit der Verschlechterung der Umweltqualität entsteht eine *kompensatorische Nachfrage*. Konsumenten fragen nach Gütern und Dienstleistungen, z. B. in steigendem Maße nach Medikamenten und ärztlichen Diensten, die nur dazu dienen, die Folgen der Umweltschäden zu beseitigen bzw. zu kompensieren. Durch die Nachfrageverschiebung werden Produktionsfaktoren beansprucht, die sonst für andere Verwendungszwecke verfügbar wären. Bemerkenswert ist auch, daß die so erfolgte Nachfrageverschiebung im Regelfall die staatlichen Aufgaben im Sektor der Infrastruktur und der Sozialleistungen erweitert.
3. Die unbestritten umweltbedingten Gesundheitsschäden vermindern die Arbeitsqualität und verlangsamen damit die Produktivitätsentwicklung. Die Umweltverschlechterung kann in den Extremfällen auch zum Rückgang des Arbeitskräftepotentials mit negativen Wachstumsfolgen führen.

Eine wirksame Umweltpolitik, die durch Erhaltung und Besserung der Umweltqualität diese Wachstumsverluste vermeidet, ist zugleich eine *differenzierte Wachstumspolitik*.

II. Umweltschutzpolitik und Wirtschaftswachstum

1. Wirtschaftspolitische Ziele und Umweltschutz

1. Ein parlamentarisch-demokratisches Regierungssystem muß sich der wirtschaftspolitischen Probleme, die ihm aufgrund der Erfolgs- und Systemkontrolle (s. III und Übersicht 2) zugewiesen werden, annehmen. Die wohlfahrtsstaatsspezifische Problemlösungserwartung des Staatsbürgers hat die ihr eigene Form der „Problemverstaatlichung"[8] entwickelt. Aber nicht jedes Interesse und nicht jede Problemlösungserwartung wird politisch artikuliert und kann durchgesetzt werden. Politische Systeme entwickeln erfolgreiche Interessenselektionsmechanismen, so daß manches Allgemeininteresse nicht oder nur sehr bedingt verwirklicht werden kann. Das gilt insbesondere für die staatliche Aktivität im Politikbereich der „öffentlichen Güter".[9] So werden auch die Umweltschutzinteressen selektiv und inkonsequent verwirklicht. Umweltschutzziele kommen nur zum Zuge, wenn sie mit den anderen wirtschaftspolitischen Zielen, in erster Linie mit den gesamtwirtschaftlichen Steuerungszielen vereinbar sind.[10]
   Mit dem Gesetz zur Förderung der Stabilität und des Wachstums der Wirtschaft vom 8.6.1967 wurde ein „Stilwandel der Sozialen Marktwirtschaft" vollzogen: die gesamtwirtschaftliche Steuerung[11] wurde zur permanenten wirtschaftspolitischen Aufgabe des Sozialstaates. Die im § 1 StabG[12] genannten vier Ziele, Stabilität des Preisniveaus, hoher Beschäftigungsgrad, außenwirtschaftliches Gleichgewicht, stetiges und angemessenes Wirtschaftswachstum, sollen – wie das Gesetz fordert – *gleichzeitig und im Rahmen der marktwirtschaftlichen Ordnung* realisiert werden. Die Bundesregierung hat im Umweltprogramm die Gleichrangigkeit der umweltpolitischen Ziele innerhalb der Infrastrukturpolitik betont, diese aber den stabilitätspolitischen Zielen untergeordnet.[13] Der Rahmen der Umweltschutzmaßnahmen wird – wie im StabG für die gesamtwirtschaftlichen Steuerungsinstrumente – so abgesteckt, daß die Strukturpinzipien des privatkapitalistisch-marktwirtschaftlichen Systems nicht tangiert werden dürfen. Die Anerkennung des Verursacherprinzips als der umweltpolitische Problemslösungsgrundsatz[14] ist deshalb nur folgerichtig.
   Der verteilungspolitische Konflikt wird im Umweltprogramm wie auch schom im StabG nicht thematisiert. Das ist ein deutlicher Hinweis auf die Strategie der Zielreduktion als „Problemlösungsverfahren".
2. Die Umweltschutzpolitik kann auf die Verwirklichung der im § 1 StabG genannten wirtschaftspolitischen Ziele negative Auswirkungen haben.[15]
   a) Die Internalisierung der sozialen Zusatzkosten durch die Anwendung des Verursacherprinzips kann zur Arbeitsplatzvernichtung und damit zur Verletzung

des Vollbeschäftigungsziels führen. Die in besonders hohem Maße umweltgefährdenden Branchen[16] werden in erster Linie betroffen. Daraus ergeben sich auch gleichgerichtete Folgen für die vor- und nachgelagerten Produktionszweige. Im Bereich der von der Umweltschutzpolitik induzierten Umwelt- und Recyclingindustrien sind andererseits positive Beschäftigungswirkungen zu erwarten. Das beschäftigungspolitische Problem ist hier nicht global lösbar, sondern zukunftsperspektivisch und sektoral und regional differenziert zu betrachten. Die noch vor wenigen Jahren allseitig geteilte Befürchtung vor der negativen Beschäftigungskonsequenz der Umweltschutzpolitik hat in der aktuellen Beschäftigungskrise eine deutliche Wende erfahren. Die Umweltpolitik wird heute beschäftigungspolitisch instrumentalisiert.

b) Die Internalisierung der sozialen Zusatzkosten wird Preisniveau- und Struktureffekte hervorrufen. Die Modellrechnung mit den alternativen, in der Periode 1970 bis 1985 erwarteten Umweltschutzkosten, haben einen Preisniveauanstieg zwischen 1,5 bis 3,0 v.H. ergeben.[17] Längerfristig werden diese Preiseffekte davon abhängen, wie die einzelnen Umweltschutzmaßnahmen die Investitionsentscheidungen beeinflussen und technologische Neuerungen veranlassen. Bei der Beurteilung der umweltschutzbedingten Preissteigerung muß beachtet werden, daß ihre Ursachen die Maßnahmen zur Vorbeugung und Vermeidung der Umweltschäden und die Aktivitäten zur Verbesserung der Umweltqualität sind. Diese müssen von anderen Inflationsursachen unterschieden werden.[18]
   Die Verteilungswirkungen der umweltschutzbedingten Preissteigerungen sind von der Wahl der Instrumente, die zur Durchsetzung des Verursacherprinzips, z.B. Abgaben, Steuern infrage kommen, von dem Ausmaß der negativen externen Effekte in den verschiedenen Produktionszweigen und von der Nachfragestruktur abhängig.[19]

c) Auch das wirtschaftpolitische Ziel des außenwirtschaftlichen Gleichgewichts wird von dem Umweltschutzmaßnahmen berührt. Wird die Umweltpolitik nicht in Gleichschritt international koordiniert und nach vergleichbaren Grundsätzen verwirklicht, haben die Länder, die eine konsequente Umweltpolitik verfolgen, außenwirtschaftliche *Wettbewerbsnachteile* zu erwarten. So entstandene Wettbewerbsnachteile können Anlaß zu außenwirtschaftspolitisch-protektionistischen Schritten werden.[20] Die Umweltschutzvorschriften können aber auch zur Flankierung der außenwirtschaftspolitischen Instrumente, die zur Bekämpfung des Außenhandelsdefizits dienen, eingesetzt werden. In der Bundesrepublik Deutschland wird das Ziel des außenwirtschaftlichen Gleichgewichts bei einem stetigen und beträchtlichen Leistungsbilanzüberschuß durch die Preiseffekte des Umweltschutzes nicht beeinträchtigt, vielmehr unterstützt. Die nicht preislichen Komponenten der außenwirtschaftlichen Wettbewerbsfähigkeit[21] der Bundesrepublik, wie die Angebotsstruktur haben so ein großes Gewicht, daß die umweltschutzbedingten Preiswettbewerbsnachteile nicht überschätzt werden dürfen.

d) Die umweltschutzpolitischen Maßnahmen beeinflussen das Niveau und die Zusammensetzung des Bruttosozialprodukts und können zur Abschwächung des *Wachstums des Bruttosozialprodukts* führen.[22] Wenn z.B. die Umweltqualitätsstandards zur Ergänzung der Marktpreiskoordination gesetzt werden, können sie die Stillegung bestimmter Produktionsanlagen verursachen und/oder die Änderung des Konsumverhaltens veranlassen und ohne kompensatorische Intervention, die Minderung des Bruttosozialprodukts zur Folge haben. Die Umweltschutzinvestitionen, die beispielsweise zur nachträglichen Beseitigung der umweltschädlichen Abfälle notwendig werden, verändern die Produktions- und Endnachfragestruktur zugunsten der umweltneutralen oder -freundlichen Güter und Dienste. Die neue Produktionsstruktur muß sich nicht auf den Wachstumsprozeß negativ auswirken. Im folgenden Abschnitt werden die Konsequenzen der umweltpolitischen Strategien näher behandelt. Hier nur einige grundsätzliche Bemerkungen zur begrifflichen Problematik des Wirtschaftswachstums. Dies ist erforderlich, weil die politische Relevanz der Umweltpolitik durch das unkritische Bekenntnis zum Wirtschaftswachstum infrage gestellt wird. Das triviale Verständnis vom Nutzen des Wirtschaftswachstums, das die politische Wachstumsdiskussion kennzeichnet, unterstellt die Identität der Wachstumsraten des Bruttosozialprodukts mit der Wohlfahrtssteigerung. Die unterstellte Identität erfüllt zwar die Funktion eines „politischen Erfolgsschlagers", hat aber mehr als nur einen Schönheitsfehler. *Erstens* wird in dieser verkürzten Wachstumsdiskussion die Frage nach dem Produktionszweck nicht gestellt; die Verwendungs- und Verteilungsaspekte bleiben unbeachtet. *Zweitens* gestattet die Berechnungsmethode des Bruttosozialprodukts seine Verwendung als *Wohlstandsindikator* sehr bedingt.[23] Wir beschränken die Kritik auf den umweltpolitisch wichtigen Aspekt.[24]

Die privaten und öffentlichen Aufwendungen, die nur dazu dienen, die Umweltschäden zu beseitigen und/oder zu vermeiden, werden in der Berechnung des Bruttosozialprodukts als Wertschöpfung gebucht.[25] Da es außer Zweifel steht, daß die Umweltverschlechterung die gesellschaftliche Wohlfahrt beeinträchtigt, muß die herkömmliche Buchungsweise ihrer Repaturkosten, die zu rechnerisch höheren Wachstumsraten des Bruttosozialprodukts führt, mehr als nur kurios gelten. Denn diese Art Reparatur kann nicht gegenüber dem Wohlfahrtsniveau vor der Umweltschädenentstehung eine Erhöhung bedeuten: Dadurch wird nur die entgangene Nutzung wiederhergestellt. Höhere Wachstumsraten des Bruttosozialprodukts werden aber als Wohlfahrterhöhung interpretiert. Wenn diese Interpretation akzeptiert wird, muß man wissen, daß von einer *Pseudo-Wohlstandsmehrung*[26] gesprochen wird. Das Bruttosozialprodukt ist um so mehr ein Indikator der Pseudo-Wohlstandsmehrung, je weniger darin die verbleibenden und nicht reparierbaren Umweltschäden registriert werden.[27]

Die systematische Nichtbeachtung der Umweltbelastung, die als soziale Kosten des Wirtschaftsprozesses einen steigenden Trend aufweist, führt dazu, daß das Bruttosozialprodukt zu hoch ausgewiesen wird. Konsequent wäre es, die Umweltbelastung in die volkswirtschaftliche Gesamtrechnung einzubeziehen.[28] So müßten die Umweltschutzausgaben als „Ersatzinvestitionen zur

Erhaltung des Nutzungsgehaltes bzw. zur Vermeidung eines sonst rascheren Verfalls der Umweltressourcen" vom herkömmlichen Nettosozialprodukt abgezogen werden.[29] Der praktikable erste Schritt in diese Richtung wäre, die Beseitigungskosten des Umweltverzehrs, die von den öffentlichen Haushalten getragen werden, von dem Nettosozialprodukt abzuziehen.[30]

2. *Konsequenzen der umweltschutzpolitischen Strategien für das Wirtschaftswachstum*

1. Umweltschutzaktivitäten haben grundsätzlich zwei *Politikperspektiven*. Sie können *präventiv* auf die Entstehungsursachen der Umweltschäden gerichtet sein oder sich auf die *nachträglichen Korrekturen* beschränken.[30a] Die erste Politikperspektive charakterisiert die aktive, gestaltende Umweltpolitik und die letztere ist der Grundzug der reaktiven Anpassungspolitik. Aufgrund der Probleme der umweltpolitischen Zielfindung und -operationalisierung und der Instrumentenwahl und -durchsetzung, die sich dem parlamentarischen Regierungssystem mit der bundesstaatlichen Kompetenzverteilung wie dem der Bundesrepublik Deutschland stellen, kann nur eine Kombination der umweltpolitischen Perspektiven realisiert werden. Der angewandte Instrumentenkatalog belegt diese These.
Mit den restriktiven Bedingungen einer aktiven Umweltpolitik befaßt sich der nächste Abschnitt. Um die Ansatzpunkte der umweltschutzpolitischen Aktivitäten herauszufinden, müssen die konkreten Problemkreise definiert werden. Übersicht 1 bringt einen Überblick über diese Problemkreise und die sich darauf beziehenden umweltpolitischen Zielsetzungen. Sie enthält auch die denkmöglichen Instrumente, die nach dem Kriterium der ökologischen *Zielrealisierungswirksamkeit* in drei Kategorien erfaßt sind. Zur Zielrealisierungswirksamkeit steht die *Marktkonformität* der Instrumente wie sie im Umweltprogramm postuliert wurde,[31] im umgekehrten Verhältnis: je zielwirksamer ein Instrument, desto marktinkonformer ist dasselbe. Die Zielrealisierungswirksamkeit und Marktkonformität dürfen nicht die einzigen Beurteilungskriterien für die umweltpolitsichen Instrumente sein. Weitere Kriterien[32] wie „ökonomische Effizienz, Praktikabilität, Reversibilität, Flexibilität und Verteilungsgerechtigkeit" müssen herangezogen werden. Diese sind bei ber Wahl der Problemlösungsalternativen unverzichtbare Entscheidungsgrundlagen. Sie können die Zielkonflikte und Realisierungsprobleme transparent machen und damit zur Erhöhung der Problemlösungskapazität des Regierungssystems beitragen.
2. Für die Diskussion der umweltschutzpolitischen Strategien können wir an die Gleichung (3) anknüpfen (s. I.1.). Wir konzentrieren uns auf die ersten beiden Glieder α Y und β I_u, der Gleichung. Die Umweltschutzpolitik kann
   a) auf die Reduzierung der Wirtschaftswachstumsraten des Sozialprodukts Y gerichtet sein,
   b) die Verkleinerung des gesamtwirtschaftlichen Schadstoffkoeffizienten α versuchen,
   c) die Erhöhung des technologischen Reinigungskoeffizienten β fördern,
   d) die Steigerung der Umweltinvestitionen I_u zum Ziel haben.

Die umweltpolitische Optimalstrategie ist erreicht, wenn zwischen diesen Ansätzen eine Kombination gefunden wird, bei der die „volkswirtschaftlichen Kosten"[33] der Vermeidung von Umweltverschlechterungen minimiert werden.[34] Das Optimierungsproblem ist schwierig zu lösen, weil die Bewertung einzelner Bestandteile der „volkswirtschaftlichen Kosten" wie die Verzichte bei der Realisierung konkurrierender wirtschaftspolitischer Ziele schwer möglich ist.
Die vier genannten Ansätze haben unterschiedliche Konsequenzen für das Wirtschaftswachstum. Die radikale Schlußfolgerung aus dem Ansatz (a) ist die *Strategie des Null-Wachstums*.[35] Dabei wird nicht nur der Inhalt des Wachstums kritisiert und eine Produktionsstruktur mit einer geringen Umweltbelastung gefordert, sondern es wird von der Begrenztheit der Ressourcen der Erde auf die Notwendigkeit des Wachstumsverzichts geschlossen. Der wichtige Beitrag der Null-Wachstumsforderung zur Umweltdebatte ist die Klarstellung der ökologischen Grenzen eines unkontrollierten Wirtschaftsprozesses. Das Null-Wachstum würde die Kapitalverwertungsinteressen aushöhlen und die Struktur des privatkapitalistisch-marktwirtschaftlichen Systems verändern. Die Vertreter der *Gegenposition* fordern eine gezielte Wachstumspolitik. Das Wirtschaftswachstum soll nach ihrer Ansicht ermöglichen, eine umweltpolitisch vertretbare Produktionsstruktur zu verwirklichen. Durch das Wirtschaftswachstum wäre die Finanzierung der Umweltinvestitionen und der betrieblichen Folgekosten für die Betroffenen „tragbar" und die verteilungspolitischen Konflikte würden gemildert. Auch die weltwirtschaftlichen Anpassungsprobleme seien, wenn sie vom Wirtschaftswachstum begleitet würden, leichter zu lösen. Die Gegenposition zur Null-Wachstumsstrategie befürwortete eine *systemangepaßte Umweltpolitik*[36], die den Wachstumsprozeß möglichst wenig beeinträchtigt, den inhaltlichen Strukturwandel des Wachstums nicht unmittelbar angeht und die sektoralen und regionalen Anpassungsprobleme mit infrastrukturpolitischen Mitteln auffängt. Die strukturpolitische *Problemzuweisung* auf die Regierungsorgane ist in diese wirtschaftswachstumsorientierte Konzeption der Umweltpolitik eingebaut. Ob die Problemlösungskapazität des Regierungssystems damit überfordert ist und welchen Restriktionen sie unterliegt, wird nicht untersucht. Dieser Frage gehen wir im nächsten Abschnitt nach.
Die systemangepaßte Umweltpolitik bedient sich der *Strategie der Verkleinerung des gesamtgesellschaftlichen Schadstoffkoeffizienten* und unterstützt sie durch die Erhöhung des technologischen Reinigungskoeffizienten und der Umweltinvestitionen (s. umweltschutzpolitische Ansätze b, c, d). Diese Strategie bedingt eine Änderung der gesamtwirtschaftlichen Investitionstätigkeit zugunsten der Umweltinvestitionen. Werden die herkömmlichen Bruttoanlageinvestitionen durch die Umweltinvestitionen zur Überwachung, Beseitigung und Vermeidung der Schadstoffe und zur Wiederverwertung der Rohstoffe substituiert, vermindert sich bei unveränderter Investitionsquote das Wachstum im Sektor der Konsumgüterindustrien nur dann, wenn die Kapitalproduktivitäten der Umweltinvestitionen niedriger sind als die der subsituierten Investitionen.[37] Die Annahme der geringeren Kapitalproduktivität der Umweltinvestitionen ist für den heutigen Umwelttechnologiestand zutreffend, kann aber nicht in die längerfristigen Wachstumsanalysen

Übersicht 1

Umweltpolitische Ziele und Instrumente

Problemkreis	*Politik-perspektive*	*Umweltpolitische Ziele*[32a]	*Umweltpolitische Instrumente*[32b] 1. Effektive Verhaltenskontrollen[32c]	II. Instrumente der Umweltpolitischen Globalsteuerung[32d]	III. Systemstrukturelle Instrumente[32e]
Senkung der Schadstoffkoeffizienten	*I. Vermeidungsstrategie* Gestaltungspolitik	I. Substitution der umweltschädigenden Güter, Dienste und Produktionstechniken	(1) Kontingentierung, Verbote (2) Auflagen für Produktion und/oder Verwendung umweltschädigende Güter und für den Einsatz bestimmter Produktionsverfahren (3) Standortgenehmigung für Betriebe	(1) Technisch-ökologische und technisch-ökonomische Forschung (2) Beeinflussung des Konsumverhaltens: Information, Moralsuasion, Werbung, Verbrauchssteuern (3) Finanz- und geldpolitische Mittel zur Beeinflussung der Unternehmerentscheidungen	(1) Wirtschaftsverfassungsrechtliche Festlegung der umweltpolitischen Grundvorstellungen (2) Wettbewerbspolitische Rahmenbedingungen
Streckung des Nutzens der natürlichen Ressourcen; Intergenerationseinkommensverteilung		II. Bewirtschaftung der nichtreproduzierbaren Ressourcen: Verbrauchsregulierung	(1) Aufhebung des Privateigentums an Bodenschätzen (2) Rationierung natürlicher Ressourcen (3) Investitionskontrollen z. B. Anmeldepflicht und Genehmigungsverfahren (4) Geburtenkontrolle	(1) Besteuerung der Verwendung natürlicher Ressourcen; Subventionierung der Substitute (2) Sonderabgaben für natürliche Ressourcen: Förderabgaben (3) Investitionsbesteuerung der rohstoffintensiven Produktion (4) Bevölkerungspolitisch-flankierende Maßnahmen	Internationale Wettbewerbspolitik Verhaltenskodex für multinationale Unternehmen (3) Ausdehnung der Privateigentumsrechte auf weitere Umweltgüter; Umweltlizenzen
		III. Recycling	(1) Vorschriften für Wiederverwendung: Abfallverwendungsauflagen (2) Verbot der Rohstoffintensiven „Wegwerfgüter"; Produktionsgenehmigung mit der Auflage des Recycling	(1) Finanzielle Anreize für Investitionen in Wiederverwendungsanlagen: Steuererlaß, Subventionen u.a. (2) Technologieförderung für Entwicklung der Recyclingverfahren	(4) Bestimmung des Umweltpreises durch Verhandlungen zwischen Verursachern und Betroffenen

	II. Anpassungsstrategie reaktive, inkrementale Politik	IV. Förderung der natürlichen Regeneration der Umwelt	Landschaftsschutzvorschriften zur Erhaltung des ökologischen Systems	(1) Unterstützung der Ökologie-Forschung (2) Ökologische Infrastrukturinvestitionen: Aufforstung, Landschaftsschutz	
Internalisierung der externen Effekte; Senkung der Schadstoffkoeffizienten		V. Beseitigung der ökologisch unerwünschten Outputs des Wirtschaftsprozesses	(1) Einführung von Mindestumweltstandards (2) Produktions- und Benutzungsgenehmigung mit der Auflage der vollständigen Abfallbeseitigung (3) Verbot der Benutzung der Umwelt als Aufnahmemedium für bestimmte Reststoffe	(1) Kostenauflastung (z.B. Emmissionssteuer): Anwendung des Verursacher- und/oder Gemeinlastprinzips (2) Abgaben für Umweltverschmutzung	
Verteilungspolitische Korrekturaktivität		VI. Lastenausgleich zwischen den von den Umweltschäden Betroffenen		(1) Einkommens- und Vermögensverteilungspolitische Mittel, z.B. kompensatorische Finanzierung entstandener Umweltschäden; Sonderabgaben zur Bildung eines Finanzfonds (2) Infrastrukturinvestitionen zur Stadtsanierung, Erholungseinrichtungen	
International koordinierte Internalisierung und Verteilung der sozialen Kosten[32f]	I. und II. erfordern	VII. Regionale Differenzierung und internationale Koordinierung der Ziele und Instrumente der Umweltpolitik	Einrichtung supranationaler Institutionen mit der Kompetenz der Rechtssetzung und Sanktionierung	Rahmenrichtlinien für umweltpolitische Aktivitäten verschiedener Entscheidungsträger	

übernommen werden, zumal die Förderung der umweltfreundlichen Technologien ein akzeptierter Politikansatz (s. oben: umweltschutzpolitischer Ansatz (c)) ist. Wenn diese Art Wachstumsverminderung eintritt, kann sie jedoch durch die erreichte Umweltqualitätsbesserung kompensiert werden: denn die Verbesserung der Umweltbeschaffenheit reduziert die Wachstumsverluste, die durch Umweltschäden bedingt waren (s. I.2.). Die zu erwartenden Wachstumseinbußen können auch durch die geld- und finanzpolitischen Maßnahmen, die die Erhöhung der gesamtwirtschaftlichen Investitionsquote bewirken, verhindert werden.
Die überdenkenswerte, alternative Strategie-Variante der systemangepaßten Umweltpolitik zielt darauf ab, die zusätzlichen Umweltinvestitionen direkt zu Lasten der privaten Konsumquote zu reduzieren und damit die gesamten kapazitätswirksamen Anlageinvestitionen entsprechend zu erhöhen.[38] Diese Variante erweist sich gegenüber der Belastung der Bruttoanlageinvestitionen unter dem Aspekt der Verringerung der privaten Konsumverluste für den Zeithorizont bis 1980 als ungünstig, für den Zeithorizont bis 1985 hingegen als günstig.[39] Der Atem der systemangepaßten durch den Inkrementalismus ausgeprägten Wirtschafts- und Umweltpolitik reicht für den längeren Zeithorizont nicht aus. Sie leidet u.a. an konjunktureller Atemnot. Spürbare Konsumverluste können einer Gesellschaft mit nicht apostrophierbaren Konsumpräferenzen schwer zugemutet werden. Es ist aber überfällig, die Verwechselung der gesamtgesellschaftlichen Wohlfahrt mit undifferenziertem Konsumwachstum aufzuheben. Es ist ebenfalls überfällig, die partielle, kurzfristige Rationalität der „ökonomischen Konditionierung“[40] des Staatsbürgers mit dem Problemaspekt der Intergenerationsverteilung zu erweitern. Das macht die Präferenzänderung für die Infrastrukturinvestitionen erforderlich. Sie sind für die Sicherung einer zukünftigen Wohlfahrt unerläßlich: einer Wohlfahrt, die nicht nur die private Konsumhöhe zum Indikator hat, sondern auch bessere Umweltbedingungen, Gesundheits- und Bildungsleistungen u.a., die dazu beitragen, die gesellschaftlichen Grundwerte inhaltlich auszufüllen und in die Wirklichkeit umzusetzen.

III. Systemgrundlagen umweltpolitischer Problemlösungskapazität

Die negativen externen Effekte des Produktionsprozesses und des Verbrauchs sind keine neuen Erscheinungen. Wie ist es aber zu erklären, daß ihre Problematisierung und Versuche, sie zu vermeiden oder zu korrigieren, erst in jüngster Zeit stattgefunden haben? Dies ist ein auch in anderen Politikbereichen feststellbares Problemlösungsdefizit, das hier auf seine systemimmanenten Gründe hin analysiert werden soll.

1. Restriktionen der staatlichen Umweltpolitik

Umweltpolitik unterliegt in einem privatkapitalistisch-marktwirtschaftlichen System den gleichen einschränkenden Bedingungen, die auch für staatliche Wirtschaftspolitik gelten.

Diese sind:

1. Von den Ergebnissen des Wirtschaftsprozesses ist die Umweltpolitik in zweierlei Hinsicht abhängig. *Erstens* zeitigen sie negative externe Effekte (s. W3 und die sich daraus ergebenden ex_i in Übersicht 2). Diese machen umweltpolitische Aktivitäten des *Regierungssystems*, d.h. der Entscheidungsorgane, die für die gesamtgesellschaftlich bindenden Entscheidungen in einem parlamentarisch-demokratischen System die Legitimation erhalten haben und legitimationsbedürftig bleiben, notwendig. Der Inhalt der diesbezüglichen Umweltpolitik besteht aus dem Regierungshandeln, das das Strukturprinzip der privatkapitalistisch-marktwirtschaftlichen Koordination ergänzen und die Resultate dieses Koordinationsprinzips korrigieren soll. Das umweltpolitische Ergänzungshandeln ist z. B. die Durchsetzung des Verursacher- und Gemeinlastgrundsatzes. Ein wichtiges Merkmal des letzteren sind die öffentlichen Umweltinvestitionen als Teil der materiellen Infrastruktur. Umweltpolitische Korrekturen sind z.B. die nachträgliche Beseitigung der Schadstoffe. *Zweitens* ist die umweltpolitische Abhängigkeit dadurch gegeben, daß den finanziellen Ressourcen der Umweltpolitik Grenzen gesetzt sind.[41] Wenn aus verteilungspolitischen Erwägungen für den Gemeinlastgrundsatz entschieden wird, ist die Verschärfung der finanziellen Restriktion der Umweltpolitik durch den Konflikt innerhalb der Staatsquote oder über die zunehmende Staatsquote unvermeidlich.
2. Die wichtigste Einschränkung der Umweltpolitik rührt von der weitgehenden *Autonomie der privaten Investitionsentscheidungen* her. Hinzu kommt – nachgeordnet, aber nicht bedeutungslos – der Entscheidungsspielraum des Verbrauchers. Für die privaten Investoren sind aufgrund der Existenz des Privateigentums an Produktionsmitteln und der Verfügungsrechte Gegenstrategien gegen die Wirtschafts- und Umweltpolitik möglich. Das ist der wesentliche Grund dafür, den Wirtschaftsprozeß unter diesen Bedingungen „quasi-autonom" zu nennen[42] (s. für Prozeßelemente das Ablaufschema in Übersicht 2). Die Umweltschutzmaßnahmen können nur wirksam werden, wenn sie in die privaten Investitionsentscheidungen eingehen[43] und letztlich die Entwicklung von umweltneutralen bzw. -freundlichen Produktionstechnologien, Gütern und Dienstleistungen bewirken können. Dafür gibt es keine Garantie, lediglich eine Erfolgserwartung der Umweltpolitik.
3. *Die Struktur der Regierungssysteme* ist eine weitere restriktive Bedingung der Umweltpolitik. Die Problemverarbeitungskapazität der Entscheidungsorgane, die von der administrativen Rationalität und von den Informations- und Koordinationsprozessen abhängt, ist auf allen umweltpolitischen Entscheidungsebenen,[43 a] insbesondere auf der kommunalen Ebene sehr gering. Ohne Strukturreformen sind die Grundlagen einer umweltplanerischen Staatstätigkeit nicht zu schaffen. Die längerfristig angelegten ex-ante-Lösungen sind aber für die Umweltpolitik unumgänglich (s. hierzu die Systemaggregate [44]) P2 und P4 im Prozeß der wirtschaftspolitischen Willensbildung in Übersicht 2).
4. Eine politische Relevanz erhalten die umweltpolitischen Probleme, z. B. die verteilungspolitischen Konsequenzen des Verursacherprinzips nur dann, wenn die Rückkopplung der Ergebnisse des Wirtschaftsprozesses und der wirtschafts- und

Übersicht 2

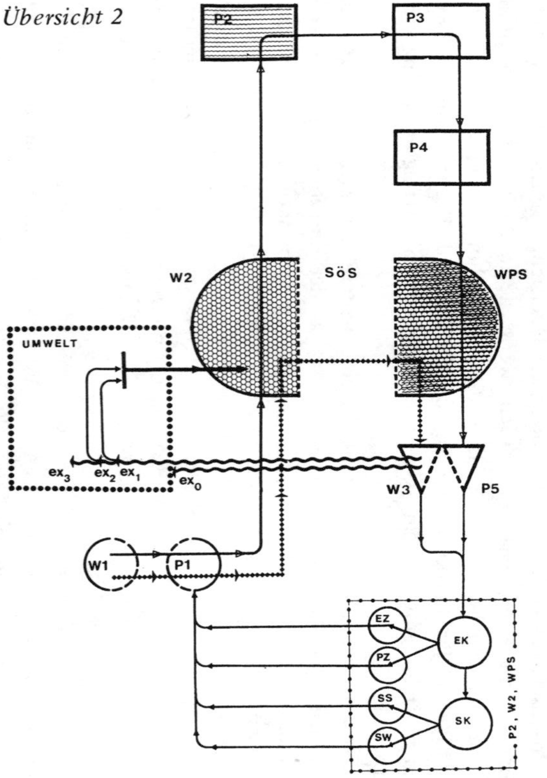

Legende zur Übersicht 2

P1	vertretene Interessen
P2	politisches System, darunter RS Regierungssystem
P3	Outputs der politischen Willensbildung: bindende politische Entscheidungen
P4	Realisierungsvorbereitung und Durchführung politischer Entscheidungen
P5	Ergebnisse wirtschafts- und umweltpolitischer Willensbildung
W1	wirtschaftliche Interessen
W2	Wirtschaftssystem
W3	Ergebnisse des Wirtschaftsprozesses
WPS	wirtschaftspolitisches System: Resultierende von W2 und P2
SÖS	sozialökonomisches System: besteht aus W2 und WPS
EK	Erfolgskontrolle
EZ	Erfolgszurechnung
PK	Problemzuweisung
SK	Systemkontrolle
SS	Systemstabilisierung
SW	Systemwandel
ex_0	Abfallbeseitigung
ex_1	natürliche Regeneration
ex_2	Recycling
ex_3	bleibende Umweltschäden

quasi-autonomer Wirtschaftsprozeß
Prozeß der wirt.politischen Willensbildung
Rückkopplungsprozeß
umweltschädigende Kuppelprodukte
Umweltgüter als Inputs der Produktion und Konsumtion

umweltpolitischen Willensbildung durch die *Erfolgs- und Systemkontrolle* hergestellt wird (s. EK und SK in Übersicht 2). Die *Erfolgskontrolle* ist der Vergleich der vertretenen oder potentiellen Interessen und der Zielsetzungen mit den Ergebnissen des Wirtschaftsprozesses und der wirtschafts- und umweltpolitischen Willensbildung (s. W1, P1 und W3, W5 in Übersicht 2). Die Erfolgs- und Systemkontrolle (EK-SK) wird von Staatsbürgern, Initiativgruppen, Interesssenverbänden, Parteien und von den Organen des Regierungssystems durchgeführt. Mit der Herstellung der Rückkopplung wird ein *politischer Problemdruck*[45] und/oder eine *Legitimationsbasis* für das Regierungssystem erzeugt. Findet die EK-SK nicht statt oder wird sie unter bestimmten Systembedingungen unzureichend realisiert, verliert das politische System einschließlich des Regierungssystems seine *Lernfähigkeit*. Die mangelnde Lernfähigkeit ist die schärfste Restriktion der politischen Gestaltung aller Lebensbereiche und der Umweltbedingungen. Der EK-SK kommt eine zentrale Bedeutung zu, weil sie nicht nur eine der Bedingungen der Problemlösungskapazität erfüllt, sondern auch für die Auflösung der erstgenannten drei restriktiven Bedingungen der politische Ansatzpunkt ist.

Aus der *Erfolgskontrolle* resultiert

a) die *Erfolgszurechnung* (EZ): das positiv bewertete Ergebnis wird als ein Erfolg der politischen Entscheidungsträger anerkannt und die Instrumente als problemlösungswirksam identifiziert.

b) die *Problemzuweisung* (PZ): die negativ beurteilten Ergebnisse des Wirtschaftsprozesses werden als wirtschafts- und umweltpolitische Probleme definiert und ihre Lösungen auf das Regierungssystem delegiert.

In die Erfolgskontrolle gehen also folgende Systemaggregate ein:

W1, P1 wirtschaftliche und politische vertretene Interessen,

RS das Regierungssystem,

WPS das wirtschaftspolitische System; darin wirtschafts- und umweltpolitische Ziele und Instrumente,

W3, P5 Ergebnisse des Wirtschaftsprozesses und der wirtschafts- und umweltpolitischen Willensbildung.

Die *Systemkontrolle* schließt an die Erfolgskontrolle an. Sie enthält eine auf die Systemstruktur erweiterte *Ursachenanalyse der Ergebnisse* des Wirtschaftsprozesses und der wirtschafts- und umweltpolitischen Willensbildung. Aus der Systemkontrolle resultieren politische Forderungen und Aktivitäten mit der Intention

a) der *Systemstabilisierung* (SS),

b) des *Systemwandels* (SW).

In die Systemkontrolle werden einbezogen:

W2 das Wirtschaftssystem,

WPS das wirtschaftspolitische System, darin Strukturprinzipien des sozialökonomischen Systems wie marktwirtschaftliche Koordination, Existenz des Privateigentums,

P2 das politische System, darin insbesondere systemimmanente Wertvorstellungen.

Welche Inhalte muß die umweltpolitische Erfolgs- und Systemkontrolle haben und unter welchen Voraussetzungen werden sie erfüllt? Im folgenden befassen wir uns mit diesen Fragen.

2. *Inhalte der umweltpolitischen Erfolgs- und Systemkontrolle*

Die umweltpolitische Erfolgs- und Systemkontrolle kann nur realisiert werden, wenn folgende Probleme ihren Inhalt ausmachen. Die Funktion der Rückkopplung ist also erfüllt, wenn die unten genannten Probleme von den Trägern der EK-SK thematisiert und beurteilt werden. Nur so können Interessen artikuliert, politisch vertreten (s. W1, P1 in Übersicht 2) und damit ein politischer Problemdruck erzeugt bzw. für das Regierungssystem eine Legitimationsbasis für ihre umweltpolitische Tätigkeit geschaffen werden.

1. Die Verwendung der Umweltgüter im Wirtschaftsprozeß als „freie Güter" führt zu Preisen, die unter dem Aspekt der gesamtsystemischen Beziehung von Ökologie und Wirtschaft die Kostenstruktur nicht adäquat widergeben.[46] Die umweltbedingten Kosten werden nicht oder ungenügend berücksichtigt.[47] Werden aber diese Preise zum Bewertungskriterium der produzierten Güter und Dienstleistungen gemacht, kann die Relevanz der Umweltgüter für die Produktion und Konsumtion nicht erfaßt werden. Erst die entstandenen, teilweise irreversiblen Umweltschäden signalisierten die Fehlentwicklungen.
2. Die Kenntnisse über die Erfassung der Kosten des Umweltschutzes sind unzureichend. Die Kostenermittlung ist schwierig, weil (a) die Feststellung der Gefährdungsmaße und der quantifizierten Mindestqualitätsstandards[48] nicht einwandfrei möglich sind und die Zieloperationalisierung umstritten bleiben wird, (b) mit höheren Umweltstandards die Kosten sich nicht kontinuierlich, sondern sprunghaft entwickeln und damit die Vorausschätzungen sehr zweifelhaft werden. Die Erfolgskontrolle der Umweltpolitik wird aufgrund dieser ungelösten Probleme beträchtlich erschwert.
3. Das privatkapitalistisch-marktwirtschaftliche System, das auf dem privaten Rentabilitätskalkül beruht, kennt keine systemimmanente Vorkehrung für die Berücksichtigung der externen Effekte in der Kostenrechnung des Verursachers. Das privatwirtschaftliche Rechnungswesen erfaßt nicht die durch negative Externalitäten entstehenden gesamtwirtschaftlichen Kosten. Die privatwirtschaftlichen und gesamtwirtschaftlichen Kosten sind deshalb nicht identisch. Je größer und wirksamer die negativen externen Effekte durch Nicht-Berücksichtigung im privaten Rechnungswesen werden, desto weniger wird das Marktpreissystem die Knappheitsverhältnisse der Güter und Dienste signalisieren.[49] Damit wird das marktwirtschaftliche System genau das zu leisten nicht in der Lage sein, was als seine vornehmste Überlegenheit gegenüber anderen sozialökonomischen Systemen angepriesen wird: bei gegebener Einkommens- und Vermögensverteilung und unter den Bedingungen der vollkommenen Konkurrenz das Allokationsoptimum herzustellen.

Wenn also die Allokationsmängel[50] ursächlich in der Systemstruktur der privatkapitalistischen Marktwirtschaft festgemacht werden, dann ist es als Resultat der Systemkontrolle folgerichtig, die *Internalisierung der externen Effekte*, d.h. die Einbeziehung der Externalitäten in die privatwirtschaftliche Rechnung – wenn sie nicht anders unterbunden werden können – zu fordern.

4. Die Internalisierung[51] der externen Effekte kann durch die konsequente Anwendung des Verursacherprinzips[52] verwirklicht werden.[53] In diesem Falle muß die Erfolgs- und Systemkontrolle des Wirtschaftsprozesses die Folgewirkungen[54] dieses Internalisierungsverfahrens auswerten. *Als Wirkungen sind zu erwarten:*
   a) direkte Wirkungen auf die Kostenstruktur der Produktion in den umweltgefährdungsintensiven Branchen und vermittelt in den von Umweltschäden betroffenen Produktionszweigen,
   b) Effekte auf die technologischen Produktionsverfahren, die in Abhängigkeit von direkten Kostenstrukturwirkungen entstehen,
   c) Unternehmen werden je nach ihren Marktmachtpositionen versuchen, Umweltschutzkosten auf die Konsumenten abzuwälzen. Dies wird einkommensverteilungspolitische Konsequenzen haben,
   d) indirekte Kosten- und Preiswirkungen in den nachgeordneten Branchen der von der Kosteninternalisierungspolitik betroffenen Industrien,
   e) langfristige Technologieentwicklung, die durch die induzierte Umweltforschung gefördert wird,[55]
   f) die Produktionsstruktur wird kurzfristig durch höhere Nachfrage nach Investitionsgütern für Umweltschutzeinrichtungen und langfristig durch Konsumentennachfrage nach umweltfreundlichen Gütern und Diensten beeinflußt werden[56],
   g) durch die Änderung der Nachfrage- und Produktionsstruktur werden erhebliche Wirtschaftswachstumseffekte hervorgerufen, die wachstums- und beschäftigungspolitische Strategien erfordern.
5. Wenn die Wirkungen der Kosteninternalisierung durch Anwendung des Verursacherprinzips unter Heranziehung von Beurteilungskriterien, z.B. der ökonomischen Effizienz oder der Verteilungsgerechtigkeit als unerwünscht angesehen werden, wird das komplementäre Gemeinlastprinzip anzuwenden sein. Auch in diesem Falle müssen die direkten und mittelbaren Wirkungen in der Erfolgs- und Systemkontrolle in Betracht gezogen werden.[57]
6. Für die Vollständigkeit der Beurteilung der umweltpolitisch relevanten Ergebnisse des Wirtschaftsprozesses müssen die „volkswirtschaftlichen Kosten"[58] der Umweltschutzpolitik in die Erfolgs- und Systemkontrolle einbezogen werden.

3. Einflußfaktoren der umweltpolitischen Erfolgs- und Systemkontrolle

Die Erfolgs- und Systemkontrolle findet unter den systemstrukturellen Bedingungen statt, die für die Analyse und Beurteilung der Inhalte der EK-SK von entscheidender Bedeutung sind. Diese Bedingungen nenne ich *Einflußfaktoren* der EK-SK. Sie können dafür geeignet sein, den Prozeß der EK-SK so zu lenken, daß eine kritische Auseinandersetzung mit den umweltpolitsch-relevanten Folgen der Produktion und der Konsumtion blockiert wird. Damit können die Ergebnisse der EK-SK (s. EZ, PZ, SS, SW in Übersicht 2) vorweg z.B. mit der Systemstabilisierungsintention beeinflußt werden.

Die Einflußfaktoren der EK-SK sind für das jeweilige politische und sozialökonomische System charakteristisch, weil sie die konkreten Erscheinungsformen der strukturwichtigen Elemente beider Systeme sind. (Eingrenzung der EK-SK durch W2, WPS, PS in Übersicht 2 soll diesen Zusammenhang zwischen EK-SK und Einflußfaktoren darstellen.)

Für die umweltpolitische EK-SK sind folgende *Einflußfaktoren* relevant:

1. Zur Analyse der Inhalte der EK-SK ist die Verfügbarkeit, Zuverlässigkeit und Überprüfbarkeit der *Informationen* über die Umweltschädigungen und die anderen Problemaspekte der Umweltpolitik eine unverzichtbare Voraussetzung. Ob und wie diese Voraussetzung realisiert wird, kann nur aus der spezifischen Gestalt der Grundelemente der politischen und sozialökonomischen Systeme erklärt werden. Das gegebene Kommunikations- und Informationssystem erfüllt für die Beurteilung der Umweltverschlechterung und für die politische Sensibilisierung der Betroffenen und deren Problemlösungserwartung eine wichtige Funktion.[59] Ist das Kommunikations- und Informationssystem beispielsweise durch eine große Konzentration der Informationsbeschaffung, -verarbeitung und -vermittlung ausgeprägt, wird die Möglichkeit, die Gegenstände und die Ergebnisse der umweltpolitischen EK-SK im Dienste eines politisch-ökonomischen Interesses zu selektieren und zu kanalisieren, größer. Es ist sehr wahrscheinlich, daß das Informationsmonopol zur Beeinflussung der umweltpolitischen EK-SK ausgeschöpft wird. Die Dimension der informationsbedingten Beeinflussung wird in den Fällen besonders deutlich, wenn die für die Umweltpolitik zuständigen Regierungsorgane ein Monopol der Informationsbeschaffung besitzen und wenn die Bewertungskriterien für die Umweltschäden und umweltpolitischen Instrumente z.B. hinsichtlich ihrer „volkswirtschaftlichen Kosten" (s. III.2. (4–6)) umstritten und die Wirkungsanalysen der Instrumente unzureichend sind.[60] In beiden Fällen kann eine gezielte Informationsvermittlung die umweltpolitische EK-SK vorprogrammieren. Im Falle des Informationsbeschaffungsmonopols der Regierungsorgane können die Informationen über die Umweltbedingungen durch eine geschickte Auswahl der Schadstoffe, die für die Qualitätskontrolle der Umwelt laufend gemessen werden sollen und durch die Änderung des Meßverfahrens verfälscht und/oder mit den bisherigen Daten unvergleichbar gemacht werden.[61]
2. Die Informationen über die Umweltbedingungen müssen von den an der EK-SK Beteiligten ausgewertet und die Schlußfolgerungen politisch vertreten werden können. Dies setzt das analytische Vermögen, die Urteilsfähigkeit und die politische Handlungsbereitschaft und -möglichkeit des Staatsbürgers und der politischen Entscheidungsträger, die die umweltpolitische EK-SK durchführen, voraus. Diese Voraussetzung kann nur in Abhängigkeit von den Strukturelementen des politischen Systems erfüllt werden. Die politische Bildung und das politische Verhaltensmuster[62] des Staatsbürgers, die Binnenstruktur der Verbände und der

Regierungsorgane, die Prozeßregulativen der politischen Willensbildung, sind die wichtigsten Strukturelemente, die für die Durchführung der EK-SK konstitutiv sind. Diese bestimmen die Tragweite der umweltpolitischen EK-SK. Sind diese Strukturelemente des politischen Systems von der Gestalt, daß eine kritische Auswertung der über die Umweltbedingungen verfügbaren Informationen nicht erfolgen kann, wird die umweltpolitische EK-SK im Interesse z. B. der Systemerhaltung leicht manipulierbar sein.

3. Die materiellen Interessen erhalten in einem privatkapitalistisch-marktwirtschaftlichen System eine große und nicht hinterfragte Relevanz, wenn ihre Zuordnung zu den übergeordneten gesellschaftlichen Wertvorstellungen außer Betracht bleibt. Werden die wirtschaftlichen Entscheidungen von ihrer immateriellen Komponente der sozialen Grundwerte und von ihren gesamtgesellschaftlichen Bedingungen abgekoppelt, tragen sie durch ihre Verselbständigung zur Grundhaltung des „staatsbürgerlichen Privatismus“[63] bei. Der private Konsum erscheint dann als zweifelsfreies Endziel[64] und das darauf eingerichtete Wirtschaftswachstum genießt Priorität. Die ökonomische Rationalität wird auf die private Rentabilitätserwägung reduziert. Die Abwälzung der negativen Folgen der Produktions- und Konsumentscheidungen wird zum „privaten Erfolgskriterium“. Auch in andere Lebensbereiche hat die ökonomische Zweckmäßigkeitserwägung Eingang gefunden und nicht selten überwiegt sie als Entscheidungskriterium. Dies macht den Wesensgehalt der „ökonomischen Konditionierung“[65] der Entscheidungsträger im „Wohlfahrtsstaat“ aus. Die Kritik daran gilt für ihre Einseitigkeit und für ihre verhaltensbestimmende Dominanz. Gerade diese Einseitigkeit und die Überbewertung der ökonomisch partiellen Rationalität beeinträchtigt die Realisierung einer ganzheitlichen und kritischen EK-SK, die die umweltpolitischen Problemaspekte zum Inhalt hat.
4. Die Wirtschaftswissenschaft und andere Wissenschaftszweige, die Umweltfragen zu ihren Themen zählen, haben ihren Beitrag zur umweltpolitischen EK-SK sehr lückenhaft geleistet.[66] Sie haben den praxisrelevanten Fragen nicht die erforderliche Aufmerksamkeit geschenkt. Die Konzentration der wirtschaftswissenschaftlichen Forschung der Nachkriegsjahre auf die eher technokratischen Fragestellungen, wie die der Wachstums- und Beschäftigungstheorie, hat die „zweite Krise der ökonomischen Theorie“[67] hervorgebracht. Eine Krise, die durch die systematische Abstrahierung der Sinn-Fragen entstand. Die wiederholte Frage nach dem kürzeren Weg zur Wirtschaftswachstumsveranstaltung verdrängte die wichtigere Frage, wozu und warum sie stattfindet. Dieses verkürzte Theorieverständnis hat beträchtliche Folgen für die Verwirklichung der Rückkopplung des Wirtschaftsprozesses durch die Erfolgs- und Systemkontrolle an das Regierungssystem.

   Zu den Inhalten der umweltpolitischen EK-SK hat die Wissenschaft bisher sehr bedingt verwendbare Analysen geliefert. Durch die ausgesparten Fragestellungen wie nach Inhalt, Grenzen und sozialen Kosten des undifferenzierten Wirtschaftswachstums hat sie vielmehr die Entwicklung des Umweltproblembewußtseins belastet, wenn nicht sogar fehlgeleitet.

5. Ein weiterer Einflußfaktor der umweltpolitischen EK-SK ist die *Zielreduktionsstrategie* der wirtschaftspolitischen Entscheidungsträger in einem privatkapitalistisch-marktwirtschaftlichen System. Die wirtschafts- und umweltpolitischen „Zielkonflikte" werden nicht ursächlich erklärt und gelöst, sondern jeweils politisch-opportunistisch gemildert. Die Verwirklichung der Ziele wird im Rahmen des bestehenden Systems versucht: konkret „im Rahmen der marktwirtschaftlichen Ordnung".[68] Die Ziele werden nur alternativ realisierbar dargestellt und die Prioritäten mit dem Kriterium der Massenloyalitätswirksamkeit der Ziele bestimmt. Die Ziele mit niedrigem Rang werden nur so weit verfolgt, wie sie die Verwirklichung der höherrangigen Ziele nicht gefährden. Wenn die alternative Realisierbarkeit der Teile des wirtschafts- und umweltpolitischen Zielkatalogs den Wählermassen als die einzige Möglichkeit suggeriert werden kann – wie bisher in der Wirtschaftspolitik geschehen ist –, wird dies für die Erfolgs- und Systemkontrolle des Wirtschaftsprozesses folgende Konsequenzen haben:
   a) Wählergruppen, die an der Verwirklichung eines niedrig rangierten Zieles, z. B. am Ausgleich der Verteilungseffekte der Umweltschäden interessiert sind, werden zu Zielverzichten angehalten.
   b) Die wirtschaftspolitischen Entscheidungsträger erhalten eine gewisse Flexibilität für die Sicherung der erforderlichen Massenloyalität. Denn sie können durch situationsgerechte Anpassung der Zielprioritäten an die Gruppeninteressen, d. h. an den jeweiligen politischen Druck (s. PZ in Übersicht 2) erneut eine Legitimationsbasis herstellen. Die Flexibilität des Regierungssystems hinsichtlich der Massenloyalitätssicherung hat jedoch eine wichtige Einschränkung: die etablierten konfliktträchtigen Interessengruppen müssen immer gewonnen werden. Andernfalls setzt sich das Regierungssystem der Gegenstrategie der aufgrund ihrer politischen und wirtschaftlichen Machtstellung konfliktträchtigen Adressaten aus.
   c) Die Zielreduktionsstrategie läßt den Konflikt zwischen den Strukturprinzipien des sozialökonomischen Systems z. B. dem der privaten Investitionsentscheidungen und der effektiven wirtschafts- und umweltpolitischen Zielrealisierung vermeiden. Dieser Konflikt tritt auf, wenn z. B. ein umweltpolitisches Instrument zwar zieleffizient aber mit einem oder mehreren Strukturprinzipien inkonform ist. In einem solchen Fall muß eine *Güterabwägung* zwischen dem zu realisierenden umweltpolitischen Ziel und dem tangierten Strukturprinzip vorgenommen werden. Wird jedoch die Zielrealisierung vorweg in den bestehenden Systemrahmen gestellt, bedeutet dies Verzicht auf diese Güterabwägung. Die geforderte Güterabwägung ist als eine konkretisierte *Konfliktfrage*, die Systemgrundlagen betrifft, ein Grundbestandteil der umweltpolitischen Systemkontrolle. Die Zielreduktionsstrategie, die aus dem Systemkonformitätspostulat folgt, trägt dazu bei, diese Konfliktfrage nicht zu stellen oder zu vertagen.

Schlußbemerkungen

An Umweltschutzproblemen ist das privatkapitalistisch-marktwirtschaftliche System nicht gescheitert. Die zu Beginn der Umweltschutzdebatte vertretene These, daß die Umweltkrise zu einer umfassenden Systemkrise führen würde, mußte revidiert werden. Die systemangepaßte Umweltpolitik hat die Adaptionsfähigkeit des politischen und sozialökonomischen Systems deutlich gemacht. Sie hat allerdings einige Grundprobleme z.B. Entwicklung einer den ökonomischen und ökologischen Anforderungen genügenden Produktionsstruktur, Ausgleich der Verteilungseffekte der Umweltschutzaktivitäten, die regionale und sektorale Umweltplanung im Rahmen der Infrastrukturpolitik, nicht gelöst. Damit wurden die Grenzen einer nicht-reaktiven, zukunftsgestaltenden Politik evident.

Wenn die Wirtschaftswachstumsdebatte die strukturellen und weltwirtschaftlichen Probleme nicht beantwortet oder zur politischen Randerscheinung werden läßt, wird die Verbesserung der Umweltbedingungen und die weltweite, zukunftsorientierte Sicherung der natürlichen Ressourcen nur ein Versuch bleiben. Dies könnte leicht eintreten, wenn der Umweltschutz durch die Entstehung der Umweltschutzindustrien in Dienst des quantitativen Wirtschaftswachstums gestellt, d.h. instrumentalisiert würde. Der Verzicht auf die kritische Beurteilung der Produktionsentscheidungen und -verfahren und der Konsumstruktur ist ein Zeichen dafür, daß sich die Instrumentalisierung des Umweltschutzes gänzlich durchsetzen kann. Es kommt sehr auf die *Einflußfaktoren der umweltpolitischen Erfolgs- und Systemkontrolle* an, ob Umweltpolitik nur eine überfällige Korrektur an der Umweltbelastung bedeutet oder sich zu einer zukunftsgestaltenden Politik entfalten kann.

Das strukturpolitische Defizit beschränkt sich nicht allein auf die umweltpolitische Staatstätigkeit. Die Rezession 1974/75 und ihre ungelösten Folgen, die offenen Fragen der weltwirtschaftlichen Veränderungen sind eine Herausforderung der politischen Problemlösungskapazität des bestehenden Systems. Darauf kann der heutige politische Immobilismus keine zukunftsträchtige Antwort geben.

Anmerkungen

1 Die Wirtschaftswissenschaft hat sich mit dem Problem der Entscheidungs- und Handlungsfolgen, die für das betroffene Wirtschaftssubjekt kontrollextern sind, seit eher befaßt: A. Marshall, A.C. Pigou haben die Wirkungszusammenhänge der externen Effekte hauptsächlich unter dem Allokationsaspekt betrachtet. S. hierzu die nähere Darstellung von Steinhöfler, K.H., Gesellschaftsschädigungen und Wohlfahrtsökonomik, Berlin 1966; s. über Begriffsanalyse Kapp, K.W., Volkswirtschaftliche Kosten der Privatwirtschaft, Tübingen 1958. Von *sozialen Kosten* sprechen wir, wenn Kosten entstehen, die im Kostenkalkül der Unternehmen nicht berücksichtigt werden, die von unbeteiligt Betroffenen getragen werden. Ihre Bewertung erfolgt nicht durch Marktmechanismus: Vgl. Michalski, W., Grundlegung eines operationalen Konzepts der Social Costs, Tübingen 1965.

2 Zur politischen Sensibilisierung der Öffentlichkeit hat die Diskussion über die Wachstumsgrenzen, die die Auftragsstudie des Club of Rome ausgelöst hat, wesentlich beigetragen: Meadows, D., u.a., Grenzen des Wachstums, Stuttgart 1972; s.a. Gabor, D., u.a., Das Ende der Verschwendung, Stuttgart 1976.

3 Eine Bemerkung zur Terminologie: Ich spreche von „politischen und sozial-ökonomischen Systemen". Diese habe ich inhaltlich an anderer Stelle dargestellt. Ich muß für Näheres darauf verweisen. Verhältnis von Politik und Wirtschaft, in: Böhret, C., (Hrsg), Politik und Wirtschaft, Sonderheft der Politischen Vierteljahresschrift, Festschrift für G. von Eynern, Opladen 1977.

4 S. Bender, D., Umweltschutz und Wirtschaftswachstum, in: Wirtschaftsstudium 1976, S. 113; a. Ders., Makroökonomik des Umweltschutzes, Göttingen 1976, S. 180f. Vgl. hierzu Cansier, D., Ökonomische Probleme der Umweltpolitik, Berlin 1975, S. 10.

5 S. Siebert, H., Ökonomie der Umwelt: Ein Überblick, in: Jahrbücher für Nationalökonomie und Statistik 188, 1973–75.

6 Vgl. Bender, D., Umweltschutz ...., a.a.O., S. 114.

7 S.a. Cansier, D., a.a.O., S. 48f.

8 Scharpf, F.W., Problemverstaatlichung und Politikverflechtung, in: Ders., Politischer Immobilismus und ökonomische Krise, Kronberg/Ts. 1977, S. 1o4f.

9 S. Begriff des „öffentlichen Gutes" Umwelt, Frey, B.S., Umweltökonomik, Göttingen 1972, S. 48ff; a. Siebert, H., Grundprobleme des Umweltschutzes, in: Külp, B. (Hrsg), Soziale Probleme der modernen Industriegesellschaft, Bd. 1, Berlin 1977, S. 142ff.; Cansier, D., a.a.O., S. 15ff; Nowotny, E., Wirtschaftspolitik und Umweltschutz, 1974, S. 62f.

10 S. näheres über Zielkonflikte zwischen gesamtwirtschaftlichen Steuerungszielen und Umweltpolitik: Umweltgutachten 1974, S. 11f., 166f.

11 S. hierzu Stachels, E., Das Stabilitätsgesetz im System des Regierungshandels, Berlin 1970, S. 3.

12 „Stabilitätsgesetz" BGBl. I, 582, 8.6.1967; s. Stern, K., u.a., Gesetz zur Förderung der Stabilität und des Wachstums der Wirtschaft – Kommentar, Stuttgart 1972, 2. Aufl.

13 Umweltprogramm der Bundesregierung 1971, Btag-Drucksache VI/2710, Bonn, S. 7, 9, 11, 12.

14 Umweltprogramm 1971, ebenda, S. 10, 13; a. im Umweltbericht 1976, Stuttgart 1976, S. 20, 26. In OECD wird das Verursacherprinzip als Umweltpolitische Richtlinie akzeptiert: Guiding Principles Concerning International Aspects of Enviromental Policies, Doc. C (72). 122, Paris. Auch im Aktionsprogramm der EG: Erklärung des Rates der EG... vom 19.7.1973 über ein Aktionsprogramm der EG für den Umweltschutz Doc.R/2255/73 (ENV 91), Brüssel.

15 Vgl. Umweltgutachten 1974, BTag-Drucksache 7/2802, S. 169ff.

16 S. dazu Ackermann, K., u.a., Gutachten zur Gesamtbelastung der Volkswirtschaft durch das Umweltprogramm der Bundesregierung 1971, in: Materialien zum Umweltprogramm 1971, S. 607f.; s.a. Gutachten der Kommission für wirtschaftlichen und sozialen Wandel in der Bundesrepublik Deutschland, Bonn 1976, S. 698ff.

17 Kunze, J., Umweltschutz-Investitionen und Wirtschaftswachstum, Berlin 1975, S. 33.

18 Ebenda, S. 32f.

19 Vgl. Külp, B., Verteilungswirkungen der Umweltschutzpolitik, in: Issing, O., (Hrsg), Ökonomische Probleme der Umweltschutzpolitik, Berlin 1976, S. 19ff., s.a. Pfaff, M., Pfaff, A.B., Verteilungspoltische Auswirkungen der Umweltverschmutzungen und Umweltschutzpolitik unter besonderer Berücksichtigung des Verursacherprinzips, in: Külp, B., Haas, H.-D., (Hrsg), Soziale ...., a.a.O.

20 Insbesondere die Entwicklungsländer, die im Regelfall der Umweltpolitik eine geringe Bedeutung zumessen, befürchten, ihre damit mittelbar verstärkte Wettbewerbsfähigkeit durch die Importrestriktionen der Industrieländer zu gefährden. Dies kam in den Stockholmer-Empfehlungen zur internationalen Umweltpolitik zum Ausdruck. Auch über die Abwälzung der Umweltkosten auf die Entwicklungsländer s. Schneider-Sawiris, S., Kompensation für durch Umweltmaßnahmen bedingte Handelsnachteile, Berlin 1974.

21 S. dazu Glastetter, W., Die Stellung der Bundesrepublik Deutschland in der Weltwirtschaft, Köln 1973, S. 8ff; Vgl. Henkner, K., Wettbewerbsrelationen im Außenhandel westlicher Industrieländer 1959 bis 1973, Berlin 1976.

22 Vgl. Kunze, J., a.a.O., S. 13ff.

23 S. hierzu Leipert, C., Unzulänglichkeiten des Sozialprodukts in seiner Eigenschaft als Wohlstandsmaß, Tübingen 1975, S. 50ff.; Reich, U.-P., u.a., Arbeit-Konsum-Rechnung, Köln 1977.

24 Für umfassende Kritik s. Holub, H.-W., Zur Kritik des Bruttosozialprodukts als Wohlstandsindikator, in: Wirtschaftswissenschaftliches Studium 1974; a. Bombach, G., Volkswirtschaftliche Gesamtrechnung – antiquierte Methoden, in: Wirtschaftswoche 1972.

25 S. Leipert, C., a.a.O., S. 122f.

26 Ebenda S. 123.

27 S.a. Holub, H.-W., a.a.O., S. 62f.

28 Die Bewertungsschwierigkeiten der Umweltbelastung dürfen allerdings nicht gering geschätzt werden, s. hierzu Walser, P., Volkswirtschaftliche Gesamtrechnung, Revision und Erweiterung, Göttingen 1975, S. 31 ff.

29 Leipert, C., a.a.O., S. 145; a. Walser, P., ebenda, S. 36 f.

30 Vgl. hierzu Kunze, J., a.a.O., S. 36 f.

30d Vgl. Jürgensen, H., u.a., Das wirtschaftspolitische Instrumentarium der Umweltpolitik – Analysen und Koordinationsmöglichkeiten, in: Külp, B., u.a., (Hrsg), a.a.O., S. 224 ff.

31 Umweltprogramm der Bundesregierung 1971, a.a.O., S. 8, 11; s.a. Umweltbericht 1976, a.a.O., S. 20; auch im Gutachten zur Gesamtbelastung..., a.a.O., S. 601, wird die Vorzugsstellung der marktkonformen Maßnahmen befürwortet. Kritisch zum Marktkonformitätskriterium Rehbinder, E., Wirtschaftsordnung und Instrumente des Umweltschutzes, in: Sauermann, H., a.a. (Hrsg), Wirtschaftsordnung und Wirtschaftsverfassung, Tübingen 1975, S. 513 ff; Vgl. a. Seidenfus, H.S., Umweltschutz, politisches System und wirtschaftliche Macht, in: Schneider, H.K., u.a. (Hrsg), Macht und ökonomisches Gesetz, Berlin 1975, Bd. II, S. 820 ff.

32 Umweltgutachten, a.a.O., S. 162; a. Siebert, H., bringt differenzierte Beurteilungskriterien: Analyse der Instrumente der Umweltpolitik, Göttingen 1976, S. 111 f.

32a Vgl. Frey, R.L., Umweltschutz als wirtschaftspolitische Aufgabe, in: Schweiz. Zeitschrift für Volkswirtschaft und Statistik 108, 1972, S. 454. Frey nennt vier „operationele Ziele des Umweltschutzes", hier Ziele III, IV, V.

32b S. Stamer, P., Niveau- und strukturorientierte Umweltpolitik, Göttingen 1976, S. 37 ff.; Siebert, H., Instrumente ...., a.a.O.

32c S. hierzu Cansier, D., a.a.O., S. 82 ff.

32d Vgl. zu Kategorien der Instrumente Frey, R.L., Umweltschutz als ... a.a.O., S. 459.

32e S. Zimmermann, K., Umweltpolitik und Verteilung, in: Hamburger Jahrbuch für Wirtschafts- und Gesellschaftspolitik 22, 1977, S. 101. Er spricht von „ordnungspolitischer Internalisierung". Über die marktwirtschaftliche Lösungen s. Tomann, H., Zur Effizien marktwirtschaftlicher Ansätze der Umweltpolitik, in: Konjunkturpolitik 23, 1977; über Verhandlungslösungen s. Knappe, E., Möglichkeiten und Grenzen dezentraler Umweltschutzpolitik, Berlin 1974.

32f Umweltprogramm 1971, a.a.O., S. 22; Buhné, R., Die internationale Verflechtung der Umweltpolitik, Göttingen 1976.

33 S. hierzu Zimmermann, K., Die Last des Umweltschutzes: Überlegungen zum Konzept der „volkswirtschaftlichen Kosten" des Sachverständigenrates für Umweltfragen, in: Kyklos 27, 1974, S. 845 ff.; Hansmeyer, K.-H., Volkswirtschaftliche Kosten des Umweltschutzes, in: Giersch, H., (Hrsg), Das Umweltproblem in ökonomischer Sicht, Tübingen 1974.

34 Vgl. Cansier, D., a.a.O., S. 24 ff.

35 S. Hödl, E., Wirtschaftswachstum und Umweltpolitik, Göttingen 1975, S. 14 ff.; Neumann, M., Wirtschaftswachstum und Umwelt, in: Dürr, E., u.a. (Hrsg), Das Umweltproblem aus ökonomischer und juristischer Sicht, Göttingen 1975, S. 35 ff.; s. zur begrifflichen Inhaltsbestimmung Jöhr, W.A., Instrumente der Wachstumsbegrenzung und der Wachstumslenkung, in: Wolff, J., (Hrsg), Wirtschaftspolitik in der Umweltkrise, Stuttgart 1974, S. 14 f; Vgl. über den Zielkonflikt zwischen Wirtschaftswachstum und Umweltqualität: Nowotny, E., a.a.O., S. 111 ff; s. über die Bedeutung der Infrastrukturpolitik für Wachstumsbegrenzung und -Lenkung: Frey, R. L., Brüngger, H., Wachstumslenkung durch Infrastrukturpolitik, in: Wolff, J., (Hrsg), a.a.O., S. 173 ff.

36 Vgl. Hödl, E., a.a.O., S. 36 ff; s. über die Grenzen einer mit reaktiven Umweltpolitik, Ronge, V., Die Umwelt im kapitalistischen System, in: Glabow, M.n (Hrsg), Umweltgefährdung und Gesellschaftssystem, München 1972, S. 98 ff.

37 Cansier, D., a.a.O., S. 46.

38 S. Kunze, J., a.a.O., S. 30 f.; Vgl. a. Bombach, G., Konsum oder Investitionen für die Zukunft?, in: Qualität des Lebens 7 – Qualitatives Wachstum, Frankfurt a.M., 1972.

39 S. Modellrechnung für alternativ angenommenen Umweltinvestitionen in 1970–1985: Kunze, J., a.a.O., S. 20 ff.

40 S. Widmaier, H.-P., Politische Ökonomie des Wohlfahrtsstaates, in: Ders. (Hrsg), Politische Ökonomie des Wohlfahrtsstaates, Frankfurt a.M., 1974, S. 24 f; Ders., Sozialpolitik im Wohlfahrtsstaat, Hamburg 1976, S. 38, 42 ff.

41 S. hierzu Ronge, V., Schmieg, G., Restriktionen politischer Planung, Frankfurt a.M., 1973, S. 156 ff.; a. O'Connor, J., Die Finanzkrise des Staates, Frankfurt a.M., 1974; Einen Problemüberblick bringt auch Hickel, R., Krisenprobleme des „verschuldeten Steuerstaates", in: Ders.

(Hrsg), Finanzkrise des Steuerstaates, Beiträge zur politischen Ökonomie der Staatsfinanzen, Frankfurt a.M., 1976, S. 8 ff.

42 Über die gegenseitige Beeinflußung der Investitionsentscheidungen und der Wirtschaftspolitik s. die prägnante Darstellung in: Heimfried, W., u.a., Politische, Soziale sowie wirtschaftliche Risiken und Chancen unterschiedlicher Steuerungsinstrumente zur Lösung der Probleme von Strukturkrisen und langfristiger Arbeitslosigkeit, Prognos, Bassel 1976, S. 75 ff.

43 An diesem Punkt wird auch die Berechtigung der Debatte über „Investitionslenkung" einsichtig: s. die Beiträge in: Sarrazin, T., (Hrsg), Investitionslenkung, Bonn-Bad Godesberg 1976.

43a S. hierzu Nowotny, E., a.a.O., S. 292 ff.

44 Systemaggregate habe ich durch ihre konstitutiven Elemente definiert und ihre Abhängigkeit von sozialökonomischen Systemelementen behandelt: s. Verhältnis von Politik und Wirtschaft ..., a.a.O.

45 Vgl. Scharpf, F.W., a.a.O., S. 4 ff.

46 Vgl. Frey, B.S., a.a.O., S. 22, 40 ff.; a. Kapp, K.W., Zur Theorie der Sozialkosten und der Umweltkrise, in: Ders., Vilmar, F., (Hrsg), Sozialisierung der Verluste, München 1972, S. 40.

47 S. a. Kunze, J., a.a.O., S. 13 f.

48 S. über die Bewertungsprobleme Cansier, D., a.a.O., S. 33 ff.

49 S. hierzu Littmann, K., Umweltbelastung Sozialökonomische Gegenkonzepte, Göttingen 1974, S. 4 ff., Ackermann ..., a.a.O., S. 7 f.

50 S. Siebert, H., Analyse ..., a.a.O., S. 7 f.

51 Über die Schwierigkeit der Zurechnung der externen Effekte s. Littmann, K., a.a.O., S. 23 f.

52 Für verschiedene Aspekte der Durchsetzung des Verursacherprinzips s. Rehbinder, E., Politische und rechtliche Probleme des Verursacherprinzips, Berlin 1973, S. 21 ff.

53 S. über die verschiedenen Verfahren der Internalisierung Littmann, K., a.a.O., S. 51 ff.

54 S. Umweltgutachten 1974, a.a.O., S. 171 f.; a. Fazio, A.G., Lo Cascio, M., Evaluation of the Economic Effects of Anti-Pollution Public Policy in: Problems of Environmentel Economics, OECD, Paris 1972.

55 S. über Förderungsmaßnahmen umweltfreundlicher Technologien und über ihre Wirksamkeit: Kapp, K.W., Staatliche Förderung „umweltfreundlicher" Technologien, Göttingen 1976.

56 Die Änderung der Zusammensetzung produzierter Güter setzt voraus, daß die privaten Investitionsentscheidungen die Nachfrage nach *umweltfreundlichen* Gütern berücksichtigen.

57 Wirkungen des Gemeinlastprinzips auf die Höhe der Staatsquote und auf die Verwendung der Staatseinnahmen, insbesondere auf die für qualitatives Wirtschaftswachstum wichtigen Infrastrukturinvestitionen bedürfen näherer Analyse.

58 S. Anm. 33. Hierzu gehören auch die nicht oder schwer quantifizierbaren Kosten der wirtschaftpolitischen Zielverzichte, der politischen Willensbildung und -durchführung und die Kosten der verbleibenden, tolerierten Umweltschäden u. a.

59 S. über die Probleme der verfügbaren Informationen über die umwelt- und strukturpolitischen Aktivitäten: Fehlau, K.-P., Neddens, M., Bürgerinformationen im politischen Willensbildungsprozeß, Göttingen 1975, S. 40 ff., S. 75 ff.

60 Hinsichtlich der Neben- und Fernwirkungen der wirtschafts- und umweltpolitischen Instrumente besteht ein beträchtliches analytisches Defizit. Die bisher vorliegenden Arbeiten werfen mehr Fragen auf als sie beantworten.

61 Nicht-Berücksichtigung einiger Schadstoffe, deren Bedeutung für Umweltbelastung zunimmt, kann zu irreführenden Aussagen über Umweltqualität führen. S. hierzu Jänicke, M., Weidner, H., Optische Täuschungen im Umweltschutz, in: Umschau in Wissenschaft und Technik, 77 Jg., 15.11.1977.

62 Ein gesellschaftspolitisch wichtiges Problem der politischen Sozialisation und des Bildungssystems ist damit angesprochen. Das ist ein zentrales Element des politischen Systems, das als Einflußfaktor der Erfolgs- und Systemkontrolle besondere Beachtung verdient.

63 Zum Begriffsinhalt Vgl. Habermas, J., Legitimationsprobleme im Spätkapitalismus, Frankfurt a.M. 1973, S. 55.

64 Der oft zitierte Versuch, den privaten Konsum als originäres Ziel des Wirtschaftsprozesses in einem privatkapitalistisch-marktwirtschaftlich koordinierten System zu begründen, führt als Beweis die „Konsumentensouveränität" an. Dabei wird die Wirklichkeitsanalyse vernachlässigt. Die Macht des Verbrauchers ist eher fiktiv als sie produktionssteuerungswirksam sein kann. Es darf nicht übersehen werden, daß der Wandel von „Bedarfdeckungswirtschaft" in „Bedarfweckungswirtschaft" weitgehend vollzogen ist. Zur Kritik an der These der Kon-

sumentensouveränität s. Jeschke, D., Konsumentensouveränität in der Martkwirtschaft – Idee, Kritik, Realität, Berlin 1975, S. 15 ff.

65 Vgl. Böckels, L., Scharf, B., Widmaier, H. P., Machtverteilung im Sozialstaat, München 1976, S. 101 f.; Widmaier, H. P., Politische ..., a.a.O., S. 24 f.

66 S. Kapp, K. W., Umweltkrise und Nationalökonomie, in: Schweizerische Zeitschrift für Volkswirtschaft und Statistik 108, 1972.

67 Vgl. hierzu Robinson, J., Die zweite Krise der ökonomischen Theorie, in: Vogt, W., (Hrsg), Seminar: Politische Ökonomie, Frankfurt a.M. 1973, S. 47 ff.

68 S. über die Feststellung des Zielrealisierungsrahmens Anm. 31.

X. Arbeitsgruppe: Politischer Unterricht

Politikwissenschaftliche Forschung, Didaktik und politischer Unterricht

Von Günter C. Behrmann

1. Vorbemerkungen

Die meisten Studenten der Politikwissenschaft waren und sind Lehramtsstudenten. Die Politikwissenschaft ist nicht nur (eine) Bezugswissenschaft in der Ausbildung der Lehrer für das Schulfach „Sozialkunde", „Gemeinschaftskunde", „Gesellschaftslehre", „Politik" etc., sondern zumindest an den meisten pädagogischen Hochschulen auch eine an der allgemeinen Lehrerausbildung beteiligte Fachwissenschaft. Schließlich richten sich Fortbildungsveranstaltungen, an denen Politikwissenschaftler beteiligt sind, häufig vor allem an Lehrer. Daher liegt die Frage nahe, ob der „politische Unterricht" als wichtigstes Praxisfeld der Politikwissenschaft in Forschung und Lehre hinreichend berücksichtigt wird. Daß sie von der „Praxis" und zumal dieser Praxis weit entfernt sei, gilt unter nicht wenigen Studenten und Lehrern, aber auch unter Fachwissenschaftlern als ausgemacht.

An Belegen für solche Kritik mangelt es nicht. Auf die verbreitete Tendenz der Lehrenden, Spezialthemen zu verfolgen, deren „Relevanz" für den politischen Unterricht nicht unmittelbar einsichtig ist, läßt sich ebenso verweisen wie auf eine entweder zu stark theoretisch oder zu sehr forschungsmethodisch orientierte Ausbildung. Mit einigem Recht ließ sich zumindest vor einigen Jahren noch geltend machen, die politikwissenschaftliche Ausbildung und Forschung erschwere nicht nur die vom Lehrer geforderte Umsetzung des Wissens in Unterrichtsinhalte, sie vernachlässige auch den politischen Unterricht und seine Bedingungen als wichtigen Forschungsgegenstand (so u.a. Winkler 1974). Obwohl der zweite Vorwurf, wie nicht zuletzt die Publikationen des Arbeitskreises Bildungspolitik zeigen (Winkler 1974; Jenkner/Stein 1977), heute nur noch mit Einschränkungen wiederholt werden kann, ist das Unbehagen nicht geringer geworden.

Dies ist ein Anzeichen dafür, daß die Ursachen des Unbehagens und der Kritik tiefer liegen, als die Hinweise auf offenkundige Defizite und die Möglichkeiten ihrer Überwindung glauben machen. Verfolgt man die nicht geringe Zahl der einschlägigen Publikationen, so fällt auf, daß sie die Schwierigkeiten im Verhältnis von Wissenschaft und Praxis, d.h. hier: von Politikwissenschaft und Unterrichtspraxis oder Politikwissenschaft und politischen Entscheidungen über Unterrichtsinhalte wie Unterrichtsziele durchweg ähnlich definieren. Als – unausgesprochene oder ausgesprochene – Erwartung steht hinter diesen Definitionen die Annahme, durch mehr oder andere Forschung ließen sich die bezeichneten Diskrepanzen von Wissenschaft und Praxis überwinden. Diese Annahme ist fragwürdig.

Politikwissenschaftler unterstellen immer noch häufig, politische Bildung sei ihre Domäne. Dabei übersehen sie, daß die Politikwissenschaft weniger denn je die einzige oder auch nur die dominante Bezugswissenschaft für den sozialkundlich-politischen Unterricht ist, daß also selbst dann, wenn Wissenschaft und Unterrichtspraxis unmittelbar aufeinander verwiesen wären, der Einfluß politikwissenschaftlicher Forschung durch andere Bezugswissenschaften beschränkt wird.

Aber auch unabhängig von der Zahl und dem Verhältnis der Bezugswissenschaften ist zu fragen, ob und inwiefern im Unterricht eingelöst werden kann, was vom Unterricht als einem „wissenschaftsorientierten" Unterricht erwartet wird. Ich möchte versuchen, plausibel zu machen, daß sich hinter diesen Erwartungen nicht nur ganz unterschiedliche Vorstellungen verbergen, sondern daß sie auch eine Entwicklung beschleunigen, die den sie leitenden Absichten nicht zufällig, sondern mit innerer Folgerichtigkeit zuwiderläuft.

2. Zur Stellung der Politikwissenschaft unter den Bezugwissenschaften des sozialkundlich-politischen Unterrichts

Das gute Dutzend unterschiedlicher Bezeichnungen für das Schulfach, welches auch oder vor allem der politischen Unterrichtung der Schüler dienen soll, verweist ebenso wie dessen unterschiedliche Verortung und Gewichtung in den Stundentafeln auf eine Sonderstellung des Fachs. Ob die politische Bildung ein „Unterrichtsprinzip" oder ein Unterrichtsfach oder beides sein solle, – diese seit langem umstrittenen Alternativen (vgl. dazu die Dokumentation bei Borcherding 1965), sind ebensowenig überwunden wie die Schwierigkeiten einer gleichberechtigten Einordnung der Sozialwissenschaften in einen von Geistes- und Naturwissenschaften schon weithin okkupierten Stundenplan:

1. Anscheinend hat erst der Vorschlag des Senats der Westdeutschen Rektorenkonferenz, den Kanon der Pflichtfächer für die reformierte Oberstufe der Gymnasien zu ergänzen und dabei neben den klassischen geistes- und naturwissenschaftlichen Kernfächern im Bereich der Sozialwissenschaften nur die Geschichte zu berücksichtigen, hinreichend deutlich gemacht, daß der Beitrag der Politikwissenschaft zur Lehrerausbildung und zur politischen Bildung in der Schule erneut umstritten ist. Die zum Teil polemischen Kommentare dieses Vorschlages treffen vielleicht einige seiner Motive. Sie lassen aber durchweg außer Acht, daß die Politikwissenschaft in ihrer Forschung, ihren Theorien, ihren Methoden, ihren didaktischen Überlegungen anderen Bezugswissenschaften von Unterrichtsfächern, zu deren Zielen soziales Lernen und politische Bildung gehören, nicht überlegen ist. Vergleicht man etwa, wie weit sich die Politikwissenschaft und die Didaktik der politischen Bildung von der Geschichte entfernt haben, wie intensiv man sich dagegen in der Geschichtswissenschaft mit den Sozialwissenschaften und in der Geschichtsdidaktik mit Problemen der politischen Bildung (vergl. die Übersicht bei Süssmuth 1978) beschäftigt,

so läßt sich der Anspruch der Politikwissenschaft schwerlich durch ein Beharren auf einmal erworbenen Positionen verteidigen. Wohl kommt die nicht grundlose Befürchtung, Politikwissenschaft und Soziologie förderten eine einseitig gesellschaftskritische politische Bildung, der Geschichte, der Wirtschafts- und Rechtswissenschaft entgegen. Indessen wäre es kurzsichtig, den Anspruch der Politikwissenschaft nur politisch-polemisch zu verteidigen und zu übersehen, daß er – sei es in Konkurrenz oder in Kooperation mit anderen Bezugswissenschaften – sachlich und pädagogisch erneut begründet und ausgewiesen werden müßte.

2. Mit der – vorderhand zum Nachteil der Politikwissenschaft – wieder zunehmenden Konkurrenz zwischen den Bezugswissenschaften politischer Bildung wird deutlicher als zuvor, daß die Probleme der Auswahl, der Darstellung und der Integration des Wissens zwischen Wissenschaften, Didaktik, Bildungspolitik und Schule nur hin- und hergeschoben werden, aber nicht gelöst sind. Wenn z.B. die nordrhein-westfälischen Richtlinien „Politik“ Soziologie, Politikwissenschaft, Ökonomie, Geschichte, Wirtschafts- und Sozialgeographie, Pädagogik, Sozialpsychologie und Rechtswissenschaft als Bezugswissenschaft nennen (NRW Richtlinen Politik 1973 S. 6), so klingt dies verwegen. Indessen wird weithin akzeptiert, daß den Schülern als Grundlagen für das politische Urteil und die Teilnahme am öffentlichen Leben Kenntnisse der Rechtsordnung, des Wirtschaftssystems und des politischen Systems der Bundesrepublik wie zumindest eines sozialistischen Staates, der internationalen Politik, d.h. des Ost-West-Konflikts, der Entwicklungsländer und der europäischen Integration, der Gemeinden und der Gemeindepolitik, der Familie, des Berufs- wie des Freizeitbereichs und der Massenkommunikation vermittelt werden sollen. Die Auflistung einer Vielzahl von Bezugswissenschaften ist daher durchaus konsequent, wenn man den in anderen Schulfächern unbestrittenen Bezug zu einer Fachwissenschaft auch im sozialkundlich-politischen Unterricht herstellen will.

Angesichts der rasch fortschreitenden Spezialisierung in den Bezugswissenschaften und/oder der quer durch die Bezugswissenschaften laufenden Segmentierung von wissenschaftlichen Schulen mit ihren „Erkenntnisinteressen“ und „Paradigmen“ gerät der Unterricht als „wissenschaftsorientierter“ Unterricht in ein kaum lösbares Dilemma: je umfangreicher und spezialisierter das Wissen in den Bezugswissenschaften wird, desto weniger können sie zur Lösung der Frage beitragen, was der Schüler von diesem Wissen wissen soll.

Schon deshalb ist die Vorstellung, der Unterricht könne eine Fortsetzung fachwissenschaftlicher Lehre mit anderen Mitteln und eines unmittelbar an den Fachwissenschaften orientierten „forschenden Lernens“ sein, verfehlt. Wenn Gesellschaft und Geschichte in elf Bundesländern und einem Vielfachen von Lehrplänen ganz unterschiedlich thematisiert, beschrieben und gedeutet werden, so ist dies nicht nur ein Zeichen für einen föderalistischen Pluralismus oder für die Eigenwilligkeit von Lehrplankommissionen, Bildungspolitikern und Kultusbürokratien. Das nur noch von wenigen Spezialisten durchschaute Lehrplandickicht mit den Unmengen im bildungspolitischen Unterholz vermodernder Entwürfe und Pläne wuchert auch deshalb, weil im Feld der genannten Bezugswissenschaften fast beliebige Möglichkeiten der Auswahl und Kombination von Unterrichtsthemen, ihrer Darstellung und ihrer Zuordnung auf Lernziele bestehen.

3. Wissenschaft und Praxis – Erwartungen

An Versuchen, über die „Praxis" einen Ausweg aus diesen Schwierigkeiten zu finden, mangelt es nicht. So sollen z.B. aus typischen Lebenssituationen die zu ihrer Bewältigung erforderlichen Qualifikationen ermittelt und dann die Bezugswissenschaften nach dem für ihren Erwerb oder ihre Vermittlung geeigneten Wissen befragt werden (Robinson 1973). Durch Handlungsforschung soll eine praxisnähere, weil die Trennung zwischen dem wissenschaftlichen Beobachter und dem beobachteten handelnden Subjekt aufhebende wissenschaftliche Beratung ermöglicht werden (so für die politische Bildung z.B. Claußen 1976 S. 122 ff.; 207 ff.).

Mit der Trennung von Wissenschaft und Praxis und mit der Forderung nach höherer Praxisrelevanz verbinden sich indessen ganz unterschiedliche und häufig wenig geklärte Erwartungen (als Versuch einer Klärung vergl. Kaufmann 1973). Erschwert werden Verständnis und Verständigung – folgt man der zumeist synonymen Verwendung von Praxis und Handeln – mehrfach: 1. durch einen zu weit oder jedenfalls zu vage gefaßten Handlungsbegriff, 2. dadurch, daß von den Systemreferenzen des Handelns abgesehen wird oder daß deren Unterschiede verwischt werden, 3. durch die Vermischung der Frage nach dem Beitrag der Wissenschaften zur Steigerung von Handlungserfolgen mit der Frage nach dem Handlungssinn und seiner Reflexion in den Sozialwissenschaften und der Philosophie.

Begreift man den Unterricht als Praxis, so müßte zunächst geklärt werden, in welcher Weise im Unterricht gehandelt wird und wieweit sich das unterrichtstypische Handeln vom politischen und anderem sozialen Handeln unterscheidet. Nach den Lehrplänen ist die Praxis des Unterrichts durch eine mehr oder minder handlungsorientierte Beschreibung, Reflexion und Beurteilung von Handlungsbedingungen, Handlungsmöglichkeiten, Handlungen und Handlungsfolgen, allenfalls durch die Simulation von Handlungen gekennzeichnet. Das Verhältnis von Fachwissenschaft und Unterricht unterscheidet sich daher von jenen Beziehungen zwischen „Wissenschaftssystem" und „Anwendungssystemen" (zu dieser Unterscheidung Luhmann 1977), in denen unmittelbar Handlungen beeinflußt werden.

Nicht zu übersehen ist freilich, daß Lehrplan, Curricula und Unterrichtseinheiten nur den erwünschten Unterrichtsablauf, nicht die reale Interaktion und Kommunikation in einer Klasse, deren „geheimes Curriculum", das von den Unterrichtszielen und -inhalten oft weit entfernt, aber unmittelbar bedeutsame und sehr reale soziale Handeln in der Klasse beschreiben.

Solange das Augenmerk nur auf Unterrichtsziele und -inhalte gerichtet wird, mag es scheinen, als seien wissenschaftliche Forschung, Lehre und Unterricht nicht weit voneinander entfernt. Ebenso kann, da politisches Handeln heute zumeist gleichbedeutend mit Kommunikation in Gremien ist, der Eindruck entstehen, als könnten politische Diskussions- und Entscheidungsprozesse dem Ideal wissenschaftlicher Diskurse angenähert werden. Dadurch wird die Erwartung begünstigt, Wissenschaft, Politik und Unterricht ließen sich in Zielen und Inhalten wie in Kommunikations- und Handlungsweisen synchronisieren. Das Ideal wissenschaftlicher Diskurse und die für politische Kommunikation typischen „Sprechakte" (Searle 1971) und Manipulationen von Symbolen (Edelman 1964) differieren indessen stark. Daß Kommunikations- und Handlungsweisen wie das Verständnis von Zielen und Inhalten system- und gruppenspezifisch variieren, gehört auch zu den Erfahrungen von Didaktikern, die mit aufwendigen wissenschaftlichen Begründungen Lehrpläne konzipiert haben. Sie wurden in der Bildungspolitik, den Fachwissenschaften, der Öffentlichkeit und den Schulen mit ganz unterschiedlichen und häufig unerwarteten Verständigungsproblemen und Entscheidungsprozessen konfrontiert (vergl. dazu vor allem Gagel/Schörken 1975).

3.1 Systemspezifische Erwartungen

Läßt man die inzwischen hinreichend bekannten demokratie- und wissenschaftstheoretischen, politischen und pädagogischen Argumente für und gegen neuere Konzeptionen politischer Bildung einmal außer Acht, so konkurrieren in der Diskussion um die politische Bildung vor allem positionsspezifische Erwartungen. So erwarten Lehrer von den Fachwissenschaften und der Didaktik konkrete, ihre Arbeit entlastende und deren Effizienz steigernde Informationen. Die Kritik von Fachwissenschaftlern an Didaktikern und Lehrern zielt zumeist auf deren Auswahl und Interpretation von Forschungsergebnissen. Die Didaktiker betonen seit einiger Zeit dagegen gerade die Aufgabe der Auswahl und vermissen in der fachwissenschaftlichen Forschung für ihre Zwecke hilfreiche Interpretationen und Folgerungen. Die meisten Fachwissenschaftler, Didaktiker, Politiker und Eltern betonen, der Unterricht müsse objektiv und seine Ziele müßten hinreichend legitimiert sein. Fachwissenschaftler haben dabei aber eher die sachliche und logische Konsistenz von Inhalten und Zielen, Didaktiker die – freilich zumeist nur hypothetisch unterstellte – Interessiertheit und Betroffenheit der Schüler im Auge. Didaktiker orientieren sich bei ihren Begründungsstandards vor allem an Fachkollegen, Politiker an den Wählern. Eltern verstehen unter Objektivität häufig die Vermeidung von kontroversen Themen, zumindest kontroversen Wertungen. Für Didaktiker verlangt sie gerade Kontroversen. Für Politiker schließlich ist Objektivität eine durch zwei Imperative bestimmte vage Größe: Zu vermeiden sind eine mittelfristig das eigene Wählerpotenial gefährdende Beeinflussung der Schüler und politisch riskante Konflikte.

Die Aufzählung ließe sich fortsetzen und auf weitere Bezugsgruppen politischer Bildung wie Studenten und Schüler erweitern. Sie illustriert, daß auch unabhängig vom politischen Streit um die politische Bildung unterschiedliche und z.T. inkompatible Erwartungen an den politischen Unterricht, seine Didaktik und seine Bezugswissenschaften gerichtet werden (zur Beschreibung dieses Sachverhalts vergl. auch Schörken 1975). Sie sind nur teilweise auf fehlende Sachkenntnis oder Borniertheit zurückzuführen. Aus der Stellung im Wissenschaftssystem oder in den verschiedenen Anwendungssystemen ergeben sich durchaus sinnvolle und konsequente, so man will, „rationale“ Anforderungen. Verständlich ist auch das Interesse an einer Maximierung der je erwarteten Leistungen, also z.B. das Interesse der Fachwissenschaftler an einer möglichst hohen fachwissenschaftlichen Qualifikation der Lehrer oder das

Interesse der Lehrer an unmittelbar hilfreichen Informationen. Sehr zweifelhaft ist jedoch, ob die je verfolgten Maximerungsstrategien, bilanziert man sie insgesamt, das Ergebnis der Anstrengungen für Lehrer und Schüler optimieren.

3.2 Theorie, Methode und Anwendung

Unterscheidet man, einer gängigen Differenzierung folgend (vergl. z.B. Luhmann 1977), zwischen einer jeweils mehr theorie-, methoden- oder anwendungsorientierten Forschung, so läßt sich noch genauer als zuvor verdeutlichen, daß häufig beklagte Spannungen zwischen Wissenschaft, politischer Praxis und Unterrichtspraxis entweder gar nicht oder nur unter negativen Folgen für Wissenschaft, Politik oder Erziehung überwunden werden können.

Einige Didaktiker gehen davon aus, daß die meisten Bürger eine Vorstellung von Politik, eine ihre Information, ihre Kenntnisse und Erfahrungen ordnende und deutende „Theorie" besäßen (zugespitzt z.B. Holtmann 1975). Die Vielzahl der empirischen und ideologiekritischen empirischen Untersuchungen von Gesellschaftsbildern und der vehemente Streit um die den Konzeptionen politischer Bildung zugrundezuliegenden Demokratietheorien (vergl. die Übersicht bei Hilligen 1975 S. 63 ff.) sind für den Unterricht nur dann von allgemeiner Bedeutung, wenn diese Annahme zutrifft. Träfe sie zu, dann wären die Aufgaben von Fachwissenschaft, Didaktik und Unterricht leicht in Beziehung zu bringen. Die Fachwissenschaften hätten die Theorien zu entwickeln und ihren Wahrheitsgehalt zu überprüfen, die Didaktik ihre Vermittlung zu operationalisieren, der Unterricht die wissenschaftlichen Theorien und die Alltagstheorien so anzunähern, daß jene allgemeinverständlich und praktikabel, diese aufgeklärt und differenziert oder durch die wissenschaftliche Theorie ersetzt werden.

Indessen täuscht die mit dem Theoriebegriff vorgenommene Äquivokation. Wissenschaftliche Theorien und Alltagstheorien sind unterschiedlich strukturiert (vergl. u.a. Garfinkel 1960, Schütz 1962). Sie lassen sich einander zumeist nicht ohne Einbußen im Erklärungspotential wissenschaftlichen Wissens wie im situationsspezifisch handlungsorientierenden Potential des Alltagswissen annähern. Überdies ist höchst zweifelhaft, ob mehr als eine Minderheit von Bürgern eine halbwegs konsistente Vorstellung von Gesellschaft und Politik besitzt. Nach den Befunden der empirischen Forschung ist vielmehr eine politische und soziale Orientierung über heterogene und inkonsistente Vorstellungselemente und Einstellungen typisch (Converse 1964; kritisch dazu Luttbeg 1968; Nie 1973).

Jedenfalls sind dort, wo in politischen Reideologisierungsprozessen der Zusammenhang zwischen verschiedenen Meinungen und Einstellungen stimmiger wird, die – in der Terminologie der einschlägigen amerikanischen Forschung – „belief systems" der Bürger auch bei großzügiger Auslegung des Theoriebegriffs weit von wissenschaftlichen Theorien entfernt (davon gehen in der Didaktik z. B. Giesecke 1975 und Schmiederer 1977 aus).

Noch augenfälliger sind die Unterschiede im Bereich der Methoden. Die intensive Beteiligung von Sozialwissenschaftlern und Didaktikern der politischen Bildung am sogenannten Positivismusstreit täuscht leicht darüber hinweg, daß das Interesse von Sozialwissenschaftlern an Unterrichtsmethoden in der Regel ebenso gering ist wie das Interesse von Didaktikern und Lehrern an den Methoden sozialwissenschaftlicher Forschung. Auch der Positivismusstreit war dort, wo er für die politische Bildung bedeutsam wurde, kein Methodenstreit, sondern eine Auseinandersetzung zum Ziele politischer Bildung und ihre wissenschaftliche Begründung. Dort, wo ständig Methodenprobleme auftreten – in der empirischen Forschung –, zwingt deren Beachtung in der Didaktik und Programmatik politischer Bildung zu dem Schluß, daß diese vor allem von jenen Theorien und Forschungsergebnissen beeinflußt werden, die – ungeachtet der methodischen Validität – in der je gegebenen politischen Konstellation und in wichtigen Bezugsgruppen politischer Bildung „popularisationsfähig" (vergl. Habermas 1974) sind. Während in der hier interessierenden Forschung, also z.B. in den Untersuchungen zur politischen und schichtspezifischen Sozialisation, Methoden, Forschungsergebnisse und Theorien ständig in Frage gestellt und revidiert werden (vergl. z.B. Gloy 1973; Bertram 1976; Hurrelmann 1976; Zängle 1978), werden sie in der Didaktik verkürzt und samt der daraus gezogenen Folgerungen festgeschrieben.

Die Rezeption dieser Forschung wäre einer eigenen Untersuchung wert, da sie Anhaltspunkte für systemspezifische Selektionsprinzipien gibt. So wird in der Didaktik aus einem verständlichen Interesse an Entlastung und an Orientierungshilfen von den Daten zumeist ebenso abgesehen wie von den Methoden. Bevorzugt werden Untersuchungen, aus denen einsichtige pädagogische und politische Folgerungen gezogen werden – auch wenn vergleichbare Untersuchungen ohne eingängige Folgerungen in den Daten ergiebiger und methodisch anspruchsvoller sind (vergl. z.B. die breite Rezeption von Jaide 1971 im Unterschied zu Kaase 1971). Wer praktische Empfehlungen gibt, neigt verständlicherweise stärker dazu, an deren Voraussetzungen festzuhalten als derjenige, der primär der Logik der Forschung folgt. So verwundert nicht, daß – besteht über bestimmte Annahmen einmal Konsens – die sie stützende Forschung beachtet, die sie in Frage stellende Forschung häufig übergangen wird (vergl. dazu z.B. die Rezeption der Bernsteinschen Untersuchungen über Sprachcodes, der „Authoritarian Personality" und der politischen Sozialisationsuntersuchungen von Greenstein, Hess/Torney u.a.). Aus hoch aggregierten Daten lassen sich nur schwer schlüssige pädagogische Folgerungen ziehen. Sie sind im Unterricht auch kaum darstellbar. Daher verwundert schließlich nicht, wenn Befunde, die auf aggregierten Daten basieren, teils schon in der Didaktik, mehr aber noch von Studenten, Lehrern und Schülern dergestalt reifiziert werden, daß sich z.B. die Vorstellung festsetzt, Arbeiterkinder seien durchweg autoritär erzogen, suchten kurzfristige Gratifikationen, redeten restringiert etc.

Damit ist schon der Bereich der angewandten Forschung berührt. Folgt man zunächst der hier aufgenommenen Unterscheidung, so ist festzustellen, daß es für eine spezifische, anwendungsorientierte, also auf den politischen Unterricht bezogene Forschung nur wenige Beispiele gibt (in der Empirie etwa Harnischfeger 1972, mit Einschränkungen Urban 1976, in der „Theorie" etwa Giesecke 1965, Schmiederer 1977). In der Regel wird die Forschung dergestalt „angewandt", daß sozialwissenschaftliche Theorien und/oder Ergebnisse empirischer Forschung für die Formulierung und die Rechtfertigung von Unterrichtszielen, für die Begründung von Unterrichtsmethoden und für die Bestimmung der Unterrichtsinhalte ausgewählt, zusammenfassend referiert und ausgemünzt werden. Für dieses Verfahren spricht der notwendige innere Zusammenhang von Theorie, Methodologie und teils stärker theorie- teils stärker anwendungsorientierter (zu den sich damit ändernden Forschungsstrategien vergl. vor allem: Coleman 1972) empirischer Forschung. Dominieren indessen auf dem Feld der Anwendung allgemeine Theorien und eine nicht auf das spezifische Anwendungsgebiet bezogene Empirie, so ist die Gefahr nicht gering, daß allgemeine theoretische Überlegungen und empirische Befunde mit den spezifischen Problemen des sozialkundlich-politischen Unterrichts gleichgesetzt werden. Dann erzeugt die „angewandte" Forschung womöglich einen Überschuß von Scheinproblemen.

3.3 Technokratie und Praxis

Wo das Verhältnis von Wissenschaft und Praxis diskutiert wird, bewegt man sich häufig zwischen „technokratischen" und „emanzipatorischen" Lösungen. Die erste Lösung zielt auf Didaktiker und Lehrer als professionalisierte Sozialtechniker und auf die Umsetzung nomologischen Wissens in Unterrichtsmethoden, die – bei vorgegebenen Zielen – eine unter stabilen Randbedingungen hohe Wahrscheinlichkeit der Annäherung an die Ziele garantieren sollen (so z.B. von Cube 1977; zusammenfassend Hilligen 1975 S. 96ff.). In „emanzipatorischen" Konzeptionen soll der Schüler dagegen so mit Forschungsergebnissen konfrontiert werden oder sie durch Arrangements eines „forschenden Lernens" so selbst entdecken, daß bei ihm Reflexionsprozesse ausgelöst werden, die in einer fortschreitenden Selbstbestimmung münden.

Wir verfügen nun allerdings weder über das für die erste Konzeption notwendige Wissen, noch sind nach aller Erfahrung die Randbedingungen zumal des sozialkundlich-politischen Unterrichts so stabil und einheitlich, daß der Instrumentalismus dieser Konzeption, selbst wenn er möglich, auch praktikabel wäre. Technisches Wissen ist dadurch charakterisiert, daß das Anwendungswissen vom Erklärungswissen abgelöst werden kann. Der Autofahrer muß z.B. nicht wissen, wie Motoren, Lichtmaschinen und Bremssysteme funktionieren, wenn er im Dunkeln über kurvenreiche Straßen fährt. Da soziales Handeln sinnorientiertes, durch alternative Möglichkeiten der Deutung von Handlungssituationen, durch das Wechselspiel von Erwartungen des Handelnden und seiner Wahrnehmung der Erwartungen anderer geleitetes Handeln ist, kann das handlungsleitende Wissen dagegen nicht „theorie"- oder genauer: deutungsabhängig sein. Wer programmiertes Lernen an die Stelle politischer Bildung als eines Bildungsprozesses setzen will, wird nach aller Wahrscheinlichkeit nicht nur nicht erreichen, was durch ein solches Lernen erreicht werden soll. Er verfehlt auch die Sache.

Solche Mißverständnisse sind freilich weiter verbreiter als strikt „technokratische" Konzeptionen. Sie sind in nicht geringem Maße durch sozialwissenschaftliche Forschungsstrategien beeinflußt.

In der Regel wissen die Handelnden, was sie wollen. Sie nehmen sich, ihre Absichten, ihr Handeln aber in einem mehr oder minder sachlich, zeitlich und sozial begrenzten und konkreten Handlungszusammenhang wahr. Der sozialwissenschaftliche Beobachter kann diese Begrenzungen in den verschiedensten Richtungen überschreiten und dem Handelnden demonstrieren, daß er sich zumal der allgemeinen Voraussetzungen, Möglichkeiten und Folgen des Handelns nur teilweise bewußt ist. Bedenkt man überdies, daß soziales Handeln kausal und/oder intentional interpretierbar ist (vergl. u.a. Habermas 1968; Ritsert 1975; Giesen/Schmidt 1975), daß in den Sozialwissenschaften aber kausale Interpretationsmuster bevorzugt werden, so wird zumindest verständlich, wieso die Anwendung der Sozialwissenschaften in der Didaktik oder im Unterricht „Praxis als Selbstbestimmung" nicht selten eher erschwert als befördert.

Die Schwierigkeiten, die bei einer Klärung dieser Begriffe auftreten, müssen hier außer Acht bleiben (vergl. u.a. Habermas 1968; Bubner 1976). Der Umstand, auf den ich hier aufmerksam machen möchte, ist simpler: versteht man sozialwissenschaftliche Aufklärung als Bedingung von Emanzipation, so kann dem Bürger ad libitum entgegengehalten werden, er wisse und reflektiere zu wenig, denn der Vorsprung von wissenschaftlichen Spezialisten ist in einem arbeitsteiligen System vom Nicht-Spezialisten gar nicht aufholbar. Da 1. soziales Handeln kausal und intentional interpretierbar ist, da 2. der Handelnde, wenn er nicht bereits stark sozialwissenschaftlich infiziert ist, sein Handeln vorwiegend intentional interpretiert, während Sozialwissenschaftler sich kausaler Interpretationsmuster bedienen, da 3. der mündige homo politicus das Ziel politischer Bildung, der gesellschaftlich determinierte homo sociologicus aber das Modell für die Realitätsinterpretation ist, steht es im Belieben des Beobachters, das beobachtete Handeln als fremdbestimmt (kausal und ungenügend reflektiert) oder als selbstbestimmt (reflektiert und intentional) zu definieren.

Ob diese pädagogisch fatale Beliebigkeit innerwissenschaftlich überwunden werden kann, muß hier offen bleiben. Fraglich ist jedenfalls, ob die Verwissenschaftlichung der Didaktik, der Unterrichtsprogramme und des Unterrichts den Erfolg des Unterrichts – gleichgültig ob man ihn an den instrumentell-technischen oder den emanzipatorisch praktischen Leitvorstellungen mißt – gesteigert hat. Bedingungen für den Mißerfolg sind bereits in diesem Prozeß angelegt. Der im Ziel emanzipatorischer Praxis enthaltene Anspruch ist zumindest teilweise moralisch motiviert und in moralischen Kategorien auch nachvollziehbar. Wo man solche Kategorien erwartet, stößt man indessen häufig nur auf soziologische und sozialpsychologische Begriffe wie Identität, Ich-Stärke, Rollendistanz etc. Mit dieser Rationalisierung, mit der sozialtherapeutisch oder kognitiv statt zu anderen Zwecken für „Emanzipation" instrumentalisierten Beeinflussung des Schülers verschwindet just das, was die emphatische Rede von Praxis erst sinnvoll macht: der Mensch als soziales und rationales Wesen oder neuzeitlicher formuliert: das moralische Subjekt.

4. Differenzierung, Anwendung und Selbstreflexion der Forschung

Verfolgt man die für den sozialkundlich-politischen Unterricht bedeutsame, mehr oder minder unmittelbar darauf bezogene Forschung, so ist der bislang wichtigste Einschnitt durch die empirischen Untersuchungen zur Wirksamkeit der politischen Bildung markiert. Zuvor wurde zumeist selbstverständlich unterstellt, die politische Bildung vermittle die Ideen, Überzeugungen und Kenntnisse, zu deren Verbreitung sie institutionalisiert wurde. Unter dieser Annahme konnte sich die Politikwissenschaft auf die Vermittlung dieser Ideen, Überzeugungen und Kenntnisse, auf ihre Entwicklung, Systematisierung und Reflexion beschränken oder nur ideengeschichtlich darüber hinausgehen. Daß die Bedeutung ideengeschichtlicher Untersuchungen jedenfalls dort, wo die darin enthaltene geistige Anregung nicht allzugroß ist, schwindet, wenn zweifelhaft wird, ob die untersuchten Ideen Lehrer und Schüler nachhaltig beeinflußt haben, liegt auf der Hand.

Ein solcher Zweifel wurde mit den empirischen Untersuchungen zur Wirksamkeit politischer Bildung manifest. Schule und Unterrricht konnten damit nicht mehr als die Einrichtungen begriffen werden, die die erwarteten Wirkungen auch bewirken. Die Praxis mußte als sperrige Praxis in ihren Eigengesetzlichkeiten zumindest wahrgenommen, die Konkurrenz zwischen Bildungsprogramm und anderen Einflußfaktoren in und außerhalb der Schule konstatiert werden. Ähnlich haben die Auseinandersetzungen um neue Bildungspläne und die bildungspolitischen Entscheidungsprozesse bewirkt, daß Bildungspolitik und die, wenn irgendwo, dann hier realen ,,Legitimationsprobleme" zum Forschungsgegenstand wurden (Reuter 1977). In den zuvor, wenn auch nur zwischen pädagogischen Ideen und Bildungsprogrammen hergestellten, allenfalls global auf den Zeitgeist, politische Machtkonstellationen, soziale Wandlungen zurückgeführten Zusammenhang schob sich die Einsicht in die Eigengesetzlichkeit politisch-administrativer Entscheidungsprozesse.

In der auf den sozialkundlich-politischen Unterricht bezogenen Forschung – bescheidener formuliert, den darauf bezogenen wissenschaftlichen Publikationen – läßt sich so eine fast ausschließlich auf Ziele und Inhalte von einer fortschreitend auf die gesellschaftlichen, politischen und schulischen Bedingungen politischen Unterrichts, politischen Lernens und politischer Bildung bezogenen Phase unterscheiden. In einer notgedrungen groben Bilanz der Publikationen sind als wichtige Entwicklungen weiterhin zu nennen: 1. Ein Wechsel der je vorherrschenden Bezugswissenschaften. Wohl nicht zufällig ist zunächst die Pädagogik mit einer personalisierten Tugendlehre, dann die Politikwissenschaft mit der Dichotomie von Totalitarismus und pluralistischer Demokratie und schließlich die Soziologie mit der Konflikttheorie und jener merkwürdig paradoxen Kombination von Gesellschaft als universaler Determinante und als Raum solidarischer Emanzipation zur wichtigsten Bezugswissenschaft für die politische Bildung geworden. Sie haben unter Bedingungen, die trotz der hilfreichen Arbeiten von Schmiederer (1972) und Wallraven (1977) erst teilweise aufgehellt sind, die Konstitution des je dominanten Orientierungswissens zu beeinflussen vermocht. 2. Zumindest bis zu den Lehrplänen und Unterrichtsmaterialien läßt sich verfolgen, daß die Wirkung der Bezugswissenschaften bislang nicht von der

Frage abhängig war, ob eine Theorie oder Forschungsergebnisse der Kritik oder Falsifikationsversuchen standgehalten haben. Entscheidend war auch nicht, ob sie brauchbare, also den Unterrichtserfolg steigernde Hilfestellungen zu bieten vermochten. Wirksam wurden vielmehr jene Publikationen, die für wichtige Trägergruppen politischer Bildung deren politisch-soziale Umwelt und ihre Stellung in dieser Umwelt evident zu deuten oder das weite und diffuse Feld des Unterrichts zu ordnen vermochten.

In seinem leider zu wenig beachteten Versuch, in Anlehnung an Schelers Wissenssoziologie Typen des Wissens in der Didaktik zu berücksichtigen, hat Giesecke (1965) zwischen Bildungs-, Orientierungs- und Aktionswissen unterschieden, wobei er als Orientierungswissen ein pures Faktenwissen über Systemzusammenhänge, als Bildungswissen die kulturelle Sinndeutung und Wertorientierung, als Aktionswissen das Wissen über die durchschnittlich den Handlungserfolg sichernden Handlungsmöglichkeiten und Mittel bezeichnet. Während im politischen Unterricht in der Bundesrepublik seit jeher nur wenig pragmatisches Aktionswissen vermittelt wurde, hat sich das Verhältnis von Bildungs- und Orientierungswissen unter dem Einfluß der Sozialwissenschaften deutlich gewandelt. Indem in sozialwissenschaftlich-kognitiver Distanz Normen, Werte, alltagsweltliche Deutungen als kontingente oder gesellschaftlich bedingte und ideologiekritisch hinterfragbare Kulturphänomene wahrgenommen wurden, wurde das Bildungswissen einem Erosionsprozeß ausgesetzt. Im gleichen Zuge wurde das, was Giesecke als Orientierungswissen verstand, auf eine sehr viel schwerer wahrnehmbare Weise mit Sinndeutungen und Wertungen aufgeladen.

3. Mit diesen Wandlungen des Wissens, dem Wechsel der Bezugswissenschaften und der Paradigmen wuchs zwangsläufig die Tendenz zu einer Selbstthematisierung der wissenschaftlichen Beiträge zur politischen Bildung, deren innerwissenschaftliche Bedeutung nur schwer in eine Beziehung zur Unterrichtspraxis zu bringen ist. Während bis in die sechziger Jahre hinein die Geschichte der politischen Bildung bis zum Nationalsozialismus ein bevorzugtes Forschungsthema war, mehren sich seit einigen Jahren die Arbeiten zur Geschichte der politischen Bildung in der Bundesrepublik (Schmiederer 1972; Hüser u.a. 1976; Wallraven 1977). Der Selbstthematisierung ist auch die kaum mehr überschaubare kontroverse Literatur über Rahmenrichtlinien (zusammenfassend Köhler 1974; Gutjahr-Löser/Knütter 1975) und die wissenschaftstheoretisch orientierte Literatur (vergl. die Übersichten in Hilligen 1975; Fischer 1975) zuzurechnen. Dabei wird die Zeitperspektive stark verkürzt. So beziehen sich z.B. wichtige neuere Veröffentlichungen zur Didaktik der politischen Bildung fast nur noch auf Publikationen, die seit der Mitte der sechziger Jahre erschienen sind.

4. Die allgemeine Tendenz zur Spezialisierung läßt sich auch in diesem Bereich verfolgen. Fachwissenschaftler äußern sich nur noch selten zur politischen Bildung. Sie ist zur Sache der Didaktiker geworden. Auch zwischen ihnen wird die Verständigung schon deshalb schwieriger, weil sie sich in ihren Konzeptionen auf eine häufig differierende Literaturauswahl stützen und weil niemand mehr in der Lage ist, die relevante Literatur in den Bezugswissenschaften oder auch nur die jährlich etwa 500 Publikationen zur politischen Bildung zu überschauen.

5. Bereits das Verhältnis zwischen Bezugswissenschaften und Didaktik oder zwischen Didaktik und Unterrichtsrichtlinien bestätigt die „Regel der nicht identischen Reproduktion des Wissens" (Luhmann 1977), der Auswahl und Umdeutung des Wissens unter je differierenden Selektionshorizonten und Orientierungsstrukturen.

Wie häufig in Prozessen eines raschen kulturellen und sozialen Wandels mischten sich im Prozeß der Verwissenschaftlichung des Unterrichts und der Didaktik unterschiedliche Bestrebungen, gerieten widersprüchliche Momente in einen Wirkungszusammenhang. Verwissenschaftlichung ist unter den Voraussetzungen des modernen Wissenschaftsbetriebes gleichbedeutend mit Spezialisierung, zweckspezifischer Rationalisierung und Sinnrelativierung (Weber 1967). Unter den Leitzielen der Demokratisierung und der emanzipatorischen Praxis wurde dagegen eine Integration des Wissens, eine Überwindung instrumenteller Rationalität und eine Identität der Sinnbezüge angestrebt. In der neueren Diskussion um politische Bildung und politischen Unterricht wiederholt sich so das nicht zuletzt für deutsche kulturelle und soziale Bewegungen typische Muster einer Modernisierung unter antimodernen Erwartungen oder einer Gegenbewegung zur Modernisierung mit modernen Mitteln und unter modernen Voraussetzungen (dazu allgemein Eisenstadt 1966; Berger, Berger und Kellner 1973). Unter der Erwartung, man könne mit Hilfe wissenschaftlicher Aufklärung in der Bilanz des Modernisierungsprozesses die Negativa tilgen, wird die Vorstellung, man könne in einem Schulfach mehr als ein halbes Dutzend spezialisierter Bezugswissenschaften integrieren, ebenso verständlich wie die Verwischung der Grenzen zwischen Wissenschaft und Anwendungsbereichen, zwischen Sozialwissenschaften, Politik und Erziehung.

Aber auch dort, wo Fachwissenschaften, Didaktik und Unterrichtsprogramme nicht von diesen Erwartungen geleitet wurden, orientiert man sich durchweg am Prinzip einer identischen Reproduktion des Wissens. Mit anderen Worten: obwohl zu den geläufigen Erfahrungen jedes Lehrers und Hochschullehrers gehört, daß das dargebotene Wissen nur teilweise aufgenommen und häufig umgedeutet wird, obwohl die empirischen Untersuchungen der Wirksamkeit politischer Bildung sichtbar machen, daß Jugendliche Politik zumeist nicht so erfassen und deuten, wie dies in wie auch immer konzipierten Programmen politischer Bildung unterstellt wird, ist der Anspruch auf eine Reproduktion wissenschaftlichen Wissens neuerlich nur erweitert und verlagert worden. Statt politischer Ideen, Theorien und Ergebnissen empirischer Forschung sollen zumindest Studenten und Lehrer, wenn nicht auch die Schüler die Bedingungen wissenschaftlicher Erkenntnis und politischer Meinungsbildung, politischen Lernens und politischer Sozialisation etc. zur Kenntnis nehmen. Da sich das im Unterricht dargebotenen Wissen endlos hinterfragen, Bedingungen der Vermittlung und des Lernens und Handels ebenso endlos hintergehen lassen, ist schon wegen der knappen Zeit im Unterricht gar nicht zu leisten, was im arbeitsteiligen Wissenschaftsbetrieb möglich ist und dort auch sinnvoll sein mag.

Wenn bereits in der Didaktik zu beobachten ist, daß das nach dem Ideal wissenschaftlicher Universalität für die Didaktik bedeutsame Wissen (vergl. z.B. die Aufzählung der relevanten Bereiche bei Hilligen 1975; Holtmann 1975; Fischer 1975) nur selektiv aufgenommen und reduziert wird – man vergleiche dazu z.B. die politikwissenschaftliche Diskussion über Demokratietheorien mit dem, was hiervon in der Didaktik aufgenommen wird –, wenn in der Didaktik Ergebnisse empirischer Forschung zu einem Zeitpunkt festgeschrieben werden, in dem sie innerhalb des spezifischen Forschungsbereichs bereits in Frage gestellt werden, so läßt sich schwerlich erwarten, daß Studenten, Lehrer, Bildungspolitiker und Schüler das Wissen nicht noch stärker selegieren. Zudem mangelt es nicht an Indizien dafür, daß sich mit der Differenzierung von Handlungssystemen unterschiedliche Selektions- und Orientierungsmuster ausbilden, daß sich mit dem Strukturpluralismus auch ein Wissenspluralismus (vergl. Schluchter 1972; 1976) verbindet, der sich nicht durch ein wissenschaftliches ,,universe of discourse" überspannen läßt.

Wer die Grenzen des Wissenschaftssystems überschreitet, stößt denn auch immer häufiger auf eine selbstbewußt harsche Ablehnung der gesamten wissenschaftlichen Anstrengungen, die sich im besten Falle mit der Einsicht verbindet, daß die Sozialwissenschaften im doppelten Sinne ein ,,Defizitunternehmen" (Luhmann 1977) sind: sie machen auf Defizite aufmerksam, wenn sie nicht gar Probleme erst als Probleme definieren, bieten aber oft, wenn überhaupt nur Scheinlösungen der Probleme an. Der Verweis auf die Probleme der schichtspezifischen Sozialisation und der Chancengleichheit mag als Illustration genügen.

Statt diese Defizite zu übersehen und den Glauben an einen mit welchen Mitteln auch immer zu bewerkstelligenden allgemeinen Fortschritt mit Hilfe der Sozialwissenschaften zu beschwören, könnte man daher zunächst davon ausgehen, daß die soziale Wirklichkeit unterschiedlich konstruiert wird (Berger/Luckmann 1969) und daß die wissenschaftlichen Konstruktionen nicht durchweg beanspruchen können, allein angemessen zu sein. Innerwissenschaftlich liefe auch dies auf ein ,,Hinterfragen" oder ein Hinterfragen des Hinterfragens hinaus. Wenn die Sozialwissenschaften zur „ersten Produktivkraft" gerechnet werden dürfen, so trüge eine solche Analyse aber zur Antwort auf die für das Verhältnis von Wissenschaften und Praxis entscheidenden Frage bei, ob sich die Sozialwissenschaften dort nur selbst oder einen nennenswerten Nutzen und Sinn produzieren.

Anhang

Der Forschungsbeitrag der Politikwissenschaft und anderer Bezugwissenschaften des sozialkundlich-politischen Unterrichts:

Die anliegende Übersicht enthält die in didaktischen Publikationen und neueren Unterrichtsprogrammen dominierenden Themen der für den sozialkundlich-politischen Unterricht relevanten Forschung, wobei die Forschung nicht immer im Vorhinein auf die politische Bildung bezogen war. Das gilt zumal für das wissenschaftliche Wissen, das die Unterrichtsinhalte beeinflußt. Eine zumindest quantitative Gewichtung der Beiträge zu diesen Themen ist hier nicht möglich, wäre aber, soweit punktuelle Überprüfungen erkennen lassen, aufschlußreich. Sie könnte Anhaltspunkte für die Beschreibung der spezifischen Selektivität des Wissenschaftssystems bieten.

Die Übersicht läßt sich quer und senkrecht im Blick auf die fortschreitende Ausdifferenzierung der Forschung nach Themen und Fachwissenschaften lesen. Sie zeigt,

Der Forschungsbeitrag der Politikwissenschaft und anderer wichtiger Bezugswissenschaften des sozialkundlich-politischen Unterrichts

	Bezugswissenschaften				
	Bezugsfelder	Politikwissenschaft	Soziologie	Erziehungswiss.	andere wie: Psychologie (P), Wirtschaftswiss. (W), Rechtswiss. (R), Geschichte (G)
1950 bis zur Mitte der sechziger Jahre	Inhalte	Demokratietheorie Totalitarismustheorie Parteien-, Verbändeforschung u. ä.	Gesellschaftstheorie, Spezialsoziologien, Sozialisationsforschung, Familien-, Gemeinde soziologie u. a.	Tugenden; Verhältnis Individuum, Staat, Recht, Macht	Wirtschaftspolitik, Wirtschaftssysteme (W), Verfassungskommentare (R), Politische Geschichte, Nationalsozialismus (G)
	Ziele	Demokratietheorie	Gesellschaftstheorie, Sozialisationsforschung, Wissenschaftstheorie	Theorie der Schule und des Unterrichts, Bildungstheorie	Wissenschaftstheorie, Kritik u. Rechtfertigung
	Ziele/Inhalte Reflexion	Geschichte der politischen Bildung Ideengeschichte	Inhaltsanalysen, Schulbücher etc.	Bildungstheoret. Kontroversen; Geschichte der pol- Erziehung	Geschichte der politischen Erziehung (G)
seit Mitte der sechziger Jahre	Bedingungen polit. Einstellungen u. polit. Verhaltens	Politische Sozialisation, Einstellungs- u. Verhaltensforschung, *Wahlforschung*	*Jugendforschung, Polit. Sozialisation, Wirksamkeit polit. Bildung*	Polit. Sozialisation	*Politisches Lernen* Entwicklung, Kognition, Vorurteile, polit. Sozialisation (P)
	Unterrichtsspezifische Bedingungen, Struktur des Bildungssystems		empirisch orientierte Curriculumtheorie	Deskription der Unterrichtsbedingungen, emp. Unterrichtsforschung, empirisch orient. Curriculumtheorie, Schule u. Schulorganisation	
	Lehrer		*Gesellschaftsbilder, Lehrerrolle*	Gesellschaftsbilder Lehrerrolle	
	Bildungspolitik	Normative Verfahrensmodelle, allg. Planungstheorie, Demokratisierungsmodelle	Normative Verfahrensmodelle, Curriculumplanung, Curriculumforschung u. -entwicklung		Verfassungs- und schulrechtlicher Rahmen, Elternrecht, Legitimationsprobleme (R)
		Untersuchungen (bildungs-)politischer Entscheidungsprozesse; Legitimationsprobleme			
	Funktionen, Probleme Grenzen der Verwissenschaftlichung	Entscheidungsforschung	Wissens- und Wissenschaftssoziologie bezogen auf Wissenschaft und „Anwendungsbereiche"	Unterrichtsforschung	

daß sich die Fachgrenzen teilweise auflösen, wobei Schwerpunkte bestehen bleiben, die auf eine fachspezifische Selektivität nach Methoden, Theorien und Traditionen verweisen. (Vgl. die kursiv markierten Gebiete.)

Senkrecht betrachtet demonstriert die Übersicht, da die Folge der Themen als zeitliche Folge geordnet werden kann, die zunehmende Ausweitung der Forschung auf Bedingungszusammenhänge. Die zeitliche Abfolge in der Erschließung von Themen und in der Definition von Problemen wird im Feld der Soziologie durchbrochen, da sie im letzten Jahrzehnt Inhalte, Ziele, Inhalts- und Zielreflexion ungleich stärker als zuvor beeinflußt hat.

Wie mir scheint, liegt eine wissens- und wissenschaftssoziologische Untersuchung und Beurteilung der Funktionen des hier in seinen Schritten markierten Verwissenschaftlichungsprozesses in dessen Konsequenz.

Literatur

Behrmann, G. C., Soziales System und Politische Sozialisation, Stuttgart 1972, 1975[2].

Behrmann, G. C., „Politik – Zur Problematik des sozialkundlich-politischen Unterrichts und seiner neueren Didaktik", in: Behrmann/Jeismann/Süssmuth 1977, S. 109–222

Behrmann, G. C., Jeismann, K. E., Süssmuth, H., Geschichte-Politik. Zur didaktischen Grundlegung eines kooperativen Unterrichts, Paderborn 1978

Berger, P. und Luckmann, Die gesellschaftliche Konstruktion der Wirklichkeit, Frankfurt 1969

Berger, P., Berger, B. u. Kellner, H., Das Unbehagen an der Modernität, Frankfurt 1973

Bertram, H., „Probleme einer sozialstrukturell orientierten Sozialisationsforschung", in: Zeitschrift für Soziologie 5, 2/1976, S. 103–117

Borcherding, K., Wege und Ziele politischer Bildung in Deutschland, München 1965

Bubner, R., Handlung, Sprache, Vernunft. Grundbegriffe praktischer Philosophie, Frankfurt 1976

Claußen, B. (Hrsg.), Materialien zur politischen Sozialisation, München, Basel 1976

Coleman, J. S., Policy Research in the Social Sciences, Morristown N. J. 1972

Converse, P. E., "The Nature of Belief Systems in Mass Publics" in: Apter, D. (ed.), Ideology and Discontent, New York 1964, S. 206–262

v. Cube, F., Erziehungswissenschaft – Möglichkeiten, Grenzen, politischer Mißbrauch, Stuttgart 1977

Edelman, M., The symbolic uses of Politics, Urbana Ill. 1964

Eisenstadt, S. N., Modernization: Protest and Change, Englewood Cliffs 1966

Fischer, K. G., Zum aktuellen Stand der Theorie und Didaktik der politischen Bildung, Stuttgart 1975, 1978[3]

Gagel, W., und Schörken, R. (Hrsg.), Zwischen Politik und Wissenschaft. Politikunterricht in der öffentlichen Diskussion, Opladen 1975

Garfinkel, H., "The Rational Properties of Scientific and Common Sense Activities", in: Behavioral Science 5, 1960, S. 72–83

Giesecke, H., Didaktik der politischen Bildung, München 1965

Giesecke, H., „Plädoyer für eine praktische und praktikable politische Didaktik" in: Fischer 1975, S. 53–62

Giesen, B., Schmid, M. (Hrsg.), Theorie, Handeln und Geschichte, Erklärungsprobleme in den Sozialwissenschaften, Hamburg 1975

Gloy, K., „Bernstein und die Folgen – Zur Rezeption der soziolinguistischen Defizithypothese in der BRD" in: Walter, H. (Hrsg.), Sozialisationsforschung, Stuttgart 1973 Bd. 1, S. 139–171

Gutjahr-Löser, P., Knütter, H. H. (Hrsg.), Der Streit um die politische Bildung. Was man von Staat und Gesellschaft wissen und verstehen sollte, München, Wien 1975

Habermas, J., Erkenntnis und Interesse, Frankfurt 1968, 1973²
Habermas, J., Legitimationsprobleme im Spätkapitalismus, Frankfurt 1973
Habermas, J., „Können komplexe Gesellschaften eine vernünftige Identität ausbilden?" in: ders. und Henrich, D., Zwei Reden, Frankfurt 1974
Harnischfeger, A., Die Veränderung politischer Einstellungen durch Unterricht. Ein Experiment zur Beeinflussung der Nationbezogenheit, Berlin 1972
Hilligen, W., Zur Didaktik des politischen Unterrichts I, Opladen 1975
Holtmann, A., „Sozialisation, Lernen und Theoriebildung. Überlegungen zu einer sozialisationstheoretischen politisch-historischen Didaktik" in: Schriften der Bundeszentrale für politische Bildung, Heft 96, Bonn 1973, S. 127–159
Holtmann, A., „Thesen zu einem Versuch, politisches Lernen sozialisationstheoretisch zu begründen, wissenschaftstheoretisch zu legitimieren und methodologisch zu organisieren, oder: Politische Didaktik als dialektisch-histrorische Theorie politischen Lernens" in: Fischer 1975, S. 87–98
Hüser, K., Beckers, W., Küpper, F., Politische Bildung im zwanzigsten Jahrhundert, Neuwied 1976
Hurrelmann, K. (Hrsg.), Sozialisation und Lebenslauf, Frankfurt 1976
Jaide, W., Die jungen Staatsbürger, München 1965
Jaide, W., Jugend und Demokratie. Politische Einstellungen der westdeutschen Jugend, München 1971
Jenkner, S., „Die Politikwissenschaft im allgemeinen Teil der Lehrerausbildung. Entwicklung und Tendenzen" in: Winkler 1974, S. 12–24
Jenkner, S., Stein, G. (Hrsg.), Zur Legitimationsproblematik bildungspolitischer Entscheidungen, Saarbrücken 1977
Kaase, M., „Demokratische Einstellungen in der Bundesrepublik Deutschland", in: Wildemann, R. (Hrsg.), Sozialwissenschaftliches Jahrbuch für Politik, Bd. 2, München 1971, S. 119–326
Kaufmann, F.X., „Überlegungen zum Praxisbezug des Soziologiestudiums" in: Matthes, J., Einführung in das Studium der Soziologie, Reinbeck 1973, S. 258–266
Knütter, H.H., Ziehmann, K.D., „Die Richtlinien für den Politikunterricht", in: Gutjahr-Löser/Knütter, 1975, S. 123–152
Köhler, G. (Hrsg.), Wem soll die Schule nützen? Rahmenrichtlinien und neue Lehrpläne: Soziales Lernen im Konflikt, Frankfurt 1974
Der Kultusminister des Landes Nordrhein-Westfalen. Richtlinien „Politik", Düsseldorf 1973
Luhmann, N., „Theoretische und praktische Probleme der anwendungsbezogenen Sozialwissenschaften", in: Wissenschaftszentrum 1977, S. 16–39
Luttbeg, N.R., „The Structure of Beliefs among Leaders and the Public", in: Public Opinion Quaterly 32 Fall/1968, S. 398–409
Nie, N. H., Anderson, K., "Mass belief systems revisited: political change and attitude structure", in: Journal of Politics 36, 1974, S. 540–594
Offe, C., „Die kritische Funktion der Sozialwissenschaften", in: Wissenschaftszentrum 1977, S. 321–333
Pawelka, P., Politische Sozialisation, Wiesbaden 1977
Reuter, R.L., „Legitimation durch Verfassung? Lernziele des gesellschaftswissenschaftlichen Unterrichts zwischen Grundgesetz und Politik", in: Jenkner/Stein 1977, S. 52–107
Ritsert, J. (Hrsg.), Gründe und Ursachen gesellschaftlichen Handelns, Frankfurt, New York 1975
Robinson, S.B., Erziehung als Wissenschaft, Stuttgart 1973
Schluchter, W., Aspekte bürokratischer Herrschaft. Studien zur Interpretation der fortschreitenden Industriegesellschaft, München 1972
Schluchter, W., „Die Paradoxie der Rationalisierung. Zum Verhältnis von „Ethik" und „Welt" bei Max Weber", in: Zeitschrift für Soziologie H. 3 5/1976, S. 256–284
Schmiederer, R., Zwischen Affirmation und Reformismus. Politische Bildung in Westdeutschland seit 1945, Frankfurt 1972
Schmiederer, R., Politische Bildung im Interesse der Schüler, Niedersächsiche Landeszentrale für politische Bildung, Hannover 1977
Schörken, R. (Hrsg.), Curriculum „Politik", Opladen 1974
Schörken, R., „Die öffentliche Auseinandersetzung um neue Lehrpläne für politische Bildung und das Konsensproblem", in: Fischer 1975, S. 9–24
Schütz, A., „Common-sense and Scientific Interpretation of Human Action" in: ders., Collected Papers, Bd. 1. Den Haag 1962, S. 3–47
Searle, J.E., Sprechakte. Ein sprachphilosophischer Essay, Frankfurt 1971

Süssmuth, H., „Geschichtsdidaktische Alternativen", in: Behrmann/Jeismann/Süssmuth 1978, S. 23–49
Urban, K. B., Die Bedingungen politischen Lernens bei Schülern, München 1976
Vilmar, F., Strategien der Demokratisierung, Neuwied 1973, 2 Bde.
Wallraven, K., Der unmündige Bürger. Ideologien und Illusionen politischer Pädagogik, München 1976
Weber, M., Wissenschaft als Beruf, Berlin 1967[5]
Winkler, H. J. (Hrsg.), Politikwissenschaft als Erziehungswissenschaft? Zur Lehrerausbildung und zum sozialwissenschaftlichen Unterricht, Opladen 1974
Wissenschaftszentrum Berlin (Hrsg.), Interaktion von Wissenschaft und Politik, Frankfurt 1977
Zängle, W., Grundprobleme der politischen Sozialisationsforschung, Paderborn 1978

Politikwissenschaftliche Kriterien in der Politischen Didaktik

Von Wolfgang Behr

Es entspricht der Legitimität der pluralistisch-demokratischen Ordnung in der Bundesrepublik, daß in Politikwissenschaft und politischer Didaktik unterschiedliche Positionen vertreten werden. Als wichtigste theoretische Ansätze in der Politikwissenschaft sind in bezug auf die damit verbundenen politischen Positionen zu nennen:

- Normativ-ontologische Ansätze in bezug auf konservative politische Positionen;
- empirisch-analytische und die Mehrzahl kritisch-rationalistischer und systemtheoretischer Ansätze in bezug auf liberale bis konservative politische Positionen;
- kritisch-dialektische und eine Minderheit kritisch-rationalistischer, systemtheoretischer und marxistischer Ansätze in bezug auf sozialliberale und demokratisch-sozialistische politische Positionen.[1]

Bei den meisten Politik-Didaktikern sind Defizite zu konstatieren, soweit es die Zuordnung ihrer Konzeptionen zu den genannten politikwissenschaftlichen Ansätzen betrifft. Weiterhin defizitär ist bei einer erheblichen Anzahl von Politikwissenschaftlern wie politischen Didaktikern die Fähigkeit oder Bereitschaft, Kriterien der Politikwissenschaft auf politische Didaktik zu beziehen bzw. Praxisprobleme der politischen Didaktik in politikwissenschaftliche Überlegungen einzubringen.

Als Maßstäbe für gegenseitige Lernprozesse in Politikwissenschaft und politischer Didaktik sollen im folgenden gelten:

- Offenlegung und systematische Zuordnung von Prämissen und Zielen;
- theoretisch begründete Ableitung von Methoden und Begriffen;
- Klärung von politischen Handlungsmöglichkeiten.

Den gemeinsamen Bezugspunkt liefert ein formalisiertes pluralistisch-integratives Modell von Staat, Gesellschaft, Wirtschaft und Legitimität.[2] Für die kriterienbezogene Zuordnung von politikwissenschaftlichen Ansätzen und Konzeptionen der politischen Didaktik werden letztere nach drei leitenden Gesichtspunkten ausgewählt:

1) Der theoretischen Fundierung im Rahmen der genannten politikwissenschaftlichen Theorietypen;
2) der Repräsentativität für je einen der grundlegenden politikwissenschaftlichen Theorietypen;
3) der öffentlich-praktischen Wirksamkeit von politisch-didaktischen Theoretikern und/oder Schulbuchautoren unter Berücksichtigung von 1 und 2.

Unter den genannten Gesichtspunkten ist die politisch-didaktische Wirksamkeit von *Wolfgang Hilligen* seit Jahren am größten. Seine ständig weiterentwickelte Grundkonzeption kann deswegen eher als bekannt vorausgesetzt werden, als die der Repräsentanten für die beiden anderen Theorierichtungen. Besonders wird hierbei auf normativ-ontologische politische Didaktik am Beispiel *Bernhard Sutors* einzugehen sein. Die Notwendigkeit, sich damit auseinanderzusetzen, ist im Rückblick um so erstaunlicher, als normativ-ontologische Theorie in Politikwissenschaft und politischer Didaktik Anfang der 70er Jahre unter dem Eindruck der Weiterentwicklung der beiden anderen Theorietypen und ihrer Varianten gar nicht mehr als wissenschaftstheoretisch leistungsfähig angesehen und als spekulative Moralphilosophie, Tugend- und Heilslehre abgetan wurde. Neu sind Versuche, von kritisch-rationalistischer Theorie her Beiträge für die politische Didaktik zu liefern. Es wird zu zeigen sein, daß dies nicht ohne erhebliche Abstriche von diesem Theorietyp gelingt, was nur bestätigt, daß politische Didaktik auf normativer politikwissenschaftlicher Theorie basiert (was die Einbeziehung kritisch-rationalistischer Wissenschaftstheorie und Methoden der empirischen Sozialforschung einschließt), nicht umgekehrt. Trotz der erheblichen wissenschaftstheoretischen Einwände gegen *Dieter Grossers* kritisch-rationalistische politische Didaktik wird dessen Operationalisierungsansatz behandelt, einmal um die Leistungsfähigkeit dieses Theorietyps für die politisch-didaktische Praxis zu überprüfen, zum anderen um am Rande aufzuzeigen, wo die Grenzen kritisch-rationalistischer Theorie in der weitern Entwicklung politischer Didaktik liegen, sofern diese wissenschaftstheoretisch bestimmt werden kann.

Darstellung und (teilweise vergleichende) Analyse der unterschiedlichen Theorietypen am Beispiel der genannten politischen Didaktiker erfolgt auf der Grundlage von Kriterien, die als exemplarisch zur Kennzeichnung der jeweiligen Theorieansätze und der entsprechenden politisch-didaktischen Konzeptionen der Autoren angesehen werden können. Es sind dies:

– Operationalisierung:	Kritisch-rationalistische Theorie – Grosser	
– Optionen:	Kritisch-dialektische Theorie – als Begriff in die politische Didaktik durch Hilligen eingeführt	
– Gemeinwohl:	Normativ-ontologische Theorie – Sutor	
– Pluralismus:	formal:	Kritisch-rationalistische und normativ-ontologische Theorie – Grosser und Sutor
	material:	Kritisch-dialektische Theorie Akzentuierung gesellschaftlicher Ungleichheit – so auch bei Hilligen
– Dialektik:	formal:	Normativ-ontologische Theorie im Sinne des Dialogs – Sutor
	material:	Kritisch-dialektische Theorie – Hilligen
– Alternative(n):	formal:	Normativ-ontologische Theorie – Sutor
	material:	Kritisch-dialektische Theorie – Hilligen

1. Operationalisierung und Optionen

Am Beispiel *Dieter Grossers* läßt sich trefflich nachweisen, wie ein sich dem kritischen Rationalismus zurechnender Politologe in der Rolle des politischen Didaktikers dieses Gewand ablegt und Normen übernimmt, deren Herkunft und Zusammenhang er rational nicht belegen kann, die mithin nicht operationalisierbar sind und demnach in seiner eigenen Auffassung den Charakter von Leerformeln haben. In der Zielorientierung nennt Grosser diese Werte Leitziele, da er den Begriff „Lehrziel" auf operationalisierbare Ziele beschränken möchte. Lehrziele zieht er wiederum Lernzielen vor, da er von Zielen ausgeht, „die der Lehrende als sinnvoll ansieht, während es offenbleibt, ob der Lernende diese Ziele auch bewußt und selbständig als sinnvoll akzeptiert."[3] Was geschieht, wenn der Lernende diese Ziele nicht akzeptiert? Greifen dann die Leitziele gegen die Lehrziele durch oder dürfen sie das gar nicht, weil sie nicht operationalisierbar, damit im kritisch-rationalistischen Verständnis von *Grosser* gar nicht wissenschaftlich sind? Und wie wissenschaftlich fundiert ist dann überhaupt noch ein politischer Unterricht in der Praxis, wenn wissenschaftlich fragwürdige (da nicht operational überprüfbare) (Leit-)Ziele neben wissenschaftlich unbedenklichen (da operational überprüfbaren) (Lehr-)Zielen stehen?

Grosser begibt sich hierbei in ein Dilemma, das er glaubt unter Beibehaltung der wissenschaftlich reinen (kritisch-rationalistischen) Lehre und durch normative Zugeständnisse an die Grundnormen der Verfassung für seine Auffassung von politischem Unterricht zu lösen. Tatsächlich stützt er damit den im „Positivismusstreit" von Seiten der kritisch-dialektischen Theorie erneut geführten Beweis, daß es eine ausschließlich auf instrumenteller Operationalisierung aufgebaute normenfreie Sozialwissenschaft nicht geben kann. Für die politische Diadaktik zieht *Hilligen* im Gegensatz zu *Grosser* daraus unzweideutig die Konsequenz: „Wertentscheidungen gehen auch dann in Auswahlkriterien und Strukturmerkmale ein, wenn ein Lehrender subjektiv „überparteilich" sein will oder sein soll."[4]

Was *Grossers* Leitziele angeht, so läßt sich kein nennenswerter Unterschied zu den meisten politischen Didaktiker recht verschiedenartiger Couleur feststellen, schon gar nicht zu jenen linksliberalen bis demokratisch-sozialistischen wie *K. G. Fischer, Giesecke* oder *Hilligen*. Da ist die Rede von Fähigkeit zur Selbstbestimmung, Mitbestimmung, Kooperation, Toleranz, zum verantwortlichen Handeln und zur Kritik.[5] Die Lehrziele beschränken sich auf methodische Fähigkeiten, wobei fraglich bleibt, inwieweit diese im einzelnen operationalisierbar sind, z.B. Fähigkeit, die individuellen und sozialen Bestimmungsfaktoren der Urteilsbildung zu erkennen, oder: Fähigkeit, Fundamentalnormen freiheitlicher Ordnung aus politischer Erfahrung in Geschichte und Gegenwart zu begründen.[6] Für das zweite Beispiel kommt hinzu, daß die Definitionsbreite „freiheitlicher Ordnung" so erheblich ist, daß auch im Falle der Operationalisierung aufgrund der unterschiedlichen Wertprämissen und Zielsetzungen fundamentale Dissense – auch im Falle des Rückgriffs auf die interpretierbaren Normen des Grundgesetzes – unvermeidlich sind. Ein Rekurs auf methodische Instrumentarien der Politikwissenschaft für die politische Didaktik vermag also offensichtlich nicht deren kontroverse Zielorientierungsproblematik zu lösen.

Grossers abschließender Appell, politische Bildung müsse – „ebenso wie eine ernst zu nehmende politische Wissenschaft" – zunächst einmal Fakten gewinnen, erst dann sei es zweckmäßig, unterschiedliche Interpretationen der Fakten zu prüfen und, wenn möglich, selber zu erarbeiten, wirft die alte Diskussion um Faktengewinnung und Wertmaßstäbe wieder auf, ohne sie einer Lösung näher zu bringen. Widersprüche werden dabei allerdings bei Grosser insofern deutlich, als er nicht klärt, in welchem Verhältnis denn nun Faktengewinnung und Leitziele im politischen Unterricht stehen sollen. Da die Leitziele „Verhaltensnormen für den einzelnen Bürger"[7] sein sollen, liegen sie doch offenbar jeder Faktengewinnung zugrunde bzw. gehen ihr voraus und bestimmen damit die Interpretation. Der zu operationalisierende Lehrzielkatalog wird damit weitgehend wieder aufgehoben.

Konsequenzen aus der Unfähigkeit empirisch-analytischer bzw. kritisch-rationalistischer Theorieansätze und Methoden, auf der Basis exakter Überprüfbarkeit des Erfahrbaren Voraussetzungen, Ziele und Inhalte politischer Didaktik für Theorie und Praxis zu formulieren, zieht *Wolfgang Hilligen*. Er lehnt die Beschränkung einer Didaktik auf empirisch-analytische Methoden ab, um Entscheidungen über politisch-didaktische Optionen nicht außerdidaktischen politischen Setzungen zu überlassen. Wohl aber sieht er Gefahren einer einseitigen Orientierung an der dialektisch-kritischen Theorie und tritt wegen der „Unentschiedenheit (Unentscheidbarkeit) der wissenschaftstheoretischen Diskussion" dafür ein, beide Ansätze zu berücksichtigen.[8] Allgemein gehört *Hilligen* zu denjenigen Didaktikern der politischen Bildung, die sich darum bemühen, ihre Konzeption sowohl theoretisch weiterzuentwickeln und weiter zu fundieren, als auch die praktischen Aspekte der Schulbucharbeit mit großem Elan betreiben. Politikwissenschaftlich wie politisch-didaktisch ist *Hilligen* – entsprechend seinem gemischten dialektisch-kritischen/empirisch-analytischen wissenschaftstheoretischen Ansatz – als sozialliberal mit demokratisch-sozialistischer Tendenz einzuordnen. Letzteres deswegen, da er in seinen drei Optionen nicht nur für die Sicherung der personalen Grundrechte als liberal-konservativer Komponente der Menschenwürde (1. Option) eintritt, sondern auch für die „Herstellung der politischen Voraussetzungen für die freie Entfaltung der Persönlichkeit aller und für die Überwindung struktureller sozialer Ungleichheiten, für Chancengleichheit, Selbstbestimmung und Mitbestimmung (Emanzipation)" (2. Option). *Hilligen* selbst bezeichnet diese Option als „soziale Komponente der Menschenwürde."[9]

Ähnlich verhält es sich mit *Hilligens* 3. Option: Notwendigkeit, Spielraum und Institutionen für politische Alternativen zu erhalten, zu verbessern, neu zu schaffen. Hier schlägt sich das dialektische Prinzip nieder, das formal zwar auch *Bernhard Sutor* in seinen Kategorien vertritt, das bei letzterem jedoch mit der statischen Aufrechterhaltung des Bestehenden gelöst wird. *Hilligen* dagegen strebt jene Offenheit und Bewegung zu möglichen Alternativen an, um Defizite, die sich im Bereich der Optionen 1 und 2 zeigen, politisch überwinden zu helfen. Politikwissenschaftlich bedient er sich hierbei zum einen empirisch-analytischer Methoden für eine Bestandsaufnahme und mögliche extrapolierende Prognosen; zum anderen entnimmt er die Wertekriterien seiner Optionen kritisch-dialektischer Theorie, um zu verhindern, daß empirisch gewonnene Ergebnisse beliebig verwendbar und letztlich ohne didaktische Zielorientierung an den politischen Unterricht in der Praxis weitergegeben werden. *Hilligen* verdeutlicht dies am Beispiel des Spannungsverhältnisses, das zwischen den drei Optionen besteht: Sie sollen Überleben und lebenswertes Leben sichern helfen und geraten dabei insofern in Gegensätze, als Überleben Abstriche von gegenwärtig als unverzichtbar angesehener Lebensqualität bedeuten kann.

2. Gemeinwohl und Pluralismus

Hilligens politisch-didaktische Konzeption ist also nach seiner eigenen Darstellung als empirisch-analytisch (bzw. kritisch-rationalistisch) in der Methode und kritisch-dialektisch in der Normsetzung zu kennzeichnen.[10] Sie kann bei Befürwortern wie Kritikern als bekannt vorausgesetzt werden und scheint Hilligen selbst in ihrem Modellcharakter formal und material konsensfähig (Minimalkonsensus) zu sein.[11] Wissenschaftstheoretische und politisch-didaktische Kontroversen beweisen das Gegenteil.

Die normativ-ontologische Gegenposition zur politischen Didaktik *Hilligens* bei *Bernhard Sutor* erreichte in den vergangenen Jahren zwar einen erheblichen Grad an Publizität, wurde jedoch bisher zu wenig auf ihre wissenschaftstheoretischen und politikwissenschaftlichen Grundlagen sowie deren politisch-didaktische Konsequenzen untersucht. Im folgenden soll dies anhand des für *Sutor* und die normativ-ontologische Theorie zentralen Begriffs des Gemeinwohls und dessen Unvereinbarkeit mit der Theorie des gesellschaftlichen und politischen Pluralismus erfolgen. Anschließend ist *Sutors* methodisches Prinzip der Dialektik, wissenschaftlichen Pluralität und didaktischen Alternativen am Beispiel seiner eigenen Konzeption einer kritischen Überprüfung zu unterwerfen.

Normativ-ontologische Theorie hat in Politikwissenschaft wie in politischer Didaktik ein problematisch gespanntes Verhältnis zu gesellschaftlichem und politischem Pluralismus.[12] Normativ-ontologische Theoretiker werden nicht müde, darauf hinzuweisen, daß unter den Bedingungen des gesellschaftlichen und politischen Pluralismus die Sinnfrage atomisiert und letztlich nicht mehr in Art des angestrebten Gemeinwohls allgemeinverbindlich beantwortet und praktiziert werden kann. Gleichzeitig vermag der konservative Theorienansatz aber nicht zu erklären, warum nicht im legitimen Konflikt konkurrierender gesellschaftlicher Gruppen ein Grundkonsensus ($\neq$ Gemeinwohl) erreicht werden kann bzw. wer denn dazu legitimiert ist, gegen andere die Sinnfrage richtig zu beantworten und kraft staatlicher Herrschaft auch durchzusetzen. Damit steht diese Konzeption im Gegensatz zur Philosophie der Aufklärung, der gesamten Entwicklung des Positivismus und Neopositivismus und selbstverständlich der kritisch-dialektischen und marxistischen Theorie. Die Gefahr, auch antidemokratisch-autoritären Tendenzen zugunsten des übergeordneten Gemeinwohls Vorschub zu leisten, ist unverkennbar.[13]

Seinem Gemeinwohlkonzept stellt *Sutor* in seiner politischen Didaktik die „einfachen Formeln“ wie Emanzipation, Selbstbestimmung, Mitbestimmung und Mündigkeit gegenüber. Er bezeichnet sie entweder als „beliebige Leerformeln“ oder – im Falle ihrer Konkretisierung – als nicht geeignet, die Komplexität politischer Wirklichkeit zu treffen. Es ist zu fragen, auf wen sich *Sutor* hier negativ bezieht. *Hilligen* etwa hat diese Begriffe nie in dem von *Sutor* kritisierten Sinne gebraucht. Er bindet vielmehr Emanzipation in seinen drei Optionen ausdrücklich ein in die „Sicherung“ (nicht: einseitige Ausweitung) der Grundrechte und die Überwindung struktureller Ungleichheiten durch die Zulässigkeit politisch-gesellschaftlicher Alternativen im Rahmen legitimer Freiräume und deren – auch institutioneller – Erhaltung, Verbesserung und Herbeiführung.[14]

Sutor selbst wählt „eine zunächst formale und umfassende Formulierung", um das Ziel Politischer Bildung zu bestimmen: „Fähigkeit und Bereitschaft zu politischer Beteiligung durch unvoreingenommene Information, gewissenhafte Urteilsbildung und verantwortliche Entscheidung. Wenn man gern eine griffige Formel hat und das eben Gesagte wiederum zusammenfassen möchte in einer Formel, dann würde ich antworten: Politische Rationalität. Was hier mit Rationalität gemeint ist, geht nicht in Wissen auf, ist auch nicht eine Angelegenheit nur des Intellekts, sondern impliziert Verhaltensweisen, etwa... Verhaltensweisen des fairen Umgangs miteinander, der Toleranz, des Hörens auf den Partner oder Gegner, des Nicht-Mißverstehenwollens, Bereitschaft, die Gegenargumente ernst zu nehmen, zu wägen, zu fragen: habe ich richtig verstanden?, von welchen Vorurteilen bin ich vielleicht besetzt?, wo sind meine Wertorientierungen, wie kann ich diese dem anderen klar machen. ... Diese Verhaltensweisen sind aber nicht politische Verhaltensweisen im engeren Sinne, sondern allgemein menschliche Verhaltensweisen, die einen Umgang auch im Sinne politischer Rationalität ermöglichen. Mit ihnen vermeiden wir die höchst gefährliche emotionale Überfrachtung Politischer Bildung durch sogenannte affektive Lernziele."[15] Diese rationalen Verhaltensweisen finden bei *Sutor* ihren Gesamtbezug in der moralisch-ideologischen Überwölbung des Gemeinwohls. Gerade dieses Gemeinwohl vermag *Sutor* allerdings weder abstrakt-theoretisch noch konkret-praktisch zu erfassen, ein Los, das er mit der entsprechenden Konzeption in der Politikwissenschaft teilt. Damit steht und fällt allerdings seine Position „politischer Rationalität". Unklar und damit irrational bleibt, inwieweit Gemeinwohl als Ist- oder Soll-Aussage verstanden wird, mithin jenen „Kriterien der politischen Rationalität" genügt, die *Sutor* zusammen mit *D. Grosser*, *M. Hättich* und *H. Oberreuter* in einer von den CDU/CSU-Kulturministern herausgegebenen Broschüre[16] formuliert. *Sutor* setzt nämlich als Ist-Aussage „Gemeinwohl im weitesten Sinne mit Gesellschaftsordnung überhaupt, im engeren Sinne mit politischer Ordnung gleich ..."[17] Die Begriffe des Gemeinwohls und des Systems bzw. des politischen Systems erscheinen demnach als identifizierbar, als nominalistische oder strukturelle Grundbegriffe in Politikwissenschaft und politischer Didaktik. Hiervon distanziert sich *Sutor* allerdings, indem er Gemeinwohl in Abgrenzung von der Kategorie des Funktionszusammenhangs bei *Giesecke* mit der Frage „nach dem Zusammenhang von Gemeinwohl mit Menschenwürde, mit Macht und Recht, mit Konflikt und Solidarität, mit Interessen und Ideologie"[18] verbindet, politische Ordnung also „in betonter Weise einem normativen Aspekt"[19] unterstellt. Demnach scheint es sich in *Sutors* Terminologie bei Gemeinwohl, Gesellschaftsordnung und politischer Ordnung um identische Soll-Aussagen zu handeln. Auch hiervon rückt Sutor allerdings wieder ab, da er politische Ordnung eben doch nicht als Substitut von Gemeinwohl gelten läßt: Ich hätte mich mit dem Begriff „Politische Ordnung" begnügt, mit dem ich a.a.O. das Gemeinwohl im engeren Sinn identifiziert habe, wenn er ebenso sehr wie den Begriff Gemeinwohl mit seinem ethischen Gehalt geeignet wäre, die Verbindung zwischen den anthropologischen und politiktheoretischen Überlegungen herzustellen."[20]

Sutor wehrt sich zwar gegen den vermuteten Vorwurf, dahinter seien „obrigkeitsstaatliche Vorstellungen, organisches Staatsdenken der Romantik, Hegelsche Staatsmetaphysik"[21] verborgen, er vermag jedoch an keiner Stelle zu klären, wie sich in konkreten politischen und gesellschaftlichen Situationen Gemeinwohl manifestieren läßt. Hierzu könnten Fragen mit aktuellem Praxisbezug an den politischen Didaktiker *Sutor* gerichtet werden: Wie und wo konkretisiert sich etwa das Gemeinwohl der Bundesrepublik Deutschland in der gegenwärtigen Konjunkturpolitik, in der Diskussion um Kernkraftwerke oder in der Deutschlandpolitik? Wie will der Lehrer im politischen Unterricht in diesen Problembereichen seinen Schülern verdeutlichen, wo das Gemeinwohl liegt? Komplexität und Pluralität der Gesellschaft und ihrer wichtigen Gruppen verhindern es, darauf verbindliche Antworten zu geben. Damit begibt sich *Sutor* inhaltlich-normativ auf eine Ebene, die den traditionell schwer belasteten Begriff des Gemeinwohls für eine pluralistisch-demokratische Didaktikkonzeption zu retten sucht.[22] Hierbei werden zeitweilig zustande gekommene Kompromisse zwischen konkurrierenden Machtgruppen unzulässigerweise als Gemeinwohl ausgegeben, obwohl durch empirische Analysen leicht zu belegen ist, daß derartige Kompromisse auf Zeit auf der Grundlage von Machtinteressen zustandekamen und ein erheblicher Teil der Geselllschaft grundlegende politische Entscheidungsprozesse wegen der Kompliziertheit der politisch-gesellschaftlichen und ökonomischen Bedingungen erst durch die Folgewirkungen und ihre Betroffenheit im nachhinein zu erkennen vermag.

Was nach dieser Analyse in Sutors politischer Didaktik bleibt, ist nicht Rationalität, sondern Ratlosigkeit: Was sollen Lehrer in der Praxis des politischen Unterrichts mit einer politischen Didaktik anfangen, die in ihrer zentralen Kategorie auf derartig unsicherem politiktheoretischen Boden steht?

In der Politikwissenschaft wird als Alternative zu dem, was *Sutor* und normativontologische Politiktheorie mit dem Gemeinwohlbegriff traditionell-herrschaftsorientiert bestimmen wollen, die Kategorie der Legitimität benutzt. Sie ist in den letzten Jahren in politikwissenschaftlichen Kontroversen präzisiert worden[23] und vermag auch unterschiedlichen politikwissenschaftlichen Positionen als ein Bezugspunkt zu dienen, der der Begriff des Gemeinwohls real niemals war und sein kann. Die politisch-didaktische Aufarbeitung und Vermittlung der Kategorie Legitimität ist noch zu leisten.

3. Dialetik und Alternative

Mit der Betonung des Gemeinwohlbegriffs grenzt sich *Sutor* von Parteinahme oder Parteilichkeit für partikulare Interessen ab.[24] *Hilligen* sieht als Ursache für diese Grundauffassung *Sutors* einen zu engen Begriff von Demokratie und Sozialstaat. Diese Verengung führe bei *Sutor* dazu, daß er das Eintreten für soziale Gerechtigkeit, persönliche Freiheit und einem so bestimmten Sozialstaat als einseitige Parteinahme zugunsten von Personen bzw. Personengruppen mißverstehe. Tatsächlich müsse „man das Augenmerk auf ökonomisch verursachte Über- und Unterordnungsverhältnisse lenken, wenn man die (von ihm (d.i. *Sutor* – Anm. d. Verf. W.B.) immer wieder herangezogene ...) Qualifikation ... vermitteln will: „Fähigkeit und Bereitschaft zur Wahrnehmung sozialer Kompetenz im Erkennen und Bewältigen gesellschaftlicher Probleme nach den Maßstäben persönlicher Freiheit und sozialer Gerechtigkeit."[25] In der Tat setzt eine derartige soziale Kompetenz die Einbeziehung und kritische Reflexion der Ergebnisse der (politischen) Sozialisationsforschung, politisch-soziologischer Schichtungsanalysen und -theorien sowie politisch-ökonomischer Interdependenzen voraus. In diesen Bereichen liegen Defizite normativ-ontologischer Theorie in der Politikwissenschaft vor, die *Sutor* für die politische Didaktik übernimmt. Die Konsequenzen sozialer Ungleichheit durch Sozialisation, schichtspezifische Barrieren (z.B. Sprachbarrieren, Bildungsgefälle, Einkommens- und Vermögensunterschiede u.a.) und politisch-ökonomisch unterschiedliche Einwirkungsmöglichkeiten führen zu der Frage nach Alternativen. *Hilligen* bezieht diese Überlegungen in seine politische Didaktik ein und formuliert entsprechend die Optionen.

Die materiale Reduktion von *Sutors* politischer Didaktik auf die Unentbehrlichkeit von Ordnung bietet weder Alternativen an, noch überhaupt konkrete Hinweise für Entscheidungsmöglichkeiten in gesellschaftlich-politischen Konfliksituationen der Praxis (außer dem alternativlosen Rückgriff auf Staat und bestehende Ordnung). Die Dialektik von Freiheit und Ordnung[26] bleibt formal, solange Freiheit als abhängig von Ordnung interpretiert wird, ohne zu fragen, welche Ordnung welche Qualität von Freiheit hervorbringt und umgekehrt: welche Qualität von Freiheit welche Ordnung zur Folge hat. *Sutor* begibt sich der Möglichkeit einer material fundierten alternativen Reziprozität, wie sich auch an der Gewichtung seiner weiteren dialektischen Begriffspaare aufzeigen läßt: Die jeweils statische These seiner Dialektik dominiert die Antithese. Eine merkwürdige Dialektik! *Sutor* umgeht eine präzise und politisch-didaktisch hilfreiche Antwort, indem er „der Möglichkeit von Alternativen" den Vorzug gibt vor „dem Parteiergreifen im Konkreten". Einem jugendlichen Arbeitslosen etwa hilft diese akademische Dialektik in der Praxis nicht, solange alternative Eintscheidungsmöglichkeiten auf der Grundlage bestehender gesellschaftlich-ökonomischer Verhältnisse für ihn und seine Interessen nicht konkret einsichtig werden.[27] Abstraktes Gemeinwohlpostulat und formale Dialektik bei materialer Festlegung auf Ordnungsstrukturen des status quo reichen in einer aktuellen praktischen Konfliksituation nicht aus und liefern keine Hinweise für deren Bewältigung.

Was kann eine politische Didaktik konkret leisten, die Pluralität und Interessenvielfalt einerseits bejaht und zu erfassen versucht, die aber andererseits deren Auswirkungen systematisch an die Unveränderbarkeit der bestehenden politischen, geselllschaftlichen und ökonomischen Verhältnisse im Sinne eines einseitig konservativen Ordnungsdenkens bindet? Interessenwahrnehmung und Alternative heißt eben nicht nur Klassenkampf und Systemüberwindung, sondern auch Systementwicklung und Reform auf der Basis gegebener Möglichkeiten im Rahmen des Grundgesetzes. Wer dies ablehnt, setzt sich in der Tat zu Recht dem Vorwurf aus, einseitigen Interessen zu dienen und entsprechend in der politischen Didaktik unzulässig Partei zu ergreifen; ebenso wie derjenige, dessen didaktische Konzeption ausschließlich auf die Überwindung bestehender Zustände ausgerichtet ist, wobei bestehende institutionelle Regelungen, deren Stabilität und Dauerhaftigkeit analytisch und theoretisch vernachlässigt werden. Es ist nicht zu bestreiten, daß *Sutor* vom Ansatz her bemüht ist, sich dieser dialektischen Problematik bewußt zu sein,[28] der konservative Rahmen seiner theoretischen Konzeption läßt allerdings die seiner Ordnungsauffassung komplementäre Einbringung einer Kategorie des politisch-sozialen Wandels nicht zu.

Auf *Sutor* selbst trifft nicht zu, was er fordert hinsichtlich der pluralen gegenseitigen Ergänzungs- und Korrekturmöglichkeiten verschiedener Theorien und Forschungsansätze[29] sowie der „Offenheit für die Pluralität konkreter politischer Positionen und Alternativen und damit für die politische Urteilsbildung im Konkreten".[30] Ein für ihn nicht gelöstes Dilemma besteht darin, daß

- einerseits „die Frage einstweilen offenbleiben (muß), ob und wie weit die Habermasschen sozialanthropologischen Reflexionen, die ohne Zweifel in vielem gespeist sind aus der europäischen Überlieferung, sich im Rahmen des Menschenbildes bewegen, das unserer politischen Ordnung zugrundeliegt, oder ob sie es sprengen"[31];
- andererseits in der von ihm mitverantworteten CDU/CSU-Broschüre zur politischen Bildung ein Konzept entwickelt wird als „Alternative zu jenen Ansätzen, die der Kritischen Theorie verhaftet bleiben". Unerfindlich bleibt, wie auf dieser Basis „letztlich Konsens" „erhofft" werden kann.[32]

Tatsächlich steht *Sutor* eindeutig und ausschließlich auf dem Boden normativ-ontologischer Theorie[33] und bleibt stets bemüht, kritisch-dialektische und systemtheoretische Ansätze (trotz der offensichtlich nur unzureichenden Kenntnis der letzteren[34] und wiederholt undialektisch-einseitiger Interpretation der ersten) als entweder nicht konsensfähig oder schlicht wenig brauchbar abzuwerten. Alternativen im Rahmen seiner theoretischen Position sind nicht zu erkennen. Konsensmöglichkeiten zwischen normativ-ontologisch und kritisch-dialektisch orientierten Ansätzen zeichnen sich weder in Politikwissenschaft noch in politischer Didaktik ab. *Sutors* entsprechende Absage an *Hilligens* didaktischen Konsens-Optimismus[35] und *Hilligens* Einschätzung von *Sutors* Richtlinien als nicht konsensfähig[36] zeigen, daß ungeachtet der Bemühungen *Sutors* um formale Pluralität und Komplementarität und *Hilligens* Alternativen umfassenden Minimalkonsensus die Unterschiedlichkeit und Unvereinbarkeit der von ihnen vertretenen Theorieansätze einen materialen Konsensus nicht zuläßt. Vom Postulat der Konsensfähigkeit ausgehende Versuche von anderer Seite, etwa von *Schörken* und *Gagel*, sind ebenfalls als gescheitert zu betrachten.[37]

Politische Didaktiker wie *Ernst-August Roloff* und *Klaus Peter Wallraven* ziehen daraus weiterreichende Konsequenzen. *Roloff* hält „das Fallen der wissenschaftlichen Tarnkappe und das Sichtbarwerden gegensätzlicher Zielvorstellungen von Demokratie und sozialer Gerechtigkeit" für keineswegs beklagenswert.[38] *Klaus Peter Wallraven* schlägt vor, „die problematische Formel vom Minimalkonsens zu streichen. Statt dessen sollen die politischen, wissenschaftstheoretischen, wissenschaftsdidaktischen und politisch-didaktischen Positionen klar gegeneinander abgegrenzt werden."[39]

4. Schlußbemerkungen

Es ist nicht zu bestreiten, daß weder Lernziele, die an Postulaten des Gemeinwohls orientiert sind, noch solche, die für die Erkenntnis und Wahrnehmung von Interessen, Parteinahme, Emanzipation und Partizipation eintreten in der gegenwärtigen Diskussion zwischen Politologen, politischen Didaktikern, Politikern und daran interessierten und engagierten Teilen der Öffentlichkeit als material konsensfähig zu betrachten sind. Als gemeinsame Basis bleibt ein formales Demokratie- und Pluralismuskonzept. Es darf in seiner Bedeutung als Ausgangs- und Rückzugsbasis für unterschiedliche Konzeptionen nicht unterschätzt werden,[40] ist allerdings auf die grundlegende Anerkennung allgemeiner und elementarer Grundregeln, Verhaltensweisen und Grundwerten – wobei vor allem letztere kontrovers interpretierbar sind – begrenzt. Ein formales Demokratie- und Pluralismuskonzept vermag für sich genommen den materialen Konsens nicht zu garantieren und soll dies unter den Gesichtspunkten allgegenwärtiger und alltäglicher gesellschaftlicher und politischer Konflikte und Dissense auch gar nicht.

Politikwissenschaft und politische Didaktik enthebt dies nicht der Aufgabe, die unterschiedlichen Ansätze auch tatsächlich auf das formale Demokratie- und Pluralismuskonzept zu beziehen und davon ausgehend ihre inhaltichen Übereinstimmungen und Unterschiede, Leistungsstärken und Schwächen, gemessen an ihren eigenen theoretischen und methodischen Ansprüchen und empirisch nachweisbaren Gegebenheiten zu präzisieren und überprüfbar zu machen. Es kann nicht um das Ignorieren andersartiger politikwissenschaftlicher und politisch-didaktischer Ansätze gehen unter Hinweis darauf, daß man ja doch nicht übereinstimme. Im Gegenteil: Unterschiedliche Positionen sind zu profilieren, um sie so erst vergleichbar und politikwissenschaftlich wie didaktisch nach Prämissen, Zielvorstellungen und der strukturellen Einbeziehungen grundlegender politisch-gesellschaftlicher Phänomene wie Macht, Interesse, Konflikt/Integration, politischem, gesellschaftlichem, ökonomischem und legitimatorischem System rational entscheidbar zu machen. Unter den Bedingungen freiheitlich-demokratischer Verfassungsgebote und des gesellschaftlichen Pluralismus kann es nicht Ziel politikwissenschaftlicher und politisch-didaktischer Forschung und Lehre sein, Wertvorstellungen und Ziele, die den Interessen einzelner gesellschaftlicher Gruppen entsprechen, politisch-administrativ allgemeinverbindlich durchzusetzen. Vielmehr muß die Breite gesellschaftlichen und politischen Denkens und Handelns erfaßt und stukturiert werden, um Positionen und Gegenpositionen zu verdeutlichen. Dies verlangt politisch-didaktische Konzeptionen, die bei Offenlegung ihrer eigenen theoretischen Zuordnung Raum lassen für die Auseinandersetzung mit konkurrierenden und alternativen Auffassungen. Hierin ist die grundlegende theoretische Aufgabenstellung für Politikwissenschaft und politische Didaktik in den nächsten Jahren zu sehen, um die völlig steril gewordene Konsens-Diskussion zu überwinden, objektiv nicht zu leugnende Dissense offenzulegen und alternativ in den widersprüchlichen Zusammenhängen gesellschaftlicher und politischer Praxis begründbar und entscheidbar zu machen.

Anmerkungen:

1 Aus der Fülle entsprechender politiktheoretisch orientierte Literatur seinen im folgenden exemplarisch herausgegriffen:
- Für die normativ-ontologische Richtung: Wilhem Hennis: Legitimität. Zu einer Kategorie der bürgerlichen Gesellschaft, in: Peter Graf Kielmannsegg (Hrsg.): Legitimitätsprobleme politischer Systeme, Politische Vierteljahresschrift Sonderheft 7/1976, S. 9–38;
- Für die empirisch-analytische Richtung: Rudolf Wildemann: Macht und Konsens als Problem der Innen- und Außenpolitik, 2. Aufl. Köln 1967;
- Für die kritisch-dialektische Richtung: Jürgen Habermas: Legitimitätsprobleme im modernen Staat, in: P. Graf Kielmannsegg, a.a.O., S. 39–61;
- Verschiedene politiktheoretische Ansätze finden sich – teilweise in kontroverser Diskussion – in: Theodor W. Adorno u.a.: Der Positivismusstreit in der deutschen Soziologie, 2. Aufl. Neuwied/Berlin 1970; Klaus von Beyme: Die politischen Theorien der Gegenwart. Eine Einführung, 2. Aufl. München 1974; Jürgen Habermas/Niklas Luhmann: Theorie der Gesellschaft oder Sozialtechnologie. Was leistet die Systemforschung?, Frankfurt/M. 1971; Wolf-Dieter Narr/Frieder Naschold: Einführung in die moderne politische Theorie, 3 Bde., Stuttgart-Berlin-Köln-Mainz 1969/1971;
- Teilweise bezogen auf politiktheoretische Ansätze sind Hinweise auf Richtungen in der politischen Didaktik bei: Wolfgang Hilligen: Zur Didaktik des politischen Unterrichts I, 2. Aufl. Opladen 1977, S. 64/65; Rolf Schörken: Die öffentliche Auseinandersetzung um neue Lehrpläne für politische Bildung und das Konsensproblem, in: Kurt Gerhard Fischer (Hrsg.): Zum aktuellen Stand der Theorie und Didaktik der Politischen Bildung, Stuttgart 1975, S. 9–23, 16/17;
- Zuordnungen von politiktheoretischen Ansätzen und Konzeptionen in der politischen Didaktik nehme ich in folgenden Aufsätzen vor: Strukturprobleme der politischen Bildung, in: aus politik und zeitgeschichte. beilage zur wochenzeitung des parlament B 5/73 (3.2.73), S. 3–46; Dimensionen in Politikwissenschaft und politischer Pädagogik, in: Hans-Joachim Winkler (Hrsg.) zusammen mit Gerd Stein und Gehard Wuthe: Politikwissenschaft als Erziehungswissenschaft? Lehrerausbildung und sozialwissenschaftlicher Unterricht, Opladen 1974, S. 99–128, 113–115; Vermittlungsprobleme der Politikwissenschaft. Dimensionale Strukturierung politikwissenschaftlicher Inhalte in der politischen Pädagogik, in: Materialen zur Politischen Bildung, 3. Quartal/1974, S. 33–50, 41–43.

2 Dieses Modell stellte ich dar und erläutere es in: Legitimitätskonflikte zwischen Bundesrepublik Deutschland und Deutscher Demokratischer Republik, in: Clemens Lessing/ Kurt Gerhard Fischer: Überlegungen zu Stellenwert und Darstellung der Deutschen Frage im politischen Unterricht, Stuttgart 1977, S. 5–26; Grundlagen der Politik in Bundesrepublik Deutschland und DDR. Ein Systemvergleich, in: aus politik und zeitgeschichte. beilage zur wochenzeitung das parlament B 9/78 (4.3.78); Systemzusammenhänge in der Bundesrepublik und international beachten!, in: Materialien zur Politischen Bildung, Heft 1/1978.

3 Dieter Grosser: Lehrziele und Prinzipien der Stoffauswahl in der politischen Bildung, in: ders. (Hrsg.): Politischer Unterricht. Fachwissenschaftliche und didaktische Analysen, Freiburg 1976, S. 11. Vgl. auch ders.: Kriterien für einen Minimalkonsens in der politischen Bildung, in: Siegfried Schiele / Herbert Schneider (Hrsg.): Das Konsensproblem in der politischen Bildung, Stuttgart 1977, S. 70–88.

4 Hilligen: Vorschläge für konsensfähige Optionen und Auswahlkriterien für den politischen Unterricht, in: Fischer: Zum aktuellen Stand, S. 63–86, 81, ders.: Zur Didaktik I, S. 30; Vgl. auch Walter Gagel: Sicherung vor Anpassungsdidaktik? Curriculare Alternativen des politischen Unterrichts: Robinsohn oder Blankertz, in: Rolf Schörken (Hrsg.): Curriculum „Politik“. Von der Curriculumtheorie zur Unterrichtspraxis, Opladen, 1974, S. 15–36, 25ff.

5 Grosser: Lehrziele, S. 12.

6 Ebda., S. 13

7 Ebda., S. 11.

8 Hilligen; Vorschläge, S. 81.

9 Ebda., S. 74.

10 Vgl. Hilligen: Zur Didaktik I, S. 30f.

11 Ebda., u. S. 172ff.

12 Auf die nicht identischen Begriffsinhalte von „Pluralismus" und „Pluralität" weist Karin Priester hin („Der neue Konservatismus in der politischen Bildung", in: Demokratische Erziehung H. 2/77, S. 136–145, 144).

13 Immerhin weist eine Autorengruppe unter Mitwirkung von Dieter Grosser und Bernhard Sutor darauf hin, daß im Falle eines vorgegebenen Gemeinwohls „die herrschende Elite .. die Totalrepäsentation von Staat und Gesellschaft und das Monopol der Herrschaft (beansprucht)" (Dieter Grosser/Manfred Hättich/Heinrich Oberreuter/Bernhard Sutor: Politische Bildung, Grundlagen und Zielprojektionen für den Unterricht an Schulen, hg. v. Walter Braun/Wilhelm Hahn/ Hans Maier/Werner Remmers/Werner Scherer/Bernhard Vogel, Stuttgart 1976, S. 22).

14 Hilligen, in: Fischer: Zum aktuellen Stand, S. 74 ff.

15 Bernhard Sutor: Das Menschenbild des Grundgesetzes – Minimalkonsens politischer Bildung, in: Kurt Gerhard Fischer (Hrsg.): Zum aktuellen Stand, S. 147–163, 163.

16 D. Grosser u. a.: Politische Bildung, S. 38.

17 Sutor: Didaktik des politischen Unterrichts, 2. Aufl. Paderborn 1973, S. 58.

18 Ebda., S. 62.

19 Ebda., S. 59.

20 Ebda., S. 327.

21 Ebda., S. 56.

22 Sutor vermag diese von mir bereits früher geäußerte Kritik (Behr: Politikwissenschaftliche und politisch-didaktische Grundkategorien, in: Gesellschaft-Staat-Erziehung 17/1972, S. 289 ff., 302) in seiner Erwiderung (Sutor: Didaktik, S. 327) nicht zu widerlegen.

23 Vgl. zur Begriffsbestimmung von Legitimität Jürgen Habermas: Legititmationsprobleme im Spätkapitalismus, Frankfurt 2. Aufl. 1973; Wilhelm Hennis: Legitimität. Zu einer Kategorie der bürgerlichen Gesellschaft, in: Merkur 30/1976, S. 17–36; Jürgen Habermas: Legitimationsprobleme im modernen Staat, in: ebda., S. 37–56; Peter Graf Kielmannsegg (Hrsg.): Legitimationsprobleme politischer Systeme, PVS-Sonderheft 7/1976; ders.: Legitimität als analytische Kategorie, in: PVS 12/1971, S. 367–401; Claus Offe: Politische Herrschaft und Klassenstrukturen, in: Gisela Kress/Dieter Senghaas: Politikwissenschaft. Eine Einführung in ihre Probleme, Frankfurt 1975, S. 135–164; Niklas Luhmann: Legitimation durch Verfahren, Neuwied 1969; ders.: Soziologische Aufklärung, Bd. I, Opladen 3. Aufl. 1972; Bernhard Blanke/ Ulrich Jürgens / Hans Kastendick: Kritik der Politikwissenschaft, 2 Bde., Frankfurt/New York 1975; R. Ebbighausen (Hrsg.): Bürgerlicher Staat und politische Legitimation, Frankfurt 1976.

24 Vgl. Sutor: Grundgesetz und Politikverständnis, in: aus politik und zeitgeschichte, Beilage zur wochenzeitung das parlament B 29/1974, S. 24–46; ders.: Parteilichkeit politischer Bildung?, in: Materialien zur politischen Bildung 4/1974; S. 85–91, 87. Hierauf die Replik von Hermann Giesecke: Wer macht den politischen Unterricht parteilich? Eine Antwort auf Bernhard Sutors Kritik, in: ebda., S. 91–96. Auf S. 96 f. setzt sich Sutor thesenartig mit Giesecke auseinander. Wolfgang Hilligen griff mit seinem Aufsatz „Verständigungsschwierigkeiten unter Didaktikern der Politischen Bildung" (Gegenwartskunde 24/1975, S. 199–207) in die Kontroverse ein. Sutor antwortete darauf: „Wer definiert den Konsens?", in: Gegenwartskunde 25/ 1976, S. 201–208. Vorläufig abschließend nochmals Hilligen: „Anstatt einer Replik der Replik", in: ebda., S. 209–210. Vgl. weiter Sutor: Grundgesetz und politische Bildung. Ein Beitrag zur Wiedergewinnung eines Minimalkonsenses im Streit um den Politikunterricht, Hannover und Mainz 1976; ders.: Verfassung und Minimalkonsens. Die Rolle des Grundgesetzes im Streit um die politische Bildung, in: Schiele/Schneider (Hrsg.), a.a.O., S. 152–172.

25 Hilligen: Verständigungsschwierigkeiten, S. 201.

26 Sutor: Philosophisch-anthropologische Grundlagen der politischen Bildung, in: Peter Gutjahr-Löser/Hans-Helmuth Knütter (Hrsg.): Der Streit um die politische Bildung. Was man von Staat und Gesellschaft wissen und verstehen sollte. München-Wien 1975, S. 43–72, 58.

27 Vgl. Sutors didaktischen Beitrag zur Jugendarbeitslosigkeit in: K.G. Fischer (Hrsg.): Unterrichtsskizzen zum Thema Jugendarbeitslosigkeit, Stuttgart 1977. – Vgl. auch Hilligen in diesem Band.

28 Vgl. hierzu den Abschnitt „Politische Herrschaft" in: Sutor: Didaktik, S. 62–66.

29 Sutor: Philosophisch-anthropologische Grundlagen, S. 44–67; ders.: Plädoyer für einen pluralen Ansatz in den Curricula politischer Bildung, in: Bundeszentrale für politische Bildung (Hrsg.): Curriculum-Entwicklung zum Lernfeld Politik. Schriftenreihe der Bundeszentrale für politische Bildung, H. 100, Bonn 1974, S. 11–28, 14.

30 Sutor: Grundgesetz, S. 44.

31 Sutor: Philosophisch-anthropologische Grundlagen, S. 66.
32 Grosser u. a.: Politische Bildung, S. 3.
33 Vgl. hierzu auch Herbert Uhl: Politische Didaktik – auf der Suche nach dem Konsens. in: Sozialwissenschaftliche Informationen für Unterricht und Studium, H. 4/1976, S. 139–148, 144 f.
34 Sutor: Grundgesetz, S. 25.
35 Vgl. Sutor:Plädoyer, S. 13.
36 Hilligen: Verständigungsschwierigkeiten, S. 206.
37 Vgl. Rolf Schörken (Hrsg.): Curriculum „Politik". Von der Curriculumtheorie zur Unterrichtspraxis, Opladen 1974; Walter Gagel/Rolf Schörken (Hrsg.): Zwischen Politik und Wissenschaft. Politikunterricht in der öffentlichen Diskussion, Opladen 1975, Vgl. hierzu auch die ernüchternde Kritik bei Ernst-August Roloff: „Tendenzwende" – oder: Wie politisch darf politische Bildung sein?, in: Neue Politische Literatur 22/1977, S. 71–94, 75.
38 Ebda., S. 72.
39 Klaus Peter Wallraven: Minimalkonsens und Optionen – Zur Auseinandersetzung mit der „didaktischen Plattform", in: Franz Neumann/Kurt Gerhard Fischer (Hrsg.): Option für Freiheit und Menschenwürde, Festschrift für Wolfgang Hilligen zum 60. Geburtstag. Frankfurt/Kronberg 1976, S. 175–185, 179.
40 Vgl. Kurt Gerhard Fischer: Einführung in die politische Bildung, Stuttgart 1973, S. 15.

XI. Arbeitsgruppe: Massenkommunikation

Neue elektronische Medien: Chancen einer emanzipatorischen Telekommunikation?

Von Lothar Döhn

1. Die Frage, ob die neuen elektronischen Medien[1] Chancen einer emanzipatorischen Telekommunikation eröffenen oder nicht, erfordert, ehe man sie zu beantworten versucht, einige Vorbemerkungen. Anderenfalls wären Mißverständnissen und Spekulationen Tür und Tor geöffnet, wie die bisherige Diskussion veranschaulicht.

Emanzipation bedeutet gewiß mehr als eine gesellschaftliche Praxis, die die Wahlmöglichkeit und die Wahl unter vielfältigen oder zumindest alternativen kulturellen, ökonomischen und politischen Angeboten beinhaltet, so wie es die neuen elektronischen Medien als ein technisch und inhaltlich in bisher nicht gekannter Weise variables System nahezulegen scheinen. Ein adäquates Verständnis von Emanzipation verlangt jedoch nicht notwendigerweise eine Orientierung am allgemein- oder kommunikationstheoretisch formulierten Emanzipationsbegriff einer allgemeinen Gesellschaftstheorie wie etwa der Kritischen Theorie[2]. Ein weniger anspruchsvoller und weniger grundsätzlicher, nicht die gesamte historisch-gesellschaftliche Dimension meinender Emanzipationsbegriff reicht hierfür bereits aus. An ihm wird sich die leitende Fragestellung ausrichten, nicht aus theoretischen, sondern aus wissenschaftsmethodischen und pragmatischen Gründen angesichts einer technologischen und politischen Situation der Telekommunikation, die möglichst umgehend verwirklichbare wissenschaftliche und davon angeleitete politische Konzepte verlangt, wenn langfristig irreversible Entwicklungen jegliche emanzipatorischen Chancen und damit die Frage nach ihnen nicht überflüssig machen sollen. Trotz seiner zutreffenden Kritik an Medienwissenschaft und Medienpolitik tat sich der kritisch-emanzipatorische Ansatz bisher schwer mit Methoden zur Gewinnung empirischer Resultate und mit deren Umsetzung in emanzipatorische Strategien[3], die im Einzelfall und generell Erfolg versprechen. Zweifellos liegt letzteres auch am Widerstand der Realität – und zwar nicht nur an dem institutionalisierter Herrschaft, sondern auch an der Diskrepanz weitgesteckter emanzipatorischer Ziele zur bestehenden sozialen Realität, beispielsweise zur habitualisierten Mediennutzung. Es empfiehlt sich also, wenn Emanzipation in Richtung der kritisch intendierten Chancen haben soll, ihre Realisierungsmöglichkeiten und Chancen von bestehenden sozialen, politischen und ökonomischen Voraussetzungen aus zu reflektieren. Mit emanzipatorischer Telekommunikation sei daher hier gemeint eine aktive und passive Nutzung elektronischer Medien durch die Gesellschaft und den einzelnen zum Zwecke einer allseitigen Ausweitung von Selbstbestimmung und

Partizipation oder – anders ausgedrückt – einer Verminderung von Fremdbestimmung und ungleichen Lebenschancen. Das Normengefüge demokratischer Verfassungen und der in ihm im einzelnen und allgemein enthaltene Auftrag gibt hierzu den Maßstab und Rahmen ab.[4]. Diese Selbstverständlichkeit zu betonen, dürfte im Falle der neuen elektronischen Medien besonders geboten sein, weil deren technisch präsente, politisch-gesellschaftlich und ökonomisch noch nicht absehbare innovative Potenz der Steuerung und gegebenenfalls der nötigen Begrenzung durch eine freiheitliche-demokratische Ordnung bedarf.[4a] Außerdem kann nur so ein einigermaßen verbindlicher Konsens über eine Entwicklung gefunden werden, an deren Steuerung und Nutzung vor allem ökonomische Machtfaktoren ihr auch politisch manifestes Interesse bereits unüberhörbar anmelden. Die nicht nur in der Bundesrepublik geführte Diskussion über den Rechtsstatus der neuen Medien und über die mit ihrer Installation entstehenden Rechtsfragen läßt faktisch und normativ das Verfassungssystem nicht unberührt. Bisher geht es hierbei um Normen der publizistischen Öffentlichkeit, perspektivisch erstrecken sich jedoch die Argumente bereits auf das gesamte politische System. Es versteht sich von selbst, was in der Diskussion über die Entwicklung der kommunikationstechnischen Systeme oft übersehen oder verschwiegen wird, daß diese Entwicklung abhängt vom sozioökonomischen und politischen System in den einzelnen Ländern, in denen sie stattfindet. Von der Technologie her lassen sich einschätzende oder prognostische Aussagen nicht einmal über die künftige technische Entwicklung machen. Sie hängt von den jeweiligen ökonomischen und politischen Interessen in den bestehenden Machtstrukturen mit ihren Systemmechanismen ab.

2. So verwundert es nicht, wenn wesentliche publizistische Anstöße zur Diskussion über die neuen elektronischen Medien und zu örtlich begrenzten Projekten von der Industrie ausgehen.[5] Hierbei ist nicht unerheblich, daß, wie vor allem in den USA, die Produktion von Hard- und Software, die Installation der Technik und deren ökonomische Nutzung in einer Reihe von Fällen in einer Hand liegt[6]. Wegen der bei der technischen Entwicklung und der Installation zu erwartenden immensen Kosten[7] wird nur das große Industrie- und Medienkapital oder die öffentliche Hand Träger eines Systems elektronischer Medien sein können[8]. Wenn im Ausland auch kleinere Firmen örtliche Kabelnetze betreiben, so handelt es sich doch um vergleichsweise kleine Anlagen. Generell kann man voraussagen, daß in den wichtigsten kapitalistischen Industriestaaten – am ehesten in den USA, in Japan und in der bei der Realisierung von kommerziellen und Versuchsprojekten noch hinter England, Frankreich, Kanada, Holland und sogar der Schweiz bisher zurückbleibenden Bundesrepublik – primär ökonomische Aspekte die schrittweise Einführung der neuen elektronischen Medien erzwingen werden.

Denn es ist zu erwarten, daß sich die Informationsindustrie möglicherweise schon in den 80er Jahren zur Schlüsselindustrie entwickeln wird, weil sie wegen des geringen Verschleißes knapper werdender natürlicher Ressourcen und relativ geringer Umweltbelastung, die auch die Anwendung ihrer Produkte auszeichnet, relativ kostengünstiger produziert als die anderen Industrien und daher rasches Wachstum erhoffen läßt. Die veränderte Kommunikationsstruktur läßt nicht nur eine Steigerung der Produktivität, kostensenkende Rationalisierung und Personalreduzierung in den übrigen Industriezweigen erwarten, sondern dieser Effekt wird positiv zurückwirken auf das Wachstum der Informationsindustrie. Indem sie verstärkt die Investitionen auf sich zieht, verlangt sie auch wirtschaftspolitisch eine Schlüsselrolle. Schnelles Wachstum und Umfang des Produktionsvolumens lassen dem Staat keine andere Wahl, als für Absatz durch den ständigen Ausbau einer staatlich und privat nutzbaren Kommunikationsstruktur zu sorgen. Damit wird auch die Voraussetzung für ständige private Investitionsanreize geschaffen, für die im Bereich des privaten Konsums die mit der Informationsindustrie teilweise schon verknüpfte oder kooperierende „Bewußtseinsindustrie" die nötigen Bedürfnisse zu erwecken sucht. Kommunikative Bedürfnisse oder durch Kommunikation bzw. neue Kommunikationsformen optimalisierbare Bedürfnisse, die nicht auf der ökonomisch definierten Ebene liegen, werden nicht berücksichtigt. An solchen anderen Bedürfnissen und anderen politischen Zielen orientierte politische Entscheidungen über Ausbau, Errichtung und technologisch-gesellschaftliche Auslegung der Kommunikationsstruktur sind daher bislang nicht zu erwarten, zumal im Vorfeld solcher Entscheidungen die Bedürfnisprognosen und Bedarfsanalysen der beteiligten Industrien und Informationsproduzenten besonderes Gewicht haben. Außerdem ist zu berücksichtigen, daß die internationale Verflechtung des Marktes und der großen Unternehmen die nationalen politischen Steuerungsfähigkeiten weitgehend einschränken. Zur Sicherung der nationalen Wettbewerbsfähigkeit auf den heimischen und internationalen Märkten und damit auch zur Sicherung der Arbeitsplätze bleibt politisch kaum eine andere Wahl,[8a] als die Frage nach der möglichen emanzipatorischen Qualität bei den die neuen Informationssysteme betreffenden Entscheidungen zurückzustellen und allenfalls positive Antworten sozusagen als Abfallprodukt der Entwicklung zu erhoffen, weil anderenfalls die Antwort durch die Überschwemmung mit fremden Technologien und Produkten ohnehin negativ ausfallen wird. Es ist kaum denkbar, daß sich einer der großen kapitalistischen Industriestaaten ohne ökonomischen Systemwandel den ökonomischen Antrieben zum Aufbau einer neuen Kommunikationsstruktur entziehen kann. Von ihm hängt nicht nur die weitere Entwicklung der Kommunikationsindustrie ab, sondern auch die der übrigen Industrien, der staatlichen und privaten Verteilungsapparate, wird von ihm tangiert. Weil es wegen der geschilderten Zusammenhänge nicht möglich sein wird, systemimmanent Alternativen zu realisieren, dürfte, polemisch ausgedrückt, eine andere als die ökonomisch definierte Alternative über kurz oder lang auf eine gesamtwirtschaftliche Situation hinauslaufen, die es möglicherweise gänzlich sinnlos macht, noch über emanzipatorische Chancen zu reflektieren, sei es der Telekommunikation oder allgemein. Die Frage nach den emanzipatorischen Chancen einer durch die neuen elektronischen Medien veränderten Telekommunikation reduziert also unter deren ökonomisch definierten Entwicklungsbedingungen das in ihrem Rahmen Mögliche, für das es realisierbare Ansätze zu finden gilt.

Solche Ansätze können, wie zu zeigen sein wird, in Details oder im Rahmen örtlich begrenzter politischer Entscheidungsfelder gesucht werden. Sie können aber auch in staatliche Entscheidungen eingehen; denn ungeachtet des jeweiligen staatstheoretischen Ansatzes dürfte Einigkeit darüber bestehen, daß der Staat potentiell die Auslegung von Kommunikationssystemen festlegen kann, die er monopolistisch betreibt, und für die aus Kostengründen keine Übernahmeansprüche oder Konkurrenz seitens der Privatwirtschaft bestehen. Es muß hierbei nur gesichert bleiben, daß die privaten Produzenten der Systeme von keiner anderen als der staatlich projektierten Auslegung maximale Gewinne erwarten. In Entwicklung und Anwendung der Informationstechnologien vermag der Staat also steuernd einzugreifen, weil für die Produzenten allein der optimale, maximale Gewinne versprechende Absatz ihrer Produkte entscheidend ist.

Geht man von der augenblicklichen Situation aus, so dürfte, zumindest in der Bundesrepublik schon aus rechtlichen Gründen, nicht einmal das Interesse am Verkauf von Software, Programmen und anderen Diensten den entscheidenden Antrieb für den Ausbau des Telekommunikationssystems und für die Entwicklung einer neuen Kommunikationsstruktur liefern. Stärkerer Druck wird von der zum Teil bereits erreichten Sättigung des Marktes mit herkömmlichen Produkten der Elektronikindustrie ausgehen[9]. Wenn die internationale Rezession nicht alle diesbezüglichen Dispositionsmöglichkeiten zerstört, die außer von der Massenkaufkraft[10] auch von Investitionen des Staates abhängen, so dürfte sie für die an elektronischen Medien interessierten Wirtschaftszweige, vor allem aber für den Staat, einen zusätzlichen Antrieb zur Schaffung gänzlich neuer Märkte liefern, die, falls alle bereits präsenten und in naher Zukunft realisierbaren Technologien in die Produktion gelangen, in letzter Konsequenz nur noch dem Rüstungssektor vergleichbare Dimensionen annehmen können.

Die Entwicklungsländer werden schon daher von diesem Prozeß ausgeschlossen bleiben. Allenfalls könnten sie, falls ihre Regierungen dies nicht aus politischen Gründen verhindern, am Satellitendirektempfang partizipieren, obwohl diesem bislang noch erhebliche technische Hindernisse entgegenstehen. Das Argument, auf diese Weise ließen sich über ein weltweites audiovisuelles Informationssystem jeweilige politische und soziokulturelle Verhältnisse emanzipatorisch verändern, kann man eher noch zum Gegenteil wenden. Denn ob nach den bisherigen Erfahrungen kommunikativ vermittelte Eingriffe in die Strukturen der Entwicklungsländer diesen zum Vorteil gereichen, ist zu bezweifeln. Vor allem wenn man einkalkuliert, daß direkter und subjektiver als bisher politische und ökonomische Interessen der Industriestaaten manipulativ vermittelt werden können. Erst ein gänzlich neues Verhältnis der Industriestaaten zu den Entwicklungsländern, für das es bisher keinerlei Anzeichen gibt, wäre die Voraussetzung dafür, vom Aufbau einer aus ökonomischen Gründen notwendigerweise technisch nur einseitig ablaufenden Kommunikation trotzdem politisch-gesellschaftliche und individuelle Entwicklungen mit emanzipatorischem Effekt zu erwarten. Im gleichen Zuge, wo die Industrie in den kapitalistischen Industrieländern die Aussicht auf ein neues kommunikativ geprägtes Zeitalter eröffnet, sieht sie die Entwicklungsländer davon ausgeschlossen. Sie konstatiert, daß der „Informationsabstand zu den Industrienationen dann praktisch nicht mehr überbrückbar sein wird, in denen sich infolge der Veränderungen im ganzen Kommunikationsgefüge die technischen und wissenschaftlichen Entwicklungen noch schneller vollziehen können"[11] Die Frage nach emanzipatorischen Chancen der Telekommunikation stellt sich also für die Entwicklungsländer überhaupt nicht.

Das Beispiel der Entwicklungsländer, die weder für den Verkauf moderner Informationstechnologien noch für die von ihnen transportierten Informationen einen Markt abgeben, verdeutlicht, daß man sich generell alle Spekulationen über technisch vermittelte Informations- und Bildungschancen ersparen kann, solange die Entwicklung und Anwendung der neuen Medien und Informationssysteme keine Gewinne abzuwerfen verspricht. Dieser für die Privatwirtschaft selbstverständliche Aspekt wird, wenn die Gesellschaft nicht politisch korrigierend eingreift, die Reihenfolge der Installation und die Nutzung der bereits vorhandenen neuen elektronischen Medien bestimmen, auch bei dem Angebot des Staates an Private, wie die Einführung und Planung neuer Serviceleistungen durch die Post in verschiedenen kapitalistischen Industriestaaten veranschaulicht. Davon ausgenommen wären, wie bereits erwähnt, lediglich Investitionen der öffentlichen Hand auf dem Mediensektor zur Belebung der Konjunktur. Vorerst stehen solche Maßnahmen noch nicht an. Erstens ist die Frage einer kaufkräftigen Massennachfrage noch ungeklärt und es besteht keine Möglichkeit, die beiden Massenmedien Fernsehen und Rundfunk faktisch für die Benutzer zu entwerten und so den Kaufanreiz zu verstärken, wie dies in der Bundesrepublik durch die Umstellung des gesamten Fernsehprogramms auf Farbe innerhalb eines kurzen Zeitraumes trotz der dabei anfallenden hohen Investitionen und Dauerkosten geschehen ist.[12] Zweitens werden die privaten Massenmedien und die Informationsindustrie sowie die deren medienpolitischen Standpunkt jeweils vertretenden politischen Kräfte nicht die Einrichtung neuer Systeme mit bisher unbekannter ökonomischer und politischer Potenz betreiben, solange deren Rechtsstatus umstritten bleibt und die Chance besteht, über diese Systeme oder sie betreffende rechtliche Entscheidungen in bestehende staatliche oder öffentlich-rechtliche Monopole der Massenkommunikation einzudringen, wenn nicht gar sie zu übernehmen.

3. Die Konzentration der bisherigen Diskussion auf das Kabelfernsehen und andere Formen der Breitbandkommunikation, bestimmt von optimistisch oder kulturpessimistisch gefärbten Zukunftsvisionen einerseits und sehr konkreten politischen Kontroversen andererseits, läßt nämlich übersehen, daß zumindest in der Bundesrepublik die privaten Medien und die Informationsindustrie wegen der bisher noch offenen Situation des massenkommunikativen Marktes und des Rechtsstatus der neuen massenkommunikativen Systeme augenblicklich erst einmal die Perfektionierung und Einführung solcher Technologien anvisieren, deren Status eindeutig privatrechtlich ist und eine günstige Kosten-Nutzen-Relation erwarten lassen. Die Privatwirtschaft ist bereit, jene Kommunikationssysteme sofort aufzubauen, deren Technik und Betriebsweise zumindest eine private Mitträgerschaft oder eine andere als die öffentlich-rechtliche Trägerschaft zuzulassen scheint, sobald politische Änderungen[13] und höchstrichterliche Urteile dies zulassen, um so zugleich ihrem Ziel, das öffentlich-rechtliche Rundfunkmonopol überhaupt aufzubrechen, näherzukommen[14]. Es handelt sich bei den zunächst anvisierten Systemen einmal um Technologien, die sich bestehender schmalbandiger Übertragungsmedien wie Telefon und Fernsehen bedienen, zum anderen um Technologien, die erhebliche Personaleinsparungen im Presse- und Druckgewerbe zur Folge haben werden.

Hierbei ist vor allem an Systeme zu denken, wie die von den englischen Fernsehgesellschaften BBC und IBA betriebenen Ceefax und Oracle, bei denen man unter Ausnutzung der Austastlücke über ein Zusatzgerät speicherbare Informationen über

Festbilder digital auf den Fernsehbildschirm von einem zentralen oder regionalen Sender erhalten kann[15]. In der Bundesrepublik stellen gegenwärtig die Fernsehanstalten und die Verleger konkurrierende Videotextsysteme in der Auslegung als Teletext dem Publikum vor.

Technisch und organisatorisch noch flexibler scheint das von der britischen Post entwickelte Viewdatasystem zu sein[16], ein über Fernsprechleitungen übermittelter Informationsdienst für normale mit einem Decoder versehene Fernsehgeräte. Bereits bei 5 Wahlvorgängen verfügt der Benutzer über eine Auswahlmöglichkeit unter 100.000 verschiedenen „Bildschirmseiten" mit ständig gespeicherten und kurzfristig aktualisierten Informationen. An das Netz angeschlossen werden sollen Informationslieferanten mit eigenen EDV-Anlagen, die dem Teilnehmer, ehe er eine Informationsseite abruft, den jeweiligen Preis der Information mitteilen, den die Post zusammen mit den Netzbenutzungskosten abrechnet. Dieses System kann mehr als einen „Schlagzeilenservice" bieten. Es würde mit ihm ein Informationspotential entstehen, dessen Umfang, Inhalt und Struktur sich am Prinzip der Verkäuflichkeit orientierte und sich somit nicht von den traditionellen Massenmedien mit dem Status einer Ware unterschiede, aber noch weniger als diese unvermarktbare gesellschaftliche Bedürfnisse miteinbeziehen und auch weniger der Kontrolle der Öffentlichkeit unterliegen würde. Wegen der unterschiedlichen Preise je nach Art der Information wäre die allgemeine Zugänglichkeit erschwert und damit die formal bestehende Informationsfreiheit noch weniger als bisher nutzbar, zumal wenn man mitberücksichtigt, daß die Höhe der Betriebs- und Benutzungsgebühren des Fernsprechens und die nicht nur hierdurch bedingte geringe Anschlußdichte bei den unteren Einkommensgruppen[17] ebenfalls die Partizipation an einem derartigen Informationssystem zu steuern vermag. Wenn man weiterhin bedenkt, daß das System auch die Speicherung von Informationen erlaubt, die nur bestimmten Teilnehmern zugänglich sind, so kann es, zumindest in naher Zukunft, gemessen an der größeren Informationsgeschwindigkeit und -menge den bereits bestehenden sozialökonomisch und politisch wirksamen Informationsvorsprung innerhalb der Gesellschaft, insbesondere von staatlichen, politischen und wirtschaftlichen Institutionen, noch vergrößern.

Wegen der Kostenfrage und wegen des schon daher nicht sogleich aktualisierbaren Bedarfs werden in den nächsten 10 Jahren die privaten Haushalte — und auch später am ehesten nur Sozialschichten mit vergleichsweise hohem Einkommens- und Bildungsstand — sehr wahrscheinlich nicht am Ausbau bestehender Systeme durch die neuen Kommunikationstechnologien partizipieren[18]. Auch die von der Bundesregierung eingesetzte „Kommission für den Ausbau des technischen Kommunikationssystems" gelangt nach einer Bedarfs-, Kosten- und Nutzenanalyse zu dem Schluß, daß die neuen schmalbandig realisierbaren Systeme zunächst in Wirtschaft und Verwaltung eingeführt werden sollen. Neben dem Ausbau des Fernsprechens, der Telex- und Datenkommunikation ist gedacht an Systeme der Text- und Festbildkommunikation, an Bürofernschreiben, Fernkopieren, elektronische Briefübermittlung[19]. Inwieweit sich die Leistung dieser Systeme in quantitativ und qualitativ größerer sowie zugleich verbilligter Leistung von Wirtschaft und Verwaltung niederschlagen wird, wird nicht von den Technologien, sondern von Entscheidungen in Politik und Gesellschaft abhängen.

Sie werden sich auseinandersetzen müssen mit dem Problem einer weiteren Zentralisierung von Dispositionen über ökonomische und administrative Abläufe, die einhergeht mit der Vermehrung und Konzentration von Wissen über die Gesellschaft, während die breite Öffentlichkeit von den Systemen administrativer und wirtschaftlicher Kommunikation weiterhin ausgeschlossen bleibt und der einzelne eben nicht, wie in den Technikvisionen beschrieben wird, offenen, sondern hochkomplexen geschlossenen Systemen aus Institutionen und Kommunikationsapparaten hilflos gegenübersteht.

Wichtiger für die Frage, ob diese absehbare Entwicklung emanzipatorische Qualität haben wird oder nicht, ist augenblicklich der personalreduzierende und die medieninterne Informationsstruktur verändernde Effekt der neuen Technologien in den Druckmedien. Infolge des technologischen Rückstands im Pressewesen[20] und infolge der Lohnkonflikte, infolge der steigenden Papierkosten und materiellen Ressourcenknappheit, vor allem aber infolge der Pressekonzentration unter zunehmend erschwerten Wettbewerbsbedingungen der konventionellen Pressemedien innerhalb des gesamten Mediengefüges reagieren die Zeitungsverlage seit kurzem[21] mit beschleunigten technischen Innovationen[22]. Computerisierung und Automatisierung vereinigen Redaktion, Setzerei, Umbruch, Druck und Vertrieb zu einem integrierten System mit einer bisher nicht vorstellbaren Produktionsbeschleunigung, das an größere Informationssysteme angeschlossen werden kann, so daß die von wenigen zentralen Informationsquellen gesteuerte Vereinheitlichung der Informationen, ausgenommen die lokal-regionalen, in den Bereich des Möglichen gerückt ist. Jedoch auch ohne letztere Aussicht dürfte diese absehbare Entwicklung, schon weil sie die Zahl der Journalisten mit dem Effekt noch größerer Abhängigkeit vermindert und den redaktionellen Betrieb verändert[23], die antiemanzipatorische Tendenz in der Struktur der Presse und der von ihr repräsentierten Öffentlichkeit verstärken, vor allem wenn man die diesbezüglich längst sichtbaren Folgen des Konzentrationsprozesses mitberücksichtigt. Dieser wird sich wegen der technischen Innovationen noch beschleunigen[24], weil „die meisten Rationalisierungs- und Automatisierungseffekte nur von entsprechend großen und finanzkräftigen Verlagen oder kooperierenden Redaktionsgemeinschaften finanziert werden können“[25].

Nichts spricht dafür, daß die beschleunigte Produktion und der zeitliche Aktualitätsgewinn der Tagespresse oder das größere, vergleichsweise schneller und selektiver rezipierbare Informationsangebot einer „Bildschirmzeitung“ mehr Chancen für eine emanzipatorische Kommunikation im eingangs definierten Sinne eröffnet. Vielmehr ist zu bedenken, ob die Tagespresse nicht auf veränderte Informationsgewohnheiten, wie sie die Presse bereits jetzt von der Einführung der „Bildschirmzeitung“ erwartet[26], mit informationellen Reizen der Boulevard- und Regenbogenpresse oder gar mit einer Änderung ihrer gesamten Angebotsstruktur zuungunsten einer umfassenden Berichterstattung, Analyse oder abschätzenden Wertung reagiert. Der komplementären Nutzung des Informationsangebots nebeneinander rezipierter Medien[27] würde eine wichtige Voraussetzung entzogen, nämlich das alternative Angebot. Damit würde sich die Meinungsvielfalt und die Chance, Informationsdefizite ausgleichen zu können, noch mehr vermindern als bisher. In der Bundesrepublik ist bei steigendem täglichem Zeitaufwand die Nutzung und das Angebot vertiefter politischer Informationen ohnehin rückläufig. Dem widerspricht nicht die verhältnismäßig große durchschnittliche Reichweite der politischen Nachrichten von Presse und Rundfunk oder die Spitzensehbeteiligung bei den beiden abendlichen Nachrichtensendungen des bundesdeutschen Fernsehens; denn die zeitlich begrenzte Angebots- und Nutzungsdauer, die Struktur und Präsentation des Fernsehnachrichtenangebots, auf dessen inhaltlich-semantische Problematik hier nicht eingegangen werden soll, erlauben nur eine unzureichende Information über die Lebenswirklichkeit des Durchschnitts der Rezipienten. Nur eine Minderheit der Rezipienten, die zumeist auch sozial bessergestellten politisch Interessierten, kompensiert diesen Mangel durch das ausführlichere und differenziertere Angebot von Presse und Rundfunk. Ansonsten dominiert das Unterhaltungsangebot und kommt der verstärkten Tendenz zum Eskapismus und zu politischer Interessenlosigkeit entgegen, die mit wachsenden sozialen Schwierigkeiten zu korrelieren scheint. Unterhaltung bildet auch den Hauptkaufanreiz und das entscheidende Nutzungskriterium für die Tageszeitungen, weil hier durchschnittlich zuerst und am intensivsten Nachrichten über Unglücke, Unfälle, Verbrechen und Merkwürdigkeiten und der nach diesen Gegenständen des Durchschnittsinteresses redigierte Lokalteil gelesen werden. Zweifellos gibt es auch andere Gründe für das besonders große Interesse am Lokalteil, auf die im Zusammenhang mit der lokalen Kabelkommunikation noch einzugehen sein wird. Es ist hinreichend bekannt, daß der Lokalteil wie das gesamte Medienangebot sich an Marktgesichtspunkten ausrichtet – denen sich faktisch auch die nichtkommerziellen öffentlich-rechtlichen Medien nicht entziehen können. Das geringe Interesse an ihren sogenannten Minderheitenangeboten oder an den dritten Programmen, bei denen die Mehrheit des Publikums nichts anderes als die ganze Palette des Unterhaltungsangebotes der anderen Programme vermißt[28], demonstriert den funktionalen sozialökonomischen Zusammenhang zwischen Angebot und Nutzung der herkömmlichen Massenmedien. Die diesbezügliche Diskussion muß hier ausgespart bleiben.

Nach dem bisher Gesagten dürfte es sich als sinnvoll erweisen, die Wechselwirkungen in der jüngsten Entwicklung der konventionellen Medien zu berücksichtigen und Auswirkungen der neuen Informationstechnologien auf diese Wechselwirkungen hin zu kalkulieren. Damit ist zugleich gesagt, daß die bisherige Medienentwicklung in ihrer politisch-gesellschaftlichen Relevanz nicht einfach in die Zukunft hineinprojiziert werden kann. Außer direkten sind also die indirekten, über das gesamte Mediengefüge vermittelten Auswirkungen der neuen kommunikationstechnischen Systeme im einzelnen zu analysieren und zu prognostizieren. Hierbei sollte man sich, sofern politische Entscheidungen über aktuelle Entwicklungen anstehen, nicht wie zumeist üblich, in technische Zukunftsvisionen versteigen, sondern unerwünschte politische und gesellschaftliche Entwicklungen abzublocken versuchen, wie sie in Konsequenz der schmalbandigen Informationstechnologien und des technologisch bedingten Strukturwandels der Presse sowie ihrer denkbaren Wirkungszusammenhänge zu erwarten sind. Soweit der diesbezügliche Prozeß nicht bereits im Gange ist, an der baldigen Einführung dieser bereits präsenten Technologien ist nicht zu zweifeln[29]. Nur über ihre zumindest vorerst anstehende Nutzung bestehen zum Teil immer noch falsche Erwartungen.

So wie sich die Entwicklung dieser Medien augenblicklich präsentiert oder anzubahnen scheint, ist nicht zu erwarten, daß sie ein Mehr an emanzipatorischer Kommunikation bringen werden, wenn darunter die Transformation kommunikativer Prozesse, sei es direkt oder vermittelt über die Bewußtseinsbildung, in ein Mehr an demokratischer Teilhabe und sozialen Chancen für jeden einzelnen und Gruppen zu verstehen ist.

4. Um so mehr müssen die Erwartungen auf ein Mehr an Emanzipation in der Gesellschaft verwundern, die sich an ein noch weniger kalkulierbares hochkomplexes technisch-gesellschaftliches System wie die vollentwickelten integrierten Breitbandsysteme einschließlich des Kabelfernsehens knüpfen. Im Einklang mit großindustriellen Interessenvertretern, bei denen es naheliegend und wohl nicht mit emanzipatorischen Zielen erklärbar ist, möchten auch Repräsentanten einer kritischen Theorie der Gesellschaft „die Entfaltung der vollen Telekommunikation herbeiwünschen"[30]. Andererseits wird von ebensolchen Positionen aus und im breiten Spektrum bis zu konservativen Standpunkten als Konsequenz der Breitbandkommunikation mit all ihren technischen Möglichkeiten das Schreckbild von Orwells 1984 einschließlich des „Großen Bruders" beschworen, der bereits vor der Tür stehe. Zweifellos sind die neuen technischen Systeme und ihre vielfältigen Verwendungsmöglichkeiten derartig variabel und mit gegensätzlichen Zielen einsetzbar, daß das politische Entscheidungsfeld höchste Problemintensität aufweisen wird. Erstens kann entsprechend den politischen Entscheidungen und ihrer Interessenbasis die breitbandige Telekommunikation höchst gegensätzliche gesellschaftliche Konsequenzen nach sich ziehen. Zweitens wird es für politische Entscheidungen schwierig sein, die Komplexität aller in der Breitbandkommunikation liegenden Möglichkeiten und Gefahren voll zu erfassen und sie durch Steuerung zu bewältigen. Drittens ist in einigen kapitalistischen Industrieländern – allen voran die USA, Kanada und Japan – die Einführung der Breitbandkommunikation bereits so weit fortgeschritten, daß eine Reihe ihrer Gefahrenmomente, auch wenn man es wollte, politisch nicht mehr behoben, geschweige die ganze Entwicklung rückgängig gemacht werden kann – es sei denn unter Inkaufnahme systemfremder oder sogar systemsprengender Maßnahmen. Abgesehen davon, daß dies für die nächste Zukunft gänzlich unwahrscheinlich ist, sollte man möglichst umgehend die Gefahrenmomente auflisten, und zwar nicht abstrakt, sondern in jeweils zuzuordnenden rechtlichen und sozial-ökonomischen Strukturzusammenhängen[31]. Was als Gefahrenmoment oder als positives Moment einzustufen ist, wird in vielen Fällen vom Werthorizont und von Interessen abhängen und somit das Urteil und die davon abgeleitete politische Entscheidung zum Konfliktgegenstand machen. Mit einigen dieser Gefahrenmomente hat man es bereits jetzt zu tun oder sie hängen von bald zu erwartenden Entwicklungen ab. Schon daher dürfte, ohne die Notwendigkeit von Zukunftsplanungen in Abrede stellen zu wollen, auch in der Bundesrepublik bereits jetzt der Zeitpunkt gekommen sein, wo man umgehend politische Entscheidungen über jene Breitbandsysteme bzw. ihre zunächst zu erwartende Ausbaustufe treffen sollte, wie sie sich bereits in einigen Ländern entwickeln oder bereits in der Bundesrepublik teilweise über die erforderlichen technischen Voraussetzungen verfügen.

Hierbei handelt es sich um regionale und örtliche Verkabelungen zu Breitbandnetzen in herkömmlicher Koaxialtechnik, in die man zahlreiche Fernseh- und Rundfunkprogramme entweder über Großgemeinschaftsantennenanlagen oder örtliche Sender einspeisen kann. Solche Netze sind ohne weiteres für die einfachste Form des Kabelfernsehens, das einwegige Verteilen, Sammeln und Ausstrahlen von Informationen nutzbar, die sich vom üblichen Fernsehen außer durch die Übertragungsart und die Vielzahl der Kanäle in nichts unterscheidet. Nicht wesentlich mehr Aufwand an Kosten und Technik erfordert die einfache Zweiwegtelekommunikation, bei der ein Rückkanal die Übermittlung von Informationen von den Teilnehmern zum Sender gestattet. Wesentlich kostspieliger und technisch aufwendiger ist ein integriertes interaktives System mit außerordentlich großer Kanalkapazität, in dem Teilnehmer untereinander und mit Sendern oder Computern über digitale und Festbildsignale sowie über Videobild kommunizieren können.

Diese dritte, ständig erweiterbare Ausbaustufe der Telekommunikation eröffnet eine Vielzahl von zum Teil bereits jetzt technisch realisierbaren Möglichkeiten der interpersonalen und Datenkommunikation oder immateriell vermittelter Dienstleistungen: Bildfernsprechen, Konferenzfernsehen, Fernlehrgänge, Fernüberwachung und Fernsteuerung, Fernablesen von Geräten, Auskunftsdienste, Wareninformation, Ferneinkauf, Bank- und Börsenverkehr, elektronische Post, Bildschirm- und Faksimilezeitung, Fernbuchhaltung, Verkehr mit Rechenzentren und Datenbanken einschließlich des computerunterstützten Fernabrufs von mikrofilmgespeicherten Informationen der Bibliotheken und anderer Informationszentren – und schließlich die Möglichkeit, vom Bildschirm aus ein quantifizierbares Votum zu politischen Debatten, eventuell sogar des Parlaments, abzugeben oder politische Umfragen, Volksabstimmungen und Wahlen per Knopfdruck des einzelnen Teilnehmers zu veranstalten[32]. Was hiervon, vor allem vom zuletzt Genannten, Wirklichkeit werden wird, hängt natürlich nicht nur vom technisch Machbaren, sondern auch von politischen und ökonomischen Entscheidungen ab. Noch im Laufe dieses Jahrhunderts wird nach mehr oder minder zuverlässigen Prognosen[33] die dritte Ausbaustufe, zu der bereits Feldversuche mit allen bereits vorhandenen neuen Telekommunikationssystemen in den USA und Japan anlaufen[34], zumindest in diesen Staaten eingeführt sein, wenn auch unterschiedlich stark und nicht allgemein genutzt. Man hat in diesem Zusammenhang von einer neuen technischen Revolution mit tiefgreifenden Konsequenzen für die gesamte Gesellschaft gesprochen. Inwieweit hierbei die neuen Telekommunikationsformen emanzipatorische Chancen und deren Realisierung beinhalten, hängt davon ab, ob das technische Potential für mehr Partizipation am politischen und sozialen Geschehen oder für mehr soziale Kontrolle als bisher genutzt werden kann. Für beides werden die technischen Voraussetzungen bestehen.

Diese Frage stellt sich jedoch bereits jetzt in zweierlei Weise für das Einwegkabelfernsehen. Erstens, ob es eine Verstärkung oder Abschwächung des Trends der Massenkommunikation zur Entfremdung der Individuen von eigener Bedürfnisartikulation und politisch-gesellschaftlicher Selbstbestimmung bewirkt. Hieraus folgt zweitens, ob das Einwegkabelfernsehen die Ausgangsbasis für eine emanzipatorische Telekommunikation in deren späterer Ausbauphase verbessert oder genau das Gegenteil bewirkt. Letzteres wird der Fall sein, wenn das Kabelfernsehen ausschließlich, teilweise oder unter ihrer Beteiligung von der Privatwirtschaft betrieben wird[34a] und Übertragung wie Programm nicht ausschließlich öffentlicher Kontrolle unterliegt, womit nicht notwendigerweise ein bloßes Fortschreiben staatlicher und öffentlich-rechtlicher Monopole wie jener in der Bundesrepublik gemeint sein muß. Auch ein rein öffentliches System wird den Auswirkungen kommerziell betriebener Systeme anderer Staaten auf das eigene System und auf das Kommunikationsverhalten der ihm angeschlossenen Teilnehmer ausgesetzt sein, wenn das Kabelfernsehen – und darin besteht ja sein größter Reiz – seine Kapazität zu einem großen Programmangebot ausschöpfen will. In Belgien, wo private Kabelfirmen Netze installieren und betreiben[35], aber keine eigenen Programme senden dürfen, schalten in der wichtigsten Sendezeit zeitweilig mehr als die Hälfte aller Kabelteilnehmer das ausschließlich durch Werbung finanzierte reine Unterhaltungsprogramm von Tele-Luxembourg ein, zuungunsten der belgischen, französischen, niederländischen und deutschen Programme. Das Werbeverbot für Radio und Fernsehen trifft nur die belgischen Sender; das heißt zum Verlust an Rezipienten kommt eine verzerrte finanzielle Konkurrenzsituation. Wo auch immer Kabelfernsehnetze in Europa installiert worden sind – ein noch größeres, im Angebot aber inhaltlich nach identischen Kriterien strukturiertes Unterhaltungsangebot ist wichtigstes Motiv für den eindeutigen Wunsch nach Kabelfernsehen und maßgebend für seine positive Beurteilung nach der Einführung[36]. Wenn beispielsweise in Belgien der subjektive Wunsch nach einem Kabelnetz das Erfordernis von Straßenbau und Kanalisation zurücktreten läßt und ein Thema ist, mit dem Kommunalwahlen erfolgreich bestritten werden, dann kann kaum noch ein Zweifel daran bestehen, daß überall dort, wo Erfahrungen mit Kabelfernsehen vorliegen, es in absehbarer Zeit eingeführt werden wird.

Diese Erfahrungen und der davon abgeleitete Wunsch nach Kabelfernsehen beziehen sich nicht auf die Möglichkeiten eines vielfältig strukturierten Programmangebots, soweit es überhaupt besteht, oder auf neue Rezeptionsgewohnheiten, sondern verfestigte Einstellungen und Rezeptionsgewohnheiten begründen die positive Einschätzung des neuen Mediums, gerade weil die Vielfalt der Programme den ständigen Zugriff auf Einförmiges ermöglicht. Nicht ein neuer, sondern ein alter Reiz ist entscheidend und verstärkt sich, weil man sich ihm jederzeit aussetzt. Hierdurch dürften sich die alten Rezeptionsgewohnheiten noch verstärken, was bei allen Betrachtungen über die größere Wahlfreiheit von Breitbandkommunikation und davon abgeleiteten Erwartungen auf mehr Freiheit in und durch künftige mediale Kommunikation berücksichtigt werden sollte. Kommunikationsfreiheit und Selbstbestimmung reduziert sich auf ihre formale Seite; inhaltlich ändert sich bei ihr nichts. Die Fülle des Angebots lähmt bei unveränderten Einstellungen und Gewohnheiten eher die Initiative des Zuschauers, als daß sie ihn anregt. Die Passivität in und durch Massenkommunikation verstärkt sich und vermindert möglicherweise noch mehr als bisher Partizipation am politischen und sozialen Leben, zumal das Kabelfernsehen, bei gleichbleibendem Rezeptionsverhalten die Fluchtbewegung aus Alltag und individuell geprägter Privatheit begünstigt. Für diese Einschätzung gegenwärtiger und – falls sich weder bei den Rezeptionsgewohnheiten[37] noch bei der Struktur der Massenkommunikation etwas ändert – auch künftiger Einwegkabelkommunikation spricht die Aussage der Rezipienten, daß sie nach einiger Zeit der Nutzung nicht mehr in der Vielfalt der Programme, sondern in der technischen Qualität den besonderen Vorzug des Kabelfernsehens erblicken; das heißt, weil keine wirkliche Wahl mehr stattfindet, hat sich ihr Reiz vermindert. Das Kabelfernsehen ändert also nichts an den festen Sehgewohnheiten. Wenn mehrere Teilnehmer gemeinsam eine Programmwahl treffen, einigt sich eine deutliche Mehrheit auf ein rein unterhaltendes Angebot[38] – und das oft auf einem möglichst niedrigen Niveau. Bereits bei der relativ geringen Auswahlmöglichkeit zwischen 3 Programmen im deutschen Fernsehen kann man beobachten, daß die Einschaltquoten der durchschnittlich kaum genutzten Dritten Programme dann auf die Höhe der beiden Hauptprogramme emporschnellen, wenn beide keine leichte Unterhaltung anbieten, das Dritte Programm aber zur gleichen Zeit beispielsweise einen Kriminalfilm sendet[39]. Bekanntlich korrelieren Schichtzugehörigkeit und Programmwahl signifikant. Falls das Kabelfernsehen, sofern es nicht kommerziell betrieben wird oder einer kommerziellen Medienkonkurrenz ausgesetzt wäre, einige Kanäle für Programme reservieren würde, von denen man sich eine sozial und politisch emanzipatorisch wirksame Nutzung durch die unteren Sozialschichten erhofft, so würden diese Programme bei den vorgesehenen Adressaten keine nennenswerte Resonanz finden.

Erfahrungen mit dem Kabelfernsehen in den USA, obwohl man sie nicht direkt auf Europa und die Bundesrepublik übertragen sollte, bestätigen diese und die übrigen vorangegangenen Aussagen. Insbesondere demonstrieren sie die Entwicklung des neuen Mediums und seine Rezeption durch das Publikum[40] in einem rein kommerziellen Massenkommunikationssystem, das Teil eines durch beschleunigte Verwertung und Konzentration des Kapitals geprägten sozialen Systems ist. In den meisten Kabelnetzen werden die entsprechend den Auflagen der Federal Communication Commission (FCC) frei zur Verfügung gestellten Kanäle, je einer für das Schul- und Bildungswesen (Educational Channel), für die öffentliche Verwaltung (Governmental Channel) und für die Bürger (Public Access Channel), nicht genutzt und wenn überhaupt, dann nur geringfügig ausgelastet.

Nicht verallgemeinern lassen sich Erfahrungen, die man bisher in wenigen Städten mit einem Verbund zwischen Schulen, Colleges, Hochschulen und anderen Fortbildungsinstitutionen und Haushalten gemacht hat. Wo sich Hochschulen an die Kabelnetze angeschlossen haben, unterscheidet sich ihre Nutzung und der Rezipientenkreis nicht von der bisherigen Praxis des Verbundes von Bildungsfernsehstationen und Hochschulen. Die Nutzung beschränkt sich weiterhin hauptsächlich auf Kurse, obgleich in zunehmendem Maße die offene Universität angestrebt wird[41]. Trotz hoher Erwartungen auf eine bessere Kommunikation zwischen Bürgern und Behörde bedient sich erst ein verschwindend kleiner Teil der Städte des öffentlichen Kanals. Geldmangel der Kommunen, vor allem der Großstädte, hindern sie an einer Vielen utopisch anmutender Aktivität. Bürgernähe, verstärkte Kommunikation mit dem Bürger und Bürgerpartizipation hält man auch nicht immer für wünschenswert. Es mangelt auf beiden Seiten an Initiative und am allerwenigsten ist zu erwarten, daß eine kommunikative Chance dort wahrgenommen wird, wo mehr als anderswo das Fernsehen das Publikum an eine unflexible, passiv-konsumtive Einwegkommunikation gewöhnt hat. Für Jugendliche und Angehörige der unteren Sozialschichten gilt das in besonderem Maße, obwohl man gerade bei ihnen durch den offenen Kanal die Eigeninitiative und Eigenartikulation fördern will. Sogar eines der wenigen Beispiele für eine rege aktive und passive Nutzung der offenen Kanäle, die beiden Kabelsysteme Manhattans, ist nur teilweise als Erfolg zu werten. Jene Gruppen, die mit einer selbstproduzierten lokalen, bevölkerungsnahen Berichterstattung gerade die Belange der sozialschwachen und vom kommerziellen Fernsehen übergangenen Bevölkerungsteile ansprechen wollten, vermochten die anvisierten Adressaten nicht zu erreichen, weil die im städtischen Besitz befindlichen Wohnviertel für niedrige Einkommensbezieher noch nicht einmal für die Verkabelung freigegeben worden waren[42]. Ob solche, ohne aktive Beteiligung der Adressaten produzierten Programme überhaupt Resonanz gefunden hätten, ist ohnehin zu bezweifeln. Zwei Jahre nach Einführung der offenen Kanäle hatten überhaupt erst 30 % der New Yorker Bevölkerung etwas von ihrer Existenz gehört und konnten sich etwas darunter vorstellen. Nur 5 % des Publikums sehen regelmäßig Programme der offenen Kanäle[43]. Bisher ist die Nutzung der Public Access-Kanäle eindeutig eine Mittelschichtenangelegenheit. Sie wäre in Manhattan wohl auch nicht zustandegekommen, wenn die Kabelgesellschaften nicht die Auflage erhalten hätten, außer den Studios auch Spezialisten zur Anleitung und Hilfe für die Laienproduzenten bereitzustellen. Sieht man von den genannten gesellschaftspolitisch engagierten Gruppen ab, so sind in der Regel nicht die bisherigen Rezipienten, sondern staatlich finanzierte Stiftungen und Organisationen oder zumindest semiprofessionelle Filmemacher initiativ geworden. Ist schon das Interesse an individueller Kabelkommunikation in Großstädten wie New York äußerst gering, so besteht bei kleineren Regionalkabelsystemen nicht einmal Nachfrage nach Sendezeiten. Insgesamt gesehen ist bisher der offene Kanal nur in seltenen Fällen genutzt worden und hat nicht zu einer offenen Diskussion von Bürger zu Bürger geführt[44]. Die Kabelunternehmer leisten nicht die zumindest anfänglich erforderliche technische und personelle Hilfe. Um die offenen Kanäle ebenfalls kommerziell nutzen zu können, versuchen sie vielmehr die Auflagen der FCC rückgängig zu machen und haben alle Chancen dazu, seit sich die ökonomische Situation des Kabelfernsehens in den USA nach einer Phase der Stagnation geklärt hat. Einerseits hat das Münzfernsehen (Pay-TV) die Gewinnentwicklung der sehr investitionsaufwendigen Kabelnetze[45] entscheidend gefördert, andererseits hat sich der dem Kabelfernsehen abträgliche Konflikt zwischen den großen Fernsehgesellschaften, den Hardwareindustrien und der Kabelindustrie mit dem Resultat der Interessenbereinigung und Konzentration entschärft. Bei einem jährlichen Gewinnzuwachs von 14–18 % werden bis Anfang des nächsten Jahrzehnts 30 % aller Besitzer von Fernsehgeräten an Kabelnetze angeschlossen sein[46]. Pay-TV und Satellitenfernsehen werden die Struktur des amerikanischen Fernsehens in den nächsten Jahren ändern. Schon wegen des hohen Investitionsaufwandes wird sich der ohnehin seit längerem stattfindende Konzentrationsprozeß im Kabelfernsehen beschleunigen und sich zur Dominanz einiger weniger Multimedia- und Elektronikkonzerne konsolidieren[47].

Neue Gewinnchancen verspricht dann das Zweiwegkabelfernsehen, für das unter jenen ökonomischen Prämissen etwaige individuell artikulierte Bedürfnisse nicht bestimmend sein können. Welche Möglichkeiten vielfältiger kommerzieller Nutzung und zugleich sozialer Kontrolle über die angeschlossenen Teilnehmer in einem interaktiven System für eine ökonomische Großorganisation bestehen, die über das Netz, die Produktion und Ausstrahlung der Programme allein verfügt, läßt ein im Herbst 1977 in Columbus (700 000 Einwohner), Ohio, anlaufendes Großprojekt der Warner Cable Corporation, einer Tochterfirma des Multimedia-Konzerns Warner Communications bereits jetzt erkennen[48]. Columbus repräsentiert sozial den Durchschnitt des amerikanischen Publikums. Obwohl alle kleineren Pilotprojekte interaktiver Breitbandkommunikation bisher aus finanziellen Gründen gescheitert sind und der Medienmarkt in Columbus bereits mit 2 Zeitungen, 4 Fernsehstationen und 20 ortsansässigen Hörfunksendern besetzt ist, hält Warner Cable das auch für amerikanische Verhältnisse großdimensionierte, nämlich an 100 000 Haushalte angeschlossene System mit seinen zahlreichen Technologien der Zukunft für wirtschaftlich. Trotz der außerordentlich hohen Investitionen verspricht sich die Gesellschaft von den vielfältigen Programm- und Dienstleistungsangeboten unter Einbeziehung von Zuschauerreaktionen und -aktivitäten in das System eine gewinnversprechende Attraktivität, obwohl bisherige Erfahrungen mit der Einwegbreitbandkommunikation und Prognosen über die Nachfrage nach den neuen Technologien und über die Nutzungsintensität dem widersprechen. Die positive Erwartung des Konzerns stützt sich nicht nur auf ausführliche Marktstudien. Auch sie konnten, was aus der Berichterstattung der privaten Medienwirtschaft nicht zu entnehmen ist, nur daher günstig ausfallen, weil das System eine Reihe gewinnbringender Aktivitäten erfüllen wird, die üblicherweise weder erwartbar noch technisch bedingt sind. Sie resultieren aus der Angebotsstruktur des Mutterkonzerns. Da Warner Communications über eine eigene Filmproduktion verfügt, braucht sich die Kabelgesellschaft nicht mit dem Problem anderer gebührenpflichtiger Systeme auseinanderzusetzen, daß es zuwenig neue und von den Verleihfirmen für das Fernsehen freigegebene Spielfilme gibt. Ein großes Filmangebot macht aber die Attraktivität der Kabelnetze und von Pay-TV aus. Von den 30 Kanälen des Projekts in Columbus sind 10 ausschließlich für Kinofilme vorgesehen. Die eigene Programmproduktion erstreckt sich bis zu Werbung transportierenden Berichten über Spiele der konzerneigenen Fußballmannschaft (Cosmos New York). Der anvisierte Markt beschränkt sich nicht auf kommunikative Angebote und Dienstleistungen oder auf das Interesse des Zuschauers an Interaktionsmöglichkeiten mit dem Sender oder untereinander. Das System der Kabelgesellschaft erschließt vielmehr ein Monopol für zahlreiche Produkte aus der breiten Palette von Warner Communications. Als führender Produzent von Schallplatten, Buch- und Zeitschriften, elektronischen Spielen und anderem mehr vermag er, wenn er will, wegen des technisch bedingten Monopols sogar konkurrenzfrei, mittels ständig aktualisierbarer Werbung gebührenfrei und massiert über das eigene Kabelsystem die Rezipienten zum Kauf seiner Produkte anzureizen. Außerdem können die Rezipienten über den Rückkanal sogleich Bestellungen tätigen und diese über den Computer zusammen mit den Gebühren für das Netz, Filmprogramme und andere Dienstleistungen abbuchen lassen. Damit erhält der Konzern ständig eine Marktübersicht über das betreffende Gebiet und darüber hinaus über Kaufgewohnheiten und Kaufkraft jedes einzelnen Rezipienten, worauf wiederum die Markt- und Werbestrategien abgestellt werden können. Ergänzt werden können solche Kenntnisse durch die Kenntnis von Geschmack, Interessen oder Zeitbudget für bestimmte telekommunikative Aktivitäten der Bevölkerung im Verkabelungsgebiet oder einzelner Netzteilnehmer, weil der Computer beispielsweise Auskunft darüber geben kann, welcher Zuschauerdurchschnitt – evtl. in bestimmten Wohngebieten – oder welche Zuschauer bestimmte Filme gesehen haben. Darüberhinaus besteht die Möglichkeit, über den Rückkanal per Knopfdruck ein positives oder negatives Votum der Zuschauer – sei es über Filme oder andere Sendungen – in Sekundenschnelle durch den Computer auswerten zu lassen.

Ebenfalls möglich ist es, das Votum über den Rückkanal zur politischen Steuerung des einzelnen und des gesamten öffentlichen Lebens auszunutzen; denn wenn der Sender beispielsweise die Zuschauer auffordert, zu einem aktuellen öffentlichen Sachverhalt durch Druck auf den Ja- oder Nein-Knopf ein Votum abzugeben, dann vermögen Wahl und Präsentation des Gegenstandes, Art und Formulierung der Fragestellung durchaus die Entscheidung zu lenken, zumal eine Interaktion im Sinne von Rede und Gegenrede nicht stattgefunden hat. Sozialpsychologische Mechanismen vermögen den Steuerungseffekt noch zu verstärken, unter anderem in der Weise, daß Zuschauer bei folgenden Kontrollabstimmungen oder bei Voten über ähnliche Sachverhalte sich der zu erwartenden Mehrheit anschließen.

Partizipatorisches Fernsehen im demokratischen Sinne des Wortes und eine zusätzliche Chance zur demokratischen Artikulation entsteht also nicht notwendigerweise durch das Votum über Rückkanal, sondern eher das Gegenteil, eine neue Form der sozialen Kontrolle und der Manipulierung einer normativ demokratisch verfaßten Öffentlichkeit. Steuerung der politischen Öffentlichkeit und des einzelnen unter dem Vorwand partizipatorischer Breibandkommunikation vermag das Bewußtsein und die allgemeine politische Struktur zu prägen oder von Fall zu Fall die politischen Entscheidungsträger unter Druck zu setzen. Sie verbessert die Chancen der Privatwirtschaft, über allgemeine politische Intentionen hinaus regional oder überregional auf politischem Wege jene Strukturen zu entwickeln, wie sie jeweils in ihrem Produktions- und Absatzinteresse liegen. Ein naheliegendes Beispiel wäre die Beseitigung staatlicher oder kommunaler Auflagen in der Breitbandkommunikation, auch solcher Auflagen, die Mißbrauch des Systems verhindern sollen. Zu denken ist auch an die Möglichkeit, daß Medienkonzerne von ihren durch Breitbandsysteme kommunikativ verstärkbaren Machtpositionen aus die öffentliche Hand veranlassen, den weiteren Ausbau der Breitbandsysteme finanziell zu unterstützen oder Konkurrenten fernzuhalten. Diese Möglichkeiten vergrößern sich, wenn ein Medienkonzern, so wie es Warner Communications aufbauend auf bereits vorhandenen 138 Kabelsystemen in 29 Bundesstaaten der USA vorsieht, interaktive Breitbandsysteme an verschiedenen Orten einrichtet[49] und unter Einsatz von Satelliten und Bodenstationen zu einem riesigen Medienverbund verknüpft. So wie das einfache und erst recht das Zweiwegkabelfernsehen lokal die Existenz oder die Selbständigkeit der Presse durch Konkurrenz auf dem Informations- und Werbemarkt gefährdet, so wird auf gesamtstaatlicher, wenn nicht gar internationaler Ebene die privatwirtschaftliche Zweiwegkommunikation zur weiteren Konzentration auf dem Mediensektor und darüber hinaus in der Gesamtwirtschaft führen.

Dies zu demonstrieren und der Vollständigkeit halber sei noch auf weitere Aspekte hingewiesen, die ebenfalls bereits bei dem Columbus-Projekt den Zusammenhang zwischen Konzentration und profitabler, damit aber auch beschleunigter Entwicklung des privaten Zweiwegkabelfernsehens verdeutlichen. Für derartig technisch aufwendige Systeme gibt es bisher nur wenige serienfertige Bausteine. Es bietet sich also an, daß Elektronikindustrie und Medienunternehmen entsprechend der jeweils projektierten Auslegung des Systems zusammenarbeiten, wie dies Warner Cable und die Firma Pioneer bei dem Columbus-Projekt getan haben. Aus solcher Kooperation können dauerhafte marktregulierende Interessengemeinschaften oder Mischkonzerne entstehen, wie es sie in den USA bereits gibt[50], nur noch nicht mit derartiger Potenz. Die Aussicht auf monopolistische Gewinne dürfte den Trend zur weiteren Verkabelung und zu Verbundnetzen in einer Hand bestärken, weil das Kabel aus technischen Gründen das ermöglicht, was die amerikanischen Medienkonzerne durch ihren Widerstand gegen die Ausdehnung von UKW im Hörfunk und des UHF-Sendebereichs im Fernsehen augenscheinlich gemacht haben. Infolgedessen haben sie in der Verkabelung bisher eine neue Bedrohung ihrer Ausnahmestellung gesehen[51], die sie verlieren werden, wenn sie nicht selbst in das Kabelgeschäft eindringen. Daß unter solchen Aspekten trotz erweitertem Programmangebots von der vielbeschworenen Wahlfreiheit, mit der die privaten Medien die Notwendigkeit privater Telekommunikation neben oder anstelle der öffentlichen Monopole begründen, nicht viel übrigbleibt, liegt auf der Hand.

5. Unter rein privatwirtschaftlichen Bedingungen sich entwickelnde Breitbandsysteme eröffnen kommunikativ, ökonomisch und politisch für den einzelnen und die Gesellschaft keine emanzipatorischen Chancen. Informationslenkung, Verminderung individueller und gesellschaftlicher Alternativen, Entfremdung, gesellschaftliche Vermachtung und Abnahme allgemeinen Entscheidungspotentials wird die Konsequenz dieser Entwicklung sein, wenn die Öffentlichkeit nicht vorbeugend und gegensteuernd eingreift. Wenn die Möglichkeit besteht, ein öffentlich-rechtliches Monopol zu errichten oder zu erhalten, wie es in der Bundesrepublik die Post und die Länder innehaben, so sollte dies für alle jene Verwendungsarten geschehen[52], bei denen sich die Nachrichtenübertragung nicht auf rein übermittlungtechnische, vor allem wirtschaftliche und verwaltungstechnische Aufgaben beschränkt. Der Staat sollte jedoch auch diese Verwendungsmöglichkeiten gesetzlich regeln – und zwar die Frage der allgemeinen Zugänglichkeit und des Mißbrauchs durch Private und den Staat selbst. Denn die Kehrseite eines verbesserten Service und vermehrter Partizipationschancen durch Breitbandsysteme ist ein erhebliches Kontrollpotential[53]. EDV-Anlagen am Ausgang eines Systems können aufzeichnen, wer welche Dienste in Anspruch nimmt und wo zu welchem Zeitpunkt dies geschieht. Außer für Marketingzwecke und für wirtschaftliche Manipulation des einzelnen, der allerdings ständige Warentests und Preisvergleiche in Breitbandsystemen entgegenwirken könnten, dürften solche Individualdaten von höchstem Interesse für privatwirtschaftliche und staatliche Überwachungssysteme sein. Hierin liegt ein besonderes Gefahrenmoment für die Individualsphäre und für

eine freie Handlungsfähigkeit der Betroffenen, weil Auskunfteien nicht nur bei Kreditvorhaben tätig werden, sondern auch zunehmend Informationen an Versicherungen und Arbeitgeber liefern. Polizeiliche Überwachung könnte sich des automatisierten Reservierungssystems bedienen.

Sogar politische Überwachung wäre möglich, weil man aus den festen Gewohnheiten bei der Auswahl von Programmen Rückschlüsse auf die politischen Präferenzen ziehen kann.

Noch unvermittelter und präziser ließe sich politische Überwachung bewerkstelligen bei jenen zumindest technisch möglichen Formen von politischer Partizipation und Artikulation von Meinungen, deren unverzerrtere und direktere Formen als die der demokratischen Repräsentativsysteme die Phantasie mancher Autoren beflügeln: Forderungen der politischen Basis einzeln oder gebündelt an die politische Spitze, sofortiges direktes Feed-back politischer Vorschläge der Regierung oder des Parlaments bei jedem einzelnen Bürger, Auswertung von Petitionen an die Parlamente mit Hilfe der Datenverarbeitung, Einbeziehung der Öffentlichkeit in Verwaltungsplanungen. Wenn bei dem Bürger auch nur der Eindruck entsteht, die „elektronische Demokratie" könnte zur individuellen Überwachung mißbraucht werden, dürfte er statt mit mehr Partizipationsbereitschaft mit Apathie reagieren.

Ohne tiefgreifende Veränderungen in den politischen und gesellschaftlichen Strukturen ist nicht zu erwarten, daß die technisch ermöglichte Chancengleichheit in der politischen Kommunikation zwischen Basis und Spitze an bestehenden Machtungleichgewichten und Einflußmöglichkeiten etwas ändern könnte. Ideologisch, ökonomisch und politisch dominierende Machtgruppen hätten weiterhin bevorzugt Zugang zur Spitze, deren Steuerungskapazität und damit Macht wegen des Fortfalls politischer Filter, Übermittlungs- und Clearing-Stellen zwischen ihr und der Basis gesteigert würde. Der Vorteil von weniger Informationsselektion als in den üblichen Vermittlungskanälen des Verwaltungs- und Repräsentativsystems wandelte sich zum Nachteil. Solange die politische Spitze allein Zugang zum Sender hat, kann sie die Themen vorgeben und vorformulieren, über die abgestimmt wird. Gleichzeitig kann sie durch flankierende Fernsehsendungen noch mehr als bei Wahlen herkömmlicher Art die Resultate beeinflussen und möglicherweise ohne eine vorangegangene breitere Diskussion überstürzt herbeiführen. Macht würde nicht von der Spitze zur Basis verlagert, die in ihrem Zuschauer- und Konsumentenstatus belassen würde.

6. Chancen partizipatorischer Telekommunikation mit eventuell emanzipatorischem Effekt dürften bei all ihren ferneren oder näheren Realisierungsmöglichkeiten nur bestehen, wenn politisch, gesellschaftlich und ökonomisch Eigeninitiative, Spontaneität, interaktives Handeln, Diskussion und Selbsthilfe der Bürger zum Tragen kommen. Bildungstelekommunikation dürfte sich beispielsweise nicht auf Kurse mit einfachem Feed-back von Testergebnissen beschränken, sondern der Interaktionsprozeß müßte gegebenenfalls auch als ständiger Informationsaustausch zwischen Zentrale und Teilnehmer unter Einbeziehung von Lehrern und anderen Teilnehmern ablaufen können. Überhaupt nicht diskutiert wird bisher die Möglichkeit rechnerunterstützter Selbsthilfe der Teilnehmer bei ganz alltäglichen Anforderungen — Lohnsteuerjahresausgleich, Versicherungsfragen, Rechtsauskünften usw. —

wo der Bürger aus den unteren Sozialschichten den Gang zur Behörde und zu anderen Inhabern verwalteten Wissens scheut oder letztere aus Kostengründen nicht in Anspruch nehmen kann. Der emanzipatorische Effekt läge im erfolgreichen Tätigwerden des Individuums und in einer Vergrößerung realer Chancengleichheit.

Schließlich könnten trotz aller negativen Erfahrungen, die man bisher mit dem Lokalkabelfernsehen einschließlich des offenen Kanals für ein Bürgerfernsehen gemacht hat, hier doch emanzipatorische Chancen liegen, weil deren soeben genannten und andere Implikationen wie Interesse, Betroffenheit und alltägliche Lebenswirklichkeit in diesen Experimenten selten oder überhaupt nicht wirksam geworden sind. Verschiedene Projekte in England[54] sind gerade daran gescheitert, daß die privaten Kabelunternehmer entgegen der offiziellen Intention, Experimente gesellschaftlicher Kommunikation durchzuführen, lediglich den Gewinnaspekt testen wollten und daher ein den nationalen Programmen und allenfalls der Lokalpresse nachgebildetes Programm für einen Zuschauer in Konsumentenrolle sendeten[55]. Eine Programmkonzeption, die in ihrem technischen Standard und ihrem Inhalt auf eine an üblichen Rezeptionsgewohnheiten und hohen Einschaltquoten orientierte „Attraktivität" abzielt, läßt sich kaum mit einer flexiblen und spontanen Bürgerpartizipation über den offenen Kanal vereinbaren. Als trotz dieser Programmkonzeption die lokalen Werbesendungen nicht genügend Gewinne abwarfen, um die Experimente lebensfähig zu halten, stellten die Kabelgesellschaften – Cable Television Sheffield immerhin mit 31 000 Mieterhaushalten und potentiell 70 000 weiteren Mietern – ihre kurzlebigen Projekte ein. Wesentlich aussichtsreicher für ein partizipatorisches „Bürgerfernsehen" ist eine Konzeption, wie sie der Kabelversuch von Swindon Viewpoint (10 000 Anschlüsse) erprobt[56], der als einziger in England laufend wissenschaftlich ausgewertet wird. Entgegen den üblichen Programmkonzeptionen legt man hier nur sekundär Wert auf hohe Einschaltquoten und professionellen Standard. Vorrangiges Ziel ist es, den Bürgern die Gelegenheit zur Partizipation zu geben und eine maximale Beteiligung dieser Bürger an der Produktion und an der Definition der Ziele des Senders zu erreichen. Man macht daher keinen Unterschied zwischen interessierten Einzelnen, Vereinen und Bürgergruppen. Die Stadtverwaltung erhält keinen festen Programmplatz. Es besteht also keine institutionalisierte Voraussetzung für ein „Bürgermeisterfernsehen" oder für eine bevorzugte ständige Selbstdarstellung dominierender politischer Gruppen. Wahl und Gestaltung der Themen durch das Publikum sind weitgehend frei. Es gibt weder Auflagen der Fernsehstation noch irgendwelcher öffentlicher Institutionen. Potentielles Engagement soll also nicht gebremst, sondern, im Gegenteil, gefördert werden; denn wenn sich Zuschauer mit einem Problem oder einer Beschwerde an den Sender richteten, erhielten sie eine Absage, verbunden mit der Aufforderung, doch selbst mit einem eigenen Beitrag die Initiative zu ergreifen. In Konsequenz dieser Programmkonzeption bleibt auch mit einer Ausnahme die Mitarbeit von Presse- und Rundfunkjournalisten ausgeschlossen. Ebenso legen die wenigen Fachkräfte des Senders, soweit sie nicht selbst produzieren, Wert auf zurückhaltende technische und dramaturgische Anleitung. Das nicht von der Trägergesellschaft oder irgendwelchen anderen Stellen, sondern von den professionellen Mitarbeitern selbst erarbeitete Ziel – nämlich Initiative und Betroffenheit, Interesse statt falsch verstandener Aktualität, selektive Programmwahl statt an herkömmlichen Reizen orientierter hoher Durchschnittskonsum – wurde teilweise erreicht. Etwa 85 % der vor allen anderen rezipierten Unterhaltungsbeiträge und der Sendungen über Lokales regten die Bürger zur Eigenaktivität an. Bei rund 50 % der Sendungen über lokale Angelegenheiten beteiligten sie sich an der Produktion. Unbezahlte Freiwillige ergänzten die ständigen Mitarbeiter des Senders. Der Zugang zur Produktion war nicht, wie es bei großen Sendern kaum zu umgehen ist, formell geregelt, sondern ergab sich völlig zwanglos. Informelle Strukturen und persönliche Kontakte spielten dabei eine entscheidende Rolle. Die höchste durchschnittliche Sehbeteiligung erreichte das lokale Kabelfernsehen bei der Altersgruppe von 17 bis 30 Jahren, die sich zu Beginn des Projekts betreffs lokaler Angelegenheiten weniger informiert und engagiert zeigte als die ältere Bevölkerung – wenngleich sie sich nicht weniger für lokale Angelegenheiten interessierte und sich eher um solche Informationen gebracht fühlte. Bei den Neubürgern war die Sehbeteiligung tendenziell größer als bei den Alteingesessenen. Mit aller Vorsicht kann man hieraus schließen, daß Personen mit dem tendenziell größten sozialen Problempotential erreicht wurden, zumal die Mehrheit der Kabelmieter der Unterschicht angehört. Überwiegend konzentriert sich das lokale Engagement dann auch auf die Probleme der Unterschicht; nur gehörten die meisten aktiv am Kabelfernsehen Beteiligten den gebildeteren und einkommensstärkeren Sozialgruppen an. Niemand mag das erstaunen. Es wäre zu optimistisch, in diesem Punkte entscheidende Änderungen zu erwarten, wenn man auch wegen mangelnder Vergleichsmöglichkeiten und wegen fehlender methodisch identisch angelegter Untersuchungen keine allgemeinen Schlüsse ziehen darf. Untersuchungen über die holländischen Kabelfernseh-Projekte beweisen die Unsinnigkeit, abstrakt Umfragen über den Wunsch nach Einführung des lokalen Fernsehens und nach eventueller Mitarbeit zu erheben, denn in den betreffenden Gemeinden waren nach nicht langer Erfahrung mit dem neuen Medium zwar nur 10 % der Befragten zur Mitarbeit bereit, aber 60 %, wenn es konkret ein Thema beträfe, mit dem sie vertraut seien[57]. Diesen Untersuchungen zufolge ist die Einschaltquote mit 40 % vergleichsweise hoch, wenn Gemeinderatssitzungen mit Einführung und anschließender Diskussion gesendet werden. Es wurden also auch solche Bürger erreicht, die bisher kein Interesse für Lokalpolitik gezeigt hatten[58].

Lokales Kabelfernsehen kann lediglich ein emanzipatorischer Ansatzpunkt unter vielen sein. Nur muß es dann auch mehr bieten als eine Hyde-Park-Corner für Einzelgänger oder isolierte Gruppen. Wesentlich mehr zu leisten sind die Bürger durchaus in der Lage, wenn man es ihnen gestattet und finanzielle Mittel dazu vorhanden sind, die nicht allzu groß sein brauchen, wenn man aus der Not eine Tugend macht und nicht mit dem Standard der großen Programme konkurrieren will. Kritikanregende und kompensatorische Auswirkungen könnten auf Dauer durchaus von einem lokalen Kabelfernsehen mit eigenen Prinzipien der Produktion und Informationsinhalte sowie ihrer Darbietung ausgehen. Es könnte das übliche Fernsehen „entmythologisieren" und demonstrieren, daß es andere Möglichkeiten des televisuellen Ausdrucks gibt. Die große Chance lokalen Kabelfernsehens liegt, wenn man keine institutionellen Hindernisse errichtet, in der Nähe der Produzenten und Rezipienten zu den Gegenständen der Sendungen und der daraus resultierenden größeren Betroffenheit, zugleich aber auch in der größeren Kontrollmöglichkeit, daß man das, was man auf dem Bildschirm erlebt, besser kennt als das gängige Angebot anderer Medien und – anders als bei diesen – ständig Einblick in den Produktionsprozeß nehmen kann bzw. an ihm beteiligt ist. Alltag kann hier erstmals durch ein Medium vergleichweise ungebrochen erfahren werden, wobei sich der bewußte Verzicht auf Mediendramaturgie und technische Perfektion durchaus positiv auswirken könnte. Lokales Kabelfernsehen könnte als produktiver und rezeptiver Vorgang dem Auflösungsprozeß lokaler und nachbarschaftlicher Strukturen sowie der Entfremdung des einzelnen entgegenwirken. Es trägt, wie auch holländische Projekte verdeutlichen, zumindest zur Gruppenbildung bei den Produzenten bei, die, wenn man sie gewähren läßt, zum Aufbrechen versteinerter Strukturen institutionalisierter und organisierter Macht beitragen könnten, wozu auf lokaler Ebene immer noch die günstigsten Bedingungen bestehen. Aber auch lokale Parteigliederungen und Interessengruppen bekämen die Chance, mehr als bisher ihre Positionen in Interaktion mit den Bürgern zu entwickeln und mit ihrem Rückhalt den Willensbildungsprozeß von unten nach oben zu mobilisieren. Schon aus diesem Grunde könnte man in einem öffentlich-rechtlichen System wie dem der Bundesrepublik, wenn die normativ vorgegebene Richtung demokratischer Willensbildung kein Lippenbekenntnis sein soll, unter der Verantwortung der zentralen Rundfunkräte weitgehend selbständige Bürgerrundfunkräte bilden. Positive Ansätze des lokalen Kabelfernsehens, das gewiß noch keine emanzipatorische Chance für die Unterschichten – eher schon für die Mittelschicht – beinhaltet, könnten sich weiterentwickeln, wenn das sicher ungeklärte Finanzproblem nicht diese Ansätze zerstört, um das neue Medium günstigstenfalls zu einem Bürgermeister- oder Ratsherrenfernsehen werden und dann doch mangels Zuschauerinteresse verkümmern zu lassen. Finanzielle und redaktionelle Kooperationen mit der lokalen, aber zunehmend Teil großer medienwirtschaftlicher Komplexe werdenden Presse würden diese Ansätze ebenfalls zunichte machen. Eine Chance korrigierender Konkurrenz zu lokalen Pressemonopolen wäre ebenfalls vergeben. Ohnehin bescheidene Hoffnungen auf emanzipatorische Chancen der lokalen Kabelkommunikation werden sich als illusionär herausstellen, wenn es nicht gelingt, die gesellschaftliche Anwendung der neuen elektronischen Medien demokratisch zu beeinflussen.

Anmerkungen

1 Zur allgemeinen Orientierung: Kommission für den Ausbau des technischen Kommunikationssystems – KtK –: Telekommunikationsbericht, Bonn 1976 (hierzu die 8 Einzelberichte als Anlagebände); H. Decker, W. Langenbuchner, G. Nahr: Die Massenmedien in der postindustriellen Gesellschaft, Göttingen 1976; H. Lenhardt: Die Zukunft von Rundfunk und Fernsehen in der Auseinandersetzung mit den neuen elektronischen Medien, Wien 1972; D. Ratzke: Netzwerk der Macht. Die neuen Medien, Frankfurt 1975; K. Brepohl: Die Massenmedien – Ein Fahrplan durch das Zeitalter, München 1974, S. 253 ff. Zur Position der Bundesregierung: Horst Ehmke: Möglichkeiten und Aufgaben der Nachrichtentechnologien, hrsg. vom Pressereferat des Bundesministeriums für Forschung und Technologie, Bonn 1973; Hans Matthöfer: Medienpolitische Aspekte des Kabelfernsehens. Hessische Allgemeine, 26.7.75.

2 Vgl. J. Habermas: Erkenntnis und Interesse, in: Technik und Wissenschaft als Ideologie, Frankfurt 1968, S. 158 ff; dazu kritisch H. Holzer: Kommunikationssoziologie, Hamburg 1973, S. 30 ff u. S. 93 ff. D. Baacke: Kritische Medientheorie – Konzepte und Kommentare. München 1974.

3 F. Dröge: Wissen ohne Bewußtsein – Materialien zur Medienanalyse, Frankfurt 1963, zeigt die „kritische" oder „materialistische" Medienforschung der „reinen Begriffsexegetik" und fehlender Methoden (S. 11), vermag aber die „Totalitätsbeziehung" (S. 49) ebenfalls nicht in wissenschaftsmethodisch und politisch realisierbarer Weise aufzulösen.

4 Dröge hingegen hält dies für einen „begrenzten Rahmen", in dem ein kritischer Ansatz „immanent" bleibe und mit „politikberaterischer Perspektive" oder als bloßes Votum die Differenz zwischen Norm und Realität aufzuheben trachte (a.a.O. S. 44).

4a Vgl. D. Stammler: Verfassungs- und organisationsrechtliche Probleme des Kabelrundfunks. Tübingen 1974.

5 Z.B. Studie der Firma SEL: Kommunikationsdienste – Analyse, Bewertung, Vorschläge. Stuttgart 1973. Außer Publizisten und Sozialwissenschaftlern zeichnen in auffallendem Maße Ingenieure und Ökonomen aus der Kommunikationsindustrie Zukunftsvisionen über die Gesellschaft im „elektronischen Schlaraffenland". Vgl. Funktion der prognostischen Expertisen der Industrie für den Staat und der Experten (SEL, Siemens, AEG, IBM, Olympia) in der KtK (Auflistung im Telekommunikationsbericht S. 147 ff).

6 Z.B. Radio Corporation of America (RCA): Network NBC u. einige angeschlossene Fernseh- und Hörfunkstationen. Größter Marktanteil für Fernsehgeräte und -ausstattungen, Schallplatten- u. Buchverlage. Ziviler und militärischer Elektroniksektor. Größter Automobilverleih der Welt.

7 Im einzelnen hierzu Anlagebände zum Telekommunikationsbericht, bes. Bd. 8. Für eine Verkabelung der Bundesrepublik mit herkömmlichen Koaxialkabel für alle Fernsehhaushalte gibt das ZDF-Jahrbuch (1975) 50 Milliarden DM und die KtK 22 Milliarden DM Kosten zu Preisen des Jahres 1974 an. Das vorhandene drahtlose Rundfunknetz hat 2,6 Mrd. DM gekostet. Nach einer internen Berechnung der Bundespost betragen die Kosten für ein Breitbandsystem einschließlich des Datenfernverkehrs und des Nachrichtensatelliten für die Bundesrepublik etwa 120 Mrd. DM. Zur Zeit investiert die Post jährlich in das vorhandene und weiter auszubauende Kabelnetz 7 bis 8 Mrd. DM (Brepohl S. 258). Die von der KtK für die nächsten 10 bis 15 Jahre vorgeschlagene Vollversorgung mit Fernsprechern wird mit 60 Mrd. DM nach heutigen Preisen veranschlagt.
Bei dem augenblicklichen Sättigungswert von ca. 80 % des möglichen Fernseh-Teilnehmerpotentials schätzt die Standard Elektrik Lorenz, daß unter Berücksichtigung der Einrichtung lokaler Sendestudios dieser Wert für das Breitbandkabelfernsehen in 25 Jahren erreicht ist. Bei einer Verkabelung aller Orte über 2000 Einwohner würden erst nach 16 Jahren, in Ballungsgebieten und größeren Städten bereits nach 6 Jahren die Einnahmen die Ausgaben überschreiten. Der Investitionsaufwand je Teilnehmer schwankt je nach Gemeindegrößenklasse zwischen 650 und 1650 DM. Die KtK hält für Anlagen mit Rückkanal und verschiedenen Teilnehmerdiensten noch keine realistischen Einschätzungen für möglich.
Für ein Breitbandsystem in den USA, an das 80 Mill. Haushalte angeschlossen sind, gibt man rd. 35 Mrd. Dollar an (Brepohl S. 258). Die Errichtung eines Kabelnetzes mit 300 000 Anschlußstellen in Amsterdam ist mit 127 Mill. Gulden veranschlagt. Für Hamburg hingegen, wo die Bundespost mit einer Teilverkabelung (Kostenpunkt 40 Mill.) begonnen hat, veranschlagt man 1 Mrd. für eine Vollverkabelung.
Die Gesamtkosten eines vollintegrierten elektronischen Kommunikationssystems beziffert die KtK auf bis zu 300 Mrd. DM. Alle finanziellen Prognosen sind nicht unumstritten. Man wirft ihnen vor, sie seien zu niedrig angesetzt, insbes. wenn sie von der Industrie als interessiertem Gutachter stammten. Hinzu kämen noch die ebenfalls zu niedrig angesetzten Kosten für Studios u. Programmproduktion. Vgl. F. W. Hymmen: Das Kabel – Fakten und Illusionen, Frankfurt 1975. Reduktionen der Kosten könnten aus der Einführung billiger Glasleiter resultieren, die aber vor 1980 nirgendwo zu erwarten sind. Ebenfalls Kostenreduktionen sind bei den Zusatz- und Endgeräten infolge technischer Innovationen möglich.

8 Mit dem Blick auf die Kabelkommunikation getätigte Kooperation, koordinierte Spezialisierung von Projekten und Produktion findet bereits zwischen der Kabel- und Hardwareindustrie der Bundesrepublik statt; d.h. die weitere Entwicklung der elektronischen Medien wird von weiterer Marktaufteilung und Konzentration begleitet werden (z.B. Zusammenschluß der

BBC- und VDM Tochter Kabel- und Lackdrahtfabriken GmbH. mit der Kathrein-Werke AG (Antennen) zur Gesellschaft für Kabelkommunikationssystem mbH. Citycom. Seit 1972 Zusammenarbeit von AEG-Telefunken (Kabel) und Bosch (Antennen). In Frankreich drei große Zusammenschlüsse. An einem, der Télétude ist der Großverlag Hachette beteiligt. In England sind vier starke Gruppen, Rediffussion, British Relay Wireless, Telediffusion und Multisignals, zur Cable-TV-Association vereinigt. Ratzke S. 156).

8a Vgl. auch den Trendwandel bei der KtK. Entgegen dem Telekommunikationsbericht, wo sie lediglich einen Ausbau des bestehenden Fernmeldenetzes und zunächst noch keine Verkabelung bzw. Entwicklung und Installation neuer Medien vorschlägt, gibt die KtK mittlerweile zu bedenken, daß auch die Bundesrepublik aus Marktinteressen sich an die amerikanische und japanische Entwicklungsrichtung anpassen müsse, die auf differenzierte kommunikationstechnische Informationsleistungen hinausläuft. KtK-Folgegutachten: Kabelkommunikation und Informationsvielfalt. Media-Perspektiven 8/1977, S. 488 ff.

9 Vgl. Ratzke S. 157 f.
In den USA ist bei Farbfernsehern die Sättigungsgrenze und bei Fernsehern allgemein die Vollversorgung (97 %) erreicht. Für die Bundesrepublik werden für 1980 entsprechend 71 % und 95 % prognostiziert. Prognos: Kommunikationsbezogene Ausgaben der privaten Haushalte bis zum Jahr 2000. Band 1975, S. 77.

10 Die KtK prognostiziert im Vergleich zum durchschnittlichen jährlichen Wachstum des Bruttosozialprodukts und privaten Konsums in der BRD einen weiteren überproportionalen Anstieg der Ausgaben für Rundfunk-, Fernseh-, Phonogeräte und Zubehörteile einschließlich neuer audiovisueller Geräte einschließlich der Rundfunk- und Fernsehgebühren. Da Anschaffung und Erneuerung der herkömmlichen Geräte das prognostizierte Ausgabenvolumen bis 1980 nahezu ausfüllen würden, stünden frühestens zu diesem Zeitpunkt bei entsprechender Entwicklung des Bruttosozialprodukts freie Mittel für die neuen Medien zur Verfügung. KtK-Anlageband 8 S. 79 u. S. 84.

11 Brepohl S. 259 (Leiter der Audiovisions-Zentrale des Instituts der Deutschen Wirtschaft (BDI).

12 J. Gandela: Zur Einführung des Farbfernsehens in der BRD, in: D. Prokop, Massenkommunikationsforschung 1: Produktion. Frankfurt 1972, S. 167 ff.
In der Bundesrepublik Haushaltssättigung 1967: 65 % und mit Farbfernsehgeräten 0,7 % – 1970. 76 % und 6,4 % – 1975: 87 % und 35 %. Nach Prognos a.a.O. S. 77.

13 Die CDU strebt eine neue Definition des Rundfunkbegriffs an. Sie soll ermöglichen, „andere dafür qualifizierte Kräfte an der Nutzung der neuen Systeme teilhaben zu lassen“. Der Vorsitzende der medienpolitischen Arbeitsgruppe der CSU-Fraktion im Bundestag, Klein, will „im Interesse einer möglichst großen Vielfalt des Programmangebots ... auch den privaten Programmveranstaltern ... den Zugang zu diesen neuen Kommunikationssystemen eröffnet“ sehen. Es solle daher „geprüft werden, ob unter den veränderten technischen und wirtschaftlichen Voraussetzungen ... das Fernmeldemonopol der Bundespost und das Rundfunkmonopol der Länder ... auch auf die Kabelkommunikation erstreckt werden können.“ Die Zeitung 3. Jg. (1975) Nr. 6. Der schleswig-holsteinische Innenminister Titzck, Vors. des CDU-Arbeitskreises für Presse, Funk und Fernsehen fordert, daß neben der Post auch Privatunternehmen und Gemeinden Träger künftiger Kabelnetze sein dürfen. Dpa 30.1.76. SPD und FDP (mit abweichenden Positionen profilierter Repräsentanten) stellen (offiziell) auch für die neuen Medien den öffentlich-rechtlichen Status nicht in Frage.

14 Vgl. Kein Monopol für den Bayerischen Rundfunk. Verfassungsgericht München: Pilotprojekte auch in anderer öffentlich-rechtlicher Form. Die Zeitung 5. Jg (1977) Nr. 7/8.

15 Anlageband 4 zum Telekommunikationsbericht: Neue Telekommunikationsformen in bestehenden Netzen, S. 37 f und S. 122 f.

16 Ebda. S. 38 ff u. S. 138 ff. Vgl. Eine Geheimnummer, die fast alles weiß. Die Zeitung 4. Jg. (1976) Nr. 4. Die Bundespost ist an Viewdata u.a. auch interessiert, weil nur dieses schmalbandige System die Zweiwegkommunikation ermöglicht und so für die elektronische Briefübermittlung genutzt werden kann, mit rationalisierendem und kostenminderndem Effekt für den Monopolinhaber.

17 Dies gilt nicht für die USA, wo 97 % aller Haushalte an das Telefonnetz angeschlossen sind. In der Bundesrepublik leben trotz relativ hoher jährlicher Zuwachsraten erst 54 % aller Personen in Haushalten mit Telefonanschluß, wobei der Versorgungsgrad deutlich nach der Schichtung des Einkommens, des Lebensalters und der Gemeindegröße streut. KtK: Anlageband 1 zum Telekommunikationsbericht S. 28 ff.

18 Anlageband 1 zum Telekommunikationsbericht S. 81–96.
19 Telekommunikationsbericht S. 57–105.
20 Decker, Langenbuchner, Nahr S. 196.
21 Ebda.
22 Dies entspricht auch der Verbandspolitik der Verleger, wie aus zahlreichen Beiträgen in „ZV + ZV" oder „Die Zeitung" abzuleiten ist.
23 Wegen der Beschleunigung der Produktion und des redaktionellen Ablaufs vermehrt sich nicht die Eigenständigkeit des einzelnen Journalisten. Seine Arbeitgeber werden noch mehr als bisher, weil sich die innerredaktionelle Diskussion wegen der Produktionsweise und grossen Produktionsgeschwindigkeit vermindert, die Leitlinien der redaktionellen Arbeit durchsetzen und den Journalisten in eine Situation versetzen können, die die Tendenz zur Selbstzensur verschärft. Die Verleger behaupten, die Journalisten beurteilten das neue System als in jeder Hinsicht vorteilhaft und angenehm. „Großer Vorteil für kleine Zeitungen". Die Zeitung Jg. 5 (1977) Nr. 7/8.
24 Die deutschen Verleger glauben dies „als Vorurteil" widerlegen zu können. Vielmehr sei die neue Technik ein „großer Vorteil für kleine Zeitungen" und helfe die „Pressevielfalt zu erhalten", weil sich in den USA der Fotosatz, elektronische Redigiermaschinen und die elektronische Integration des Gesamtbetriebs zuerst in den kleinen und mittleren Tageszeitungen durchgesetzt habe. Die gänzlich andersgearteten massenkommunikativen Verhältnisse in Europa und der Bundesrepublik lassen jedoch diesbezügliche Schlüsse nicht zu, weil, wie der Vorsitzende des Verbandes der Zeitungsverleger in Rheinland-Pfalz und im Saarland selbst konstatiert (Die Zeitung s.o.), die Größe der USA das lokale Moment zum bestimmenden Faktor der Berichterstattung machten. In Presse, Fernsehen und Rundfunk besteht ein Nebeneinander von Konzentration und lokaler Vielfalt, das sogar die großen Medienkonzerne organisatorisch berücksichtigen. Der Konkurrenzdruck der großen überregionalen Tageszeitungen ist nicht so groß wie in der Bundesrepublik. Vielmehr löste der Konkurrenzdruck der lokalen Kabelsysteme die Innovationen aus (Decker, Langenbuchner, Nahr S. 197). Die meisten der noch bestehenden deutschen Tageszeitungen mit einer Auflage von 10 000 bis 50 000 sind schon aus kreditorischen Gründen nicht zu größeren Investitionen fähig und werden der neuen technischen Rationalisierungswelle zum Opfer fallen.
25 Decker, Langenbuchner, Nahr S. 200.
26 D. Ratzke: Bildschirmzeitung ändert die Informationsgewohnheiten. Die Zeitung Jg. 3 (1975) Nr. 9.
27 Zumindest in der Bundesrepublik hat sich trotz Einführung des Fernsehens der Trend zur Nutzung mehrerer Medien nebeneinander ständig verstärkt. Massenkommunikation 1964–1970. Infratest 1971. Ebenso die Media-Analyse von Infratest 1975.
28 Hierzu und zum Vorangehenden der zusammenfassende Materialüberblick bei Decker, Langenbuchner, Nahr S. 182–194.
29 Der Publikumstest der Rundfunkanstalten und der Verleger auf der Berliner Funkausstellung ist positiv ausgefallen. Die britische ITV will ihren Teletext-Informationsdienst (Oracle), an den bisher ca. 5000 Bürohäuser und private Haushalte angeschlossen sind, ab 1.10.77 zu einem zwischen 9.30 und 22.30 abrufbaren Sieben-Tage-Dienst ausbauen. Frankfurter Rundschau 8.9.77.
30 O. Negt, A. Kluge: Öffentlichkeit und Erfahrung. Frankfurt 1972, S. 179.
31 Dieser Aufgabe hat sich die KtK weitgehend entzogen. Sie hat mögliche Wirkungen der Telekommunikation lediglich als positive Zielkriterien formuliert. Vgl. Anlageband 1 zum Telekommunikationsbericht: Bedürfnisse und Bedarf für Telekommunikation, S. 134.
32 Hierzu: Federal Information Systems and Plans – Federal Use and Development of Advanced Information Technology. Hearings before a Subcommittee of the Committee on Government Operations, 93rd Congress, 1st Session, April/July 1973.
33 Vgl. Brepohl S. 259 ff.
34 Vgl. M. Meissner: Ein Überblick: Kabelfernsehen in Europa. Medium 1975, H. 1; zur japanischen Entwicklung: Studie der CCIS-Untersuchungskommission des japanischen Postministeriums. Deutsche Übers. vom Ostasien-Institut e.V. Bonn. Hrsg. Bundesministerium für Forschung und Technologie. "Tama Coaxial Cable Information System" in Tokios Vorstadt (Tama), ein 750 Haushalte umfassendes Versuchsprojekt des japanischen Postministeriums und einer Gruppe von 24 Firmen (Zeitungen, Fernsehgesellschaften und Elektronikunternehmen) ist das gegenwärtig fortgeschrittenste System.

34a Pilotprojekte mit privaten Programmveranstaltern oder Netzbetreibern können darüber keine Auskunft geben: 1. Die Pilotprojekte sind zu klein ausgelegt und sind schon daher dem realen medienwirtschaftlichen Prozeß und seinen Bedingungen entzogen bzw. spiegeln ihn nicht wider (u.a. nicht das Kabelsystem eines Konzerns, keine auf großen Rezipientenkreis abgestellte Werbung, evtl. Werbeverbot). 2. Eine Reihe privatwirtschaftlicher Nutzungsmöglichkeiten in Pilotprojekten entfällt (vgl. dagegen weiter unten Columbus-Projekt in USA). 3. Das private Pilotprojekt wird nicht voll in das gesamte privatwirtschaftliche System integriert sein. Insbesondere ist es nicht dem inter- und intramedialen Wettbewerb mit der Konsequenz der Konzentration ausgesetzt; d.h. die privaten Pilotprojekte sagen nichts aus über die Folgen privater Medienmonopole für das KF.

35 In Brüssel betreibt allein eine Firma 300 000 Kabelanschlüsse.

36 In Grenchen (Schweiz), wo die Kabelfirma 750 SF Anschluß- und 13 SF Teilnehmergebühren verlangt, hat die Verkabelung dazu geführt, daß mehrheitlich Farbgeräte und verstärkt Zweitgeräte gekauft werden. In Wohnungsanzeigen verweist man auf den Kabelanschluß. (ZDF: 13 Programme. 25.8.77).

37 Zu Reichweite und Zeitbudget für Mediennutzung sowie diesbezüglichen sozialen Unterschieden vgl. Decker, Langenbuchner, Nahr S. 182 ff. Tab. 41, 42, 43.

38 Kriminalstücke, Show, Quiz, Film, Sport.

39 ZDF: 13 Programme 25.8.77. Der richtige Hinweis der Fernsehanstalten auf die Entwicklung zu einer gezielteren Nutzung nach Vorinformation in der Presse, von der auch die Dritten Programme profitierten, sagt nichts über die gewählten Inhalte aus (z.B. die in zunehmendem Maße in den Dritten Programmen gesendeten Filme).

40 H. J. Kleinsteuber: Zur Entwicklung des Kabelfernsehens am Beispiel der USA. In: PVS Sonderheft 6/1975, S. 481 ff. B. Kenney: Kabelfernsehen in den Vereinigten Staaten. In: Informationsrechte und Kommunikationspolitik a.a.O. S. 19 ff.

41 Kenney S. 25.

42 Kleinsteuber S. 493.

43 Gerhard Gericke: Stagnation beim Kabelfernsehen in den USA II. Frankfurter Rundschau 15.8.75.

44 Bedürfnisse und Bedarf a.a.O. S. 110.

45 Die Verkabelung einer Meile in dichtbesiedelten Stadtgebieten kostet 100 000 Dollar.

46 Steigende Einnahmen für Kabeltelevision in USA. Die Zeitung 4. Jg. 1976 Nr. 10.

47 Vgl. Kleinsteuber S. 488.

48 Klaus Detjen: In Columbus wird Utopie Wirklichkeit. Die Zeitung 5. Jg. 1977 Nr. 7/8; Sendung Media: Die Zukunft der Information. HR II Progr. 29.8.77.

49 Detjen a.a.O.

50 Vgl. Anm. 6.

51 Kleinsteuber S. 485.

52 In der Bundesrepublik besteht trotz der neuen technischen Merkmale der Breitbandkommunikation kein zwingender Grund, anders zu verfahren. Vgl. W. Lieb: Kabelfernsehen und Rundfunkgesetz. Berlin 1974. Der Staat ist sogar gehalten, jene Bedingungen zu sichern, die am besten die Meinungs- und Informationsfreiheit (für das Individuum, für das Kommunikationssystem) und ihre konstitutive Funktion für die freiheitlich-demokratische Verfassung sichern. D. Stammler, D. Rave: Probleme bei der Entwicklung der Breitbandkommunikation. In: Informationsrechte und Kommunikationspolitik, S. 49 f. Vgl. dagegen M. Forsthoff: Grenzen des Rundfunkmonopols. Archiv für Presserecht 1975, H. 1.

53 K. Lenk: Probleme des Informationsschutzes bei der Breitbandkommunikation. In: Erfassungsschutz. Hrsg. H. Krauch. Stuttgart 1975, S. 95 ff; O. Mallmann: Soziale Kontrolle durch Breitbandtechnologien. In: Kommunikationsrechte a.a.O. S. 125 ff.

54 Vgl. R. McCron: Cable Television – The Situation in the United Kingdom. In: Telekommunikation: Evangelische Akademie Hofgeismar Protokoll Nr. 112/1976. J. D. Halloran: The Development of Cable Television in the United Kingdom. Strasbourg 1975.

55 McCron S. 49.

56 McCron S. 50 ff.

57 J. Stappers: Die Entwicklung des Kabelfernsehens. Möglichkeiten und soziale Probleme. Zur Situation in Holland. In: Telekommunikation a.a.O. S. 20.

58 S.o. S. 35. Vgl. auch H. Holzer: Report: Kabelfernsehen in der BRD. Frankfurt 1976, S. 25.

Zum Stand der politikwissenschaftlich relevanten Massenkommunikationsforschung in der Bundesrepublik Deutschland

Von Heribert Schatz

1. Vorbemerkung

Mit dem folgenden Referat will ich versuchen, einen Überblick über die aktuelle Massenkommunikationsforschung in der Bundesrepublik Deutschland zu geben, soweit sie von politikwissenschaftlichem Interesse ist, d.h. im weitesten Sinne Bezüge zum politischen Willensbildungs- und Entscheidungsprozeß bzw. zum Prozeß von „Machterwerb und Machtverderb" hat. Um nicht bei der üblichen Aufzählung laufender Projekte stehenzubleiben, soll zunächst ein theoretischer Bezugsrahmen für das Verhältnis von Politik und Massenkommunikation skizziert werden, der eine kritische Bewertung des anschließend zu referierenden Forschungsstandes erlaubt. Grundlage für diesen Bezugsrahmen ist eine kapitalismuskritische Perspektive, die das politisch-administrative System jedoch nicht, wie das in mancher Agenturtheorie geschieht, als willenlosen Handlanger von Kapitalinteressen sieht, sondern als relativ autonomen Handlungsträger, dessen Autonomie innerhalb relativ enger Grenzen prinzipiell nach systemeigenen Rationalitätskriterien genutzt werden kann. Die folgenden Ausführungen stellen insofern den Versuch dar, eine analytische Konzeption von der Art, wie sie Claus Offe zuletzt im theoretischen Teil seiner Studie zur Berufsbildungsreform entwickelt hat,[1] zur Theoretisierung des Verhältnisses von Politik und Massenkommunikation zu verwenden.

2. Das systembedingte Interesse des politisch-administrativen Systems für die Massenmedien

Daß die politischen Parteien der Bundesrepublik ein ausgeprägtes Interesse am Wohlergehen unseres Massenkommunikationssystems haben, ist spätestens seit Adenauers Versuch von 1960, die Medienlandschaft um die „Deutschland-Fernsehen-GmbH" zu bereichern, wohl allgemein bekannt. Jüngster Ausfluß dieses Interesses ist das vom SPD-Vorstand ohne Rücksicht auf eigene Verluste Anfang August dieses Jahres gestartete Unternehmen, die seiner Meinung nach im Bereich des NDR durch den Ministerpräsidenten von Schleswig-Holstein, Stoltenberg, gefährdete Rundfunkfreiheit zu verteidigen.[2]

Bei näherer Betrachtung fällt auf, daß das Interesse der Parteien, aber auch das von Regierungen, Ministerialbürokratien und Parlamenten des Bundes und der Länder, die wir mit dem Sammeletikett „politisch-administratives System" (paS) versehen wollen, sich keineswegs gleichmäßig auf alle Formen gesellschaftlicher Kommunikation kaum die ihr gebührende Aufmerksamkeit erfährt, auch ein Teil der Kommunikation kaum ihr gebührende Aufmerksamkeit erfährt, auch ein Teil der Kommunikationsformen, wie z.B. der Bereich von Film, Buch oder Zeitschrift, bleibt in seiner Attraktivität für das politisch-administrative System offensichtlich weit zurück hinter den Massenmedien Presse, Hörfunk und vor allem Fernsehen sowie den neueren audiovisuellen Technologien.[3]

Man geht sicherlich nicht fehl in der Annahme, daß die Selektivität dieses Interesses vor allem auf zwei Faktoren zurückzuführen ist:

- das als höher angenommene Wirkungspotential der letztgenannten Medien, vor allem des Fernsehens,
- die, jedenfalls bei den Funkmedien dank der öffentlichen Organisationsform gegebenen, direkteren Einflußmöglichkeiten auf Produktionsbedingungen und Programmgestaltung.

Ob die Annahmen über das Wirkungspotential der genannten Medien objektiv berechtigt sind oder nicht, ist vergleichsweise uninteressant: solange die Wirkungsforschung nicht den Beweis totaler Wirkungslosigkeit dieser Medien erbringt, werden sie für das politisch-administrative System immer Gegenstand höchster Aufmerksamkeit sein. Was aber steht an Überlegungen hinter diesem Verhalten? Gibt es möglicherweise systembedingte Gründe für das offensichtlich z.Zt. eher noch wachsende Interesse des politisch-administrativen Systems an den Massenmedien?

Auf diese Frage können wir, seit sich die Massenkommunikationsforschung wieder stärker der gesamtgesellschaftlichen Perspektive zugewandt hat, wenigstens einige vorläufige Antworten geben. Im deutschen Sprachraum kann hier auf ein breites Spektrum von Publikationen verwiesen werden, deren Autoren sich mehr oder weniger eng der „kritischen Theorie" verbunden fühlen und insbesondere das Verhältnis Ökonomie-Politik-Massenkommunikation theoretisiert haben.[4] Ihre Befunde decken sich, wenigstens teilweise, mit Annahmen, die von Vertretern des „handlungstheoretischen Paradigmas"[5] in bezug auf Grundmerkmale westlicher Industriegesellschaften im allgemeinen und der Bundesrepublik im besonderen formuliert wurden.[6]

Für die Funktionsbedingungen politisch-administrativer Entscheidungsprozesse sind diesen Überlegungen zufolge in erster Linie nachstehende Charakteristika bedeutsam:

- der wachsende Problemdruck auf das politisch-administrative System, resultierend aus einem weiter steigenden Erwartungsniveau bzw. Interventionsbedarf der sozioökonomischen Umwelt bei gleichzeitig sinkender Selbstregulierungskapazität;
- der – relativ zu den öffentlichen Aufgaben – sinkende Zufluß an materiellen und immateriellen Ressourcen bzw. deren mit wachsender Ausschöpfung zunehmende Tendenz zur Selbstblockierung (fiskalische Krise, Legitimationskrise);[7]
- eine nicht unbeträchtliche „Rationalisierungsreserve" in den Großbürokratien des politisch-administrativen Systems, die aber bei gegebener Interessen- und Machtstruktur nicht freigesetzt werden kann.[8]

Hinzu kommt nicht allein für die Bundesrepublik Deutschland

- eine innenpolitische Pattsitutation bei gleichzeitiger Polarisierung der politischen Szene, die nach Dahrendorf weniger durch die Auflösung des sozial-liberalen Grundkonsenses als durch sich verschärfende Machtkämpfe der politischen Parteien gekennzeichnet wird,[9] verbunden mit der Furcht vor einer zunehmenden Radikalisierung politischer Randgruppen.

Trifft diese Charakterisierung einigermaßen zu, dann ergeben sich daraus eine Reihe systemlogischer Handlungsimperative für das politisch-administrative System der Bundesrepublik, die man vielleicht wie folgt umreißen kann:

- Die Funktionsträger des poltisch-administrativen Systems müssen alles tun, um das Aufkommen neuer Probleme zu vermeiden; bei der Privilegienstruktur unseres Gesellschaftssystems, die zwar weniger asymetrisch ist als die anderer westlicher und vor allem die der sozialistischen Systeme, aber dennoch konfliktträchtig genug, drohen nicht zuletzt Verteilungskonflikte, die Konsensbildungskapazität des politisch-administrativen Systems zu überfordern; (letztes Beispiel aus dem Sommer 1977: Senkung der Vermögenssteuer im Rahmen des Steuerpakets, was fast die sozial-liberale Koalition zum „Platzen" gebracht hätte) unter diesen Umständen ist politische Apathie durchaus funktional und eine Steigerung der aktiven Partizipation breiter Bevölkerungskreise oder allein schon eine Anhebung ihres Informationsniveaus („Durchblick") entsprechend dysfunktional;[10]
- bezogen auf den Ressourcenzufluß müssen entsprechende Stabilisierungsstrategien einsetzen. Da bei gegebenen Randbedingungen des kapitalistischen Systems der BRD einer Verstetigung oder gar Steigerung der Zuflüsse finanzieller Mittel deutliche Grenzen gesetzt sind, sind auch die Möglichkeiten beschränkt, die Ressource „Massenloyalität" (wie z.B. nach 1969 von der SPD im Rahmen ihrer „Politik der inneren Reformen" geplant) durch eine kostenwirksame Gratifikationspolitik zu beschaffen. Statt dessen muß „Systemvertrauen" immer mehr durch Strategien besorgt werden, die ganz bewußt von politischen Inhalten abgekoppelt werden, die unverbindliche „public relations" pflegen, etwa durch Personalisierung, Ritualisierung und Symbolisierung des politischen Willensbildungs- und Entscheidungsprozesses;[11]
- Wenn derzeit infolge der parteipolitischen Pattsituation an eine Mobilisierung der Rationalisierungsreserven des politsich-administrativen Systems nicht zu denken ist, so bleibt als weiterer Handlungsimperativ für das paS die Notwendigkeit, Desintegrationsprozessen entgegenzuwirken und dabei vor allem die Integration der Randgruppen, die durch den sozio-ökonomischen Wandel (aber auch durch eine pressionsanfällige Interessengruppenpolitik) immer wieder neu entstehen, anzustreben, zumindest aber ihre politische Radikalisierung zu verhindern. Gefordert ist also eine „Integrationspolitik"[12] bezüglich bestimmter Zielgruppen.

Offenbar besteht nun, wie schon angedeutet, bei den Akteuren des politisch-administrativen Systems die Meinung, daß den Massenmedien im Hinblick auf die Realisierung dieser Handlungsimperative ein hervorragendes instrumentelles Potential innewohnt. Daher das tendenzielle Bestreben, sich dieses Potentials zu bemächtigen. Daß dieses systemlogische Interesse nun nicht ausreicht, um das Verhältnis politisch-administratives System vs. Massenkommunikationssystem umfassend zu beschreiben und zu erklären, ist offensichtich – schließlich haben wir ja keinen Staatsrundfunk und keine Bundesschrifttumskammer. Es muß also gegenläufige Interessen und/oder Restriktionen geben, die ein systemlogisches Handeln der Akteure im politisch-administrativen System nicht zur einzig denkbaren Konsequenz machen. Welches sind diese zusätzlichen Bedingungen?

Mir scheinen hier folgende Gegebenheiten besonders hervorzuheben zu sein:

– das vielschichtige System zusätzlicher und oft gegenläufiger Interessen innerhalb des paS (Klientelinteressen, eigene institutionelle Interessen, politisch- ideologische Interessen, persönliche Interessen einzelner Funktionsträger usw.), das eine eindeutige Orientierung an der „Systemlogik" unwahrscheinlich macht; bezogen auf die Führung der politischen Parteien, dem dynamischen Zentrum des paS, besteht wohl ein gewisses Maß von Interessenidentität in dieser Richtung („Kartellinteresse"), andererseits zwingt die grundgesetzlich abgesicherte „Konkurrenzdemokratie" zu Verhaltensweisen, die dem Machterwerb und -erhalt dienlich sind und dabei oft in Konflikt zu den sachlichen Notwendigkeiten geraten, zwischen Problembestand und Leistungsfähigkeit des paS einen Ausgleich zu suchen; man denke hier z.B. an die auf Stimmenmaximierung ausgerichtete Interessengruppenpolitik,[13] die in Zeiten des politischen Patts natürlich an Wahrscheinlichkeit gewinnt;
– das ebenfalls recht weitgehend ausdifferenzierte System von geschriebenen und ungeschriebenen Normen und Regeln, das – effektuiert über Kontrollinstitutionen der verschiedensten Art – die Autonomie des Massenkommunikationssystems gewährleisten soll. Zu denken ist hier beispielsweise an die Regelung in Artikel 5 GG (Informations- und Meinungsfreiheit) und die dazu vom Bundesverfassungsgericht entwickelte Rechtsprechung.

Unter diesen Bedingungen muß also die ursprüngliche Aussage dahingehend relativiert werden, daß das politisch-administrative System, das Massenkommunikationssystem in *dem* Maße und auf *die* Weise zu instrumentalisieren versucht, die von der gegebenen Macht- und Interessenlage her opportun und vom bestehenden Legalitätsspielraum her durchsetzbar erscheinen.[14]

3. *Instrumentalisierungsstrategien des politisch-administrativen Systems gegenüber dem Massenkommunikationssystem*

Dieses so eingeschränkte Instrumentalisierungsbestreben des politisch-administrativen Systems gegenüber dem Massenkommunikationssystem kann sich auf die verschiedensten Bereiche innerhalb des Massenkommunikationssystems oder auch in dessen sozioökonomischer Umwelt erstrecken und recht unterschiedliche Intensitätsstufen annehmen – von der einfachen Informationsbeschaffung über bestimmte Tatsachen und Zusammenhänge bis hin zu direkten Eingriffen. Die folgenden Thesen sollen einen Überblick über dieses Spektrum von Einwirkungsstrategien geben und dabei deren mehr oder weniger evidente Zweckrationalität ins Bewußtsein rufen.

1) Das paS wird alle ihm zur Verfügung stehenden Möglichkeiten einsetzen, um sein Herrschaftswissen über die Struktur des Massenkommunikationssystems, seine Funktionen und deren Erfolgsvoraussetzungen zu verbessern. Eine der wichtigsten Strategien ist eine aktive Förderungspolitik bezüglich der Massenkommunikationsforschung, die eindeutig anwendungsbezogen ist und sich dabei auf die Aussagenanalyse, die Wirkungsforschung (vor allem Fernsehen) und die Ermittlung von strukturellen Veränderungen im Massenkommunikationssystem (derzeit Pressekonzentration und neue Kommunikationstechnologien) konzentriert.
Ein anschauliches Beispiel für den diesbezüglichen Wissensdurst politisch-administrativer Akteure lieferte in jüngster Zeit die CDU/CSU, die dankbar und mit großem Interesse die wenige Tage vor der Bundestagswahl im Oktober 1976 veröffentlichten Ergebnisse einer Umfrage von Noelle-Neumann bei einer kleinen Schar von Journalisten aufgriff[15] und daraus u.a. die Konsequenz zog, künftig ihre Wahlkämpfe stärker auf das Medium Fernsehen zu stützen.[16]
2) Zweckrational für die Instrumentalisierungsabsichten des paS gegenüber dem Massenkommunikationssystem sind alle Umwelteinwirkungen, die das Wirkungspotential der Massenmedien steigern, gleichzeitig aber die Autonomie des Massenkommunikationssysteme als selbständigem gesellschaftlichen Subsystem vermindern. Daraus folgt u.a., daß das paS eine aktive Förderungspolitik im Hinblick auf die Medientechnologie betreiben muß, sei es zur Perfektionierung bereits bestehender, sei es zwecks Entwicklung neuer Massenmedien. Ein Dilemma für das paS kann sich ergeben, wenn die Wirkungsambivalenz neuer Medien (emanzipatorisches Potential?) an sich zur förderungspolitischen Zurückhaltung mahnen würde, aus anderen situationalen Gründen (z.B. Zwang zur Arbeitsplatzsicherung, zur Sicherung der Wettbewerbsfähigkeit der Medienindustrien usw.) aber eine Forcierung der Technologiepolitik rational wäre.
3) Zu einer aus den erwähnten Gründen zweckdienlich erscheinenden Verminderung der Autonomie des Massenkommunikationssystems stehen dem paS wegen der genannten politischen und verfassungsrechtlichen Restriktionen nur wenige Möglichkeiten offen. Bezogen auf die Umwelt des Massenkommunikationssystems muß sich das paS deshalb auf Strategien am Rande der Legalität beschränken, wie z.B. eine Verschleißstrategie in bezug auf die eigenständige Legitimationsbasis des Massenkommunikationssystems, die in der ,,politischen Kultur" der Bundesrepublik noch stark verankert ist (Ideologie der Rundfunk- und Pressefreiheit usw.). Funktional ist unter den gegebenen Umständen etwa ein Zurückdrängen der positiven öffentlichen Einschätzung von Presse und Rundfunk (z.B. als ,,vierte Gewalt") mit der daraus abgeleiteten Kritik- und Kontrollfunktion zugunsten der Rolle eines neutralen Vermittlers.[17] Funktional ist auch – bei gegebenem politischen Patt – eine Diffamierung von Medien, von denen man glaubt, sie unterstützten stärker den politischen Gegner.[18] Ihre Grenzen finden solche Vorgehensweisen neben den schon genannten formalen Regelungen allerdings auch in dysfunktionalen Nebenwirkungen, wie z.B. dem Verlust an Glaubwürdigkeit für die Medien insgesamt, die damit an nutzbarer Manipulationskraft verlieren. Rationaler als die notwendigerweise mit Öffentlichkeitseffekten verbundenen

Strategien der eben genannten Art sind deshalb die im folgenden aufgeführten, direkt auf die Entscheidungsprämissen des Massenkommunikationssystems abzielenden Strategien.

4) Eine der wichtigsten Einflußmöglichkeiten des paS auf die Struktur des Massenkommunikationssystems ist die Ordnungspolitik. Die hier verfügbaren beiden Grundmodelle, das privatwirtschaftliche Medienunternehmen und die öffentlich-rechtliche Anstalt bieten je spezifische Vorteile. Der privatwirtschaftlichen Organisationsform ist aus ökonomischen Gründen eine Orientierung am Geschmack des Massenpublikums immanent, was die unter den gegebenen Umständen funktionale Stabilisierung von politischer Apathie und Ignoranz begünstigt. Bei der öffentlich-rechtlichen Organisationsform ist diese Tendenz nicht „modellbedingt" vorhanden, kann aber durch andere Strukturpolitiken (siehe unten) gefördert werden. Dafür bietet diese Organisationsform über die Kontrollgremien (vor allem den Verwaltungsrat) wesentlich bessere Möglichkeiten für die Einflußnahme auf andere Produktionsbedingungen.
Eine weitere Verstärkung des Parteieneinflusses kann auch von der sich z.Zt. abzeichnenden Fragmentierung der ARD erwartet werden, allerdings droht hier durch „Provinzialisierung" des Programms ein Verlust von Attraktivität und Überzeugungskraft,[19] der den politisch-administrativen Instrumentalisierungsinteressen zuwider liefe. Für neue Medien ist aus den genannten Gründen die öffentlich-rechtliche Organisationsform vorzuziehen, es sei denn, es ließen sich politisch neue Organisationsmodelle durchsetzen, etwa nach dem Vorbild der Rundfunkorganisation in der Weimarer Republik, wo sich eine ganze Reihe von Modellen entwickelt hatte, die aufs vorteilhafteste die Interessen des Staates/der Parteien und der Wirtschaft verknüpften.[20]

5) Bezogen auf die Personalpolitik, eine weitere, v.a. bei den Rundfunk- und Fernsehanstalten gegebene Steuerungsmöglichkeit für das paS, ist eine Vorgehensweise rational, die versucht, über konfliktmindernde Absprachen und Regeln (Proporz usw.) mit anderen politischen Machtgruppen eine Personalstruktur herzustellen, in der als Journalist der „neutrale Vermittler" („Kommunikationsbeamte") dominiert, möglichst ergänzt durch einen Proporz von „Meinungsjournalisten". So entsteht nach außen der für die Wirksamkeit der Medien wichtige Anschein von Meinungsvielfalt und Ausgewogenheit, ohne daß politisch-administrative Systemimperative wie Bedürfnisdisziplinierung und Loyalitätssicherung verletzt werden.

6) In der Finanzpolitik, ebenfalls einer wichtigen Steuerungsmöglichkeit des paS gegenüber den öffentlich-rechtlichen Rundfunk- und Fernsehanstalten, ist ein Handeln rational, das die Abhängigkeit der Anstalten von entsprechenden Entscheidungen des paS gewährleistet, andererseits aber dessen eigene Knappheit an finanziellen Mitteln berücksichtigt. Dem entspricht am ehesten die derzeit schon praktizierte Methode der Mischfinanzierung aus Werbeeinnahmen und Gebühren, die den Vorteil hat, einerseits weitgehend der Selbstbestimmung durch die Anstalten entzogen zu sein, andererseits die Orientierung der Programmgestaltung am Massenpublikum zu fördern mit allen gewünschten Nebenwirkungen, die damit verbunden sind. Bezogen auf die Pressemedien bestehen zwar keine so direkten

Möglichkeiten, die Finanzsituation zu beeinflussen, das paS kann aber wichtige Randbedingungen hierfür verändern, beispielsweise über die Kartell- und die Steuerpolitik. Rational ist hier eine gewisse Gegensteuerung gegen die autonomen Konzentrationstendenzen, weil diese zu Machtzusammenballungen führen, die den Instrumentalisierungsinteressen entgegenlaufen.

7) Bei den öffentlich-rechtlich organiserten Massenkommunikationsmitteln verfügt das paS in Form der Programmstrukturpolitik über eine weitere Einflußmöglichkeit. Direkte Eingriffe in die Programmgestaltung verbieten sich aus (verfassungs-) rechtlichen Gründen, jedenfalls als Dauerintervention. Um so zweckmäßiger für eine Instrumentalisierung der Berichterstattung ist deshalb das Operieren mit Leerformeln wie „Neutralität", „Objektivität" oder „Ausgewogenheit": im Zusammenwirken mit den anderen strukturbezogenen Strategien füllen sich diese Formeln tendenziell mit einem, den genannten Interessen des paS konformen Rollenhandeln der in den Anstalten tätigen Journalisten.

Ein sehr informatives Beispiel dafür, wie politische Parteien die Forderung nach „Ausgewogenheit" als Instrument zur Reduktion von steigendem Problemdruck (bzw. zur Disziplinierung „planwidriger" gesellschaftlicher Interessen) einzusetzen versuchen, lieferten jüngst die vier CDU-Mitglieder im Verwaltungsrat des NDR: sie protestierten gegen die nach ihrer Meinung „im Sinne des Ausbaues der Kernenergie" (!) „eindeutig negative" Berichterstattung des Senders über die Ereignisse in Brokdorf (und dazu gleich noch gegen das Kursprogramm „Der Betriebsrat", bei dem die Arbeitgeberinteressen zu wenig berücksichtigt worden seien).[21] Der „Spiegel" sah darin „die Forderung nach einem Instrument, mit dem sich Kritik zumindest bremsen läßt".[22]

8) Solange das paS (noch) nicht davon ausgehen kann, daß die Instrumentalisierung des Massenkommunikationssystems so weit fortgeschritten ist, daß dieses bei seiner Funktionserfüllung Selektionskriterien verwendet, die voll auf die genannten Interessen des paS ausgerichtet sind, ist es rational, wenn das paS nicht nur „Ereignisse" erzeugt, sondern sich auch um deren mediengerechte Aufbereitung und Vermarktung bemüht. Dazu dient u.a. eine entsprechende „Öffentlichkeitsarbeit" und eine Nachrichtenpolitik, bei der der Zugang zu bestimmten Informationen für den einzelnen Journalisten an ein vom paS bestimmtes Maß von „Wohlverhalten" gekoppelt wird.[23]

4. *Gegenstände politikwissenschaftlichen Interesses im Bereich der Massenkommunikation*

Da soziale Wirklichkeit – wie sie ist oder wie sie sein soll – in jeder ihrer Facetten zum Gegenstand von Massenkommunikation, aber auch zum Gegenstand politisch-administrativer Willensbildungs- und Entscheidungsprozesse werden kann, könnte man die Frage nach den Gegenständen politikwissenschaftlichen Interesses im Bereich der Massenkommunikation mit einem pauschalen „Alles" beantworten, nur hilft das nicht viel weiter. Ich will deshalb eine Eingrenzung des Gegenstandsbereichs versuchen, wie sie sich nach dem letzten Abschnitt anbietet. Unter Verwendung der Terminologie der funktionell-strukturellen Systemtheorie können wir dann die Wirkungszusammenhänge zwischen paS und Massenkommunikationssystem zunächst nach zwei Dimensionen aufgliedern: 1. der Zeit, 2. der Bestandswahrscheinlichkeit. Bezüglich der ersten Dimension können wir damit zwischen historiografischen, aktuellen und zukunftsbezogenen Fragestellungen unterscheiden, die zweite Dimension liefert uns die Möglichkeit zwischen Struktur (als Summe aller relativ beständigen Entscheidungsprämissen eines Systems) und Funktion (als den Wirkungen bewirkenden Prozessen in einem System) zu unterscheiden.[24]

Mit Hilfe dieses Begriffsapparates läßt sich nun einigermaßen systematisch auflisten, was ich unter politikwissenschaftlich interessanten Gegenständen aus dem Bereich Massenkommunikation/paS verstehe. Dieses sind:

1. *im paS:*
   1.1 Strukturen des paS, soweit sie Handlungsprämissen für die Outputs des Systems gegenüber dem Massenkommunikationssystem oder dessen Umwelt darstellen
   1.2 Outputs des paS gegenüber dem MKS (strukturbezogene „Medienpolitik" als Ordnungs-, Personal-, Finanz- und Programmstrukturpolitik, ferner die eigene Öffentlichkeitsarbeit und Nachrichtenpolitik)
   1.3 Einwirkungen auf die Umweltbedingungen des Massenkommunikationssystems (z. B. mk-bezogene Technologiepolitik, Forschungsförderung, Infrastrukturpolitik und nicht zuletzt (De-)Legitimationspolitik).
2. *im politischen System im weiteren Sinne* (politisch wirksame Interessengruppen, Verbände usw.)
   2.1 bis 2.3 analog zu 1.
3. *im Massenkommunikationssystem(MKS)*
   3.1 Strukturen des MKS, soweit sie Handlungsprämissen für die Outputs des Systems gegenüber dem paS oder dessen Umwelt darstellen (Struktur des gesamten MKS, Produktionsbedingungen einzelner Anstalten oder Unternehmen usw.)
   3.2 Output des MKS gegenüber dem paS („politische Funktionen")
   3.3 Einwirkungen auf die Umweltbedingungen des paS (politische Sozialisation, Diffusion neuer Bedürfnisse, Forderungen, Werthaltungen usw.)
4. *in der Umwelt dieser Systeme* (ökonomisches, sozio-kulturelles, Wissenschafts-System usw.)
   4.1 Umweltstrukturen, insbesondere Strukturen des sozio-kulturellen Systems als Wirksamkeitsbedingungen für Massenkommunikation
   4.2 Outputs gegenüber paS und MKS (Anforderungen/Probleme, Stimulusproduktion usw.)

Das Ganze im Bild:

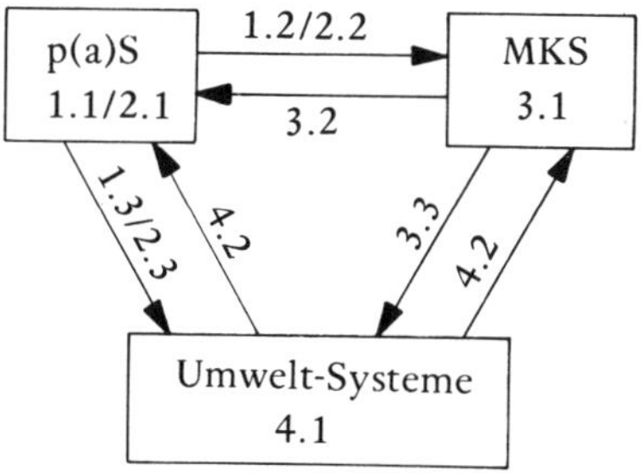

Schon in dieser schlichten Form liefert das Schema einen Ordnungsrahmen für die im folgendem zu leistende Sortierung der politikwissenschaftlichen relevanten Massenkommunikationsforschung, der m. E. differenziertere Zuordnungsmöglichkeiten bietet als das übliche, an der alten Lasswellformel orientierte Schema „Kommunikator-, Aussagen-, Medien-, Rezipienten- und Wirkungsforschung".[25] Vor allem ist das Schema weniger ideologieverdächtig: die Lasswellformel läßt ja wegen der deutlichen Vernachlässigung aller Aspekte, die in der Themenliste unter 1., 2. und 4.2 stehen, die Vermutung aufkommen, daß hier in erster Linie die Erkenntnis- und Verwendungsinteressen des paS auf einen Nenner gebracht wurden, sonst dürfte die funktionalistische „Gretchenfrage", das an der Autonomie des Massenkommunikationssystems zweifelnde „Why", nicht fehlen.[26] Da nach den Ausführungen der ersten beiden Abschnitte die Vermutung nicht von der Hand zu weisen ist, daß auch in der BRD die Themenwahl des Wissenschaftssystems nicht autonom erfolgt, sondern entweder durch Forschungsförderung oder andere Formen der „Nachhilfe" auf Anwendungsinteressen des paS hingelenkt wird (oder sich durch verinnerlichte Relevanzkriterien bereits von selber auf dem Weg dorthin befindet), brauchen wir ein neutrales Schema, wenn wir zeigen wollen, welche Teilaspekte die Massenkommunikationsforschung besonders häufig und welche sie besonders selten zu ihrem Gegenstand macht.

5. *Schwerpunkte der politikwissenschaftlich relevanten Massenkommunikationsforschung*

5.1 *Informationsquellen und Dunkelziffern*

Der Versuch, das oben skizzierte Ordnungsschema mit harten Informationen über die derzeit in der BRD betriebene Massenkommunikationsforschung zu füllen, ist von vornherein ein Unternehmen mit fragwürdigem Ausgang: wenn die in den ersten Abschnitten formulierte Instrumentalisierungsthese richtig ist, dann muß mit einer hohen Dunkelziffer besonders in den Bereichen gerechnet werden, wo das paS sich Herrschaftswissen über das MKS zu beschaffen versucht, sei es durch privat-wirtschaftliche Auftragsforschung, sei es durch eigene Recherchen (Medienreferenten der Parteien, Fachreferate der Bundes- und Länderregierungen usw.).

Dasselbe gilt mit einigen Einschränkungen für die Erhebungen der politisch tätigen gesellschaftlichen Gruppen und Verbände und die Medienkonzerne,[27] während die öffentlich-rechtlichen Rundfunk- und Fernsehanstalten bezüglich ihrer eigenen Medienforschung erfreulicherweise ein wachsendes Maß von Publizitätsbereitschaft zeigen. Der nachstehende Überblick über die politikwissenschaftlich relevante Massenkommunikationsforschung ist unter diesen Umständen mit entsprechenden Vorbehalten zu lesen. Ihm liegen folgende Quellen zugrunde:

1. Dokumentationen des Informationszentrums für sozialwissenschaftliche Forschung (IZS), Bonn, aus den Jahren 1972 bis 1976
2. die Jahrbücher von ARD und ZDF (1976)

3. die Übersichten des Presse- und Informationsamts der Bundesregierung über kommunikationspolitische und kommunikationswissenschaftliche Forschungsobjekte der Bundesregierung (1971 bis 1974 bzw. 1975 bis 1977).

5.2 Datenbasis und Ergebnisse der IZS-Auswertung

Aus den derzeit etwa 13000 Projekthinweisen, die das IZS in den letzten Jahren von knapp 2000 Insitutionen und Einzelforschern eingesammelt hat, wurden mit Hilfe einer Deskriptorenliste[28] 143 Projekte aussortiert, von denen nach Abzug von 30 Projekten, die sich auf Massenkommunikation in Österreich oder in der Schweiz bezogen oder aber in denen Massenmedien nur eine Nebenrolle spielten, 113 Projekte in die engere Auswertung aufgenommen. Bei dieser Auswertung wurden anhand der meist recht ausführlichen Projekt-Beschreibungen die thematischen Schwerpunkte ermittelt. Durch Mehrfachvercodung ergaben sich daraus insgesamt 152 Nennungen. Sie betreffen fast ausschließlich die politisch interessanten Medien Presse, Hörfunk und Fernsehen und verteilen sich wie folgt:

Tabelle 1: Die Themenbereich der vom IZS erfaßten MK-Projekte

		Nennungen absolut	%
0.	*Gesamtgesellschaftliche Perspektive* Wechselwirkungen zwischen allen Teilsystemen (allgemeine MK-Theorie, verfassungsrechtliche Abhandlungen usw.)	11	7.2
1.	*Politisch-administratives System*		
1.1	Strukturbedingungen der Medien- und Nachrichtenpolitik allgemein	–	–
1.1/ 1.2.1	Struktur und Funktionen der Parteienpresse (dabei 5 von 6 historiografische Abhandlungen)	6	3.9
1.2.2	Ordnungspolitik (allgemeine Medienpolitik) des paS davon: Probleme der Kommerzialisierung von Rundfunk und Fernsehen: 2; dabei 6 von 11 historiografische Abhandlungen	11	7.2
1.2.3	Personal-, Finanz-, Programmstrukturpolitik davon 1 historiografisch	2	1.3
1.2.4	Öffentlichkeitsarbeit, Nachrichtenpolitik davon 1 historiografisch	5	3.3
1.3.1	Medienbezogene Technologiepolitik (futurologisch)	1	0.6
1.3.2	Sonstige umweltbezogene Politiken des paS (z.B. Forschungsförderung, Delegitimationspolitik usw.)	–	–
	Zwischensumme paS	25	16.4

Fortsetzung Tabelle 1

		Nennungen absolut	%
2. *Politisches System i.w.S.*			
2.1/	Medien-, Kommunikationspolitik anderer gesellschaftlicher Gruppen	9	5.9
2.2	(Gewerkschaften, Industrie, Kirchen) und ihre Bedingungen davon 2 historiografisch		
3. *Massenkommunikationssystem*			
3.1	Strukturen des MKS		
3.1.1	MKS der BRD allgemein; Strukturveränderungen/neue Medien, Pressekonzentration davon: Journalisten als Berufsgruppe: 4 davon: (26) 7 historiografisch, 3 futurologisch	26	17.1
3.1.2	Innere/äußere Pressefreiheit, Redaktionsstatute	3	2.0
3.1.3	Monographien über einzelne MK-Institutionen (Presse, Funk, Film); Produktionsbedingungen einzelner Redaktionen	4	2.6
3.2	Medien-Output mit direkter Wirkung auf politische Prozesse		
3.2.1	Informationsfunktion allgemein (formale und inhaltliche Aspekte)	29	19.1
3.2.2	Kritik- und Kontrollfunktion, Artikulations- und Konsensbildungsfunktion	2	1.3
3.2.3	Publizitäts-, Propagandafunktion, Rolle im Wahlkampf	5	3.3
3.2.4	Medienwirkung auf politisch-administrative Prozesse	1	0.6
3.3	Medien-Output mit indirekter Wirkung auf politische Prozesse		
3.3.1	Output mit mehreren Wirkungsdimensionen	3	2.0
3.3.2	Politische Bildung, Sozialisation allgemein, politisch relevante Normen und Werte	14	9.2
3.3.3	Diffusionsfunktion	1	0.6
3.3.4	Politische Dimension von Unterhaltung	5	3.3
	Zwischensumme MKS	93	61.2
4. *Umweltsysteme*			
4.1	Mediennutzung; Rezeptionsbedingungen im sozialen System (Individualebene) davon 1 futurologisch	14	9.2
4.2	Ökonomisches System, soweit nicht Aspekte unter 3.1.1 behandelt	–	–
	Gesamtsumme	152	100.0

Schon auf den ersten Blick fällt auf, daß die medienpolitischen Aktivitäten des paS offensichtlich nur sehr zurückhaltend zum Gegenstand empirischer Forschung gemacht werden: ganze 16,4 % der Nennungen entfallen auf diesen Bereich und von diesen betrifft nochmals fast die Hälfte historiografische Fragestellungen (beispielsweise zur Rundfunkpolitik in der Weimarer Republik oder in einzelnen Besatzungszonen nach 1945 oder es geht um die Geschichte der Parteienpresse und ähnliches). Spärlich abgedeckt sind vor allem die internen Strukturbedingungen der Medienpolitik der Parteien und des Regierungsapparates (wie sie z.B. als Organisations- und Motivationsanalyse im Rahmen von Kommunikatorstudien im Medienbereich gang und gäbe sind) und die einzelnen Erscheinungsformen dieser Politik. Von den

6 Projekten zur Ordnungspolitik im engeren Sinne beziehen sich z. B. nur 2 auf aktuelle Fragestellungen (beide betreffen die Rundfunkpolitik der CSU gegenüber dem Bayerischen Rundfunk).

Die Kommunikations- bzw. Medienpolitik der politisch wirksamen Machtgruppen außerhalb des paS (vor allem Gewerkschaften, Unternehmensverbände und Kirchen) lieferte Stoff für 9 Forschungsprojekte, davon 2 historisch orientierte. 3 dieser 9 Projekte sind Auftragsforschungen für die katholische Kirche (Bestandsaufnahmen zur eigenen Medienpolitik und Verbesserungsvorschläge).

Alle übrigen der 113 aus dem IZS-Material ausgewählten Projekte befassen sich mit den Funktionen und Funktionsbedingungen des MKS der Bundesrepublik, davon elf überwiegend in Form theoretischer Abhandlungen in gesamtgesellschaftlicher Perspektive (Themen sind hier z. B. Kommunikation und Kapital, Funktionen der Unterhaltung im gesellschaftlichen Überbau, Theorie der Massenkommunikation usw.). Die restlichen Nennungen zeigen deutlich vier Schwerpunkte:

1. Strukturanalysen des MKS einschließlich seiner Veränderung durch neue Medien (17,1 % der Nennungen),
2. formale und inhaltliche Aspekte der politischen Berichterstattung (19,1 % der Nennungen), ganz überwiegend in Form der klassischen Inhaltsanalyse einzelner Medien ermittelt, also ohne Verbindung zu Produktions- bzw. Rezeptionsbedingungen;
3. Wirkungsforschung, insbesondere im Hinblick auf politische Bildung, gesellschaftlich-politisch relevante Grundeinstellungen und Verhaltensmuster (9,2 % der Nennungen) und
4. Untersuchungen zur Mediennutzung und zu den Rezeptionsbedingungen auf Seiten der Leser, Hörer oder Zuschauer (ebenfalls 9,2 % der Nennungen).

Die Frage, wie diese Schwerpunktbildung im einzelnen zustande kam, ist ohne zusätzliche Untersuchungen kaum zu beantworten. Auf keinen Fall sind die Dünnstellen im Themenbereich paS damit begründbar, daß hier schon alles Wissenswerte erforscht sei. Um so mehr fällt auf, daß die Schwerpunkte genau in denjenigen Themenbereichen liegen, in denen das paS, wenn es unserer These gemäß eine Instrumentalisierung des MKS anstrebte, den größten Informationsbedarf hätte. Daß das Wissenschaftssystem, von dem diese Analysen ja durchgeführt werden, in seiner Themenwahl genau den Selektionskriterien des paS folgt, ist schon ein bemerkenswerter Tatbestand. Sollte es außer der Instrumentalisierung des MKS vielleicht auch noch eine solche des Wissenschaftssystems geben? Theoretisch spricht manches dafür, aber noch sind die Indizien – jedenfalls im Bereich der Massenkommunikationsforschung – nicht eindeutig.

Einige zusätzliche Informationen zu unserer Frage gewinnen wir aus einer thematischen Aufschlüsselung der 27 von 113 Projekten, die von den Befragten selber als Auftragsforschung gekennzeichnet wurden.

Tabelle 2: Die Themen der Auftragsforschung im Bereich der Massenkommunikation (IZS-Material, 1972–76)

Auftraggeber	Zahl der Projekte
1. *Sendeanstalten* historiografische Untersuchungen zur Rundfunkpolitik und zur Parteienpresse (3), Untersuchungen zur Sozialisationsfunktion der Presseberichterstattung (1)	4
2. *Bundesbehörden (BPA, BMI, BZpB, KwsW)* politische Berichterstattung/Medien im Wahlkampf (2), politische Bildung und Mediennutzung (2), Strukturveränderungen im MKS der BRD (4), Journalisten als Berufsgruppe (3), Stand der Massenkommunikationsforschung (1), Aspekte der Pressefreiheit (1)	13
3. *Katholische Kirche* eigene Öffentlichkeitsarbeit und Medienpolitik sowie deren Erfolgsbedingungen	3
4. *Forschungsinstitute der Parteien* *CDU* (Konrad-Adenauer-Stiftung) Inhaltsanalyse der politischen Berichtserstattung (2), Demokratisierung in Rundfunk- und Fernsehanstalten (1) *SPD* (Friedrich-Ebert-Stiftung) Inhaltsanalyse der Berichtserstattung über die Dritte Welt (1)	4
5. *Sonstige*	3
Summe	27

Die Themen der Forschungsaufträge der Bundesbehörden liegen ebenso wie die der Parteien im erwarteten „Zielgebiet". Interessant ist auch die Feststellung, daß von den elf IZS-Projekten, die erkennbar auf einem marxistischen Ansatz (politökonomisches Paradigma) beruhen (knapp 10 % aller erfaßten Projekte!) nur ein Projekt als Auftragsforschung ausgewiesen ist (Auftraggeber: Friedrich-Ebert-Stiftung, Thema: Dritte Welt und blockiertes Bewußtsein). Systemkritische Auftragsforschung ist offensichtlich eine „Contradictio in adjecto"; wen wundert's? Im übrigen dominieren bei den genannten elf Projekten theoretische Arbeiten zur Massenkommunikation im Kapitalismus (3), zur Sozialisationsfunktion der bürgerlichen Medien (3) und zur politischen Funktion von Unterhaltung (falsches Bewußtsein) (2). Die restlichen Themen betreffen historische Aspekte der Rundfunkpolitik bzw. das Mobilisierungspotential von Massenmedien.

5.3 Die Forschungsaufträge der Bundesregierung

Die im Datenbestand des IZS ausgewiesenen Forschungsaufträge von Bundesbehörden stellen nur eine Teilmenge der tatsächlich von Regierungsseite geförderten Projekte dar, wie sich bereits aus einer Gegenüberstellung mit einer Auflistung des Presse- und Informationsamtes der Bundesregierung ergibt.[29] Demnach förderte die Bundesregierung in den Jahren 1971 bis 1974 insgesamt 23 und 1975 bis 1977 weitere 30 Forschungsvorhaben (darunter einige Fortsetzungsprojekte). Die Auftragnehmer waren relativ breit gestreut, größter Einzelauftragnehmer war die Arbeitsgemeinschaft für Kommunikationsforschung e.V., München (AfK, Roegele/Langenbucher), mit rund 30 % der Projekte gefolgt vom Insitut für Publizistik der Universität Mainz (Noelle-Neumann, Schulz) mit knapp 10 %. Die meisten Aufträge vergaben das BPA (bisheriger Gutachteretat DM 300.000,– pro Jahr) und das BMI, einige weitere die Bundeszentrale für politische Bildung.

Die Themenstruktur der „kommunikationspolitischen und kommunikationswissenschaftlichen" Forschungsaufträge zeigt folgendes Bild:

Tabelle 3: Themen der massenkommunikationsbezogenen Forschungsaufträge der Bundesregierung in den Jahren 1971 bis 1977

Themenbereiche (Ziffern lt. Tabelle 1)	Anzahl der Nennungen 71–74	75–77
0. Massenkommunikationstheorie, Methodenfragen	1	2
3.1.1 MKS der BRD		
– allgemeine Strukturdaten und Probleme	2	9
– Pressekonzentration	6	5
– Journalisten und Verleger als Berufsgruppe, Rollenverständnis einzelner Gruppen und seine Auswirkungen	6	8
3.1.2 Aspekte der Pressefreiheit	4	3
3.2.1 Formale und inhaltliche Aspekte der Berichterstattung	4	2
3.2.3 Propagandafunktion (Medien im Wahlkampf)	1	–
4.1 Mediennutzung und Rezeptionsbedingungen	2	3
4.2 Medientechnologie, audio-visuelle Medien (Entwicklung, Probleme)	–	3
Summe der Nennungen	26	35
Anzahl der Projekte	23	30

In dieser Tabelle tritt – wenig überraschend – die Lücke im Bereich der Medienpolitik des paS und ihrer internen Bedingungen besonders deutlich hervor. Dazu liest man im Vorwort zum Auszug aus dem Bericht der Bundesregierung über die Lage von Presse und Rundfunk in der Bundesrepublik Deutschland von 1974, daß sich die Regierung bemüht habe,... (ihre) „beschränkten Mittel gezielt nur dort für eigene Projekte einzusetzen, wo bisherige Untersuchungen zur Beantwortung aktueller Fragestellungen in der medienpolitischen Diskussion nicht ausreichend erschienen."[30] Das gilt offenbar besonders stark für das Medium Presse und dort die Problembereiche „Pressekonzentration" und „innere Pressefreiheit". Auch bei den Kommunikatorstudien (Journalist und Verleger) rangiert dieses Medium eindeutig vor Hörfunk und Fernsehen. Aus dem Bereich der Funkmedien werden nur die neuen audio-visuellen Medien mit drei Projekten in der letzten Berichtsperiode abgedeckt, wobei es hauptsächlich um technologische Entwicklungstrends und die Rückwirkungen auf die „Informationsvielfalt" geht. Sicherlich spielt für die Erklärung dieser „Presselastigkeit" der Auftragsstruktur die Tatsache eine Rolle, daß dieser Bereich im Berichtszeitraum besonders stark regulierungsbedürftig erschien (Presserechtsrahmengesetz, Pressestatistikgesetz, Pläne für eine bessere Journalistenausbildung, Kontrolle der Pressekonzentration usw.). Trotzdem bleibt die Vernachlässigung der Funkmedien auffallend. Sollte es hier um brisantere Fragen gehen, deren Klärung man lieber nicht durch öffentliche Gutachteraufträge in die Wege leiten will?

Bemerkenswerterweise hat das BPA auch den Auftrag für die Entwicklung eines „standardisierten inhaltsanalytischen Instrumentariums", der 1972 an die AfK gegangen war, nicht fortgeführt. Dabei war die Pilotstudie durchaus vielversprechend, z.B. für eine Dauerüberwachung der Medieninhalte bis hart an die Grenze der Zensurfreiheit, wie sich den Worten des Projektleiters Mahle entnehmen läßt: „Die Standardpresseanalyse ermöglicht publizistische Erfolgskontrollen durch abgestufte Input-Output- und Bewertungsanalysen ..., Tendenzanalysen der Informationsauswahl, Informationsverarbeitung und Kommentierung ...," usw., wodurch das Verfahren „eine große Breite von Anwendungsmöglichkeiten auf(weist), die einerseits im Bereich der Planung öffentlichkeitsorientierten Handelns und andererseits im Bereich nachträglicher Ergänzungen und Korrekturen beobachteter publizistischer Reaktionen liegen."[31] Man sieht, wie feinfühlig sich mancher Gutachter in die Probleme des paS hineinzudenken vermag!

Interessant ist in diesem Zusammenhang auch ein Projekt zur Erforschung der „inter- und intramediären Medienkritik", wieder ein Auftrag des BPA an den Arbeitskreis für Kommunikationsforschung. Hier lesen wir: „Zu untersuchen war ..., wie weit die Medien bereit und in der Lage sind, sich selbst oder sich gegenseitig in Frage zu stellen, zu kritisieren, zu kontrollieren. Damit erhält das Problem eine zusätzliche kommunikationspolitische Dimension: Wer kontrolliert diejenigen, zu deren Aufgabe es auch gehört, Kritiker und Kontrolleur des öffentlichen Lebens zu sein? Können die Massenmedien diese „Selbstkontrollaufgabe" wirksam erfüllen und für den Rezipienten fruchtbar machen?"[32]

Offensichtlich geht es hier (im Rahmen eines größeren Forschungsvorhabens, das im zweiten Berichtszeitraum fortgesetzt wurde) um die Überprüfung der Tragfähigkeit einer zentralen Prämisse des Autonomieanspruchs des Massenkommunikationssystems gegenüber dem paS. Der (vorläufige) Befund der vorgelegten Analyse ist denn auch, daß die „Selbstkontrollaufgabe" in wichtigen Bereichen der Berichtserstattung unterentwickelt ist. Man fragt sich, welche medienpolitischen Konsequenzen die Bundesregierung aus solchen Ergebnissen zieht: Stärkung der Autonomie, auf daß die Kritik- und Kontrollfunktion der Medien ihre Berechtigungsbasis wiederfinde oder doch eher Entmündigung und „Proportionalisierung" der Medienkritik gemäß den Relationen der innenpolitischen Machtverhältnisse? Zweckrational im Sinne der skizzierten Situationslogik wäre sicherlich nur letzteres. Selbst wenn man den unmittelbaren Auftraggebern (hier Bundesministerium des Innern) wie den Auftragnehmern noch „Blauäugigkeit" bezüglich einer politischen Verwertung der Daten derartiger Untersuchungen in der letztgenannten Richtung zugutehalten will, so kommt man doch nicht umhin, hier nach dem „cui bono" zu fragen, gerade bei solchen Themenstellungen, wo das paS einige Möglichkeiten zur Umsetzung entsprechender Erkenntnisse in eine den bestehenden Systemzwängen konformen Politik in der Hand hält.[33]

5.4 Die Medienforschung von ARD und ZDF

ARD und ZDF haben sich in den vergangenen Jahren immer stärker zu einer eigenständigen Kraft auf dem Gebiet der Förderung von Medienforschung entwickelt. Forschungsaufträge werden heute nicht nur von den einzelnen Anstalten, sondern vor allem auch von der ARD/ZDF-Medienkommission vergeben. Thematisch konzentrieren sich die Aufträge auf drei Gebiete, Programminhalt (Aussagenanalyse), Mediennutzung und Medienwirkung, also die Ziffern 3.2.1, 3.3.2 und 4.1 unseres Themenkatalogs. Finanziell wie verfahrensmäßig besonders aufwendig ist die „Teleskopie"-Zuschauer-Forschung, die seit dem 1.1.75 im gemeinsamen Auftrag von ZDF, ARD und Arbeitsgemeinschaft Rundfunkwerbung vom Institut für Demoskopie, Allensbach und INFAS, Bad Godesberg, durchgeführt wird.[34] Das ZDF hat auf der Grundlage des „Teleskopie"-Materials 1976 bereits eine Reihe von Sonderauswertungen und Einzelprojekten in Auftrag gegeben, beispielsweise bezüglich der Nutzung von Nachrichtensendungen und Action-Serien sowie des Kulturmagazins „Aspekte".[35] Ferner wurden eine Reihe von Einzelprojekten vergeben, so eine Untersuchung zur Akzeptanz von Gastarbeitersendungen und eine Sozialisationsstudie zum Problem der Gewaltdarstellung.

In den kommenden Jahren will die ARD/ZDF-Medienkommission qualitative Forschungen vor allem zu folgenden Themenschwerpunkten fördern:

- Gestaltung von Fernsehnachrichten
- Rolle des Fernsehens bei der Vermittlung von Kultur und Wissenschaft
- Kinder und Fernsehen
- Schichtspezifische Rezeption spezifischer Sendungen
- Fernsehen und Presse.

Von direktem politikwissenschaftlichen Interesse dürften vor allem der erste und der letzte Bereich sein.

Die ARD hat, wie dem Artikel von Bessler zu entnehmen ist (vgl. Anmerkung 34), neben einer Reihe von Zusatzauswertungen zu den „Teleskopie"-Daten 1976 eine große „Funkmedien-Analyse" zur Erforschung der Hör- und Sehgewohnheiten im Rahmen einer Zeit-Budget-Untersuchung vergeben. An „qualitativen" Forschungsprojekten nennt Bessler weitere fünfzehn Forschungsvorhaben, die in der Zeit von 1974 bis 1976 teils im alleinigen Auftrag der ARD, teils mit Beteiligung einzelner Landesrundfunkanstalten durchgeführt wurden. Dabei handelte es sich überwiegend um Untersuchungen zum Rezipientenverhalten und seine Bestimmungsfaktoren, wobei von Fall zu Fall bestimmte Zielgruppen oder bestimmte Programme im Mittelpunkt des Interesses stehen.

6. Neuere theoretische Ansätze der Massenkommunikationsforschung

Zum Abschluß meines Referats will ich in der gebotenen Kürze noch einen Überblick geben, welche Schwerpunktverlagerungen sich in den letzten Jahren bezüglich der theoretischen Ansätze der politikwissenschaftlich relevanten Kommunikationsforschung vollzogen haben.

Massenkommunikationsforschung war bekanntlich von „Kindesbeinen" an überwiegend Wirkungsforschung und schon immer stark auf die als besonders wirksam geltenden Medien Presse und Funk, später Fernsehen ausgerichtet.[36] Das Hauptinteresse der empirischen Forschung, die sich vor allem in den USA in den vierziger Jahren schnell entwickelte, galt anfänglich ganz dem Wirkungspotential der Massenmedien zur Beeinflussung der „öffentlichen Meinung", sei es als Instrument der Kriegspropaganda, sei es – vor allem nach 1945 – der Wahlkampfführung. Die Vorstellung über die Wirkungsmechanismen waren zu dieser Zeit noch weitgehend spekulativ und basierten auf einfachen Stimulus-Reaktions-Theorien.

Die nächste Entwicklungsstufe brachte zunächst eine Differenzierung des theoretischen Modells auf der Rezipientenseite durch die Einführung intervenierender psychologischer und soziologischer Variablen (z.B. Two-Step-Flow-Modell von Katz/Lazarsfeld usw.). In der Folgezeit entstanden zahlreiche empirische Arbeiten, deren Ergebnisse, bedingt durch mikroskopische Fragestellungen und kurze Untersuchungszeiträume, zu einer Umkehrung der ursprünglichen Wirksamkeitsannahmen führten: Die Massenmedien galten nun als relativ unwirksam und allenfalls als Verstärker bereits bestehender Attitüden (Klapper).

Dieser Forschungsstand ist mittlerweile in mehrfacher Hinsicht überholt. Schon in den sechziger Jahren wurde mit Arbeiten der Rileys, von Wright und De Fleur, dann von Bauer, Pool, Dexter und anderen die lineare Konzeption der Wirkungsrichtung von Massenkommunikation zugunsten einer systemtheoretischen Betrachtungsweise aufgegeben, bei der Kommunikator und Publikum als interagierend in einem differenzierten sozialen Kontext angesehen werden. Dabei wurde die strategische Bedeutung der „gate-keeping"-Positionen erkannt und damit die Frage nach den Zugangsbedingungen zum Massenkommunikationsprozeß aufgeworfen. In der Folge entwickelte sich in den USA eine makroskopische Richtung der Forschung

(McClelland, Pool, Pye), bei der die Zusammenhänge von Massenkommunikation und Systemsteuerung thematisiert wurden, nicht zuletzt in Bezug auf den Prozeß der Nationenbildung in der Entwicklungsländerforschung (Schramm, Lerner, Deutsch).

In der Bundesrepublik wurde diese Entwicklung mit dem üblichen time-lag rezipiert. Sie traf hier auf eine in der Folge der Studentenbewegung nach 1968 wieder auflebende marxistische Gesellschaftstheorie. Aus der Verbindung dieser beiden Trends entstand eine Reihe von Ansätzen für eine (makroskopische) Massenkommunikationstheorie kapitalistischer Gesellschaften (Aufermann, Dröge, Enzensberger, Holzer, Negt, Prokop und andere), andererseits spielten (Massen-)Kommunikationsprobleme eine zunehmende Rolle in der kritischen Entwicklungsländerforschung. Die bis dahin vorherrschenden, aus dem normativen Modell der pluralistischen Demokratietheorie abgeleiteten funktionalistischen Massenkommunikationstheorien (Ronneberger, Silbermann, Wildenmann, Kaltefleiter und andere) verloren entsprechend an Bedeutung.

So wenig wie makroskopische Theoriebildung bisher zu einem befriedigenden Ergebnis geführt hat, so wenig gilt dies für die mikroskopische und hier ganz besonders für die Wirkungsforschung. Zwar hat man auch in der BRD inzwischen die Anfang der siebziger Jahre in den USA eingetretene Entwicklung nachvollzogen und glaubt nun wieder an ein größeres Wirkungspotential der Massenmedien, jedoch: „generelle Hypothesen fehlen, ebenso umfassende Erklärungsmodelle oder gar eine ... übergreifende Theorie".[37] Bemerkenswert ist immerhin ein deutlicher Wandel der Forschungsperspektive in diesem Bereich, der endlich dazu führt, Massenkommunikation nicht mehr ausschließlich vom Beeinflussungsinteresse der (politisch-administrativen, ökonomischen oder pädagogischen) Kommunikation her zu sehen, sondern vom Nutzungsinteresse der Rezipienten. Der neue Ansatz – in den USA als „Uses and Gratifications Approach" (Katz, Blumler, Gurevitch) bekannt, „fragt nach dem ‚Nutzen' und den Gratifikationen, die das Publikum aus der Teilnahme am Prozeß der Massenkommunikation zieht."[38] Ihm liegt, anders als beim herkömmlichen „Wirkungsansatz", nicht mehr das Bild eines amorphen, passiv-rezeptiven Massenpublikums zugrunde, die Rezipientenseite wird vielmehr als eine Vielzahl aktiv handelnder Individuen gesehen, die bestimmten massenkommunikativen Aussagen erst durch eigene Selektions- und Interpretationsakte, die ihrerseits durch subjektive Bedürfnisse, Werthaltungen und Erfahrungen geprägt sind, Bedeutung und evtl. Wirkung verleihen. In dieser Sicht der Zusammenhänge ist der „Nutzenansatz" eine funktionalistische Theorie, nur eben auf der Individualebene. Sie unterliegt damit zunächst einmal denselben Vorbehalten wie andere funktionalistische Massenkommunikationstheorien, die ja bekanntlich zu einer Quasi-Legitimierung bestehender Strukturen neigen. Man wird also abwarten müssen, inwiefern sich diese neue Forschungsperspektive als fruchtbar erweist. Dasselbe gilt übrigens auch vom konkurrierenden „Gebrauchswert-Ansatz" der marxistischen Massenkommunikationstheorie (Holzer, Dröge, Negt/Kluge).

In der praktischen Forschung haben beide Ansätze bisher nur bescheidene Ergebnisse gebracht. Zwar hat die ARD/ZDF-Medienkommission das Hans Bredow-Institut beauftragt, den „Nutzenansatz" für ihre Zuschauerforschung nutzbar zu machen (ein Widerspruch in sich?). Beim gegenwärtigen Stand der Theoriebildung scheinen hier aber noch beträchtliche Schwierigkeiten zu überwinden zu sein.[39]

Skepsis scheint bislang auch gegenüber einer neuen Variante der Wirkungsforschung angebracht, die Noelle-Neumann in den letzten Jahren entwickelt hat.[40] Der Ansatz verweist als zentrale Wirkungsbedingungen auf die Konsonanz von Wertsystem und Verhalten der Kommunikatoren (und Rezipienten), die Kumulationskomponente in den Medieninhalten (Wiederholungseffekt) und die Bereitschaft der Rezipienten zur Herstellung von Öffentlichkeit bezüglich ihrer medial geprägten Einstellungen. Der erste größere Probelauf dieses Ansatzes mit empirischen Daten, vorgenommen mit Umfrageergebnissen zur politischen Einstellung von Rundfunk- und Fernsehjournalisten, Medieninhalten und Wählerverhalten vor den Bundestagswahlen von 1976, machte Skandal: Noelle-Neumann mußte sich den Vorwurf gefallen lassen, sie habe der CDU/CSU einen willkommenen Anlaß geliefert, ihre Pressionen auf die Rundfunk- und Fernsehanstalten zu verstärken.[41] Und damit wären wir wieder beim Ausgangspunkt dieses Referats angelangt, beim „Spannungsverhältnis" zwischen Politik und Massenkommunikation.

Anmerkungen

1 Vgl. C. Offe, Berufsbildungsreform, Frankfurt 1975.

2 SPD-Vorstand, Hrsg., CDU/CSU und Rundfunkfreiheit, Eine Dokumentation, Manuskriptdruck, Bonn, 1.8.77.

3 Vgl. die gleichlautende Kritik bei W. R. Langenbucher, Möglichkeiten und Grenzen der staatlichen Reformpolitik im Medienbereich, in: PVS, Sonderheft 6/75, S. 453: speziell zur Kritik der Bundesfilmförderung s. P. Buchka, Wir Leben in einem toten Land, in: SZ, 21.8.77, S. 73.

4 Vgl. Abschnitt 5.

5 Zum Begriff: F. Naschold, Zur Politik und Ökonomie von Planungssystemen, PVS, Sonderheft 4/72, S. 18 f.

6 So z. B. Bell, Etzioni, Glabraith bzw. für die Bundesrepublik Borchardt, Scharpf u. a.

7 Vgl. hierzu stellvertretend J. O'Connor, Die Finanzkrise des Staates, Frankfurt 1974 sowie C. Offe, Krisen des Krisenmanagements, in: M. Jaenicke, Hrsg., Herrschaft und Krise, Opladen 1973, S. 197.

8 Vgl. F. W. Scharpf et al., Politikverflechtung, Kronberg/Ts. 1976, u. a., S. 276 ff.

9 So R. Dahrendorf, in: Die Zeit, 11.8.77 und folgende Nummern.

10 Dies gilt jedenfalls solange nicht gleichzeitig neue Selbstregulierungs- bzw. Disziplinierungsmöglichkeiten in Sicht sind; vgl. zu diesem Problemkreis des sozialen Wandels K. W. Deutsch, Social Mobility and Political Development, Auszug in: W. Zapf, Theorien des sozialen Wandels, Berlin/Bonn 1969; zur Funktionalität von politischer Apathie s. auch S. M. Lipset, Soziologie der Demokratie, Neuwied 1962 S. 239 ff. mit Verweis auf Wilson, Tingsten, Riesman u. a.; für die mikroskopische Ebene schon W. E. Moore und M. M. Tumin, Some Social Functions of Ignorance, in: Am. Soc. Review, Vol 14, Dez. 1949, S. 787 ff.; vgl. auch J. Aufermann, Politische Medienfunktionen in funktionalistischer Sicht – Exemplarische Darstellung und Kritik, in: PVS, Sonderheft 6/75, S. 444, mit spezieller Kritik an Wildenmann/Kaltefleiter.

11 Vgl. hierzu M. Edelman, The Symbolic Uses of Politics, Auszug (Die symbolische Seite der Politik) in: W. D. Narr und C. Offe, Wohlfahrtsstaat und Massenloyalität, Köln 1975, S. 307 ff. Sowie ders., Politik als Ritual, Frankfurt 1976.

12 Begriff und systematische Begründung bei C. Offe, Berufsbildungsreform, a.a.O., S. 31 ff.

13 Vgl. hierzu A. Downs, Ökonomische Theorie der Demokratie, Tübingen 1968; in diesem Interessenkonflikt hat wohl auch der von der Bürokratie oft artikulierte Gegensatz von „sachlich" und „politisch" seine tiefere Ursache.

14 Die hiermit angesprochene „Situationslogik" entspricht der „bounded rationality", wie sie schon von H.A. Simon, Administrative Behavior, N. York 1957, S. 81 f. konzipiert wurde; zum Begriff der (individualen) Situationslogik s. ferner K.R. Popper, La rationalité et le status du principe des rationalité, in: E.M. Claassen, Hrsg., Les Fondements Philosophiques des Systémes Economiques Paris 1976, u.a. S. 142 ff. ähnlich J.C. Jarvie, Die Logik der Gesellschaft, München 1974, u.a. S. 24.

15 E. Noelle-Neumann, Der Einfluß des Fernsehens auf die Entscheidung der Wähler, ferner: Ein Fernseh-Duell kann über den Wahlsieg entscheiden, in: Die Welt, 30.9. bzw. 1.10.76; vgl. dazu auch dieselbe, Öffentlichkeit als Bedrohung, Freiburg/München 1977.

16 Vgl. dazu die entsprechenden Äußerungen des Leiters der Öffentlichkeitsarbeit beim Bundesvorstand der CDU, Radunski, in Nr. 1/77 der Zeitschrift „Sonde"; s. ferner o. Verf., Biedenkopf greift Elektronikmedien an, in: SZ, 10.1.77.

17 S. hierzu die hilfreiche Argumentation in: P. Glotz/W. R. Langenbucher, Der mißachtete Leser, Köln/Berlin 1970, S. 29 f.

18 Vgl. dazu u.a. H.W. Hartelt, Wie rot ist der Funk am Rhein? in: Die Zeit, 14.3.75, S. 12; W. Donner, Ein Mann sieht rot, in: Die Zeit, 4.4.75, S. 19 f. sowie o. Verf., WDR: Kein Rouge für die Brustwarzen, in: Der Spiegel Nr. 18/1975, S. 57; o. Verf., Voll auseinandernehmen, in: Der Spiegel Nr. 32/175, S. 28 f. sowie das Spiegel-Interview mit Heinrich Windelen in: Der Spiegel, 6/1977, S. 130 f.

19 Vgl. dazu E. Müller-Meinigen jr., Provinzialismus im Äther, in: SZ, 25.7.77, S. 4.

20 S. hierzu u.a. W. Lerg, Die Entstehung des Rundfunks in Deutschland, Frankfurt 1970[2]; Zum Dilemma der Medienpolitik der Parteien in bezug auf die neuen Medien s. W.R. Langenbucher, op. cit., PVS 6/75, S. 455.

21 Einzelheiten dazu bei G. Kistenmacher, NDR-Intendant verklagt Verwaltungsrat, in: SZ, 21.4.77, S. 2; J. Kranz, Neufer macht sich einer Rechtsbeugung schuldig, in: Die Welt, 22.4.77, S. 4; K.-O. Saur, Machtkampf der Parteien um den Norddeutschen Rundfunk, in: SZ, 25.4.77; o. Verf., Lob und Tadel für Stoltenberg, in: Generalanzeiger Bonn, 16./17.7.77, S. 2.

22 O.Verf., Dauert 'ne Weile, in: Der Spiegel, Nr. 18/1977, S. 92.

23 Zweckmäßigerweise finanziert eine Regierungspartei ihre Öffentlichkeitsarbeit aus den Etats ihrer Presseämter und Ministerien. Daß die CDU diesen Weg durch ihre Klage vor dem Bundesverfassungsgericht nun weitgehend blockiert hat, kann nur als „Eigentor" klassifiziert werden, es sei denn, die Parteiführung geht davon aus, daß sie in den nächsten Wahlperioden in Bonn nicht an die Macht kommen wird.

24 Zu den Begriffen vgl. H. Schatz, Auf der Suche nach neuen Problemlösungsstrategien ..., in: R. Mayntz, F.W. Scharpf, Planungsorganisation, München 1973, S. 9 ff.

25 Diese Gliederung erfreut sich nach wie vor in der Publizistikwissenschaft großer Beliebtheit; vgl. hierzu stellvertretend J. Hackforth, Die Massenmedien und ihre Wirkung, Göttingen 1976, S. 72 ff.

26 Vgl. dazu die Lasswell-Kritik bei W. Gehrmann, Massenkommunikation: individuelle Kompetenz und institutionelle Macht, Dissertation, Abteilung für Sozialwissenschaft der Ruhr-Universität Bochum, 1976, S. 13 ff.

27 Entsprechende Hinweise in den Dokumentationen des Zentralarchivs Köln, z.B. in: T. Herz et. al., Hrsg., Empirische Sozialforschung 1973, Pullach 1974, S. XII.

28 Gefragt wurde nach allen Forschungsprojekten, die 1. von deutschen Autoren und/oder mit Bezug auf das Massenkommunikationssystem der Bundesrepublik, 2. ab 1. Januar 1972 in Angriff genommen wurden und 3. entweder Fernsehnachrichtenanalysen zum Gegenstand haben oder 4. im weitesten Sinne politikwissenschaftliche Fragestellungen behandeln (z.B. politische Funktionen von Massenmedien, Problematik der öffentlich-rechtlichen Organisationsform von Rundfunk- und Fernsehanstalten, Medienpolitik der politischen Parteien, vor allem „Parteipolitisierung" der Rundfunk- und Fernsehanstalten, Alternative Organisationsmodelle, Fragen der inneren Rundfunkfreiheit und andere medienpolitische Themen).

29 Vgl. Presse- und Informationsamt der Bundesregierung, Hrsg., Kommunikationspolitische und kommunikationswissenschaftliche Forschungsprojekte der Bundesregierung (1971 bis 1974), Bonn 1974, Auszug aus dem Bericht der Bundesregierung über die Lage von Presse und Rundfunk in der Bundesrepublik Deutschland (1974), Bundestagsdrucksache 7/2104 vom 15.5.74 sowie Fortsetzung dieses Berichts für die Jahre 1975 bis 1977 (Veröffentlichung in Vorbereitung): der Erhebungszeitraum des Berichts der Bundesregierung umfaßt also nur ein Jahr (1971) mehr als das IZS-Material.

30 BPA, op.cit. (s. Anmerkung 27), S. 3.

31 BPA, op.cit., S. 72.
32 BPA, op.cit., S. 163.
33 Man vgl. in diesem Zusammenhang die Begründung von W. Schluchter, warum er seine Mitarbeit an einem Forschungsprojekt einstellte, das die Bundesregierung an das Frankfurter Batelle-Institut zum Thema ,,Kernernergie und Bürgerinitiativen" vergeben hatte (W. Schluchter, Polizei und Wissenschaft vereint gegen Bürgerinitiativen, in: Psychologie heute, Nr. 7/1977, S. 12 ff.).
34 Vgl. dazu B. Frank, Die teleskopie-Zuschauerforschung, in: Media Perspektiven, 9/1976, S. 401 ff.; Kritisch zum Verfahren: H. Bessler, Das Programm am Gängelband der Demoskopen?, in: ARD-Jahrbuch 1976, Hamburg 1977, S. 41 ff.; Ferner W. Donner, Jedem sein Knöpfchen, in: Die Zeit, 31.1.75, S. 11.
35 Vgl. hierzu wie zum folgenden das ZDF-Jahrbuch 1976, S. 147 ff.
36 Vgl. zum folgenden die Darstellung bei Marianne Schatz-Bergfeld, Massenkommunikation und Herrschaft, Meisenheim 1974, S. 34 ff. mit ausführlichen Literaturnachweisen.
37 So J. Hackforth, Massenmedien und ihre Wirkungen, Göttingen 1976, S. 20; dort auch (passim) eine detaillierte Darstellung der verschiedenen Ansätze der Wirkungsforschung.
38 K. Renckstorf, Massenmedien, Gesellschaft und sozialwissenschaftliche Massenkommunikationsforschung, in: Hans Bredow-Institut, Hrsg., Internationales Handbuch für Rundfunk und Fernsehen 1973/75, Hamburg 1974, S. A 21; zum letzten Stand der Entwicklung vgl. J.C. Blumler, The Role of Theory in Uses and Gratification Studies, Paper für die Jahreskonferenz der ICS, Berlin, Juni 1977 sowie L.B. Becker, Methodological Advances in Uses and Gratifications Research, ICA-Paper, Berlin, Juni 1977.
39 Vgl. dazu die Kritik von L. Huth et. al., Nachrichten sehen – Nachrichten verstehen – Nachrichten verwenden, zu einem neueren Ansatz der Rezeptionsanalyse, in: Publizistik, 2/1977.
40 E. Noelle-Neumann, Kumulation, Konsonanz und Öffentlichkeitseffekt. Ein neuer Ansatz zur Analyse der Wirkung der Massenmedien, in: PuB, Heft 1/1973, S. 26 ff.
41 Vgl. Anmerkung 15.

XII. Arbeitsgruppe: Außenpolitik, Internationale Politik

Personelle und institutionelle Anpassung des Auswärtigen Amtes an den Strukturwandel in der Außenpolitik: Theoretische Probleme, alternative Modelle und die Realität

Von Wolf-Dieter Eberwein

Problemstellung[1]

Ist die Diplomatie anpassungsunfähig (Ende 1969, 1970), werden Diplomaten zusehends überflüssig (O'Leary 1974) und sind die Außenministerien schwerfällige (Scott 1969), innovationshemmende (Bacchus 1974; Garnham 1974) Apparate, die von den Fachressorts in wichtigen Bereichen der Außenpolitik verdrängt werden (Hopkins 1976)? Wie auch immer die Antwort auf diese in einer Reihe von Studien aufgeworfenen Fragen ausfallen mag, so steht fest, daß es sich keinesfalls um rein akademische Überlegungen handelt. Vielmehr wird damit die praxisrelevante Frage nach der Anpassung der außenpolitischen Problemverarbeitungsstrukturen (Eberwein 1975, 1976) an die sich ändernden internationalen Umweltbedingungen (z.B. Czempiel 1969; Kaiser und Morgan 1971; Keohane und Nye 1975; Puchala und Fagan 1974) aufgeworfen, eine Frage, die man sich seit Jahren in der politischen Praxis stellt. Indiz hierfür sind die verschiedenen offiziellen Kommissionen, die sich in mehreren Ländern im Laufe der letzten Jahre mit diesem Problem beschäftigt haben und deren Überlegungen z.T. als Berichte veröffentlicht worden sind. Hierzu gehören etwa das nichtveröffentlichte Peissert-Gutachten (1971), der Bericht der Herwarth-Kommission (1971) und die Enquête-Kommission des Bundestags zur Auswärtigen Kulturpolitik (siehe Splett 1977: 16 ff.) in der Bundesrepublik Deutschland, der Duncan-Bericht (1969) in Großbritannien, die Vorlage der Arbeitsgruppe Florian (1975) in der Schweiz, sowie der Report "Diplomacy for the 70's" (1970) und die umfassende Analyse der Murphey-Commission in den USA.

In den Kontext der Anpassung der außenpolitischen Problemverarbeitungsstrukturen an die Veränderungen der Umwelt ist nachfolgende Analyse einzuordnen. Empirisch steht dabei das Auswärtige Amt im Mittelpunkt. Theoretisch wird die Adaptationsproblematik aber sehr viel genereller abgehandelt: es geht um die Frage der Anpassung der Verwaltung überhaupt, die bei zunehmender Umweltkomplexität unter großem Problemdruck und hohen Handlungsrestriktionen (Scharpf 1976: 14) operieren muß. Theoretisch wird Außenpolitik als eine Teilklasse von Verwaltung bzw. Verwaltungshandeln konzeptualisiert, um auf diese Weise an die verwaltungswissenschaftliche Diskussion (siehe Häussermann 1977; Mayntz und Scharpf 1973, 1975; Schmid und Treiber 1975) anzuknüpfen, die bisher den internationalen Kontext systematisch ausgespart hat[2]. Bindeglied zwischen der theoretischen Diskussion, in der mit Hilfe der Funktionalisierungsthese die Anpassungsnotwendigkeit der außenpolitischen Problemverarbeitungsstrukturen begründet wird, der Diskussion des Adaptationskonzeptes selbst, und der empirisch-quantitativen Beschreibung von zwei in diesem Zusammenhang als wichtig erachteten Phänomenen, der Spezialisierung in der Diplomatie und der Koordinierung, ist die Formulierung alternativer Adaptationsmodelle für das Auswärtige Amt.

Theoretischer Bezugsrahmen

Wird nachfolgend die Adaptation der außenpolitischen Problemverarbeitungsstruktur analysiert, so beschränkt sich diese Diskussion von vornherein auf das entsprechende *administrative Teilsystem.* Diese Beschränkung erfolgt aus forschungsökonomischen Gründen und aus theoretischen Erwägungen, weil die mit der politischen Führung verbundenen Probleme anders gelagert sind. Folglich ist zunächst zu klären, was Gegenstand administrativer Problemlösung, was also Inhalt administrativen Handelns ist. Im Anschluß daran sind dann die relevanten Eigenschaften der Umwelt zu erklären, die Ursache administrativer Adaptationsprozesse sind.

Außenpolitik ist eine spezifische Teilklasse politisch-administrativen Handelns, dessen Träger neben der Verwaltung, die den bürokratischen Teil außenpolitischer Tätigkeit abdeckt, die Leitung des politisch-administrativen Systems ist. Analytisch besteht politisch-administratives Handeln aus zwei unterschiedlichen Dimensionen, der *politics*-Dimension und der *policy*-Dimension (siehe Scharpf 1973). Steht bei der Analyse der *politics*-Dimension der Machtbezug, ihre Erhaltung oder Vergrößerung im Vordergrund, so deckt die *policy*-Dimension den Sachbezug des Handelns ab. Im ersten Fall dominiert die normative Perspektive, weil die Frage nach den politisch-administrativem Handeln zugrunde liegenden Interessen aufgeworfen wird. Im zweiten Fall dominiert die informative Perspektive, weil die möglichst effiziente Problemlösung Bezugspunkt ist.

Das Handeln von Verwaltung wie politischer Führung weist sowohl den Macht- wie den Sachbezug auf. Ebenso sind Macht- und Sachbezug politisch-administrativen Handelns interdependent. Für die weitere Analyse beschränken wir uns allerdings auf den Sachbezug. Verwaltung, deren Strukturen und Handeln in Bezug zu einer sich verändernden Umwelt gesetzt werden, ist primär *policy*-orientiert (siehe Luhmann 1966, 1971). Sie beschäftigt sich mit der Identifizierung von Problemen, entscheidet über die Definition von Problemen und ist darüber hinaus mit der Ausarbeitung von Problemlösungen und ihrer Implementierung befaßt (Häussermann 1977; Mayntz 1977; Mayntz und Scharpf 1973, 1975). Ändert sich der Problemkontext, dann muß die Verwaltung ihre Problemverarbeitungsstrukturen diesem Wandel anpassen.

Adaptation der Verwaltung, eingegrenzt auf den Sachbezug politisch-administrativen Handelns setzt voraus, daß Strukturen und deren Veränderungen im internationalen System identifizierbar sind, die damit in Verbindung gebracht werden können. Anknüpfungspunkt ist das mit dem Begriff Interdependenz bezeichnete Phänomen (Keohane und Nye 1975; Keohane 1975; Katzenstein 1976). Ungeachtet der Tatsache, daß Uneinigkeit über die Bedeutung des Begriffs besteht (Morse 1971: 380), daß die Existenz des Phänomens überhaupt bestritten wird (Waltz 1970), und daß empirisch ungeklärt ist, worin sich Interdependenz manifestiert (z.B. Cooper 1968; Rosecrance und Stein 1973), sind zwei Entwicklungstrends, die theoretisch von Bedeutung sind, unbestritten. Zum einen nimmt die Art und Zahl internationaler Akteure ständig zu (Kaiser 1969; Keohane und Nye 1975; Wallace und Singer 1970), zum anderen bildet sich über die damit unweigerlich verbundene Zunahme der Interaktionen und Transaktionen dieser Akteure ein wenn auch keineswegs symmetrisches Netz internationaler Verflechtung. Die daraus resultierenden gegenseitigen Abhängigkeiten ziehen eine stärkere Problemverarbeitung für die staatlichen Akteure nach sich. Dieser Diffusionsprozeß ist eine Folge des Modernisierungsprozesses den Morse ausführlich beschrieben hat (1976). Korrelat dieses Modernisierungsprozesses ist die Verschiebung zwischen high und low politics Anteilen an der Außenpolitik. Der *relative* Anteil der traditionellen machtpolitisch-ideologischen Probleme sinkt zugunsten des Anteils der des low politics-Bereichs, „die sich auf den Wohlstand der Bürger und die öffentliche Wohlfahrt beziehen" (Morse 1976: 332; ähnlich Puchala und Fagan 1974: 262). Die außenpolitische Tätigkeit in den funktionalen Sektoren, den traditionell der Innenpolitik zugeordneten Tätigkeitsfeldern, speziell in dem sozioökonomischen Bereich (Eberwein 1975: 3 ff), wächst. Wenngleich es sich keineswegs um einen gleichförmigen und linearen Vorgang handelt, dessen Auswirkungen für alle Staaten gleich wäre (Inkeles 1975), ist der generelle Trend unbestreitbar.

Die Folgen sind, daß die internationale Interdependenz anwächst und daß die Unterscheidung in Innen- und Außenpolitik zunehmend gegenstandslos wird. Sie bricht zusammen (Morse 1976: 332). Diesen Vorgang und seine Implikationen bezeichnen wir als Funktionalisierung. Diese Funktionalisierungsthese beinhaltet einerseits eine Verschiebung in Form und Art außenpolitischer Probleme, andererseits die Notwendigkeit einer Anpassung der administrativen Problemverarbeitungsstrukturen. Einerseits wächst der Problemdruck aus dem low politics Bereich, also auch dem sozioökonomischen, wobei, bedingt durch den Gegenstandsbereich die multilaterale Zusammenarbeit an Bedeutung gewinnt. Andererseits entsteht für das politisch-administrative System insgesamt, für die Verwaltung im speziellen, die Notwendigkeit, ihre Problemverarbeitungskapazitäten diesem Trend entsprechend zu spezialisieren und das außenpolitisch-administrative Teilsystem entsprechend auszudifferenzieren. Die administrative Differenzierung wie sie für die Innenpolitik besteht, muß dementsprechend auf die Außenpolitik übergreifen.

Ist der *policy*-Bezug außenpolitischen Handelns über die Funktionalisierung hergestellt, so ist damit noch keineswegs das Adaptationskonzept selbst bzw. das damit angesprochene Phänomen hinreichend klar. Theoretisch besteht die Möglichkeit und, wie Thorson (1974, 1974a) zu recht hinweist, die Notwendigkeit, zwischen *adaptivem Verhalten* und Verhalten, das von einem *adaptiven Mechanismus* produziert wird (Thorson 1974a: 123) zu unterscheiden. Während Rosenau (1970, 1970a, 1974)

Adaptation im Sinne adaptiven Verhaltens konzeptualisiert (ähnlich Bennett 1975 und Kaiser 1971) bemüht sich Thorson im Anschluß an Simons Konzept künstlicher Systeme um eine Klärung des Begriffs. Er konzeptualisiert Adaption als die Bedingungen, den Mechanismus, der adaptives Verhalten produziert. Beide Alternativen werden kurz erörtert.

Für Rosenau ist Außenpolitik bzw. außenpolitisches Handeln eine Form adaptiven Verhaltens, durch das Regierungen versuchen, "either to preserve the desirable aspects of the international environment or to alter its undesirable aspects" (1974: 6). Weil die Umwelt sich permanent verändert, und somit eine Bedrohung oder evtl. Zerstörung des Organismus (= Regierung) darstellt, ist adaptives Verhalten erforderlich, um die wesentlichen Strukturen (= essential structures) zu erhalten (1970: 4, 1970a: 365) Ursache für den Zwang zur Anpassung sind interne und externe Veränderung im personellen, sozioökonomischen und politischen Bereich. Rosenau entwickelt vier adaptive Verhaltensklassen. Dabei handelt es sich eigentlich um adaptive Verhaltens*strategien,* die sich nicht überschneiden, wenngleich er nicht ausschließt, daß empirische Forschung ergeben kann, daß es issue area spezifische Adaptationsmuster gibt (Rosenau 1970: 4). Im einzelnen handelt es sich um *promotive, preservative, acquiescent* und *intransigent foreign policy* (1970: 2 ff). *Promotive behavior* versucht, aktiv Umweltbedingungen zu verändern, ohne auf den Wandel in der Umwelt (extern und intern) einzugehen. *Preservative behavior* reagiert auf den Wandel (*responsive*) in der externen und internen Umwelt. *Acquiescent behavior* bedeutet, daß nur auf externe Faktoren eingegangen, externen Bedingungen nachgegeben wird, während schließlich *intransigent behavior* bedeutet, daß auf den internen Wandel der essential structures eingegangen wird und entsprechendes außenpolitisches Verhalten nach sich zieht. Die Intention der vier Verhaltensalternativen ist die Wiederherstellung eines Gleichgewichts zwischen Umwelt und essential structures durch aktive Veränderung der Umwelt, ohne auf die dort erfolgten Änderungen einzugehen, oder durch Anpassung an veränderte Umweltbedingungen, extern und/oder intern. Zweck des Ansatzes ist vergleichende Außenpolitikforschung aus der adaptiven Perspektive[3].

Wenngleich eine Unterscheidung außenpolitischen Handelns in solches der Verwaltung und solches der Leitung nicht gemacht wird, ebenso wenig eine explizite Unterscheidung in die policy und politics Dimensionen erfolgt, gibt es keinen theoretisch grundlegenden Einwand, diese zusätzliche Differenzierung in Rosenaus Schema einzubringen, um den Ansatz mit der hier vorgeschlagenen Forschungsperspektive kompatibel zu machen.

Über die Kompatibilität hinaus stellt sich aber die Frage, ob das Konzept selbst erfolgversprechend erscheint. Ohne dies im einzelnen nachzuzeichnen liegt die Schwäche dieses Ansatzes in seiner funktionalistischen Ausgangsposition. Adaptives Verhalten ist funktional, maladaptives Verhalten dysfunktional. Ob bestimmte Verhaltensklassen adaptiv d.h. funktional sind, ergibt sich nicht aus dem Verhalten selbst, sondern zeigt sich an deren Folgen, was theoretisch und empirisch als notwendig und hinreichend nachgewiesen werden muß. Ist es noch möglich, eine Korrelation zwischen maladaptivem Verhalten und Systemzerstörung, was immer das heißen mag, aufzufinden und als Erklärung zu akzeptieren, so bedeutet eine Korrelation zwischen adaptivem Verhalten und Systemerhaltung noch keineswegs, daß es funktional ist. Das entsprechende Verhalten kann irrelevant für die Systemerhaltung sein.

Ist es schwer, in adaptives, maladaptives und nichtadaptives Verhalten empirisch sinnvoll zu unterscheiden, so kommt ergänzend die Schwierigkeit hinzu, daß zwischen kurz- und langfristigem adaptivem Verhalten ebenfalls nicht differenziert werden kann. Diese Unterscheidung, die March und Simon vornehmen (1958: 170), ordnet ersterem problemsolving zu, zweiterem das Lernen. Lernen entspricht einer Zunahme der Komplexität der Problemverarbeitungsstrukturen, was sich, zeitlich versetzt, dann in der Änderung entsprechender Programme der Verwaltung niederschlägt (siehe Barnes 1967: 57–111). Änderungen der organisatorischen Bedingungen wirken sich erst längerfristig auf das außenpolitische Verwaltungshandeln aus. Ungeachtet des timelags von Lernprozessen ermöglichen die organisatorischen Bedingungen aber eine gewisse Variationsbreite im Verwaltungshandeln. Betrachtet man das Verhalten alleine, so ist daran nicht erkennbar, ob verändertes, adaptives Verhalten auf eine Veränderung der Bedingungen zurückgeht, oder aber ob es sich nur um alternative Problemlösung im Rahmen bestehender Bedingungen handelt.

Aus theoretischen wie methodologischen Erwägungen greift deswegen der Ansatz adaptiven Verhaltens zu kurz. Diese Begrenzung ist in dem zugrunde liegenden Modell zu suchen, das Rosenau implizit zu verwenden scheint, das homöostatische Modell (siehe hierzu Starking 1975: 151 ff): es berücksichtigt die input-output Beziehungen, nicht aber die systeminternen Strukturen.

Diesen Mangel versucht Thorson mit seiner Konzeption des adaptiven Systems (1974, 1974a) zu vermeiden (s.a. Cyert und March 1963; Laporte 1975; Starbuck 1965; Starking 1975). Adaptive Systeme sind zielorientierte Systeme, woraus folgende generelle Forschungsperspektive resultiert: wie können Ziele modifiziert werden, wie werden outputs als Erfolg/Mißerfolg bewertet und durch welchen Mechanismus werden Informationen über die Umwelt und vergangene Systemzustände in outputs transformiert? (Thorson 1974: 86). Im Anschluß an diese Überlegungen definiert Thorson als System den *foreign policy mechanism.* Dieser Mechanismus besteht aus zwei Komponenten, dem *internal environment,* gedacht als eine Menge gekoppelter Subsysteme, und dem dazugeordneten *Image*-Konstrukt, das die Abbildung der relevanten Umwelt enthält oder, wenn man so will, die Menge der Interpretationsregeln für die Informationen über die Umwelt. Diese Umwelt, das sogenannte *outer environment* ist restriktiv als *task environment* definiert (s.a. Osborn und Hunt 1974: 231 ff), es ist nur soweit spezifiziert, wie es für das System selbst von Bedeutung ist. Die Verbindung zwischen dem *foreign policy mechanism* und dem *outer environment* wird auf der output-Seite durch das *access interface* hergestellt, über das das Verhalten der Umwelt vermittelt wird, und auf der input-Seite durch das *observation interface* über das die aus der Umwelt relevanten Informationen ausgefiltert und dem Mechanismus übermittelt werden.

Adaptation heißt also Änderung des *foreign policy mechanism,* der Bedingungen also, durch die mögliches Verhalten produziert werden kann. Das bedeutet eine Veränderung der Restriktionen, denen das System bzw. der Mechanismus unterliegt. Diese Restriktionen sind einmal die Ziele selbst, die ja nicht explizit bestimmtes

Verhalten vorgeben, zum anderen das *image* bzw. die *images* der Systemteile. Damit werden (u.a. über die Konsistenz der Image-Komponenten) die Interpretationsmöglichkeit des outer environment festgelegt bzw. eingegrenzt.

Auf ein, wenn nicht das entscheidende Problem seines Konzeptes weist Thorson selbst hin: soll das gesamte Konzept mehr sein als eine semantische Fleißarbeit, traditionelle Konzepte umzuformulieren, reicht es nicht aus, "just relabelling as government" (Thorson 1974: 91) den Mechanismus. Wie eine solche Explikation des Konzeptes aussehen soll, bleibt offen. Offen bleibt ebenso die Festlegung der Systemvariablen, deren Werte in bestimmten annehmbaren Grenzen gehalten werden müssen (1974: 86). Intuitiv einleuchtend aber ebenso inhaltsleer bleiben die beiden *interface*-Konzepte sowie deren genaue Bedeutung für den Adaptationsprozeß selbst. Obwohl Thorson nur dem Mechanismus Adaptationsprozesse zuordnet, ist ein solcher Vorgang durchaus durch Änderung zumindest des *observation interface* denkbar. Ein abschließender Punkt der Kritik ist noch zu erwähnen. Wenngleich Komplexität als Ursache für die Adaptationsnotwendigkeit vermutet werden kann, wird dieses Problem nicht erörtert. Dennoch weist Thorson interessanterweise auf wichtige theoretische Konsequenzen hin, die sich daraus ergeben, indem er auf das Komplexitätsdilemma aufmerksam macht. Für jedes System gebe es ein *outer environment*, in dem das *internal environment* am denkbar schlechtesten reagiere (1974: 103). Jede Umwelt verfüge über mehr System-Zustände als jedes System selbst, weswegen es letztlich hoffnungslos sei, den Versuch zu unternehmen, ein System zu konstruieren, das sich *allen möglichen* Umwelten anpassen kann (a.a.O.).

Trotz dieser Kritikpunkte ist Thorson's Konzept für die theoretische Diskussion und empirisch für die Analyse von Adaptationsprozessen brauchbar, weil es primär auf die Änderung der Problemverarbeitungsstruktur des politisch-administrativen Systems abstellt. Die Möglichkeit, auch adaptive *Verhaltens*prozesse zu analysieren, wird offen gehalten. Die Brauchbarkeit dieses Konzeptes steigt in dem Maße, wie es gelingt, einzelne Aspekte des Mechanismus zu konkretisieren. Das wird nachfolgend versucht.

Der Mechanismus, d.h. das System, wird eng definiert als Regierung. Diese besteht aus einer Menge von Organisationen, gliedert man es horizontal auf. Es handelt sich um ein interorganisatorisches System (siehe Eberwein 1975, 1976; Evan 1972; Negandhi 1975). Jede Organisation ist vertikal aufgegliedert in Verwaltung und Leitung, eine Differenzierung, die ebenfalls interorganisatorisch gilt. Jeder Organisation bzw. ihren beiden Teilen Verwaltung und Leitung, ist ein Image-Konstrukt, das zusätzlich organisationsintern ausdifferenziert sein kann (siehe z.B. Samuel 1976) zugeordnet.

Geht man von den Restriktionen aus, die Ziele und Image darstellen, dann fragt sich, wie sich diese in dem administrativen Teilsystem konkretisieren. Die Relevanz dieser Restriktionen, so die Hypothese, resultiert aus den entsprechenden Eigenschaftsklassen der Entscheidungsprämissen Personal, Organisation und Programm (siehe Luhmann 1971: 76). Diese Entscheidungsprämissen bzw. die entsprechenden Eigenschaftsklassen sind den beiden genannten Restriktionskomplexen des administrativen Teilsystems vorgelagert. Bezüglich des internal environment liegen diese Begrenzungen in den Problemverarbeitungskapazitäten des Personals, u.a. der Qualifikation der Beamten. Was die Organisation betrifft, so ergeben sich die Restriktionen aus der formalen (Aufbau- und Ablauforganisation) und der informellen Organisationsstruktur. Was die Programme betrifft, so liegen diese an den dafür vorhandenen Möglichkeiten, Programme zu formulieren und/oder abzurufen, intraorganisatorisch wie interorganisatorisch.

Images stellen die kognitiven, evaluativen und normativen Merkmalsklassen der Interpretationsregeln der Mitglieder des administrativen Teilsystems dar. Aus diesem Grunde dominieren eindeutig Eigenschaften der Entscheidungsprämisse Personal. Hierzu gehören u.a. die Sozialisation, inklusive der bürokratischen (siehe Häussermann 1977: 93 ff), die politische Einstellung der Beamten (siehe Putnam 1976) und dergl..

Konkretisiert man Adaptation des administrativen Teilsystems als Änderung der Entscheidungsprämissen bzw. ihrer Eigenschaften, dann stellt sich im anschließenden Schritt die Frage, in welchem Beziehungsverhältnis die verschiedenen Eigenschaftsklassen der drei Entscheidungsprämissen stehen. Diese Frage soll abschließend kurz aufgegriffen werden.

Für das *internal environment* im engeren Sinne, die Problemverarbeitungsstruktur, intra- und interorganisatorisch, ist es sicher plausibel, daß entsprechende Eigenschaften der Prämissen Personal und Organisationsstruktur interdependent sind. Beide Merkmalsbereiche sind der Programmprämisse vorgelagert. Sind zwar Programmeigenschaften entscheidend für das Verhalten selbst, so sind Merkmale von Personal und Organisationsstruktur bestimmend für die Ausprägung der Programme, die formuliert und/oder abgerufen werden. Bezüglich der Image-Dimension des *foreign policy mechanism* ist ohne Zweifel die entsprechende Merkmalsklasse der Prämisse Personal entscheidend. Möglicherweise gibt es einen indirekten Effekt der Organisationsstruktur über berufliche Sozialisation, Rollenverhalten usw., keineswegs jedoch einen unmittelbaren Effekt. Daraus ergibt sich die Schlußfolgerung, daß Adaptation des administrativen Teilsystems, das außenpolitisch zuständig ist, eine Änderung der entsprechenden Merkmale der beiden Entscheidungsprämissen Personal und Organisation bedeutet, weil dadurch die Bedingungen politisch-administrativen Handelns eingegrenzt bzw. verändert werden. Die Entscheidungsprämisse Programm dagegen ist bereits eine Folge veränderter bzw. vorgegebener Problemverarbeitungsbedingungen des administrativen Teilsystems, was sich in Form von Verhalten, möglicherweise sogar adaptivem Verhalten auswirkt.

Modelle der Adaptation

Adaptation ist ein Prozeß, den ein politisch-administratives System bzw. dessen administratives Teilsystem durchlaufen kann. Das ist aber nicht zwangsläufig der Fall. Außerdem kann dieser Adaptationsprozeß auf der Ebene der einzelnen Organisation erfolgen oder aber auf der Ebene des gesamten interorganisatorischen Systems. Forschungsstrategisch ist die Analyse und Erklärung von Adaptationsprozesse auf der Analyse-Ebene der Organisation wie auf der nächsten Aggregationsstufe des interorganisatorischen Systems möglich. Wir bleiben im folgenden auf der Organisationsebene, da das Auswärtige Amt und dessen adaptive Leistungen im Zeitablauf im Mittelpunkt stehen. Geht man davon aus, daß das Außenministerium historisch die Rolle einer gatekeeper Institution gespielt hat, dann ist es plausibel, daß alle Änderungen der Umwelt, die eine Aufweichung der Grenzen zwischen Innen- und Außenpolitik zur Folge haben, sich auf diese Organisation auswirken müssen. Die Möglichkeiten der Anpassung, die sich dabei theoretisch stellen, wollen wir nachfolgend mit Hilfe zweier vereinfachter Adaptationsmodelle aufzeichnen. Sie sind der Bezugspunkt für die empirische Analyse und die Interpretation der Ergebnisse.

Ausgangspunkt der Modellkonstruktion ist die Funktionalisierungsthese. Die damit implizierte Komplexitätszunahme wirkt sich auf die Entscheidungsprämissen Personal und Organisation aus. Für die Entscheidungsprämisse Personal resultiert daraus eine zunehmende Differenzierung außenpolitisch-administrativer Tätigkeit mit der entsprechenden Spezialisierung. Für die Entscheidungsprämisse Organisation ist die Folge der zunehmenden Interdependenz im internationalen Rahmen sowie zwischen innen- und außenpolitischer Problemverarbeitung die Notwendigkeit, größere Koordinierungsleistungen zu erbringen. Aus diesen sehr einfachen Überlegungen ergeben sich zwei entsprechende Adaptationsmodelle: *das Funktionalisierungsmodell,* das den Spezialisierungsprozeß in den Mittelpunkt stellt, und *das Koordinierungsmodell,* für das Koordination zentral ist.

Den nachfolgenden Ausführungen liegen eine Reihe von vereinfachenden Annahmen zugrunde: wir gehen von der analytisch wie realen Trennung in Innen- und Außenpolitik aus, eine Annahme die später fallen gelassen wird, wir berücksichtigen nur das administrative Teilsystem des Auswärtigen Amtes als Organisation und schließlich wird das Problem der Außenstellen (Botschaften, Konsulate) ausgeklammert, weil es im Zusammenhang mit der Rolle der Zentrale nicht entscheidend ist.

Zunächst das Funktionalisierungsmodell. Die zentrale These ist, daß die funktionalen Sektoren, administrative Tätigkeitsfelder des low politics Bereichs, zunehmend die traditionellen Sektoren außenpolitischer Aktivität ergänzen. Diese funktionalen Sektoren (Wirtschaft, Soziales, Kultur etc.), deren Komplexität anwächst, weil die außenpolitische Tätigkeit in ihnen anwächst, bürden dem administrativen Teilsystem eine zunehmende Problemlast auf. Diese kann, wenn die traditionelle gatekeeper Rolle erhalten bleiben soll, nur dann effektiv bewältigt werden, wenn zum einen das Personal entsprechend den anfallenden speziellen Problemen über die notwendigen Qualifikationen verfügt, und zum anderen, wenn die Organisationsstruktur entsprechend ausdifferenziert wird. Das bedeutet, daß das Personal zunehmend aus heterogenen Spezialisten zusammengesetzt und daß die Organisationsstruktur entsprechend ausdifferenziert werden muß. Während der außenpolitische Generalist, dessen Qualifikationen eher im prozeduralen liegen, durch den Spezialisten verdrängt wird, wie er in den üblichen Fachressorts vorherrscht, wird ein Teil der Organisationsstruktur des Auswärtigen Amtes den Fachressorts angeglichen. Kern dieses Funktionalisierungsprozesses ist es, die erforderlichen Kapazitäten zu haben, um die internationale Umwelt bzw. deren Wirkungsmechanismen entsprechend manipulieren zu können, was spezielle Kenntnisse über diese Mechanismen voraussetzt.

Die Konsequenzen sind leicht erkennbar. Zum einen entwickelt sich, legt man dieses Modell zu Grunde, das Außenministerium zu einem Superressort. Für die Personalrekrutierung bedeutet dies eine Ergänzung des traditionellen Rekrutierungsmusters durch spezielle Laufbahnen.

Wie kann das alternative Koordinierungsmodell umrissen werden? Während das Funktionalisierungsmodell davon ausgeht, daß die Fachressorts auf den innenpolitischen Tätigkeitsbereich beschränkt bleiben, wird diese Annahme beim Koordinierungsmodell fallen gelassen. Die Fachressorts verfügen im Ansatz sowohl über die organisatorischen Voraussetzungen als auch über die entsprechenden personellen Qualifikationen, die sich aus der Diffusion der low politics im internationalen Rahmen ergeben. Personell bedeutet das den entsprechenden Ausbau der Fachressorts, die sich ja bereits aus Spezialisten zusammensetzen, organisatorisch bedeutet das die Ergänzung der Fachressorts durch entsprechende außenpolitische Abteilungen[4]. Der Spezialisierungs- und Differenzierungsprozeß erfolgt interorganisatorisch. Auf diese Weise werden die Problemverarbeitungskapazitäten des Außenministeriums durch die der Fachressorts ergänzt.

Um dennoch am Konzept einer einheitlichen Außenpolitik festzuhalten und um den Disaggregationseffekt für das Gesamtsystem bei zunehmender Differenzierung seiner Teile zu verhindern (siehe Laporte 1975: 17) wird die Koordinierungstätigkeit für das Außenministerium zentral.

Welche Anforderungen resultieren daraus für das Außenministerium? Für das Personal bedeutet das eine teilweise Spezialisierung. Es muß über die ausreichenden Qualifikationen verfügen, um koordinierend tätig zu sein, sowie entsprechende Kenntnisse organisatorischen Managements haben. Für die Organisationsstruktur resultiert daraus die Notwendigkeit, sie entsprechend den Fachressorts bzw. den funktionalen Sektoren anzugleichen. D.h. die vorhandene Organisationsstruktur wird ergänzt durch Teile, die gemäß den Koordinierungsbereichen strukturiert werden. Die Konsequenzen, die sich daraus für die Organisation insgesamt ergeben, lassen sich leicht erkennen: je stärker die Koordinierungsfunktion an Bedeutung gewinnt und somit anteilsmäßig die traditionelle außenpolitische Problemverarbeitung verdrängt, umso eher verschiebt sich das Tätigkeitsfeld des Außenministeriums vom internationalen Bereich in den interorganisatorisch regierungsinternen. Dies wäre allerdings ein radikaler Funktionswandel.

Abschließend wollen wir die unrealistische Annahme der analytisch und faktischen Trennung in Innen- und Außenpolitik fallen lassen, um kurz zu klären, welche Konsequenzen dies für die zwei Adaptions-Alternativen hat. Die Funktionalisierungsthese beinhaltet neben den aus der Komplexitätsannahme gezogenen Schlußfolgerungen zugleich einen zunehmenden Prozeß der grenzüberschreitenden Ausbreitung staatlicher und nichtstaatlicher Aktivitäten, mit der Konsequenz der zunehmenden Grenzverwischung zwischen Innen- und Außenpolitik. Trifft diese Behauptung zu, dann folgt daraus die Unmöglichkeit einer organisatorisch fixierten Autonomie der Außenpolitik, so wie sie in beiden Modellen enthalten ist. Anders formuliert, zur Verfügung steht eine Adaptationsstrategie, bei der entweder schwergewichtig die innerorganisatorische Funktionalisierung oder aber die interorganisatorische Koordinierung vorgezogen wird.

Beide Adaptationsmodelle stellen nichts anderes dar als die jeweiligen Extreme eines Adaptationskontinuums. Von den normativen Präferenzen abgesehen ist eine Funktionalisierungsstrategie um so eher möglich, je größer die verfügbaren Ressourcen (siehe hierzu Frei 1977). Zusammenfassend ist festzuhalten, daß beide Alternativen ihren Preis haben. Liegen die Kosten der Spezialisierung in der Gefahr dysfunktionaler Segmentierung, so liegen die der Koordinierung darin, suboptimale Ergebnisse zu produzieren, zumal wenn die negative Koordination dominierendes Verhaltensmuster der Verwaltung ist (Mayntz und Scharpf 1973, 1975).

Empirische Analyse

Wenngleich bei diesem Stand der theoretischen Diskussion eine systematische Formulierung von Hypothesen und deren Überprüfung nicht möglich ist, so soll mit der nachfolgenden exploratorischen, empirisch-quantitativen Analyse der Versuch gemacht werden, das Adaptationsphänomen aus der theoretisch-spekulativen in die empirisch-informative Dimension zu transponieren. Dabei soll zum einen belegt werden, daß der Funktionalisierungsprozeß ein langfristiger Trend im internationalen System ist, ein Trend also, der strukturell längerfristige Konsequenzen für das politisch-administrative System im allgemeinen, das Auswärtige Amt im besonderen, im Sinne der angegebenen Richtung hat. Des weiteren soll ein erster Versuch gemacht werden, Adaptationstrends in den zwei zentralen Bereichen Personal und Organisationsstruktur aufzuzeigen. Kernkonzepte sind hierbei die Spezialisierung und die Koordinierung. Ungeachtet der „objektiven" Entwicklung dieser Variablen im Zeitablauf, die Ausdruck für die "decision rules" (Davis 1974) der Organisation sind, soll auch ansatzweise geklärt werden, wie diese Entwicklung von den betroffenen Beamten evaluiert wird, inwieweit sie also entsprechende Adaptationsprozesse stützen oder ihnen skeptisch, wenn nicht sogar ablehnend gegenüber stehen.

Der Funktionalisierungsprozeß beinhaltet, daß durch die nationalen Modernisierungsprozesse die internationale Verflechtung und Interdependenz in den funktionalen, d.h. low politics Bereichen zunehmen. Dieser Prozeß ist zugleich langfristig. Während als eine Art indirekter Variable die Zeit genommen werden kann, mit der dieser Prozeß gemessen werden kann, ist es wesentlich schwieriger, die Funktionalisierung selbst zu operationalisieren. Ausgangspunkt für die Messung dieses Phänomens sind internationale Organisationen. Diese entstehen für die Problemlösung in low politics-Tätigkeitsbereichen (Wirtschaft, Soziale Kultur, Recht usw.) und indizieren den durch die zunehmende Interdependenz erforderlichen Prozeß der Multilateralisierung internationaler Zusammenarbeit, ein typisches Merkmal von low politics. Zwei Merkmale dieses Funktionalisierungsprozesses sind dabei ausschlaggebend: 1. das Ausmaß, 2. die Intensität dieses Prozesses.

Grundlage für die Indikatorenbildung sind die von Wallace und Singer (1970) von 1815–1964 zusammengetragenen Daten über die Entwicklung internationaler Organisationen[5]. Um die Tatsache zu berücksichtigen, daß das internationale System selbst gewachsen ist, die Zahl souveräner Staaten zwischen 1815 und 1964 von 23 auf 107 angestiegen ist,[6] wurde das Ausmaß des Funktionalisierungsprozesses in der Weise operationalisiert, daß die Zahl internationaler Organisationen durch die Zahl der Staaten dividiert wurde. Die Daten sind jeweils für 5 Jahre zusammengefaßt, so daß für die Zeitreihe „Ausmaß" insgesamt 30 Zeitpunkte vorlagen. Intensität wurde alternativ operationalisiert: einmal, indem die durchschnittliche Mitgliedschaftszahl pro Nation in den internationalen Organisationen errechnet wurde, zum anderen, indem die durchschnittliche Größe der internationalen Organisationen für jeden Zeitpunkt errechnet wurde. Wenngleich dadurch der asymmetrische Verflechtungsprozeß unterschlagen wird, so wird dennoch daran erkennbar, wie der generelle Trend verläuft. Jede der drei Zeitreihen wurde einer Zeitreihenanalyse unterzogen als Funktion der Zeit = Modernisierung gesetzt. Zugleich wurde ein linearer Trend postuliert.

Wie die Ergebnisse in Tabelle 1 zeigen, trifft die Annahme der Linearität zu. Dafür sprechen die in allen drei Fällen die hohen Korrelationskoeffizienten, die zwischen 86 und 95 Prozent der Varianz erklären. Am stärksten linear ausgeprägt ist der Trend

Tab. 1: Korrelations- und Regressionskoeffizienten ausgewählter Indikatoren zum Funktionalisierungsprozeß, 1815–1964*

Indikator (abhängige Variable)	Korrelations-koeffizient r	Regressions-koeffizient
durchschnittliche Zahl internationaler Organisationen pro Nation	.953	.0726
Durchschnittliche Zahl der Mitgliedschaften in internationalen Organisationen pro Nation	.931	1.466
Durchschnittliche Zahl der Nationen pro internationaler Organisation	.975	.582

* Die 150 Jahre wurden zu 30 Zeitpunkten von je fünf Jahren zusammengefaßt. Datenquelle: Wallace und Singer 1970.

für die durchschnittliche Größe der internationalen Organisationen, die offensichtlich kontinuierlich zunimmt. Das läßt darauf schließen, daß in den entsprechenden Zuständigkeitsbereichen der jeweiligen internationalen Organisationen die Interdependenz zunimmt weswegen sich immer mehr Staaten ihnen nicht entziehen können. Am relativ geringsten ausgeprägt ist der lineare Trend für die zweite Intensitätsdimension des Funktionalisierungsprozesses, gemessen an Hand der durchschnittlichen Mitgliedschaften in den einzelnen internationalen Organisationen pro Nation. Hier ist eine hohe Zuwachsrate zwischen 1860 und 1900 und in der Zeit nach 1945 zu verzeichnen, als die auffallenden Abweichungen von dem generellen linearen Trend.

Wie dramatisch oder unbedeutend ist dieser Prozeß? Auskunft darüber geben die Regressionskoeffizienten, die ebenfalls in Tab. 1 enthalten sind. Während die durchschnittliche Zahl internationaler Organisationen alle fünf Jahre um 0.07 sowie die durchschnittliche Größe der internationalen Organisationen alle fünf Jahre um ca. 0.6 Mitglieder wächst, nimmt die Zahl der Mitgliedschaften pro Nation in den internationalen Organisationen in jedem Zeitpunkt im Schnitt um 1.5 etwa zu. Diese Resultate sind nicht völlig erwartet. Offensichtlich scheint das Anwachsen des Ausmaßes internationaler Verflechtung bzw. der Funktionalisierung über die Schaffung internationaler Organisationen weitgehend durch das Wachstum der souveränen Staaten bestimmt zu sein. Die durchschnittliche Größe der internationalen Organisationen nimmt nur geringfügig zu. Es sieht so aus, als ob sich der Funktionalisierungsprozeß primär in der nationalen Involvierung in internationalen Gremien auswirkt.

Akzeptiert man die Zeit als unabhängige Variable, die für den Modernisierungsprozeß steht, dann haben die Ergebnisse die Annahme des Funktionalisierungsprozesses gestützt. Dabei verläuft dieser Prozeß weniger extensiv (Ausmaß) als intensiv (nationale Involvierung in internationalen Organisationen). Dieser generelle Funktionalisierungstrend im internationalen System gilt trotz der relativ kurzen Lebenszeit auch für die Bundesrepublik. Die Zahl der internationalen Organisationen, denen die Bundesrepublik angehört, ist von 47 1955 auf 84 1969 (Eberwein 1975: 190) angewachsen.[7]

Kommen wir damit zum Auswärtigen Amt selbst und zu der Frage, ob diese Organisation und ihr Personal sich den generellen Anforderungen, die aus der Funktionalisierungsthese hergeleitet werden können, angepaßt hat. Dabei geht es um die Analyse von zwei spezifischen, wie wir meinen, entscheidenden Variablen: die Spezialisierung und die Koordinierung. Spezialisierung kann zweierlei Bedeutung haben: zum einen als Einführung verschiedener Laufbahnen für Spezialattachés. Zum anderen kann Spezialisierung aber auch bedeuten, daß im Kontext einer einheitlichen Laufbahn, wie dies derzeit der Fall ist, Personal für den Höheren Auswärtigen Dienst rekrutiert wird, das über die akademische Ausbildung spezielle Qualifikationen mitbringt. Seit der Schülerschen Reform in den 20er Jahren gibt es die Einheitslaufbahn im Auswärtigen Dienst (siehe Lauren 1976) und damit zusammenhängend das Generalistenprinzip (Curtius 1965: 175). Das Generalistenprinzip ist die Absage an Spezialisten. Nun ist es durchaus denkbar, daß im Rahmen der Einheitslaufbahn und des Generalistenprinzips dennoch eine Spezialisierung in dem zweitgenannten Sinne erfolgt. Das würde bedeuten, daß für den Höheren Auswärtigen Dienst Personen mit möglichst heterogenen Hochschulabschlüssen angesprochen und nach Möglichkeit auch rekrutiert werden. Der traditionelle Hochschulabschluß, der zum Generalisten qualifiziert, ist das erste oder zweite juristische Staatsexamen. Juristen gelten als Verwaltungsgeneralisten (siehe Brinkmann 1973; Brinkmann et al. 1973; Pippke 1975). Aus diesem Grund wird die Spezialisierung gemessen an Hand der Rekrutierungsdaten, wobei Nichtspezialisierung definiert wird als Rekrutierung von Juristen, Spezialisierung als die Rekrutierung von Hochschulabsolventen mit wirtschaftswissenschaftlichem Abschlußexamen.[8] Als Daten dienen die Angaben des Auswärtigen Amtes über die Rekrutierung von Bewerbern für den Höheren Auswärtigen Dienst vom 1. Lehrgang im Jahre 1950 bis zum 32. Lehrgang 1976 bzw. 33. Lehrgang 1977. Die Daten der erfolgreichen Bewerber lagen für die Lehrgänge 1–32 vor, d.h. der Bewerber (im Schnitt jeder vierte), die den Auswahlprozeß erfolgreich bestanden. Um den Selektionsprozeß vollständig zu beleuchten, werden auch die Daten über die Bewerber insgesamt sowie die Zahlenangaben über die Bewerber, die zum Auswahlwettbewerb eingeladen worden sind, analysiert. Allerdings lagen für die erstgenannte Zeitreihe die Angaben vom Lehrgang 14 (1959) bis Lehrgang 33 vor, die für die zweitgenannte vom Lehrgang 9 (1955) bis Lehrgang 32.

Koordinierung ist weniger problematisch zu operationalisieren. Es besteht entweder die Möglichkeit, Koordinierung als Tätigkeit zu messen, was praktisch unmöglich und auch nachträglich kaum für einen längeren Zeitraum rekonstruierbar ist[9], oder aber man nimmt die Zahl der entsprechenden institutionalisierten Gremien, deren Aufgabe koordinierende Funktion ist. Wir wählten diesen zweiten Weg. Um die entsprechenden Informationen zu bekommen, wurde an Hand des zum Zeitraum der Untersuchung vorliegenden neuesten Ordnungsplans des Auswärtigen Amtes, Stand Oktober 1972, die dort enthaltenen Angaben über entsprechende interministerielle Gremien gesammelt, soweit diese der administrativen Ebene, d.h. den Fachabteilungen zugeordnet waren. Im Anschluß daran wurde ein kurzer Fragebogen, in dem nach Angaben über Entstehen, Funktion, Beteiligung usw. des entsprechenden interministeriellen Ausschusses gefragt wurde, an die jeweilige zuständigen Referate im Auswärtigen Amt Ende 1974 geschickt. Zugleich wurden frühere Ordnungspläne durchgesehen, um eventuell frühere, inzwischen abgeschafften Gremien, mitzuerfassen. Sämtliche Fragebogen wurden zurückgeschickt. Nur in wenigen Ausnahmefällen gab es fehlende Angaben.

Schauen wir uns zunächst die Zahlen über die durchschnittlichen Bewerberzahlen, wobei nur Juristen (Referendare und Assessoren getrennt) und Wirtschaftswissenschaftler berücksichtigt werden, an. Wie die Zahlen in Tabelle 2 belegen, bewerben sich

Tab. 2: Durchschnittliche Zahl der Bewerber (Juristen und Volkswirte) für den Höheren Auswärtigen Dienst 1950–1977 (Quelle: Auswärtiges Amt, Ausbildungsreferat). In Klammern die Zahlen bis einschließlich Lehrgang 29 (1974) zum Vergleich.

	Durchschnittliche Zahl: der Bewerber		der zum Auswahlwettbewerb zugelassenen Bewerber		der erfolgreichen Bewerber	
	n = 20*	(n = 16)	n = 24**	(n = 21)	n = 32***	(n = 29)
Volkswirte	22.3	(16.1)	8.1	(7.8)	2.8	(2.7)
Juristen:						
Assessoren	43.7	(40.6)	25.2	(24.9)	12.6	(12.0)
Referendare	29.2	(29.9)	16.9	(17.2)	5.7	(6.0)

* Lehrgang 14–33
** Lehrgang 9–32
*** Lehrgang 1–32

wesentlich weniger Volkswirte als Juristen und mehr Assessoren als Referendare. Auffallend ist wie gering die durchschnittliche Zahl erfolgreicher Volkswirte (2.8) im Vergleich zu den sich bewerbenden Volkswirten (22.3) ist. Bei den Assessoren bestehen im Schnitt 12.6 Bewerber von 43.7 den Auswahlprozeß erfolgreich, fast 30 Prozent. Dazwischen liegen die Referendare. Aus diesen Zahlen geht eindeutig hervor, daß im Laufe der vergangenen 26 Jahre relativ wenig Spezialisten im Vergleich zu Generalisten rekrutiert worden sind. Das belegen auch die Zahlen in Tab. 3. Danach liegt der Anteil

Tab. 3: Durchschnittlicher Anteil der Juristen in den verschiedenen Stadien des Auswahlprozesses für den Höheren Auswärtigen Dienst in Prozent (Quelle: Auswärtiges Amt, Ausbildungsreferat). In Klammern die Zahlen bis einschließlich Lehrgang 29 zum Vergleich.

	Bewerber		Zum Auswahlwettbewerb zugelassene Bewerber		Erfolgreiche Bewerber	
	n = 20*	(n = 16)	n = 24**	(n = 21)	n = 32***	(n = 29)
Juristen – Anteil in Prozent	55.0	(59.7)	63.0	(64.8)	67.0	(67.6)

* Lehrgang 14–33
** Lehrgang 9–32
*** Lehrgang 1–32

der Juristen bei den Bewerbungen bei 55 Prozent. Bei den Bewerbern, die zum Auswahlwettbewerb zugelassen sind, steigt der durchschnittliche Anteil der Juristen auf 63 Prozent. Noch einmal verbessert sich der prozentuale Anteil der Juristen bei den erfolgreichen Bewerbern: er steigt auf über zwei Drittel, auf 67 Prozent, an.

Dominiert also der Generalistenanteil bei den erfolgreichen Bewerbern eindeutig, so ist aus diesen Daten noch keineswegs eine spezifische Rekrutierungsstrategie erkennbar. Das ist nur möglich, wenn die Entwicklung im Zeitablauf analysiert wird. Um die möglichen Trends zu ermitteln wurden die Zeitreihen der Daten über Bewerbungen, zum Auswahlwettbewerb zugelassene Bewerber und erfolgreiche Bewerber mit den Lehrgängen korreliert. Verwendet wurde dabei der Randordnungskorrelationskoeffizient Spearmans Rho. Das ordinale Meßniveau wurde deswegen gewählt, weil die Zahlen für Bewerber und die Zahlen über die rekrutierten Bewerber, erheblichen Schwankungen unterliegen. Das bedeutet natürlich, daß über den Trendverlauf selbst ob er z.B. linear ist oder kurvilinear, an Hand des Rangordnungskorrelationskoeffizienten nichts ausgesagt werden kann.

Schauen wir uns die entsprechenden Randordnungskorrelationskoeffizienten in Tabelle 4 an. Bei den Volkswirten ist eine relativ klare Zunahme des Interesses an einer Tätigkeit im Höheren Auswärtigen Dienst zu erkennen (Rho = 0.634) ebenso

Tab. 4: Die Entwicklungstendenzen bei den Bewerbern für den Höheren Auswärtigen Dienst, aufgeschlüsselt nach Juristen und Volkswirten für die drei Stufen des Auswahlprozesses. Angegeben ist der jeweilige Randordnungskorrelationskoeffizient Rho. In Klammern die Korrelationen für die Zeitreihen bis Lehrgang 29

	Bewerber		Zum Auswahlwettbewerb zugelassene Bewerber		Erfolgreiche Bewerber	
	n = 20*	(n = 16)	n = 24**	(n = 21)	n = 32***	(n = 29)
Assessoren	0.641	(0.636)	0.530	(0.579)	0.702	(0.655)
Referendare	–0.195	(0.019)	–0.610	(0.018)	–0.626	(–0.563)
Volkswirte	0.634	(0.285)	0.339	(0.322)	0.214	(0.106)

* Lehrgang 14–33 (1977)
** Lehrgang 9–32 (1976)
*** Lehrgang 1–32

wie bei den Assessoren (Rho = 0.636). Das Interesse der Referendare an der Diplomatenlaufbahn ist relativ konstant wenngleich mit minimal negativer Tendenz (Rho = −0.195). Bei der Zulassung zur Bewerbung, der 2. Stufe des Auswahlprozesses greifen bereits die Selektionsmechanismen des Auswärtigen Amtes. Das wirkt sich bei den Referendaren in einem zunehmenden Mißerfolgstrend aus, wofür der Rangordnungskorrelationskoeffizient von −0.610 spricht. Bei den Volkswirten ist der Erfolg trendmäßig wesentlich niedriger als bei den Bewerbungen (Rho = 0.339). Die Assessoren sind auf dieser Stufe am wenigsten erfolgreich im Zeitablauf (Rho = 0.530).

Die entscheidende Hürde ist jedoch der Auswahlwettbewerb selbst. Trendmäßig ist hier die stärkste positive Entwicklung, Erfolg also, bei den Assessoren zu verzeichnen (Rho = 0.702), während die Referendare noch einmal eine recht dramatische Mißerfolgsentwicklung aufweisen (Rho = −0.626). Bei den Volkswirten verlangsamt sich noch einmal der Trend (Rho = 0.214) im Vergleich zu den vorangegangenen zwei Stufen.

Diese Ergebnisse sind in mehrfacher Hinsicht bemerkenswert. Erstens werden zunehmend Assessoren, Juristen bzw. Generalisten rekrutiert. Dieser klare Trend zugunsten der Verstärkung des (Assessoren)Juristenanteils wird zweitens durch den rückläufigen Trend bei den Referendaren und drittens durch den leicht politiven Trend bei den Volkswirten = Spezialisten konterkarriert. Der Effekt ist bezüglich der Rekrutierung ein Spezialisten – Generalisten Status-Quo. Das belegt der Rangordnungskorrelations Rho von 0.098, legt man den prozentualen Anteil der Juristen (Assessoren und Referendare zusammen) an den erfolgreichen Bewerbern im Zeitablauf der Korrelation zugrunde. Diese Entwicklung ist allerdings durch die Rekrutierungspraxis der letzten Jahre bedingt, denn bis einschließlich Lehrgang 29, also bis 1974, lag der Wert für Rho bei 0.244, was eine zwar nicht sehr stark ausgeprägte aber doch erkennbare Zunahme des Generalistenanteils, der Juristen, bedeutete.

Betrachtet man die Zahlen in den Tabellen 2–4 für die Entwicklung bis Lehrgang 32 bzw. 33 einerseits mit der bis Lehrgang 29 (die jeweils in Klammern enthaltenen Zahlen), dann fallen einige Veränderungen auf. Sofern es sich um keine statistischen Artefakte handelt müssen diese Änderungen durch die Entwicklung in den letzten Jahren hervorgerufen worden sein:

1. Ist der Trend bei den an einer Diplomatenlaufbahn interessierten Volkswirten, die sich bewerben, inzwischen stark positiv, was zu der Vermutung führt, daß gerade in den letzten Jahren deren Interesse gewachsen sein muß.
2. Bleibt der Trend bei den Juristen weitgehend konstant.
3. Ist der Anteil der Juristen, legt man die Daten bis Lehrgang 29 im Vergleich zu denen bis Lehrgang 32 zugrunde, tendenziell rückläufig, wenngleich nach wie vor der Anteil der Juristen im Auswahlprozeß ansteigt (s. Tab. 3).
4. Verändern sich die Trends bei den Bewerbern, berücksichtigt man die neueren Zahlen für die Lehrgänge 30–32. Z.T. werden bestehende Entwicklungsmuster stärker akzentuiert (bei den Assessoren und den Volkswirten), z.T. werden aber Entwicklungsmuster verändert (bei den Referendaren).

An dieser Entwicklung zeigt sich folglich, daß für das Auswärtige Amt die faktisch wirksame "decision rule" die Erhaltung des Status Quo ist, was die Rekrutierung von

Generalisten und Spezialisten betrifft. Das täuscht aber nicht darüber hinweg, daß das Auswärtige Amt an einer partiellen Spezialisierungsstrategie nicht vorbeikommen kann, auch bisher nicht vorbeigekommen ist. Wie die Entwicklung der Spezialattachés zeigt, werden diese in zunehmendem Maße v.a. in den Auslandsvertretungen eingesetzt. Diese Spezialattachés werden entweder von den Fachressorts gestellt oder aber von außerhalb der Ministerialbürokratie rekrutiert (siehe Eberwein 1975: 162 ff.).

Eine weiterführende Interpretation wird zurückgestellt. Statt dessen wollen wir uns der Variablen „Koordinierung" zuwenden. Wie bereits erwähnt soll sie mit Hilfe der Zahl interministerieller Ausschüsse im Zeitablauf operationalisiert werden. Betrachten wir zunächst die Zahl der Ausschüsse im Zeitablauf insgesamt. Daß die Koordinierungstätigkeit im außenpolitischen Bereich für die Verwaltung zugenommen hat, geht aus diesen Zahlen eindeutig hervor. Gab es 1955 nur ein solches Gremium so wuchs diese Zahl im Laufe der Jahre auf 20 (1973) an. Der entscheidende Sprung scheint zu Beginn der 70er Jahre zu liegen, wo sich innerhalb kürzester Zeit die Zahl der Gremien nahezu verdoppelt hat. Im Anschluß an die Funktionalisierungsthese war die Vermutung formuliert worden, daß sich dieser Koordinierungszuwachs, sofern er sich ergibt, in den funktionalen Bereichen anfallen wird. Diese Annahme scheint plausibel zu sein: Der Anteil der Ausschüsse in funktionalen, d.h. low politics Bereichen beträgt inzwischen drei Viertel. Allerdings ist nicht zu übersehen, daß sich auch die Zahl in den traditionellen außenpolitischen Sektoren Diplomatie und Sicherheit vergrößert hat, daß hier offensichtlich auch eine Tätigkeitszunahme zu verzeichnen ist.

Tab. 5: Zahl der interministeriellen Ausschüsse, denen das Auswärtige Amt angehört, im Zeitablauf

	Zahl der Ausschüsse		
	Insgesamt	Funktionale* Sektoren	Traditionelle* Sektoren
1955	2	1	1
1959	3	2	1
1960	4	3	1
1962	5	4	1
1965	7	6	1
1967	8	7	1
1970	11	9	2
1971	17	14	3
1972**	19	15	4
1973***	20	15	4

* Funktionale Sektoren sind Wirtschaft, Soziales und Kultur inkl. Wissenschaft. Traditionelle Sektoren sind Sicherheit und Diplomatie.

** Bis 1972 kommen 2 weitere, hier nicht aufgeführte Ausschüsse hinzu, die aber nicht zugeordnet werden konnten. Außerdem fielen 1972 2 Ausschüsse weg, 2 kamen aber gleichzeitig hinzu.

*** Ein Ausschuß konnte wegen mangelnder Informationen nicht zugeordnet werden, ist deshalb nur in der Spalte „Insgesamt" aufgeführt.

Die Koordinierung ergibt sich aus dem Funktionalisierungsprozeß und der damit einhergehenden Interdependenz einerseits, der Unmöglichkeit, Funktionszusammenhänge rein intraorganisatorisch zu gliedern, andererseits. Zunehmende Interdependenz beinhaltet somit möglicherweise die Notwendigkeit, immer größere Bereiche koordinierend zu erfassen. Trifft diese Vermutung zu, dann müßte dementsprechend die Größe der interministeriellen Gremien wachsen. Daß diese Vermutung richtig zu sein scheint, belegen die Zahlen in Tabelle 6. Danach ist die durchschnittliche Größe

Tab. 6: Durchschnittliche Ausschußgröße 1955–1973 und Konzentration der Ausschußmitgliedschaften anderer Ressorts mit dem AA, gemessen an Hand des Konzentrationsindexes CON

	Durchschnittliche Ausschußgröße*	Konzentrationsindex CON für die Verteilung der Ausschußmitgliedschaften**
1955	3	0.00
1959	4.66	0.18
1960	4.00	0.62
1962	4.80	0.22
1965	4.85	0.24
1967	4.75	0.20
1970	5.00	0.21
1971	5.60	0.17
1972	5.70	0.17
1973	5.83	0.17

* Gezählt wurden nicht die Zahl der Vertreter, die jedes Ressort in den jeweiligen Ausschüssen hat, sondern nur die in den Gremien vertretenen Ressorts.

** Mit CON wird hier nur die Asymmetrie der Verflechtung anderer Ressorts mit dem AA in den interministeriellen Ausschüssen, nicht also die Verflechtung bezogen auf sämtliche Ressorts. Allerdings ist seit 1973 das AA mit jedem Ressort mindestens einmal in einem gemeinsamen Ausschuß verknüpft.

dieser Ausschüsse von 3 auf 5.8 angewachsen, sie hat sich also in knapp 20 Jahren fast verdoppelt. Sehr viel interessanter als die reinen Zahlen über die durchschnittliche Größe der interministeriellen Ausschüsse sind die Werte des Konzentrationsindexes CON (Ray und Singer 1974: 422). Dieser Index mißt das Ausmaß an Ungleichheit bzw. Gleichheit zwischen Mitgliedern eines bestimmten Kollektivs für die Verteilung einer bestimmten Eigenschaft unter ihnen. Konkret: er mißt das Ausmaß interministerieller Verflechtung innerhalb des politisch-administrativen Systems zwischen AA und den allen Ressorts. Ist der Index 0 (untere Grenze), dann ist das AA mit allen Ressorts gleichstark verflochten. Ist der Index 1 (obere Grenze), dann ist das Auswärtige Amt nur mit einem Ressort verknüpft.[10]

Sinkt der Index CON im Zeitablauf, was tatsächlich der Fall ist, dann kann dies in einem doppelten Sinne interpretiert werden: zum einen bedeutet das eine Zunahme des außenpolitischen Funktionalisierungsprozesses, weil die überwiegende Zahl der Gremien funktionalen Sektoren zugeordnet ist. Zum anderen bedeutet es aber auch einen außenpolitischen Diffusionsprozeß innerhalb der Verwaltung des politisch-administrativen Systems, weil immer mehr Ressort immer gleichmäßiger in die Koordinierungstätigkeit des Auswärtigen Amtes einbezogen werden müssen. Dieser Zwang entsteht, weil die Fachressorts immer mehr in den außenpolitischen Problemverarbeitungsprozeß einbezogen werden. Daß es sich dabei vor allem um die funktionalen Kernressorts handelt, mit denen das Auswärtige Amt interministeriell verflochten ist, zeigen die Daten über die Verteilung der Zahl der Mitgliedschaften der einzelnen Ressorts im Zeitablauf (Eberwein 1975: 160). Diese Verteilung zeigt, trotz der nach wie vor bestehenden asymmetrischen Verflechtung, daß sie mit den funktional zentralen Ressorts am stärksten ist: so gab es im Jahre 1973 13 gemeinsame Mitgliedschaften mit dem Wirtschaftsministerium, das Finanzministerium war in 10 der Ausschüsse vertreten ebenso wie das Ministerium für Wirtschaftliche Zusammenarbeit, und das Arbeitsministerium mit 8 gemeinsamen Mitgliedschaften. Etwas ungewöhnlich ist der Umstand, daß das Innenministerium insgesamt in 10 Ausschüssen vertreten ist.

Geht man noch einen Schritt weiter und fragt nach der Bedeutung, die dem Auswärtigen Amt in diesen Gremien zukommt und verwendet man hierfür die Ausschüsse, in denen das Auswärtige Amt federführend ist, als Indikator, dann stellt sich heraus, daß das AA nur in einem der fünf Ausschüsse mit Entscheidungsbefugnis den Vorsitz hat. Allerdings sind vier der fünf Ausschüsse mit Entscheidungsbefugnis im funktionalen Bereich eingeordnet.

Faßt man die Ergebnisse der Analyse der interministeriellen Verflechtung, die Koordinierungsfunktion indiziert, zusammen, dann ist zum einen festzuhalten, daß ohne Zweifel von einer generellen Zunahme der außenpolitischen Tätigkeit und Koordinierung gesprochen werden kann. Zugleich erfolgt diese Zunahme in den Bereichen, die gemäß der Funktionalisierungsthese dafür ursächlich sind: die low politics Bereiche, v.a. der sozioökonomische Bereich. Daß das Auswärtige Amt eine dominierende Rolle in diesem Prozeß spielt, ist an Hand der Daten keineswegs schlüssig zu beantworten. Erstens haben nur wenige dieser Gremien Entscheidungsbefugnis und zweitens hat das AA nur in einem von insgesamt 5 Ausschüssen mit Entscheidungsbefugnis den Vorsitz.

Liegt also objektiv eine zwiespältige Entwicklung bezüglich der personellen Qualifikation vor (d.h. Spezialisten werden zwar rekrutiert, überwiegend aber Generalisten eingestellt) und wächst zugleich die Koordinierungsnotwendigkeit (wofür die zunehmende interministerielle Verflechtung spricht), so ist damit keineswegs eine weiterführende Aussage über die vom Auswärtigen Amt in diesem Zeitraum erbrachte Anpassungsleistung in den Dimensionen "Spezialisierung" und „Koordinierung" möglich, eine Aussage also, welches – sofern überhaupt – der beiden Adaptationsmodelle Bezugspunkt für die Anpassungsstrategie des AA war. Notwendige Ergänzung ist die Wahrnehmung der Organisation bzw. ihrer Mitglieder in bezug auf die aus der Umwelt resultierenden Anpassungsnotwendigkeiten einerseits, der erbrachten Anpassungsleistungen andererseits. Diese Wahrnehmungsdimension ist dem Image-Konstrukt zuzuordnen. Es handelt sich um die evaluative Komponente dieses Konstrukts. Warum es sich um ein bedeutsames Element handelt läßt sich in der Hypothese zusammenfassen, daß Änderungen in der Personal- und Organisations-Dimension, selbst dann, wenn sie bezüglich der Umweltänderung notwendig sein sollten, sich dysfunktional auswirken, wenn die Organisationsmitglieder entsprechende Änderungen ablehnend gegenüberstehen.[11]

Die Evaluierung der Notwendigkeit von Spezialisten und der interministeriellen Verflechtung von den Beamten des Höheren Auswärtigen Dienstes ist der abschließende Problemkreis dieser empirischen Analyse. Grundlage dafür ist ein Fragebogen, der einem Sample von 58 Beamten des Höheren Auswärtigen Dienstes, die in den Fachabteilungen tätig sind, 1976 zugestellt worden ist. Dieser Fragebogen enthielt überwiegend geschlossene Fragen und wurde schriftlich von 50 Beamten beantwortet, was einem Rücklauf von etwa 86 Prozent entspricht.[12] Berücksichtigt wurden nur die Beamten der Fachabteilung, die Population, aus der die Stichprobe gezogen wurde, weil die Fragen an der Tätigkeit der Beamten unmittelbar anknüpfen, somit den Praxisbezug bei der Beantwortung zur Geltung kommen lassen sollen. Die Tätigkeit der Beamten in der Z-Abteilung dagegen ist innerorganisatorischer Natur, so daß hier der unmittelbare Praxisaspekt in dem von uns abgefragten Sinne nicht gegeben war.[13]

Berücksichtigt man die Tatsache, daß zwei Drittel der Rekrutierten Attachés Juristen sind, dann drängt sich als Erstes die Frage auf, inwieweit das Jura-Studium besonders für eine Tätigkeit im Höheren Auswärtigen Dienst geeignet ist. Auf die Frage: „Sind Sie auf Grund ihrer bisherigen Tätigkeit und Berufspraxis der Meinung, daß die juristische Ausbildung besondere, für den Diplomatischen Dienst geeignete Qualifikationen schafft?" antworteten wie folgt mit

Ja, auch mit Einschänkungen	30	
Darunter Juristen		20
Nein	16	
Darunter Juristen		4
Sonstiges	4	

Daß der überwiegende Teil der Juristen der Meinung ist, daß das Jura-Studium besonders geeignet ist, ist kaum verwunderlich, schon eher, daß immerhin 4 der Meinung sind, daß das nicht der Fall ist. Zusammen mit 4 Volkswirten, 3 Philologen und 5 „Sonstigen" ist immerhin fast ein Drittel der Meinung, daß das Jura-Studium doch nicht besonders geeignet sei. Das Bild ist jedoch ambivalent, weil immerhin 10 Nicht-Juristen die herausragende Bedeutung des Jura-Studiums akzeptieren. Inwieweit dies auf organisationsinterne Sozialisationseffekte zurückzuführen ist und nicht auf funktionale Erfordernisse der Tätigkeit selbst, kann nicht geklärt werden.

Wie sieht die Verteilung der Antworten aus, wenn man nicht indirekt über das Studium sondern direkt nach der Notwendigkeit der Spezialisierung im Auswärtigen Dienst fragt. Auf die Frage „Sind Sie auf Grund der von Ihnen bisher ausgeübten Funktionen der Meinung, daß der Höhere Auswärtige Dienst nach dem Spezialistenprinzip mit jeweils spezifischer Spezialausbildung umorganisiert werden müßte?" antworteten auf die vorgegebenen Kategorien:

Das Spezialistenprinzip mit Spezialausbildung ist m.E. für alle von mir bisher ausgeübten Funktionen im Prinzip erforderlich	0
Das Spezialistenprinzip mit Spezialausbildung ist m.E. für einige von mir bisher ausgeübten Funktionen erforderlich	10
Das Spezialistenprinzip mit Spezialausbildung ist m.E. für keine der von mir bisher ausgeübten Funktionen erforderlich	38
Keine Antwort	2

Das Ergebnis ist eindeutig. Der überwiegende Anteil der Befragten ist der Meinung, daß die vielfältigen Aufgaben, die die Beamten in den verschiedenen Funktionen bewältigen mußten auch ohne Spezialistenausbildung erfüllt werden können. Dies auf die Sozialisierung im Auswärtigen Dienst zurückzuführen, der eindeutig auf das Generalistenprinzip festgelegt ist, ist nicht ohne weiteres möglich, weil dennoch jeder fünfte der Meinung ist, daß es eine Reihe von Funktionen gibt, für die tatsächlich Spezialkenntnisse und eine Spezialausbildung erforderlich sind. Wenngleich keinerlei zeitliche Angaben aus den Antworten herausgelesen werden können, kann dies u.U. bedeuten, daß eine zunehmende Anzahl von Beamten längerfristig einen solchen Spezialisierungsprozeß für notwendig hält.

Konkretisiert man diese Frage auf den Außendienst, wo bereits heute Spezialisten in Form von Spezialattachés aus den Fachressorts oder von außerhalb eingesetzt werden, wo also das Generalistenprinzip bereits seit längerer Zeit durchbrochen wird, dann erlauben die Antworten einen weiteren Einblick in diese Problematik. Auf die Frage: „Würden Sie aus der Sicht Ihrer bisherigen Berufspraxis sagen, daß solche Spezialattachés notwendig sind oder nicht?" (als Beispiele waren Entwicklungsattachés aus dem BMZ und Sozialattachés, die vom DGB an die Auslandsvertretungen delegiert werden, angegeben worden) antworteten die Befragten wie folgt:

Sind notwendig	15
Sind notwendig, aber eingeschränkt	4
Sind nicht notwendig, mit Ausnahmen	7
Sind nicht notwendig	22
Keine Antwort	2

Auffallend ist zunächst, daß ein Drittel im Außendienst Spezialisten für notwendig hält. Hinzu kommen sogar noch vier weitere, wenn auch Einschränkungen machende Befürworter; sie grenzen Spezialisten auf bestimmte Teilbereiche ein. Dennoch ist der Teil, der Spezialisten für überflüssig hält nach wie vor relativ groß: 22 lehnen sie als nicht notwendig ab. Hinzu kommen noch weitere 7 Antworten. Spezialisten (u.a. Wehrattachés und wehrtechnische Attachés) werden für ganz bestimmte Teilbereiche als unumgänglich erachtet, ansonsten aber im Prinzip für nicht notwendig gehalten. Vergleicht man die Befürworter von Spezialattachés mit den Befürwortern von Spezialisten insgesamt (erste Frage), dann zeigt sich, daß dem Spezialistenprinzip im Außendienst mehr Sympathien entgegengebracht werden als generell. In der Zentrale, so kann man vermuten, werden sie für weniger notwendig gehalten. Daß offensichtlich eine gewisse Minderheit Spezialisten befürwortet, ist umso stärker zu bewerten, weil diejenigen, die sie für erforderlich halten, sich in Gegensatz zum offiziellen Organisationscredo begeben.

Bevor wir weiterführende interpretative Spekulationen an diese beiden Fragen bzw. an die Verteilung der Antworten anknüpfen, wollen wir uns noch die dritte, im Zusammenhang mit dem Spezialistenproblem gestellte Frage, anschauen. Und zwar geht es dabei um das Problem der Substituierbarkeit von Spezialisten, genauer um die Substituierbarkeit von Spezialattachés an den Auslandsvertretungen. Auf die Frage „Sind Sie der Ansicht, daß die Beamten des Auswärtigen Amtes ohne weiteres die Aufgaben dieser Spezialattachés wahrnehmen könnten?" wurde wie folgt geantwortet:

Ja	21
Ja, aber mit Einschränkungen	13
Nein, aber mit Einschränkungen	4
Nein	9
Sonstiges	3

Die Beamten, die meinen, die Spezialattachés seien nur zum Teil oder überhaupt nicht durch den Karrierebeamten im Höheren Auswärtigen Dienst ersetzbar, stellen den harten Kern der Spezialistenbefürworter dar. Immerhin 13 meinen, daß eine Reihe von Funktionen offensichtlich nicht voll oder überhaupt nicht von den Karrierebeamten wahrgenommen werden kann. Bleibt der Teil, der Spezialisten für substituierbar hält, fast konstant mit demjenigen, der Spezialattachés für notwendig hält (21 bzw. 22), so steigt der Teil, der sie mit Einschränkungen für substituierbar hält bei gleichzeitiger Bejahung prinzipieller Substituierbarkeit, relativ stark an auf 13, vergleicht man die analoge Antwort auf die Frage 3.

Recht aufschlußreich sind die Hinweise, die in den Antworten auf die Frage enthalten sind und unter der Rubrik „Sonstiges" stehen. So meint ein Beamter, daß prinzipiell Beamten aus dem eigenen Hause der Vorzug zu geben sei, was aus normativen Gründen durchaus sinnvoll sein kann. Ein zweiter Beamter macht darauf aufmerksam, daß bestimmte Spezialattachés deswegen von anderen Ressorts gestellt würden, weil die Kompetenzverteilung im Inland in manchen Bereichen aus ressortpolitischen Gründen auf das Ausland durchschlage. Sehr differenziert fällt schließlich eine dritte Antwort aus:

> „Nach einer entsprechend ausgedehnten Einweisung könnte dem AA-Mann das erforderliche fachliche Grundwissen vermittelt werden. Ihm wird aber immer der für manchen Tätigkeiten nützliche 'Stallgeruch' fehlen. Ein Sozialattaché, der vom DGB übernommen wurde, wird zur organisierten Arbeiterschaft viel leichter Zugang finden als der AA-Mann".

Fassen wir die bisherigen Ergebnisse zusammen: Der überwiegende Teil der Befragten hält das Jura-Studium für eine, wenn nicht die zentrale Qualifikationsvoraussetzung für den Höheren Auswärtigen Dienst. Insofern ist es nur konsequent, daß ein Großteil das Spezialistenprinzip generell ablehnt. Weniger stark ausgeprägt ist der Widerstand gegen eine Spezialisierung für die Tätigkeit an den Auslandsstellen. Weil das AA die bereits tätigen Spezialisten nicht selbst stellt und eine Spezialausbildung, etwa während der Attaché-Ausbildung nicht einführt, ist die Konsequenz, daß die Norm der Einheit des Auswärtigen Dienstes qua Generalistenprinzip durch die Entwicklung, v.a. an den Auslandsvertretungen faktisch ausgehöhlt wird. Denn nicht einmal bei der Rekrutierung des Nachwuchses schlägt sich die Berücksichtigung dieses Trends nieder, der innerhalb der Beamtenschaft kontrovers beurteilt wird.

Kommen wir zum Komplex „Koordinierung". Eine adaptive Möglichkeit besteht für das Auswärtige Amt darin, sich zunehmend zum Koordinator der Außenpolitik zu machen. Auf die Frage, „Ist im Hinblick auf Ihre Erfahrung die Schlußfolgerung zutreffend, daß die Koordinierung der Außenpolitik für das AA zunehmend zur dominierenden Aufgabe wird?" gab es folgende Antworten:

Trifft für meinen jetzigen Arbeitsbereich zu	26
Trifft für meinen jetzigen Arbeitsbereich nicht zu	16
Sonstiges	7
Keine Antwort	1

Nach der Aussage von ca. der Hälfte der in den Fachabteilungen in Bonn tätigen Beamten zeichnet sich dieser Koordinierungstrend ab. Diese Entwicklung wird aber nicht durchgängig so beurteilt, denn immerhin 16 Befragte verneinen unsere Vermutung. Auffallend ist, daß 11 der 16 negativen Antworten aus den zwei Politischen Abteilungen kommen, den Abteilungen also, die eher traditionelle Tätigkeiten wahrnehmen, während 15 der zustimmenden Antworten – wie erwartet – aus den Fachabteilungen stammen, die sich mit low politics Problemen befassen.

Das Ergebnis ist aber nicht in dieser Gegenüberstellung generalisierbar, weil immerhin 10 der positiven Antworten, die den Koordinierungstrend bestätigen, ebenfalls aus den beiden Politischen Abteilungen stammen. Abteilungszugehörigkeit ist somit nur eine hinreichende, keinesfalls aber eine notwendige Bedingung. In den 6 Antworten, die unter der Rubrik „Sonstiges" aufgeführt sind, sind weitere 5 enthalten, die – wenn auch mit Einschränkungen – eine Zunahme koordinierender Tätigkeiten bestätigen (z.B. gelte dies nur multilateral, nicht aber bilateral; oder aber die Formulierung sei in der vorliegenden Form zu weitgehend). Lediglich ein Beamter antwortete darauf wie folgt: „AA *formuliert* Außenpolitik und führt diese durch!" (Hervorhebung im Original).

Daß diese Koordinierungsfunktion wegen der Funktionalisierung zunimmt, die sich darin manifestiert, daß die Fachressorts zunehmend außenpolitisch tätig werden, sollte die Anschlußfrage klären helfen. Es beantworteten die Frage „Ergibt sich diese Koordinierungstätigkeit daraus, daß die Fachressorts zunehmend bi- und multilateral außenpolitisch im weiteren Sinne relativ selbständig tätig sind?" wie folgt:

Ja	28
Nein	11
Keine Antwort	4

Nicht berücksichtigt sind die 7 Beamten, die auf die vorangegangene Frage unter „Sonstiges“ aufgeführt worden sind. Eine Anschlußfrage war nicht möglich. Von den restlichen Antworten bestätigen 28 die Vermutung, daß der Funktionalisierungsprozeß teilweise über die Fachressorts verläuft (28 ja-Antworten bei 11 Verneinungen). Soweit die Frage verneint wird verteilen sich die Antworten auf die Politische Abteilungen (= 4), die Wirtschafts- (= 3) und die Kulturabteilung (= 2), bei fehlenden Angaben in zwei weiteren Fällen.

Die Möglichkeit, das Koordinierungsproblem von einer anderen Seite zusätzlich zu beleuchten, bietet die Frage: „Aus der Sicht Ihres derzeitigen Arbeitsplatzes: ist die interministerielle Verflechtung bzw. Zusammenarbeit in Form von Ausschüssen, ad hoc angesetzten Besprechungen oder z.B. in Form direkter telefonischer Kontakte usw. groß?“

Groß	35
Gering	11
Sonstiges	4
Keine Antwort	2

Einige mehr sind der Meinung, daß die Verflechtung interministeriell groß ist verglichen mit der Frage nach der Koordinierungsfunktion: 35, während nur 11 der Meinung sind, daß diese Verflechtung gering sei. Über die Hälfte, die letztere Meinung vertritt, kommt aus den beiden Politischen Abteilungen (= 6). Die „Sonstiges“-Rubrik enthält eine differenzierte Aufschlüsselung, die nicht zuordenbar ist sowie drei Aussagen, die auf eine mittlere Verflechtung schließen lassen („angemessen“, „mittel“ und „durchschnittlich“ sind die entsprechenden Antworten). Immerhin 21 sind der Meinung, daß die interministerielle Verflechtung während ihrer Tätigkeit an dem jetzigen Arbeitsplatz (zur Zeit der Befragung) zugenommen hat, wobei 10 aus den beiden Politischen Abteilungen diese Meinung vertreten. Ihnen stehen 17 Beamte gegenüber, die eine solche Zunahme nicht konstatieren.

Zusammenfassend ist festzuhalten, daß trotz der generell als relativ hoch eingeschätzten interministeriellen Verflechtung des Auswärtigen Amtes Koordinierung in geringerem Ausmaß als dominierende Aufgabe angesehen wird. Koordinierung wie interministerielle Verflechtung scheinen beide durch die zunehmende außenpolitische Involvierung der Fachressorts bedingt zu sein. Die Antworten bestätigen somit indirekt die Plausibilität der Funktionalisierungsthese. Ein Indiz dafür ist auch, daß Koordinierung und Verflechtung stärker für die Fachabteilungen (Wirtschaft, Kultur) des AA gilt als für die Politischen Abteilungen.

Zusammenfassung und Schlußfolgerungen

Können aus der vorgelegten Analyse Schlußfolgerungen über die Adaptation des Auswärtigen Amtes gezogen werden, und wenn ja, welche Konsequenzen ergeben sich aus den erkennbaren Trends bezüglich der Spezialisierung und Koordinierung für das Auswärtige Amt und seine Mitglieder? Selbstverständlich lassen die vorliegenden Ergebnisse keineswegs ein umfassendes und differenziertes Urteil zu. Dennoch sind wir der Meinung, daß aus den Entwicklungen, die sich abzeichnen, erste tentative Schlußfolgerungen gezogen werden können.

Wie die Daten über die Entwicklung von Ausmaß und Intensität internationaler Verflechtung zeigen, dürfte die These über den Funktionalisierungsprozeß im internationalen System und somit für die nationale Außenpolitik als langfristiger Prozeß außer Zweifel stehen. Deswegen ist die Annahme der Notwendigkeit der Adaptation der außenpolitisch-administrativen Problemverarbeitungsstrukturen an diese Veränderungen plausibel. Analytisch sind zwei idealtypische Adaptationsstrategien unterscheidbar, die mit dem Funktionalisierungs- und dem Koordinierungsmodell umschrieben worden sind. Real wird, unter der Voraussetzung, daß ein Adaptationsprozeß erfolgt, die entsprechende Anpassungsstrategie zu einem Punkt führen, der auf dem Kontinuum liegt, das die beiden Modelle als jeweilige Extreme hat.

Im Bereich der Koordinierung, gemessen an Hand der Zahl interministerieller Ausschüsse, haben wir eine Entwicklung beobachtet, die darauf hindeutet, daß diese Tätigkeit zunehmend an Bedeutung gewinnt. Koordinierung als wichtige – ja sogar in ihrer Bedeutung wachsende – Funktion des Auswärtigen Amtes ist nach Meinung der Mehrheit der befragten Diplomaten die zunehmend dominante Aufgabe ihrer Organisation, wobei dies ihrer Einschätzung nach mit der zunehmenden Involvierung der Fachressorts in der Außenpolitik zusammenhängt. Diese Parallelität von institutionellem Wandel und der entsprechenden Perzeption gilt allerdings nicht für eine Minderheit, wobei aus den Daten hervorzugehen scheint, daß die Zugehörigkeit zum Abteilungstyp – allgemeine = politische Abteilungen vs. spezialisierte Abteilungen = Wirtschaft, Kultur und Recht – ein wenn auch alleine nicht ausreichender erklärender Faktor ist. Daß dem so sein könnte ist durchaus plausibel. Es gibt dafür sowohl empirische Anhaltspunkte (siehe etwa Samuel 1976) wie theoretische Gründe. Gemäß der Funktionalisierungsthese ist zu erwarten, daß die spezialisierten Abteilungen wesentlich stärker in koordinierende Tätigkeiten verwickelt sind.

Diese letzte Aussage impliziert einen Adaptationsprozeß in Richtung Koordinierungsmodell. Das läßt sich an Hand der Daten belegen. Sowohl auf der organisatorisch-institutionalisierten Ebene als auch kognitiv scheint ein solcher Prozeß im Gang zu sein, wenngleich er in seiner institutionellen Form erst relativ spät eingesetzt hat. Die Tatsache, daß mehr Beamte von einer hohen interministeriellen Verflechtung überzeugt sind als die, die die Koordinierungstätigkeit zunehmend als dominierend ansehen, führt zumindest dazu, sich die Frage zu stellen, ob nicht ein Teil interministerieller Tätigkeit nicht koordinierender Art sondern eher eine Form interorganisatorischer Entscheidungsstruktur darstellt. Das wäre zumindest institutionell eine komplexitätsadäquate Entscheidungsstruktur zu einer entsprechend komplexen Umwelt. Doch diese Frage sprengt den Interpretationsrahmen, der durch die vorliegenden Daten festgelegt ist.

Ist bei der organisatorischen Dimension eine weitgehende Parallelität von institutioneller Veränderung und der Einschätzung der Entwicklung durch die Beamten festzustellen, so trifft das nicht bei der Personaldimension zu. Die Entwicklung ist erstens dadurch gekennzeichnet, daß zunehmend Assessoren, d.h. Generalisten rekrutiert werden. Zweitens wird dieses Anwachsen des Juristenanteils, der nach wie vor bei zwei Drittel liegt, durch die rückläufige Rekrutierung von Referendaren konterkarriert. Drittens schließlich werden, wenn auch nur relativ schwach ausgeprägt, zunehmend Spezialisten = Volkswirte als Attachés eingestellt. Trendmäßig besteht ein Status Quo im Zeitablauf, was den Juristenanteil an den rekrutierten Bewerbern betrifft. Doch ist diese Entwicklung erst durch die Rekrutierungspraxis in den letzten Jahren geprägt worden. Bei der Trendberechnung nur bis Lehrgang 29 war das Ergebnis eine Zunahme des Juristenanteils gewesen (Eberwein 1975: 108 ff.). Schließlich ist, trotz Beibehaltung des Status Quo zwischen Generalisten- und Spezialistenanteil als Ergebnis der Rekrutierungspraxis der Lehrgänge 1 bis 32 die Tatsache festzuhalten, daß das Auswärtige Amt v.a. an den Auslandsvertretungen zunehmend Spezialisten aus anderen Ressorts bzw. von außerhalb der Ministerialbürokratie einsetzt. Dieser Umstand deutet darauf hin, daß ein gewisses Ausmaß an Spezialisierung unvermeidlich ist.

Wenngleich eine Mehrheit der Beamten das Generalistenprinzip für adäquat hält, eine Spezialisierung also ablehnt, und das Jura-Studium als *die* akademische Qualifikationsvoraussetzung für den höheren Auswärtigen Dienst ansieht, ist immerhin eine nicht unbeachtliche Minderheit von 20 Prozent gegenteiliger Auffassung. Dabei erscheint der Minderheit die Spezialisierung auf den Auslandsposten wichtiger als generell, d.h. also als in der Zentrale. Nicht nur auf der Ebene der empirisch feststellbaren "decision rules" bei der Rekrutierung von Beamten ist eine zwiespältige Entwicklung beobachtbar, sondern ebenso hinsichtlich der Einschätzung des Spezialistenproblems durch die Beamten selbst.

Aus diesem Grunde sind aus den vorgelegten Daten keine Schlußfolgerungen über eine eindeutige Adaptationsstrategie möglich. Sowohl die Rekrutierungspraxis für den Nachwuchs im höheren Auswärtigen Dienst als auch die Antworten zum Generalisten bzw. Spezialistenproblem deuten auf eine widersprüchliche Entwicklung und einen latenten Konflikt hin. Dabei sieht es so aus, als sei dieser latente Konflikt keinesfalls ideologisch determiniert, sondern viel eher durch die beruflichen Anforderungen bedingt.

Deutet also die Entwicklung im Bereiche der Koordinierung tatsächlich auf eine gewisse Funktionsverschiebung des Auswärtigen Amtes hin, so kann längerfristig die Entwicklung im Personalbereich durchaus zu einem gewissen Funktionsverlust führen. Denn die Einsetzung von Spezialisten von außerhalb ist sicher nicht rückgängig zu machen. Sie könnte eher noch zunehmen. Ebenso wenig ist zu erwarten, daß sich der Kreis derjenigen, der zur Minderheit der Spezialistenbefürworter gehört, auflöst oder sogar kleiner wird. Dagegen sprechen schon die Umfrageergebnisse der Kulturattachés im Peissert-Gutachten, denen zufolge das Alter positiv mit der Befürwortung von Spezialisten korreliert (siehe Eberwein 1975: 105–107). Es sieht so aus, als sei ein Prozeß bereits im Gange, der einerseits objektiv das Prinzip der Einheitlichkeit des Auswärtigen Dienstes unterläuft und der andererseits durch die Einschätzung der Diplomaten selbst noch verstärkt wird, die eine Spezialisierung befürworten.

Dabei ist es tatsächlich unerheblich, daß die Spezialisten dem AA von den anderen Ressorts aufgezwungen werden. Ansatzpunkt für die weiteren Überlegungen in Wissenschaft und Praxis ist somit die Kernfrage nach einer längerfristig angelegten neuen Standortbestimmung des Auswärtigen Amtes wegen der sich ankündigenden organisationsinternen Veränderungen und wegen der sich strukturell grundlegend wandelnden außenpolitischen Umwelt.

Anmerkungen

1 Bei dem nachfolgenden Aufsatz handelt es sich um eine überarbeitete Fassung meines in Bonn vorgelegten Referats. Durch die Einarbeitung der neueren Rekrutierungsdaten kommt es zu modifizierten, von der ersten Fassung abweichenden Schlußfolgerungen. Diese Arbeit, die an meine Dissertation (Eberwein 1975) anknüpft, wäre nicht ohne die Hilfe des Auswärtigen Amtes und vor allem die von Peter Mende, Vortragender Legationsrat I, zustande gekommen, weswegen ich mich hier dafür bedanken möchte. Dankbar bin ich auch Hermann Meyer, Christiane Pott und Jörg Siekmann, die bei der Auswertung des Fragebogens behilflich waren. Der Bericht über den ausgewerteten Fragebogen wird von uns demnächst gemeinsam veröffentlicht.

2 Gerade die planungs- und verwaltungswissenschaftliche Diskussion, speziell auch die Restriktionsproblematik, hat bisher m.E. unzulässigerweise den internationalen Kontext und seine Auswirkungen auf die nationale Planbarkeit ausgespart.

3 Die wichtigsten Ergebnisse hat Rosenau (1974a) in dem von ihm herausgegebenen Reader u.a. vorgelegt.

4 Wie weit dieser Prozeß heute bereits fortgeschritten ist, wird konkret von Schwarz (1975) beschrieben.

5 Nicht enthalten sind darin die Verteidigungs- und Militärbündnisse. Für die Operationalisierungsregeln sei auf den Aufsatz von Wallace und Singer, 1970, verwiesen. Wir verwenden dabei die Rohdaten, also nicht etwa die gewichteten nationalen Mitgliedschaftszahlen von Wallace und Singer.

6 Auch hier verweisen wir auf die operationalen Definitionskriterien der Autoren Wallace und Singer in ihrem entsprechenden Aufsatz (1970).

7 Unmittelbar nicht vergleichbar sind diese von mir angegebenen Zahlen. Sie enthalten u.a. Militärbündnisse, nicht dagegen die spezialisierten Organisationen der UNO. Dies liegt an der dort (Eberwein 1975: 190) verwendeten Datenquelle.

8 Der wirtschaftswissenschaftliche Abschluß ist deswegen gewählt worden, weil er der einzige ist, der vollständig und unmißverständlich als „Spezialist" identifizierbar ist. Weitere Kategorien der AA-Systematik sind Philologen bzw. Sonstige.

9 Eine solche Rekonstruktion müßte entweder an Hand von Akten erfolgen oder an Hand von Interviews mit Beamten, die in bestimmten Positionen während der Vergangenheit tätig waren. Beides ist forschungsökonomisch nahezu unmöglich, völlig unmöglich jedenfalls für einen Einzelnen.

10 Wir messen, wie auch bei Tab. 6 angegeben, nur die Asymmetrie der Verflechtung des AA mit den Ressorts, mit denen mindestens eine gemeinsame Ausschußmitgliedschaft besteht. Allerdings ist seit 1973 jedes Ressort mit dem AA mindestens einmal verknüpft. Hinzuzufügen ist, daß CON weitgehend neutral gegenüber Veränderungen der verwendeten Grundgesamtheit ist, was in diesem Fall auch notwendig war, um überhaupt die verschiedenen Werte für CON vergleichen zu können.

11 Umgekehrt gilt dies vermutlich ebenso: wenn keine Änderungen der Bedingungen erfolgen, die Organisationsmitglieder aber Änderungen wollen, sie aber nicht durchsetzen können, wird sich dies ebenso nachteilig auswirken.

12 Die Grundgesamtheit betrug 237.

13 Das geht auch u.a. darauf zurück, daß vor der Durchführung der schriftlichen Befragung die Zustimmung des AA erforderlich war, was auch eine Diskussion über den Fragebogen selbst und eine Einigung hierüber zur Folge hatte.

Literatur

Arbeitsgruppe Florian (1975): Ein Außenministerium befragt sich selbst. Eidgenössisches Politisches Departement, Bern.

Bacchus, William J. (1974): Obstacles to Reform in Foreign Affairs the Case of NSAM 341. In: Orbis Vol. 28 No. 1: 266–276.

Barnes, Louis B. (1967): Organizational Change and Field Experimental Methods. In: V.H. Vroom (ed.): Methods of Organizational Research. Pittsburgh Pa.: 57–111.

Bennett, James P. (1975): Foreign Policy as Maladaptive Behavior: Operationalizing some Implications. In: Papers, Peace Science Society (International). Vol 25: 85–104.

Bericht der Kommission zur Reform des Auswärtigen Dienstes (Herwarth-Kommission gen.) Bonn, März.

Brinkmann, Gerhard (1973): Die Diskriminierung der Nicht-Juristen im allgemeinen höheren Verwaltungsdienst der Bundesrepublik Deutschland. In: Zeitschrift für die Gesamte Staatswissenschaft Bd. 129 Heft 1: 150–167.

Brinkmann, Gerhard, Wolfgang Pippke, Wolfgang Rippe (1973): Die Tätigkeitsfelder des höheren Verwaltungsdienstes. Forschungsbericht des Landes Nordrhein-Westfalen. Nr. 2339, Opladen.

Cooper, Richard N. (1968): The Economics of Interdependence: Economic Policy in the Atlantic Community, New York.

Curtius, Claus (1965): Höherer Auswärtiger Dienst: Einheit oder Spezialistentum? In: Aus der Schule der Diplomatie – Beiträge zu Außenpolitik, Recht, Kultur, Menschenführung. Festschrift zum 70. Geburtstag von Peter Pfeiffer, Düsseldorf.

Curtius, Claus (1975): Die Nachwuchsausbildung für den Höheren Auswärtigen Dienst der Bundesrepublik Deutschland. In: Ders./G.v. Haeften: Die Nachwuchsausbildung für den Höheren Auswärtigen Dienst der Bundesrepublik Deutschland und der Vereinigten Staaten von Amerika, Frankfurt a.M.: 1–83.

Cyert, Richard M. und James G. March (1963): A Behavioral Theory of the Firm, Englewood Cliffs N.J..

Czempiel, Ernst-Otto (Hrsg.) (1969): Die Anachronistische Souveränität, PVS-Sonderheft 1.

David, David Howard (1974): State Department Structure and Foreign Policy Decision Rules. In: P.J. McGowan (ed.): Sage International Yearbook of Foreign Policy Studies, Vol. 2, Beverly Hill 175–189.

Diplomacy for the 70's (1970): US Department of State: A Programm of Management Reform for the Department of State. Department of State Publication 8593 – Department and Foreign Service Series 1430, Washington D.C..

Duncan, Sir Val (Chairman) (1970): Report of the Review Committee on Overseas Representation, London.

Eberwein, Wolf-Dieter (1975): Auswärtiges Amt und Strukturwandel der Außenpolitik, 1956–1973. Diss. (unveröff.), Bielefeld, Oktober.

Eberwein, Wolf-Dieter (1976): Structural Change in Foreign Policy and Adaptation Processes: The German Experience, 1955–1973. Paper presented to the 13th European Conference of the Peace Science Society (International), Geneva, August.

End, Heinrich (1969): Erneuerung der Diplomatie, Berlin.

End, Heinrich (1970): Auswärtiger Dienst – Reform oder Reparatur. In: Frankfurter Hefte Bd. 25: 91–97.

Evan, William M. (1972): An Organization-Set Model of Interorganizational Decision-Making. In: M. Tuite, R. Chisholm, M. Radnor (eds.): Interorganizational Decision-Making, Chicago.

Frei, Daniel (1977): Kleinstaatliche Außenpolitik als Umgang mit Abhängigkeit. In: Sozialwissenschaftliche Studien des Schweizerischen Instituts für Auslandsforschung, Bd. 5 (NF), hrsg. von D. Frei, Zürich, 201–225.

Garnham, David (1974): State Department Rigidity – Testing a Psychological Hypothesis. In: International Studies Quarterly Vol. 18.

Hopkins, Raymond F. (1976): The International Role of "domestic bureaucracy". In: International Organization. Vol 30 No. 3: 405–432.

Häussermann, Hartmut (1977): Die Politik der Bürokratie, Frankfurt a.M..

Inkeles, Alex (1975): The Emerging Social Structure of the World. In: World Politics. Vol 27 No. 4: 467–495.

Kaiser, Karl (1971): Transnational Politics: Towards a Theory of Multinational Politics. In: International Organization. Vol 25 No. 4: 790–817.

Kaiser, Karl and Roger Morgan (eds.) (1971): Britain and West Germany – Changing Societies and the Future of Foreign Policy, London.

Katzenstein, Peter J. (1975): International Interdependence: Some long term Trends and recent Changes. In: International Organization Vol 29 No. 4: 1021–1034.

Keohane, Robert O. (1975): International Organization and The Crisis of Interdependence. In: International Organization. Vol. 29 No. 2: 357–365.

Keohane, Robert O. and Joseph S. Nye jr. (1975): International Interdependence and Integration. In: F. J. Greenstein and N.W. Polsby (eds.): Handbook of Political Science. Vol. 8, Reading Mass..

Laporte, Todd R. (1975): Organized Social Complexity. Explication of a Concept. In: Ders. (ed.): Organized Social Complexity, Princeton N. J.: 3–25.

Lauren, Paul Gordon (1976): Diplomats and Bureaucrats, Stanford Cal..

Luhmann, Niklas (1966): Theorie der Verwaltungswissenschaft, Köln.

Luhmann, Niklas (1971): Politische Planung, Köln.

March, James G. and Herbert A. Simon (1958): Organization, New York.

Mayntz, Renate (1977): Die Implementation politischer Programme: Theoretische Überlegungen zu einem neuen Forschungsgebiet. In: Die Verwaltung, Bd. 10 Heft 1: 51–66.

Mayntz, Renate und Fritz W. Scharpf (Hrsg.) (1973): Planungsorganisation, München.

Mayntz, Renate und Fritz W. Scharpf (1975): Policy Making in the German Federal Bureaucracy, Amsterdam.

Morse, Edward L. (1971): Transnational Economic Processes in the Twentieth Century. In: International Organization. Vol. 25 No. 3: 373–397.

Morse, Edward L. (1976): Der Wandel der Außenpolitik, Modernisierung, Interdependenz und Externalisierung. In: L. Kern (Hrsg.): Probleme der Postindustriellen Gesellschaft. Köln. 332–353 (Der Aufsatz erschien zuerst 1971 in World Politics).

O'Leary, Michael (1974): Foreign Policy and Bureaucratic Adaptation. In: Rosecrance 1974a: 55–70.

Negandhi, A. R. (ed) (1975): Interorganizational Theory. Kent Oh..

Osborn, Richard and James G. Hunt (1974): Environment and Organizational Effectiveness. In: Administrative Science Quarterly. Vol. 19 No. 2: 231–246.

Peissert, Hansgert (1971): Gutachten zur Auswärtigen Kulturpolitik. Nicht veröffentl., Konstanz, April.

Pippke, Wolfgang (1975): Karrieredeterminanten in der öffentlichen Verwaltung, Baden-Baden.

Puchala, Donald J. and Stuart A. Fagan (1974): International Politics in the 1970's: The Search for a Perspective. In: International Organization Vol. 28 No. 2: 247–266.

Putnam, Robert D. (1976): Die politischen Einstellungen der Ministerialbeamten in Westeuropa. In: PVS, Jg. 17, Heft 1: 23–61.

Ray, James L. and J. David Singer (1974): Measuring Concentration of Power in the International System. In: Sociological Methods and Research. Vol. 1 No. 4: 403–437.

Rosecrance, Richard and Arthur Stein (1973): Interdependence: Myth or Reality? In: World Politics. Vol. 26 No. 1: 1–22.

Rosenau, James N. (1970): The Adaptation of National Societies: A Theory of Political System Behavior and Transformation, New York.

Rosenau, James N. (1970a): Foreign Policy as Adaptive Behavior. In: Comparative Politics. Vol. 2 No. 3: 365–387.

Rosenau, James N. (1974): Comparing Foreign Policies: Why, What, How? In: Rosenau 1974a. 3–22.

Rosenau, James N. (ed.) (1974a): Comparing Foreign Policies. Theories, Findings and Methods, New York.

Samuel, Andrew K. (1976): Some Correlates of Attitudes to Multilateral Diplomacy in the US Department of State. In: International Studies Quarterly. Vol 20 No. 2: 301–324.

Scharpf, Fritz W. (1973): Planung als Politischer Prozeß, Frankfurt a.M..

Scharpf, Fritz W. (1976): Theorie der Politikverflechtung. In: F.W. Scharpf, B. Reissert, F. Schnabel: Politikverflechtung, Theorie und Empirie des kooperativen Föderalismus in der Bundesrepublik, Kronberg Ts..

Schmid, Günther und Hubert Treiber (1975): Bürokratie und Politik, München.

Schwarz, Hans-Peter (1975): Die Bundesregierung und die Auswärtigen Beziehungen. In: Ders. (Hrsg.): Handbuch der Deutschen Außenpolitik, München. 43–112.

Scott, Andrew M. (1969): The Department of State: Formal Organization and Informal Culture. In: International Studies Quarterly. Vol. 13 No. 1: 1–18.

Splett, Oskar (1977): Zwischen Weltgeltung und Weltzivilisation. Die Auswärtige Kulturpolitik Deutschlands in diesem Jahrhundert. aus politik und zeitgeschichte – beilage zur wochenzeitung das parlament. B 24/77, 18.6. 3–38.

Starking, Jay D. (1975): The Use of System Constructs in Simplifying Organized Social Complexity. In T. R. Laporte (ed.): Organized Social Complexity, Princeton N.J, 151–172.

Wallace, Michael D. and J. David Singer (1970): Intergovernmental Organization in the Global System, 1815–1964: A Quantitative Description. In: International Organization. Vol. 24 No. 2: 239–287.

Waltz, Kenneth N. (1970): The Myth of National Interdependence. In: C. P. Kindleberger (ed.): The International Corporation, Cambridge Mass..

„Außenpolitische Forschung im Spannungsfeld zwischen Praxisbezug, Praxisrechtfertigung und Praxiskritik"

Von Werner Link

I Außenpolitik ist – allgemein formuliert – die aktive und reaktive Gestaltung der Beziehungen einer staatlich organisierten Gesellschaft zu ihrer Umwelt nach Zielvorstellungen, die – in Auseinandersetzung mit dieser Umwelt – im internen Willensbildungs- und Entscheidungsprozeß entwickelt und in konkreten Handlungssituationen umzusetzen versucht werden. Dabei sind die Umweltstrukturen, die eigenen Interessen und die Interessen der anderen Staaten, die jeweiligen Machtpotentiale und Handlungssituationen bzw. deren Einschätzung und Definition von zentraler Bedeutung, und zwar sowohl bei der Erarbeitung der Strategien als auch bei der Bestimmung der jeweiligen Taktiken. Außenpolitik ist mithin ein äußerst komplexer Handlungs- und Entscheidungsbereich, in dem zahlreiche interne und externe Faktoren eng miteinander verbunden sind, die der wissenschaftlichen Analyse nicht nur zugänglich sind, sondern dringend ihrer bedürfen, sofern man nicht der prinzipiellen Irrationalität außenpolitischer Entscheidung das Wort redet. Der Komplexitätsgrad von Außenpolitik, der stets erheblich war, hat in der jüngsten Vergangenheit aufgrund der internen Fundamentaldemokratisierung und infolge der externen globalen Verflechtung der Staaten und Gesellschaften noch eine weitere Steigerung erfahren. Wenn es richtig ist, daß mit zunehmender Komplexität auch die Notwendigkeit wissenschaftlicher Durchdringung zunimmt, so wäre mithin eine Bedeutungssteigerung politikwissenschaftlicher Forschung in der Außenpolitik zu erwarten, und zwar sowohl bei der „Nachfrage" der Praxis als auch beim „Angebot" der Politikwissenschaft (und anderer Sozialwissenschaften). Inwieweit diese Vermutung zutrifft, gilt es zu erörtern.

II Vorab bedarf es einer Vorüberlegung über das Verhältnis von Wissenschaft und politischer Praxis, das bekanntlich sehr unterschiedlich definiert wird. Karl-Martin Bolte hat in einem sehr instruktiven, knappen Aufsatz die verschiedenen Auffassungen skizziert und dabei zwischen sieben Varianten unterschieden: (1) Wissenschaft isoliert von Praxis, (2) Wissenschaft als Diener der Praxis, (3) Praxis als Vollstrecker wissenschaftlich aufgewiesener Notwendigkeiten, (4) Wissenschaft als Aufklärer und Lenker von Praxis, (5) Wissenschaft als Helfer und Aufklärer von Praxis, (6) Wissenschaft und Praxis in direkter Kooperation und (7) Pragmatische Kooperation und Aufklärung.

Es kann nicht Aufgabe dieses Papiers (und wohl auch nicht der Arbeitsgruppe) sein, die unterschiedlichen Positionen ausführlich zu diskutieren. Doch ist die – wenigstens skizzenhafte – Offenlegung der eigenen Grundannahmen, von denen die folgenden Erörterungen ausgehen, unabweisbar[1]:

Nach meinem Verständnis (das keiner o. g. Variante exakt zugerechnet werden kann) sind beide Bereiche – Wissenschaft und Politik – in modernen Gesellschaften *relativ* selbständig; d. h. sie sind zwar nicht völlig voneinander isoliert, aber auch nicht gleichartig strukturiert. Sie stehen in einem Spannungsverhältnis zueinander, das sich aus ihren unterschiedlichen sozialen Funktionen ergibt. Im Gegensatz zu der Funktion verantwortlichen und verbindlichen politischen Entscheidens und Handelns ist es die Aufgabe der Wissenschaften, durch methodisch geleitete Reflexion und Analyse systematisches Wissen und Erkenntnisse über dieses Entscheidungshandeln, über seine Bedingungen und Konsequenzen, zu entwickeln. Der Anwendungsbezug ist – neben Grundlagenforschung und Methodik – nur *ein* Moment wissenschaftlicher Tätigkeit. Dessen Berücksichtigung im Forschungsprozeß ist freilich eine zentrale Voraussetzung dafür, daß die Ergebnisse wissenschaftlicher Arbeit für den Praxisbereich relevant werden können. Um die Übertragung und Übersetzung zu ermöglichen, sind Vermittlungsinstanzen und Kontaktnetze zwischen beiden Bereichen nötig (Niklas Luhmann). Eine direkte Fusion würde hingegen gerade die spezifische Leistung der Wissenschaft ausschließen.

Mit Hans Albert unterscheide ich idealtypisch zwischen zwei Funktionen, die die Wissenschaft gegenüber der Praxis ausüben kann bzw. soll[2]: Steuerung (positiv-instrumentale Funktion) und Aufklärung (kritische Funktion). Im ersten Falle geht es um Ratschläge für den aktiven Politiker, die eine sachgerechte Steuerung politischer Prozesse bewirken sollen, indem technologisches Wissen für Problemlösungen zur Verfügung gestellt wird. Im zweiten Fall ist der Adressat der Aktivbürger; Ziel der Aufklärung ist „durch Verbreitung von Wissen und durch Vermittlung kritischer Methoden, durch kritische Analyse sozialer Zusammenhänge und ideologischer Verklärungen, Vorurteile zu beseitigen, das Urteil und die Urteilskraft der Mitglieder der Gesellschaft zu läutern und so die Entwicklung zu einer Gesellschaft freier Bürger zu fördern"[3]. In beiden Fällen ist die Entwicklung und kritische Prüfung von *realisierbaren* Alternativen die Voraussetzung dafür, daß die Praxisorientierung nicht zu einem verbalen Alternativradikalismus verkommt, der sich souverän über die Realisierungschancen und -kosten von Problemlösungsvorschlägen hinwegsetzt. Und beide Funktionen sind in einer demokratischen Gesellschaft aufeinander bezogen[4]: „Aufklärung kann den Boden für eine Politik bereiten, die auf eine vernünftige Steuerung des sozialen Geschehens abzielt. Andererseits kann die Politik durch eine solche Steuerung auch dazu beitragen, daß sich die Chancen der Wirksamkeit von Aufklärung erhöhen".

Dieses am „kritischen Rationalismus" orientierte Verständnis bezieht also die politische Öffentlichkeit konsequent mit ein, ohne sie – wie im pragmatistischen Modell von Jürgen Habermas – zur „letzten Instanz" zu verabsolutieren (und dann unter Berufung auf „Systemschranken" zu beklagen, daß die empirischen Bedingungen für die Modellanwendung fehlen)[5]. Noch wichtiger ist, daß der von Hans Albert hergestellte Bezug zwischen Aufklärung und Steuerung auch und gerade für den außenpolitischen Bereich adäquat ist. Denn einerseits ist Außenpolitik nicht mehr ein Arkan-Bereich des Herrschers, geheimer Kabinette oder der Regierung. Die Außenpolitik eines Staates bedarf, um praktikabel und wirksam zu sein, der Unterstützung der Mehrheit der eigenen Bevölkerung und muß auch den ausländischen Handlungspartnern, ja selbst den potentiellen oder tatsächlichen Gegnern bekannt sein. Grundkonzeptionen und Handlungsoptionen sind also in den öffentlichen Diskussionsprozeß einbezogen, und auf sie richtet sich vorrangig die kritische Aufklärung durch wissenschaftliche Analyse. Zugleich gibt es andererseits bei der Konkretisierung und Operationalisierung außenpolitischer Konzeptionen, bei sicherheitspolitischen Detailplanungen, in Verhandlungsphasen und Krisensituationen, Erfordernisse der Vertraulichkeit und zumindest zeitweiliger Geheimhaltung, angesichts derer die Ausübung einer positiv-instrumentalen Funktion der Wissenschaft – ohne unmittelbare Öffentlichkeitsvermittlung – angebracht und legitim ist. Die Akzentuierung im Zusammenhang zwischen Aufklärung und Steuerung läßt sich also nicht abstrakt ein für alle Mal und für alle Fälle entscheiden, sondern ist situations- und problemspezifisch zu bestimmen.

Die Betonung der Aufklärung und der öffentlichen Vermittlung von Wissenschaft und Praxis (die ungeachtet aller Unterschiede sowohl von Hans Albert als auch von Jürgen Habermas vorgenommen wird und selbst die „subversive" Alternative von

Claus Offe charakterisiert) bezeichnet die *Tendenz*, die sozialhistorisch-empirisch nachweisbar sowie demokratietheoretisch begründbar ist und prinzipiell den außenpolitischen Entscheidungs- und Handlungsbereich einbezieht. In der Ausweitung des Strategiebegriffs und des Adressatenkreises spiegelt sich diese Tendenz wieder: Die traditionellen Fürstenspiegel (die staatsphilosophischen Unterweisungen des Herrschers oder Prinzen) wurden abgelöst von der Anwendung empirisch-analytischen Denkens, dessen früheste Anwendung im außenpolitisch relevanten Bereich die Generalstabsarbeit war; mögliche Situationen wurden bzw. werden auf ihre jeweiligen Folgen hin untersucht, um durchdachte Modelle möglicher Entscheidungen zu finden[6]. Die Übertragung dieser analytischen Arbeit auf die gesamte Außenpolitik (unter Einbeziehung der außenpolitischen Ziele) im Sinne der „Beurteilung möglicher politischer Strategien“ (Carl Friedrich von Weizsäcker) ging einher mit der oben erwähnten Fundamentaldemokratisierung, wodurch die Regierung, das Parlament, die politisch-gesellschaftlichen Gruppen (die teilweise selbst eigenständige Außenbeziehungen herstellen[7]) und letztlich die Aktivbürgerschaft insgesamt zu den Adressaten wissenschaftlich begründeter Handlungsoptionen werden.

Der Bezugsrahmen war und ist zunächst wegen der nationalstaatlichen Struktur der Weltpolitik legitimerweise die Nation und ihre Bürger. Aber selbst bei dieser nationalstaatlichen Orientierung gehören zu den Betroffenen einer Außenpolitik – der Logik der Sache nach – nicht nur die Bürger des jeweiligen Nationalstaates, sondern ebenfalls die Bürger derjenigen Staaten, auf die hin und mit denen Außenpolitik betrieben wird[8]. Insofern war und ist eine ausschließliche Orientierung an dem sogenannten Nationalinteresse (d.h. an denjenigen Interessen, die in der internen politischen Auseinandersetzung als solche definiert werden) in ihrer Eindimensionalität unzulänglich. Indem die globale Verflechtung und die Verfügbarkeit über globale Vernichtungswaffen die Sicherung der humanen (nicht nur der nationalen) Existenz zum letztentscheidenden Kriterium außenpolitischen Handelns machten, ist der Nationalstaat als ausschließlicher Bezugsrahmen bei der Beurteilung außenpolitischer Strategien in noch höherem Maße inadäquat geworden. Und das bedeutet auch, daß die außenpolitische Diskussion tendentiell zu einer internationalen Diskussion wird. Außenpolitische Analysen und Strategieempfehlungen sind nicht mehr und nicht weniger als Beiträge, die Wissenschaftler in diese Diskussion einbringen und ihrerseits der kritischen Prüfung unterliegen. Der Hypothesencharakter ihrer Empfehlungen ist zu betonen, um zu verhindern, daß die Diskussion mit dem Verweis auf „die Wissenschaft“ abgebrochen, statt gefördert wird.

III Die Realisierung der erörterten Aufgaben praxisbezogener außenpolitischer Forschung läßt sich mit einem kurzen Blick auf die USA am besten erkunden, weil dort die wissenschaftliche Politikberatung auch im außenpolitischen Bereich am intensivsten betrieben wird[9]: Politikwissenschaftler und Vertreter anderer sozialwissenschaftlicher Disziplinen sind auf allen relevanten Ebenen der Regierung und des Kongresses und in der Öffentlichkeit in außenpolitischen Fragen beratend tätig. Sie sind neben Repräsentanten der Wirtschaft, der Gewerkschaften und anderer Interessengruppen in einer Vielzahl von außenpolitischen Advisory Committees (z.Z. sind es mehr als 50)[10] vertreten, wirken in ad-hoc-Ausschüssen mit und nehmen an Delegationen zu internationalen Konferenzen teil. Die großen sozialwissenschaftlichen Institute der Universitäten erhalten zahlreiche Forschungsaufträge von Regierungsbehörden und betreiben autonom praxisrelevante Außenpolitik-Forschung. Die bedeutenden außeruniversitären Forschungsinstitute – wie RAND Corporation, Research Analysis Corporation und Brookings Institution – haben enge, z.T. quasi-institutionalisierte Verbindungen zu staatlichen Stellen und übernehmen u.a. außenpolitische Forschungsprojekte. Im Council on Foreign Relations in New York und in ähnlichen Organisationen anderer Landesteile wird in Studiengruppen udgl. der Gedankenaustausch zwischen Vertretern der Politik- und Sozialwissenschaften, der Wirtschaft und der Politik systematisch gepflegt. Sozialwissenschaftler wirken mit in den Hearings der außenpolitischen Ausschüsse des Kongresses. Und schließlich werden sie auch in außenpolitischen Bürgerausschüssen und Vereinigungen tätig, die kontinuierlich arbeiten (wie die Foreign Policy Association) oder aus aktuellem Anlaß eingerichtet werden (wie das Committee for the Marshall Plan). Es besteht darüberhinaus ein häufiger Personalaustausch zwischen Sozialwissenschaft und praktischer Außenpolitik.

Die Erfahrungen, die mit diesem vielmaschigen Netz außenpolitischer Beratung und Praxisanwendung der Politikwissenschaft gemacht wurden, sind zwiespältig; d.h. Staat und Gesellschaft verfügen über eine ungemein breite Basis von Informationen und Wissen, aber ihre Nutzung und Wirkung ist sehr unterschiedlich.

(1) Bei der Regierungsberatung ist die Tendenz unverkennbar, daß durch die kontinuierliche Einbeziehung („Kooptation") von Sozialwissenschaftlern die Machtstellung der Administration gestärkt und nach außen abgeschirmt wird. Oftmals verliert der Wissenschaftler durch seine häufige Beratungstätigkeit die kritische Distanz und wird quasi zu einem „externen Bürokraten" (Alger)[11]. Eine Überbewertung der positiv-instrumentalen Steuerungsfunktion führt dazu, daß nicht selten mit den von den Politikern und ihren bürokratischen Apparaten vorgegebenen Fragestellungen die Inhalte und Ziele der Auftraggeber unkritisch übernommen werden; d.h. daß sich die wissenschaftliche Analyse auf die Untersuchung der Mittel beschränkt. Praxisbezogene Forschung wird so entweder zur Begründung einer unkritisch übernommenen Außenpolitik oder zum Experimentierfeld für sozial- und politikwissenschaftliche Theorien und Techniken. Für beide Varianten bietet der Vietnam-Komplex reiches Anschauungsmaterial[12].

Der Fragmentierung praxisbezogener Außenpolitik-Forschung in spezielle technologisch konzipierte Projekte entspricht die Fragmentierung der institutionalisierten Beratung in eine Vielzahl von Spezialausschüssen, wodurch das außenpolitische Gesamtkonzept ausgeblendet wird. Die Mitarbeit in den Beratungsausschüssen erzeugt ferner – wie Henry Kissinger schon 1959 beobachtet hat[13] – Anpassungseffekte, durch die eine status-quo-Orientierung gefördert und innovatives Denken gehemmt wird. Da nämlich die Wissenschaftler die Politiker und ihre Bürokratien überzeugen wollen, stehen sie vor einem Dilemma: Wenn sie zu weit voraus sind vor dem vorherrschenden Denken, wird ihr Rat ignoriert; orientieren sie sich zu sehr an der offiziellen Linie, laufen sie Gefahr, bestenfalls eine Rationalisierung vorentschiedener Politik zu liefern. Neuere empirische Untersuchungen bestätigen diese Feststellung und bezweifeln darüber hinaus den Realitätsgehalt des gängigen Modells sozialwissenschaftlicher Politikberatung.

So hat Irving Louis Horowitz anhand einiger bedeutsamer Beratungsprojekte nachgewiesen[14], daß die Annahme falsch ist, zunächst stelle die Regierung eine Kenntnislücke oder ein Problemlösungsbedürfnis fest, beauftrage daraufhin Wissenschaftler mit einem entsprechenden Forschungsprojekt, dessen Ergebnisse dann in praktische Politik umgesetzt würden. Weit häufiger werden Forschungsaufträge vergeben, nachdem der politische Kurs bereits festgelegt ist – um ihn rechtfertigen zu lassen. Sozialwissenschaftler übernehmen in diesen Fällen die Funktion des Advokaten. Statt sozialwissenschaftlich angeleiteter Politikinitiierung und -gestaltung geschieht bloß eine Legitimierung. Und selbst diese Funktion wird tatsächlich nur unzulänglich erfüllt, da die sozialwissenschaftlichen Forschungsergebnisse mehrdeutig und interpretierbar sind.

(2) Der Praxisbezug politikwissenschaftlicher Analyse erschöpft sich in der USA jedoch nicht im Advokatorischen. Schon die öffentliche Konkurrenz zwischen unterschiedlichen Handlungsoptionen enthält ein Element der Aufklärung. Als Vermittlungsgremien sind insbesondere ad-hoc-Ausschüsse und Hearings zu nennen. Obwohl die Mitglieder der Kongreß-Ausschüsse mit den außenpolitischen Hearings meistens die Absicht verfolgen, schon festgelegte Positionen zu rechtfertigen, erzielen die Hearings eine aufklärerische Wirkung. Sie geben Sozialwissenschaftlern Gelegenheit, Wissen und Erkenntnisse über außenpolitische Probleme und ausländische Staaten Politikern und Bürgern zu vermitteln, Einschätzungen kontrovers zu diskutieren, die Aufmerksamkeit einer breiten Öffentlichkeit auf bedeutsame außenpolitische Fragen zu lenken und ein kritisches Bewußtsein zu fördern. Näheren Aufschluß bietet eine Studie über die Beteiligung von Sozialwissenschaftlern an nicht-legislativen Hearings der beiden außenpolitischen Ausschüsse des Kongresses in den Jahren 1959–65[15]: 68 Sozialwissenschaftler (und zwar meist Politikwissenschaftler) kamen zu Wort; ihre Ausführungen im Ausschuß des Repräsentantenhauses vermittelten und bewerteten primär Informationen; im Senatsausschuß stand hingegen die Entwicklung und Einschätzung von politischen Alternativen im Vordergrund. In den letzten Jahren dürfte sich die Tendenz zur kritischen Erörterung von Alternativen noch verstärkt haben. Große Hearings – wie z.B. über China (1966) und insbesondere über den Vietnam-Krieg – haben eine Steigerung des kritischen Bewußtseins in der Öffentlichkeit erzeugt und neue Einstellungen zur Außenpolitik gefördert. Die verfügbaren Daten gestatten den vorsichtigen Schluß, daß nicht zuletzt durch die Beteiligung von Politik- und Sozialwissenschaftlern an den Hearings ein Erziehungs- und Aufklärungseffekt entsteht. In diesem Sinne stellt auch die Murphy-Kommission (1975) fest[16]:

> „Through carefully organized hearings Congress can provide the critical review of U.S. purposes, and of their relation to shorterterm policy, necessary to test their soundness and coherence, and to generate the public understanding and support without which, in the end, they cannot succeed."

IV Ob und inwieweit dieser amerikanische Befund auch für die außenpolitische Beratung in der Bundesrepublik zutrifft, ist mangels hinreichender Untersuchungen nicht zuverlässig zu beantworten. (Die bestehende Wissenslücke zu schließen, ist nicht zuletzt auch die Absicht des DVPW-Kongresses).

Unbestreitbar dürfte sein, daß das verfügbare außenpolitische Sach- und Problemwissen weit geringer ist als in den USA. Bei einer ersten Bestandsaufnahme fällt auf, daß in der Bundesrepublik Deutschland gerade im außenpolitischen Sektor eine vergleichsweise spärliche Kommunikation mit den Politik- und Sozialwissenschaften erfolgt. Zwar haben die großen politischen Parteien außen- und sicherheitspolitische Beratungsgremien, in denen vereinzelt auch Politikwissenschaftler vertreten sind. Aber auf staatlicher Ebene gibt es im Bereich „Außenpolitik" kein Gegenstück zu dem Sachverständigenrat zur Begutachtung der gesamtwirtschaftlichen Entwicklung; das Auswärtige Amt verfügt über keinen wissenschaftlichen Beirat für die gesamte Außenpolitik, sondern lediglich über einen Arbeitskreis für Ost-West-Fragen; und im Teilsektor „Entwicklungspolitik" ist ein Wissenschaftlicher Beirat beim Bundesministerium für Wirtschaftliche Zusammenarbeit vorhanden, der in seiner Mehrheit aus Wirtschafts- und Sozialwissenschaftlern (darunter 1 Politikwissenschaftler) besteht[17]. Nur wenige Sozialwissenschaftler waren bisher in deutschen Delegationen zu internationalen Konferenzen vertreten[18]. Der autonomen universitären Außenpolitik-Forschung (die zudem nur an wenigen Universitäten etabliert ist) fehlt es weitgehend an institutionalisierten Kontakten zur politischen Praxis. Die direkten Verbindungen zwischen Politik- und Sozialwissenschaft und praktischer Außenpolitik verlaufen über Forschungsaufträge, die in geringer Zahl an universitäre Institute vergeben werden, und kontinuierlich über Stiftungen und staatliche Forschungseinrichtungen, wie die Stiftung Wissenschaft und Politik (Ebenhausen) und das Bundesinstitut für ostwissenschaftliche und internationale Studien (Köln)[19]. Die Deutsche Gesellschaft für Auswärtige Politik und ihr Forschungsinstitut betreiben sowohl praxisorientierte Forschung als auch (ähnlich wie der Council on Foreign Relations) die Zusammenführung von Wissenschaftlern und Politikern in Studiengruppen und ad-hoc-Sitzungen. Unter dem Eindruck der Neubestimmung der deutschen Außenpolitik wurden 1970 mit der Deutschen Gesellschaft für Friedens- und Konfliktforschung (DGFK) als zentrale Förderungsinstitution und mit der Hessischen Stiftung Friedens- und Konfliktforschung (Frankfurt) und dem Institut für Friedensforschung und Sicherheitspolitik (Hamburg) außenpolitisch relevante interdisziplinäre Forschung durch öffentliche Gelder initiiert, die nach Selbstverständnis und Erwartung praxisbezogen sein soll, aber bisher diesen Anspruch nur unzulänglich einlösen konnte – obwohl in der organisatorischen Struktur der DGFK die personelle Vertretung von Politik und Wissenschaft paritätisch vorgenommen worden ist[20]. Bemerkenswert ist schließlich, daß – im Unterschied zu den USA – in der Bundesrepublik außenpolitische ad-hoc-Ausschüsse oder Parlamentshearings höchst selten sind und große Bürgerassoziationen völlig fehlen. Da – wie die amerikanische Erfahrung zeigt – insbesondere öffentliche Foren (wie z.B. Hearings) geeignet sind, jenseits von bloßer Rechtfertigung als Vermittlungsinstanz kritischer und innovativer Analyse zu dienen, sollte die Frage entsprechender Einrichtungen vorrangige Berücksichtigung finden.

Vergleichbar sind die deutschen Beratungserfahrungen mit den amerikanischen (sieht man von dem quantitativen Unterschied ab) am ehesten hinsichtlich der Beratungsausschüsse bzw. wissenschaftlichen Beiräte. Hannes Friedrich kommt in seiner umfassenden empirischen Studie „Staatliche Verwaltung und Wissenschaft" (bei der allerdings nur 7 der 103 befragten Ministerialbeamten im außenpolitischen Bereich tätig waren) zu dem Ergebnis, daß „die wissenschaftliche Beratung primär Funktionen erfüllt, die ihr von der Ministerialbürokratie zugewiesen werden"; daß sie „tendentiell die Position der Regierung und der Ministerialbürokratie stärkt, indem sie deren fachliche Basis erweitert, ihre Entscheidungen legitimiert und politische Nutzfunktionen (...) erfüllt"[21]. Dies entspricht dem oben erwähnten amerikanischen Befund. Will man in der Bundesrepublik Deutschland aus den amerikanischen und deutschen Erfahrungen lernen, so ist also eine an amerikanischen Maßstäben orientierte Ausweitung dieses Sektors nicht empfehlenswert. Man sollte beachten, daß sich eine fast völlige Integration sozialwissenschaftlicher Beratung in den politisch-administrativen Prozeß als konterproduktiv erwiesen hat. Eine gewisse Distanz zur politischen Praxis und die kontinuierliche, aktive Teilhabe am autonomen Erkenntnis- und Forschungsprozeß scheint die Voraussetzung dafür zu sein, daß Politik- und Sozialwissenschaftler einen originären Beitrag für die politische Praxis zu leisten vermögen und nicht nur bürokratischen Sachverstand verdoppeln[22].

Statt eines Ausbaus der Auftragsforschung oder einer Fragmentierung der außenpolitischen Politikberatung in eine Vielzahl institutionalisierter Spezialausschüsse sollte daher die Ausweitung und Intensivierung der unabhänigen, aber praxisrelevanten Außenpolitik-Forschung in der Bundesrepublik Deutschland betrieben werden. In der jüngsten Vergangenheit sind aus dem akademischen Bereich, der sich der Analyse von Außenpolitik und Internationaler Politik widmet, immerhin einige Studien hervorgegangen, die angesichts der sich rapide ändernden internationalen Umwelt praktische Handlungsoptionen für die Bundesrepublik Deutschland entwickelt haben (deren jüngstes Beispiel E.O. Czempiels Strategieentwurf für eine Politik gegenüber dem südlichen Afrika ist). Ob sie auch von der politischen Praxis genutzt oder auch nur zur Kenntnis genommen werden, ist indes fraglich. Gleichwohl sind nach wie vor die Defizite praxisrelevanter Außenpolitik-Forschung erheblich.

Mit Hilfe einer Umfrage habe ich zusammen mit Werner Dörr versucht, ein ungefähres Profil der Forschung über Außenpolitik und Internationale Politik in der Bundesrepublik zu gewinnen (s. Anlage). Erfaßt werden konnten 29 Projekte, die 1975/76 bis zum 31.3.77 abgeschlossen wurden, und 47 Projekte, die zur Zeit in Bearbeitung oder in Planung sind. Die tatsächliche Zahl dürfte kaum wesentlich über diesen Meldungen liegen; die Forschungsbasis ist also relativ schmal, was eher an der institutionellen Unterrepräsentanz der Teildisziplin „Außenpolitik/Internationale Politik" an den deutschen Universitäten als an mangelnder Forschungsfinanzierung liegen dürfte. Denn von den 79 gemeldeten Forschungsarbeiten wurde immerhin die Hälfte durch Drittmittelfinanzierung unterstützt (an der Spitze der Förderungsgremien steht die DFG, nur zwei Projekte werden direkt von einer Regierungsstelle – dem BMZ – gefördert).

In ihrer Anlage überwiegt bei weitem der analytisch-deskriptive Ansatz. Eine starke Konzentration auf das außenpolitische Handeln staatlicher (Regierungs-) Akteure ist auffällig (bei fast völliger Vernachlässigung von internationalen Organisationen). Thematisch, d.h. hinsichtlich der gewählten Problembereiche (issue areas), ist die Sicherheitspolitik eindeutig am stärksten vertreten, während z.B. die Integrations- und Europapolitik nur geringe Beachtung findet.

Aus den Antworten der befragten Politikwissenschaftler, die sich in der Bundesrepublik in jüngster Zeit mit Problemen der Außenpolitik beschäftigt bzw. derartige Forschungen derzeit projektiert haben, ergibt sich, daß die Politikwissenschaftler selbst in hohem Maße die bisher mangelhafte Praxisrelevanz und -kommunikation beklagen und auf Abhilfe sinnen. Für die Wahl des Forschungsthemas war bei einer großen Mehrheit das Kriterium praktischer Relevanz entweder ausschlaggebend oder doch mitbestimmend. Mehr als die Hälfte der Projekte soll Optionen und Anleitungen für die praktische Außenpolitik geben. Allerdings sollen nur bei einem Fünftel der Projekte Handlungsoptionen für die politische Praxis erarbeitet *und* gesellschaftlich-politischen Gruppen vermittelt werden. Die Praxisrelevanz war *ausschlaggebend* besonders für diejenigen Projekte, die die Außenpolitik der Ostblockstaaten, die Ost-West-Beziehungen, Handels- und Wirtschaftsbeziehungen und Entwicklungspolitik betreffen, für die „issue area" „Sicherheitspolitik" war die Praxisrelevanz in der Wahl des Themas deutlich geringer, ebenfalls für die Projekte, die die Außenbeziehungen der Bundesrepublik behandeln. Als Adressaten werden etwa gleichgewichtig neben den gesellschaftlich-politischen Gruppen die Kommunität der Wissenschaftler genannt; aber nur eine Minderheit beabsichtigt, die Umsetzung der Forschungsergebnisse in die politische Praxis durch direkte Politikberatung anzustreben. Eine geringfügige Präferenz ergibt sich zugunsten der Ausführung einer „kritischen Funktion" statt einer „positiv-instrumentalen Funktion".

Freilich ist eine produktive Vermittlung von Politikwissenschaft und Außenpolitik durch praxisrelevante Themenwahl und Kommunikationsintention alleine nicht zu erreichen. In der Fachliteratur ist darauf hingewiesen worden, daß die Möglichkeiten anwendungsbezogener Forschung in dem Maße zunehmen, „als die Anwendungsbereiche selbst schon durchrationalisiert" sind und ein Personalaustausch besteht (Niklas Luhmann). Beide Bedingungen sind im außenpolitischen Entscheidungs- und Handlungsbereich der Bundesrepublik offensichtlich nur unzulänglich erfüllt. Um die Chance eines Beitrages der Politikwissenschaft zur praktischen Politik zu erhöhen, bedarf es institutionalisierter „Brückenfunktionen" und „Vermittlungsinstanzen" (Helmut Klages). Diese Problematik verlangt eine gründliche Erörterung.

Die skizzierten bisherigen Erfahrungen mit Politikberatung deuten darauf hin, daß jenseits der Unterscheidung nach „kritischer" und „positiv-instrumentaler" Funktion eine Einstellung des Politikwissenschaftlers hilfreich sein könnte, die zwischen esoterischer Politikabstinenz und Totalintegration anzusiedeln wäre[23]. Eine solche Einstellung läßt sich am besten in Orientierung am „clinical model" umschreiben, das Alvin W. Gouldner in Abgrenzung vom „engineering model" entwickelt hat[24]:

> „From an engineering standpoint the problems as formulated by the client are usually taken at face value; the engineer tends to assume that his client is willing to reveal the problems which actually beset him. The clinical sociologist, however, makes his own independent diagnosis of the client's problems. He assumes that the problems as formulated by the client may often have a defensive significance and may obscure, rather than reveal the client's tensions. Not only does the clinician assume that the client may have some difficulty in formulating his own problems but he assumes, further, that such an inability may in some sense be motivated, and that the client is not entirely willing to have these problems explored or remedied. The clinician, therefore, does not take his client's formulations at their face value, any more than he does comments made by an ordinary interviewee; but he does use them as points of departure in locating the client's latent problems."

Dieses Konzept ist m.E. dazu geeignet, trotz aller wissenschaftstheoretischer Unterschiede und Varianten des Politik-Wissenschaftsverständnisses als eine gemeinsame Ausgangsbasis für die konkrete Diskussion zu dienen (wodurch eine sterile Theoriediskussion vermieden werden könnte).

Diskussionsperspektiven

Aus der vorliegenden Übersicht dürfte deutlich geworden sein, daß die Erfahrungsdaten über das Verhältnis zwischen Politikwissenschaft und praktischer Außenpolitik in der Bundesrepublik sehr spärlich und bruchstückhaft sind. Die Diskussion sollte daher die tentativen Aussagen dieses Papiers überprüfen und die empirische Basis erweitern. Unter Berücksichtigung der angekündigten Papiere[25] scheinen folgende Punkte für die Erörterungen der Arbeitsgruppe zentral zu sein:

1. Welche Erfahrungen haben die praxisorientierten außenpolitischen Forschungsinstitute in der Bundesrepublik (im Vergleich zu Großbritannien) mit der Politikberatung gemacht; welche Probleme ergeben sich aus deren Sicht; lassen sich Aussagen über die praktische Nutzung der dort erarbeiteten Problemlösungsvorschläge machen?
2. Inwieweit ist die Organisation des AA bzw. die Ausbildung seiner Beamten günstig für den Transfer zwischen Politikwissenschaft und praktischer Außenpolitik?[26]
3. Wie sieht das außen- und sicherheitspolitische Einstellungsprofil der deutschen Eliten aus? Gibt es so etwas wie eine deutsche „sicherheitspolitische Öffentlichkeit" und mit welchen Methoden (etwa durch SIPLA?) ließe sich eine Kommunikation fördern?
4. Wie sehen konkrete Handlungsoptionen, die in jüngster Zeit von deutschen Politikwissenschaftlern erarbeitet wurden, aus und welche methodischen und politischen Probleme sind mit ihnen verbunden?
5. Wie werden die genannten Probleme aus der Sicht der Politiker und Diplomaten beurteilt?

Die Anlage gibt zusätzlich zu dem erwähnten Meinungsprofil einen Überblick über die deutschen Forschungsbeiträge zur Außenpolitik/Internationale Politik, die in der nächsten Zukunft zu erwarten sind.

Anmerkungen

1 Vgl. dazu die Beiträge von Niklas Luhmann und Helmut Becker zum Sammelband „Interaktion von Wissenschaft und Politik“, Wissenschaftszentrum Berlin, Frankfurt a.M. 1977. Die Gegenposition von Claus Offe ist ebenfalls dort enthalten.
Der Überblicksaufsatz von Karl-Martin Bolte (Wissenschaft und Praxis – Möglichkeiten ihres Verhältnisses zueinander) ist in den Mitteilungen aus der Arbeitsmarkt- und Berufsforschung, 4, 1971, S. 356–365, erschienen.

2 Hans Albert, Sozialwissenschaft und politische Praxis, in: Archiv für Rechts- und Sozialphilosophie, vol. 54 (1968) S. 247–277; ders., Aufklärung und Steuerung, Mitteilungen der Gesellschaft der Freunde der Universität Mannheim e.V., 22. Jg. (1973) S. 11–26.

3 Hans Albert, Sozialwissenschaft und politische Praxis, a.a.O., S. 271 f..

4 Hans Albert, Aufklärung und Steuerung, a.a.O., S. 20.

5 Jürgen Habermas, Verwissenschaftlichte Politik und öffentliche Meinung, in: ders., Technik und Wissenschaft als „Ideologie“, Frankfurt a.M. [5]1971, S. 121–144.

6 Carl Friedrich von Weizsäcker, Gedanken über unsere Zukunft, Göttingen [3]1968, S. 32 f..

7 Zur Theorie der sogenannten transnationalen Politik siehe die Beiträge von Karl Kaiser und Keohane/Nye; zur Empirie siehe meine Studie: Deutsche und amerikanische Gewerkschaften und Geschäftsleute 1945–1975, Düsseldorf 1978.

8 Zur näheren Begründung siehe Eugen J. Meehan, The concept „Foreign Policy“, in: Wolfram F. Hanrieder (Ed.): Comparative Foreign Policy, Theoretical Essays, New York 1971, S. 265 ff..

9 Aus der Fülle der einschlägigen Literatur sei hier nur auf den von Elisabeth T. Crawford und Albert D. Biderman herausgegebenen Band „Social Scientists and International Affairs“, New York 1969 und die dort zusammengestellte Bibliographie verwiesen; sowie neuerdings Irving Louis Horowitz (Hrsg.), The Rise and Fall of Project Camelot, Revised Edition, Cambridge, Mass. 1974.

10 Foreign Affairs Division, Congressional Research Service, Library of Congress: The Role of Advisory Committees in U.S. Foreign Policy, Washington 1975.

11 Chadwick F. Alger, The External Bureaucracy in United States Foreign Affairs, in: Administrative Science Quarterly, vol. 7 (1962/63), S. 50–78.

12 Einige Beispiele seien genannt:
(a) In der Diem-Ära wurde die Michigan State University, unterstützt vom CIA, zur Hauptausbildungsstätte für die südvietnamesische Sicherheitspolizei und für politische Beamte. Mehrere Professoren dieser Universität, an ihrer Spitze Professor Fishel, waren Berater von Diem und lieferten das ideologische Vokabular für „Vietnam's Democratic One-Man Rule“ (Fishel).
(b) Nach Modellen des „community building“ entwickelte der Stanford-Professor Staley das Konzept der Wehrdörfer und die Pläne für die Umsiedlung der südvietnamesischen Bauern.
(c) Professor Pool, der zwei vom Defense Department finanzierte Vietnam-Forschungsprojekte leitete, beschrieb als Hauptziel der Forschung, wenigstens für eine Zeitlang die bestehende Sozialordnung durch „lowering of newly acquired aspirations and levels of political activity“ zu stabilisieren.

13 Henry A. Kissinger, The Policymaker and the Intellectual, in: The Reporter, vol. 20, March 5, 1959, S. 30–35; vgl. dazu und zur Gesamtproblematik Arnd Morkel, Politik und Wissenschaft, Hamburg 1967, S. 58 ff..

14 Irving Louis Horowitz, Social Science Mandarins: Policymaking as a Political Formula, in: Policy Sciences, vol. 1 (1970) S. 339–360.

15 Paul de Forest, The Social Sciences in the Foreign Policy Subsystem of Congress, in: E.T. Crawford and A.D. Biderman (Hrsg.), Social Scientists and International Affairs, a.a.O., S. 135–150. Vgl. dazu auch Carl. S. Shoup, The Economist, Congressional Hearings, and Public Policy in the United States, in: E.v. Beckerath und Herbert Giersch (Hrsg.), Probleme der normativen Ökonomik und der wirtschaftspolitischen Beratung, Berlin 1963, S. 489–499. – D.N. Farnsworth, The Senate Committee on Foreign Relations, Urbana 1961, S. 65 und S. 162.

16 Commission on the Organization of the Government for the Conduct of Foreign Policy, June, 1975, (U.S. Government Printing Office, Washington, D.C.), S. 214.

17 Vgl. Wendelin Wilhelm, Wissenschaftliche Beratung der Politik in der Bundesrepublik Deutschland, Frankfurt a.M. 1968, S. 63 f. und S. 228; Hannes Friedrich, Staatliche Verwaltung und Wissenschaft, Frankfurt a.M. 1970, S. 68 ff.; sowie die Arbeit von Doris Dreitzel (s. unten Anm. 23).

18 Beispielsweise war der Politikwissenschaftler Karl Kaiser, Direktor des Forschungsinstituts der DGAP, Mitglied der deutschen Delegation zur Stockholmer Umweltschutzkonferenz.

19 Siehe die Satzungen bei Ulrich Lohmar, Wissenschaftsförderung und Politik-Beratung, Düsseldorf 1968, S. 202 ff. und S. 213 sowie die dortigen grundsätzlichen Erörterungen (passim.).

20 Vgl. mein Beitrag „Friedens- und Konfliktforschung und Praxisbezug", in: DGFK-Informationen, 1/77, S. 1–4.

21 Hannes Friedrich, Staatliche Verwaltung und Wissenschaft, a.a.O., S. 446 f..

22 Zu diesem Schluß kommt auch Chester A. Crocker, The President's External Advisors in Foreign Policy, Appendices to the Report of the Murphy Commission (s. Anm. 16), vol VI, S. 429.

23 Diese beiden extremen Einstellungen hat schon Doris Dreitzel (Die Bundesregierung und ihre Wissenschaftler, in: Atomzeitalter, 10/1966, S. 295–299) beobachtet.

24 Alvin W. Gouldner, Explorations in Applied Social Science, in: A.W. Gouldner and S.M. Miller (Hrsg.), Applied Sociology, New York/London 1965, S. 19.

25 Folgende Papiere lagen der Diskussion in der Arbeitsgruppe zugrunde:
Eberhard Schulz, Wissenschaftliche Politikberatung durch außenpolitische Forschungsinstitute: Deutsche Gesellschaft für Auswärtige Politik.
Götz Roth, Außenpolitik und Politikwissenschaft. Die Stiftung Wissenschaft und Politik.
Norbert Rospers, Der Praxisbezug in der Forschungsförderung der Deutschen Gesellschaft für Friedens- und Konfliktforschung.
Roger Morgan, Specialist Policy Advice by Foreign Policy Research Institutes in Britain.
Wolf-Dieter Eberwein, Personelle und Institutionelle Anpassung des Auswärtigen Amtes an den Strukturwandel in der Außenpolitik: Theoretische Probleme, alternative Modelle und die Realität.
Dietmar Schössler, Die Herstellung einer sicherheitspolitischen Öffentlichkeit als Problem der Verbindung zwischen Forschung und praktisch-politischem Prozeß.
Erich Weede und Dietmar Schössler, Abschreckung und Entspannung: Hypothesen von westdeutschen Eliten und ihre Bewährung in der quantitativen Forschung.
Wolf-Dieter Karl, Joachim Krause, Lothar Wilker, Außenpolitische Entscheidungsprozesse in der Bundesrepublik zur KSZE.
Erhard Rosenkranz, Die praktische Relevanz von Handlungsoptionen im Bereich der Rüstungs-, Abrüstungs- und Rüstungskontrollpolitik.
Ernst-Otto Czempiel, Friedenspolitik im südlichen Afrika: Ein Strategieentwurf für die Bundesrepublik.
Barthold Witte, Forschung zur Außenpolitik aus der Sicht der Praxis: Erfahrungen und Erwartungen. Über den Diskussionsverlauf informiert mein Bericht im Rundbrief Nr. 71 der DVPW, Dezember 1977, S. 18–20.

26 Siehe dazu den folgenden Beitrag von Wolf-Dieter Eberwein.

*Anlage**

Auswertung der Umfrage über Forschungsarbeiten zur Außenpolitik und Internationalen Politik, die 1975/76 abgeschlossen wurden oder zur Zeit durchgeführt werden.

Gesamtzahl der Rückläufe	:	79
davon Fehlanzeige	:	8
ausgewertete Fragebögen	:	71
insgesamt gemeldete Projekte	:	76

Frage 2
Ist die Anlage der Arbeit N = 71 (ausgewertete Fragebögen)

– historisch/zeitgeschichtlich-komparativ	:	22	=	31 %
– analytisch-deskriptiv	:	59	=	83,1%
– überwiegend theoretisch	:	7	=	9,9%
historisch/zeitgeschichtlich-komparativ *und* analytisch-deskriptiv	:	11	=	15,5%
historisch/zeitgeschichtlich-komparativ *und* theoretisch	:	1	=	1,4%
analytisch-deskriptiv *und* theoretisch	:	1	=	1,4%
historisch/zeitgeschichtlich-komparativ *und* analytisch-deskriptiv *und* theoretisch	:	1	=	1,4%

Frage 3
Welche Problemfelder (issue areas) werden untersucht?
N = 76 (gemeldete Projekte), mit Mehrfachnennungen!

Sicherheitspolitik	:	30
Außenhandels- und Weltwirtschaftspolitik	:	27
Entwicklungspolitik	:	15
Entspannungspolitik	:	14
Ostpolitik	:	11
Informationspolitik und internationale Kommunikation	:	10
Gesellschaftspolitik	:	9
Integration und Europapolitik	:	7
Rüstungskontrolle	:	5
Westpolitik	:	5
Deutschlandpolitik	:	4
Forschungs- und Technologiepolitik	:	3
Sozialpolitik	:	3

* bearbeitet von Werner Dörr, Trier

Frage 4

Welche Analyseebene wird gewählt? N = 71 (ausgewertete Fragebögen) mit Mehrfachnennungen

– national-staatlich/gesellschaftliche Ebene	:	41	=	57,8%
– internationale Ebene	:	53	=	74,4%
– beide Analyseebenen	:	27	=	38,0%

Frage 5

Welche Akteure werden vornehmlich untersucht? N = 71 (ausgewertete Fragebögen)

– staatliche (Regierungs-)Akteure	:	63	=	88,7%
– nicht-gouvernementale Akteure	:	32	=	45,1%
– internationale Organisationen	:	13	=	18,3%
– staatliche *und* nicht-gouvernementale Akteure	:	18	=	25,4%
staatliche Akteure *und* internationale Organisationen	:	5	=	7,0%
staatliche Akteure *und* nicht-gouvernementale Akteure *und* internationale Organisationen	:	8	=	11,3%

----

ohne Mehrfachnennungen:

staatliche Akteure	:	34	
nicht-gouvernementale Akteure	:	7	
internationale Organisation	:	0	(!)

Frage 6

Hat bei der Wahl des Themas die Frage der Praxisrelevanz

– eine ausschlaggebende Rolle gespielt	:	42	=	59,2%
– eine sekundäre Rolle gespielt	:	28	=	39,4%
– keine Rolle gespielt	:	1	=	1,4%

Frage 7

N = 70 (ausgewertete Fragebögen; ein Bogen war unvollständig)

Soll die Studie Optionen oder Anleitungen für die praktische Politik liefern?

Ja	:	22	=	31,4%
Ja mit Einschränkungen	:	19	=	27,1%
Ja + Ja mit Einschränkungen zusammen	:	41	=	58,6%
Nein	:	17	=	24,3%
Keine Antwort	:	13	=	18,5%

Frage 8
N = 70 (ausgewertete Fragebögen)
Ist der Adressat Ihrer Forschungsarbeit vornehmlich

– die Kommunität der Wissenschaftler	:	27	=	38,6%
– gesellschaftlich/politische Gruppen	:	25	=	35,7%
– *beide*	:	15	=	21,4%
– keine Antwort	:	3	=	4,3%

Frage 9
N = 70 (ausgewertete Fragebögen) – inklusive Mehrfachnennungen –
Falls die Umsetzung der Forschungsergebnisse in die Praxis beabsichtigt ist, auf welche Weise soll dies geschehen?

– Beratung	:	19	=	27,1%
– Vorträge usw. vor gesellschaftlichen/ politischen Gruppen bzw. Gremien	:	32	=	45,7%
– Basisarbeit	:	6	=	8,6%
– Beratung *und* Vorträge	:	7	=	10,0%
– Vorträge *und* Basisarbeit	:	3	=	4,3%
– Beratung *und* Basisarbeit	:	0	=	
– Beratung *und* Vorträge *und* Basisarbeit	:	1	=	1,4%
keine Angaben	:	30		

----

umgerechnet auf die Gesamtzahl der antwortenden Wissenschaftler (N = 56) ergibt sich:

Beratung:	33,9%
Vorträge usw.:	57,1%
Basisarbeit:	10,7%
keine Angaben:	26,8%

(inklusive Mehrfachnennung, daher über 100%)

Frage 10
N = 56 (Gesamtzahl der antwortenden Wissenschaftler)
Falls Sie eine wissenschaftliche Beratertätigkeit intendieren bzw. bereits ausüben, würden Sie darin (im Sinne von Hans Albert) die Ausübung einer

– „positiv-instrumentalen Funktion“	:	14	=	25,0%
– „kritischen Funktion“ sehen? (beides: 3 = 5,4%; oben bereits mitgezählt)	:	21	=	37,5%
– keine Antwort	:	18	=	32,1%

Frage 11
Anzahl und Zuordnung der Wissenschaftlichen Mitarbeiter nach Fachdisziplinen
Gesamtzahl der beteiligten Wissenschaftler : ca. 147
(in 76 gemeldeten Projekten)
(zuzüglich 60–80 weiterer Projektmitarbeiter und Diskutanten)

Aufteilung nach Fachgebieten :

Politologen	:	112	=	76,2%
Wirtschaftswissenschaftler	:	13	=	8,8%
Juristen	:	11	=	7,5%
Soziologen	:	6	=	4,1%
Pädagogen	:	3	=	2,0%
Historiker	:	1	=	0,7%
Naturwissenschaftler	:	1	=	0,7%
				100,0%

Frage 12
Drittmittelfinanzierung
DFG : 7, dazu „beantragt": 2, Antrag geplant: 2
DGFK: 6
VW : 5
Thyssen: 3
BMZ : 2
DAAD: 2
Bundesinstitut für Ostwissenschaftliche und internationale Studien: 1
Kommission für wirtschaftlichen und sozialen Wandel : 1
EG-Kommission: 1 (angefragt)
KAEF: 1 (zusammen mit DGFK)
Griechisches Außenministerium: 1 (zusammen mit DAAD)

„Beantragt" ohne näheren Angaben: 2
„Antrag geplant, sobald Arbeiten antragsreif": 2
Insgesamt gefördert, beantragt oder Anträge geplant: 38 von 76 gemeldeten Projekten.

Frage 13
Stand der Forschung am 31.3.1977:

Planungsstadium	:	2	=	2,6%
Vorarbeiten	:	12	=	15,8%
Hauptphase	:	31	=	40,8%
keine Angaben	:	2	=	2,6%
bereits abgeschlossen	:	29	=	38,2%
Abschluß 1977 geplant	:	16	=	21,1%
Abschluß 1978 geplant	:	11	=	14,5%
Abschluß 1979 geplant	:	7	=	9,2%
Abschluß 1981 geplant	:	1	=	1,3%
keine Angaben zum Abschluß	:	12	=	15,7%

Liste der angemeldeten Projekte

Helmut Bechheim, Bonn
Die internationale, sozialistische militärische Kooperation unter besonderer Berücksichtigung der Stellung der MVA-DDR im Warschauer Pakt

Dirk Belau, Berlin
H Strukturprobleme der industriellen Arbeitskraft in Brasilien

Dr. Klaus Bodemer, Worms
H Erfolgskontrolle der Entwicklungshilfe – improvisiert oder systematisch?
– Kritische Analyse der Theorie und Praxis der Evaluierung der deutschen Entwicklungshilfe seit Beginn der ersten Dekade unter besonderer Berücksichtigung der Kosten-Nutzen-Analyse.– Vorschläge zur verbesserten Zielorientierung, Rationalisierung und Systematisierung der Evaluierungspraxis.

Sigurd Boysen, Bonn
V Sicherheitspolitische Entscheidungsprozesse im Bundesministerium der Verteidigung

Prof. Dr. Wilfried Frhr. v. Bredow, Marburg
V Die Ost-West-Beziehungen und der Wandel der Konzepte und „Theorien" zu ihrer Beschreibung und Analyse (1945–1975)

K.H. Buck, Tübingen
H Griechenlands Beitritt zur EG – Probleme der Integration weniger entwickelter Länder

Prof. Dr. E.-O. Czempiel, Frankfurt
A Studien zum Konflikt im südlichen Afrika. Analyse und Strategieentwurf (7 Bde.)

Werner Dörr, Trier
H Kommunikation und Interaktion in den Außenbeziehungen der USA mit der UdSSR 1961–1972

Dr. J.B. Donges, Kiel
H Industrialisierungsstrategien und internationale Arbeitsteilung
– Lehren aus Erfahrungen weniger entwickelter Länder: Ägypten, Brasilien, Hongkong, Indien, Israel, Jugoslawien, Kolumbien, Malaysia, Mexiko, Pakistan, Spanien, Singapur, Südkorea, Taiwan, Türkei –

Dr. Wolf-Dieter Eberwein, Bielefeld
A A) Auswärtiges Amt und Strukturwandel der Außenpolitik, 1956–1973
H B) Das Spezialistenproblem im Höheren Auswärtigen Dienst.

Ludwig Elsing, Bonn
H Sozialdemokratie und Ostpolitik – Ein Beitrag zur Analyse der deutsch-polnischen Beziehungen

Prof. Dr. Gottfried Erb, Doz. Dr. Raimund Seidelmann, Dr. Marianne Welteke, Dr. Elisabeth Mangeng, Ulrich Heidt, Horst Tritschler, Gießen
H Politik und Wirtschaft in den deutsch-sowjetischen Beziehungen

Prof. Dr. Hans-Dieter Evers, Bielefeld
A L.C. Chong: International Development and International Dependence – A Study of Aid and Social Development in South East Asia

Prof. Dr. Erhard Forndran, Braunschweig (Forschungsinstitut der DGAP)
H Rüstungskontrolle in Europa: Stand und Probleme

Prof. Dr. Robert K. Furtak, Landau
V Lateinamerika und Dritte Welt

Prof. Dr. Klaus-Jürgen Gantzel, Hamburg
V Zur Theorie von Kriegsursachen

Prof. Dr. Helga Haftendorn, Hamburg
H Außenpolitische Entscheidungsprozesse in der Bundesrepublik Deutschland im Bereich der Sicherheits- und Entspannungspolitik

Wolfgang Hager, DGAP, Bonn
Knappheit und internationale Politik

Dr. Joachim Hütter, Bonn
V Grundlagen des internationalen Durchsetzungsvermögens der Bundesrepublik Deutschland (zunächst 1969–1976)

Institut für Entwicklungsforschung und Entwicklungspolitik – Sektion Verfassung und Verwaltung, Universität Bochum
A Die Vereinigten Nationen im Wandel (Entwicklungspolitik und Rohstoffsicherungspolitik)

Institut für Politische Wissenschaften und allgemeine Staatslehre an der Juristischen Fakultät der Universität Göttingen
H Dokumentation zur Abrüstung, Rüstungsbegrenzung und Rüstungsbeherrschung in sechs Jahrhunderten

Dr. Thomas Jansen, Königswinter
H Konzeptionelle Ansätze und strukturelle Schwierigkeiten bei den Verhandlungen um eine Europäische Politische Union (1960–1964)

Prof. Dr. Karl Kaiser, DGAP, Bonn
H Die friedliche Nutzung der Kernenergie als Problem der Rüstungskontrolle

Priv. Doz. Dr. Gerhard Kiersch, Berlin
H Die westeuropäische Sozialdemokratie im Spätkapitalismus (Unterprojekt im Forschungsgebietsschwerpunkt Bestimmungsfaktoren der Außenpolitik in der zweiten Hälfte des 20. Jahrhunderts)

Doz. Dr. M. Knapp, Frankfurt
H A) Deutschland und der Marshall-Plan
H B) Verhältnis zwischen Außenwirtschaftspolitik und Außenpolitik in den deutsch-amerikanischen Beziehungen seit 1945

Michael Kreile, Heidelberg
A Osthandel und Ostpolitik. Zum Verhältnis von Außenpolitik und Außenwirtschaft in den Beziehungen der Bundesrepublik Deutschland zu den RGW-Staaten

Leo Kreuz, Bonn
H Das Kuratorium Unteilbares Deutschland – eine Analyse einer deutschlandpolitisch relevanten Institution und deren Einfluß auf Entscheidungen politischer Eliten

Winrich Kühne, München
V Sowjetische Außenpolitik im südlichen Afrika – untersucht an der Doktrin vom nationalen und sozialen Befreiungskampf

Dr. Ernst Kuper, Lüneburg-Oedeme
H Die entspannungspolitische Konzeption der sozialliberalen Koalition im Wandel

Prof. Dr. Werner Link, Trier
A A) Die Rolle der Gewerkschaften und Geschäftsleute in den deutsch-amerikanischen Beziehungen 1945–1972
V B) Nicht-gouvernementale Akteure in der Entwicklung der euro-amerikanischen Beziehungen

Dr. R. Meyers, Bonn
A A) Kritische Sicherheitspolitik 1934–1938
A B) Die Lehre von den Internationalen Beziehungen. Ein entwicklungsgeschichtlicher Überblick

Leroy, Miller, Bonn
H Entscheidungsprozesse in der Ostpolitik, 1969–1970

Dr. Marie-Luise Näth, Lic. Chang Wei-hsiung
V Veränderungen der Position der UdSSR und der VR China im internationalen System seit 1965

Prof. Dr. Paul Noack, München
A Das Scheitern der europäischen Verteidigungsgemeinschaft – Entscheidungsprozesse vor und nach dem 30. August 1954

Hans-Willi Nolden, Bonn
A Politischer Aspekte der Neutralität im Kalten Krieg unter besonderer Berücksichtigung der Schweiz und Österreichs 1945–1956

H Dr. Salua Nour, Berlin
Die multinationalen Konzerne in Afrika

Dr. Werner Pfennig, Berlin
V Emanzipationsmöglichkeiten und -bestrebungen der Association of South-East Asian Nations

Hermann O. Pfrengle, M. A., M. L. A., Alexandria, VA., USA
H Multinational Corporations and Host Country Response: A Case of Transnational Interaction

Ulrike Pöhl, Bonn
H Internationaler Terrorismus als transnationale Problematik – eine Bestandsaufnahme – (am Beispiel der Geiselnahme 1968–1976)

Prof. Dr. Franz-Hermann Riebel, Gesamthochschule Kassel,
H Probleme des Ausländerstudiums unter besonderer Berücksichtigung der Reintegration

Prof. Volker Rittberger, Ph.D., Dr. Joachim Betz, Tübingen
V Die Nord-Süd-Konfrontation über Reformen der internationalen Wirtschaftsordnung und ihre politisch-administrative Verarbeitung durch internationale Organisationen unter besonderer Berücksichtigung der internationalen Fondsverwaltung

Lutz Roemheld, 5758 Frödenberg
A Integraler Föderalismus – Modell für Europa – Ein Weg zur personalen Gruppengesellschaft

Jens U. Roesner, Köln
V Die Sicherheitspolitik Großbritanniens seit 1945

Prof. Dr. Ursula Schmiederer, Osnabrück
A Systemkonkurrenz und friedliche Koexistenz als Strategien von Konflikt und Kooperation in den intersystemaren Beziehungen in Europa. Gründe, Ziele und Interessen sowjetischer Europapolitik

Prof. Dr. Klaus von Schubert, Neuwieberg/München
G Die Sicherheitspolitik der BRD zwischen Systemwandel und Systemkonservierung

Dr. Dieter Schuhmacher, Heidelberg
A Perspektiven einer internationalen Forschungspolitik

Dr. Rudolf Steiert, Tübingen
H Die Zusammenarbeit der Gewerkschaften in der Europäischen Gemeinschaft

Prof. Dr. Georg W. Strobel, Darmstadt
A Polen zwischen dem VII. PVAP-Parteitag und den Arbeiterunruhen 1976

Dr. Reiner Tetzlaff, Hamburg
V Handlungsspielräume im unterentwickelten Agrarland Sudan: Möglichkeiten und Grenzen einer emanzipatorischen Entwicklungsstrategie auf der politischen Grundlage panarabischer Entwicklungskooperation

Alice Uebe, Bonn
H Vom Wandel des Polenbildes in der Öffentlichkeit der Bundesrepublik Deutschland 1949–1965. Eine Analyse des Schrifttums

Deutsche UN-Forschungsstelle, Bonn
H The United Nations System – International Bibliography

Prof. Dr. Werner Weidenfeld, Mainz
A Konrad Adenauer und Europa

Dr. Erich Weede/Dr. Dietmar Schössler, Mannheim
H Sicherheitspolitische Analysen SIPLA

Dr. Gerhard Wettig, Köln
A A) Bundesrepublik Deutschland-Japan: Utopische Entmilitarisierung und bescheidene Neubewaffnung
A B) Frieden und Sicherheit in Europa. Probleme der KSZE und der MBFR
A C) Der Kampf um die freie Nachricht
A D) Broadcasting and Détente
A E) Information (als Problem auf der KSZE und bei der KSZE-Implementierung)
A F) Die Implementierung der KSZE-Schlußakte durch die UdSSR und die DDR (1975–77)

A G) Die östliche Entspannungspolitik im Lichte von Theorie und Praxis
H H) Die Rolle der DDR im Warschauer Pakt
A I) Fünf Jahre Berlin-Abkommen – Eine Bilanz
A J) Die Einschätzung der KSZE-Folgewirkungen durch die Führungen der Warschauer Pakt-Staaten
A K) Entspannungs- und Klassenpolitik. Das sowjetische Verhalten gegenüber Portugal
A L) Geschlossenheit und Spannung in der „sozialistischen Gemeinschaft"
A M) Die Strategie der Annäherung und der Abgrenzung in der Westpolitik der UdSSR und der DDR 1966–75
A N) Die politischen Überlegungen bei der ostdeutschen Wiederbewaffnung 1947–1952
A O) Die Sowjetunion, die DDR und die Deutschland-Frage. Einvernehmen und Konflikt im sozialistischen Lager 1965–1976

Prof. Dr. G.W. Wittkämper,
G Multiplikator- und Akzeleratorwirkungen von Medien auf Entscheidungsprozesse der internationalen oder supranationlen Politik

Prof. Dr. Gerda Zellentin und Dr. Nonnenmacher, Wuppertal
H Internationale Handlungssysteme

Prof. Dr. Gilbert Ziebura, Kontanz
H Internationalisierungsprozeß, Staatsintervention und gesellschaftliche Entwicklung in Westeuropa am Beispiel Frankreichs und der Bundesrepublik Deutschland

A = abgeschlossen, H = Hauptphase G = geplant

V = Vorarbeiten